1 MONTH OF
FREE
READING

at

www.ForgottenBooks.com

By purchasing this book you are eligible for one month membership to ForgottenBooks.com, giving you unlimited access to our entire collection of over 1,000,000 titles via our web site and mobile apps.

To claim your free month visit:
www.forgottenbooks.com/free1012662

ISBN 978-0-331-08647-8
PIBN 11012662

Geschichte

des

Osmanischen Reiches,

großentheils aus bisher unbenützten

Handschriften und Archiven

d u r c h

Joseph von Hammer-Purgstall.

Zweyte verbesserte Auflage.
Neue Ausgabe.

Vierter Band.

Vom Carlowiczer Frieden bis zum Frieden von
Kainardsche.

1699 — 1774.

Mit zwey Karten.

Pesth.

C. A. Hartleben's Verlag.

1840.

Mit Wahrheit und Liebe.

Uebersicht der für diesen Band benützten morgenländischen Quellen.

I. Allgemeine Geschichten.

1) **Tarichi Tschelebisade Efendi**, d. i. die Geschichte Tsche=
lebisade's, v. J. d. H. 1135 (1722) bis 1141 (1728), gedruckt
zu Constantinopel i. J. d. H. 1153 (1740); ein Folioband von
158 Blättern.

2) Tarichi Sami we Schakir we Ssubhi, d. i. die Geschichte
Sami's, Schakir's und Ssubhi's, gedruckt zu Constantinopel
i. J. d. H. 1198 (1783); zwey Foliobände, deren erster von
71 Blättern, die von Ssubhi herausgegebene Geschichte Sami's
und Schakir's, der zweyte von 238 Folioblättern, die von Ssubhi
enthält. Das Werk beginnt von der Regierung S. Mahmud's
v. J. d. H. 1143 (1730), und endet mit dem Jahre 1156 (1743).

3) Tarichi Issi, d. i. die Geschichte des Reichshistoriographen
Issi, des Fortsetzers Ssubhi's, gedruckt zu Constantinopel i. J.
d. H. 1199 (1784); ein Folioband von 288 Blättern; beginnt
mit dem Jahre 1157 (1744), und schließt mit dem Jahre 1165
(1751).

4) Tarichi Waßif, d. i. die Geschichte Waßif's, des Reichs=
historiographen, des Fortsetzers Issi's, gedruckt zu Constantinopel
i. J. d. H. 1219 (1804), in zwey Foliobänden, der erste von
327, der zweyte von 315 Folioseiten; beginnt mit dem Jahre
1166 (1752), und schließt mit dem Jahre 1187 (1773).

5) Tarichi Enweri, d. i. die Geschichte Enweri's, des Reichs=
historiographen, vom Ausbruche des russischen Krieges 1768 bis
zum Frieden von Kainardsche; ein Folioband von 161 Blättern;
auf der kais. Hofbibliothek.

6) Tarichi Ibrahim Melek Efendi, d, i. die Geschichte Ibra=

1 *

him Melek Efendi's aus Temeswar, v. J. d. H. 1094 (1683)
bis 1157 (1744); ein Quartband von 306 Blättern; auf der
kaiſ. Hofbibliothek.

II. Special=Geſchichten.

7) Ahwali ghaſewat der Dijari Bosna, d. i. die Geſchichte
der in Bosnien erfochtenen Siege, von Ibrahim, dem Director
der erſten Buchdruckerey zu Conſtantinopel, gedruckt i. J. d. H.
1154 (1741); ein Quartband von 62 Blättern; ins Deutſche
überſetzt von Dubski.

8) Tewarichi Banaluka, d. i. die Geſchichte Banyaluka's,
in demſelben bosniſchen Feldzuge, von einem ungenannten Verfaſſer; 41 Quartblätter; auf der kaiſerl. Hofbibliothek.

9) Tarichi Sejjah, d. i. die Geſchichte des Reiſenden, die
Überſetzung des Chronicon peregrinantis von Cruſius, enthält
die Geſchichte des Krieges der Perſer und Afghanen. Dieß iſt das
dritte zu Conſtantinopel gedruckte Buch i. J. d. H. 1142 (1729);
97 Quartblätter.

10) Tahkiki Tewfik, d. i. die Bewährung der Leitung, die
Geſchichte der Friedensverhandlungen mit Nadir Kulichan, vom
Großweſir Raghibpaſcha; auf der kaiſ. Hofbibliothek und in der
des Herrn Grafen von Rzewuski.

11) Suri humajun, d. i. die kaiſerliche Hochzeit, d. i. Be=
ſchreibung der Feyerlichkeiten der Vermählung der Töchter Ah=
med's III. i. J. d. H. 1136 (1723); 24 Quartblätter; auf der
kaiſ. Hofbibliothek.

12) Mukalemati Mißri we Schami, d. i. die Geſpräche
des Ägypters (eines Moslims) und des Syrers (eines Chriſten)
über die Begebenheiten der Zeit; eine politiſche Flugſchrift des
franzöſiſchen Bothſchafters Ferriol; 65 Quartblätter; auf der
kaiſ. Hofbibliothek.

13) Medſchmu ala wekaii Mißr, d. i. Sammlung über die
Begebenheiten Ägyptens, arabiſch, über die Begebenheiten Kai=
ro's v. J. d. H. 1100 (1688) bis ins Jahr 1150 (1737); auf
der kaiſ. Hofbibliothek.

14) Risalei Dürri Efendi, d. i. die Geſandtſchaftsbeſchrei=
bung Dürri Efendi's, des osmaniſchen Bothſchafters in Perſien,

i. J. d. H. 1133 (1720); ins Französsche übersetzt von Petis de la Croix; gedruckt zu Paris 1810.

15) Tebbirati pesendide, d. i. die wohlgefälligen Anschläge, von Nuuman Efendi, Lagerrichter Mengligiraï's, dann Abgränzungs = Commiffär, zerfällt in drey Theile, deren erster die Geschichte seines Aufenthaltes in der Krim, der zweyte die österreichische Abgränzung von 1740, der dritte die Begebenheiten seiner Reise in Begleitung des an Nadirschah bestimmten Gesandten bis Hamadan, enthält; ein Quartband von 161 Blättern; auf der kaiserl. Hofbibliothek.

16) Tarichi Alipascha, d. i. die Geschichte Alipascha's, des Sohnes des Arztes, welcher dreymahl Großwesir gewesen, von Siaji, dessen Sohne; ein Quartband von 167 Blättern; auf der kaiserl. Hofbibliothek.

17) Bericht über den Entsatz von Bagdad durch Topal Osmanpascha i. J. 1733, scheint aus dem Französsichen des Dr. Jean Nicodeme übersetzt zu seyn; ein Quartband von 28 Blättern; auf der kaiserl. Hofbibliothek.

18) Tarichi Silistra, d. i. die Geschichte Silistra's während desselben Krieges, von Mahmud Sabit, ein Quartband von 28 Blättern; auf der kaiserl. Bibliothek; ein zweytes schönes Exemplar von 78 Blättern.

19) Chulaßatul = achbar, d. i. der Ausbund der Nachrichten, von Resmi Ahmed Efendi, ins Deutsche übersetzt von Hrn. v. Diez, unter dem Titel: Wesentliche Betrachtungen von Resmi Ahmed Efendi. Berlin, 1813; ein Quartband von 45 Blättern, auf der kaiserlichen Hofbibliothek.

20) Tedbiri dschedid, d. i. neuer Rathschlag, von Dschanikpascha, enthält Vorschläge von Verbesserungen der bestehenden Einrichtungen v. J. d. H. 1190 (1776); ein Octav von 71 Blättern; auf der kaiserlichen Hofbibliothek, und auf der königl. Bibliothek zu Berlin unter den v. Diez'schen Handschriften, in Octav Nr. XIII., unter dem Titel: Tertibi dschedid, d. i. die neue Anordnung, von Dschanikpascha.

III. Biographifche Werke.

21) Seili Uschakisade, d. i. die Fortsetzung Uschakisade's, des Biographen der Gesetzgelehrten, von der Regierung S. Mu-

rab's **IV.** angefangen, bis zu Ende der Regierung S. Ahmed's **III.**, von Scheichi und deſſen Sohne. Dieſes große Werk
in zwey großen Foliobänden (der erſte von 369, der zweyte von
388 Folioblättern) umfaßt nicht nur die fünf Regierungen: Sultan
Murad's **IV.**, S. Ibrahim's, S. Mohammed's **IV.**, S. Suleiman's **II.** und S. Ahmed's **II.**, durch welche Uſchaki den Attaji fortgeſetzt hat, ſondern auch die S. Muſtafa's **II.** und S.
Ahmed's **III.** bis zum J. d. H. 1143 (1730), in allem nicht
minder als 2000 Biographien.

22) Teſkeretul = Schuara, d. i. Verzeichniß der Dichter,
von Salim; enthält die Lebensbeſchreibungen von 410 Dichtern;
ein ſchöngeſchriebener Folioband von 182 Blättern; auf der kaiſ.
Hofbibliothek.

23) Seili Hadikatul = Wuſera, d. i. Fortſetzung des Gartens der Weſire, d. i. der Lebensbeſchreibungen Osmanſade Efendi's, von Schehriſade Mohammed Said Efendi, 78 Blätter in
gr. 8.; enthält die Biographien von zwey und dreyßig Großweſiren, bis ins Jahr 1170 (1756); auf der kaiſerl. Hofbibliothek.

24) Seili ſuli Hadikati Wuſera, d. i. Fortſetzung der
Biographien der Großweſire, von Dſchawid Efendi, enthält die
Biographien von fünf und zwanzig Großweſiren, von Raghib
bis Juſuf Sia; ein Octavband von 46 Blättern; auf der kaiſ.
Hofbibliothek.

IV. Sammlungen von Urkunden und Staatsſchriften.

25) Telichißati Raghibpaſcha, d. i. die Vorträge Raghibpaſcha's mit ſeinem Diwan, in einem Bande; auf der kaiſ. Hofbibliothek.

Ein und sechzigstes Buch.

Die osmanische Geschichte wird menschlicher. Husein Köprili, Rami, Maurocordato. Feisullah, der Mufti. Daltaban und der Kislaraga Nesir. Der Sultan zieht zu Adrianopel aus und zu Constantinopel ein. Türkischer Bothschafter zu Wien. Pohlischer Gesandter und kaiserlicher Bothschafter. Des letzten Verrichtung. Pohlische, venetianische und russische Bothschaft. Venetianischer und russischer Friede. Ferriol und Sutton. Ragusa's und Guriel's Gesandte. Verkehr mit Persien und Marokko. Feldzug wider Baßra. Die Pilgerkarawane. Die Sürre und der Scherif von Mekka. Ägypten und die Raubstaaten beruhigt. Die Krim und Dewletgirai. Köprili's Einrichtungen. Des Mufti Hirtenbrief. Köprili's Entlassung und Tod. Gelehrte und Dichter seiner Zeit. Daltaban Großwesir. Kleiderordnung; finanzielle Maßregeln. Hasan der Flüchtige vogelfrey. Armenier verfolgt. Festungsbau. Unruhen der Krim. Daltaban hingerichtet. Feldzug wider Georgien und Gränzberichtigungen. Rami's Verwaltung. Brancovan als Fürst der Walachey bestätiget. Staatsbeamte geprügelt. Samen von Unzufriedenheit und Aufruhr, dessen Beginn, Fortschritte und Ende mit der Entthronung S. Mustafa's.

Endlich kann der Schreiber und Leser osmanischer Geschichte freyer aufathmen von dem erstickenden Brodem der Blutqual. Zwar umfaßt dieser Zeitraum noch zwey Thronumwälzungen durch Aufruhr, aber keine von beyden mit Sultansmorde gebrandmarkt, und noch mehrere blutige Kriege und Hinrichtungen, aber dennoch lichtet sich allmählich die Nacht der Barbarey, und es ziehen durch dieselbe keine Gräuelerscheinungen mehr, wie die Tyranney Murád's IV., die Soldatenanarchie während der Minderjährigkeit Mohammed's IV. und die Mordpolitik des alten Köprili. Die starre Eisrinde des Türkenthumes thauet wenigstens von außen auf, in dem warmen Verkehre europäischer Politik und Cultur, es weht ein sanfterer Hauch menschlicher Milde und feiner Gesittung, und mit der Epoche der Druckerey ist auch im os-

manifchen Reiche, wie dritthalb Jahrhunderte früher im übrigen Eu=
ropa, ein neues Leben erwacht. Während die Grundpfeiler des Ge=
bäudes osmanifchen Staatsrechtes, die militärifchen Einrichtungen
Urchan's und Murad's I., die Kanunname Mohammed's II., Sulei=
man des Gefezgebers, Ahmed's I. und Mohammed's IV. noch auf=
recht ftehen, wird von nun an denfelben doch manches neue Außen=
werk angebaut, und die osmanifchen Gefchichten enthalten einige Kun=
de innerer Veränderungen und Einrichtungen, wovon in den früheren
auch nicht die geringfte Spur. Wiewohl die Erfahrung von der Stä=
tigkeit öftlicher Sazung und Sitte im Gegenfaze weftlicher feit Jahr=
hunderten befprochen worden, fo ift dieß doch nur fcheinbare und keine
wirkliche Unveränderlichkeit, weil nichts in der Natur und Gefchichte
unwandelbar. Die Firfterne ftehen fürs Menfchenauge durch Jahr=
hunderte unverrückt, während fie auf der Bahn des Weltfyftems zur
Vollendung der großen Periode fortfchreiten. So befteht ein Fort=
fchreiten der Sittigung und Bildung im Morgenlande, und eine
Rückwirkung des Weftens auf den Often. Selbft den Chinefen nimmt
die europäifche Cultur, troz der großen Mauer, durch den Meerhan=
del im Rücken, und die Juden verfchmelzen allgemach mit chriftlichen
Gemeinen. Widerftrebender Regierungen und Völker harrt das Loos
der Mauren in Spanien und der Kinder Israels. Es ift ein großer
Unterfchied zwifchen dem Moslim als Beherrfcher und als Unterthan
von Chriften. Das ruffifche Reich zählt fünfthalb Millionen moslimi=
fcher Unterthanen, und das brittifche in Indien deren doppelt fo viel,
die Reiche Aftrachan's und der Krim find dem ruffifchen, die Baber's
und Tipu Saib's dem brittifchen einverleibt worden, und im Kremel
ruhen die Herrfcherfymbole der Tatarchane von Aftrachan und der
Krim friedlich neben einander, wie im Haufe der oftindifchen Gefell=
fchaft zu London die Kronen Tipu Saib's und Ceilon's als ausge=
diente. Die höchfte Unduldfamkeit des Islams liegt vor Augen in
dem Gefeze deffelben und in den Regierungen der denfelben beken=
nenden Dynaftien; die Gefchichte der ihnen unterworfenen Chriften
hat nichts zu erzählen, als den Gewaltsbrauch der Tyranney und die
Entwürdigung der Sclaverey. Man hat fich in jüngfter Zeit viele
vergebliche Mühe gegeben, eine Gefchichte des griechifchen Volkes un=
ter der osmanifchen Herrfchaft zufammenzuftoppeln; die Ereigniffe des=
felben find eben fo undenkwürdig, als die der Armenier, fey es unter
osmanifcher, fey es unter perfifcher Herrfchaft. Was aber vom Mos=
lim als Herrfcher über Chriften gilt, leidet auf ihn, als Unterthan
von chriftlichen Fürften, keine politifche Anwendung. Als die Krim
dem ruffifchen Reiche einverleibt ward, war allen Mohammedanern,
die davon ziehen wollten, die Auswanderung geftattet. Niemanden
ift's in den Sinn gekommen, die Einwohner derfelben mit Gewalt
zu vertreiben; eine folche Abficht wäre chriftlicher Duldfamkeit eben

so unwürdig, als europäischer Politik. Ein Anderes ist's, die Christen aus dem eisernen Joche moslimischer Herrschaft zu befreyen, und
ein Anderes, hundertjährige Landsassen aus gesetzlichem Besitze von
Haus und Hof zu vertreiben. Dem moslimischen Herrscher bleibt im
überwältigenden Verlaufe der Zeit doch zuletzt keine Wahl übrig, als
entweder seiner Herrschaft über den christlichen Unterthan zu entsagen,
oder dieselbe vernunftgemäß zu mildern. Daß die osmanischen Sultane diese Nothwendigkeit schon zu Ende des siebzehnten Jahrhunderts gefühlt, ist bey der ersten Erscheinung des Nisami dschedid, d. i.
der neuen Ordnung, als dasselbe als eine neue für christliche Unterthanen wohlthätige Einrichtung zuerst ins Leben trat, zu Ende des
vorigen Zeitraumes bemerket worden. Weit anschaulicher tritt in dem
vorliegenden die Einwirkung europäischer Politik vorzüglich durch das
Mittel der Diplomatie hervor. Gesandtschaften sind wohl auch früher
gewechselt worden, und seit dem Beginne des siebzehnten Jahrhunderts residirten die Bothschafter der Seemächte, wie schon früher die
Venedigs und Frankreichs an der Pforte. Österreichische und pohlische
Bothschafter kamen und gingen, aber die von Zeit zu Zeit in die
Christenheit gesandten türkischen erschienen in den europäischen Hauptstädten nur wie seltsame Vögel fremder Zonen, die aus ihrem Vogel-
bauer nichts von dem, was sie umgab, gelernt. Erst mit dem Beginne des achtzehnten Jahrhunderts brachten türkische Gesandte einen
Anstrich europäischer Bildung nach Hause, erst durch die Bevollmächtigten des Carlowiczer Friedens, welche mit demselben die Begrän-
zung des osmanischen Reiches als eines erobernden unterzeichneten,
ging ein neuer Geist europäischer Diplomatie in die Türken über,
und von nun an stand die osmanische Politik mit der europäischen im
innigsten Verkehre.

Ehe wir von dem russischen Frieden, welcher im nächsten Jahre
auf den der übrigen drey Mächte zu Carlowicz geschlossenen folgte,
ehe wir von den Bothschaften, welche diesen Frieden besiegelten, und
von der langentbehrten Ruhe, die er dem Reiche gewährte, sprechen,
umfasse im Umblick die damahlige Vertheilung der Regierungsmacht
unter ihre verschiedenen Theilhaber, und der Erzählung der Begebenheiten gehe die Kenntniß der Männer, welche dieselben herbeygeführt
oder zugelassen, voraus. An der Spitze der Geschäfte stand als Großwesir der vierte Köprili, Amudschasade Husein, der Neffe des alten
Köprili, der Vetter Ahmed's (des zweyten) und des Tugendhaften
(des dritten Köprili). Unter der Großwesirschaft seines Oheims und
seiner Vettern zu den Geschäften groß gezogen, war er mit Kára
Mustafa vor den Wällen Wien's, dann als Festungsbefehlshaber zu
Schehrsor, Amasia, an den Dardanellen [1]), und dann zu Belgrad
gestanden, wo er dem regierenden Sultan das Heer nach Wardein zu

[1]) Osmansade Efendi's Biographien der Großwesire.

führen vorſchlug, und den Zug nach Temeswar mißrieth [1]). Das
Verderben von Zenta beleuchtete die Zweckmäßigkeit ſeines Rathes,
und als er an des gefallenen Großweſirs Elmas Stelle getreten,
hatte er dem Reiche den ſo nöthigen Frieden gegeben, deſſen Erhal=
tung ſein erſtes Augenmerk. Ein freygebiger, großmüthiger Herr,
Freund der Wiſſenſchaften und Dichter, denen er für eine Kaßide
hundert und zweyhundert Ducaten ſchenkte [2]). Den Scheichen Con=
ſtantinopels gab er jährlich fünfhundert Beutel, und unter die Armen
ließ er täglich tauſend Aspern vertheilen [3]). Ihm zunächſt an Geiſt
und Macht der Reis Efendi Rami, der Sohn eines der Waſſerbau=
übergeher zu Conſtantinopel aus der Vorſtadt Ejub, der eine Zeit
lang ſeines Vaters Brot verfolgend, dann unter die Schreiber auf=
genommen ward, als ſolcher dem Dichterfürſten Nabi ergeben, wel=
cher der Secretär des Großweſirs Kara Muſtafa. Mit demſelben
wetteiferte er in Gedichten und übertraf denſelben bey weitem in der
Kunſt ſchriftlicher Auffätze, indem die Sammlung ſeiner Staatsſchrei=
ben das ſeitdem unübertroffene Muſter reinen und zierlichen Geſchäfts=
ſtyles [4]). Als Nabi zum Kiaja befördert worden, trat Rami an deſſen
Stelle als Secretär Kara Muſtafa's ein; nach dem Tode deſſelben
war er Beglikdſchi, d. i. Unter=Staatsſecretär, Staatsreferdär des
Reis Efendi, dann ſelbſt Reis Efendi geworden [5]), und hatte als
ſolcher, zur Schließung des Friedens von Carlowicz bevollmächtigt,
denſelben mit dem Pfortendolmetſch Maurocordato unterzeichnet.
Dieſer der Sohn eines Seidenhändlers von Chios und Loxandra's,
der Tochter des reichen Ochſenlieferanten Skarlatos, hatte den Nah=
men des Großvaters als den ſeinigen angenommen, ſo daß er in der
osmaniſchen Geſchichte und in dem Diplome Kaiſer Leopold's als Sohn
des Skarlatos erſcheint. Seine Studien hatte er zu Padua als Doc=
tor der Philoſophie und Arzneykunde vollendet, und zu Conſtantino=
pel als Profeſſor an der Patriarchalkirche und als ausübender Arzt
bethätigt; als ſolcher gewann er des Großweſirs Ahmed Köprili Ver=
trauen, wie vor ihm Panajotti, und folgte demſelben nach als Pfor=
tendolmetſch, als welcher er mit Kara Muſtafa im Lager vor Wien.
Nach dem Sturze Kara Muſtafa's von deſſen Nachfolger, dem Groß=
weſir Kara Ibrahim, verfolgt, hatte er den Kopf nur mit Verluſt
ſeines ganzen Vermögens gerettet, und an ſeine Stelle war der Rene=
gate Seferaga als Pfortendolmetſch getreten [6]). Bald wieder in ſeine
Stelle eingeſetzt, ging er nach der Thronbeſteigung Suleiman's II.
mit Sulfikar Efendi als Bevollmächtigter nach Wien, von wo er nach
faſt dreyjähriger Gewahr unverrichteter Dinge zurückgekommen. Glück=

[1]) Raſchid I. Bl. 264. [2]) Derſelbe Bl. 265 Z. 3. [3]) Geſchichte auf der
Berl. Bibl. unter den v. Diez'ſchen Handſchriften Nr. LXXV. Bl. 176. [4]) Auf
der kaiſerl. Hofbibl. Nr. 423, und eine davon verſchiedene Sammlung unter
den Quellen dieſes Bandes. [5]) Osmanſade's Biographien der Großweſire.
[6]) Cantemir II. Bd. I. IV. Note m; und Carra Histoire de la Moldavie
et de la Valachie, à Jassy 1777, p. 120.

licher hatte er zehn Jahre hernach den Frieden von Carlowicz zu
Stande gebracht, die Seele aller Verhandlungen desselben und der
ganzen auswärtigen Politik der Pforte, von derselben mit dem neuen
Ehrentitel eines geheimen Rathes und des Erlauchtesten ausgezeich=
net, vom Kaiser Leopold in den Reichsgrafenstand erhoben, Sein
mächtiger Einfluß wirkte, wie der seines Vorfahrs, des großen Pa=
najotti, wohlthätig für seine Glaubensgenossen und für den Verkehr
mit christlichen Mächten; dreyen Köprili ergeben, hatte er an den
weisen und wohlthätigen Maßregeln derselben Antheil, besonders un=
ter dem letzten; mit welchem und mit Rami er das Kleeblatt friedlie=
bender gemäßigter Politik, aber kein ausschließlich herrschendes
Triumvirat, indem alle drey sich beugen mußten, vor der übergewal=
tigen Herrschaft des ehrgeizigsten und reichsverderblichsten aller Mufti,
des Mufti Feifullah.

Feifullah, der Sohn Mohammed's, eines Seid's, d. i. Prophe=
tenabkömmlinges, aus Erserum, welcher seinen Stammbaum bis zum
Seid Schemseddin Tebrisi, dem Freund und Lehrer Mewlana Dsche=
laleddin's, des größten mystischen Dichters, hinaufleitete, war mit
dem berüchtigten Scheich Wani, dem strengorthodoxen Hofprediger
Mohammed's IV., schon vor drey und dreyßig Jahren von Erserum
nach Constantinopel, und als Eidam Wani's bald zu solchem Ansehen
gekommen, daß er mit demselben den Zutritt zum Sultan, und dann
die Lehrerstelle bey den Prinzen Mustafa und Ahmed erhielt. Ein
nicht oberflächlicher Gesetzgelehrter, Verfasser mehrerer Commentare und
Abhandlungen [1]), aber noch weit herrschsüchtiger und ehrgeiziger als
gelehrt, hatte er sich schon unter der Regierung Sultan Ahmed's II.
zum ersten Mahle, und unter Sultan Mustafa II. zum zweyten Mah=
le zur höchsten Würde des Gesetzes emporgeschwungen, aber erst seit
dieses Sultans Regierung hatte die seinige begonnen. Er benützte sei=
nen Einfluß auf den Sultan seinen Zögling zur Erhebung seiner Fa=
milie mit Hintansetzung aller Rücksichten für die würdigsten Ulema
und aller Formen der hergebrachten Einrichtung. Nicht damit zufrie=
den, den ältesten seiner Söhne als Nakibul eschraf, d. i. Vorsteher
der Emire Prophetenverwandten, eingesetzt zu haben, begehrte und
erhielt er für denselben nicht nur den Titel und Rang eines Mufti,
wovon schon vormahls der ehrgeizige und eitle Karatschelebi Abdulasif
das einzige seitdem unnachgeahmte Beyspiel gegeben [2]), sondern auch
die Anwartschaft auf die höchste Würde des Gesetzes vermög sultani=
schen Diploms [3]). Ein anderer seiner Söhne, Ahmed, erhielt als
Richter von Brusa den Rang eines Oberstlandrichters von Anatoli [4]),
und ein dritter, Mustafa [5]), die Stelle als wirklicher Oberstlandrich=
ter von Anatoli. Ein vierter, Ibrahim Efendi, wurde als Lehrer des

[1]) Seine Biographie in denen Scheichi's die 1395. [2]) S. III. Band S. 356.
[3]) Raschid I. Bl. 249 u. 260. [4]) Derselbe Bl. 263. [5]) Derselbe Bl. 274.

Kronprinzen Mahmud ¹); Ibrahim's Oheim, Ahmed, als Richter
von Mekka ²), und wieder ein anderer Verwandter, Esseid Moham=
meddede, als Oberstlandrichter Rumili's angestellt ³). Abdullahbeg,
einer der beyden Söhne des dritten Köprili, erhielt ohne vorherge=
hende Dienste oder andere Verdienste den Westkscharakter, nicht so=
wohl, weil er der Sohn vom Vetter des Großwesirs, sondern weil
er der Schwiegersohn des allmächtigen Mufti ⁴). Unter den Paschen
Statthaltern war sein vorzüglichster Schützling Mustafa, beygenannt
Daltaban, d. i. von der engen Fußsohle ⁵) (ein Beynahme starker
Fußgeher, als ob sie sich die Sohlen weggingen), erst ein gemeiner
Janitschare aus dem Dorfe Petritschik bey Monastir ⁶), des Lesens
und Schreibens unkundig, dann unter dem Großwesir Kara Ibrahim
erster Zeltaufschlager, Überbringer der Vorträge, dann Kämmerer,
Aga der Dschebedschi und dann der Janitscharen; als Befehlshaber
von Babataghi mit zwey Roßschweifen, war er in die Moldau einge=
fallen, und vor Soroka's Mauern erschienen, und hatte mit der Be=
lagerung dieser Stadt eben sowohl, als mit dem Versuche, die Pohlen
zum Frieden zu bereden, gescheitert ⁷). Hierauf Statthalter von Ana=
toli mit drey Roßschweifen wurde er bey seiner Rückkehr ob großer
Bedrückungen und Grausamkeiten belangt, und würde vom Groß=
wesir Elmas Mohammedpascha die verdiente Todesstrafe empfangen
haben, wenn ihn nicht schon damahls der Mufti Feisullah in Schutz
genommen, die Todesstrafe in einen Verbannungsbefehl an die bos=
nische Gränze verwandelt hätte ⁸). Diese Verbannung rettete ihn von
Zenta's mörderischer Schlacht, und ward ihm neues Erfolges Quell,
indem er als Serasker in Bosnien in Einem Feldzuge vier und zwan=
zig feste Schlösser dießseits und jenseits der Sava zurückeroberte. So
ward er, da Ismailpascha, der Statthalter von Bagdad, den auf=
rührerischen Arabern von Baßra und Kawarna nicht gewachsen, zum
Statthalter von Bagdad ernannt ⁹). Es beugten sich zwar die Ara=
ber, wie nachher erzählt werden wird, seinem Joche, aber vor sei=
ner Tyranney und Grausamkeit schauderte die Menschheit auf. An der
Zerstörung des französischen Consulats und der französischen Kirche zu
Bagdad legte er selbst Hand an, mit einem Hauenstoß gegen die Mauer
das Signal der Zerstörung gebend ¹⁰); dem schwangeren Weibe eines
arabischen Scheichs, welches das Geld ihres Mannes bekennen sollte,
ließ er durch Schlangen den Bauch aufbeißen, daß das Kind eher ge=
tödtet als geboren, die Mutter dann in den Tiger geworfen ward ¹¹).
Der Kiaja des Großwesirs (Minister des Inneren), war dermahlen
Hasan, als der flüchtige Hasan übelberüchtigt, als nachmahliger Kai=

---

¹) Raschid I. Bl. 261. ²) Scheichi's Biographien die 1318. ³) Raschid I.
Bl. 261. ⁴) Derselbe Bl. 260. ⁵) Nicht sans chaussure, wie Cantemir II. L. IV.
und 99 sagt. ⁶) Gesch. auf der Berliner Bibl. Bl. 205. ⁷) Cantemir II. L. IV.
n. 30 u. 31. ⁸) Osmansade Efendi. ⁹) Raschid I. Bl. 250. ¹⁰) Paul Lucas
(troisième voyage) Paris 1731 P. 340. ¹¹) Eben da S. 343.

makam großen Unheils Quell [1]). Mit der Stelle des Kaimakams
war auch ein Hasan, beygenannt der Eidam, bekleidet, welchem die
Hand der Sultaninn Chadischa, der verlobten Braut des Großwefirs Kara Mustafa, und später die Großwesirschaft geworden [2]). Der
Tschauschbaschi Mustafaaga [3]) war der Eidam des hingerichteten Großwesirs Kara Mustafapascha; des Großwesirs Kara Mustafa's Sohn,
Alibeg, hob sich mittelst des jetzigen Großwesirs Gunst für seine Verwandte (Kara Mustafa's erste Gemahlinn war die Schwester des zweyten und dritten Köprili gewesen), durch den Wesirscharakter als Statthalter von Kandien und die Hand der Prinzessinn Nakije, Tochter des
regierenden Sultans [4]). Ihre Schwestern, die fünf- und sechsjährige
Sultaninn Aische und Emine, wurden den Statthaltern von Damaskus und Erserum, Hasan und Nuumanpascha, verlobt [5]), und denselben, von den durch ihre Tante Ummi erledigten Krongütern sechzigtausend Piaster jährlicher Einkünfte von den Steuern der turkmanischen Stämme Torghud und Uschak angewiesen; weil aber Hasanpascha bald hernach in Ungnade fiel, wurde mit der erledigten Hand
der Sultaninn der Silihdar, nachmahliger Günstling und Großwesir,
Alipascha von Tschorli, begnadigt. Kapudanpascha war noch Hussein-
pascha Mezzomorto, der Sieger über venetianische Flotten, der Eroberer von Chios [6]), und Kislaraga war jetzt Nesir, Linkhand beygenannt, weil er mit der linken Hand schrieb und focht, so wie er sich
von der rechten Seite des Pferdes in den Sattel schwang, ein ritter-
licher und geistreicher Eunuche, dem Verse und Poesie eben so leicht
vom Munde flossen, als das Gold aus der Hand [7]). Dieß waren die
leitenden Männer der Regierung Sultan Mustafa's.

Sechs Monathe waren seit dem Schlusse des Carlowiczer Friedens verflossen, und die Zeit herangerückt, wo nach den Artikeln
der verschiedenen Tractate zur Auswechslung der Bestätigungen die
Bothschafter des Kaisers, Pohlens, Venedigs und der Rußlands zum
endlichen Abschlusse eintreffen mußten. Um dieselben nicht zu Adrianopel, sondern in der Hauptstadt des Reiches im vollsten Staate zu
empfangen, wurde beliebt, daß der Sultan nach Constantinopel zu-
rückkehre. Ende Augusts hatte der feyerliche Auszug nach hergebrachtem Brauche der Ordnung und Kleidung Statt. Vor Sonnenaufgang
versammelten sich die Wesire und Emire, die Säulen des Diwans
und die Kanzleyvorsteher der Kammer, d. i. die Chodchagian, an der
Pforte des Serai, wo der Sultan in zottigem Oberkleide gekleidet,
mit Sabel und Köcher, und dem täglichen Kopfbunde angethan, das
Pferd bestieg. Der Mufti, die beyden Oberstlandrichter, der Vorste-

[1]) Gesch. auf der Berl. Bibl. Bl. 256. [2]) Eben da Bl. 311. [3]) Raschid I.
Bl. 259. [4]) Derselbe Bl. 261. Gesch. der Berl. Bibl. nennt sie Seineb. Bl. 160.
[5]) Raschid I. Bl. 261. [6]) H. Chalfa's fortg. chronol. Tafeln S. 232. [7]) Raschid I. Bl. 264, und Resmi's Biographien der Kislaraga die XXXIII.

her der Prophetenverwandten, die großen Ulema erſchienen in großem
wulſtförmigem Kopfbunde, und in vierärmligen Pelzen. Der Großweſir auf mit Diwansreitzeug geziemirtem Pferde in Staatspelz, der
über rothes Tuch ausgeſchlagen, mit dem Kallawi, d. i. mit dem pyramidenförmigen großen Turban, durch welchen ein breiter goldener
Streif in der Linie der Sonnenbahn läuft, in Pluderhoſen von Sammt,
mit Bogen und Köcher nach Art der Tſcherkeſſen angethan. Der Defterdar, der Reis Eſendi und Defter Emini (Intendent der Kammer)
in zobelausgeſchlagenem weitem Oberkleide, mit rundgewundenem
Turban nach der Form Sultan Selim's, mit Bogen und Köcher auf
tſcherkeſſiſche Manier; die beyden Oberſtſtallmeiſter, die Aga der
Sipahi und Silihdare, die Kämmerer in, außen und innen mit Pelzwerk ganz ausgeſchlagenen, Halbpelzen, die Chodſchagian mit walzenförmigen hohen Staatsturbanen [1] und weiten Oberkleidern aus Zobel;
die kaiſerlichen Handpferde mit Diwansreitzeug und edelſteinbeſetzten
Schilden geſchmückt. In dreyzehn Tagen kam der Sultan jagend und
zu Pferd, der Großweſir und Mufti zu Wagen nach Siliwri (Selym-
bria), in deſſen Nähe ein Meierhof des Großweſirs. Hier bewirthete
10.
Sept.
1699
er den Sultan, und am folgenden Tage die Walide. Zwey Tage hernach hatte der feyerliche Einzug zu Conſtantinopel, von Daudpaſcha
aus, Statt, welchen ein Augenzeuge, der als ſolcher meiſtens verläßliche La Motraye, zwar in fünf und achtzig Artikeln, aber wie er
ſelbſt geſteht, doch nicht vollſtändig beſchrieben [2]. Achtzehn Geſchwader Sipahi und fünfzehn Kammern der Janitſcharen eröffneten den
Zug, mit den kaiſerlichen Roßſchweifen und dem kaiſerlichen Schatze
in ſcharlachüberzogenen Truhen, vom Finanzminiſter (Defterdar) und
dem Schatzmeiſter des Sultans (Chaſinedar) begleitet, von ſechshundert Zeugſchmieden, eben ſo vielen Kanonieren, vierhundert Minie-
rern und fünfhundert Gartenwachen gedeckt. Ihnen folgten die unterſten Bedienſteten des Serai, die Köche, Zuckerbäcker, Holzhauer,
Waſſerträger, Thorhüther, Badewärter, Bartſcherer und Nägel-
ſchneider, die Lehrer, Imame, Ärzte der Pagenkammern, dreyhundert ſechzig Tſchauſche mit ihrem Oberhaupte, dem Reichsmarſchall,
zweytauſend Inhaber kleiner Lehen (Timar) und großer (Siamet),
der Miniſter des Inneren und der Staatsſecretär für den Nahmenszug des Sultans, der Janitſcharenaga und Oberſthofmeiſter des Serai, der Richter der Hauptſtadt und der Reis Eſendi, vier Weſire
der Kuppel, vier Verwalter kaiſerlicher Moſcheen, die ſechs Roßſchweife des Großweſirs, ſeine Heermuſik und Leibwachen, nähmlich
die Herzhaften (Gönüllü), die Tollkühnen (Deli), ſeine Laufer (Schatir), Lakayen (Tſchokadar). Der Großweſir ſelbſt und der Mufti auf

[1] Raſchid I. und Geſch. der Berliner Bibl. [2] Voyage du S. de la
Motraye, à la Haye 1727, zwey Foliobände. I. p. 253. Geſch. auf der Berl.
Bibl. XIII. Bl. 152 u. 153.

arabiſchen, reichgeziemirten Pferden, die Steigbügel und der Zaum
von Silber, der Sattel mit Edelſteinen eingelegt, auf der rechten
Seite des Pferdes hing der Säbel in juwelenbeſetzter Scheide, Keule
und Streithammer aus Silber reich vergoldet; die Turbansbewahrer
trugen die Staatsturbane nach, dieſelben in ihrer Linken von blumen=
durchwirktem Dünntuch bedeckt haltend. Der Weſir Kaimakam, die
beyden Oberſtlandrichter, die Beglerbege, die Fahne des Propheten
und der Koran in goldenem Behältniſſe auf ſtattlichem Kamehle, die
Leibwachen des Sultans, d. i. die Lanzenträger und Bogenſchützen,
zwiſchen deren Reigern die Diamanten ſeines Turbans wie Sonnen=
ſtrahlen aus lichtem Gewölke durchblitzten; hinter ihm die vier erſten
Pagen der innerſten Kammer, nähmlich der Träger des Säbels, der
Kanne, des Turbans und des Kaftans. Der Kiſlaraga von den ſchwar=
zen und weißen Verſchnittenen, den Pagen der inneren und äußeren
Kammern begleitet, vierzig Handpferde, denen die kaiſerliche Jäge=
rey, die Falken= und Sperberjäger, die Doggen= und Spürhund=
wärter, die Stummen und Zwerge nachtraten. Sipahi, Dſchebedſchi,
Topdſchi, Janitſcharen, wie zu Anfang des Zuges, welchen die La=
kayen der Paſchen, die Zeltaufſchlager mit dreyhundert Kamehlen
und Dromedaren, und endlich die Waſſerträger mit ihren ſchlauchbe=
laſteten Pferden beſchloſſen.

Der Andrang von Bothſchaftern, deren Sendung und Empfang
durch den Carlowiczer Frieden herbeygeführt worden, beſchäftigte nun
die Pforte und die Hauptſtadt. Noch zu Adrianopel hatte der erſte poh= Junius
liſche Geſandte, Stanislaus Rzewuski, Staroſte von Chelm ¹), die 1699
Beſtätigung des Carlowiczer Friedens gebracht und empfangen, Ge=
ſchenke in Silbergefäßen dargebracht, und täglich zweyhundert ²) Pia=
ſter an Lieferungsgeldern erhalten. Hierauf hatte die vertragsmäßige
Räumung der in der Moldau gelegenen Örter Cecora, Soroka und
Camieniec's Statt. Siebenhundert vier= und ſechsſpännige, von den
Woiwoden der Moldau und Walachey herbeygeſchaffte Wagen führten
hundert acht und vierzig eherne und hundert zwey und zwanzig eiſerne
Kanonen, ſammt drey und zwanzig Bombenkeſſeln und allem Zubehör
von Camieniec an das Ufer des Dnieſter, auf welchem dieſelben
ſammt der Beſatzung nach Bender und Akkerman geſchafft wurden ³).
Noch unmittelbar vor dem Aufbruche von Adrianopel war der Groß=
bothſchafter nach Wien ernannt worden, Ibrahimpaſcha, ein geborner
Genueſer, welcher während Wien's Belagerung in Dienſten Kara
Muſtafa's, dann der Schatzmeiſter des Großweſirs Kara Ibrahim und
der Kiaja des Großweſirs Alipaſcha ⁴), als Befehlshaber von Camie=

<hr />

¹) Raſchid I. S. 250 Z. 2 v. u. die Geſchichte des Defterdars S. 274.
²) Geſch. des Defterdars. ³) Raſchid I. Bl. 151, und Geſch. des Defterdars
Bl. 378. ⁴) Raſchid I. Bl. 250. Defterdar Bl. 374. Geſch. auf der Berliner
Bibl. Nr. 75 Bl. 152. Gründ= und umſtändlicher Bericht von denen römiſch
Kaiſerlichen wie auch Ottomaniſchen Bothſchaften, wodurch der Frieden zu
Carlowicz beſtätigt worden. Wien 1702. Folio, und fünf andere Relationen
auf der Münchner Bibliothek.

nice und Negroponte, jenes wider die Pohlen, dieses wider die Venetianer vertheidigt hatte, jüngst Befehlshaber der Flotte auf dem
schwarzen Meere wider die Russen, und jetzt mit dem Range eines Pascha von zwey Roßschweifen, Statthalter von Rumili, zum Großbothschafter nach Wien ernannt. Als Geschenke für den Kaiser wurden ihm
mitgegeben ein Zelt, dessen Stangen mit vergoldeten Knaufen, dessen
innerer Überzug vielfarbiger blumengestickter Atlas; ein Reigerbusch
mit zwey und fünfzig Diamanten besetzt; ein mit fünfhundert ein und
dreyßig Diamanten, mit dreyhundert acht und dreyßig Rubinen besetztes Reitzeug, mit Gold und Schmelz geschmückt; eine doppelte goldene Kette, welche vom Sattel an das Gebiß reicht, mit den vergoldeten Knöpfen; ein goldener Gurt und goldene Halfter ¹); ein Paar
goldene Steigbügel, mit hundert acht und zwanzig Diamanten und
zweyhundert vier Rubinen eingelegt; eine gold- und perlengestickte
Schabrake, deren Quasten Perlen; eine Streitkolbe, an welcher siebzehn Rubinen und fünf und zwanzig Smaragden funkelten, und deren
Kopf Gold, sammt einem mit Smaragden und Perlen auf rothem
Brorat gestickten Bande; ein rothsammtner perlenbesetzter Sattel mit
rothsammtner goldgestickter Satteldecke und scharlacher Oberdecke; ein
anderes Reitzeug mit Lazurschmelze, hundert zwölf Smaragden, dreyhundert achtzig Rubinen verherrlicht, deßgleichen die dazu gehörige
Stirnbinde, das Mundstück und die Kette, silberne vergoldete Steigbügel, vergoldeter Sattelgurt, eine getriebene Keule; eine schwere
Schabrake aus rothem Tuche mit hundert sechs und zwanzig silbernen
Rosen, besetzt mit Korallenquasten, goldgestickte Satteldecke und goldgestickte Oberdecke aus Scharlach; eine Ambrakerze von dreyhundert
drey Miskalen (neun und achtzig Loth) Gewicht; zwanzig Moschusbla-
sen; dreyßig Bezoare; zwey Stücke gestreiften Goldzeuges auf rothem
Kottun aufgezogen; sechs Stücke schweren constantinopolitanischen
Goldstoffes; zwey und zwanzig constantinopolitanische mit Blumen
durchwirkte reiche Stoffe; zehn Stück Wollzeug für Turbane; hundert zwanzig von dem feinsten Musselin der Kaiserturbane; zwanzig
mit durchflochtenem Goldstreife; vier große persische Teppiche; fünfzehn gestickte turkmanische zur Verrichtung des Gebethes; fünfzehn
Pferde; eine silberne Kette, das Pferd anzubinden; ein silbernes
Tränkgeschirr; zehn persische goldgestickte Pferdkotzen; zwey Leoparden an silbernen Ketten. Die feyerliche Auswechslung des türkischen
Bothschafters mit dem kaiserlichen hatte zu Slankamen Statt, wo vor
acht Jahren in der berühmten Schlacht so viele Leben ausgewechselt
worden waren. Die türkische Bothschaft bestand aus nicht weniger als
siebenhundert Personen und neunhundert Pferden, Kamehlen und
Maulthieren, für welche der Bothschaft täglich Naturallieferungen,
hundert sechzig Gulden werth, und überdieß täglich hundert fünfzig

7. Dec.
1699

---

¹) Gründ- und umständlicher Bericht S. 64.

Thaler in barem Gelde verabreicht worden ¹). Am letzten Januar zog
der Bothschafter feyerlich zu Wien ein, vom Hofmarschall und vom 31.Jan.
Hofdolmetsche eingeführt. Den Zug eröffneten vier Wagen mit den Ge= 1700
schenken, die Leibwachen, die bosnischen Tollkühnen (Deli) und die
albanesischen Beherzten (Gönüllü), die große rothe Fahne mit den zwey
Roßschweifen, die acht Leibpferde des Bothschafters, jedes mit drey
Schabraken, eine aus Goldstoff, eine aus Silberstoff und eine dritte
aus Tiegerfell, auf der rechten Seite des Sattels hing ein großer silber=
ner Schild und Streitkolbe, Bogen und Köcher voll Pfeile; der
Bothschafter lag in einem türkischen mit rothem Tuche überzogenen
Wagen von sechs Schimmeln gezogen, deren Mähnen und Schweife
nach türkischem Geschmacke durch Henna roth gefärbt; vor dem Wa=
gen sechs feiner Lakayen mit kurzen Hellebarden, zur Seite vier
Jajabaschi, d. i. Janitscharenhauptleute, und vier Trabanten mit
Schilden und Pfeilen; hinter dem Wagen wurde fein Feldsessel von
rothem Sammt mit Gold gestickt, fein Turban mit grünem Tuche
überdeckt, getragen; der Schwertträger und der Siegelbewahrer, der
Schatzmeister und der erste Kammerdiener, und andere Hausofficiere
mit dem Zugehör ihrer Ämter, als: der Kannenträger mit Gieß=
kanne und Becken, der Kaffehkoch mit der Kaffehkanne, der Ober=
barbier mit Spiegel und Messer, der Wäschbewahrer mit Handtuch
u. f. w.; die Sänfte des Bothschafters, von zwey Pferden getragen,
sechzig Janitscharen mit langen, schweren, zur Erde gesenkten Flin=
ten, als die Wache der Geschenke, der Kiaja oder Hofmeister, und
der Oberstkämmerer des Bothschafters mit silbernem Stabe, der Di=
wan= Efendi und Imam, d. i. der Bothschaftssecretär und Both=
schaftscaplan, drey Fahnen und die türkische Musik, in deren gellen=
des Schalmeyen=, Zimbel=, Trompeten= und Paukengetön die große
tatarische Heertrommel mit dumpfem Schlag einscholl ²).

Vier Monathe vor dem feyerlichen Einzuge des türkischen Groß= 26.
bothschafters zu Wien, hatte dort der feyerliche Aufzug des kaiserli= Sept.
chen Großbothschafters, des ersten Bevollmächtigten zu Carlowicz, 1699
des Reichshofkriegspräsidenten Grafen von Öttingen, Statt gefun=
den, dessen Gefolge weniger zahlreich, als das des türkischen Both=
schafters, aber strahlender durch glänzende Nahmen. Nach den Cou=
rieren, Handpferden, Pagen, Trompetern, Musikanten, ritt der
Leibarzt des Bothschafters zwischen einem Apotheker und Wundarzte,
die beyden Beichtväter Benedictiner, der Bothschaftsmarschall, zwölf
Edelleute, je drey und drey, mit der Standarte des Öttingischen
Wapens, unter diesen Edelleuten ³) der Ingenieur=Hauptmann Jacob
von Rauschdorf und Wilhelm Ernest Schmid aus Anhalt=Zerbst, dem

____

¹) In der St. R. ²) Gründ= und umständlicher Bericht S. 52, und Relazione distinta e veridica della solenne intrata in Vienna della grande am-
basciata ottomana seguita addì 31 gennaro 1700 (foglio straordinario 3 Febr.).
³) Diarium. Augsburg 1701 S. 6 die Liste der Edelleute.

IV.   2

wir nach zwanzig Jahren wieder als Renegaten begegnen werden, der
Bothschaftsecretär Macari und der Secretär der orientalischen Sprachen, Lackoviz, und zwischen beyden Simpert, der Prälat der Bothschaft,
der Abt von Neresheim, welcher die ganze Bothschaft beschrieben [1]),
wie der Jesuite Taferner die des letzten Großbothschafters an der
Pforte, des Grafen Leslie; fünfzehn Grafen Bothschafts-Cavaliere,
je drey und drey, zwischen den Grafen Colloniz und Breuner der
Sohn des Bothschafters, die Leibstandarte aus Silberstoff tragend,
auf deren einer Seite das Bild unserer lieben Frau zu Alt-Oettingen,
auf der anderen der Doppeladler mit dem ungarischen, böhmischen
und österreichischen Wapen auf das reichste gestickt; die Grafen Diet-
richstein, von der Lippa, Swirby, Springenstein, L. Sinzendorf,
Thun, Saur, Kuefstein, Nostiz, die beyden Grafen Adolph und Carl
Sinzendorf, und zwischen beyden Adolph August, der Herzog von
Holstein, alle mit sammtenen scharlachrothen zobelverbrämten Hauben,
in vielfarbigen sammtenen Oberkleidern mit Unterkleidern aus Silber-
und Goldstück. Der Bothschafter das Haupt mit hochrothsammtenem
zobelausgeschlagenem ungarischem Kalpak bedeckt, mit schwarzem dia-
mantbesetztem Reizer, aus der kaiserlichen Schatzkammer entlehnt,
das weite Oberkleid aus Goldstoff innen und auch von außen auf dem
Rücken mit Zobel ausgeschlagen nach Art der Staatspelze des Sultans
und der Großwesire, mit türkischem juwelenbesetztem Säbel, von vier
und zwanzig Lakayen umgeben, mit türkischen Hacken in der Hand.
Außerhalb der vier und zwanzig Lakayen gingen vier und zwanzig
Trabanten, denen zwey tafftene Fahnen vorgetragen wurden, die eine
weiß und roth mit unserer lieben Frauen Bild von Alt-Oettingen,
die andere gelb und schwarz mit doppeltem Adler; ihre Oberröcke
scharlachroth mit vierzehn silbernen Spangen, die Unterröcke pome-
ranzenfarbener Seidenzeug mit blauen Binden, den Hellebarden das
Oettingische Wapen eingeschmolzen. Des Bothschafters Leibwagen mit
karmesinrothem Sammte gefüttert und sechs dänischen Pferden be-
spannt, zwey andere sechsspännige Wagen, und endlich der Wagenmeister zu Pferde. Nach feyerlicher Abschiedsaudienz trat der Bothschafter seine Reise in zwey und vierzig Schiffen auf der Donau an,
wurde zu Slankamen mit der türkischen ausgewechselt, und hielt in
selber Ordnung den feyerlichen Einzug zu Constantinopel. Für seinen
8. Febr. Unterhalt wurden ihm täglich vierzig Hühner, drey von Calicut, zehn
1700 Gänse, dreyßig Tauben, hundert fünfzig Okka des feinsten Mehles,
zehn Okka Früchte, dreyßig Okka Zugemüse, drey Ochsen, ein Kalb,
zehn Hämmel, fünfzig Kilo Gerste, zehn Zentner Stroh, drey Wa-

---

[1]) Diarium oder ausführliche curiose Reißbeschreibung von Wien nach
Konstantinopel, und von da wieder zurück in Teutschland. Augsburg 1701,
beschrieben von Simpert, des löbl. Gotteshaus Neresheim Ord. S. Bened.
Abbten, als J. C. des H. Großbothschafters Praelato domestico und eine Relation des Bothschafts-Secretärs Macari auf der kaiserl. Hofbibl.

gen Heu, dreyßig Lasten Holz, hundert zehn Okka Kohlen, ein Okka
Gewürz, und noch überdieß in barem Gelde täglich hundert fünfzig
Piaster, die damahls den Reichsthalern gleich [1]), verabfolgt. Noch
vor dem Eintritte des Fastenmondes [2]) wurde dem Bothschafter die
Audienz beym Großwesire, und drey Tage hernach die beym Sultan
gewährt; die letzte am Diwans = und Zahlungstage der Truppen,
denen über tausend fünfhundert Beutel, d. i. siebenmahlhundert fünf=
zigtausend Reichsthaler ausgezahlt wurden [3]). Als Geschenke des Kai=
sers brachte er dar: silberne Tischplatten, Kaminröste, Kühlkessel,
Leuchter, Gießbecken, Kannen, Kaffehschalen, Scherbetschüsseln, ver=
goldete Flaschen mit Ketten, Rauchfässer, Blumenkrüge, Wandleuch=
ter mit Spiegeln, Uhren, einen Kohlenherd aus getriebenem Silber
und einen künstlichen Springbrunn, über hundert Mark schwer; für
die Sultaninn Chaßeki einen ganz von Gold getriebenen Deckelkorb,
einen anderen mit vergoldeten Handhaben, einen silbernen weißen
ohne Deckel, eine Uhr mit Spiegeln, und eine andere mit Spiel=
werk, ein mit Steinen besetztes Juwelenkästchen, für die Sultaninn
Walide einen Kaffehtisch, vergoldete Blumenkrüge mit Laub und
Schmelz, zwey Wandleuchter, vier aus Silber geflochtene Körbe,
eine Scheibenuhr aus Fadensilber mit Steinen besetzt, eine künstliche
Uhr mit Spielwerk, sechs kleine Maykrüge von getriebener Arbeit
mit rothen Steinen und ein Juwelenkästchen. Für den Großwesir und
die sechs anderen, für den Mufti und Reis Efendi hatte er ebenfalls
silberne und vergoldete Gießkannen und Becken, Kühlkessel und De=
ckelkörbe, Rauchgefäße und Rosenwasserbehältnisse, Sack = und Stock=
uhren, Teller und Tassen, Leuchter und Spiegel, Schreibtisch und
Schreibzeug gebracht [4]). Die für den Sultan bestimmten Geschenke
wogen allein zweytausend Okka, d. i. fünf und vierzig Zentner Sil=
bers [5]); sämmtlicher Geschenke Werth drey und neunzig tausend sie=
benhundert sieben und fünfzig Gulden [6]). Es wurden von Seite des
kaiserlichen Hofes auch der türkischen Bothschaft vor ihrem Abschiede
reiche Geschenke an silbernen Gießkannen und Becken, Kaffeh = und
Theekannen, Schalen und Körben, Bechern und Leuchtern, und eng=
lischem feinem Tuche verehrt.

Die dem Grafen Öttingen ertheilten Verhaltungsbefehle trugen
ihm die Übergabe der Beglaubigungsschreiben und Geschenke in feyer=
licher Audienz nach hergebrachtem Ceremoniel, die Auslösung der Ge=
fangenen (wozu insbesonders Graf Adolph von Sinzendorf als Ne=
bengesandter bevollmächtigt ward), die Betreibung der nöthigen Be=
fehle für die Abgränzung, die Sicherheit des Handels und der Per=

(Marginal notes, right margin:)
13.
Febr.
1700
16.
Febr.

18.Oct.

---

[1]) Raschid I. Bl. 252. [2]) Gesch. auf der Berliner Bibl. Bl. 154. [3]) Eben
da Bl. 155. [4]) Die ausführliche Liste im gründ = und umständlichen Bericht
S. 41 — 44. [5]) Gesch. auf der Berliner Bibl. XIII. Bl. 155. [6]) Ausführliche
Specification in der St. R.

sonen, den Schutz der Kirchen und Geistlichen, und Hospodare der
Moldau und Walachey, die Entfernung Tököli's von der Gränze und
von Constantinopel auf ¹). Graf Sinzendorf, der Nebengesandte,
betrieb nicht lange die Befreyung der Gefangenen, indem er nach ein
Paar Monathen starb; sein Leichnam wurde mit den Gefangenen, die
er befreyt, nach Wien gesandt ²). Zu dem Feste, welches der Großwesir in seinem Landhause am asiatischen Ufer des Bosporos, nicht
ferne von dem Schlosse Anatoli's, gab, wurde er, wie vormahls der
Bothschafter Graf Leslie, durch drey große Galeeren abgehohlt, deren
größte mit drey Fahnen geschmückt, ein mit Musik angefülltes Schiff
nach sich taute; die zwey und fünfzig Ruder der Galeere wurden durch
dreyhundert Christensclaven gehoben ³). Die Musik spielte in einem
fort, ward aber durch das gellende Kettengerassel der dreyhundert
Sclaven bey jedem Ruderschube übertönt. Zur Erlustigung wurde den
Bothschaftern, denn außer dem kaiserlichen waren die der vermittelnden Mächte, Englands und Hollands, eingeladen, das Schauspiel
von Scheibenwerfern, Ringern, Fechtern, Tänzern, Taschenspielern
und einer persischen Sängerinn = Kunstspringerinn gegeben ⁴); die
Tafel war eben so mannigfaltig als kurz. Zahlreiche Schüsseln von
gekrülltem und vielfarbigem Reis, von klein geschnittenem, in Wein-
blätter oder Kürbiß gefülltem Fleische, von eingemachten Tauben und
gebratenen Hühnern, von Saft= und Kraftbrühen, von Feld = und
Waldbraten, von Zuckernudeln und Ruhebissen, von Pasteten = und
Ringelbäckerey, von Mandelsulzen und Honigconfect, von Eingesot-
tenem, Robben und Sorbeten, gingen in einer Viertelstunde vorüber,
von einer Reihe Diener bey einer Thür herein, von Hand zu Hand
auf den Tisch gesetzt, und nach kurzer Erscheinung wieder durch eine
andere Reihe von Dienern zur anderen Thür hinaus gehandhabt; eine
Sitte, welche nicht für die Mäßigkeit der Tischgenossen, wohl aber
für die Gierigkeit derer beweiset, denen der Abhub zufällt. Nach dem
Tode des Nebengesandten, Grafen Sinzendorf, wurde zu Wien mit
dem hiezu besonders bevollmächtigten türkischen Bothschafter Ibrahim
eine besondere Convention in vier Artikeln abgeschlossen, wodurch der
XII. Artikel des Carlowiczer Friedens, der die Loskaufung der Gefangenen betrifft, in weitere Auslegung auf alle aus den kaiserlichen
Landen weggeschleppten Sclaven, was immer für eines Volkes oder
Geschlechtes, und auf die Kinder, welche Christinnen gebliebene Sclavinnen in der Sclaverey geboren, ausgedehnt ward ⁵). Der kaiserliche Bothschafter zu Constantinopel erwirkte drey Fermane zu Gunsten

Marginal notes: 25. May 1700   26. Jul.

---

¹) Instruction für Graf Öttingen in der St. R., auch denen für Graf
Wirmond und Ulefeld, den Bothschaftern im J. 1718 und 1740, in Abschrift beyliegend. ²) Simpert's Diarium S. 225. ³) Eben da S. 195. ⁴) Eben da S. 199.
⁵) Instrumentum ad facilitandam Captivorum utriusque Imperii eliber-
tionem cum magno Portae Ottomanicae legato confectum. Viennae 26. Julii
A. S. 1700 im k. k. Hausarch. Der Ferman an die Statthalter von Bosnien
und Temeswar in Rami's Inscha Nr. 149.

des Handels, des Schutzes der katholischen Geistlichen überhaupt, Sept.
und der zu Jerusalem insbesondere. Der erste stützte sich nicht auf den 1700
schon im Jahre tausend sechshundert siebzehn durch Herrn von Czernin
abgeschlossenen Handelsvertrag, welcher schon zu dieser Zeit beyder
Seits ganz in Vergessenheit gekommen zu seyn scheint, wie auch noch
hundert Jahre später dessen Daseyn den österreichischen Diplomaten
unbekannt war [1]), sondern auf den geschlossenen Wiener Frieden [2]);
die beyden zum Schutze der katholischen Geistlichen und des Klosters
in Jerusalem erwirkten, waren auf zwey ähnliche vom letzten Großbothschafter an der Pforte, dem Grafen Leslie erhaltene, gegründet;
durch den ersten ward vorgesehen, daß die katholischen Geistlichen nicht
durch die griechischen, servischen und bulgarischen Bischöfe in Aus-
übung ihres Gottesdienstes gestört, durch Erpressungen nicht gequält
werden sollen [3]); durch den dritten ward den Katholiken zu Jerusalem die Kirche St. Johannes gegen Norden, die Begräbnißstätten
auf Sion, die Klöster von Bethlehem und Nazareth mit ihren Grä-
bern und Gärten, die Stätten in Ssafed, Ssaida und Ramla, die
Capelle der heiligen Jungfrau, und die am heiligen Grabe bisher
besessenen Stätten bestätiget; die Freyheit gestattet, auf dem Ohl-
berge und in der Geburtsstätten St. Johannes, Joachims und der
heiligen Anna, und am Palmsonntage die gewöhnlichen Feyerlichkeiten zu begehen, die Pilger in ihren Klöstern zu Jerusalem, Damaskus, Bethlehem, Nazareth, Ssaida zu empfangen, die baufälligen
Stellen wieder herzustellen, die zu ihrem Unterhalte nöthigen Lebensmittel in gutem Zustande zu kaufen, ohne daß man sie verfaulte zu
kaufen zwingen könne; daß sie endlich von den Armeniern und Griechen nicht belästiget werden sollen [4]). Bey seiner Abschiedsaudienz 2. Oct.
empfahl der Bothschafter dem Großwesir noch insbesonders den syrischen Patriarchen von Haleb, die Katholiken auf Chios, die Ragusäer,
und die baldige Beendigung des Abgränzungsgeschäftes von Novi [5]).
Noch einmahl hatte ihn der Großwesir zu Ejub bewirthet; bey der
Abschiedsaudienz wurden sechzig des Gefolges mit Ehrenkleidern bekleidet, und nach altem Kanun auf Empfehlung des Bothschafters
vierzehn Fourieren, sechs Tschauschen, vier Silihdaren, vier Sipahi
eine Soldzulage von zwey Aspern gewährt [6]).

Gleichzeitig mit dem kaiserlichen Bothschafter war auch der pohlische Großbothschafter angekommen, welchem sechs Monathe früher der
obenerwähnte Nuntius, Stanislaus Rzewuski, vorausgegangen war.

<hr />

[1]) Von mir erst im J. 1808 in der St. R. aufgefunden. [2]) Translatio cum
originali collatae copiae diplomatis mercatorum. Im k. k. Hausarch. [3]) Translatio cum originali collatae copiae diplomatis Religiosos concernentis
A. 1700. Im k. k. Hausarch. [4]) Translatio cum originali collatae copiae
confirmati diplomatis pro Religiosis tarrae Sanctae Rebiul-achir 1112 (Sept.
1700). Im k. k. Hausarch. [5]) Acten in der St. R. Die Recreditentialien Öttingen's in Rami S. 464 und 465. [6]) Diese sonderbare Begünstigung laut Kanuns
findet sich nirgend, als in der Gesch. auf der Berliner Bibl. Nr. 75 Bl. 157.

Raphael de Winiawa Leszczynski, Kleinſchatzmeiſter der Krone, der
Vater des nachmahligen Königs Stanislaus, kam mit größerem Staate, als alle Bothſchafter, welche bisher an der Pforte erſchienen waren, mit vier= bis fünfhundert Perſonen Gefolges. Zur Auszeichnung
wurde er in den Pallaſt Ibrahimpaſcha's am Hippodrome einquartiert [1]. An Geſchenken brachte er dem Sultan ſilberne Gefäße, Leuchter, Uhren, einen künſtlichen Springbrunnen und Jagdhunde an ſilbernen Ketten dar [2]. Trotz ſeines zahlreicheren Gefolges ward derſel-

**5. May
1700** be in der Audienz minder ehrenvoll als der kaiſerliche Bothſchafter
behandelt, er durfte vom Hundert nur Einen Kopf mit ſich vor die
Augen des Sultans bringen, ſo daß nur fünf Edelleute [3], und auch
der Bothſchafter ſelbſt mit bloßem Kaftan bekleidet, zur Audienz gingen, während von des kaiſerlichen Bothſchafters Gefolge alle ſechzehn
Grafen in des Sultans Gegenwart zugelaſſen wurden; Graf Öttingen
ſaß während des Diwans auf der Diwansbank ſelbſt, Leszczynski auf
einem mit Seide überzogenen Stuhle ohne Lehne. Selbſt bey dem
Mahle, womit nach aufgehobenem Diwan die Bothſchafter bewirthet
werden, ehe ſie mit Pelz oder Kaftan bekleidet zur Audienz gehen,
hatte die in der Hofküche für die verſchiedenen Bothſchafter eingeführte Rangordnung der Gerichte Statt, nach welcher der kaiſerliche Bothſchafter allein mit geſottenen Fiſchen ausgezeichnet worden [4]. Das
Hauptgeſchäft, welches der pohliſche Bothſchafter betrieb, war die Ernennung der Commiſſion zur Berichtigung der Gränzen, wozu pohliſcher Seits der Bothſchafter ſelbſt, der Palatin von Podolien, Franz
de Sas Dzieduſycki, der Staroſte von Etſzyca, Adam von Topor
Tarto, der Truchſeß von Podolien, der Geſchichtſchreiber des Frie-
densſchluſſes von Carlowicz, Stephan de Junosza Humiecki, bevollmächtigt waren. Nachdem dieß feſtgeſetzt, wurde dem Bothſchafter
von der Pforte bedeutet, er möge abreiſen, indem es nicht Sitte,
allen Bothſchaftern Abſchiedsaudienz zu gewähren. Leszczynski aber
antwortete: er wiſſe gar wohl, was der Gebrauch, was ihm, was

27.Jul. ſeinem Könige gebühre, er wolle lieber zu Conſtantinopel verrecken [5],
als ſolche Beſchimpfung einſtecken, worauf ihm dann öffentliche Audienz gewährt ward. Der dritte Bothſchafter der drey Mächte, welche
den Carlowiczer Frieden unterzeichnet, nähmlich der Venedig's, Lo-
renzo Soranzo [6], war ſchon drey Monathe vor dem kaiſerlichen eingetroffen, und demſelben waren nach altem Herkommen auf die Nachricht, daß er an den Dardanellen angekommen, zwey Galeeren, ihn
nach Conſtantinopel zu führen, entgegengeſandt worden; er wurde

---

[1] Geſch. auf der Verl. Bibl. Nr. 75. Bl. 155, mit dem Datum der Ankunft, in Simpert's Diarium p. 204 der 5. May. [2] Gründ= und umſtändlicher Bericht, wo auch S. 88 und 89 die beyden lateiniſchen Anreden, die
er an den Geroßweſir und Sultan hielt. [3] Nach der Geſchichte auf der Verl.
Bibl. Nr. 75 Bl. 155 gar nur drey. [4] Bothſchaftsbericht in der St. R.
[5] Simpert's Diarium S. 264. [6] Das Recredentiale für Soranzo in Rami's
großem Juſcha Nr. 472.

zu Galata einquartirt, erhielt zu feinem täglichen Unterhalte hundert zwanzig Piaſter [1], und Hälfte Novembers die Audienz. Derſelbe 14.Nov. 1699 erwirkte nicht bloß die Beſtätigung des zu Carlowicz proviſoriſch und bedingungsweiſe unterzeichneten Friedens, ſondern eine weit ausführ= lichere Urkunde, worin viele andere Artikel früherer Verträge auf= genommen, und die ſechzehn Artikel des Carlowiczer Friedens auf drey und dreyßig erweitert wurden [2]). Rußland hatte zu Carlowicz noch nicht Frieden, ſondern nur zweyjährigen Waffenſtillſtand ge= ſchloſſen. Um den Frieden ſelbſt abzuſchließen, war jetzt der ruſſiſche Geſandte Oukraintzow mit einem anderen ruſſiſchen Bevollmächtig= ten [3]) erſchienen, welche zu Conſtantinopel, in der Nähe des Sand= thores, ſo lange die Unterhandlungen dauerten, in Gewahrſam ge= halten wurden. Sie traten mit dem Reis Efendi Rami und dem Pfortendolmetſch Maurocordato wöchentlich zweymahl im Serai des ehemahligen Großweſirs Kara Muſtafa in Unterredung zuſammen. Die Ruſſen begehrten, daß Ghaſi = Kerman und Schahin = Kerman dem Czar verbleibe, freyen Handel, Losgebung der Gefangenen, freye Religionsübung und die Wallfahrt nach Jeruſalem; die Türken be= ſtanden ihrer Seits auf der Räumung der genommenen befeſtigten Örter. Nach fünfmonathlichen Unterhandlungen erhielten die ruſſiſchen Bevollmächtigten durch einen Courier das Zugeſtändniß, die Feſtun= gen zu ſchleifen, nichts deſto weniger beſtanden die türkiſchen auf der Räumung und Übergabe, und nur auf die vom Tatarchan eingeſandte Nachricht, daß der Czar bey Aſſow hunderttauſend Mann ſammle, 13.Jun. 1700 wurde der Friede in vierzehn Artikeln auf dreyßig Jahre unterzeich= net [4]); deren zweyter die Schleifung von Toghan, Ghaſi=Kerman, Schahin=Kerman, Nußret=Kerman; der fünfte die Gränze durch eine Verödung von zwölf Stunden, von Or bis gegen Aſſow, be= ſtimmt; der ſechſte: in dem Diſtricte zwiſchen Or und dem Schloſſe Mejuſch ſowohl Tataren als Ruſſen die Jagd, den Fiſchfang, Bie= nenzucht, Holzſchlag und Salzbedarf frey gibt; der ſiebente: der Fe= ſtung Aſſow einen Landſtrich von zehn Stunden in der Richtung gegen den Kuban zuſpricht, wo Noghaien und Tſcherkeſſen die Koſaken und Ruſſen nicht beläſtigen ſollen; der achte Artikel ſetzte ſehr ausführlich die Ruhe vor den Streifereyen der Tataren der Krim; der neunte die Auslöſung der Gefangenen; der zehnte den freyen Handel; der zwölfte die freye Wallfahrt nach Jeruſalem; der dreyzehnte die Frey= heiten der Agenten und Dolmetſche, und der vierzehnte eine binnen ſechs Monathen zu erſcheinende Großbothſchaft feſt.

[1]) Geſchichte auf der Berl. Bibl. Nr. 75. Bl. 155. Raſchid I. Bl. 251. Die Überſetzung des Creditivs Soranzo's im Inſcha Le Grand's auf der kaiſerl. Hofbibliothek Nr. 425, Nr. 14, und im Inſcha Rami's Nr. 485 ein Schreiben des Großweſirs an Soranzo, den venetianiſchen Kaufleuten gute Behandlung zuſichernd. [2]) Im k. k. Hausarchive. [3]) Die Geſch. auf der Berl. Bibl. Nr. 75. Bl. 156. [4]) Der Tractat in Raſchid I. Bl. 253–255.

Einer der merkwürdigsten und in den Acten europäischer Diplo=
matik an der Pforte berüchtigtsten Vorfälle ereignete sich bey der
Audienz, welche dem neu angekommenen französischen Bothschafter,
Ferriol Marquis d'Argental, beym Sultan gewährt werden sollte.
Er war Ende des vorigen Jahres angekommen, um seinen Vorfahr,
Herrn von Chateauneuf [1]), abzulösen, welcher ihn in feyerlicher
5. Jan. Audienz dem Großwesir vorstellte [2]). Einige Tage hernach verfügte
1700 er sich in vollem Staate ins Serai, dem Sultan die mitgebrachten
Geschenke zu überbringen, welche in einem herrlichen Spiegel von
neunzig Zoll Länge und sechzig Breite, einer schönen Hänguhr und
einem anderen künstlichen Uhrwerke, welches auch die Bewegung der
Gestirne zeigte, aus reichen Stoffen und feinen Tüchern bestanden.
Alles lief auf das Beste ab, bis zum Augenblicke, wo der Bothschaf=
ter mit goldgeblümtem Kaftan bekleidet, vor dem Sultan eingeführt
werden sollte. Da bemerkt der Tschauschbaschi, daß den Kaftan des
Bothschafters der unter demselben verborgen gehaltene Degen auf=
spreizt. Maurocordato stellte ihm vor, daß dieß wider die hergebrach=
te Sitte, welche Niemanden, sey es, wer es sey, mit Waffen vor
dem Sultan zu erscheinen gestattet. Ferriol legt die Hand an den De=
gen, betheuerud, daß ihm derselbe nur von seinem König genommen
werden könne. Der Großwesir ließ ihm bedeuten, daß er nicht zur
Audienz gelassen werden könne, wenn er nicht den Degen ablegte.
Ferriol behauptete, Herr von Chateauneuf habe ihm gesagt, daß er
mit dem Degen eingeführt worden; der Großwesir sagte, dem sey
nicht so, oder der Degen müsse so klein gewesen seyn, daß Niemand
denselben bemerkte. Der Janitscharenaga suchte den Bothschafter eines
Besseren zu überreden. „Ihr seyd Unterthanen," entgegnete Ferriol,
„aber ich bin der Stellvertreter eines großen Königs." Die Wesire
der Kuppel, die Kadiaskere erschöpften ihre Beredsamkeit, die Käm=
merer, die ihm schon unter den Arm gegriffen hatten, ihn üblicher
Weise einzuführen, versuchten ihm den Degen heimlich zu entwenden;
da stößt er sie mit Knie und Ellenbogen zurück, macht sich los, und
schreyt gegen Maurocordato: „Verletzt man hier so das Völkerrecht!
„sind wir Freunde oder Feinde!" „Freunde!" antwortete Maurocor=
dato, „aber mit Degen geht man hier nicht ein." — „So werde ich
„denn nicht hineingehen!" schreyt der Bothschafter erzürnt, wirft sei=
nen Kaftan weg, schreyt Allen denen seines Gefolges, die damit be=
kleidet waren, zu, ein Gleiches zu thun, und kehrt nach Hause zurück.
Am folgenden Tage wurden die Geschenke zurückgesendet. Sechs Mo=

[1]) Das Abberufungsschreiben Chateauneuf's durch Ferriol an den Groß=
wesir vom 18. May 1699, übersetzt im Inscha Le Grand's Nr. 13, auf der
k. k. Hofbibl. Nr. 425, und Chateauneuf's sultanisches Recreditiv in dem gro=
ßen Inscha Rami's Nr. 463. [2]) La Motrane I. p. 268 die Beschreibung des
Aufzuges. In Raschid I. Bl. 251. Geschichte des Defterdars Bl. 376. Flaf=
san IV. p. 169.

nathe hernach fuhr Ferriol auf einer Jacht, wie die des Sultans, mit purpurnem gefüttertem Sonnenschirme bedeckt [1]). Der Großwesir ließ ihm in des Sultans Nahmen bedeuten, er möge sich nicht gelüsten lassen, auf solcher Jacht zu fahren, wenn er nicht in den Grund geschossen werden wolle; den Ruderern, welche Türken, wurden jedem zweyhundert Prügel zugetheilt. Der französische Hof nahm von die- sem Schimpf und Unglimpf keine Kenntniß, und in der Führung der Geschäfte die Pforte eben so wenig; zehn Jahre lang führte Ferriol dieselben, ohne je Audienz erhalten zu haben. Drey Monathe nach dem im Bosporos erlittenen Schimpf erhielt er ein Chattscherif für die Geistlichen und Missionäre, dem vom Grafen Öttingen zu gleicher Zeit erhaltenen ganz gleichlautend [2]). Als Ferriol zehn Jahre hernach wirklich den Verstand verlor, antwortete der damahlige Großwesir dem Dolmetsch Bru, dem Verwandten Voltaire's [3]), der ihm diese Nachricht brachte, daß der Bothschafter närrisch geworden, mit türkischem Phlegma: „Er war es schon, als er hieher kam." Herr von Ferriol war der letzte französische Bothschafter, welcher durch Hitze und Unbesonnenheit das von den Türken wider die Franzosen gefaßte Vorurtheil bestätigte, und eben deßhalb so unglimpflich behandelt ward, als seine Vorfahren, die beyden de la Haye, Vater und Sohn, die Herren von Nointel und Guilleragues, bey den Streitigkeiten mit Köprili und in dem Rangstreite der Soffa. Wacker wie sein Degen, den er sich nicht nehmen lassen wollte, hatte Herr von Ferriol, ehe er Bothschafter, sieben türkische Feldzüge als französischer Commissär bey Tököli im Lager des Sultans und Großwesirs mitgemacht, und dennoch mit den Sitten derselben sich weniger bekannt gemacht, als mit ihren Trachten, die er durch einen Mahler abzeichnen ließ, und die als Abbildung des türkischen Hofes herausgegeben, bis zur Erscheinung des Prachtwerkes d'Ohsson's die beste Quelle geblieben. Besser als die französischen Bothschafter verstanden sich damahls die englischen auf die Behandlung der Minister der Pforte. Als dem englischen Bothschafter Paget, dem Vermittler des Carlowiczer Friedens, der Ritter Sutton nachfolgte, zeichnete ihn der Sultan dadurch aus, daß er, wie vormahls Suleiman II., dem Bothschafter selbst antwortete: „Die Engländer sind unsere guten und alten Freun- „de, und wir werden ihnen bey jeder Gelegenheit Beweise geben, „daß auch wir in derselben Stimmung. Wir werden vorzüglich dem „König unsere Erkenntlichkeit für seine freundschaftliche Vermittelung

20. Jul. 1710

1702

[1]) Flassan IV. p. 172 und Simpert's Diarium S. 263. Flassán erzählt bloß die Ausstattung der Jacht, Simpert aber auch den dadurch sich zugezogenen Schimpf. [2]) Das Chattscherif in La Motraye I. p. 277, wie das des Grafen Öttingen vom letzten Tage des Rebiul-achir. Im großen Inschâ Rami's Nr. 468 ein Schreiben des Großwesirs an Ferriot, Nr. 484 ein anderes. [3]) Histoire de Charles XII. L. V.

„und das Vertrauen, das wir in seine Freundschaft setzen, zu bewei=
sen suchen ¹)."

Nach dem Überblicke der christlichen Bothschafter und Verhältnis=
se mit den europäischen Mächten bleiben nur noch die asiatischen und
moslimischen zu erwähnen übrig, und auch Ragusa, welches wiewohl
christlicher Religion und in Europa gelegen, doch durch türkische Schutz=
herrschaft das die Ragusäer als Zwitter brandmarkende levantinische
Sprichwort verdiente. Von dem schon seit mehreren Jahren ausstän=
digen jährlichen Tribute Ragusa's von zwölftausend fünfhundert Du=
caten waren schon vor sieben Jahren bloß fünf und achtzig Beutel,
und seitdem während des Krieges nichts weiter entrichtet worden; da
aber nun mit dem Frieden von Carlowicz ²) die Möglichkeit, den Tribut
wieder einzutreiben, eingetreten war, wurde den von Ragusa ange=
kommenen Bothschaftern der Kämmerer Mueſin Muſtafa als Commiſſär
beygeordnet, um den Tribut von Ragusa zu erheben ³). Noch schlim=
mer erging es später den Gesandten Guriel's, welche im aſiatiſchen
Schloſſe der Dardanellen eingesperrt wurden, weil ſie ſtatt Tribut',
nur acht Sclaven und vier Sclavinnen als Geschenke gebracht hatten ⁴).
Aus Perſien war der Gesandte Mohammedpascha, welcher mit der
Kunde des Carlowiczer Friedens gesandt worden ⁵), mit dem Ant=
wortschreiben des Schahs und des Chans der Chane an den Sultan
und den Großweſir zurückgekommen. Er war an den Ufern des Arpa
tschai, der damahls die Gränze zwiſchen Perſien und der Türkey, von
einem Mihmandar und zweyhundert Reitern empfangen, über Eriwan=
Nachdschiwan, Tebris, Sultania, Kum, Kaſ=chan nach Iſſahan gelei=
tet worden; hatte dort während seines Aufenthaltes von vier Monathen
dreymahl den Schah gesehen, und war, mit Gold und Teppichen be=
schenkt, zurückgekommen ⁶). Vielleicht hatte er auch geheime Aufträge
wegen des vormahligen Statthalters von Bagdad, Ismailpascha,
welcher vormahls Janitscharenaga, Statthalter in Rumili, dann
Kaimakam an der Pforte, Statthalter von Ägypten und zu Bagdad,
vom Großweſir Huſein Köprili abgesetzt, und als Statthalter nach
Wan ernannt, seinen Kopf nicht ſicher glaubte, und eines Nachts nach
Perſien entflohen war, wo er im folgenden Jahre ſtarb ⁷). Nach
Kara Mohammedpascha's Zurückkunft aus Perſien erschien während
der Großweſirschaft Huſein Köprili's, und unmittelbar vor der Ent=
laſſung von ſelber, der Überbringer eines Schreibens, nicht vom
Schah, ſondern vom Chan der Chane, Mirſa Mohammed Mumin
Chan, mit Geschenken und mit dem Ersuchen, daß es perſiſchen Pre=

Junius
1700

---

¹) Raschid I. Bl. 261. La Motraye I. S. 294. Descrizione compendiosa
historica di quanto più curioso è seguito nell' anno 1704. ²) Schreiben im
aroſien Inſcha Rami's Nr. 466. ³) Raschid I Bl. 253. ⁴) Derselbe Bl. 269.
⁵) Das Schreiben des Großweſirs an den Bothschafter Mohammedpascha in
Rami's Inſcha Nr. 31. ⁶) Geſch. auf der Berliner Bibliothek Nr. 75. Bl. 153.
⁷) Raschid I. Bl. 268 u. 269.

digern erlaubt ſeyn möge, an den Grabſtätten Ali's und Huſein's zu
wohnen, und die Dome derſelben auf perſiſche Koſten auszubeſſern [1]);
als Geſchenke für den Großweſir brachte er in der beliebten tatariſchen
Neunzahl neun goldgeſtickte Tiſchzeuge, neun Shawle, neun Stücke zot=
tigen Atlas, neun Stücke Sammt, neun Stücke aufgeworfenen Kottun,
neun Stücke einfachen Kottun, neun Stücke Atlas von Tebris, neun
Miskale reiner Bergmumie, neun Bezoare. Der Großweſir entgegnete
dieſelben mit drey rothgeſtickten Soffaüberzügen aus Tunis, drey eben=
falls dort geſtickten rothen Soffaüberzügen mit Quaſten, einem großen zu
Tunis gewirkten rothen Pilgermantel, vier zu Chios verfertigten Soffa=
überzügen von weißem Grunde, welchem das Sechseck des Siegels Sa=
lomon's mit vielfarbiger ſeidener Randeinfaſſung eingewebt war, mit ei=
nem großen Zelte von Mardin, deſſen Grund roth und violet, der Rand
mit vielfarbigen Niſchen gewirkt war, mit drey Teppichen, deren Grund
blau, der Rand grün mit Seide, zu Kandilli gearbeitet, mit drey
vergoldeten und geſchnitzten ägyptiſchen Bögen, nach dem Geſchmacke
des ägyptiſchen Joſeph, mit einer Stockuhr aus Ebenholz, das mit
Silber beſchlagen, auf den vier Seiten mit Glas verſehen war, mit
einem vergoldeten Fernrohre, das achtmahl zum Herausziehen, mit
drey Rennpferden und zwey edlen [2]). So wechſelten die perſiſchen
und türkiſchen Großweſire die glänzendſten Muſter der Natur= und
Kunſterzeugniſſe ihrer Länder durch dieſe Sendung aus. Das Schrei=
ben ward freundlich und mit der Verſicherung, daß perſiſche Pilger
an den Grabſtätten der beyden Imame, wie zu Mekka allen Schutz
finden ſollen, daß jedoch weder von ihrem bleibenden Aufenthalte dort
noch von der Ausbeſſerung auf perſiſche Koſten die Rede ſeyn könne,
beantwortet. Jetzt, da der Friede die Ruhe des Inneren verbürge,
werde man ſelbſt daran denken. Im Geiſte der letzten Redensart wur=
den auch zwey Schreiben des Herrſchers von Fes und Marokko, Mu=
lai Jsmail's, beantwortet, welcher in Streitigkeiten mit Algier lag.
„Nach nun hergeſtelltem Frieden ſey der Flor der Länder und der Un=
terthanen Beruhigung erſter Zweck [3]).“ Wohl that die Erhaltung des
Friedens von außen, mit Rußland, Öſterreich, Pohlen Venedig und
Perſien noth, da das Reich durch innere Unruhen zerriſſen ward, an
der perſiſchen Gränze zu Baßra, in Arabien, Ägypten, zu Tripolis
an der afrikaniſchen Küſte und in der Krim.

Abwärts von den Ruinen Babylon's und den nicht weit davon
entfernten Wallfahrten mohammedaniſcher und beſonders perſiſcher

---

[1]) Der Inhalt des Schreibens erhellet bloß aus der abſchlägigen Antwort
des Großweſirs an den Chan der Chane in Rami's Jnſcha Nr. 33, und des
Kiajabeg an den Geſandten ſelbſt Nr. 34. [2]) Geſch. auf der Berl. Bibl.
Nr. 75. Bl. 173 und 174. [3]) Das Schreiben des Sultans im Jnſcha Le Grand's
auf der kaiſerl. Hofbibl. Nr. 425; das erſte vom Schewwal 1112 (März 1701)
türkiſch; dann eben da Nr. 8 ein zweytes arabiſches, aber im drohenden Tone
wider Marokko, zu Gunſten der Algierer.

Pilger, liegt am Ufer des Euphrat der Ort Rumahije, in dessen
Nähe vier Stunden östlich ein Canal quer über die zwischen dem Eu=
phrat und dem Tigris gelegene Landstrecke nach dem letzten geht. Die=
ser Canal h.ißt der Diab. Von Rumahije geht der Euphrat durch die
Districte Chaled, Kische, Semewat, Beni Malek, Haske, Aardschije
nach Karna, wo er sich mit dem Tigris vereint, und unter dem Nah=
men des großen Schatt nach Baßra strömt [1]. Seit etwa dreyßig Jah=
ren waren die Dämme der Mündung dieses Canals gänzlich vernach=
lässiget worden, so daß der Euphrat mit Gewalt in den Canal aus=
brach, und das Binnenland überschwemmend, einen ungeheuren Mo=
rast, genannt Hor Selame, bildete, von wo der Fluß dann sich wieder
nach seinem alten Rinnsal nach Semewat wandte. Aller Handelsver=
kehr und Landanbau war durch dieses Unheil unterbrochen, und die
Unterthanen, außer Stande, die ihnen von den Statthaltern abgefor=
derten Steuern zu zahlen, flüchteten sich von den Dörfern in das Ge=
röhricht, und die Inseln dieses großen Sumpfes. Ein gewisser Abbas=
oghli hatte sich der Pachten von Rumahije, Kische Haske und Beni
Malik, ja sogar derer der Grabstätte Ali's bemächtiget, ohne daß er
durch die einigemahl wider ihn von Bagdad aus gesandten Truppen
vertrieben werden konnte. Um Baßra hatte der empörte Häuptling
des Stammes Montefik, der berüchtigte Scheich Maani die Einkünf=
te von Aarabschije und Semewat sich angeeignet; ein anderer Rebelle
Abbas Anuri, verheerte das Land zwischen dem Euphrat und Tigris
um Kuds, Ssolbona, Sib, Abade, Baschije und Hurije, und der
Räuber Selman belagerte Nedschef [2]. Unter diesen Anführern des
von den bisherigen Statthaltern Bagdad's fruchtlos bekämpften Auf
ruhres waren über hunderttausend Araber in Waffen [3] und zu Do=
rak, östlich von Baßra, standen vierzigtausend Perser, auf deren Un=
terstützung die Rebellen, und besonders der persische Chan von Baß=
ra zählten; denn wiewohl vormahls der persische Chan Jeredschullah,
um dem Scheich Maani, mit dem er sich zertragen, den Besitz von=
Baßra zu entreißen, die Schlüssel der Stadt durch den vorletzten per=
sischen Both schafter, Abulmaßum Chan, nach Constantinopel gesandt
hatte, so war Baßra doch jetzt in den Händen des vom Schah an Je=
redschullah's Stelle als Statthalter Baßra's ernannten Daud Chans.
Um diesen höchst gefährlichen Aufruhr zu stillen, vereinte der neue,
tyrannische, aber energische Statthalter von Bagdad, Daltaban Mu=
stafa, als Serasker unter seinen Fahnen die Truppen der Statthalter=
schaft von Diabekr unter den kurdischen Begen von Palu, Egil, Tscher=
muk, Dscheble, Mehran, Chafu, Dschesire, Amadia [4], die Lehens=
truppen des Statthalters von Mostul, Schehrsor, Siwas, Amasia,
Meraasch, Biredschik, Karaman, die Janitscharen von Bagdad und

---

[1] Gesch. auf der Berl. Bibl. Nr. 75 Bl. 170. [2] Eben da. [3] Raschid I.
Bl. 257 Z. 1. [4] Eben da Z. 3.

die Lewende, nachdem er die Meuterey derselben mit Geld gestillt, und in der Gegend von Siwas und Tokat freywillige Sipahi und Silihdare geworben, von denen jeder außer dem täglichen Unterhalte sieben As=pern der Mann, der Officier (Kiaja) fünfzehn, die Aga zwanzig As=pern Zulage erhielten [1]). Mohammedpascha Aschdschisade, d. i. der Sohn des Koches, welcher in den letzten Kriegen als Capitän der Do=nau die Flotte derselben befehliget hatte, baute zu Biredschik mit dem aus den Bergen von Meraasch zugeführten Bauholze sechzig Tschai=ken, welche dem zum Befehlshaber von Baßra ernannten Alipascha, dem Bruder des Statthalters von Haleb, untergeben waren. Von Bagdad segelten fünfzig Fregatten, dreyßig Flöße, auf denen fünf=zehn große Belagerungskanonen, scharfe Metzen [2]), dreyßig Falkau=nen, vier Mörser; der Beglerbeg von Siwas, Mustafapascha, be=fehligte den Vortrab des Heeres, welches vom Serasker Daltaban Mustafa angeführt, Ende Januars von Bagdad aufbrach. Ober Nu= die 29.Jan. mahije zu Suweita kam es zu einer Schlacht, deren Denkmahl der 1701 von tausend Araberschädeln gebildete Hügel [3]). Das Gerücht, wel= ches die vierzigtausend Mann des osmanischen Heeres den Arabern als einmahlhundert fünfzigtausend zutrug, rührte ihre Häuptlinge und be= sonders den Scheich Maani, unter dessen Huth sich auch der wieder mit ihnen ausgesöhnte persische Chan Feredschullah befand [4]). Sie unterhandelten durch den Rebellen Abdusch=schan, den Scheich des arabischen Stammes Beni Adam [5]). Zum Beweise, daß es aufrichtig gemeint, übernahm dieser, dem Heere als Wegweiser zu dienen durch die Sümpfe und Inseln nach Baßra, und der Chan Feredschullah sandte die durch seinen Neffen aufgefangenen Briefe Daud Chan's von Baßra ein [6]). So ergab sich Korna, sobald das osmanische Heer 25. vor demselben erschien, wo der zum Statthalter von Baßra ernannte Febr. Alipascha als Befehlshaber zurückblieb. Der Chan von Baßra, wel= 1701 cher mit den persischen Truppen zu Kurdelan, gegenüber von Makam Ali, gestanden, zog sich auf die Nachricht vom Falle Korna's zurück, der Chan von Huweise, Feredschullah, kam huldigend ins türkische Lager, und sobald das Heer in der Nähe von Baßra kamen der Richter, der Mufti, die Seide, die Ulema demselben glückwünschend entgegen. Alipascha wurde von Daltaban feyerlich als Statthalter von Baßra installirt, und der Feldzug von Diab, wie derselbe nach dem 10. Canale heißt, von dessen Ausbruche alles Unheil her datirte, war März glücklich vollendet [7]). Außer den vielen Tausend im Hügel von Su= weita zusammengeschichteten Araberköpfen, kostete dieser Feldzug noch den des Pascha von Diarbekr, Mohammed des Schnurbartes, wel= chen Daltaban bey der Pforte verklagte, daß er die Meuterey der Ja=

[1]) Raschid I. Bl. 256 l. 3. [2]) Derselbe Bl. 257 und Gesch. der Berl. Bibl. Nr. 75 Bl. 167. [3]) Raschid I. Bl. 160. Otter voyages T. II. p. 206. [4]) Raschid I. Bl. 258. [5]) Derselbe Bl. 257. [6]) Derselbe Bl. 258. [7]) Derselbe Bl. 170.

nitscharen begünstiget. Der vormahlige Oberststallmeister, der kleine Hasan, brachte seinen abgeschnittenen Kopf an die Pforte [1]).

Bis zur Zeit der Großwesirschaft des dritten Köprili war jährlich dem Emirol-hadsch (Führer der Pilgerkarawane nach Mekka) aus dem Schatze von Damaskus die Summe von drey und zwanzigtausend neun und zwanzig Piastern übergeben worden, um dieselbe unter die Stämme der zwischen Syrien und Arabien gelegenen Wüste, die Beni Maamur, Wahidan, Ssamar, Ghafa und andere zu vertheilen. Seit zwanzig Jahren wurden jährlich zwanzigtausend·siebenhundert vier und dreyßig Piaster unter dieselben vertheilt, und jüngst war die Summe, womit jährlich die Sicherheit der Pilgerkarawane von den arabischen Stämmen der Wüste losgekauft wurde, auf einmahlhundert eilftausend Piaster gestiegen. Jüngst hatte der

1699　Geiz des Scherifes von Mekka nicht nur einen Theil dieser Summe, sondern auch die Zahl der Truppen, welche die Karawane begleiteten, vermindert [2]). Der letzte Emirol-hadsch, Ahmedpascha, der Sohn Ssalihpascha's, welcher vielleicht, um hierüber Vorstellungen zu machen, aber ohne Erlaubniß nach Adrianopel gekommen, war wegen dieser Eigenmächtigkeit sogleich hingerichtet worden [3]). Sein Nachfolger war der ehemahls als Gesandter nach Persien gesandte Mohammedpascha, mit dem Beynahmen Abu kauk, d. i. der Vater des Turbans. Unter seiner Führung wurde die Karawane von den obigen um einen Theil ihres jährlichen Geschenkes verkürzten Arabern ausgeplündert, und derselbe deßhalb als Pascha gebrochen, und auf seinen Meierhof nach Amasia verwiesen [4]); auch der vorvorletzte Emirolhadsch, Hasanpascha, welchem ein Theil der Schuld des Karawanenraubes beygemessen ward, büßte denselben zuerst mit Verbannungs-

4. Dec. befehl, und dann mit seinem Kopfe [5]). So größere Sorge wurde
1701　nun in diesem [6]) und dem folgenden Jahre auf die Absendung der Surre, das ist des jährlich von Constantinopel aus bestimmten Geschenkes für Mekka, verwendet. Dieselbe hat jedes Jahr in den ersten Tagen des Redscheb mit großer Feyerlichkeit Statt; der Kislaraga hält Diwan, in welchem die Verwalter der kaiserlichen Moscheen, die Aufseher der frommen Stiftungen, die Vorsteher der Rechnungskanzley und der Pachtenkanzleyen Mekka's und Medina's, die Kämmerer, der Nischandschi, Defterdar, Reis Efendi sich versammeln, die Surre auf Maulthiere aufladen, und das Kamehl, welches mit derselben feyerlich auszieht, auf das schönste ausschmücken; der Reis Efendi bringt das gewöhnliche Begleitungsschreiben der Surre an den Scherif von Mekka ins Reine, der Defterdar fertiget die Register der

---

[1]) Raschid I. Bl. 158 und 159. Defterdar Bl. 391 zwey Schreiben, welche ebenfalls die Sicherheit der Straßen von Baßra betreffen, an den Statthalter Baßra's, von 2 Jahren späterem Datum, in Rami's Inscha (23) Nr. 459 und 460. [2]) Raschid I. Bl. 255 und Defterdar Bl. 383. [3]) Raschid I. Bl. 259. [4]) Derselbe Bl. 255. [5]) Derselbe Bl. 259. [6]) Eben da.

Surre, der Nischandschi versieht dieselbe mit dem Nahmenszuge des Sultans, in allem zehen Register, die mit der Surre zugleich in die Kisten gelegt werden. Der Kislaraga übergibt die Surre dem Oberstallmeister, dieser dem Führer derselben. Fünfhundert Arme werden gespeiset, und unter der Voraustretung der Holzträger des Serai zieht das heilige Kamehl aus dem Serai. Die Surre beträgt über fünf und sechzigtausend Ducaten für die Armen von Mekka und Medina ¹). Der Kislaraga, als oberster Aufseher der Surre und frommen Stiftungen Mekka's, sammlete ehemahls dieselbe von dem Ertrage der letzten, und das Geld ward in dem Zimmer des Zimmeraufsehers in einem besonderen Kasten, welcher der Kasten der beyden Heiligthümer (Mekka's und Medina's) heißt ²), aufbewahrt. Während des letzten kandischen Feldzuges, wo der Hof zu Larissa, wurde die Surre von dem Erträgnisse frommer Stiftungen von Kairo und Dschirdsche nach Constantinopel geliefert, und größtentheils auf den ägyptischen Schatz angewiesen, wobey es dann auch später verblieb, so daß die in dem Kasten der beyden Heiligthümer gesammelte Summe nicht über fünf und zwanzigtausend Piaster betrug, das Übrige vom ägyptischen Schatze bestritten wurde. Jetzt wurde die jährliche Geldsendung noch mit einer Summe von dreytausend dreyhundert Piastern vermehrt, welche aus dem ägyptischen Schatze angewiesen wurden, um die Kosten der vom Sultan neu angeordneten beyden Feste der Geburt und Sendung des Propheten zu bestreiten, wovon jenes am zehnten Rebiul-ewwel, dieses in der Nacht vom siebzehnten Ramasan alljährlich mit der Lesung der Überlieferung Bochara's, mit Declamation der zwey berühmten Lobgedichte auf den Propheten, der Borda und Hemsije, mit Rauchwerk und Zuckerwerk, mit Kaffeh und Scherbet gefeyert ward ³). Andere Ausgabe für Mekka erheischte die Erneuerung des Überzuges der Kaaba und die neue Fassung des heiligen Steines, welchem die Fußstapfen Abraham's eingedrückt sind, und welcher, wie der schwarze Stein der Kaaba, ein vom Himmel gefallener ⁴). Die alte abgenützte Silbereinfassung mit Erde gefüllt, die mit dem Wasser des heiligen Brunnens, Semsem, geknetet worden, brachte der Commissär Ibrahim Efendi zur großen Freude des Sultans zurück. Des Sultans frommer Sinn beschränkte sich nicht auf das Heiligthum von Mekka, derselbe stiftete auch in der Moschee der Ben Ommeije zu Damaskus eine große Campherkerze an der Grabstätte des Hauptes des heiligen Jöannes ⁵). Zur Führung der Karawane war neuerdings der Sandschak von Dschidda, Suleimanpascha, ernannt, dann aber demselben

¹) In Rami's Inscha (Hofbibl. Nr. 423) zwey Schreiben an den Beglerbeg von Damaskus, als Emirol-hadsch, Nr. 47 und 48. ²) Gesch. auf der Berl. Bibl. Nr. 75 Bl. 198. ³) Das erste Schreiben im großen Inscha Rami's enthält die Weisung an den Scherif von Mekka, über die Feyer dieser beyden Feste im Hause Chadischa's, die Anordnung derselben in Raschid I. Bl. 259. ⁴) Geschichte auf der Berl. Bibl. Nr. 75 Bl. 187. Raschid I. Bl. 266. Defterdar Bl. 402. ⁵) Raschid I. Bl. 200.

bloß die Würde als Scheich des Heiligthumes von Mekka übertragen, und Arslanpascha [1]) von Tripolis in Syrien zum Emirul = hadsch be= stimmt worden [2]). Der Scherif von Mekka, Saad, welcher mit sei= nem Bruder Ahmed schon so lange die Geschäfte geführt, verzichtete nun selbst auf seine Stelle zu Gunsten seines Sohnes Said, der ihm als Scherif nachfolgte [3]). Kurz vor seinem Abtreten hatte er noch ei= nem Gesandten des Imams von Jemen an den Sultan seine Beglau= bigungsschreiben und Geschenke weggenommen, welcher von Adria= nopel mit tausend Piastern Reisegeld nach Mekka zurückgesandt ward. Drey andere Scherife Mekka's, welche sich zu Kairo befanden, nähm= lich: der Scherif Ahmed, Sohn Chalil's, der Scherif Abdullah, Sohn Haschim's, und der Scherif Jahja, Sohn Berekiat's wurden mittelst Pfortenbefehl nach Constantinopel gefordert, wo die beyden ersten bald nach ihrer Ankunft starben, der dritte, wieder nach Kairo zurückzukehren, Erlaubniß erhielt [4]). So waren jetzt die Geschäfte der Pilgerkarawane, der Surre und des Heiligthumes von Mekka in Ord= nung gebracht.

In Ägypten war der Statthalter Huseinpascha durch den Kiaja seines Vorfahrs Jsmail, durch Kara Mohammedpascha, ersetzt wor= den. Huseinpascha, im beständigen Kampfe mit den arabischen Stäm= men des oberen Ägypten's, die er bis in die Oasif verfolgte [5]), hat= te übel gewirthschaftet. Er war nicht nur von den vierzigtausend Erdeb Getreide, welche der Statthalter Ägypten's jährlich zum Unterhalte Mekka's ausliefern mußte, vier und dreyßigtausend, sondern auch dem Schatze neunhundert vier und vierzig ägyptische Beutel, und vom ausständigen Truppensolde zwölftausend achthundert neun und siebzig Aspern schuldig geblieben [6]). Er hatte außerdem die Lände= reyen, von deren Erträgnisse die jährliche Besoldung der Paschen Statthalter, mit achthalb Beutel des Monathes, bestritten ward, auf ganze acht Jahre in voraus hintangegeben [7]). Der neue Statt= halter erhielt den Befehl [8]), diese Rückstände einzutreiben, und um das, von seinem Vorfahr hintangegebene Erträgniß der für die Be= soldung des Statthalters bestimmten Ländereyen hereinzubringen, wurde ihm mittelst kaiserlichen Handschreibens die Statthalterschaft auf volle fünf Jahre verliehen. Husein, der vorige Statthalter, und dessen Kiaja wurden in die beyden Gefängnisse gesetzt, welche zu Kairo

---

[1]) Schreiben des Großwesirs an diesen Arslanpascha, als Statthalter von Damaskus und Emirul = hadsch in Rami's großen Jnscha Nr. 212, 213, 214, 215. [2]) Raschid I. Bl. 259 l. 3., und in Rami's Jnscha das vierte Schrei= ben. [3]) Raschid I. Bl. 268. Gesch. auf der Berl. Bibl. Nr. 75. Bl. 199. [4]) Gesch. Ägypten's vom Sohne Jusuf's Bl. 196 und 197. [5]) Eben da Bl. 195. [6]) Raschid I. Bl. 252. [7]) Gesch. des Sohnes Jusuf's Bl. 197. [8]) Jm Jnscha Rami's auf der kaiserlichen Hofbibliothek Nr. 423 sind mehrere Schreiben des Großwesirs an diesen Statthalter, nähmlich Nr. 204, 205 und 206 über ei= nen vom Pascha Dschidda's zu entrichtenden Rückstand, und an den letzten Nr. 207; wieder nach Kairo Nr. 208 und 209; über die Lieferungen Nr. 282, 285 und 305, alle vom J. 1114 (1702) und in meinem großen Jnscha Nr. 185.

der Aufenthalt abgesetzter Statthalter und ihrer Handlanger, das eine
das Köscht Jusuf's, das andere das Schweißhaus ¹), jenes als Er=
innerung an den Kerker des ägyptischen Joseph, dieses als das Haus
der Folter, das mit dem Schweiße Gold auspreßte. Kara Moham=
med, welcher vormahls als Kiaja des Statthalters Ismail, von dessen
Nachfolger Husein auch in's Haus des Schweißes gesetzt worden war,
ließ zwar auch den Kiaja seines Vorfahrs im Hause des Schweißes
foltern ²), benahm sich aber so edler gegen Husein selbst, indem er,
statt sich an ihm für erlittene üble Behandlung zu rächen, das von
demselben ausständige Korn ablieferte, und für seine Befreyung thä=
tigst wirkte.³). Kara Mohammed, der in Ägypten den seltenen guten
Nahmen eines sanftmüthigen und großmüthigen Statthalters hinter=
ließ,⁴), regelte auch den verschlimmerten Curs der Münze, nach wel=
chem der leichte oder Löwenpiaster statt zu vierzig zu sechzig, der schwere
oder schwarze Piaster statt zu sechzig zu achtzig Aspern, der leichte,
mit dem Nahmenszuge des Sultans versehene Ducaten statt zu hun=
dert zu hundert zwanzig, der schwere oder Ketten = Ducaten statt zu
hundert zehn zu hundert dreyßig Aspern ging. Er setzte den Lauf des
leichten Piasters auf fünf und fünfzig, des schweren auf fünf und
sechzig, des leichten Ducaten auf hundert, des schweren auf hundert
fünfzehn Aspern herunter. Nach Ägypten kam jetzt auch der von Tri= May 1702
polis vertriebene Beg Chalil, welcher mit dem Beg von Tunis, Mu=
rad, verbündet, mit ein Paar tausend Mann wider Algier ausgezo=
gen, von den Algierern aber zurückgeschlagen, dann weder zu Tripo=
lis, noch zu Tunis wieder aufgenommen worden war. Nach seiner
Entfernung versöhnte die Pforte die drey Raubstaaten wieder unter
einander ⁵). In Asien war ein Aufrührer der Kurden von Schehrfor
noch unter der Statthalterschaft Hasan's, des Vorfahrs Daltaban's,
mit Beyhülfe derer von Diarbekr und Haleb zu Paaren getrieben,
und der Aufrührer Bebe Suleiman mit siebzehn kurdischen Begen
hingerichtet worden ⁶). Eben so leicht ward es der Pforte den Ge=
waltthaten ein Ende zu machen, womit zwey Häuptlinge, Nahmens
Ejuboghli, der eine zu Aidin, der andere zu Denisli, Klein=Asien
beunruhigten. Den ersten ließ der Steuereinnehmer von Aidin bey
einem Gastmahle verrätherisch erdolchen ⁷), der zweyte, wider wel=
chen Klagen in Menge eingelaufen waren, hatte, auf den Schutz des
Vorstehers der Emire, seines Gönners, pochend, sich nach Constan=
tinopel begeben, wo er im Diwan mit seinen Klägern zu erscheinen
unverschämt genug. Das Geschrey der Bedrückten bewog den, hinter
dem vergitterten Fenster anwesenden Sultan, die Hinrichtung des
Ajan von Denisli anzuordnen ⁸). Zur Ausrottung turkmanischer ⁹)

¹) Gesch. des Sohnes Jusuf's Bl. 197. ²) Eben da. ³) Raschid I. Bl. 252.
⁴) Gesch. des Sohnes Jusuf's Bl. 169. ⁵) Raschid I. Bl. 261. Defterdar
Bl. 395. ⁶) Raschid I. Bl. 252. ⁷) Derselbe Bl. 249. ⁸) Derselbe Bl. 262.
⁹) Fermane in Rami's Inscha (kaiserl. Hofbibl. 423) Nr. 220, 225 u. 231.

IV. 3

und anderer Räuber in Klein=Asien genügten die an die Beglerbege von Siwas, Karaman und an den Sandschakbeg von Jlghun und Akserai erlassenen Fermane ¹). Nicht so leicht zu lösen waren die ver= wickelten Angelegenheiten der Krim.

Selimgirai, der schon zum dritten Mahle auf dem Polster der Chanschaft gesessen, hatte Alters und Schwäche halber selbst die Ent= hebung begehrt, und seinem Begehren gemäß, war sein ältester Sohn, der Kalgha Dewletgirai, zu seinem Nachfolger, sein anderer Sohn, Schehbasgirai, zum Kalgha ernannt worden. Mit einem jährlichen Ruhegehalte von achtmahlhunderttausend Aspern zog er sich auf seinen

25. März 1699

Meierhof, in der Nähe Siliwri zurück, und seines Sohnes Jnstallirung hatte, nachdem derselbe im Dorfe Gülbalba bewirthet worden, zu Adria= nopel mit der gewöhnlichen Feyerlichkeit Statt gefunden ²). Der Kiaja (Minister des Jnnern) begleitete ihn mit der türkischen Musik eine Stunde weit. Er hatte außer dem Bruder Kalgha Schehbas noch drey andere, Ghasigirai, Seadetgirai und Kaplangirai. Schehbasgirai, ein tapferer, geistreicher Mann, welcher der Pforte schon mehrere Dienste geleistet, erregte durch seine Eigenschaften des Bruders Eifersucht, der, um seiner los zu seyn, es am sichersten und kürzesten fand, ihn zu ver= giften ³). Der Bruder Ghasigirai, hiedurch für seine eigene Sicherheit besorgt, hielt sich nicht ruhig, sondern versammelte um sich die No= ghai von Anapa ⁴), mit denen er nach Pohlen streifte, und sich in Bessarabien niederließ, das ihm gehorchte, dann dem Bruder den Gehorsam auffagte, und die Chanschaft für sich, oder wieder für den Vater, Selim, forderte. Die Statthalter von Oczakow und Kaffa,

14.Jan. 1701

Jusuf und Murtesapascha, zogen mit dem Chan wider Ghasi; der Chan brach von Baghdscheserai auf, und lagerte zu Kanlidschik außer Ferhkerman ⁵). Als die Noghaien durch ihre Kundschafter erfuhren, daß er auf Akkerman zöge, verstanden sich die Mirsen, bis auf ein Paar, zu gütlicher Unterhandlung. Nach einigen Unterredungen wurde ein Vertrag zu Stande gebracht, vermöge dessen, den sich zum Gehor= sam fügenden Noghai, ihre Wohnsitze in Bessarabien und in der Moldau, im sogenannten Horte Chalilpascha's, zugesichert, die Grundsteuer aufgehoben und nur das Achtel des Ertragnisses als Ze= hent, und die Schafgebühr in Kraft blieb. Die Stämme Ormit und Orak erhielten jeder einen, von dem Zehenterträgnisse mit jährlichen tausend Piastern besoldeten Richter, und für den Zehent des laufen= den Jahres wurde die Summe von achtmahlhunderttausend Aspern

Febr.

angenommen. Jndessen lag Kaplangirai wider die Tscherkessen zu Feld,

¹) Jn Rami's Jnscha (kaiserl. Hofbibl. 423) Nr. 175 an den Sandschak= beg von Akserai, Nr. 176 an den Beglerbeg von Siwas, Nr. 177 an den Be= glerbeg von Karaman, und Nr. 179 an den Sandschalbeg von Jlghun. ²) Ra= schid I. Bl. 249. Defterdar Bl. 373. Gesch. der Verf. Bibl. Nr. 75 Bl. 162. ³) Raschid I. Bl. 256. Defterdar Bl. 385. Sebessejar Bl. 181. ⁴) Sebessejar Bl. 183. ⁵) Eben da.

er schlug sich mit denselben zu Dschindschik, dem Hauptsitze der No= May
ghai des Stammes Jediffan ¹). Es beseelte ihn der Geist der Rache,   1701
sie für das, was sie feinem vergifteten Bruder, Schehbasgirai, Übles
gethan, durch Streif und Raub zu züchtigen ²). Indeffen, wurden
durch den Chan und feinen Bruder Kalgha Seadetgirai von den, in
Beffarabien angesiedelten Noghai achthundert Familien nach der Krim Junius
verpflanzt ³). Ghafigirai, welcher sich nach Adrianopel verfügte-⁴),
wurde, nach Gewahrsam von achtzehn Tagen nach Rhodos verwie=
sen ⁵). So war denn die Krim vor der Hand beruhigt. Zum Nured=
din ernannte der Chan feinen Vetter, Inajetgirai, einen Sohn Se=
lametgirai's, die Stelle des Beglerbeg von Or begleitete Mengli=
girai ⁶). Von der Pforte wurde regelmäßig das Geld für Segbane,
nähmlich vierzigtausend Piaster für den Chan, und viertausend fünf=
hundert für den Kalgha- gesendet ⁷). Aber nicht lange, so vereinten
sich Kaplangirai und Hadschi Merdan Ali, der Wesir des Chans, zu
neuen Umtrieben zu Kaffa. Der Kalgha, Seadetgirai, erschien, der=
selben sich zu bemächtigen. Da ließen sich beyde als gemeine Janitscha=
ren zu Kaffa einschreiben, und die Janitscharen verweigerten die ge=
forderte Herausgabe, indem sie eine Ehrensache daraus machten, und
fest bestanden auf der arabischen Ehrenmaxime: das Schwert! nur
nicht entehrt! den Tod! nicht Schand und Spott ⁸)! Sie entflohen
beyde nach Constantinopel, wo Kaplangirai in dem Schloffe des Ca=
nals eingesperrt ⁹), Merdan Ali nach Lemnos verwiesen ward. Im
Schloffe des Bosporos saß auch der Schirinbeg Ogtinur, ein lau=
nichter Handhaber der Rechtsverwaltung ¹⁰). Endlich wurde auf Vor=
stellung des Chans an die Pforte, daß die zu große Nähe seines Va=
ters zu Siliwri zu Reden Anlaß gebe, derselbe nach Seres verwie=
sen ¹¹). Später ward ihm erlaubt, das Dorf Fundukli, in der Nähe
von Janboli, zu beziehen, welches fein Vater Behadirgirai vormahls
bewohnt hatte. Selim war siebzig Jahre alt, und sehr mit der Gicht
behaftet; da ihm die Luft von Fundukli nicht zusagte, ließ er sich
nach dem Dorfe Dschagbirghan, in den Meierhof des verstorbenen
Seadetgirai, übertragen, und da es ihm auch dort nicht behagte,
nach dem Garten Ahmed's, des Scheichs der Derwische Dschelweti,
welcher an der Brücke Karghuna, nicht ferne von Janboli, mittelst
eines großen Wafferrades aus der Tundscha, drey Gärten bewäfferte,

¹) Sebesseiar Bl. 184. ²) Eben da Bl. 186. ³) Über die Verpflanzung der
Noghai aus Beffarabien nach der Krim im großen Inscha Rami's das Schrei=
ben Nr. 91 —95; dann in Le Grand's Inscha (kaiserl. Hofbibl. Nr. 425) zur
Abhaltung der Noghai von den pohlischen Gränzen, und wieder im großen
Inscha Nr. 60 —76 Briefe an den Chan v. J. 1113 (1701). ⁴) Sebesseiar
Bl. 188. ⁵) Raschid I. Bl. 256. Sebesseiar Bl. 185 u. 188. ⁶) Sebesseiar
Bl. 189. ⁷) Raschid I. Bl. 260 u. 262. ⁸) Sebesseiar Bl. 189. ⁹) In Sebes=
seiar Bl. 190. Kaplangirai nicht nach Rhodos; das Gegentheil erhellet aus
Raschid und der Geschichte Mohammedgirai's. ¹⁰) In Sebesseiar Bl. 186 und
187 ein Paar Anekdoten davon. ¹¹) Raschid I. Bl. 256. Sebesseiar Bl. 185.

und das Schöpfrad so künstlich angelegt hatte, daß es außer der
Gartenwässerung auch eine Mühle trieb, und mit dem, morgenländi=
schen Ohren so süß tönenden, melancholischen Gestöhne des Schöpf=
rades, noch das frohe Geklapper der Mühle vereinte [1]). Als es ihm
auch hier nicht lange gefiel, begab er sich, von reiner Luft so eher Ge=
nesung hoffend, nach dem hellen Vogelquell auf die Alpe oder Jsle=
mije, wohin er auf einem, mit fünfzig Büffeln bespannten Wagen
gezogen ward [2]). Hieher sandte ihm der Großwesir Husein Köprili
zweymahl tausend Duraten zum Geschenke, und der Sultan nebst
tausend Ducaten einen Zobelpelz [3]); der Chan dankte für so viele
Huld, erbath sich aber als größere Gnade die Loslassung seines Soh=
nes, Kaplan, aus dem Schlosse des Canals, weil ihn sonst Niemand
der Seinigen begraben würde. Die Bitte wurde gewährt. Selim ver=
ließ nun die Alpe, und stieg nach dem, zu Jslemije gehörigen Dorfe
Dschubukli herunter. Als er am folgenden Morgen zu Jslemije ein=
traf, ward er vom Richter, Scheich und den Ajan ehrenvoll empfan=
gen, er besuchte das Thal der Schöpfräder, und begab sich dann
wieder in sechs Stunden nach dem Vogelquell auf den Gipfel des
Berges zurück, wo ihn der Verfasser der Geschichte der Krim seiner
Zeit, der Prinz Mohammedgirai, besuchte, und mit ihm vier Tage
verweilte [4]). Von hier stieg Selim wieder nieder, und ließ sich im
Dorfe Kisildschikli, das zu Saghra gehörig, nieder, von wo er wie=
der nach Fundukli zurückkehrte, ohne daß er einige Erleichterung sei=
ner Gicht gefunden, von derselben oder von natürlicher Unruhe um=
hergetrieben.

**29.Aug.
1702**

Die Unruhen in Asien, Afrika und Europa waren für den seines
Nahmens würdigen Köprili nicht Hinderniß, sondern Sporn, das
Übel des Reichsverfalles bis an seine Quelle, die Erschlaffung aller
Ordnung und Zucht, zu verfolgen, und in seinen weisen Maßregeln
die Finanzen und frommen Stiftungen, die Flotte und das Heer,
Moslimen und Christen zu begreifen. Seine erste, nach geschlossenem
Frieden, erlassene Verordnung war zu Gunsten der letzten. Hiedurch
trat er in die Fußstapfen seines Vetters, Köprili des Tugendhaften,
welcher durch eine, zunächst das Wohl der christlichen Unterthanen
bezweckende, neue Einrichtung (Nisami Dschedid) zur Reichsreform
den ersten Anstoß gegeben! Sogleich nach Unterzeichnung des Friedens
wurde den christlichen Unterthanen Servien's und des Banates die
Kopfsteuer für das laufende Jahr erlassen [5]). In Europa würden den
christlichen Unterthanen dreytausend fünf und achtzig Beutel, d. i. an=
derthalb Millionen ausständiger Kriegssteuer [6]), in Syrien die Steuer

---

[1]) Gesch. der Krim unter Sultan Ahmed II. Sultan Mustafa II. von
Mohammedgirai Bl. 111. [2]) Gesch. der Krim des Prinzen Mohammedgirai
Bl. 111. [3]) Dieselben. [4]) Dieselben Bl. 112. [5]) Raschid I. Bl. 250 und Def=
terdar Bl. 373. Der Befehl nach Temeswar in Rami's Insta (kaiserl. Hof=
bibl. 4 23) Nr. 423. [6]) Raschid I. Bl. 248 und der Defterdar Bl. 372.

der Wintergebühr für die Herden nachgesehen [1]). Zu Bagdad wurden die verfallenen Pachten durch den Secretär des Schatzes, Dürri Efendi, geordnet [2]), das Erzeugniß der Minen von Maaden, in der Landschaft Erserum, wurde hinfüro ausschließlich für die Münze und Stückgießerey in Beschlag genommen, und der Verkauf desselben an Kaufleute verbothen [3]). Die in Verfall gerathenen Silberminen von Sidri Kaisi bey Salonik wurden wieder in Thätigkeit gesetzt, und weil, wegen der Lage am Meere, Überfall von Korsaren zu fürchten, wurden vierzig, mit täglichen fünfzehn Aspern besoldete, Segbane zur Huth der hölzernen Palanka bestellt [4]). Es wurde strenge Musterung der Janitscharen und Tschausche befohlen. Aus der Liste der ersten sollten alle, die nicht wirklich im Besitze von Soldrollen, und die nicht wirkliche Kriegsdienste gethan, gestrichen werden [5]). Für die Flotte war seit ihrer letzten förmlichen Einrichtung durch Kilidsch Ali (Ochiali) unter Selim II. nichts geändert worden, jetzt erhielt dieselbe neues Kanunname, wodurch die Rangordnung der Admiralschiffe, der Kapudana, Patrona und Riala, und die Beförderung ihrer Capitäne nicht bloß nach dem Alter der Dienstjahre geregelt ward [6]); auch dieses Kanunname unter der Großadmiralschaft Mezzomorto's schon der Vorläufer des, hundert Jahre hernach unter Sultan Selim III. und der Großadmiralschaft des kleinen Husein, bis ins Kleinste trefflich ausgearbeiteten Kanunname der Flotte und des Arsenals [7]). Einen Beytrag zur Geschichte des alten Volksaberglaubens, der noch heute in Griechenland, so wie in Serbien und Ungarn fortlebt, von Begrabenen, die noch unter den Lebenden als Schemen herumgehen, geben zwey Verordnungen des Großwesirs, auf zwey Berichte des Richters von Adrianopel erlassen. Es sey bey den Griechen Gewohnheit, berichtete der Richter, in ähnlichen Fällen Grabschau vorzunehmen, ob der Todte noch die Farbe des Lebenden habe, in diesem Fall ihm einen Pfahl durch den Nabel zu schlagen, und wenn er auch dann noch die Lebenden beunruhige ihm den Kopf abzuschneiden, und vor die Füße zu legen. Der Großwesir ordnete die Grabschau an, wiewohl der Fall keinen Griechen, sondern einen Moslim beträf [8]). Die zweyte Verordnung an den Polizey-Commissär eines Viertels von Adrianopel befiehlt die Grabschau einer als Here angegebenen Mosliminn durch vier Matronen, und befiehlt im Falle, daß der Körper noch unverwesen und frisch, und Spuren von Hexerey vorhanden,

---

[1]) Schreiben an den Statthalter von Haleb. Rami's Inscha kaiserl. Hofbibl. (423) Nr. 250. [2]) Raschid I. Bl. 263. Defterdar Bl. 397. [3]) Raschid I. Bl. 260. Defterdar. [4]) Raschid I. Bl. 263. Defterdar Bl. 398. [5]) Der Ferman in voller Länge in der Gesch. der Berliner Bibl. Nr. 75 Bl. 163 — 166. [6]) Das ganze Kanunname nirgend als in der Gesch. der Berliner Bibl. Nr. 75 Bl. 179 — 183. [7]) Dieses musterhafte Gesetzbuch des osmanischen Seewesens füllt in der trefflichen Reichsgeschichte Nuri's, welche in dem Zeitraume von fünf Jahren, von 1209 (1794) bis 1213 (1798), die neuen Einrichtungen Sultan Selim's enthält, zehn ganze Folioblätter. [8]) Gesch. der Berliner Bibl. Nr. 75 Bl. 162.

den Einwohnern des Viertels nach der hergebrachten Weise, wie sol=
chem Übel gesteuert werde, abzuhelfen. Köprili's Eifer für Wieder=
herstellung der Zucht und Ordnung war, wie einerseits durch den
Kapudanpascha Mezzomorto, so andererseits durch den Mufti Feisul=
lah, und seinen Sohn, den Prinzenlehrer, begünstigt. Aus des Muf=
ti Feder floß der an alle Richter und Mufti des Reiches erlassene Fer=
man, wodurch ihnen aufgebothen ward, darauf zu sehen, erstens:
daß die Imame und Chatibe (Vorbether und Kanzelredner) in den
drey nöthigsten Stücken, nähmlich in den Dogmen, der Lesung des
Korans und den Streitfällen des Gebethes, wohl unterrichtet seyen;
zweytens: daß die höheren Professoren (Muderris), die gebornen Er=
ben des Prophetenthums, fleißig über die Gesetz= und Überlieferungs=
wissenschaften lesen, und nach Ebu Daud's Überlieferungsworte die
drey ersten Erfordernisse der Wissenschaft vereinen sollen, nähmlich:
den Koran, die Sunna, und die aus beyden erwachsende gesetzliche
Pflicht [']; drittens: daß die Prediger auf den Kanzeln keine Mähr=
chen erzählen; viertens: an den Elementarschulen taugliche Lehrer
angestellt seyen; fünftens: alle Moslimen bethen, fasten, wallfahr=
ten, Almosen geben, ihre Kinder im Koran unterrichten, Moscheen
und Schulen bauen sollen. Um den vernachlässigten Religionsunterricht
wieder zu beleben, wurden Scheiche nach Rumelien als Missionäre
gesendet [²]. Ibrahim der Sohn des Mufti, der Lehrer des Prinzen
Mahmud, war bedacht, den Geist der Sunna des Propheten zu er=
wecken, indem er aus eigenem Antriebe den Prinzen im Pfeilschießen
übte [³]. Der erste Unterricht desselben im Lesen wurde nach altem

10.
May
1701 Brauche als ein Hoffest glänzend gefeyert, der Großwesir, der Mufti,
der Kislaraga wurden in eigens hiezu aufgeschlagenen Zelten, von den
weißen Verschnittenen des Serai mit Kaffeh und Zwieback bedient,
die Kämmerer, die Vorsteher der Kanzleyen, der Defterdar und Reis
Efendi, die Generale der Sipahi und Silihdare erschienen, die Bo=
standschibaschi und Oberststallmeister, unter Vortretung des Hofmar=
schalls und Oberstkämmerers, der Mufti und der Großwesir gingen
dem Prinzen bis ins kaiserliche Zelt entgegen; der Vorsteher der
Emire, der Chodscha des Prinzen, die kaiserlichen Hofcapläne riefen
dem Prinzen Willkommen zu; der fünfjährige Prinz, auf ein Pferd
gesetzt, wurde unter Geldauswerfung in das Zelt des Sultans ge=
führt; die ersten Ämter des Serai, der Silihdar und Tschokadar und
Rikabdar d. i. der Schwert=, Mantel= und Bügelhalter des Sultans,
der Chasinedar (Schatzmeister) und Kapuaga (Obersthofmeister) ka=
men in Hermelinpelzen und Selimsturbanen. Zur Rechten des Prin=

['] Gesch. der Berliner Bibl. Nr. 75 Bl. 176, wo der ganze Ferman.
[²] Raschid I. Bl. 261. Gesch. des Defterdars Bl. 394. Das Schreiben an den
nach Bosnien bestimmten Missionär in Rami's Inscha (kaiserl. Hofbibl. 423)
Nr. 418—421, und an den Pascha desshalb Nr. 425. [³] Gesch. der Berl. Bibl.
Nr. 75 Bl. 188.

zen nahm der Großwesir, zur Linken der Mufti Plaß, die Vorsteher
und die Oberstlandrichter saßen, der Defterdar und Reis Efendi stan=
den. Statt des Prinzenlehrers verrichtete dießmahl der vormahlige
Prinzenlehrer des Sultans, der Mufti, das Amt, indem er dem
Prinzen die ersten Worte des Unterrichtes des Islams vorsprach: Im
Nahmen Gottes, des Allmilden, des Allerbarmenden. Herr! erleich=
tere es, und erschwer' es nicht, Herr, end' es im Guten ¹)!

Zu den Denkmahlen von Köprili's Großwesirschaft gehören nicht
nur die auf seine eigene Kosten aufgeführten Gebäude, als: zu Con=
stantinopel die von ihm am Sattelmarkte an seinem Grabmahle ge=
stiftete Überlieferungsschule und Akademie, die Moscheen zu Gradiska,
Lepanto, Adrianopel und Constantinopel, die hergestellten Schulen,
und zu Constantinopel die mit fünfzig Beuteln hergestellte Wasserlei=
tung sammt fünf Fontainen, die Springbrunnen in der Akademie
Taschlik zu Adrianopel, zehn Fontainen zu Mersifun, die Auferbauung
der Schlächterey zu Adrianopel außer der Stadt, und andere, nicht
minder fromme Stiftungen ²), sondern auch die durch ihn unternom=
menen öffentlichen zweckmäßigen Bauten. So wurde unter ihm die
durch das Wasser beschädigte Brücke des Sattelmarktes zu Adrianopel
mittelst fünf und vierzig Beutel wieder hergestellt ³). Gleiche Sum=
me ward auf die Wiederherstellung des verfallenen Canals, welcher
das Wasser des Nils nach Alexandrien leitet, verwendet ⁴). Die
neuen Casernen der Janitscharen waren im letzten Brande Constanti=
nopel's in Flammen aufgegangen, es mußten die Wohnungen für acht
und siebzig Compagnien aufgebaut werden, deren Kosten auf zwey=
hundert zwölf Beutel angeschlagen wurden; dazu gaben der Großwesir
und die anderen Minister hundert aus ihren eigenen, vierzig die Aga
und die Officiere der Janitscharen, zwey und siebzig der öffentliche
Schatz ⁵). Die Gränzfestungen des Reiches, Belgrad, Temeswar
und Nissa, wurden wieder in Vertheidigungsstand gesetzt, bey dem
Bau des letzten aber die angeschlagene Summe von dreymahlhundert
sechzigtausend vierhundert fünf und dreyßig Piastern von dem Bau=
meister Renegaten, der auf seine Faust Basteyen und Gräben anlegte,
um ein Beträchtliches überschritten ⁶). Fünftausend Piaster wurden
zur Wiederherstellung des zu Oczakow durch das im Bliß aufgeflo=
gene Pulvermagazin angerichteten Schadens angewiesen ⁷). Schade,
daß Köprili nicht unumschränkte freye Hand in seiner Verwaltung be=
hielt, daß er schon im fünften Jahre derselben entlassen ward, und
bald hernach starb. Die Hemmketten seiner unumschränkten Macht=
vollkommenheit waren der Mufti und Kislaraga. Als der Kapudan=

---

¹) Gesch. der Berl. Bibl. Nr. 75 Bl. 159. ²) Eben da Bl. 176. ³) Gesch.
d. Berliner Bibl. Nr. 75 Bl. 176 mit dem gereimten Chronogramm. Defter=
dar Bl. 392. Raschid. ⁴) Raschid I. Bl. 259. Geschichte des Defterdars Bl. 392.
⁵) Raschid I. Bl. 250. Gesch. des Defterdars Bl. 374. ⁶) Raschid I. Bl. 261.
Gesch. des Defterdars Bl. 395. ⁷) Raschid I. Bl. 263.

pascha Mezzomorto starb , bemühte sich der Kiaja des Großwesirs,
ohne dessen Wissen und Willen um die Wesirswürde, und wurde in
seinem Begehren vom Mufti und Kapudanpascha unterstützt [1]; Kö=
prili, hiemit unzufrieden, machte einen seiner alten Clienten, Hasan=
aga, zum Minister des Inneren. Bald darauf erhielt der Großwesir
den Befehl, den Kiaja abzusetzen. Um diesen Unglimpf zu beschönigen,
ward der Kiaja als Statthalter von Schehrsor entfernt [2]. Der Kai=
makam zu Constantinopel wurde, weil ein Schiff nicht gut vom Sta=
pel gelaufen, abgesetzt, und als Befehlshaber nach Canea geschickt [3],
der Tschauschbaschi Mustafaaga, ebenfalls ein Schützling des Groß=
wesirs, abgesetzt [4]; aber tiefer noch, als alles dieses, griff in das
Herz Köprili's die Hinrichtung seines Neffen , des Oberststallmei=
sters Kiblelisade Alibeg. Nicht weil, wie Cantemir fabelt [5], der Neffe
auf des Oheims Geheiß dem Sultan den wahren Zustand der russi=
schen Gränze verheimlicht haben soll, was die osmanischen Geschicht=
schreiber als Staatsverbrechen anzuführen nicht ermangelt haben wür=
den, sondern aus einem ganz anderen, von dem Reichsgeschichtschrei=
ber nach den sichersten Erzählungen angegebenen höchst zart, aber doch
klar berührten, und sonst nirgends in osmanischen Geschichten vor=
kommenden Majestätsverbrechen entweihten kaiserlichen Haremes, auf
des Kislaraga Angabe; „weil,“ sind Raschid's Worte, „er einer der
„Herrinnen, deren Leib im Schatzgemache der Keuschheit aufbewahrt,
„heimlich anhänglich [6];“ also nicht erst die That, nicht das Stell dich
ein, sondern die bloße Anhänglichkeit, das heimliche Gefühl für eine
Sultaninn oder Sclavinn des kaiserlichen Haremes erscheint hier Ma=
jestätsverbrechen, das dem Hehler so unglücklicher Liebe den Martyr=
tod verbürgt. Solcher Kummer und eine unheilbare Krankheit, an wel=
5.Sept. cher er schon sechs Wochen darniederlag, bewogen den Großwesir um
1702 seine Entlassung zu bitten [7], welche ihm sammt voller Freyheit seines
Vermögens und Aufenthaltes gewährt ward [8]. Er sandte seine sechzig
besten Pferde sammt allen seinen Juwelen dem Sultan zum Geschen=
ke [9], begab sich nach dem, zu Adrianopel auf der Anhöhe von Bu=
tschukdepe (Halbhügel) gebauten Palaste, und ein Paar Tage darauf
22. nach seinem, in der Nähe von Siliwri gelegenen Meierhofe, wo er
Sept. nach drey Wochen in der Herbst = Tag = und Nachtgleiche verschied.
Ein freymüthiger, staatskluger und wissenschaftliebender Großwesir,
der nach seinem Oheim, dem grausamen Mohammed, nach seinen
Vettern, dem politischen Ahmed und dem tugendhaften Mustafa, der
vierte Köprili, den Beynahmen des Weisen verdient; zur Rettung des
Reiches demselben nur als Hoffnungslicht gezeigt, ohne gewährte

[1] Raschid I. Bl. 259 1. 3. [2] Derselbe Bl. 261. [3] Derselbe Bl. 262.
[4] Derselbe Bl. 263. [5] Cantemir L. IV. p. 95, 96, 97, 98. Die Gesch. d.
Berl. Bibl. Nr. 75 Bl. 294. [6] Raschid I. Bl. 261. [7] Also keine Absetzung
und Verbannung, wie Cantemir L. IV. S. 98 erzählt. [8] Raschid I. Bl. 263.
Defterdar Bl. 399 und Gesch. d. Berl. Bibl. Nr. 175. [9] Paul Lucas premier
voyage p. 394.

Dauer. Drey Monathe vor seinem Tode hatte er noch dem Naima 13.Jun 1702 Efendi, welcher einige Hefte seiner vom tausendsten Jahre der Hidschret begonnenen Geschichte an die Pforte eingesandt, einen Beutel Geldes sammt dem Diplom als Reichsgeschichtschreiber und einer Anweisung von täglichen hundert zwanzig Aspern (einem Ducaten) Gehaltes von der Mauth zu beziehen, zugesendet [1]. Im selben Jahre starb der, als Verfasser einer Weltgeschichte und mehrerer anderer Werke [2], ausgezeichnete Astronom Scheich Ahmed bede; dann Rodosisade Efendi, der Übersetzer der Biographien Ibn Challikan's, des Fünfers Nisami und der Naturgeschichte Kaswini's ins Türkische, und Verfasser eines Commentars über vier Kaßiden des persischen Dichters Urfi [3]; endlich die beyden Dichter Katib [4] und Emri [5], dieser Verfasser des Schatzes der Briefschreibekunst. Das Jahr vorher war der mystische Scheich Nasmi Mohammed gestorben, welcher das erste Buch des Mesnewi ins Türkische übersetzte, und über die sieben heiligen Worte der Derwische das Werk, betitelt: der Prüfstein der Ordensregel [6], verfaßt; auch sieben Gelehrte, welche die Biographien der Dichter als solche aufführen, darunter der Mufti Debbaghsade Mohammed [7]. Noch größere Niederlage von Dichtern (wenn sie diesen Ehrennahmen verdienen) hatte der Großwesir Husein Köprili im Jahre des von ihm geschlossenen Carlowiczer Friedens erlebt, indem die Biographien und Anthologien in jenem Jahre nicht weniger gestorbene Dichter ausweisen, als ein Dutzend.

Das kaiserliche Siegel erhielt auf des Mufti Feisullah Wort Mustafa Daltabanpascha, der Hügelaufschichter von Araberköpfen, der rohe, des Lesens und Schreibens unkundige Serbe [8], welchem der an ihn vom Großwesir Husein Köprili geschriebene Brief, voll guten Rathes, wenig genützt [9]. Er trat unmittelbar die Reise nach der Residenz an. Schon am sechsten Tage [10] nach Köprili's Entlassung war er in der Nähe von Skutari in dem Garten des Vorgebirges, welcher der des Leuchtthurmes heißt, angelangt, wohin ihm der Mauthner und der Kiaja seines Vorfahrs mit reichen Geschenken entgegenkamen, und der Kaimakam Constantinopel's, Jusufpascha, bewirthete. Am folgenden Morgen setzte er, ohne Constantinopel zu berühren, nach dem Garten von Floria bey S. Stephano an's europäische Ufer über, und setzte von dort seine Reise nach Adrianopel fort. Der 21. Sept. Defterdar, der Reis Efendi, der Tschauschbaschi, kamen ihm bis Hafßa bewillkommend entgegen, und in ihrem Geleite befand sich der un-

---

[1] Raschid I. Bl. 262. [2] In den Biographien der Gesetzgelehrten Scheichi's die 1367. [3] Eben da die 1331. [4] Seine Biographie in Ssafaii die 343. [5] In Ssafaii die 14. B. [6] In Scheichi 1363. B. [7] In Scheichi Nr. 1312, dann Riffi Nr. 1248, Rifa Nr. 1379, Wehbi Nr. 1392, Bahri Nr. 1376 und Dschubi Nr. 1308. [8] Gesch. d. Verf. Bibl. und Mohammedgirai's. [9] Der Brief ganz in der Gesch. d. Verl. Bibl. Nr. 75 Bl. 205. [10] Raschid I. Bl. 264 und die Gesch. der Verl. Bibl. Nr. 75 Bl. 183 mit Paul Lucas p. 395 einstimmig.

genannte und unbekannte Verfasser der vortrefflichen Geschichte der Berliner Bibliothek, welcher die Geschichte seiner Zeit als Augenzeuge schrieb ¹). Sie trafen ihn unweit Kulleliköi und übernachteten am dritten Tage hernach im Dorfe Iskenderije, eine Stunde außer Adriano=

25.
Sept.
1702

pel, wo auf der linken Seite der Fontaine des Bogenschützen die Zel= te für's Nachtlager aufgeschlagen waren ²), wo ihn der Reis Efendi bewirthete. Hier kamen die drey ersten Aga des Heeres, die der Ja= nitscharen, Sipahi und Silihdare, ein Sohn des Mufti, der kaiser= liche Imam und der Kaimakam Adrianopel's, der Wesir, Schwager des Sultans, Hasan entgegen. Eine halbe Stunde außer Iskenderi= je wurden seine Laufer in Sammt, seine Bedienten in seines Tuch ge= kleidet, und die Tschausche kamen, den Zug zu ordnen. Nach einer halben Stunde erschien der Oberstkämmerer und an dem zum Essen bestimm= ten Orte die Wesire, die Oberstlandrichter, die Herren des Diwans. Der Kaimakam ritt mit ihm Pferd an Pferd. Als der Zug an das Zelt des Mufti gekommen, gingen ihm der Mufti und Vorsteher der Emi= re bis an's Ende des Zeltteppichs entgegen, der Großwesir stieg aber nicht beym Auf= und Absitzstein, sondern im Freyen ab, küßte die Hand des Mufti, und schlug in die des Nakib ein. Nach dem Früh= mahle, und der gewöhnlichen Bekleidung mit Ehrenpelzen ritten der Großwesir und Mufti, der Nakib mit dem Kaimakam und Nischan= dschi Pferd an Pferd, die Herren des Diwans nicht in Staatsturba= nen, wiewohl dieselben im Ceremoniel vorgeschrieben ³). Vor der Stadt standen die Janitscharen mit ihren Officieren in ihren Ceremo= nienhauben zum Gruße bereit. Im Köschke der Aufzüge empfing er

27.
Sept.

das Reichssiegel aus der Hand des Sultans; der Großwesir und Mufti, mit Ehrenpelzen bekleidet, kehrten zurück, der erste verfügte sich gerade in den Diwan, wo ihm die Officiere des Generalstabs der Truppen glückwünschend die Hand küßten ; dem Mufti und Nakib wurden Bündel von Shawlen in kostbaren Stoffen verehrt, der Kai= makam und Nischandschi wurden mit Zobelpelzen über Goldstoff aus= geschlagen, der Oberstlandrichter mit über Tuch ausgeschlagenen, der Defterdar, Tschauschbaschi, Reis Efendi mit glänzenden Kaftanen be= kleidet. Nach diesem damahls noch so wichtigen Ceremoniel war die erste Maßregel Einkerkerung des Kiaja, Schatzmeisters und Schwa= gers des letzten Großwesirs, um ihnen Geld auszupressen ⁴). Auf des Mufti Empfehlung wurde bis zur Ankunft des Kiaja des Groß= wesirs, welcher mit dem schweren Gepäcke noch zurück, der Vorsteher der Fleischer, der schwarze Mahmud, zu dessen Stellvertreter, und Pirisade, der Imam des Mufti, zu dem des Großwesirs ernannt ⁵). Von Seite des Sultans und der Sultaninnen Chadische und der

¹) Raschid I. Bl. 264 und die Gesch. der Berliner Bibl. Nr. 75 Bl. 183.
²) Raschid I. Bl. 264. ³) Der Verfasser der Gesch. der Berl. Bibl. Nr. 75.
Bl. 184. ⁴) Raschid I. Bl. 265 und Gesch. der Verl. Bibl. Nr. 75 Bl. 185.
⁵) Eben da.

Walide wurde dem Großweſir goldausgeſchlagener Zobelpelz, juwe=
lenbeſetzter Dolch, mit Diwansreitzeug geziemirtes Pferd geſandt,
wofür er dem Überbringer, dem Siliḥdar Ali von Tſchorli, tauſend
Ducaten, den ihn begleitenden zwey Pagen der innerſten Kammer
jedem einen Beutel Geldes und ein ausgeſtattetes Pferd verehrte ¹).
Auch bekleidete der Großweſir mit Zobelpelze den Lehrer des Sul=
tans, den Sohn des allmächtigen Mufti, der ihm zur Großweſirs=
würde Glück zu wünſchen gekommen ²), und den Leibbarbier, welcher
die Freudenkunde gebracht, daß dem Prinzen Mahmud zum erſten
Mahle der Kopf geſchören worden ſey ³). Dem Großweſir ward die
Ehre, in ſeinem Palaſte den Sultan zu bewirthen, wobey er ihm
juwelenbeſetzte Dolche, Gurt, herrlichen Pelz und Gaul mit vielen
Bündeln koſtbarer Stoffe und fünf Bentel neuer Münze darbrachte,
und wieder als Gegenerkenntlichkeit Zobelpelz erhielt ⁴). Dieſes Feſt ſoll
dem Großweſir zwanzigtauſend Ducaten gekoſtet haben ⁵). Solche
Gegenbeſchenkung hatte auch Statt, als der Großweſir den kaiſerli=
chen Marſtall beſuchte, wo ihm der Oberſtſtallmeiſter geſchmücktes
Pferd, der Großweſir ihm deßgleichen ſammt zehn Kaftanen für die
Bereiter und fünfhundert Piaſter für die Reitknechte ſchickte ⁶). So
wurde auch der Vorſteher der gelockten Baltadſchi, d. i. der weißen
Verſchnittenen, welcher der erſte dem Großweſir die Freudenkunde
der Geburt des Prinzen Ahmed überbrachte, mit hundert Ducaten,
mit reichen Stoffen und feinem Tuche, dann der Aga Vertraute,
welcher die kaiſerlichen Meldeſchreiben der Geburt überbrachte, und
welchen die Tſchghuſche mit Glückszuruf begrüßten, mit achthundert
Dneaten, Pferd und Pelz beſchenkt ⁷). Zwölf Tage darnach, als der
Sultan bey ſich Halwet, d. i. Geſellſchaft mit Zuckerwerk, feyerte,
ſandte ihm der Großweſir abermahls geſatteltes Pferd, gefüllten Beu=
tel und Bündel mit einem Frühlingsvortrage, worin er ihm herkömm=
lich zum Annahen des Frühlings und der ſchönen Jahreszeit Glück
wünſchte ⁸), deren Wiederkehr dem Sultan ſo angenehmer ſeyn
mußte, als er wie ſein Vater, weiland S. Mohammed, ein großer
Liebhaber der Jagd, zwiſchen Adrianopel und Conſtantinopel das
Feld bürſchte, zu welchem Zwecke der Großweſir Sorge trug, daß zu
Tſchorli, Burgas und Kariſchdüran überall für zwey bis drey Wochen
Lebensmittel in Vorrath ⁹).

Die erſte Maßregel des rohen Serben ¹⁰) war ein Kleiderverboth,
das die Chriſten und Juden, und dann die Weiber der Moslimen
traf. Es wurde jenen verbothen, gelbe Pantoffel, Kalpak von rothem

---

¹) Raſchid I. Bl. 265 und von der Walide Bl. 268. ²) Raſchid I. Bl. 265.
³) Derſelbe Bl. 266 und Geſch. der Berliner Bibl. Nr. 75 Bl. 192. ⁴) Ra=
ſchid I. Bl. 258. ⁵) Paul Lucas p. 416. ⁶) Raſchid I. Bl. 268. ⁷) Geſch. der
Berliner Bibl. Nr. 75 Bl. 215 l. 3. und 206. ⁸) In der Geſch. der Berliner
Bibl. Nr. 75 Bl. 17 der Vorträg. in voller Länge. ⁹) Raſchid I. Bl. 266,
268 und 269. ¹⁰) Sʒirbol=aßl. Geſch. der Krim des P. Mohammed Bl. 115.

Tuch, oder nach Tatarenart ausgeschlagene zu tragen, und ihnen für
Bedeckung der Füße und des Kopfes keine andere Farbe, als die
schwarze gestattet ¹). Der Dragoman des Verräthers, welcher Cara-
busa den Türken überliefert, seit dem eine Pension genoß, wurde,
weil er gelbe Pantoffel trug, dafür mit Stockschlägen auf die Sohlen
gezüchtigt ²). Den Weibern, welche in der jüngsten Zeit statt weite
Mantelkleider enge trugen, welche den Wuchs umrissen, und sich mit
dünnem Mußlin verschleyerten, wodurch das Gesicht zu sehen, wurden weite Mantelkleider und mit schwarzer Stirnbinde, das Gesicht dicht
zu verschleyern, gebothen ³). Dafür wurde den Wesiren, welche bisher
im feyerlichen Aufzuge des Diwans dieselben hohen walzenförmigen
Kopfbünde getragen hatten, wie die anderen Herren des Diwans erlaubt, hinfüro auch das Kallawi, d. i. den pyramidenförmigen Turban mit durchlaufendem Goldstreif, zu tragen, welcher bisher ausschließlich dem Großwesir eigen gewesen ⁴); so erschienen dann nebst
dem Großwesir, der Kaimakam und Nischandschipascha in Zobelpelzen
über Atlas ausgeschlagen, darunter mit Kaftanen von Atlas aus Nikde, und statt der Walze (Mudschemwese) mit der Pyramide (Kallawi)
auf dem Kopfe im Diwan. Nützlichere Maßregeln als diese der Kleiderordnung waren das Verboth der Waffenausfuhr, die Musterung
der Tschausche und Wakfe, die Regelung der Mauth ⁵), und genaue
Auszahlung der Besoldungen. Einige Tschaiken, welche dem Verbothe zuwider Kugeln und Bomben in's schwarze Meer geladen hatten,
wurden confiscirt, der Befehlshaber des Schlosses vom Canale am
schwarzen Meere abgesetzt, und zu besserer Vollstreckung des Gebothes
wurden den Schlössern am Bosporos sechs und zwanzig Karthaunen
und zwanzig Falkaunen zugemittelt ⁶). Die Zahl der besoldeten Tschausche der Pforte war bis auf tausend herangewachsen, wovon aber nur
fünfzig im wirklichen Dienste an der Pforte verwendet wurden. Es
wurde dem Tschauschbaschi aufgetragen, alle übrigen vorzurufen, und
die entweder nicht eingetragenen, oder nicht Dienst thuenden auszu-
mustern ⁷). Die Aufsicht der zur Moschee S. Suleiman's von demselben gestifteten Religionsgüter unterliegt dem Großwesir. Dieser erstattete Vortrag an den Sultan, daß, da dieselben in jüngster Zeit
durch schlechte Verwaltung herabgekommen, die Ausgaben derselben
mit den alten in der Buchhalterey Mekka's und Medina's aufbewahrten Registern verglichen, daß die neu aufgebrachten Gehalte für fünfzig Köpfe mit sechs und dreyßig Aspern, denselben zwar, so lange sie
leben, belassen, bey Erledigung aber eingezogen mit zwey Dritteln

¹) Gesch. der Verl. Bibl. Nr. 75 Bl. 187. ²) Paul Lucas. Paris 1631
p. 410. ²) Gesch. d. Defterdars Bl. 403. Geschichte der Berliner Bibl. Nr. 75
Bl. 191, und Paul Lucas p. 414. ⁴) Raschid I. Bl. 268. Gesch. des Defterdars
Bl. 406. ⁵) Gesch. der Verl. Bibl. Nr. 75 Bl. 187. ⁶) Raschid I. Bl. 267.
Defterdar Bl. 405. Gesch. der Verl. Bibl. Nr. 75 Bl. 194. ⁷) Gesch. der
Verl. Bibl. Nr. 75 Bl. 192. Raschid I. Bl. 267. Defterdar.

dem Wakf zufallen, bey außerordentlichen Bauschäden nichts ohne Zu=
ziehung des Untersuchers der Wakfe, des Bau = und Wasseraufsehers
verausgabt werden solle ¹). Dem Kiaja des letzten Großweſirs, Ha=
san, dem Statthalter von Schehrſor, ſandte Daltaban durch den
Kämmerer Bairamaga, den Todesbefehl zu; Hasan, welchem der
Kämmerer, schon oft zu solchen Verrichtungen gebraucht, verdächtig ²),
ließ ihn mit der für ihn selbst bestimmten Schnur erwürgen, ſandte
den Kopf desselben nach Adrianopel, und entfloh, ſich dort am ſicher=
sten wähnend, wo er am wenigsten gesucht werden würde, nach Con=
stantinopel, wo er ſich in ſeinem eigenen, dort bey ſeiner Abreise nach
Schehrſor zurückgelassenen Harem verborgen hielt ³). Hasan ward
vogelfrey erklärt, und behielt von nun an den Beynahmen Firari,
d. i. der Flüchtige. Gleichzeitig verfolgte der Patriarch der Armenier,
Aviettis, ſeine katholischen Landsleute, von denen er mehrere einker=
kern ließ. Er wurde deßhalb von Constantinopel nach Adrianopel ge=
fordert, und von dem Großweſir zur Rede gestellt, der ihm ſagte:
„Hund, weißt du nicht, daß dem Sultan allein Gefängnisse zuste=
„hen ⁴)!" Der Großweſir ließ den Patriarchen ſelbst einsperren, ließ
ihn aber auf des Mufti Wort los, und vier der reichsten Katholiken 24.Oct.
wurden sogleich an die Galeere geschmiedet. Dieß schien die zugleich 1703
eintretende Mondesfinsterniß geweiſſagt zu haben, welche die Arme=
nier damahls noch für Zauberey hielten, und dieselbe mit Keſſel = und
Pfannenklang abzuwenden bemüht waren ⁵), wie vormahls die rö=
mischen Legionen mit Trompeten und Hörnergetön ⁶). Die Jesuiten,
welche mit Erlaubniß des Patriarchen Supi in den Kirchen dieser Ar=
menier türkisch predigten, reizten von neuem die Nichtkatholiken
auf ⁷). Ihre Wertabieten, mit dem Metropoliten Ephraim an der
Spitze, verfügten ſich nach Adrianopel, um über die Katholiken und
den Patriarchen Klage zu führen. „Was ſind Katholiken?" fragte der
Kiaja (Minister des Inneren), vor welchem die Kläger erschienen,
„ſind es nicht Ungläubige?" und als Ephraim bejahend antwortete,
entgegnete der Kiaja: „ſey ein Schwein weiß oder schwarz, iſt's immer
„ein Schwein, die hohe Pforte kümmert ſich nicht um den Unterschied
„zwischen einem Armenier, Katholiken und Nichtkatholiken ⁸)." Trotz
dieser türkischen Toleranzerklärung erhielt Ephraim die Absetzung des
Patriarchen Supi, deſſen Nachfolger Avedick, wiewohl von den Je=
suiten mit Geld bestochen, und ihnen den Schutz der Katholiken ver=
heißend, ſeine Amtsführung mit dem Bannfluche und mit Verfolgung

¹) Gesch. der Berl. Bibl. Nr. 75 Bl. 216 der ganze Vortrag. ²) Raschid I.
Bl. 269. Gesch. d. Berliner Bibl. Nr. 75 Bl. 189. Defterdar Bl. 407. ³) Um=
ständlich in la Motraye I. S. 322. Paul Lucas p. 415. ⁴) Derselbe p. 412.
⁵) Paul Lucas p. 413. ⁶) Tacit. ann. I. 28. ⁷) Das von den Jesuiten bey die=
ser Gelegenheit zu Gunsten der katholischen Armenier bekannt gemachte Mé=
moire gibt la Motraye I. p. 299. ⁸) Derselbe p. 304.

aller Katholiken begann. Das Collegium der Jesuiten zu Erserum, wo sie schon dreyhundert junge Armenier bekehrt hatten, wurde gesperrt, die Jesuiten zerstreuten sich von dort hernach nach Persien und Constantinopel. Außer den Jesuiten schadete den Katholiken in der öffentlichen Meinung noch das Beyspiel so vieler Franzosen Renegaten, welche sich als Moslimen beschneiden ließen, und von denen besonders ein Abbé vor dem Großwesir, Gott verlästernd, die Hostie mit Füßen trat. Der Großwesir weder Spott, noch Verachtung kund gebend, befahl bloß kaltblütig, daß man ihn beschneide ¹).

Der Mufti Feisullah, welcher den von ihm an's Ruder des Reiches gebrachten Daltaban doch nicht so geschmeidig fand, als er gewünscht, verstärkte sich wider denselben durch die Erhebung des Reis Efendi Rami zur Würde eines Wesirs ²). An seine Stelle trat Abdi, der Sohn eines Scheichs der Chalweti ³); die Kaimakamstelle wurde dem Köprili Abdullahpascha, dem Sohne des tugendhaften, bey Slankamen gefallenen Großwesirs; das Amt des Nischandschi dem gelehrten persischen Stylisten Ebubekr von Schirwan; die von demselben bisher bekleidete Stelle des Rusnamedschi dem ehemahligen Defterdar Muhsinsade Mohammed verliehen; der gelehrte Oberstlandrichter Ewlia Mohammed (nicht mit dem älteren und dem Schüler desselben, dem berühmten Reisenden, zu verwechseln) segnete das Zeitliche ⁴), so auch eine gelehrte und fromme Frau, die Gemahlinn des so berühmten Hofpredigers Wani, und die Schwiegermutter des Mufti Feisullah. Sie war in dem Koran und in der Überlieferung so gelehrt, daß sie ihrem Gemahl und Schwiegersohn in theologischen Streitigkeiten Stand hielt, so fromm, daß sie fünfmahl des Nachts zum Gebethe aufstand und in fünf Tagen einmahl den Koran las. Sie hieß Ummetul-dschebbar, d. i. die Mutter des Allzwingenden (Gottes), und starb fünf und achtzigjährig. Der Mufti, der Großwesir, der Nakib, die Oberstlandrichter, die großen Ulema wohnten ihrem Begräbnisse zu Adrianopel bey, wo sie in dem Vorhofe der Moschee von Taschlik bestattet ward ⁵). Auch starb durch natürlichen Tod, dem ihn erwartenden gewaltsamen zuvorkommend, der Scheich Maanewi, Sohn des unter Ahmed I. berühmten Karabasch Ali; er hatte sein Weib erstochen, ward eingezogen und starb im Gefängnisse ⁶). Unter diesen Begebenheiten zogen weit merkwürdigere, nähmlich die der Krim, des Großwesirs höchste Aufmerksamkeit und zum Theil seine Absetzung nach sich. Daltaban wollte ernstlich Krieg, und wiewohl er dem russischen Bothschafter, der gleich nach seiner Ernennung angekommen, die freundschaftlichsten

(Marginalie:) 21.Dec. 1702

---

¹) Derselbe p. 307. ²) Raschid I. Bl. 269. Das Diplom vom obigen Datum in voller Ausdehnung in der Gesch. der Berl. Bibl. Nr. 75 Bl. 201 und 202. ³) Eben da Bl. 217 und Resmi's Gesch. der Reis Efendi Nr. LVII. ⁴) Raschid I. Bl. 276. ⁵) Gesch. der Berl. Bibl. Nr. 75 Bl. 192. ⁶) Raschid I. Bl. 267. Defterdar Bl. 414. Gesch. der Berl. Bibl. Nr. 75 Bl. 193.

Versicherungen gegeben ¹), so war er doch auf Vertheidigungsanstal=
ten wider Rußland bedacht. In der Meerenge von Kertsch ließ er an
der Spitze des Vorgebirges der Strömung (Akindiburuni) ein Schloß
bauen, den Canal russischen Schiffen zu sperren, mit Schießscharten
nicht höher als die Wasserfläche. Zum Behufe des Baues wurde das
Eisen von Samakow, die Maurer und Zimmerleute aus der Moldau
und Walachey, das Bauholz aus Tscherkessien und Sinope, die übri=
gen Erfordernisse aus Constantinopel herbeygeschafft ²). Der Chan
der Krim, Dewletgirai, welcher nur Streif wider Rußland und Poh=
len sann, hatte einige Mahle schon Nachrichten von Kriegsrüstungen
Rußlands eingesandt, welche ungegründet befunden wurden; jetzt er=
schien das erste Mahl der Kalgha Seadetgirai mit einem fliegenden
Heere in Bessarabien, und schrieb an Jusufpascha, den Statthalter
von Oczakow, Kunde, daß die Russen Festungen bauten ³) und Flotte
rüsteten. Der russische Bothschafter zu Adrianopel hierüber befragt,
antwortete, daß das Schloß, welches sie, um die Kosaken von Potkal
im Zaume zu halten, bauten, über vierzig Stunden von Perekop
entfernt sey, daß sie nur vom Kriege her noch zwölf Kriegsschiffe im
Meere von Assow hätten, die sie den Türken zu verkaufen bereit
seyen. Dieß gab Anlaß zur Absetzung des Chans, an dessen Stelle
wurde sein Vater, der alte, gichtbrüchige Selim, welchem Daltaban
die erste Stufe seines Glückes, die Stelle des Aga der Janitscharen
dankte ⁴), wieder, und zwar zum vierten Mahle als Chan eingesetzt. 26.Dec.
Im Wagen nach Adrianopel gebracht, wurde er mit der Kapanitscha 1702
(dem Pelze), dem Sorgutsch (Reiger), Kalpak, Köcher und Bogen
und juwelenbesetzten Säbel, und einem Geschenke von zweytausend
Ducaten als Chan installirt; sein jüngerer Sohn, Kaplangirai, zum
Nureddin, sein älterer, Ghasigirai, zum Kalgha ernannt ⁵). Der ab=
gesetzte Chan Dewlet gehorchte dem Befehle der Pforte nicht, und
sandte seinen Bruder Seadet wider Akkerman und Ismail, welches
Jusuf wider ihn und die Noghaien, die er aufgelärmt, verthei=
digte ⁶). Diesem zu Hülfe wurden von der Pforte zehn Regimenter
Janitscharen, fünfzehnhundert Lewende abgesandt, jenseits des Bal=
kan, zu Silistria, Nikopolis, allgemeiner Heerbann kund gemacht,
der Beglerbeg von Rumili mit den Truppen von Valona, Delvino,
Achrida, Ilbessan, Janina, Skutari und dem Pascha von Salonik,
dem zu Oczakow zu helfen, aufgebothen. Zugleich gingen an Dewlet=

¹) Raschid I. Bl. 266. Defterdar Bl. 403. Gesch. der Berl. Bibl. ²) Ra=
schid I. Bl. 266. Defterdar Bl. 402. In Rami's Inscha (kaiserl. Hofbibl. Nr.
423) Befehlschreiben, diesen Bau betreffend, Nr. 153, 172, 227, 300, 301,
302, 303, 304, 552, 553, 365. Gesch. der Berl. Bibl. Nr. 75 Bl. 224. ³) Die
lügenhaften Angaben des Chans in der Geschichte Mohammedgirai's Bl. 114.
⁴) Gesch. des Prinzen Mohammed Bl. 113. ⁵) Raschid I. Bl. 270. Gesch. der
Berl. Bibl. Nr. 75 Bl. 211. Defterdar Bl. 385. Geschichte der Krim. Mo=
hammedgirai's Bl. 114. Sebessetar Bl. 192 und f. ⁶) Gesch. Mohammedgi=
rai's Bl. 117 und Gesch. der Berl. Bibl. Nr. 75 Bl. 214.

girai die nachdrücklichften Schreiben, ihn zur Unterwerfung zu brin=
gen ¹). Zu Conftantinopel ward vor einer Streiferey der Noghaien,
und noch mehr vor ruffifchem oder öfterreichifchem Kriege gezittert,
denn es verbreitete fich das Gerücht, daß diefe großen Truppenauf=
gebothe nicht wider die Noghaien und die Krim, fondern wider Ruß=
land und Öfterreich gerichtet feyen. So war's auch. Daltaban fagte :
Wir find mit den Tataren zufrieden, und feinen Innigften erzählte
er, es habe ihm geträumet, er werde Ofen erobern, fein Gefolge
fagte, unfer Pafcha zieht in den Krieg und bringt Sieg ²). Seinen
Krieges = und Siegesplanen ftand der Mufti entgegen, welcher das
Fetwa zu geben fich weigerte ³), und Rami, der Weßr, welcher mit
Maurocordato den Carlowiczer Frieden gefchloffen. Er fand es am
ficherften, den Mufti bey einem Fefte, das er geben wollte, zu ver=
giften ⁴). Der Anfchlag durch den Kiaja Ibrahim verrathen, fetzte den
Mufti auf feine Huth, und gab ihm Zeit, fich mit Rami und Mauro=
cordato wider ihren gemeinfchaftlichen Feind und den des Friedens
zu verbünden, und ihn dem Sultan als Giftmifcher und Kriegsbrand
darzuftellen. Er hatte den Sultan fchon früher, fowohl durch feine
Heftigkeit und Rohheit, als durch den Vorfchlag von mehreren feiner
Gefchöpfe zu den wichtigften Ämtern, denen fie nicht gewachfen, ab=
wendig gemacht ⁵), doch ließ er es andererfeits an Erniedrigung ge=
gen den Mufti und Eunuchen nicht ermangeln. Jetzt aber ftellte das
obgenannte Kleeblatt dem Sultan vor, daß die Ruhe der Krim nicht
hergeftellt werden könnte, fo lange Daltaban Großwefir, was um fo
fcheinbarer, als die beyden Rebellen, Dewlet= und Seadetgirai, um
ihre Anhänger zu täufchen, das Gerücht ausftreuten, der Großwefir
24 Jan. fey heimlich mit ihnen verftanden ⁶). So ward denn Daltaban in's
1703 Serai geladen, zugleich begab fich Rami, laut erhaltenen heimlichen
Befehls, an die Pforte des Großwefirs, wo es hieß, derfelbe fey in's
Serai berufen worden, und wo Rami weilte, den Bothen aus dem
Serai erwartend. Diefer kam mit dem, dem Daltaban abgeforder=
ten Reichsfiegel für Rami. Daltaban ward zwifchen den beyden Tho=
ren des Serai im Gemache des Henkers, demfelben zur Gewahrfam,
und nach drey Tagen zur Hinrichtung überlaffen ⁷).

Rami, die Säule des Friedens, hatte bey angetretener Großwe=
firfchaft die Hände vollauf zu thun in Wiederherftellung der inneren
und Erhaltung der äußeren Ruhe. Der Aufruhr der Noghaien fank
fchon durch feine Ernennung in Afche zufammen, das alles vergrö=

---

¹) Die ganze Folge diefes Schreibens im Jnfcha Rami's (kaiferl. Hofbibl.
423) Nr. 57, 58, 59, 60, 61, 62, 64, 65, 66, 147, 148, 149, 150 ; über den
Zehent der Noghai an den Statthalter von Oczakow Nr. 656. ²) Gefch. der
Berl. Bibl. Nr. 75 Bl. 215. ³) Cantemir L. IV. p. 105. ⁴) Derfelbe p. 106
und 107, und mit demfelben einftimmig die Gefchichte des Prinzen Moham=
medgirai Bl. 119. ⁵) Die Beyfpiele nahmentlich in Rafchid I. Bl. 271. ⁶) Der=
felbe Bl. 272. ⁷) Eben da. Osmanfade's Gefch. der Großwefire.

ßernde Gerücht ließ ihn selbst mit zehntausend Janitscharen und fünf=
tausend Freywilligen ausziehen. Der vorige Chan und Kalgha Dewlet
und Seadet entflohen nach dem Kuban und zu den Tscherkessen[*]).
Jusufpascha von Oczakow warf sich mit seinen Truppen auf die Mo=
ghaien, und schaltete unter ihnen drey Monathe hindurch als Wüthe=
rich, sie um sechshundert Beutel strafend, jedem Hause die Lieferung
von zehn Kilo Weizen, zehn Kilo Gersten und eines Ochsens auferle=
gend. Eine Commission trat zusammen, aus dem Richter, Molla und
Mufti von Babataghi, den Richtern von Kili, Jsmail und Akkerman,
um die von den Tataren in der Gegend von Tomorova, Jsmail und
Kili geraubten Güter ihren Eigenthümern wieder zurückzustellen[*]).
Nach beruhigten Tataren waren die empörten Bewohner Mingrelien's
und Guriel's, welche schon seit Jahren die schuldigen Steuern ver=
weigerten, und die Abasen, welche Kaufleute ausraubten und in die
Sclaverey schleppten, zu züchtigen. Wie vor sieben und fünfzig Jah=
ren sieben Paschen einen Feldzug nach Mingrelien unternommen hat=
ten[3]), so zog jetzt der Statthalter von Erserum, Köse Chalilpascha,
an der Spitze einer ansehnlichen Zahl von Paschen und Begen aus,
um die Rebellen zugleich von drey Seiten, von Trapezunt, von Tschil=
dir und Erserum aus wirksam anzugreifen[4]). Mit den vier Mächten
des Carlowiczer Friedens, mit Österreich, Venedig, Pohlen und
Rußland, waren noch die Gränzen zu berichtigen; die wichtigsten und
mühevollsten waren die mit Österreich, über welche zwar schon drey
Monathe nach Unterzeichnung des Friedens ein besonderes Präli=
narinstrument der Gränzscheidung aufgesetzt; und im Jahre darauf
das allgemeine Abgränzungsinstrument[5]); dann die einzelnen Ab=
gränzungsinstrumente, das der syrmischen Gränze[6]); das zwischen
Bosnien und Kroatien[7]), das zwischen Siebenbürgen und dem Ba=
nate[8]); und nach diesen fünf Abgränzungsvorträgen wurde erst jetzt
die Abgränzung durch die Unterzeichnung eines Vertrages, welcher die
Gränze von Novi bestimmte, vollendet[9]). Die Seele dieser langwie=
rigen und verwickelten Abgränzungsarbeiten war der Gründer des
wissenschaftlichen Instituts von Bologna, Marsigli[10]). Um dieß Ge=

[*]) Gesch. der Berl. Bibl. Nr. 75 Bl. 215. Gesch. des Prinzen Moham=
medgirai Bl. 118. Raschid I. Bl. 272. Sebessejar. [*]) Raschid I. Bl. 272. Eine
Folge von Schreiben des Großwesirs an den Chan Selim und den Pascha
von Oczakow die Beschwichtigung der Unruhen der Krim im Jnscha (kaiserl. Hof=
bibl. 423) Nr. 3, 4, 12, 16, 21, 22, 26, 57. [3]) III. Band S. 281. [4]) Ra=
schid I. Bl. 273 und die Gesch. d. Berl. Bibl. Bl. 219. [5]) Vom 1ẗ März 1701,
in der St. R. [6]) Vom 12. May 1699, in der St. R. [7]) Vom 25. Julius 1700,
in dem gründ= und umständlichen Bericht der Großbothschaft S. 93, und Pu=
blication des getroffenen Vergleiches, die Gränzscheidung diesseits der Donau
betreffend, geschehen unweit Brod, im Lager, 18. Aug. 1700. Münchner Bibl.
[8]) Vom 2. Dec. 1700, in der St. R. [9]) Instrumento limitaneo della evacua=
zione del territorio di Novi e cessione di esso insieme col castello dal no=
me alla Porta Ottomana 12. Agosto 1703 (im Fascikel 67 der St. R. tradot=
to da Aloise Wolde Ces, Interprete). [10]) Jn Rami's Jnscha (kaiserl. Hofbibl.
423) Nr. 45 das Schreiben Rami's als Großwesir an den englischen Bothschaf=
ter Sutton; Nr. 89 an den Statthalter von Belgrad.

ſchäft mit ihm in's Reine zu bringen; war der nach Wien geſandte
Großbothſchafter Ibrahim bey ſeiner Rückkehr zum Statthalter von
Temeswar ernannt, und zu dieſer Verhandlung bevollmächtigt wor=
den [1]). Nach Abgang des Grafen Öttingen war der Bothſchafts=
Secretär Talman als Reſident zurückgeblieben [2]). Er erhielt von der
Pforte die Entfernung Töföli's von der Gränze und Conſtantinopel
nach Nikomedien [3]), wo er in einem Meierhofe außer der Stadt,
welcher der Blumenplatz hieß, wohnte [4]). Die venetianiſche Abgrän=
zung war zugleich mit der kaiſerlichen an der dreyfachen Gränze be=
richtigt worden [5]); die pohliſche Abgränzung kam erſt in dieſem Jahre
zu Stande, nachdem König Auguſt, welchen die osmaniſchen Geſchicht=
ſchreiber nicht anders als den Hufeiſenbrecher nennen, von der Pfor=
te, an welche er den Viceſchatzmeiſter der Krone, Raphael de Wie=
niawa Lefczynski, den Vater des Königs dieſes Nahmens, geſandt,
als König von Pohlen anerkannt worden [6]). Seine Wahl zum König
von Pohlen hatte er durch den Caſtellan von Halicz, Peter de Wie=
niawa Bronicz, gekündt [7]). Wie die Unterzeichnung des ruſſiſchen
Friedens um ein Jahr ſpäter als die mit den übrigen Mächten Statt
hatte, ſo wurde auch die ruſſiſche Abgränzung erſt um zwey Jahre
ſpäter als die öſterreichiſche und pohliſche durch zwey Conventionen
ins Reine gebracht [8]). Nach der erſten wurde der Fluß Suliva, nach
der zweyten ein Jahr ſpäter abgeſchloſſenen die Gränze längs des
Dniepr beſtimmt; die Abgränzungs = Commiſſäre waren Oukraintzow
und Mohammed Efendi. Die Verhaltungsbefehle in Betreff derſelben
veranlaßten den lebhafteſten Schreibenwechſel des Großweſirs mit dem
Chan, dem Statthalter von Oczakow, dem Abgränzungs = Com=
miſſär [9]).

Rami, wie der vorletzte Großweſir Köprili, von der Nothwen=
digkeit neuer Maßregeln überzeugt, und von Jugend auf in den Fä=
chern der inneren Verwaltung verwendet, ſchenkte derſelben die größte
Aufmerkſamkeit. Er erleichterte die Laſten der Gränzfeſtungen im Oſten
und Weſten des Reiches, indem er dem Statthalter von Bagdad [10])

Oct.
1704

22.Oct.
1705

---

[1]) Raſchid I. Bl. 252. [2]) Litterae Sup. Veſiri Mohammedbaſſa (Rami)
28. Febr. 1703 ad Eugenium. [3]) Raſchid I. Bl. 260. Defterdar Bl. 392. [4]) La
Motraye I. S. 298. [5]) In Rami's großem Inſcha Schreiben des Großweſirs
an den Statthalter von Bosnien, in Betreff der venetianiſchen Abgränzung
Nr. 152, 153, 154, 211, 239, 240. [6]) Raſchid I. Bl. 255. Geſch. des Def=
terdars. Das pohliſche Abgränzungs=Diplom vom Freyherrn v. Thugut am
4. October 1773 eingeſandt. [7]) Im großen Inſcha Rami's Nr. 478 das Recre=
ditiv an den König Auguſt. [8]) Vom 22. October 1705 ein Befehlſchreiben v.
J. 1739 aufgeführt, und in Martens. [9]) In Rami's Inſcha (kaiſerl. Hofbibl.
423) Nr. 453, 462, 167, 468, 470, 472, an den Befehlshaber von Ad=
ſchu Nr. 65, an den Statthalter von Oczakow Nr. 596, an den Chan Nr. 579,
580, 598, 666, 671, 675, in dem meinigen Nr. 110, 193, 395, an den Statt=
halter von Oczakow Nr. 207, 208, 209, 210, 217, 221, 225, 231, u. 241.
[10]) Schreiben des Großweſirs Rami an den Statthalter von Bagdad, über
Verwaltungsgegenſtände im Inſcha Rami's (kaiſerl. Hofbibliothek 423) Nr. 23,
24, 25, 55, 69, 70, 162; daſſelbe an den Statthalter von Ägypten, wegen
Verproviantirung Mekka's, Nr. 127, 157, 657.

dreyhundert fünfzig Beutel zur Unterhaltung der Landwehren (Lewend) wider die rebellischen Araber sandte [1]); zu Widdin und Temeswar die bisher dem jeweiligen Großwesir gehörigen Krongüter in
erbliche Familiengüter für Unterthanen (Odschaklik) verwandelte, wodurch einerseits die richtigere Bezahlung des auf die Steuern derselben angewiesenen Truppensoldes, andererseits die Bevölkerung des
durch die letzten Kriege entvölkerten Temeswarer-Banats erhalten
ward, indem sich in diesem Jahre allein achttausend Unterthanen dort
ansiedelten [2]). So wurde auch der Sold von sechzehntausend Mann
bosnischer Truppen, welcher vier Millionen Aspern (drey und dreyßigtausend dreyhundert drey und dreyßig Piaster) [3]) betrug, in
Odschaklik verwandelt, d. i. statt der Zahlung aus dem Schatze den
Truppen zur Einhebung überlassen, der Sold der Besatzung von Belgrad und der umherliegenden Palanken, zusammen über zehntausend
Mann, mit dem jährlichen Betrage von zweymahlhundert drey und
sechzigtausend Piastern, auf die Pachten benachbarter Städte angewiesen [4]). Zur Regulirung der Ausgaben und Einkünfte des Arsenals
wurden der Kapudanpascha und Intendent des Arsenals nach Adrianopel berufen, und viele Sporteln, welche bisher in den Sack der
Angestellten gefallen, dem kaiserlichen Schatze zugeschlagen [5]); die
übertriebenen Preise der Pelzhändler, welche in der jüngsten Zeit einen Zobelpelz zu fünfzehnhundert Piastern, das Hermelinfell, das sie
um zwanzig Piaster gekauft, auf fünfzig und hundert hinaufgetrieben,
wurden nach einer dem Preise aller einzelnen Pelzwerke bestimmten
Satzung geregelt. Für die Polizey Adrianopel's ward durch ein Hu-
renedict und durch Verbesserung der Wasserleitungen gesorgt. Eine
Verordnung des Großwesirs trug dem Janitscharenaga und Bostandschibaschi auf, alle Weiber schändlichen Lebenswandels aufzuzeichnen,
und auf dem Schub nach Rodosto und Malghara zu senden [6]). So
wurden auch alle ägyptischen Soldaten nach Adrianopel verbannt [7]).
Sultan Suleiman hatte nach Adrianopel das Wasser von Ssaruchanli,
das in der Entfernung von fünf Stunden von der Stadt quillt,
mittelst Bögen dahin geleitet, eine Masse von sechs und dreyßig Pip-
pen. Seitdem war theils durch Verfall der Wasserleitung, theils durch
die Habsucht der Wasserübergeher, welche das Wasser nach Belieben
Großen und Mächtigen, von denen sie bestochen wurden, zutheilten,
der Mangel an Wasser in der Stadt fühlbar; demselben abzuhelfen,
begab sich der Großwesir vom Defterdar und Bostandschi begleitet,
selbst an den Ursprung, ließ durch Kunstverständige die Kosten der
Wiederherstellung überschlagen, und wies darauf achttausend Piaster

---

[1]) Raschid I. Bl. 273. [2]) Gesch. der Berliner Bibl. Nr. 75 Bl. 221. [3]) Dieselbe Nr. 75 Bl. 222. [4]) Dieselbe Nr. 75 Bl. 223. [5]) Raschid I. Bl. 247.
[Ein Schreiben, welches die Stationen der Flotten bestimmt, in Rami's Inscha (kaiserl. Hofbibl. 423) Nr. 164. [6]) Die Verordnung in der Gesch. d. Berl.
Bibl. Nr. 75 Bl. 229. [7]) Raschid I. Bl. 275.

an. Auch der Quell Jündscha, der in der Nähe des Serai von Chisr=
lik quillt, wurde nach der Stadt geleitet [1]). Rami nahm sich mit so
mehr Liebe und Sachkenntniß an, als er selbst der Sohn eines Was=
serwägers von Ejub zu Constantinopel, in seiner Jugend in diesem
Geschäfte verwendet worden war [2]). Gleiche Sorge trug er für die
Wiederherstellung der Moschee zu Janboli, welche seit Jahren in
Verfall gekommen war, so daß Christen und Juden Häuser angebaut
hatten, und auf der Stelle der Nische des Hochaltars Bäume ausge=
wachsen waren. Sie wurde innwärts von den Bäumen, auswärts
von den angebauten Häusern gereinigt, und unter dem Nahmen der
Moschee S. Mustafa's dem Gottesdienste des Islams wiedergege=
ben [3]). Um die in den vorigen Jahren so oft gefährdete Sicherheit
der Pilgerkarawanen zu verbürgen, wurde außer der richtigen Über=
lieferung der Surre an die Araber der Wüste, nicht nur die Würde
des Fürsten der Wallfahrt (Emirol=hadsch) dem Statthalter von Ada=
na, Mohammedpascha, dem Sohne Beiram's, einem rüstigen, un=
verdrossenen Manne, verliehen, sondern auch Kawaßogli Hasanpascha
mit den Sandschaken von Ghasa und Nablus, mit der Mannschaft
der Sandschake von Tripolis, Ssaida, Beirut und Jerusalem zum
Dscherdedschi, d. i. Entgegengeher [4]), ernannt. Durch diese weisen
Maßregeln blieb die Pilgerkarawane von den Arabern unangetastet.
Der Emirol=hadsch hielt sich nicht wie sonst nach vollbrachter Wall=
fahrt zu Mekka auf, sondern zog unmittelbar fort, entschlossen, die
Araber, wenn sie sich zeigten, mit seinen Truppen, die neunzig Fah=
nen stark, anzugreifen; mit dreyßig Fahnen mußte ihm überdieß der
Dscherdedschi entgegenkommen. Die Araber der Stämme Ssahra
und Ansa hatten sich zwar sechstausend Mann stark zusammengerottet,
und zeigten sich auf der Station Maan, aber während sie vom Dscher=
dedschi Kawaßogli und von dem mit ihm fechtenden Scheiche der Araber
von Damaskus, Koleib, angegriffen wurden, zog die Karawane unbe=
schädigt vorbey [5]). Die turkmanischen Stämme, welche die Gegend
von Asir und Maßiß für Karawanen durch Räuberey unsicher gemacht,
wurden durch den Statthalter von Adana zu Paaren getrieben [6]),
andere turkmanische Stämme durch den Statthalter [7]) von Siwas
nach Anatoli verpflanzt. Rami's allen Neuerungen, wenn dieselben
Verbesserung bezweckten, günstige Gesinnung bethätigte sich auch in
dem Befehle an die Juden=Tuchfabrikanten zu Salonik und an die Grie=
chen=Seidenfabrikanten zu Brusa, in ihren Fabriken künftig auch
jene Arten von Tüchern und Stoffen zu erzeugen, welche bisher aus
Europa eingeführt worden [8]), und in dem Versuche zu Constantino=

---

[1]) Raschid I. Bl. 275. [2]) Osmansade Efendi's Biographien der Großwessi=
re. [3]) Gesch. d. Quell Verl. Bibl. Nr. 75 Bl. 227. [4]) Raschid I. Bl. 276. Gesch. d.
Verl. Bibl. Nr. 75 Bl. 231. vort. B. S. 1. [5]) Gesch. der Vert. Bibl. Nr. 75
Bl. 232. Raschid I. Bl. 276. [6]) Rami's Inscha (kaiserl. Hofbibl. 423) Nr. 217.
[7]) Eben da Nr. 419. [8]) Raschid I. Bl. 275, und la Motraye I. p. 142.

pel Kaffeh zu bauen mittelst Samens, von welchem ihm der Begler=
beg von Dschidde glauben gemacht, daß er nur dann zum Anbaue ge=
eignet sey, wenn denselben Schwalben verschlungen und wieder ge=
spien hätten·¹).

Rami's Vorsorge für die Huth des Landes und die Füllung des
Schatzes erstreckte sich über alle Länder des Reiches, in alle Zweige
der Verwaltung. Nach Jaffa, welches als der Hafen von Ghasa,
Ramla und Nablus vorzüglichen Schutzes sowohl wider fränkische
Korsaren, als syrische Araber bedurfte, wurden hundert Mann Be=
satzung mit sechs Officieren und zwey Tschauschen, einem Festungs=
verwalter und Befehlshaber ²), zehn große Kanonen, drey Sieben=
pfünder, zwey Zwölfpfünder, zweytausend Kugeln, zweyhundert Zent=
ner Pulver gesandt. Aus der Walachey wurde Fürst Brancovan Can=
tacuzen Bessaraba ³), dessen Regierungsgeschichte sein Großkanzler,
Radul Gretschan, als unbedingter Lobredner beschrieben ⁴), nach
Constantinopel einberufen. Er saß nun bereits im fünfzehnten Jahre
auf dem Fürstenstuhle, hatte sich während zwölf Kriegsjahre mit gro=
ßer Politik gegen Tököli, den Chan, den Sultan, den Czar und den
Kaiser auf seinem Posten behauptet, so daß ihn der letzte zum Für=
sten des heiligen römischen Reiches erhoben ⁵), Sultan Mustafa ihn
dennoch wieder von Neuem als Woiwode der Walachey bestätigte ⁶),
und nach dem Carlowiczer Frieden ihm sogar die Herrschaft auf le=
benslänglich zugesichert hatte ⁷). Durch seinen Einfluß war ihm ge=
lungen, eine Verschwörung, welche unzufriedene Bojaren wider ihn
an der Pforte angezettelt, zu zernichten, und sogar seinen Feind,
Antioch Cantemir, Sohn Constantin's und Bruder Demeter's, des
Geschichtschreibers, den Woiwoden der Moldau, zu stürzen, und die
Woiwodenschaft seinem Schwiegersohne Duka zuzuwenden ⁸). Aber
er hatte einen unversöhnlichen Feind in Alexander Maurocordato,
dem Pfortendolmetsche, welcher sich jetzt mit dem Großwesir Rami
vereinte, um den Brancovan zu stürzen 9). Der zweite Oberststall=
meister, Selimaga, erschien zu Bukarest mit einem Vorforderungs=
befehle nach Adrianopel ¹⁰). Der Fürst fieberte aus Furcht oder wirk=
lich; das Fieber und Rothlauf waren Ursache oder Vorwand verspä=
teter Reise, durch deren Verzögerung er durch die nach Constantino=
pel zur Entschuldigung gesandten Bojaren die Erlaubniß, zu Hause
zu bleiben, zu erhalten hoffte. Sein Leibarzt Pilarino mäßigte die

April 1703

¹) Das Schreiben Rami's an den Beglerbeg von Dschidde, über diesen
Gegenstand im Inscha (kaiserl. Hofbibl. 423) Nr. 213. ²) Raschid I. Bl. 275.
³) Cantemir IV. bb. umständlich über den Ursprung dieser Nahmen, aber mit
feindlicher Gesinnung wider die Familie Brancovan und Carra, p. 136. ⁴) En=
gel's Geschichte der Walachen S. 333 und cit. Not. LXXX. ⁵) Eben da S. 347.
⁶) Eben da S. 349. ⁷) Eben da S. 353. ⁸) Engel's Gesch. der Walachey
S. 353. 9) Cantemir, del Chiaro, und nach demselben Engel. S. 359. ¹⁰) Del
Chiaro S. 156, und mit demselben ganz einstimmig die Gesch. d. Berl. Bibl.
Nr. 75 Bl. 228, beyde Augenzeugen.

Dringlichkeit des Oberststallmeisters durch die Versicherung, daß, wenn der Fürst lebendig zu Adrianopel ankommen solle, er durchaus so langsam reisen müsse. Trotz der Verwendung der mächtigen Freunde Brancovan's an der Pforte, nähmlich des Mufti Feisullah, des Si= lihdars Ali von Tschorli, und Hasan's, des Schwagers des Groß= wesirs [1]), wurde der Reisebefehl nicht zurückgenommen, und nachdem er über einen Monath von Bukarest nach Adrianopel unterwegs ge= wesen, langte er zu Arnaudköi [2]) bey Constantinopel an. Seinen Feind Maurocordato empfing er mit dem Geschenke eines kostbaren Zobelpelzes, eines geschmückten Reitpferdes und tausend Ducaten. Mit demselben ward die Erhöhung des jährlichen Tributes, welcher bisher nur zweyhundert siebzig Beutel betrug, aufs Doppelte unter= handelt. Brancovan wollte sich mit Mühe nur auf hundert oder hun= dert zwanzig Beutel mehr verstehen; da er aber sah, daß durch Be= stechung weiter nichts zu gewinnen, erlegte er die fünfhundert Beutel, doch nicht unter dem Nahmen der Kopfsteuer, wie dieselben gefordert worden, sondern unter dem des moldauischen Schatzes, nach der Ana=
24.Jun. logie des ägyptischen Tributes, welcher der ägyptische Schatz heißt [3]).
7703 Der Großwesir, durch die Gönner Brancovan's umgestimmt, empfing ihn gnädig. Am nächsten Dinstag [4]), als Diwanstag, ward ihm kai= serliche Audienz gewährt, nach dem für die Fürsten der Moldau und Walachey hergebrachten Ceremoniel, nach welchem dieselben vom Se= cretär und Intendenten der Tschausche eingeführt, mit keinem Mahle wie die Gesandten bewirthet, sondern nach dem Diwan und Mahle des Großwesirs von dem Schatzmeister mit Kaftan und Kuka beklei= det werden. Die Kuka ist die Federhaube der Janitscharenobersten, nur mit dem Unterschiede, daß dieselbe nicht aus schwarzen, sondern weißen Reigern besteht. Die Investirungs=Commissäre sind der Muh= sir, d. i. der Aga Vorlader, und der Selamaga, d. i. der Aga des Grußes, welchen dafür bestimmte Taxen entrichtet werden [5]). Bran= covan erhielt das Bestätigungsdiplom als lebenslänglicher Fürst der Walachey [6]). Rami, für das Wohl der Finanzen besorgt, war deß= halb kein Blutegel, im Gegentheile gab er die von Daltaban einge= zogenen Häuser und Meierhöfe Köprili's der Familie wieder zurück; während seiner Großwesirschaft wurde an die Verlassenschaften reicher Staatsbeamten nur in dem Falle, daß sie dem Fiscus schuldig, Hand angelegt, sonst gingen sie unangetastet in die der Erben [7]). Wenn er sich hiedurch viele Private zu Freunden machte, so zog er sich doch die Feindschaft der hohen Staatsbeamten, die er nicht nur um ihre Spor= teln verkürzte, sondern auch oft wider alles Herkommen mit Schlägen

[1]) Del Chiaro p. 159. [2]) Cantemir und Gesch. d. Verl. Bibl. Nr. 57 Bl. 228. [3]) Gesch. d. Verl. Bibl. Nr. 75 Bl. 228. [4]) Eben da und Engel. [5]) Eben da Bl. 229. [6]) Engel's Gesch. S. 360. [7]) Gesch. d. Verl. Bibl. Nr. 75 Bl. 222.

mißhandeln ließ, ohne Rücksicht auf ihren Rang. So ließ er dem
Defterdar der Gallionen einige hundert Stockstreiche, ja sogar dem
Intendenten der Gerste, welcher schon zweymahl Mustermeister-Se-
cretär der Janitscharen gewesen, weil er sich, was er den Zünften der
Handwerker schuldig, zu zahlen weigerte, ein Dutzend Stockstreiche
zumessen, bis auf Vorstellung des Muhstraga derselbe dem Stocke
entzogen, dem Janitscharenaga in Gewahr gegeben ward [1]. Hiedurch
hatte sich Rami alle Truppen, besonders aber die Janitscharen zu
Feinden gemacht. Zum Aga derselben bestellte er seinen bisherigen
Kiaja (Minister des Innern), welcher schon unter Köprili Kiaja, als
Rami Reis, und also im Range ober demselben, jetzt die unglimpfliche Behandlung seines vormahligen Untergebenen schwer verdaute,
und jetzt auf des Mufti Verwendung, bey dem er sich darüber beklagt,
auf diese Weise versetzt, der bisherige Janitscharenaga mit drey Roßschweifen zum Statthalter von Canea befördert ward [2]. Der bisherige Aga der Sipahi ward Minister des Innern, und an seine Stelle
kam der ehemahlige General der Zeugschmiede [3].

Außerdem, daß sich Rami die Gemüther der Janitscharen durch
Mißhandlung ihres ehemahligen Mustermeisters entfremdet hatte,
lag die Unzufriedenheit derselben mit seiner Großwesirschaft noch tiefer
darin, daß er selbst nicht vom Wehrstande, nur durch die Hinrichtung
des zwar tyrannischen, aber tapferen Daltaban, und durch den Schutz
des ob seines Ehrgeizes und seiner Herrschsucht verhaßten Mufti Feisullah zur ersten Würde des Reiches gelangt war. Nie sprang der
Unterschied eines Großwesirs aus den Herren des Säbels, d. i. den
Kriegsbediensteten, und eines aus den Herren der Feder, d. i. der
Kanzleybeamten, so sehr ins Auge, als bey dem Wechsel Daltaban's
und Rami's; jener ein des Lesens und Schreibens unkundiger Dränger, aber ein wackerer Haudegen, dieser ein trefflicher Stylist und
Unterhändler, aber kein Krieger. Die Geschichte kennt mehrere große
Staatsmänner, die zugleich große Feldherrn, aber nur ausnahmsweise große Krieger, welche eben so gut geschrieben, als geschlagen,
oder Schriftsteller, welche eben so gut das Schwert als die Feder gehandhabt. Rami war ein trefflicher Stylist, wie dieß die beyden
Sammlungen seiner Staatsschriften, nicht weniger als vierzehnhundert an der Zahl, ausweisen, wahre Muster eines einfachen, klaren,
edlen Geschäftsstyles, aber er war kein Soldat, und hatte sich die
Soldaten noch überdieß durch den Antheil an Daltaban's Hinrichtung, durch Mißhandlung des Mustermeisters, und auch die Ulema
durch seine Gefälligkeit gegen den ihnen verhaßten Mufti Feisullah zu
Feinden gemacht, so daß er weder dem Wehrstande, noch dem Lehr-
stande genehm. Der herrschsüchtige, ehrgeizige Mufti hatte alle seine

---

[1] Schreiben Rami's an Tschalik, zur Aufrechthaltung der Zucht, im Inscha Rami's. [2] Räschid I. Bl. 274. [3] Defterdar Bl. 275.

Söhne und Verwandten mit Hintansetzung der vorgeschriebenen Stufenfolge der Ulema zu den ersten Würden des Gesetzes befördert; vier
seiner Söhne und sein Neffe Mohammed=dede, alle junge Leute, hatten den Rang als oberste Landrichter von Rumili [1]). Scheich Mohammed Efendi, einer der Söhne, war Prinzenlehrer, und der älteste
hatte sogar die Anwartschaft auf die Muftistelle; die verdientesten
Molla mußten sich's gefallen lassen, zu untergeordneten Richterstellen
herabgesetzt zu werden, während die höchsten und einträglichsten Ämter
des Gesetzes der Vortheil der Familie des Mufti, und die Beute seiner Schützlinge geworden waren [2]). Selbst in der schnellen Beförderung des jungen Köprili Abdullah zum Nischandschi und dann zum
Wesir, sah man nicht die in der Familie Köprili schon erblich gewordene Wesirschaft, sondern nur die Eidamschaft des Mufti [3]). Des
Mufti unerträgliche Herrschsucht begann jetzt selbst den Großwesir nie-
derzuschweren. Die Familie und Anhänger Feisullah's entblödeten sich
nicht, zu sagen, der Großwesir sey ihres Patrones Client, und Rami, der wohl wußte, daß sein Vorfahr ein Opfer der Herrschsucht
Feisullah's gefallen, sann nun heimlich darauf, denselben, wenn möglich, zu entfernen. Zu diesem Samen öffentlicher Unzufriedenheit kam
noch bey den Bewohnern der Hauptstadt des Sultans wahrscheinlicher
Entschluß, zu Adrianopel zu verbleiben, wo er bloß mit dem Wilde
die Zeit tödtete, und die Kosten der Einrichtung von Palästen für
seine drey verlobten Töchter zur Vollziehung der Hochzeit mit ihren
Verlobten, nähmlich mit dem Wesir Nuuman Köprili, dem Bruder
Abdullah's, mit dem Wesir Ali, dem Sohne des Großwesirs Kara
Mustafa, und mit Ali von Tschorli, dem Waffenträger Günstling [4]).
In der Stadt wurden für sie Paläste, an der Tundscha Landhäuser
gebaut und eingerichtet, zur Errichtung ihrer Hareme, und zur Feyer
des Haremes wurden die Paschen von Bosnien, Erserum und Achiska, taugliche Sclavinnen einzusenden durch Kämmerer aufgebothen [5]).
„Sonst sey es gewöhnlich gewesen, Knaben zu liefern,“ sagten die
Schreiben des Großwesirs, „dießmahl bedürfe man nur Sclavin-
„nen [6]).“ Alles dieß waren sichere Vorbothen eines bevorstehenden Un-
falls, als das Erdbeben, welches in der Gerichtsbarkeit von Denisli
Häuser und Moscheen verschlang [7]), und welches dann hintenher für
ein Wahrzeichen galt, wie das voriges Jahr zu Constantinopel Statt
gefundene Feuer [8]) und fürchterliche Ungewitter [9]) für ein Wahrzeichen der später erfolgten Entlassung des Großwesirs Köprili gegolten.
Das wahrscheinlichste Anzeichen aber nächster Unruhe war das ärger-
liche Benehmen, womit ein Paar hundert Dschebedschi den ausständi-

---

[1]) Raschid I. Bl. 263, 274 und 275. Ibrahim, Ahmed, Mustafa, Mahmud. [2]) Raschid II. Bl. 4. [3]) Eben da. [4]) Derselbe I. Bl. 276 u. II. Bl. 3.
[5]) Gesch. der Verf. Bibl. Nr. 75 Bl. 237. [6]) Das Schreiben im Inscha Rami's (kaiserl. Hofbibl. 423) Nr. 332. [7]) Raschid I. Bl. 274. [8]) Derselbe Bl. 260
am 3. Redscheb 1113, d. i. 4. Dec. 1701. [9]) Raschid I. Bl. 261.

gen Sold von zehn Quartalen begehrten. Sie weigerten sich, eher
nach Georgien zu ziehen, wohin sie bestimmt waren, bis sie nicht ih=
ren ausständigen Sold erhalten hätten. Es war schon seit einiger Zeit,
zur Gewohnheit geworden, daß den sieben Odschak (Herdschaften),
d. i. den Körpern der besoldeten Truppen der Janitscharen, Sipahi,
Silihdare, Topdschi, Toparabadschi, Dschebedschi und Bostandschi,
nie ihr Sold vollständig, sondern nur als Darangeld des ausständi=
gen ausbezahlt ward [1]. Der Aga und Kiaja der Dschebedschi hielten
es für's Beste, den ausständigen Sold herbeyzuschaffen, und diese
Paar hundert unruhigen Köpfe auf diese Art einzuschiffen. Auf den
hierüber vom Kaimakam Constantinopel's, Jusufpascha, nach Adria=
nopel erstatteten Vortrag, wurde mit Mißbilligung der in diesem
Vorfalle vom Kaimakam und Dschebedschibaschi geäußerten Nachgie=
bigkeit an die Stelle des ersten der junge Köprili Abdullah [2], an die
Stelle des zweyten Ibrahimaga, ein Client des Großwesirs, er=
nannt, seine Ernennung aber nicht kund gemacht, sondern derselbe
vielmehr unter dem Scheine der Verweisung aus der Hauptstadt nach
Constantinopel gesandt [3], wo er in die Stelle des Generals der Dsche=
bedschi eintrat [4].

Der neue Dschebedschibaschi war beyläufig einen Monath [5] zu
Constantinopel gewesen, als die Dschebedschi zum zweyten Mahle tu=
multirten, dießmahl mit längerem, zuletzt thronumwälzendem Er=
folge. Der Kaimakam beeilte sich, ihnen den ausständigen Sold der
zehn Quartale, und außerdem noch ein Geschenk von zwanzig Beu=
teln zu versprechen [6]. Da mischten sich unter sie Janitscharen, dem
langverhaltenen Grolle über ihres Secretärs Mustermeisters Beschim=
pfung durch Stockschläge, und über die angestellte scharfe Musterung,
wodurch so viele von den Rollen gestrichen worden waren [7], freyen
Lauf lassend. Sie riethen, den Sold nicht zu nehmen, sondern sich
mit den Janitscharen, die mit ihnen Ein Herz, Ein Sinn, auf dem
Fleischplatze bey den Fleischkesseln unter aufgepflanzter Fahne zu ver=
einen. So zogen sie denn dahin unter dem Geschrey: Gott ist groß,
und unter Vorlesung der Suren des Sieges und der Eroberung [8].
Etwa dreyßig Emire rotteten sich mit den dreyhundert Dschebedschi
und einigen Hundert zusammengelaufenen Gesindels unter einer Fahne
zusammen, die Buden der Stadt wurden geschlossen, der Kaimakam

[1] Raschid I. Bl. 279. [2] Gesch. der Berliner Bibl. Nr. 75, Bl. 258. [3] Ra=
schid I. Bl. 276. [4] Derselbe II. Bl. 5. [5] Eben da; in der Gesch. der Berl.
Bibl. Nr. 75 Bl. 239. Im Scheichiade II. Bl. 163, und in der Geschichte
dieses Aufruhres vom ungenannten Verfasser auf der Berl. unter den v. Diez'=
schen Handschriften Nr. 5, unter dem Titel: Edrene Wakaasi d. i. Vorfall
von Adrianopel. Naima's Erzählung (12 unpaginirte Folioblätter), dem II. B.
seiner Gesch. angehängt, die Geschichte Mohammedgirai's schließt mit der
Erzählung dieses Aufruhres, und die treffliche Geschichte der Berl. Bibl.
Nr. 75 erzählt denselben sehr ausführlich. [6] Raschid II. Bl. 5. [7] Geschichte
der Berliner Bibl. Nr. 75. Bl. 238 unter den Ursachen des Aufruhres aufge=
zählt. [8] Gesch. der Berl. Bibl. Nr. 5 Bl. 3, die 90; und 48. Sure.

und der Segbanbaschi, Haschimsade Murtesaaga, beriethen als letzte
Maßregel die Versammlung der Ulema, die Aufpflanzung der heiligen
Fahne. Der Richter von Constantinopel, Seid Mahmud, des Mufti
Eidam, wie der Kaimakam, hatte sich mit diesem seit Kurzem zertra=
gen, und fügte sich jetzt dem Begehren des Zusammenrufens der Ule=
ma nicht ¹). Am folgenden Tage begab sich der Segbanbaschi mit den
treuen Officieren und Janitscharen nach dem Serai, um es zu besetzen,
aber der Präfect desselben, Jadkar, fürchtend, die Janitscharen möch=
ten das Serai plündern, ließ sie nicht ein ²). Sobald das Gesindel
am Fleischplatze von dem Zuge des Segbanbaschi nach dem Serai Wind
erhalten, zog es nach der Pforte des Aga der Janitscharen, stürmte
dieselbe, erbrach die Kerker, und gesellte sich alle Verbrecher als Hel=
fer des Aufruhres zu. Von da zogen sie nach dem Palaste des Kaima=
kams; eine Stimme rief ihnen daraus zu, der Kaimakam sey seit ge=
stern im Serai, sie möchten sich nichts Schändlichen vermessen. Der
Wortwechsel ging in Thätlichkeit über, unglücklicher Weise streckte eine
aus dem Hause gefeuerte Kugel einen Dschebedschi darnieder ³). Jetzt
war das Feuer vollends auf. Das Haus des Kaimakams wurde ge=
stürmt, geplündert, die kostbarsten Pelze stückweise zerrissen. Die aus
dem Kerker losgelassenen Verbrecher sättigten ihre lang zurückgehaltene
Raublust. Der Segbanbaschi, welcher vom Serai nach der Pforte
flüchtete, fiel zu seinem Unglücke den Aufrührern in die Hände, die
ihn vom Pferde rissen und in Empfang nahmen; ein Haufe von Bu=
ben hatte den Richter von Constantinopel, den Eidam des verhaßten
Mufti, den die Aufrührer nicht anders, als den Ketzer und Perser
schalten, aufgebracht. Beyde durchwachten die Nacht, von den Re=
bellen in Gewahr gehalten. Am folgenden Morgen, es war Freytag,
forderten die Aufrührer den Segbanbaschi auf, die Fahne des Ober=
befehles ⁴) (denn gestern hatten sie ihn als Aga ausgerufen) aufzu=
stecken. Als er sich dessen weigerte, schrie ein Janitschare: „Der Un=
„gläubige hat die Fahne in seinem Busen versteckt!“ und hieb ihn zu=
sammen ⁵). Die Fahne ward aufgesteckt, und Ausrufer schrien:
„Jeder Janitschare, der sich nicht zur Fahne versammelt, sey ohne
„Manneskraft von seinem Weibe geschieden“. Einer stieg auf einen
der Bäume des Rennplatzes, und rief als Volksredner: „Gruß euch,
„versammelte Brüder! Gott helfe uns Allen. Heil euch, Amen!
„Brüder und Freunde, Volk Mohammed's! wen wollt ihr zum Muf=
„ti? wen wollt ihr zum Aga? wen wollt ihr zum Richter Constanti=
„nopel's?“ — „Wir wollen,“ schrie die vielzüngige Bestie, „den
„Paschmakdschifade zum Mufti, den Tschalik Ahmed zum Aga, den
„Ssaanollah Efendi zum Richter Constantinopel's ⁶).“ Indessen hat=

Margin left: 19. Jul. 1703

Margin left: 20. Jul.

---

¹) Raschid II. Bl. 5. ²) Eben da. ³) Eben da, und Gesch. d. Verl. Bibl.
Nr. V. Bl. 6. ⁴) La Motraye I. p. 325. ⁵) Gesch. d. Verl. Bibl. Nr. V. Bl. 7.
und Nr. 75 Bl. 240. ⁶) Gesch. der Verl. Bibl. Nr. V. Bl. 7 u. 4 l. B.

ten sie den bisherigen Richter, den Eidam des Mufti, in die Mittel=
moschee der Janitscharen, den wahren Brennpunct alles Janitscharen=
Aufruhres, geschleppt, und ihn gezwungen, Einladungen an alle Ule=
ma zu schreiben, daß sie in der Mittelmoschee erscheinen sollen [1]).
Ein Seid=Küster entrollte eine Fahne als Anführer der Emire=Auf=
rührer, und sogleich gesellten sich denselben ein Paar tausend syrische
Stallknechte und Zeltaufschlager, schnell grünen Bund umwindend,
als selbstgeschaffene Emire zu [2]). Es wurde ausgerufen, daß alle Bu=
den des Marktes geschlossen seyn sollen, bis auf die der Bäcker, Flei=
scher und Greisler. Die Vorsteher der Beseftan, des Sattelmarktes,
und alle Vorsteher der Zünfte, wurden vorgeladen, die Topdschi, die
Toparabadschi, die Lastträger und Schiffleute kamen in Haufen, die
Studenten der verschiedenen Waffe gesellten ihre Kessel denen der
Aufrührer auf dem Fleischmarkte bey. Die Bostandschi, welche die
von Ejub heimlich nach dem Serai gebrachte Fahne gesucht, erschie=
nen nun vor dem Serai, mit Gewalt den Eintritt fordernd. Der Prä=
fect hatte nicht den Muth, denselben ihnen, wie den Janitscharen, 21. Jul.
zu verwehren. Die heilige Fahne ward zu der des Aufruhres entwür= 1703.
diget, und unter derselben zogen die Bostandschi auf den Fleischplatz
und in die Mittelmoschee. Dort hatte sich ein gewisser Karakasch, der
sich, ob eines verlorenen Lehens, über den Mufti zu beklagen hatte,
als Redner und Häuptling des Aufruhres eingefunden, und eine 22. Jul.
Bittschrift zu Stande gebracht, welche die Absetzung des Mufti und
seiner Söhne Oberstlandrichter, und die Gegenwart des Sultans zu
Constantinopel begehrte [3]), widrigen Falls sie selbst nach Adrianopel
kommen würden; fünf Ulema, je zwey Abgeordnete von jeder Truppe
der sieben Herde, und zwey von jeder Zunft, gingen damit als Ge=
sandte der Rebellen nach Adrianopel.
Am selben Tage, wo die Gesandten von Constantinopel abgin= 22. Jul.
gen, hatte zu Adrianopel die erste Versammlung im Palaste des Mufti
Statt, bey welcher der Großwesir und alle dort befindlichen Generale
des Stabes der Janitscharen erschienen, und in welcher beschlossen
ward, den ersten Generallieutenant (Kulkiaja) unmittelbar mit drey=
ßig Beuteln nach der Hauptstadt zu senden, um den Schreyern damit
das Maul zu stopfen [4]). Am folgenden Tage fand die Berathung im 23. Jul.
Palaste des Großwesirs Statt, bey welcher alle großen Ulema zuge=
gen. Es ward über Maßregeln berathschlagt, welche zu ergreifen,
wenn die Sendung des Generallieutenants fruchtlos abliefe. Es kam
zu nichts, weil ein dummer Officier der Dschebedschi die Versammlung
mit dem Begehren von Blutrache ob des Mordes des Segbanbaschi
beschäftiget hatte, hiezu, sagte er, im Nahmen der Janitscharen be=

---

[1]) Gesch. der Berl. Bibl. Nr. 75 Bl. 240. [2]) Eben da. [3]) Raschid. Gesch.
d. Berl. Bibl. Nr. 75, die Mohammed Schefit's die Geschichte der Berl. Bibl.
Nr. V. Bl. 10 u. 11. [4]) Raschid II. Bl. 9.

vollmächtigt. Die Blutrache ward verſprochen, aber bis zur Rückkehr des Generallieutenants vertagt. Der Mufti ging ins Serai, um dem Sultan Bericht zu erſtatten, mit dem er ſich auch am folgenden Tage heimlich berieth ¹); der Großweſir aber benützte dieſe Gelegenheit, um den Silihdar Günſtling, Alipaſcha Tſchorli, auf deſſen nächſte Umgebung er ſchon lange eiferſüchtig geweſen, mit der Ernennung zum Weſir zur Aushülfe in dieſer begebenheitsſchwangeren Zeit zu entfernen. Auf die Nachricht, daß die Rebellen-Geſandten unterwegs, hatte eine dritte Berathung im Palaſte des Großweſirs Statt, deren Reſultat die Abſendung des Boſtandſchibaſchi von Adrianopel mit hundert Mann, um die Geſandten aufzufangen und einzuſperren. Er traf ſie zu Hafßa, verbrannte die mit dreyhundert Siegeln der Aufrührer verſehene Bittſchrift, und führte ſie als Gefangene nach der Palanka Egridere ab ²). Der Aga der Turkmanen, Muſtafa, warb als Befehlshaber ³) Freywillige, der Großweſir, der Kaimakam, der Silihdar pflanzten Fahnen auf, unter denen ſich Pagen und Levende verſammelten, Alles dieß im Sinne des Mufti wider den des Großweſirs, der ſich demſelben noch nicht zu widerſprechen getraute. Endlich ſtürzte denſelben die Walide, indem ſie durch ihre Kundſchafter von dem Wachsthume des Aufruhres unterrichtet, ihrem Sohne die Nothwendigkeit, den Mufti und ſeine Familie zu opfern, vorſtellte. Sogleich erging das Chatt-ſcherif, und demſelben zu Folge der Befehl des Großweſirs an den Tſchauſchbaſchi, den Mufti und ſeine vier Söhne (den Nakib, Chodſcha, und die beyden Oberſtlandrichter) nach Erſerum abzuführen ⁴). Der Sultan ſtellte den Großweſir über die Verbrennung der Bittſchrift und die Einſperrung der Abgeordneten zur Rede. Er entſchuldigte ſich mit der Alleinherrſchaft des abgeſetzten Mufti ⁵); die Abgeordneten wurden von Egridere nach Adrianopel berufen und wohl gehalten. Die Häuſer des Mufti und ſeiner vier Söhne waren noch in derſelben Nacht ihrer Abführung, jedes von einer Kammer Janitſcharen beſetzt worden, um die Plünderung derſelben zu verhindern ⁶). Der Großweſir ſchrieb ſogleich an Paſchmakdſchifade nach Conſtantinopel ⁷), demſelben die Abſetzung des vorigen Mufti und ſeiner vier Söhne, und das kaiſerliche Handſchreiben ſeiner Ernennung ankündend, womit am folgenden Morgen der Oberſtſtallmeiſter abgehen werde. Unterdeſſen hatte ſich zu Conſtantinopel der Aufruhr durch eine Menge aus Aſien zuſammengelaufenen Geſindels, und durch Männer, die denſelben zu leiten und zu begründen verſtanden, mächtig verſtärkt. Da der Fleiſchplatz für die zuſtrömende

¹) Raſchid II. Bl. 9. ²) Derſelbe Bl. 11. Die Geſch. der Berl. Bibl. Nr. 75 Bl. 243 u. 244. ³) Geſch. der Berl. Bibl. Nr. 75 Bl. 244. ⁴) Der Befehl ganz in der Geſch. der Berl. Bibl. Nr. 75 Bl. 245. ⁵) Raſchid II. Bl. 11. Mohammed Scheſik Bl. 50. ⁶) Geſch. der Berl. Bibl. Nr. 75 Bl. 245. ⁷) Das Schreiben des Großweſirs ganz in der Geſch. d. Berl. Bibl. Nr. 75 Bl. 246.

Menge zu enge, verpflanzten sie ihr Lager nach der Wiese des neuen Gartens [1]. Nebst Tschalikaga, dem von den Rebellen anerkannten Aga, hatte sich ein gemeiner Janitschare aus Klein=Tschekmetsche, Nahmens Toridschanli Ahmed, an die Spitze der Meuterer gestellt [2]; deßgleichen Suleimanaga, ein durch Zurücksetzung gekränkter Officier der Janitscharen [3]. Endlich trat Ahmedaga, der Eidam Husein Köprili's, der, als Nischandschi abgesetzt, bis jetzt in Zurückgezogenheit gelebt, als Kaimakam auf [4], an die Stelle Abdullah Köprili's, welcher gleich nach Stürmung seines Hauses entflohen war. Dieß waren vor der Hand die vier Pfeiler des Aufruhres [5]. Die Polizey ward strenge gehandhabt, gegen zehntausend Rebellen waren ruhig versammelt, ohne daß gestohlen, geraubt, geschändet ward; kein Magazin geplündert, keine Knaben angetastet, kein Betrunkener zu sehen [6]. Der von den Rebellen zum Mufti ernannte Ali Paschmakdschisade stellte sich krank, oder war es wirklich [7], und unfähig, seinem Amte vorzustehen, wozu der Imam Mohammed Efendi von Brusa, ein Spießgeselle Tschalik Ahmed's, ernannt ward [8]. Der Bittschriftmeister des Großwesirs, welcher mit dem Schreiben, und der Oberstallmeister des Sultans, welcher mit dem Chatt=scherif der Mufti=Ernennung nach Constantinopel kamen, wären bald beyde von den Rebellen niedergemacht worden, weil sie dieselben Anfangs für Kundschafter und Betrüger hielten. Als sie sich aber von der Wahrheit überzeugt, wurden sogleich die Häuser des Mufti und seiner Söhne versiegelt, ihre Habe confiscirt [9]; dann schrieben sie an den Großwesir, in Betreff des neuen Mufti Mohammed und der Einstellung der Truppenwerbung zu Constantinopel, von der sie gehört [10]. Des Sultans Handschreiben [11] bestätigte die von den Rebellen ernannten obersten Würden des Gesetzes, mißbilligte die Einsperrung der Gesandten, die nun frey gegeben wären, und verhieß nächste Ankunft zu Constantinopel. Aber der Aufruhr erhielt ganz neuen Umschwung durch die Erscheinung Hasanaga's des Flüchtlings, der ehemahls als Statthalter von Schehrsor den Kopf des den seinigen zu hohlen gekommenen Kämmerers eingesandt, und sich bis jetzt zu Constantinopel verborgen gehalten [12]. Die Rebellen, fünfzig bis sechzigtausend Mann stark, schlugen nun auf der Wiese bey Daudpascha [13] förmliches Lager auf, und bestimmten den Marsch nach Adrianopel auf nächsten Sonnabend. Ein neues Handschreiben, welches die Verzögerung der Reise nach Constantinopel entschuldigte [14], erbitterte die Gemüther

1. Aug. 1703

6. Aug.

---

[1] Raschid II. Bl. 9. [2] Derselbe Bl. 10. [3] Mohammed Schefik Bl. 34. [4] Raschid II. Bl. 12. Gesch. der Berl. Bibl. Nr. 75 Bl. 256. [5] Mohammed Schefik Bl. 34 u. 35. [6] Gesch. d. Berl. Bibl. Nr. 75 Bl. 242. [7] Dieselbe Bl. 247. [8] Raschid II. Bl. 8. [9] Gesch. der Berl. Bibl. Nr. V. Bl. 17 und Nr. 75 Bl. 254. [10] Das Schreiben in der Gesch. d. Berl. Bibl. Nr. 75 Bl. 249. und die Antwort Rami's Bl. 250. [11] Das Handschreiben ganz gegeben von Mohammed Schefik Bl. 52—54. [12] Raschid II. Bl. 12. [13] Gesch. der Berl. Bibl. Nr. V. Bl. 21. [14] Das Handschreiben in der Gesch. d. Berl. Bibl. Nr. V. Bl. 23.

nur um so mehr. Sie schrien: „Wenn der Sultan todt wäre, könne „sein Leichnam in zwey Tagen von Adrianopel nach Constantinopel, „warum kann er lebendig in vier Tagen nicht kommen?" Sie begehr= ten Plünderung Adrianopel's, und dann Fetwa, daß ihr Benehmen rechtmäßig. Die Ulema, welche vergebens durch Aufschub einige Tage Ruhe herzustellen, und das Äußerste zu hindern bemüht gewesen, wurden jetzt unter dem Schatten der über ihre Köpfe geschwungenen Schwerter gezwungen, die drey folgenden, vom Mufti und dem Oberstlandrichter unterschriebenen Fetwa auszustellen [1]). „Wenn der „Padischah, bestimmt das Volk Mohammed's zu regieren, unter dem „Vorwande der Jagd die Hauptstadt verläßt, die Unterthanen mit „schreyenden Auflagen erdrückt, den Schatz verschwendet, ist dieß ge= „setzmäßig zuzulassen?" Entscheidung: Nein. „Wenn Moslimen wi= „der des Imams Grausamkeit aufstehen, sind sie Rebellen?" Ent= scheidung: Nein. „Wenn Moslimen wider des Imams Grausamkeit „ausziehen, ist's erforderlich, daß andere Menschen dem Imam hel= „fen?" Entscheidung: Nein, [2]).

9. Aug. 1703   Nachdem der Aufruhr nun bereits über drey Wochen in der Haupt= stadt gegohren, brach das Rebellenheer in bester Ordnung von Daud= pascha, nach Adrianopel auf. Vor demselben zog nicht nur die heilige Fahne Mohammed's, sondern auch die Reliquien des Prophetenman= tels in einem grün bedeckten Wagen voraus, die Schulknaben betheten laut den Koran [3]), Frühe und Abends wurde die Sure des Sieges gebethet, und mit dem Kriegsgeschrey Allah beschlossen [4]). Das gere= gelte Heer der Rebellen bestand aus tausend Janitscharen, vierhun= dert Sipahi und Silihdaren, tausend Mann anderer Rotten, viertau= send Dschebedschi (welche der Kern des Aufruhrs), neunhundert Ka= nonieren, dreyhundert Stuckfuhrleuten und neunhundert angeblichen Emiren, welche von der Mauth zu Constantinopel mit täglichen zehn Aspern besoldet wurden [5]). An Geschütze führten sie zwanzig Feld= schlangen, zehn Falkaunen, dreyßig Feldstücke, vier Bombenkessel, vier= hundert Handgranaten, vierhundert Stuckgranaten, vierzehnhundert Fässer Pulver, sechzigtausend Hauen und Hacken, und zwölftausend Schaufeln mit sich [6]). Zu Adrianopel wurden indeß auf die Nachricht, daß des Sultans Chatt=scherif unberücksichtigt geblieben, die ernstesten Maßregeln zu offenem Kriege getroffen. Der Statthalter von Rumili mit allen seinen Truppen, Chodawerdipascha mit zehntausend Albanesen, alle Segbanen der Umgegend wurden nach der Ebene von Adriano= pel entbothen, aus Asien die Steuereinnehmer von Aidin mit zehn= tausend Flintenschützen, und der Statthalter von Anatoli, Nuuman=

[1]) Gesch. d. Verf. Bibl. Nr. V. Bl. 25. [2]) Die drey Fetwa in der Gesch. d. Verf. Bibl. Nr. 75 Bl. 256. [3]) Raschid II. Bl. 14. [4]) Gesch. der Berliner Bibl. Nr. 75 Bl. 256. [5]) Raschid II. Bl. 13. [6]) Gesch. der Verf. Bibl. Nr. V. Bl. 37.

pascha ¹). Nach den Häfen von Nikomedien, Modania, Michalidsch wurden Befehle gesendet, keine Truppen nach Constantinopel passiren zu lassen. An die Spitze des Heeres wurde der alte Hasan, das Haupt der Jürüken Rumili's, gestellt. Von den Tataren, welche durch wiederhohlte Schreiben aufgebothen worden, war noch Niemand erschienen ²). Als dieß zu Constantinopel ruchbar, sandten die Rebellen Freywillige in die genannten asiatischen Häfen, die Überfuhr frey zu erhalten; diese raubten und plünderten in der Gegend von Brusa, und führten aus dem Flecken Kastel die beyden Söhne Wani's, Schwäger des abgesetzten verhaßten Mufti Feisullah, gefangen nach Constantinopel ³). Zu Adrianopel hatten sich die Jürüken, d. i. das Aufgeboth Rumili's, welche Ewladi Fatihan, d. i. die Kinder der Eroberer, heißen, und Chodawerdipascha mit seinen Albanesen versammelt, dazu die anderen Paschen und das allgemeine Aufgeboth insgesammt gegen achtzigtausend Mann, vor denen das Rebellenheer auch nicht einen Augenblick Stich gehalten hätte, wäre es dem Großwesir ernst mit Krieg gewesen, und hätte er an die Spitze einen jüngeren, rüstigeren Anführer, als den alten Hasan gestellt ⁴). Der Großwesir rief sie in feyerlicher Rede zur Vertheidigung des Thrones auf, ein kaiserliches Handschreiben belobte inbesondere die Janitscharen ihrer so oft dem Reiche in der größten Gefahr geleisteten Dienste ⁵). Der Großwesir ließ das ganze Heer auf den Koran den feyerlichsten Schwur leisten: Beym Brot und Salz und Säbel! den Geber der beyden ersten durch den letzten zu vertheidigen ⁶). Indessen lautete der dem Hasanpascha gegebene Befehl dahin, nicht anzugreifen, sondern, wenn die Rebellen anmarschirten, sich gegen Adrianopel zurückzuziehen, indem Rami dieselben bloß durch die Übermacht einzuschüchtern und zum Gehorsam zurückzuführen hoffte ⁷), was durch die nach Constantinopel gesandten Handschreiben der Stylistik des Großwesirs nicht gelungen war ⁸). Das Rebellenheer, zu Siliwri angelangt, hatte den Meierhof des ihnen verhaßten Vorstehers der Fleischerzunft geplündert und zerstört, so daß die Gitter der Fenster um zwey Para das Okka verkauft wurden 9). Zu Siliwri versammelten sich die Ulema im Zelte des Janitscharenaga Tschalik, welcher schon seit einiger Zeit die Thronveränderung nicht zu Gunsten Ahmed's, des Sohnes Mohammed's, sondern zu Gunsten Ibrahim's, des Sohnes Ahmed's II., einzuleiten vorgeschlagen hatte. Sie stellten ihm vor, daß dieß wider das

10. Aug 1703

---

¹) Raschid II. Bl. 13. ²) Die auf dieses Aufgeboth sich beziehenden Schreiben in Rami's Inscha (kaiserl. Hofbibl. 423) Nr. 559, 561, 562, 563, 564. ³) Raschid II. Bl. 13. ⁴) Gesch. der Berl. Bibl. Nr. 75 Bl. 258 und 259. ⁵) Raschid II. Bl. 14 das Chatt=scherif. ⁶) Raschid I. Bl. 13 und 14. Gesch. der Berl. Bibl. Nr. 75 Bl. 258, und la Motraye I. p. 328. Gesch. Mohammed Schefik's Bl. 60. ⁷) Gesch. der Berl. Bibl. Nr. 75 Bl. 259. ⁸) Das Handschreiben an die Rebellen in der Gesch. Mohammed Schefik's Bl. 52, das an Hasanpascha Bl. 57, das an die Janitscharen Bl. 58, gleichlautendes an die Sipahi und Silihdare Bl. 59. 9) Geschichte der Berl. Bibl. Nr. V. Bl. 37.

Gesetz osmanischer Erbfolge, welches den Thron dem ältesten Prinzen
von Geblüt zuspricht, und Tschalikaga mußte sich den Vorstellungen
fügen. So wurde dann von diesem Tage an das Gebeth von den
Kanzeln nicht mehr auf den Nahmen Mustafa's, sondern Ahmed's
verrichtet [1]. Als die Rebellen nach Tschorli gekommen, kamen ihnen
die Gesandten des Sultans mit vermittelnden Worten entgegen. Es
waren die ersten Paschen des Heeres, Hasanpascha, Chodawerdipascha, Suleimanpascha, und von den Ulema der Prediger der alten
Moschee Adrianopel's, der junge fette Ali und einige andere. Die
beyden letzten begaben sich ins Zelt Ahmedpascha's, des Heerführers
der Rebellen, der nun den Titel Kaimakam mit dem des Großwesirs
vertauscht hatte [2]. Sie erschöpften alle Gründe des Rechts und der
Pflicht, aber vergebens; die Rebellenhäupter zeigten ihnen sieben
Fetwa, welche den Aufruhr und die Thronveränderung gut hießen.
Die beyden Abgeordneten erbathen sich die Fetwa, um sie ihrem Feldherrn, dem alten Hasan, zu zeigen, welcher, durch seine Befehle gebunden, statt anzugreifen an den Großwesir Bericht erstattete, welcher, zwey Tage später von Adrianopel angezogen, bis Hafßa gekommen war, wohin Hasan selbst zurückkehrte. Der Großwesir mißbilligte den Rückschritt Hasan's, berieth sich mit seinen Generalen
über die Nothwendigkeit des Angriffes, und sandte Eilbothen an den
Sultan nach Adrianopel, daß ihm nichts übrig bleibe, als sich selbst
ins Lager zu begeben. Die beyden Söhne Wani's, welche bisher von
den Rebellen gefangen mitgeschleppt worden, wurden hier, vom Gesindel aus Brusa ermordet [3]. Der Sultan hatte sich von Adrianopel
ins Lager von Hafßa begeben, die beyden Lager standen jetzt kaum
einen Marsch aus einander, und hatten schon durch mehrere Tage in
heimlichem Verkehr gestanden. Gegen Abend befahl der Großwesir,
das Lager zu verschanzen. Als der Janitscharenaga den Befehl an die
Truppe ertheilte, widersprachen Einige, es sey zu spät, man müsse
den Morgen erwarten. Während des Wortwechsels gingen von allen
Seiten im Lager Racketen und Flinten los; dieß war das mit den
Aufrührern verabredete Zeichen. Die mit so vielen Geschenken über-
häuften Janitscharen gingen alle zu den Aufrührern über, der Großwesir entfloh, der Sultan eilte nach Adrianopel zurück [4]. Tags darauf, Dinstags, es waren gerade fünf Wochen seit des an einem Dinstage ausgebrochenen Aufruhres verflossen, lagerten die Rebellen am
Ufer der Tundscha vor Adrianopel [5]. Der Sultan hatte sich zu seinem Bruder mit den Worten begeben: „Bruder, die Truppen wollen
„dich zum Padischah [6]!“ und S. Ahmed sogleich den Großwesir, den
Mufti, den Oberstlandrichter, den Janitscharenaga der Rebellen in

19.Aug.
1703

20.Aug.

21.Aug.

[1] Raschid II. Bl. 15. [2] Eben da. [3] Derselbe Bl. 16. [4] Gesch. d. Verf.
Bibl. Nr. V. Bl. 39 und 40, und Nr. 75 Bl. 261. [5] Scheichi Bl. 103.
[6] Gesch. der Verf. Bibl. Nr. 75 Bl. 263.

ihren Stellen bestätigt. Die Walide hatte schon, sobald sie die Kunde, daß Thronveränderung im Werke sey, sich wider Sultan Ibrahim für Sultan Ahmed ausgesprochen [1]. So bestieg dieser, der dritte seines Nahmens, durch sechs und dreyßigtägigen Aufruhr den Thron, und die Dschebedschi', welche schon vor siebzig Jahren [2] aus schlimmem Ehrgeize des Aufruhres, um nicht schlechter zu seyn, als die Janitscharen und Sipahi, ihren Aga erschlagen hatten, sahen ihr dießmahliges Beginnen durch den Erfolg einer Thronumwälzung gekrönt [3].

[1] Gesch. der Berliner Bibl. Nr. V. Bl. 46. [2] S. III. Band S. 106. [3] Der Tag der Thronbesteigung ist in der Gesch. d. Berl. Bibl. Nr. V. Bl. 41 ganz irrig der 12., in Scheichi aber und in Mohammed. Schefik's Geschichte einstimmig der 9. angegeben. In Raschid II. Bl. 17 ist der 10, der Tag der Huldigung.

Zwey und sechzigstes Buch.

---

3. Aug. 1703 **A**hmed III. bestieg den Thron in voller männlicher Kraft, im drey= ßigsten Jahre seines Alters, und empfing die Huldigung nach altem osmanischen Brauche, mit dem von rückwärts bis auf den halben Rü= cken mit Zobel ausgeschlagenen Pelze Kapanidscha, mit drey Reigern auf dem rund gewundenen Bunde Jusufi [1]). Am folgenden Tage, als er zum ersten Mahle in die Moschee ritt, das Freytagsgebeth zu verrichten, schrie ihm das Ungethüm des kaum besänftigten Auf=

[1]) Raschid II. Bl. 17, à la Joseph d'Egypte.

ruhres zu: „Wir sind mit dem Padischah zufrieden, aber wollen die
„Verräther nicht." — „Meine Diener," antwortete der Sultan, „was
„euch angenehm, ist mir genehm; alle von euch angestellten Befehls=
„haber sind von Uns bestätigt." — „Nun, so liefere uns den Mufti
„aus," heischten die Aufrührer weiters, „den Mufti, den Kislaraga,
„den Chasinedar, in allem sechzig, deren Liste in unsern Händen. Der
„Mufti sterbe jetzt, damit hernach kein Zweifel entstehe, ob nicht ein
„anderer statt seiner getödtet worden [1])." Die Begehren der Aufrührer wurden zugesagt, noch am selben Tage die kaiserlichen Roßschweife
nach Constantinopel ausgesteckt; der Kislaraga, sein Schreiber und
der Kiaja der Baltadschi zwischen den beyden Thoren des Serai, im
Gemache des Henkers, zur Anwartschaft auf denselben in Gewahrsam
dem Bostandschibaschi übergeben [2]), vier Eunuchen, Vertraute des
letzten Sultans, aus dem Serai gestoßen; die Stellen des Imams
des Sultans, des ersten und zweyten Stallmeisters mit Schützlingen
der Rebellen besetzt, der ausständige Sold der Dschebedschi mit zwey=
hundert fünfzig Beuteln, und das Thronbesteigungsgeschenk an die
Truppen mit dreytausend sechshundert achtzig Beuteln bezahlt [3]). Der
Sultan zog aus dem Serai, und lagerte am Ufer der Tundscha auf
der Paschawiese in der Nähe von Kutschukdepe (Kleinhügel), wo der
Palast des letzten Köprili Großwesirs. Hier gewährte er dem Mufti
Mohammed Gehör, welcher auf seines Vorfahrs Hinrichtung drang,
um seiner Stelle, die er nur dem Aufruhre dankte, so sicherer zu
seyn [4]). Feisullah, welcher mit seinen vier Söhnen von Tschauschen
begleitet, auf dem Wege von Varna war, um dort nach Erserum ein=
geschifft zu werden, wurde von Parawadi über Islamije und Sa=
gra [5]) nach Adrianopel zurückgebracht, und in den Kerker geworfen.
Drey Tage lang wurde er den drey Häuptern der in Aufruhr aufge=
standenen Soldatenbestie, dem Janitscharen Torischanli, dem Sipahi
Karabasch, dem Dschebedschi Kutschuk Ali zur Folter, und nachdem
sein Nachfolger es gewagt, der erste und einzige Mufti, das Fetwa
zur Hinrichtung seines Vorfahrs zu ertheilen, zur Hinrichtung über=
lassen. In seinem großen Staatsturbane [6]), rücklings auf sein Last=
pferd gesetzt, mit dem Schweif in der Hand, führten sie ihn durch
die Stadt, einen Juden zwingend, den Zügel zu halten. Auf dem
Trödelmarkte schlugen sie ihm den Kopf ab, und zwangen zwey arme=
nische Geistliche, die so eben mit ihren Rauchfässern von einem Leichen=
begängnisse kamen, mit denselben räuchernd und Hymnen singend hin=
ter dem an einem Stricke durch das Lager geschleppten Leichnam her=
zugehen. Sie fluchten ihm, daß er das Fetwa gegeben, wodurch Ca=
mieniec mit so vielen Moscheen den Ungläubigen abgetreten wurde [7]);

---

[1]) Gesch. der Berl. Bibl. Nr. V. Bl. 42. [2]) Raschid II. Bl. 18. [3]) Der-
selbe Bl. 19. [4]) Ebenda. [5]) Gesch. des Prinzen Mohammed Bl. 121. [6]) La
Motraye I. p. 333. Die Gesch. der Berl. Bibl. Nr. V. Bl. 42. [7]) Gesch. des
Prinzen Mohammed Bl. 121.

ſie verſtümmelten den Leichnam und den Kopf abſcheulich, indem ihm
einer die Naſe, ein anderer die Ohren, ein dritter die Lippen durch-
löcherte [1]; zweymahl warfen ſie den Körper und den Kopf in die
Tundſcha [2]; zweymahl zogen ſie denſelben heraus, bis ſie denſelben zum dritten Mahle den Fluthen überließen, ſo daß der verſtüm-
melte Kopf in der Marizza (dem Hebrus) und auf derſelben fort-
ſchwamm, wie vormahls das Haupt des von den thraciſchen Maina-
den verſtümmelten Orpheus. Dieß war bis damahls (und bis heute)
der dritte hingerichtete Mufti des osmaniſchen Reiches. Seit dem
Beſtehen deſſelben bis hieher ſind eben ſo viele Mufti als griechiſche
Patriarchen hingerichtet worden, und jene nicht nur mit größerem
Unglimpf und Schimpf, indem das Köpfen in der Türkey für ſchimpf-
lichere Todesart gilt, als das Erwürgen [3], ſondern auch mit weit
größerer Verletzung aller menſchlichen und göttlichen Geſetze nach den
Begriffen des islamitiſchen Rechtes, welches den Ungläubigen ſo weit
unter die Moslim, die Ulema als unverletzbar in ihrem Leben, ſo
weit über die andern Moslimen, und die höchſte Würde des Geſetzes
ſo weit über die andern Ulema ſtellt. Aus dieſem Geſichtspuncte iſt
die Hinrichtung eines Patriarchen weit natürlicher als die des Mufti,
und wenn dieß am grünen Holze geſchieht, was erſt am dürren!

15.
Sept.
1703

Am dritten Tage nach der Ankunft des Sultans zu Daudpaſcha
hatte der feyerliche Einzug zur Säbelumgürtung in der Moſchee Ejub
Statt. Der Einzug war nicht minder prächtig, als der vor drey
Jahren ſeines abgeſetzten Bruders, der jetzt in vergittertem, von weißen Verſchnittenen umgebenem Wagen den Zug eröffnete [4]; demſelben folgten ſeine Mutter, Schweſter, Tochter, und dreyßig Wagen
ſeines Haremes, das ihm ſeit ſeiner Abſetzung zu ſchauen nicht erlaubt,
von ſchwarzen Eunuchen umringt. Die Frauen wurden ins alte Serai
abgeführt, Sultan Muſtafa mit ſeinen vier Söhnen in den Prinzenkäfig des neuen Serai [5]. Nachdem nach altem osmaniſchen Brauche
der Säbel durch den Silihdar, Nakib, und Janitſcharenaga dem
Sultan umgürtet worden, wiederhallten von Kanonen des Serai und
aller Schiffe im Hafen die ſieben Hügel der Stadt. Es erging das
Geboth, daß Niemand in der Stadt Waffen trage, die Truppen
wurden mit Zulagen an Sold zufrieden geſtellt, die Aga der Serden-
getſchdi erhielten vierzig, die Fähnrice zwanzig, die tauſend Emire
von der Mauth zehn Aspern Zulage. Es wurden zwanzigtauſend Janitſcharen, viertauſend dreyhundert Dſchebedſchi und tauſend Top-

---

[1] Der Prinz Mohammed Bl. 124. [2] Raſchid II. Bl. 19. Geſch. der Verf.
Bibl. Nr. V. Bl. 42 und Nr. 75 Bl. 268. [3] La Motraye I. p. 333. [4] Eben
da P. 335. Relation von dem prächtigen Zug des türk. Großherrn S. Ahmet
zu Konſtantinopel 1703, gedruckt auf der kön. Hofbibl. zu München; dort auch:
Wahrhafter Bericht von der jüngſten tatariſchen Zuſammenrottung, wie auch
der den 16. Jänner 1703 erfolgten Strangulirung des Großweſirs Daltaban
und Rebellion von 4000 Janitſcharen am 21. Sept. 1703. Eben da. [5] Raſchid II. Bl. 20.

dschi mit einer täglichen Zulage von drey Aspern eingeschrieben [1]).
Aber eine Menge der vormahls aus den Rollen gestrichenen Janitscha=
ren (der damahlige Aga Tschalik war selbst ein solcher) strömten jetzt
nach Constantinopel, die Wiedereinschreibung begehrend. Durch ein
scharfes Handschreiben an den Aga, und weil die in den Casernen
wohnenden Janitscharen mit den hergelaufenen nicht gemeine Sache
machten, wurde dieser neue Zunder des Aufruhrs unterdrückt [2]),
eben so der Aufstand der Gartenwachen des Serai, der Bostandschi,
welchen beym Aufbruche von Adrianopel die Auszahlung des ausstän=
digen Soldes von acht Quartalen versprochen worden war, und wel=
che jetzt nicht nur denselben, sondern auch Thronbesteigungsgeld, das
sie sonst nie erhalten hatten, tumultuarisch forderten. Der Sultan be=
gab sich in dem innersten Serai nach dem sogenannten Soffa (einer
Estrade von Marmor), wo er vom Großwesir, vom Mufti, vom
Janitscharenaga und Scheichen umgeben, seinen Unwillen über die
Pflichtvergessenheit der Bostandschi, welche sonst die treuesten Wachen
des Serai, laut aussprach, die Ausstoßung der Undankbaren und ih=
ren Ersatz durch Knabenlese von Christenknaben befahl. Nach der Aus=
zahlung der dreyhundert zwanzig Beutel des ausständigen Soldes der
acht Quartale wurden siebenhundert drey und siebzig Schuldige aus
dem Serai gestoßen, und ein Commissär zur Aushebung von tausend
Christenknaben ernannt, der spätere seitdem nicht wieder erneuerte
Versuch, die schon seit einem halben Jahrhunderte unterbliebene Kna=
benlese wieder in Gang zu bringen [3]). Tschalik, welcher mit ein Paar
tausend Janitscharen die Auszahlung des Soldes der Bostandschi und
ihre Ausstoßung bewirkt, und sich dadurch für immer in des Sultans
Gunst hoch gestellt glaubte, nahm sich's jetzt heraus, dem Sultan ein
Gastmahl zu geben, eine Auszeichnung, die in der Regel nur den
Großwesiren gewähret ward. Bey dieser Gelegenheit vermaß er sich, 3. Nov.
den Sultan um die Stelle des Großwesirs anzureden, und hielt sich 1703
durch die abgedrungene freundliche Antwort schon seiner Sache gewiß,
während gerade dieses Fest Beschleunigung seines Sturzes durch Man=
gel an Aufmerksamkeit gegen den neuen Kislaraga Abdurrahman. Die=
ser zur Zeit des Aufruhres Aga des alten Serai zu Constantinopel,
hatte Anfangs für Sultan Ibrahim Anhänger gesammelt. Als ihm
aber die Häupter des Aufruhres auch die Stelle des Kislaraga ver=
sprachen, wenn Sultan Ahmed auf den Thron käme, hatte er sich für
diesen erklärt und war gleich nach der Thronbesteigung an die Stelle
des abgesetzten, gefänglich eingezogenen und aller seiner Güter be=
raubten und verwiesenen Kislaraga Nestr ernannt worden [4]). Es war

[1]) Gesch. der Berl. Bibl. Nr. 75 Bl. 270. [2]) Eben da Bl. 271. Raschid II.
Bl. 21. [3]) Raschid II. Bl. 22. [4]) Derselbe Bl. 19 u. 22. Gesch. der Berl.
Bibl. Nr. 75 Bl. 279.

Hofbrauch, daß bey allen dem Sultan gegebenen Feften der Kiflar= aga dem Großweſir vorging, daß dieſer ihn nicht anders als mein Herr Sohn mündlich oder ſchriftlich betitelte, und ihm, wenn er auf Beſuch kam, jedesmahl bis an die Stiege entgegenging, die Weſire küßten dem Kiflaraga die Hand; ſtatt dieß zu thun, blieb Tſchalik, der eben von der Begleitung des Sultans ausruhend, ohne Turban in bloßem Schweißhäubchen auf dem Soffa ſaß, ohne aufzuſtehen, ohne den Turban aufzuſetzen (beydes gleich reſpectwidrig), ſitzen, und ſagte bloß: „Beliebt's, Aga," ihm den Platz auf dem Soffa gegen= über weiſend. Man bringt Waſſer, Tſchalik trinkt, und als der Kiſ= laraga auch zu trinken begehrt, erhält er das Glas, woraus Tſchalik getrunken. Die Eunuchen, Vertrauten des Sultans, treten ein, ohne daß Tſchalik ihnen die geringſte Aufmerkſamkeit ſchenkt. „Wir ſind Janitſcharen," ſagt er, „und kennen euere Etikette nicht, wiſſen nicht, „ob wir euch Sohn oder Vater nennen ſollen. Seyd willkommen, he „Knabe, Kaffeh!" Die Eunuchen, beſſere Lebensart gewohnt und übend, danken verbindlichſt, aber empfinden tief den Mangel an her= kömmlicher Achtung und Aufmerkſamkeit, und rächen ſich dafür in dem günſtigen Augenblicke, wo ihnen der Sultan das Ohr gewährt [1]). So ward auch durch dieſes Feſt der Fall Tſchalik's beſchleunigt, an welchem auch der Großweſir Ahmed thätigſt arbeitete, in ihm mit Recht den Nebenbuhler um ſeinen eigenen Platz fürchtend [2]).

Der Sultan fühlte, daß er ſich nur auf dem Throne halten könne, wenn die Häupter des Aufruhres, welche denſelben täglich erneuern konnten, aus dem Wege geräumt würden. Der Anfang geſchah mit dem Janitſcharenaga Tſchalik auf die mit dem Großweſir verabredete folgende Weiſe. Die Weſire, die Ulema begaben ſich ins Serai zu ei= ner Leſung der Überlieferung, ihre Pferde am Gartenthore laſſend; als dieſelben hereingegangen, wurden die Pferde auf die entgegenge= ſetzte Seite des Serai ans große Thor geſchafft. Nachdem die Ver= ſammlung im Köſchke von Eriwan Statt gefunden, wirft der Kaftan= dſchi dem Tſchalik den Kaftan um, und der Großweſir erklärt ihm zugleich, daß ihn der Sultan zum Statthalter von Cypern ernannt habe. „Was iſt mein Verbrechen?" ſchreyt Tſchalik zornig, wirft den Kaftan von ſich, und lauft zum Gartenthore, in der Hoffnung, dort ſein Pferd zu beſteigen. Als er es nicht findet, ſieht er ein, daß ſein unglückliches Haupt als Kugel zu rollen beſtimmt ſey [3]), kehrt zum Kanonenthor zurück, und beſteigt dort die für ihn bereitete Galeere. Der ihn begleitende Kämmerer war zugleich Träger des auf des Sul= tans Handſchreiben und des Mufti Fetwa gegründeten Todesbefehls des Sultans [4]). Auf ſeine Hinrichtung folgte die der Rebellenhäupter

---

[1]) Geſchichte der Berl. Bibliothek Nr. 75 Bl. 279. [2]) Raſchid II. Bl. 24. [3]) Eben daſelbſt. [4]) Der Hinrichtungsbefehl in Mohammed Scheſil's Geſchichte Bl. 77.

des Janitscharen Toridschanfi [1]), des Sipahi Karakafch [2]), die Abs
setzung und Verweisung der ersten und letzten Officiere des Genral-
stabes der Janitscharen, nähmlich des Kulkiaja (ersten Generallieutenant) und des Muhsiraga (Generalprofoß) [3]), die des Tschauschba= 11.Nov.
fchi [4]) und des Bostandschibafchi [5]). Den Silihdar Ipschir, welcher, 1003
beym Austritte Ali's von Tschorli an dessen Stelle getreten, hatte der
Sultan schon früher entfernt, die vier Söhne des hingerichteten Mufti,
sein Kiaja und Vortragmeister waren nach Famagusta [6]), sein Eidam
Mahmud, der zur Zeit des Aufruhrs Richter von Constantinopel,
den Rebellen mit Mühe entflohen, nach Brusa verwiesen [7]). Dafür
wurden aber zwey andere vom vorigen Mufti verwiesene Oberstlandrichter Rumili's, nähmlich: Mirsa Mustafa [8]) und Abasade Efendi [9]),
der erste von Sinope, der zweyte von Cypern, aus dem Elende zurückberufen. Der Vorsteher der Fleischhauer, ein ungemein reicher,
gegen die Armen wohlthätiger Mann, ein Schützling des letzten
Mufti, hatte seinen Kopf mit dreyhundert Beuteln von den Rebellen
losgekauft, und erhielt die Bestätigung in seinem Amte [10]), und dem
vorigen Desterdar. Muhsinsade Mohammed Efendi (dessen Nachfolger
Hadschi Mohammed der Geschichtschreiber), welcher, während er Intendent der kaiserlichen Küche, nie Rechnung gelegt, wurden achthundert siebzig Beutel an Ausständen abgefordert [11]). Das Thronbesteigungsgeschenk wurde wie gewöhnlich aus den monathlichen Einkünften bestritten, welche die Besitzer aller Pachten, Wakfe und Besoldungen bey Erneuerung ihrer Berate zu diesem Behufe zurücklassen mußten [12]). Die Thronbesteigungszulagen der Truppen waren vormahls
durch eine Vermehrung von zehn Aspern auf den Schein der Kopfsteuer, unter dem Titel: Neugefunden [13]), bestritten worden. Da
aber der Großwesir Köprili Mustafa die Erhebung der Kopfsteuer zu
Gunsten der nicht moslimischen Unterthanen auf den gesetzlichen Fuß
zurückgeführt, so wurden jetzt zur Deckung des Schatzes die Besitzer
lebenslänglicher Pachten (Malikiane) in Anspruch genommen, welche
vom Tausend zweyhundert fünfzig Piaster entrichten mußten [14]). In
den Schatz floß jetzt um so weniger, als durch des Großwesirs Ahmed
Habsucht die Bestechung aufs höchste gestiegen war. Dieser, ein geborner Russe, noch unter Sultan Mohammed aus dem Serai als
Statthalter von Baßra angestellt, hernach Statthalter von Moßul,
Ssaida, Beirut, beym Antritte der Regierung Sultan Suleiman's
abgesetzt, und lange ohne Amt, wurde unter der Großwesirschaft des

---

[1]) Gesch. des Prinzen Mohammed. Bl. 123. Gesch. d. Berl. Bibl. Nr. 75
Bl. 272; der Hinrichtungsbefehl in der Gesch. Mohammed Schefik's Bl. 75.
[2]) Gesch. der Berl. Bibl. Nr. 75 Bl. 274; der Hinrichtungsbefehl in Mohammed Schefik Bl. 81. [3]) Raschid II. Bl. 24. [4]) Derselbe Bl. 22. [5]) Derselbe Bl. 24. [6]) Derselbe Bl. 23. [7]) Derselbe Bl. 28. [8]) Derselbe Bl. 25.
[9]) Derselbe Bl. 28. [10]) Gesch. der Berl. Bibl. Nr. 75 Bl. 276. [11]) Raschid II.
Bl. 25. [12]) Gesch. d. Berl. Bibl. Nr. 75 Bl. 276. [13]) Eben da. [14]) Eben da
Bl. 277.

letzten Köprili, dessen Schwester er zur Frau hatte, auf deren drin=
gendes Bitten wieder angestellt; wiewohl ihm Köprili nichts weniger
als persönlich gut war. Wann bey der Aufwartung der Wesire auch
er an der Pforte erschien, sah Köprili zum Fenster hinaus, und sagte,
da kommt der Verwalter, denn er kannte sehr wohl seinen geldma=
chenden Sinn. Diesen trieb er als Großwesir, wozu ihn die Aufrüh=
rer gemacht, aufs höchste durch Ämterverkauf und Bestechung. Zum
Kiaja, Minister des Innern, nahm er einen Esel [1], der weder lesen,
noch schreiben konnte, einige Sandschake verlieh er ohne Unterschrift
mündlich, andere drey= bis viermahl, kannte kein anderes Wort,
als: Ist Geld da? Dem Emirolhadsch, nachdem er ihm beym Aus=
zuge von Constantinopel die gewöhnlichen Lieferungsgelder und Ge=
schenke gegeben, sandte er Commissäre nach, ihm dieselben wieder ab=
zunehmen. Seinen Beynahmen, Kowanos [2], d. i. der Bienenkorb,
mochte er entweder seinem Talente aus allen Blumen Honig, d. i.
Gold, zu saugen, oder auch seinem untersetzten, vierschrötigen Wuchse
danken. Alles dieses wußte der Sultan, der schon einigemahl das
Siegel seinem Schwager Hasan angetragen, ohne daß dieser es an=
nehmen wollte, und der noch überdieß sehr wohl einsah, daß der durch
den Aufruhr geschaffene Großwesir denselben als Mittel, sich zu er=
halten, heimlich zu nähren bereit war. Mit Bittschriften um seine Ab=
setzung bestürmt, vollzog dieselbe der Sultan [3]. Der Silihdar kam,
ihm das Siegel abzufordern, worüber er so verwirrt, daß er gar nicht
im Stande den Knoten der Schnur, woran es gebunden, aufzulösen,
dieselbe sammt dem Beutel übergab [4]. Es wurde ihm angedeutet,
sich in sein Haus an der Suleimanije zu verfügen. Auf dem Wege
dahin begegnete er seinem Nachfolger, dem Schwager des Sultans;
„Bruder Pascha," redete ihn dieser an, „wenn du dir nicht einfallen
„läßt, deine Schätze verbergen zu wollen, so hast du nichts zu fürch=
„ten," ihm dadurch auf seine Art zu verstehen gebend, daß ihn widri=
genfalls die Folter erwarte. Der vorige Großwesir flüsterte dem neuen
eine Zeitlang heimlich in die Ohren, küßte ihm die Hand, und ver=
fügte sich in sein Haus, von wo er aber nach ausgeschwitzten Schätzen
nach Lepanto verwiesen ward [5].

Hasanpascha, der Schwager des Sultans, ein Grieche aus der
Morea, war derselbe, der unter Sultan Mohammed's Regierung
als Befehlshaber von Chios wegen Eroberung der Insel durch die
Venetianer eine Zeitlang zwischen den beyden Thoren des Serai
eingesperrt, hernach aus Rücksicht für die Prinzessinn, seine Gemah=
linn, wieder als Statthalter von Assow, später als Kaimakam zu
Adrianopel und Constantinopel angestellt gewesen [6]. Sein erster

16. Nov.
1703

[1] Gesch. der Berl. Bibl. Nr. 75 Bl. 283. [2] Osmansade's Biographien
der Großwesire. [3] Gesch. d. Berl. Bibl. Nr. 75 Bl. 284, und Raschid II.
Bl. 25 und 26. [4] Raschid II. Bl. 26. [5] Eben da. [6] Osmansade's Biogra=
phien der Großwesire.

Gang als Großwesir war zum Mufti, sich mit demselben über
die Mittel zur Erhaltung oder vielmehr Wiederherstellung der
Ruhe zu besprechen. Der Mufti wollte dem Großwesir das Com=
pliment machen, daß ihn die öffentliche Meinung auf seinen Platz
gerufen, aber ein Glückspilz des Aufruhres, und seitdem an die
Sprache desselben gewohnt, sagte er ihm: „Mein Sohn, du bist
„durch die Volksversammlung ¹) Großwesir geworden.“ Der Großwe=
sir sah wohl, daß der Mufti die staatsgefährlichen Wege und Mittel,
wodurch derselbe sich zur höchsten Würde emporgeschwungen, noch
nicht aus dem Gesichte verloren; doch antwortete er jetzt mit verstell=
ter Freundschaft, und um denselben über die unmittelbaren Folgen
der ihm entfallenen unbesonnenen Rede zu beruhigen, schlug er ihm
vor, ihn zum Sultan zu begleiten. „Wir sind nicht berufen,“ sagte
der Mufti. — „Es braucht keine Einladung,“ antwortete der Großwe=
sir, hiedurch dem Mufti das Maß seiner Machtvollkommenheit und sei=
nes Ansehens beym Sultan gebend, wie dieser ihm so eben das seiner
Popularität und Abhängigkeit von den Aufrührern gegeben. Noch
am Tage seiner Ernennung wohnte er Vormittags an der Pforte
der Auszahlung des Truppensoldes bey, empfing Nachmittags die
Glückwünsche der Ulema und der Generale der sieben Waffen, bestä=
tigte einige der höchsten Staatsämter ²) und Statthalterschaften und
veränderte andere. Den bisherigen Kaimakam Hasanpascha, den Flücht=
ling, setzte er sogleich herunter an die Stelle des Defterdars (des Ge=
schichtschreibers Hadschi Mohammed), welcher sich damit tröstete, daß
dieß nur eine augenblickliche Maßregel ³), wie denn auch wirklich
bald hernach der flüchtige Hasan als Statthalter entfernt, und Ha=
dschi Mohammed zum dritten Mahle als Defterdar eingesetzt ward ⁴).
Für alle diese Ernennungen nahm er kein Geld, sondern gab die An=
stellungsdiplome der Herren des Diwans in ihre Hände, die der
Statthalter in die ihrer Agenten, ohne einen Asper zu nehmen. Dem
Nuumanpascha, welcher einige Schwierigkeit machte, nach Canea zu
gehen, wurde die Wahl nach Amasia ⁵) oder nach einer der Inseln
des Archipels zu gehen freygestellt. Der alte Hasan, das Haupt der
Jürüken (herumziehenden Stämme) Rumili's, wurde zum Schutze
der Pilgerkarawane als Führer derselben bestimmt ⁶). Ein Versuch
der Serdengetschdi, d. i. der Freywilligen, die erste Kammer der
Janitscharen wieder in Aufruhr zu bringen, wurde durch zwey scharfe
Handschreiben des Sultans an die Janitscharen und an die Sipahi,
und durch scharfe Handhabung der Polizey, welche die Stadt heim=
lich von den Häuptlingen des Aufruhrs reinigte, unterdrückt ⁷). Der

¹) Raschid II. Bl. 26. ²) Die Liste in der Gesch. der Berl. Bibl. Nr. 75
Bl. 285, und Raschid II. Bl. 27. ³) Gesch. des Defterdars Bl. 14¼. ⁴) Ra=
schid II. ⁵) Amasia S. I. B. S. 358. ⁶) Geschichte der Berl. Bibl. Nr. 75
Bl. 286. ⁷) Raschid II. Bl. 27, und Geschichte der Berliner Bibliothek Nr. 75
Bl. 288.

Aga der Sipahi, Ssalih, ein sehr reicher Mann, welcher mit der
Hand der Witwe Husein's, des Sohnes Maan's, d. i. des Drusen=
fürsten Fachreddin, die großen Reichthümer desselben erhalten, und
während des Aufruhrs seine Stelle mit dreyßig Beuteln gekauft, ging
jetzt derselben und des Lebens verlustig [1]). Gleiches Loos hatten die
beyden Dschebedschi Kutschuk Ali und Karabadschak, zwey gemeine
Hebel des Aufruhres [2]). Hamewi Ali Efendi, der Vorsteher der
Kanzley der Taxen [3]), der sich für einen Astronomen ausgab, eigent=
lich aber von der Astronomie nichts verstand, sondern was ihm sein
nächtlicher Genuß von Opium eingab, unbesonnen in den Tag hin=
einredete, und den seine Brüder Opiumesser scherzweise bald als Astro=
nomen, bald als Geisterbeschwörer (Dschindschi) anredeten, wurde
verbannt [4]); hingegen der vorige Silihdar, Ali von Tschorli, wel=
cher eben als Statthalter nach Haleb hätte entfernt werden sollen, zu
Constantinopel als Wesir der Kuppel zurückbehalten, auf Fürbitte
der Mutter S. Mustafa's und der Sultaninn, seiner Frau [5]). In
noch schönerem Lichte erscheint des Griechen Großwesirs Betragen ge=
gen den vorigen Kaimakam Abdullah, der jetzt aus seiner Verborgen=
heit hervorgezogen, als Befehlshaber nach Canea gesendet [6]), und ge=
gen den vorigen Großwesir Ramipascha, welcher über die Sicherheit
seines Kopfes beruhigt, mit Zurückgabe seiner liegenden Güter und
der Statthalterschaft von Cypern begnadigt ward [7]). Sultan Mu=
stafa, dessen Schwäche den Aufruhr und alle daraus entstandenen
Übel herbeygeführt, starb am letzten Tage dieses Jahres [8]), und
ward in der Moschee der Walide an seines Vaters Seite begraben;
ein verständiger, gebildeter, milder und gütiger Fürst, der seine Ver=
gnügen weder in Blutvergießen, noch Vergantungen, sondern bloß
im Jagen und Dschiridspielen fand, der eine schöne Hand, und mit
derselben oft sehr lange Handschreiben schrieb [9]); ein Gönner der Ge=
lehrten und Dichter, von denen die Biographien unter seiner Regie=
rung eine Centurie aufzählen, die aber höchstens den Nahmen von
Reimschmieden verdienen. Wie im Jahre des unterzeichneten Carlo=
wiczer Friedens ein Dutzend derselben zu Grabe ging, so ging auch
im vorigen Jahre ein halbes Dutzend von Dichtern, in diesem
aber ein ganzes Dutzend derselben zu Grabe, so daß dieses Jahr
ein Jahr der Niederlage osmanischen Thrones und türkischer Poesie.
Mit Mustafa's Tode verlassen uns leider auch die beyden besten gleich=
zeitigen Geschichtschreiber seiner Regierung, Mohammed der Defter=

31.Dec.
1703

[1]) Raschid II. Bl. 10 u. 28, Geschichte der Berliner Bibliothek Nr. 75
Bl. 288, und Gesch. Mohammed Schefit's, wo der Hinrichtungsbefehl Bl. 82.
[2]) Geschichte Moh. Schefit's Bl. 83, mit dem Hinrichtungsbefehle. [3]) Gesch.
der Berl. Bibl. Nr. 75 Bl. 287. [4]) Eben da. [5]) Eben da Bl. 86, und Ra=
schid II. Bl. 27. [6]) Gesch. der Berl. Bibl. Nr. 75 Bl. 289. [7]) Raschid II.
Bl. 28, und Gesch. d. Berl. Bibl. Nr. 75 Bl. 291 und 292. [8]) Gesch. der
Berl. Bibl. Nr. 75 Bl. 292. [9]) Der Verfasser der Gesch. d. Berl. Bibl. Nr. 75
Bl. 293.

dar und der ungenannte Verfaſſer der Geſchichte der Berliner Bibliothek.

In die Großweſirſchaft Haſanpaſcha's fiel der Empfang der Glück-
wünſchungsſchreiben europäiſcher und aſiatiſcher Mächte als Antwort
auf die, wodurch die Thronbeſteigung kund gegeben worden ¹). Das
nach Venedig überbrachte Muſtafaaga ²), das an Kaiſer Leopold ein
beſonderer Internuntius Ibrahim mit dem Range eines Mirialem,
d. i. Fahnenfürſten, Trägers der heiligen Fahne, bekleidet ³), und
Talman überreichte als Miniſter-Reſident das Glückwünſchungsſchrei-
ben des Kaiſers ⁴). Ibrahim kam über Slavonien und Graß nach ⁹· ⁹ᵘˡ·
Wien, und überreichte in ſeiner Audienz eine Beſchwerdeſchrift über
fünf und dreyßig von den Haiduken zwiſchen dem Einfluſſe der Unna
und Voßut aufgebaute Tſchartaken ⁵). Nichts ſtörte ſonſt das friedliche Verhältniß zwiſchen Öſterreich und der Pforte; Tököli war nach
Nikomedien verwieſen, und Rakoczy's Auftritt in Ungarn als Heer-
führer der Mißvergnügten flößte für den Augenblick vielmehr Mißtrauen als Zutrauen ein, ſo daß mittelſt Handſchreiben fünfhundert
Janitſcharen nach Belgrad und Temeswar befehligt wurden, die
Gränze vor jedem Unfug zu decken ⁶). Alipaſcha, der Statthalter von
Belgrad, wurde von drey Roßſchweifen auf zwey heruntergeſetzt, weil
er die beyden Reiche in Krieg zu verwickeln geſucht ⁷). Eben der ungariſchen Unruhen willen war die Pforte jetzt weit weniger aufſichtig
gegen Öſterreich als Rußland, indem von jener Seite weniger Gefahr
drohte, als von dieſer, da Czar Peter die Flotte im ſchwarzen Meere
vergrößerte. Deßhalb wurde der ſchon unter der vorigen Regiernng
angeordnete Bau eines Schloſſes zu Temruk ⁸), am Meeresufer des
Dorfes Kiſiltaſch, um dort die Durchfahrt zwiſchen Kereſch und Taman
zu ſperren, auf das eifrigſte betrieben ⁹). Da das Schloß ſelbſt vor
Jahr und Tag noch nicht vollendet werden konnte, ſo ging nun vor
der Hand, die neugebaute Schanze mit dem nöthigen Geſchütze zu verſehen, der Kapudanpaſcha Weſir Osmanpaſcha mit der Flotte ins ¹⁰·
ſchwarze Meer unter Segel ¹⁰). Bittſchriften aus der Krim und Berich- ᵃᵖʳⁱˡ
te des Chans meldeten, daß der Czar nicht nur Aſſow befeſtigte, ſondern auch zu Taighan (Taganroc) neues Schloß baue, daß er das
am Ufer des Dniepr erbaute Kamienska neuerdings ausbeſſere, und
im Hafen von Waskor Schiffe baue ¹¹), um den Bau der Schanze vor

---

¹) Das Circulare im Inneren im großen Inſcha Rami's (wiewohl nicht
mehr von ſeiner Feder) Nr. 469, dann eines an den Statthalter Lepanto's, aus der Feder Nabi's, des Dichters, im Inſcha deſſelben Nr. 17;
das an die auswärtigen Mächte eben da Nr. 254. ²) Bericht Talman's
aus Conſtantinopel, in der St. R. ³) Im großen Inſcha Rami's Nr.
470, das Originalcreditiv Ibrahim's im Hausarchive mit dem des Großweſirs an
Prinzen Eugen Nr. 471. ⁴) Credentiales pro Internuntio Talman 9. Aug. 1704.
⁵) Acten in der St. R. an den Statthalter von Belgrad, iu Rami's Inſcha
(kaiſerl. Hofbibl. 423) Nr. 360, 361, 362 u. 363. ⁶) Raſchid II. Bl. 31. ⁷) Talman's Bericht vom 2. Dec. 1703. ⁸) Über den Bau von Kereſch Rami (423)
Nr. 355, 357 u. 358. ⁹) Raſchid II. Bl. 25. ¹⁰) Derſelbe Bl. 31. ¹¹) Derſelbe
Bl. 32.

dem neuen Schlosse (Jenikalaa) zu hindern ¹). Der Statthalter von Kaffa, Murtesapascha ²), und der von Oczakow, Jusufpascha, wurden angewiesen, den Bau wie bisher nach Kräften zu unterstützen, und ihre Mannschaft bereit zu halten ³); zugleich erhielt der letzte aber den Befehl, die in den letzten Streifzügen von den Tataren in die Sclaverey geschleppten Gefangenen loszugeben, und alle Streifereyen einzustellen ⁴), um den Bedingnissen des Friedens genug zu thun ⁵). Dem russischen Gesandten, welcher während des thronumwälzenden Aufruhres zu Adrianopel angekommen, hatte auch der Großwesir Ahmed zu erkennen gegeben, daß die Pforte kein Vertrauen in Rußlands Freundschaftsversicherungen setze, und sich über den Bau der Schlösser beschwert ⁶). Von Seite Venedigs kam an des Bailo Ascanio Giustiniani ⁷) Stelle der Cavalier Mocenigo mit Glückwünschen ⁸). Die venetianische Abgränzung ward Ende dieses Jahres glücklich beendet ⁹). Die durch einen Gesandten Genua's dargebrachten Wünsche wurden durch Schreiben des Großwesirs erwiedert ¹⁰). Von Seite des Fürsten der Usbegen, Esseid Mohammed Behadir Chans, kam der Gesandte Kutschuk Alibeg ¹¹), und einer von Seite des Chans der Kalmuken Ajuka ¹²) zur Thronbesteigung zu huldigen. Dieser zeigte an, daß er den Gesandten der wider den Chan empörten Tscherkessen der Kabartai nicht angenommen habe ¹³). An den Herrscher der Kümüken, den Schemchal in Daghistan, ergingen Schreiben, wie schon vormahls bey der Thronbesteigung Mustafa's II. ¹⁴). Dem Schah und dem Chan der Chane Persiens ¹⁵) war dieselbe, so wie dem Herrscher von Fes und Marokko, Mulai Scherif Ismail ¹⁶), und dem Herrscher Indien's ¹⁷) durch besondere Sendungen, den Daien der drey Raubstaaten und dem Scherif von Mekka durch die gewöhnlichen Rundschreiben gekündet, mit den Königen von Frankreich, England und Pohlen die Kundmachungs= und

¹) Schreiben an den Chan, die Sendung Novali Mustafa's betreffend. Rami's Inscha (kais. Hofbibl.) Nr. 675, über die Pohlen wider Rußland zu leistende Hülfe Nr. 675, 677, 678 und 680. ²) Raschid II. Bl. 31. ³) Derselbe Bl. 33. ⁴) Schreiben des Großwesirs an den Chan im Inscha Rami's (kaiserl. Hofbibl. 423) Nr. 359. ⁵) Raschid II. Bl. 34. ⁶) Defterdar Bl. 22. Das Schreiben des Großwesirs an den Czar, vom 13. Ssafer 1115, und Rami's Inscha (kaiserl. Hofbibl. 423) Nr. 426. ⁷) La Motraye I. p. 342. ⁸) Das Necreditiv Giustiniani's im großen Inscha Rami's Nr. 482. ⁹) Istromento Imperiale di confini fatto tra la Ser. Republ. et la felice Porta ddo. Costantinopoli 1. Chaaban 1115 metà di Dec. 1703 tradotto da G. P. Navon. ¹⁰) Das Riecredentiale im großen Inscha Rami's Nr. 483. ¹¹) Raschid II. Bl. 24. Das Recredentiale im großen Inscha Rami's Nr. 114, und ein zweytes Nr. 116, an den usbegischen Gesandten Nr. 121 und 122. Ein dschagataisches Schreiben des Chans an den Großwesir in Rami (kaiserlichen Hofbibliothek) das letzte Nr. 681, und ein anderes im selben Inscha an den Kaimakam, wegen Empfanges des usbegischen Gesandten Nr. 346, 394 und 395. ¹²) Raschid II. Bl. 36. In Rami's großem Inscha Nr. 473 Schreiben des Großwesirs an Aiuka-Chan, den Herrscher der Kalmuken, auch Nr. 479. ¹³) Rami's Inscha Nr. 473 und 479. ¹⁴) Das damahls erlassene Schreiben in Rami's großem Inscha Nr. 119 und 120. ¹⁵) Das Schreiben an den Chan der Chane in Rami's großem Inscha Nr. 40, Schewwal 1115. ¹⁶) Eben da Nr. 113. ¹⁷) Eben da Nr. 117.

Glückwünschungsschreiben durch ihre an der Pforte residirenden Mi=
nister gewechselt worden.

Nachdem die Rädelsführer des Aufruhres unter den Truppen be=
reits unter dem vorigen Großwesir aus dem Wege geräumt worden,
war der jetzige bedacht, auch die Stützen derselben unter den Ulema
zu brechen. Der erste der Mufti, dessen revolutionairer Glückwünsch
zur erlangten Großwesirschaft durch Volksversammlung, auch dem
Sultan zu Ohren gekommen, in demselben den Entschluß zur Ab=
setzung gereist. Einige Tage nach einer vom Mufti angestellten öffent=
lichen Prüfung der Muderris, zu welcher aber die verdientesten, und
seit acht bis zehn Jahren ohne Beförderung gebliebenen, wie z. B.
der Reichsgeschichtschreiber Raschid, gar nicht zugelassen, sondern nur
Eindringlinge von Gewürzkrämern, Reisverkäufern u. dgl. befördert
wurden [1]), an einem Sonnabende, wo gewöhnlich im Serai Ver= 26.Jan.
sammlung des Unterrichtes, d. i. Lesung von Koransexegese oder Über= 1704
lieferung, Statt hatte, gewärtigte der Mufti im Unterrichtssaale eben
zum Sultan gerufen zu werden, als ihm der Silihdar statt der Ein=
ladung zur Audienz das Handschreiben mit dem Verbannungsbefehle
nach Brusa überbrachte. Ohne nach Hause gehen zu dürfen, wurde
er vom Serai weg in die an dem Damme desselben bereit gehaltene
Galeere eingeschifft [2]). Zugleich wurden Ahmed Efendi, welcher „den
„Polster der Richterwürde Constantinopel's beschwerte [3]),“ und der
Küster Emini, welcher seit dem Aufruhre den Vorsteher der Emire ge=
spielt, aufgehoben, und nach Famagusta eingeschifft. Die Stelle des
Mufti erhielt Paschmakdschisade Ali, und dieselbe Galeere, welche
den abgesetzten nach Brusa gebracht, führte den von ihm dort in Ver=
bannung gehaltenen verdienten Oberstlandrichter Jahia Efendi nach
Constantinopel zurück [4]). Der flüchtige Hasan, nachdem er einige
Wochen den Posten des ersten Defterdars gefüllt, wurde zum Begler=
beg Rumili's ernannt, und an seine Stelle trat nun zum dritten
Mahle der verdiente Hadschi Mohammed, der Geschichtschreiber [5]).
Der flüchtige Husein wurde zum Statthalter von Damaskus, zum
Emirol=hadsch aber Gurd Beirampascha von Rakka ernannt [6]). Da
die Araber abermahls Miene machten, die Karawane zu plündern,
wurden der Sandschak von Tripolis mit siebenhundert, der von Ssai=
da und Beirut mit fünfhundert, der von Aschelun und Jerusalem
mit ihren Haustruppen der Karawane bis nach Bir Ghanem in die
Wüste entgegenzugehen befehligt [7]). Der Scherif von Mekka Said [8]),
und der Statthalter von Dschidda als Scheich des Heiligthums wur=
den, das Ihrige zum Schutze der Karawane beyzutragen, angewie=
sen. Ismail, der Kiaja des Pascha von Dschidda, Baltadschi Sulei=

---

[1]) Raschid II. Bl. 29. [2]) Derselbe Bl. 30. [3]) Eben da. [4]) Eben da.
[5]) Eben da. [6]) Derselbe Bl. 33. [7]) Derselbe Bl. 31. [8]) Im Inscha Rami's
(kais. Hofbibl. Nr. 423) zwey Schreiben an den Scherif Said Nr. 576, 581
und 582.

man, kam nach Constantinopel, und schon früher in der Gunst des Großwesirs, erhielt er jetzt durch große Geldsummen für seinen Herrn die Statthalterschaft von Ägypten, für sich selbst die von Dschidda ¹). Der Scherif von Mekka Said ward als solcher bestätigt ²). In der Moldau hingegen hatte neue Einsetzung der Woiwoden mit der merkwürdigen Neuerung Statt, daß den Bojaren, welche schon vor und während des Aufruhres über ihres Fürsten Duka Erpressungen geklagt, erlaubt wurde, einen aus ihrem Mittel zum Hospodar zu wählen ³). Sie wählten den Michael Rakoviza, den Eidam Constantin Cantemir's; doch erhielt er die Investitur nicht wie gewöhnlich im Diwan, sondern, weil dieser seit dem Aufruhre noch nicht im ordentlichen Gange, im Uferköschke des Serai vor der Audienz beym Sultan. Den Großwesir, Schwager des Sultans, kümmerte weniger, ob in der Moldau ein selbstgewählter oder ein aufgedrungener Bojar den Fürstenstuhl und die Unterthanen drücke, als wer um den Herrn im Besitze des Vertrauens des Sultans die Machtvollkommenheit des Großwesirs gefährden konnte; deßhalb ruhte er nicht, bis er den Silihdar Ibrahimbeg, einen schlichten, und den guten Rath seiner Freunde wenig beachtenden Mann ⁴), aus seiner Stelle gehoben, und dieselbe dem Tschokadar Abasa Suleiman zugewandt hatte. Nicht so gelang's ihm, die Stelle des Kislaraga, wie er gewünscht, dem Schatzmeister Mohammedaga zuzuwenden, indem er sich nicht mit Unrecht gefürchtet, daß, wenn dieselbe der erste Eunuche der Walide, der lange Suleiman, erhielte, es bald um seine Machtvollkommenheit als Großwesir geschehen seyn würde. Er theilte seinen Plan dem Schatzmeister durch den vertrauten Zwerg Hamsaaga mit, aber der Schatzmeister, minder ehrgeizig als furchtsam, theilte den Plan dem langen Suleiman, dieser der Walide, die Walide dem Sultan mit ⁵), und der Sultan ernannte den langen Suleiman zum Kislaraga; dieser, kaum im Besitze seiner Stelle, gebrauchte seinen Einfluß durch die Walide zum Sturze des Großwesirs, der eben so heimlich vorbereitet ward, als die Wahl des Nachfolgers überraschte. Kalaili Ahmedpascha von Kandien, ein vormahliger Holzträger des Serai, wurde durch die Ränke des Kislaraga und des Gehülfen des Kofbegdschi, d. i. des Nußbaumwächters, mittelst Handschreibens, dessen Überbringer ein gemeiner Bostandschi (einst künftig selbst drey Wochen lang Großwesir) von Kandien einberufen; er kam zu Constantinopel an einem Tage des Diwans an, und ward bis zur Beendigung desselben im Serai im Zimmer der Soffawächter zurückbehalten. Sobald der

Left margin dates:

23. Jun.
704

3. Oct.
1703

16.
April
1704

28.
Sept.

¹) Raschid II. Bl. 33. ²) Im Inscha Rami's (kaif. Hofbibl. 423) befindet sich Nr. 432 ein Schreiben des Großwesirs an den Chan der Krim, vom 14. Ssafer 1115. ³) Raschid II. Bl. 22 einstimmig mit Gretschan; bey Engel Gesch. der Moldau S. 289. Im Inscha Rami's (taif. Hofbibl. 423) Nr. 442 ein Schreiben des Großwesirs vom 18. Ssafer 1115. Nr. 402 vom 1. Ssafer desselben Jahres an den Woiwoden der Moldau, Constantin. ⁴) Raschid II Bl. 32. ⁵) Derselbe Bl. 33.

Großwesir unterwegs nach dem Uferpalaste seiner Gemahlinn, der Sultaninn Chadidsche, ward ihm der Oberstkämmerer, das Siegel abzufordern, gesandt, und der Sultan begab sich ins Köschk von Bagdad zur Verleihung des Siegels. Im Serai hatte man eben so wenig, als in der Stadt die geringste Ahnung dieser Veränderung. Als der Sultan im Köschk, und es hieß, der Großwesir komme, glaubten alle, es käme der Schwager Hasan; da erschien zum allgemeinen Erstaunen aus dem Zimmer der Nußbaumwächter Kalaili Ahmedpascha.

Hasan, der abgesetzte Großwesir Schwager, wurde mit seiner Gemahlinn Chadische nach Nikomedien gewiesen, und demselben dreyßig Beutel an jährlichem Unterhalte gelassen, auch alle Krongüter, welche die Sultaninn, seine Frau, besaß, bestätigt. [1]). Das größte Verdienst seiner Großwesirschaft ist die Anordnung nützlicher Bauten an den Gränzen des Reiches und in der Hauptstadt. Nachdem die georgischen Rebellen, welche in Mingrelien, Guriel und Imirette die Steuer verweigert, zu Paaren getrieben wurden, wurden zu Batum und Bagdadschik Schlösser, um dieselben im Zaum zu halten, angelegt [2]), und an der syrischen Gränze, am Passe des Amanus, an dem gefähr= lichen Orte Kubbeagadsch (Kuppelbaum) ein Schloß zur Sicherheit der Karawanen gebaut [3]). In dem Serai zu Constantinopel wurde in dem Gebiethe der Walide der Grund zu einem neuen Köschk gelegt [4]), und im Arsenal ein neues großes Magazin [5]), eine Caserne für die Matrosen, Bad, Moschee, Backöfen und einige Buden gebaut. Die Kosten der Moschee, des Bades und Zugehörs trug der Großwesir allein, die des ersten schossen die Wesire, jeder mit drey Beuteln, die Statthalter der Provinzen, jeder mit zwey Beuteln zusammen [6]). Um den Unterschied der constantinopolitanischen Münze von gutem Gepräge mit der von schlechtem Gepräge, welche in Ägypten und Rumili geprägt ward, auszugleichen, war ein Befehl ergangen, ver= mög dessen für eilfthalb Drachmen ägyptischer schlechter Münze zehn güter, und in Rumili für hundert zehn Drachmen schlechter Münze hundert Drachmen guter gegeben werden sollen [7]). Außer der Sor= ge für die Bauten und die Münze hatte den vorigen Großwesir auch die für die ordentliche Feyer der beyden Bairamsfeste und der Geburt des Propheten beschäftigt. Zu den letzten wurden die Ulema durch besondere Billete des Großwesirs eingeladen [8]). Noch sechs Tage vor seiner Absetzung hatte er öffentliche Stadtfeyer und Lichtfluth an= gestellt, um die Geburt der Prinzessinn Fatima, der erstgebornen Toch=

(Randnotizen:) 19. März 1704 — 29.May — 22. Sept.

[1]) Gesch. der Berl. Bibl. Nr. 75 Bl. 302. [2]) Raschid II. Bl. 32. [3]) Der= selbe Bl. 33. Schreiben an die georgische Prinzessinn Mamia, in Rami (423) Nr. 594 und 595. [4]) Raschid II. Bl. 32. [5]) Derselbe Bl. 33. [6]) Gesch. der Berliner Bibl. Nr. 75 Bl. 300. [7]) Raschid II. Bl. 33. [8]) Die Formel dieser Einladungsbilleten in der Gesch. der Berl. Bibl. Nr. 75 Bl. 290, das Fest in Raschid II. Bl. 28 und 34.

ter des Sultans, zu feyern. Die vielen Schwestern, welche ihr in den nächsten fünfzehn Jahren folgten, lassen vermuthen, daß ihr in den verflossenen fünfzehn Jahren (der Sultan zählte dreyßig), wohl eben so viele Geschwister vorhergegangen seyn möchten, wenn den im Käfige zur Thronfolge aufbewahrten Prinzen andere Weiber als unfruchtbare gestattet wären. Wiewohl von der Geburt einer Prinzessinn sonst nicht besondere feyerliche Kunde genommen wird, so wurde dießmahl doch die der Erstgebornen doppelt glänzend gefeyert, sowohl durch den Aufzug der Zünfte [1]), als durch ein Feuerwerk zur See mittelst fluthender Schlösser und Stückwälle, welche ein alter französischer Renegate von Marseille, Alipascha, angab [2]). Die fränkischen Gesandten theilten die Freude ihrerseits durch feurige Garben von Raketen und Springbrunnen feurigen Weines [3]). Der neue Großwesir Kalaili Ahmed war weit entfernt vom löblichen Streben seines Vorfahrs, staatsnützliche Einrichtungen zu befördern. Er dankte seine Erhebung bloß den Ränken des Serai, und war auf nichts als Kleiderpracht bedacht. Sohn eines Zinngießers [4]) aus dem Dorfe Molo bey Kaißarije [5]), und daher Kalaili, d. i. Verzinner, beygenannt, war er durch seinen Oheim, einen der Holzträger (Baltadschi) des Serai, in dasselbe als solcher aufgenommen, dann durch Jusuf den Kislaraga Mohammed's IV. zum Vorsteher der Kaffehköche, und dann zum Vorsteher der Wasserträger ernannt worden. Als sein Gönner der Kislaraga abgesetzt nach Ägypten verwiesen worden, begleitete ihn Kalaili Ahmed dahin, und erhielt durch dessen Credit das Sandschak von Dschidda und die Stelle des Scheichol-Harem; von da nach sieben Jahren als Statthalter von Wan, dann zum Kapudanpascha und Kaimakam an der Pforte befördert, hierauf nach Lemnos verwiesen, dann wieder als Statthalter von Siwas, Trapezunt und Cypern angestellt, zum zweyten Mahle Kaimakam, und dann wieder Statthalter von Diarbekr, Bagdad und Adana. Zum Entsatze von Assow befehligt, war er davon gelaufen, und hatte eine Zeitlang versteckt gelebt, bis er wieder durch die Walide die Erlaubniß zu Brusa zu weilen, und dann durch sie die Statthalterschaft von Kandien erhielt, von wo er heimlich durch die Einflüsterung des Nußbaumwächters zur höchsten Würde des Reiches berufen ward, und zur selben aus dem Gemache der Soffawächter, seiner Gönner, ganz unvermuthet hervortrat; deßhalb erhielt er zu dem Beynahmen Kalaili noch den Zusatz des Kos (Nußbaum), als Kakailikos [6]), d. i. Verzinnernuß. Dieser Spitznahme kam durch seine lächerliche Eitelkeit noch mehr in

---

[1]) Der Befehl zur Beleuchtung der Stadt in der Gesch. d. Berl. Bibl. Nr. 75 Bl. 3o5, der zum Aufzuge der Zünfte Bl. 3o6. [2]) La Motraye I. S. 3o8. [3]) La Motraye. [4]) Eben da I. p. 369. [5]) Gesch. der Berl. Bibl. Nr. 75 Bl. 3o7, dann die beyden Fortsetzungen der Biographien der Wesire Osmansade's, nähmlich die Dilawersade Omer's Nr. 3, und die Said's Nr. 1. [6]) Paul Lucas second voy. Rouen 1719.

Umlauf. Nicht zufrieden mit den Goldstreifen im Wesirsbunde Kallawi, durchwand er denselben mit vier Goldstreifen von allen Seiten, kam einmahl mit einem goldstreifdurchwundenen, einmahl mit einem silber= streifdurchwundenen Bunde in den Diwan, legte goldenes Unterkleid an [1]), und steckte einen ganz mit Juwelen besetzten Reiger auf [2]), er= laubte nur in zwölf Öfen der Stadt seines Bröt zu backen, und ver= both einige Arten von Gebäcken ganz und gar [3]), setzte für den Ver= kauf der Pantoffeln, Socken, Turbane, für die Miethe der Nachen bestimmten Preis fest, und kümmerte sich nicht viel um die kaiserlichen Handschreiben, deren Sinn nicht in dem seinigen erlassen ward [4]). Seine Verschwendung stürzte ihn in Schuldenlast [5]). Solcher Ver= waltung war nicht viel längere Dauer, als die sie wirklich hatte, nähmlich von drey Monathen, zu prophezeyen. Das Wichtigste, was während derselben geschah, sind folgende Anordnungen und Bege= benheiten.

Dem Kiaja des vorigen Großwesirs, Ismailaga, wurden drey= hundert Beutel, dem Baschbakikuli (erstem Fiskal) hundert Beutel abgefordert, der erste kam mit hundert zwanzig, der letzte mit acht= zig davon [6]). Der reiche Vorsteher der Fleischer, dessen Säckel schon einmahl um dreyhundert Beutel verringert worden, wurde jetzt zur Zahlung von vierzehnhundert Beuteln als Rest schuldiger angeblicher Rechnungen verurtheilt [7]). Zwey Vertraute S. Mustafa's, welche sich freye Reden erlaubten, wurden hingerichtet [8]). Der Chaßeki, d. i. der Vorsteher der gefreyten Bostandschi, wurde zum Bostandschibaschi ernannt, der Kösbegdschi ward Chaßeki, und nach dem Herkommen wurde der vorige Aga mit zweyhundert Aspern, der Odabaschi mit sechzig täglicher Einkünfte zur Ruhe gesetzt [9]). Der Silihdar Ibra= him, welchen der vorige Großwesir aus dem Serai entfernt, wurde wieder zu Gnaden aufgenommen [10]); der Statthalter von Schehrsor, der frühere Silihdar, Alipascha von Tschorli, der Statthalter von Tripolis in Syrien, und Ismail, der Kiaja des letzten Großwesirs, als Statthalter von Cypern eingekleidet. Rami, der vorige Großwesir, war von Cypern nach Ägypten befördert worden, weil die Einwoh= ner den dahin ernannten Sandschak von Dschidda, Suleimanpascha, durchaus nicht annehmen gewollt [11]). Rami erhielt den Befehl, dem zur Beruhigung Mekka's mit tausend Mann ernannten Aufbeg hülf= reiche Hand zu leisten, denn auf die Beschwerde des Scherifs Said war ein Fetwa ergangen, welches in dem Falle, daß gütlicher Ver= gleich mit den Widersachern, über welche sich der Scherif beklagte, unmöglich, auch der Gebrauch der Waffen wider dieselben, selbst im

8. Oct. 1704

---

[1]) Cantemir IV. [2]) Said's Biographien. [3]) Gesch. der Berl. Bibl. Nr. 75 Bl. 356 u. 307. [4]) Biographien Mohammed Said's. [5]) Die Gesch. der Berl. Bibl. Nr. 75 Bl. 304. [6]) Dieselbe Bl. 302. [7]) Dieselbe Bl. 306. [8]) Dieselbe Bl. 302. [9]) Eben da. [10]) Raschid II. Bl. 35. Gesch. der Berliner Bibl. Nr. 75 Bl. 302. Raschid. [11]) Raschid II. Bl. 36.

IV. 6

dem sonst schon von Mohammed her wider Waffengebrauch eingefrie-
digten Heiligthume Mekka's erlaubt seyn solle. Es ergingen an alle
Statthalter sogenannte Gerechtigkeitsbefehle [1]), vermög welchen den
Statthaltern die Schonung der Unterthanen eingeschärft ward; ein
Chatt=scherif steuerte dem Luxus der Tücher mit Goldstreifen, und
dem der Zügel aus gesponnenem Golde, indem der Gebrauch derselben nur auf die höchsten Würden beschränkt ward, zum Vergnügen der
Mittellosen, welche gern mit einfachem Tuche und Zügeln aus einfachen Bändern vorlieb nahmen [2]). Einige Vorfälle zur See beschäftig-
ten die öffentliche Aufmerksamkeit. Zuerst der Brand eines französischen
Schiffes, welches mitten im Hafen von Constantinopel in Flammen

15.Oct.
1704

aufging [3]); die Vollendung eines kaiserlichen, das vom Stapel gelassen ward [4]), dann der große Verlust, welchen die aus dem schwarzen Meere beym Schloßbau in der Meerenge von Taman zurückkehrende
Flotte auf der Höhe des Hafens von Koken erlitt. Es waren die Stürme der herbstlichen Tag= und Nachtgleiche, welche die türkischen See-
fahrer das Kastanienunheil [5]) nennen, weil der Sturm in die Zeit fällt,
wo die Kastanien reifen, und wovon nur neun Galeeren und das Admiralschiff gerettet zu Constantinopel einliefen [6]). Bald darauf gab Stoff
zu Gerede ein ungeheuerer Stör [7]), von dreyhundert Centnern im Gewichte, welchen das Meer an die Küste des Pontos ausgeworfen. Der
Großwesir war eben im Uferköschk beym Sultan in Aufwartung, am
Tage wo dieser ungeheure Fisch auf des Sultans Befehl gewogen ward.
Er befand sich im Fremdensaal [8]), wo er gewöhnlich seine geheimsten
Unterredungen mit dem Sultan rechts und links erzählte. Als die Rede auf den Fisch kam, windbeutelte der Großwesir: „Als ich noch Ka-
„pudanpascha, ward ein Fisch gefangen, der von hier bis nach Ejub"
(eine Miglie) „reichte." Niemand getraute sich, ein Wort zu entgegnen. „Der Padischah," fuhr der Großwesir fort, „hat sich nicht we-
„nig über die Menge meiner Leute gewundert" (es waren eben an selbem Tage die Galeeren mit seinem Gepäcke und Gefolge von Kandia
angekommen). „Was ist das!" antwortete ich; „es war eine Zeit, wo
„ich eine Welt von Leuten um mich hatte;" wieder allgemeines Stillschweigen. Als Beweis des Gesagten führte er an, daß er in der Heimath Vettern habe, deren einer das Jahr tausend Beutel Almosen
gebe. Da bemerkte der Silihdar Suleiman, welcher gegenwärtig, bos-
haft, daß, nach dem gesetzmäßigen Maßstabe des Almosens, welches
der vierzigste Theil des Vermögens, diese Vettern jeder vierzigtausend
Beutel reich seyen. Der Silihdar war früher des Großwesirs Freund
gewesen, aber durch den großen Ränkeschmied Baltadschi Mohammed,
welchen der Großwesir für seinen innigsten Freund haltend, zum

[1]) Raschid II. Bl. 36. [2]) Gesch. der Berliner Bibl. Nr. 75 Bl. 309.
[3]) Raschid II. Bl. 35. [4]) Eben da Bl. 37. [5]) Eben da Bl. 36. [6]) In Rami's Inscha: Schreiben des Großwesirs an den Scherif Seid. Rami (423)
Nr. 602. [7]) Raschid II. Bl. 37. [8]) Eben da.

Kapudanpaſcha gemacht, durch das ausgeſtreute Gerücht abwendig ge=
macht worden, daß Kalailikof damit umgehe, den vorigen Kiſlaraga
Juſuf aus Ägypten zurückzurufen. Mohammed war des Großweſirs
Cámerad geweſen; als Baltadſchi im Serai, jener eben ſo liſtig und
ränkevoll, als dieſer dumm und ſchlicht. Als Oberſtſtallmeiſter hatte
denſelben der vorige Großweſir Schwager ſchon von Hof entfernen
wollen[1]), aber an dieſem Plane hatte ſeine Großweſirſchaft geſchei=
tert, ſo wie jetzt die des Kalailikof durch die Ränke des vom Oberſt=
ſtallmeiſter zum Kapudanpaſcha beförderten Scheinfreundes zu Grunde
ging. Der Haupthebel, deſſen ſich dieſer zu ſeinem Verderben bedien=
te, war der Oberſtſtallmeiſter Osman, welcher Anfangs vom Groß=
weſir als Kiaja angeſtellt, hernach mit der Oberſtſtallmeiſterſtelle ab=
geſpeiſt worden. Dieſem verſprach Mohammed das Miniſterium des
Innern, wenn er ihm behülflich ſeyn wolle. Nachdem er ihm den
Kiſlaraga abgewendet, hetzte er den Großweſir und den Mufti,
deſſen Clienten, gegen einander, ſo daß Kalailikof in die gelegte Falle
gehend, den Mufti beym Sultan als Unruhſtifter angab. Der Sul=
tan fragte, wer dieß beweiſe. Kalailikof antwortete, mit dem allge=
meinen Gerede; dieß klang ſo mißfälliger ins Ohr des Sultans, als
Kalailikof ſo dumm geweſen, ſich gegen den Sultan darauf, daß er
einigen Antheil am Aufruhre genommen, ein Verdienſt als Mitwir=
ker zur Thronbeſteigung machen zu wollen[2]). Der Sultan fragte den
Kiſlaraga, was an dem Gerede. Dieſer, froh die Gelegenheit des
Wortes gefunden zu haben, erklärte alles für Verleumdung des Groß=
weſirs; zugleich verſtändigte er den Mufti von der Anklage des Groß=
weſirs; dieſen lernte ſein falſcher Freund, der Kapudanpaſcha, an,
dem Sultan, wenn er noch einmahl frage, zu ſagen, daß er's, von
dem Stabe der Janitſcharen gehört. Wie gerathen, ſo gethan. Nun
fragte der Sultan den Kapudanpaſcha, der mit den Janitſcharen in
vielfacher Verbindung; dieſer erbath ſich Zeit bis morgen, um der
Sache auf den Grund zu kommen. Er verfügte ſich zum erſten Gene=
rállieutenant Tortumli, entdeckte ihm im größten Geheimniſſe, daß
der Großweſir die Janitſcharen angeſchwärzt, daß der Sultan ihm
Kapudanpaſcha die Großweſirsſtelle beſtimmt, und daß er in dieſem
Falle ihn Generallieutenant zum Aga zu machen verſpreche, wenn er,
von dem Sultan gefragt, ausſagen wolle, der Großweſir habe den
ganzen Generabſtab zur Stiftung von Unruhe aufgeredet, nur ihn
nicht gewinnen können. Der Vertrag war geſchloſſen. Am folgenden
Tage berichtete der Kapudanpaſcha dem Sultan, er ſey auf der Spur
von Umtrieben, doch habe der Generallieutenant ihm nur Wink ge=
geben, und nicht Alles bekennen wollen, was er, nur vom Padiſchah
ſelbſt gefragt, thun würde. Der Generallieutenant vor den Sultan
gefordert, ſprach, was ihm der Kapudanpaſcha eingelernt; als die

---

[1]) Raſchid II. Bl. 36. [2]) Derſelbe Bl. 38.

25.Dec. Unterredung zu Ende, wurde das Siegel dem dummen Baltadschi
1704 Kalailikof abgefordert, und dem liſtigen Mohammed verliehen ¹).
Mohammed, vorzugsweiſe unter dem Nahmen Baltadschi, d. i.
des Holzhauers, bekannt, wiewohl auch ſein Vorfahr, wie er, im
Serai vom Holzbeil auf diente, Mohammed Baltadschi, der durch=
triebenſte Kabalenschmied und der durchflochtenſte Ränkeknäuel, wel=
chen als ſolchen die osmaniſche Geschichte unter den Großweſiren schil=
dert, verwendete ſogleich die Hebel ſeines Aufschwunges zur höchſten
Gewalt als Stützen derſelben. Der erſte Generallieutenant der Jani=
tſcharen, Tortumli, erhielt die Stelle des Aga derſelben, der Oberſt=
ſtallmeiſter Osman die verſprochene des Miniſters des Innern; der
Silihdar Abaſa Suleiman trat mit drey Roßschweifen als Statthalter
Haleb's aus dem Serai; der franzöſiſche Renegate ²), Jouvin de
Mazàrques, aus Marſeille, jetzt Abdurrahman, ward Kapudanpaſcha,
der bisherige erſte Kammerdiener, nachmahlige Großweſir, Ali, zum
Silihdar befördert, und Ali von Tschorli, ebenfalls nachmahliger
Großweſir, würde von Tripolis in Syrien nach Conſtantinopel als
Weſir der Kuppel berufen. Der Tschauschbaschi, Türk Ahmed, verlor
ſeine Stelle, weil er ſich mit dem Kiajabeg Osman ſo wenig vertra=
gen konnte, daß es im Diwan zwiſchen denſelben nicht nur zu Schimpf,
ſondern auch zu Schlägen kam, und daß ſie gegen einander die Sä=
bel zogen; eines Wortſtreites mit dem Kiajabeg willen wurde auch
der Deſterdar, der Geschichtschreiber Hadschi Mohammed Efendi, ab=
geſetzt ³), aber schon nach einem Monathe zum vierten Mahle als
22.Dec. Finanzminiſter eingeſetzt ⁴). In der Krim war Selimgirai, nachdem
er zum vierten Mahle, in Allem vier und zwanzig Jahre lang ⁵),
Chan geweſen, geſtorben; er hatte zehn Töchter und zehn Söhne ⁶) hin=
terlaſſen, von denen ihm Ghaſigirai als Chan folgte, Kaplangirai
die Stelle des Kalgha übernahm. Der Oberſtkämmerer zu dieſer Sen=
dung mit dem Range eines Beglerbegs von Rumili bekleidet, über=
brachte ihm die Inſignien der Herrschaft, und inſtallirte ihn auf dem
Stuhle der Chanschaft, welchen ſein Vater ſo wenig gefüllt. Sein
Heldenmuth vom Tage der Schlacht von Koſſova iſt in der osmani=
schen Geschichte der schönſte Titel ſeines kriegeriſchen Ruhmes ⁷), ſo
wie ſeine Geschichte ihm einen Nahmen unter den Dichtern gemacht ⁸).
Bald hernach folgten ihm in's Grab zwey andere geschichtlich merkwür=
dige Männer, Ahmedpaſcha, beygenannt Kowanos, d. i. der Bie=
nenkorb, der Ruſſe, welchen der Aufruhr an die Spitze der Geschäfte
2. May geſtellt, und welcher, ſeit ſeiner Abſetzung Befehlshaber von Chios
1705 und Lepanto, fünfzig Jahre alt, ſtarb ⁹), und der Oberſtlandrichter

---

¹) Raschid II. Bl. 38 — 40. ²) Talman's Bericht vom 25. Dec. 1704, und
in La Motraye I. S. 373. ³) Raschid II. Bl. 41. ⁴) Derſelbe Bl. 43. ⁵) Se=
besciar Bl. 203. ⁶) Eben da. ⁷) Raschid II. Bl. 41. ⁸) In Esafaji Nr. 161.
⁹) Liegraphien der Großweſire von Dilaweragaſade Omer. Raschid II. Bl. 43
I. B.

Rumili's, Jahia Efendi, der Reis der Ulema, erst Leibarzt, wie sein
Vater Ssalih, dann dreymahl wirklicher Oberstlandrichter, von Rumili, ein Mann von geradem Sinne und seiner Art, welchem es unmöglich, sich politisch zu verstellen, und der durch seine Freymüthigkeit unter Suleiman II. die Kabale des Kislaraga vernichtete, welche
nach Belgrads Eroberung des Großwesirs Mustafa Köprili's Sturz
geplant. An der Spitze der Ulema hatte er sich damahls ins Serai
begeben, und war, ohne sich vom Kislaraga aufhalten zu lassen, bis
zum Sultan vorgedrungen, von demselben die Hinrichtung des Kislaraga begehrend; nur durch einen Fußfall war dieser mit dem Leben
aus dem Serai gekommen [1]. Dem neuen Chan der Krim gingen
Befehle zu, einverständlich mit dem Statthalter von Oczakow, sich
zu Bender schlagfertig zu halten, in dem Falle, daß die eingelangte
Nachricht, daß Rußland Absichten auf Camieniec hege, sich bestätigen
sollte. Der Kapudanpascha lief mit neun Galeeren und zehn Gallionen ins schwarze Meer aus, um die Festungswerke des neuen Schlosses   23.Jul.
an der Meerenge von Taman zu vollenden [2]. Aus Syrien lief die   1705
unangenehme Nachricht ein, daß der Pascha von Damaskus, Husein
der Flüchtling, aus altem Grolle, den er wider den Scheich des
Stammes Koleib noch von seiner Statthalterschaft zu Tripolis her
hegte, wider denselben ausgezogen, ihn, weil der Emirol-hadsch nicht
mit ihm gemeine Sache machen wollte, allein angegriffen, vor der
Übermacht der Araber geflohen, und auf der Flucht den Tod gefunden, im Leben wie im Tode den Beynahmen des Flüchtlings bewäh-
rend [3]. Es fehlte fast niemahls an Staatsbeamten, welche den Nahmen Firari (Flüchtlinge) trugen; so entfloh ein Jahr später der Emirol-hadsch selbst, der Sohn Gurd Beiram's, Mohammed [4], aus
Syrien nach der Krim; so entfloh Maabe Mahmud Efendi, ein Theilnehmer einer wider den Großwesir Baltadschi eingereichten Klageschrift, dem Tschausch, der ihn in die Verbannung nach Sinope führen sollte [5]; so jetzt der Kopfsteuereinnehmer von Salonik zu Constantinopel aus dem Hause des Tschausches, welcher ihn dem Arme
der Gerechtigkeit überliefern sollte [6]. Zwey Jahre hernach ereilte auch
den berühmtesten dieser Flüchtlinge, nähmlich den Wesir, den flüchtigen Hasan, welcher im Aufruhre vorgeleuchtet, sein Loos, indem er,
weil er sich als Statthalter nach Ägypten zu gehen geweigert, und
nach der Stelle des Großwesirs getrachtet, hingerichtet ward [7].
	Baltadschi Mohammed, welcher die Großwesirschaft bloß seinen
Ränken dankte, verlor dieselbe gar bald auf demselben Wege, auf
dem er sie erhalten, in die Fäden seines eigenen Gewebes verwickelt.
Er hatte, was nicht selten, großen Intriguengeist ohne vorzügliches
Talent zur Führung der Geschäfte; außerdem, daß ihm nichts Großes

[1] Raschid II. Bl. 42. [2] Eben da. [3] Derselbe Bl. 43. [4] Derselbe Bl. 50.
[5] Eben da. [6] Derselbe Bl. 43. [7] Derselbe Bl. 55. Cantemir Ahmed III. 3.

von Handen ging, vernachläſſigte er noch laufende Geſchäfte gefliſſent=
lich, um die Schuld auf die nächſten Umgebungen des Sultans, den
Silihdar Ali und den Cabinetsſecretär Ibrahim, zu ſchieben. Der
Sultan, ihm ſchon deßhalb gram, weil er hinterher erfahren, wie
er ihn durch den bald von ſeiner Stelle als Janitſcharenaga abgeſetz=
ten Tortumli getäuſcht, wollte ihn nun auf die Probe ſtellen, und
fragte ihn, was denn die Urſache der Vernachläſſigung der Ge=
ſchäfte. „Mit ſolchen Umgebungen,“ ſagte Baltadſchi, „bin ich nicht
„der Mann des Geſchäftes; um gut zu pflügen, braucht's ein Paar
„gute Ochſen;“ dieſe Rede galt dem Silihdar und Secretär; allein
dieſe beyden hatten den Mufti und Kiſlaraga für ſich, welche, von
Baltadſchi's Unfähigkeit immer mehr überzeugt, den Sultan auf=
klärten. Baltadſchi legte nun neue Falle an, in der er ſich ſelbſt
fing. Durch einen Lügenſchmied Amber Mahmud (Ambra Löblich) ließ
er eine nahmenloſe Bittſchrift aufſetzen, deren Inhalt Klage wider
den Cabinetsſecretär, mit dem Beyſatze, daß, ſo lang dieſer am Platze,
Ruhe unmöglich ſey nach den Berechnungen der Kabala. Durch das
Verſprechen von zehn Beuteln gewann er den Stummen Mohammed,
einen der Vertrauten des Sultans, welcher die Schrift, als in ſeine
Wohnung geworfen, dem Sultan übergeben, und einen Baltadſchi
zum Cabinetsſecretär vorſchlagen ſollte. Dieß geſchah; aber der Sul=
tan, welcher der Sache auf den Grund ſah, ſtieß den Stummen aus
dem Serai, brachte den Baltadſchi zum Geſtändniſſe, und ſetzte den
Großweſir ab. In's Köſchk des innerſten Gartens geladen, mußte er
dort das abgeforderte Siegel dem Kiſlaraga übergeben, welches der
Silihdar Ali von Tſchorli erhielt. Die Verbannung Baltadſchi's nach
Chios wurde auf des Cabinetsſecretärs, den er ſtürzen wollte, Fürbit=
te, in die Statthalterſchaft von Erſerum verwandelt [1]. Der neue
Großweſir, der Sohn eines Bauern oder Barbiers aus Tſchorli [2],
der ſich vom Pagen zum Tſchokadar und Silihdar, dann zum Weſir
und Kaimakam geſchwungen, und, von Tripolis zurückberufen, wie=
der die Stelle als Silihdar bekleidet hatte, wurde jetzt unter dem
gewöhnlichen Ceremoniel mit der Kapanidſcha, d. i. mit dem Pelze
aus ſchwarzem Zobel mit großem Kragen und Goldſpangen [3], beklei=
det. Die erſte wichtige Nachricht, welche der neue Großweſir erhielt,
war keine günſtige von den Unruhen der arabiſchen Stämme um Baß=
ra, welche abermahls den Paſchen Statthalter den Gehorſam aufge=
ſagt. Dieß waren die Araber der Wüſte des Stammes Montefik,
welche ſchon vor der osmaniſchen Eroberung dort vier Dörfer beſa=
ßen. Suleiman der Geſetzgeber beſtätigte ſie in dem Beſitze dieſer Dör=
fer, und beſtellte noch überdieß vierhundert Reiter ihres Stammes

3. May 1706

[1] Raſchid II. Bl. 47. [2] Paul Lucas second voy. I. p. 116. Cantemir Ah=
met III. f. Motraye I. p. 375. [3] Mouradiea d'Ohſſ. VII, p. 156, Raſchid II.
Bl. 49.

zur Huth der Felder und Dörfer der Gegend, deren Einwohner von
hundert Palmenbäumen zwey Abasi (der Abasi zu vierzig Aspern),
für jedes Joch Acker einen Abasi, zusammen jährlich acht und siebzig
bis achtzig Beutel zollten; das Geld empfingen die Statthalter und
gaben davon den Arabern Montefik, welchen die Huth der Dörfer
und Saaten übertragen war, jährlich fünfhundert Toman (den To=
man zu sechzehn Piastern gerechnet) und Ehrenkleider obendrein. Au=
ßer dieser Abgabe bezahlten die Araber Montefik jährlich drey bis vier=
hundert Beutel an Pachtschilling für die gepachteten Ländereyen der
Inseln. Während des letzten Krieges hatte sich der Statthalter von
Baßra, Ahmed, die Pachten angeeignet, die Unterthanen gedrückt,
bis daß die Araber wider ihn aufstanden, und ihn und seine Truppen
ihrer Rache opferten [1]). Sein Nachfolger Begsade Alipascha und
Aschdschi Mohammedpascha brachten die Pachten nicht in Ordnung,
und als der Mutesellim (provisorischer Verwalter) des neuen Statthal=
ters Chalilpascha bis zu dessen Ankunft das von den Arabern begehrte
Aufsichtsgeld [2]) verweigerte, war der Kampf abermahl los. Viermahl
schlug sie der Kiaja des Statthalters, und zwang den Anführer der
Montefik, den Scheich Maghanis, um Verzeihung zu bitten. Nach
Berathung mit den Scheichen der Familie Idris und Raschid wurde
aus der letzten Scheich Naßir zum Oberhaupte der Montefik ernannt;
da aber derselbe auf Einstreuung des Scheich Maghanis von den
Montefik nicht anerkannt worden, hatte der Kiaja des Statthalters
abermahl das Feld wider die Araber der Wüste genommen, und die=
selben zweymahl geschlagen. Mangel an Mundvorrath zerstreute des
Kiaja Heer, von welchem die meisten berittenen Lewende nach Bagdad
zurückgingen, so daß ihm nur ein Paar tausend blieben. Auf die vo=
rigen errungenen Vortheile stolz, wagte der Kiaja diese Paar tausend
Mann wider die überlegenen Araber, und ward von denselben gänz=
lich geschlagen. Die Sieger fielen wie ein Zug von Heuschrecken auf
Baßra und die Umgegend, und fraßen Stadt und Land auf. Auf
diese zu Constantinopel eingetroffene Nachricht wurde der Statthalter
von Bagdad zum Serasker wider die Araber ernannt. Aus mehreren
gewechselten Wesiren [3]) seyen die schon bekannten, Ibrahimpascha,
der vormahlige letzte Internuntius zu Wien, als Befehlshaber von
Negroponte, und Köprilisade Nuuman, der nachmahlige Großwesir,
als Statthalter von Kandia genannt.

Den unangenehmen Eindruck, welchen solche Nachricht dem Sul=
tan machen konnte, mußte die oft wiederhohlte Freudenkunde der Prin=
zen und Prinzessinnen, von welchen ihm in den ersten drey Jahren
seiner Regierung ein halbes Dutzend [4]) geboren ward, der letzte, Se=
lim, aus einer russischen Sclavinn [5]), und der Empfang der zu seiner
Thronbesteigung glückwünschenden oder andere kündenden Bothschaf=

1630

[1]) Raschid II. Bl. 47. [2]) Eben da Bl. 48. [3]) Eben da. [4]) Derselbe Bl. 36.
44, 49, 51, 52, 56. [5]) Quarient's Bericht. S. 14.

ter verwischen. Er wechselte seine Paläste je nach den Jahreszeiten, bald den im Arsenale, bald den von Karagadsch, der erste in der Mitte, der zweyte zu Ende des Hafens '), besuchte den Schatz der kaiserlichen Reitge= schirre, welche unter dem Siegel des Sultans, nur in Begleitung von zehn Personen, nähmlich drey Vertrauten, drey großen Hof= und Reichs= ämtern, die ersten der Schwert=, Mantel= und Steigbügelträger, die zweyten der Großwesir, Defterdar und Oberststallmeister '); oder verweilte einige Tage in Gesellschaft des Haremes und der Walide an den Wasserbecken der Wasserleitungen Constantinopel's ³). Während

2. Jul. 1705 ihn dort der Kiaja des Großwesirs im Köschk der Walide bewirthete und er sich der Lust des Ortes und der schönen Gegend überließ, droh= te in der Hauptstadt neuer Aufruhr. Janitscharen und Sipahi, miß= vergnügt, daß so viele ihrer Cameraden als Theilnehmer des Aufruh= res verschwunden waren, hatten sich in der Moschee S. Bajesid's zu= sammengerottet, und drohten, vom Fleischmarkte aus die Mittelmo= schee zu gewinnen. Da berief der Großwesir auf das schleunigste den Kiaja in die Stadt, den Sultan ins Serai. Dieses vertheidigten die Bostandschi, jene zwanzigtausend ergebene Janitscharen. Der Kiaja und Aga zerstreuten die Zusammengerotteten, nur eine kleine Anzahl Ergriffener ⁴) wurde auf der Stelle hingerichtet; zwey Wesire der Kuppel, der Nischandschi Huseinpascha und der vorige Großwesir, der Schwager Hasanpascha, wurden wegen angeflogenen Verdachtes heim= licher Kunde vom Aufruhre, jener nach Kos, dieser nach Lemnos ver= wiesen ⁵). Um so wohlgefälliger empfing der Sultan nun auf neube= festigtem Throne den Glückwunsch zum bestiegenen aus dem Munde und aus der Hand des persischen Bothschafters Murtesa Kulichan, des Befehlshabers von Nachdschiwan, welcher im Palaste Schahcho= ban (Schah der Hübschen) einquartiert, bey der nächsten Soldauszah= lung mit dem gewöhnlichen Ceremoniel empfangen ⁶), hernach vom

15 Jan. 1706 Großwesir ⁷) in dem Landhause Amudschafade Husein Köprili's am asiatischen Schlosse des Bosporos mit Gastmahl und Musik bewirthet ward, um ihm zu beweisen, daß die Schönheit des Bosporos, die der berühmten Gärten Tscharbagh zu Ißfahan, und die türkische Musik die persische bey weitem übertreffe ⁸). Dem persischen Bothschafter folgte ein

5. Jun. usbegischer ⁹), einen Monath später der Bailo Procuratore Ruzzini, welcher den venetianischen Frieden erneüert, nach ¹⁰). Der ragusäische,

20. Jun. mit dem dreyjährigen Tribute ¹¹) von zwölftausend Dneaten, erschien

---

¹) Raschid II. Bl. 44. ²) Derselbe Bl. 37. ³) Derselbe Bl. 43, und la Motraye I. S. 375. ⁴) La Motraye sagt 50, Raschid 15. ⁵) Raschid II. Bl. 43. ⁶) Derselbe Bl. 44. ⁷) Zwey Billete des Großwesirs an den Bothschafter in Rami's großem Inscha Nr. 36 und 37. ⁸) Raschid Bl. 45, sein Abschied Bl. 46. ⁹) Raschid II. Bl. 49. ¹⁰) Eben da. ¹¹) Derselbe Bl. 50 gedruckt: Relation von dem, den 17. May 1706 außer Stankemeni beschehenen Empfang des Herrn Hoffkriegsraths und extraordinären Gesandten, Edlen von Quarient v. Rall, auf der Münchner Bibliothek. Litterae fiduciariae Josephi I. ad Mauro- cordatum pro Internuntio extraordinario Quarient 25. Febr. 1706. St. R. Das türk. Credentiale im Hausarchive und in dem großen Inscha Rami's Nr. 476. Schreiben des Großwesirs, ebenfalls im Hausarchive.

zugleich mit dem öſterreichiſchen Internuntius und außerordentlichen Geſandten, dem Herrn Quarient von Ráll, welcher die Thronbeſteigung
Joſeph's I. zu künden kam, und die Aufrechthaltung des Friedens bekräf- 12.Oct.
tigte. Die Trompeten waren ihm bey ſeinem Einzuge unter dem Vor- 1706
wande der Trauer für die beyden jüngſt geſtorbenen Prinzen ¹) unterſagt worden ²). Er brachte eine Gränzcommiſſion zu Stande, um die
drey ſtreitigen Puncte eines im Hafen von Durazzo weggenommenen
Schiffes, des an den türkiſchen Kaufleuten zu Kecskemet begangenen
Raubes, und der längs der Gränze erbauten Tſchardaken auszugleichen, welche zwiſchen dem Freyherrn von Nehemb und dem Paſcha
von Belgrad erſt drey Jahre hernach durch eine förmliche Urkunde
ausgeglichen wurden ³). Quarient's diplomatiſche Thätigkeit war vorzüglich gegen die unermüdliche Ferriol's gerichtet, welcher die Pforte
zu Gunſten Rakoczy's bearbeitete, und den ungariſchen Rebellen an
der Pforte allen möglichen Vorſchub gab. Um die Miniſter der Pforte und den Sultan in ſeinem Sinne zu bekehren, hatte Ferriol drey
politiſche Denkſchriften in Geſprächform verfaßt, ins Türkiſche überſetzt, durch den Mufti und Kiſlaraga dem Sultan zugemittelt. Dieſe
politiſchen Geſpräche zwiſchen einem Perſer Ali und einem Türken
Muſa tadelten die unthätige Politik des Großweſirs ⁴), der alle La-
ſter, keine Tugend habe, und waren auch wider Holland und England gerichtet. Quarient's Kundſchafter im Hauſe Ferriol's waren ein
Minorit und ein Jeſuit, in dem Harem des Miniſters des Innern
eine deutſche Renegatinn, Fatima ⁵). Ferriol unterſtützte aus allen
ſeinen Kräften die Rakoczyſchen Abgeordneten, Papay und Horvath,
welche vier Monathe vor Quarient mit den proteſtantiſchen Zeloten
Scolontai ⁶) angekommen ⁷), in der ſchmutzigſten Vorſtadt Conſtantinopel's, in Balata, wo der Ausguß alles Schenkenunflaths und Zu-
ſammenfluß alles Lotterlebens, und wo vormahls die ſiebenbürgiſchen
Geſandten ihr Abſteigquartier hatten, einquartiert worden ⁸). Das
Haus hieß Magyar Serai. Sie erſchienen bey der Audienz nicht in
magyariſcher, ſondern in türkiſcher Kleidung ⁹). Sie hatten für den
Großweſir ein Geſchenk von zehntauſend Ducaten und zwey Klumpen
ungeſchärften Goldes, dem Kiaja dreytauſend Ducaten, dem Kiſlaraga der Walide gediegenes Gold mitgebracht, und eine Denkſchrift
nicht nur wider den Kaiſer, ſondern auch wider den Fürſten der Walachey und den Czar gerichtet, den ſie anklagten, daß er Pohlen und
Schweden unterjochen wollte. Der damahlige Reis, der gelehrte Per- 26.Jul.
ſer Ebubekr Efendi, welcher die Belagerung von Wien mitgemacht, und
die ungariſchen Rebellen kennen gelernt, war denſelben nicht ſo günſtig,
als ſein Nachfolger, der unruhige Kopf Abdulkerim. Dieſer begün-

---

¹) Raſchid II. Bl. 40. ²) Quarient's Bericht in der St. R. ³) Das Inſtru-
ment vom 13: Moharrem 1121 (25. März 1709). ⁴) Quarient's Bericht. ⁵) Talman's Bericht vom April 1707. ⁶) La Motraye I. p. 379. ⁷) Derſelbe p: 378
und Talman's Bericht. ⁸) Eben da. ⁹) Talman's Bericht.

stigte die Sendung des Renegaten Ahmed (des Modenesers Galoppo), welcher des Deutschen, Ungarischen und Türkischen kundig, als In=genieur den Bau von Jenikalaa in dem Canale von Taman geleitet hatte '), und die des französischen Unterhändlers Desalleurs, welcher mit den französischen Hülfsgeldern an Rakoczy gesandt ward, um an dessen Seite als französischer Commissär zu dienen, wie vormahls bey Tököli Ferriol '). Das folgende Jahr kamen abermahl Ungarn mit Schreiben Rakoczy's, welche dem Großwesir fünf und vierzig Pfund Goldes, dem Kiaja zehn, dem Mufti tausend Ducaten, und eben so viele dem Maurocordato brachten, um zu künden, daß der Rebellen= Landtag zu Onod das Zwischenreich erklärt, den Gehorsam aufgesagt, daß der König von Schweden sich der Protestanten angenommen, daß Rakoczy zum Fürsten Siebenbürgen's erkläret worden ³).

22. Oct.
1705 Mit Rußland war, troß der beständigen Aufsichtigkeit gegenseiti= gen Schlösserbaues, endlich doch die Gränzberichtigung zu Stande ge= kommen ⁴), nachdem sich die Abgränzungs = Commissäre lang gestrit= ten, in dem die russischen den ersten Gränzpfeil an den Bog, die tür= kischen an den Dniepr setzen wollten ⁵). Eine Galeerenflotte lief re= gelmäßig alle Jahre im Frühlinge ins schwarze Meer aus, um den Bau von Gränzschlössern gegen Rußland zu überwachen. Von Seite Pohlens kam der Gesandte Gurski, ohne etwas zu unterhandeln, sondern bloß, um die freundschaftlichen Verhältnisse mit der Republik und König August zu bestätigen ⁶). Der französische Bothschafter un= terstützte nach Ludwig's XIV. Politik zu gleicher Zeit die Protestanten als Rebellen in Ungarn, und die Jesuiten als Verfechter der Katho= liken in der Türkey. Durch die Jesuiten verleitet, ließ er den Patriar= chen Avedick, welcher unter dem Versprechen, den Katholiken günstig zu seyn, von den Jesuiten selbst zum Patriarchen befördert, hernach aber der Katholiken ärgster Feind, dieselben auf alle Weise verfolgte, zu Chios aufheben, und auf einem französischen Kriegsschiffe nach Frankreich entführen, von wo er, in geheimer Gewahr gehalten, nie mehr erschien. Diese Entführung war, so lange der Großwesir am Ruder, der beständige Zankapfel zwischen ihm und Ferriol, indem jener den Patriarchen immer zurückbegehrte, dieser die Entführung läugnete. Dieselbe war der nächste Anlaß neuer Verfolgung der ka= tholischen Armenier und verschärfter Maaßregeln wider die Jesuiten; diese, welche vormahls die Druckerey im griechischen Patriarchat ver= folgt, wurden nun selbst verfolgt wegen der von ihnen zu Constanti= nopel angelegten armenischen, welche unter Ferriol's Schutz Flug= schriften wider den Patriarchen und die nicht katholischen Armenier in Umlauf setzte. Der Großwesir ließ das Haus der Jesuiten bewachen,

---

') Talman's Bericht vom 26. Febr. 1707. ') La Motraye I. p. 375. ³) Tal=
man's Bericht. La Motraye I. p. 383. ⁴) Die Convention im Belgrader Frie=
den v. J. 1739, angeführt Martens Guide diplom. ⁵) Talman's Bericht vom
J. 1704. ⁶) Derselbe vom J. 1707.

und alle Armenier, die aus = und eingingen, in Empfang nehmen [1]). Sechzig wurden theils ins Bagno geworfen, theils auf die Galeere gesendet [2]). Die beyden armenischen Patriarchen von Constantinopel und Jerusalem, welche den Jesuiten erlaubt, in armenischen Kirchen zu predigen, wurden auf Anzeige der nicht katholischen armenischen Priester von dem Hause des Patriarchen zu Balata weg ins Bagno geführt. Der Großwesir bedrohte den Oberen der Jesuiten mit gleichem Loose, wenn der entführte Patriarch Avedick nicht erscheine [3]). Ein Chatt=scherif verboth den Jesuiten alle Proselytenmacherey, und befahl die Einkerkerung aller Armenier katholischen Ritus [4]). Der Patriarch der katholischen Armenier, Sari, und sechs andere, welche, als Katholiken angeklagt, in dem Kerker schmachteten, wurden vom Großwesir zum Tode verurtheilt. Sechs derselben retteten ihren Kopf durch das Bekenntniß des Jslams; nur der Vertabiet Comidas bekannte sich frey vor dem Großwesir als Katholik und zum Martyrtode bereit. Vom Patriarchen Ther Joannes in des Großwesirs Gegenwart als Katholik angeklagt, wurde er von diesem zur Rede gestellt, ob er nicht wisse, daß er durch Ungehorsam wider des Sultans Geboth als Rebelle das Leben verwirkt. Comidas entgegnete, daß er, weil er einen Ritus dem andern vorgezogen, nicht Rebelle, und fragte kühn, ob denn der Großwesir, welchem die Macht über Leben und Tod gegeben, auch zu beurtheilen im Stande sey, welcher der beyden Ritus der bessere, der orthodoxe oder schismatische? „Ich halte sie beyde „für schlecht," antwortete der Großwesir, „und verdamme dich als „Rebellen zum Tode, übrigens komme dein Blut über deine Ankla= „ger, wenn sie Lügen vorgebracht." — „So sey es," rief der arme= nische Patriarch, „dein Blut komme über die Jesuiten, die dich und „so viele andere unserer Kirche verführt [5])." Der Großwesir befahl ihm und zwey anderen, die, durch solches Beyspiel ermuthigt, zum Mär= tyrtode bereit waren, den Kopf abzuschneiden. Sie wurden hinter den Palast des Großwesirs geführt; dort ermahnte Comidas seine beyden Gefährten, muthig den Tod der Martyrer zu sterben, kniete nieder, bethete kurz, und hielt dem Henker den Kopf hin, der, auf einen Streich vom Rumpfe getrennt, ihm zwischen die Füße, der Rumpf auf den Bauch gelegt ward. Nach drey Tagen bath die sech= zehnjährige Tochter des Martyrs um den Leichnam, welcher ihr über= laßen [6]) im armenischen Kirchhofe bey Balikli, wo ehemahls der be= rühmte Quellenpalast der byzantinischen Kaiser, bestattet ward; und, wo seitdem ein von katholischen Armeniern viel besuchter Wallfahrts=

5. Nov. 1707

---

[1]) La Motraye I. S. 371. [2]) Talman's Bericht vom 2. Sept. 1706. [3]) La Motraye I. S. 281. [4]) La Motraye das Chatt=scherif in voller Ausdehnung S. 381 und 382. [5]) La Motraye I. S. 400. [6]) Mit La Motraye ganz übereinstimmend Talman's Berichte in der St. R. Jn Rami's Jnscha (kaiserlicher Hofbibl. Nr. 423) Großwesirschreiben; das eine Nr. 419 vom Ssafer 1115, dann Nr. 577 an den Statthalter von Bagdad.

ort. So war die erste Verfolgung der katholischen Armenier in der
Türkey, die Unterdrückung der ersten armenischen Presse, die Ent=
führung des nicht katholischen Patriarchen, der Abfall der katholischen
Armenier zum Islam, und das Martyrthum der Standhaften herbey=
geführt worden durch die Jesuiten. Der Vertabiet Comidas und der
Patriarch Avedick, beyde Martyrer Eiferer für ihren Ritus, jener
durchs Schwert, dieser durch lebenslänglichen Kerker.

Der Großwesir, höchst eifersüchtig auf volle durch keinen fremden
Einfluß controllirte Herrschermacht, entfernte den Wesir der Kuppel,
den vorigen Kapudanpascha Weli, als Statthalter nach Bosnien, bloß
weil er in ihm die Möglichkeit eines Nebenbuhlers ahnte [1]; auch
ruhte er nicht, bis er den Mufti Ali Paschmakdschifade, mit welchem
der Sultan sehr zufrieden, bey diesem mit der Vorstellung verschwärzt,
daß er es gewesen, welchen die Rebellen zuerst zum Mufti gemacht,
1. Febr. und welcher dem Aufruhr den ersten Anstoß gegeben. Er wurde abge=
1707 setzt, und an seine Stelle Ssadik Mohammed, der die Stelle vor
Ausbruch des Aufruhres bekleidet hatte, ernannt. Diesen beschränkte
des Großwesirs Eifersucht durch eine ganz unerhörte Anordnung, daß
nähmlich die Beförderung der Stellen der Richter und Muderris nicht
wie bisher von ihm allein abhängen, sondern im Einvernehmen mit
den beyden Oberstlandrichtern vorgenommen werden solle [2]. Durch
diese Einmischung entstand große Unordnung und Verwirrung, weil
nun drey Mufti statt eines. Diese Anordnung hatte bereits sechs Mo=
nathe gewährt, da kam eines Tages der Großwesir auf Besuch zum
Mufti, und während desselben erscheint der Vorsteher der Baltadschi
mit einem Handschreiben des Sultans, das er dem Mufti überreicht.
„Das Handschreiben wird für Seine Excellenz den Großwesir seyn,“
sagte der Mufti; der Großwesir sagte lächelnd: „Es ist für Euer Hoch=
„würden.“ Es enthielt die Wiederherstellung der vorigen Machtfülle
des Mufti mit Ausschluß der Oberstlandrichter, womit der Großwesir
den Mufti auf diese seine Art überrascht hatte. Nachdem der Groß=
wesir fort, kamen die Oberstlandrichter, weil an diesem Tage Ver=
leihung der Richterstellen in Europa und Asien Statt haben sollte.
„Laßt uns nun die Kette der beyden Arme“ (Asiens und Europa's)
„anziehen, bringt die Listen,“ sagten die Oberstlandrichter, in der
Meinung, wie bisher die Beförderung der Kette vorzunehmen. „Bringt
„den Herren Scherbet,“ sagte der Mufti, auf diese Art ihnen zu ver=
stehen gebend, daß der Besuch und ihr bisheriger Einfluß zu Ende
Febr. sey [3]. Vier Monathe hernach wurde der Mufti abgesetzt, aber bloß
1708 wegen Schwäche seines hohen Alters, welches ihm bey dem Leichen=
begängnisse der einjährigen Tochter des Sultans Chadidsche, nicht
mehr erlaubt hatte, die Arme zum Leichengebethe emporzuheben [4];

---

[1] Raschid II. Bl. 51 und 52. [2] Derselbe Bl. 52. [3] Derselbe Bl. 55.
[4] Derselbe Bl. 57.

feine Stelle erhielt Ebefade, d. i. Sohn der Hebamme, Abdullah;
den Richter von Conſtantinopel, welche Stelle der Imam des Sul=
tans wider allen Gebrauch mit der ſeinigen zugleich verwaltete, und
dadurch weder der einen, noch der anderen gehörig oblag, ſetzte der
Sultan ſelbſt ab, weil er es unanſtändig gefunden, daß ſein Imam,
als er in ſeiner Gegenwart zu Ejub das Freytagsgebeth vorbethen
ſollte, mit einem Dutzend Gerichtsdiener und Trabanten angezogen
kam, und verlieh ſeine Stelle dem verdienten Vorſteher der Emire,
dem Seid Mohammed Eſahhaffade, d. i. dem Sohne des Buchhänd=
lers, welcher, ohne mit dem Range eines Richters von Conſtantinopel
bekleidet zu ſeyn, dadurch, daß ihm der Hofcaplan als wirklicher Rich=
ter der Hauptſtadt vorgezogen worden, ſich bisher gekränkt gefühlt [1]).
Nicht minder wichtige Veränderung, als die des Mufti, war die des
Chans der Krim, Ghaſigirai. Dieſer hatte dem Anführer des tſcher=
keſſiſchen Stammes der Haiduken [2]), welcher ſeinen Bruder gemordet,
Freyſtätte gegeben, und den Streifereyen der Noghaien von Anapa
jenſeits des Kuban nicht, wie er befehligt worden, Einhalt gethan [3]).
Um den hierüber von Seite Rußlands erhobenen Klagen Genüge zu   April
leiſten, und mit Rückblick auf Ghaſigirai's frühere Widerſetzlichkeit   1707
wider ſeinen älteren Bruder, den Chan Dewletgirai [4]), wurde jetzt
Kaplangirai zum Chan ernannt, und demſelben mit den gewöhnlichen
Inſignien der Chanſchaft fünftauſend Dueaten durch den Oberſtſtall=
meiſter, den Renegaten Osmanaga überſendet. Die Stelle des Kal=
ghá erhielt Mengli=Chan, die des Nureddin der jüngere Bruder
Makßud [5]); der abgeſetzte Chan ſtarb bald hernach zu Karinabad [6])
an der Peſt [7]), und an Makßudgirai's Stelle, der ebenfalls bald
hernach ſtarb, trat Eſahibgirai als Nureddin [8]). Kaplangirai kriegte
wider den am Kaukaſus zu Piſchtaw (Fünfbergen) angeſiedelten tſcher=
keſſiſchen Stamm Kabarta, deſſen Bege bisher von den Chanen der
Krim angeſtellt, denſelben unterthänig, und wenn von Zeit zu Zeit
rebelliſch, dafür durch die Ablieferung von tſcherkeſſiſchen Sclaven und
Sclavinnen unter dem Nahmen von Aiblik (Schandzins) beſtraft
wurden [9]). Seit einiger Zeit von den Tataren der Krim ſo ſehr ge=
drückt, hatten ſie ihren Hort von Piſchtaw verlaſſen, und ſich in un=
zugänglichem Gebirge von Balchandſchan angeſiedelt. Wiederhohlte
Sendungen an dieſelben, um ſie zur Rückkehr in ihren Hort zu bewe=
gen, und ſelbſt die Erſcheinung des Kalgha Mengligirai mit gewaff=
neter Macht war fruchtlos geblieben, und der Chan zog nun ſelbſt
mit großer Heeresmacht wider dieſelben aus; ſechstauſend Noghaien
aus Beſſarabien, fünfzehnhundert Segbane des Chans, der dem

[1]) Raſchid II. Bl. 57. [2]) Sebeßejar Bl. 208. (H. i. T. u. F). [3]) Sebeß=
ſejar Bl. 209. [4]) Raſchid II. Bl. 52. Ein Schreiben des Großweſirs an den
Chan der Krim wider Dewletgirai, im Inſcha Rami's (kaiſerl. Hofbibliothek
423) Nr. 592 und 593, an Dewletgirai Nr. 606 u. 607. [5]) Sebeßejar Bl. 210.
[6]) Nicht wie es in der Histoire du Royaume de la Chersonèse taurique
p. 393. [7]) Sebeßejar Bl. 210. [8]) Eben da Bl. 211. [9]) Raſchid II. Bl. 61.

Chan zu helfen befehligte Beglerbeg von Kaffa, Murtefa mit seinen
Haustruppen, dreytausend Sipahi [1]), fünftausend Tscherkessen von
Kemürköji, und andere noghaische Stämme: Ischtuakoghli, Juwar=
lak, Katai, Kipdschak und Jedisan, welche zusammen unter dem Titel
Jaman Essadak ein Heer von zwanzigtausend Mann. Im Passe von
Balchandschan griff der Chan nach einigen fruchtlosen Vorschlägen die
Tscherkessen an, ward aber von denselben so gänzlich aufs Haupt ge=
schlagen, daß er die Blüthe seines Adels, darunter den Scherinbeg,
die Bege der Stämme Dschavik, Juruldsche und Manßur, drey und
zwanzig Ulema [2]), und den größten Theil des Heeres verlor. Ob die=
ser Niederlage [3]), und weil er achttausend von dem Aufruhre des Ko=
saken Ignaz wider Czar Peter flüchtigen Kosaken von Kerman zu
Chandepe in der Nähe von Temeruk Wohnsitze angewiesen [4]), wurde
er abgesetzt, und an seine Stelle der zu Adrianopel in Gewahr gehal=
tene Dewletgirai wieder als Chan eingesetzt.

22 Dec. 1707

Ali von Tschorli war ein junger heftiger Mann, von einigen drey=
ßig Jahren, dessen durchgreifende Energie fürchten ließ, daß er in die
Fußstapfen Kara Mustafa's treten möge [5]). Er traf einige Finanzein=
richtungen, welche für seine Thätigkeit und Ordnungsliebe zeugen;
die Rechnungen der Hofküche unterwarf er seiner eigenen Durchsicht
und Fertigung [6]). Bisher war für die sogenannten Defterlü, d. i.
für die von den Kriegsdiensten Befreyten und mit Lehen bedachten
Clienten des Chans der Krim und der Wesire, gar keine Zahl festge=
setzt. Um die dem Schatze und Kriegsdienste so schädliche Unzahl der=
selben zu beschränken, wurden in Zukunft dem Chane der Krim zwan=
zig besoldete Muteferrika, zwanzig besoldete Tschausche; zwanzig Si=
pahi, zwanzig Silihdare, dreyßig belehnte (Besitzer von Timar und
Siamet), den Wesiren die Hälfte dieser Zahl gestattet [7]). Auf die

20. Oct.

Klagen der Moldauer über Bedrückungen ihres Fürsten, Antioch Can=
temir, wurde derselbe abgesetzt, und sein Vorfahr, Michael Rakovi=
za, zum zweyten Mahle Hospodar [8]). Ali ließ Schiffe bauen [9]), Ka=
nonen [10]) und Anker gießen; bisher waren die letzten aus England be=
zogen worden, jetzt wurde unter Leitung des Bombardiers Ali hinter
den Werften des Arsenals, welche auf türkisch die Augen [11]) desselben
heißen, weil es mit denselben in den Hafen hinausschaut, ein Guß=
haus errichtet, in welchem gar bald Anker von siebzig bis achtzig Zent=
nern im Gewichte gegossen wurden. Um die Insel Keikowa, welche
ein Nest der Korsaren, vor denselben zu sichern, wurde ein Schloß
darauf erbaut, und drey Gallionen die Huth der dortigen Gewässer
übertragen [12]). Zur Bewachung des Canals von Kersch und des dort

---

[1]) Raschid II. Bl. 61. [2]) Sebesteiar Bl. 213. [3]) Raschid II. Bl. 61 und
Sebesteiar Bl. 213. [4]) Raschid II. Bl. 53. [5]) Talman's und Quarient's Be=
richt. Biographien Dilaveragasade Omer's. [6]) Raschid II. Bl. 50. [7]) Derselbe
Bl. 57. [8]) Derselbe Bl. 56. [9]) Derselbe Bl. 50. [10]) Derselbe Bl. 53. [11]) Der=
selbe Bl. 62. [12]) Derselbe Bl. 49.

neu erbauten Schlosses (Jenikalaa) wurden fünf Gallionen, vier Fregatten, die Sandschake von Sonia und Trapezunt mit dreytausend
Janitscharen, und wieder dreytausend zur Besatzung von Bender abgeordnet [1]). Vor dem Bagno baute der Großwesir eine Moschee, deren erstes Freytagsgebeth der Sultan mit seiner Gegenwart beehrte [2]); 8. Jul.
eine andere in der Nähe des Fingerthores, mit dazu gehörigem Spei-   1707
sehaus, Kloster, Überlieferungsschule und Bibliothek [3]); der Grundstein der von der Walide zu Skutari zu erbauenden Moschee wurde
in Gegenwart aller Ulema in der vom Hofastronomen als günstigsten
bestimmten Stunde gelegt [4]). Die Wasserleitung des Dorfes Chal-   10. Oct.
kali, welche das Wasser nach dem Serai führt, und seit einiger Zeit   1708
in Verfall gekommen war, wurde vom Großwesir mit den Bau, und
Wasserübergehern besichtiget, und der Anschlag der Wiederherstellung
auf fünfzig Bentel bemessen; davon steuerten der Großwesir und die
Minister fünf und dreyßig, das Übrige der Fiscus bey [5]). Der Palast
des vorigen Großwesirs Bilklü Mustafa wurde für die Tochter des
Sultans, Fatima [6]), der von Siret für S. Mustafa's II. Tochter,
Sultaninn Aische [7]), der des Vorstehers der Fleischer inner des Gartenthores für die Tochter des Sultans, Chadidsche [8]), hergestellt.
Die beyden Töchter Mustafa's, Emine und Aische, wurden, jene
mit dem Großwesir, diese mit Nuuman Köprilisade, dem zweyten   9. April
Sohne des tugendhaften Köprili, verlobt, und das Hochzeitsfest mit
großer Pracht begangen. Das Heirathsgut der Prinzessinn war zwanzigtausend Ducaten, also nur das Fünftel der vorigen Sultaninnen
mitgegebenen Summe, und gar das Zehntel des Heirathsgutes der
unter Mohammed IV. dem Großwesir Melek Ahmed vermählten Tochter Murad's IV. Das Verlobungsgeschenk, welches der Großwesir
der Sultaninn brachte, und welches zur öffentlichen Schau getragen
ward, bestand in einem Kopfreife, einem Halsbande, Armbande,
Ringe, einem Gürtel, Ohr- und Knöchelreife in Diamanten (die
sieben Ringe, welche der Morgenländer als die siebenfache Sphäre
des Weibes anerkennt), einem mit Edelsteinen besetzten Spiegel, mit
Diamanten durchwirkten Schleyer, Pantoffeln und Socken mit Perlen gestickt, Stelzenschuhen fürs Bad aus Gold mit Juwelen besetzt,
zweytausend Ducaten und vierzig Tassen Zuckerwerk [9]). Nachdem die
zwey Sultaninnen-Nichten vermählt, war der Sultan auch auf die
Vermählung seiner vierjährigen Tochter Fatima bedacht. Vergebens
suchte der Großwesir zu hintertreiben, daß ihre Hand der Silihdar-
pascha, der erklärte Günstling des Sultans, erhalte [10]); er erhielt
dieselbe mit einer Mitgift von vierzigtausend Ducaten [11]), und über-

---

[1]) Raschid II. Bl. 68. [2]) Derselbe Bl. 84. [3]) Derselbe Bl. 64, und Ömer's
Biographien. [4]) Raschid II. Bl. 60. [5]) Eben da. [6]) Derselbe Bl. 62. [7]) Der-
selbe Bl. 59. [8]) Derselbe Bl. 63 und 65. [9]) Derselbe Bl. 58. [10]) Derselbe
Bl. 63. [11]) Derselbe Bl. 67.

16.May dieß wurde seinen Krongütern noch die Insel Cypern zugeschlagen ¹).
1709 Das Fest war so glänzender, je größerer Liebhaber der Sultan von
Festen. So hatte er jüngst wieder für die Geburt des Prinzen Mu=
15.Jän. rad, welchen ihm eine Croatinn geboren, dreytägige Beleuchtung an=
1708 geordnet, hingegen keine Festlichkeit für die Geburt zweyer Prin=
18.Jän. zessinnen = Zwillinge, welche ihm drey Tage hernach eine russische
Sclavinn geboren ²). Außer den gewöhnlichen feyerlichen Aufzügen
der beyden Bairame, des Festes der Geburt, des Kleides des Pro=
pheten und des Auszuges der Pilgerkarawane, hatte unter Ahmed III.
zum ersten Mahle im Serai das Frühlingsfest der Tulpenerleuchtung
Statt, wo die Tulpenbeete des sogenannten Buchsbaumgartens ³) im
Serai mit Lampen erleuchtet wurden, so daß der Tulpen Farben=
pracht mit der farbiger Gläser vermischt sich gegenseitig hob und über=
strahlte. Unter solchen Festen vergaß Ahmed der Sorgen der Regie=
rung und theilweiser öffentlicher Unglücksfälle, als Feuer, Ungewit=
ter, Erdbeben, Überschwemmungen und die Pest. So war zu Con=
stantinopel der Markt der Waarenwäger ⁴), die Vorstadt Ejub längs
des Hafens ⁵), dann abermahls ein großer Theil der Stadt bey
Chodschapascha abgebrannt ⁶). Zu Kallipolis war die Pulverstampfe
mit sechshundert Arbeitern ⁷), und gleich darauf die von Constanti=
nopel, aber nur mit acht Arbeitern ⁸), zu Lemnos durch den Blitz
das ganze Pulvermagazin mit großer Beschädigung des Schlosses
aufgeflogen ⁹). Ein Wolkenbruch schwellte das Flüßchen von Kiagad=
chane (den Cydaris) so sehr, daß es ein reißender Strom, das schöne
Thal der süßen Wasser überschwemmte, die zu Kiagadchane aufge=
pflanzten Kanonen fortwälzte, und die Munitionswagen davon
trug ¹⁰); die merkwürdigste Naturerscheinung aber war das Auftau=
chen einer neuen Insel bey Santorin, d. i. der Insel, welche die
griechischen Nahmen der Schöusten, der Friedlichen und der Dämo=
neninsel führt. Dritthalb Monathe lang wuchs sie, und als ihr Wachs=
thum vollendet war, bebte zu Constantinopel die Erde ¹¹).

Syrien, Ägypten und der fernste Punct der afrikanischen Küste
bis Oran beschäftigten den Großwesir, den Sultan und das Volk. In
Syrien führte die Pilgerkarawane Naßuhpascha, bekannt durch seine
Wirksamkeit, Tapferkeit und Festigkeit ¹²). Nachdem er auf der Sta=
tion, die beym Brunnen der Walide heißt, viertausend Araber unter
Koleib, welchem der flüchtige Huseinpascha der letzte Emirol=hadsch
geblutet, angegriffen und geschlagen, lud er den Koleib zu friedferti=

¹) Raschid II. Bl. 68. Ein Auszug der Beschreibung der Hochzeit, welche
in Raschid drey Folioblätter füllt, in der Wiener Zeitschrift vom Jahre 1823
Nr. 42 S. 311. ²) Raschid II. Bl. 57. ³) Derselbe Bl. 52 und 65. ⁴) Dersel=
be Bl. 53. ⁵) Derselbe Bl. 59. ⁶) Am 24. Redscheb 1120 (9. Oct. 1708). Ra=
schid II. Bl. 62. ⁷) Derselbe Bl. 54. ⁸) Derselbe Bl. 54. ⁹) Derselbe Bl. 62.
¹⁰) Derselbe Bl. 68. ¹¹) Des Consuls Condili von Paros Brief in Wagner's
Ottelius red. p. 286. Andréossy sur l'apparition des isles Caimenes I. p. 247.
La Motraye I. p. 388. In Raschid II. Bl. 53. ¹²) Raschid II. Bl. 68.

ger Unterredung in ein zwischen beyden Lagern errichtetes Schattenzelt. Verrätherischer Überfall gesellte den Scheich den Schatten bey [1]. In Ägypten war Ramipascha's, des vorigen Großwesirs, Verwaltung nicht glücklicher, als seine Großwesirschaft. Hungersnoth drückte das Land. Rami veranstaltete öffentliche Gebethe an den wirksamsten Wall= fahrtsorten Kairo's; am Truppenberge [2] und an der Moschee Amru's   1706 Ben Aaß. Der berühmte Stein, welchem die Fußstapfen des Prophe= ten eingedrückt sind, und nach welchem die Moschee am Ufer des Nils, die bey den Fußstapfen des Propheten heißt, ward von den Schei= chen und Emiren in feyerlichem Bittgange herumgetragen, bis der Nil sechzehn Ellen erreicht hatte, und der Damm durchstochen ward, worauf nichts desto weniger Alles im Preise hinaufging. Unter Ra= mi's Statthalterschaft wurde der Scherif Seid, nachdem sein Vater Saad erschlagen worden, abgesetzt; und an seine Stelle Abdulkerim als Scherif eingesetzt [3]. Ihm folgte Alipascha von Smyrna, beyge= nannt Gümrükdschi, d. i. der Mauthner, welcher durch den Großwe= sir Baltadschi von Temeswar nach Constantinopel unter die Kuppel berufen, sein Glück durch Undankbarkeit verscherzte, indem er um die Großwesirsstelle selbst gebuhlt [4]. Ägypten's Statthalterschaft, die so oft die Wiege zukünftiger oder der Sarg gewesener Großwesire, war keines von beyden für Rami, welcher unter Tschorlili's Großwesir= schaft nach Rhodos verwiesen, um ihm Geld auszupressen grausam ge= foltert, unter den Foltern oder aus Folge derselben den Geist auf= gab [5], ohne Hinterlassung anderen Denkmahles als seines Inscha, welches ein Muster von Staatsschriften, und der Lobgedichte, welche die um seinen Gnädentisch versammelten Schöngeister, wie Nabi und Sami, auf ihn verfertiget haben [6]. Gleichzeitig mit ihm starb der   29. allgemein hochgeachtete Leibarzt, Nuh Efendi, ein italienischer Rene=   Sept. gat, welcher sich solche Kenntniß orientalischer Literatur erworben,   1707 daß er als Übersetzer der Geschichte der Religionen Schehristani's ei= nen Nahmen unter den osmanischen Gelehrten hinterlassen hat [7]. Die osmanische Flotte frischte unter Ali's von Tschorli Großwesirschaft im mittelländischen Meere und an den Küsten Italien's die seit langem ermattete Furcht vor osmanischen Raubschiffen wieder auf. Der Ca=   1707 pitän Elhadsch Mohammed landete auf Negroponte, stürmte dort ein Kloster und ein Schloß, zerstörte dieselben, und schleppte dreyhundert Gefangene weg. Nachdem er vor Malta im Angesichte der Insel einen Tag lang vor Anker gelegen, nahm er bey Paros zwey maltesische Schiffe weg, und führte sie nach Constantinopel [8]. Gegen Ende die= ses Jahres lagerte sich die Flotte Algier's belagernd vor Oran, das sowohl durch seinen Hafen, als seine feste Lage den Raubstaaten schon

---

[1] Raschid II. Bl. 68. [2] Gesch. des Sohnes Jusuf's Bl. 201. [3] Eben da Bl. 200. [4] Raschid II. Bl. 49. Gesch. Jusuf's Bl. 101. [5] Talman's Bericht vom März 1708. [6] Raschid II. Bl. 57. und 58. [7] Derselbe Bl. 56. [8] Eben da, und die Wegnahme eines Corsaren von Livorno Bl. 68.

lange ins Auge stach. Zu Ende des folgenden Jahres brachten die
Befehlshaber der drey Admiralschiffe Algier's (der Kapudana, Pa=
trona, Riala), alle drey Renegaten, die letzten beyden Holländer,
die Schlüssel Oran's huldigend dem Sultan dar ¹), welcher so eben
von den Blattern aufgestanden. Um ihn von denselben zu heilen,
waren in des Großwesirs und Mufti Gegenwart außer dem Hof=
arzte Mohammed Efendi (dem Nachfolger Nuh Efendi's) noch die
Ärzte Suleiman und Omer Efendi, der vormahlige Leibarzt und
jetzige Astronom Mohammed Efendi, und der Holländer Gowin, als
Renegate ebenfalls Mohammed Efendi genannt, zur ärztlichen Raths=
versammlung berufen worden ²). Als der Donner von Oran's Bela=
gerung bis nach Marokko wiederhallte, fand es der dortige sogenannte
Kaiser, welchen die Osmanen aber nicht anders, als den Herrscher
von Fes, Mulai Ismail, nennen, für staatsklug, seine Ergebenheit
der Pforte durch eine Gesandtschaft zu bezeigen, welche einen angeb=
lichen Sohn Mohammed's IV., dessen Mutter während ihrer Schwan=
gerschaft nach Marokko verschlagen worden seyn sollte ³), als einen
osmanischen Prinzen mit vieler Ehrfurcht nach der Pforte geleiten
sollte. Als derselbe zu Chios angekommen, wurde der Gesandte aus
Rücksicht für das Gesandtschaftsrecht, welches den Grundsatz aus=
spricht: „Des Gesandten harrt kein Verderben ⁴),“ zurückgesendet, der
angebliche Prinz aber zu Chios in Gewahr gehalten. Mulai Ismail,
hiedurch beleidiget, schrieb noch einmahl in noch minder genehmem
Tone, die Rechtmäßigkeit des Prinzen durch gerichtliche Urkunden be=
hauptend, und der Pforte die Unrechtmäßigkeit ihres Verfahrens vor=
werfend. Dieß beschleunigte die Hinrichtung des angeblichen Prinzen.
Dem Herrscher von Fes wurde geantwortet: „daß der hohe osmani=
„sche Stamm solchen Zumuthungen unzugänglich, indem die Söhne
„des Sultans nicht wie andere Prinzen in der Welt herumliefen“
(wogegen sie die Gitter des Käfigs schützten), „und daß dieß üble Ein=
„bildung und leeres Geschwätz.“ Der Kopf wurde vor das Thor des
Serai gerollt, und der demselben angeheftete Befund ⁵) sagte das
Majestätsverbrechen angeblicher Verwandtschaft mit dem Sultan aus:
„als ob seine Mutter eine von Mohammed IV. schwangere Sclavinn,
„auf der Wallfahrtsreise nach Mekka aufgebracht worden sey.“

Im folgenden Jahre erschien im osmanischen Reiche nach der
Schlacht von Pultawa Carl XII., wie eine Bombe, die nach langem
feurigem Schweife in Kriegsbrand zerplatzte; aber der Großwesir
Ali von Tschorli hatte diese Erscheinung selbst vorbereitet, und die
osmanische Reichsgeschichte erzählet deren Anlaß, welcher den euro=
päischen bisher nicht ganz bekannt geworden. Auf die umständlichen
Berichte, welche der Befehlshaber von Babataghi, Statthalter von

¹) Raschid II. 59. La Motraye I. p. 402. ²) Raschid II. Bl. 59. La Motraye I. p. 402. ³) Raschid II. Bl. 64. La Motraye I. p. 402. ⁴) Bl. 64 zwey=
te S. Z. 15. ⁵) Mitgetheilt in Talman's Berichte vom März 1708.

Oczakow, der Wesir Jusufpascha, über die Begebenheiten des Krie=
ges zwischen Peter, welchen die osmanischen Geschichtschreiber den
weißen Schnurbart, und Carl XII., den sie den Eisenkopf nennen,
über die Eroberung von Thorn und Danzig, von Lemberg und War=
schau, über die Schlacht von Frauenstadt, über den Frieden von Al=
transtadt, und den König Stanislaus Leszynski als König von Poh=
len erstattet hatte, erhielt Jusufpascha die Weisung, von seiner Seite
aus an Carl XII. einen Gesandten zu schicken. Der Statthalter von
Oczakow wählte hiezu einen geradsinnigen rechtlichen *) Mann, Mo=
hammed Efendi von Jerköi, welcher, weil der Weg durch Pohlen
nicht sicher, längs der ungarischen und deutschen Gränze, mit Ver=
heimlichung seines Charakters und Auftrages, nach Thorn kam, und
dort Jusufpascha's den König zu näherer Freundschaft mit der hohen
Pforte einladendes Schreiben übergab. Der König fragte, was denn
die Ursache solcher Freundschaftsbezeigung des Pascha, da er bisher
mit der hohen Pforte in keinem besonderen Verhältnisse. „Mein Pa=
„scha," sagte der Abgesandte, „hat von deiner Tapferkeit gehört, und
„zu dir heimliche Anhänglichkeit gefaßt." — „Was für einen Nahmen
„habe ich denn an der hohen Pforte?" fragte Carl weiter. „Du hast
„dort gar keinen," erwiederte der Abgesandte, „weil dort kein deini=
„ger Gesandter residirt, wie von Seite der übrigen fränkischen Köni=
„ge, nur durch einen Gesandten und durch den Verkehr von Kauf=
„leuten, würde dein Nahme genannt, deine Lage bekannt." Der Kö=
nig fragte, ob der Pascha von Oczakow die Macht habe, freundschaft=
lichen Verkehr zu vermitteln, und die Sicherheit schwedischer Kauf=
fahrer wider die Raubstaaten zu erwirken. Der Abgesandte erwiederte,
sein Herr sey mächtig genug zur Vermittlung der Freundschaft, und
sobald ein Gesandter an der Pforte, werde sich die verlangte Sicher=
heit vor algierischen Schiffen leicht geben. „Nun so stell das eben von
„den Algierern weggenommene schwedische Schiff zurück." Der
Efendi verbürgte es. „Würde mir die Pforte wohl Hülfe gegen Ruß=
land leisten?" fragte der König. „Die zu große Entfernung macht es
„nicht möglich, mit einem Heere beyzustehen." — „Wohlan," sagte
der König, „auch dieß wird möglich seyn, ich gehe nun gerade ge=
„gen Camieniec, von wo aus der Pforte mir mit einem Heere beyzu=
„stehen möglich." Der Abgesandte versprach hiezu das Beste zu thun;
Carl sandte ihn mit schriftlichem Begehren eines Vertrages zurück,
vermög dessen hinfüro schwedische Gesandte an der Pforte wie andere
gehalten, die Kaufleute beyderseits nach erlegter Mauth Handel treiben,
die von den Algierern weggenommenen Schiffe freygegeben, Leszynski
als König von Pohlen anerkannt, und ein osmanisches Heer gestellt
werden solle, um die Russen aus Pohlen zu vertreiben; sowohl Carl
als Stanislaus würden Gesandte an die Pforte senden. Der Statt=

*) Raschid Bl. 70. 3. 5.

7 *

halter von Oczakow berichtete den Erfolg der Sendung ein, und er=
hielt vom Großwesir die Antwort auf die vier begehrten Puncte, daß
es mit der Freundschaft und dem Handelsverkehre keinen Anstand ha=
be, daß aber die Pforte die Sicherheit schwedischer Schiffe vor den
Algierern nicht verbürgen, auch, ohne den Frieden mit Rußland zu
brechen, kein Heer senden könne. Alles, was die Pforte zu thun ver=
möge, sey, dafür zu sorgen, daß der Friede mit Rußland nicht ohne
ihre Zustimmung abgeschlossen werde; wenn dem Könige daran gele=
gen, das gute Einvernehmen zu fördern, möge er ehestens einen Ge=
sandten an die Pforte senden. Der Statthalter von Oczakow schrieb
in diesem Sinne an den König, und es wurden zwischen ihnen mehr=
mahl Briefe gewechselt [1]. Der Großwesir, welcher den Krieg mit
Rußland ohne des Sultans Zustimmung wünschte, nährte indeß durch
den Statthalter von Babataghi im Könige die Hoffnung, daß ihm der
Chan der Krim mit einem Heere zu Hülfe kommen werde; er soll [2]
in diesem Sinne heimlich an den Chan geschrieben, den König da=
von verständiget, und als es der Sultan erfuhr, von demselben hier=
über scharf getadelt, sogleich dem Chan auf das nachdrücklichste befoh=
len haben, in nichts den mit Rußland bestehenden Frieden zu ver=
letzen. Der König, von diesem Verbothe nicht unterrichtet, und laut
des ihm vom Großwesir gegebenen Versprechens auf die Hülfe des
Chans der Krim sicher zählend, wagte mit einem Heere von achtzehn=
tausend Schweden, bey welchem eine fast gleiche Zahl zaporogischer
Kosaken, welche die Türken die von Potkal und Berabasch nennen,
wider die ihm weit überlegene russische Macht die berühmte Schlacht
8. Jul. von Pultawa [3], aus welcher er, am Fuße verwundet, entfloh, mit
1709 ihm die Grafen Piper und Poniatowski, der Kanzler Müllern, die
Secretäre Neugebauer und Klinkowström, Horodenski, Hetman der
Kosaken am Don, und Mazeppa, Hetman der Kosaken Potkal und
Berabasch, d. i. die Bewohner der Insel Potkul und der freyen
streifenden Köpfe.

Carl XII. war auf seiner Flucht nach dem Schlosse der Kosaken
Perewolotschna, am Ufer des Dniepro, gekommen, wo er sich zwey
Tage lang mit verfolgenden Russen und Kalmuken herumschlug. Der
offenste Weg wäre von hier nach der Krim gewesen; aber sich vom
Chan betrogen wähnend [4], zog Carl vor, sich nach Oczakow zu wen=
den, dessen Befehlshaber der vorige General der Zeugschmiede, Ab=
durrahmanpascha. Da die Russen schon früher ihm alle Schiffe und
Plätten verbrannt, wurden so gut als möglich Flöße aus Schilf und
Wagenhölzern gezimmert, auf denen der König nicht ohne Verlust
von vieler Mannschaft, die im Flusse ertrank, übersetzte. Als er an
die sogenannte Russenfurth, anderthalb Stunden oberhalb des Ein=

[1] Raschid II. Bl. 71 l. 3. [2] Raschid II. Bl. 71. [3] Nach La Motraye,
Voltaire, Gordon und Levesque am 8., nach Rühs am 10. Julius, nach an=
dern Quellen am 9. [4] Raschid II. Bl. 72.

flusses des Bog in den Dniepr, gekommen, und eben noch fünfhun=
dert Schweden und drey = bis viertausend Kosaken Potkal und Bera=
basch, die ihn begleitet, übersetzen sollten, erschienen Abends russische
Truppen, mit welchen diese Nacht und am folgenden Tage bis Mit=
tag heftiges Gefecht; von denen, die im Gefechte nicht umkamen, er=
tranken viele im Übersetzen des Flusses. Der König auf der anderen
Seite des Dnieprs im Horte Cantemir's, welcher anderthalb Stun=
den ober Oczakow, angelangt, trennte sich hier von den beyden Hetma=
nen, welche mit zwölftausend Kosaken in dem zur Krim gehörigen
Brüderwalde sich niederließen. Der König verweilte im Horte Cante=
mir's, und wollte eben nach Bender aufbrechen, als ihm der Oberst=
kämmerer des Statthalters von Babataghi, Jusuf, Geschenke brachte,
und zugleich alles Nothwendige und täglichen Unterhalt ¹) reichte.
Der Statthalter von Oczakow, Abdurrahmanpascha, welcher dem Kö=
nige auf dessen Begehren die nöthigen Schiffe zur Überfahrt über den
Bog verweigert, dieselben nicht anders, als um schweres Geld geben
wollte, und durch sein Zögern die Ursache, daß fünfhundert Schwe=
den Angesichts des Königs (am anderen Ufer) in die Hände der Russen
fielen, und der noch obendrein viele schwedische Knaben aufgefangen,
wurde hierüber vom Wesir Jusufpascha nach Bender zur Rechenschaft
vorgefordert, zur Zurückstellung der gefangenen Schweden angehal=
ten, abgesetzt und eingesperrt, aber als der König selbst für ihn bath,
wieder auf freyen Fuß gestellt. ²). Schon vor seiner Abreise von Oeza=
kow hatte der König an den Sultan und Großwesir, an den letzten
auch der Kanzler Müllern geschrieben, um Schutz = und Trutzbündniß
wider Rußland zu verlangen. Der Überbringer dieses Schreibens
war der Secretär Neugebauer ³) aus Danzig, mit zehn Bedienten.
Er ward von zwölf Tschauschen eingehohlt, erhielt Audienz beym
Großwesir, aber nicht beym Sultan, weil er ohne diplomatischem Cha= 7. Sept.
rakter ⁴). Als der König sich schon außer Bender ein Haus gebaut hatte, 1709
erschien ein Aga mit der Antwort des Großwesirs an den König ⁵) und
an den Kanzler Müllern mit reichgeziemirtem Pferde mit juwelenbesetz=
tem Dolche, doch brachte er kein Schreiben des Sultans ⁶). Der Kö=
nig hatte ein Paar Wochen vorher, trotz der Gegenvorstellungen Jusuf=
pascha's, tausend Schweden ⁷) in die Moldau gegen die pohlische Grän=
ze auf Beobachtung gesandt; die Russen, davon verständiget, überfielen
dieselben bey Czernowicz, und machten sie größten Theils gefangen.
Diese Verletzung osmanischen Gebiethes warf Feuer in den Di=
wan, und machte die Pforte so für die Sicherheit ihrer Gränzen, als
die des Königs von Schweden, für den sie sich mit ihrer Ehre verpfän=
det hielt, besorgt. Um die Gränzen und den König zu schützen, wur=

---

¹) Raschid II. Bl. 72. ²) Eben da. ³) Eben da. ⁴) Talman's Bericht. St.
R. ⁵) La Motraye (I. App. p. 22); falsch. ⁶) La Motraye I. p. 417, und das
gebrachte Schreiben im Anhange S. 22. Voltaire. ⁷) La Motraye I. p. 419
sagt 950, Raschid II. Bl. 73 bis 2000.

den nach dreyfacher großer Berathung des Großwesirs, Mufti und
Reis Efendi, die Lehenstruppen von Rumili, der Sandschake von
Janina, Tirhala, Güstendil, Ochri, Ilbessan, und die beyden Wesi=
re, der Statthalter von Anatoli, Abdipascha, und der vorige Statt=
halter Rumili's, Ismailpascha, mit ihren Truppen gegen Bender ent=
bothen [1]. Der König hatte dem Secretär Neugebauer den zur Über=
reichung königlichen Schreibens an den Sultan [2] erforderlichen Cha=
rakter eines Gesandten verliehen, und mit demselben hatte der schon
früher zum ersten Mahle angekommene Poniatowski beym Sultan Ge=
hör. Poniatowski, ein gewandter Unterhändler, verschaffte sich durch
den portugiesischen Juden, den Arzt Fonseca, und durch eine Jüdinn
auch Eingang bis zum Ohr der Walide, welche, wie alle Frauen,
den Tapferen günstig, sich für den Helden des Nordens erklärte, ihn
ihren Löwen nannte, und ihren Sohn fragte, wann er ihrem Löwen
helfen wolle, den Czar aufzufressen [3]. Poniatowski ging mit einem
Geschenke von tausend Ducaten, und mit dem Versprechen zurück,
daß dem Könige sicheres Geleit durch Pohlen werden solle [4]. Als
drey Monathe hernach ein Aga die Antwort des Sultans auf des
Königs Schreiben brachte, um sich zu erkundigen, wie stark der König
das Geleit wünschte, und dieser antwortete, daß es nicht weniger als
dreyßigtausend Sipahi und zwanzigtausend Janitscharen seyn dürf=
ten [5], fand der Diwan die Zahl zu bedenklich, weil dadurch der
Friedensbruch mit Pohlen und Rußland unvermeidlich. Der König,
unzufrieden mit dem Zögern der Pforte, sandte, statt Neugebauer,
den Obersten Funk als Gesandten an die Pforte, und Poniatowski
ging zum zweyten Mahle nach Constantinopel, um die Beschwerden
des Königs und eine Klageschrift wider den Großwesir zu überreichen.
Poniatowski vollzog seinen Auftrag [6], als der Großherr aus einer
Moschee ging.

Durch die Nachricht der Verletzung osmanischen Gebiethes durch
den russischen Einfall in die Moldau war zwar zu Constantinopel des
russischen Bothschafters Tolstoi Lage eine sehr häckelige geworden. Er
hatte kurz nach Neugebauer's Ankunft seine erste Audienz [7] gehabt,
und dabey Geschenke im Werthe von fünf und zwanzigtausend Tha=
lern dargebracht. Durch dieselben begünstigt, setzte er seine Friedens=
erneuerung beharrlich fort, und brachte nun zwey neue Gegenstände,
nähmlich das Begehren, daß dem Könige von Schweden nicht länge=
rer Aufenthalt im osmanischen Reiche gestattet, und daß der aus russi=
schen Diensten flüchtige Kosakenhauptmann Mazeppa ausgeliefert wer=
den möge, zur Sprache. Der Chodscha des Diwans, Huseinpascha=
sade Elhadsch Mohammed, wurde beauftragt, hierüber mit dem Both=

27.Jul. 1709
9.Oct.
3.Febr. 1710
3.Sept. 1709

[1] Raschid II. Bl. 73. Talman's Bericht. [2] Er war am 2. Junius mit zwölf Personen angekommen. Talman's Bericht. [3] Voltaire hist. de Char= les XII. L. V. [4] La Motraye I. p. 408. [5] Eben da. [6] Eben da p. 420. [7] Talman's Bericht. Raschid II. Bl. 72.

schafter in Berathung zusammen zu treten [1]); auch an den Befehlsha=
ber von Babataghi, Jusufpascha, waren russische Abgeordnete mit
gleichem Begehren abgegangen, und Jusufpascha hatte vom Groß=
wesir die Weisung erhalten, den Mazeppa zum Tatarchan zu schicken,
und sich dann zu entschuldigen, daß die Tataren, wie bekannt, Kei=
nen, der sich unter ihren Schutz begeben, auslieferten. Jusufpascha
that aber nicht, wie ihm befohlen, sondern rief die russischen Com=
missäre vor, warf ihnen die Verletzung osmanischen Gebiethes sechs
und dreyßig Stunden innerhalb der Gränze vor, erklärte ihnen,
daß der Fall der Flucht des Schwedenkönigs in keinem Tractate
vorgesehen, und also auch seine Aufnahme nicht tractatenwidrig
seyn könne, daß sie den Mazeppa nur als Schweden und nicht als
Russen kannten, daß, wenn der König und der Hetman das osma=
nische Reich verlassen haben würden, ihnen dann, was sie woll=
ten, zu thun frey stehen würde [2]). Der russische Bothschafter hatte
Anfangs die Verfolgung Carl's XII. bis an den Bog entschul=
digt, den Einfall bis Czernowicz geläugnet; als derselbe aber, mit
gerichtlichen Urkunden belegt, nicht geläugnet werden konnte, gab er
die Begehren der Auslieferung Mazeppa's sowohl, als die Schlüssel
des heiligen Grabes von Jerusalem, welche Rußland von den lateini=
schen Geistlichen für die griechischen begehrte, auf, und die Pforte,
welche die Zurückstellung Assow's, die Schleifung der neu angelegten   Dec.
1709
Schlösser gefordert hatte [3]), begnügte sich damit, daß der Erneuerung
des unter Sultan Mustafa II. geschlossenen letzten Friedens der Arti=
kel beygesetzt ward, daß dem Könige von Schweden, auf welchem We=
ge er wolle, in sein Land zurück zu kehren gestattet werde [4]). Nach die=
ser Erneuerung des russischen Friedens, dessen Beobachtung dem Chan
eingeschärft wurde [5]), gab sultanisches Schreiben dem Könige von
Schweden die Kunde des tractatenmäßig verbürgten Schutzes seiner
Rückkehr, und die Nachricht war mit zehntausend Ducaten Reisegeld,
einem vollkommen ausgestatteten Reitpferde, zwanzig Handpferden;
von Seite des Großwesirs ebenfalls von einem vollkommenen ausge=
statteten Reitpferde und drey Handpferden begleitet. Der Überbringer
war der Kämmerer Musaaga. Der König nahm die zehntausend Du=
caten [6]), wies aber das Geschenk des Wesirs, dem er als Erneuerer
des russischen Friedens grollte, mit den Worten zurück: „ich nehme
„keine Geschenke von meinen Feinden [7].“ Der stolze Großwesir, Ali
von Tschorli, hiedurch gar sehr nicht nur wider den König, sondern
auch wider Jusufpascha aufgebracht, welchem er die abschlägige Ant=
wort des Königs zuschrieb, ergriff die Gelegenheit eines vom Chan

[1]) Raschid II. Bl. 72. [2]) Derselbe Bl. 75. [3]) Derselbe Bl. 76. [4]) Dersel=
be Bl. 75. La Motraye S. 410. Rousset supplément II. p. 11. [5]) Talman's
Bericht über die Conferenz vom 15. October, in der St. R. [6]) In La Mo=
traye (I. 420 und 421). Raschid (II. 76). La Motraye (I. 422.) [7]) La Motraye
p. 421, die Zurückweisung selbst in Raschid II. Bl. 77.

Dewletgirai eingesendeten Schreibens König August's und Se=
niawski's, den Chan dem Jusufpascha im schwedischen Geschäfte bey=
zugesellen. Die beyden Schreiben, welche der Chan selbst heimlich
veranlaßt haben soll [1]), suchten die Vermittlung desselben zwischen
August und Carl XII. an. Der Großwesir bewog also den Sultan,
dem Jusufpascha nicht nur den Chan der Krim, sondern auch den
zweyten Oberststallmeister als Pforten = Commissär beyzugesellen. Als
sie zu Bender vereint waren, luden sie den König in das Serai Ju=
sufpascha's ein; auf wiederhohlte Einladung entschuldigte sich der
König nur mit verstellter Krankheit, endlich verfügten sich alle drey
ins Haus des Königs, und brachten durch kaiserliches Handschreiben
ihre Befugniß, die Aussöhnung August's und Carl's, unter der Be=
dingniß, daß dieser jenen als König von Pohlen anerkenne, zur Spra=
che. Der König sagte, dieß sey gegebenem Worte und schriftlichem
Vertrage zuwider, und blieb fest dabey. So berichteten sie denn an
die Pforte, daß es nicht möglich sey, des Königs auf diese Weise los zu
werden. Die Unzufriedenheit des Sultans mit dem Großwesir,
daß alle von ihm zur Entfernung des Königs von Schweden ergriffe=
nen Maßregeln fruchtlos, brachte den schon lange durch die Feind=
schaft des Silihdars und Kislaraga vorbereiteten Sturz des Großwesirs
zur Reife. Der Silihdar grollte ihm besonders wegen der Bemühun=
gen, seine Eidamschaft zu vereiteln; er und der Kislaraga verziehen
ihm nicht die Abtretung des vorigen Mufti, welchem sie beyde gewo=
gen. So brachten sie es denn dahin, daß ohne Wissen des Großwesirs
der Mufti durch ein Handschreiben des Sultans von seinem Verban=
nungsorte Sinope nach Constantinopel zurückberufen ward. Der Statt=
halter von Negroponte, Nuuman Köprilipascha, war schon früher
mit Wissen des Großwesirs einberufen worden, um seine Hochzeit mit
der Sultaninn Aische, Tochter Sultan Mustafa's, zu vollziehen, so
auch der Sohn des Großwesirs Kara Mustafa zur Vollziehung seiner
Hochzeit mit Saafije, der anderen Tochter Sultan Mustafa's [2]). Als
Nuuman zu Constantinopel, war der Nahme Köprili in Aller Mun=
de, und der Silihdar benützte diesen Augenblick und die Unzufrieden=

15.Jun.
1710 heit des Sultans mit dem Großwesir, an dessen Stelle den Köprili
als den Erben eines durch große Großwesire berühmt gewordenen
Nahmens vorzuschlagen. So wurde ihm das durch den Oberstkämme=
rer dem Alipascha von Tschorli abgeforderte Siegel, dem abgesetzten
Großwesir die Statthalterschaft von Kaffa, mit dem Befehle, sich
schleunigst dahin zu begeben, verliehen [3]).

Nuuman Köprili's Verwaltung entsprach den Erwartungen nicht,
welche demselben von allen Seiten als Retter des Reiches Heil zuge=
rufen. Vor allen jubelten die katholischen Armenier über den Sturz

[1]) Raschid II. Bl. 77 [2]) Raschid II. Bl. 75 und 77. [3]) Derselbe Bl. 78 und
Talman's Bericht.

Ali's von Tschorli, als den ihres Verfolgers, und die schwedische
Partey als den ihres Feindes. Christen und Moslimen, welche sich
vom Sohne des Vaters, des tugendhaften Mustafa Köprili, die Dul=
dung und Tugenden des Vaters versprachen, täuschten sich nicht; aber
eben die gewissenhafte Genauigkeit, womit er von allen Geldern
Rechnung forderte, machte ihm den größten Theil der Staatsdiener zu
Feinden, und ein für den höchsten Mann im Staate zu kleinlicher
Thätigkeitsgeist hemmte die Schlichtung der größten Geschäfte des
Reiches. Er hatte, seitdem er unter Husein Köprili's Großwesirschaft
die drey Roßschweife mit der Hand der Tochter S. Mustafa's erhal=
ten, die Statthalterschaften von Negroponte, Kandia, Erserum,
Bosnien und wieder Canea mit dem Rufe eines gerechten Statthal=
ters bekleidet [1]), aber als Großwesir wollte er wie als Statthalter
Alles selbst thun, alle Bittschriften selbst annehmen, alle Prozesse
selbst entscheiden; so geschah's, daß er nicht im Stande, nur den
zehnten Theil der ihm eingereichten Bittschriften zu erledigen, und
daß alle Räder der Verwaltung stockten, weil die Springfeder die
Rolle derselben übernehmen wollte [2]). Dazu kam, daß er sich mit un=
tüchtigen, und obendrein geldgierigen Freunden und Vertrauten um=
gab, daß er die größten Statthalterschaften mit solchen Männern,
die nur für kleine gewachsen waren, besetzte, so daß sich im Einzel=
nen die Gebrechen seiner Verwaltung im Großen wiederhohlten. Die
einzige Maßregel äußerer Politik seiner zweymonathlichen Großwesir=
schaft war eine verkehrte. Nichts minder als kriegerisch, oder den Kö=
nig von Schweden zu unterstützen, sondern vielmehr den jüngst mit
Rußland erneuerten Frieden zu erhalten gesinnt, hatte er dem Könige
von Schweden durch den Chan, Jusufpascha und den Oberststallmei=
ster ein Schreiben zugesandt, im selben Sinne, wie das letzte sei=
nes Vorfahrs, ihn zur Reise durch Pohlen (deren Sicherheit im
russischen Frieden verbürgt ward) zu bewegen [3]); aber in der phanta=
stischen Hoffnung, die Pohlen einzuschüchtern, und durch das ausge=
streute Gerücht, daß den König ein großes Heer begleiten werde,
dieselben zur Zurückziehung des ihrigen zu bewegen, ward im Di=
wan beschlossen, dieses Gerücht auszustreuen. Es ward neuerdings
nach Pohlen geschrieben, es sey beschlossen, mit einem nicht minderen
Heere, als vormahls Kara Mustafa nach Wien geführt, den König
von Schweden in sein Reich zurück zu begleiten [4]). Diese höchst ge=
fährliche politische Windsuchtelei brachte den Krieg, welchen dieselbe
vermeiden sollte, im Gegentheile herbey, indem die Janitscharen dar=
nach schrien, und als denselben die Stimme des Heeres forderte, war 7. Aug.
auch allgemein fühlbar, daß Köprili nicht der Mann, denselben zu   1710

---

[1]) Biographien der Großwesire von Dilaweragasade Omer und die von
Said. [2]) Dieselben und Raschid II. Bl. 79. [3]) La Motraye I. 422. [4]) Ra=
schid II. Bl. 79.

führen. Der Silihdar Günstling war seit kurzem im Besitze aller Macht des Serai, welche sonst dem Obersthofmeister desselben, dem Kapuaga oder Haupte der weißen Verschnittenen, zustand. Dieser, eifersüchtig auf des Silihdars Nähe um den Sultan und die Gunst des Herrn, hatte bey einer Lustfahrt, wo der Silihdar im selben Wagen mit dem Sultan fahren sollte, ihm verbothen, den Wagen zu besteigen, wenn er nicht lebendig geschunden werden wolle. Der Sultan, aufgebracht über solche Unverschämtheit des Kapuaga, fertigte sogleich ein Hand= schreiben aus, welches den Kapuaga absetzte, seine Stelle aufhob, und die Verrichtungen und Vorrechte derselben an die des Silihdars knüpfte [1]. Im Besitze dieser neuen Ausdehnung seiner Macht hätte er wohl auch die Stelle des Großwesirs leicht für sich erhalten können; aber sey es, daß er für jetzt sich der Last der Großwesirschaft noch nicht gewachsen fühlte, sey es, daß er lieber den Studien, denen er erge= ben, als den Geschäften obliegen wollte, sey es, daß er die Folgen des Krieges fürchtete, er wandte die Großwesirschaft zum zweyten Mahle dem Baltadschi zu, dessen vormahliger Kiaja und jetziger Mauthaufseher Osmanaga ihm die heiligsten Versicherungen gab, daß, wenn er die Großwesirschaft dem Baltadschi zuwenden wollte, er in demselben einen blinden Vollzieher seiner Winke finden solle [2]. So mußte die strenge Rechtlichkeit und kleinliche Thätigkeit Köprili's dem niederträchtigen Ehrgeize und der allaufregenden Ränkesucht des Holz= hauers weichen, und Köprili ging wieder als Statthalter nach Ne= groponte zurück. Dieser fünfte und letzte Köprili Großwesir (also um Einen mehr aus derselben Familie, als die vier Dschenderli Groß= wesire beym Beginne des Reiches) eben so gewissenhaft, fromm und kleinlich, als sein Großvater Mohammed gewissenlos und grausam in der Durchführung seiner großen Plane. Mohammed, als er, ein sieb= zigjähriger Greis, zur Regierung kam, ohne Ahnenschmuck und Thaten= ruf, weit über Aller Erwartung, Nuuman, weit unter derselben, wie= wohl von dem Ruhme der Ahnen und dem guten Rufe seiner Tugen= den umleuchtet; jener, wenn er nie die Großwesirschaft angetreten, dazu nie für fähig gehalten, dieser für immer dazu der tüchtigste ge= glaubt, wenn er nie regiert hätte. Nuuman Köprili's Ruf bewährte sich wie der seines Vaters durch die Tugenden desselben, täuschte aber durch die Abwesenheit der großen politischen Eigenschaften seines Groß= vaters Mohammed und seines Oheims Ahmed. Was diese beyden durch ihre Großthaten an der Menschheit verbrochen, haben Mustafa und sein Sohn Nuuman durch ihre Tugenden wieder ausgesöhnt, so daß politische Größe und menschliche Tugend, Kriegsruhm und Recht= lichkeit, wenn nicht in Einem vereint, doch das Erbtheil der ge= sammten Familie Köprili, der erlauchtesten des osmanischen Reiches.

---

[1] Mouradgea d'Ohsson VII. S. 60. [2] Raschid II. Bl. 80.

Sobald Baltadſchi von Haleb nach Conſtantinopel gelangt, wür= *26.*
den fünftauſend auserleſene Janitſcharen zur Beſatzung von Baba= *Sept.*
taghi befehligt, und der Sultan ſah ſie vor dem Thore von Adriano= *1710*
pel vor ſich abziehen ¹). Der Oberſtkämmerer Mohammed, welcher
ſieben bis acht Monathe zu Bender als Überbringer des letzten Schrei=
bens, geweilt, kam mit einer großen Anzahl von Bittſchriften der
Gränzbewohner zurück, welche alle über die Friedensverletzungen der
Ruſſen klagten, und um Krieg ſchrien. Auf ſeine Einflüſterung wurde
der Chan der Krim, welcher ganz im Sinne Carl's XII., eben ſo
kriegeriſch, nach Conſtantinopel einberufen. Zur Audienz des Sul=
tans feyerlich eingeführt, ſtellte er die Nothwendigkeit des Krieges *9. Nov.*
wider Rußland vor, das, mit allen Raja einverſtanden, ſich Rumi=
li's zu bemächtigen drohe ²). Er wurde mit Zobelpelz über rothen
Sammt ausgeſchlagen, mit Zobelkalpak, mit zwey juwelenbeſetzten
Reigern, gleichem Säbel, Köcher und einem mit Diwansreitzeug und
Schabrake ausgeſtatteten Pferde beſchenkt. Zehn Tage hernach hatte
in dem Köſchk des Soffa in Gegenwart des Sultans große Rathsver= *20. Nov.*
ſammlung der Weſire, Ulema, der Generale der Truppen, der Cho=
dſchagian des Diwans, der Älteſten, der Secretäre und der Solda=
tenkammern Statt, in welchem die Bittſchriften der Gränze abgeleſen
wurden, deren Inhalt hernach der des Manifeſtes ³). Die Klagen be=
trafen den Bau der Schlöſſer von Kamienska in der Entfernung von
zwölf Stunden von Or, von Ssamardſchik am Einfluſſe der Ssa=
mara in den Dniepr, die Anlegung der Feſtung zu Tighän an der
Furth, die Überſchreitung der moldauiſchen Gränze über die Flüſſe
Tamadſchik und Bog, die Beſetzung von Stanileſchti gegenüber von
Jaſſy, die Aufhebung der Schweden am Bog und zu Czernowicz in *17.*
der Moldau, und den jüngſten Einfall der Kalmuken bey Tſchektſche= *März*
ken in die Krim, die Unterjochung der Koſaken Potkal und Berabaſch,
die Verlegung ruſſiſcher Beſatzung nach Camieniec. Hierüber entſchied
der Mufti Paſchmakdſchiſade, welcher gleich nach Ali's von Tſchorli
Sturze ſeine vorige Stelle erhalten hatte ⁴), durch Fetwa, daß der
Krieg geſetzlich nothwendig, und es wurden alſogleich die Befehle
ausgefertigt, daß dreyßigtauſend Janitſcharen, zehntauſend Dſchebe=
dſchi, ſiebentauſend Kanoniere, eingeſchrieben, und außer der ſegel=
fertigen kaiſerlichen Flotte noch keine Schiffe, welche das ſeichte Meer
von Aſſow erfordert, als Gallioten, Fregatinen und Voliken ⁵),
herbeygeſchafft werden ſollen. Auf die Vorſtellung des Chans der
Krim, gegen welchen der ſeit einem Jahre zum Woiwoden der Mol=
dau ernannte Nicolaus Maurocordato (der Sohn Alexander's) es an
ſchuldiger Aufmerkſamkeit hatte ermangeln laſſen, wurde er abgeſetzt,

---

¹) Raſchid II. Bl. 81. ²) Eben da. ³) Im Weſentlichen in La Motraye II.
S. 2, gleichlautend mit Raſchid II. Bl. 82. ⁴) Raſchid II. Bl. 79. ⁵) Bl. 82.

28.Nov. und das Fürstenthum dem Demeter Cantemir verliehen ¹). Der Chan
1710 der Krim kehrte zurück, und der russische Gesandte Tolstoi ward in
die sieben Thürme geworfen ²). Zwey Monathe vorher hatten die
sieben Thürme einen anderen sonderbaren Staatsgefangenen empfan=
gen, nähmlich eine Mumie, was der Reichsgeschichtschreiber mit vol=
lem Rechte unter dem Titel einer „seltsamen Begebenheit" aufführt.
Die Janitscharenwache außer dem Thore von Adrianopel hatte in der
Nacht einen von einigen Franken begleiteten Wagen angehalten, und
darin eine Mumie gefunden. Die Franken sagten aus, diese Mumie
sende der König von Frankreich dem Könige von Schweden, und auf
Befehl des Kaimakams (vor der Ankunft Baltadschi's zu Constantino=
pel) wurde die Mumie versiegelt in die sieben Thürme hinterlegt ³).
Wären die Begleiter des Wagens Russen gewesen, hätte der Kaima=
kam die Mumie vielleicht auch als Götzenbild verbrennen lassen, wie
vor zwey Jahren der Großwesir Ali von Tschorli die Heiligenbilder,
9.Sept. welche russische Kaufleute an Griechen verkauft hatten, als Idole
1708 verbrennen und die Kaufleute einsperren ließ, bis daß sie auf des Ge=
sandten dringendes Begehren wieder losgegeben wurden; weil die
Begleiter der Mumie aber Franzosen, mochte es der Kaimakam bloß
für eine neue Narrheit Ferriol's gehalten haben, welchen die Türken
schon seit seiner Scene bey der Audienz zehn Jahre lang für närrisch
achteten, der aber jetzt wirklich im Dorfe Belgrad bey Constantinopel
wahnsinnig ward ⁴). Carl XII., dem man dieß und zugleich erzählte,
daß eine dort wohnende Holländerinn aus Begeisterung für den Hel=
den des Nordens als schwedischer Officier verkleidet gern die Reise
nach Bender gemacht hätte, sagte: „Dieß Belgrad ist ein seltsamer
„Ort, der Sultan hätte dort bald den Thron verloren" (als er bey
den Wasserleitungen, während die Janitscharen zu Constantinopel tu=
multuirten), „Ferriol hat dort den Verstand verloren, und die hol=
„ländische Dame sich nicht viel Ehre erworben ⁵)." Berühmter als
durch dieses Wort Carl's XII. ward Belgrad zehn Jahre später durch
die geistreichen Briefe Lady Montague's, die dort im Sommer wohnte,
ein angenehmer Sommeraufenthalt vormahls mehrerer europäischer
Gesandten, und noch heute wohlhabender Armenier und Franken,
Sorgenfrey ⁶). Desalleurs, der bisherige Abgesandte bey Rakoczy,
verwandte sich um einen Zufluchtsort für denselben im osmanischen
Reiche ⁷). Ferriol hinterließ außer des Ärgers der Audienzscene noch
den üblen Ruf der heimlichen Aufhebung des armenischen Patriarchen
Avedick. Um denselben von Frankreich zu verlangen, war voriges
Jahr Omeraga nach Frankreich gesendet worden, aber ohne Erfolg
zurückgekehrt ⁸).

---

¹) Raschid II Bl. 83. Engel's Geschichte der Moldau S. 291. ²) Raschid II.
Bl. 83. ³) Derselbe Bl. 80. ⁴) Talman's Bericht vom 7. October 1708. La
Motraye I. S. 410 und 411. ⁵) La Motraye II. p. 12. ⁶) Constantinopolis und
der Bosporos II. S. 251 — 256. ⁷) Talman's Bericht v. J. 1708. ⁸) Talman's
Bericht vom 11. May 1709.

Ferriol's Bemühungen, die Pforte wider den Kaifer zum Kriege
zu hetzen, und zur Unterftützung Rakoczy's zu bewegen, waren alle
fruchtlos abgelaufen, und noch weniger war jetzt, da der ruffifche Krieg
vor der Hand, einige Ausficht für folchen Erfolg. Als im vorigen Jah=
re die Gefandten Rakoczy's, Michael Teleki, Csaki und Johann Pop,
vom Statthalter Temeswar's, Hasanpafcha, ftattlich eingeleitet wor=
den waren, proteftirte der kaiferliche Refident, Talman, wider deren
Erfcheinung, und fie waren gezwungen, ihre Schreiben durch einen
franzöfifchen Obriften einzufenden, unter deffen Bedienten zwey ver=
kleidete Ungarn .[1]). Rakoczy erklärte, er habe fein Äußerftes gethan,
und begehrte, wie Tököli zum König von Oberungarn erklärt zu wer=
den, widrigenfalls er bey Pohlen oder Schweden Hülfe fuchen müffe.
Damahls ftimmte der Großwefir Ali von Tfchorli für die Sache der
Rebellen, der Mufti aber dagegen [2]). Jetzt war dem Großwefir mehr
als je an dem Frieden mit Öfterreich gelegen, er fandte daher einen
feiner Aga, Seifullah, mit einem Gefolge von zwanzig Perfonen und
einem Schreiben an Eugen nach Wien, welches die Erhaltung des
Friedens vorausfetzte und verficherte [3]), und unter der Hand follte
er, da die Hälfte der Zeit des Carlowiczer Friedens verfloffen, An=
wurf zur Erneuerung deffelben thun. Einen Monath vor deffen An=
kunft zu Wien, hatte Eugen durch ein Schreiben an den Großwefir 15.
April
1711
die Vermittelung des kaiferlichen Hofes zur Abwendung des ruffifchen
Krieges angebothen [4]), und Talman erhielt die Weifung, bey der
Pforte weder für, noch gegen den König von Schweden zu fprechen,
fondern einzuftreuen, daß es ein gelinderes Mittel, den König in fei=
ne Staaten zurückzubringen, gäbe, als mittelft eines Heeres durch
Pohlen, indem ihm der Weg durch die kaiferlichen Staaten offen ftän=
de [5]). Da Kaifer Jofeph an den Blattern geftorben, erhielt Talman 17.
April
neue Beglaubigungsfchreiben als Refident, um die Thronbefteigung [6]),
und das nächfte Jahr um die Kaiferkrönung zu melden [7]). Auf die
Bitte des alten Maurocordato und feines Sohnes, des Pfortendol=
metfches, welchem, nachdem er Fürft der Moldau geworden, deffen
Bruder Johann als Pfortendolmetfch folgte, wurde des alten Mau=
rocordato zwölfjähriger Enkel, Gregor Ghika, zu Wien geboren, von
Kaifer Leopold aus der Taufe gehoben, deffen Vater mit Alexander
Maurocordato's Tochter vermählt war, als jüngfter Sprachknabe in
kaiferlichen Dienft genommen [8]). Trotz diefer vortheilhaften, die Ge=
fchäfte des kaiferlichen Minifters begünftigenden Verhältniffe mit der

---

[1]) Talman's Bericht v. 7. May 1709. St. R. nennt den Oberften Comte
Raffagne. [2]) Talman's Bericht. [3]) Rafchid II. Bl. 83. Das Schreiben im
Hausarchiv, das Ceremoniel feines Empfanges bey feiner Audienz in Wien
am 24. März 1711 in der St. R. [4]) Schreiben vom 15. April 1711, in der
St. R. [5]) Weifung an Talman, St. R. [6]) Notificatoriae mortis Jofephi I.
et fuccessionis Caroli VI. ddo. 20. April 1711, in der St. R. [7]) Die Cre=
dentialien in der St. R., die Recredentialien im Hausarchive, die Audienz
in Rafchid II. Bl. 91 und 92. [8]) Talman's Bericht v. 12. Febr. 1708.

Pforte und ihren Dolmetschen fanden die vermittelnden Worte dessel=
ben eben so wenig Eingang, als die der Bothschafter Hollands und
Englands, welche in feyerlichen Audienzen zu diesem Zwecke erhalte=
ne Schreiben der Generalstaaten ¹) und der Königinn von England
übergaben. Ein usbegischer Gesandter hatte gemeldet, daß der Herr=
scher Chuaresm's nach seines Bruders Tode den Thron ausschließlich
besitze ²), was für die Pforte in den gegenwärtigen Umständen von
weit minderem Interesse, als die Gesandtschaft des Fürsten der Kal=
muken, Ajukachan, welcher durch seinen Gesandten, Pehliwan Kuli,
für die gute Aufnahme des letzten, Mohammed Ssalih, dankend, die
Pforte um Unterstützung zur Befreyung der Uschtoken und Karakirghi=
sen von russischer Herrschaft bath ³). Der König von Schweden sandte
neuerdings den General Mayersfeld, um die Pforte zu einem Mani=
feste wider August, den König von Pohlen, zu bewegen, und da er
dieß durchaus nicht erhalten konnte, so erließ er selbst eines von Ben=
der aus ⁴). Carl's XII. erster Freund und Anknüpfer seines Verhält=
nisses mit der Pforte, Jusufpascha, der nun bereits gegen zwanzig
Jahre als Statthalter von Oczakow und Befehlshaber von Babataghi,
die Gränze so erfolgreich vertheidigt, Bender in vollkommenen Ver=
theidigungszustand hergestellt hatte, wurde nun nach erklärtem Kriege
aus persönlicher Feindschaft des Chans der Krim, welcher schon seit
langem eifersüchtig auf dessen schwedische Geschäftsführung, nicht nur
abgesetzt, sondern auch mit Einziehung seiner Güter zu Kilburun ein=
gekerkert ⁵). Gerechter war die Bestrafung des Beglerbegs von Me=
raasch, Ruschwanoghli Chalilpascha, welcher dem Befehle, in den
russischen Krieg zu ziehen, keine Folge geleistet, auf unzugängliche
Gebirge und den Beystand der Kurden seines Stammes Ruschwan
zählend, in offenem Aufruhre aufgestanden. Der Statthalter von
Rakka, der Wesir Jusufpascha der Krumme, bezwang ihn, und
sandte seinen Kopf an die Pforte ein ⁶). Auch der vorige Großwesir,
Kalailikos, der Statthalter von Candia, ward endlich durch die wie=
derhohlten Klagen der christlichen Unterthanen, die er auf alle Weise
bedrückte, unterdrückt. Seine eitle Liebe zu Pracht und Luxus be=
herrschte ihn so unwiderstehlich, daß er die Kirchen ihres Silbers be=
raubte, und aus den Leuchtern und Rauchfässern Zaum und Steig=
bügel verfertigen ließ 7). Er wurde wieder nach Kos verwiesen, und
mit seiner Stelle der Wesir Jusuf, Befehlshaber von Babataghi,
begnadigt. Wichtigere Änderung war an der Pforte die der Stelle des
Kaimakams, welche der Günstling Eidam für den Fall des Auszugs
des Großwesirs auf kurze Zeit übernommen hatte, aber bald der Ge=
schäfte satt, weil er Tag und Nacht mit Studieren beschäftigt ⁸),

Januar
17¹¹

5.Febr.

Junius

---

¹) Die Audienz des holländischen Gesandten am 1. Januar 1711. Tal=
man's Bericht. ²) Raschid II. Bl. 83. ³) Derselbe Bl. 79. ⁴) Nach Talman's
Berichte vom 28. Januar 1721. ⁵) Raschid II. Bl. 82. ⁶) Derselbe Bl. 86.
⁷) Derselbe Bl. 85. ⁸) Derselbe Bl. 84.

derselben um so mehr los zu seyn, wünschte, als der Großwesir nicht
zugeben wollte, daß an der Pforte die Minister zurückblieben, wel=
che, wie herkömmlich, mit dem Großwesir ausziehen, und nur ihre
Stellvertreter zu Constantinopel zurücklassen; darüber wäre es zwi=
schen dem Großwesir und Günstling Eidam bald zu ernstlichen Hän=
deln gekommen, und der Eidam getraute sich nicht um seine Ent=
lassung zu bitten, aus Furcht, den Sultan zu erzürnen. Er wandte
sich daher an den Mufti; dieser versprach ihm seine beste Verwendung
unter der Bedingniß, daß er die Kaimakamstelle seinem Clienten, dem
vormahligen Janitscharenaga, Mohammed Tschelebi, verschaffen
wolle. Die Bedingniß ward eingegangen, der Mufti erhielt vom 1.April
Sultan die Enthebung des Eidams von der Kaimakamschaft, und die= 1711
ser die Ernennung des Clienten des Mufti.

Mit dem ersten Tage des eingehenden Mondjahres wurden die 19.
Roßschweife des Großwesirs unter den gewöhnlichen Feyerlichkeiten Febr.
an der Pforte ausgesteckt zum Zuge ins Feld [1]). Vierzehn Tage dar=
nach hatte die Einweihung der neugebauten Moschee der Walide zu 6.März
Skutari durch das erste Freytagsgebeth in Gegenwart des Großwesirs
Mufti, des Eidams, des Nischandschipascha, der beyden Oberstland=
richter und des Vorstehers der Emire Statt, und Tags darauf begab
sich die Walide, Stifterinn, selbst dahin zwischen zwey Wänden von
Vorhängen, welche vom Landungsplatze bis an die Moschee gezogen
waren [2]). Es hatte der gewöhnliche Aufzug der Zünfte von Constan=
tinopel Statt, und die Janitscharen bezogen die Zelte zu Daudpa=
scha [3]). Zwey Tage hernach zogen die drey Körper der Zeugschmiede, 12.
Kanoniere und Stuckfuhrleute mit dreyhundert Kanonen und zwanzig März
Mörsern ins Lager [4]). Die zur Eroberung von Assow bestimmte Flot= 14.
te lief nach dem schwarzen Meere aus, das kaiserliche Admiralschiff März
mit dreytausend dreyhundert Seesoldaten besetzt, zwey und zwanzig
Galeeren der Fürsten des Meeres, sieben und zwanzig Gallionen, auf
welchen sechzehntausend Seesoldaten eingeschifft, dreyßig Gallioten,
jede mit zweyhundert zwanzig, und sechzig Firkaten, jede mit achtzig
Soldaten bemannt, dann hundert zwanzig kleinere Fahrzeuge für
Untiefen, und hundert Voliken, jede mit sieben Soldaten, in Allem
dreyhundert sechzig Schiffe mit fünf und dreyßigtausend Mann an
Bord, unter dem Befehle des Kapudanpascha Ibrahim [5]). Zugleich 8.April
erhielt das Lager den Befehl von Daudpascha aufzubrechen. Am er=
sten Tage marschirten die Janitscharen, Dschebedschi, Topdschi und
Toparabadschi, am zweyten folgte der Großwesir Serasker, nachdem
ihn der Sultan mit Besuche und mit dem Pelze des Abschiedes be=
ehrt hatte [6]), und die asiatischen Truppen hatten den Befehl erhal=
ten, theils von Tschardak in Asien nach Kallipolis, theils von Sku=

---

[1]) Raschid II. Bl. 83. [2]) Derselbe Bl. 84. [3]) Talman's Relation und Ra=
schid II. Bl. 85. [4]) Derselbe Bl. 84. [5]) Raschid II. Bl. 86. [6]) Eben da Bl. 85.

tari nach Beschiktasch überzusetzen. Die Statthalter selbst mit ihrem
Gefolge, nähmlich die von Karaman, Siwas, Haleb, Diarbekr,
Adana, Kanghri, Angora, Afschehr, Sidischehr, Tekke, Eskischehr
und Bosok, zogen vor dem Sultan vorüber, und wurden mit Pel=
19.May zen bekleidet ¹). Bald darauf wurde ihm Handschreiben mit Ehrensäbel
1711 und dem Wesirsdiplome für den Jänitscharenaga Jusuf nachge=
sandt ²). Die Ordnung des Marsches war folgende: die Sipahi und
Silihdare bildeten den Vortrab, viertausend Kanoniere mit dem Ge=
schütze, sechstausend Zeugschmiede und die Stuckfuhrleute mit den Wa=
gen für die Kranken, Verwundeten und anderen Gebrauch; dann
folgte der Troß der Bäcker, Wasserträger, Marketender, Zeltauf=
schlager, die Janitscharen, die neugeworbenen Segbanen, der Groß=
wesir mit seinen Leibwachen und der Heermusik, die Wesire der Kuppel,
und die anderen an der Spitze ihrer Truppen, die Statthalter mit den
Lehenstruppen machten den Beschluß ³). So war das Heer von Jsak=
dschi nach der Ebene von Kartal übergesetzt, und war in die Moldau
bis gegen Faltschi gekommen, als die Nachricht eintraf, daß der Czar
bey Cecora über den Pruth gegangen, in der Nähe von Faltschi sey,
und Scheremetoff den Übergang zu verwehren Miene mache. Zehn=
tausend Tataren schwammen über den Fluß, vier in der Nacht ge=
schlagene Brücken führten das türkische Heer hinüber, das russische Heer
war dem feindlichen nicht gewachsen, weil die Generale Rhenne und
Jonas mit einem guten Theile desselben in der Moldau und Walachey
zerstreut. Der Czar hatte sich zwischen dem Pruth und einem Mora=
ste verschanzt, wie vormahls Sobieski am Dniester bey Zurawna ⁴).
28.Jul. Die Schlacht, in welcher die Russen den über den Fluß gesetzten Os=
manen begegneten, war verloren, den Rückzug hatte der Chan abge=
schnitten ⁵); es blieb kein Mittel der Rettung wider den Hunger oder
wider die umzingelnde überlegene Heeresmacht übrig; da sammelte
Katharina, Peter's und Rußlands guter Genius, das zerstörte Ge=
müth des Gemahls und Schmuck und Gold, um daraus die Brücke
zur Rettung zu bauen. Scheremetoff schrieb an den Großwesir mit
Friedensanträgen, womit der Kanzler Schaffiroff ⁶) sich ins Lager des
Großwesirs, der um so größeren Einfluß auf den Großwesir hatte,
als er das Werkzeug seiner zweyten Erhebung, empfing die Geschen=
ke, kaum ein Paar hunderttausend Rubeln im Werthe; die Summe,
theilten der Großwesir und Kiaja mit einander. Wohl mochte den er=
sten auch des Kiaja vorwiegende Stimme, persönliche Neigung zum
Frieden, und die Aussicht, dem Reiche den vortheilhaftesten zu ver=
schaffen, zum Zugeständnisse desselben bewogen haben, wie sehr sich

---

¹) Raschid II. Bl. 85. ²) Derselbe Bl. 86. ³) La Motraye I. p. 8. ⁴) Die
trefflichen Originalnachrichten und Betrachtungen über den Schauplatz des
Krieges zwischen Rußland und der Pforte. Berlin 1829. S. 13. ⁵) Raschid II.
Bl. 87. La Motraye II. Gordon. Voltaire hist. de Pierre I. journal de Pierre.
Poniatowski's Bericht in la Motraye. ⁶) Raschid II. Bl. 87.

auch Poniatowski, der bey der Verhandlung gegenwärtig, im Nahmen des Königs von Schweden, und der Tatarchan im Nahmen der
Wohlfahrt des Reiches dagegen erklärten ¹). Vergebens begehrte dieser einen jährlichen Tribut von vierzigtausend Ducaten, vergeblich
der Großwesir die Auslieferung Cantemir's, dessen verrätherischer Abfall, im Augenblicke des Überganges bey Faltschi kund geworden, sogleich die Ernennung seines Vorfahrs Nicolas Maurocordato veranlaßt hatte ²). Der Staatssecretär Omer Efendi brachte die vorläufige
Urkunde mit demüthigendem Eingange zu Papier: Assow soll mit
allem Zubehör zurückgestellt; Kamienska, Csamara, Tighan geschleift, das Geschütz der hohen Pforte übergeben werden; Rußland
verzichtet auf alle Einmischung in die Geschäfte der Kosaken Potkal
und Berabasch; außer den Kaufleuten darf von Seite Rußlands kein
Gesandter zu Constantinopel sich aufhalten; die Gefangenen werden
der hohen Pforte zurückgestellt; der Rückkehr des Königs von Schweden, welcher sich unter die Flügel der Gnade der hohen Pforte begeben, wird kein Hinderniß in Weg gelegt, und wenn der Czar und
König übereinkommen können, mögen sie Frieden machen; die Unterthanen sind gegenseitig nicht zu belästigen; diese Urkunde stellt der
Großwesir kraft seiner Machtvollkommenheit aus, in der Hoffnung,
daß die Huld des glorreichsten, größten, gnädigsten Padischahs unter
vorausgesetzter Beobachtung der obigen Bedingnisse über vorausge-
gangenes unverschämtes Benehmen ein Auge zudrücken wolle. Nach
Unterzeichnung dieser Urkunde wird dem freyen Abzuge des Czars
nichts in den Weg gelegt, für die Vollziehung derselben gibt er als
Geißel seinen geheimen Rath, den Kanzler Freyherrn Peter Schaffi- 22.Jul.
roff, und Petrovich Michael Scheremetoff, welche nach Vollziehung ¹⁷¹¹
des Tractates unverzüglich wieder zurückgehen können ³). Dieß ist der
für Rußland unvortheilhafteste und unrühmlichste, aber hinsichtlich
der Lage, in welcher derselbe zugestanden ward, für die Pforte noch
weit unvortheilhaftere und unrühmlichere Friede vom Pruth.

¹) Raschid II. Bl. 87 S. 12, einstimmig mit Voltaire in der Geschichte
Charles XII. ²) Raschid II. Bl. 87. ³) Derselbe Bl. 87 und 88.

IV. 8

Drey und sechzigstes Buch.

Ob des Friedens am Pruth der Großwesir zweymahl gewechselt. Carl's XII. Empfangnahme. Der Mufti zweymahl gewechselt. Russischer Friede. Carl's XII. Abreise. Empörung in Kairo durch Kaitasbeg. Tod Naßuhpascha's, des Mufti Ebesade, des Wesirs Kalailikos und zehn großer Gelehrten. Eroberung von Korinth, Ägina, Napoli di Romania, Coron, Navarin, Modon. Sing vergebens belagert. Verfügungen in Betreff der Ilema. Verwaltungsmaßregeln. Hinrichtungen, Ahndungen, Fener, Beleuchtung. Tod der Walide. Kurden und Araber gezähmt; englischer Dolmetsch geprügelt, venetianischer gehenkt. Schreiben nach und von Wien. Der deutsche Krieg dreymahl berathen. Gesandter der pohlischen Conföderation. Brancowane und Cantacuzene hingerichtet. Marsch nach Belgrad. Gefecht bey Carlowicz. Schlacht bey Peterwardein. Chalil Großwesir. Der Kiaja hingerichtet. Temeswar's Fall. Bukarest und Jassy überfallen. Begebenheiten von Corfu und Dalmatien. Absetzung des Kapudanpascha und Tatarchans. Kufische Münzen. Silber aus dem Schatze. Schlacht bey Belgrad; desselben und des Großwesirs Fall. Kriegsvorfälle in Bosnien, Dalmatien, zur See. Der Kapudanpascha, Mufti und Großwesir abgesetzt. Friedensanwurf und Rakoczy. Congreß und Friede von Paßarowicz.

Die Nachricht des Friedens am Pruth brachte nicht wie gewöhnlich einer der äußeren Hofwürden, der Oberstkämmerer oder Oberststallmeister, nach Constantinopel, sondern der Kiaja des Großwesirs selbst, Osmanaga, das Werkzeug des Friedens, der zur Belohnung der guten Nachricht drey Roßschweife zu erhalten hoffte. Es war unerhört, daß der Minister des Innern jemahls seinen Posten verlassen, und wie dießmahl geschah, einen Vertreter gestellt [1]. Er betrog sich in seiner Erwartung, denn wiewohl auf die erste Nachricht die Freude der Stadt und des Sultans groß, so waren die Gegner des Groß-

---

[1] Raschid II. Bl. 88.

wesirs nur zu bald beflissen, die Umstände und Weise des geschlossenen Friedens unter das Volk und zum Ohr des Sultans zu bringen.
Der Tatarchan und der König von Schweden vergrößerten in ihren
Berichten des Großwesirs Schuld. Carl, welcher in dem Augenblicke
ins türkische Lager gekommen, als der Czar mit fliegenden Fahnen
und klingendem Spiele abzog, hatte den Großwesir mit den bittersten
Vorwürfen überhäuft. „Konntest du nicht den Czar gefangen nach
„Constantinopel führen?" fragte der König. — „Wer," antwortete
der Großwesir trocken, „würde in seiner Abwesenheit sein Reich regie-
„rèt haben?" Carl wirft sich auf's Soffa, streckt seinen Fuß gegen des
Großwesirs Kleid aus, verwickelt geflissentlich den Sporn darein; zer-
reißt dasselbe aus Unmuth [1]), steht auf, und reitet nach Bender davon. Poniatowski blieb noch einige Zeit, sanftere Mittel der Über-
redung versuchend. Als der Mufti das Gebeth ausrief, stand der
Großwesir auf, und ging, ohne ein Wort zu sagen, die gesetzmäßige
Waschung zu verrichten [2]). Der Großwesir brach nach erhaltenem
Ehrenpelze [3]), Ehrensäbel und Rückkehrsbefehle nach der Ebene von
Kartal, von da nach Adrianopel auf. Seine Ränke und obendrein sein
schonungsloses Maul, hatten ihm schon früher der Feinde viele zugezogen, deren mächtigste der Mufti, der Kislaraga und des Sultans
Eidam, Ali, welcher sich noch unmittelbar vor Auszug ins Feld mit
ihm überworfen, weil, als er Kaimakam, Baltadschi nicht die Pfortenminister zu Constantinopel zurücklassen wollte. Bald kam durch dieselben dem Sultan zu Ohren, daß die Schuld in solchen Umständen so unvortheilhaften Friedens die Nachts ins Lager gekommenen mit Geld beladenen Wagen [4]). Mit dieser Anklage nicht zufrieden, beschuldigten sie noch überdieß sein Verweilen zu Adrianopel
heimlicher Absicht, mit den Janitscharen Aufruhr zu brauen, und sich
aus Furcht vor des Sultans gerechtem Grimm nicht nach Constantinopel zu getrauen [5]). So erhielt denn der Oberstkämmerer Mohammedaga den Auftrag, nach Adrianopel zu gehen, am ersten Tage dem
Großwesir Ehrenpelz anzulegen, am zweyten ihm das Reichssiegel abzufordern; dieses wurde dem bisherigen Janitscharenaga Jusuf, einem Georgier, welcher vom Löffel und Kessel auf als Janitschare gedient, sich durch alle Grade des Stabes bis zu dem des Aga mit drey
Roßschweifen emporgeschwungen, verliehen [6]). Baltadschi, zuerst nach
Lesbos, dann nach Lemnos verwiesen, starb dort im folgenden Jahre
an einer unheilbaren Krankheit, und ward an der Stätte des mystischen Scheichs und Dichters Mißri, dessen unter der Regierung Mohammed's IV. Erwähnung geschehen, bestattet. Oft hatte dieser gesagt, der Mehdi habe ihm offenbaret, daß ihn und den Holzhauer

20.
Nov.
1711

---

[1]) Voltaire hist. de Charles XII. et Pierre. I. [2]) Eben da zu Ende des
V. Buches. [3]) Raschid. [4]) Raschid II. Bl. 88. [5]) Derselbe Bl. 89 und 90.
[6]) Derselbe Bl. 91. Osmansade's und Dilaweragasade's Biographien der
Wesire.

ein und dasselbe Grab vereinen werde ¹). Der neue Großwesir führte das Heer nach Constantinopel zurück, und der Sultan übernahm in der Nähe von Tschekmedsche die heilige Fahne aus seinen Händen ²).

2. Dec. 1711 Hierauf übergab ein Gesandter der Kosaken Potkal und Berabasch, welche durch den Frieden unabhängig erklärt worden, Huldigungs= schreiben seines Volkes ³). Der Krieg wider Rußland wurde neuer= dings erklärt, und Tags darauf wurden der Minister des Innern, Osman, welcher das Hauptwerkzeug des Friedens am Pruth, der Cabinetssecretär, der Reis Efendi Omer, welcher den Tractat aufge= setzt, und der Schreiber der Tschausche, Abdulbaki, welcher auch (ver= muthlich durch Eingeleitung Scheremetoff's und der Geldwagen) dar= an Theil genommen, zu verdientem Lohne dieses Friedens hingerich=

29.Dec. tet ⁴). In der Verlassenschaft Osman's fand sich der Beweis seiner Schuld, der Ring der Czarinn und zweytausend Ducaten von säch= sischem und russischem Gepräge ⁵). Dieser Thatbefund war für den Großwesir Jusuf nicht Abhalt, sondern Reiz zur Annahme russischen Goldes, wodurch der Friede im nächsten Frühjahre wieder zu Stande

16. April 1712 kam ⁶). Kiow und die Ukraine dießseits des Dniesster wurden dem Czar zugesprochen, weder Assow noch Tscherkesk sollen wieder befestigt werden, die Schleifung der Festungen Kamenoi=Zaton und Ust=Sa= mara und der Friede wurde neuerdings auf fünf und zwanzig Jahre bestätigt. Der Chan kehrte nach der Krim zurück, weil die Zögerung des Czars in Erfüllung der Bedingnisse des Friedens die Erneuerung des Krieges befürchten ließ ⁷). Noch vor Ende des Jahres kamen die an die Gränze abgeschickten Commissäre, und ein Mirsa des Chans mit der Nachricht, daß dem Czar mit dem Frieden keineswegs Ernst,

11.Nov. und in einer in der Gegenwart des Sultans gehaltenen Berathung wurde die Nothwendigkeit, den Krieg zu erneuen, erkannt ⁸). Dieses Erkenntniß zog am folgenden Tage die Absetzung des Großwesirs nach sich, welcher, außerdem, daß er an dem Frieden vom Pruth einigen Antheil genommen, denselben vor sieben Monathen erneuert hatte, und die Kriegsrüstungen höchst lau betrieb 9). Seine Stelle erhielt der Abase Suleiman, ein freygelassener Sclave des vorigen Kislaraga Jusuf, durch dessen Schutz er Silihdar, dann Statthalter von Ha= leb, Negroponte, Wesir der Kuppel, Nischandschi, Kaimakam ge= worden ¹⁰), und welchen, so wie dessen beyde Vorfahrer und Nach= folger, immer der Günstling Eidam als Großwesire vorschob, weil er

19.Nov. sich selbst mit der Last der höchsten Würde des Reiches nicht befassen wollte. Sieben Tage hernach ward der Roßschweif, als Zeichen des zu erneuernden Krieges, an der Pforte ausgesteckt ¹¹); der außeror=

---

¹) Osmansade's Biographie. ²) Raschid II. Bl. 90. ³) Eben da. ⁴) Eben da.
⁵) Voltaire hist. de Charles XII. Osmansade's und Dilawerogalade's Biogra=
phien der Großwesire. ⁶) Schoell histoire abrégée des traités de paix XIV.
P. 292. ⁷) Raschid II. Bl. 91. ⁸) Derselbe Bl. 93. 9) Derselbe Bl. 94. ¹⁰) Os=
mansade's und Dilawerogalade's Biographien der Wesire. ¹¹) Raschid II. Bl. 94.

dentliche russische Bothschafter Abraham Lapouchin, der mit reichen Geschenken gekommen, der Graf Tolstoi, die beyden Geißel Schaffiroff und Scheremetoff wurden in die sieben Thürme geworfen [1]), und einen Monath darnach brach der Sultan nach Adrianopel auf. Zu Baba Eski weilte den Marsch ein fürchterlicher Sturm von Regen und Schnee, der angeschwollene Fluß von Haßßa riß die Brücke weg, und verzögerte um ein Paar Tage den Einzug zu Adrianopel [2]).

Schon vor einem halben Jahre hatte der Sultan dem Könige von Schweden geschrieben, und dem Oberststallmeister Mohammedaga, und dem Serasker von Bender Jsmail, den Befehl gegeben, den König mit Herbeyschaffung der nöthigen Reisebedürfnisse und hinlänglichen Reisegeldes durch Pohlen zurückzugeleiten [3]). Der König sagte den Überbringern, er könne nicht reisen, ohne seine Schulden zu zahlen, die er zu machen genöthigt gewesen, seitdem man ihm seinen täglichen Unterhalt von fünfhundert Piastern abgeschnitten, und forderte tausend Beutel. Der Sultan schickte statt tausend zwölfhundert mit freundlichem Schreiben [4]). Nachdem Carl die zwölfhundert Beutel auf sein Versprechen, sich sogleich auf den Weg zu begeben, erhalten, weigerte er sich nichts desto weniger abzureisen, und ließ durch seinen Gesandten Funk zu Adrianopel noch andere tausend Beutel begehren. Als Antwort hierauf wurde Funk eingesperrt, und auf den Bericht, welchen der Chan der Krim, der Serasker von Bender und der Oberststallmeister Mohammed durch den Tschauschbaschi Ahmed an die Pforte erstatteten, hatte in des Sultans Gegenwart Rathsversammlung Statt [5]). Nachdem der Großwesir Suleiman und der Mufti Ebesade, welcher, nachdem Paschmakdschisade zu Anfang vorigen Jahres gestorben, zum zweyten Mahle mit der höchsten Würde des Gesetzes bekleidet worden [6]), die Halsstarrigkeit des Königs, welchem man alle Mittel zur Reise gegeben, vorgetragen, ertheilte der Mufti das Fetwa, vermög dessen der König, wenn er sich ferners weigern sollte, auf was immer für eine Weise [7]) in Empfang genommen und nach Demitoka abgeführt werden sollte. Wie Carl XII., der Eisenkopf, mit dreyhundert Schweden sich wider sechstausend Türken, und zwanzigtausend Tataren mit Gewalt vertheidigte, und nachdem die dreyhundert Schweden übermannt, gefangen worden, mit drey Generalen im verrammelten Haufe sich mit Kanonen beschießen und dasselbe anzünden ließ, wie der König beym letzten Ausfalle mit denselben Spornen, mit denen er dem Großwesir das Kleid zerrissen, sich verwickelnd, fiel, von ein und zwanzig Janitscharen überfallen, unter Allahgeschrey gefangen gemacht, und nach dem Schlosse Demürtasch, d. i. Eisenstein, bey Adrianopel, und von da nach Demitoka abgeführt ward, ist bekannt [8]);

(Marginalien rechts: 1. Febr. 1713 — 12. Febr.)

[1]) In Schoell XIV. p. 294. [2]) Raschid II. Bl. 94. [3]) Das allem Anscheine nach echte Schreiben gibt Voltaire nur mit doppelt falschem Datum. [4]) Das Schreiben in Voltaire vom 2. Schewwal 1114 (1124), d. i. 2. November 1712. [5]) Raschid II. Bl. 94. [6]) Derselbe Bl. 91. [7]) Derselbe Bl. 95. [8]) Hist. de Charles XII. L. VII.

auch erzählt Voltaire, wie der Marquis de Fierville, welchen Frank=
reich hernach an Carl XII. gesandt, durch den Franzosen Villelongue
Mittel gefunden, dem Sultan, als er in die Moschee zog, eine mit
nachgemachter Unterschrift des Königs im Nahmen desselben aufge=
setzte Beschwerde wider die von Rußland bestochenen Minister zu über=
reichen ¹). Ob Villelongue wirklich den Sultan eine Viertelstunde
lang gesprochen, läßt sich bezweifeln; aber selbst durch die osmanische
Reichsgeschichte ist's außer allem Zweifel gesetzt, daß die Behandlung
des Königs von Schweden die Ursache der Absetzung des Statthalters
von Bender, des Tatarchans, des Mufti und des Großwesirs, weil
sich die öffentliche Meinung wider die unglimpfliche Behandlung des
bisherigen Gastes aussprach; denn der Prophet hat gesagt: Ehret
den Gast, und wenn auch ein Ungläubiger. Der Mufti, welcher
beym Eintreffen der Nachricht von der gewaltsamen Empfang=
nahme des Königs in große unziemliche Freude ausbrach, und sich
darauf etwas zu Gute that, daß dieß seines Fetwa Wirkung, wur=
de zuerst abgesetzt, und an seine Stelle der Oberstlandrichter Rumi=
li's, welcher bey der Berathung diese gewaltsame Maßregel miß=
billigt hatte, ernannt ²). Vierzehn Tage hernach wurde der nach
Adrianopel eingeladene Tatarchan Dewletgirai abgesetzt, nach Rho=
dos verwiesen, und der dort bisher in Verbannung gehaltene Ka=
plangirai zum zweyten Mahle auf den Stuhl der Chanschaft gesetzt.
Die Stelle des Kalgha verlieh er seinem Bruder Mengli, und die des
Nureddin seinem anderen Bruder Ssahibgirai ³). Drey Wochen her=
nach wurde der Großwesir Suleiman an die Stelle des Kapudanpa=
scha Ibrahim Chodscha, und dieser an die seinige gesetzt ⁴). Ibrahim,
von Burla gebürtig, ein wackerer Matrose, hatte als Ruderknecht im
Serai in Sultan Ahmed's Gunst so weit Eingang gefunden, daß er
ihn hernach nach Kandia geschickt, den Kalailikof zur Großwesirschaft
berufen. Seitdem hatte er sich zum Kapudanpascha aufgeschwungen,
und hatte jetzt die öffentliche Meinung für sich, daß er die Sache mit
dem Schwedenkönige beendigen werde, weil er sich so oft verlauten
ließ, daß es ein leichtes sey, ihn fortzutauen. Aber sobald der Ma=
trose im Besitze des Steuerruders des Reiches, dachte er an nichts
Minderes, als den Günstling Eidam über Bord zu werfen ⁵). Das
Leichteste und Sicherste schien ihm, denselben bey einem demselben zu
Ehren veranstalteten Feste zu erdolchen. Unglücklicher Weise zog er
den neuen Chan der Krim und den Reis Efendi in sein Vertrauen,
welche den Anschlag verriethen, der Eidam stellte sich krank, und der
Sultan befahl unter Einem die Absetzung und Hinrichtung des Groß=
wesirs, der nicht länger als dreymahl sieben Tage ⁶) das Reich nicht

4. März 1713
29. März
6. April
27. April

¹) Hist. de Charles XII. L. VII. ²) Raschid II. Bl. 95. ³) Sebi sejare
Bl. 214. ⁴) Raschid II. Bl. 95. ⁵) Osmansade's Biographie der Großwesire.
⁶) Im Hausarchive findet sich ein Schreiben dieses kurz regierenden Wesirs an
Eugen.

nach feinen Wünfchen gefteuert. Nun übernahm das Steuer, das
ihn bisher zu läftig gedünkt, das ihm aber nun vielleicht zur Selbft=
erhaltung nöthig fchien, der Güuftling Eidam Kaimakam Ali, vom
Dorfe Selof am See von Nicäa gebürtig. Seine erfte Sorge war
die Wiederherftellung des ruffifchen Friedens, welcher endlich nach
einigen Zufammentretungen mit den ruffifchen Bevollmächtigten, un=
ter Vermittlung des englifchen Bothfchafters Sutton und des hollän= 24.Jun.
difchen, Collier, auf fünf und zwanzig Jahre, nach der Grundlage 1713
des conftantinopolitanifchen Friedens zu Adrianopel, unterzeichnet
ward [1]). Von den eilf Artikeln waren die fechs erften und der eilfte
gleichlautend den fieben des Conftantinopolitaner Friedens. Durch den
fiebenten ward die Gränze zwifchen der Samara und dem Orel fo be=
ftimmt, daß, was an der erften türkifch, am Orel ruffifch. Von den
Quellen diefer Flüffe bis nach dem Don und Affow ift die Gränze die
vormahlige, als Affow noch nicht von Rußland erobert war. Die Ko=
faken und die Kalmuken einer Seits, und anderer Seits die Tataren
der Krim und die Noghaien und Tfcherkeffen, die der Pforte unter=
worfen, follen fich gegenfeitig nicht beunruhigen [2]). Sogleich wurden
fünf Commiffäre zur Berichtigung der Gränzen ernannt [3]). Sie be=
gannen die Abfteckung derfelben am Einfluffe der Samara und des
Orel [4]) in den Dniepr, folgten denfelben bis zu ihrem Urfprunge, Sept.
und bezeichneten von dort die Linie durch Gränzpfähle bis an den 1714
Don [5]). Nach Beendigung derfelben im folgenden Jahre wurden die
Commiffäre zu höheren Ämtern befördert [6]). Der König von Schwe=
den hatte endlich nach eilfmonathlicher Unterhandlung felbft feine Rück=
kehr begehrt. Muftafa, der Kiaja des vormahligen Statthalters von
Oczakow, und der Kämmerer Jufufpafcha [7]) erfchienen mit fechshun=
dert Tfchaufchen zu ehrenvollem Geleite mit goldverbrämtem Schat=
tenzeltc, juwelenbefetztem Säbel und acht arabifchen Hengften, deren
edle Abkunft ihr Stammbaum bezeugte; fechzig Wagen, dreyhundert
Pferde bildeten den Zug, mit welchem endlich nach mehr als zwey=
jähriger langmüthiger Gaftfreundfchaft aus dem Schloffe von Demür=
tafch [8]), d. i. Eifenftein, der nordifche Demürbafch, d. i. Eifen= 1.Oct.
kopf [9]), aufbrach.

Gleichzeitig mit dem Feldzuge an dem Pruth hatte in Ägypten
eine der härtnäckigften und langwierigften Empörungen Statt, deren
die Gefchichten Ägypten's erwähnen. Die Anftifter derfelben waren
vier Hauptleute [10]), welche der Statthalter Hafan (S. Ahmed's Schwa=

---

[1]) Rafchid II. Bl. 95. Rouffet Supp. II. Tom. II. p. 110 und 111, und
in Gordon's Gefchichte. [2]) Schoell T. XIV. p. 297. [3]) Rafchid II Bl. 96 mit
ihren Nahmen und Ämtern. [4]) In Rafchid. [5]) Rafchid II. Bl. 99. [6]) Deffelbe
Bl. 100. [7]) Eben da. [8]) Der venet. Gefchichtfchreiber Ferrari verwohllautet
Demürtafch in Dermades! und läßt Carl XII. von Pultawa nach Affow rei=
ten!! [9]) Voltaire Charles XII. den 1. October, in Rafchid II. Bl. 100 am
10. Ramafan 1126, d. i. 19. Sept. 1714. [10]) Köf Abdullah, Hafan Kiaja,
Naßuh Kiaja, Jsmail Kiaja. Rafchid II. Bl. 97.

ger, und nach deſſen Thronbeſteigung Großweſir) der Ruhe willen verbannt hatte. Dieſe benützten die alte Parteyung der Einwohner Kairo's in die zwey Parteyen, Kaſimli und Sulfikarli, um dem Haupte
jener Partey, dem Scheichol = beled Ejubbeg, das Haupt dieſer
Partey, den Kaitasbeg, entgegenzuſtellen. Der Scheichol=beled hatte
nicht nur den Statthalter Chalil, ſondern auch den mächtigen und reichen Beg von Dſchirdſche, Mohammed, für ſich. Die Sulfikarli plünderten ſeine Güter in Ober=Ägypten, ſie wollten den Kaitasbeg mit
Gewalt zum Scheichol = beled einſetzen, und gewannen von den ſieben
Körperſchaften der Truppen ſechs für ſich, ſo daß es nur die Janitſcharen, und vorzüglich ihr verhaßter Anführer, Ahmed der Franke, mit
der geſetzmäßigen Obrigkeit, dem Statthater und Stadtvogte, hielten.
Es kam zwiſchen den beyden gewaffneten Parteyen zu förmlicher
Schlacht, und gegen die Kanonen des Schloſſes wurden andere auf
der hohen Terraſſe der hohen Moſchee S. Haſan's aufgepflanzt [1]. Aufbeg, die größte Stütze Kaitasbeg's, wurde erſchoſſen. Um die Truppen
des Gegners zu gewinnen, gab Kaitasbeg den ſeinigen des Tags einen
Piaſter Sold; ſo verdünnten ſich die Reihen Ejub's, und als dieſer
immer ſchwächer ward, ſchlug ſich der Beg Ibrahim, welcher ſich bisher
für keine der beyden Parteyen erklärt hatte, ſo lange dieſelben mit gleichen Kräften ſtritten, zu Kaitasbeg. Das Haus Ejubbeg's zu Kairo ging
in Flammen auf, Frenk Ahmed wurde erſchoſſen, die Meuterer ſetzten an
ſeine Stelle den verbannten Hauptmann, den blinden Abdullah mit Gewalt ein, den Statthalter Chalil ſetzten ſie ab, und ernannten zu
ſeinem Stellvertreter den Beg Kanßui. Auf dieſe Nachricht ernannte
die Pforte an deſſen Stelle den vormahligen Kapudanpaſcha Weli [1]);
aber Kaitasbeg und ſein Helfer, Ibrahimbeg, behaupteten ſich in der
gemeinſchaftlichen Verwaltung der Hauptſtadt als Scheichol=beled,
ohne daß die Pforte es zu ändern vermochte. Der Truppenaufruhr
war nun geſtillt; aber unter Weli gohr neuer Tumult. In der Moſchee S. Moejed's am eiſernen Thore, im Faſtenmonde, als die dort
verſammelte Gemeine der Moslimen die Abhandlung Birgeli's las,
ſtieg ein Student auf die Kanzel, und predigte wider die Verehrung
der Heiligen als Götzendienſt. „Wer,“ ſagte er, „hat die verborgene
„Tafel des Schickſals geſehen? ſelbſt unſer Prophet nicht; aller dieſer
„Kram der Heiligengräber ſoll zerſtöret werden; wer die Särge küßt,
„iſt ein Ungläubiger; die Klöſter der Gülſcheni, Mewlewi, Begtaſchi
„ſind zu ſchleifen, die Derwiſche ſollen ſtudieren, ſtatt zu walzen,“
und dergleichen kühne Ketzereyen mehr [3]). Einige Nächte hindurch
predigte er ſo unter ungeheurem Zulaufe des Volkes. Die Streng-
gläubigen aber erwirkten wider ihn von ein Paar Scheichen ein Fetwa, das ſeine Lehre und ihn ſelbſt als ungläubig verdammte. Der

(Marginal note:) 27. März 1711

---

[1]) Kör Abdullah, Haſan Kiaja, Naſſub Kiaja, Jsmail Kiaja. Raſchid II.
Bl. 92. l. Z. [2]) In Raſchid II. Bl. 91 erſt im J. 1124, da dieſelbe noch im
vorigen Jahre Statt hatte. [3]) Geſch. des Sohnes Juſuf's Bl. 239 und 240.

Neuerer las ihnen das Fetwa selbst vor, und glossirte darüber. Nach
ein Paar Tagen war der Prediger verschwunden; jetzt lief die Menge
tumultuarisch nach dem Gerichtshofe des Richters von Kairo, ver=
langte den verschwundenen Prediger, und Genugthuung wider der
Scheiche Verdammungsurtheile, die sie vor Gericht gerufen wissen
wollten ¹). Der Pascha Statthalter wandte sich an die beyden Vögte
der Hauptstadt, Kaitas= und Ibrahimbeg, sie zur Unterdrückung die=
ser neuen Meuterey auffordernd. Die Kriegserfahrensten der Trup=
pen erhielten den Befehl, für Erhaltung der Ordnung zu sorgen; so
wurden die Wege des Aufruhres geebnet, der Student heimlich nach
Syrien geschafft ²). Der durch die Predigt erschütterte Volksglaube
an die Verehrung der Heiligen und ihrer Gräber wurde durch neue
kostbare Ausstattung des Grabmahles Husein's mit Ebenholz und
Perlenmutter, mit vier silbernen, reich vergoldeten Leuchtern wieder
aufgefrischt ³). Außer diesem merkwürdigen Vorfalle, welcher die
Statthalterschaft Weli's auszeichnet, hat dieselben noch zwey Chatt=
scherife aufzuweisen, deren eines das schon in dem letzten deutschen
Kriege gewöhnliche Contingent von dreytausend Mann für den russi=
schen Feldzug forderte ⁴), das andere wieder den Lauf der Gold= und
Silbermünze regelte. Sobald Ali der Eidam Großwesir gewor=
den, war er auf die Herstellung der Ruhe in Ägypten, und zu diesem
Zwecke vorzüglich auf die Wahl eines tüchtigen Statthalters und
Richters bedacht, um durch jenen die meuterischen Truppen, durch die=
sen die Neuerer in Glaubenssachen in Zaum zu halten. Seine Wahl
fiel auf Abdipascha und auf Feisullah Efendi, den Eidam des vorigen
Mufti Feisullah, nicht des hingerichteten, sondern seines Vorfahrs,
des Sohnes des Mufti Ebusaid ⁵). Abdipascha setzte den Chalilpascha,
der noch zu Kairo, in das Haus des Schweißes ⁶), um ihm mit
Angstschweiße des Todes Geld zu erpressen, und seinen Kiaja in die
Gewahr des rothen Hauses (Al= hamra), sein Vorfahr Weli wurde
in dem Köschk Jusuf's ⁷), welches für abgesetzte ägyptische Statthal=
ter der Kerker des ägyptischen Joseph, in Gewahr gehalten, und
dann auf Pfortenbefehl nach Constantinopel gesendet. Den Kaitasbeg,
der das Amt des Defterdars an sich gerissen, setzte er ab, ließ ihn
dann tödten, und beym Fenster des Schlosses herunterwerfen ⁸).
Dieß gab neuen Tumult; abermahl verwandelten die Meuterer, die
seinen Tod rächen wollten, die Moschee S. Hasan's am Platze Rö=
maili in Waffenplatz und Festung. Die Asaben empörten sich. Moham=
med und Osmankiaja waren an der Spitze des Aufruhres ⁹). Der
Rebellenhäuptling, der blinde Abdullah, tödtete zwey Officiere der

17.
Sept.
1714

¹) Gesch. des Sohnes Jusuf's Bl. 240. ²) Dieselbe Bl. 242. ³) Dieselbe
Bl. 244. ⁴) Dieselbe Bl. 443. ⁵) Raschid II. Bl. 99. ⁶) Arafchane. Gesch. des
Sohnes Jusuf's Bl. 252. ⁷) Gesch. des Sohnes Jusuf's Bl. 256 und 265·
⁸) Dieselben Bl. 259 und Raschid II. Bl. 129. ⁹) Gesch. des Sohnes Jusuf's
Bl. 256.

Janitscharen, und warf sich zum Haupte derselben auf ¹). Die Jani=
tscharen rechtfertigten sich über den Mord dieser Officiere, an dem sie
keinen Theil hatten ²); zwey der vorzüglichsten Rebellenhäupter,
Nedschdeli Hasan und Naßuhkiaja, wurden getödtet ³); endlich ließ
der Statthalter die Truppen gegenseitige Versöhnung schwören, be=
ruhigte die Stadt, und regelte wieder die Münze und Sahung.

Aug.
1716   In Syrien spielte der Fürst der Pilgerkarawane, der Sohn Os=
man's, Naßuhpascha, den Herrn, indem er die Sandschake von Je=
rusalem, Dschidda, Äthiopien, Abschelun, Pajas, Tripolis, Ghasa,
Ssafed, Balbek, Dschennin und andere nach Belieben an seine Ver=
wandte und Bekannte verlieh. Da er eben so die von Damaskus,
Beirut und Ssaida mit Gewalt zu verleihen drohte, hatte Jusuf=
pascha Topal, d. i. der Hinkende, den Auftrag, ihn mit den Trup=
pen von Rakka und Haleb zu züchtigen erhalten ⁴). Dieser Naßuh=
pascha hatte frühzeitig in seinem Vaterlande Magnesia (wo er auch
später Moschee und Medrese gebaut) als Einnehmer der Steuern
von Aidin viele Gewaltstreiche geübt, und die wider ihn geschickten
Bostandschi vertrieben; später war er einmahl unter den Fahnen des
Sultans ins Feld gezogen, und weil man eines entschlossenen Säbels
bedurfte, zum Emirol = hadsch ernannt worden; als solcher hatte er
wirklich, wie oben erzählt worden, die Araber der Wüste geschlagen,
und den Scheich Koleib getödtet, war aber seitdem so übermächtig und
übermüthig geworden, daß er außer den obigen Forderungen, auch
den Pascha von zwey Roßschweifen, welchen die Pforte seinerstatt
zum Steuereinnehmer von Aidin ernannt hatte, unter dem Vorwan=
de abzuschließender Rechnungen vorforderte, in Ketten hielt und end=
lich gar tödtete ⁵). Der hinkende Jusuf bediente sich gegen ihn vor=
züglich des Pascha von Rakka, des Sohnes Ruschwan's, welchem
nach seines Vaters, des Rebellen, Hinrichtung die Statthalterschaft
verliehen worden war. Dieser stieß mit fünfzehntausend Kurden des
Stammes Ruschwan zu Jusuf, welcher die Landwehren und Rebellen
durch drohende und verheißende Briefe von Naßuh abwandte. Sechs
Stunden von Damaskus am Chan Terchana wollte Naßuh entflie=
hen, und sich zu Jafa einschiffen, aber vom Pferde stürzend ward er
Januar von den Turkmanen ereilt, übermannt, und sein Kopf an die Pforte
1714   gesandt. Sein Agent an der Pforte, der erste Gehülfe der Minen=
kanzley, wurde nach Famagusta verbannt, dort hingerichtet ⁶); auch
seines Kiaja Kopf, der hernach Beglerbeg von Helle geworden, wurde
später früherer Missethat willen an die Pforte gerollt ⁷). Ein Paar
andere Beyspiele wachsamer Gerechtigkeitspflege vollzog der neue Groß=
wesir an zwey der ersten Beamteten des Staates, am Tschauschbaschi

---

¹) Gesch. des Sohnes Jusuf's Bl. 259. ²) Dieselbe Bl. 260. ³) Dieselbe
Bl. 263. ⁴) Raschid II. Bl. 97. ⁵) Derselbe Bl. 98. ⁶) Derselbe Bl. 106.
⁷) Derselbe Bl. 115.

und am Janitscharenaga; jener wurde, weil er die Erbschaft des rei= chen Romanoßfade von Tatarbafari, dem Eidam deßfelben, der fich hernach empörte, zugefprochen '), diefer wegen Beftechlichfeit abge= fetzt *). Zwey vorige Mufti, Ebefade und Atallah Efendi, wurden, weil fie in ihrer Gefellschaft fich freye Reden gegen den Großwefir erlaubten, nach Trapezunt und Sinope verbannt '). Als fie in den halcyonifchen Tagen der Winterfonnenwende ins fchwarze Meer fegel= ten, überfiel fie vor Karaßu einer der in diefem ungaftlichen Meere fo gefährlichen Stürme, und das Schiff, worauf fich der Mufti Ebe= fade, d. i. der Sohn der Hebamme, befand, ward verfchlungen. *). Auf dem Wege nach Trapezunt ftarb auch der vorige Großwefir Ka= lailikof, welcher von Kandia ob der Klagen der geplünderten Kirche abgefetzt, durch der Sultaninn, feiner Gemahlinn, Einfluß jetzt die Statthalterfchaft von Trapezunt erhalten ⁵). Ein größerer Verluft als feiner für den Staat war für die Wiffenfchaft der des Oberftland= richters von Rumili, Aarif, des Gründers einer Medrefe zu Ejub, welcher über Kandia's Eroberung und über die Feldzüge des Propheten ein treffliches Buch gefchrieben, „deffen Wörterflor," fagt der Reichs= gefchichtfchreiber, „farbiger als Seide ⁶), und deffen Phrafenduft wohl= „riechender als der reinfte Ambra." Aarif ift an der Spitze einer De= curie von Schriftftellern, welche aus den hundert von Gelehrten und Dichtern, deren Tod die Biographien derfelben im letzten Jahrzehend aufführen, ihrer Werke willen hier genannt zu werden verdienen. Die anderen zehn find: Jshak Chodfcha, der Verfaffer mehrerer aftrono= mifcher, philofophifcher und juridifcher Werke, Überfetzer des äußerft fchätzbaren, rhetorifchen Samachfchari, welches den Titel: Prolego= mene der Philologie, führt; der Dichterfürft Nabi, deffen fchon oben erwähnt worden, und deffen vorzüglichfte Werke das fogenannte: Gefchenk der Sprüchwörter, der: Schlüffel der Siebner, eine Abhand= lung über die Pflichten der Wallfahrt, eine Brieffammlung, eine Sammlung von Gedichten und das Buch des Sieges von Camieniec, die drey Ärzte Schifaji, Schaaban und Nuh Efendi: der erfte Über= fetzer von Prophetenlegenden; der zweyte Verfaffer eines medicini= fchen gefchätzten Werkes, deffen Titel das Heilende, und einer Ab= handlung über die Feyer des Geburtsfeftes des Propheten; der dritte der abkürzende Überfetzer der Gefchichte der Religionen von Schehri= ftani; Kara Chalil Efendi, der Verfaffer einer großen Zahl von Commentaren, Gloffen und Abhandlungen; Wahdi Jbrahim, der Abkürzer der Lebensbefchreibungen Jbn Challikan's, in türkifcher Überfetzung; Aaßim, der Fortfetzer des romantifchen Gedichtes Leila und Medfchnun von Kaffade; Seki, der Erläuterer des gereimten

---

') Rafchid II. Bl. 91. ²) Derfelbe Bl. 97. ³) Derfelbe Bl. 100. *) Der= felbe Bl. 101. ⁵) Eben da. ⁶) Derfelbe Bl. 99 und Scheichifade die 1584. Bio= graphie.

perfifchen Gloffariums Schahidi's, endlich Sehini, der Lebensbefchrei=
ber der Scheiche unter dem Titel: Denkwürdigkeiten der Scheiche.
Dieß find die Decurionen der Gelehrten = Centurie, deren Tod in das
letzte Jahrzehend fällt.

Die friedfertige Gefinnung, welche Ali von Nicäa, der Großwe=
fir, beym Antritte feiner Regierung an den Tag legte, und die fich in
der Abfchließung des ruffifchen Friedens ausfprach, war ein Mittel zu
fo ficherer Ausführung kriegerifcher Abficht auf anderer Seite, nähm=
lich gegen Venedig, deffen unthätige Schwäche und bewaffnete Neu=
tralität in den europäifchen nun durch den Utrechter=Frieden beyge=
legten Kriegen nur Lockfpeife zu fo erfolgreicherem Angriffe. Den Vor=
wand zur Kriegserklärung gaben einzelne Plackereyen von Schiffen,
vorzüglich aber an dem Schiffe, welches die Erbfchaft des vorigen
Großwefirs Hasanpafcha der Sultaninn Chadidfche, feiner Gemah=
linn ¹), und ihrem Harem überbringen follte, und ein Aufftand der
feit dem letzten Kriege mit Rußland aufgewiegelten Bewohner von
Montenegro ²). Sonderbar genug gab den Anlaß des kretifchen Krie=
ges ebenfalls der Raub eines dem Harem gehörigen Schiffes, und
Raub von Frauengut war der Zunder zum Brande, in welchem nun
Morea, wie vormahls Kandien, aufging. Ernfter und wefentlicher
war der Vorfall auf Montenegro, zu deffen Beruhigung durch gewaff=
nete Hand der Wefir von Bosnien, Nuuman, der letzte Köprili Groß=
wefir, mit den Pafchen von Scutari und Herfek befehligt worden war.
Nachdem die Rebellen zu Swornik auf's Haupt gefchlagen worden,

13.Oct.
1714 flüchteten fie fich in Höhlen, welche auf venetianifchem Gebiethe in der
Nähe von Cattaro. Nach fiebenftündigem Kampfe wurden fie in diefen
Höhlen theils vernichtet, theils daraus vertrieben; aber der Wladica der
Montenegriner, der Anführer derfelben, welcher vor drey Jahren fünf
und dreyßigtaufend Ducaten aus Rußland gebracht und vertheilt hatte,
flüchtete fich nach Cattaro, wo er trotz des bisher vom General=Befehlsha=
ber dem Köprili abgelegten Verfprechens, keinem Rebellen Zufluchtsort
zu geftatten, aufgenommen, und auf das Begehren der Auslieferung
nicht herausgegeben wurde. Nuuman Köprili ließ das Bekenntniß des
venetianifchen Dolmetfches ³) in gerichtliche Urkunde aufnehmen, wel=
che zu Conftantinopel zur Grundlage der Berathung des Krieges dien=
9. Dec. te. Diefer ward in einem Manifefte von vierzehn Artikeln erklärt ⁴),
deren erfter der Raub des dem Harem Hasanpafcha's gehörigen Schif=
fes, deren letzter der Vorfall von Montenegro, die zwölf anderen ein=
zelne Schiffplackereyen als ein regelmäßiges Syftem friedensbrüchigen,
17.Jän. feindlichen Verfahrens gegen die Pforte dargeftellt. Einen Monath dar=
1715 nach wurden die Roßfchweife im kaiferlichen Serai, in Gegenwart der

---

¹) Rafchid II. Bl. 100. ²) Derfelbe Bl. 99 und 100, und die Kriegserklä=
rung der erfte und letzte Artikel. ³) Rafchid II. Bl. 100. ⁴) Manifeftum contra
Venetos per Afiam primis 10 diebus. Silhidfche 1126 (Dec. 1714).

dazu verſammelten Weſire und Emire, Scheiche und Ulema, ausge=
ſteckt ¹). Zwey Monathe hernach begaben ſich die Roßſchweife von der 7.März
Pforte ins Lager zu Daudpaſcha, wohin zuerſt die Zünfte, hernach 1715,
die Truppen mit dem in ſolcher Gelegenheit gewöhnlichen feyerlichen
Gepränge auszogen ²), worauf der Sultan ſelbſt mit der heiligen 14.May
Fahne, nachdem die Suren des Sieges und der Eroberung gebethet
worden, aus dem Serai zog. Vierzehn Tage darauf übergab der Sul=
tan dem Großweſir Serasker die heilige Fahne, und beyde brachen
mit dem Heere auf ³), deſſen Marſch ſo eingerichtet, daß der Sultan
nur eine Station hinter dem Großweſir Serasker lagerte ⁴). Zu
Adrianopel ſtieg der Sultan zu Burni Pambukli (Baumwollnaſe), 9.April
rechts von der Fontaine des Bogenſchützen, ab, ſah von hier aus am
folgenden Tage die Truppen vorüberziehen, und lagerte dann im Fel=
de von Timurtaſch, von wo an drey auf einander folgenden Tagen
die Janitſcharen, Topdſchi und Toparabadſchi weiter ins Feld marſchir=
ten. In anderen Feldzügen war es Brauch, zu Adrianopel die Zeit,
wo die Pferde mit dem Tage Chiſr (St. Georg), des Hüthers des Le=
bensquelles, welcher die Fluren begrünt und die Bäume belaubt, auf
die Wieſen geführt wurden, abzuwarten, dießmahl aber, da es auf
ſchleunige Belagerung der Feſtungen Morea's abgeſehen, wurde befoh=
len, die Wieſenweide zu Salonik zu halten. Als der Großweſir auszog, 19.
begleitete ihn der Sultan bis zur Wieſe des Dorfes Emirli, deſſen April
Moſchee bey dieſer Gelegenheit erneuert ward ⁵). Der Serasker gab
ſtrengen Befehl aus, daß auf dem Marſche die Saaten der Unter=
thanen vom Heere verſchont werden ſollten ⁶), und da die Wieſen um
Salonik zur Weide der Pferde nicht genügten, wurden den Sipahi
und Silihdaren die Wieſen von Seres zu achttägiger Frühlingsweide
angewieſen ⁷); die Flotte, welche zugleich mit dem Aufbruche des La=
gers von Conſtantinopel geſegelt ⁸), war zugleich mit demſelben nach
Salonik gekommen, wo der Kapudanpaſcha zwey ungeheure Kanonen
von dreycentigem Kaliber zu Tine's Eroberung an Bord nahm. Von
den dreytauſend Mann des ägyptiſchen Kriegscontingentes wurden
ſonſt gewöhnlich die Fußgänger auf der Flotte gelaſſen, die Reiter an's
Land geſchafft; da es dießmahl aber an dem Nöthigen gebrach, die
ägyptiſche Reiterey beritten zu machen, wurden umgekehrt fünfzehnhun=
dert Fußgänger ans Land geſetzt, und die fünfzehnhundert Reiter auf
der Flotte eingetheilt ⁹). Der Sultan ſtach Fal, d. i. er hohlte durch
Aufſtechen eines heiligen oder claſſiſchen Buches die Entſcheidung des
Looſes über den Ausgang des Feldzuges ein. Er nahm den, unter
dem Titel: Der Orient der prophetiſchen Lichter ¹⁰), berühmten Aus=
zug der Überlieferungen, ſtach mit der Nadel hinein, und ſtach höchſt

---

¹) Raſchid II. Bl. 102. ²) Derſelbe Bl. 104. ³) Der Secretär Franceschi
aus den ſieben Thürmen 1715. Im venet. Archive. ⁴) Raſchid II. Bl. 104.
⁵) Eben da. ⁶) Derſelbe Bl. 105. ⁷) Derſelbe Bl. 106. ⁸) Derſelbe Bl. 104
und 107. ⁹) Derſelbe Bl. 108. ¹⁰) Derſelbe Bl. 107.

glücklich die folgende Überlieferung auf: Ihr werdet erobern ein Land, worin das Karat gang und gäbe (Ägypten), behandelt die Einwohner desselben gut, denn sie sind euch unterthan und verwandt.

Am ersten May zog der Sultan in feyerlichem Aufzuge durch Larissa, Tags vorher dießseits der Stadt auf der Wiese Kara Chalil's,

1. May 1715 am folgenden Morgen jenseits im Thale des Grabmahles [1]) lagernd. Zu Thebe hielt der Serasker Kriegsrath, welche Festung Morea's zuerst zu belagern, oder ob die Halbinsel auf einmahl mit dem Heere zu überschwemmen sey. Da keiner eine Meinung hatte, oder vortragen wollte, bestimmte der Serasker den Beglerbeg von Diarbekr, Kara Mustafa, mit vierzigtausend Mann zur Eroberung des Castells von Morea, und fragte über den Erfolg seiner Maßregeln das Loos um Rath, indem er den Diwan des Dolmetsches überirdischer Geheimnisse, des mystischen Hafis, aufschlug, dessen aufgestochene Verse günstig [2]). Günstigere Vorbedeutung bevorstehender Siege war die Nachricht von Tine's Eroberung, welches der Provveditore Balbi, von den Griechen, deren sich zu viele in der Festung befanden, überredet, ohne Vertheidigung übergab [3]). Von dem Geschütze wurden fünf und dreyßig Kanonen auf fünfzehn Schiffe der Flotte vertheilt, von den Bewohnern zweyhundert katholische Familien nach der Barbarey verpflanzt [4]). Die Eroberung, welche so viele berühmte Admirale, wie Kaplan, Kösedsch Ali und Mezzomorto versucht, und selbst Ahmed Köprili zu versuchen nicht gewagt, war das Werk des Kapudanpascha Dschanüm Chodscha, welcher, ein Türke von Coron, im letzten Kriege zu Imbros gefangen, sieben Jahre lang als Galeerensclave angeschmiedet, dann für hundert Ducaten losgekauft [5]), jetzt die Flotte zittern machte, auf welcher er als Sclave gerudert. Zu Thebe wurden die sechs Rotten der regelmäßigen Reiterey gemustert [6]), der von Negroponte herbeygeschaffte Munitionsvorrath vertheilt, der Statthalter von Haleb mit den anatolischen Lehenstruppen zur Weiterschaffung des Belagerungsgeschützes zu Lande befehligt [7]). Der Kämmerer Topal Osman, jetzt zum Haupte der Martolosen [8]) ernannt, wurde mit tausend hundert Piastern belohnt, weil seine Landwehren aus einem Gefechte mit vierhundert Venetianern bey Napoli di Romania drey Gefangene eingebracht; den anatolischen Lehenstruppen, welche bey der beständigen Arbeit des Kanonenziehens in der größten Hitze nach Wasser schmachteten, ordnete der Serasker Wasserträger zu, deren jeder zwey Ducaten erhielt [9]). So wurden die Wege der Stationen von Thebe nach Corinth zu Masi, Meghara

27. Jun. und Mersinlik gereinigt und erweitert [10]). Am zehnten Junius betrat der Serasker auf der Landenge von Corinth das Gebieth von Morea [11]).

---

[1]) Raschid II. Bl. 189. [2]) Derselbe Bl. 110. [3]) Eben da. Ferrari S. 40. [4]) Ferrari. Raschid. [5]) Ferrari S. 27. [6]) Raschid II. Bl. 112. [7]) Derselbe Bl. 111. [8]) Martolosbaschi. [9]) Raschid II. Bl. 112. [10]) Derselbe Bl. 113. [11]) Derselbe Bl. 112.

Der von Negroponte herbeygeschaffte Mundvorrath wurde in der Bay
von Dscherif (Kenchrea) gelandet; die Belagerung dauerte drey Wo=
chen. Schon war der Sturm angeordnet, zwanzigtausend Janitscharen
auf dem linken Flügel, zweytausend Sipahi und fünfhundert freywilli=
ge Dschebedschi auf dem rechten, und der Anführer der Martolosen,
der krumme Osman, mit zweytausend Lewenden (Landwehren) sollte
denselben vollführen, als das Schloß sich gegen freyen Abzug der
Besatzung ergab [1]), zum Schimpfe Benedigs. Ein aus Zufall, oder **3. Jul.**
wie die Türken und Venetianer sich gegenseitig beschuldigten, von den **1715**
einen oder den anderen geflissentlich in die Luft gesprengter Pulver=
vorrath ward Anlaß zum Bruche des Vertrages, allgemeiner Plün=
derung und Niedermetzelung der Griechen und Venetianer ohne Un=
terschied, zum großen Leidwesen des Seraskers [2]). Selbst der Prov=
veditore Minoto wurde als Sclave weggerafft, und erst durch die Ge=
mahlinn des holländischen Consuls zu Smyrna, Frau von Hochepied,
eine Frau von männlichem Geiste und hohem Verstande, losgekauft [3]).
Von Ägina aus sandten die Griechen Bitte, sie von der Tyranney [4]) **7. Jul.**
der Venetianer zu befreyen, und als hierauf auch die venetianische
Besatzung um freyen Abzug bath, wurde ihr derselbe gewährt, und
der Kapudanpascha sandte die Schlüssel des Schlosses ein. Das Heer
theilte sich in zwey Theile zur Belagerung des Schlosses Napoli's auf
dem Berge Palamidi, und zu der der Festung selbst. Türk Ahmed=
pascha und der zweyte Generallieutenant der Janitscharen waren zum
Angriffe von Seite des Thores, der Beglerbeg von Rumili, Skari
Ahmed, sammt dem Janitscharenaga zum Angriffe auf Palamidi be=
fehligt [5]). Die Belagerung dauerte nur acht Tage, weil der Groß= **12. Jul.**
wesir, des ordentlichen Ganges der Laufgräben müde, gleich zu stür=
men vorzog [6]). Er ermunterte die Tapferen durch reiche Geschenke.
Einer, welcher die Fahne des heiligen Marcus vom Bollwerke ge=
riffen, erhielt ein Ehrenzeichen auf dem Turban zu tragen, und einen
Beutel Geldes [7]); ein Sipahi, welcher einen verwundeten Venetia= **14. Jul.**
ner, der eine Fahne geraubt, eingehohlt und aufs Pferd genommen,
wurde mit einer Zulage von zehn Aspern täglich und zweyhundert
Piastern belohnt. Andere, die nächtlicher Weile feindliche Kanonen mit
Stricken aus den Verschanzungen gezogen, erhielten ebenfalls einen
Beutel Geldes. So frisch brannte der Muth in Allen, daß schon am
achten Tage der Belagerung auf Palamidi gestürmt ward, und am
folgenden auch die Festung erlag, weil die Stadt, vom Berge aus
bestrichen, in Staub und Asche verwandelt werden konnte, weil die
Besatzung nur siebzehnhundert Mann stark, weil die Griechen, wie=
wohl mit einem Ducaten des Tages besoldet, doch nicht fechten woll=

[1]) Raschid II. Bl. 114. Das Datum gibt nur Raschid, nicht Ferrari.
[2]) Raschid II. Bl. 114. Ferrari S. 45. [3]) Ferrari S. 45. [4]) Raschid II. Bl. 115,
und damit übereinstimmend Ferrari p. 43. [5]) Raschid II. Bl. 115. [6]) Ferrari
S. 46, [7]) Raschid II. Bl. 116.

ten, weil selbst unter der Besatzung ein Verräther, der Oberste Sal,
der auf die Griechen schoß, und dann vom Volke zerrissen ward [1]).
Die Griechen, welche den Türken die Mauern ersteigen geholfen,
fielen die ersten, das Opfer ihrer Verrätherey [2]); der Erzbischof Car-
lini mit anderen Geistlichen wurde erwürgt, die Stadt geplündert.
So reich war die Beute, daß dieselbe hundert und zwanzigtausend
Plünderern genug [3]), mehrere zehn bis zwanzig Beutel davon trugen; groß war die Beute an Kanonen aus Erz und Eisen, an Pulver und Bley, Kugeln, Bomben und Granaten [4]). Der Sultan,
welcher die Freudenkunde der Eroberung auf der Alpe Despotjaila
vernahm, kam selbst nach Napoli, die Stadt und den Palamidi zu
beschauen. Ein lobendes Handschreiben begleitete die Ehrenkleider,
womit die Officiere ausgezeichnet wurden [5]), aus den Kirchen und
Zellen wurden nun wieder Moscheen und Bethstellen [6]), dem Aga
der Sipahi, Osman, wurde die Huth der neuen Eroberung anvertraut [7]).

Ende Julius erhielt der Kapudanpascha Befehl, mit der Flotte
nach Coron zu segeln [8]) das Belagerungsgeschütz von Napoli wurde
nach Modon eingeschifft [9]). Acht Tage hernach brach der Großwesir
mit dem Heere dahin auf. Das Gebirge der Maina unterwarf sich,
Chielafa und Sernata ergaben sich gutwillig, und „um den Nacken
„der Empörung ward die Kette der Eroberung gebunden [10])!" Als das
Lager an den Mühlen von Begoghli, welche im Mittelpuncte von Coron, Modon und Navarin, vier Stunden von jeder dieser drey Städte
entfernt, traf die Nachricht ein, daß die Feinde Modon und Navarin
zu halten nicht gesonnen, all ihre Habe nach Modon gerettet. Zwey
Beglerbege wurden zur Besitznahme Navarin's und Coron's abgeordnet, und der Serasker wandte sich nach Modon [11]), wo auch die Flotte, welche gleichzeitig mit der Belagerung von Napoli einen unglücklichen Versuch auf Prevesa gemacht hatte, vor Anker [12]). Als die türkische Flotte nahte, zog sich die venetianische zurück [13]), und die Belagerung begann mit dem größten Muthe der Belagerer und der größten Entmuthigung der Belagerten, weil alle Truppen meuterten; im
Castell, im Mandrachio, auf dem Bollwerke S. Antonio, am Thore
S. Marco, war die Empörung los, welche die tapferen Generale Pasta und Jansich nicht zu beschwören vermochten [14]). Pasta unterhandelte um gütige Übergabe, und der Beglerbeg von Rumili, Ahmedpascha,
hatte bereits die Waffenruhe zur Unterhandlung zugesagt, da verwarf
alle Unterhandlung der Großwesir, damit das Heer der Beute nicht
verlustig gehe [15]). Die Truppen, entmuthigt oder empört, verließen

Margin notes:
30.Jul. 1715
17.Jul.
13.Aug.

[1]) Ferrari S. 49. [2]) Derselbe S. 51. [3]) Raschid II. Bl. 117. [4]) Derselbe Bl. 116. [5]) Derselbe Bl. 119 das Handschreiben in voller Länge. [6]) Derselbe Bl. 122. [7]) Eben da. [8]) Derselbe Bl. 119. [9]) Derselbe Bl. 122. [10]) Eben
da. [11]) Eben da. [12]) Derselbe Bl. 118. [13]) Derselbe Bl. 124. [14]) Ferrari S. 59
—61. [15]) Derselbe S. 63 einstimmig mit Raschid II. Bl. 125.

die Wälle; die Türken drangen ohne Sturm in die Stadt ein, Pascha fiel den Lewenden in die Hände, die ihn vor den Kapudanpascha schleppten. Dieser, welchem, als er an die Galeere geschmiedet war, Pascha einige kleine Dienste erwiesen, zeigte sich dankbar, und gab Probe vollen Gefühls großer Erkenntlichkeit für kleine Wohlthat. Er trat nicht nur als Schirmer von Pascha's Leben gegen den Großwesir auf [1]), sondern empfing auch die anderen venetianischen Officiere, welche auf die Flotte geschleppt wurden, menschlich und großmüthig, jedem Kleider, zehn Reichsthaler, dem Pascha noch einen Sclaven gewährend, ihn zu bedienen [2]). Siebenjährige Sclaverey auf der Galeere hatte das Gefühl der Menschlichkeit in ihm nicht erstickt, und durch das schöne Licht seiner Großmuth erscheint in so stärkerem Schlagschatten die unedle Geldspende des Großwesirs, welcher zu Modon dreyßig Reichsthaler für den lebendigen Christen both, um dieselben vor seinem Zelte zu Hunderten enthaupten zu lassen [3]). Auf die Nachricht von Korinth's und Napoli's Fall hatte sich auch das Schloß von Morea dem Beglerbeg von Diarbekr, Kara Mustafa, welcher mit vierzigtausend Mann vom kaiserlichen Lager zur Belagerung abgesandt worden war, ergeben [4]), und auf den Fall von Modon folgte der von Malvasia, Cerigo [5]), von Suda und Spinalunga [6]), dem einzigen Posten venetianischer Macht auf Kreta [7]). Der Sultan hatte die Nachricht der Eroberung von Morea's Castell, von Navarin und Modon zu Seres erhalten, als schon die Roßschweife nach Adrianopel vorausgegangen waren; dieselben wurden zurückberufen, um durch dreytägiges Freudenfest die Eroberung zu feyern und die Glückwünsche anzunehmen [8]). Hierauf wurden die Roßschweife auf der Wiese von Tubna aufgesteckt, und der Sultan ging nach Adrianopel zurück [9]). Der Großwesir traf seinerseits die nöthigen Anstalten zur Verwaltung Morea's. Acht Commissären wurde die Beschreibung Morea's, das damahls zweytausend Ortschaften enthielt [10]), zwey anderen die Beschreibung der zwey und sechzig Dörfer der Insel Tine aufgetragen [11]). Die Rollen der Sipahi und Silihdare wurden gemustert [12]). Der Großwesir hielt strenge Mannszucht. Sipahi, Lehensträger von Mentesche und Chudawendkiar, welche trotz der schärfsten Befehle die Unterthanen gepreßt hatten, waren noch vor der Belagerung Modon's hingerichtet worden [13]); jetzt wurde die Hinrichtung von Moslimen Renegaten, d. i. von Türken, welche während der venetianischen Herrschaft das Christenthum angenommen, und noch den weißen Turban zu tragen fortfuhren, zu Misitra befohlen [14]). Nachdem in den neu eroberten Festungen Befehlshaber ernannt worden, empfing der Großwesir zu Napoli den Silihdar des Sultans, der mit Ehrensäbel, Ehrenpelzen

17.Aug.
1715

2.Aug.

27.Aug.

[1]) Ferrari S. 65. [2]) Derselbe S. 66. [3]) Derselbe S. 52. [4]) Raschid II. Bl. 124. [5]) Derselbe Bl. 125. [6]) Derselbe Bl. 131. [7]) Eben da und Ferrari S. 68. [8]) Raschid II. Bl. 125. [9]) Eben da. [10]) Derselbe Bl. 126. [11]) Derselbe Bl. 127. [12]) Derselbe Bl. 125. [13]) Derselbe Bl. 123. [14]) Derselbe Bl. 127.

und belobendem Handschreiben kam, für den Großwesir und alle Offi=
ciere des Stabes [1]. Hingegen ging dem bosnischen Statthalter, dem
Wesir Mustafapascha, verweisender Ferman zu, indem von Seite
Albaniens und Dalmatiens den osmanischen Waffen nicht gleicher Er=
folg geworden. Der Provveditore Angelo Emmo hatte, um das Ge=
bieth von Sing und Knin zu erweitern, sich der Plätze Zazuina,
Plauno und Stanizza bemächtigt. Der Wesir mit den Beglerbegen
von Perserin, Swornik, Klis, Hersek, mit den zugetheilten Trup=
pen des Beglerbegs von Meraasch und fünftausend vom Nureddin be=
fehligten Tataren [2] durchstreifte das Land von Cettina aus gegen
das Meer, die Dörfer entvölkernd [3]. Alle Einwohner der Insel
Ottock, dreyhundert sechzig an der Zahl, bluteten unter türkischem
Säbel; der Wesir unternahm die Belagerung von Sing, der ungari=
sche Franziscaner Stephan befeuerte den Muth der Belagerten im
Geiste des großen Capistran, und der Serasker mußte abziehen. Hin=
gegen waren die Venetianer bey S. Maura abgezogen, nachdem sie
3. Dec. die Festungswerke gesprengt [4]. Zwey Tage hernach brach der Groß=
1715 wesir mit dem Lager von Napoli auf, und verließ Morea nach hun=
dert und einem Tage, während deren er die ganze Insel erobert [5].
Jetzt erlaubte er den Feldflüchtigen, welche während des Feldzuges zu
Kallipolis und Skutari angehalten worden waren, in ihre Heimath
zurückzukehren [6]. Die Einwohner Morea's, die sich geflüchtet, wur=
den in ihre Wohnsitze zurückberufen [7]. Da der Winter schon weit
vorgerückt, wurde die heilige Fahne nicht mehr wie bisher dem Heere
vorgetragen, sondern, um dieselbe dem Unbill der Witterung nicht
Preis zu geben, in Bündeln von Atlas und Goldstoff eingewickelt in
die edle Truhe gelegt und gefahren [8]. Zu Larissa verweilte der Groß=
wesir nur Einen Tag zur Bezahlung der Truppen [9], hielt sich weder
zu Salonik, noch zu Seres auf, sondern eilte über Demitoka und
Jundtschairi nach Adrianopel, wo er als Sieger und Eroberer Mo=
rea's einzog [10].

Der Eroberer der Morea war nicht nur Krieger, sondern auch
Staatsmann, und seine Einrichtung bezeugen, wie seine Siege, daß
er des höchsten Postens im Reiche, in dessen Bereich die vollstreckende
Macht des Krieges und Friedens liegt, nicht unwürdig. Seit der
Mitte der Regierung S. Mohammed's war das Pagenstift zu Galata
als solches aufgehoben, und die Einkünfte desselben zu Muderris=
stellen verwendet worden, welche den Titel Professoren Ibrahim=
pascha's der ersten und zweyten Classe führten. Ali hatte kaum die
Großwesirschaft angetreten, als er dieses Institut auf seine erste Ein=

[1] Raschid II. Bl. 128 das Handschreiben in voller Länge. [2] Derselbe
Bl. 131. [3] Ferrari S. 73. [4] Raschid II. Bl. 133. Ferrari S. 79. [5] Raschid II.
Bl. 130. [6] Derselbe Bl. 131. [7] Derselbe Bl. 133. [8] Eben da. [9] Derselbe
Bl. 134. [10] Derselbe Bl. 135 und der Siegesbericht über Morea's Eroberung,
als Anhang zu Rabi's Inscha Nr. 110.

richtung zurückführte, und außer einem Oberſthofmeiſter deſſelben, Lehrer, Prediger und Meiſter anſtellte zum Unterrichte der Pagen, welche gebildet, genährt, hier für die Dienſte des Serai und Staates erzogen wurden [1]); er ließ der Ordnung der Kette der Beförderung der Ulema freyen Lauf [2]), und als der Mufti auf dringendes Bitten des Kaimakams den eilfjährigen Sohn des letzten wider alle Ordnung zu einer inneren Profeſſorſtelle beförderte, wurde ſie demſelben weg= genommen, und die Unregelmäßigkeit dem Mufti verwiesen [3]), der Kaimakam ſelbſt bald darauf abgeſetzt, als Statthalter nach Kaffa ge= ſandt und dort hingerichtet [4]). Hiedurch kam die geſetzmäßige Stufen= folge, durch welche Allen der Weg zu den höchſten Würden des Ge= ſetzes offen ſtcht, wieder in erwünſchte Ordnung, und ſie wünſchten nichts weiter; als daher der Großweſir in einer von ihm gehaltenen Zuſammenkunft, in der es ſich um die Verleihung der hohen Staats= ämter, Säulen der Regierung, als Reis Efendi, Defterdar, Ni= ſchandſchi, handelte, ſeinem nächſten Vertrauten, dem Reichsgeſchicht= ſchreiber Raſchid, welcher mit einer Muderrisſtelle bekleidet war, die Stelle des Niſchandſchi zuwenden wollte, verbath ſich's dieſer, die Stufenfolge gewöhnlicher Beförderung der Ulema vorziehend. Die gegenwärtigen Staatsſecretäre ſchwiegen voll Erſtaunen, der Groß= weſir ſchwieg Anfangs auch, über die abſchlägige Antwort böſe, bald aber mit ſeiner gewohnten Menſchenfreundlichkeit einlenkend, ſagte er, um den Reichsgeſchichtſchreiber zu beruhigen: „Ich kenne das, „ihr Ulema ſeyd auf die Stellen euerer Vordermänner verſeſſen, wie „der Aga im Serai; jeder Page hat die Silihdarſtelle im Auge, und „ſollte er auch vom Tſchokadar als Großweſir austreten, würde er „doch ſein lebenlang bedauern, nicht Silihdar geworden zu ſeyn; ſo „ſchwebt auch euch von dem Tage an, wo ihr als Muderris eingetre= „ten, ſtets eine höhere Stufe vor, um die ihr euch oft fünfzehn und „zwanzig Jahre lang vergebens abmühet; meinetwegen, du weißt, „was du zu thun [5])." Er trug dem Reichsgeſchichtſchreiber deſſen ab= ſchlägige Antwort ſo wenig nach, daß dieſer im Gegentheile bald her= nach durch ein kaiſerliches Handſchreiben außer der Ordnung, wie es ſcheint, zu einer höheren Muderrisſtelle befördert ward [6]). Der Leib= arzt (welcher immer einer der Ulema), Mohammed von Jenibagdſche, welcher, zu ſehr auf des Großweſirs Gunſt pochend, ſich Reden über politiſche Gegenſtände, die nicht in ſeine Sphäre gehörten, erlaubte, wurde abgeſetzt, und ſeiner Statt Omer Efendi von Smyrna zum Reis der Ärzte ernannt [7]). Der Mufti Mahmud Efendi, welcher die Verbannung ſeiner beyden Vorfahrer, deren einer auf dem Wege nach Sinope ertrunken, veranlaßt, wurde, weil die öffentliche Stimme ſich wider ihn bey der Nachricht, daß einer der beyden Verbannten er=

Januar 1715

---

[1]) Raſchid II. Bl. 102. [2]) Derſelbe Bl. 137. [3]) Eben da. [4]) Eben da.
[5]) Derſelbe Bl. 134. [6]) Derſelbe Bl. 139 [7]) Derſelbe Bl. 102.

trunken, zu laut aussprach [1]), abgesetzt, und seiner Statt Mirsa Mu=
stafa Efendi ernannt, der schon dreymahl die Stelle des obersten Land=
richters verwaltet hatte. Unter diesem wurde durch ein Chatt=scherif
dem Unfuge gesteuert, welcher mit dem Verkaufe und der Zahl der
Mulasimstellen, d. i. mit der Anwartschaft auf Rectorschaften, einge=
riffen. Der Verkauf derselben wurde verbothen, und die Zahl be=
schränkt, so daß hinfüro der Mufti nur sechzehn, der Oberstlandrich=
ter Rumili's acht, der Anatoli's und der Vorsteher der Emire sechs,
die Richter von Mekka und Jerusalem fünf; der Leibarzt und Hof=
Imam vier, zu vergeben hatten, daß jedem Muderris bey jedesmah=
liger Beförderung von einer niederen Stufe bis zu einer höheren [2]),
d. i. bis zum Übertritte in eine der höheren Richter= oder Mollastellen
unter dem Titel von Wiederhohler ein solcher Mulasim (Anwartling)
gestattet seyn solle. Der Mufti Mirsasade Mustafa verlor bald hernach
seine Stelle aus folgendem Anlasse. Dem Sultan war eine gereimte
Klageschrift auf die beyden Oberstlandrichter Damadsade und Hamid=
sade in die Hände gespielt worden, welche ihn so sehr wider dieselben
aufbrachte, daß er sie absetzte, an ihre Stelle die beyden nicht nur in
den Gesetzwissenschaften gelehrten, sondern auch als Schriftsteller ge=
ehrten Männer, den Uschakisade Esseid Abdullah, Verfasser der
Biographien der Ulema als Fortsetzer Attaji's, und den Abdurrahim,
gleichnahmig mit dem Verfasser der großen, unlängst zu Constanti=
nopel gedruckten Fetwasammlung, zu Oberstlandrichtern berief [3]).
Wiewohl der Sultan die beyden Oberstlandrichter abgesetzt, so wurde
dem Kaimakam von Constantinopel aufgetragen, dem Urhebern der
Satyre nachzuspüren, und auf den Bericht, daß dieses Umtriebe eini=
ger aus dem Gefolge des Mufti, wurde derselbe abgesetzt, seine Stelle
dem Gelehrten Abdurrahim verliehen [4]). Als die Verfasser wurden
drey Richter genannt, deren zwey sich sogleich unsichtbar machten, der
dritte, Dschesbi Ibrahim, vor den Sultan, als er auf der Alpe am
Rhodope weilte, gebracht ward. Dieser bekannte sich als Verfasser
der gereimten Satyre, gab aber die zwey anderen als Anstifter an;
diese, aufgefunden und vorgefordert, läugneten. Da lud der Kaima=
kam des kaiserlichen Steigbügels den Mufti, die Oberstlandrichter
und andere gegenwärtige Ulema zu sich, um zu berathen, ob nicht
kraft des Spruches: Die Ehre des Gläubigen ist wie sein Blut, hier
nach dem Wiedervergeltungsrechte das Blut der Schuldigen zu ver=
gießen, und in diesem Sinne ein Fetwa zu erlassen sey. Schon wa=
ren mehrere dieser Ansicht beygetreten, als der Oberstlandrichter Ru=
mili's, Ismail, ohne Scheu des Kaimakams und Mufti das Wort
nahm, und erklärte, daß wider die Beyden, welche die Theilnahme
läugneten, da kein Beweis vorhanden, gesetzmäßig nichts zu verfü=

15.Jun.
1715

gen, daß aber auch für das Todesurtheil des sich als Verfasser beken=
nenden Dschesbi kein gesetzlicher Grund vorhanden sey. „Wenn der
„Padischah,“ sagte er, „ihn aus Machtvollkommenheit hätte wollen
„hinrichten lassen, würde er uns um unsere Meinung nicht gefragt
„haben, warum sollen wir, da er uns befragt, was wahr und recht,
„verhehlen; das ist, was ich weiß, ihr wißt es aber besser.“ Auf des
wackeren Oberstlandrichters Wort wurde der Vortrag an den Sultan
bloß auf Absetzung und Verbannung der Schuldigen erstattet und
vollzogen ¹).

Unter der Regierung Mustafa's II. waren die jährlichen Ärarial=
pachtungen (Mukataat) in lebenslängliche (Malikane) verwandelt wor=
den, und daraus großer Unfug zum Nachtheile der Finanzen entstan=
den, indem durchaus Reiche alle diese lebenslänglichen Pachtungen
an sich rissen, dann unter der Hand wieder verpächteten, so daß der
Unterpächter außer der dafür gegebenen Summe noch seinen Gewinn
auspressen mußte, und die Unterthanen auf das härteste gedrückt wur=
den. Diese lebenslänglichen Pachtungen wurden nun alle aufgehoben,
und der Staatsverwaltung durch Aufseher übergeben ²). Zu Gunsten der
drey Classen von Diwansbeamteten, welche Gedükli heißen, weil sie
an Besoldungsstatt Lehen besitzen, nähmlich der Secretäre Muteferri=
ka und Tschausche, wurde verordnet, daß dieselben nie die Person des
Großwesirs verlassen sollen; dadurch wurden ihnen die sich ergebenden
einträglichen Aufträge gesichert, welche seit einiger Zeit gemeine Le=
hensträger an sich gerissen, indem ihrem Diplome der Beysatz beyge=
füget worden, daß sie als Gedükli nur mit dem Großwesir ins Feld
zu ziehen hätten ³). Die seit einiger Zeit in Verfall gekommenen Po=
sten wurden geregelt, und die Ajan (Primaten) für die Pünctlichkeit
derselben verantwortlich gemacht ⁴). Die Register der Rechnungskam=
mer Anatoli's, welche ebenfalls seit einiger Zeit in Verwirrung ge=
rathen, wurden durch eine niedergesetzte Commission sechs Monathe
lang auf das genaueste untersucht und geregelt ⁵); deßgleichen die
Stellen der Sipahi und Silihdare ⁶), und die Einkünfte der from=
men Stiftungen ⁷). Es wurden neue Ducaten geprägt, von besserem
Korn und Schrot als selbst die venetianischen, hundert zu hundert
zehn Dirhem, der Rand mit einer Kette umschlungen, auf der einen
Seite bloß des Sultans Nahmenszug, auf der anderen die Worte:
Geprägt zu Constantinopel ⁸), im Werthe von drey Piastern. Aus
den drey Residenzen Constantinopel, Adrianopel und Brusa, wur=
den alle christlichen Unterthanen, welche seit einiger Zeit mit Verlas=
sung ihrer Wohnörter zusammengeströmt, wieder dahin zurückgeschafft,
selbst wenn sie schon zehn Jahre anwesend, damit durch ihre Abwesen=

27.
April
1716

¹) Raschid II. Bl. 120. ²) Derselbe Bl. 102 und 138. ³) Derselbe Bl. 108.
⁴) Derselbe Bl. 109. ⁵) Derselbe Bl. 107. ⁶) Derselbe Bl. 165. ⁷) Derselbe
Bl. 139. ⁸) Derselbe Bl. 142.

heit von ihren ursprünglichen Wohnsitzen der Schatz nicht um die
Steuern, deren sie in den Residenzen außer der Kopfsteuer keine ent-
richteten, zu kurz käme ¹). Eine der merkwürdigsten und menschen-
freundlichsten Einrichtungen des Großwesirs ist das (wiewohl, wie die
Folge gezeigt, schlecht beobachtete) Verboth, hinfüro in Ägypten die
Neger nicht mehr zu verschneiden; der Befehl an den Statthalter und
die Richter Ägypten's lautete, daß sie sich durch Verwehrung solchen
Zwanges und Unrechtes Lohn und Verdienst erwirken würden; aus
einem Beysatze des Reichsgeschichtschreibers aber scheint es fast, daß
des Großwesirs Hauptzweck nur gewesen, das Serai von Negern zu
reinigen ²). Nicht so menschlich war die Hinrichtung von drey Juden,
welche den Knaben des Kiajabeg, unter dem Vorwande, ihm Obst zu
geben, in ein Haus verlockt hatten, wider die aber kein anderer Beweis
als die Aussage des sechsjährigen Kindes ³); nicht so duldsam die Zerstörung des reichen griechischen Klosters von Mauromolos am Eingange des Bosporos, aus keinem anderen Grunde, als weil die Mönche
die Kirche größer als bisher gebaut ⁴). Den Buchhändlern wurde verbothen, Bücher ins Ausland zu verkaufen, um die Hauptstadt nicht
der Kleinodien der Wissenschaft zu berauben ⁵); den Kopfsteuereinneh-
mern streng verbothen, von den Raja, wie bisher, unter dem Titel
von Schreiber- und Dienergebühren einen Asper mehr als die gesetzmäßige Kopfsteuer zu fordern ⁶). Die Hinrichtungen waren sparsam
und nicht ohne hörbare Gründe. So fielen die Köpfe des Sandschaks
von Hamid, weil er zu langsam mit seinen Truppen im Felde erschienen ⁷), des vormahligen Aufsehers des Arsenals, weil er unterschla-
gene und erpreßte Gelder nicht bekennen wollte ⁸), des Befehlshabers
von Napoli di Romania, Osmanaga's, des Sohnes Sulfikar's (des
Gesandten nach Wien), weil er als Aga der Sipahi die Mannschaft
mit partenischer Rollenmusterung, und jüngst die Schiffscapitäne mit
ungebührlichen Gebühren geplagt; er war ein wissenschaftlich gebildeter Mann und großer Blumenliebhaber, nichts desto weniger wurde
sein Kopf vor das Zelt der Gerechtigkeit gerollt ⁹). Auf den Bericht
des Statthalters von Rakka, daß der unter dem Nahmen Ebubekr
Seijah, d. i. der Reisende, bekannte persische Scheich aus Aserbeidschan, durch Künste der Zauberey das Volk bethöre und Weiber ver-
führe, wurde dessen Hinrichtung befohlen ¹⁰). Zauberischer Künste ward
auch ein anderer persischer Abenteurer beschuldigt, welcher aber politisch gefährlicher als der vorige. Als angeblicher Sohn Schah Suleiman's und Bruder des regierenden Schahs Husein war er nach
Constantinopel gekommen, und mit einem Monathsgehalte von zwey-

¹) Raschid II. Bl. 108. ²) Derselbe Bl. 138 und in der Geschichte Jusuf's
Bl. 268. ³) Raschid II Bl. 140. ⁴) Eben so und die Übersetzung der ganzen
Stelle in Constantinopolis und Bosporos II. S. 265. ⁵) Raschid II. Bl. 154.
⁶) Eben da. ⁷) Derselbe Bl. 114. ⁸) Derselbe Bl. 126. ⁹) Derselbe Bl. 127;
so auch Bl. 109 dasselbe Zelt. ¹⁰) Derselbe Bl. 128.

hundert Piastern erst nach Mitylene und dann nach Lemnos verwiesen worden; von hier war er nach Bosok entflohen, wo er Urkunden als Schatz Abbas III. ausfertigte ¹). Er nahm es sich heraus, einen Turk= manen zum Pascha von Tschorum zu ernennen, und hatte ein Paar tausend Landstreicher um sich versammelt, so daß das ganze Sandschak Bosok in Unruhe. Das Volk glaubte, er könne Wetter machen, weil es oft dort, wo er sich befand, schönes Wetter war, wenn es anders= wo regnete und schneyte. Der Staub, den er dem Volke in die Au= gen gestreut, verschwand, sobald er selbst, hingerichtet, dem Staube gleich gemacht ward. Die ersten Ämter und die Statthalter des Rei= ches hielt des Großwesirs wachsames Auge durch Untersuchungen und verdiente Ahndungen im gehörigen Geleise. So wurde der Statthal= ter von Baßra, Hasan Jürük, welcher zur Zeit der Thronumwäl= zung mit den Truppen Sultan Mustafa's von Adrianopel ausgezo= gen, weil er aus Geiz zu wenig Truppen unterhielt, um die Araber im Zaum zu halten, und sich bis zum Einsammler der Auflagen Scheich Maani's erniedrigte, seiner Statthalterschaft und Wesirswürde ent= setzt ²), und zur Rechenschaft seiner Verwaltung gezogen ³); der Ja= nitscharenaga Gurd Hasan wegen Feigheit und Unterschlagung von Natural = Lieferungen (die er für hunderttausend Janitscharen empfing, und kaum das Zehntel austheilte) abgesetzt ⁴), der Kapudanpascha selbst verfiel in Untersuchung; weil er einige Tage mit der Flotte vor Malvasia verweilt, ohne, wie ihm befohlen worden, die Einwohner sogleich abzuführen; der Reis Efendi, welcher, die Sache zu unter= suchen, abgesendet worden, berichtete zwar, daß der Kapudanpascha schuldlos, weil der Reis aber, als er den Kapudanpascha auf seinem Wege begegnete, demselben weder Gruß noch Rede stand ⁵), und mit dem Defterdar der Flotte sich in Geschäften besprach, beklagte sich der Kapudanpascha über solche Verletzung der ihm vom Reis Efendi schul= digen Ehrerbiethung und Beeinträchtigung seiner Machtvollkommen= heit als Kapudan des Meeres.

Von den Feuersbrünsten, die jüngst zu Constantinopel Statt ge= funden ⁶), hatte eine, in der Nacht des Bairamsfestes im alten Serai im Kaffehzimmer entstanden, einen großen Theil desselben während eilf Stunden niedergebrannt, eine andere den unvergleichlichen Pal= last des vorigen Mufti Behaji verzehrt ⁷). Die großen zu Adrianopel ⁸) und Constantinopel ⁹) mit Lichtfluth gefeyerten Siegesfeste wegen Morea's Eroberung waren ohne Feuersbrunst abgelaufen. Die Freu= de des Sultans sowohl als des Volkes über des Feldzuges glücklichen Ausgang ward durch den Tod der Walide getrübt, der Griechinn aus Retimo, der Lieblingsgemahlinn Mohammed's IV., die nach seiner

7. Dec. 1715
22. Febr. 1716

---

¹) Raschid II. Bl. 104. ²) Derselbe Bl. 139. ³) Derselbe Bl. 154. ⁴) Der= selbe Bl. 126. ⁵) Eben da. Ferrari Ende des ersten Buches. ⁶) Raschid II. Bl. 112, 118 und 133. ⁷) Derselbe Bl. 141. ⁸) Derselbe Bl. 137. ⁹) Derselbe Bl. 138.

6. Nov. Entthronung unter S. Suleiman's II. und Ahmed's II., der Söhne
1715 Ibrahim's, Regierung acht Jahre lang ins alte Serai verwiesen,
dann aber unter ihren beyden Söhnen Mustafa II. und Ahmed III.
noch zwanzig Jahre lang nicht nur die höchsten Ehrerbiethungen, als
Mutter des regierenden Sultans, sondern auch die allgemeine Hoch-
achtung und Liebe als Erbauerinn der Moschee zu Skutari und Galata, und Stiftungen eines Speisehauses für Arme genoß ¹). Während
des Feldzuges in Morea hatte auch Hasan, der Statthalter von Bagdad, einige Siege über rebellische Kurden und Araber erfochten,
„welche,“ sagt der Reichsgeschichtschreiber, „Zuwage der glänzenden
„Eroberung dieses Jahres ²).“ Die rebellischen Kurden Ssatschli,
d. i. die Haarichten, die sich am Berge Sindschar (dem Masius) zu
Deir Aßi (Rebellenkloster) verschanzt, wurden vom Statthalter Bagdad's zu Paaren getrieben. Der Kiaja des Pascha verfolgte die Rebellen nach dem Schlosse von Ehatunije, welches mitten im See dieses Nahmens, vier Stunden nördlich von Sindschar ³). Der Kiaja
und mehrere andere blieben zwar, aber dieselben wurden aus ihrem
Zufluchtsorte, dem Inselschlosse, welches aus einer einzigen breiten
Gasse besteht, vertrieben und vernichtet; endlich ergab sich auch Sindschar selbst, und der vormahlige Scheich des Stammes Tai wurde
zum Beg von Sindschar ernannt ⁴). In der Gegend von Baßra hatten sich einige rebellische Araber des Stammes Lam unter den Schutz
des persischen Chans von Huweise begeben; der Statthalter von Bagdad, welcher mit seinem Heere bis Durlak vorgerückt war, erhielt
dort Nachricht von den Obrigkeiten von Belde, Dschewaser, Mendle-
dschin und dem Scheich der Beni Lam, daß dreyßigtausend Perser
bis fünf Tagreisen innerhalb der Gränzen vorgedrungen seyen. Die
Beni Lam sandten jetzt nach Sitte der arabischen Stämme, wenn in
höchster Noth, schwarze Fahnen an die Araber von Baßra und Bagdad, um von ihnen Hülfe zu begehren ⁵). Mit ihrer Hülfe schlugen
sie die unter persischer Bothmäßigkeit stehenden ins Land gefallenen Araber zurück, und der Statthalter von Bagdad verständigte sich
mit dem Chan von Huweise zu guter Freundschaft. Endlich hatte in
dem kurdischen Sandschak Harir ein Bösewicht den Beg erschlagen, und
die Kurden Sehran theilten sich in zwey Parteyen, die eine den Mörder, die andere den Sohn des vorigen Beg als Statthalter anerkennend. Mit Hülfe des Statthalters von Bagdad ward der Sohn in
seines Vaters Stelle eingesetzt, und als solcher von der Pforte bestätigt ⁶). Während der Begebenheiten der zwey Feldzüge und der im
Innern erzählten verlor Ali die äußere Politik nicht aus den Augen;
aber sein Benehmen gegen die fremden Mächte und ihre Minister war

---

¹) Raschid II. Bl. 135 und 138. ²) Derselbe Bl. 121 Z. 13 von u. ³) Derselbe Bl. 120 Z. 10 von u. Nach dieser Angabe ist die Lage des Sees auf der
Karte 2 des ersten Bandes zu berichtigen. ⁴) Raschid II. Bl. 121. ⁵) Eben da.
⁶) Derselbe Bl. 122.

nicht das glimpflichste. Auf die Beschwerde des englischen Bothschaf=
ters, daß der englische siebzigjährige Dolmetsch zu Smyrna von einem
Türken geprügelt worden, antwortete er: „Was wollt ihr, daß ich
„thun soll, wenn ein Musulman einen Giaur prügelt ¹),“ und als
man ihm vorstellte, daß solches Benehmen der Mauthner den Handel
stören werde, antwortete er, daß die Pforte englischen Handels nicht
bedürfe, daß, wenn die einen Kaufleute gingen, andere kommen wür=
den; aber die Engländer würden nicht gehen. Schlimmer als dem
englischen Dolmetsch zu Smyrna ging es dem venetianischen ersten,
Johann Navon, zu Constantinopel; weil er in einem (aufgefange=
nen) Briefe Neuigkeiten, und von Geschäften geschrieben, wurde er
aufgehenkt ²). So war auch bey der Übergabe Malvasia's ein von
dort gebürtiger griechischer Arzt gehenkt worden, welcher von Constan=
tinopel entflohen, zu Malvasia mit venetianischem Patente als ein Be=
fehlshaber angestellt worden war. Nach Constantinopel gesandt, wur=
de er vor dem Fingerthore mit dem venetianischen Diplome um den
Hals gehenkt ³). Nach Wien war mit Eröffnung des venetianischen
Krieges der Muteferrika Ibrahim mit einem Schreiben des Großwe=
sirs an Eugen abgesendet worden, in der Hoffnung, daß der kaiserli=
che Hof auch in diesem Kriege, wie in dem letzten russischen, keine
Partey ergreifen werde ⁴). Der Muteferrika übergab es in feyerlicher
Audienz dem Prinzen, welcher mit bedecktem Haupte in rothgoldge= 13. May
sticktem Kleide, auf rothsammtenem goldverbrämtem Lehnsessel, unter 1715
rothseidenem goldbordirtem Baldachin saß ⁵); zu seiner Rechten die
Hofkriegsräthe, zu seiner Linken die geheimen Referendäre. Nach vier
Monathen ging der Überbringer mit einem Schreiben Eugen's zurück,
welches schon früher die Vermittlung Österreich's mit Venedig ange=
tragen hatte ⁶), worauf weiter keine Antwort folgte. Als aber im fol= 13.
genden Jahre, zwölf Tage nach dem neuen zwischen Österreich und April
Venedig geschlossenen Schutz= und Trutzbündnisse wider die Türken, 1716
Eugen in einem Schreiben dem Großwesir die Wiederherstellung des
Carlowiczer Friedens unter vorausgesetzter Bedingniß der Vergütung
des bis jetzt der Republik zugefügten Schadens ans Herz legte, und
weil alle Vorstellungen des Residenten Fleischmann unbeachtet geblie=
ben, seine Abberufung ankündigte ⁷), war der Kriegslärm auf. In
einer großen, im Palaste der Walide zu Ejub gehaltenen Rathsver=
sammlung, welcher die obersten Würden des Gesetzes und die Gene=
rale der Truppen beywohnten, darunter auch der zweyte General=
lieutenant der Janitscharen, der Segbanbaschi Hasan, der Deutsche,
wurde das vom Großwesir eigenhändig aufgesetzte Manifest ⁸) durch

---

¹) Des Bailo Memmo Bericht in den venetianischen Acten, Hausarchiv. ²) Ra=
schid II. Bl. 125, und Ferrari S. 88. ³) Raschid II. Bl. 139. ⁴) Das Schrei=
ben im k.k. Hausarchive, und Recredentiale pro Ibrahimpascha 9. Sept. 1715.
⁵) Acten der St. R. ⁶) Schreiben vom 8. März 1715. ⁷) Raschid II. Bl. 145.
⁸) Das Manifest in Raschid II. Bl. 143 — 146.

den Reis abgeleſen, worin auseinandergeſetzt, daß der Carlowiczer
Friede den Kaiſer zur Hülfe Venedig's nicht verpflichte, daß derſelbe
friedensbrüchig und ihm daher der Krieg zu erklären ſey. Der Mufti
entſchied, daß dem alſo. Der Großweſir fragte nun die Generale um
ihre Meinung, ob er nach Korfu, deſſen Belagerung ſchon früher be=
ſchloſſen worden, oder an die deutſche Gränze ziehen ſollte. Sie äu=
ßerten ſich einſtimmig, der Großweſir müſſe als Serasker gegen die
Deutſchen ziehen, „indem dieſe Deutſchen nicht wie andere Ungläubi=
„ge, ſondern ein ſtarker Feind ſeyen ¹).“ „Kleinmüthige Menſchen,“
ſagte der Großweſir, „vergrößern die Macht des Glaubensfeindes,
„indem ſie ſagen, dieſe Deutſchen ſind ein großer Feind, und ent=
„muthigen dadurch die Moslimen; iſt's nicht geſetzmäßig, hochwür=
„digſter Mufti, ſolche Verräther an Reich und Glauben, welche ſich
„bloß hiedurch den Beſchwerden des Krieges entziehen wollen, zu töd=
„ten? Wir beginnen den Krieg nicht auf einen Brief, wir rüſten uns,
„und ziehen nach Belgrad, wenn das Lager der Ungläubigen mit Ei=
„nem Schritte die islamitiſchen Gränzen betritt, treiben wir's zurück;
„an die Gränzbefehlshaber ſind indeß die ſtrengſten Befehle erlaſſen
„worden, den Frieden nicht zu brechen.“ Der Großweſir fuhr fort,
er habe den Beglerbeg von Diarbekr, Kara Muſtafapaſcha, nach Korfu
beſtimmt, und fragte, was ſie davon meinten. Die Generale, welche
wohl ſahen, daß der Großweſir ſchon den Entſchluß gefaßt, den Kara
Muſtafa nach Korfu zu ſchicken, fanden es beſſer, zu ſchweigen, als
ſich durch andere Meinung abermahls die Beſchuldigung, daß ſie Feinde
des Glaubens und des Reiches, zuzuziehen. „Für heute iſt's genug,“
ſchloß der Großweſir, „bedenkt euch's dieſe Nacht, und morgen um
„Mittag findet ihr euch Alle, ſo Gott will, in der vor S. M.
„dem Padiſchah zu Daudpaſcha zu haltenden Rathsverſammlung
„ein ²).“
     Am folgenden Tage verſammelten ſich die Ulema und Generale
im Zelte des Kaimakams. Mit Sonnenaufgang kam der Großweſir,
gerade im kaiſerlichen Zelte abſteigend, wohin ſich dann die ganze
Verſammlung begab. Der Großweſir eröffnete dieſelbe mit einer Re=
de, in welcher, wie im Manifeſte, vom venetianiſchen Friedensbruche
an bis auf das Schreiben Eugen's Alles hererzählt ward. Der Mufti
gab das mitgebrachte Fetwa, der Reis Efendi las es. „Nun, ihr
„Herren, was ſagt ihr dazu?“ fragte der Mufti die Ulema. Da Kei=
ner etwas zu ſagen wußte, oder ſagen wollte, herrſchte allgemeines
Stillſchweigen faſt eine Viertelſtunde lang. Der Großweſir brach es:
„Ihr Herren, warum ſprecht ihr nicht? dieß iſt eine Rathsverſamm=
„lung, wo jeder das Wort frey hat. Habt ihr einen Zweifel wider
„die Geſetzmäßigkeit des Fetwa, ſo bringt denſelben vor.“ Endlich
nahm der vorige Oberſtlandrichter von Anatoli, Mirſaſade Scheich Mo=

hammed, das Wort. „Da ein mit der Post gekommenes Schreiben
„des deutschen ersten Ministers noch keine Verletzung der Gränzen be=
„weiset, womit wird denn der Friedensbruch bewährt? wäre es nicht
„besser, die zu erlassenden Befehle so einzurichten, daß man von Seite
„der hohen Pforte sich hierüber zuerst Gewißheit verschaffen wolle.‟
Der Großwesir entgegnete, daß der Friedensbruch im Schreiben selbst
liege, welches den Friedensbruch der Pforte anschuldige. — „Wohl=
„an,‟ fuhr der Oberstlandrichter fort; „der Feind beschuldigt uns des=
„Friedensbruches, bekennt sich aber selbst dessen nicht schuldig. Nichts
„hindert uns, zu rüsten, während wir noch einmahl fragen; hat es
„denn etwas auf sich, denselben von euerem Vorhaben, wider ihn zu
„ziehen, zu verständigen? Auf dieses Schreiben allein scheint es mei=
„ner kurzen Einsicht nicht schicklich, den Krieg zu beginnen, sondern
„nur erforderlich, die islamitischen Gränzen in Vertheidigungszustand
„zu setzen.‟ — „Bring den Friedensvertrag,‟ rief der Großwesir dem
Reis Efendi zu, „und lies denselben Sr. Hochwürden dem Scheich
„des Islams vor.‟ Der Reis Efendi las, und es fand sich in den
zwanzig Artikeln desselben auch kein Wörtchen von Venedig. Der
Sultan sprach: „So ist's, auch zur Zeit des russischen Krieges
„hat man nachgesehen und nichts gefunden.‟ — „Seht ihr,‟ sagte
der Großwesir, zum Mirsa Efendi gewandt, „wie der Feind lügt,
„indem er uns den Friedensbruch anschuldigt.‟ — „Wohlan,‟
entgegnete Mirsafade, „wir wissen, daß wir den Frieden nicht
„verletzt, aber ist denn derselbe durch die falsche Beschuldigung
„von Seite des Feindes gebrochen?‟ — „Nach eueren Reden,‟
fiel der Großwesir heftig ein, „fiele dem Feinde keine Verrätherey zur
„Last, bis er nicht Belgrad genommen, dann ist's aber zu spät zur
„Vertheidigung.‟ — „Ich sage nicht,‟ fuhr der Oberstlandrichter
fort, „daß dieser Beweis seiner Treulosigkeit abzuwarten, wohl aber,
„so lange er nicht die Gränzen überschritten, dieses Schreiben uns kein
„Recht gibt, den Krieg zu erklären.‟ Der Großwesir, der jetzt in der
Hand des Scheichs von Aja Sofia ein Buch erblickte, begehrte es,
um zu sehen, was es beweise. Der Scheich stand auf, der Sultan
winkte ihm, niederzusitzen und zu lesen. Er las aus dem Werke Ser=
chasi's [*] zwey Puncte, welche die Meinung des Oberstlandrichters
unterstützten. Der Großwesir sagte: „Wider die Wahrheit dieser Ent=
„scheidungen ist nichts einzuwenden, aber sie sind auf den vorliegen=
„den Fall nicht anwendbar;‟ dann aber halb einlenkend: „Wir wol=
„len ja nicht ohne Ursache und ohne Verletzung des Friedens von Sei=
„te des Feindes den Krieg beginnen, sondern nur für jeden Fall ge=
„rüstet gegen Belgrad ziehen; wir haben zugleich den Gränzbefehlsha=
„bern auf's strengste gebothen, den Feinden auch nicht einmahl durch
„Streif den geringsten Schaden zuzufügen, sondern nur auf ihrer Huth

[*] Raschid II. Bl. 48.

„zu seyn. Noch gestern Abends ist ein Bericht des Pascha von Teme&-
„war eingetroffen; komm, Reis Efendi, lies denselben." Er enthielt,
daß man die auf der Sava von Bosnien kommenden Brückenschiffe
nicht passiren lasse. Nach einigem Hin = und Herreden wandte sich der
Großwesir an die Westre und Emire, die Ajan (Vornehmen des Landes), Chodschagian (Herren des Diwans) und die Vorsteher der Herde,
d. i. der Truppen, um noch einmahl die Frage zu erörtern, auf welche Seite des auf zweyen zu führenden Krieges er, und auf welcher
der Beglerbeg von Diarbekr als Serasker ausziehen solle. Alles entschied, wie gestern, einstimmig für des Großwesirs Auszug gegen
Deutschland. Der Sultan sagte: „So Gott will, kommen wir in
„Adrianopel wieder zusammen, berathen den deutschen Krieg noch
„einmahl, und handeln nach dem Ausschlage ')." Der Scheich von Aja
Sofia hob die Hände zum Gebethe auf, der Sultan stand auf, die
Versammlung ging aus einander, der Großwesir ganz entflammt von
Zorngluth. Nach einigen Tagen büßte der Oberstlandrichter die Freyheit seines Wortes durch Versetzung nach Parawadi als Richter. Es
wurden die thätigsten Kriegsanstalten getroffen; außer der im Arsenale liegenden Flotte wurden fünfzehn Gallioten, fünf und zwanzig
Firkaten, zehn krummschnablige Böte, acht Voliken gebaut. Der am
eisernen Thore angestellte Aga des Donauwirbels, Ibrahim, mit
zwey Roßschweifen zum Kapudan der Donau, der Mewkufatdschi
Ibrahim und der Defterdar von Nissa zu Commissären ernannt, um
von Constantinopel bis Belgrad den nöthigen Mundvorrath herbeyzuschaffen. Der Chan der Krim ward mit Übersendung der gewöhnlichen zehntausend Piaster als Köchergeld, und vierzigtausend als Seg-
banensold eingeladen ²). Der Beglerbeg von Anatoli, Türk Ahmed,
welcher zu Kallipolis angekommen, um sich gegen Korfu zu wenden,
erhielt die Bestimmung, in Eilmärschen nach Nissa zu ziehen. Ahmedaga von Lippa ging über Chotim mit einem Einladungsschreiben an
Rakoczy ab, worin ihm, wie vormahls dem Tököli, das Fürstenthum
Siebenbürgen und der Titel als König von Ungarn versprochen ward ³).
Der Sultan brach nach Adrianopel auf, vom Kaimakam, Mufti,
den beyden Oberstlandrichtern, dem Vorsteher der Emire und von
allen Herren des Diwans begleitet. Gleich nach der Ankunft zu Adrianopel zog der Beglerbeg von Anatoli mit seinen Truppen stattlich auf,
voraus die Beherzten und Tollkühnen (Gönüllü und Deli), dann die
Jäger und Landwehren (Segbanen und Lewende), fünfzig Aga seines
Hofstaates, neun Handpferde, dann hinter ihm über tausend Flintenschützen zu Fuß und über hundert Pagen ⁴). Hierauf hatte die vom
Sultan beym Schlusse der letzten zweyten Rathsversammlung ange-
sagte dritte Statt. Nach Ablesung des Manifestes und Fetwa sagte

¹) Raschid II. Bl. 150 Z. 10 v. u. ²) Derselbe Bl. 148. ³) Derselbe
Bl. 149. ⁴) Derselbe Bl. 150.

der Großwesir: „Wir sind hier nicht versammelt, um über die Noth=
„wendigkeit des schon entschiedenen Krieges leere Worte zu verlieren,
„sondern um uns zur Führung desselben anzufeuern, nach dem Spru=
„che: Bekämpfe die Ungläubigen, und sey grob mit ihnen. Was sagt
„ihr Herren Gesetzgelehrten?" Einige sagten, Gott gebe euch Leitung
und Glück; andere wiesen die Antwort an die Generale; diese, als
der Großwesir sie anblickte, betheuerten starkmüthig und lautmäulig,
daß sie des Padischahs Sclaven, daß sie bereit, Seele und Herz im
Dienste des Glaubens und Reiches zu opfern. Der Großwesir schloß
mit den Worten: „Es ist kein Zweifel, daß uns Gott Sieg verleihen
„werde, nach dem Spruche: Seyd nicht fröhlich, seyd nicht traurig,
„so seyd ihr überlegen" (durch Gleichmuth), und der Scheich des Kai=
serlichen Lagers beschloß mit Fortsetzung des angestochenen Verses die
dritte Berathung des Krieges.

Vor dem Aufbruche nach Belgrad ward dem mitgeführten kaiserlichen
Residenten Fleischmann ein Antwortschreiben des Großwesirs, von ihm
selbst aufgesetzt, übergeben. In noch weit leidenschaftlicherem Tone, als
das Manifest abgefaßt, steht dasselbe in der osmanischen Reichsge=
schichte als Denkmahl ungeschlachten Styles osmanischer Diplomatik,
wovon als Probe hier das Ende genügt: „Ey! wie wird man hinfü=
„ro, wenn's zum Frieden kommt, euerem Worte Glauben erwirken
„können; so tadelnswerthe Handlungen lassen sich nicht die geringsten
„Herzoge, viel weniger christliche Könige zu Schulden kommen. Wohl=
„an, es wird mit euch der Markt des Kampfes aufgeschlagen. So
„Gott will, wird diese von Fehl und Hochmuth freye Handlungs=
„weise der hohen Pforte ihr nur reiner Nutzen seyn. Es ist kein
„Zweifel, daß das von beyden Seiten zu vergießende Blut nicht nur
„über euch, sondern über euere Kinder und Kindeskinder bis an den
„jüngsten Tag Fluch und Untergang bringen wird. Das Verderben
„komme über eueren Hals [1]." In der Nachschrift am Seitenrande
war bedeutet, daß, weil im letzten Kriege der Gesandte Sulfikar in
Komorn eingesperrt worden, auch der Gesandte einige Tage zu Bel= 22.Jul.
grad aufgehalten werden solle. Von Philippopolis aus ergingen 1716
mit Säbel und Kaftan gemessene Befehle an den Kapudanpascha und
Kara Mustafapascha, und an den Befehlshaber von Bosnien, Ju=
sufpascha den Langen, wovon die beyden ersten zur Führung des
Krieges auf Korfu, dieser in Bosnien bestimmt waren [2]. Der Tatar=
chan, der nun ins Lager gekommen, stellte einstimmig mit dem Be=
richte des Serdars von Isakdschi und Chocim vor, daß Pohlen, von
Rußland und Sachsen bedroht, die Gegenwart des größten Theiles
feiner Macht fordere, daß er also nur zehntausend Mann nach Bel=
grad senden könne, mit dreyßigtausend an der pohlischen Gränze blei=
ben werde. Um auch von dieser Seite die Heeresmacht zu verstärken,

[1] Raschid II. Bl. 151. [2] Derselbe Bl. 152.

wurden zu Jbrail dreytausend sechshundert Janitscharen mit verdop=
peltem Solde eingeschrieben, wovon die Hauptleute vierzig, die Fah=
nenträger zwanzig, die Officiere der zur Ruhe gesetzten zehn, die Fah=
nenträger derselben fünf Aspern Zulage erhielten [1], dazu die Hälfte
des vierten Regimentes, vierhundert Mann mit fünfhundert Zeug=
schmieden, dreyhundert Kanonieren und dreyßig Stuckfuhrleuten.
Aaredsch Osmanpascha, der Inhaber des Sandschakes von Tirhala,
erhielt den Befehl, die Straßen für das gegen Korfu bestimmte Heer
von Tirhala bis nach Ssajada und Furindos (Bucintro) zu reinigen,
und den nöthigen Mundvorrath herbeyzuschaffen. Zur Fortbringung
des Geschützes wurden die Raja ausgehoben, welche von den ersten
Zeiten des osmanischen Reiches in Europa her, unter dem Titel:
Kinder der Eroberer, die Handlanger des Fuhrwesens des Geschü=
tzes [2]. Nach dem eisernen Thore wurden dreytausend Mann gesen=
det, und dem dortigen Befehlshaber der Befehl ertheilt, neue Schanze
anzulegen, zu welchem Behufe ihm dreytausend Fußgänger, fünf
Zwölfpfünder, fünfhundert Kugeln, zehn Zentner Fetzen, fünf Zent=
ner Bley, zwölf Pfund Lunten, vierzig Zentner Pulver zugesendet
wurden [3]. Sechshundert Janitscharen wurden als Besatzungsver=
mehrung in die Festungen der russischen Gränze, Temerruk, Rabath,
Or, Temkalaa, Taman, Kilburun, vertheilt, nach Chocim Janitscha=
ren, nach Temeswar Bombardiere gesandt. Andere Befehle beschleu=
nigten den Marsch der aufgebothenen Truppen [4]. Der Chan ging
nach der Krim zurück; dafür kam ein pohlischer Gesandter der Con=
föderation von Tarnigrod, eine neue Erscheinung an der Pforte,
und sowohl deßhalb, als der sich wegwerfenden und erniedrigenden
Persönlichkeit des Gesandten willen, in der Reichsgeschichte aufgezeich=
net, welche doch die letzten beyden Gesandtschaften des Starosten von
Sredz, Franz Golz, und des Palatins von Mazovien, Stanislaus
Chomstowski, mit Stillschweigen übergeht, wiewohl der letzte den
Frieden von Carlowicz erneuert hatte. Der Abgesandte der Conföde=
ration war der Oberst Dominik de Jastrzsbiec Bekierski, Staroste
von Dolhyce [5], welcher im Diwanszelte empfangen, von der Pracht
und Macht osmanischen Hofes und Heeres überrascht, „Faxen machte,“
sind Raschid's Worte, „wie sie kein Esel macht.“ Als der Großwesir
von seinem Zelte, zwischen den beyden Reihen der hohen Staats=
beamten würdevoll einherschreitend, sich ins Diwanszelt begab, nahm
er seinen Kalpak in die Hand, und machte Bücklinge ohne Ende. Als
der Großwesir sich niederließ, und alle Tschausche des Diwans die
übliche Bewillkommformel: Gottes Hülfe über dich! zusammen schrien,
stand der Gesandte bald von seinem Sessel auf, und warf sich bald
zur Erde nieder. Nachdem ihn der Großwesir gefragt, seit wie lange

22.
April
1714

---

[1] Raschid II. Bl. 152. [2] Derselbe Bl. 153. [3] Eben da. [4] Derselbe
Bl. 154. [5] Mittheilung des Herrn Grafen Stanislaus Rzewuski.

er auf der Reise, und ob er den Chan der Krim begegnet, bath der
Gesandte um geheime Audienz, welche ihm nur in Beyseyn des Kiaja=
beg-gewährt ward. Er beschwerte sich im Nahmen der Conföderation
wider König August, welcher sich ganz Pohlen unterwerfen wolle, und
bath um kaiserlichen Vertrag. Er wurde eine Stunde lang angehört,
die Ertheilung des Vertrages aber von dem an den kaiserlichen Steig=
bügel zu ertheilenden Vortrage abhängig gemacht. Der Canal dieser
Mittheilungen war der Pfortendolmetsch, Johann Maurocordato,
der Sohn Alexander's. Er folgte als Pfortendolmetsch seinem Bruder
Niclas, als dieser an Rakoviza's Stelle zum Hospodar der Moldau   1709
ernannt worden war; durch Cantemir vom Fürstenstuhle verdrängt,
nahm er denselben nach acht Monathen wieder ein, und war zu Be=
ginn des Feldzuges nach der Walachey versetzt worden, wo Branco=   1712
van durch die Cantacuzene [1]), und die Cantacuzene durch die Mau=
rocordato gestürzt worden waren [2]). Brancovan war nach sechs und   26.
zwanzigjähriger glücklicher Regierung mit seinen Söhnen zu Constan=   August
tinopel gefoltert, und dann enthauptet worden [3]). Zwey Jahre dar=   1714
nach wurden die Cantacuzene zu Constantinopel erwürgt [4]).   7. Jun.
   1716

   Als das Lager zu Nissa, stießen zu selbem Ssari Ahmed, der
Beglerbeg von Rumili, und Ahmed, der Beglerbeg von Erserum,
die Sandschake von Kaißarije, Kodscha Ili, der Nureddin Selamet=
girai mit zehntausend Tataren. Zwey Hinrichtungsbefehle trafen den
vorigen Statthalter Ägypten's, Welipascha, welcher nach Constanti=
nopel gefordert, um ihm schuldige hundert Beutel auszupressen, statt
Goldes, das er nicht hatte, den Geist aufgeben mußte [5]), und den
langen Jusuf, den Statthalter von Bosnien, ob zu harter Erpres=
fung [6]). Der französische Dolmetsch Pierre, ein vielgereister Mann,
welcher zur Zeit der Gegenwart Carl's XII. gute Dienste geleistet, seit=
dem in dem der Pforte geblieben, für heuer die Eröffnung des Feld=
zuges gegen Deutschland mißrathen hatte, wurde auf dem Wege zwi=
schen Jagodina und Batudschina von einigen Dschebedschi überfallen
und umgebracht, nicht Straßenräuber, sondern Meuchler vom Kiaja=
beg angestellt, weil er der Brandstifter des erklärten Krieges, den Reis
Efendi, welcher die Meinung des Dolmetsches vorgetragen, durch
dessen Mord einschüchtern wollte [7]). Zu Belgrad zog der Großwesir
unter dem Kanonendonner der Festung und der Wachschau aller Truppen
ein. Im Kriegsrathe fragte der Großwesir, ob man sich nach Temes=
war oder Peterwardein wenden, und das letzte belagern solle oder
nicht. Der Janitscharenaga Husein stimmte für den Marsch nach Bel=
grad, der Tatarchan für Streif nach Siebenbürgen. Der Beglerbeg

---

[1]) Chiaro und Engel. [2]) Engel's Geschichte der Walachey S. 379 und
der Moldau S. 296. [3]) Engel's Geschichte der Walachey S. 376. [4]) In En=
gel S. 379 ist hier mehr als eine Verwirrung. [5]) Raschid II. Bl. 155. [6]) Der=
felbe 156. [7]) Eben da.

von Rumili, Ahmedpascha, entgegnete, daß die vielen im Banate zu
Temeswar zu übersetzenden Wasser und Sümpfe von der Niederlage
von Zenta her wohl noch im Andenken, daß, wenn die Tataren nach
Siebenbürgen auf Streif gingen, dieselben beutebeladen, gleich schwan=
geren Weibern, zu Kriegsunternehmungen untauglich seyn würden,
und stimmte für Peterwardein, wo man entweder Schlacht liefern,
oder die Belagerung vornehmen könne ¹). Der Großwesir hielt seine
entscheidende Meinung zurück, um das Geheimniß vor Kundschaftern
zu bewahren. Eingebrachte Gefangene sagten aus, daß zu Peterwar=
dein nur fünfzehnhundert Mann unter Palffy, daß das feindliche La=
ger unter Eugen bey Futak. Dreytausend Arbeiter, von tausend Ja=
nitscharen und siebzig Tschaiken unterstützt, hatten über die Sava
Brücke geschlagen ²). Kurdpascha von Ilbessan wurde zum Anführer
der Plänkler bestimmt, die Beglerbege von Anatoli und Rumili, Türk
Ahmed und Ssari Ahmed, d. i. der Türke und der Gelbe, hatten
die Huth des rechten und linken Flügels, um die in Syrmien auf
Fütterung Ausziehenden vor dem Überfalle feindlicher Husaren zu
schützen ³). Drey Tage lang zogen die Truppen langsam von Belgrad
gegen die Brücke, und der Seraseker, der es in seiner Wahl hatte,
einen der günstigsten drey Wochentage, als Sonnabend, Montag oder
Donnerstag, zum Übergange zu bestimmen, setzte seinen Übergang auf
Dinstag, und zwar nicht einmahl in der Frühe, sondern Nachmittag
fest, was Anlaß zu vielem Gerede und übler Vorbedeutung gab, nach
aller Berechnung glücklicher Wochentage und Tageszeit ⁴). Der Re=
sident Fleischmann, welcher bisher zu Semendra in Verwahrung ge=
halten worden, wurde mit einem Aufforderungsschreiben nach Belgrad
entlassen. Kurd Mohammedpascha, welcher in der Nähe von Carlo=
wicz auf feindliche Truppen stieß ⁵), bath um die Erlaubniß, die
Feindseligkeiten zu beginnen, und erhielt dieselbe. So wurde denn
der Friede von Seite der Türken durch die erste Waffenthat zu Car=
lowicz selbst gebrochen, wo derselbe vor siebzehn Jahren unterzeichnet
worden war. Die ersten Köpfe trafen vor dem Zelte der Gerechtigkeit
ein. Auf Anstiften des Kiaja, welcher von Natur geizig, und welchem
die Großmuth des Großwesirs voriges Jahr in Morea mißfallen,
wurden jetzt denen, die Gefangene und Köpfe einbrachten, nur zwan=
zig Piaster für den lebenden Kopf, zehn für den abgeschlagenen ge=
reicht. Da murrten die Truppen; einige verweigerten solchen Bettel
anzunehmen, andere nahmen das Geld und schimpften, und hieben
dann den Gefangenen die Köpfe ab. Der Kiaja, in Verlegenheit, be=
wog den Defterdar, jetzt auf des Kiaja Verantwortung fünfzig bis
sechzig Piaster zu geben. Als dieß kund, stieg die Forderung der Un=

25.Jul. 1716

28.Jul.

¹) Raschid II. Bl. 157. ²) Hist. du Prince Eugène Amsterdam 1740 v.
p. 31. ³) Raschid II. Bl. 157 l. 3. ⁴) Derselbe Bl. 158. ⁵) Nach Raschid 3000
Türken auf 8000 Feinde, nach den kais. Berichten gerade die umgekehrte Zahl
der Stärke.

zufriedenen noch höher; der Großwesir war gezwungen, sich selbst
auf einen Polstersitz vor dem Zelte der Gerechtigkeit niederzulassen,
und die Geschenke vor seinen Augen vertheilen zu lassen; dann fragte
er im Kriegsrathe, ob denn nach dem, durch die Erfahrung so vieler
Feldzüge bewährten Spruche: „daß die ungläubigen Deutschen nur
„durch den Fußstaub des islamitischen Heeres besiegt werden könnten,"
nicht das ganze Heer in Schlacht zu führen sey. Der Beglerbeg von
Anatoli, Ahmed der Türke, hieß den Vorschlag gut, aber der Beglerbeg von Rumili, Ahmed der Gelbe, warf ein, daß man das Geschütz, das unterwegs, erwarten müsse, und der Großwesir stimmte
ihm bey. Unterdessen waren beyderseitig die Streifparteyen, Kurdpascha und Palffy, handgemein geworden. Siebenhundert Gefangene
wurden eingebracht [1]), darunter Graf Brenner. Am folgenden Tage 3. Aug.
ward der Marsch gegen das nur zwey Stunden von Carlowicz ent- 1716
legene Peterwardein fortgesetzt [2]), wo Eugen, in den vormahls von
Sürmeli Alipascha bey der Belagerung Peterwardein's angelegten
Verschanzungen sich befestigt hatte. Der Großwesir ließ die heilige
Fahne vor seinem Zelte aufpflanzen. Drey Stunden saß das Heer zu
Pferde, eines Angriffes von Seite des Feindes gewärtig, und als
keiner erfolgte, saß man ab, und der Großwesir befahl, sogleich mit
Einbruch der Nacht Laufgräben wider das Lager zu eröffnen, welches am Morgen nur hundert Schritte von dem verschanzten Lager
entfernt [3]). Der Großwesir wartete abermahl den Angriff der Feinde
ab, statt denselben mit überlegener Macht anzugreifen, und da keiner
erfolgte, ging wieder Jedermann in die Zelte zurück. Die Ursache dieses großen Fehlers war abermahl Esari Ahmed, der Seraskier der
Laufgräben, welcher schon im Kriegsrathe zu Belgrad den unglücklichen Rath des Marsches nach Peterwardein gegeben [4]).

Am folgenden Tage mit Sonnenaufgang rüsteten sich beyde Heere
zur Schlacht, welche Eugen beschlossen, Ali nicht länger vermeiden
konnte. Von Slankamen und Carlowicz, jenes in der Geschichte der
Schlachten, und dieses der Friedenschlüsse erlaucht, ordnete Eugen
hundert sieben und achtzig Reitergeschwader und zwey und sechzig 13. Aug.
Schlachthaufen Fußvolkes zur Schlacht, der linke Flügel durch einen
Morast, der rechte durch steile Anhöhen gedeckt. Die Türken andert-
halbhunderttausend Mann stark, vierzigtausend Janitscharen, dreyßigtausend Sipahi, die Übrigen, Tataren, Walachen, Arnauten und
Ägypter stellten der deutschen Reiterey, von Palffy, Merey, Falken-
stein, Martigni, Patre und Nadasdy befehligt, auf dem rechten Flügel die ihrige entgegen. Um sieben Uhr Morgens begann die Schlacht.
Schon winkte den Deutschen der Sieg, als die Janitscharen auf dem

---

[1]) Raschid II. Bl. 159. [2]) Gesch. der Feldzüge der k. k. Armee, unter dem
Commando des Prinzen Eugen, nach Original-Acten bearbeitet (in der österr.
militär. Zeitschrift 1808 S. 501 u. f). [3]) Hist. militaire du Prince Eugène de
Savoie à la Haye 1729. Fol. p. 103, 106. [4]) Raschid II. Bl. 160 u. 169.

IV.   10

linken Flügel das deutsche Fußvolk zurückwarfen; Wallenstein, Lanko und Bonneval versuchten vergebens die Ordnung herzustellen; die beyden ersten fallen, der letzte vertheidigt sich mit zweyhundert Mann, und als diese auf fünf und zwanzig verdünnt, schlägt er sich mit denselben durch. Eugen befehligt die Reiterey vom linken Flügel, und den Rückhalt der Nothhülfe zur Unterstützung des weichenden rechten Flügels. Prinz Alexander von Würtemberg mit Starhemberg, Wallis, Thurn im Mittelpuncte des Treffens halten wacker aus; die türkische Reiterey von der deutschen verhindert, den Janitscharen zu Hülfe zu kommen, ergreift die Flucht [1]. Der Großwesir war die ganze Zeit hindurch unbeweglich vor seinem Zelte vor der heiligen Fahne gestanden. Als nach dem Falle des Befehlshabers des linken Flügels, des Beglerbegs von Anatoli, Türk Ahmed's, die Sipahi und Silihdare auf einmahl die Flucht ergriffen, und Niemand mehr bey ihm als ein Haufe Lehensreiterey, als all sein Zureden, und auch die Säbelhiebe, welche seine Leute austheilten, um die Flüchtigen zum Stehen zu bringen, vergebens, stürzt er selbst an der Spitze seiner Aga den Feinden entgegen, und von einer Kugel an die Stirne getroffen, vom Pferde. Seine Leute luden ihn erst auf ein Pferd, dann auf einen Wagen, und führten ihn nach Carlowicz, wo er den Geist aufgab, zu Carlowicz, wo der hier geschlossene Friede, den er mit den Venetianern muthwillig gebrochen, jetzt von den Deutschen gerächt, und das Verderben, das er diesen an den Hals gewünscht, über seinen eigenen gekommen war. Der Desterdar Mohammed, der Mewkufatdschi Ibrahim, der Reis Efendi Mustafa, der Reichsgeschichtschreiber Raschid, welche um die heilige Fahne standen, nahmen dieselbe in ihre Mitte, und eilten, nur von einigen berittenen Gedikli und dem Aga der Sipahi begleitet, Belgrad zu. Als diese Flucht auf dem rechten Flügel, wo der Beglerbeg von Rumili, Ssari Ahmed, befehligte, ruchbar, wandten sich auch die Janitscharen nach Belgrad. Nach fünf Stunden, um Mittag, war die Schlacht entschieden, nur mit dem Verluste von dreytausend Mann von Seite der Deutschen, und des doppelten von Seite der Türken; hundert vierzehn Kanonen, hundert fünfzig Standarten, fünf Roßschweife, drey Paar Pauken waren die Beute und Trophäen. Das Zelt des Großwesirs, worin wichtige Briefschaften, unter denen das Beglaubigungsschreiben des pohlischen Hetmans Lidovski für den Abgesandten der Conföderation. Die Freude des Sieges trübte der Anblick des geschlachteten Grafen von Breuner [2]. Am folgenden Tage wurde des Großwesirs Leichnam im Vorhofe der Moschee S. Suleiman's zu Belgrad bestattet. Zu Belgrad sollte er ruhen, wo auch der als Großbothschafter des Friedens nach Wien gesandte Ibrahimpascha, dort als Statthalter gestor-

[1] Hist. militaire du Prince Eugène p. 108, und Hist. du Prince Eugène V. p. 47. [2] Ferrari p. 115.

ben, ruhte, bis dessen Grabstein nach siebzig Jahren vom letzten Er=
oberer Belgrad's, Loudon, als Trophäe nach Wien geführt ward;
derselbe steht noch heute im Waldesschatten von Habersdorf [1] (wo
das Grabmahl Loudon's), ein durch feine türkische Inschrift redendes
Denkmahl von seltsamem Gräberverein. So ruhten also damahls der
Großbothschafter, welcher den Frieden von Carlowicz bestätiget, und
der Großwesir, welcher denselben gebrochen, zu Belgrad neben ein=
ander; der letzte, Morea's Eroberer, ohne Feldherrntalent, ein be=
redter und besonders in den Schriften der Erkenntniß der Ssofi be=
lesener Mann [2], ohne daraus sich selbst kennen gelernt zu haben,
weil sein inneres Auge in Hochmuth erblindet [3]. Seinen Glauben an
Astrologie bestärkte der Kiaja, um seines Einflusses auf ihn so sicherer
zu seyn. Voriges Jahr hatten ihm die Zeichen des Himmels die Er=
oberung von Morea versprochen, für heuer aber mit der Eroberung
von Ofen erbärmlich getäuscht [4]. Hierauf vereinten sich die Begler=
bege von Rumili und Erserum, die Aga der Truppen, der Defter=
dar und Reis Efendi, die Präsidenten der Kanzleyen Rufname und
Mewkufat unter dem über die heilige Fahne aufgeschlagenen Zelte zur
Berathung über den nach Hof zu erstattenden Bericht [5] und die
Übertragung des Oberbefehls. Dieser gebührte, der Regel nach, dem
Beglerbeg von Rumili, welcher sich aber denselben anzunehmen wei=
gerte, aus Furcht vor dem Kiaja, einem äußerst bösartigen, verhaß=
ten, lügenhaften Ränkeschmiede. Da nahm Ibrahim, der Mewkufat=
dschi, das Wort, stellte vor, daß, da der Kiaja keine Roßschweife
führe, sich nicht denken lasse, daß ihm der Sultan den Oberbefehl
verleihen könne, beredete die Truppen, Abgeordnete an ihn zu schi=
cken, um ihn zur Annahme zu bewegen, und bewirkte dieselbe. Der
Schreiber des Schatzes setzte den Bericht auf; da darin gesagt ward,
daß der Hauptposten der feindlichen Reiterey gegen die heilige Fahne
gerichtet, zu deren Vertheidigung Niemand gegenwärtig gewesen,
fingen die Sipahi und Silihdare, die bestellten Leibwachen der heili=
gen Fahne, gewaltig zu schreyen an, und noch stärker die Janitscha=
ren, als die Schuld auf dieselben abgeleitet werden sollte; nach lan=
gem Zanke ward endlich entschieden, daß jeder seine Schuldigkeit ge=
than, daß Niemand am Verluste der Schlacht Schuld gewesen, als
des Großwesirs Eigensinn und verkehrter Rathschlag, und zum Über=
bringer des Berichtes wurde der Mewkufatdschi Ibrahim ausersehen,
welcher, im Serai erzogen, als der regierende Sultan noch Kron=
prinz, schon dessen vorzüglicher Gunst sich erfreute, als Secretär des
Sultans sogar Roßschweife abgelehnt hatte, und seitdem in Finanz=
ämtern verwendet, als Präsident der Rechenkammer, und dann der

---

[1] Die Inschrift in Text und Übersetzung in den Fundgruben des Orients
V. S. 331. [2] Raschid II. Bl. 161. [3] Eben da. [4] Derselbe Bl. 162.
[5] Eben da.

des Mewkufat mit ins Feld gezogen war ¹). Am vierten Tage nach der Schlacht traf er damit zu Constantinopel ein.

Der Sultan war so froh, seinen alten Jugendgefährten in Ibrahim wieder zu sehen, daß durch die Freude über dessen Ankunft der Schmerz über die Niederlage sehr gemildert ward. Das Reichssiegel wurde dem Statthalter von Belgrad, Chalil, zugesandt, welcher, ein Albaneser von Ilbessan, als Bostandschi ins Serai gekommen, sich zum Chaßeki Odabaschi, endlich zum Bostandschibaschi hinauf=, dann als Statthalter von Meraasch hinausgeschwungen hatte, beym Ausbruche des Krieges mit Ausbesserung Nissa's und dann mit der Huth Belgrad's beauftragt worden war ²). Nebst dem Vermögen des letzten

21. Aug.
1716. Großwesirs ³) wurde der Kiaja Ibrahim und Secretär des verstorbenen Großwesirs, und Laalisade ⁴) Efendi, einer seiner Vertrauten, in Empfang genommen, der letzte ob Verdacht von Wahrsagerey, indem er sich vermuthlich die im Zelte des Großwesirs gefundene Auslegung des Traumes und die Prophezeyung der Bairamsfeyer zu Ofen erlaubt hatte ⁵). Die Stelle des Kaimakams erhielt Ibrahim der Mewkufatdschi, die des eingesperrten Ibrahim ein dritter Ibrahim, und die des Reis Efendi Mustafa, Suleiman; der letzte, bloß um dem Volksgerede, das den vorigen als Theilnehmer an Maßregeln des Kiaja bezeichnete, ein Ende zu machen, wiewohl der Reichsgeschichtschreiber, welcher allen Kriegsberathungen beygewohnt, bezeugt, daß er dem Kiajabeg stets andere Meinung entgegengesetzt. Die Stelle des Anführers der Pilger ward einem vierten Ibrahim, nähmlich dem Oberststallmeister, verliehen ⁶). Es regierte im eigentlichsten Sinne der Nahme Ibrahim, aber nicht durch die drey letzten, sondern den ersten, den Kaimakam, den vorigen und noch dermahligen Günstling, welcher, der Sohn eines Sipahi Woiwoden von Isdin bey Kaißarije, als Baltadschi ins Serai gekommen, das Beil bald mit der Feder vertauscht ⁷), unter der vorigen Großwesire Regierung durch Entfernung aus dem Serai der Eifersucht derselben auswich, und später, wie andere Baltadschi seine Vorfahren selbst Großwesire der nahmenswerthesten einer. Der Todesbefehl, welcher am Tage der Schlacht von Peterwardein wider den nach Jerusalem verwiesenen Elhadsch Mohammedpascha erlassen worden war, wurde, wiewohl schon abgegangen, glücklicher Weise zurückgeholt. Der Großwesir hatte durch dessen, am Vorabende seines eigenen Todes, erstatteten Todesvortrag, alten Groll durch die Anklage, daß jener (weil er für den letzten russischen Frieden gesprochen) mit den Ungläubigen verstanden sey, befriedigt, und so ungern der Sultan diesen Vortrag auch fertig=

<hr>

¹) Raschid II. Bl. 163 u. 164. ²) Osmansade und Dilaweragasades Omer's Biographien der Großwesire. ³) Raschid II. Bl. 165. ⁴) Die Biographie seines Bruder Laalisade Scheich Mohammed in Scheichi's Biographien die 1485. ⁵) Raschid II. Bl. 166. ⁶) Derselbe Bl. 165. ⁷) Derselbe Bl. 163 und die Biographien der Großwesire.

te, so konnte er doch nicht anders, weil Vorträge von Großwesiren-
Seraskern im Felde erstattet, nicht zurückgewiesen werden können ¹).
Verdientere Fertigung erhielt der zur Hinrichtung des vorigen Kiaja,
des arglistigen, boshaften Ibrahim erstattete Vortrag ²). Der Beglerbeg von Rumili, Ssari Ahmedpascha, und der Defterdar Elhadsch
Mohammed erhielten die Wesirswürde, der letzte nicht ohne des Sultans und Kaimakams Unwillen über dessen heißhungrigen Ehrgeiz,
welcher, nicht zufrieden, die Bitte durch den Mewkufatdschi, Überbringer des Schlachtberichtes, mündlich zu den Ohren des Sultans gebracht zu haben, dieselbe zu gleicher Zeit schriftlich durch den Serdar
Ssari Ahmed, Stellvertreter des Großwesirs, angebracht hatte. Diese doppelte Bitte schadete ihm sowohl im Geiste des Sultans als Ibrahim's, welcher die Verleihung schon erwirkt hatte, als der Vortrag
ankam ³). Ssari Ahmedpascha genoß nicht lange des dritten Roßschweifes, denn als er die Besatzung von Belgrad scharf mustern wollte, umringten ihn die, schon seit der Schlacht von Peterwardein her
(deren Verlust größten Theils ihm zugeschrieben ward) wider ihn er-
boßten Soldaten zu Batudschina, und säbelten ihn in Stücke. Der
vorige Defterdar, Mustafapascha, trat in die Besatzung von Belgrad ⁴). Die eingelaufene Nachricht, daß Temeswar, das letzte Bollwerk des Islams in Ungarn, gefallen, wurde über vierzehn Tage verheimlicht ⁵). Am zwanzigsten Tage nach der Schlacht von Peterwar- 25.Aug.
dein stand Eugen belagernd vor dieser damahls, noch mehr durch ihre   1716
natürliche Lage mitten in Morästen der Temes und Bega, als durch
ihre Werke festen Hauptstadt des Banates. Temeswar bestand damahls
aus der Stadt, dem Schlosse, der Palanke. Sechzehn Regimenter
Reiterey, vom Grafen Palffy, zehn Bataillone Fußvolks, vom Prinzen Alexander von Würtemberg befehligt, waren das Belagerungsheer,
welches der Bericht des osmanischen Reichshistoriographen auf hundert fünfzigtausend Mann ⁶), die vier und vierzig Tage der Belagerung auf zwey und siebzig vermehrt, das zum Entsatze herbeygeeilte
Heer Kurdpascha's von sieben bis acht und zwanzigtausend auf fünfzehntausend vermindert. Der Versuch Kurdpascha's, zwölftausend
Mann Janitscharen, Sipahi und Tataren mit Mundvorrath in die
Festung zu werfen, mißlang. Viertausend blieben auf dem Platze.
Nach vierstündigem Sturme ward die Palanke mit dem Verluste von
vierhundert Todten, vierzehnhundert Verwundeten genommen. Der
Prinz Emanuel von Portugal und der von Bevern, mit dem Prinzen
Alexander von Würtemberg, die Generale Langlet, Wallis, Lieben- 13.Oct.
stein, leiteten den Sturm der Palanke und die Arbeiten der Belage-
rung so glücklich, daß die Festung capitulirte. Von achtzehntausend

---

¹) Raschid II. Bl. 167. ²) Eben da. ³) Derselbe Bl. 166. ⁴) Derselbe Bl. 169.
⁵) Derselbe 168. ⁶) Eben da. Histoire du Prince Eugène V. 62. f. Griseli-
ni's Geschichte des Temeswarer Banates I.

Mann der Besatzung zogen zwölftausend [1]) aus, tausend Wagen, statt der begehrten siebentausend, führten ihr Gepäck. Eugen machte keine Schwierigkeit, dem Abzuge des Gesindels von Renegaten und Kruczen [2]) nichts in Weg zu legen; eben so gern sagte er zu, daß die Armenier, Griechen, Rascier, Albaneser, welche nicht abziehen wollten, ungehindert in der Stadt verbleiben könnten. Er unterhielt schon seit Beginn dieses Feldzuges Einverständniß mit den Christen in Servien und Albanien durch Zusicherungen von Hülfe zur Befreyung vom Joche türkischer Tyranney. Hundert und zwanzig Kanonen, die meisten mit Wapen deutsch = römischer Kaiser, donnerten die Freuden= kunde der Befreyung Temeswar's aus hundert fünf und sechzigjähri= ger Sclaverey. Nach Temeswar's Eroberung war der Weg nach der Walachey frey. Zwölfhundert Servier, vom Bayern Dettin befeh= ligt, führten einen glücklichen Überfall auf Bukarest aus, das sie plün= derten, und den Hospodar Nicolaus Maurocordato nach sich führ= ten [3]). Diese Wegführung verbürgte der Pforte die Treue des Hospo= dars, der nicht wie seine Vorfahren, die heimlich mit den Deutschen gehalten, und jüngst durch Unterhaltung der Correspondenz mit Ra= koczy mittelst des Mönches Isaias der Pforte gute Dienste geleistet [4]). Zur Anerkennung derselben wurde sein Bruder, der bisherige Pfor= tendolmetsch, Johann Maurocordato, als Woiwode der Walachey installirt [5]). Die Pfortendolmetschstelle erhielt der ihm von weiblicher Seite verwandte Ghika. Nicht so erfolgreich als der Überfall von Bu= karest war der zwey Monathe hernach vom Rittmeister Ernau versuchte Überfall von Jassy, wo dem sich in dem Schlosse Tschetazuje verthei= digenden Fürsten ein Paar tausend Tataren wider die Paar hundert Husaren zu Hülfe kamen, wie dieß der jüngere Costin Niclas (der Chawendemir der Moldau, so wie sein Oheim Myron der Mircha= wend derselben) umständlich erzählt [6]).

Die Nachricht von der Niederlage bey Peterwardein entmuthigte vollends die Belagerung von Korfu, wo Schulenburg's Geist und Muth ein Fels im Meere wider des Kapudanpascha und des Serdars Kara Mustafapascha vereinte, aber nicht einträchtig zusammenwirkende Macht [7]). Mit dreyßigtausend Reitern und dreytausend Fußgängern hatten die Türken jüngst auf der zum Gebiethe von Butrinto gehöri= gen Halbinsel Xamilia gelandet, dann vor der Festung zwey Anhöhen erstürmt, wider welche von zwölf Posten der Stadt hundert Kano= nenschlünde Feuer spien. Die Belagerer gruben sich keineswegs regel= mäßig in Annäherungsgräben ein [8]), und schossen keinen Wallbruch, sondern schossen, wie zum Zeitvertreib, bloß nach dem hohen Thurme

25.Nov. 1716

2. Dec.

21.Jan. 1717

[1]) Histoire de la guerre d'Hongrie. Vienne 1788. [2]) Cette canaille peut se retirer partout où elle voudra. Hist. du Prince Eugène p. 82. [3]) Engel's Geschichte der Walachey II. S. 7. Chiaro S. 223. [4]) Raschid II. Bl. 171. [5]) Derselbe Bl. 172. [6]) Im XII. Bande der notices et extraits de manu= scrits de la bibl. du Roi p. 274—393. [7]) Raschid II. Bl. 164. [8]) Ferrari p. 127.

St. Spiridion's, der jedoch unbeschädigt blieb, und warfen Bomben in die Stadt, wider welche sich die Männer in der alten Stadt, die Weiber unter den Casematten sicher stellten. Nachdem ein Ausfall **18.Aug.** mißlungen, fiel Schulenburg zum zweyten Mahle an der Spitze von **1717** nur achthundert Mann aus, und schlug sie in siebenstündigem Gefechte zurück. Tags darauf zerriß ein südlicher Sturm die Flotte und das Lager der Belagerer, und zwey Tage darauf schifften sie sich in der größten Verwirrung ein, mit Zurücklassung von drey und zwanzig großen scharfen Metzen, dreyßig Falkaunen, sieben Mörsern, zweyhundert siebzig Paar Büffeln zur Bespannung der Kanonenwagen, hundert fünfzig Kanonenpferden, zweytausend anderen, und dem ganzen Vorrathe von Pulver und Bley [1]. Schulenburg besetzte hierauf Butrin- **21.Aug.** to und befestigte wieder das geschleifte S. Maura. In Dalmatien und Albanien begnügten sich die Türken in diesem Feldzuge wider Berlica, Proloc, und Duare zu streifen, die Bewohner von Pastrovich und Montenegro zu bedrohen. Der Pascha von Bosnien lagerte zu Euprez, der von Albanien zu Cernizza. Emmo rannte mit den zu Cattaro gesammelten Truppen von Macaresca, Primorize, Virgoraz und Opus, durch das Gebieth von Zuppa und Budua bis Antivari, nahm Ottovo, Zarine und Popovo weg [2]. Die größte Schuld von Korfu's aufgehobener Belagerung wurde dem Kapudanpascha, Dschanüm Chodscha, beygemessen, welchem schon im vorigen Feldzuge die Entwischung der venetianischen Flotte zu Modon angeschuldiget worden, der sich aber damahls durch des Kiaja Einfluß glücklich aus der über ihn verhängten Untersuchung herausgewickelt. Zu Korfu hatte er den Serdar aus Gehässigkeit nicht unterstützt, das nach der Niederlage von Peterwardein erlassene Handschreiben, welches ihm, wenn in drey Tagen nach Ankunft desselben die Festung nicht fiele, aufzubrechen erlaubte, statt wie er sollte, geheim zu halten, öffentlich kund gemacht, dadurch die übereilte Einschiffung der Truppen, die sich nicht mehr halten ließen, veranlaßt [3], und einen der wackersten Capitäne der Flotte, Hasan Chodscha, an die Segelstange aufhängen lassen. Alles dieß bewirkte seine Absetzung und gefänglichen Verhaft in den sieben Thürmen [4]. An seine Stelle war Ibrahimpascha, welcher schon unter Ali's von Tschorli Großwesirschaft drey Jahre Großadmiral, und seitdem Führer der Pilgerkarawane gewesen, ernannt, so daß er nun nicht weiter die Schiffe der Wüste, wie die Araber die Kamehle nennen, sondern die Karawanen des Meeres, nähmlich die Flotten, anführte [5]. Wie der Unfall von Korfu dem Kapudanpascha, wurde der von Peterwardein zum Theil dem Ausbleiben des Tatarchans zugeschrieben, und auch dieser deßhalb abgesetzt. Es wurde für dienstersprießlich gehalten, den Chan dießmahl nicht aus den Söhnen Se-

[1] Raschid II. Bl. 165. [2] Ferrari. [3] Raschid II. Bl. 176. und 177. [4] Derselbe Bl. 178. [5] Derselbe Bl. 177.

16.Dec.
1716

29.Dec.

limgirai's, sondern aus einer anderen Linie zu nehmen, und die Wahl fiel auf den alten Kara Dewletgirai [1]). Da diese Wahl aber nicht die Zustimmung der Mirsen und Schirinbege erhielt, kehrte man wieder zur Familie Selimgirai's zurück, und der Kalgha Dewlet- girai's, Seadetgirai, wurde als Chan installirt [2]). Kara Dewletgirai starb bald hernach [3]). Mit der Rückkehr des neuen Chans nach der Krim [4]) fiel die Ankunft eines indischen Gesandten zusammen [5]). Eine französische Gesandtschaft nach Persien hatte der Statthalter von Rakka angehalten [6]), und der von Bagdad hatte den Fund eines Topfes mit kufischen Silbermünzen, im Werthe von siebenhundert fünfzig Para, einberichtet, welcher dem Schaße von Bagdad eingeliefert worden [7]). Zwey der ausgezeichnetsten Ulema, die Gebrüder Kewa- kibisade, welche der vorige Großwesir, einen nach Meraasch, den an- dern nach Malatia verwiesen hatte, wurden zurückberufen [8]). Zwey andere, der eine durch seine Gelehrsamkeit, der andere durch seine Schönschreibekunst ausgezeichnete Ulema starben, jener der Oberst- landrichter Ssahhaffsade, d. i. der Sohn des Buchhändlers [9]), dieser Durmischsade, der berühmteste Taalikschreiber seiner Zeit, von dessen Hand die schönen Inschriften auf den zu seiner Zeit gebauten Mo- scheen, Ali's von Tschorli, der Walide, des Kapudan Ibrahimpascha, des Mufti Feisullah, des Serai von Galata und den Fontainen des leßten Köprili Großwesirs im Serai von Kutschukdepe zu Adriano- pel [10]). Die nun als Mond von vierzehn Jahren voll gewordene, und dem vorigen Großwesir Ali verlobte Tochter des Sultans, Fati- ma, wurde dem Günstling Ibrahimpascha als Gemahlinn zugeschla- gen [11]); so daß derselbe nun Eidam Kaimakam; der andere Eidam, der Defterdar Mohammedpascha, wurde, weil er dem Geschäfte nicht gewachsen, abgeseßt [12]), und der vorige Defterdar, Mohammed der Gelbe, welcher so große Gier nach dem dritten Roßschweife an Tag gelegt, weil er die ihm auferlegten dreytausend Mann aus eigenem Beutel nicht gehörig gestellt, hingerichtet [13]). Der Defterdar Eidam starb bald hernach [14]). Um sich auf den nächsten Feldzug gehörig vor- zubereiten, wurde der eifrigste Briefwechsel mit den ungarischen Re- bellen, Rakoczy und Berczeny, unterhalten [15]), und Befehle der Truppensammlung erlassen [16]). Ein anderer Befehl schärfte den Ge- neralen der Sipahi und Ssilihdare ein, die erledigten Sipahistellen nicht, wie in der leßten Zeit durch Mißbrauch geschehen, auf Einen Kopf zu häufen, so daß mancher hundert zwanzig und hundert fünfzig Aspern des täglichen Soldes hatte, während vormahls derselbe nie neunzig Aspern überstiegen [17]). Der Ssilihdar ging von Adrianopel

---

[1]) Raschid II. Bl. 173. [2]) Derselbe Bl. 175. Fehlt sowohl bey Deguignes als Sestrencewicz. [3]) Raschid II. Bl. 178. [4]) Derselbe Bl. 177. [5]) Derselbe Bl. 175. [6]) Derselbe Bl. 157. [7]) Derselbe Bl. 158. [8]) Derselbe Bl. 174. [9]) Derselbe Bl. 178. [10]) Derselbe Bl. 180. [11]) Derselbe Bl. 177. [12]) Derselbe Bl. 178. [13]) Eben da. [14]) Derselbe Bl. 185. [15]) Derselbe Bl. 175. [16]) Eben da. [17]) Derselbe Bl. 179.

nach Constantinopel, mit dem Auftrage, mit Zuziehung des Kaima=
kams aus dem kaiserlichen Schatze des neuen Serai, welcher der Schatz
der Cisterne heißt [1]), sechshundert fünfzehn Okka, hundert zwey und
siebzig Drachmen Silber, und an Silbergeschirren und Reitzeug zwey=
hundert fünf ein halbes Okka, vierhundert sieben und zwanzig Drach=
men an die Münze abzuliefern. Nachdem die Roßschweife aufge=
steckt [2]), das gewöhnliche Kriegsgebeth [3]) anbefohlen worden, und
der Großweßir mit dem Lager nach Nissa vorausgegangen, brach auch
der Sultan von Adrianopel nach Sofia auf.

Der Großweßir war erst von Adrianopel aufgebrochen, als das
kaiserliche Heer unter Engen bey Wisnitza in der Nähe von Pancso=
va über die Donau gegangen, sich zwischen der Donau und Sava,
gerade mitten vor Belgrad gelagert hatte [4]). Der Statthalter von Ru= 15.Jun.
mili, Schatir Alipascha, war nach der Ebene von Weretschar, und =¹⁷¹⁷
von da in die Festung gekommen; der mit dreyßigtausend Mann be=
stimmte Statthalter von Diarbekr, Redscheb [5]), nachdem er Mehadia
eingenommen, wurde jetzt gegen Belgrad befehligt, den ferneren Ab=
zug feindlicher Heere bey Pancsova zu hindern [6]). Da der voraus an
die Brücke der Morawa gesandte Sohn Kara Mustafa's (des Beläge=
rers von Wien), Alipascha, berichtete, daß die Noth höchst dringend,
brach der Großweßir Hälfte Julius von Nissa gegen die Morawa auf. 12.Jul.
Indessen hatte Eugen Belgrad schon drey Wochen lang belagert. Ein
Haufe deutscher und französischer Prinzen hatte sich unter seinen Fah=
nen versammelt, um an dem Ruhme der Eroberung des Hauses des
heiligen Krieges Theil zu nehmen. Die Prinzen von Bayern, Wür=
temberg und Hessen, Bevern, Culmbach, Anhalt Dessau und Lichten=
stein, die Prinzen Dombes, Marsillac, de Pons; die Grafen Char=
lois, d'Estrade, der Marquis d'Allincourt, Sohn des Maréchal Ville=
roi [7]), leuchteten mit ihren Nahmen und Federbuschen als französische
Ritter vor, wie bey den Belagerungen Kandia's und Ofen's, wie
bey den Schlachten von Nikopolis und St. Gotthard. In der ersten
Linie befehligten die Generale Montecuccoli, Starhemberg, Bonne=
val, Brown, Daun, Windischgrätz, Dalberg, in der zweyten Na=
dasdy, Mercy, Harrach, Lobkovitz, Arenberg, Holstein, Friedrich
von Würtemberg, und Emanuel von Savoyen, der Neffe Eugen's [8]);
der Freyherr von Petrasch, welcher Sabacz durch Überfall zu neh=
men vergebens versucht, stellte sich zwischen Sabacz und Mitrovitz auf.
Am ersten August erschien endlich das osmanische Heer auf den Höhen 1.Aug.
von Crutzka oder Hißardschik, achtzigtausend Janitscharen, zehntau=
send asiatische, eben so viele europäische Lehenstruppen, zwanzigtau=

[1]) Raschid II. Bl. 190. [2]) Derselbe Bl. 180. [3]) Derselbe Bl. 182. [4]) Der=
selbe Bl. 181. Histoire de la guerre d'Hongrie p. 121. Hayne Abhandlung
der Kriegskunst der Türken S. 402. Hist. du Prince Eugène und Dumont.
[5]) Raschid II. Bl. 182. [6]) Derselbe Bl. 183. 7) Hist. de la guerre d'Hongrie
S. 105. [8]) Eben da S. 128 und 129.

send Sipahi und Freywillige und dreyßigtausend Tataren, und Belgrad's Besatzung war noch gegen dreyßigtausend Mann stark. Statt
mit so überlegener Macht wider das, auch durch die Belagerungsarbeiten von achtzigtausend Mann [1]) um vieles heruntergebrachte feindliche Heer sogleich einen entscheidenden Schlag zu führen, verlor der
Großwesir seine Zeit in Berathungen, indem er bald den Nischandschi
Mohammedpascha, bald den Reis Efendi Kadri, bald den im Lager
befindlichen Oberststallmeister des Sultáns, Haideraga, um ihre
Meinung fragte, und zuletzt keinén, nicht einmahl den Tatarchan an-
hörte, nachdem seine Ankunft mit siebzigtausend Tataren das Lager
verstärkt [2]). Vierzehn Tage lang beschossen sich die beyden Lager gegenseitig auf das lebhafteste, die Türken aus hundert vierzig Kanonen
und fünf und dreyßig Mörsern [3]), jeder Theil auf den Abzug des anderen harrend; als endlich der Mangel an Fütterung den Großwesir
dennoch nicht, wie Eugen gehofft, abzuziehen zwang, und er zuletzt
den Angriff desselben als unvermeidlich voraussah, wollte er denselben
16.Aug. lieber kiesen, als erwarten. Die Schlacht war der glänzendsten eine,
1717   in der sich alle Truppen und Generale des kaiserlichen Heeres an Heldenmuth überbothen. Die Bayern stürzten sich am linken Flügel auf
einen Stückwall von achtzehn Kanonen, den zwanzigtausend Janit-
tscharen und viertausend Tataren vertheidigten, die leichte Reiterey
und das Fußvolk des Prinzen Alexander von Würtemberg unterstützten den Angriff, und der genommene Stückwall spielte nun wider die
Türken [4]). Der Niederlage des linken Flügels folgte die des rechten,
und allgemeine Flucht. Zehntausend Türken getödtet, fünftausend verwundet und eben so viele gefangen, der Verlust des christlichen Heeres
nicht zweytausend Todte, über dreytausend Verwundete, unter den
Todten die Feldmarschallieutenante Graf Hauben, der General Dalberg, ein junger Graf Palffy, ein Fürst Thurn und Taxis, die Mar-
chesen Clerici und Villette; unter den Verwundeten, Fürst Lobkovitz,
Prinz Friedrich von Würtemberg, die Generale Nottenhahn, Loca-
telli, Arigoni, der Feldmarschall Graf Palffy, welchem Eugen allein
das Geheimniß der zu liefernden Schlacht sammt dem Plane derselben
anvertraut hatte, und Engen selbst [5]). Die Beute hundert ein und
dreyßig Kanonen von Erz, fünf und dreyßig Mörser, deren einige
Bomben von zwey Centnern warfen, zwanzigtausend Kanonenkugeln,
dreytausend Bomben, dreyßigtausend Granaten, sechshundert Fässer
mit Pulver, dreyhundert mit Bley, ein und fünfzig Fahnen, neun
Roßschweife, vier Trompeten, eine große Janitscharentrommel, eine
große Pauke der Sipahi, und zwey Paar keine. Eugen behielt wie
bey der Schlacht von Peterwardein das Zelt des Großwesirs für sich.

---

[1]) Dumont hist. milit. du Prince Eugène p. 123. [2]) Raschid II. Bl. 184.
[3]) Neue österr. milit. Zeitschrift 1811 S. 27. [4]) Hist. de la guerre d'Hongrie
p. 195. [5]) Dumont hist. milit. p. 130. Hist. de la guerre d'Hongrie p. 197.
Neue österr. milit. Zeitschrift 1811 S. 39.

Am zweyten Tage nach der Schlacht ward die Übergabe Belgrad's unterschrieben, deren Besatzung mit fliegenden Fahnen und klingendem Spiele abzog. Die Summe der in der Stadt, auf den Donauinseln, und auf der Tschaikenflotte eroberten Kanonen betrug über siebenthalbhundert [1]. Unter den türkischen Anführern war schon vor der Schlacht der Kapudan der Tschaikenflotte, der wackere Ibrahim, geblieben [2]. Der Fall Belgrad's zog unmittelbar den des Großwesirs, dessen Untüchtigkeit daran Schuld, nach sich; das Siegel trug der Sultan dem Eidam Kaimakam an; aber dieser verbath sich dasselbe aus Klugheit, weil der nicht günstig zu hoffende Ausgang des Krieges nothwendig wieder den Sturz des Großwesirs nach sich ziehen mußte; er wandte also dasselbe einem seiner Schützlinge, dem Nischandschipascha Mohammed, dem Sohne eines ägyptischen Kaufmannes aus Kaißarije, zu, welcher vormahls als Strohschreiber eines Pascha von Haleb eingetreten, nach der Hand zu untergeordneten Stellen befördert, bey Eröffnung des vorjährigen Feldzuges dem Eidam Ibrahim bekannt und gefällig geworden, von demselben zum Nischandschi, Wesir, und jetzt zum Großwesir gehoben ward [3]. Die beyden Rathgeber des vorigen Großwesirs, der Reis Efendi Kadri und Haideraga, wurden aus dem kaiserlichen Lager entfernt [4].

Während des Feldzuges vor Belgrad begab sich in Siebenbürgen, Bosnien, Dalmatien und auf dem Meere, was folgt. Der ursprünglich nach Siebenbürgen bestimmte Serdar Redschebpascha, zu dessen vierzigtausend Streifern und Freywilligen noch Kaplangirai mit zehntausend Tataren gestoßen, beschränkte seine Waffenthaten auf die Eroberung Mehadia's und der neuen Palanke, und zog sich dann feig nach Orsova und bis Widdin zurück [5]; hingegen vereitelte in Bosnien die Vorsicht Köprili Nuumanpascha's die Unternehmung des Generals Petrasch auf Zwornik, indem er sich an dem Scheidepuncte des Weges von Novi und Zwornik mit seiner ganzen Macht aufstellte [6]. Noch vor Belgrad's Eroberung hatten die beyden Befehlshaber von Zrin und Costanizza die türkischen Festungen Novi, Kamingrad, Maydan mit tausend Pferden und fünfhundert Haiduken im Thale Uranovaglava an der Unna unweit Novi überfallen wollen, aber Ezerich, davon kundig, ging über die Unna, postirte sich zu S. Catharina, und vereitelte ihre Unternehmung [7]. Die türkischen Einfälle in Siebenbürgen, in das Banat und Oberungarn rächte der Feldmarschall Stainville durch die Brandschatzung Jassy's und die Zerstörung

3. Jun. 1717

---

[1] Die Liste bey Dumont und in der hist. de la guerre d'Hongrie p. 211. Vita e campeggiamenti di Francesco Eugenio di Savoya und Ferrari und Hahne. [2] Raschid II. Bl. 185. [3] Biographien der Großwesire von Osmansade und Dilaweragafade Omer. Raschid II. Bl. 186. [4] Eben da. [5] Derselbe Bl. 187. [6] Derselbe Bl. 189. Hist. de la guerre d'Hongrie p. 210. Hahne S. 419. Neue österr. milit. Zeitschrift 1811 S. 40. [7] Bericht von dem Strich bey S. Catharina im Zrinerfelde v. 3. Jun. 1717. M. B.

der Residenz des Hospodars ¹). In Dalmatien hatte Alois Moceni- .
go, der Nachfolger Emmo's, die von den Türken bedrohten Posten
Popovo, Ottovo und Zarine wider dieselben gesichert ²); tausend
Krieger der Gränze Moßtar, Scoblato und Goranje ins venetianische
Gebieth verpflanzt ³), dann Imoschi belagert, das feste Gränzschloß
der Herzegovina, welches von der dalmatinischen Seite die Schlösser
von Sing, Almissa, Duare, Primorie, Macarsca und Vergoraz
deckt, von der herzegovinischen die Straße nach Duuno, Gliubuschi,
Pocitegl und Moßtar, der Hauptstadt Hersek's, öffnet ⁴). Nach der
Eroberung Imoschi's erhielt Mocenigo, welchem der Weg nach Moßtar offen gestanden wäre, den Befehl, von Castelnuovo's Seite den
Krieg und Sieg weiter zu führen. Nach einer Berathung, welcher
von den festen Häfen Albanien's zuerst anzugreifen: Dulcigno, Durazzo, Vallona, Alessio oder Antivari? entschied er sich für das letzte,
weil es am nächsten der Gränze von Budua und Pastrovich; aber die
Belagerung mißlang, weil die Montenegriner nicht Wort hielten,
26. Oct. und der Pascha von Skutari zum Entsatze herbeyeilte ⁵). Glücklicher
1717 war Pisani in der Eroberung von Prevesa und Voniza, den beyden
Vormauern S. Maura's, welche den Meerbusen von Arta beherrschen ⁶). Die Begebenheiten zur See waren nicht entscheidend, drey-
Junius mahl zwar schlug sich der außerordentliche Capitän der Flotte, Flan-
gini, vor den Dardanellen auf der Höhe von Lemnos und Tenedos
mit der vier und dreyßig Schiffe starken Flotte des Kapudanpascha
Ibrahim, und fiel selbst als Seeheld ⁷); der türkischen Flotte begegneten die vereinigten Diedo's und Pisani's an den Gestaden Morea's auf der Höhe bey Calotyches ⁸), aber sie schienen sich beyde zu
meiden, und nicht zu suchen; Pisani segelte nach Cattaro und der
Kapudanpascha mit dem Verluste von zwey Schiffen nach Constantinopel zurück, wo die Flotte durch der Steuerleute und Capitäne Unvorsichtigkeit in vier und zwanzig Stunden größeren Verlust erlitt, als
2. Dec. während des ganzen Feldzuges, denn zwey Schiffe strandeten in der
Nacht ober den sieben Thürmen vor dem Sandthore, und am folgenden Morgen flog eines der in den Hafen eingelaufenen mit der
ganzen Mannschaft in die Luft ⁹). Als aber drey Monathe hernach abermahls Feuer im Arsenal durch Nachlässigkeit beym Kalfatern eines
Schiffes entstand, als sammt dem Schiffe das halbe Holzmagazin vier
und zwanzig Stunden lang brannte, wurde der Kapudanpascha, welcher zwey Schiffe an die Feinde, zwey durch Stranden, zwey durch
23. Feuer, und das Holzmagazin verloren, seiner Stelle in Ungnaden ent-
Febr. setzt, und dieselbe dem vorigen Kapudanpascha, welcher, seitdem zu-
1718 rückgesetzt, als Capitän des Admiralschiffes diente, mit drey Roßschwei-

---

¹) Neue österr. milit. Zeitschrift 1811 S. 43. ²) Ferrari S. 230 ³) Derselbe S. 231. ⁴) Derselbe S. 234. ⁵) Derselbe S. 240 u. 241. ⁶) Derselbe Bl. 242.
⁷) Derselbe S. 189. ⁸) Derselbe S. 195. ⁹) Raschid II. Bl. 189.

fen verliehen [1]). Ibrahim, der Siegelbewahrer des in der Schlacht von Zenta gebliebenen Großwesirs Elmas Mohammedpascha, brachte den abgesetzten Kapudan Ibrahimpascha nach Assow [2]). Da derselbe den Lewenden und Kaliondschi der Flotte zügellose Freyheit gelassen, wurde dem neuen so mehr eingeschärft, dieselbe in Ordnung zu halten, als auch die Truppen jüngst bey der Soldauszahlung zu Sofia gemeutert, und nicht eher sich zur Ruhe begeben hattten, bis nicht der Großwesir selbst den Säbel umgürtet, und mit seinen Aga sie in Stücke zu hauen gedroht [3]). Wider die Bedrückungen der Beglerbege und Bege, welche die Eintreibung der Kriegssteuer übertrieben, und die Unterthanen grausam drückten, erging ein den Betrag dieser Steuern regelndes kaiserliches Handschreiben mit dem Beysatze: „Wer dawider „handelt, den tödt' ich, so wahr mir der Koran helfe, der vom Him„mel gesandte [4]).“ Rákoczy, welchen aus Frankreich ein Aga zu hoh„len abgesandt worden, war endlich mittelst eines um fünftausend Piaster gemietheten französischen Schiffes angekommen, und zu Adrianopel als Fürst von Siebenbürgen empfangen worden [5]). Dem Statthalter von Bosnien, dem tapferen Köprili Nuumansade, wurden zweyhundert Beutel Geldes zur Bestreitung der ferneren Vertheidigungskosten Bosnien's, zugesendet [6]), und ihm zu Gefallen seinem Bruder Esaadbeg, dem dritten Sohne des tugendhaften, in der Schlacht von Slankamen gebliebenen Großwesirs, der dritte Roßschweif ertheilt [7]). Der Mufti Ismail, ein Geschöpf des Eidams Kaimakams, und von demselben nur unter der Voraussetzung, daß er seinen Ansichten nicht widerstreben werde, gehoben, verlor seine Stelle eben, weil er, auf dieselbe sich berufend, sich zu viele Freyheit in eigenmächtigen Verleihungen herausgenommen, und seiner Statt ward Abdullah mit dem weißen Ehrenkleide der höchsten Gesetzwürde angethan [8]); endlich wurde aber auch der Großwesir abgesetzt, und der Günstling Eidam des herannahenden Friedens gewiß, verweigerte nicht länger die Annahme der höchsten Würde des Reiches, der er von nun an bis zu Ende der Regierung Ahmed's III., zwölf Jahre lang in höchster Gunst und Machtvollkommenheit vorstand, ein den Frieden und die Früchte desselben hochschätzender, gerechter, staatskluger, Wissenschaft und Kunst liebender, sanfter, gutmüthiger Großwesir. Zur Auszeichnung sandte ihm der Sultan Montags (als einem glücklichen Tage, irgend etwas zu beginnen) statt des gewöhnlichen goldenen Siegels, welches das Zei= 9. May chen oberster Gewalt, den Smaragd mit eingegrabenem Nahmens= 1718 zuge, den er am Finger trug, als schöne Vorbedeutung glücklicher und edler Geschäftsführung, womit Ibrahim als Inhaber des Herrschersiegels das Reich im Frieden belebend und begrünend beglückte.

[1]) Osmansade's und Dilaweragasade's Biographien der Großwesire. [2]) Raschid II. Bl. 192. [3]) Derselbe Bl. 188 und 189. [4]) Derselbe Bl. 191. [5]) Derselbe Bl. 188. [6]) Derselbe Bl. 191. [7]) Derselbe Bl. 192. [8]) Derselbe Bl. 194.

. Schon im ersten Jahre des zwischen der Pforte und Österreich ausgebrochenen Krieges hatte der englische Minister Sutton zu Con=stantinopel eine Vermittelungsvollmacht seines Hofes erhalten; dem=selben stand die Einleitung einer Vermittelung an der Pforte schon aus dem Grunde vor Holland und Frankreich zu, weil England von allen europäischen Mächten zuerst schon vor einem Jahrhundert das Vermittelungsgeschäft zwischen der Pforte und Pohlen übernommen hatte [1]. Hierauf war Holland die zweyte, erst im Frieden von Car=lowicz aufgetretene. Das folgende Jahr machte der englische Both=schafter, Worthley Montague, welcher, nachdem seine Vorfahren, zuerst Huffey zu Belgrad und hernach Harbond zu Adrianopel, gestor=ben waren, nach Constantinopel ging, auf seiner Durchreise durch Wien einen Anwurf von Vermittelung, worauf aber geantwortet ward, daß vor Belgrad's Eroberung von Frieden nicht die Rede seyn könne. Der erste Friedensschritt kam unmittelbar nach der Eroberung Belgrad's vom ehemahligen Befehlshaber dieser Festung, Elhadsch Mustafapascha [2], welcher von Nissa aus an Eugen schrieb, und mit dem Antrage Belgrad's und seines Gebiethes seine vermittelnden Dien=ste anboth. So lange Chalil Großwesir gewesen, habe er sich nicht zu sprechen getraut, wie jetzt, seitdem Mohammedpascha an der Spitze der Geschäfte [3]. Einen Monath hernach schrieb der Großwesir selbst an Eugen [4], um Waffenstillstand und Vermittelung in Vorschlag zu bringen, ohne mit einem Worte des Antrages des letzten Befehlsha=bers von Belgrad oder der Abtretung Belgrad's zu erwähnen. Der Überbringer war der englische Bothschaftssecretär Heferman, aus dem Lager von Sofia. Eugen erwähnte in seiner Antwort des ersten An=wurfes, überging aber, in Erwartung der Weisung von Wien, die beyden Puncte des Waffenstillstandes und der Vermittelung mit Still=schweigen [5]. Sogleich erhielt Eugen die erbethene Weisung zum Frie=densgeschäfte, auf die Grundlage gegenwärtigen Besitzstandes, in welcher die ungarischen Rebellen, der Handel der Gefangenen, die Barbaresken, die heiligen Örter zu Jerusalem und die Walachey die Hauptpuncte [6]. Zu Anfang des Jahres hatte der österreichische Ge=neral Stainville mit Maurocordato eine Convention in sechs Artikeln abgeschlossen, vermög welcher festgesetzt worden, daß die kaiserlichen Truppen den Alt nicht überschreiten sollten. Zu gleicher Zeit wurde der Hofkriegsrath Herr von Talman mit der nöthigen Vollmacht zur

Marginal dates: 1622 · 5.Sept. 1717 · 19.Oct. · 13.Oct. · 8.Febr.

---

[1] Worthley Montague's Depesche an Addison aus Basardschik vom 13. Nov. 1717. In der St. R. [2] Milit. Zeitschrift 1811 S. 46. [3] Das Schrei=ben vom 5. Sept. im Hausarchive. [4] Raschid II. Bl. 187. [5] Das Schreiben mit Eugen's Einbegleitung vom 6. Oct. 1717 in der St. R. vom Secretär Worthley Montague überbracht, in Vendramino Bianchi's istorica relazione della pace di Posaroviz p. 17. [6] Instruction für Eugen, Prinzen zu Sa=voyen, in 23 Artikeln 13. October 1717, in der St. R. und Vollmacht vom 23. Sept. eben da.

Friedensunterhandlung verfehen ¹). An die Stelle des, weil er dem kaiserlichen Hofe mißfällig, von Constantinopel abberufenen Worthley Montagie ²) kam der englische Minister Stanyan über Wien, wo auch Sutton, der vorige Bothschafter, von Seite England's mit dem Vermittlungsgeschäfte beauftragt. So sehr diese drey englischen Both=schafter für die Wiederherstellung des Friedens arbeiteten, so sehr suchte dieselbe der französische, dann Rakoczy, der sich zu Adrianopel befand, und der bey ihm als spanischer Gesandter beglaubigte Cheva=lier de Boissemene zu hintertreiben. Der Mufti und die Ulema waren für den Frieden, der Großwesir aber, Mohammed Nischandschipascha, für den Krieg ³). Rakoczy, welcher früher zu Bender, war, wie wir oben gesehen, nach dem Falle von Belgrad nach Adrianopel berufen worden, wo der Sultan in feyerlicher Audienz ihn mit fol=genden Worten seiner Unterstützung und guten Aufnahme versicherte: „Es ist an der Hülfe und Unterstützung meiner hohen Pforte nicht zu „zweifeln; die an meine hohe Pforte kommenden Gäste pflegen ehren= „voll geachtet zu werden, und es ist festgesetzt, daß auch du auf das „höchste geachtet werden sollest ⁴)." Die Audienz war mit dem ka=nunmäßigen Gepränge eines von der Pforte belehnten Fürsten Sie=benbürgen's, mit der Verleihung von Kalpak und Säbel, ertheilet worden. Rakoczy und Bercseny, und die mit ihnen befindlichen Spa=nier warben Soldaten mit fünfzig Gulden Handgeld ⁵). Auch sechs Monathe später, als die Unterhandlungen schon in vollem Gange, schrieb der neue Großwesir Ibrahim, welcher die Seele der Friedens=unterhandlung von türkischer Seite, an Rakoczy, daß er zu Adriano=pel bleiben müsse, bis der Friede entschieden sey, daß aber der spani=sche Bothschafter, den er angekündet, umkehren könne ⁶).

Zugleich als der Sultan dem Rakoczy so tröstliche Versicherun=gen gab, wurde im Rathe der türkischen Minister beschlossen, der Ver=mittelung England's und Holland's Gehör zu geben. Der Großwe=sir schrieb an Eugen, ihm die Ernennung der türkischen Bevollmäch=tigten kündend. Diese waren der ehemahlige Nischandschi und jetzige Silihdar Ibrahim, und der ehemahlige Mustermeister der Janitscha=ren und jetzige Aufseher der Artillerie, der Sohn Suleimanaga's, Mohammed Efendi, welcher den Beynahmen Jigirmi sekis=Tschelebi,

(margin right: 4. Jän. 1718)

---

¹) Instruction für den wirklichen kaiserl. Hofkriegsrath Herrn v. Talman, was selber als unser Committirter und Deputirter in der von der ottom. Pforte angetragenen Friedensunterhandlung zu beobachten hat. 30. Oct. 1717, in der St. R. ²) Vortrag Eugen's als Hofkriegsrathspräsidenten an den Kaiser vom 4. Febr. 1718, auf Talman's Bericht aus Belgrad v. 24. Januar erstat=tet: der abgerufene Worthley Montague sey von der Mediation auszuschließen, so auch, wenn möglich, Colner wegen seiner Türkenliebe und Correspondenz mit dem Czar. ³) Lettre de Rakoczy du 26. Nov. 1717. ⁴) Berichte des franz. Dolmetsches Fontana und des holländischen Theyls an den Hofkriegsreferendär v. Ottel, in der St. R. ⁵) Talman's Bericht aus Belgrad v. 24. Januar 1718. ⁶) Traduction de la lettre du G. V. Ibrahimp. gendre et favori à Rakoczy donnée à Sofie vom 5. Schaaban (4. Julius 1718). St. R.

d. i. jünger Herr Acht und zwanzig, führte. Dem erſten wurde jetzt
der Rang eines zweyten, dem zweyten der eines dritten Defterdars
verliehen ¹). In dieſem Schreiben läugnete der osmaniſche Stolz,
daß der erſte Anwurf von Seite des Serdars von Belgrad mit Wiſ=
ſen der hohen Pforte geſchehen ſey, und überließ dem Prinzen Eugen
die Beſtimmung des Congreßortes. Dieſer ſchlug eine Donauinſel,
und zur Wohnung für die osmaniſchen Miniſter Fethislam, für die
kaiſerlichen Cornez in der Walachey, dießſeits der Alt, vor ²). Der
kaiſerliche Hof ernannte zu ſeinen Bevollmächtigten den Grafen Wir=
mond und den Herrn von Talman, den vorigen Reſidenten an der
Pforte, und auf neues Schreiben des Großweſirs, welches meldete,
daß den beyden türkiſchen Bevollmächtigten der Hospodar der Wala=
chey, Johann Maurocordato, beygegeben ſey ³), antwortete Prinz
Eugen, daß Wirmond zur Abreiſe bereit, daß die Schließung des
Waffenſtillſtandes dem Congreſſe vorbehalten, daß aber die im Schrei=
ben des Großweſirs mit Stillſchweigen übergangene Einſchließung
Venedig's unabweisliche Bedingniß der Grundlage des Friedens ⁴).
Zu Wien traten kaiſerliche Conferenzminiſter mit dem Cavalier Gri=
mani, dem Bothſchafter Venedig's zu Wien, und dem zur Friedens=
unterhandlung ernannten Cavalier Ruzzini, in Unterredung zuſam=
men. Da Venedig mehr als den gegenwärtigen Beſitzſtand zu erhal=
ten wünſchte, machten die kaiſerlichen Miniſter gegen die venetiani=
ſchen den Befehl des Großweſirs an den Kapudanpaſcha geltend, wel=
cher ſich in der zu Belgrad eroberten türkiſchen Kriegskanzley gefun=
den, wodurch wegen der zu Peterwardein erlittenen Niederlage die
Belagerung Korfu's aufzuheben befohlen worden ⁵). Korfu war alſo
der Republik durch den Sieg von Peterwardein erhalten worden,
und ſie mußte um ſo leichter den Verluſt von Morea verſchmerzen.
Als vermittelnde Miniſter waren von Seite England's Sir Robert
Sutton, von Seite Holland's der Graf Colyer beſtimmt, trotz der
wider dieſelben von Eugen gemachten Einwendungen. Da begehrte
der kaiſerliche Hof ausdrücklich, daß ihm alle ruſſiſche Verbindung
unterſagt werde ⁶). Ende Aprils ging Graf Wirmond und der Cava=
liere Procuratore Ruzzini von Wien ab, im Geleite des letzten der
von der Republik zum Secretär des Congreſſes ernannte Vendramino
Bianchi, der Geſchichtſchreiber deſſelben ⁷). Da man ſich in Betreff
des Congreßortes doch für das von der Pforte Anfangs vorgeſchlagene
Paßarowicz (ſerviſch Poßarowacz), welches auf der rechten Seite der
Morava, einige Stunden ober dem Einfluſſe derſelben in die Donau
liegt, entſchieden hatte, ſteckten ein kaiſerlicher und türkiſcher Com=
miſſär den Congreßplatz ab. Die türkiſchen Bevollmächtigten lagerten

---

¹) Raſchid II. Bl. 191. ²) Das Schreiben Eugen's vom 18. Febr. in Bian=
chi S. 26 ³) Das Schreiben in Bianchi S. 37. ⁴) Das Schreiben vom
15. April in Bianchi S. 40. ⁵) In der St. R. ⁶) Eben da. ⁷) Istorica relazione della pace di Posaroviz. Venezia 1719 P. 47.

beym Dorfe Costelliza, eine Stunde von Paßarowicz, wo die kaiser=
lichen; das Congreßhaus wurde in der Mitte der beyden Dörfer er=
richtet [1]). Am erften May [2]) brachen Wirmond und Talman von 1. May
Belgrad nach Paßarowicz auf, ihnen folgten Ruzzini und Sutton;   1718
die türkifchen Bevollmächtigten brachen ihrerfeits mit Colyer auf, und
der vorige Defterdar Muftafapafcha, jeßiger Befehlshaber von Nar=
da, welcher nach der Übergabe Belgrad's die erften Friedenseröffnun=
gen gemacht, erhielt den Auftrag, fich nach Fethislam zu begeben,
um, da er von der Einleitung des Ganzen unterrichtet, in dienfter=
fprießlicher Nähe zu feyn [3]). Der neue Großwefir hatte fogleich nach
Antritt feines Amtes den Statthalter von Rakka, Alipafcha, den
Sohn des hingerichteten Großwefirs Kara Muftafa, als Kaimakam
des kaiferlichen Steigbügels nach Adrianopel berufen [4]). Troß der
Vorbereitungen zur Friedensunterhandlung wurden die des Krieges
nicht vernachläffigt, Eilbefehle betrieben das fchnelle Eintreffen der
Truppen im Lager. Der Großwefir übernahm aus der Hand des Sul=
tans die heilige Fahne, und brach, nachdem er einige Tage auf der
Wiese Kemal bey Adrianopel geweilt, gegen Sofia auf [5]). Zu gleicher 6. Jun.
Zeit traf Eugen zu Semlin ein, vom Churprinzen von Bayern, von
deffen Bruder, dem Herzoge Ferdinand, dem Herzoge von Sachfen=
Weißenfels, Pfalzgrafen von Sulzbach und mehreren Prinzen beglei=
tet, vom Großwefir Ibrahimpafcha durch einen Aga bewillkommt [6]). 8. Jul.
Zu Adrianopel zogen die Statthalter von Diarbekr, Haleb, Konia,
Adana, mit ihren Truppen ein. Da der leßte wegen vieler Ungerech=
tigkeiten zur Verantwortung gezogen werden follte, entfloh er [7]), und
der in englifchen Dienften ftehende Doctor Timoni, welcher in
Dolmetfchdienften und im Friedensgefchäfte viel verwendet worden,
erfchoß fich in einem Anfalle von Schwermuth [8]). Der ganze Monath
May verftrich zu Paßarowicz noch ohne Eröffnung der Friedensver=
handlung, weil die türkifche Vollmacht nicht in gehöriger Ordnung,
weil in derfelben zuerft der Republik Venedig gar nicht, dann mit un=
angenehmen Ausdrücken und Anklage als Urheberinn des Krieges er=
wähnt worden [9]). Endlich erfolgte die vom Sultan felbft eigenhändig
gefertigte Vollmacht in geziemender Form, mit der verlangten Er=
wähnung des gegenwärtigen Befißftandes, als der Grundlage des
Friedens, und der Republik Venedig [10]). Endlich war auch der dritte
kaiferliche Bevollmächtigte angekommen, welcher aber nicht mit Wir=
mond und Talman den Frieden, fondern bloß allein einen Handels=
vertrag zu unterhandeln bevollmächtiget war. Dieß war Fleifchmann,

---

[1]) Bianchi p. 55. [2]) Acten der St. R. [3]) Rafchid II. Bl. 193. [4]) Derfelbe
Bl. 4. [5]) Eben da, aber irrig am 6. Redfcheb; Montag, muß er 7. heißen,
denn der 7. (6. Jun.) war ein Montag (Sonntagsbuchftabe B). [6]) Neue öfterr.
milit. Zeitfchrift 1811 S. 48. [7]) Rafchid III. Bl. 5. [8]) Eben da. [9]) Bianchi
S. 59 und 60. Rafchid III. Bl. 9. [10]) In Rafchid III. Bl. 14, und in Bidili=
chi die Überfeßung S. 75 fammt der kaiferlichen und venetianifchen.

IV.   11

der ehemahlige Resident an der Pforte, welcher erst nach der Schlacht von Peterwardein nach Wien freygelassen worden war ¹).

Die erste Zusammentretung hatte unter feyerlichem Geleite des Gefolges und der Ehrenwachen Statt, die von jeder Seite sieben= bis achthundert Mann stark. Mit gleichgemessenen Schritten, um zu gleicher Zeit von den zwey entgegengesetzten Seiten ins Zelt zu treten, ritten die Bevollmächtigten feyerlich heran, setzten sich gleich= zeitig nieder und schwiegen insgesammt, bis der englische Bevoll=

5. Jun. mächtigte, Sutton, die Verhandlung im Nahmen der vermitteln=
1718 den Mächte eröffnete. Die Grundlage des gegenwärtigen Besitz=
(1. Conf.) standes war schon in der Vollmacht enthalten, die Verbindlichkeit der der Republik Venedig durch Zurückstellung oder Austausch zu geben= den Entschädigung versicherten die türkischen Bevollmächtigten schrift= lich ²). Dem Begehren derselben allgemeinen Waffenstillstandes wichen die Kaiserlichen durch die Bemerkung aus, daß der allgemeine Waf= fenstillstand bey nächster Zustandebringung des Friedens überflüssig, und der Kaiserlichen Begehren, die Auslieferung der ungarischen Rebellen Rakoczy, Beresseny, Anton Eszterházy, Forgacs, Adam Vai und Esa=

7. Jun. ki, nahmen die türkischen zum Bericht. Als in der zweyten Conferenz
(2. Conf.) die kaiserlichen Bevollmächtigten den gegenwärtigen Besitzstand auf ganz Servien ausdehnten, und Nissa und Widdin als Anhängsel von Belgrad angesehen wissen wollten, wurde dieselbe mit Mißmuth von Seite der Türken aufgeschoben, und die Vermittler schrieben an Eu= gen, der nun selbst nach Belgrad gekommen, um von dort aus den Frieden oder Krieg so schneller und sicherer leiten zu können. Seine

15. Jun. Gegenwart machte die Türken geschmeidiger. In der dritten Zusam=
(3. Conf.) mentretung war man zufrieden, über Servien die Antwort von Adriano= pel einzuhohlen; über die Eroberung in Bosnien zwischen der Drina und Unna wurde kein Anstand gemacht, die erste Conferenz mit dem

16. Jun. venetianischen Bothschafter auf den folgenden Tag angesagt ³). Die=
(4. Conf.) selbe wurde ebenfalls vom englischen Vermittler eröffnet. Nach der
1. venet. für Venedig angenommenen Grundlage des Friedens vom gegenwär= tigen Besitzstande und Entschädigung begehrte Ruzzini die Zurückstel= lung von Suda, Spinalunga, Tine, Cerigo und Morea, und wenn die Türken das letzte nicht herausgeben wollten, dafür die Erweite= rung venetianischen Gebiethes in Albanien bis zum See von Skutari, dieses, Antivari und das Raubnest Dulcigno mit einbegriffen; Bu= trinto, Prevesa und Voniza mit dem Gebiethe von Xeromero, wel= ches die Republik erobert, müsse sie auch behalten. Die Türken nah=

17. Jun. men alles sanftmüthig zur Berichterstattung nach Adrianopel an. In
(5. Conf.) der fünften Zusammentretung begehrten die kaiserlichen Bevollmäch=
4. taif. tigten, zum Erstaunen der türkischen, die ganze Walachey und Mol=

---

¹) Hist. de la guerre d'Hongrie p. 99. ²) Die Artikel in Bianchi S. 92. ³) Das Protokoll in der St. R. und Bianchi S. 96.

dau, als Anhängsel von Belgrad und Temeswar, außerdem die Unna
zur Gränze und Bihacz. Die Türken entgegneten, dieß ſey Bosnien's
Thor und Schlüſſel, und bathen um Bedenkzeit. Mit Mühe erhielten
die kaiſerlichen Bevollmächtigten zwey Tage hernach die Zurückſtellung 19.Jun.
des nach dem Carlowiczer Frieden gewaltſam abgedrungenen Novi, (6. Cf.)
und die fünf Diſtricte der keinen Walachey. Zwey Tage ſpäter trat 5. kaiſ.
Ruzzini zum zweyten Mahle in Friedensverhandlung zuſammen; die 21.Jun.
Türken wollten durchaus den Feſtungen Preveſa und Voniza, die ſie Conf.)
bloße Palanken nannten, kein Gebieth zugeſtehen, noch Suda, Spi- 2.venet.
nalunga, Tine und Cerigo herausgeben, doch bewilligten ſie ohne
Anſtand die Losgebung der venetianiſchen Kriegsgefangenen aus dem
Bagno[1]). Als die Kaiſerlichen fünf Tage hernach wieder zuſammen- 26.Jun.
traten, führten ſie weit gemäßigtere Sprache, indem ſie kein Wort (8.
von Entſchädigung für Kriegskoſten und vergoſſenes Blut, noch von 6. kaiſ.
den Ländern als Anhängſel eroberter Feſtungen erwähnten. Die Nachricht von der Landung von achtzehntauſend Spaniern auf Sardinien
hatte dieſe Nachgiebigkeit Eugen's bewirkt; ſo würde denn die ſervi-
ſche Gränze auf der Linie des wirklichen Beſitzes leicht feſtgeſetzt.
Dieſe Herabſtimmung des Tones der kaiſerlichen Bevollmächtigten
ſtimmte den der türkiſchen ſo höher gegen die venetianiſchen. In der 28.Jun.
nächſten Zuſammenkunft erklärten die osmaniſchen, der Republik ſey (9.
ſchon die verlangte Genugthuung dadurch gegeben, daß man ſie zur 3.venet.
Friedensverhandlung zugelaſſen[2]), und machten als Zuſchuß von Genugthuung die Handelsvortheile geltend, die ſie den Venetianern wie
anderen Nationen zuzugeſtehen bereit; auf der dalmatiniſchen Gränze
begehrten ſie ſogar die Strecke Landes zwiſchen den venetianiſchen
Gränzen der Narenta und Caſtelnuovo, um wieder, wie ehe, mit
Raguſa anzugränzen[3]). Tags darauf begehrten die türkiſchen Miniſter 29.Jun.
die Zurückſtellung der walachiſchen Gränze vom Timok auf Fethislam, (10.
und wollten Zokol behalten, was die Kaiſerlichen fahren ließen, um 7. kaiſ.
den Timok zu behaupten. Für die Franciscaner und Carmeliter zu
Jeruſalem und auf dem Berge Carmel war nichts zu erhalten. Der
kaiſerliche Tractat war faſt im Reinen, als ſich neue Anſtände erhoben durch Vorſtellungen des Statthalters von Bosnien, Köprili Nuuman, wider zu große Zugeſtändniſſe[4]) an der bosniſchen Gränze. Die
Vermittler legten ſich dazwiſchen, um den Türken begreiflich zu machen, daß was einmahl zugeſtanden worden, nicht wieder zurückgenommen werden könne, und näherten die Osmanen und Venetianer,
indem ſie jene zum Zugeſtändniſſe einer Strecke Erdreiches für die
dalmatiniſchen Schlöſſer, dieſe zur Abtretung der zur Verbindung mit
Raguſa nöthigen Erdſtrecke beredeten[5]). Nach neun Tagen kam die

[1]) Bianchi S. 108 — 112. [2]) Eben da S. 122. [3]) Eben da S. 126. [4]) Wirmond's und Talman's Bericht in der St. R. und Bianchi S. 127. [5]) Derſelbe S. 136.

11 *

10. Jul. Antwort des Großwesirs, welche die bosnischen Anstände hob, und in
1718 einer achtstündigen Zusammentretung wurde die von den kaiserlichen
(11. Conf.) Bevollmächtigten begehrte Einschaltung des heiligen Bundes in den
8. kaif. Tractat nicht bewilliget; die Handels = und Religionssachen auf die
Großbothschaft verschoben. Schon war der vierzehnte Julius zum
Schlusse festgesetzt, als abermahl ein Aga von der Pforte mit dem
Auftrage kam, der Tractat dürfe nicht mehr als zwanzig Artikeln ha=
ben, wie der Carlowiczer, in welchem die übrigen eingetheilt werden
müßten, damit das Volk nicht glaube, daß mehr als in dem vorigen
zugestanden worden. Die Einrichtung des-Handelsvertrages wurde
von dem Nischandschi Seifullah mit Fleischmann besonders verhandelt.

12. Jul. Um die Artikel, über die man nun allerseits übereingekommen,
(12. Conf.) gehörig zu ordnen, hatte eine gemeinsame Zusammentretung aller Be=
9. kaif. vollmächtigten Statt [1]). Zuerst handelten die kaiserlichen Bevollmäch=
tigten ihre Geschäfte ab, die türkischen setzten den Artikel des Carlo=
wiczer Friedens durch, welchen Eugen in seinen Weisungen so gern
vermieden wissen wollte, nähmlich von den nicht wieder zu erbauenden
Festungen. Um zehn Uhr kam Ruzzini zum Wort, sechs Stunden lang
focht er den Grund seiner Forderungen durch, mußte aber zuletzt sich
statt anderer Genugthuung mit den versprochenen Handelsbegünstigun=
gen, mit Cerigo allein von den verlornen Örtern, und mit einer Stre=
cke Gebiethes von einer Stunde im Umkreise für die dalmatinischen
Schlösser begnügen, dafür aber das zur Verbindung mit Ragusa Nö=
thige zugestehen. Die Osmanen ließen sich herbey, was sie ehe nie
wollten, die in Dalmatien von den Venetianern eroberten Schlösser
nahmentlich aufzuführen. Nachdem Alles im Reinen, beschäftigte man
sich allerseits bloß mit dem Aufsatze der Urkunden. Der Eingang war
durchaus nicht gleichlautend zu erhalten, weil sich die Türken durch
nichts von ihrem herkömmlichen hochtrabenden Schwulste abbringen,
auch durch nichts bewegen ließen, nebst dem Sultan auch den Kaiser
und noch weniger die Republik zu nennen [2]). Am ein und zwanzig=
21. Jul. sten Julius [3]) endlich um halb zwey Uhr Nachmittags, wurde nach
den obigen zwölf während siebzig Tagen gehaltenen Conferenzen der
Friede mit Österreich und Venedig feyerlich unterzeichnet. Nach Ab=
lesung der beyden Friedensurkunden, wurde die Erklärung des heili=
gen Bundes, welche die Türken im Frieden selbst aufzunehmen durch=
aus verweigert hatten, abgelesen, unterschrieben, und nach Auswechs=
lung der Friedensurkunden den osmanischen Bevollmächtigten zuge=
stellt, wofür die Vermittler einen Empfangschein gaben [4]). Der
Churprinz von Bayern mit seinem Bruder, dem Erbprinzen von Sulz=
bach, wohnten der feyerlichen Unterzeichnung im offenen Zelte bey.
Man umarmte sich, und aus Kanonenmund scholl die Kunde des Frie=

---

[1]) In Bianchi abermahl Druckfehler, der 13. Julius statt 12. [2]) Wirmond's
und Talman's Berichte. St. R. [3]) Sehr sonderbar ist dieses wichtige Datum
in Bianchi S. 157 falsch 21. Agosto. [4]) Wirmond's und Talman's Bericht.

dens über die Morava und Donau. Sechs Tage hernach ward der 27. Jul. durch Fleischmann besonders abgeschlossene Handelstractat unterzeich= 1718 net [1]). Schon binnen acht Tagen erfolgte die Bestätigung desselben aus dem kaiserlichen Lager. Von den sechs und zwanzig Artikeln des venetianischen Tractates betreffen bloß die vier ersten die Änderungen der Gränze, vermög welcher der Republik die in Albanien, Herzego= vina und Dalmatien eroberten Festungen und Schlösser, nähmlich: Jmoschi, Jscovaz, Sternizza, Cinista, Nolok und Creano mit dem Gebiethe von einer Stunde im Umkreise, die Insel Cerigo, die Fe= stungen Butrinto, Prevesa und Voniza zugesprochen wurden, wohin= gegen dieselbe zur Herstellung der Verbindung der türkischen Gränze mit Ragusa die Ortschaften Zarine, Ottovo und Zubzi [2]), und eine Erdstrecke abtreten mußte, damit die Verbindung mit Ragusa noch von Seite Castelnuovo's und Risano's nicht unterbrochen; die übrigen Ar= tikel waren, die der gleichen Handelsbegünstigungen mit England, Holland und Frankreich ausgenommen, in der Wesenheit die des Car= lowiczer Tractates. Die neuen Gränzen gegen Österreich waren eben= falls durch die vier ersten Artikel festgesetzt, dieselben liefen längs der Alt und dann längs der Donau bis zehn Stunden oberhalb des Einflusses des Timok, dann längs des Gebirges auf Parakin, von hier auf die kleine Morava und Drina zu, so daß Belgrad, Parakin, Jstolaz, Csacsak dem Kaiser, Zokol und Rasna den Türken blieben; auf dem östlichen rech= ten Ufer der Unna behielt der Kaiser Jeßenoviz, Dubiza und Alt=Novi, und das in der letztenAbgränzung widerrechtlich abgedrungene Neu=Novi mußte zurückgestellt werden. Eine Gränze, die nicht nur wegen des abgerissenen Stückes von Servien viel günstiger, als die des Carlo= wiczer Friedens, sondern auch hinsichtlich der Sicherheit der Schei= dung um viel besser, als jene quer durch das Banat gezogene; indem sie größtentheils Flußgränze durch sieben Flüsse klar bezeichnet längs der Alt und Donau, des Timok, der kleinen Morava, der Drina, Sava und Unna, bis an den Punct, wo die kaiserliche mit der türki= schen und venetianischen Gränze zusammenstößt. Die Artikel der Si= cherheit der Gränze durch Verhinderung der Zweykämpfe und Strei= fereyen waren die der vorigen Friedensverträge; so auch die Artikel der Geistlichen mit Vorbehalt des Schutzes derer von Jerusalem; die Gefangenen frey zu geben; der Fürst der Walachey, Nicolaus Scar= lati (Maurocordato), gegen die Freyherren Petrasch und Stein aus= zuwechseln; die Seeräuber von Algier, Tunis, Tripolis und Dul= cigno in Zaum zu halten; kein Unterschleif zu geben den Rebellen; den Räubern der Gränze, den freyen Haiduken und dem Diebsgesin= del Pribuk; die Ungarn Rakoezy, Bercseny, Anton Eszterházy, Adam Vai, Forgacs, Michael Csaki, von der Gränze zu entfernen. Pohlen, mit welchem ohnedieß Friede bestehe, brauche in diesem nicht begriffen zu

[1]) Dem Handlungsened, Wien 1784, angehängt. [2]) Raschid III. Bl. 21.

werden, könne aber seine Begehren wegen Chocim oder andere bey der Pforte durch seine Gesandten anbringen; der Friede durch Groß- bothschafter zu bekräftigen, binnen Monathsfrist zu bestätigen, auf Dauer von vier und zwanzig Mondjahren. Der Handelsvertrag ent- hielt, außer der Freyheit des Handels, die Freyheit der Anstellung von Consuln und Agenten, wogegen auch für die türkischen Kaufleute ein Consul unter dem Nahmen Schah Bender (Herr des Passes) be- stellt werden sollte; den Juden war verbothen, sich gewaltsam in die Handlungsgeschäfte kaiserlicher Kaufleute als Sensale einzudrängen; den persischen Kaufleuten solle freystehen, nach bezahlten fünf vom Hundert, durch die osmanischen Staaten in die kaiserlichen zu han- deln. Dieß war der rühmlichste und vortheilhafteste Friede, den je- mahls Österreich mit der Pforte geschlossen, der Friede von Passaro- wiez, dessen Nachtheil für die Pforte, der Verlust Cerigo's, Se- mendra's, Belgrad's, eines Stückes der Walachey und Servien's, Boniza's, Prevesa's, Butrinto's und der dalmatinischen Schlösser, nicht aufgewogen ward durch den Wiederbesitz von Morea. — Mo- rea's Besitz war der Zankapfel und Zunder des Krieges gewesen, der von Seite Venedig's ein vertheidigender wider türkischen Angriff, von Österreich's Seite aus Bundespflicht unternommen und geführt, mehr zu seinem, als zu seines Verbündeten Vortheil beendigt; der glän- zende Feldzug und Friedensschluß ein leuchtendes Ehrenmahl von Eu- gen's Ruhm durch Schwert und Feder.

Vier und sechzigstes Buch.

Gränzberichtigung. Dulcigno's Vorfall. Des Großwesirs Empfang. Verwaltungsmaßregeln. Bauten, Feuer, Erdbeben. Diplomatische Verhältnisse. Türkische Bothschaft nach Wien und kaiserliche nach Constantinopel, deren Verhandlungen. Rußland's ewiger Friede. England's und Frankreich's diplomatische Schritte. Ein türkischer Gesandter zu Paris, ein preußischer Beauftragter zu Constantinopel. Vermählung und Beschneidung. Kleider= und Rangordnung. Volksfeste und Palmenaufzug. Ruhemaßregeln in Anatoli, Ägypten und der Tatarey. Erster Prinzenunterricht. Der Reichsgeschichtschreiber gewechselt. Das Schnupftuch, das Halwa und Chalwet. Der Doctorssohn. Todfälle berühmter Männer. Gesandte von Buchara und Balch, Zurückkehr der nach Frankreich und Persien geschickten. Der persische Bothschafter Murtesa Kulichan. Chan von Schirwan installirt. Anstände mit Rußland. Drey merkwürdige Fetwa. Georgien von den Türken besetzt. Gesandtschaft Tahmasip's. Eroberungen in Persien und Theilung derselben zwischen der Pforte und Rußland.

———————

Die Ankunft der Nachricht des geschlossenen Friedens zu Adrianopel schnitt alles eitle Gerede über Friede und Krieg ab, welches schon seit geraumer Zeit die Residenz beunruhigte. Der Reis Efendi Aarifi Mohammed, dessen höchster Wunsch schon seit langem der dritte Roßschweif, wurde zur Belohnung seiner während der Friedensverhandlung geleisteten guten Dienste damit ausgezeichnet; das Sandschak Tekke ward ihm als Gerstengeld zugesprochen, und der Wesirspelz angezogen. Zugleich wurden drey Commissäre zur Berichtigung der Gränzen ernannt, der vorige Defterdar und jetzige Inhaber [1]) von Salonik, der Wesir Mustafapascha, um die Strecke vom Einflusse des Timok in die Donau bis nach Pelino zu regeln; der Beglerbeg von Adana, Kara Mustafa, zur Berichtigung der servischen Gränze, und an der bosnischen der vorige Defterdar und jetzige Gränzhüther von

———

[1]) Raschid III. Bl. 25.

Bosnien, Osmanpascha. Einige Schwierigkeiten, welche sich an der Aluta einiger Inseln willen'ergaben, wurden später durch Schreiben des Großwesirs an Eugen, und Antwort desselben gehoben und noch vor Ende des Jahres waren zwey Urkunden der Gränzberichtigung Jan⁹ₛ der Donan und Unna ¹), dann zwischen Servien und dem Ba-nat ²), im folgenden die beyden anderen von Neu=Novi bis an die dreyfache Gränzscheidung ³) der großen und kleinen Walachey ⁴), deßgleichen der venetianischen, durch die dazu bestimmten Commissäre unterzeichnet. Mit Venedig hatte aber selbst nach unterzeichnetem Frieden der Krieg noch vierzehn Tage länger fortgedauert, weil die venetianischen Feldherren.Schulenburg, der Provveditore Donna und der Generalcapitän Pisani die Durchführung der einige Tage vor Un-terzeichnung des Friedens begonnenen Belagerung Dulcigno's als eine Ehrensache betrachteten, und die Erbitterung der Dalmatiner und Dul-cignoten die äußerste, welche selbst nach .eingelaufener Nachricht des geschlossenen Friedens nicht zu besänftigen war. Ein fürchterlicher Sturm, der vierzehn Galiotten, zwanzig Tartanen, alle kleinen Bar-ken, und zwey Peoten verschlang ⁵), begünstigte einen Ausfall der Besatzung, deren Befehlshaber ⁶) der tapfere Inhaber des Sandscha-kes von Skutari, Kurd Mohammedpascha; ein und sechzig große und kleine Kanonen, das ganze Gepäck fiel in die Hände der Türken, und auf die Anfrage nach Constantinopel, was zu thun, erschien ein Com-missär mit dem Befehle der Zurückgabe, nach Ersatz des an den Oli-venpflanzungen und Gebäuden von den Venetianern nach unterzeichne-tem Frieden verübten Schadens ⁷). Der Großwesir, indem er für die Sicherheit von Nissa und Widdin die nöthigen Anstalten getroffen, brach von Sofia nach Adrianopel auf, wo er am zweyten Tage des Bairam auf das feyerlichste und glänzendste einzog. Der Oberstkäm-merer war ihm schon bis Basardschik mit glänzendem Dolch, Zobel-pelz und Handschreiben entgegen gekommen; der Kaimakam (Sohn Kara Mustafa's), und der Nischandschi, waren ihm bis nach der Wiese Kemal entgegen gegangen, und selbst der Sultan ritt ihm von dem Zelte, das hinter dem Dorfe Kadinköi aufgeschlagen worden, eine Viertelstunde weit entgegen. Sobald sie etwa noch fünfzehn Schritte auseinander, stieg der Großwesir ab, ging fünf Schritte, kniete nie-der, und küßte die Erde, stand auf, ging fünf Schritte, küßte die Erde, stand auf, und so zum dritten Mahle. So oft er die Erde küßte, scholl aus dem Munde der Tschausche das Bewillkommen-geschrey; das Volk war tief gerührt und zu Freudenthränen gestimmt, weil seit drey Jahren der Empfang der Großwesire Seraskere bey der Rückkehr aus unglücklichen Feldzügen immer nur traurig und unheil=

4. Aug. 1718

29.Aug.

¹) 10. November 1718, in der St. R. ³) 15. December 1718, in der St. R.
²) 11. October von Novi bis zum triplex confinium. ⁴) 27. September 1719.
⁵) Ferrari p. 297. ⁶) Raschid III. Bl. 26. ⁷) Derselbe Bl. 27.

kündend, dießmahl von der frohen Kunde des Friedens begleitet [1]).
Nach geküßtem kaiſerlichem Steigbügel ging der Großweſir einige
Schritte an demſelben einher, küßte dann auf den Wink des Sultans
abermahl die Erde, beſtieg das für ihn vorgeführte, mit goldenem
Reitzeuge geziemirte Pferd, und ritt vor der heiligen Fahne, der
Sultan hinter derſelben her. Zu Kadinköi, welches, weil dort gewöhnlich Gaſtmahle angeſtellt werden, auch Jemeklik, d. i. der Eß-
ort, hieß, wurde geſpeiſet, und nach dem Speiſen der Großweſir
abermahl mit einem der Leibpelze des Sultans bekleidet. Hierauf ging
der Zug nach der Stadt, vor der heiligen Fahne der Mufti und Kaimakam, hinter derſelben der Großweſir zwiſchen dem Janitſcharenaga und Niſchandſchipaſcha. Der Sultan war nur mit einigen des in-
nigſten Gefolges aus dem Zuge ausgetreten, ſo daß dem Großweſir
die Ehre ward, von der Leibwache des Sultans, von den befiederten
Helmen der Bogenſchützen umſchattet, und von den vergoldeten der
Lanzenträger umglänzt, wie der Sultan einzuziehen. Im Palaſte übergab er die heilige Fahne in des Sultans Hand, wo er mit diamanten-
beſetztem Säbel, mit perlenbeſetztem Köcher, einem weitärmligen Zobelpelze, und über demſelben mit der Kapanidſcha von ſchwarzem Zobel, der über Goldſtoff vorn und rückwärts ausgeſchlagen, bekleidet,
mit zwey Juwelenreigern auf dem Kopfe geſchmückt, und am Thore
des Serai abermahl mit einem reichgeziemirten Leibpferde des Sultans beſchenkt ward. Der Oberſtallmeiſter und Oberſtkämmerer mit
den kaiſerlichen Leibwachen begleiteten ihn in ſeinen Palaſt, in die
Arme ſeiner Gemahlinn, der Tochter des Sultans, zurück.

Während die annahenden Friedensverhandlungen die Geißel des
Krieges abzuwenden beſtrebt, war die engliſche Bothſchafterinn, Lady
Worthley Montague, eine Frau von hohem Geiſte und Schriftner-
talente, bedacht, durch Einimpfung ihres ſechsjährigen Sohnes eine
andere Geißel der Menſchheit, nähmlich die Pocken, unſchädlicher zu
machen, was ihr gelang, und wodurch ſie in der Geſchichte der Heil-
kunde nicht minder unſterblich, als durch ihre allbekannten, über Conſtantinopel geſchriebenen Briefe. Nach hergeſtelltem Frieden war des
Großweſirs Sorge den wichtigſten Geſchäften des Reiches zugewandt.
Die zwey Jahre, während deren den Bewohnern der Morea Befreyung von der Kopfſteuer gewährt worden, waren verfloſſen, und
die Steuereinrichtung Morea's wurde geregelt [2]). Befehle verhießen
Steuerfreyheit auf drey Jahre allen von außen kommenden Unterthanen, welche ſich in der Morea anſiedeln würden. Solche das Wohl
des Landes und der Unterthanen berückſichtigende Befehle tragen in
den Sammlungen von Staatsſchriften die Überſchrift von Adaletname,
d. i. Gerechtigkeitsbuch [3]). Chios, das trotz ſeines Wohlſtandes durch

23.
März
1718

---

[1]) Raſchid III. Bl. 27. [2]) Derſelbe Bl. 28. [3]) Zwey Fermane dieſer Art,
der eine vom Jahre 1132 (1719), der andere vom Jahre 1134 (1721), in dem
Inſcha des Reis Efendi Mohammed Nr. 162 und 163.

Bestechungen der Großen bisher sich in vollkommener Steuerfreyheit erhalten hatte, wurde wie die anderen Inseln des Archipels beschrieben [1]). Kurden und Türken, welche sich zu Constantinopel bloß in der Absicht angesiedelt, um dort allen Steuern und Auflagen auf die Erzeugnisse ihres Kunstfleißes zu entgehen, wurden in ihre Wohnorte zurückgewiesen [2]); um der Kaffehtheurung abzuhelfen, und den Zug des Kaffehhandels von Jemen nach Dschidda, und von da nach Kairo wie vor und ehe zu begünstigen, wurde ein Kämmerer als Commissär an den Scherif von Mekka mit dem Verbothe abgeordnet, Kaffeh Ungläubigen zu verkaufen, welche, denselben außer Land führend, die Theurung veranlaßten [3]). Ein anderer Kämmerer ging als Commissär nach Ägypten, um aus der Verlassenschaft des an der Pest gestorbenen Beg Ebuscheneb, der seit dreyßig bis vierzig Jahren als Defterdar Ägypten's große Reichthümer aufgespeichert, nicht nur die von den Lieferungsgeldern und dem erhöhten Truppensolde ausständigen hundert fünf und sechzig Beutel, sondern auch die von seinen Dörfern fälligen Abgaben einzutreiben [4]). Was die letzten Großwesire vergebens versucht, nähmlich dem Unfuge des Janitscharensoldes, welchen so Viele zogen, die nie in den Krieg, zu steuern, setzte der Großwesir jetzt durch, indem gleich an der ersten Soldzahlung tausend fünfhundert Beutel erspart wurden; die Ausgaben, welche in den drey Kriegsjahren eilf, zwölf und dreyzehn Millionen Piaster betragen hatten, beliefen sich in diesem Jahre nur auf dritthalb Millionen [5]). Die Woiwoden der Moldau und Walachey wurden zur Bezahlung ausständigen Truppensoldes angehalten [6]), nach Syrien ein Commissär gesandt, um zu untersuchen, wer den täglichen Sold der dreyhundert drey und zwanzig Köpfe, welche von der syrischen Musterrolle Nasuhpascha's verschwunden waren, gefasset, und um den Sold der übrig gebliebenen siebenhundert fünfzig zu versichern [7]). Die Besoldung der bosnischen Truppen, wurde zum Theil auf erbliche Pachtungen angewiesen, um den Truppen, welche sonst jährlich Jemanden nach Constantinopel senden mußten, mit der Erhebung derselben an Ort und Stelle zu begünstigen [8]). Die berittenen Jäger und Landwehren (Segban, Lewend), welche die Ursache so großen Unfuges im Lande, wurden abgeschafft. Seit der Zeit der Großwesire Köprilisade Mustafa und Elmas hatte sich an der Pforte immer ein Werber dieser Freyzügler und Freybeuter unter dem Nahmen Sertscheschme befunden, welcher die Ssaridsche und Segban einschrieb. Diese Stelle wurde jetzt ganz und gar aufgehoben, den Wesiren, Beglerbegen, Begen und Steuereintreibern erlaubt, bloß die Fahnen ihrer Leibwachen, Gönüllü, Deli und Asab, d. i. Beherzte, Tollkühne und Ledige, aber keine von Jägern, Landwehren und Freyzüglern zu halten [9]). Es wurden neue

[1]) Raschid II. Bl. 36. [2]) Derselbe Bl. 44. [3]) Derselbe Bl. 35. [4]) Derselbe Bl. 28. [5]) 5000 Beutel. Raschid III. Bl. 29 und 30. [6]) Raschid III. Bl. 30. [7]) Eben da. Der tägliche Sold der 323 Mann betrug 2630 Aspern. [8]) Derselbe Bl. 31. [9]) Derselbe Bl. 30.

Piaster Solota geprägt, indem die alten seit langem im Handel un=
sichtbar, meistens nach Persien ausgeführt wurden, wo sie des guten
Silbers willen in Abbasi umgeschmolzen wurden. Die alten waren zu
dem Fuße von sechs ein Viertel Drachmen [1] ausgemünzt, so daß sech=
zehn Piaster hundert Drachmen Silbers; und da die Drachme Sil=
bers zwanzig Aspern galt, der reine Werth desselben hundert zwan=
zig Aspern war; jetzt wurden neue mit dem Nennwerthe von neunzig
Aspern geprägt. Zugleich wurde befohlen, daß auch die kaiserliche
Münze für die Drachme Silbers zwey und zwanzig Aspern bezahle,
weil nach der gesetzten Taxe von zwanzig keines mehr eingeliefert wur=
de, sondern im Handel anderen Weg nahm, und die fünf und fünf=
zigtausend Drachmen Silbers, welche die Wechsler und Schmelzer mo=
natlich in die Münze einliefern mußten, nicht genug. Bauten wur=
den mehrere, so in der Hauptstadt, als an der Gränze aufgeführt.
Zu Constantinopel wurde der Palast der Sultaninn Fatima, der Ge=
mahlinn des Großwesirs, vergrößert und zu einem Staatspalaste mit
den nöthigen Gemächern für die Pfortenminister, den Kiaja, Tschausch=
baschi, Reis Efendi, und die unteren Staatssecretäre, den Bittschrift=
meister, den Kanzler und den Cabinetssecretär des Großwesirs, ein=
gerichtet [2]. Des Sultans Palast von Kandilli, auf der asiatischen
Küste des Bosporos [3], und von Beschiktasch, auf der europäischen [4],
wurde auf das schleunigste hergestellt, damit die Großbothschafter,
die zur Bestätigung des Friedens erwartet wurden, nicht Ruinen sä=
hen. Im Serai wurde ein zweyhundertjähriges altes Köschk in eine
neue Bibliothek verwandelt [5]. In die Kosten der Wiederherstellung
der Moscheen, welche seit mehreren Jahren durch die Unfälle des
Krieges oder durch Feuersbrunst in Schutt lagen, theilten sich die Mi=
nister der Pforte [6]. Der wichtigste Bau war die Befestigung von
Nissa und Widdin, welche nach dem Verluste Temeswar's und Bel=
grad's nun die wichtigsten Gränzfestungen des Reiches. Der Über=
schlag der Baukosten betrug für die erste siebenhundert achtzig, für die
zweyte tausend sechshundert Beutel oder zwey Millionen Piaster [7].
Die Arbeit wurde auf drey Jahre, jedes Jahr in die vier Sommer=
monathe eingetheilt, für dieses die Summe von zweyhundert sechzig
Beuteln für Nissa, und fünfhundert fünf und sechzig für Widdin an=
gewiesen. Andere Vorkehrungen wurden durch unvorgesehene Vor=
fälle und Naturereignisse nothwendig gemacht. Ein großer Truppen=
aufruhr zu Widdin ob ausständigem Solde zog die Absetzung des Ja=
nitscharenaga und Defterdar nach sich [8]. Neuerung in der Aussprache
des Buchstabens Dhad, welcher das Schiboleth des Arabischen, zog
dem Prediger von Aja Sofia, dem Scheich Isperisade, ein Mah=
nungsschreiben des Großwesirs zu [9]. Der Muderris Turidschisade,

[1] Raschid III. Bl. 42. [2] Derselbe Bl. 29. [3] Derselbe Bl. 39. [4] Dersel=
be Bl. 40 und 41. [5] Derselbe Bl. 32. [6] Derselbe Bl. 39. [7] Derselbe Bl. 34.
[8] Raschid 5 Folioblätter, Bl. 36—39. [9] Raschid III. Bl. 25.

welcher, weil er nicht, wie er hoffte, befördert worden [1]), feiner
Zunge zu freyen Lauf ließ, und der Oberstlandrichter Kewakibisade,
welcher ein Wort von Bestechung fallen ließ [2]), wurden, jener in
fein Vaterland, Kastemuni, dieser nach Modania, falsche Zeugen,
als solche öffentlich bekannt gemacht, Landes verwiesen [3]). Auf die

17.Jul. große Feuersbrunst, welche vier Tage vor Unterzeichnung des Paßa-
718 rowiczer Friedens Constantinopel auf vier Seiten vier und zwanzig
21.Jul. Stunden lang verheert hatte [4]), folgte am Jahrestage selbst, des
1719 unterzeichneten Friedens [5]) eine andere, bey welcher es zwischen den
Janitscharen und Griechen, welche das Niederreißen einer Kirche verhindern wollten, zu Wunden kam, wobey die Kirche in Flammen
19.Oct. aufging. Zwey Monathe vorher hatte die Erde so stark gebebt, daß
die Landmauern Constantinopel's, besonders von Seite der sieben
Thürme, niederstürzten, der Dom der Moschee am Adrianopolitaner
Thore und mehrere andere gespalten wurden [6]).

Ibrahim's Augenmerk war nicht minder auf die äußere Politik,
als auf die innere gerichtet. Da er den Kaiser für den größten und
gefährlichsten Feind des osmanischen Reiches hielt, erließ er Schreiben
an die Kanzler von Rußland und Pohlen, worin er denselben dankte,
daß in den letzten Kriegen Rußland und Pohlen den Einstreuungen
Österreich's kein Gehör gegeben, und ihnen sein Zutrauen äußernd,
daß sie auch künftig durch verweigerte Hülfe sich als gute Freunde der
Pforte bewähren würden. Hiedurch schmeichelte er sich, ihre Verbindung zu trennen, welche, wie der Reichsgeschichtschreiber bemerkt,
immer vorauszusehen nach dem Ausspruche des Propheten: „daß die
„Ungläubigen alle nur Ein Volk [7]).“ Nach Pohlen war zu Anfang
des Jahres der Aga Mustafa mit einem Schreiben an den König abgesendet worden, worin der Großwesir demselben sich zu Gunsten
Rakoczy's zu verwenden empfahl [8]). Des Königs Antwort überging
dieß mit Stillschweigen, und wünschte zur begonnenen Friedensunterhandlung Glück. Auf Rakoczy's Antrieb hatte Ibrahim's Vorfahr,
der Großwesir Mohammed, auch zu gleicher Zeit an den ersten Minister von Preußen [9]) geschrieben, der erste Anwurf einer Freundschaft mit Preußen, welcher, oft wiederhohlt, in der Folge von Frankreich, Schweden und Neapel unterstützt, von Österreich, England
und Rußland eben so oft hintangehalten, erst nach vierzig Jahren
durch wirklichen Vertrag ins diplomatische Leben vor der Welt auftrat. Um Frankreich zu begünstigen, welchem schon vor dreyßig Jahren durch den Bothschafter Chateauneuf der Schutz des heiligen Grabes zugesagt worden, wurde jetzt die wirkliche Erlaubniß ertheilt, die

---

[1]) Raschid III. Bl. 29. [2]) Derselbe Bl. 41. [3]) Derselbe Bl. 31. [4]) Derselbe Bl. 5. [5]) Derselbe Bl. 40. [6]) Derselbe Bl. 39. [7]) Derselbe Bl. 30. [8]) Das
Schreiben vom 3. Januar, wie aus der Antwort erhellet, deren Abschrift in
der St. R. [9]) Lettre écrite par le C. V. Mahomet au premier ministre de
Prusse. Janvier 1718.

heiligen Örter zu Jerusalem auszubessern, aus Furcht, daß der kaiserliche Großbothschafter, wenn er käme, laut des Paßarowiczer Friedens dieselbe Erlaubniß im Nahmen des Kaisers, und der russische im Nahmen des Czars in Anspruch nähme; außerdem, daß sich die Pforte hiedurch aus unangenehmer Verlegenheit zog, erhielt sie von Frankreich dafür die Befreyung von hundertfünfzig Gefangenen [1]). Einen Monath nach geschlossenem Paßarowiczer Frieden war der russische Gesandte, Alexis Daskow, gekommen, um sich über die Räubereyen und Streifereyen Bachtgirai's, des Sohnes Dewletgirai's, zu beklagen, welcher unter der Chanschaft seines Vaters Kalgha, jetzt unter der seines Oheims Rebell unter dem Nahmen Deli Sultan, d. i. der närrische Sultan, ein Feuerbrand von Unruh und Zwietracht zwischen Rußland und der Pforte [2]). Das Jahr darauf begehrte abermahl ein russischer Gesandte die Erneuerung des Friedens [3]), ohne daß anderer Anlaß hiezu als die nächste Erscheinung des österreichischen Bothschafters [4]). Zur Bestätigung des Paßarowiczer Friedens ging der erste Bevollmächtigte, welcher denselben von Seite der Pforte geschlossen, der mit dem Range des zweyten Defterdars bekleidete Ibrahimpascha, jetzt zu dem Range eines Beglerbegs von Rumili erhoben, als Großbothschafter nach Wien. Um denselben mit vorher zu Wien nie gesehener türkischer Pracht auszustatten, wurden ihm aus dem kaiserlichen Schatze folgende Sachen geliehen: ein Dolch mit tscherkessischem Handgriffe, mit zweihundert großen und keinen Diamanten, ein Köcher an goldener Kette umgehangen, mit Rubinen, Perlen und Smaragden besetzt, sieben silberne Pferdegeschirre, sieben silberne Nasenketten, drey Paar silberne Steigbügel, sieben silberne Streitkolben, sieben goldgestickte sammtne Sättel, sieben goldgestickte Schabraken, und einige Reitzeuge von minderm Werthe; dann aus dem kaiserlichen Zeltmagazine: zwey große zweysäulige gestickte Staatszelte, zwey aus Wachstaft mit zwey Gängen, ein rundes großes Zelt, ein Schattenzelt mit allem erforderlichen Zubehör von Teppich und Pölstern. Zu seinen Reisekösten wurden ihm fünf und dreyßigtausend Piaster geschenkt, fünf und siebzigtausend andere vorgestreckt. Die siebenmahl sieben Geschenke, welche er überbrachte, waren die reichsten, glänzendsten, welche je eine türkische Bothschaft nach Europa gebracht, sein Gefolge das zahlreichste, siebenhundert drey und sechzig Köpfe, sechshundert fünf und vierzig Pferde, hundert Maulthiere, hundert achtzig Kamehle, diese wurden mit Lebensmitteln verpflegt [5]); der

29. Aug. 1718

12. Jun. 1719

16. Jul. 1718

---

[1]) Raschid III. Bl. 32. [2]) Derselbe Bl. 28. [3]) Derselbe Bl. 40. [4]) Derselbe Bl. 42. [5]) Ausführliche Beschreibung des prächtigsten und herrlichsten Empfangs und Einbegleitung des Zugs, welchen der türk. Großbothschafter, Vizier Mütearem Rumeli Balesi Vajesiile (Rumili Walisi pajesiile) Ibrahim allhier in die kaiserliche Residenzstadt Wien, den 14. Aug. 1719 gehalten. Wien 1719. 13 nicht paginirte Blätter; und: Ganz voll= und umbständliche Einzugsordnung, welche dem aus dem ottom. Pforten anhero gelangten Großbothschafter Ibrahimbassa in die kaiserl. Haupt= und Residenzstadt Wien den 14. August 1719 gehalten worden. 4 nicht paginirte Blätter.

Bothschafter erhielt noch überdieß täglich hundertfünfzig Thaler auf
die Hand. Von der Schwechat ward er nach Wien unter Beglei=
tung von kaiserlichen und Bürgersoldaten, von Husaren und beritte=
nen Großhändlern, durch den Hofmarschall und Hofcommissär auf das
feyerlichste eingeführt. Voraus die Tschausche, die des Aufzuges und
die des Diwans, der Schatzmeister mit sechs vierspännigen Rüstwa=
gen, in welchen die Geschenke; der Schlüsselverwahrer mit den Maul=
thieren, von den Kammertapezierern begleitet; die zum Geschenke ge=
brachten Pferde, die Leibwachen der Beherzten und Tollkühnen. Eine
grüne Fahne, die Handpferde, die Falkoniere, der Oberststallmeister
und Oberstkämmerer des Bothschafters, die zwey Roßschweife dessel=
ben in der Höhe, und einer wagrecht getragen, der letzte der des
Quartiermachers, der Aufseher und der Secretär der Tschausche, und
der Tschauschbaschi, d. i. der Hofmarschall des Bothschafters. Sieben
Leibpferde mit Tigerhäuten in silbernem Reitzeug rasselnd, auf der
rechten Seite des Sattels silberner Schild und Säbel von vierzehn
Diwanstschauschen mit Federn auf dem Kopfe, begleitet. Der Both=
schafter in türkischer, auswendig mit Scharlach überzogener, inwendig
bunt bemahlter, mit goldenen Stäben vergitterter Kutsche, rechts der
Flaschenträger, links der Vorsteher der Flintenschützen zu Fuß in lan=
gen scharlachenen Röcken mit Tigerfellen auf den Rücken, mit Kap=
pen von weißem Filz, mit silberbeschlagenen Säbeln in roth sammte=
nen Scheiden, zwölf Kammerdiener, sechs Laufer, der Oberstschwert=
träger und erster Kammerdiener, die Pagen, der Kiaja, der Both=
schaftssecretär, zwey Imame, zwey Gebethausrufer, Fahnenträger,
Wasserträger, Sattelknechte, Zeltaufschläger, die Heermusik, Schal=
meyen, Cymbeln, Posaunen, viele keine Pauken, die große tatari=
sche Heertrommel, oben mit Schlägel, unten mit Ruthe geschlagen,
das sprechendste Symbol der Harmonie des Krieges und türkischer
Herrschaft.

Drey Monathe vor dem prächtigen Einzuge des türkischen Groß=
bothschafters zu Wien war der kaiserliche, Graf Wirmond, eben so
feyerlich ausgezogen, in derselben Ordnung, wie er hernach zu Con=
stantinopel einzog. Voraus die Musik, die Laufer, die Kuriere, die
Bedienten, die Trompeter und Pauker, die Reitknechte, der Haus=
hofmeister mit den Hausofficieren zu drey und drey; Gerhard Cor=
nelius von der Drisch, des Bothschafters Secretär und Geschichtschrei=
ber, welcher die Reise und die Bothschaft lateinisch beschrieben ¹),
zwey Leibärzte, der Apotheker und Wundarzt, neun Sprachknaben,
drey Dolmetsche, der Hofmarschall mit den Lakeyen der Edelleute,
und selbst je drey und drey Freyherren und Ritter, achtzehn an der
Zahl, darunter der Ingenieur = Hauptmann Friedrich von Obschelwiz,

¹) Dann ins Deutsche übersetzt: Historische Nachricht von der Röm. kaif.
Bothschaft nach Constantinopel, welche der Hoch= und Wohlgeborene der Hr.
R. Graf Damian Hugo von Virmondt rühmlichst verrichtet. Nürnberg 1713.

welcher der erſte die Straße in die Türkey aufgenommen, und deſſen Kar=
te die Grundlage der beſten bisher erſchienenen, die Standarte des Both=
ſchafters mit ſeinem Wapen auf der einen Seite, auf der anderen mit dem
Friedensſymbol der aus den Wolken hervorbrechenden Sonne, welche
zwey in einander geſchloſſene Hände beſtrahlte. Der Bothſchaftsſecretär,
Joſeph von Dierling, das Beglaubigungsſchreiben in weißgewölktem,
goldgeſticktem, ſeidenem Umſchlage hochemportragend. Die Geiſtlich=
keit: zwey Jeſuiten, zwey Trinitarier, zwey Miſſionäre, der eine
ein Grieche, der andere ein Armenier, zwey Chorherren und der Abt
zu Domben; Graf von Schrattenbach, als Bothſchaftsprälat, die La=
keyen des höchſten Adels, und dann ihre Herren je drey und drey:
die Grafen Neſſelrode, Emanuel und Norbert Kollowrat, Sibaſtida,
Bielinſki, Scherfenberg, Thierheim, Althan, Batthyany (hernach
Ban Croatien's), Königl, die Freyherren von Rhomberg, Zweifel,
Raban, Hörte, der Marquis von Beſora, vor allen Graf Neſſelrode,
ein naher Verwandter des Bothſchafters, durch Wuchs, Anmuth und
Pracht ausgezeichnet, mit der Fahne, auf deren einer Seite das
öſterreichiſche Wapen, auf der anderen die unbefleckte Empfängniß.
Der Bothſchafter in ſpaniſchem Mantelkleide aus Goldſtoff mit hand=
breiten Spitzen beſetzt, mit weißem Reiger in diamantener Schlinge,
ſtatt der Trabanten vier und zwanzig ſtämmige Haiduken mit ſchwe=
ren ſilbernen Streitkolben; der Oberbereiter am Steigbügel zu Fuß,
hinter dem Bothſchafter der Oberſtſtallmeiſter an der Spitze von vier=
zehn Pagen, dann die Leibwache, dreyßig Grenadiere in Scharlach
mit Silber ausgeſtattet, mit ſilbernen Adlern auf der Bärenmütze;
die Fahne mit dem zweygetheilten Adler und der ungetheilten Drey=
faltigkeit, die Heermuſik, die Maulthiere, die Falkoniere, die Köche,
und vierzig Soldaten, welche den Zug ſchloſſen, den eben ſo viele er=
öffnet. Die Auswechſelung mit dem türkiſchen Bothſchafter geſchah an
der neu erſiegten Gränze zwiſchen Parakin und Raſchna am Flüßchen
Schuppellia, wo drey Säulen aufgerichtet, von deren beyden äußer=
ſten die beyden Bothſchafter einander entgegengeritten, fünf Schritte
von der mittlern zugleich abſtiegen, wo der kaiſerliche vom kaiſerlichen
General Oduyer dem Seraſker, der türkiſche von dieſem dem kaiſer=
lichen General übergeben, und der Empfang durch förmliche Urkunde   7. Aug.
beſcheinigt ward. Bey der Ankunft zu Conſtantinopel wurde der Both=   1719
ſchafter durch den Pfortendolmetſch Maurocordato ') im Nahmen
der Pforte mit Blumen und Früchten, mit Zucker und Kaffel bewill=
kommt, als ſprechende Höflichkeitsformel lieblichen und angenehmen,
ſüßen und geiſtigen Verkehrs. Es wurden zu ſeinen Dienſten Jani=
tſcharen als Ehrenwache, neun Zeltaufſchläger, Fackel= und Waſſer=
träger befehligt, und für dieſe ſowohl, als für das ganze Gefolge,
außer hundertfünfzig Thalern täglichen Handgeldes, der Unterhalt

') Drieſch S. 153.

derselben durch Naturallieferung so reichlich bemessen, wie nie bisher, aber auch die dem Großwesir und dem Sultan dargebrachten Geschenke übertrafen an Zahl und Werth alle der früheren Bothschaften, und der Großwesir bewirthete denselben zweymahl, das erstemahl im Pa= laste Husein Köprili's am asiatischen Schlosse des Bosporos mit einem

6. April Feste von Seiltänzern, Ringern und sechzig Tonkünstlern [1]), das
1720 zweytemahl zu Ejub, im Palaste Kara Mustafa's, des Belagerers von Wien, wo Pfeil= und Flintenschützen sich in ihrer Kunst hervor= thaten, auf dreyhundert Schritte weit ausgesetzte Wasserkrüge waren das Ziel, nach welchem der Großwesir selbst meisterhaft schoß; einem Janitscharen, der unversehens durchlief, um einen Krug aufzusetzen, fuhr des Großwesirs Kugel, der eben schoß, durch die Füße so glück= lich, daß sie den Krug herabpelzte, dem Janitscharen nur das Bein= kleid streifte, worüber so der Janitschar als der Großwesir höchst er= schrocken; jenem wurde der Schrecken mit eilf Ducaten vergütet, die= ser dankte Gott, daß der glückliche Zufall ein Menschenleben gerettet. Diese Begebenheit, vom Geschichtschreiber der Bothschaft [2]) und des Reiches [3]) erzählt, findet auch hier ihren Platz als Beytrag zur Cha= rakteristik des Großwesirs sowohl, als des türkischen Geschichtschrei= bers im Gegensatze mit dem christlichen, indem dieser die Menschlich= keit des. ob so großer Gefahr unwillkührlichen Todschlages erblassen= den Großwesirs, jener den glücklichen Zufall in vorsätzliche Geschick= lichkeit verkehrend, bloß den guten Schuß und die Freygebigkeit des Großwesirs preiset.

Die Verhaltungsbefehle Graf Wirmond's trugen demselben vor= züglich den Schutz der heiligen Örter zu Jerusalem, die Bestallung der Consuln, den griechischen Handel, die Auslösung der Gefangenen, freundschaftliches Benehmen gegen alle europäischen Minister, und auch gegen die Agenten der Moldau und Walachey auf [4]). Er ließ beym Einzuge mit klingendem Spiele und fliegenden Fahnen den Tschauschbaschi nicht neben sich reiten, sondern vor sich. In dem Lau= fe seiner Gegenwart, welche fast ein Jahr dauerte, erhielt er Ferma= ne zu Gunsten der Geistlichen in Jerusalem, der Trinitarier, zur Be= freyung der Gefangenen, zur Abstellung der Räubereyen der Dulcig= noten [5]), und der Entfernung der ungarischen Rebellen, von denen Batthiany und Forgacs auf dem asiatischen Ufer lagerten, Bercseny und Esaki sich zu Chocim, Eszterházy in der Moldau aufhielten; die= se wurden mittelst Befehls an den Pascha von Bender nach der Ge= richtsbarkeit von Demürhißar ins Elend verwiesen, Rakoczy auf eine

16. Galeere nach Rodosto eingeschifft [6]). Um den im Paßarowiczer Han=
April delstractate berührten Punct des persischen Handels durch die osma=
1719

---

[1]) Raschid III. Bl. 42. Driesch S. 249. [2]) Driesch S. 409. [3]) Raschid III. Bl. 48. [4]) Instruction für Graf Wirmond vom 9. May 1719, in XXXII. Ar= tikeln in der St. R. [5]) Ferman vom Sillide 1131 (Oct. 1719) datirt, in der St. R. [6]) Raschid III. B:. 49.

nifchen Staaten in die kaiferlichen ins Reine zu bringen, wurde auf Wirmond's Anlaß ein befonderer Gefandter nach Perfien gefchickt, der Rechnungspräfident der Kopffteuer, Dürri Efendi, deffen Gefandt= fchaftsreife der pohlifche Jefuite Krufinski zuerft aus dem Türkifchen ins Lateinifche überfetzt und bekannt gemacht hat.[1]). An die beyden Woiwoden der Moldau und Walachey erhielt Wirmond Schreiben des Großwefirs in Betreff des deutfchen Kaufleuten zu geftattenden Verkaufs der Potafche, des gemeinfchaftlichen Güterbefitzes der Boja= ren dießfeits und jenfeits der Aluta, und der genauen Abgränzung zur Vermeidung von Güter= und Gränzproceffen[2]). Auch für die Katho= liken von Chios und die Kirche derfelben, S. Niklas, erhielt Wirmond einen, mit kaiferlicher Handfchrift bekräftigten Ferman, welcher die nach der Capitulation verlornen Rechte und Freyheiten der Katholiken einigermaßen wieder herftellte. Nach der erften Capitulation von Chios, unter Suleiman, follten Katholiken und Griechen im Befitze aller ihrer Freyheiten und Vorrechte bleiben, die Franken fogar ihre Kleidung, als osmanifche Unterthanen, beybehalten, durch die zweyte Wiedereroberung aber verloren fie diefe Vorrechte, weil fie von den Griechen angeklagt worden, daß fie die Venetianer herbeygelockt; dennoch erging wider diefelben ein drohendes Chatt=fcherif[3]), wie= wohl die Capitulation mit beyden zugleich unterfchrieben worden war; diefem ungerechten Chatt=fcherif widerfprach der Ferman, und die Ausnahme, die er von jenem Chatt=fcherif machte, war nur Be= folgung der erften und zweyten Capitulation unter Suleiman I. und II.[4]). An Wirmond wandten fich walachifche Ränkefchmiede aus der Familie Cantacuzen, um den Niclas Maurocordato zu ftürzen, und felbft der neue Pfortendolmetfch, Ghika, derfelbe, welchen Kai= fer Leopold aus der Taufe gehoben, Talman als kaiferlichen Sprach= knaben aufgenommen hatte, unterftützte die Feinde feines Verwandten Maurocordato, aber Wirmond, feinen Verhaltungsbefehlen getreu, mifchte fich in diefe Angelegenheiten mit nichten. Maurocordato war im Lande verhaßt, und daher dem kaiferlichen Intereffe weniger ge= fährlich[5]); und derfelbe blieb Hofpodar. Außer dem Pfortendolme= tfche bearbeiteten damahls die europäifchen Minifter an der Pforte den Sultan und den Großwefir durch die Ärzte derfelben, den des Sul= tans, den Juden Fonfeca, welcher den Franzofen zugethan, und den des Großwefirs, den Juden Conigliano, den Canal Wirmond's. Fonfeca unterhielt Briefwechfel mit den ungarifchen Rebellen, deren einige fich an Wirmond wandten, um durch denfelben Verzeihung zu erhalten; fo auch der deutfche Renegate Mohammed, ehemahls Schmid,

---

[1]) Prodromus ad tragicam vertentis belli persici historiam seu le-
gationis a fulgida porta ad Sophorum regem Szah Sultan Hussein anno
1720 expeditae autentica relatio (Leopoli 1734); franzöfifch von Langlés:
Relation de Dourry Efendi, Paris 1810, in Rafchid III. Bl. 40. [2]) Bevim
Berichte Wirmond's vom 3. Dec. 1719. [3]) Im Jahre 1107 (1695). [4]) Wir=
mond's Bericht vom 16. April 1720. [5]) Wirmond's Bericht.

aus Anhalt-Zerbst, welcher unter der Großbothschaft Öttingen's als Edelknabe nach Constantinopel gekommen, hernach Moslim, Kämmerer, mit einem Lehen in Asien bey Konia, dann zwey Jahre lang in Modon die Festung wider Venetianer vertheidigte, mit der Tochter des vormahligen Mufti Asif Efendi vermählt. Außer diesem Kämmerer Mohammed aus Anhalt - Zerbst erscheint der Segbanbaschi, d. i. der zweyte Generallieutenant der Janitscharen, im Kriegsrath vor der Schlacht von Peterwardein als Hasan der Deutsche [1]).

Wirmond war auch dem venetianischen Bothschafter hülfreich, welcher den Frieden unterzeichnet hatte, jetzt über die noch streitige Gränzlinie unterhandelte, aber die Beendigung der Abgränzung nicht anders, als mit dem Opfer von Prologh erhalten konnte, welches nach dem Vertrage der Republik hätte bleiben sollen [2]); durch Wirmond's Hände ging auch das Schreiben der Königinn von Schweden, welches dem Großwesir das Ableben ihres Bruders, Carl's XII., meldete [3]), und welches durch Wirmond's und des englischen Bothschafters, Stanyan, Bemühungen freundlich beantwortet ward. Stanyan belehrte in einer langen Audienz den Großwesir über die südlichen und nördlichen politischen Händel, indem er ihm zuerst das Verhältniß des Krieges zwischen Frankreich und Spanien, dann die harten Forderungen des von seinen Verbündeten nun verlassenen Czars an Schweden auseinandersetzte. Der Großwesir antwortete aufs erste, daß es unbegreiflich, daß zwey so nahe Verwandte, als die Könige von Frankreich und Spanien, sich wegen des Kaisers schlügen [4]), aufs zweyte, daß es nichts als billig, daß, wer seine Verbündeten verlassen, wieder von ihnen verlassen werde [5]), daß die Pforte aber ruhig zuschauen wolle. Stanyan wiederhohlte hierauf die Einstreuungen des russischen Ministers Daskow, welcher den verlangten Aufenthalt der russischen Truppen in Curland mit dem Vorgeben beschönigte, daß dieß nur geschehe, um Curland wider kaiserliche Truppen zu vertheidigen, welche vermög eines Heirathsvertrages zwischen dem Erbprinzen von Sachsen mit einer Erzherzoginn dem Könige von Pohlen den Besitz Curland's verschaffen sollten. Stanyan legte dem Großwesir zur Widerlegung den zwischen dem Kaiser, Pohlen und England zur Aufrechthaltung aller Rechte und Freyheiten Pohlen's geschlossenen Vertrag vor, und sprach durchaus wider Rußland, welches durch Unterstützung Rakoczy's zum pohlischen Throne nur neuerdings die Geschäfte verwirren wolle, dann wider den unter mancherley Vorwänden verlangten Aufenthalt Daskow's. Der Großwesir entgegnete, der russische Gesandte sey wegen Auslösung der von Tataren weggeschlepp-

---

[1]) Raschid II. Bl. 143. [2]) Wirmond's Bericht vom 21. Januar 1720. [3]) Wirmond's Bericht und in Raschid III. Bl. 31 zuerst die Nachricht vom Tode des Königs vor Foronholm (Friedrichshall), und dann das Schreiben der Königinn III. Bl. 44; die Antwort des Großwesirs vom 20. Silh. 1132 (22. Oct. 1720). [4]) Lettre de Mr. Stanyan à Mr. S. Saphorin de Constantinople. 19. Oct. 1719. [5]) Eben da.

ten Gefangenen gekommen, was ein viele und lange Erörterungen
bedürfendes Geschäft, daß er aber künftig die russischen Gesandten an
den Tatarchan weisen wolle, ohne ihnen zu erlauben, zur Pforte zu
kommen [1]. Rußlands Einverständniß mit den Griechen berührte Stanyan nur flüchtig, um diese nicht in Untersuchungen zu verwickeln [2].
Daskow, welcher zuerst die Verlängerung seines Aufenthaltes, so
lange als der kaiserliche Bothschafter zu bleiben, von dem Reis Efendi
erkauft [3], dann aber auf des englischen Bothschafters Einstreuung
doch die Weisung zur Abreise erhalten hatte, unterhandelte die Erneuerung und Verewigung des Friedens vom Pruth, um, wie er
sagte, durch die Verewigung des nur auf bestimmte Zeit geschlossenen
Friedens allen Einstreuungen der Feinde Rußland's zu begegnen. Der
Reis Efendi und der vorige Defterdar, Hadschi Mustafa, traten
einige Mahle mit demselben zusammen. Außer der Weglassung des
für Rußland schimpflichen Einganges des Tractates am Pruth gewährte dieser neue Vertrag drey $_{fehr}$ wichtige Abänderungen der vorhergehenden, indem die Abgabe an den Chán der Krim aufgehoben,
die Residenz eines russischen Ministers zu Constantinopel, und in dem
Falle, daß die Erhaltung der Rechte und Verfassung Pohlen's es erfor-
dere, beyden Theilen der Einmarsch in Pohlen gestattet warb [4]. Nur
auf das Begehren des Kaisertitels ward erwiedert, die Pforte erkenne
nur zwey Kaiser, den Sultan und römischen, an [5]; der Friede vom
Pruth wurde für ewige Zeiten geschlossen, und der Czar dankte dafür
durch besonderes Schreiben, welches Daskow in feyerlicher Audienz
übergab [6]. Von Seite Pohlen's kam der Internuntius, Wilkomir
Joannes Strutinski, mit Freundschaftsversicherungen, und von Seite
Ragusa's mit dem Tribute die beyden Bonna, Brüder des vor Belgrad gebliebenen kaiserlichen Obersten dieses Nahmens [7]. Der französische Bothschafter, der Marquis de Bonnae, lieferte versprochener-
maßen für den gewährten Bau der Kirche zu Jerusalem achtzig Gefangene aus, welche von der Sultaninn Fatime jeder mit zwölf, und
von ihrem Gemahle, dem Großwesir, mit acht Piastern beschenkt wurden [8]. Er benützte diese Gelegenheit seinerseits mit gutem Erfolge
zur Sendung eines Gesandten nach Frankreich, wozu der zweyte Bevollmächtigte von Paßarowicz, Mohammed Efendi, beygenannt der
Acht und zwanziger [9], ernannt ward; eine Sendung, welche dem
französischen Bothschafter nicht mehr willkommen, um den Glanz der
Regentschaft zu heben, als dem Großwesir, der auf diese Art sich über
die wahre Lage und Verhältniffe europäischer Politik zu belehren hoffte.
Auf Bonnac's Einschreiten gab die Pforte im folgenden Jahre die

16.
Nov.
172o

7. Oct.

[1] Stanyan's Bericht in der St. R. [2] Eben da. [3] Lettre de Stanyan à
Saint Saphorin 3. Dec. 1719. St. R. [4] Raschid III. Bl. 45. [5] Die Berichte
Wirmond's, Ruzzini's, Stanyan's; in der St. R. [6] Diese Danksagungs-Au-
dienz ist in Raschid III. Bl. 51 um ein Jahr zu früh angesetzt. [7] Wirmond's
Bericht in der St. R. [8] Raschid III. Bl. 49. [9] Derselbe Bl. 52.

12 *

Erlaubniß zur Einschiffung der von Bercseny geworbenen Rekruten, doch lautete die Erlaubniß nur auf Ungarn ¹). Auch der König von Preußen, durch freundschaftliches Schreiben ermuthigt, welches vor zwey Jahren vom Großwesir Mohammed an ihn auf Rakoczy's Antrieb erlassen worden, schickte jetzt einen Stallmeister, Jurgofsky, nach Constantinopel, denselben bloß zur Erleichterung des ihm aufgetragenen Pferdeeinkaufes empfehlend.

Der achtmonathliche Aufenthalt des kaiserlichen Bothschafters, Grafen Wirmond, hatte der Pforte gegen zweymahlhunderttausend Thaler gekostet, und nicht weniger dem kaiserlichen Hofe der des osmanischen Bothschafters zu Wien, so daß die zweymahlhunderttausend Thaler, welche in dem Frieden von Sitvatorok zum letzten Mahle noch einseitig von Seite des kaiserlichen Hofes als Geschenk einmahl für allemahl bedungen worden waren, dießmahl bloß in Kosten der Großbothschaften von beyden Seiten aufgingen. Wider den zu Wien sah sich der kaiserliche Hof bemüßigt, zu Constantinopel Klage zu führen, weil er sich durchaus nicht dem bey dem Empfange voriger Bothschafter üblichen Ceremoniel fügen wollte. Schon der Einzug war von Mittag bis Abend verschoben worden, weil er sich durchaus nicht verstehen wollte, den ihn ins Quartier führenden Hofmarschall bis über die Stiege hinunter zurück zu begleiten. Die schon festgesetzte Audienz war unterblieben, und wurde ihm erst gewährt, nachdem er schriftlichen Revers von sich gegeben, daß er sich in Alles gleich seinen Vorfahren, den Großbothschaftern, nach dem Basvárer Frieden im Jahre tausend sechshundert fünf und sechzig, und nach dem Carlowiczer Frieden im Jahre tausend siebenhundert, fügen wolle. Demnach wurde ihm die Liste der mitgebrachten Geschenke und der Aufsatz der zu haltenden Anrede abgefordert. Bey der Audienz fuhr er allein bis zur Stiege des Schweizerhofes, und der Bothschaftssecretär mit dem Beglaubigungsschreiben stieg an derselben ab, das andere Gefolge im Burghofe, vor der damahls noch bestehenden Fallbrücke. Der Kaiser empfing ihn siehend unter goldgesticktem Baldachine, in spanischem Mantelkleid, mit diamantener Hutschleife und diamantenem Degengriff ²). Zur rechten die Minister und geheimen Räthe, zur Linken der Reichsvicekanzler und die Capitäne der Leibwachen. Mit drey Verbeugungen mußte er dem Throne nahen, die erste beym Eintritte des Audienzsaales, die

¹) Dirlingen's Bericht vom Junius 1721. ²) Acten der St. R., dann nebst den oberwähnten teutschen Berichten über den Einzug, noch drey italienische gedruckte besondere Berichte: 1) Relazione della solenne intrata dell' Ambass. Ibraimbassa, 14. Ag. 1719, 2) Relazione della solenne udienza dell' Ambass. Ibraimbassa, 4. Sett. 1719; 3) Relazione dell'udienza di congedo dell' Ambass. Ibraimbassa, 13. Aprile 1720; und eine vierte über die Audienz des Gr. Wirmond zu Constantinopel: Relazione dell' udienza del C. Wirmond; dann in der St. R. die Credentialien Wirmond's, und ein langes Schreiben Eugens, auf das durch Osmanaga gesandte des Großwesirs vom 19. Nov. 1718, die Abgränzung betreffend. Wien den 23. Dec. 1718, worauf der Großwesir ein zweytes durch den Aga Mustafa sandte, welches Eugen am 24. May 1719 beantwortete.

zweyte in der Mitte, die dritte vor dem Throne; um die osmanische
Hofsitte, nach welcher auf die Rede des Bothschafters nicht der Sultan, sondern der Großwesir antwortet, mit gleichem zu erwiedern,
antwortete der Reichsvicekanzler im Nahmen des Kaisers. Das Beglaubigungsschreiben, welches zu Constantinopel nicht einmahl der
Gesandte selbst, sondern nur der Großwesir zu den Stufen des Thrones niederlegte, wurde vom Bothschafter auf den zur Rechten des Kaisers stehenden, mit Goldstoff überzogenen Tisch niedergelegt, worauf
er dann rücklings wieder auf seinen Platz zurückging, nach gehaltener
Anrede eben so die Liste der Geschenke niederlegte, und das Mantelkleid küßte. Die vorigen Großbothschafter hatten den Saum des Kleides geküßt, dieser bath und erhielt die Erlaubniß, daß er dasselbe
um einige Spannen höher küssen dürfe, weil er mit zwey Roßschweifen hochbegabt, wie keiner seiner Vorgänger. Nach niedergelegter Liste
der Geschenke, wurden dieselben hereingebracht, und auf den Stufen
der Estrade, worauf der Thron steht, ausgebreitet rücklings mußte
der Bothschafter wieder hinausgehen, der Grieche Dolmetsch durfte
nicht mit dem Kalpak auf dem Kopfe erscheinen, was natürlich, da
der Grieche, Walache, Moldauer und Armenier den Kalpak nicht nur
in der Kirche, sondern auch vor seinem Hospodar und Patriarchen ab-
nimmt. Renegaten waren von der Ehre, mit zur Audienz zu erscheinen, ausgeschlossen. Das Schreiben des Sultans, welches der Bothschafter überreichte, unterschied sich von den vorhergehenden und späteren durch die Weglassung der beleidigenden Schlußformel: Heil
dem, der dem wahren Pfade folgt, wodurch Heil und Gruß Nichtmoslimen nicht gewünscht, sondern verweigert wird. [1]

So wenig des Großwesirs Jbrahim hoher und freygebiger Sinn
der Ausgaben schonte, wo es sich, wie bey der Freyhaltung der kaiserlichen Bothschaft, um die Ehre, oder wie bey kaiserlichen Gebäuden
um den Glanz des osmanischen Hofes handelte, so sehr war er bemüht, die dazu erforderlichen Summen durch weise Haushaltung hereinzubringen. Durch Erhöhung der Pachten, durch Einziehung der
erledigten Soldrollen, durch reichere eingehende Kopfsteuer, weil die
durch den Krieg entvölkerten Örter wieder angepflanzt und bewohnt
wurden, hatte er dem Schatze binnen den ersten drey Jahren seiner
Verwaltung die Summe von sieben Millionen Piaster erspart. So
belegte er nach vollendeter Beschreibung von Chios, die dort verfertigten seidenen Gürtel nach den drey Classen ihres Werthes mit einem
Stämpel von sechzig, fünfzig und vierzig Aspern, außer zehn anderen
Aspern, welche für jedes Stück jeder Gattung zu entrichten waren [2]; **27.Nov.**
Kopfsteuer zahlende Einwohner der ein und zwanzig Mastixdörfer wa- **1719**
ren dreytausend sechs und dreyßig; die Auflage aber, womit die Kunst

---

[1] Das Schreiben im k. k. Hausarchive, und in Raschid III. Bl. 33. Das
Recredentiale Wirmond's eben da Bl. 49 hat diese Formel schon wieder.
[2] Raschid III. Bl. 43.

erzeugniſſe der zu Conſtantinopel angeſiedelten Kurden und Turkma=
nen vor kurzem belegt worden waren, hob er wieder auf, weil das
Volk über Härte murrte ¹). Eben ſo großmüthig war er gegen den
Aga ſeines Hofſtaates und gegen alle durch Wiſſenſchaft ausgezeichnete
Männer, die er bey jeder Gelegenheit ²), vorzüglich aber bey dem
erſten Unterrichte in der kaiſerlichen Bibliothek und in den von ihm
geſtifteten Schulen mit Geſchenken überhäufte ³). So belohnte er den
Reichsgeſchichtſchreiber Raſchid, welcher die drey Stiftungsbriefe für
ſeine Medreſe, Fontaine und Bibliothek gegenüber der Moſchee der
Prinzen aufſetzte, reichlich ⁴), und als derſelbe den glücklichen Schuß
des Sultans, der auf achtzig Schritte einen fränkiſchen Ducaten zer=
ſchoſſen ⁵), durch ein Chronogramm pries, gab er ihm dafür einen
Beutel Goldes ⁶). Er bedauerte ſehr den Tod des großen Scheichs
der Nakſchbendi, Mohammed Muid Efendi ⁷), eines in der Trun=
kenheit göttlicher Liebe verlornen Myſtikers, und noch mehr den ge=
waltſamen des Scheichs der Chalweti, Naſmiſade Efendi's, welcher
aus Rachſucht von einem Badewärter, einem Albaneſen und deſſen
Gehülfen, ſammt ſeiner Beyſchläferinn ermordet ward ⁸); die Thäter
wurden verdientermaßen hingerichtet. So wurden auch fünf und zwan=
zig Seeräuber und der berüchtigte Korſare „Ohne Naſe“ gehenkt ⁹), und
der Bulukbaſchi, Ssolak Ali, geköpft, weil er den Tſchokadar, der
von ihm Geld einzutreiben gekommen, erſchlagen ¹⁰). So wurde auch
zu Wan an einigen Janitſcharen, welche den Baſar geſchloſſen hiel=
ten, und die Ausrufer hindern wollten, das Gebeth von den Mina=
reten zu verkünden, die verdiente Todesſtrafe vollzogen ¹¹). Auch zu
Bosnaſerai waren die Buden von den wider ihren Statthalter, Os=
manpaſcha, unzufriedenen Einwohnern geſchloſſen worden, weil ſie
durch ſeine eigenen Ungerechtigkeiten gedrückt, noch mehr dadurch em=
pört wurden, daß er den Kiaja des vorigen Statthalters, um Geld zu
erpreſſen, eingeſperrt, wiewohl kein Kläger gegen denſelben aufgetre=
ten war. Die Pforte wollte einen Kämmerer auf Unterſuchung ſen=
den, da aber indeß vom Molla Bosnaſerai's und den übrigen Rich=
tern Beſchwerde auf Beſchwerde einlief, wurde der Statthalter ſo=
gleich als Sandſchak nach Valona, und der Inhaber dieſes Sandſcha=
kes, Osmanpaſcha der Krumme, an ſeines Vorfahrs, Osman, Stelle
geſetzt ¹²). Eine Feuersbrunſt, welche in der Nähe der Moſchee des
Kadiaskers ausbrach, war nicht durch ihre Ausdehnung, ſondern
durch den mit Unglück und Glück vermiſchten Zufall ausgezeichnet,
daß der Kiajabeg, der Defterdar und der Janitſcharenaga, welche alle
drey auf dem Dache eines benachbarten Hauſes ſtanden, um die Löſch=

21.May
17 0

25.May

---

¹) Raſchid III. Bl. 44. ²) Derſelbe Bl. 48. ³) Derſelbe Bl. 43. ⁴) Derſel=
be Bl. 51. Der Stiftungsbrief im Inſcha des Reis Efendi Mohammed Nr. 171
und der dazu gehörige Ferman eben da Nr. 165. ⁵) Raſchid III. Bl. 75, mit
dem Chronogramm vom 26. Diſtichen. ⁶) Derſelbe Bl. 114. ⁷) Derſelbe Bl. 46,
geſt. am 26. Rebiul=achir 1132 (6. März 1720). ⁸) Raſchid III. Bl. 52. ⁹) Der=
ſelbe Bl. 47. ¹⁰) Derſelbe Bl. 48. ¹¹) Derſelbe Bl. 45. ¹²) Derſelbe Bl. 46.

anstalten zu leiten, mit dem Dache herunterstürzten, ohne sich jedoch viel zu beschädigen; am meisten hatte der Kiajabeg, Mohammedaga, gelitten, welcher schon zur Zeit, als Ibrahim noch Kabinetssecretär im Serai desselben Säckelmeister und hernach zu seinem Eidam erwählt, bald nach der Ernennung desselben zum Großwesir die so wichtige Stelle eines Kiajabeg, d. i. des Ministers des Innern, erhielt, so daß die ganze Regierung in den Händen zweyer Eidame, nähmlich des Eidams des Sultans, und des Eidams des Großwesirs, wovon jener der erste, dieser der zweyte Eidam hieß [1]). Dem ersten wäre bald ein zweyter sultanischer Eidam an die Seite gesetzt worden [2]), in der Person des Bostandschibaschi, Seid Mohammed [3]), dessen zunehmende Gunst beym Sultan in die des Großwesirs gefährlichen Schatten warf. Der Großwesir, der eine Zeitlang nicht ohne Eifersucht zugesehen und geschehen lassen, daß der Bruder des Bostandschibaschi mit dem Range eines Statthalters von Rumili Statthalter in Siwas, und dessen erst fünfzehnjähriger Sohn ebenfalls mit dem Range eines Statthalters von Rumili zum Sandschak von Amasia benennet worden [4]), ersah die günstige Gelegenheit, als der Sultan ins Arsenal kam, zuzuschauen, wie die neue Baschtarda, d. i. das Admiralschiff, vom Stapel gelassen ward. Der Großwesir hatte bloß gesagt, daß es an der Zeit, den Bostandschibaschi mit drey Roßschweifen, aus dem Serai zu befördern, aber der Sultan, wohl gewahr, daß bald andere Klagen erfolgen dürften, fand es für besser, den Bostandschibaschi sogleich nach Siwa zu verweisen, und die Beförderung ward nicht nach der gewöhnlichen Rangordnung, vermög welcher der Odabaschi der Bostandschi [5]) in die Stelle Bostandschibaschi tritt, sondern mit Überspringung desselben vorgenommen, so daß der Chaßeki Bostandschibaschi ward, und an die Stelle des Chaßeki, der Hamladschi, d. i. erste Ruderknecht der kaiserlichen Jacht, trat [6]). Der abgesetzte Bostandschibaschi, Gehülfe und Feind des Großwesirs, der einflußreiche vorige Defterdar, Mustafa Efendi, erhielt zugleich die Weisung sich nach Jerusalem zu begeben, um dort die Ausbesserung des Doms der Moschee Akßa auf den Ruinen des Tempels Salomon's (auf dem Berge Moria) zu überwachen. Es war zwar schon früher der Kämmerer Osman mit fünf Beuteln Geldes zu diesem Ende dahin abgegangen, aber der Defterdar wurde unter dem scheinbaren Grunde größeren Nachdruckes willen, jetzt mit zwanzig Beuteln auf die glimpflichste Weise aus den Augen des Sultans entfernt [7]).

10.
April
1721

15.
April

[1]) Raschid III. Bl. 34. [2]) Emmo's Bericht vom 9. März 1722 einstimmig mit Raschid III. Bl. 71 S. 2 3. 14. [3]) Der von dieser Kabale nicht übel unterrichtete S. Iller (Lettere particolari scritte dal S. Luigi di Sant Iller in Costantinopoli dal 1720 fin al 1724 Bassano 1737) nennt ihn S. 20 irrig Hoßam. [4]) Raschid III. Bl. 71. [5]) Osmanische Staatsverfassung und Staatsverwaltung II. S 36. [6]) Raschid III. Bl. 71. [7]) Derselbe Bl. 70 und S. Iller p. 22.

Fünf Monathe nach der Abreise der kaiserlichen Großbothschaft feyerte der Sultan eine große Doppelhochzeit von Vermählung dreyer seiner Töchter und zweyer seiner Nichten, und von Beschneidung vier seiner Söhne. Nicht weil die Beschreibung dieser neunfachen Hochzeit von fünf vermählten Prinzessinnen und vier beschnittenen Prinzen im Reichsgeschichtschreiber Raschid (aus dem ausführlicheren Hochzeitsbuche Wehbi's, ausgezogen) sechzehn Folioblätter füllt [1]), nimmt sie selbst nach dem in vier Abschnitten umständlich erzählten Beschneidungsfeste Mohammed's III. [2]) hier auch vier Abschnitte ein, sondern weil mit Übergehung aller vom Reichshistoriographen beschriebenen Künste der Seil= und Schwerttänzer, der Gaukler und Schaukler, der Becher= und Taschenspieler, der Bullenbeisser und Possenreisser, die Ordnung des Ranges und der Kleider, des Festes Ceremoniel und Stufenfol= ge in gedrängter Übersicht zusammengestellt, Neues und Merkwürdi= ges beut. Die fünf Brautpaare waren der Kapudan Suleimanpascha, der Nischandschipascha Mustafapascha, der Sohn Kara Mustafapascha's Statthalter von Rakka, Alipascha, mit drey Töchtern des regierenden Sultans, Sirke Osmanpascha mit Prinzessinn Ummetullah; und der Statthalter von Negroponte, Silihdar Ibrahim, mit Prinzessinn Ai= sche, welche dem verstorbenen Köprilisade Nuumanpascha verlobt, aber nicht vermählt, jetzt als Erbschaft desselben zu vermählen war. Zum Aufseher der Hochzeit wurde der der kaiserlichen Küche, Chalil, er= nannt, und demselben zuerst die Verfertigung von vier großen künst= lichen Palmen für die vier Prinzen, vierzig kleinen Palmen, und ei= nem Zuckergarten anbefohlen. Die vier großen Palmen, dreyzehn El= len hoch, in fünf Stockwerke abgetheilt, der Zuckergarten sechs El= len lang und vier Ellen breit; die Palmen, als das aufrechte Symbol befruchtender Vermählung, der Zuckergarten zur Versüßung des phy= sischen Schmerzens der Doppelhochzeit. Große Segelstangen und lan= ge Segel wurden aus dem Arsenal ins Serai geschafft, und aus den= selben ein ungeheures Zelt errichtet, unter welchem die Palmenmacher die Palmen verfertigten, während in zehn kleinen Zelten Tischler, Schlosser, Mahler, Buchbinder und Zuckerbäcker am Zuckergarten ar= beiteten [3]). Zum Erforderniß der Festgelage wurden herbeygeschafft: zehntausend hölzerne Schüsseln, siebentausend neunhundert Hühner aus den europäischen Gerichtsbarkeiten von Rodosto, Amedschik, Schehrköji, aus den asiatischen des Sandschaks Chudawendkiar von Göledschik, Jenidsche, Tarakli, Gülbafari, tausend vierhundert fünfzig kalkutische Hühner, dreytausend junge Hühner, zweytausend Tau= ben, tausend Anten, hundert Taffen, wie dieselben beym Geburtsfe= ste des Propheten dargebracht werden, um Zuckerwerk darauf zu le= gen, fünfzehntausend Lampen zu Beleuchtung des Hochzeitsplatzes,

tausend Lampenreife, in Form von Halbmonden, und zehntausend
Kannen, um die Sorbete zu kredenzen. Köche, Zuckerbäcker, Sänger,
Tänzer, Gaukler, wurden von allen Seiten zusammengetrieben, und
hundertzwanzig Schlauchträger im juchtenen Häuten und Hosen mit
eingeöhlten Schläuchen, als die Wache zur Polizey des Festes, be=
stellt, daß während desselben nicht die Keule und der Stock erhalte
und walte, sondern bloß der eingeöhlte Wasserschlauch die Ordnung
erhalte. Für fünftausend Kinder von Armen, welche bey dieser Gele=
genheit umso ist beschnitten werden sollten, wurden vom Hochzeits=
auff her die Ehrenkleider dieses ihres Ehrentages herbeygeschafft. Die
von allen Seiten, um sich zu zeigen, herbeygekommenen Kunstver=
wandten, der edlen Ring =, Seiltänzer= und Taschenspielerkunst, wur=
den den Generalen der Zeugschmiede und Kanoniere, und dem Vor=
steher der Fleischer als Gäste zugewiesen; von den Herdschaften, der
Janitscharen, Kanoniere und Zeugschmiede, wurden große Kessel und
Schüsseln, von den Speisehäusern der frommen Stiftungen und aus
den Palästen der Großen kupferne und blecherne Gefäße ausgeliefert,
und das ganze Geschirr der kaiserlichen Küche auf den Platz geschafft.
Wie zu weiland Suleiman des Großen Zeit dessen Günstling und
Großwesir Ibrahim, der erste Belagerer von Wien, bey seiner mit
großen Festlichkeiten gefeyerten Hochzeit sich des Besuches des Sul=
tans erfreute, worauf er so stolz, daß er seiner Fertigung von Staats=
schreiben an Kaiser Carl und König Ferdinand den Titel: Inhaber
der Hochzeit ?) beysetzte, so trat jetzt Ibrahim, Großwesir und mäch=
tiger Günstling, wie jener in dessen Fußstapfen durch die Theilnahme
an der Hochzeit; mittelst seines Sohnes (erster Ehe) Mohammed Be=
schneidung, für welche insbesondere zwey mittlere Palmen; und ein
Zuckergarten, die Hälfte so groß, als der der Prinzen, herbeygeschafft
wurden. Nachdem der Sultan und die Prinzen die fertig gewordenen
Palmen im alten Serai besehen, wurden dieselben ins neue Serai
getragen, und von da sammt den Zelten des Sultans und Großwesirs,
nach dem Pfeilplatze (dem großen Platze auf dem Rücken des Hügels
hinter dem Arsenale) geschafft, wo der Kiaja und Defterdar, der Ja=
nitscharenaga und die Generale der berittenen Wachen der heiligen
Fahne, und der Aufseher der Zelte, die nöthigen Anstalten zur An=
ordnung und Aufrichtung der Hochzeitszelte für alle Classen der Hof=
und Staatsbeamten trafen. Dann wurde zuerst die Hochzeit Sirke Os=
manpascha's mit Prinzessinn Ummetullah gefeyert. Sein Brautführer
führte den feyerlichen Zug des Verlobungsgeschenkes, des Bräutigams
in der gewöhnlichen Ordnung, nach welcher zuerst die Blumen und die
Früchte, dann die Schawlbündeln, dann die Goldbeutel, dann die Ju=
welen, dann die geziemten Pferde, dann die anderen Geschenke, zur

_____

?) Das Facsimile dieser Fertigung und seines Siegels in Wien's erster
türkischer Belagerung zur dreyhundertjährigen Feyer derselben, geschichtlich
erzählt. Wien 1829. S. 172 und 174.

Schau vorbeyzogen. Der Mufti vollzog die Vermählung nicht zwischen
dem Brautpaare selbst, sondern zwischen den Bestellten, zwischen dem
Kislaraga, als Stellvertreter der Braut, und dem Kiaja des Bräu=
tigams, als dessen Stellvertreter, diesem die Mitgift von zwanzigtau=
send Ducaten übergebend, worauf dann von Seite der Braut und
des Bräutigams die Bestellten und Zeugen, der erste Verschnittene
und Kammerdiener, der Gruß= und Ceremonienmeister, der Stall=
und Vortragmeister mit Pelzen bekleidet, mit Rauchwerk durchduftet,
mit Kaffeh und Scherbet getränket wurden.

Vier Tage nach der Vermählungshochzeit waren noch der Vorbe=
reitung zu der Beschneidung gewidmet, welche volle sechzehn Tage
dauerte, während deren die Aufzüge der Schauspieler, die Schau=
spiele, die Gastmahle, die Beleuchtungen und Feuerwerke sich abwech=
selnd folgten, und jeden Tag ein Paar Hundert der armen Knaben be=
schnitten wurden. Binnen den vier Vorbereitungstagen wurden auf
dem Pfeilplatze Hämmel als Opfer geschlachtet, eine hohe Stange zum
Klettern und Pfeilschießen, und ein hohes Köschk für den Sultan er=
richtet, ähnlich dem hohen im Lager, welches das Köschk der Gerech=
tigkeit [*]) heißt, weil vor demselben die Köpfe abgeschlagen und hin=
gerollt werden. Es wurden Zelte aufgeschlagen für die hundert fünfzig
Wundärzte, für die Sänger, Tänzer, Ringer, Gaukler, für die Gä=
ste, worin dieselben mit Kaffeh und Scherbet, mit Rosenwasser und
Rauchwerk bewirthet wurden. Mit Sonnenaufgang erschollen immer
die Pauken, und die Schlauchträger kehrten und reinigten den Platz [*]).
Der Sultan zog täglich mit den Prinzen aus dem Serai auf den
Platz, von den Ssolaken und Peiken, dem Bostandschibaschi und
Chaßeki umgeben, zu seiner Linken die Prinzen in Kapanidschen
von Silberstoff mit runden Turbanen (Selimi), die Wesire mit den
pyramidenförmigen (Kallawi), die Ulema in den großen wulstförmi=
gen (Urf), die Chodschagian mit den walzenförmigen (Mudschew=
wese). Man ersieht hieraus, daß Walze, Kugel und Pyramide die
Formen der Kopfbekleidung für die höchsten Staatsämter; die wal=
zenförmigen finden sich als Tiaren, die kugelförmigen als Kydaris
schon bey den alten Persern; Pyramiden tragen ägyptische Gottheiten
und Könige auf dem Kopfe; auch die Kegelform findet sich in der
Hierarchie osmanischer Kopfbedeckungen, aber auf der untersten Stufe,
für die mindesten Bedienstungen des Serai, der Köche und Holz=
hauer. Nicht minder streng als die Form der Kopfbünde war die der
Staatspelze geregelt, von denen der erste, nähmlich die Kapanidscha,
vorn und hinten schwarzer Zobel über Gold= und Silberstoff ausge=
schlagen, nur dem Sultan, den Prinzen, dem Großwesir, anderen
Wesiren, wie z. B. den Eidamen des Sultans, nur in außerordent=
lichen Gelegenheiten eigen; die Staatspelze der Herren der Kammer
hießen Erkiankürk, der weitärmlige (Ferradsche) und der Oberpelz

19.
Sept.
1720

[*]) Raschid III. Bl. 56 [*]) Dortselb. Bl. 58

(Uſtkürk) waren die anderer höchſter Staatsämter. Der Oberpelz hat ſeinen Nahmen, nicht wie man glauben möchte, weil derſelbe über einen anderen Pelz angezogen wird, ſondern von den oberen Ärmeln, welche über die gewöhnlichen herunter hängen, und nicht zum Hinein= ſchliefen, ſondern nur für die Ceremonie des Kleidkuſſes da ſind, für diejenigen nähmlich, denen ihr unterſter Rang, nicht die Hand des Sultans oder Weſirs, nicht den wirklichen Ärmel, ſondern nur den oberen Paradeärmel zu küſſen geſtattete; höchſt ſinnreiche Erfindung der Hof= Etikette! Eben ſo waren die Farben des Tuches, womit die Pelze ausgeſchlagen waren, geregelt. Neun Farben (nach der bey den Tataren beliebten Neunzahl) waren angenommen: weiß, violet, ſchar= lachroth, dreyerley blau: dunkel=, licht= und lazurblau; dreyerley grün: dunkel=, hell= und naphtagrün (gelbgrün) [1]. Weiß war die Farbe des Mufti, hellgrün die der Weſire, ſcharlach die der Kämme= rer, Vollzieher der Blutbefehle; die ſechs erſten Würden des Geſetzes (die beyden Oberſtlandrichter, der Vorſteher der Emire, die Richter von Mekka, Medina und Conſtantinopel), und die ſechs erſten Pfor= tenämter (die drey Defterdare, der Defter Emini, der Reis Efendi Niſchandſchi) trugen dunkelblau, die ihnen folgenden großen Ulema und Chodſchagian violet, die Muderris und Scheiche und die unteren Herren der Kammer [2] lichtblau, die belehnten Tſchauſche und Aga der Weſire lazurblau; die Aga des kaiſerlichen Steigbügels, der Reichsmarſchall, der Mir Aalem (Träger der heiligen Fahne) waren in das Dunkelgrün des chineſiſchen Porzellans gekleidet; die Bereiter des kaiſerlichen Stalles naphtagrün. Auch die Farbe der Stiefel war nicht gleichgültig, indem die Pfortenbeamten gelbe, die Generale der Truppen rothe, die Ulema blaue trugen; auch das Reitzeug, die Scha= braken und Satteldecken waren andere für die gewöhnlichen, andere für die feyerlichen Tage, welches Diwanszeug hieß. So waren durch ſtreng geregelte Form und Farbe der Kopf= und Fußbekleidung, der Pelze und Oberkleider, des Reitzeuges und der Satteldecken, die os= maniſchen Staats= und Hofämter viel früher uniformirt als die euro= päiſchen, und wie in Rußland die Militär= und Civilämter nach Claſ= ſen im Range gleichgeſtellt ſind, ſo gingen im osmaniſchen Reiche ſchon von der Zeit Suleiman des Geſetzgebers her die höchſten, mittleren und unterſten Ämter der Pforte und der Ulema neben einander, der Großweſir dem Mufti, die erſten ſechs Würden des Geſetzes, den er= ſten ſechs Ämtern der Pforte gleich; die großen Molla ſtanden den Chodſchagian, die Muderriſe und Scheiche den unteren Ämtern der Staatskanzley und Kammer zur Seite, den Aga der Truppen die des

[1] S. die Überſetzung der im J. 1829 zu Conſtantinopel erſchienenen Klei= derordnung in dem XLVI. Bd. der Jahrbücher der Literatur, Anzeigenblatt S. 31 u. f. [2] Der Director der Mauth, der Vorſteher der Fleiſchhauer u. ſ. w. Eben da. S. 34 Nr. 14.

kaiserlichen Steigbügels, den Herren des äußeren Staates die des inneren Hofes gegenüber.

Am ersten Tage war feyerlicher Handkuß der Wessre, welche hierauf bewirthet wurden, so, daß jeder Wessr der Knppel und die Statthalter ihre besonderen Tische hatten ¹). Sie sandten ihre Geschenke mittelst des Vortragsmeisters, an den Kislaraga, das Gefolge des Großweßrs zeigte seine Kunst im Dschiridwerfen, die Schlauchträger brachten ein Köschk, in welchem Automaten spielten, und ein Centaure machte Künste. Am folgenden Tage stellten ägyptische Tänzer mit Schwert-, Flaschen- und Reistanz ihre Künste zur Schau, und der Mufti an der Spitze der großen Ulema wurde der Gnade theilhaftig, vor dem Sultan über Auslegung eines Koransverses gelehrt streiten zu dürfen. Die zu beschneidenden Knaben gingen, vom Aufseher des Beschneidungsfestes geführt, vor dem Sultan, der im Köschk der Gerechtigkeit weilte, und die Leute des Arsenals zogen mit Galeeren auf Rollen, und Kanoniere mit künstlicher Festung vorüber ²). Die großen Molla speisten mit den Oberstlandrichtern an besonderen Tischen, den Abhub derselben erhielten die andern Ulema; die Tafeln wurden von Wasserträgern und Truchseßen des Serai bedient. Am folgenden Morgen Freytags wurde nach vollzogenem Freytagsgebethe Kameel- und Messertanz aufgeführt ³). Die Ulema waren des Großweßrs Gäste, in besonderen Gastzelten, welche nicht fern vom Feldzelte des Großweßrs standen, welches in der Nähe des kaiserlichen Staatszeltes. Am folgenden Tage gaben arabische Gaukler ganz unglaubliche Beweise ihrer Stärke und Geschicklichkeit ⁴). Die Scheiche, Prediger der kaiserlichen Moscheen, küßten die Hand des Sultans und Großweßrs, und wurden bewirthet. Tags darauf erlustigte sich der Sultan ganz besonders an den Sprüngen ägyptischer Opiumesser, unter welche er erst blankes Geld, dann Feuerschwärmer werfen, dann Affen, Bären und Schlangen spielen ließ ⁵). Zwey Rotten Tänzer, deren eine den Nahmen Gärtnersclaven, die andere Sclaven von Adrianopel, führte, überbothen sich im Wettstreite mimischen Tanzes; die Prediger und Imame der Moscheen waren die Gäste des Großweßrs. Der Sultan, welcher sich nur Abends nach dem Palaste des Arsenals, in welchem er schlief, begab, befahl, daß am folgenden Tage der Aufzug der Zünfte beginnen solle, deren Vorsteher und Älteste die Geschenke durch den Geschenkmeister⁶) und die Portiere des Serai darbrachten, und dann beym Großweßr abgespeiset wurden. Zugleich bewirthete der Großweßr die Generale der sechs Rotten der Reiterey, ihre Sachwalter, Mustermeister und Tschausche an besonderen Tischen. Am folgenden Tage waren zweyhundert gesot-

¹) Raschid III. Bl. 54. ²) Derselbe Bl. 58. ³) Derselbe Bl. 59. ⁴) Ausführlich beschrieben in Raschid III. Bl. 60. ⁵) Raschid III. Bl. 60 l. 3. ⁶) Derselbe Bl. 61.

Margin dates: 18. Sept. 1720 · 19. Sept. · 20. Sept. · 21. Sept. · 22. Sept. · 23. Sept. · 24. Sept.

tene, dreyhundert gebratene Hämmel, vierhundert Schüsseln, mit ge=
krülltem Reis, als Tafel der Janitscharen gedeckt; die darauf nach
gegebenem Zeichen als auf ihre Beute fielen; in diesem Augenblicke
flog eine Menge lebendiger Tauben, welche zwischen den Hörnern der
Hämmel verborgen gewesen, auf, und vermehren mit ihrem Geflatter
den Tumult des Speiseraubes. Die Zeugschmiede führten einen eher=
nen Drachen vorüber, der Feuer spie; die Kanoniere eine künstliche
Festung von einem Elephanten bewacht, die Leute des Arsenals eine
Galeere mit ausgespannten Segeln und wehenden Wimpeln. Der Ge=
neralstab der Janitscharen wurde vom Großwesir bewirthet, und die
Tschausche der Aufzüge ließen von allen Seiten Racketen los. Nach=
dem am folgenden Tage wieder acht Zünfte aufgezogen, die Taschen=
spieler und Pehliwanen, und die beyden Rotten der Adrianopolita=
ner Sclaven und Baghdschwanen ihre Künste gezeigt, speisten der
Reichsmarschall und Oberstkämmerer mit den Kämmerern, Tschauschen
und Hoffourieren an den für sie bestimmten Tischen, und zwar mit
ihren Alletags=Turbanen, nachdem ihnen der Großwesir erlaubt, die
hohen, lästigen, walzenförmigen Staatsturbane (Mudschewwese) ab=
zulegen [1]). Tags darauf stellten Ringer und Schlegelspieler, Schaukler
und Taschenspieler ihre Kunst zur Schau. Als geladene Gäste erschie=
nen die Officiere der Bostandschi, der Chaßeki, der Odabaschi, der
Soffawächter, der Plachenwächter, der Nachenwächter, die Herren
der Jägerey, der Oberst=Falken=, Sperber= und Geyerjäger, der
Obergehülfe und Schatzmeister des Stalles, der Schreiber der Gerste
und der Sattelknechte, der Striegelmeister, der große und kleine
Senftenbewahrer, der Wagenmeister sammt allen kaiserlichen Berei=
tern. Jetzt erst kam die Reihe an die Herren der Kammer, an den
Reis Efendi, und die Unterstaatssecretäre, den Bittschriftmeister, den
Kanzler und Cabinetssecretär des Großwesirs, an die Präsidenten
der einzelnen Kanzleyen der Kammer, an die Intendenten und Auf=
seher [2]). An den sieben folgenden Tagen wurden erst die europäischen
Gesandten eingeladen, und zwar der französische mit den Generalen
und Officieren der Kanoniere, Zeugschmiede, Stuckfuhrleute und den
Begen der Galeeren, ihren Capitänen und Tschauschen; der englische
und holländische mit den Imamen und Scheichen der Derwische der
Vorstädte Constantinopel's jenseits des Hafens (Galata, Kasim,
Chaßköi); der Bailo und kaiserliche Resident mit den abgesetzten
Beglerbegen und Chodschagian; der ragusäische mit den Einwohnern
der vier großen Vorstädte Constantinopel's (Skutari's, Galata's,
Ejub's, Kasimpascha's), denen fünftausend Schüsseln Pilaw zum
Raube gedeckt wurde [3]). Am fünfzehnten und letzten Tage des Volks=
festes wurden die Verwalter der frommen Stiftungen und die der

25.
Sept.
1720

26.
Sept.

27.
Sept.

28.
Sept.

29.
Sept.

30.
Sept.

1. Oct.

2. Oct.

[1]) Raschid III. Bl. 62. [2]) Aufgezählt in Raschid III. Bl. 62. [3]) Derselbe
Bl. 64.

Sultaninnen abgespeiset, die zwey und zwanzig Kammern der Janitscharen, welche den Dienst des Hofes verfahen, mit Geld belohnt,
die Officiere, welche das Ganze geleitet, mit Kaftanen bekleidet. Tags
3. Oct. darauf begab sich der Sultan mit den Prinzen von dem Palaste des
1720 Arsenals wieder ins Serai, wo erst jetzt vor dem Zeughause im ersten
Hofe die Zelte für die Beschneidung und die Ärzte aufgeschlagen wur-
4. Oct. den. Diese fünfzehntägigen Feste der Volksbeschneidung von fünftausend Knaben waren nur die Vorbereitung gewesen zum Feste der
Prinzenbeschneidung.

Acht Tage nach beendigtem Volksfeste der Beschneidung hatte der
Palmenaufzug Statt, wobey die Hof- und Staatsbeamten in größ-
ter Galla erschienen, und die Generale der Reiterey in Selim's Turbanen mit Jacken, sammtenen Pluderhosen und tscherkessischen Fela-
ren, Divansreitzeug und Schabraken, der Großwesir mit dem pyramidenförmigen golddurchwundenen Turban und Kapanidscha, ihm zur
Rechten der Vorlader mit weißem Federbusche, zu seiner Linken der
Odabaschi der Bostandschi mit gelber Haube, vor ihm seine Lakayen
(Schatir). Die Palmen waren so groß, daß an vielen Orten die
Häuser weggebrochen werden mußten; auf dem Wege, den der Zug
nahm, standen die Generale der Kanoniere, Zeugschmiede und Stuckfuhrleute mit ihrer Mannschaft zum Gruße. Den Zug eröffneten die
Schlauchträger, deren Musik Pfeife und Dudelsack; dann der Vogt
der Scharwachen und der Polizeylieutenant nebeneinander, der Janitscharenaga an der Spitze des Generalstabes und der Janitscharen,
die Tschausche, die Muderrise, die Sachwalter der Sultaninnen, die
Herren des Divans und die Kammerpräsidenten, die großen Molla,
die Kämmerer, dann hundert fünfzig Wundärzte mit käfigartig gewundenen Turbanen, zwey Oberwundärzte und der Oberstwundarzt,
vierzig Janitscharen, deren jeder eine kleine Palme trug, zwey große
Palmen, und vor denselben die Aufseher der Hochzeit, der Palmen-
aga und Baumeister nebeneinander mit einer Schar von Schlauchträ-
gern und Zimmerleuten zur Einreißung der sich auf dem Wege bie-
thenden Hindernisse, vier Zuckergärten mit schwerem Goldschleyer ver-
hängt, vierzig Arbeiter des Arsenals, jeder eine Tasse mit Zuckerwerk
tragend, Blumen, Früchte, Bäume, Vögel, Thiere, Alles aus Zucker. Die drey Defterdare und der Aufseher der Kammer, der Reis
Efendi, die Oberstlandrichter in drey Abtheilungen, zuerst die abgesetzten, dann die bloß den Titel führenden, endlich die zwey wirklichen ¹); die Richter von Constantinopel in derselben dreyfachen Stufenfolge, die bloß betitelten eine Stufe minder als die wirklichen,
aber eine höher als die abgesetzten, und so auch die Wesire der Kuppel und Statthalter, dann der Großwesir mit den Rottenmeistern und
Lakayen, die Lente des kaiserlichen Stalles und der Gärten, hinter

¹) Raschid III. B. 65.

welchen der Oberſtſtallmeiſter und Boſtandſchibaſchi, neun reich geziez
mirte Handpferde, jedes von einem Bereiter in walzenförmigem
Staatsturbane geführt, der Vorſteher der Emire, dann Prinz Su=
leiman, von den Leibwachen der Speerträger und Bogenſchützen um=
geben, an ſeinem Steigbügel der Chaßeki und Obergehülf des Stal=
les; hinter ihm in ſechsſpännigem vergoldetem Wagen Prinz Moham=
med und Prinz Muſtafa, dann der Schwertträger und erſte Kammer=
diener des Sultans, die zur Seite reitend, neugemünztes Geld aus=
warfen ; hierauf der Kiſlaraga und Kapuaga als, der Oberſte der
ſchwarzen und weißen Verſchnittenen, die Aga des inneren Hofſtaates,
die kaiſerliche Capelle; den Zug beſchloſſen die Generale der Sipahi
und Silihdare mit ihrem Geſchwader. Die Frauen des Haremes
ſchauten aus der Gallerie oder dem kaiſerlichen Thore des Serai den
Zug an. Da die Palmen ſelbſt zu groß, um durch das hohe kaiſerliche
Thor zu gehen, und dieſes doch nicht ausgebrochen werden konnte,
wurden ſie außerhalb des Serai aufgerichtet [1]), die keinen Palmen
und Zuckergärten vor dem Marmorhofe aufgeſtellt. Der Mufti und
die Ulema gingen vom Mittelthore zurück, der Großweſir und die
Herren des Diwans durch daſſelbe ein bis zum Audienzſaale, wo,
nachdem der Großweſir unter dem gewöhnlichen Zurufe der Tſchauſche
vom Pferde geſtiegen, er dem Prinzen Suleiman vom Pferde, ſeinen
Brüdern aus dem Wagen half; dem erſten griffen der Großweſir und
Kiſlaraga, den beyden anderen zwey andere Weſire unter die Arme;
in der innerſten Kammer empfingen die Prinzen den Fußkuß der We=
ſire, die ſich dann unter die Kuppel zurückzogen. Jetzt kam der Sul=
tan, welchem zuerſt der Großweſir, hernach erſt die Prinzen den Fuß
küßten, hier war auch der vierte und jüngſte der zu beſchneidenden
Prinzen, Sultan Bajeſid; der Großweſir ging dann hinaus, wo die
Weſire, wie an den gewöhnlichen Diwanstagen, zum Gruße ſtanden,
den der Großweſir gab, und der Selamagaſi, d. i. der beſtellte Gruß=
meiſter, im Nahmen der Gegrüßten erwiederte. Nach dem Mahle
wurden die Leute des Arſenals, welche die Palmen getragen, die des
Baumeiſters, die Verfertiger der Palmen, die Mahler, Tiſchler,
Blumenmacher beſchenkt. Gleich hierauf verfügten ſich die Weſire und
Generale der Truppen mit dem Großweſir und Mufti wieder in den
Audienzſaal; der Großweſir, der Mufti und die Weſire ſaßen, der
Reis Efendi, der Defterdar, der Tſchauſchbaſchi, die Generale aber
ſtanden vor der Thür des Audienzſaales. Der Großweſir, der Mufti
und die Weſire gingen zur Audienz in den Saal des heiligen Kleides
(des Prophetenmantels), und von da zurück in den Audienzſaal; der
Großweſir allein begleitete den Sultan in den Beſchneidungsſaal, wo
nach der vom Oberſtwundarzte vollzogenen Beſchneidung die drey älte=
ren Prinzen ausruhten, der jüngſte ſeiner Amme übergeben ward.

[1]) Raſchid III. Bl. 66.

Nachdem der Großwesir in den Audienzsaal zurückgekommen, brachte einer der Vertrauten auf goldener Schüssel den Beweis vollzogener Beschneidung, welcher zuerst vom Großwesir, dann vom Mufti und den übrigen Wesiren mit Händen voll Gold zugedeckt ward. Der Großwesir, der Mufti, die Wesire, die Oberstlandrichter, die Minister, die Generale der Truppen wurden mit Ehrenpelzen bekleidet, und küßten in der Ordnung, wie sie bekleidet wurden, die Erde vor dem Throne. Hierauf setzten sich die Wesire außer des Audienzsaales im Hofe auf die sonst für die Kämmerer bestimmten Soffa, und die unteren bey dem Feste verwandten Beamteten, als der Aufseher der Beschneidung, und der Küche, der Obersttruchseß, der Ceremonienmeister, die Sachwalter der Silihdare und Sipahi wurden mit Kaftanen bekleidet; die Wesire zogen ab, der Großwesir bestieg ein ihm vom Sultan verehrtes Pferd, dessen Reitzeug aus Gold mit Schmelz auf hundert Beutel geschätzt ward, nachdem er den Zaum dreymahl geküßt. Drey Tage hierauf wurde der Sohn des Großwesirs Esaams beschnitten, und die vier beschnittenen Sultane sandten ihrerseits reich geziemirte Pferde dem Großwesir [1]. So war die große feyerliche Staatshandlung der nach Abraham's Beyspiel jedem Moslim zur Pflicht gemachten Beschneidung vollbracht, aber die Zeit war vorbey, wo der Sultan den Dogen und den Kaiser in Person zur Prinzenbeschneidung zu erscheinen einladen gedurft.

Bey dem Aufzuge der Beschneidungshochzeit mochte sich gezeigt haben, daß die Zahl der zu Constantinopel befindlichen Beglerbege zu groß, denn bald hernach erging der Befehl, welcher die abgesetzten und bloß betitelten eben sowohl, als die wirklichen von der Hauptstadt entfernte, wo ihre Gegenwart durch die Umtriebe von Stellenjagd nur lästig [2]. Der Sold der außerordentlichen Freywilligen, welche während der Belagerung Temeswar's vom Defterdar Mohammed angeworben worden, aber, statt nach Temeswar zu gehen, sich gleich nach Belgrad zurückgewandt hatten, war seitdem nur eine traurige Last der Finanzen gewesen. Diese tausend Sipahi und Silihdare ganz aus den Rollen zu streichen, erlaubte die Furcht vor Meuterey nicht, doch wurde der Sold derselben von fünfzehn Aspern auf zehn herabgesetzt [3]. Um die durch herumstreifendes Gesindel von aufgehobenen Lewenden gefährdete Sicherheit der Straßen in Klein = Asien herzustellen, ergingen an alle Sandschake die nachdrücklichsten Befehle, wodurch dieselben zum Ersatze des in ihrem Bezirke geraubten Gutes verhalten wurden [4]; zu Constantinopel wurden Diebe, welche zu Chaßköi eingebrochen, gehangen [5]. Der schon unter dem letzten Großwesir erlassene, aber nicht in Ausführung gebrachte Ferman, welcher die Einwanderung von Raja aus den Landschaften in die Hauptstadt

[1] Raschid III. Bl. 67. [2] Derselbe Bl. 69. [3] Eben da. [4] Derselbe Bl. 70. [5] Derselbe Bl. 69.

verboth, wurde jetzt in Vollzug gebracht, um der Minderung der
Steuer vorzubeugen, welche daraus entstehen mußte, wenn die Raja
Haus und Hof verließen, um in der Hauptstadt ungehinderter leben
zu können ¹). Wider die arabischen Stämme der Mewali und Abbasi,
welche die Umgegend von Syrien beunruhigten, wurden der Statt=
halter von Bagdad, Schehrsor, Rakka, Moßul, Karaman und Ha=
leb mit ihren Truppen aufgebothen ²). Ägypten war selbst durch die
oben erzählte meuchlerische Hinrichtung des letzten mächtigen Defter=
dars Kaitasbeg und Ibrahim Scheneb's nicht beruhigt, indem der über=
mächtige Emirol=hadsch, Jsmailbeg, den Statthalter Alipascha von
Smyrna nach seinem Winke zu regieren zwang ³). Er hatte zwar die
Münze ⁴) neu geregelt, und Satzung der Lebensmittel eingeführt ⁵),
nichts desto weniger wurde er abgesetzt, ins Köschk Jusuf's eingesperrt
und getödtet. An seine Stelle kam der ehemahlige Statthalter von
Haleb, Redschebpascha, und die Stelle des Richters erhielt der abge=
setzte Richter von Jerusalem, Mustafa ⁶). Sie wurden angewiesen,
eben so einverständlich zu Werke zu gehen, als vormahls der Statt=
halter Abdipascha und der Richter Feisullah, durch deren gutes Ein=
vernehmen Kaitasbeg in die Falle gelockt worden war. Wirklich jag=
te ihr gutes Einverständniß den Bewohnern Kairo's heilsame Furcht
ein, und der Kiaja der Tschausche, auch Jsmail genannt, wurde vor
den Augen der Bewohner Kairo's öffentlich hingerichtet ⁷). Hiedurch
wurde aber der Emirol=hadsch, der eben im Rückzuge von Mekka,
um so mehr auf seine Huth gesetzt; er verließ die Karawane heimlich
und entfloh, wo er am wenigsten gesucht zu werden hoffte, nach Kai=
ro selbst. Statt die Einwohner für sich und wider den Emirol=hadsch
zu gewinnen, bestärkte des Statthalters Benehmen nur die Partey
des letzten, indem er die Einwohner als Parteygänger des Aufruhres
schalt. Die Folge war, daß Jsmailbeg sich öffentlich zeigte, mit Hülfe
seines Anhanges den Statthalter absetzte, und den Richter allgemeine
Volksbittschrift aufzusetzen zwang, wodurch für Jsmailbeg Verzeihung
erbethen ward. Sieben Älteste, Einer von jeder der sieben Herdschaf=
ten der Truppen, gingen mit dieser Bittschrift als Abgeordnete nach
Constantinopel, wo die Bittschrift wider alle Erwartung Gehör fand. May
1721
Jsmailbeg wurde begnadigt, und der bisherige Befehlshaber von Kan=
dia, der Wesir Mohammedpascha, zum Statthalter Ägypten's er=
nannt ⁸). Gleich nachgiebige Politik bewies Ibrahim auch in Betreff
des Scherifs von Mekka, Jahja's, welchen, wiewohl er erst unlängst
für lebenslang in seiner Würde von der Pforte bestätigt worden war, ⁹),
dieselbe nicht zu unterstützen für gut fand, als Mekka's Einwohner,

---

¹) Raschid III. Bl. 78. ²) Derselbe Bl. 70. ³) Derselbe Bl. 73 vorl. B.
⁴) Geschichte des Sohnes Jusuf's von Ägypten S. 278. ⁵) Mit dieser Satzung
endet die bisher so oft angeführte treffliche Geschichte Ägypten's Mohammed's
des Sohnes Jusuf's. ⁶) Raschid III. Bl. 74. ⁷) Eben da. ⁸) Eben da I. B.
⁹) Derselbe Bl. 47.

IV.   13

mit dem Geize Jahja's unzufrieden, den Scherif Mubarek ihm zum
Nachfolger bestellt hatten. Jahja hatte Anfangs, als er sah, daß er
die Stelle des Scherifs nicht mehr gegen die mit seiner Verwaltung
unzufriedenen Einwohner Mekka's behaupten konnte, seinen Sohn
Berekat zum Scherif bestellt, sich selbst die Stelle des Scheicholha=
rem, die sonst der Statthalter von Dschidda bekleidet, vorbehaltend.
Bald war er aber sammt seinem Sohne vertrieben, und Scherif Ab=
dullah, der Sohn Scherif Saad's, zum Scherif erwählt. Dieser nahm
die Stelle jetzt an, und Scherif Mubarek verwaltete dieselbe bis Scherif
Abdullah, von der Pforte bestätigt, dieselbe dennoch antrat [1]. Jahja
kam mit seiner Familie nach Constantinopel, in der Hoffnung, von des
Sultans Gnade die Wiedereinsetzung zu erflehen; diese wurde ihm
zwar nicht gewährt, aber doch sehr huldreicher Empfang und ein jähr=
liches Gnadengeld von zweytausend fünfhundert Piastern für seine
Person, und von fünfhundert für seinen Sohn, seine beyden Brüder
und seinen Kiaja [2]. Der Großwesir bedachte Mekka's Kanzel auch
mit einem prächtigen Überzuge zur Verherrlichung der Gebürtsfeyer
des Propheten [3]. Der Emirol=hadsch Osmanpascha, unter dessen
Führung die Pilgerkarawane auf dem Rückwege von den arabischen
Stämmen zu Aala angehalten und nicht eher durchgelassen worden
war, als bis dieselbe sich mit zweyhundert Beuteln losgekauft, wurde
abgesetzt, und seine Stelle dem Sohne des Großwesirs Kara Mustafa,
Ali, verliehen, welcher nun zu der Statthalterschaft von Rakka, die
er als lebenslängliche Pachtung (Malikiane) besaß, jetzt noch die Statt=
halterschaft von Damaskus, und die damit verbundene Würde des
Fürsten der Pilgerkarawane erhielt [4]. Vor allem wurde ihm aufge=
tragen, zu Medina die Ruhe herzustellen, wo die Araber Beni Harb
wider den Stellvertreter des Scheichs des Heiligthumes und vier bis
fünf andere Verschnittene erbost, die Einwohner dieselben abzusetzen
und ins Schloß zu sperren gezwungen, die Stadt geplündert, und
sogar „ins Heiligthum der Grabstätte des Propheten, das nur die
„Cherubim als den Garten ewiger Huld betreten [5]“ geschossen, was
unerhörter Frevel.

Ibrahim's friedliebende Politik artete in zu nachgiebige Schwä=
che aus, bloß um den Geschmack, den der Sultan und er selbst an
Gebäuden und Festen fand, so ruhiger befriedigen zu können. Auch
der Kiajabeg, der durch die Eidamschaft des Großwesirs übermächtige
Mohammedaga, baute die alte Moschee Baltadschi Mohammed's in
neue erweiternd zu Ortaköi, dem großen Dorfe am europäischen Ufer
des Bosporos, das meistens von Juden und Griechen bewohnt wird,
zwischen deren Häusern „die Moschee seltsam fremd, wie der Finger
„des Glaubensbekenntnisses an der Hand des Christen [6].“ Der höl=

[1] Tschelebisade Bl. 22 und 23 im J. 1136 (1723). [2] Raschid III. Bl. 76.
[3] Derselbe Bl. 75. [4] Derselbe Bl. 104. [5] Derselbe Bl. 109. [6] Derselbe
Bl. 103. Constantinopolis und der Bosporos II. S. 209.

ferne Leuchtthurm, auf dem an der afiatischen Küste im Meere verein-
zelten Felsen, welchen die Türken den Thurm des Mädchens nennen,
weil sie von demselben eine mit der Rittergeschichte des ersten Cid
im Jslam verknüpfte romantische Sage erzählen, welchen die Europäer eben so unschicklich den Thurm des Leander nennen, als jenen
an der Mündung des schwarzen Meeres den Thurm Ovid's, wurde,
weil er in einer Nacht abgebrannt, mit einem steinernen ersetzt. [1]
Das Thor, welches zu dem zwischen den alten und neuen Casernen
der Janitscharen gelegenen Fleischplatz führte, wurde auf das präch-
tigste hergestellt, und daneben ein Tuchmagazin für die Kleidung der
Janitscharen mit einer Fontaine und einem Zimmer für den Janitscharenaga angelegt [2]. Beym Dorfe Alibeg, oder dem Thale der süßen
Wasser, d. i. des Cydaris und Barbyses, hatte großer schattiger
Platz des Sultans vorzügliche Liebe gewonnen, sogleich wurden
unter den Bäumen Marmorsitze erhöht, und das Wasser in drey
Marmorbecken gesammelt; als Nahme der neuen Anlage wurde der
vom Reichsgeschichtschreiber Raschid vorgeschlagene Chosrewabad, d. i.
Chosroenbau, beliebt [3]. Zu Kiagadchane, d. i. an der Papiermühle
(so nennen die Türken das Thal der süßen Wasser), wurde anderer
stattlicher Bau begonnen, dessen Anmaßung keine mindere als die,
die Wasserbecken und Springbrunnen von Versailles zu überbiethen.
Da der Gartenpalast, welchen Suleiman der Gesetzgeber zu Kulle
baghdschesi (Thurmgarten), am afiatischen Ufer des Bosporos, unter
hohen, von ihm selbst gepflanzten Cypressen angelegt, so eben eingestürzt war, gab der Einsturz Vorwand und Stoff zur Erbauung des
neuen Lustpalastes zu Kiagadchane, wohin aller Marmor des Thurm-
palastes überführt ward. Damit wurde der Rinnsal des Flüßchens
auf eine Strecke von achthundert Ellen in gerader Linie vor dem kaiserlichen Lusthause ausgetäfelt, so daß dieser Marmorcanal weniger
an die Wasseranlagen von Versailles, denselben zum Muster gedient, als an den schönen Canal von Caserta erinnert, nur daß dort
das Wasser in weit längerer gerader Linie und in höherem Abschusse
von Strecke zu Strecke über Marmorstufen abfällt. Zu beyden Seiten der süßen Wasser wurden Lusthäuser gebaut, das größte und
schönste das des Sultans, dessen Wände, mit Marmor bekleidet, den
Glanz der reinen Fluthen zurückspiegelten [4]. Diese künstliche Nachahmung des Bosporos im Kleinen erhielt den Nahmen Saadabad,
d. i. Glücksbau, und die Vollendung desselben gab zu einem der zahlreichen Feste Anlaß, welche der Sultan liebte, und der Großwesir daher zu vervielfältigen bemüht war. Von Ibrahim schreibt sich die Beleuchtung der großen Moscheen während der Nächte des Ramasan
mit den Lampenreifen her, welche Monde [5] heißen, weil sie in der

Julius
1721

Aug.
1722

---

[1] Raschid III. Bl. 75. [2] Derselbe Bl. 169. [3] Derselbe Bl. 76. Constantinopolis und der Bosporos II. Bl. 37. [4] Raschid III. Bl. 76 und 112.
[5] Derselbe Bl. 76 und 111, und Tschelebisade Bl. 9.

Nacht eben so viele Halbmonde vorstellen sollen, gleich denen, die bey
Tag im Sonnenglanze von den Gipfeln der Thürme und Dome gol=
den strahlen. Unter ihm kamen zuerst die Lampen= und Tulpenfeste
auf, welche alljährlich im Frühlinge im Garten des Serai, oder auch
in einem der Uferpaläste des Bosporos Statt hatten ¹). Die Tulpen=
beete wurden mit Lampen beleuchtet, so daß die Tulpen in den bun=
ten Schlaglichtern mit seltsamen Farben wie Lampen, die Lampen
als zweytes Tulpenbeet brannten. Die Pracht der ältesten Lampenfeste

5. May
1721 zu Sais war von den Ufern des Nil an die des Bosporos versetzt.
Das glänzendste solcher Blumenfeste durch die Pracht der Beleuch=
tung, und überhaupt aller von Großwesiren dem Sultan je gegebe=
nen Feste durch die Zahl von Sultanen und Sultaninnen Prinzessin=
nen, Müttern und Günstlinginnen, war das, womit der Großwesir
in seinem Lustpalaste zu Beschiktasch den Sultan und das ganze Harem
bewirthete. Die zwey Ferientage der Pforte, den Montag und Mitt=
woch, brachte er dort ganz zu, an den übrigen begab er sich mit Son=
nenaufgang zur Stadt, und weilte dort bis Sonnenuntergang zur
Schlichtung der Geschäfte. Es befanden sich bey diesem Feste außer dem
Sultan vier seiner Söhne (Suleiman, Mohammed, Mustafa, Ba=
jesid), sieben Sultaninnen, seine Töchter (Umm, Kulsum, Chadidsche,
Aatike, Ssaliha, Aische, Rabiaa, Seineb), die Sultaninn Mutter
der vier Prinzen, und vier Mütter von verstorbenen, die fünf Sul=
taninnen Gemahlinnen (die erste, zweyte, dritte, vierte und fünfte
Frau), zusammen zwanzig Sultaninnen, dann sechzehn Sclavinnen,
vertraute Günstlinginnen der Sultaninnen; zehn Vertraute des Sul=
tans, und von den Hofämtern des innersten Hofes der Kislaraga,
der Schwertträger, der erste Kammerdiener, der Steigbügelhalter,
der Vorsteher der ersten Pagenkammer, der Kiaja der Baltadschi, der
Bewahrer des Tischtuches, der Secretär des Kislaraga, der Oberst
Kaffehkoch, der Gehülfe des Stalles, in allem, außer dem Sultan,
sechzig Personen, welche mit Juwelen, Schawlen, reichen Stoffen,
Goldbeuteln vom Großwesir beschenkt wurden. ²). Durch solche
Lampen= und Blumenfeste kam die Blumenliebhaberey zu dem höch=
sten Flore, und überboth Frankreichs und der Niederlande Tulpen=
flor, wohin Ferdinand's I. Gesandter, der Niederländer Auger Bus=
bek, dieselbe mit dem nicht vom Turban hergenommenen Nahmen
verpflanzt hat. Es erschienen Bücher über die Tulpenzucht ³), und zu
Constantinopel wurde ein eigener Blumenmeister bestellt, dessen Diplom
mit goldenen Rosen und farbigen Blumen geschmückt, durch blumen=
reichen Styl dem Gegenstande angemessen, mit dem Befehle schloß:
„daß alle Blumenerzeuger den Vorzeiger als ihr Oberhaupt anerken=

¹) Raschid II. Bl. 50 und 110. Tschelebisade Bl. 8, 92, 116, 117 und 141.
²) Raschid III. Bl. 74. ³) Diez's Denkwürdigkeiten II. 1815. Blumenkränze
des Scheichs Mohammed Lalesari.

„nen, für fein Wort, wie die Narciffe, ganz Aug, wie die Rofe ganz
„Ohr, ihm gegenüber, nicht wie die Lilie, zehnzüngig feyn, daß fie
„die fcharfe Lanze der Zungen nicht mit dem Blute unfchicklicher Rede
„in Granatapfellanzen verwandeln, fondern wie die Rofenknofpe, ge=
„fchloffenen Mundes, nicht wie die blaue, frühzeitig durch Düfte ko=
„fende Hyacinthe zur Unzeit fprechen, fondern wie das Veilchen be=
„fcheiden fich neigen, und nicht widerfpänftig erzeigen follen ¹).“

Der Großwefir, ein Freund von Feften, hatte auch wieder die
feyerlichen Gaftmahle und den Reitaufzug erneuert, welchen vormahls
der Großwefir Köprili der Tugendhafte in Gang gebracht, der aber
nach ihm wieder in Verfall gerathen war, und von deffen Wiederer=
neuerung den letzten Großwefir bloß die damit verbundenen beträchtli=
chen Koften abgehalten hatten ²). Am dritten Tage des großen Bai=
ram bewirthete nähmlich der Janitfcharenaga den Großwefir, und
er zog von da in feyerlichem Aufzuge zu Pferde ³) nach der Pforte zu=
rück. Auf befonders glänzende Weife wurde auch das Feft des erften
Unterrichts der jüngft befchnittenen Prinzen, Mohammed, Muftafa
und Bajefid, im Perlenköfchke gefeyert, welches fich auf den See= **8. Oct.**
mauern des Serai, gerade ober dem griechifchen Weihquell, erhebt. **1721**
Für den Großwefir, den Kapudanpafcha, den Mufti, den Oberftland=
richter, den Defterdar, den Reis Efendi, waren befondere Schatten=
zelte aufgefchlagen; die beyden Imame des Serai, der erfte, Feiful=
lah, und der zweyte, Abdullah, waren zugleich als erfter und zwey=
ter Lehrer der Prinzen beftellt. Der Großwefir kam mit feinem gan=
zen Gefolge durch das Gartenthor, das fich neben dem Krankenhaufe
im erften Hofe des Serai öffnet. Der Defterdar, der Reis Efendi,
der Ceremonienmeifter, der Reichshiftoriograph (Rafchid), ftanden vor
dem für fie aufgefchlagenen Staatszelte ⁴) mit den belehnten Pforten=
dienern. Der Großwefir grüßte die vor dem Perlenköfchke aufgefchar=
ten Herren der innerften Kammer, und Gruß ward erwiedert durch
den Grußmeifter, welcher immer im Nahmen des Gegrüßten den Gruß
erwiedert ⁵), weil nach dem Begriffen des Morgenländers der Gruß
dem Oberen und nicht dem Unteren zufteht und dem Volke es nicht
ziemt, den Gruß des Sultans oder Großwefirs felbft zu erwiedern;
höchfte Staatsklügeley des Despotismus, welcher felbft im Grüße
der anhebende Theil feyn, felbft im Bewillkommen die Volksftimme
vermieden wiffen will, und für den Ermanglungsfall einen Stimm=
führer beftellt, welcher grüßt, wann und wie der Höhere gegrüßt
feyn will; aber wie oft hat die fo lang vergebens zurückgehaltene
Volksftimme den fchwachen Zaum der Hofetikette durchbrochen, wie
oft ward nicht das Lebelang der Staatsfchaufche durch das „dich wollen

¹) Das Diplom aus der Feder des Reichsgefchichtfchreibers Ismail Asfim,
im Infcha des Reis Efendi Mohammed Nr. 170. ²) Rafchid III. Bl. 77. ³) Der=
felbe Bl. 76 und 112. ⁴) Otak. Rafchid III. Bl. 80. ⁵) Derfelbe Bl. 66. S. 1
3. 6 v. u.

„wir nicht" des Volksaufruhrs überbrüllt! — Als der Sultan kam,
halfen ihm der Kislaraga Beschir und Großwesir vom Pferde, und
führten ihn unter den Armen in das für ihn aufgeschlagene Zelt; dieser
begab sich dann in das seinige, so wie der Mufti und Kapudanpascha,
welche das Mahl einnahmen, von dessen Abhube dann ihre Leute ge=
speiset wurden ¹). Nach dem Mahle ging der Zug durch's Gartenthor
in den ersten, und von da in den zweyten Hof bis zum Audienzsaale,
wo die Wesire und Ulema auf dem Marmorsoffa außer dem Thore
saßen. Nach einer Viertelstunde erschien unter dem Thore der Glück=
seligkeit, das zum Audienzsaale führt, der ältere Prinz, Sultan Mo=
hammed, in weißer Kapanidscha mit einem Reigerbusch aus Diaman=
ten, vom Kislaraga und dem Chasinedar unter den Armen geführt,
und empfing den Handkuß der Wesire, Ulema und Minister; hierauf
die anderen Prinzen von den Staatstschauschen wie der erste mit dem
Lebelang bewillkommt. Sie ritten nach dem Perlenkösck, wo nebst
ihnen und dem Sultan nur der Großwesir, der Mufti, der Kapudan=
pascha, der Vorsteher der Emire, die beyden Oberstlandrichter, der
Silihdar, der Defterdar, der Reis Efendi, der Tschauschbaschi, der
Oberstkämmerer, der Reichshistoriograph, der Ceremonienmeister, die
beyden Bittschriftmeister, der Scheich von Aja Sofia und der Gruß=
meister eingingen. Nachdem der Sultan auf dem Throne Platz ge=
nommen, saßen auf Teppichen, die auf der Erde ausgebreitet wurden,
zu seiner Rechten und Linken die Prinzen, der Großwesir, Mufti,
Kapudanpascha, der Vorsteher der Emire, die beyden Oberstlandrich=
ter, und der Scheich von Aja Sofia, alle anderen standen. Nachdem
der Scheich, auf Zeichen des Großwesirs, kurzes arabisches Gebeth
verrichtet, nahm der Großwesir den ältesten Prinzen in seine Arme,
und setzte ihn auf den gegenüber dem Mufti ausgebreiteten Teppich
nieder, der Silihdar stellte zwischen beyde das mit scharlachrothem
Tuche überzogene Lesepult, und der Mufti begann den ersten Unter=
richt des Alphabets mit den ersten fünf Buchstaben. Nach Herabsa=
gung derselben gab der Sultan dem Prinzen das Zeichen, die Hand
des Mufti zu küssen, welches dieser verhindernd, den Prinzen auf
der Achsel küßte; deßgleichen geschah mit den beyden anderen Prin=
zen, worauf die höchsten Würden, welche gesessen, mit Ehrenpelzen,
die Minister und Hofämter, welche gestanden, mit Kaftanen beklei=
det, die beyden Prinzen mit reichgeschmückten Pferden und mit Kora=
nen in Beuteln von reichem Stoffe beschenkt wurden ²). Der Reichs=
geschichtschreiber bemerkt in der ausführlichen Beschreibung dieses Fe=
stes, daß der Sultan, als er sah, daß hinter den stehenden Ministern
die Pagen nicht wohl zusehen konnten, den ersten gewinkt, den zwey=
ten Platz zu machen; das ist eben so charakteristisch für den Sultan,
als für den Großwesir, daß er, als er bey der Feyer des Geburts=

¹) Raschid III. Bl. 80. ²) Derselbe Bl. 8x.

feſtes des Propheten die Ulema ſehr im Gedränge ſah, aufſtand, den Teppich des Mufti und der Oberſtlandrichter mit eigener Hand bis vor die Leuchter zog, und auch die Muderriſe rücken hieß, ſo daß er einen öffentlichen Beweis ſeiner hohen Achtung für die Ulema gab[1]). Seine Aufmerkſamkeit für dieſelben bethätigte er auch dadurch, daß er im Faſtenmonde drey Mahl wöchentlich der Leſung der Koransaus-legung, welche in der von ihm geſtifteten Überlieferungsſchule Statt hatte, beywohnte[2]); daß er die Richterſtellen von Medina und Damaskus im Range erhöhte, indem er den von Mekka vor den drey Richtern der drey Reſidenzen, den von Damaskus unmittelbar nach denſelben ſetzte, daß er endlich den Reichsgeſchichtſchreiber Raſchid, dem wir bis hieher durch ſechzig Jahre und drey Foliobände gefolgt, zum Richter von Haleb beförderte[3]); das Amt des Reichsgeſchichtſchreibers dem Geſetzgelehrten Ismail Aaßim, beygenannt Kutſchuk Tſchelebi-ſade, verlieh[4]).

Durch eine glücklichere Fruchtbarkeit als die ſeiner Vorfahren, deren Söhne außer dem einzigen, welcher den Thron beſtieg, geſetz-mäßig dem Henker verfallen waren, war S. Ahmed ſeit den zehn Jahren ſeiner Regierung Vater eines Paar Dutzend von Söhnen und Töchtern geworden, von denen noch die Hälfte lebte. Die Hochzeit von dreyen der Töchter hatte er vor drey Jahren zugleich mit der Beſchneidungshochzeit ihrer vier Brüder gefeyert, jetzt wurden drey andere (Aatike, Chadidſche, Umm Kulsum) mit drey Begen, Mo-hammed, Ali und Ahmed, dem Sohne Tſcherkes Osmanpaſcha's, aber nicht mit zwanzigtauſend, ſondern mit zehntauſend Duca- 6. März ten Mitgift vermählt. Aus dem Hochzeitsbuche, welches die Feyer- 1724 lichkeiten beſchreibt, und welches die Hälfte ſo ſtark als das Weh-bi's[5]), ſoll nach dem oben Geſagten hier nur ein einziger Umſtand berührt werden, weil derſelbe den Urſprung des in Europa ſo allge-mein verbreiteten Mährchens des zugeworfenen Schnupftuches darthut. Wenn der Bräutigam durch den Brautführer der Braut die Morgen-gabe ſendet, welche das Ehrenzeichen (der Verlobung) genannt wird beſcheinigt ſie den Empfang des Ehrenzeichens durch ein dem Bräuti-gam geſendetes Schnupftuch, welches das Schnupftuch des Ehrenzei-chens[6]) heißt, und welches der Anlaß zur Fabel des im Harem vom Sultan den Günſtlinginnen zugeworfenen Schnupftuches. In Ermang-lung von feſtlicher Feyer der Vermählungs- oder Beſchneidungshoch-zeiten, der Lampen- und Tulpenfeſte, der Geburtsfeyer des Prophe-ten oder des Beſuches des Prophetenmantels, der Aufzüge an den beyden Feſten des Bairam, verwandte der feſt- und ſchauluſtige Sul-tan ſeine vom Selbſtregieren ganz übrige Zeit auf Beſuch des Großwesirs, der ihn der Regierungsmühe überhob, auf Besuch des Schatzes oder des Arsenals. Der Großwesir bewirthete ihn mit Zuckerwerk und noch süßerem Gespräche, und diese süßen Gesellschaften hießen Halwa= abende [1]), wohl zu unterscheiden von den Chalwetfesten oder Spazier= gängen des Haremes, wo das Chalwet d. i. die Einsamkeit des Ha= remes, die Zurückgezogenheit der Männer von den Straßen, wodurch die Frauen und Sclavinnen ziehen, ausgerufen ward, und jeder, der dem Befehle nicht gehorchte, von den Verschnittenen nicht selten den Tod, sicher aber Wunden durch Prügel oder Säbelhiebe zu gewärtigen hatte [2]). Das Arsenal besuchte der Sultan, wenn neugebaute Schif= fe vom Stapel gelassen wurden, jetzt zum ersten Mahle ein Dreyde= cker [3]), den Schatz, um an dem Anblicke des aufgehäuften Silbers und Goldes die Augen zu weiden [4]). Durch die weisen Ersparungen des Großwesirs füllte derselbe sich täglich, wiewohl die jährliche Sendung von Ägypten nicht mehr wie vormahls mit vollen sechsmahlhundert tausend Ducaten einfloß, seitdem die Bege der Mamluken die Defter= darstellen an sich gerissen, und als Pharaonen herrschten, bis der je= weilige Pascha Statthalter die günstige Gelegenheit ersah, sich ihrer

18. Nov.
1723 durch Meuchelmord zu entledigen. So hatte eben jetzt der neue Statt= halter von Kairo, Mohammedpascha, den übermächtigen Ismailbeg sammt seinem ganzen Anhange durch Meuchelmord aus dem Wege ge= schafft [5]). Hinrichtungen waren selten, und nur verdient, wie die des Kämmerers Osman, welcher mit hundert Beuteln zum Ankaufe von Schiffsholz gesandt, das Geld unterschlug und die Unterthanen preß= te, deren Klage beym Großwesir so leichter Eingang fand, als dieser selbst sich über Osman's Undankbarkeit, dem er schon einmahl verzie= hen, zu beklagen hatte [6]). Ibrahim behandelte nach dem persischen Spruche „seine Feinde mit Schonung, seine Freunde mit ausge= zeichneter Gunst." So verlieh er seinem Eidam, dem Kiajabeg Mo= hammed, den Rang eines Statthalters von Rumili [7]), welcher vor= mahls zur Zeit Suleiman des Gesetzgebers die größte Auszeichnung selbst für den Großwesir, den allmächtigen Ibrahim, den Belagerer Wien's und Eroberer Bagdad's; so dem Alibeg, dem Sohne des Leibarztes Nuh, welcher als Kämmerer noch vom vorigen Großwesir zum Woiwoden Sila's, vor drey Jahren zum Woiwoden der Turk= manen ernannt worden war, die Statthalterschaft Adana, ihm zugleich die Woiwodenschaft der Turkmanen bestätigend, eine Auszeichnung, deren Niemand werther als Ali Hekkimsade, d. i. der Doctorsohn, der unter diesem Nahmen berühmt, zehn, zwanzig und dreyßig Jahre später dreymahl Großwesir. Binnen den letzten drey Jahren hatten ein Dutzend Feuersbrünste [8]) und ein Paar Dutzend Todfälle mächti=

---

[1]) Tschelebisade Bl. 7, 22, 34, 58, 84, 107, 111, 134, 133 und 152.
[2]) La Motraie l. Cb. XIX. p. 407. [3]) Tschelebisade Bl. 13. [4]) Derf. Bl. 5. [5]) Derf. Bl. 21. [6]) Derselbe Bl. 3. [7]) Eben da. [8]) Diese Feuersbrünste in Raschid III. Bl. 51, 75, 76, 108 u. 111. Tschelebisade Bl. 3, 17, 20, 23, 30, 44 und 58.

ger und berühmter Männer Statt gefunden, darunter der vorige
Mufti, Mirsa Mustafa Efendi, und ein Dutzend Wesire Statthalter,
vier ausgezeichnete Schriftsteller, nähmlich: Ebubekr Efendi von
Schirwan, der als Secretär der Janitscharen die Belagerung Wien's
mitgemacht, dann viermahl Reis Efendi, jetzt zweyter Defterdar ge=
wesen, als ausgezeichneter Stylist, und durch einen Commentar über
den ersten Band der persischen Geschichte Waßaf's berühmt ¹); der
Prediger der Aja Sofia, der Scheich Suleiman, Verfasser mehrerer
Commentare und Glossen über Werke der Gesetzwissenschaften ²); der
Richter Mekka's, der Dichter Kiami, welcher einen Diwan und ein
geschätztes, aus Büchern über die Gesetzgelehrsamkeit zusammengetra=
genes Werk, unter dem Titel: Gärten der Erbtheilenden ³), hinter=
ließ, und der Richter Kairo's, Osmansade Efendi, Verfasser mehre=
rer geschätzter Commentare und Übersetzungen ⁴), nahmentlich aber
der kurzen Biographie der Sultane und Großwesire, unter dem Titel:
Ziergarten der Könige, Ziergarten der Wesire, Gärten, durch welche
wir mit ihm bis zu Ende von Rami's Großwesirschaft Hand in Hand
gegangen. Unter den Wesiren sey der Statthalter von Bagdad, Hasan,
genannt, sowohl seiner selbst, als seiner Gemahlinn Aische willen,
der Tochter Mustafa's, des Günstlings Mohammed's IV. Zu Anfang
der Regierung Mohammed's vor siebzig Jahren ins kaiserliche Serai
getreten, hatte er unter S. Mustafa II. die Stelle des Oberstkämme=
rers bekleidet, war dann Beglerbeg von Rumili geworden, und hatte
schon bey der Rückkehr aus dem Feldzuge von Zenta den dritten Roß=
schweif als Statthalter von Karaman erhalten. Jetzt hatte er die
Statthalterschaft bereits dreymahl sieben Jahre ⁵) bekleidet, und vor
sechs Jahren seine Gemahlinn in einem der berühmtesten Grabdome
Bagdad's, in dem Sobeide's, der Frau der Rechtgläubigen, der Ge=
mahlinn Harun Raschid's, bestattet ⁶). Seltsames Begräbnißschicksal
der Tochter des einen Mustafa Günstlings Mohammed's IV. und des
anderen Mustafa des Schwarzen, Belagerers von Wien, seltsames
Schicksal im Orte und in der Verwandlung des Grabes; diese, ge=
storben im Hause des Heiles (Bagdad), ruht dort an der Seite So=
beide's, der Beherrscherinn des Herrschers der Gläubigen, unter dem

---

¹) Seine Biographie in Tschelebisade Bl. 10 und in den Biographien der
Reis Efendi von Resmi die 53. gest. am 8. Ramasan 1135 (12. Junius 1723).
²) Zum Tehßbul=kelam und zur Dogmatik Abhadeddin's. Raschid III. Bl. 106.
³) Riasul=kasimin. Seine Biographie in Tschelebisade Bl. 34 und 44, gest.
am 8. Silfide 1136 (29. Julius 1724). ⁴) Tschelebisade Bl. 42 und 43. Er ver=
fertigte die türkische Übersetzung des Mescharik (Überlieferung), schrieb einen
türk. Commentar von 40 Überlieferungen, außer den obgedachten Biographien
der Sultane und Großwesire die des großen Imams; gest. am 1. Ramasan
1136 (24. May 1724). ⁵) Vom J. 1114 (1702) bis 1136 (1723). Liste der Paschen
Statthalter von Bagdad in Niebuhr II. p. 252 und 253. ⁶) Die Grabschrift
bey Niebuhr Voyage en Arabie. Amsterdam 1780. II. 245. Fille d'un Mustapha
Pascha, die Inschrift sagt aber klar, von welchem Mustafapascha, nähmlich
von Mußahib, d. i. vertrauten Günstling Mohammed's IV., welcher ein
anderer war, als Kara Mustafa, der Belagerer Wien's; auch Buckingham's
Travels in Mesopotamia II. p. 235.

alten achteckigen Grabdome, jener, erwürgt und begraben im Hanse des heiligen Krieges (Belgrad), von Räubern und Jesuiten ausge= scharrt ¹), mußte den hochmüthigen Schädel hergeben, als Trophäe ins bürgerliche Zeughaus nach Wien.

Seit langem waren, wie aus dieser Geschichte bisher zu ersehen, usbegische Gesandtschaften ein stehender Artikel osmanischer Diploma= tie. Zur Zeit der persischen Kriege waren dieselben höchst wichtig, ob der von den Usbegen, den Gränznachbarn der Perser und Religions= brüdern der Osmanen, als natürlichen Feinden der ersten und natür= lichen Freunden der zweyten, immer vorausgesetzten, selten geleiste= ten Hülfe. In den achtzig verflossenen Jahren des persischen Friedens waren diese usbegischen, oft wiederhohlten Gesandtschaften zu einer Art von Betteley heruntergesunken, indem gewöhnlich alle Paar Jah= re fünf oder sechs Usbegen mit Beglaubigungsschreiben als Gesandte kamen, um unter diesem Titel frey gehalten die Wallfahrtsreise nach Mekka wohlfeil und bequem zu unternehmen. Jetzt erschienen aber= mahls zwey usbegische Gesandte von Seite Ebulfeif Mohammed Be= hadirchan's, des Königs von Buchara, des Padischahs der Usbegen, und ein dritter von Seite des Chans von Balch. Den beyden ersten wurden, wie gewöhnlich, Audienz und Reiseunterhalt gewährt, aber nicht dem dritten, weil nur unabhängigen Fürsten Gesandtschaftsrecht zusteht, und der Chan von Balch bloß abhängiger Vasall des Herrn der Usbegen ²). Zwey als osmanische Gesandte ausgezeichnete Männer kamen jetzt von ihrer Sendung zurück, Mohammed Jigirmisekisch, d. i. der Acht und Zwanziger, von seiner Gesandtschaft an die Regentschaft nach Paris, und Mohammed Dürri, d. i. der Perlende, von seiner Gesandtschaft nach Taheran, deren beyder Gegenstand oben erwähnt worden. Beyde erstatteten über ihre Gesandtschaft ausführlichen, für den christlichen Leser nicht minder, als für den türkischen merkwürdi= gen Bericht, weil aus dem über die persische Gesandtschaft erstatteten sich Beyde über Persien's Regierung und Hofsitte belehren, aus dem über Frankreich erstatteten der Morgenländer mit dem Flore europäi= scher Cultur, der Europäer mit der Ansicht des Asiaten darüber be= kannt wird. Jeder dieser beyden Gesandtschaftsberichte füllt in der Reichsgeschichte zehn Folioblätter, und beyde sind aus dem Türkischen ins Französische übersetzt gedruckt erschienen ³). Zur Erwiederung der

osmanischen nach Persien gesandten Bothschaft kam der persische Ge= sandte Murtesa Kulichan, welcher feyerlichen Einzug hielt, der sich von dem europäischen darin unterschied, daß derselbe nicht nur vom Tschauschbaschi mit dem Secretär und Aufseher der Tschausche, son=

---

¹) Die Authentik des Schädels vom Cardinal Collonitz ausgestellt, in Wien's erster türkischer Belagerung S. 119—122. ²) Raschid III. Bl. 92. ³) Der erste zu Anfange des XVIII., der zweyte zu Anfange des XIX. Jahr= hundertes. Relation de Dourry Efendy ambassadeur de la Porte Ottomane auprès du Roi de Perse traduite du turk et suivie de l'extrait des voyages de Pétis de la croix, redigé par lui même. Paris 1810.

dern auch von den Generalen der Sipahi und Silihdare, und der an=
deren vier Rotten der berittenen Fahnenwache und ihren Secretären
und Sachwaltern eingeleitet, und zu Conſtantinopel ſelbſt einquar=
tiert ward [1]. Bey der Audienz des Großweſirs ſtanden im Palaſte
desſelben, von dem Rennplatze des Dſchirid's bis zum Thore des Di=
wansſaales, die Leibwachen des Großweſirs, die Beherzten, die Toll=
kühnen und die Leute des Vorladers des Diwans in ihren Diwans=
kleidern; von dieſem zweyten Thore bis zu dem des Haremes auf
einer Seite die Aga Kammerdiener und Hausofficiere des Großwe=
ſirs, auf der anderen ſeine Flintenſchützen und Waſſerflaſchenträger,
vor der Stiege die Bereiter, unten am Fuße der Stiege der Oberſt=
kämmerer mit dem Rottenmeiſter der Kammer und Oberſtvorlader,
der Odabaſchi der Boſtandſchi, der Tſchauſche, der Dſchebedſchi und
Topdſchi; auf der Stiege ſelbſt die vier Unterſtaatsſecretäre, nähm=
lich die beyden Wittſchriftmeiſter, der Kanzler und Cabinetsſecretär
des Großweſirs, im Audienzſaale von der Thür bis zum Soffa die
belehnten Pfortendiener und Fouriere, die Geſchäftsträger der Gene=
rale der Sipahi und Silihdare auf beyden Seiten. Der Audienzſaal
war ganz mit Polſtern aus Atlas, worüber Shawle gebreitet waren,
und mit perſiſchen Teppichen ausgeſchmückt. Der Großweſir und Ge=
ſandte traten zugleich von zwey entgegengeſetzten Thüren ein; ſtehend
nahm der Großweſir den Gruß des Geſandten und das Schreiben
des Schahs, welches der Reis Efendi auf ein Kiſſen legte. Als ſich
hierauf der Großweſir niedergelaſſen, und die Staatstſchauſche aus
Einer Kehle den Bewillkommungszuruf: Gottes Hülfe ſey über dich
(den Großweſir) ausſchrien: verlor der Geſandte faſt alle Geiſtesge=
genwart. Zur Seite des Großweſirs, der mit pyramidenförmigem
Kopfſchmucke angethan, ſtanden der Miniſter des Inneren und Äuße=
ren (der Kiajabeg und Reis Efendi) mit walzenförmigen Staatstur=
banen und weitärmligen Staatspelzen, die Finger voll koſtbarer
Ringe, mit juwelenbeſetzten Gürteln und Dolchen, vor denen der Ge=
ſandte ſeinen, mit einigen ſchlechten Steinen beſetzten Dolch mühſam
zu verbergen ſuchte. Der Geſandte war ein Mann von feiner Bildung
und der ſchönen Redekünſte wohl kundig. Als ihn der Großweſir
fragte, wie er ſich nach den Beſchwerden der Reiſe befinde, antwor=
tete er: „Euere Güte hat mich zu Conſtantinopel ins Roſenbeet Abra=
„ham's geſetzt,“ hiedurch ſehr artig auf den Nahmen des Großweſirs
(Ibrahim) und die bekannte Legende von Abraham im Feuerofen,
welcher für ihn zum Roſenbeete ward, anſpielend [2]. Vor dem Groß=
weſire ſtanden die ausgezeichnetſten Dichter und Gelehrten Conſtanti=
nopel's, der Dichter Wehbi, der Geſchichtſchreiber Raſchid, der un=
vergleichliche Schönſchreiber Welieddin, und der ſelbſt ſehr gebildete
letzte Geſandte in Perſien, Dürri Efendi. Als der Großweſir hierauf

---

[1] Raſchid III. Bl. 101. [2] Derſelbe Bl. 12.

von Isfahan und Constantinopel, und der Überfahrt des Gesandten von Skutari sprach, antwortete der Gesandte mit einem Verse, der nicht minder geistreich und artig, als der weiland vom indischen Both= schafter Mohammed zum Lobe Constantinopel's und des Bosporos angeführte Viervers Melhemi's. Der des jetzt vom Bothschafter aus dem Stegreife angeführten Sinn war, daß er den Fluß (d. i. den Bos= poros) zu Schiff übersetzt, zu Pferd ins Meer, d. i. in Constantino= pel, eingeritten sey [1]).

Bey der Audienz des Sultans wollte der persische Bothschafter eine versiegelte Kiste mit Geschenken, deren Inhalt er selbst nicht kann= te, unmittelbar übergeben, aber es wurde ihm bedeutet, daß dieß nicht angehe, sondern daß dieselbe dem Geschenkmeister übergeben wer= den müsse, welcher zuerst die Liste, dann die Geschenke selbst am Fuße des Thrones niederlegt [2]). Der Großwesir gab dem Gesandten hier= auf ein Fest im Glücksbau an den süßen Wassern, dessen nun vollen= deter Bau den Gesandten nicht minder überraschte, als der gleichzei= tig begonnene der Casernen [3]) und der großen Cisterne der Kanoniere= zu Topchane. Um dem Gesandten einen hohen Begriff von dem Flore türkischer Dichtkunst zu geben, und ihm zu beweisen, daß dieselbe der persischen keineswegs nachstehe, waren ihm schon, seitdem er das tür= kische Gebieth zu Erserum betreten, immer Ghaselen entgegengesendet worden; jetzt wurde ihm an den süßen Wassern eine volle Prachtaus= stellung der drey schönen Künste, in welchen Perser und Türken mit einander um die Palme wetteiferten, nähmlich Dichtkunst, Tonkunst und Schreibkunst, gegeben. Er mußte bekennen, daß Rum's Ton= künstler und Schönschreiber denen Iran's nicht nachständen, und er= klärte den berühmten Taalikschreiber, den Oberstlandrichter Weli= eddin, für den Aamad Rum's. Hierauf tummelten die Bereiter des Großwesirs die Pferde seines Marstalles; über tausend Janitscharen Flintenschützen schossen mit langen gezogenen Röhren nach weitem Zie= le, und erhielten jeder einen Ducaten, die Officiere zwey Ducaten zur Ermunterung; Ringkämpfe, Löwen= und Bullenhetze, Gastmahl und Pelzbekleidung beschlossen das Fest [4]), welchem der Mufti, der Kapudanpascha, der neue Emirol=hadsch, der Sohn Kara Mustafa's, Alipascha, der Reis Efendi und Defterdar, die Oberstlandrichter, die ersten Herren der Kammer und Ulema beywohnten. Der Großwesir bewirthete ihn hierauf in seinem Palaste zu Beschiktasch, der Kapu= danpascha im Arsenale. Während des Besuches beym Großwesire kam ein kaiserliches, von Huld und Gnade für den Großwesir überfließen= des Handschreiben, der Sultan erkundigte sich um dessen Wohlbefinden (er hatte sich erkältet), und sandte, um ihn heilsam zu erwärmen, ei= nen seiner eigenen Leibpelze von schwarzem Fuchs, worauf der Reis

Efendi auf der Stelle den Dankvortrag erſtattete und vorlas. Der Ge=
ſandte bath ſich von dem ſo gnädigen als blühenden Handſchreiben Ab=
ſchrift aus, und erhielt dieſelbe. Es hieß darin: „Das Meer meiner
„Sehnſucht nach dir ſchlägt hohe Wogen, und der Geſchmack deiner
„ſüßen Geſpräche hat mein Hirn durchzogen ¹).“ Im Arſenal bewun=
derte der Bothſchafter den neuen Dreydecker, und die Kanonen, de=
ren Kaliber drey Centner. Man überredete ihn, daß auf Einen Schuß
dieſer Kanonen das größte Linienſchiff, und wäre es von Eiſen, ſo=
gleich wie ſchwarze Augenſchminke von Iſfahan zermalmet würde.
„Wunderbar,“ ſagte der Bothſchafter, „wie werde ich von dieſer Ka=
„none in Perſien genügenden Begriff geben können?“ — „Das Beſte
„iſt,“ ſagte der Dichter Wehbi in boshaftem Scherze, „ihr ſchlieft
„hinein, und ſchaut euch darin um.“ Der Bothſchafter nahm den bos=
haften Scherz für Ernſt, ſchloff hinein, und merkte erſt an dem Geläch=
ter der Umſtehenden, daß Wehbi gemeint, er möge ſich aus der Kanone
bis nach Iſfahan ſchießen laſſen, um dort davon die ſchnellſte und
ſicherſte Kunde zu geben. Der Bothſchafter ward ganz roth ²), wohl
mehr aus Zorn über dieſen ſchlechten türkiſchen Spaß, als aus Be=
ſchämung, wie der Reichsgeſchichtſchreiber zu ſagen beliebt. Ein Chor
von Sängern beſchämte hierauf die muſikaliſchen Talente des Pytha=
goras und des Farabi, „des großen arabiſchen Philoſophen und
„Geſetzgebers arabiſcher Tonkunſt, welcher den Arabern Ariſtoteles und
„Pythagoras der zweyte heißt.“ Bey der Zurückfertigung des Both=
ſchafters wurde alle mögliche Sorgfalt auf die Schönheit der Schrift
des Rückbeglaubigungsſchreibens und des Styles deſſelben verwendet,
um dem perſiſchen Hofe die höchſte Achtung für türkiſche Schreib = und
Redekunſt einzuflößen. Drey berühmte Schönſchreiber, deren jeder in
einer anderen Art des Schriftzuges vorzüglich, vereinten ihre Kunſt;
Firdeweſi Huſein Efendi, der Präſident der Kanzley der Reitercon=
trolle, ſchrieb den Geſammtinhalt in der großen Diplomenſchrift
Dſchelli, die eingemiſchten arabiſchen Verſe und Überſetzungsſtellen,
Mohammed Efendi von Bruſa in der ſonſt für Bittſchriften eigenen
Schrift Rikaa, und die perſiſchen Verſe der Oberſtlandrichter Weli=
eddin im ſchönſten Taalik, d. i. in der hangenden perſiſchen Schrift,
welche ſo genannt wird, weil die einzelnen Buchſtaben und Wörter
von der Rechten zur Linken niederhangen, während die Zeilen von der
Rechten zur Linken aufſtiegen, ſo daß durch dieſen in ſchönen Einklang
gebrachten Widerſtreit entgegengeſetzter Richtung das äußere Auge an=
genehm überraſcht wird, das innere in demſelben das Symbol der
doppelten Bewegung der Erde um die Sonne und ihre Achſe von der
Rechten zur Linken, und von der Linken zur Rechten ſchaut ³). Die

---

¹) Das Handſchreiben in Raſchid III. Bl. 106. ²) Raſchid III. Bl. 107.
³) Nach der Vorſtellung morgenländiſcher Aſtronomie der Bewegung der Son=
ne um die Erde, und des größten neunten Himmels in entgegengeſetzter Rich=
tung. Ferheng unter dem Artikel: Feletul = eflak, d. i. Der Himmel der Him=
mel. II. Band Bl. 201.

Zeilen waren, mit schwarzer, weißer, rother, grüner, blauer, gelber Tinte geschrieben, mit goldenen Blumen geschmückt, der Sack, worin das ein Paar Ellen lange Schreiben gesteckt ward, von Goldstoff an dem Seitenrande, welcher die Kathegorie der Zeit, und an dem unteren, welcher die des Ortes vorstellt [1]), mit goldenen Sternen und vielfarbigen Blumen durchwirkt, mit anhangendem moschusdurchduftendem Wachse, worin des kaiserlichen Siegels Nahmenszug einge-

3. April 1722 drückt in goldener Kapsel. Nachdem ihm dasselbe in feyerlicher Audienz übergeben worden, wurde er mit sechs und dreyßig, sein Kiaja mit sechs Beuteln Geldes beschenkt.

Die Bothschaft Murtesa Kulichan's war die letzte des letzten Herrschers der Ssaffi auf dem Throne Persiens, des unglücklichen Schahs Husein, gewesen, welcher unvermögend, den Aufruhr zu dämpfen, der im Osten und Westen des Reiches, in Kandahar und Georgien, aufflammte. Hier war Wachtang V., der Herrscher von Karthli, und dort Mir Weis, der Statthalter von Afghanistan, in Empörung aufgestanden, und nachdem Mir Weis von seinem Neffen Mahmud ermordet worden, war dieser mit Heeresmacht vor Isfahan gezogen, **21. Oct.** und hatte den Schah entthront. Die Politik der Pforte machte sich diese Thronumwälzung und die Ohnmacht des persischen Reiches zu Nutzen; auf zahlreiche aus der Gränzlandschaft Schirwan, deren Einwohner Sunniten wie die Osmanen, eingelaufene Bittschriften, welche sich durch Verwandlung ihrer Moscheen in Ställe, die Verbrennung ihrer Bücher und den Mord ihrer Gesetzgelehrten [2]) tief gekränkt fühlten, und um die Reinigung ihres Landes von den Schii bathen, auch ein polemisches wider die Ketzerey der Perser gerichtetes Werk einsandten, und um die Einsetzung Daud's zu ihrem Chan flehten, wurde Daudchan von der Pforte wirklich zum Chan Statthalter Schirwan's ernannt, und der Mir Alem Derwisch Mohammedaga mit kaiserlichem Diplome abgesandt, um denselben, wie den Chan der Krim, mit Fahne und Trommel, mit Keule und Schwert zum Chan einzukleiden [3]). Zugleich ging der Kämmerer Nischli Mohammedaga mit einem Schreiben des Großwesirs und mit dem Auftrage ab, dem Czar mündlich hierüber Auskunft zu geben; als aber bald hierauf die Nachricht eintraf, daß der Czar in vollem Marsche gegen Daghistan, um die Genugthuung sich zu verschaffen, welche der Usurpator Persien's, Mahmud, wegen eines von den Usbegen in Chuaresm begangenen Karawanenraubes und des von den Lesgi verübten Mordes russischer Kaufleute zu Schamachi zu geben weder gesonnen, noch im Stande [4]), wurde der Beglerbeg von Karß, Mustafapascha, als Wesir gegen Schirwan zu marschiren befehligt; denn Rußland's

---

[1]) Raschid III. Bl. 108 Z. 6. [2]) Tschelebisade Bl. 6 nennt dieselben. [3]) Tschelebisade Bl. 7. [4]) Hanway II. p. 186 und 187, und nach demselben Malcolm.

Fortſchritte am caſpiſchen Meere lärmten die Pforte auf, welche wohl
fühlte, daß ihr Heil und ihre Wohlfahrt darauf beruhe, am caſpi=
ſchen Meere eben ſo wenig als am ſchwarzen einen anderen Beſitz als
den ihrigen zu leiden [1]). Die Lesgi, von den ruſſiſchen Heeren be=
droht, hatten den Schutz der Pforte angeſleht, und Niſchli Moham=
med den Auftrag erhalten, ſich derſelben anzunehmen, aber man zeigte
ihm Briefe der Einwohner von Derbend und Baku, welche ſich in
ruſſiſchen Schutz empfahlen, und Mohammed von Niſſa ſandte dieſel=
ben an die Pforte ein. So hatte ſich auch voriges Jahr die Pforte
durch den ruſſiſchen Reſidenten Neplujeff beklagt, daß laut Bericht
des Chans Rußland die Bege der Kabartai wider den Chan in Schutz
nehme, und am Terek Feſtungen baue. Darüber hatte ſowohl der
Czar an den Sultan, als Graf Golowkin an den Großweſir geſchrie=
ben, daß dieſe Völker ſowohl des Czars als des Sultans Schutz ge=
ſucht, daß ſich Rußland in die Händel derſelben nicht einmiſche, daß
in der Kabartai keine Feſtung gebaut worden, daß der Befehlshaber
von Aſtrachan bloß die am Terek gelegenen ruſſiſchen Städte wider
die Einfälle der Kumüken verwahrt habe [2]). Um die Irrungen, wel=
che zwiſchen Rußland und der Pforte neuen Ausbruch von Feindſelig=
keiten drohten, zu beſeitigen, begehrte der ruſſiſche Reſident Neplujeff
Zuſammentretung mit osmaniſchen Miniſtern, unter Vermittelung des
franzöſiſchen Bothſchafters, und es wurden hiezu der Reis Eſendi
Mohammed und der vorige Defterdar Muſtafa als Bevollmächtigte
ernannt. Der Reſident wollte die Uſer des caſpiſchen Meeres als An=
hängſel der ruſſiſchen Oberherrſchaft über das caſpiſche Meer behaup=
ten [3]), dann verlangte er vor Allem Einhalt aller Bewegungen ge=
gen Perſien, und als die Pforte erklärte, daß ſie geſonnen, Aſerbei=
dſchan, Daghiſtan, Gurdſchiſtan, Schirwan als osmaniſche Erblän=
der jetzt bey Gelegenheit des Verfalls des perſiſchen Reiches wieder
an ſich zu bringen, und keineswegs ſich in ihren Schritten aufhalten
laſſen könne, erklärte der Reſident, auf dieſe Art nicht unterhandeln
zu können, und neue Verhaltungsbefehle verlangen zu müſſen, bis zu
deren Eintreffen binnen drey Monathen man beyderſeits dem Trup=
penmarſche Einhalt zu thun übereinkam; allein da der Czar bereits
Terki, Derbend, Baku beſetzt hatte, jetzt Gilan und Aſtrabad bedroh= 6. Aug.
te, wurde auf gehaltene Berathung mit dem Mufti eiligſt der Statt= 1723
halter von Erſerum, Ibrahimpaſcha, gegen Tiflis, Kara Muſtafa,
der Weſir Statthalter von Trapezunt, ſich gegen Baku zu wenden,
und die Zwiſtigkeiten zwiſchen Daud, dem neuen Chan von Schirwan,
und den Magnaten des Landes auszugleichen befehligt [4]). Der Krieg
wurde auf drey Fetwa des Mufti Abdullah erklärt, welche an Treu=

---

[1]) Tſchelebiſade Bl. 15. [2]) Das Schreiben des Czar ddo. Moscoviae, anno
1722, und das faſt gleichlautende Golowkin's in Abſchrift in der St. R. [3]) Des
Bailo Emmo Bericht vom 6. Aug. 1723. [4]) Tſchelebiſade Bl. 15 u. 16.

losigkeit der aufgestellten Grundsätze wahre Muster des Völkerrechtes der Orthodoxen gegen die Ketzer. „Wenn mit Erlaubniß des Ketzers, der sich „Schah nennt, einige Ketzer sich mit Moslimen schlagen, ist dadurch der „Friede mit dem Imam der Moslimen, dem Sultan der Sultane gebro= „chen?" — Entscheidung: „Ja, um so mehr als es Glaubenspflicht, diese „Verfluchten auszurotten, und daß jeder Friede mit denselben nur als „Waffenstillstand zu betrachten, welchen zu brechen Pflicht, sobald die „Rechtgläubigen wieder bey Kräften." — „Ist das von den Nachkommen „Schah Jsmail's beherrschte Land der Ketzer, welche die drey ersten Chali= „fen und die Frau Aische, jene als Abtrünnige, diese als Hure schimpfen, „Verse des Korans nach ihrer freygeisterischen Meinung auslegen, den „Todtschlag der Sunniten, das Beschlafen ihrer gefangenen Weiber für „erlaubt und recht halten; ist das Land dieser Ketzer Feindesland?" — Entscheidung: „Es ist Feindesland, und sie sind als Abtrünnige zu „behandeln." — „Was ist also Rechtens mit den Ketzern (Persern) „und den ursprünglichen Ungläubigen (Georgiern, Armeniern) dieses „Landes?" — Entscheidung: „Was die Ketzer (Schii) betrifft, so sind „die Männer durch Todtschlag auszurotten, die Knaben und Weiber „Sclaven, das Gut derselben Beute. Weiber und Knaben werden „durch andere Mittel als Todtschlag zur Annahme des Jslams ge= „zwungen, doch ist's nicht erlaubt, die Weiber zu beschlafen, ehe sie „den Jslam angenommen. In Betreff der ursprünglichen Ungläubi= „gen (Christen), so sind Knaben und Weiber Sclaven, die Habe „Beute, ihre Knaben und Weiber können zur Annahme des Jslams „nicht mit Gewalt gezwungen werden, doch ist es, ihre Weiber, auch „wenn sie nicht Moslimen geworden, zu beschlafen erlaubt." Überaus feine Unterscheidung moslimischen Kriegsrechtes, vermög welcher der Ketzerinn, aber nicht der Ungläubigen der Jslam aufgezwungen, jene nur als Bekehrte, diese aber auch als Unbekehrte dem Moslim geliefert wird. Dieser Widerspruch, wodurch die mohammedanische Ketzerinn schlimmer fährt, als die Christinn, in so weit die erste zur Glaubensänderung gezwungen werden kann, die zweyte nicht, und wodurch diese schlimmer daran als jene, in so weit sie als Christinn der Nothzucht gesetzlich Preis gegeben ist, erklärt sich aus der dog= matisch juridischen Ansicht, vermög welcher die ursprüngliche Ungläu= bige keine Verbrecherinn in Glaubenssachen, weil sie nie die Lehre des Jslams bekannt hat, die Ketzerinn hingegen als eine von der wahren Lehre abfällige Sträflinginn zur Wiederkehr gezwungen wird; aber eben weil sie dem Jslam so viel näher durch früheren Abfall und nächsten Zwang, ist ihr Leib zu schonen, sie muß zur Änderung ihrer Glaubenslehren, und darf nicht zur Entäußerung ihrer Ehre gezwun= gen werden, während die Christinn zwar frey in der Glaubenswahl, aber Gemeingut der Lust. Dazu kommt noch die politische Rücksicht, daß der Übersprung von der orthodoxen Lehre zu einer ketzerischen viel leichter vorauszusetzen, als der Abfall vom Jslam zum Christenthu=

me, und daß also die Verführung in Glaubenssachen weit minder in den Armen der Christinn, als in denen der Ketzerinn zu besorgen steht.

Gleichzeitig mit dem Einmarsche der russischen Heere durch den Kaukasus und längs des caspischen Meeres setzten sich die osmanischen nach und nach in Georgien's Besitz. Mingrelien, Imirette und Guriel gehorchten mit ihren Fürsten schon seit länger als einem Jahrhunderte den Osmanen, die südlich und daran stoßenden Landschaften Kacheti, Somcheti und Karthli mit Tiflis, der Hauptstadt ganz Grusien's oder Gurdschistan's, d. i. Georgien's, mit den beyden Fürstenfamilien Alexander's und Luarßab's, persischer Oberherrschaft [1]); in Karthli herrschte der Sohn Lewan's, Wachtang V., der Gesetzgeber Grusien's [2]), welchen, nachdem er drey Jahre in Persien gefangen gewesen, der letzte Schah Husein als Fürsten von Karthli eingesetzt; Schah Tahmasip, Sohn Husein's, ernannte seiner Statt zum Fürsten von Karthli den Sohn des Heraklius, Constantin III., welcher, vom christlichen Glauben abtrünnig, als Moslim Mohammed Kulichan hieß. Wachtang hatte wider ihn beym Serasker Silihdar Ibrahimpascha Hülfe gesucht, und der Kämmerer Derwisch Mohammed, derselbe, welcher den neuen Chan von Schirwan installirt, brachte ihm hülfeverheißendes Schreiben. Mohammed Kulichan, von Wachtang zuerst geschlagen, kehrte, von den Lesgi und den Stämmen Dschar und Telali [3]) unterstützt, zurück, und eroberte Tiflis. Wachtang flehte um türkische Hülfe. Der Serasker brach von Karß auf, und empfing im Dorfe Poka im Sandschak Achalkelek die Huldigung Jese's, des Bruders, und dann Schehnuwas [4]), des Sohnes Wachtang's. Wachtang sandte seinen Bruder Guschtasp [5]), um Gori noch vor der Ankunft der Truppen Mohammed Kulichan's zu besetzen, und so kam diese Festung in osmanische Gewalt; Wachtang, gewahr, daß der Kämmerer Mohammed Derwisch mit Mohammed Kulichan um Tiflis unterhandle, hatte sich zwar an Rußland gewendet, doch bald darauf diesen Schritt bereuend, hielt er sich wieder an den Serasker Mohammed Kulichan, und lieferte diesem die Schlüssel von Tiflis, dessen Einnahme zu Constantinopel durch Beleuchtung der Stadt und des Sommerpalastes von Saadabad gefeyert ward [6]). Der Serasker Ibrahim, statt dem Antrage Mohammed Kulichan's Gehör zu verleihen, welcher ihm Tiflis ohne Schwertstreich übergeben, ihm auf gleiche Weise Gendsche und Eriwan zu überliefern und zur Bestreitung der Kriegskosten dreyhundert Beutel antrug, ließ sich aus Geiz durch Wachtang's Bestechung verleiten, dem Sohne desselben, Schehnu-

10. Jul.
1723

---

[1]) Die Geschlechtstafeln derselben in Peyssonel's essais des troubles actuels de Perse et Géorgie. [2]) Klaproth's Reise in den Kaukasus II. S. 211. [3]) Tschelebifade Bl. 12. [4]) Eben da. In Peyssonel irrig: Schar Navas, und nach Peyssonel in Breitenbauch (Geschichte der Staaten von Georgien, Memmingen 1788) und Schmidt (historisches Gemählde von Grusien, Riga 1804, S. 56): Jasei statt Jese. [5]) Dieser findet sich in Peyssonel's Tafeln nicht, er dürfte derselbe mit Chosrewchan seyn. [6]) Tschelebifade Bl. 13.

IV.　　　　　　　　　14

waf, welcher Moslim geworden Ibrahim hieß, Tiflis sogleich am an=
deren Tage nach dem Einzuge alldort als erbliche Statthalterschaft
(Odschaklik) gegen jährliche vierzigtausend Piaster zu verleihen, trieb
sogleich einige hundert feindliche persische Kaufleute aus den Mauern
der Stadt '), behandelte selbst den von ihm eingesetzten Schehnuwaf
Ibrahim auf unwürdige Weise, zwang den Mohammed Kulichan nach
Kacheti, das ihm der Schah verliehen, zu entfliehen, verlor einen
Monath zu Tiflis, und wandte durch seinen Geiz alle Gemüther der
benachbarten Länder von den Osmanen ab; deßhalb wurde er abge=
setzt, und der Statthalter von Karß, Mustafapascha, mit der Be=
stimmung als Serasker gegen Baku zu ziehen ernannt ²). Diese Er=
nennung hatte noch vor der ersten Zusammentretung der Bevollmäch=
tigten zu Constantinopel Statt; da indessen Baku in die Hände des
Czars gefallen, und die Schuld dem Mustafapascha beygemessen ward,
wurde des Seraskers Diplom dem Statthalter von Rakka, Aarifi
Ahmedpascha, zugesandt ³). Indessen waren der Statthalter von Er=
serum, der vorige Serasker Ibrahim, der Statthalter von Karß,
Mustafa, und der von Tschildir, Ishakpascha, gegen Gendsche auf=
gebrochen, und hatten sich vor der Stadt am Hügel S. Selim's ge=
lagert; der schon angelaufene Sturm wurde durch das Geschrey eines
Menschen, daß Mohammed Kulichan das Lager überfallen habe,
rückgängig, und Alles lief mit Hinterlassung der Kanonen dem Lager
zu; mit Mühe wurden die Kanonen am folgenden Tage zurückerobert,
siebzehn Tage wurden in Unterhandlungen mit den Armeniern und
Bewohnern der Stadt verloren. Auf die eingelaufene Nachricht, daß
der neue Serasker Gendsche dem Mohammed Kulichan verliehen,
zog der vorige ab, schleppte aber dreytausend Armenier mit sich nach
Tiflis ⁴); die von Somcheti unterwarfen sich als steuerbare Untertha=
nen mit einer Bitte um einen Statthalter. Als solcher wurde ihnen der
Neffe Wachtang's, der Sohn Jese's, der nach angenommenem Islam
Abdullah hieß, zum erblichen Sandschak bestellt ⁵). Tahmasip, der,
nachdem Mahmud sich Ißfahan's und des Thrones bemächtigt, sich
zu Kaswin als der rechtmäßige Thronerbe aufhielt, und so eben mit
Czar Peter einen Schutzvertrag abgeschlossen, vermög dessen Tahmasip
dem Czar Derbend, Baku sammt den Uferlandschaften des caspischen
Meeres, Gilan, Masenderan und Astrabad abtrat, der Czar ihm ein
Heer wider den Usurpator versprach ⁶), sandte den Chan Berchordar
als Gesandten nach Constantinopel. Die Pforte, durch den russischen
Tractat überflügelt, war nicht gesonnen, den Schah Tahmasip an=
ders, als gegen gleiche Abtretung eines Theiles seines Reiches anzu=
erkennen. Der Gesandte Berchordar wurde zu Erserum zurückgehal=

') Tschelebisade Bl. 17 u. 18. ²) Derselbe Bl. 18. ³) Eben da. ⁴) Derselbe
Bl. 19. ⁵) Derselbe Bl. 34. ⁶) Der Tractat in der Histoire du Pierre le Grand,
Amsterdam V. p. 142. III. Tome p. 462 vieux styl 12. Sept. 1723.

ten [1]), und als ein zweyter Murtefa Kulibeg mit einem Schreiben Abdulkerim's des Itimadeddewlet, d. i. des ersten Ministers, Tahmasip's um Hülfe zu flehen kam, wurde demselben unverhohlen geantwortet: daß, da Derbend und Baku in den Händen des Czars, Ißfahan in den Händen Mahmud's, Kandahar in denen Mir Kasim's, auch die Pforte von drey Seiten Seraskere ernannt habe, um die Gränzländer von Tebris und Eriwan zu besetzen, ehe dieselben in die Hände der Feinde fielen. Wolle Prinz Tahmasip diese Länder freywillig der hohen Pforte abtreten, so würde er nach Königssitte über Verhoffen geehrt und geschätzt, und mit Hülfe Gottes wieder in den Besitz der übrigen Länder Iran's gesetzt werden [2]).

Oct. 1723

Der Statthalter Bagdad's, Hasan, war indessen mit dem von Schehrfor und den osmanischer Herrschaft unterworfenen Kurden gegen Kermanschahan vorgerückt, hatte die Stadt, und Tags darauf den Bezirk von Schehrfor besetzt, und wider den Sipehsalar Schah Tahmasip's den Chan Alimerdan, welcher zu Chawa und Aleschter lagerte, abgesandt; diese wurden im Gebirge mit den Stämmen Delfan und Sileile handgemein, von denen viertausend auf dem Platze blieben. Alimerdan, der sich von Aleschter zurückgezogen, und im Passe von Schebgian bey Churremabad befestigt hatte, wurde von den Osmanen verfolgt [3]). Der Chan von Ardelan, Abbas Kulichan, welcher mit dem Statthalter von Bagdad schon seit zehn Jahren im besten Einvernehmen gestanden, indem dieser Ardelan vor den Streifereyen der kurdischen Stämme Belbas und Baban schützte, machte zwar Anfangs Miene, sich mit dem Stamme Mamui in der Stadt Sine vertheidigen zu wollen, doch als der Pascha im Besitze der Stadt Sine, huldigte ihm der Chan. Seinem Beyspiele folgte der Beg des Sandschakes Dschowanrud in Ardelan mit dem Stamme Deredschafi, welche Sunniten, und der Beg des zu Hamadan gehörigen Sandschakes Hersin sammt den Stämmen Loristan's, wo Alimerdan zu Churremabad weilte; als das osmanische Heer zu Aleschter, ergab auch er sich dem Serasker [4]). Auf Vortrag des gegen Tebris ernannten Seraskers Abdullah wurde dem kurdischen Bege Chatemchan, dem erblichen Besitzer des Sandschakes Esomai, das Gebieth von Selmas, Kerdkafan, Karabagh und Enfel, deren Einwohner sich freywillig unterworfen hatten, als erbliches Sandschak gegen jährlich unter dem Titel von Kopfsteuerersatz [5]) zu entrichtende viertausend Piaster zugesprochen. Dem persischen Chan von Meragha wurde der Besitz dieser Statthalterschaft mit dem Range eines Beglerbegs von Karaman bestätiget [6]). Nicht so leicht war die Eroberung von Choi, wider welches der gegen Tebris ernannte Serasker Abdullah Köprili [7])

16.Oct.

10.Nov.

[1]) Tschelebisade Bl. 19. [2]) Eben da. [3]) Derselbe Bl. 20. [4]) Derselbe Bl. 22. [5]) Derselbe Bl. 30. [6]) Derselbe Bl. 31. [7]) Ferman an den Serasker von Tebris, und gleichlautend an den von Eriwan, vom Schaaban 1136, im Inscha des Reis Efendi Mohammed Nr. 157, und eben da Nr. 158 einer an die lesgischen Stämme Tschar und Tala.

zu Felde lag, und deſſen verrätheriſcher Chan Schehbaf den zwey Kur=
den aus dem Stamme Hakari, welche nach einander an ihn mit Auf=
forderungsſchreiben geſandt worden, dem erſten die Ohren, dem an=
deren den Kopf abſchnitt [1]). Am ein und zwanzigſten Tage der Be=
lagerung bemächtigten ſich die Belagerer der Stadt nach heftigem An=
falle, in welchem über viertauſend Perſer fielen, aber erſt am vier
12.May und fünfzigſten des Schloſſes durch Sturm, in welchem Schehbaf=Chan
1724 und Mirſa Schelal und dreytauſend Perſer bluteten. Die Stadt wur=
de mit geregelten Truppen und mit denen der kurdiſchen Stämme Ha=
kari und Mahmudi beſetzt, und nach Choi's Fall ergab ſich freywillig
die Stadt Dſchewres [2]). An der Küſte des ſchwarzen Meeres hatten
die Abaſen den Schutz der Pforte wider die ſie ſtets bedrängenden La=
ſen angefleht. Ruſtem Chan wurde wider dieſelben als Beg befehligt,
dem Arslanpaſcha der Beſitz des Hafens Ketſchiler iskeleſi eingeräumt,
die Söhne dieſer beyden Bege wurden zu Conſtantinopel beſchnitten
und zur Huth der Küſte ein Geſchwader von ſechs Galeeren und einer
15.Jan. Caravelle abgeordnet [3]). Zu Conſtantinopel war zu Ende des Jahres
in großer Rathsverſammlung an der Pforte berathſchlagt worden,
ob nicht der Krieg gegen Rußland zu erklären ſey, und wiewohl die
meiſten Stimmen dafür, wurde den vermittelnden Vorſtellungen des
franzöſiſchen Bothſchafters, Marquis de Bonnac, Gehör gegeben,
und die Erneuerung der vor fünfthalb Monathen nach zwey Confe=
27.Dec. renzen abgebrochenen Unterhandlung beliebt [4]). Ende des Jahres tra=
ten die osmaniſchen Bevollmächtigten mit dem ruſſiſchen Reſidenten
unter des franzöſiſchen Bothſchafters Vermittelung zuſammen. Der
3. Jan. Reſident erklärte, daß Rußland den Tahmaſip als wahren Schah und
(3.
Conf.) Nachfolger ſeines Vaters Huſein anerkenne, der Pforte Truppen ſoll=
ten den Kur nicht überſchreiten. Als die osmaniſchen Bevollmächtigten
nichts davon hören wollten, fragte der Reſident, warum ſie den Kö=
nig Carl von Schweden, wiewohl von Peter geſchlagen, als rechtmä=
ßigen König von Schweden anerkannt, warum denn den Sohn Ba=
jeſid's als Sultan, wiewohl der Vater von Timur entthronet? Ruß=
land wollte als Schiedsrichter zwiſchen Perſien und Türkey auftreten,
die osmaniſchen konnten hiezu nicht beyſtimmen, und ſelbſt der fran=
zöſiſche Bothſchafter erklärte, dieſe Grundlage ſey zu hart. Sechs Ta=
7. Jan. ge hernach redete der Marquis de Bonnac den Türken zu, nur mit
(4.
Conf.) Gutem würden ſie den Czar, der ſchlagfertig, aus Schirwan heraus=
10.Jan. bringen; ſie nahmen es zum Bedenken. Vergebens verſuchten die os=
(5.
Conf.) maniſchen Bevollmächtigten, den ruſſiſchen Reſidenten zu anderer Spra=
che zu bringen, er beſtand auf vier Puncten: auf der Entfernung os=
maniſcher Macht vom caspiſchen Meere, auf der Abgränzung der am
caspiſchen Meere mit den türkiſchen Ländern zuſammenſtoßenden neuen

---

[1]) Tſchelebiſade Bl. 31. [2]) Derſelbe Bl. 32. [3]) Derſelbe Bl. 28 u. 29.
[4]) Derſelbe Bl. 36 und 37.

Beſitzungen, auf dem Einhalte fernerer Eroberungen in Perſien von
beyden Seiten, und auf einem gemeinſchaftlich mit Schah Tahmaſip
abzuſchließenden Frieden [1]). In der folgenden Zuſammentretung er-(6. Ef.)
klärten die osmaniſchen Bevollmächtigten, im großen Diwan ſey beſchloſſen worden, die Kriegserklärung mit dem Czar aufzuſchieben,
die Pforte könne ſich durch den Tractat des Czars mit Perſien nicht
hindern laſſen, ihre gerechten Anſprüche auf die früher abgeriſſenen
Länder geltend zu machen, man wolle aber im Frieden mit Rußland
bleiben, der Reſident möge ſich daher näher erklären [2]). Wirklich war 29.
der Pforte mit den Kriegsdrohungen gegen Rußland, trotz der Abord- Märk
nung eines Geſchwaders nach Aſſow zur Ausbeſſerung der dortigen Fe- 1724
ſtungswerke [3]), kein Ernſt, ſondern es war ihr nur um die Zuſtimmung Rußland's zum Beſitze der eroberten Ländern zu thun. Als die
zuſtimmenden Schreiben des Czars angelangt, vom Großweſir in
einer in ſeinem Palaſte gehaltenen Rathsverſammlung verleſen, und
darauf das den Krieg wider die Perſer als Religionskrieg heiligen-
de Fetwa wieder abgeleſen worden war, erlaubte ſich der vormah- .16.
lige Richter des kaiſerlichen Lagers, Kemal Efendi, die Bemerkung, April
daß, wer ſich zur Kibla wende, nicht als Ungläubiger geſcholten werden könne [4]). Er wurde dafür nach Lemnos ins Elend geſendet. Es
hatten noch drey Zuſammentretungen Statt, in welchen beyde Theile
mit der gemeinſamen Theilung des Erbtheiles Schah Tahmaſip's
einverſtanden, nur noch um die Gränzen ſtritten. Der Großweſir widerlegte das ruſſiſche Begehren, daß die Pforte keine Truppen nach
Schirwan ſchicke, mit dem zuletzt auch dem Reſidenten einleuchtenden
Grunde, daß es nöthig ſeyn dürfte, Truppen nach Schirwan zu ſenden, nicht nur, um die Oberherrlichkeit über den Chan von Schirwan, wie über den der Krim zu behaupten, ſondern auch, um die
Stämme der großen und kleinen Osmai, den Surchai Ali Sultan,
und andere tſcherkeſſiſche Stammfürſten in Zaum zu halten [5]). End- 24.Jun.
lich kam am vier und zwanzigſten Junius der Theilungsvertrag des
nordweſtlichen perſiſchen Reiches zwiſchen Rußland und der Pforte in
ſechs Artikeln und einem Zuſatze zu Stande, vermög welchem der
Czar Herr von Daghiſtan und eines Theiles Schirwan's bis zum Einfluſſe des Araxes in den Kur, von hier aber eine gerade Linie über
Ardebil und Hamadan nach Kermanſchahan gezogen, die Gränzen des
perſiſchen und osmaniſchen Reiches mache, ſo daß jene Theile von
Schirwan, Gendſche, Eriwan, Moghan, Karabagh, Aſerbeidſchan
und perſiſch Irak, welche innerſeits dieſer Linie, künftig in osmani-
ſchem Beſitze, die jenſeitigen Theile dem Schah Tahmaſip, was nörd-

---

[1]) Tſchelebiſade Bl. 35. Hier klarer, als in den übrigen Erzählungen der
Conferenzen, deren Reſultat hier aus des kaiſerlichen Reſidenten Dirling
Berichten in der St. R.; oberflächlich in den lettere de S. Iller. [2]) Dirling's
Bericht vom 29. Januar 1724. [3]) Tſchelebiſade Bl. 30. [4]) Eben da. [5]) Der-
ſelbe Bl. 38.

lich über dem Ausflusse des Kur den Russen verbleiben solle; eine
Gränze, welche alle diese Landschaften entzweyschnitt, und durch keine
Flüsse oder Gebirge bezeichnet, eben so wenig eine natürliche und
sichere war, als ein rechtmäßiger dieser Theilungsvertrag des persischen
Reiches zwischen Rußland und Türkey, als Vorgänger und Muster
der Theilung Pohlen's, von den Geschichtschreibern der letzten bisher ·
übersehen ¹).

¹) Der Theilungstractat in Tschelebisade Bl. 39 — 42, französisch in
Schoell's histoire abrégée des traités de paix XIV. p. 302 — 311, mit dem
Datum 2. Schewwal, der 2. Schewwal ist der 24. Junius (nicht der 23., wie
in Schoell XIV. p. 301 und XV. p. 35).

Fünf und sechzigstes Buch.

Diplomatische Verhältnisse mit europäischen und asiatischen Mäch=
ten. Katholikenverfolgung. Eroberung von Hamadan und Eri=
wan, Tebris, Ardebil, Lori, Loristan, Karatagh, Meragha,
Urmia und Moghan. Mahmud der Afghane in der Bußhöhle,
und Eschref sein Nachfolger, mit welchem der Friede geschlossen
wird. Russische Abgränzung. Verhältnisse der europäischen Ge=
sandten zu Constantinopel. Tscherkes Mohammedbeg in Ägypten.
Unruhen in der Krim und am Kuban. Empörungen und Treffen
mit den persischen Stämmen Schahsewen und Schikaki. Einrich=
tungen des Großwesirs Ibrahim. Bauten, Feste, Bibliotheken,
Druckerey, Gelehrte. Bonneval. Resident Talman. Gränzstreit
mit Rußland. Eschref's Bothschafter. Todfälle berühmter Män=
ner. Tahmasip=Schah's Gesandter zu Constantinopel. Der Krieg
wider Persien erklärt. Sultan Ahmed's Entthronung und Über=
blick seiner Regierung.

Rußland war bereits im Besitze der durch den Theilungsvertrag
demselben zugesprochenen kaukasischen Länder am caspischen Meere;
die Pforte mußte die dießseits der Scheidungslinie vom Zusammen=
flusse des Kur und Araxes bis nach Hamadan und Kermanschahan
noch größten Theils erobern. Ehe wir den dreyjährigen Lauf dieser
Eroberungen in einem Athem verfolgen, schöpfen wir einen Augen=
blick diplomatische Luft. Außer den beyden, sich zur Zerstückelung von
Persien's nördlichen und westlichen Gränzländern einverstehenden
Mächten trägt die völkerrechtliche Schuld dieses Vertrages Frankreich,
welches die gegenseitigen Forderungen der Theilenden verglich, und
dabey für sich selbst einige unerhebliche Vortheile von der Pforte er=
rang. Der am vier und zwanzigsten Junius abgeschlossene Vertrag wur=
de vom französischen Bothschafter zwey Wochen hernach unterzeichnet, 8. Jul.
weil er seine Unterschrift verweigerte, bis ihm für zwey, von Korsa= 1724
ren weggenommene Schiffe Schadenersatz geleistet, und als Lohn der
Vermittelung eine Capelle für's Consulat zu Chios, und eine andere
für das zu Candia bewilliget worden [1]). Drey Monathe hernach

---

[1]) Dirling's Bericht in der St. R. Malcolm hist. de Perse.

ward der Marquis de Bonnac durch den Herrn von Andrezel abge=
löset, und indem der Reichsgeschichtschreiber die Antrittsaudienz des
25.Oct. zweyten ¹), die Abschiedsaudienz des ersten erzählt, ertheilt er diesem
1724 das Lob eines viel erfahrenen Geschäftsmannes, über den Warmes
und Kaltes geflossen, der Süßes und Bitteres genossen ²). Moham=
med Efendi der Acht und zwanziger, welchem während seiner Ge=
sandtschaft zu Paris der Plan der Erneuerung der Capitulationen vor=
gelegt worden war ³), hatte seinerseits den Vorschlag eines Schutz=
und Trutzbündnisses der Pforte mit Frankreich und Spanien eingege=
ben; dieser Vorschlag wurde bey Herrn von Bonnac's Abreise bey
demselben vom Großwesir wieder in Anregung gebracht ⁴). Von Seite
Rußland's kam General Graf Romanzoff als außerordentlicher Ge=
6. Jan. sandter mit der Bestätigung des Theilungsvertrages. Nicht durch den
1725 Tschauschbaschi, sondern nur durch einen Kämmerer eingeführt, er=
hielt er statt des Zobelpelzes nur einen Kaftan, doch speiste an der
öffentlichen Tafel der Audienz auch der Resident Neplujeff mit, was
der kaiserliche Resident von Dirling als einen vorher nie Statt ge=
habten Fall für gleiche künftige der gemeinschaftlichen Audienzen kai=
serlicher Gesandten und Residenten, zur Wissenschaft nahm ⁵). Dieser
beobachtete die Bewegungen des nach Rodosto verwiesenen Rakoczy
und seines Anhanges mittelst des Dolmetsches, des bayerischen Re=
negaten Mustafa, und des Jesuiten Kasod, des Beichtvaters Ra=
koczy's. Mit Rakoczy befanden sich Ladislaus Esterházy, David Kis=
faludy, Andreas Torok; Franz Horváth, der schon zu Tököli's Zei=
ten an der Empörung Theil genommen, war gestorben, so auch Ber=
eseny, der letzte bey den Jesuiten zu Galata begraben. Außer den un=
garischen Rebellen befand sich in den Staaten der Pforte auch ein
gefährlicher russischer, Orlik, der vormahlige Secretär Mazeppa's,
der mit demselben nach der Türkey entflohen, nach dessen Tode zu
Adrianopel als Hetman der wider Rußland empörten Kosaken erklärt,
den Paschen von Chocim und Bender empfohlen worden war. Nach
dem russischen Frieden weggewiesen, hatte er sich durch Pohlen nach
Schweden begeben, wo er blieb, bis ihn auch von da der Friede zwi=
schen Rußland und Schweden vertrieben. Nach dreyjähriger Abwe=
senheit war er wieder nach Chocim zurückgekommen, und begehrte
von der Pforte die Mittel, nach der Tatarey zu entkommen; schon
hatte die Pforte hiezu die nöthigen Befehle an die Woiwoden der
Moldau und Walachey gegeben, als der Plan von den Russen ent=
deckt, und als friedenswidrig hintertrieben, Orlik nach Seres, und
von da nach Salonik, mit vier Piastern täglichen Unterhaltes ver=
28.Jan. wiesen ward ⁶). Drey Wochen nach Romanzoff's Ankunft zu Constan=
1725 tinopel starb Peter der Große, und Romanzoff übergab, neuerdings

¹) Tschelebisade Bl. 56. ²) Eben da. ³) Beylage von Dirling's Bericht
vom 30. October 1721. ⁴) Dirling's Bericht. ⁵) Eben da. ⁶) Derselbe Bericht
vom 1. Januar 1725.

als außerordentlicher Gesandter beglaubigt, die Schreiben Katharina's zur Bestätigung des ewigen Friedens [1]). Nachdem die sechs Monathe der außerordentlichen Gesandtschaft verflossen, wurde Romanzoff nur mehr als bevollmächtigter Abgränzungs = Commissär angesehen, und sein täglicher Unterhalt von achtzig Piastern auf zehn herabgesetzt.

7. Febr. 1725.

Der englische Bothschafter Stanyan übergab ein Schreiben des Kö= nigs von Preußen mit einem Geschenke von feinen Waffen und Am= bra, als Dank für die gute Aufnahme des vor zwey Jahren zum Pferde= einkauf geschickten Stallmeisters. Der holländische Bothschafter Colyer verhandelte Entschädigung für den von Barbaresken holländischen Schiffen zugefügten Schaden, und erhielt ein Chatt=scherif, welches Algier zur Erneuerung des Friedens mit den Generalstaaten ver= hielt [2]). Der venetianische Bailo, Giovanni Emmo, wurde durch Francesco Gritti abgelöset [3]), und Beyde führten die Geschäfte noch ein Jahr lang gemeinschaftlich [4]), nach der Staatsmaxime der Re= publik, daß der neue Bailo durch die Erfahrung seines Vorgängers den Gang der Geschäfte so besser kennen lernen möge.

Von Seite Pohlen's war der Staroste von Tupezare, Christoph von Sulima Popiel, als Bothschafter erschienen. Er beschwerte sich über die neue Befestigung Chocim's, die Einfälle der Tataren, und begehrte die Erlaubniß der Residenz eines stehenden] pohlischen Ge= sandten zu Constantinopel. Die Pforte versprach ihre Verwendung beym Tatarchan, der aber übrigens, wenn gleich unter dem Schutze der Pforte, Herr seiner Handlungen sey, hinsichtlich des beständigen Aufenthaltes pohlischer Gesandten wolle die Pforte nichts neuern. In der letzten mündlichen Unterredung, von welcher der Gesandte sich noch einigen Erfolg versprach, fragte der Großwesir bloß, ob es wahr, daß der König das Wahlreich in ein Erbreich zu verwandeln gedenke, worauf der Gesandte ausweichend antwortete. Popiel, der auf der asiatischen Seite des Bosporos sich in einem Dorfe aufhielt, verlor fast sein ganzes Gefolge an der Pest [5]). Die ragusäischen Gesandten, welche den dreyjährigen Tribut von acht und dreyßigtausend Ducaten in sechs und fünfzig Beuteln abführten, bathen vergebens um eine Verminderung desselben, aus dem Grunde, daß, seitdem die Vene= tianer Herrn von Zarine, ihre Mautheinkünfte gemindert; sie erhiel= ten keine Verminderung, und mußten überdieß die als Entschädigung für den ausständigen Tribut der Kriegsjahre festgesetzte Summe von dreyßig Beuteln erlegen [6]). Zu gleicher Zeit, als die Pforte das Be= gehren Pohlen's um bleibenden Gesandten=Aufenthalt abwies, drang

Oct. 1722

---

[1]) Tschelebisade Bl. 61. [2]) Des Bailo Emmo Bericht vom 23. März 1723 im Hausarch). [3]) Antrittsaudienz des Bailo Gritti am 21. Ssafer 1136 (20. Nov. 1723). Tschelebisade Bl. 20. [4]) Ihre gemeinschaftlichen Berichte von J. 1723 u. 1724 füllen 50 Foliobogen des größten Formates. [5]) Dirling's Bericht in der St. R. [6]) Emmo's im Hausarch. Lettere di S. Iller. Lettera X. [6]) S. Iller L. X. p. 49.

dieselbe durchaus bey Österreich auf den, laut des Handelsvertrages von Passarowicz unabweislichen Aufenthalt eines beständigen Schatzbenders oder Sachwalters der Kaufleute zu Wien, dessen Gegenwart der kaiserliche Hof so gern vermieden hätte, aber nach dem ausdrücklichen Artikel des Vertrages durchaus nicht von sich weisen konnte. Omeraga wurde an der Pforte als Kämmerer eingekleidet, und ging dann nach Wien ab, als Schatzbender, d. i. Herr des Stapelplatzes und des Waarenpasses. Diese in den sieben, seit dem Passarowiczer Frieden verflossenen Jahren von der Pforte vergebens betriebene vertragsmäßige Anstellung konnte von Österreich um so weniger länger verweigert werden, als dasselbe der Gefälligkeit und des Beystandes der Pforte zu den mit den Barbaresken abzuschließenden Verträgen bedurfte. Die Algierer hatten erst jüngst ein zu Mocha mit Kaffeh beladenes, der Handelsgesellschaft von Ostende gehöriges Schiff weggenommen, und die Zurückstellung oder Entschädigung verweigert [1]. Um die Raubstaaten zur Schließung des Friedens mit Österreich zu zwingen, wurde ein ganzes Geschwader ausgerüstet, die beyden Admiralschiffe, die Patrona und Riala, mit zwey anderen Kriegsschiffen, an deren Bord der Kämmerer, der lange Ismail, als Commissär von Seite des Großwesirs, Suleimanaga als Commissär von Seite des Kapudanpascha, von Seite des kaiserlichen Hofes John Schonamille Esquire und der Dolmetsch Nicolaus Theyls. Das Chattscherif lautete an die Daien-Statthalter von Algier, Tunis und Tripolis [2]. Zu Algier blieben die Bemühungen Ismailaga's fruchtlos; nachdem er im versammelten Diwan das kaiserliche Handschreiben vorgelesen, den Dai Pascha mit Ehrenkaftan bekleidet hatte, wurde ihm mit lauter Mißbilligung des von der Pforte mit Österreich geschlossenen Friedens grob geantwortet. Ismailaga versuchte väterlichen Rath, aber er sah gar bald, „daß Wasser auf den im Kiesel verschlossenen Funken „nicht wirkt [3]," und segelte ab. Glücklicher waren seine Bemühungen zu Tunis und Tripolis, wo der Friede mit Österreich unter Vermittelung des türkischen Commissärs in dreyzehn Artikeln abgeschlossen ward. Der Inhalt derselben sicherte österreichische Schiffe vor Seeräuberey, österreichische Unterthanen vor Sclaverey; unter den Unterthanen Österreich's waren nahmentlich die niederländischen, sicilianischen, neapolitanischen, florentinischen Schiffe, die von Fiume und Triest einbegriffen [4]. In Folge dieser mit Österreich abgeschlossenen Verträge, die von Wien aus über Constantinopel bestätigt wurden, gingen Gesandte von Tunis und Tripolis nach Wien, und kaiserliche

[1] Tschelebisade Bl. 79. Relation du voyage des Commissaires de S. M. I. embarqués dans l'escadre Ottomane commandée par le Vicéadmiral Abdi Capitaine de Constantinople pour la commission d'Algier, Tunis et Tripolis depuis le 8 Août 1725, acht enggeschriebene Bogen von Schonamille in der St. R. [2] Von dem letzten Tage des Ramasans 1137 (12. Junius 1725). [3] Tschelebisade Bl. 79 und 92. [4] Der ganze Tractat mit der Paßformel in Tschelebisade Bl. 80 und 81, mit Tunis vom 16. April 1726, mit Tripolis 1726.

Consuln wurden zum ersten Mahle in den Raubstaaten angestellt ¹). Die Haupturfache, warum sich Algier so widerspänstig wider die Befehle der Pforte betrug, war, weil sich diese den von Algier in Schutz genommenen Beg der Mamluken, Tscherkesbeg, wieder in Ägypten einzusetzen weigerte ²); den Seeräubern von Algier schwoll der Kamm so mehr, als sie von England heimlich wider Holland aufgehetzt und unterstützt wurden ³). Binnen neun Jahren hatten algierische Korsaren siebzig holländische Schiffe weggenommen, und sogar das Anerbiethen Holland's, den Frieden gegen jährlich zu entrichtende zweymahlhunderttausend Gulden abzuschließen, verschmäht; endlich kam derselbe auf des Sultans Chatt=scherif zu Stande, so wie später der 8.Sept. mit Österreich. Da die Cantone von Tunis und Tripolis darüber zu 1726 murren anfingen, daß sie vom kaiserlichen Hofe keine Geschenke er- 8. März hielten, wie von anderen Höfen, so wurde ihnen zwar einmahl für 1727 allemahl ein Geschenk von fünftausend Gulden gemacht, aber in dem hierüber an den Kaiser erstatteten Vortrage rieth Eugen, keine zu geben, sondern lieber eine Flotte von vierzig Kriegsschiffen, und so viel Galeeren zu bauen, um Neapel und Sicilien vor ihren Räubereyen zu decken. Es ist dieselbe Staatsweisheit Eugen's, womit er dem Kaiser in der Folge statt der pragmatischen Sanction lieber ein Heer auf den Beinen zu halten anrieth.

Eine den französischen Bothschafter und den kaiserlichen Residenten vorzüglich beschäftigende Angelegenheit war die der katholischen Kirchen, Geistlichen, und besonders der katholischen Armenier, wider welche die vor zwanzig Jahren begonnene, dann niedergeschlagene Verfolgung der schismatischen Patriarchen aus der trügerischen Asche wieder in neuen Flammen aufschlug. In Syrien hatten die Katholiken die Verfolgung sich selbst zugezogen durch den Übermuth, womit sie die Griechen behandelten, und denselben ihre Kirche in Akka verbrannten ⁴). Die griechische Geistlichkeit in Syrien brachte deßhalb ihre Beschwerden durch den Patriarchen an die Pforte, und beklagte sich vorzüglich über den Eintrag, der ihnen durch die katholischen Glaubensorden, und insbesondere durch die Jesuiten geschah. Wider diese erging ein Ferman, welcher den Missionären das Bekehrungsgeschäft im osmanischen Reiche legte. „Wasmaßen einige Teufel von fränkischen Mönchen „mit Zwecken den schlechten und Absichten unrechten ⁵) das Land durch= „streiften und durchschweiften, die griechischen und armenischen Raja zu „ihrer eitlen fränkischen Lehre einlüden, dieselben mit ihren bethörenden „Reden, die wie das fränkische Übel ansteckend vom alten Glauben ab= „wändten und fränkische Lehre zuständten, sollen die fränkischen Mön= „che außer den Orten, wo Consuln, und wo sie vertragsmäßig sich

<hr>

¹) Zu Tunis Simon Pillavino, zu Tripolis Mayer, und nach dessen Tode Absalamani, der kais. Consul in der Morea war Clairimbaut. ²) Dirling's Bericht und der darüber erstattete Vortrag Eugen's. ³) Cerisier X. p. 156. ⁴) Dirling's Bericht 1723. ⁵) Tschelebisade Bl. 79.

„aufzuhalten befugt sind, nicht reisen dürfen, und die sich dessen nicht
„belehren ließen, eingesperrt werden." Diesen Ferman benützten die
Griechen auf Chios, die seit dem vom kaiserlichen Bothschafter zu
Gunsten der Capelle der Katholiken erhaltenen Ferman denselben um
so aufsäßiger zu neuer Verfolgung. Die Türken, da sie der Jesuiten
nicht habhaft wurden und von den Capuzinern nichts auspressen konn=
ten, warfen vier Dominicaner und zehn Scholaren in den Kerker,
forderten von denselben dreyßigtausend Piaster, und preßten das
Drittheil dieser Summe aus. Die auf des kaiserlichen Bothschafters
Verwendung vor fünf Jahren geöffnete neue katholische Kirche wurde
gesperrt [1]. Dieser Parteyenhaß zwischen den Katholiken und Griechen
auf Chios stand schon vor sechzig Jahren in hellen Flammen, wo der
griechische Bischof den Verhaft der katholischen, und das Jahr darauf
die Verbannung der Jesuiten erwirkt hatte. Nach den Anschuldigun=
gen der Griechen, daß die Katholiken die Insel den Venetianern ver=
rathen, hatten sie ihre Kirche verloren, und wie schon oben erzählt
worden, erst durch die Verwendung Papst Clemens des XI. bey Lud=
wig XV. und Carl VI. durch den Bothschafter des letzten ihre Kirche
zurückerhalten. Bey diesen ungünstigen Umständen trat der kaiserliche
Resident zu Gunsten der Trinitarier, für welche Graf Wirmond eben=
falls einen Schutzferman erwirkt hatte, so leiser auf. Aus Furcht,
daß nicht, wenn sie eine Kirche zu Pera bauten, diese dasselbe Loos
treffe, wie die Kirche der Minoriten, welche bey Ausbruch des letzten
venetianischen Krieges geschleift, und auf die Stelle derselben eine
Moschee erbaut worden war, rieth Hr. von Dirling zu keiner Kirche,
sondern zu einem bloßen gastlichen Kloster (Hospiz) ein. Auch über die
Katholiken von Tine zog schweres Ungewitter auf, weil die Einwoh=
ner der Insel im Aufruhre ihren Dränger, den Woiwoden, erschla=
gen hatten [2]. Der Anlaß der neuen Armenierverfolgung war Privat=
rache des Patriarchen, welcher seinen katholischen Landsleuten nicht
verzieh, daß sie zur Summe, um die er seine Stelle gekauft, beyzu=
tragen sich geweigert [3]. Als Opfer dieses regen Verfolgungsgeistes,
wiewohl aus anderem Vorwande, wurde ein reicher persischer Arme=
nier, welcher zu Constantinopel unter dem Nahmen Gümischendase,
d. i. Silbermaß, bekannt, vor dem Westchan, wo der meisten per=
sischen Armenier reiches Waarenlager, auf des sonst Menschenblut so
sehr schonenden Großwessirs Befehl aufgehenkt. Die Anklage war,
daß er mit einem sittenlosen Weibe in ihres Mannes Abwesenheit ge=
zecht; in ihrem Hause ergriffen, wurde er vor das Gericht gestellt.
Wiewohl das Vorurtheil wider ihn, weil die persischen Armenier
überhaupt gern Weibern nachhängen, so war doch der Beweis ver=
dammlicher Unzucht nicht leicht herzustellen; da bezeugte ein Haufen
eifriger Moslimen vor Gericht, „daß dieser verfluchte Ungläubige mit

[1] Dirling's Bericht. [2] Derselbe. [3] Derselbe.

„dem Bogen seiner dichten Augenbrauen immer wie mit dem Bogen
„des Teufels Unruh aufgeregt [1]), den moslimischen Frauen im Vor-
„beygehen Worte zugeworfen habe," weßhalb er denn auf des Naib
Ssanollahsade Bericht zum Strange verurtheilt ward. Um sich davon
zu retten, legte er das Glaubensbekenntniß des Islams ab, da er
aber hörte, daß ihm dieß zu nichts nützen würde, nahm er es wieder
zurück, und wurde als Abtrünniger hingerichtet. Der letzte Grund der
Hinrichtung ist ein vollgültiger nach dem Gesetze des Islams, aber
selbst dieses gibt keinen zum Todesurtheile ob verliebten Tempera-
mentes und eroberungssüchtiger Beweglichkeit buschiger hoher Augenbrauen. Der Hebel dieser Verfolgung der katholischen Armenier war
in dieser zweyten, so wie bey der ersten und den späteren Verfolgun-
gen nur immer Sectengeist und Privathaß des Patriarchen, nie aber
ein politischer Grund, welcher der Pforte leichter zum Vorwande hätte
dienen können, wenn ihr von den mit der ersten Verfolgung gleichzeitigen weitaussehenden Planen persischer Armenier das Geringste bekannt gewesen wäre. Eine Partey, an deren Spitze ein armenischer
Kaufmann, Israel Ori, bezweckte nichts Minderes, als Armenien's
Krone dem Churfürsten Johann Wilhelm von der Pfalz zuzuwenden,
und verfolgte diesen Plan durch sieben Jahre fruchtlos [2]). Eine Folge
der türkischen Verfolgung der katholischen Armenier war die Auswanderung armenischer Geistlichen nach Venedig, wo sie im ersten Jahre
des Ausbruches des letzten venetianischen Krieges gastliche Freystätte
fanden, und auf der Insel S. Lazaro in sicherem Hafen politischer
Ruhe eingelaufen, eine Pflanzschule religiöser und nützlicher Studien
gegründet, aus welcher seitdem durch armenische Pressen über die
Sprache und Geschichte ihres Volkes in Europa Licht verbreitet
worden.

Der persische Feldzug hatte zugleich mit den zu Constantinopel
wieder in Gang gebrachten Zusammentretungen der osmanischen Bevollmächtigten mit dem russischen Residenten unter des französischen
Bothschafters Vermittelung, und zwar mit der Belagerung und Eroberung Hamadan's, des alten Ekbatana, der wichtigen Gränzfeste,
begonnen. Nach Hasanpascha's, des Statthalters von Bagdad,
Tod [3]) war sein Schwiegersohn, der bisherige Pascha von Baßra,
an seine Stelle als Serasker oder (wie der persische Nahme in persischen Kriegen selbst türkischen Ohren wohlgefälliger lautet) als Sipehsalar, d. i. General der Reiterey, ernannt; mit ihm waren die Paschen Statthalter von Baßra, Abdurrahman, der von Scheherssor, Kara
Mustafa, die von Moßul, Meraasch, Karahißar, Kirschehr, Dschesire
mit allen Lehenstruppen aufgebothen worden [4]). Fünf Tage, nachdem

22.
Sept.
1724

29. Jun.

[1]) Tschelebisade Bl. 45. [2]) Über die politischen Verhandlungen des Chur-
fürsten Johann Wilhelm von der Pfalz zur Befreyung der Christenheit in
Armenien vom Joche der Ungläubigen von 1698 bis 1705, von Joseph von
Fink. München 1829. [3]) Hanway I. p. 196. [4]) Tschelebisade Bl. 45.

der persische Theilungstractat zu Constantinopel abgeschlossen worden, rückte der Serasker von dem Dorfe Jenidsche, wo er in der Nähe von Hamadan gelagert, vor, und öffnete die Laufgräben; vom Thore der Eroberung bis zu dem von Ißfahan die Janitscharen, die Lewenden, und die vom verstorbenen Schwiegervater des Seraskers neu errichteten Kalpakli, d. i. die mit Kalpaken; jenseits des Thores von Ißfahan, wo Laufgräben zu führen unmöglich, standen die Truppen von Moßul, Ardelan und die Bege von Kurdistan, so daß die Stadt im ganzen Umfange von dritthalb Stunden umzingelt war; ein Wall in der Höhe von zwanzig Ellen wurde dem höchsten Bollwerke gegenüber aufgeführt; den Versuch, die Belagerer davon zu vertreiben, bezahlten die Perser mit dem Verluste von fünftausend Mann. Sie fielen auf Feridunpascha, welcher vor dem Thore von Ißfahan, an dem Orte, welches das Lusthaus des Schahs [1]) heißt, aus. Von drey Seiten wurden Minen gesprengt, und in die gesprengten Öffnungen warfen sich die Belagerer, sich mit hölzernem Dache schirmend. Die Belagerten versuchten das Dach mit alten in Naphtha getränkten flammenden Fetzen anzuzünden, aber die Belagerer rissen sie schnell mit Haken hinweg, den Brand löschend oder verhindernd. Nachdem fünf und zwanzig Ellen der Mauer durch Minen gesprengt

1 Text.
1724 in Schutt lagen, wurde nach zweymonathlicher Belagerung gestürmt; das wärmste Gefecht war am Hügel des Bethortes, von wo endlich auch der Feind vertrieben, die Stadt erobert ward. Siebzehntausend zusammengelaufenes persisches Lottergesindel hatten sich auf der östlichen Seite der Stadt, wo keine Laufgräben, vor dem Thore der Auserwählten in die Gärten und Lusthäuser geworfen, noch in derselben Nacht wurden sie vernichtet oder zerstreut. Tags darnach zog der Serasker in die Stadt; am vierzehnten Tage traf die Nachricht der Eroberung zu Constantinopel ein, an einem Freytage, wo sie mit dreytägiger Beleuchtung gefeyert ward. Kaiserliches Handschreiben lobpries das Belagerungsheer: „Meiner Diener, welche in diesem glän-„zenden Siege ihr Leben nicht geachtet, ihre Möglichkeit gethan, Ge-„sicht sey weiß! mein kaiserliches Brot auch Allen rechtmäßiger Ge-„nuß [2])!" Hamadan's Graben war acht Ellen tief, vierthalb breit, über zweyhundert Bollwerke vertheidigten die Doppelmauer der Stadt, und zwey Schlösser waren der Kern der Festung [3]). Nach dem Besitze desselben wandte sich der Serasker gegen Dergesin, dessen Gegend Latifmirsa, ein Verwandter Schah Husein's, mit vierthalbtausend Rothköpfen durchstrich; er ward angegriffen und geschlagen, die empörten Einwohner des zu Hamadan gehörigen Fleckens Somin von zweytausend Häusern zu Paaren getrieben, und die Stadt Asitane besetzt [4]). Die Osmanen standen auch an der Gränze von Arran vor

---

[1]) Tschelebisade Bl. 46. [2]) Derselbe Bl. 47. [3]) Eben da. [4]) Derselbe Bl. 50.

der Hauptstadt und Hauptfestung des Landes, vor Eriwan. Moham=
med Kulichan, der Sohn des Heraklius, des Herrschers von Kacheti,
von den Persern zur Hülfe Eriwan's aufgefordert, hatte über zehn=
tausend georgische Truppen ¹) zu Abdschekalaa versammelt, die Trup=
pen von Gendsche, die Schemseddinli und die Lesgi vereinten sich mit
ihm, um die Festung Gori anzugreifen ²); die armenischen Einwohner
der Stadt hatten ihm Geißel gegeben, daß sie sich still und ruhig ver=
halten, und weder für, noch gegen die Osmanen die Waffen ergreifen
würden. Mohammed Kulichan hatte einen georgischen Geistlichen,
Constantin, als Herrscher Grusien's eingekleidet, und im Nahmen
desselben die Huldigung der grusischen Volksführer ³) empfangen. Es
war höchst wichtig, so gefährlichen Feind zurückzuschlagen und Geor=
gien zu beruhigen. Dieß bewirkte Redschebpascha, der Statthalter von
Tiflis, mit Hülfe des Befehlshabers von Gori, Jusufpascha, und
des Beglerbegs von Tschildir, Ishakpascha, welche die Gegner an=
griffen, und über den Kur zurückjagten. Aarifi Ahmedpascha, der
Statthalter von Diarbekr, der sich in Besatzung von Tiflis befand,
brach mit seinen Truppen gegen Eriwan auf, zu dessen Eroberung
unter ihm die Beglerbege von Anatoli, Karß, Siwas, Meraasch,
die Sandschake von Chudawendkiar, Karahißar, Tschorum, Akserai,
Bajesid, tausend Sipahi mit erhöhtem Solde, sieben und zwanzig=
tausend Janitscharen und Freywillige, zweytausend fünfhundert Ka=
noniere und Zeugschmiede, in Allem über sechzigtausend Mann, be=
fehligt waren ⁴). Vierzehn große Belagerungskanonen und zwey und
dreyßig Falkaunen waren von Erserum aufgebrochen, der Serasker
Aarifi Ahmed von Tiflis in sieben Märschen nach Eriwan. Nachdem
der Arpatschai überschritten war, wurde von der Station Karawan=
serai Aufforderungsbrief mit Zusagung der Freyheit der Personen
und Güter im Falle friedlicher Übergabe abgesendet. Die Armenier
vom Ararat, welche mit ihrem Patriarchen sich zu unterwerfen ka=
men, wurden gnädig aufgenommen. Die Belagerung Eriwan's wurde
gleichzeitig mit der von Hamadan und der Unterzeichnung des Thei= 24. Jun.
lungs = Tractates zu Constantinopel begonnen. 1724

   Sobald der Sengi übersetzt war, wurden die Vorstädte Eriwan's 7. Jul.
erstürmt, binnen zwey Stunden hatten zwölftausend Perser geblutet,
und fünfzehntausend Weiber und Kinder waren gefangen; die Häuser
zunächst an der Festung wurden geschleift ⁵). Gegenüber des Thores
von Constantinopel nahm der Serasker, zu seiner Linken die Begler=
bege von Anatoli und Karß, zu seiner rechten die Janitscharen, ihre
Posten ein; auf der Südseite, wo der Felsen Laufgräben unmöglich
machte, wurden hinter dem Sengi die Sipahi mit vermehrtem Sol=
de unter dem Statthalter von Karahißar aufgestellt. Fast vierzehn

---

¹) Tschelebisade Bl. 49. ²) Eben da, und Peyssonel S. 67. ³) Bl. 49.
⁴) Tschelebisade Bl. 51. ⁵) Eben da.

Tage verstrichen unter fruchtlosen Beschickungen und Versuchen, den Chan Befehlshaber zur friedlichen Übergabe zu bewegen. Endlich wurde die erste Mine unter der großen Bastey [1]), gegenüber der steinernen Brücke, gesprengt; der Serasker machte sich auf langwierige Belagerung gefaßt, er wußte aus den Geschichten, die er fleißig las, daß Eriwan in den drey letzten Belagerungen durch Scherifpascha, zur Zeit Schah Abbas des Großen [2]), durch Mohammedpascha [3]) und durch Sultan Murad IV. [4]), trotz der größten Hindernisse der Jahreszeit, mit der größten Anstrengung erkauft worden. Ein kaiserliches Handschreiben, welches geboth, sich keinen Schritt zurückzuziehen, bis Eriwan nicht erobert sey, und die Nachricht vom Falle Nachdschiwan's stählten der Belagerer Muth. Es kamen neue Arbeiter, Bombardiere, Miniere, Luntenmacher, Zündlochbohrer, Feuerwerker. Durch vier Stürme und Krankheiten kostete die Belagerung den Türken gegen zwanzigtausend Mann [5]). Endlich traten drey Bege der Stadt und der Aga der Kasiben in Unterhandlung mit dem Janitscharenaga, die zwanzigtägige Frist, welche die Belagerten begehrt, wurde auf fünf beschränkt, nach Verlauf derselben die friedliche Übergabe mit freyem Abzuge der Besatzung mit all' ihrer Habe unterzeichnet. Drey Tage lang zogen sie ab, neun und siebzig Kanonen mit sechs silbernen Schlüsseln wurden den Siegern übergeben; diese und einen sieben Spannen langen Säbel, welchen Schah Abbas statt der Streitkolbe Sultan Murad's IV. ober dem Thore aufgehangen [6]), wurden nach Constantinopel gesandt, wo diese Siegesnachricht den größten Jubel erweckte. Die Tschausche und Aga des Großwesirs gingen den sechs silbernen Schlüsseln und dem Säbel Schahs Abbas nach Skutari entgegen; in feyerlichem Diwan wurden die obersten Staatsämter, der Kiajabeg und Reis Efendi, d. i. der Minister des Inneren und des Äußeren, der Defterdar und Janitscharenaga mit Ehrenpelzen bekleidet, der Hofmarschall und Oberstkämmerer traten den siebeben, mit Goldstoff bedeckten Tassen, auf welchen die sechs silbernen Schlüssel und der Säbel, vor; dreytägige Lichtfluth und Feuerwerk im Hafen stellte Eriwan's Belagerung vor [7]), ein kaiserliches Handschreiben dankte „mit Lob! und Lob! und wieder Lob [8])! den Kämpen des Sieges, den Streitern des heiligen Krieges, welche für „Glauben und Reich auf Steinen sich betten, auf hartem Grund statt „Tapeten." Nach Eriwan's Falle ergaben sich die Städte Nuhawend und Ulukerd, wovon jenes, im Dreyecke mit Hamadan und Kermanschah gelegen, durch die entscheidende Schlacht berühmt ist, durch welche unter dem Chalifen Omar sein Feldherr Sarietol-dschebel hier einen glänzenden Sieg wider die Perser erfocht [9]), und dessen Nahme

15.
Sept.
1724

28.
Sept.

---

[1]) Tschelebisade Bl. 52. [2]) Im J. 1012 (1603). [3]) Im J. 1025 (1616. [4]) Im J. 1045 (1635), mit einigen Details dieser Belagerungen Bl. 52. [5]) Tschelebisade Bl. 53. [6]) Derselbe Bl. 54. [7]) Derselbe Bl. 55. [8]) Derselbe Bl. 56. [9]) Dschihannuma S. 302. Bakui in den extraits et notices des manuscrits du Roi p. 500. Kaswini und Ahmed von Tus Tschelebisade Bl. 57

als Noe's Wand gedolmetscht wird. Der Statthalter von Wan, der Wesir Köprili Abdullah, nachdem er in Tschewres und Choi die nöthigen Besaßungen gelassen, war von dieser leßten Stadt gegen Tebris aufgebrochen. Als er nach Tesudsch kam, das zehn Stunden von Choi, am Ufer des Sees von Urmia [1]), ein großer Flecken von vier- bis fünftausend Häusern, kam es zwischen dem osmanischen Vortrab mit den persischen Chanen, die von Tebris herbeygeeilt, zum Treffen, einer der Chane blieb, der andere wurde gefangen [2]). Da die Einwohner von Merend entflohen waren, wurde der Befehlshaber von Bidlis, Mohammed Aabid Chan, dasselbe zu besetzen, und der Befehlshaber der Kurden, Hakiari, befehligt, die Efscharen, welche die Zufuhr im Rücken abzuschneiden drohten, hintanzuhalten. Die Einwohner der beyden, auf dem Wege nach Tebris gelegenen Dörfer Gösekünan und Schebister, der Geburtstadt des großen mystischen Dichters Mahmud, des Verfassers des Rosenbeetes des Geheimnisses, unterwarfen sich huldigend. Vor Tebris stand der Chan der Stadt mit zehntausend Persern, welche zurückgeschlagen wurden. Das osmanische Heer lagerte sich nördlich der Stadt, zu Dewedschi und Surchab, wo vormahls Sultan Selim's Lager gestanden, die Perser hatten sich im Grabdome Ghasan's befestiget. Am sechzehnten Tage der Belagerung fiel die ganze Besaßung aus; vier Tage darauf ging Mustafachan mit drey anderen Chanen, mit zweytausend Persern, mit siebzig fliegenden Kanonen (auf Kameelen) und zwey Falkaunen dem zur Verstärkung mit Mundvorrath anziehenden Statthalter von Haleb, Ibrahimpascha, entgegen. Anderthalb Stunden vom Lager, beym Dorfe Jkdeli, trafen die beyden Truppen auf einander, und die Türken wären wohl verloren gewesen, wenn nicht vom Lager Hülfe herbeygeeilt wäre; siebenhundert Köpfe, ein und sechzig fliegende Kanonen und zwey Falkaunen waren die Trophäen der Osmanen. Troß dieses Sieges zwang die vorgerückte Jahreszeit die Osmanen zur Aufhebung der Belagerung. Am neun und zwanzigsten Tage derselben [3]) brach das türkische Heer in aller Stille über den Fluß Adschi, welcher von Tebris dem See von Urmia zuströmt, auf, so daß die Zelte stehen blieben. Eine der eroberten Kanonen fiel in eine Grube, worin sie folgendes Jahr bey der fortgeseßten Belagerung gefunden ward. Für jeßt begnügte sich Köprili, die empörten Einwohner von Schebister zu züchtigen, seinen Sohn Abdurrahman im Winterquartiere von Tesudsch zurückzulassen, und das Dorf Aadise [4]), welches zehn Stunden vor Tebris, als Vorwache beseßt zu halten. „Für heuer war die „Tulpe des Sieges aufgeblüht, die Entfaltung der Rosenknospe der „Herzenswünsche wurde vom nächsten Frühjahre erwartet.“

5. Aug. 1724

1. Sept.

16. Sept.

30. Sept.

---

[1]) Tschelebisade Bl. 57, Morier Tessui first journey p. 297. [2]) Tschelebisade Bl. 58 Z. 3. Nach Hanway I. p. 195 schon am 21. September. [3]) Tschelebisade Bl. 58.

IV.   15

Der Chan von Bidlis, Aabidchan, welchen Abdullah Köprili
während der Belagerung von Tebris nach Merend abgesandt, hatte
sich nach Aufhebung der Belagerung im Winter nicht halten können,
und war nach Tasudsch zurückgezogen. Zum Sandschake von Merend
gehört die auf einer steilen Höhe gelegene Stadt Sonof, welche siebentausend Häuser stark und ein Castell hat, das die Perser Dise nennen [1]). Hier laufen die Straßen von Tasudsch, Choi, Tschewres und
Kerker zusammen, zu welchen diese Stadt der Schlüssel. Murtesaku-
lichan, der Sohn Schehbasgiraf's, und Mohammedchan, der Sohn
Mohammedchan's, vertheidigten dieselbe. Da vor der Wegnahme dieses Platzes an die Belagerung von Tebris nicht zu denken, wurde eine ansehnliche Macht von Janitscharen dahin befehligt, welche sich
mit zwanzigtausend Persern schlug, von denen die Hälfte geblieben
seyn soll [2]). Das Schloß wurde erobert, verbrannt und geschleift. Köprili Abdullah hatte nun, von eilftausend Tataren verstärkt, eine
Macht von siebzigtausend Mann auf den Beinen [3]); damit brach
er Hälfte Julius von Tasudsch, wo der Versammlungsplatz, auf. Andere Truppen kamen noch auf den verschiedenen Lagerplätzen, d. i. zu
Kiletschemeni, Akdise; Nairli, zusammen. Ende Julius [4]) wurde zu
Köseli, zwey Stunden von Tebris, gelagert; auf dem rechten Flügel
die Wesire Statthalter von Anatoli, Rakka, Haleb, Moßul, die
Bege von Diadin, Melaskerd, Aidin mit den Albanesen, auf dem
linken der Statthalter von Haleb, Bagdad, in der Mitte zwey Fahnen
von Wagehälsen, und hinter ihnen die Freywilligen, dann die Janitscharen, die Pferde der Artillerie und Zeugschmiede, die vier unteren
Rotten der Fahnenwache, die freywilligen Silihdare und Sipahi. Der
Serasker pflanzte seine Fahne auf dem linken Flügel gegen den Berg
auf; hier und in der Mitte gegenüber den Vorstädten Dewedschi und
Surchab wurden feste Vollwerke in der Entfernung von zehn Ellen,
und in der Entfernung von vierzig bis fünfzig Schritten eines von
dem andern aufgeführt, aus deren Schießscharten masendaranische
Scharfschützen den Feind in der Nähe ängstigten; auf dem rechten
Flügel, gegenüber dem Grabdome Ghasan's, wurden die Mauern
der gegenüber liegenden Häuser zu Brustwehren benützt, auf denen
Flintenschützen und Bauern mit Schleudern angestellt, Regen von
Kugeln und Steinen in die Stadt sandten [5]). Nach des Propheten
Ausspruch: Gott segnet den Donnerstag und Sonnabend, wurde die
Belagerung Sonnabends, als einem dieser beyden glücklichsten Wo-
chentage, begonnen; sie war, wiewohl der kürzesten, auch die blutig-
sten eine von beyden Seiten. Die Perser hatten alle neun Viertel,
aus denen die Stadt besteht, mit Schanzen befestiget. In vier Tagen
hatten die Türken deren sieben weggenommen; am vierten Tage der

23.
May
1725

28. Jul.

1. Aug.

---

[1]) Tschelebisade Bl. 65. [2]) Derselbe Bl. 66. [3]) Derselbe Bl. 69. [4]) Hanway I. p. 229. [5]) Tschelebisade Bl. 70.

Belagerung begehrte die Stadt Verhandlung der Übergabe, am folgenden Tage wurde dieselbe in vollem Diwan gepflogen, und Tags darauf zog die ganze Besatzung frey ab[1]). Die Perser hatten binnen diesen vier Tagen dreyßigtausend, die Türken zwanzigtausend Mann verloren, unter diesen die Paschen Statthalter von Rakka und Karaman[2]). Nichts desto weniger war die Siegesfreude Constantinopel außerordentlich groß[3]). Während der Belagerung von Tebris hatte der Serasker von Hamadan, Ahmed Aarif, von Nuhawend aus Truppen gegen die zwey Städte Samin und Asistane abgesandt, wovon jene zwey Stationen von Nuhawend, diese eben so viele von Samin entfernt liegt, wo sich einige Tausend Perser zusammengerottet; dieselben wurden zurückgeschlagen, die Städte erobert[4]). Der Statthalter von Hamadan selbst zog mit denen von Ardelan, Meraasch, Moßul, in allem mit einem Heere von vierzigtausend Mann, über die Pässe von Chawa und Alischter zur Eroberung von Loristan aus. Der Chan von Loristan, Alimerdan, stand an der Brücke einige Stunden vor Churremabad, der Hauptstadt Loristan's. Als ihm der Serasker mit fünftausend leichten Reitern entgegenflog, zog er sich gegen Schuster und Difful zurück. Mit den Seraskeren von 5. Sept. Tebris und Hamadan wetteiferte der von Erserum, welcher gegen die 1725 georgische Festung Lori ausgezogen, dieselbe eroberte, und dafür kaiserliches Handschreiben erhielt, worin den Bemühungen der Sieger Glaubenskämpen gedankt, ihr Eifer mit Ehrenkleidern erkannt ward[5]). Dem Köprili Abdullah war zur Belohnung seiner Dienste die durch den Tod Osmanpascha's vor Tebris erledigte Statthalterschaft von Rakka als lebenslängliche Pachtung für einen gleich zu erlegenden Pachtschilling von dreyhundert Beuteln, und einen jährlich zu erlegenden von hundert Beuteln, und seinem Sohne Abdurrahman der dritte Roßschweif bewilliget worden[6]). Zu Dewab gelagert, empfing der Serasker die Huldigung der Einwohner von Churremabad[7]). So huldigten auch noch die Einwohner von Tebris, der persische Statthalter von Karatagh, Abdurrisakchan, und die Stadt Ardebil selbst, welcher vollkommene Sicherheit und Schonung ihres Heiligthumes, welches den Persern nach Mekka und Medina als das dritte gilt, zugesichert ward. Die persischen Chane, Muftafachan, der Oberstbefehlshaber, dann die von Talisch, Ardebil, Meragha und fünf andere kamen nach Talisch, von wo sie die Einwohner von Ardebil aufforderten, die osmanische Besatzung zu ermorden. Mohammedaga, der Kiaja Abdullah Köprili's, ging ihnen entgegen, schlug sie in die Flucht, und wurde auf Köprili's Vortrag dafür zum Beglerbeg ernannt[8]); so wurde auch auf Vortrag des Seraskers von Hamadan, dem Abdul-

[1]) Nach Hanway p. 229 am 3. Julius. [2]) Derselbe und Tschelebisade Bl. 71. [3]) Derselbe Bl. 71. [4]) Derselbe Bl. 71. [5]) Das Chatt-scherif in Tschelebisade Bl. 74. [6]) Derselbe Bl. 76. [7]) Eben da. [8]) Derselbe Bl. 83 und 84.

asifpascha die Statthalterschaft Meragha's mit fünf Sandschaken,

21.Dec. zwey erblichen, und drey als Ämter zu vergebenden, verliehen ¹).
1725 Die Chanschaft von Urmia, auf dem östlichen Ufer des darnach genannten Sees, wurde als erbliche dem ehemahligen Chan Kasim ²),
und die von Moghan dem Chan Ssafikulichan bestätiget ³). Der persische Prinz Latif Mirsa, welcher mit dem Hause des Schahs verwandt zu seyn vorgab, und der zu Hamadan gefangen worden,
wurde, nachdem er einige Zeit zu Constantinopel gut behandelt wor-
4. Jan. den, wieder nach Persien zurückgesandt ⁴). Um die Entvölkerung der
1726 neueroberten Länder und die zu schnelle Bereicherung der Truppen zu
verhindern, wurde den Einwohnern von dreyhundert Dörfern, welche
aus den Bezirken von Sürmeli, Schuregil, Abaran und anderen sich
nach Bajesid, Karß und Kurdistan geflüchtet hatten, wieder in ihre
Wohnsitze zurückzukehren erlaubt ⁵), und zugleich verbothen, weiter
persische Weiber und Kinder zu Sclaven zu machen, und als solche
zu verkaufen. In diesem Sinne wurden an die drey, gegen Persien
Befehl führenden Seraskere, an den von Tebris, Abdullah Köprili,
an den von Schirwan, Hadschi ⁶) Mustafapascha, und an den von
Hamadan, Ahmedpascha, die nöthigen Fermane erlassen ⁷). Durch
dieser drey Seraskere Tapferkeit und Klugheit war in Einem Feldzuge
der in dem Theilungstractate von Constantinopel der Pforte zuge-
sicherte Antheil von Persien, eine Strecke von hundert zwanzig geographischen Meilen in der Länge, und dreyßig bis fünfzig in der
Breite, südlich von den Gebirgen Loristan's und der Hauptstadt Churremabad, nördlich bis Eriwan und bis an die Steppen Moghan's,
dem osmanischen Reiche einverleibt.

    Persien's Zerstückelung von außen durch die zwey angränzenden
Mächte, Rußland und die Pforte, war diesen so leichter, als es von
innen durch die Parteyen des rechtmäßigen Schahs Tahmasip, des
unglücklichen Sohnes des unglücklicheren Husein, und des Herrschers
der Afgahnen, des Tyrannen Mahmud und dessen Nachfolgers Eschref,
zerrissen ward. Mahmud, der sechs und zwanzigjährige Sohn des
ersten afghanischen Räubers der persischen Krone, hatte sich dieselbe
durch den Mord seines Oheims Abdullah auf das Haupt gesetzt, durch
den Mord von dreyhundert Großen des persischen Reiches und drey-
25.Jun. tausend Leibwachen befestigt ⁸); aber des mit seinem Feldherrn und
1723 sich selbst zerfallenen Tyrannen Geist und Gemüth erlag unter der
Blutlast des Oheims = und Persermordes, er zitterte vor seines Feldherrn Amanullah Unzufriedenheit, vor der Blutrache seines Vetters
Eschref. Nach einer unglücklichen Unternehmung wider die durch ihre
Lage und den Muth ihrer Bewohner feste Stadt Jesd hatte er sich in
eine Höhle eingesperrt, um durch vierzigtägiges Fasten Buße zu thun,

---

¹) Tschelebisade Bl. 82. ²) Eben da. ³) Derselbe Bl. 85. ⁴) Derselbe Bl. 82.
⁵) Derselbe Bl. 76. ⁶) Derselbe Bl. 85. ⁷) Derselbe Bl. 76. ⁸) Krusinski tragica vertentis belli persici Historia. Leopoli 1740. Fol. §. 375 — 377.

wie die Indier, welche solche Buße Tapassa, die Perser Tapu nennen, eine Höhlenbuße zur Abwendung der Höllenmarter ewiger Strafen und bösen Gewissens. Der Höhlendienst selbst, medischen oder indischen Ursprunges, hat sich in Indien bis heutigen Tag erhalten, und im Kaukasus leben die sichtbaren Spuren des alten Höhlencultus des Mithras bey den Osseten in der Freundschaftshöhle des Propheten Elias [1]), bey den Abchasen in der Stier=Epiphanie der Höhle Oggin [2]) fort. Im Herbste, bey dessen Eintritte von den alten Persern das größte und heiligste Mithrasfest als ein Fest der Freyheit und sittlicher Wiederburt gefeyert ward, erscheint in der Höhle Oggin, welche eine heilige Freystätte, ein weißer Ochs, ebenfalls Oggin genannt, der geschlachtet unter das Volk vertheilt wird. Ein Überbleibsel solcher alter Höhlenbuße und Reinigung durch Fasten und Kasteyen ist das Tapu des Tyrannen Mahmud. Daß Tyrannen Schwächlinge von des Völkerdranges und Henkermordes blutigem Wahnsinn oft in der stillen viehischen Dumpfheit und Stumpfheit versinken, und daraus dann zu noch blutigerer Raserey erwachen, ist eben so in der menschlichen Natur gegründet, als durch die Geschichte bezeugt. Die morgenländische Sage erzählt von einem großen Herrscher und von einem großen Tyrannen, von Keichosrew und Nabuchodonosor, daß beyde nach dem Übermaße gottanmaßenden Dünkels und himmelerfliegenden Hochmuthes sieben Jahre lang mit den Thieren des Feldes Gras fraßen, was wohl heißen mag, daß sie von menschlicher Gesellschaft in Höhlen [3]) zurückgezogen, sich von Wurzeln und Kräutern nährten, wie der Afghane Mahmud [4]). Sobald er aus der Höhle ins Tageslicht wieder aufgetaucht, rasete er so blutiger; mit eigener Hand köpfte er drey Oheime, eilf Brüder und über hundert Söhne [5]) des letzten Schahs Husein, der ein Zeuge dieses Verwandtengemetzels. Mahmud verfiel nun in wirklichen Wahnsinn, in dem er sich Stücke Fleisch vom Leibe riß und fraß [6]), und welchen weder die Kunst der persischen und afghanischen Ärzte, noch das Gebeth armenischer Priester, das er über sich hersagen ließ, zu heilen vermochte [7]). Wahnsinnig und aussätzig, halb verfault, und sich selbst zerfleischend [8]), starb er noch minder elenden Todes durch den Strang, auf des Vetters Eschref Befehl erwürgt, der mit dem Mörder seines Vaters fünfhundert seiner Leibwachen aus dem Stamme Hesare hinrichten ließ. Eschref begab sich nach dem Thiergarten, acht Stunden von Ißfahan, des Ausganges der Schlacht, der Unternehmung wider Schah Tahmasip, harrend, welcher mit zwölftausend Kadscharen Kum belagerte. Zu Bedriji, zwischen Kum und Kaschan, kam es zur Schlacht; Seid Alichan,

(Marginalia rechts:) 7. Febr. 1725 — 8. April

---

[1]) Reinegg's Beschreibung des Kaukasus I. p. 229. [2]) Derselbe II. S. 12. [3]) Fenaji's Geschichte. [4]) Hanway I. p. 206. Krusinski §. 406 und 407. Malcolm Hist. de la Perse III. P. 23. [5]) Mémoire de Krusinski. [6]) Scheich Mohammed bey Malcolm. [7]) Krusinski, Malcolm. [8]) Krusinski §. 412, in Tschelebisade Bl. 73.

der Feldherr Eschref's, an der Spitze von sechstausend Afghanen ge=
schlagen, zog sich nach Ebrkuh zurück. Auf diese Nachricht begab sich
Eschref vom Thiergarten nach Ferrahbad, in die Nähe von Ißfahan,
ließ sechzehn der vornehmsten Perser, die er mit sich führte, den in
Verwahr gehaltenen Amanullah, Abdulasischan, Ibrahim Ilmi, und
in der Stadt dreyhundert Perser tödten. Auf Zureden seines Itima=
deddewlet Silachan zog er mildere Saiten auf, ließ den eingekerker=
ten Seberdestchan frey, und ernannte ihn an Seid Ali's Stelle zum
Sipehsalar, er selbst eilte, dem neun Stationen von Ißfahan stehen=
den Kadscharenheere Tahmasip's entgegen zu gehen [1]). Minder durch
die Fortschritte des Thronnebenbuhlers aus der alten Familie, als
durch die Fortschritte der Reichstheiler aufgelärmt, war Eschref be=
dacht, neue Bothschaft nach Constantinopel zu senden. Abdulasischan,
welcher sich von einem gemeinen Maulefeltreiber zum Befehlshaber
Dschulfa's (der armenischen Vorstadt Ißfahan's) [2]) emporgeschwun=
gen, war der Gesandte. Von den osmanischen Seraskeren zu Chur=
remabad und zu Hamadan aufgehalten, erreichte er Constantinopel
erst fünf Monathe nach seiner Abreise von Ißfahan. Er war der
Überbringer eines Schreibens Eschref's, welcher die Zurückstellung der
abgerissenen Länder verlangte, seines Reichbetrauten, d. i. ersten Mi=
nisters Silachan, welcher neue nöthige Abgränzung zur Sprache
brachte, und eines von neunzehn afghanischen Ulema unterschriebe=
nen Schreibens, welche vorstellten, daß der Krieg der Osmanen wi=
der die Afghanen ein ungerechter, weil beyde Sunni.

Der ohnedieß Pracht liebende Großwesir Ibrahim hatte die sei=
nes Palastes und Hofstaates zum Empfange des persischen Bothschaf=
ters noch erhöht; die Säle waren mit goldenen Tapeten ausspaliert,
mit persischen Teppichen belegt; wo er saß, funkelten zu seiner Rech=
ten die Lichter der schönsten in Tafeln aufgehangenen Schriften, zu
seiner Linken die Strahlen blanker, mit Silber und Juwelen besetz=
ter Waffen, zu bedeuten, daß er als Großwesir der Herr der Feder
und des Schwertes. Von dem Thore des Serai bis zur Stiege mach=
ten die Leibwache des Großwesirs, die Beherzten und Tollkühnen,
die Gerichtsdiener und Laufer, die Flaschenträger und Flintenschützen,
in den Sälen die Hausofficiere des Großwesirs und Tschausche Spa=
liere, als wäre es, sagt der Reichsgeschichtschreiber, der Rathssaal
Dschemschid's [3]). Der Großwesir kam aus der Thür des inneren
Hofstaates die Anwesenden grüßend, der Grußmeister erwiederte in
ihrem Nahmen den Gruß, und die Diwanstschausche schrien das Lebe=
lang! welches den öffentlichen Dank für den vom Großwesir genom=
menen Gruß ausspricht. Es trat das ganze Gefolge ab, und es blie=
ben nur die Minister des Inneren, Äußeren, der Finanz, der Reichs=

[1]) Tschelebisade Bl. 73 und Hanway I. p. 226. [2]) Hanway I. p. 235.
[3]) Tschelebisade Bl. 87.

marschall, der Oberstkämmerer und die Unterstaatssecretäre, nähmlich die beyden Bittschriftmeister und der Cabinetssecretär des Großwesirs, der letzte Bothschafter in Persien, Dürri Mohammed, der
vorige Reichsgeschichtschreiber und ehemahlige Richter von Haleb, Raschid, der Erbtheilungsrichter des Heeres, der Dichter und vertraute
Freund des Großwesirs Wehbi, der Reichsgeschichtschreiber Tschelebisade Aaßim, und der vormahls nach Persien gesandte Nahifi Efendi
zum Gehör der Anträge des Bothschafters. Er übergab das Schreiben
des Reichsbetrauten des Schahs dem Großwesir, der es auf den Schar-
lachpolster zu seiner Seite niederlegte, als er auch das Geschenk des
persischen Ministers, einen Perlenrosenkranz von einigen hundert Piastern im Werthe, übergeben wollte, wurde ihm bedeutet, daß dieser
dem Ceremoniel gemäß vom Oberstkämmerer an die Stufe der Erhöhung, worauf das Soffa, niedergelegt werden müsse. Der Reichsgeschichtschreiber las das Schreiben des persischen Ministers, worin der
Zurückforderung der abgerissenen Länder von Hamadan, Kermanschahan, Ardelan, Tiflis, Tebris, Gendsche und Eriwan ein drohender
persischer Vers beygefügt war, dann die Vorstellung der neunzehn [1])
afghanischen Ulema. Da er das Schreiben an den Sultan nur in
dessen eigene Hände übergeben wollte, wurde gedroht, es ihm mit
Gewalt zu entreißen, wenn er es nicht gutwillig hergäbe [2]). Diese
Schreiben waren der Gegenstand einer großen Berathung mit dem
Mufti, welcher die Wesire der Kuppel und die obersten Würden der
Ulema beygezogen wurden [3]). Die Sache war so wichtiger, als der
Serasker von Hamadan einberichtet hatte, daß Eschref's Einstreuun-
gen ihren Weg ins Lager gefunden, und daß die Soldaten die Frage er-
örterten, ob der Krieg wider Moslimen rechtmäßig [4]). Es wurde der
Krieg beschlossen, und die feyerliche Erklärung desselben auf das vom
Mufti ausgestellte Fetwa hatte in einer großen Versammlung der
Ulema Statt, zu welcher außer dem Mufti und den Oberstlandrich-
tern die Richter der beyden heiligen Stätten (Mekka und Medina),
der drey Residenzen (Constantinopel, Adrianopel, Brusa), die großen Molla, die Scheiche der kaiserlichen Moscheen berufen wurden.
Die auf das Schreiben des persischen Reichsbetrauten vom vorigen
Geschichtschreiber Mohammed Raschid aufgesetzte Antwort, dann das
vom Mufti und neun Oberstlandrichtern unterstützte Fetwa, und die
Antwort auf das arabische Schreiben der neunzehn persischen Ulema
wurde vom Reichsgeschichtschreiber Tschelebisade Aaßim laut abgelesen, gut geheißen, von zweyen der berühmtesten Schönschreiber ins
Reine gebracht, worauf dem vom Mufti und neun Oberstlandrichtern
unterschriebenen Fetwa noch ein und siebzig große Molla, eilf Scheiche
der Sultansmoscheen, fünf und sechzig Muderise, und noch vier

12.
Febr.
1726

24.
Febr.

---

[1]) Bl. 109 steht 16 statt 19. [2]) Tschelebisade Bl. 88. [3]) Eben da. [4]) Eben
da. Übereinstimmend mit Hanway I. S. 237.

Oberstlandrichter Anatoli's ihre Unterschrift beysetzten, in allem die
Stimme von hundert sechzig Ulema wider die der persischen neun=
zehn; damit und mit zehn Beuteln Geldes als Geschenk für den Both=
schafter, mit einem für den mit ihm gekommenen persischen Molla Ab=
durrahim, und einem für den Neffen des Bothschafters Musaaga,
wurde die Bothschaft abgefertigt. Das Fetwa lautete, wie folgt:
Frage. „Ist's erlaubt, zu Einer Zeit zwey Imamen zu huldigen?" —
Antwort. „Durch die einstimmige Meinung der Gesetzgelehrten ist's
„ausgemacht, daß nicht zwey Imame zu Einer Zeit neben einander
„bestehen können, es sey denn, daß beyde eine große Scheidewand
„wie der indische Ocean trenne. Wenn also, nachdem S. M. dem
„Sultan zweyer Meere und Erdtheile, dem Diener der beyden heili=
„gen Stätten, S. Ahmedchan, dem Sohne der größten Herrscher und
„Imame, dem Unterdrücker aller Neuerungen, die gesammten Mos=
„limen als Imam gehuldigt, ein gewisser N. N. [1]), welcher sich obi=
„ger Länder um Ißfahan mit unrechter Gewalt bemächtigt hat, aus
„dem Grunde, daß dieselben an das von ihm mit dem Schwerte er=
„oberte Gebieth stoßen, wenn dieser die Imams=Würde und Herr=
„schaft sich anmaßt, wenn ihn einige Moslimen als Imam anerkannt,
„wenn er an Se. Maj. den Sultan einen Menschen mit Schreiben
„absendet, und sich unterfängt, Übergabe der von Sr. Maj. dem ob=
„genannten Chalifen (Gott wolle die Stützen seines Reiches aufrecht
„halten!), von den persischen Ketzern eroberten Länder zu begehren,
„was ist Rechtens?" — Antwort. „N. N. ist abzusetzender Rebelle;
„wenn er seine Anmaßungen aufgibt, und seinen Nacken dem Joche
„des Schattens Gottes auf Erden huldigend unterwirft, wohlan!
„wenn er aber in seinem Ungehorsam beharret, so ist sein Loos ge=
„sprochen durch den Vers des Korans: Wenn eine Partey sich wider
„die andere empört, so schlagt die Empörer todt, bis sie zurückkehren
„zu Gottes Befehl [1]), und durch die Stelle der Überlieferung [3]):
„Wenn zwey Chalifen gehuldiget wird, tödtet einen der beyden.'
„Schrieb's der Arme in Gott dem höchsten König, Abdullah der Mufti
„der hohen osmanischen Herrschaft, unter der erhabenen Ahmedischen
„Regierung, Gott wolle ihn bestätigen als Stütze für den, der auf
„seine Gnaden zählt, und als Hülfe für den, der an seine Schwerter
„sich hält."

Der Krieg in Persien ging also auch in diesem Jahre wie im
vorigen, wider Eschref fort; der Wesir Abdurrahmanpascha, der Sohn
Köprili's, zog mit zwanzigtausend Mann wider die Stämme Schika=
ki und Schahsewen aus, von denen die letzten ihren schönen Nahmen
Königsfreunde, durch ihre Anhänglichkeit an das gestürzte Haus des

---

[1]) Seid für N. N. Tschelebifade Bl. 89, das Fetwa auch im Auszuge bey
Hanway I. S. 239. [1]) Der 9. Vers der XLIX. Sura. [3]) Im Ssahih Mos=
lim's, nach der Überlieferung Ebn=Said's Ebn=Chadri's.

Schahs verdienten. Er brach von Ardebil auf, und traf diese Stäm-8. May me Aserbeidschan's am dritten Tage in der Felsenschlucht Tschai, wo-1726 hin sie sich vom Bezirke Aresch, ihrem gewöhnlichen Wohnorte, zurückgezogen hatten, und hier in überlegener Anzahl [1]) die Osmanen anfielen. Die Schlacht war eine dreyfache, indem sowohl die Perser als Osmanen dreygetheilt in drey Treffen fochten. Die Perser, geschlagen und zerstreut, zogen sich von Kisilagadsch nach den Steppen von Moghan; wo sie das verfolgende Heer auf dem fünften Marsche in einer, vier Stunden im Gevierten messenden Ebene traf. Sie flüchteten in die buschige Haide [2]) von Kisilagadsch, ihr Gepäck wurde die Beute der Osmanen; da aber von hier aus die Sträße der Verfolgung durch fünfzehn Stunden lange wasserlose Wüste ging, wurde nach Ardebil zurückgekehrt. Ein Schreiben Schah Tähmasip's, welcher von der Pforte mit Überlassung der eroberten Länder als Schah anerkannt zu werden bath, wurde gnädig aufgenommen, und der vorige Rusnamedschi Mustafa als Bevollmächtigter mit ihm zu unterhandeln nach Tebris gesandt [3]). Der Serasker von Hamadan, Aarifpascha, wurde in der Fortsetzung seiner Eroberungen in Loristan durch die arabischen Stämme, an deren Spitze die Beni Dschemil, gehemmt, weil sie, den Augenblick für günstig erachtend, sich mit den Beni Lam von Huweise vereinigend, zu Naka, vier Stunden von Ali's Grabstätte, zwölftausend Reiter und zwanzigtausend Fußgänger stark, sich versammelt und verschanzt hatten. Sie wurden geschlagen, und zweytausend unglückliche Köpfe schossen als „Kürbisse des Mist-„haufens des Verderbens" auf. Der Serasker von Tebtis, Abdullah 25.May Köprili, wurde auf sein wiederhohltes Bitten zur Ruhe gesetzt, und seine Stelle erhielt der Statthalter von Anatoli, der Doctorsohn Alipascha [4]). Eine der ersten Waffenthaten unter dem Serasker Ali war die wider Schahkulichan, den vorigen Statthalter Meragha's unter Schah Husein, ausgeführte. Eschref hatte demselben den Besitz von Aserbeidschan, von Kaplankuh bis Meragha, bestätigt. Zu Uriabad hatte er einige Tausend Afghanen zusammengerottet, er selbst hielt sich im festen Schlosse Dise. Der Serasker sandte wider ihn den Woiwoden von Klis, Ali, und den Kodscha Alipascha, die, weil die Jahreszeit schon Winter und der Feind stark, zuerst zu Kolegir, vier Stunden von Dise, lagerten. Die Perser, als sie von der Ankunft der Osmanen hörten, zogen sich fünfzehn Stunden weiter nach dem Bezirke von Senawend; die Osmanen umzingelten die drey Schlösser, worein sich die Perser geworfen, stürmten dieselben, und machten bis fünfzigtausend zusammengelaufene Afghanen, Efscharen und Kurden der Stämme Mukaddem und Ossalu nieder. Der kaiserliche Bereiter Selim brachte Handschreiben und Ehrenkleid für die wackeren beyden

---

[1]) Tschelebisade Bl. 96. [2]) Eben da. [3]) Derselbe Bl. 98. [4]) Derselbe Bl. 102.

30.Jul. Ali ¹). Der Serasker von Schirwan, Hadschi Mustafa, zog wider
1726 die Armenier der sogenannten Zufluchtsstätten (Ssighinak), welche
sich nach Gendsche's Eroberung zwar unterworfen, jetzt aber wieder
Sept. empört hatten. Mit ihnen hatten sich die hinter dem Gebirge wohnenden Kurden Karatschorli und einige Schahsewen vereint. Von Gendsche
aus zog der Serasker nach der Hauptzufluchtsstätte der Armenier,
Awan, nahm das Dorf Schuschi, worin sie sich verschanzt, mit Sturm,
und zerstreute alle Armenier dieser Zufluchtsstätte, zum warnenden Beyspiele der drey übrigen ²). Das Gebieth der Kurden Karätschorli wurde als Sandschak beschrieben, und dem Ibrahimbeg verliehen, welcher zur Zeit von Gendsche's Eroberung das Sandschak Isbar am Ara-
res inne gehabt. Indessen hatte das große türkische, wider Eschref
bestimmte Heer unter dem Oberbefehle Ahmedpascha's, des Seraskers
von Hamadan, das Feld genommen, siebzig bis achtzigtausend Mann ³);
Eschref's Heer war nur siebzehntausend Mann stark, darunter zwölfhundert geharnischte Afghanen, sechzehntausend berittene Perser und
Dergesiner, mit vierzig fliegenden Kanonen auf Kamehlen. Was ihm
an Kriegsmacht fehlte, ersetzte er durch List, indem er die kurdischen
Bege unter Versprechungen von Chanschaften von den Osmanen ab-
20.Nov. wendig, das Heer durch Beschickungen von Scheichen, welche nichts
als Religion und Frieden im Munde führten, stutzig machte ⁴). Zwanzig Stunden von Hamadan, in der Ebene von Andschedan, hatte die
Schlacht Statt. Den rechten Flügel der Osmanen bildeten zwanzigtausend kurdische Reiter, unter zwanzig Begen, deren Oberbefehl bey
Bebek Suleimanoghli, auf dem linken Flügel fünf Paschen, an deren Spitze der von Diarbekr, Silihdar Mohammed. Eschref befehligte sein Heer auf einem Elephanten sitzend, nach indischer Sitte ⁵).
Um sechs Uhr Morgens gaben die Osmanen das Zeichen mit zehn Kanonenschüssen, die Afghanen erwiederten es mit fünf. Dreymahl griff
der Serasker an der Spitze des rechten Flügels an, dreymahl wurde
er zurückgeschlagen, die Osmanen verloren das Feld und zwölftausend
Mann. Als Ursache der Flucht und Niederlage beschuldigten sie die
Kurden ⁶) und den Statthalter von Meragha, Abdulasispascha, In-
6.Febr. haber der Sandschake Selduf, Ladschan und des Gebiethes von Mekri ⁷). Dieser blieb bald darauf in einem Zuge gegen Ferruhpascha,
den vormahligen Besitzer der Sandschake Meragha, Selduf und Ladschan. Zwischen Selduf und Scheherköhne trafen sie sich, und Abdulasispascha fiel. Seine Statthalterschaft wurde in drey Theile getheilt, so
daß der Tschauschbaschi Hadschi Mustafa das Sandschak Meragha als
Pascha, Ferruchpascha das Sandschak Mekri, sein Neffe Hasan Alibeg, die von Selduf und Ladschan erhielt ⁸). Der Serdar von Tebris,

¹) Tschelebisade Bl. 114. ²) Derselbe Bl. 107. ³) Hanway I. p. 247. Tschelebisade Bl. 109. ⁴) Hanway I. S. 246 und 247. Tschelebisade Bl. 110 und 128.
⁵) Hanway I. p. 248. ⁶) Tschelebisade Bl. 111. ⁷) Derselbe Bl. 113. ⁸) Derselbe Bl. 114.

Alipafcha der Doctorſohn, entriß den Eſcharen die Stadt Uriabad, empfing die Huldigungen des Stammes Katabegli, der zwiſchen Uria-bad und Sengan herumzieht, trieb die empörten kurdiſchen Stäm-me Karatſchorli, Hadſchi Ali und Mahmudi, welche ſich mit den Ar-meniern Sſighinak, zwiſchen Gendſche und Eriwan, in der Gegend Auguſt von Diſak und Berkuſchad zuſammengerottet, ſelbſt zu Paaren [1]), 1727 und ſandte wider die Schahſewen in den Steppen von Moghan ſeinen Kiaja mit fünfzehntauſend leichten Reitern. Dieſe verfolgten ſie noch vier Stunden weiter in die Wüſte, wie vormahls Köprili Abdurrah-manpaſcha, zerſtörten gegen tauſend Zelte dieſer Stämme [2]), tödte-ten fünftauſend und nahmen ſechshundert gefangen. Dieſe theilweiſen Vortheile waren in keinem Verhältniſſe mit den ungeheueren Zurü-ſtungen, welche die Pforte für dieſen Feldzug aufgebracht [3]), welche aber unnüß theils durch das Ausreißen der neugeworbenen Truppen, theils durch die allgemeine Stimme, welche ſich wider die Fortſeßung eines Krieges zwiſchen Moslimen und Moslimen erklärte. So hörte denn die Pforte auf Friedensvorſchläge, welche Eſchref durch einen 3. Oct. vertrauten Afghanen, Jsmail, dem Serasker Ahmedpaſcha that. Durch dieſelben und den vorigen Richter von Hamadan, Obeidollah Eſendi, wurde nach zehntägiger Unterhandlung der Friede unterzeich-net, vermög deſſen die Pforte im Beſiße von Kermanſchahan, Hama-dan, Sine, Ardelan, Nuhawend, Churremabad, Loriſtan, Mekri, Meragha, Choi, Sengan, Tebriſ, des Bezirkes von Aſerbeidſchan, von Gendſche, Karabagh und Eriwan, von Orduabad, Tiflis und Nach-dſchiwan und ganz Gurdſchiſtan, von Schamachi und Schirwan, die im vorigen Jahre von den Perſern beſeßten Städte Sultania, Eb-her, Tarim und Sendſchan geräumt, und die in der Schlacht von An-dſchedan genommenen Kanonen zurückgegeben werden mußten [4]), Eſchref aber dafür als Schah von Perſien mit den beyden Majeſtäts-rechten des Jslams, dem Kanzelgebethe und der Münze, anerkannt, und ihm das Befugniß eingeräumt ward, unter einem beſonderen Emirol-hadſch eine jährliche Karawane nach Mekka zu ſenden [5]).

Erſt drey Monathe nach dem mit Eſchref geſchloſſenen Frieden, und volle viertehalb Jahre [nach dem mit Rußland geſchloſſenen Thei-lungstractat kam die Abgränzung zwiſchen den beyden theilenden Mäch-ten zu Stande. Zwar hatte die Pforte alsbald, nachdem Rußland den General Alexander Jwanovitſch Romanzoff, der des Theilungsvertra-ges Beſtätigung nach Conſtantinopel als Geſandter gebracht, zum Abgränzungscommiſſäre nach Schirwan beſtimmt, ihrerſeits dazu den Mohammed Derwiſchaga ernannt [6]), und von Seite Frankreich's ſollte 23. Mr. D'Allion dahin mit abgehen; als es aber zur Abreiſe der Com- April.

[1]) Tſchelebiſade Bl. 120. [2]) Derſelbe Bl. 124 nennt die Stämme. [3]) Die Liſte derſelben füllt in Tſchelebiſade 3 Blätter, 127 — 129. Hanway I. p. 252. [4]) Tſchelebiſade Bl. 129. [5]) Hanway I. p. 245. [6]) Tſchelebiſade Bl. 95.

missäre kam, entschuldigte sich der französische Bothschafter Andrezel mit D'Allion's anderweitiger Bestimmung, und Romanzoff und Derwisch Mohammed reisten allein ab. Es war der Pforte kein Ernst mit dieser Abgränzung, so lange ihre Waffen siegreich gegen Persien, und der Krieg in vollem Zuge; indeß war sie bedacht, die Formen des besten Einvernehmens mit Rußland zu unterhalten, das während des persischen Krieges so nothwendiger, als Österreich und Rußland sich mitsammen verbündet hatten, was großen Lärm zu Constantinopel gab [1]). Als daher Eschref's Bothschafter nach Constantinopel kam, gab die Pforte davon dem russischen Hofe durch langes Schreiben Nachricht, und nach einiger Zögerung von dem im folgenden Jahre geschlossenen Frieden mündliche Kunde; die Abgränzung selbst wurde aber eines Theils durch vorgebliche, theils durch wirkliche Hindernisse von Seite der Pforte verzögert. Zu den letzten gehörte eine Bittschrift der Einwohner Schamachi's, welche in dem Augenblicke, als die Abgränzung beginnen sollte, dawider Vorstellungen machten, daß ihnen die russische Gränze so nahe an den Hals gerückt werden sollte. Der Serasker von Gendsche, Hadschi Mustafapascha, beschwichtigte dieselben, dem Mir Alem Derwisch Mohammed wurden siebzig Mann beygegeben, und dieselben, dem Inhalte des Vertrages gemäß in gerader Linie gegen das caspische Meer abgefertigt, dessen Entfernung von Schamachi eilf Stunden fünf und zwanzig Minuten, welche Strecke, in drey Theile getheilt, zu zweyen dem russischen, zu einem dem türkischem Gebiethe zugeschlagen ward, der Gränzpunct beym Dorfe Maabur ein künstlicher Hügel. Am folgenden Tage gingen die Gränzcommissäre nach Derbend ab, das sie am achten Tage erreichten. Hier fanden sich nur Anstände und Hindernisse, über welche nach Constantinopel berichtet ward. Laut des hierüber erfolgten Befehles wurde Derwisch Mohammed mit drey Fahnen von Sipahi mit erhöhtem Solde zu Schamachi gelassen; der Serasker begleitete den Chan von Schirwan, Daud, bis Berdaa, und unternahm dann seinen Zug wider die Zufluchtsstätten der Armenier in Moghan, von welchen oben die Rede gewesen [2]). Es verflossen wieder fünfzehn Monathe, ehe die Abgränzung nach dem Sinne des Theilungsvertrages wirklich zu Stande kam [3]) und von den beyderseitigen Commissären unterzeichnet ward. Sechs Monathe nach Unterzeichnung des Abgränzungsvertrages starb zu Constantinopel der französische Bothschafter, der Nachfolger Bonnac's, der Vicomte Andrezel, welcher den Theilungstractat vermittelt hatte, und Allion und Fontenu, der Consul von Smyrna, bewarben sich um den Posten. Da schrieb der französische Minister Maurepas im größten Vertrauen an den Leibarzt des Sultans, den Juden Fonseca, ihn um seine Meinung zu befragen, ob Fontenu

13.
Sept.
1726

23. Dec.
1727

---

[1]) Theyls 28. Maezo 1726. [2]) Tschelebisade Bl. 106 u. 107. [3]) Derselbe Bl. 135.

als Bothschafter nach Constantinopel tauge [1]). Da die Antwort dahin
ausfiel, daß ein Bothschafter von größerem Ansehen und Range der
Pforte wohlgefälliger seyn würde, wurde Mr. de Villeneufe dazu ernannt. Andrezel's letzte Bemühungen waren darauf gerichtet gewesen,
die Pforte in das Bündniß von Hannover zu ziehen. Der Großwesir
antwortete dem hiedurch beunruhigten kaiserlichen Residenten Dirling,
daß Bündniß mit christlichen Fürsten dem Grundgesetze des Islams,
den Staatsgrundgesetzen des Reiches zuwider, er würde sein eigenes
Werk, den Passarowiczer Frieden, nicht zerstören. Bey so fester Politik des Großwesirs Jbrahim brachten auch die Eingaben Rákóczy's,
dessen Sohn, in Frankreich zum Herzoge von Macoviz ernannt, unga-
risch gekleidet nach Constantinopel gekommen war, keine Wirkung
hervor, wiewohl ihm der neue venetianische Bailo Eqmillo Vorschub
that. Den mit Persien in zwölf Artikeln [2]) abgeschlossenen Frieden
theilte der zu Wien residirende Schahbender durch ein Schreiben des
Sultans mit, welches die Eroberungen aufzählt, vielleicht (wie der
russische Resident Neplujeff glaubte), um dem kaiserlichen Hofe eine
diesen Frieden gutheißende Antwort zu entlocken. Omeraga wollte zu
Wien durchaus als Resident angesehen werden, aber der Reichsrefe-
rendar bemerkte ihm, daß er dem Handelsvertrage gemäß nur als
Consul angesehen werden könne. Omeraga beschwerte sich bey der
Pforte, daß die kaiserliche Resident Dirling seine Briefe geöffnet,
und dem russischen Neplujeff mitgetheilt habe; hingegen hatte Omeraga zu Wien Schreiben des Mamlukenbegs Tscherkes, welcher sich
aus Ägypten nach Tripolis geflüchtet hatte, und dann, mit einer Empfehlung des Dai von Tripolis beym kaiserlichen Hofe Hülfe suchend,
nach Triest [3]) gekommen war, aufgefangen; deßhalb begehrte man
von Wien aus, daß Omeraga abberufen werde, und sandte an Dirling's
Stelle als Residenten den jungen Talman. Dirling unterhandelte _{17.Dec.} 17.Dec.
durch den Hofkürschner Paraskovicz und den Pfortendolmetsch die Zu-   1728
rückberufung Omeraga's, dessen Gegenwart dem kaiserlichen Hofe so
lästig, und versprach ihnen dreytausend Ducaten zwischen dem Kiajabeg und Reis Efendi zu theilen. [4]). Dirling hatte sich eifrigst sowohl
der Franciscaner, als der Juden zu Jerusalem angenommen, und
durch den nach Jerusalem abgefertigten Sprachknaben Momars einen
Vergleich dortiger angesehener jüdischer Kaufleute mit ihren türkischen
Gläubigern bewirkt [5]); er hatte auch die Ratificationen der unter
seiner Geschäftsführung mit den Barbaresken abgeschlossenen Verträge
mit dem Großwesir ausgewechselt. [6]). Von Seite England's stand

---

[1]) Das Schreiben und die Antwort in der St. R. ddo. 17. Sept. 1727.
[2]) St. R. In Hanway I. S. 254. [3]) Schreiben Tscherkesbeg's an Talman,
welcher von Wien nach Triest gesendet worden, 2. Nov. 1727; Schreiben des
Dai von Tripolis, 26. Aug. 1727, an den Kaiser, zu Gunsten Tscherkesbeg's.
St. R. [4]) Dirling's Bericht vom 25. Nov. 1727. [5]) St. R. [6]) März 1726.

noch Stannyan an der Pforte, welcher derselben das hannoveranische Bündniß im größten Geheimnisse mitgetheilt. Von Seite Holland's kam an Colyer's Stelle, welcher gestorben, Cornelius Calcoen als Bothschafter, dessen Antrittsaudienz fünf Tage nach dem vom russischen Residenten übergebenen Kundmachungsschreiben des Todes Katharina's [1]. Nach Schweden ward Mustafaaga mit der Forderung des von Carl XII. entlehnten und noch schuldigen Geldes abgesandt.

Tscherkes, der Beg der Mamluken, welcher über Tripolis nach Triest, und von da ohne Erlaubniß des Hofes zur größten Verlegenheit desselben gegen den türkischen Schahbender sogar bis nach Wien gekommen war, von wo derselbe sogleich wieder nach Triest, und von da nach Tripolis zurückgefertigt ward, ruft uns nach Ägypten. Mohammedpascha, der vorige Großwesir, Statthalter Ägypten's, war abgesetzt, seine Stelle dem Morali Ali von Kandien verliehen, und der Tschauschbaschi Mustafa zur Einsetzung desselben abgeordnet worden. Zugleich war er Überbringer eines Todesbefehles für Mohammed Tscherkes, den übermächtigen Beg der Mamluken, welcher, als Scheichol Beled die Macht der Statthalter höhnend, die Regierung an sich gerissen. Der neue Statthalter, Alipascha, statt, wie ihm befohlen war, mit dem Tschauschbaschi gemeinschaftlich in der Vertilgung Tscherkesbeg's zu Werke zu gehen, war mit demselben heimlich verstanden. Sobald dieß der Tschauschbaschi gewahr, rottete er selbst wider den Statthalter und Tscherkes Mohammed die Feinde des letzten, namentlich Sulfikarbeg, Hindi Alibeg und Andere zusammen. Im Diwan hieb Sulfikar den Kiaja der Asaben zusammen, was das Signal großen Tumultes. Sulfikar und Ali Hindi nahmen von der Pforte der Asaben, Ssari Ali von der Janitscharen Besitz, der Tschauschbaschi und der vorige Statthalter, Mohammedpascha, faßten in der Moschee S. Hasan's Posten, wohin sie den Statthalter Ali einluden, der aber zu kommen sich fürchtete. Das Chatt=scherif wider Mohammed Tscherkes ward laut verlesen, und als die Truppen damit zufrieden, wurde Hindi Alibeg als Defterdar eingekleidet, Sulfikar und Ssari Alibeg nahmen das Übrige auf sich. In dieser Nacht sandte Tscherkes Mohammed Brief an die Truppen, ihnen siebzigtausend Piaster verheißend [2], aber diese wurden von Mohammed und Sulfikar mit dem Gelde der Witwe Jsmailbeg's noch reichlicher bestochen; so standen diese beyden an der Spitze von dreyßigtausend Mann, mit denen sie die Häuser Tscherkes Mohammedbeg's und seines Verbündeten, Kasimbeg's, überfielen. Drey Tage dauerte die Schlacht in Kairo zwischen der Partey Tscherkesbeg's, und des Statthalters Ali auf der einen, Sulfikarbeg's, des alten Statthalters Mohammed und des Tschauschbaschi auf der andern Seite [3]. Tscherkes Mohammed, nachdem er sein ganzes Harem erwürgt,

entfloh nach Tripolis. Am dritten Tage zogen der Tschauschbaschi und
Sulfikar in den Pallast des Statthalters Alipascha, setzten diesen ab,
und den vorigen Großwesir und Statthalter Mohammedbeg wieder
ein. Kasimbeg's Kopf wurde an die Pforte gesandt [1]). Zur Wiederherstellung der Ordnung wurde als Richter Kairo's Mirsafade Neili
Ahmed Efendi, der Neffe des Nakib Esaad und Eidam des gelehrten
Aarif, ernannt; er selbst Dichter und Gelehrter, der lange Zeit in
den unteren Stellen zurückgehalten worden war, weil der Mufti Paschmakdschisade seinen Oheim als Nebenbuhler um die Muftistelle fürchtete. Außerdem, daß er Gelehrter und Dichter, war er noch ausgezeichneter Schönschreiber und Schachspieler [2]). Um die Dörfer und
Einkünfte Tscherkes Mohammed's und seiner Partey in Besitz zu nehmen, gingen von der Pforte der abgesetzte Defterdar von Eriwan,
Merami, und der jüngst als Gesandter aus Frankreich zurückgekommene Mohammed der Acht und zwanziger mit einem Aga des Großwesirs nach Kairo ab [3]). Omer, der Kiaja Tscherkes Mohammedbeg's, 10. Aug.
und sein Schatzmeister Seifi hatten sich, als Tscherkesbeg zu Tripolis, 1726
in den Schutz Omeraga's, des Kämmerers des Kapudanpascha, welcher als Commissär des mit Österreich zu unterhandelnden Friedens
dort gegenwärtig, und mit demselben nach Constantinopel begeben.
Über ein Jahr waren sie schon zu Constantinopel, als ihr Daseyn,
ob der Unruhe, durch die Partey Sulfikar's in Ägypten eingeflößt,
für gefährlich erachtet, mit dem Schwerte geendet ward [4]). Doch wa- 19. Nov.
ren hiemit die Unruhen Ägypten's nicht gestillt, denn zwey Monate 1727
hernach, als der Defterdar Alibeg in den Diwan ging, schossen die Asaben und Janitscharen auf ihn, und sogleich war der Tumult wieder
auf. Da sich zu gleicher Zeit einige Anhänger Tscherkesbeg's zeigten,
so füllten die Bege der Mamluken und die sieben Herdschaften der
Truppen die beyden Moscheen Sultan Hasan's und Mohammedije,
welche ihres festen Baues willen die natürlichen Bollwerke des Stadt-
aufruhres, und den Platz Romaila, d. i. den Rümili's. Sie behaupteten, der Defterdar Alibeg, der alte Sulfikarbeg und der Befehls- 30. Jan.
haber der Muteferrika seyen mit Tscherkes Mohammed, welcher von 1728
Wien und Triest zurückgekehrt, von Algier entflohen bis Benghasi gekommen war, heimlich einverstanden [5]). Drey Tage dauerte der Aufruhr, den zu stillen der Statthalter Mohammedpascha kein anderes
Mittel sah, als die Köpfe der drey Genannten auszuliefern. Der
Beg von Dschirdsche, Suleiman, der Beg Dschefaroghli Mohammed
und Scheraibi Jusufbeg, Anhänger der Hingerichteten, entflohen zu
den Arabern in die Wüste; ihre Dörfer wurden von Seite des Fiscus
eingezogen; die Defterdarstelle erhielt an des hingerichteten Alibeg

[1]) Tschelebisade Bl. 86. Der Bericht des Dolmetsches Theyls und die Geschichte Ägypten's vom ungenannten Verfasser Bl. 130 — 150. [2]) Tschelebisade
Bl. 87. [3]) Derselbe Bl. 99 u. 100. [4]) Derselbe Bl. 133. [5]) Derselbe Bl. 140.

Statt Kaitas Hadschi Mohammed, die Aufseherstelle über die Chaß (Kammergüter) der Kiaja der Tschaufche, Alibeg; der nach Constantinopel gesandten Bittschrift um die Bestätigung dieser Aemter lagen die abgeschnittenen Köpfe bey [1].

In der Krim hatte sich der Chan Seadetgirai mit den Schirinbegen der angesehensten Familien aus folgendem Anlaße zertragen. Außerdem, daß er das Haupt derselben, den Hadschi Dschantimur, bey der Rückkehr aus dem Feldzuge wider die Tscherkessen und die Kabarta an Beute schlecht betheilt, hatte er demselben seinen Eidam Murtesa Mirsa vorgezogen, und wider drey der ansehnlichsten Befehlshaber, den von Or (Perecop), Selametgirai, den Aga der Seeküsten, Ermirsa, und den Befehlshaber von Adschu, von der Pforte Verbannungsbefehle erwirkt. Ermirsa kam wieder nach der Krim zurück, wo seine Gegenwart bald Zunder neuer Unruhe; zwischen ihm und einem aus dem Stamme der Söhne Subhan Ghasi's kam es zum Streite um die Hand eines Mädchens, um die beyde warben. Der Chan entschied den Proceß, indem er das Mädchen keinem von beyden, sondern einem Dritten zusprach. So hatte er sich beyde Stämme zu Feinden gemacht. Die Schirinbege versammelten sich tumultuarisch zu Kialaralti (unter den Felsen), die Subhan Ghasi sandten Bittschrift nach Constantinopel, des Chans Absetzung zu begehren; diese erfolgte. Mengligirai Sultan, der Bruder und vormahlige Kalgha Kaplangirai's, welcher seit dessen Absetzung im Dorfe Kasiköi bey Siliwri zurückgezogen gelebt, wurde auf den Polster der Chanschaft erhöht, Seadetgirai wurde auf seinen Meierhof nach Janboli gewiesen [2]. Der vormahls nach Rhodos verbannte vorige Chan Dewletgirai hatte seiner Gesundheit willen die Erlaubniß erhalten, auf seinen Meierhof bey Wise zu leben [3]. Dem neuen Chan wurde nach dem Kanun der Zobelkalpak mit zwey Reigern aufgesetzt, die rothe Kapanidscha mit neun goldenen Knöpfen und goldgesticktem Rande angelegt, der juwelenbesetzte Säbel, der perlenbesetzte Köcher mit Pfeil und Bogen umgethan, das in Diwanreitzeug geziemirte Pferd vorgeführt, unter sein Gefolge die Zahl von dreyßig Ehrenkleidern vertheilt [4]. Im folgenden Jahre vollzog der Chan den Befehl, zehntausend Tataren in das Feld gegen Persien zu senden. Der Kalgha Ssafagirai, welchem Ahmedgirai beygegeben war, führte fünftausend Reiter, und eben so viele der Nureddin Selametgirai, bey dem sich der Sohn des Chans Tochatmischgirai befand. Ihr Weg ging über den Bosporos, der Kalgha setzte von Bujukdere (Großthal) nach Chunkariskelesi (Kaiserhafen) über, ohne nach Constantinopel zu kommen; ihn führte der Kämmerer Mustafaaga zur Verstärkung des Seraskers von Hamadan, die Truppen des Nureddin ein anderer Kämmerer

16.Oct.
1724

[1] Tschelebisade Bl. 141. [2] Derselbe Bl. 47. [3] Derselbe Bl. 43. [4] Derselbe Bl. 47.

nach Schirwan. Zu Begkos, am asiatischen Ufer des Bosporos, küß=
ten sie die Hand des Großwesirs. Der Kalgha ward mit fünftausend
Piastern, Asmetgirai mit tausend, der Nureddin mit viertausend,
der Prinz Tochatmischgirai mit fünftausend und mit reich ausgestatte=
ten Pferden beschenkt [1]). Bald darauf wurde die Kalghaschaft dem   August
Sohne Selimgirai's, Aadilgirai, verliehen, weil der bisherige Kal=   1725
gha Ssafagirai es mit Halimgirai und Schahingirai, mit den Söh=
nen Seadetgirai's, hielt. Asmetgirai wurde bis zur Ankunft Aadil=
girai's von Rhodos zum alleinigen Befehlshaber der tatarischen Trup=
pen zu Tebris bestellt [2]), und im folgenden Jahre dem Nureddin Se=
lametgirai die abgedrungene Erlaubniß nach Hause zu kehren [3]), dem
vorigen Kalgha Ssafagirai die, zu Janboli auf seinem Meierhofe zu
leben, ertheilt [4]). Dorthin folgte ihm aber auch bald sein Nachfolger,
Aadilgirai, nach, indem auf die Vorstellung des Chans derselbe ab=   1727
gesetzt, an seiner Statt der Nureddin Selametgirai zum Kalgha er=
nannt ward [5]). Hierauf spann Aadilgirai Aufruhr unter den Noghaien
in Bessarabien an; er hetzte sie auf ihre alten Wohnsitze in der Mol=
dau, um die Einsetzung Kaplangirai's als Chan zu begehren. Da=
wider liefen Bittschriften aus der Krim ein, welche bezeugten, daß
des Chans Benehmen in Allem dem Gesetze gemäß, und daß es uner=
hört, daß sich die Noghaien in die Veränderung der Chane mischen
wollten [6]). Hierauf wurde die Chanschaft dem Mengli neuerdings
bestätigt, und die Statthalter von Oczakow, Bender, Ismail, Kili,
Akkermann, die Woiwoden der Moldau und Walachey mit ihren
Truppen zu seiner Unterstützung wider die Noghaien befehligt. Aadil=
girai flüchtete sich nun zum Chan, durch dessen Fürbitte die Verzei=
hung der Pforte anflehend; die Häupter der Unruhe unter den No=
ghaien, Jusuf Mirsa und Timur Chan, entflohen nach Pohlen. Der   28.
Chan und Statthalter von Oczakow traten hierauf zu Ismail zusam=   Febr.
men, um die Sachen der Noghaien zu regeln. Es erschienen vor Ge=   1728
richt die Mirsen der Noghaien, Kowaien und des Stammes Karal=
halk, und es wurde denselben der schon vor siebzehn Jahren angewie=   1711
sene, und vor sieben Jahren wieder bestätigte Strich Landes zwischen   1721
dem Pruth und Dniester, in der Länge von zwey und dreyßig, in der
Breite von zwey Stunden neuerdings bestätigt; sie gelobten Ruhe
mit der Verbindlichkeit, im Übertretungsfalle tausend Beutel an die
Pforte zu zahlen [7]). Kaum waren die Noghaien in Bessarabien beru=
higt, so waren die am Kuban auf; wie jene durch Aadilgirai, waren
diese durch Dschantimur und Bachtgirai aufgeregt worden. Dschanti=
mur, der mächtige Schirinbeg, dessen Widersetzlichkeit die Absetzung
des letzten Chans verursacht hatte, verweigerte auch dem nunmehrigen
Gehorsam, und wurde daher von der Pforte als Rebelle erklärt; die

[1]) Tschelebisade Bl. 72. [2]) Derselbe Bl. 78. [3]) Derselbe Bl. 102. [4]) Der=
selbe Bl. 105. [5]) Derselbe Bl. 125. [6]) Derselbe Bl. 139. [7]) Derselbe Bl. 140.

nöthigen Befehle gingen deßhalb an alle Richter der Krim und der Festungen an der Donau [1]). Der Chan zog mit seinem Heere und mit den Kosaken Potkal von Or aus, und der Kalgha mit den Tata= ren Budschak's (Beßarabien's) gegen den Kuban [2]). Dschantimur hatte sich mit Bachtgirai verbündet, welcher unter dem Nahmen Deli Sultan, d.-i. des tollen Sultans, berühmt, unter die Noghaien den Brand des Bruderkrieges geschleudert. Die Noghaien am Kuban be= standen aus den vier Hauptstämmen, Jeditscheki, Kassaioghli, Dschem= boilik und Jedisan, von den ersten hingen dem Bachtgirai bloß der Stamm Kataikipdschak, von den zweyten bloß der Stamm Newruf= oghli in dem Plane an, den Stamm Jedisan den Kalmuken auszu= liefern [3]). Wider diesen gefährlichen Aufruhr both die Pforte zur Un= terstützung des Chans den Befehlshaber von Oczakow und Kaffa ge= gen den Kuban und die Tscherkeffen auf. Die Jedisan und Dschem= boilik, welche die letzten von der Wolga an den Kuban eingewandert, sich vor den Kalmuken fürchteten, auch mit den älteren Landfaffen, den Käßai und Tscherkeffen, sich nicht recht vertrugen, bathen um die Erlaubniß, in die Krim auszuwandern, und erhielten dieselbe. Ih= nen folgten die Kataikipdschak, nachdem dieselben um Verzeihung ih= res Aufruhres gebethen, und dieselbe erhalten hatten. Bachtgirai Deli Sultan erhielt die gefleßte Verzeihung unter dem Versprechen, daß er die Noghaien und Tscherkeffen in Ruhe laffen wolle [4]). Andere No= ghaien waren schon früher in Beßarabien im Horte Chalilpascha's ansäßig, von wo sie die Moldau beunruhigten. Den Klagen der Mol= dauer abzuhelfen, wurden dieselben nach Jsmail und Akkerman ver=
Julius 1728 pflanzt, und ihre Gränzen von denen der Bewohner Budschak's genau geschieden [5]). Erst drey Jahre nach Erlaffung dieses Fermans wurde die Urkunde zwischen den Moldauern und Noghaien unterzeich= net, vermög welcher diesen ein Strich Landes von dreyßig Stunden in der Länge, und zweyen in der Breite längs der moldauischen und beffarabischen Gränze zugesichert, von den Noghaien alle weitere An=
6.Sept. 1725 sprüche aufgegeben wurden [6]). Dschantimur, der sich zu den Abasen Schapßagha geflüchtet, rettete sich mit Hülfe Ssain Sultans, des Bruders Bachtgirai's, über den Kuban [7]). Wie Deli Sultan die Tscherkeffen und Noghaien beunruhigt hatte, so Daudchan von Scha= machi die Bewohner von Schirwan durch seine Widerspänstigkeit wi= der die russische Abgränzung; derselbe wurde also seiner Stelle ent= setzt, und die neue Chanschaft von Schirwan dem Herrscher der Ku= müken, Surchai Chan, verliehen [8]). So waren vor der Hand die Chanschaften der Krim und Schirwan's, die Noghaien und die Ku= müken beruhigt. In der Moldau war an die Stelle Michael Rako=

[1]) Tschelebifade Bl. 73. [2]) Derselbe Bl. 75. [3]) Derselbe Bl. 145. [4]) Der= selbe Bl. 146. [5]) Derselbe Bl. 119. [6]) Die Urkunde im griechischen Originale aus Costin's Geschichte in: XII. Bande der Notices des manuscrits de la Bibl. du Roi p. 589. [7]) Tschelebifade Bl. 146. [8]) Derselbe Bl. 139.

viza's der Pfortendolmetsch Gregor Ghika (der Täufling Kaiser Leopold's und österreichischer Sprachknabe) befördert [1]), Kacheti als Statthalter-schaft dem Sohne des Heraklius Mohammed Kulichan mit zwey Roß-schweifen [2]), und Kermanschahan ebenfalls als Beglerbegschaft dem Soh-ne des Fünfkirchners Hasanpascha [3]) verliehen worden. Der Chan von Moghan, Ssafi Kulichan, hatte sich huldigend unterworfen [4]).

Außer diesen großen Unruhen am Nil und am Kuban fehlte es nicht an theilweisen Empörungen und Soldatenmeutereyen in verschie-denen Ländern und Festungen des Reiches. Zu Eriwan standen die Janitscharen wider den Serasker Ahmedpascha in Empörung auf, mißhandelten ihn und den Defterdar. Des Seraskers Rettung war des Mir Alem Derwisch Mohammed (des Commissärs zur russischen Abgränzung) Geistesgegenwart; er ließ hundert Beutel aus dem Schatze nach der Pforte des Aga zur Vertheilung bringen; die Auf-rührer strömten dahin, der Serasker gewann Luft, sich außer der Stadt zu retten, um dort sich und Kräfte zu sammeln. Am folgenden Tage trieb er die Rebellen zu Paaren, und von den kurz zuvor an sie verschleuderten [5]) hundert Beuteln fünf und neunzig ein. Zu Af-sow steckte Dschantimur's und Deli Sultan's Empörung die Jani-tscharen an, welche sich wider die getroffene Maßregel der Sperre aller Verbindung mit den Rebellen setzten. Befehle, halb drohend, halb schmeichelnd, gingen an die dortigen Generallieutenante der Ja-nitscharen, an die Tschausche, Rottenmeister, Hauptleute, Vorsteher der Handlanger und Ältesten, an die Befehlshaber von Jenikalaa, Taman, Or, Kaffa, Oczakow, Kilburun, Temruk und Atschu, den Janitscharen verbiethend, sich in die Sachen der Tataren zu mi-schen [6]). Dieser Geist des Aufruhres hatte auch die Besatzung von Kaffa angesteckt, welche, vom dortigen Mufti Abdulasis aufgehetzt, die vornehmsten Einwohner aus der Festung jagte, und sich auf die Seite der empörten Abasen und Bachtgirai's hinwarf. Der Statthalter wurde geändert, der Mufti mit seinen Anhängern zu Tuldscha einge-sperrt [7]). Der Statthalter von Baßra, Abdurrahman, zog wider die Araber, an deren Spitze Maanoghli und sein Bruder die Dörfer von Gharas, Himar und Manßurie verheerten, und schlug dieselben zu-rück [8]). Hingegen unterwarfen sich freywillig die ehemahls persischer Herrschaft unterworfenen arabischen Stämme von Huweise [9]. Wäh-rend die Sichel des Krieges an der persischen Gränze mähte, schoß in Klein-Asien wieder das Unkraut der berittenen Landwehren, der Le-wende und Segbanen, auf [10]), welche als vogelfrey erklärt, den Bewohnern Anatoli's zur Vertilgung empfohlen wurden [11]). Stra-

27.
April.
1728
Oct.
1726

10.
März
1728

[1]) Tschelebisade Bl. 103. Engel setzt irrig seine Ernennung erst ins folgen-de Jahr. [2]) Tschelebisade Bl. 116. [3]) Derselbe Bl. 144. [4]) Derselbe Bl. 85. [5]) Tschelebisade Bl. 63. Hanway I. p. 228. [6]) Tschelebisade Bl. 75. [7]) Derselbe Bl. 147. [8]) Derselbe Bl. 103 u. 104. [9]) Derselbe Bl. 144. [10]) Derselbe Bl. 102. [11]) Derselbe Bl. 123.

ßenräuber erschlugen im Dorfe Ssußighirlighi .den Sandschak von
Karasi, Deli Omerpascha ¹). Zu Smyrna hatten zwey Nährväter der
Empörung, Derwisch Efendi und Hadschi Seferoghli, die Pforte zur
Absetzung des Woiwoden und verstellten Genehmigung ihrer Begeh=
ren gezwungen, bis der Pascha von Aidin dieselben durch verstellte
Freundlichkeit in die Falle lockte, und mit ihrem Leben der Aufruhr
entwurzelt ward ²). Die Abasen hatten nicht nur mehrere der zum
Kalkbrennen und Holzfällen für den Festungsbau von Sochum be=
stimmten Arbeiter getödtet und gefangen genommen, sondern sogar
sich das Schloß zu belagern erfrecht. Um sie zu Paaren zu treiben,
gingen Befehle an die Paschen von Tiflis und Tschildir. Der Da=
dian und Abschikbasch, d. i. die Fürsten von Mingrelien und Imi=
rette, mit ihren Magnaten ³), traten mit dem von der Pforte Be=
hufs dieses Geschäftes abgeordneten Kämmerer Ibrahim in Unter=
redung zusammen, bathen um Verzeihung der den Abasen gewähr=
ten Unterstützung, gaben die geraubten Gefangenen zurück, und
versprachen, es nicht mit Bachtgirai, der damahls im Aufruhre
wider den Sultan, zu halten ⁴). Ismail Kalender, der Leibwa=
chen=Hauptmann ⁵) des Prinzen Tahmasip, hatte mit zusammen=
gerafftem persischen Gesindel die zum russischen Gebiethe gehöri=
gen Örter Schaft, Rud und Kum geplündert, war von den Russen
zurückgeschlagen worden, und führte mit Hülfe der Stämme Schah=
sewen und Schikaki wider Chalchal und Ardebil Raubanschlag im
Sinne. Anfangs entfloh der Pascha von Chalchal, Mohammedkuli,
bald aber sammelte er Truppen, schlug sich vier Stunden mit Ismail
Kalender bey dem zu Chalchal gehörigen Dorfe Kiwe, und zwang ihn
zum Rückzuge ins Gebirge von Masula, zu dem Stamme Schikaki.
Sein Pferd mit silbernen Steigbügeln, sein scharlachenes Zelt, drey=
hundert Kamehle, vierhundert Maulthiere waren die Bente der Sie=
ger ⁶); aber Kalender Ismail erschien bald darauf noch gefährlicher
als Verbündeter des Rebellen Abdurrisak, welcher als Beglerbeg von
Karabagh sich empört, mit den Schahsewen vereint, die Truppen Ali=
pascha's von Tebris geschlagen, und Ardebil vierzehn Tage lang bela=
gert hatte. Am fünfzehnten vom Entsatze zurückgeschlagen, und bis
an den Ort Mahmudbeg Kedüki verfolgt, verstärkte er sich mit Ismail
Kalender, der in sein Lager kam, durch die Stämme Schahsewen ⁷),
Moghanlu, Killibedschan bis auf zwanzigtausend Mann. Diese schlug
Rustembeg, schnitt viertausend zweyhundert Köpfe ab, machte acht=
hundert Pferde und andere reiche Beute, darunter die Tschinellen und
Roßschweife Ismail Kalender's und die Schlachttrompeten Abdurri=
sak's. Zu gleicher Zeit hatte den Befehlshaber von Karabagh, Mo=
hammed Emin, der Statthalter von Tebris, Alipascha der Dortor=

Junius 1728 · 14.Aug.

¹) Tschelebisade Bl. 115. ²) Derselbe Bl. 137. ³) Derselbe Bl. 135. ⁴) Eben
da. ⁵) Derselbe Bl. 146. ⁶) Derselbe Bl. 147. ⁷) Derselbe Bl. 148.

fohn, wider einen anderen persischen Empörer, Kasim Sultan, ge=
sandt. Kasim, an der Spitze von achttausend Reitern, wurde gegen=
über von Dschewsin geschlagen, sechshundert Köpfe und fünfhundert
erbeutete Gefangene waren die Beweise des Sieges, wofür Rustem=
beg mit der Beglerbegschaft von Kaißarije und einem Geschenke von
zweytausend fünfhundert Piastern begnadiget ward ¹). Die Unterneh=
mungen Abdurrisak's, welcher als Feldherr eines angeblich persischen
Prinzen Ismail angestellt, erforderten die Verstärkung der Besatzung
von Tebris, weßhalb der Chan von Schirwan, Surchai, der Begler=
beg von Ardelan, Mohammedpascha, der Statthalter von Gendsche,
Tiflis, Eriwan, Mekri, der Statthalter von Diarbekr, Gurd Ibra=
him, dahin entbothen worden. Der letzte schlug die Perser, drang bis
nach Meschgin, am äußersten Ende Karabagh's, dem Sitze des Stam=
mes Schikaki, vor, zerstörte taufend ihrer Zelte, und führte die Wei=
ber und Kinder gefangen nach Tebris ²). Der Pascha von Ardelan, Oct.
1728
Chan Mohammedbeg, hatte in der Gegend von Germrud und Me=
ragha mehrere Sultane der Abdalbenli und Efscharen geschlagen, und
Surchaichan war mit einem Heere von zwanzigtausend angezogen; in
drey Tagen hätte er den Sitz der Schahsewenli erreichen können,
aber um die russische Gränze nicht zu verletzen, kam er erst nach einem
Umwege von neun und zwanzig Tagen zu Ungure an, wo er mit den
Statthaltern von Tebris und Diarbekr sich vereinigte. Die Schah=
sewen hatten sich nach Utschdepe (Dreyhügel), von da nach Jedidepe
(Siebenhügel) gewandt, und am Flusse Bilhar Posten gefaßt ³). Die
Osmanen hatten bereits vier Stunden von ihnen gelagert, als Ruf=
fen, welche sich im Lager der Schahsewen befanden, es über sich nah=
men, sie nach Salian zu geleiten. Noch in derselben Nacht brachten
sie dieselben ans Ufer des Kur, über den sie dieselben mit vierzig bis
fünfzig Nachen führten. Einen Theil ereilten die Osmanen noch vor
der Einschiffung, machten sie nieder gegenüber von Baghian, und 14. Jan.
1729
machten reiche Beute. Als die Osmanen am Zusammenflusse des Kur
und Araxes standen, bathen dreytausend Familien Enballu und Ef=
scharen, die sich von den Schahsewen getrennt, um Gnade, und Ab=
durrisak, der ehemahlige Befehlshaber von Karabagh, kam mit dem
Leichentuche um den Hals, Verzeihung zu erflehen, welche ihm zuge=
sagt ward ⁴).

Mitten unter dem Gewirre des Krieges und gewaffneter Rebel=
lenzähmung verfolgte der friedliebende Großwesir Ibrahim die Seg=
nungen des Friedens, welcher stets das Hauptaugenmerk seiner Re=
gierung. Mit den vier mächtigsten Nachbarstaaten des osmanischen
Reiches, mit Österreich, Venedig, Rußland und Persien, hatte er
nach geschlossenem Frieden die Gränze berichtigt, dieselbe im Südwe=

¹) Tschelebisade Bl. 149. ²) Derselbe Bl. 151 und 153. ³) Derselbe Bl. 154.
⁴) Eben da.

sten durch die Wiedereroberung Morea's, im Südosten durch die Wie=
dereinverleibung so vieler persischer Landschaften, welche nur unter
Suleiman dem Großen zuerst dem Reiche einverleibt worden waren,
erweitert, er ein größerer als seine beyden Vorgänger und Nahmens=
genossen Großwesire, Ibrahim, der Eroberer Kanischa's, und Ibra=
him, der Belagerer Wien's und Eroberer Bagdad's, und was die
Einrichtungen des Inneren und Denkmahle betrifft, selbst vor dem
zweyten Köprili und Mohammed Sokolli zu nennen, wiewohl densel=
ben an Tiefe der Politik, an kriegerischem Talente, an Stärke des
Charakters und der Herrschaft, und an Erhaltungskraft der gewon=
nenen Resultate keineswegs gleich. Gleichzeitig mit dem persischen
Kriege rief er folgende Einrichtungen ins Daseyn: den vielfältigen
Feuersbrünsten abzuhelfen, errichtete er auf eines französischen Rene=
gaten, den der Reichsgeschichtschreiber nur bey seinem Nahmen als
Moslim David nennt, Vorschlag eine Rotte von Feuerspritzern, wozu
die jungen rüstigen Bursche der Janitscharenrecruten verwendet wur=
den, fünfzig Feuerspritzer mit fünfzehn Aspern täglich besoldet, und
neunzig jährlich zur Ausbesserung ihrer ehernen Pickelhauben, bald
darauf ihre Zahl auf hundert vier, der Gehalt ihres Aga auf hundert
Aspern vermehrt [1]. Besser, wäre der Großwesir noch einen Schritt
weiter geschritten, wenn er durch einen Befehl dem zu engen Bauen
der Häuser Einhalt, und dadurch künftigen Feuersbrünsten Abbruch
gethan hätte, denen sowohl der Baustoff der Häuser Constantinopel's,
als die zu große Nähe derselben und Enge der Gassen beständige Nah=
rung gibt, denn wie der Reichsgeschichtschreiber bey dieser Gelegenheit
sagt, „sind die himmelhohen Häuser Constantinopel's enge gegliedert,
„wie die Gliederfugen des menschlichen Leibes und roh gegliederter
„Verse Cäsur [2]." Den Juden am Fischmarkte vor der Moschee der
Walide (der Mutter des Sultans) wurde befohlen, ihre Häuser Mos=
limen zu verkaufen, damit die Moscheen durch ihre Nachbarschaft nicht
verunreiniget würden [3]. Zweckmäßigere Polizeyeinrichtung war der
Befehl, die Beleuchtung der Moscheen, welche während des Fasten=
mondes Statt hat, auch in den drey Nächten des Bairams fortzusetzen,
in welchen dieselbe so nöthiger wegen des stärkeren Volksauflaufes
des Festes [4]. Die in Verfall gekommene Ordnung der Bostandschi
zu Adrianopel wurde durch den Befehl aufgefrischt, daß die mit Sold=
lehen versehenen, nicht wie bisher, sich des Dienstes enthebend, außer
Adrianopel in den Dörfern wohnen, sondern alle im Serai des Dien=
stes gewärtig seyn sollen [5]. Der Unfug, daß unter dem Nahmen
von Jamak die Handlanger der Janitscharen zum Festungsdienste an
Sept.   den Gränzen verwendet, daß Raja und Söhne von Raja in die Rollen
1727 eingeschrieben wurden, wurde durch scharfen Befehl abgestellt [6]. Dem

---

[1] Tschelebisade Bl. 64. [2] Derselbe Bl. 103. [3] Derselbe Bl. 118 u. 119.
[4] Derselbe Bl. 94. [5] Derselbe Bl. 64. [6] Derselbe Bl. 124.

Kleiderluxus der Weiber, welcher besonders zur Zeit der Kriegsjahre
während des Aufenthaltes des Hofes zu Adrianopel zugenommen,
wurde durch die Verordnung gesteuert, daß keine einen Kragen länger
als eine Spanne, ein Tuch größer als drey Spannen, ein Band,
das breiter als einen Zoll, tragen dürfe, daß der Gebrauch der Her-
melinpelze der gemeinen Classe untersagt sey. Auf die Erhaltung dieser
Kleiderordnung mußten die Richter von Constantinopel, Galata, Skutari, Brusa und Adrianopel, mit dem Janitscharenaga und Bostandschibaschi wachen [1]. Auch wurden die Tschardake, d. i. die hölzernen
Gerüste und Luginsfeld auf den Dächern der Häuser abgeschafft, sowohl weil dieselben die zündbarsten Feuerleiter von einem Hause zum
anderen, als auch, weil von denselben Neugierige das Geheimniß
benachbarter Hareme entweihen möchten [2]. So wurde auch dem Luxus
der Blumen, welcher besonders seit den unter Sultan Ahmed in
Schwung gekommenen Festen der Tulpenbeleuchtungen zugenommen,
durch eine Taxe der Tulpenzwiebel Schranken gesetzt, und bey dieser
Gelegenheit verfaßte der Scheich Mohammed Lalesari das in Europa
schon bekannte Verzeichniß der zu Constantinopel gäng und gäben Tulpenzwiebel [3]. Dem Holzwucher, welcher seit einiger Zeit Theuerung
und Mangel des Holzes in der Hauptstadt hervorgebracht, wurde durch
das Verboth des Holzverkaufes abgeholfen. Die Verkäufer drückten
den Einwohnern von Terkos und Achtebili, woher Constantinopel mit
Holz versehen ward, das Holz zu so geringen Preisen ab, daß die
Raja zuletzt das Holzfällen ganz aufgaben; jetzt wurde ihnen erlaubt,
dasselbe unmittelbar auf ihren Schiffen nach Constantinopel zum Verkaufe zu bringen [4]. Zur Sicherheit des während der Kriegsjahre von
Straßenräubern in Anatoli und Karaman oft gefährdeten jährlichen
Ehrengeschenkes nach Mekka, nähmlich der jährlich in der Hälfte des
Monaths Redscheb ausziehenden Surre, wurde verordnet, daß die
auf dem Wege von Constantinopel bis nach Damaskus befindlichen
Statthalter, durch deren Gebieth die Karawane geht, nähmlich die
von Kodschaili, Afschehr, Konia, Adana, Hama, jeder der Surre
entgegen gehen, und die den richtigen Empfang derselben bescheinigende
Urkunde einsenden sollen, bis daß dieselbe der Statthalter von Damaskus als Emirol-hadsch übernommen [5]. Ein Chatt-scherif stellte
die während der Kriegsläufe in der Verleihung der Richterstellen ein-
geschlichenen Mißbräuche ab, einschärfend, daß die Richterstellen auf
zwey Jahre verliehen, nicht eher als nach Vollendung eines Jahres
für's nachfolgende vergeben, daß die Anweisungen dann ohne zu entrichtende Taxe geschrieben, die Stellen nach der Ordnung der Anwartschaft den durch Prüfung hiezu als tüchtig Erprobten verliehen wer-

---

[1] Tschelebisade Bl. 95. [2] Derselbe Bl. 101. [3] Derselbe Bl. 105 S.
l. Z. Die Kunde seines Werkes in Diez's Denkwürdigkeiten II. S. 1—38.
[4] Tschelebisade Bl. 91. [5] Derselbe Bl. 90 u. 113.

den, daß die Molla, Kadi und Naibe, d. i. die großen Richter, die
keinen und Stellvertreter, außer den gesetzmäßigen Gebühren für die
Urkunden der Kauf=, Mieth = und Heirathsverträge, Abrechnungen,
Vorladungen, Freylassungen, Stiftungen, Erbtheilungen nichts for=
dern, hingegen denselben auch von den Statthaltern, unter dem Titel
von Haussteuern, Proviantlieferungen, Kriegs = und Friedensbeyträ=
gen kein Pfennig aufgebürdet werden solle [1]). Die Kette der Beför=
derung der Scheiche Prediger der kaiserlichen Moscheen wurde um
vier Glieder vermehrt, indem zu den bisherigen acht der kaiserlichen
Moscheen, nähmlich der von Ejub, S. Mohammed, S. Bajesid,
S. Selim, S. Suleiman, Schehsadegan, S. Ahmed und Aja Sofia,
noch die der jüngst von den beyden Walide, Müttern S. Moham=
med's IV. und S. Ahmed's III zu Galata, Skutari, zu Constanti=
nopel am Gartenthore, und am ägyptischen Markte erbauten hinzu=
gefügt, so, daß zwölf kaiserliche Moscheen und zwölf Scheiche Hof=
prediger [2]), welche mit den beyden Hofcaplanen (Imam) nicht zu ver=
mengen.

Sultan Ahmed's III., oder vielmehr des Großwesirs Ibrahim,
Regierung wetteiferte mit vorigen, besonders in nützlichen Bauten, doch
kann keine derselben an Pracht und Größe den Werken osmanischer
Baukunst unter Suleiman, Selim II., Ahmed I. und Moham=
med IV. zur Seite gestellt werden. Die Kanonengießerey, der Di=
wanssaal im Arsenale [3]) wurden ausgebessert, zu Tebris ein neues
Münzhaus gebaut [4]), das zu Constantinopel mit Kuppel neu und
prächtig hergestellt, aus der doppelten Rücksicht, weil dasselbe im er=
sten Hofe des Serai fremden Gesandten zuerst in das Auge springt [5]),
und weil die Münze selbst erst so zu Constantinopel [6]), in Persien, als
Ägypten neu geregelt worden. In Persien wurden die Abbasi, welche
vollgewichtig, d. i. sechzehn Para werth waren, bloß mit dem Nah=
men des Sultans zu ganzen Sultani, die zu acht Para zu halben, die
zu vier zu Viertelsultani umgeprägt, dann neue Kettenducaten, hun=
dert zu hundert zehn Drachmen Goldes von vier und zwanzig Karat
1725 geschlagen [7]). Zu Kairo wurden unter Mohammedpascha's Statthal=
terschaft die alten Kettenducaten [8]) eingezogen, die neuen (Funduk̄li)
zu vier und zwanzig Karat ausgemünzt. Im alten Serai wurden die
abgebrannten Kammern der Baltadschi neu aufgebaut, und dazu ein
Bad gestiftet, so daß die Baltadschi nicht mehr das Bad der Ver=
schnittenen zu besuchen und dafür zu zahlen brauchten, sondern um=
sonst schwitzten 9). Die Sultaninn Fatima, Gemahlinn des Groß=
wesirs, baute die hinter ihrem Palaste gelegene alte Moschee Piri

---

[1]) Tschelebisade Bl. 153. [2]) Derselbe Bl. 116. [3]) Derselbe Bl. 108. [4]) Der=
selbe Bl. 112. [5]) Derselbe Bl. 77. [6]) In dem Inscha des Reis Efendi Moham=
med unter Nr. 159 ein in dieses Jahr gehöriger Ferman wider die ungewich=
tigen Gold= und Silbermünzen. [7]) Tschelebisade Bl. 83. [8]) Gesch. Ägypten's,
vom ungenannten Verfasser Bl. 133. 9) Tschelebisade Bl. 104.

Aga's neu auf mit marmorner Minaret. Die Einweihung verherrlichte 24.Oct. der Sultan durch ein Allerhöchsteigenes Chronogramm ¹) am ersten 1727 Freytagsgebethe. Dienstags darauf besuchte die Sultaninn ihre Mo= schee, ließ dem Woiwoden von Galata, dem Baumeister, dem Imam und ersten Gebethausrufer Zobelpelze, dem Hymnensänger, dem Frey= tagslobsänger und den'vier Lesern des ganzen Korans weitärmlige Oberkleider von Tuch anziehen, und betheilte das übrige Personale der Moschee, die vier Gebethausrufer, die fünf Küster, die Lampen= anzünder und die fünf Leser einiger Theile des Korans, jeden mit zehn Piastern. Am Thore Egrikapu wurde in dem alten Palaste des Heb= domon, heute Tekfur Serai, eine Fabrik von persischer blauer Fayance angebracht, deren Arbeiter zuerst S. Selim I. nach der Eroberung von Tebris an den See von Nicäa verpflanzt hatte, und die jetzt nach der jüngsten Eroberung von Tebris mit neuen Arbeitern aufgefrischt, bald durch die schönsten farbigen glänzenden Fayanceziegeln mit denen von Kum und Kaschan wetteiferte ²). Nicht auf die Hauptstadt allein beschränkte sich die Aufführung neuer Bauten, sondern dehnte sich in alle Länder des Reiches aus; zuerst nach den beyden heiligen Stätten des Islams, Mekka und Medina. Zu Mekka wurde der steinerne Pa= last zwischen den Thoren des Propheten und Siadet, welcher Tabtab heißt, und die Medrese Sultan Suleiman's neu hergestellt; zu Me= dina wurden die Wasserleitungen, welche von Kubbetol=Islam nach der Quelle Seki führen, die Wasserbecken am Quelle Seki, dann die der Quellen Munadscha, Suk und Saha ausgebessert, dann die Wasserbehälter auf der oberen Seite des Weges von Medschidkaba nach Medina, die drey Bogen zu Kubbetol=Islam und die östliche Mauer des Heiligthumes. Am Grabe des Propheten wurde die Kanzel erneuert, die Estrade des Altares Omar's mit neuen Tep= pichen belegt, und um die Kaufleute von Jenbun vor allem Über= falle räuberischer Araber zu sichern, wurde hinter dem Waarenla= ger derselben eine Mauer gezogen ³). Zu Sues wurden die Schiffs= werften, Scheunen, Magazine, welche Suleiman zum Nutzen der Schifffahrt und des Handels vom rothen Meere angelegt, erneut, und zu Sues selbst Schiffe erbaut ⁴); zu Fajum zwey verfallene Dämme ⁵) ausgebessert, für die Kosten der ersten wurden dreyßig Beutel von dem Dörferpachte, für die zweyten zehn Beutel von dem jährlich nach Con= stantinopel zu befördernden Schatze angewiesen. Im Arsenale wurden Dreydecker und Caravellen gebaut; wann dieselben vom Stapel lie= fen, wohnte der Sultan mit dem ganzen Hofstaate und dem Ministe= rium der Feyerlichkeit bey ⁶). Einer davon, der wider die Korsaren auslief, blieb bey S. Stefano sitzen, und wurde nur mit vieler Mühe

---

¹) Tschelebisade Bl. 126. ²) Derselbe Bl. 63. ³) Derselbe Bl. 61. ⁴) Der= selbe Bl. 60. ⁵) Derselbe Bl. 121. ⁶) Derselbe Bl. 115 u. 147.

losgemacht ¹), zwey andere waren so glücklich, den berühmten Korsa=
ren Andronaki mit seinem Schiffe gefangen nach Chios zu führen ²),
die von Dulcigno mußten die Statthalter von Negroponte und Sku=
tari im Zaume halten ³). Die Festung Novi in Bosnien, welche un=
längst noch bloß als Palanke, d. i. mit Planken befestigt worden,
wurde jetzt achtzehntausend fünfzig Ellen im Gevierten mit fünf Boll=
werken, zwey Thoren, aber nicht auf Kosten der Kammer, sondern
des Landes erbaut ⁴). Am Vorgebirge Bababurun (Lectum), gegen=
über von Mitylene, hatte der vorige Kapudanpascha Mustafa auf ei=
gene Kosten ein Schloß zu bauen angefangen, das jetzt ausgebaut ward;
die Einwohner von Enos, Abremid, Tusla und Alexandria Troas
mußten die Steine der Ruinen der alten Städte zum Bau herzufüh=
ren ⁵). Um Kachet vor den Einfällen der lesgischen Stämme Dschar
und Tali zu schützen, wurde auf Vortrag Mohammed Kuli's, des
Statthalters von Kachet, das Schloß Topkara agabsch von neuem
aufgebaut, und mit Besatzung versehen ⁶). Zur reicheren Versorgung
der Hauptstadt wurden sieben neue Bende, d. i. thaldämmende Was=
serbehältnisse oder Klausen, angelegt, fünf im Thale des Eroberers
beym Dorfe Dschebedschi, einer bey Belgrad im Dorfe Tomusdere,
und einer beym Doppelbecken S. Osman's II. ⁷), dann die Reini=
gung aller übrigen Wasserleitungen anbefohlen ⁸). Drey kaiserliche
von S. Ahmed erbaute Sommerpaläste trugen die schönen, glänzen=
den persischen Nahmen von Glücksbau, Chosroenbau ⁹) und Kaiser=
bau ¹⁰), diesen fügte der Großwesir den vierten, seinen eigenen, hin=
zu, den er Sicherheitsbau ¹¹) nannte. Deßgleichen hatte der Kapu=
danpascha am Dorfe Kurutscheschme auf der europäischen Seite des
Bosporos den Palast des Großwesirs Kara Mustafapascha, des Be=
lagerers von Wien, verschönert, und darin den Sultan bewirthet ¹²).
Der Großwesir hatte zu Constantinopel bey Chodschapascha Kösche,
Bad, Fontaine, Knaben= und Gelehrtenschule gebaut ¹³), im San=
dschak Tschorum das Dorf Hamsa neu aufgebaut, und die Moschee
mit den Einkünften von sieben Dörfern gestiftet ¹⁴), aber sein Lieb=
lingsbau war der seines Geburtsortes, des Dorfes Meschkara im San=
dschak Nikde, welches er durch Bauten und Ansiedelungen zur Stadt
erweiterte, die Richterstellen derselben zum Range der ersten sechs
Richter des Reiches erhob, und die Stadt Newschehr, d. i. Neustadt,
nannte ¹⁵). Da seit langem in den benachbarten verfallenen Festungen
Nikde und Karahißar die Besatzungen überflüssig, so übertrug er die
für die Besatzung dieser beyden Festungen angewiesenen Lehen nach
Neustadt ¹⁶). Auf den Vortrag des Defterdars wurden diese Lehen

---

¹) Tschelebisade Bl. 152. ²) Derselbe Bl. 114. ³) Derselbe Bl. 91. ⁴) Der=
selbe Bl. 113. ⁵) Derselbe Bl. 118. ⁶) Derselbe Bl. 127. ⁷) Derselbe Bl. 50.
⁸) Derselbe Bl. 83. ⁹) Zu Alibegtöi. Raschid II. Bl. 76. ¹⁰) Tschelebisade Bl. 95.
¹¹) Zu Ssalibafari. Tschelebisade Bl. 125. ¹²) Derselbe Bl. 121. ¹³) Tschelebi=
sade Bl. 97. ¹⁴) Derselbe Bl. 98. ¹⁵) Derselbe Bl. 97. ¹⁶) Derselbe Bl. 121.

von Nikde und Karahißar auf Neuſtadt umgeſchrieben; der Bauauf=
ſeher Muſtafa und ein Secretär der Kammer als Commiſſär zur neuen
Beſchreibung von Neuſtadt abgeordnet.

Der zahlreichen Feſte, womit der Großweſir den bau= und ſchau=
luſtigen Sultan unterhielt, iſt bereits oben gedacht worden. Zu den
fünf religiöſen Feſten der beyden Bairam [1], der Geburt und des Kleides
des Propheten [2], und des Auszuges der Pilgerkarawane, welche
durch feyerliche Aufzüge des Hofes in vollem Staate verherrlichet wor=
den [3], zu den geſellſchaftlichen Feſten der Tulpenbeleuchtung [4] im
Frühjahre, der Zuckerwerkverſammlungen im Winter, der Gaſtmahle,
welche der Großweſir, Kapudanpaſcha oder andere Große dem Sul=
tan in ihren Päläſten gaben [5], kam jetzt nach perſiſcher Sitte auch
das Feſt des Newruf oder des neuen Jahres, nicht des bürgerlichen
Mondjahres, das jährlich um eilf Tage zurückbleibt, ſondern des un=
abänderlichen der Frühlings=Tag= und Nachtgleiche, als des Tages,
an welchem nach perſiſcher Sage die neugeſchaffene Sonne im Zeichen
des Widders ihren Lauf begann, des Tages, an welchem Dſchemſchid
mit der Strahlenkrone auf dem Haupte auf dem Throne von Perſe=
polis des Aufganges der Sonne harrte, und als dieſelbe flammend
herauffſtieg, ſie mit Hymnen des Lobes und Dankes begrüßend, die
Huldigung der Geſchenke bringenden Völker ſeines weiten Reiches em=
pfing [6]. Das osmaniſche Newruf wurde jedoch keinesweges mit ſol=
cher Feyerlichkeit wie im alten und auch im neuen Perſien als das er=
ſte aller Religions= und Staatsfeſte, ſondern nur mit einem Gaſt=
mahle, das der Sultan vom Janiſcharenaga empfing, gefeyert [7].
Außer dieſen ſtehenden Feſten war der Beſuch der kaiſerlichen Som=
merpaläſte von Glücks= [8], Choſroen= und Kaiſerbau, von Beſchik=
taſch [9] am europäiſchen Ufer des Bosporos, in dem der Walide zu
Ejub [10] am Ende des Hafens, und dem von Karagatſch [11] gegen=
über, Anlaß zu Gelagen und Feſten. Dazu beſuchte der Sultan oder
Großweſir manchmahl in Reitaufzug die Waſſerleitungen Conſtanti=
nopel's [12], oder das Waſſerbecken Sultan Osman's [13]. Dieſe ordent=
lichen Feſte und Reitaufzüge wechſelten dann manchmahl mit außer=
ordentlichen, wie die der Hochzeiten von Prinzeſſinnen und des erſten
Unterrichtes der Prinzen, ab. So wurde die Witwe des Sohnes des
Großweſirs Kara Muſtafa, die Tochter Sultan Muſtafa's II., die
Sultaninn Ssafije, dem Mirſa Mohammedpaſcha, ehemahligen
Statthalter am Phaſus, jetzigen zu Kandia, vermählt [14]; die drey

[1] Am 1. Schewwal und 10. Silhidſche. [2] Tſchelebiſade Bl. 93 am 14. Ra=
maſan. [3] Tſchelebiſade Bl. 65, 117, 122, 142, 149, 152 und 154; Mewlud,
derſelbe Bl. 150. [4] Tſchelebiſade Bl. 92, 94, 115 und 141. [5] Derſelbe Bl. 121,
vom Kiajabeg Bl. 134. [6] Ferhengi Schuuri II. Bl. 383. Taſchköpriſade's En=
cyklopädie und Schehriſtani. [7] Tſchelebiſade Bl. 92 und 115. [8] Derſelbe
Bl. 117 und 142. [9] Derſelbe Bl. 120 u. 143. [10] Derſelbe Bl. 62 u. 152.
[11] Derſelbe Bl. 100. [12] Derſelbe Bl. 118. [13] Derſelbe Bl. 125. [14] Derſel=
be Bl. 100.

Töchter des Sultans, die Prinzessinnen Ssaliha, Aische, und Sei=
neb, wurden dem Statthalter von Eriwan, Mustafa, dem Sohne
Deli Husein's, dem Silihdar und Secretär Mohammedaga, und
dem zweyten Stallmeister, dem Neffen des Großwesirs, Mustafa,
mit zehntausend Ducaten Heirathsgut angetraut ¹). Der Großwesir,
der Mufti, der Brautführer, der Kislaraga, die Wesire der Kuppel
wurden mit Kuppelpelzen bekleidet. Der erste Unterricht des Prinzen
Nuuman hatte mit denselben Feyerlichkeiten, wie der oben erzählte
seiner Brüder, Mustafa, Bajesid, Mohammed, Suleiman, Statt,
nur daß dieser Gegenwart denselben verherrlichte, indem dieselben
den Großsultan als die vier Stützen seines Thrones, wie die vier We=
sire der Kuppel den Großwesir als die vier Säulen des Zeltes seiner
Herrschaft umgaben ²). Der Großwesir und die Wesire, der Mufti
und die Vorsteher der Emire, die Oberstlandrichter die geehrten, und
die Muderrise die gelehrten, die Scheiche die verehrten, und die Mi=
nister die bewährten, wohnten der Feyerlichkeit im Perlenköschk bey.
Auch der Großwesir feyerte Feste der Gelehrsamkeit durch die in seiner
Gegenwart gehaltenen Versammlungen der Ulema, in welchen die
Exegese des Korans von Beidhawi oder Kaschan vorgelesen, und dar=
über gelehrt wortgewechselt ward ³). Der Sultan, welcher schon im
Inneren des Palastes die erste Bibliothek gestiftet, stiftete nun eine
zweyte an der neuen Moschee der Sultaninn Mutter Mohammed's IV.
Hart an dem Grabmahle ward die Bibliothek erbaut, um durch die
Belebung der Wissenschaft den Geist der hochseligen Großmutter im
Paradiese zu erfrischen. Außer diesen zwey Bibliotheken des Sultans
waren unter seiner Regierung drey andere öffentliche gestiftet worden,
die des Großwesirs Ali von Tschorli ⁴), die Ismail Efendi's an sei=
ner Moschee zu Tscharschenbebasari, wo er bey seinen Büchern
ruht ⁵), und die des Großwesirs Ibrahim im Kreise seiner Stiftun=
gen zu Chodschapascha. Keine Regierung war so fruchtbar an Stif=
tung von Bibliotheken; der Großwesir begünstigte gelehrte Arbeiten
durch Geschenke an die Ulema ⁶), und förderte wahrhaft nützliche Ar=
beiten zu Tage, so die Übersetzung der persischen Universal=Geschichte
Chuand Emirs, des Neffen (nicht des Sohnes) Mirchuand's, welche
unter dem Titel des Freundes der Lebensbeschreibungen berühmt, und
die arabische Universal=Geschichte Aini's, welche den Titel: Korallen=
knoten der Geschichte der Zeitgenossen, trägt; jene wurde außer dem
Reichshistoriographen Aaßim fünf und zwanzig Gelehrten aus den
Ulema, Scheichen, Muderrisen, Richtern und Secretären der Staats=
kanzley, diese sieben anderen aufgetragen ⁷). Weit größeres Verdienst
um die Literatur aber noch, als durch Stiftung der Bibliothek und der
veranlaßten Übersetzung der zwey der besten Universal=Geschichten,

21.Oct.
1727

¹) Tschelebisade Bl. 142 u. 143. ²) Derselbe Bl. 126. ³) Derselbe Bl. 65,
93 und 117. ⁴) Im Jahre 1126 (1714). ⁵) Im Jahre 1134 (1721). ⁶) Tschele=
bisade Bl. 93. ⁷) Derselbe Bl. 90 u. 91.

erwarb sich der Großwesir Ibrahim durch die Einführung der Drucke=
rey, welche die Frucht der von Mohammed dem Acht und zwanziger
auf seiner Gesandtschaft in Frankreich erworbenen Kenntnisse, unter
der Leitung Ibrahim's zu Stande kam [1]), Ibrahim's, des ungarischen
Renegaten, dessen christlicher Nahme verloren gegangen, seinem Va=
terlande und seiner Familie den Ruhm des Stifters der Druckerey und
des Schriftstellers, aber auch die Schande des Rebellen und Renega=
ten entzieht. Binnen der zwölfjährigen Großwesirschaft Ibrahim's in
der zweyten Hälfte der sieben und zwanzigjährigen Regierung Sultan
Ahmed's nennt die osmanische Literatur= Geschichte abermahls ein Hun=
dert von Dichtern und Schriftstellern. Die Denkwürdigkeiten der Dich=
ter von Salim, Ssafaji und Mudschib, die lebensbeschreibende Kunde
Scheichi's und seines Sohnes von Gelehrten und Dichtern sind leider!
die letzten Quellen osmanischer Gelehrten=Biographie, welche dem
Geschichtschreiber des osmanischen Reiches zu Gebothe stehen. Seit hun=
dert Jahren hat kein Osmane Denkwürdigkeiten von Dichtern oder
Lebensbeschreibungen von Gelehrten gesammelt, und die Einführung
der Druckerey war bloß der Beginn des Nachsommers osmanischer
Literatur.

Die Einführung der Druckerey unter des ungarischen Renegaten
Ibrahim Leitung ist das folgenschwangerste Zeichen dieser Zeit, deren
Charakter die Einwirkung westlicher Bildung auf östliche und die en=
gere Verflechtung europäischer und osmanischer Politik. Auch die Wahl
der zuerst gedruckten Werke spricht die Richtung gemeinnütziger histo=
rischer Aufklärung in den mit Europa's Seemächten, und dann mit
Persien schwebenden Verhältnissen aus. Nachdem des arabischen Wör=
terbuches Dschewheri türkische Übersetzung von Wankuli [2]) den Mund
der Presse geöffnet, gab dieselbe die Geschichte der osmanischen See=
kriege von Hadschi Chalfa [3]), die Geschichte der Chalifen [4]), Timur's
von Nasmisade [5]), die Ägypten's von Suheili [6]), die Amerika's [7]),
und die Geschichte der Afghanen aus dem Lateinischen des pohlischen
Jesuiten Krusinski [8]), unter der Leitung des Ungars Ibrahim, her=
aus. Krusinski als Beichtvater Rákóczy's, der Nachfolger des Jesui=
ten Kachod, theilte nicht minder als derselbe seine Ergebenheit zwi=
schen Rákóczy, dem kaiserlichen Residenten und dem Großwesir Ibra=
him, für den er die Geschichte des afghanischen Krieges ins Türkische
übersetzte [9]). Sowohl der pohlische Missionär Krusinski, als der gleich=

[1]) Tschelebisade Bl. 49. Das Fetwa im Mouradjea d'Ohsson tableau de
l'Empire ottoman II. p. 796. [2]) Lughati Wankuli, im J. 1141 (1728);
2 Foliobände. [3]) Tohfetul=kubar fi esfar il=ebhar, d. i. Die Geschenke der
Großen in den Seekriegen, 1141 (1728); 4. [4]) Gülscheni Chulefa, d. i. Das
Rosenbeet der Chalifen, 1143 (1730); Klein=Folio. [5]) Tarichi Timurgurgan,
übersetzt aus Arabschah, 1142 (1729). [6]) Tarichi missri Kadim u dschedid, d. i.
Die Geschichte Alt= und Neu= Ägypten's, 1142 (1729); 4. [7]) Tarichi Hindi
Gharbi, 1142 (1729); 4. [8]) Tarichi Sejah, d. i. die Geschichte des Reisenden,
übersetzt von Krusinski, 1142 (1729). [9]) Quotquot versiónem Turcicam
antequam illam placituram aulae charactuitus pro Magno Veziró describen=
dam peritissimis antiquariis objecissem. Krusinski's Vorrede.

zeitig mit ihm in Persien reisende Louis de Dieu hatten Aufträge des Papstes und des Kaisers nach Persien, und von da zurück. Gleichzeitig mit dem ungarischen Renegaten Ibrahim, welcher Rákóczy's Sachwalter an der Pforte, erscheint ein in Europa noch berühmterer Renegate, der Franzose Bonneval, der beständige Zunder zur Zwietracht mit Österreich, der Hort ungarischer Rebellen, aber zugleich auch der Hebel nützlicher Neuerungen im osmanischen Reiche, welcher die Pforte über die Politik der europäischen Cabinete und ihr eigenes Interesse durch jährliche Eingaben aufklärte, immer neue Mittel an die Hand

gebend zur erfolgreichen Führung des Krieges, den er beständig anblies. Nachdem er von Bosnaserai aus eine Zeitlang die Erlaubniß nach Constantinopel zu kommen unterhandelt hatte, erschien er unversehens mit einem Schreiben des Statthalters von Bosnien, und trat sogleich auf das thätigste in den Dienst der Pforte als General der Bombadiere, als Moslim dem Scheine nach; von nun an durch vierzehn Jahre mit bald steigendem, bald sinkendem Einflusse der wahre geheime Rath des Verkehrs osmanischer Politik mit den Höfen Europa's, der Anhaltspunct Frankreich's und Schweden's wider Österreich und Rußland. Die damahligen diplomatischen Verhältnisse dieser vier Mächte mit der Pforte waren die folgenden. Der französische Bothschafter Villeneufve unterhandelte fruchtlos Genugthuung und Entschädigung für den von Tripolis erlittenen Schaden, und schloß endlich Frankreich's Frieden mit Tripolis ab. Von Schweden langte der zur Eintreibung der an Carl XII. geliehenen Summe gesandte Kosbegdschi Aga mit zweytausend Beuteln und der Entschuldigung, vor

der Hand nicht mehr thun zu können, über Rußland an [1]). Der kaiserliche Resident Talman, welcher den Herrn v. Dirling ablöste [2]), setzte die Beschwerden wider den Schahbender in Wien fort, der sich seinerseits in einem Schreiben an den Großwesir beklagte, daß man ihm weder Unterhaltsgelder, noch freye Wohnung, noch Kuriere gewähre [3]), worauf er als Consul kein Recht hatte. Der syrischen von den Griechen verfolgten Katholiken nahmen sich sowohl der französische Bothschafter, als kaiserliche Resident an. Andreze[4]) hatte schon einen Ferman zur Absetzung des Patriarchen von Jerusalem, Silvestre (dessen Vorfahr Seraphin wegen Begünstigung der Katholiken abgesetzt worden war), erhalten, brachte denselben aber nicht zur Ausführung [5]). Wider die Missionäre auf Chios ergingen neuerdings verschärfte Befehle. Mit Rußland hatten sehr ernste Erörterungen Statt, wegen der jüngst in der Verfolgung der Schahsewen denselben

---

[1]) Talmans Bericht in der St. R. Interpretatio Litt. a Sueciae primo minitsro ad Sup. Vez. per Mustafaaga transmissarum. [2]) Tschelebisade Bl. 153. Credentiales Caroli VI. ad S. Ahmed III. 15. Aug. 1728, pro Residente Leopoldo Talman. St. R. [3]) Interpretatio litterarum Omeragae ad Sup. Vez. In der St. R. [4]) Constantinople et le Bosphore de Thrace par le C. Andréossy 1828, p. 199. [5]) Dirling's Bericht vom 17. Febr. 1728.

von den Russen gewährten Hülfe. Mohammedbeg von Kreta [1] mit
dem Charakter eines Mir Aalem (Fahnenfürsten) ging mit einem
Schreiben des Großwesirs [2] an den Reichskanzler ab, worin sich der
Großwesir beschwerte, daß, als der Chan von Schirwan, Surchai,
die Schahsewen von Engut nach Jarimdih und Jedidih verfolgt, und
am Flusse Bilhar gelagert, die Russen den Verfolgten in dem zu Sa=
lian angelegten neuen Fort Zuflucht gegeben [3]. Der russische Resident
Neplujeff, hierüber zur Rede gestellt, beschwerte sich, daß Surchai,
der Chan von Schirwan, sechzigtausend Schafe vom russischen Ge=
biethe weggetrieben, und daß er sich der Guralinsken annehme, von
denen zehn Dörfer im russischen Gebiethe zwischen Kuba und Tabaßa=
ran [4]; der Reis Efendi behauptete, daß die Guralinski Surchai's
Leute, und derselbe verfaßte das Schreiben des Großwesirs an den
Kanzler [5]. Der Kanzler antwortete dem Großwesir, Surchai habe
durch seinen Einfall in die Steppen von Moghan und Salian das
russische Gebieth verletzt, Asitare und Kerkenrud seyen russisches Ge=
bieth, das Surchai's beginne fünfzehn Stunden von der Ssamura;
wenn von dieser Seite die Abgränzung unvollkommen geblieben, sey
es Surchai's Schuld, der dieselbe verhindert. Die Kurali (Guralins=
ken) wohnten in Schirwan zwischen Kuba und Tabaßaran, von der
Ssamura gegen das caspische Meer, und könnten um so weniger vom
Surchai angesprochen werden, als dieselben vor der russischen Erobe=
rung die Länder am caspischen Meere den Chanen von Derbend, und
nie dem von Schirwan gehorcht; die Pforte habe selbst dem Tractate
mit Persien zuwider gehandelt, und könne die Nichterfüllung dessel=
ben nicht den Russen aufbürden wollen; der Schemchal, Herrscher der
Kumüken, habe von jeher zu Rußland gehört; die Gleichheit der Re=
ligion gebe keinen Anspruch auf Länderbesitz [6]. Der englische Both=
schafter Abraham Stanyan übergab in feyerlicher Audienz Kündigungs=
schreiben, Georg's I. Tod und Georg's II. Thronbesteigung zu mel=
den. Der venetianische Bailo Dolfino war fünf und siebzigjährig zu
Pera gestorben.

May
1729
14. Jul.

22.
Sept.

Zur Bekräftigung des mit Eschref geschlossenen Friedens durch
die in demselben festgesetzten Großbothschaften, wurde von Seite der
Pforte der vormalige Reichsgeschichtschreiber, der Richter von Haleb
und Adrianopel, Mohammed Raschid Efendi, jetzt, um ihm den ge=
wöhnlichen Rang von Bothschaftern zu verleihen (welche insgemein
von den Herren des Schwertes, und nicht der Feder), mit dem Cha=
rakter eines Beglerbegs von Rumili bekleidet. Er hielt seinen feyerli=
chen Aufzug und Auszug zu Skutari auf einem, auf Kosten des öffent=

14. Aug.
1728

chen Schatzes herrlich ausgestatteten Reitpferde ¹). Raschid war zu Iß=
fahan nicht besonders ausgezeichnet worden, es wurde ihm nur neun=
zehntägiger Aufenthalt gestattet, und am Tage seines Einzuges zu
Ißfahan war den Weibern verbothen, sich auf der Straße zu zeigen ²).
In diesen zwey Puncten beobachtete die Pforte die strengste Gleichheit
mit Mohammed, dem Chan von Schiras, welcher zu Constantinopel
erst nach Jahreslauf einzog. Raschid war mit der Post zurückgekom=
men, und hatte kein Schreiben Eschref's an den Großwesir mitge=
bracht, was diesen sehr verdroß; nichts desto weniger wollte er dem
Bothschafter durch den stattlichen Empfang den höchsten Begriff bey=
bringen von osmanischer Macht und Pracht. Deßhalb wurden nicht
nur alle Häuser der Gassen, durch die der Zug ging, ausgebessert und
neu angestrichen, sondern auch im kaiserlichen Diwanssaale die Ver=
goldung unter der Kuppel, wo die Wesire sitzen, erneuert, wie auch
das Geländer von dem Mittelthore des Serai bis zu dem der Glück=
seligkeit, d. i. des Haremes, mit Scharlach überzogen. Von dieser
diplomatischen Verschönerung der Hauptstadt erhielt der Bothschafter
vom Volke den Spitznahmen des Chans Mauernweißers ³). Zwey
des Persischen wohlkundige Beamte, nähmlich ein Gehülfe der Staats=
kanzley wurde zum Mihmandar, einer der belehnten Secretäre des
Diwans zum Dolmetsche bestellt. Bey der Überfahrt von Skutari
nach Constantinopel waren von Beschiktasch bis Topchana sechs große
Linienschiffe, dann von dem Thore Karaköi's bis zum Öhlmagazine
Galata's neun neubemahlte Galeeren, vom Arsenale bis nach Con=
stantinopel, gegenüber dem Hafen, wieder sieben Linienschiffe aufge=
reiht ⁴). Während der Überfahrt von Skutari nach der Hauptmauth
donnerten die Kanonen von diesen und allen anderen Schiffen des Ha=
fens in Allem über neunhundertmahl ⁵). An der Hauptmauth empfing
ihn der Reichsmarschall, demselben stattlich geziemirtes Pferd von
Seite des Großwesirs darbringend, und ihm zur Linken reitend. Den
Zug eröffneten der Vogt der Scharwache, und der Polizeylieutenant,
dann die drey Classen der Tschausche, die des Diwans, die der Si=
pahi und Silihdare, und die belehnten sammt den Muteferrika, die
Secretäre und Sachwalter der Sipahi und Silihdare, die Generale
der vier unteren Rotten der Fahnenwache, die Obersten der zum Zuge
befehligten Janitscharen, der Mustermeister und Secretär der Tschau=
sche, die Generale der Sipahi und Silihdare, der Bothschafter auf
einem persisch geziemirten Pferde und sieben Handpferde, die um
nichts lebhafter und behülflicher (sagt der Reichsgeschichtschreiber) als
die hölzernen Pferde im Schachspiele, mit einem Gefolge von vierzig
bis fünfzig schlecht gekleideter Afghauen, einige mit Flinten, andere

3. Aug.
1728

_____

¹) Tschelebisade Bl. 149. ²) Talman's Bericht in der St. R. ³) Chan Esis
wabschi. ⁴) Tschelebisade Bl. 141 und relazione del ingresso del Ambasciado-
re d'Esref in Costantinopoli, von Momars bey Talman's Bericht, St. R.
⁵) Tschelebisade Bl. 157.

mit Bogen bewaffnet. Am Tage der Audienz beym Großwesir wurde der Audienzsaal desselben mit vorher nie gesehener Pracht ausgestattet. Schon das Vorzimmer, welches von den Strohmatten, womit es belegt ist, das Mattenzimmer heißt, war mit persischen Teppichen belegt; die im Saale stellten ein wahres Blumenbeet dar, auf welchem seidene, goldene, perlengestickte Rosen eine die andere trugen und schlugen. Zu des Großwesirs Füßen in der Ecke des Soffa (wo der Ehrenplatz) war eine perlengestickte Decke ausgebreitet, zu seiner Rechten lag eine mit Edelsteinen besetzte Brieftasche, ein Tintenzeug, dessen Smaragden und Rubinen das Licht vorstellten, welches aus wohlangewandter Tinte hervorgeht, zu seiner Linken ein von Juwelen strahlendes Pult, und auf demselben ein Koran in schwarzem Sammte mit diamantenen Rosen. Zwischen den beyden Fenstern waren siebzehn andere Korane in goldgestickten Einbänden und perlengestickten Säcken, zu beyden Seiten des Kamins auf fünf künstlichen Pulten in goldgestickten Bündeln Pelze aufgeschichtet. Längs der Wand vom Kamin bis zum Ehrenplatze des Soffa standen auf Gestellen acht Schlaguhren in krystallenem Gehäuse, über fünfzig kostbare Bücher lagen in den längs der Wand hinlaufenden Schränken, zwey große Uhren und drey Spiegel schmückten die Wand vom Kamine zur Thür. Die Kammerdiener waren alle mit kostbaren Gürteln umgürtet, in denen juwelenbesetzte Dolche und Messer stacken. Die Staatsminister, der Defterdar, der Reis Efendi, der Tschauschbaschi und die Unterstaatssecretäre, der Kanzler, die Bittschriftmeister, der Cabinetssecretär überbothen sich an Pracht des Anzuges, aber Alle verdunkelte der Glanz der Diamanten, der von den Ringen und dem Gürtel, dem Dolche, den Perlenrosen und den Kleidspangen des Großwesirs ausging, „ganz erlaucht, vom Kopfe bis zum Fuße in Edelsteinen und „Perlen untergetaucht,“ so daß sein Anblick allein die Auslegung des Bewillkommungszurufes: „über dir Gottes Hülfe [1].“ Nachdem die Tschausche mit diesem Zurufe den vom Grußmeister im Nahmen der Versammlung angenommenen Gruß des Großwesirs begleitet hatten, küßten die sieben Wesire der Kuppel, deren fünf Eidame des Sultans, darunter des Großwesirs Sohn und zwey Neffen, der sechste und der siebente die Eidame des Großwesirs [2]), desselben Hand, und setzten sich, der Kapudanpascha zu seiner Rechten, die sechs anderen zu seiner Linken nieder, die Staatsminister, und hinter ihnen die Staatssecretäre standen die Hände über die Brust gekreuzt; hinter den Staatssecretären die Hausofficiere des Großwesirs, die Hände im Gürtel zur Vollziehung ihrer Ämter bereit. Die Süßigkeiten und der Kaffeh wurden in goldenen edelsteinbesetzten Gefäßen gereicht. Nachdem dieselben getrunken, standen die Wesire auf, und begaben sich auf die Soffa gegenüber, und der Bothschafter setzte sich zum Groß-

[1]) Tschelebisade Bl. 158. [2]) Eben da.

IV.   17

wefir ; das Gefolge trat ab, und es hatte eine halbe Stunde Gefpräch
Statt, in welchem der Großwefir feinen Verdruß, daß der Bothfchaf=
ter nur ein Schreiben vom Schah an den Sultan, und keines vom
erften Minifter für ihn gebracht, laut werden ließ. Zum Zeichen des
Abfchiedes wurde Scherbet und Rauchwerk herumgegeben, der Both=
fchafter wurde mit fcharlachenem Zobelpelze, fein Gefolge mit Kafta=
nen bekleidet. Das Entlaffungsgefchenk war wie das Bewillkommungs=
gefchenk reichgefchmückter Gaul, weil vollendete Gaftfreundfchaft dem
Gafte nicht nur Wohnung und Unterhalt, fondern auch die Mittel der
Hin = und Herreife gewährt.

Diefe Audienz war die letzte Macht= und Prachtfchau der Regie=
rung Ibrahim's, die nur noch ein Jahr länger dauerte, bis diefelbe
mit der des Sultans in Schutt verfank. Ehe die Erzählung des Thron=
fturzes S. Ahmed's III. durch Volksaufruhr unfere ganze Aufmerk=
famkeit an fich reißt, nehmen diefelbe noch die Todfälle einiger be=
rühmter und mächtiger Männer in Anfpruch, die in den letzten vier
Jahren dem Großwefir voraus ins Grab gingen. Wir können hier
dem Reichsgefchichtfchreiber weder in der vollftändigen Zahl, noch in
der Geringfügigkeit der einzelnen Lebenskunden folgen, und müffen
uns mit der Nennung vorfpringender Nahmen und einer Bemerkung
über das geringe Verhältniß gewaltfamer Tode zu natürlichen unter
S. Ahmed's, oder vielmehr des Großwefirs Ibrahim Regierung be=
güügen. Von dreyßig Todfällen hoher Staatsbeamten find nur fünf,
alfo nur das Sechftel gewaltfame, was faft das umgekehrte Verhältniß
zu der Zahl politifcher Schlachtopfer unter der Regierung großer Ty=
rannen, wie Murad IV. und der alte Köprili. Von diefen fünf fiel
keiner als Opfer von Rache oder Privatleidenfchaft des Großwefirs,
fondern fie büßten wirklich Staatsverbrechen ab. Der Defterdar von
Kandia, Osman Efendi, hatte eigenmächtig nicht nur die ganze Pach=
tungsgefchäft auf Kandia durch Erpreffungen in Verwirrung gebracht,
fondern auch vier Fermane gefälfcht, nicht nur die Fertigungen des
Kanzlers und Reis Efendi, welche auf der Rückfeite jedes Fermans
ftehen[1], fondern auch das Tughra, d. i. den verfchlungenen Nah=
menszug des Sultans, welchen nur der Nifchandfchi oder feine Ge=
hülfen an die Spitze der Fermane fetzen dürfen, und fogar das Chatt=
fcherif, d. i. das Eigenhändige: „Es werde vollzogen“ des Sultans
nachzufchreiben fich unterftanden, und war ob diefer Verfälfchung nach
Vorzeigung der gefälfchten Fermane vor Gericht[2] nach dem Gefetze
der Todesftrafe verfallen. Der Molla Abduß=hamed aus der Krim,
ein unwiffender Gefetzgelehrter[3], als Brandftifter des Aufruhres
Dfchantimur's wider Seadetgirai in den Dardanellen eingefperrt,
würde auf wiederhohlte Vorftellung des Chans und allgemeine Bitt=

1725

---

[1] Staatsverfaffung und Staatsverwaltung des osmanifchen Reiches II.
S. 115. [2] Tfchelebifade Bl. 98. [3] Derfelbe Bl. 101.

schrift der Bewohner der Krim, daß, so lange er lebe, die Krim nicht zu beruhigen sey, hingerichtet. Seid Osman aus der Familie Scheh=zuwar, der Statthalter von Bender, ein großer Dränger und Blut=vergießer, war schon einmahl abgesetzt worden, weil die bedräng=ten das brennende Unrecht seiner landversengenden Tyranney vor dem Sultan, als er in die Moschee zog, mit feurigen Zungen flammender Matten auf dem Kopfe [1] ausgesprochen; als er auf die Fürbitte des Chans Seadetgirai wieder eingesetzt, voriger Grausamkeit Lauf ließ, wurde ein Gefreyter der Bostandschi mit dem Befehle abgesandt, „sein lustfröhnendes Haupt abzuschneiden, und ihn des Kaftans des Julius „unbeständigen Lebens zu entkleiden." Den Aufrührer Huscin, bey=1727 genannt Jenidünja, d. i. von der neuen Welt, räumte der Statthal=ter Anatoli's ohne Fetwa aus dem Wege, weil Volksaufruhr keines Fetwa bedarf [2]. Kraft Fetwa aber wurde der Kopf des volkschinden=den Statthalters von Schehrsohr, Boghasanlisade Mohammedpascha, an die Pforte eingesendet [3]. Unter den natürlichen Todfällen ausge=zeichneter Männer treten die des abgesetzten Scherifs von Mekka und des abgesetzten Chans der Krim den anderen vor. Der Scherif Jahia, welcher zweymahl die höchste Würde am Heiligthume der Kaaba be=kleidet, nach Constantinopel gekommen war, und sich endlich nach Syrmien zurückgezogen, „hatte das irdische Paradies von Damaskus 1725 „mit dem ewigen verwechselt [4]." Seinem Nachfolger Abdullah wurde vorzüglicher, der Pilgerkarawane geleisteter Dienste willen die Sche=rifswürde auf lebenslänglich bestätigt [5]. Der Chan der Krim, Dew=letgirai, welcher viermahl auf dem Polster der Herrschaft gesessen, und bald zu Chios, bald zu Rhodos verbannt gelebt, starb auf seinem Meierhofe in Rumili [6]. Unter einer Schar [7] von Wesiren Statthal=27.Jun. tern sey bloß der von Retimo, Köprili Esaadpascha, genannt, der Sohn des tugendhaften Köprili, der Bruder des letzten Großwesirs dieser Familie, durch hohe Gaben des Geistes und des Herzens der=selben werth, und damit diese erlauchte Familie alle Titel des Ruhmes Sept. in sich vereinige, hinterließ er den eines Dichters unter dem Nahmen 1726 Esaad, d. i. der Glücklichste. Wie sein Bruder der Wesir Abdullah mehr für häusliches als öffentliches Leben, und durch manche Vernach=lässigungen gekränkt, sandte er seine Entlassung dem Großwesir in Ver=sen ein, und starb bald darauf zu Retimo. Unter einem Dutzend von Ule=ma sind zwey Mufti minder nennenswerth als zwey andere Ulema, deren einer Faif sich als Dichter, der andere Uschakisade als der Fortsetzer der Lebensbeschreibungen der Gesetzgelehrten von Attaji sich einen Nahmen erwarb, und unter einem Halbdutzend Dichter von Chodschagian, ist der zweyte Defterdar Ssafaji, d. i. der Fröhliche, besonderer Auszeich=

---

[1] Tschelebisade Bl. 123. [2] Derselbe Bl. 38. I. 3. [3] Derselbe Bl. 149. [4] Derselbe Bl. 91. [5] Derselbe Bl. 92. [6] Derselbe Bl. 67. [7] Derselbe Bl. 58, 62, 85, 106, 112, 138, 147 u. 77.

nung werth, weil derselbe als Sammler der Denkwürdigkeiten der
Dichter seiner Zeit in die Fußstapfen der früheren Sammler von Dich=
terkunden und Blüthenlesen getreten war, deren Werken sich das seini=
ge mit einem halben Tausend von Dichtern anschließt. Schon als er
vor dreyßig Jahren unter Elmas Mohammedpascha, dem unglückli=
chen Feldherrn von Zenta, Cabinetssecretär des Großwesirs, und her=
nach Aufseher der Kammer, hatte er diese Sammlung begonnen, die
er kurz vor seinem Tode dem Großwesir Ibrahim gewidmet; ein schö=
nes Denkmahl des Flores osmanischer Dichtkunst seiner Zeitgenossen
in dem Laufe eines halben Jahrhundertes.

Das Ungewitter, welches über die Regierung Ahmed's III. und
Ibrahim's hereinbrach, kam derselben unvermuthet, wie das außer=
ordentliche, welches zwey Jahre früher binnen drey Stunden alle
Dörfer an der europäischen Küste des Canals verwüstet, die Gärten
6. Aug. mit Schlossen gefüllt, die siebzig bis achtzig Drachmen wogen, und
1728 fast alle Gartenmauern umgestürzt hatte [1]: Die Unruhen an der per=
sischen Gränze hoffte der Großwesir so mit Persien, wie mit Rußland
auszugleichen. Zur Beylegung der letzten trat der neue russische Resi=
26. dent Wisniakoff mit dem Reis Efendi in Unterredung zusammen,
März worin ausgemacht ward, daß der Kosbegdschiaga, welcher unlängst
1729 von seiner Sendung nach Schweden zurückgekommen, mit dem Cha=
rakter eines Kämmerers bekleidet, als Commissär an die Gränze ab=
gehe. Auf die Beschwerden Surchai's (des Chans von Schirwan)
entgegnete Romanzoff, daß bey viertausend Mann der Truppe Sur=
chai's ins Gebieth der Kurali eingefallen, um diese von den Russen
abwendig zu machen, daß sie, weil sie nicht im Guten abziehen woll=
ten, mit Gewalt zurückgeschlagen werden mußten, wobey dreyhundert
todt blieben, zwölf Dörfer geschleift wurden [2]. Rußland hatte, wie
früher mit Schah Tahmasip, dem rechtmäßigen Thronerben, so jetzt
mit dem Usurpator Eschref einen Tractat in zehn Artikeln geschlossen;
aber während die beyden theilenden Mächte mit Hintansetzung Tah=
masip's, dessen Reich sie zerstückt, den Thronräuber als rechtmäßigen
Herrscher von Iran durch Verträge anerkannten, sank die Wagschale
des Glückes Eschref's, trotz der Verträge mit Persien's nordwestlichen
Gränznachbarn, und hob sich die Tahmasip's durch Verträge mit Per=
sien's südöstlichen Gränznachbarn, mit den Herrschern Indien's und
Kandahar's, vorzüglich aber durch eines neuen Gewalthabers Kraft,
durch die Nadirkulichan's, welcher vorerst den Thron Persien's von
Außen besitzen wollte, ehe er sich selber darauf schwang. In Chuaresm und
Chorasan, wohin sich Tahmasip geflüchtet, hatten sich für ihn, außer
Feth Ali Chan mit seinem turkmanischen Stamme, den Katscharen, noch
die der Efscharen, Beat und Tschemischgesek erklärt [3], und während

[1] Tschelebisade Bl. 147. [2] Talman's Bericht in der St. R. [3] Ssubhi's
Reichsgeschichte Bl. 4.

Eſchref's Bothſchaft zu Conſtantinopel überdieß Nadirkulichan, Meſch=
hed und Herat ¹). Eſchref in drey blutigen Schlachten, zu Damaghan,
Derechar ²) und vor Ißfahan geſchlagen, war, nachdem er ſeinen
Blutdurſt noch mit dem Morde des unglücklichen, alten, blöden Schah   Januar
1730
Huſein geſättiget, nach Beludſchiſtan entflohen, wo er von den Ein=
wohnern zuſammengehauen ward. Tahmaſip hatte in dem Palaſte
von Ißfahan eine alte Sclavinn in Fetzen gekleidet, zu den mindeſten
Dienſten verwendet gefunden, und in derſelben ſeine Mutter erkannt,
welche ſieben Jahre lang unerkannt, oder unverrathen unter dem
Schmutze der Knechtſchaft das Leben der Herrſcherinn gefriſtet ³). So=
bald er als Tahmaſipſchah im Beſitze des väterlichen Thrones, ſandte
er einen Bothſchafter nach Conſtantinopel, um die von der Pforte ab=
geriſſenen Länder zurückzubegehren, zugleich rüſtete er wider Tebris, und
ernannte als Feldherrn den alten Turkmanen Ssafikulichan, welcher
unter Schah Suleiman, dem Großvater Tahmaſipſchahs, Itimaded=
dewlet, ſeit ſieben Jahren unter den Eſſcharen (ſeinem Stamme) ver=
borgen, jetzt ſechstauſend derſelben dem Schah als alter Diener ſei=
ner Familie von Urmia aus zuführte ⁴). Während der Bothſchafter Ri=
ſakulichan zu Conſtantinopel mit dem Großweſir Ibrahim unterhan=
delte, traf die Nachricht ein, daß die perſiſchen Heere bereits die os=   24.Jul.
maniſchen Gränzen angefallen. Auf dieſe Nachricht wurde nach gehal=
tener großer Berathung der Krieg gegen Perſien erklärt, die Roßſchwei=
fe aufgeſteckt ⁵), und der perſiſche Geſandte nach Lemnos verwieſen.
Zehn Tage darauf hatte der Auszug des Großweſirs und der heiligen   3. Aug.
Fahne nach Skutari Statt. Schon vor Sonnenaufgang waren die
Janitſcharen, Kanoniere und Zeugſchmiede zu dem Empfange derſel=
ben geſchart, weil mit Sonnenaufgang der Sultan ſelbſt erwartet
ward ⁶). Schon waren die Fahnen der Herdſchaften, die Roßſchweife,
die Aga, die Handpferde, die Kapellen aufgezogen, aber der Sultan
erſchien immer noch nicht; da begab ſich der Großweſir, unvorhergeſehe=
nes Hinderniß ahnend, ins Serai. Der Sultan mißbilligte die Eile
des Auszuges mit der heiligen Fahne für heuer, und weigerte ſich
durchaus, mit derſelben nach Skutari zu ziehen. Der Großweſir ſandte
den gegenwärtigen Ismailaga an den Janitſcharenaga Haſan nach
Skutari um Bericht, wie die Sachen im Lager ſtänden. Er kehrte
mit der Antwort zurück: die Janitſcharen, ſeit Mitternacht auf den
Beinen und des Sultans gewärtig, würden, wenn er nicht erſchiene,
ſich ſchwerlich zufrieden geben. Nun ſah der Sultan kein anderes Mit=

---

¹) Malcolm, Hanway, Histoire de Tahmas Koulichan, Amſterdam 1741.
Geſchichte Nadirſchahs von Mehdi, Greifswalde 1773. Fraſer's History of Nadirſchah, London 1742. Die Fortſetzung des Tarichi Seiah, von ungenanntem
Verfaſſer, in der k. k. orient. Akademie. ²) Ssubhi Bl. 64. Hanway II. Bl. 33.
³) Malcolm nach Hanway, und dieſer ganz übereinſtimmend mit der türkiſchen
Geſchichte Seil tarich Seiah Bl. 15. ⁴) Bl. 22. ⁵) Ssubhi Bl. 5. ⁶) Relazione
succinta della marcia del Sultano e del Gran Vezir, transferendosi da Costantinopoli al campo in Scutari, vom kaiſ. Dolmetſch Caspar Momars, beynt
Berichte Talman's.

tel, als wider Willen die heilige Fahne zu nehmen, es war schon ein
Uhr Nachmittags, als er sich einschiffte; was schon für ungünstiges Zeichen galt, indem der Beginn jedes Unternehmens, das gelingen soll,
nach dem Volksaberglauben der Morgenländer am Morgen und nicht
Nachmittags Statt finden soll. Der Plan war, daß der Großwesir
das Winterquartier zu Haleb oder Amasia nehmen, der Sultan zu
Brusa oder Skutari bleiben solle. Der Aufbruch war erst auf den
achtzehnten Ssafer (zweyten September), dann auf den ersten Rebiul-
ewwel (vierzehnten September), dann unmittelbar nach dem Geburts-
feste des Propheten, d. i. zehn Tage später, bestimmt worden [1]. Indessen traf die Nachricht ein, daß ein von Köprilisade Abdullahpascha
nach Tebris gesendeter Transport von viertausend Reitern und sechshundert mit Lebensmitteln belasteten Kamehlen weggenommen, Köprilisade Abdullahpascha selbst angegriffen, und geschlagen nach Eriwan entflohen [2]; daß Hamadan und Kermanschahan erobert, und
Tebris in die Hände der Perser gefallen sey [3]. Das Gerede nahm
überhand, dieß sey vermög der vom Großwesir dem Befehlshaber von
Tebris ertheilten Weisungen geschehen; dieß Gerede vergrößerte sich
bald sehr bösartig durch das Gerücht, daß die aus Tebris Verjagten
auf dem Wege nach Constantinopel seyen [4]. Dem Mufti und dem
Scheich von Aja Sofia, Jspirisade, kamen aufrührerische Zettel zu,
dergleichen wurden in die Mittelmoschee geworfen. Mehrere warnten
vor diesen Zeichen naher Gefahr den Kiaja des Großwesirs, in dessen
Hand die Zügel der ganzen inneren Verwaltung, aber er verachtete
diese Warnungen, und wies, die sie gaben, mit Schimpf zurück [5],
weil weder er, noch der Großwesir glaubten, daß das Geringste zu
befürchten.

28.
Sept.
1730   Donnerstag den acht und zwanzigsten September mit Sonnenaufgang rotteten sich vor dem Thore der Moschee S. Bajesid's gegen den
Löffelmarkt nicht mehr als siebzehn Janitscharen zusammen, an deren
Spitze der Albaneser Patrona Chalil. Mit dem Geschrey: „Wir haben gesetzmäßige Forderung, wer vom Volke Mohammed's, schließe die
Buden und komme zur Fahne," durchzogen sie das alte Besestan (die
gewölbten Markthallen), wo einige Kaufleute erschrocken, die Buden
zu schließen begannen, nach dem Fleischmarkte, dem Rennplatze des
Janitscharenaufruhres; dort brachten sie den Kessel des ersten Janitscharenregimentes hin, welches das des Kulkiaja. Patrona Chalil begab sich an die Pforte des Janitscharenaga, die Befreyung der Gefangenen fordernd. Dem Janitscharenaga Hasan fehlte es nicht nur
an Muth, sich diesem Begehren zu widersetzen, sondern auch an dem,
auf seinem Posten zu bleiben; er ergriff mit veränderter Kleidung die

[1] Ssubhi Bl. 5. [2] Seil tarichi sciah Bl. 22 so schätzbarer, als Ssubhi das
Ganze mit Stillschweigen übergeht. [3] Ssubhi, Hanway II. S. 41 und Seil
tarich Sejah Bl. 22. [4] Ssubhi Bl. 5 l. Z. [5] Derselbe Bl. 6.

Flucht. Patrona Chalil ritt sofort nach den Casernen der Zeugschmiede, von denen er den Kessel des fünften Janitscharenregimentes nach dem Fleischplatze brachte. Das zusammengelaufene Gesindel befreyter Sträflinge und müßiger Handwerker bewaffnete sich durch Plünderung des Trödelmarktes, und schloß den Sattelmarkt ¹). Der Kapudanpascha, welcher an diesem Tage früh Morgens nach seinem Landhause zu Tschengelköi am Canale gefahren war, dort mit Versetzung von Tulpenzwiebeln begriffen, und der Reis Efendi auch auf seinem Landhause in seiner gewöhnlichen Unthätigkeit ²), wollten der ersten Nachricht des Aufruhres gar keinen Glauben beymessen; der Kapudanpascha ging nach Constantinopel durch den Markt, wo er den Kaufleuten zuschrie, die Buden zu öffnen, nach Skutari ins Lager, wohin auch der Kiaja und Janitscharenaga flüchteten. Dort berief der Großwesir auf die Nachricht von dem, was zu Constantinopel vorgefallen, den Mufti, die Westre, die Ulema, die Scheiche, die Chodschagian und die Generale sogleich in den Uferpalast des Sultans zusammen; es ward beschlossen, daß der Sultan mit der heiligen Fahne, den Prinzen und dem ganzen Hofe sich sogleich nach Constantinopel begebe. Der Sultan fragte, ehe er sich einschiffte, noch seine Schwester, die Sultaninn Chadidsche, um Rath, und diese rieth ihm, alle Minister bey sich zu behalten, um, wenn die Rebellen den Kopf des einen oder des anderen forderten, durch das Opfer desselben seinen eigenen so sicherer zu retten ³). Gegen zehn Uhr in der Nacht landete der Sultan von der Seite des Uferköschkes am Kanonenthore, und begab sich ins Serai mit den Ministern und Ulema, die sich im Zwischensaale vor dem Gemache des Prophetenmantels in des Sultans Gegenwart versammelten. Der Großwesir hielt es für zweckmäßig, den abgesetzten Richter von Constantinopel, Sulali Hasan, welcher als Albaneser im Verdachte eines Einverständnisses mit Patrona Chalil, von seinem Meierhofe ins Serai zu berufen, zu welchem Zwecke der Bostandschibaschi abging. Er brachte nun das Ausziehen der heiligen Fahne zur Sprache, der Janitscharenaga entgegnete, daß es nichts nütze, wenn Niemand von außen sich derselben anschlösse. Es wurde beschlossen, dieselbe am Mittelthore anzustecken. Der Chaßekiaga, d. i. der zweyte Officier der Bostandschi, wurde mit zwanzig derselben an die Rebellen gesandt, mit dem Auftrage von Seite des Sultans, daß er ihre billigen Begehren gewähren wolle, daß sie sich zerstreuen sollen. Sie entgegneten, sie seyen mit dem Padischah zufrieden, aber binnen zwey

29.
Sept.
1730.

¹) Ssubhi Bl. 6. ²) Relation des deux rébellions arrivées à Constantinople en 1730 et 1731 dans la déposition d'Ahmet III. et l'élévation au trône de Mahomet V. (Mahmoud I à la Haye 1737, relation de la révolte de Constantinople in Büsching's Magazin VI. S. 32 u 33, und relazione di quanto è occorso di rimarchevole nella sollevazione in Costantinopoli contro il ministero e lo stesso Sultano secondo le notizie avute dalla parte dei ribelli e dal Seraglio del Sultano, vom kais. Dolmetsch Caspar Momars, 6 Bogen stark, beym Berichte Talman's in der St. R. ³) Relation des deux rébellions p. 16. Momars relazione.

Stunden sollten ihnen die vier Verräther: der Großwesir, Kiaja, Ka=
pudanpascha und Mufti, lebendig ausgeliefert werden. Der Sultan
übergab den Kiaja und Kapudanpascha in die Gewahr der Bostandschi,
und sandte durch den Chaßeki den Rebellen noch einmahl Wort, daß
er den Großwesir und Mufti absetzen wolle, womit sie sich begnügen,
und ihre Leben nicht fordern möchten, die beyden ersten würden ihnen
geliefert werden. Sie antworteten: sie begnügten sich mit der Absetzung
und Verbannung des Mufti, doch müsse ihnen der Großwesir ausge=
liefert werden. Während dieser Unterhandlungen plünderte das Ge=
sindel zu Galata das Haus des Woiwoden, Ausrufer schrien, daß,
wenn die Ungläubigen sich in ihren Häusern ruhig hielten, sie nichts
zu befürchten haben würden; die Buden der Lebensmittel sollen ge=
öffnet werden, welchem Folge geleistet ward. Die Ausrufer, welche
ausgesendet worden, um das Volk zur heiligen grünen Fahne aufzu=
rufen, konnten außer dem Bereiche der Moschee Aja Sofia gar nicht
zur Sprache kommen; der Ausruf, daß jeder gute Moslim, der zur
heiligen Fahne komme, dreyßig Piaster auf die Hand, und zwey
Aspern Zulage des Tages erhalten solle, zog nur Wenige herbey;
diese Wenigen, die sich auf dem Platze des Serai unter der heiligen
Fahne versammelt hatten, zerstreuten sich wieder Nachmittags, und
gegen Abend wurde dieselbe an ihrem Orte am zweyten Thore des
Serai aufgesteckt, wo die Minister übernachteten. Der Großwesir und
die Wesire im Zimmer der Herren der Audienz, der Oberstlandrichter
Damadsade, weil er krank, im Zimmer Sultan Murad's, der Mufti
und die anderen Ulema im Zimmer der Bostandschi.

30.
Sept.
1730 Am folgenden Tage, Sonnabend, trat der Mufti mit Sulali
Efendi und dem Scheich von Aja Sofia, Jspirisade, zwey Hebeln
des Aufruhres, unter die versammelten Ulema, weinte ihnen zuerst
von seinem hohen Alter vor, und wie es ungerecht, seinen weißen
Bart in seinem Blute zu waschen, und nachdem Alle: Da sey Gott
dafür! ausgerufen, fuhr er fort, daß, da die Zetteln der Aufrührer,
welche einen Jmam (Herrscher) von löblichen Eigenschaften verlang=
ten, bekannt, das einzige Rettungsmittel die Absetzung des Sultans
sey. Nachdem hierauf das Morgengebeth verrichtet worden, begaben
sie sich durch den innersten Garten nach dem Köschk von Eriwan, wo=
hin auch der Großwesir kam; „Ich bin ein todter Mann [1]," sagte er,
„aber es liegt uns Allen ob, auf die Rettung des Herrn zu denken,"
und dann zum Mufti gewandt: „Der Padischah hat dich, den Kapudan=
„pascha und Kiaja abgesetzt und verbannt;" sie wurden sogleich nach dem
Zimmer der Bostandschi abgeführt. Da Damadsade sich wegen Krankheit
und Alter die Muftistelle anzunehmen weigerte, wurde der Richter von
Medina, Mustafa Efendi, dazu bewogen, und da kein weißer Pelz vor=
handen war, mit grünem bekleidet. Der Segbanbaschi, welchen man

[1] Ssubhi Bl. 7.

zum Janitscharenaga ernennen wollte, entschuldigte sich, weil, sobald
er nicht auf Seite der Rebellen, er in tausend Stücke zerrissen wer=
den würde. Es wurde nun berathen, wer an die Rebellen zu senden
sey mit der Antwort auf die von ihnen neuerdings eingesandte Ver=
bannungs = und Verdammungsliste. Die Wahl fiel auf zwey Ulema,
den Scheich der neuen Moschee, Seid Mohammed, und den abgesetz=
ten Richter von Salonik, Ammadsade Seid Mohammed; diesem gab
der Sultan noch den geheimen Auftrag mit, im schlimmsten Falle auch
den Großwesir zu opfern [1]). Der Capitän Abdi wurde zum Kapudan=
pascha, der alte Nikbeli Aliaga zum Kiajabeg ernannt. Bis jetzt ent=
behrten die Rebellen der oberen Janitscharenofficiere, deren keiner sich
zu ihnen geschlagen; ihren Mustermeister, den alten Suleiman, zo=
gen sie mit Gewalt aus dem Hause, wo er sich verborgen hielt, und
ernannten ihn zum Reis Efendi; den Sattler Mohammed zum Aga,
einen ihrer Tschausche, Orli, zum zweyten, einen abgesetzten Fiskal
zum ersten Generallieutenant, einen Professor der Achter, den närri=
schen Ibrahim, zum Richter von Constantinopel, und den Sulali zum
Oberstlandrichter Anatoli's. Als Ammadsade mit der Bothschaft des
Sultans an die Rebellen kam, berathschlagten sie darüber eine Stun=
de lang in der Mittelmoschee, beharrten aber auf ihren ersten Forde=
rungen, und begehrten die Bestätigung ihrer Ernennungen. Mit die=
sen Begehren sandten sie ihren Reis und Oberstlandrichter ins Serai,
welchen ihr Begehren gewährt, und darüber von Seite des Sultans
eine von allen Ulema unterfertigte Urkunde, welche ihnen gänzliche
Sicherheit verbürgte, eingehändigt ward. Gegen Abend forderte der
Kislaraga dem Großwesir das Siegel ab, und führte denselben dem
Kapudanpascha und Kiajabeg im Gemache des Henkers unter dem Mit=
telthore des Serai bey. Mit dieser Nachricht ging der Reis Suleiman
an die Rebellen zurück. In der Nacht war noch berathschlagt worden, 1. Oct.
ob man die drey Schlachtopfer des Aufruhres lebendig oder todt aus=   1730
liefern solle, und es ward auf alle Weise unschicklich befunden, diesel=
ben lebendig zu liefern. Sobald der Tag graute, wurden der Mufti
und der Oberstlandrichter auf's eiligste zum Sultan berufen, und der
Befehl zur Hinrichtung der in Gewahr Gehaltenen ertheilt. Der Mufti
und der Oberstlandrichter wagten zu fragen, was denn die Ursache so
großer Eile vor Tagesanbruch. Es ward geantwortet, die Gasse vor
dem Köschk der Aufzüge sey voll Rebellen. Der Oberstlandrichter von
Rumili sagte: „Mein Padischah! sendet doch ein Paar eurer Diener
„nach dem Köschk der Aufzüge, um die Wahrheit zu erforschen." So=
gleich gingen der Scheich von Aja Sofia und Sulali, und berichteten,
als sie zurückkamen, daß keine Seele auf der Straße [2]). Indessen
waren die drey erwürgt; auf einem mit Ochsen bespannten Wagen wur=
den ihre Leichname aus dem Serai den Rebellen auf den Fleischplatz zu=

[1]) Ssubhi Bl. 8. [2]) Derselbe Bl. 9.

geführt. Diese warfen den Leichnam des Kapudanpascha vor die Fon=
taine Chorchor, den des Kiajabeg vor das Thor des Fleischplatzes auf
die Wegscheide, den des Großwesirs auf den Platz des Serai vor die
von ihm erbaute herrliche Fontaine. Die Rebellen behaupteten, daß
der Leichnam des Großwesirs nicht der seinige, sondern der des Ru=
derknechtes Manoli sey, und daß sie der Sultan betrogen. Ispirisade
war unverschämt genug, dem Sultan ins Gesicht zu sagen, daß ihn
die Rebellen nicht weiter als Padischah wollten. Da erklärte Sultan
Ahmed den Ulema, daß er den Thron abzutreten bereit, daß aber ein
Paar aus ihnen sich zu den Rebellen verfügen möchten, von denselben
die Sicherheit seines Lebens und seiner Kinder beschwören zu lassen.
Sie schwiegen erstaunt und verwirrt; aber Ispirisade und Sulali,
die beyden mit dem Aufruhre Einverstandenen, übernahmen den Auf=
trag; drey Stunden nach Sonnenuntergang kamen sie ins Serai mit
der Antwort zurück, daß die Rebellen es zufrieden seyen, und der
Scheich Ispirisade berichtete, daß sie auf den Koran geschworen, die
Person des Sultans und seiner Kinder unangerührt zu lassen; nur
Derwisch Mohammed der Kämmerer, welcher in der Eigenschaft des
von den Rebellen dazu ernannten Tschauschbaschi mitgekommen, er=
schreckte den Sultan mit der Versicherung, daß auch für sein Leben zu
fürchten seyn dürfte. Eine halbe Stunde darnach wurde Sultan Mah=
mud, der Sohn Mustafa's II, vor den Sultan gebracht, der ihn auf
die Stirne küßte, Sultan Mahmud ihm die Hand als dem Oheim;
auf S. Ahmed's Zeichen küßten die Prinzen, seine Söhne, dem Vet=
ter Padischah huldigend die Hand. Nach einer Viertelstunde bestieg er
im Saale des Prophetenmantels den Thron, steckte die diamantenen
Reiger auf den Kopf, zeigte sich den Abgeordneten der Rebellen, die
gekommen, ihn zu sehen, und empfing um Mitternacht die Huldigung
der Herren des innersten Hofstaates. Zettel wurden ausgesandt, die
Ulema, die Generale der Truppen und die Rebellen mit Sonnenauf=
gang zur Huldigung einzuladen. Die ersten erschienen, aber die Re=
bellen kamen nicht; sie fürchteten, daß Minen unter dem Serai sie in
die Luft zu sprengen angelegt seyen, und begehrten ihre Officiere. Es
wurde ihnen geantwortet: die Officiere würden ihnen am Thore des
Serai übergeben werden. So erschienen sie denn endlich, und huldig=
ten dem Sultan Mahmud. Nach vollzogener Huldigung kehrten die
Ulema und Minister in ihre Häuser, die Rebellen mit ihren Officieren
in ihre Zelte auf den Fleischplatz zurück ¹).

Der Überblick der sieben und zwanzigjährigen Regierung Ah=
med's III. zeigt uns dieselbe als eine der rühmlicheren osmanischer
Sultane. Drey Friedensschlüsse, wenn gleich nicht rühmlich durch die
dazu bewegenden Gründe, hatten dem Reiche Morea, Assow und die
persischen Länder zugeschlagen. Die osmanischen Heere waren zwar

¹) Ssubhi Bl. 10.

von den kaiserlichen besiegt worden, und nebst Temeswar und Bel=
grad war ein Theil Servien's verloren gegangen, aber dieser Verlust
ward reichlich durch die Wiedereroberung Morea's ersetzt; der Friede
am Pruth hatte Assow, die Gränzfestung, dem Reiche wiedergegeben,
und der Friede mit Eschref den Besitz der im Theilungstractate mit Ruß=
land angesprochenen, und dann durch die osmanischen Waffen erober=
ten persischen Länder bestätigt. Nachdem Ahmed in den ersten fünfzehn
Jahren seiner Regierung dreyzehnmahl den Großwesir gewechselt, harrte
er die letzten zwölf unter Ibrahim aus. Jener Wechsel ward theils
durch die Unfälle des Krieges und Friedens, wie die Schlacht von Pe=
terwardein und der Friede am Pruth, größten Theils aber durch die
Ränke des Serai herbeygeführt, indem, so lange der Silihdar Ali
noch im Serai, die Großwesire nach dessen Gutbefinden ernannt und
abgesetzt wurden; einigen stand auch der mächtige Kislaraga, der lange
Suleiman, und sein Nachfolger Anber Mohammed entgegen, aber
mit dem Eintritte Ibrahim's herrschte die größte Einigkeit unter den
höchsten Staats = und Hofämtern. Wie Ahmed Köprili besetzte er die
höchsten Würden des Reiches mit Gliedern seiner Familie; der Ka=
pudanpascha und Kiajabeg hatten des Großwesirs Töchter erster Ehe
zu Frauen, sein Sohn und zwey seiner Neffen mit Töchtern des
Sultans vermählt, saßen als Wesire unter der Kuppel des Diwans.
Der Mufti und Kislaraga waren, wenn nicht seine Werkzeuge, doch
der Ausführung seiner Plane nicht entgegen, aus Überzeugung ihrer
Zweckmäßigkeit, oder aus Furcht vor seiner Allmacht. Der Kislaraga
war Beschir, welcher dem Sultan Ahmed noch als Prinzen zuge=
theilt, nach dessen Thronbesteigung des höchsten Vertrauens gewürdigt,
gleich im ersten Jahre nach derselben die kaiserliche Amme auf ihrer
Wallfahrt nach Mekka begleitete, dann zum Schatzmeister ernannt,
neun Jahre hernach zugleich mit dem Kislaraga, dem langen Sulei=
man, abgesetzt, nach Cypern, Ägypten und Dschidde verwiesen, eine Zeit=
lang die Stelle des Scheichol=harem von Mekka versah. Vier Jahre
hernach wurde er zur Würde des obersten Aga des Hauses der Glücksse=
ligkeit ins Serai berufen [1]), und behauptete diese oberste Würde des
Verschnittenen nicht nur vierzehn Jahre lang unter der Regierung S.
Ahmed's III., sondern auch unter der Regierung S. Mahmud's I., seines
Nachfolgers, noch sechzehn Jahre, während deren noch mehr als ein=
mahl von ihm die Rede seyn wird. Seine Macht, welche unter der
Regierung S. Mahmud's so überwiegend erscheinen wird, ward unter
der S. Ahmed's durch des Großwesirs vorwiegende niedergehalten,
und handelte mit derselben im Einklange. Durch so langwierige und
einhellige Regierung ward es dem Großwesir Ibrahim möglich, im
Inneren so viele und nützliche Einrichtungen durchzusetzen, so viele
Bauten aufzuführen, und doch so viele Schätze zu sammeln, als nach

---

[1]) Resmi Ahmed's Lebensbeschreibungen der Kislaraga die 37.

feinem Tode gefunden wurden: in drey unter dem Taubenſchlage ſei=
nes Hauſes begrabenen Kiſten ſechzigtauſend Ducaten '), in einer vier=
ten Kiſte Juwelen, mit der Einrichtung des Hauſes an Teppichen,
Shawlen, Waffen, Prachtgefäßen auf dreytauſend Beutel Goldes ').
Dieſe Schäße beweiſen die verwaltende Klugheit des Großweſirs und
die ergiebigen Finanzquellen des osmaniſchen Reiches, und können nicht
als Beweiſe von Geiz oder grauſamer Erpreſſung geltend gemacht
werden. Die Anklage von Geiz wird durch die Großmuth ſeiner Stif=
tungen widerlegt '), die von grauſamer Erpreſſung durch ſeine Milde,
welche Hinrichtungen als Finanzmittel hintanwies. Wie die Stiftungs=
briefe von ſeiner Großmuth zeugen, ſo von ſeiner Sachkenntniß, Mä=
ßigung und Staatsklugheit das von ihm eigenhändig entworfene Schrei=
ben an den Statthalter von Bagdad ⁴) nach der von Eſchref erlittenen
Niederlage bey Hamadan, worin er dem Statthalter guten Rath und
Ermunterung zu beſſerer That einflößt. Sanften majeſtätiſchen Bli=
ckes, angenehmer und einnehmender Stimme, beſaß Ahmed die Eigen=
ſchaften des Mannes, welche die Liebe der Frauen erwerben. Großer
Liebhaber von Frauen und Vögeln, von Tulpen und Nelken, von
Spiegeln und Lampen, Vater von einigen und dreyßig Kindern, wur=
de er von ſeinen Gemahlinnen aufs zärtlichſte geliebt. Er beſchäftigte
ſich mit ihnen ſtickend und koſend, und unterhielt ſie mit ſtets neuen
Unterhaltungen der Tulpenbeleuchtungen und Zuckergaſtereyen ⁵). Je
mehr er ſich damit beſchäftigte, ſo ſicherer war der Großweſir allein
zu herrſchen. Das letzte Beyſpiel eines ganz ſelbſtſtändigen Sultans,
welches Murad IV. gegeben, blieb in dieſem wie im vorigen Zeit=
raume unnachgeahmt. Unter anderen Sultanen herrſchten Weiber oder
Hämmlinge, Mütter oder Günſtlinge, unter Ahmed wenigſtens mit
ungetheilter unumſchränkter Macht der Großweſir, was immer ein
Lob für nicht ſelbſt herrſchenden Sultan, weil die Einheit der Herr=
ſchaft immer beſſer als die vielgetheilte. Die Regierung Sultan Ah=
med's III., welchen der Aufruhr vom Throne ſtürzte, worauf er ihn
gehoben, iſt unter den osmaniſchen der geſchichtlich merkwürdigſten
eine, durch die Frieden von Paſſarowicz und vom Pruth, durch den
Theilungstractat Perſien's mit dem Czar, und die Bekräftigung des=
ſelben durch den unrechtmäßigen Schah, durch die nützlichen Einrich=
tungen und glänzenden Feſte, durch die Gegenwart zweyer chriſtlicher
Könige, Carl's XII. und Stanislaus Lesczinsky's, als Gäſte zu Ben=
der, durch die Zuflucht, welche Rákóczy und Bonneval fanden, durch
die Bauten von Luſtſchlöſſern und Moſcheen, durch die Stiftung von
vier Bibliotheken zu Conſtantinopel und die Einführung der Druckerey.

') Relation des deux rebell. p. 46. ²) Eben da p. 47. ³) Zwey Stiftungs=
briefe für ſeine Schule, Bibliothek, Fontaine, im Inſcha des Reis Mohammed
Efendi Nr. 164 und 171. ⁴) Tſchelebiſade 5 Folioſeiten, von Bl. 130—133.
⁵) Petis de la Croix Hist. de l'Empire Ottom.

Sechs und sechzigstes Buch.

Rebellenherrschaft vertilgt. Die Woiwoden der Moldau und Wa=
lachey. Kabakulak's Großwesirschaft. Kermanschahan und Hamadan
wieder erobert. Schlacht bey Koridschan. Persischer Friede. Abse=
tzung des Großwesirs Topal Osman, des Kapudanpascha, Mufti
und anderer. Fußstapfenstein. Kleiderverboth. Audienzen christlicher
Gesandten. Die Kabarta. Des Großwesirs Ankunft zu Constanti=
nopel. Münze. Wasserleitung von Bagdscheköi. Krieg mit Persien.
Entsatz von Bagdad. Topal Osman's Schicksale und Charakter.
Beförderungen, Hinrichtungen. Einrichtungen, Großwesirschaft
Ismail's. Lusthäuser. Geburtsfeyer des Propheten bestimmt. Feth=
girai's Zug nach dem Kaukasus. Diplomatische Verhandlungen
europäischer Minister an der Pforte. Kriegserklärung. Aufzug der
Zünfte. Auszug des Heeres. Krieg in Persien. Schlacht am Ar=
patschai. Unterhandlungen und Abschluß des persischen Friedens.

Sultan Mahmud saß auf dem Throne, aber es herrschte noch das
Ungethüm des Aufruhres, an deren Spitze die gemeinen Janitscharen
Patrona Chalil und Mußli. Der erste erschien vor dem Sultan, der,
neugierig ihn zu kennen, in Janitscharentracht mit nackten Beinen.
„Was kann ich für dich thun?" fragte der Sultan. „Mein höchster
„Wunsch ist erreicht, indem ich dich auf den Thron gesetzt, nun weiß
„ich wohl, daß meiner schimpflicher Tod harrt." — „Ich schwöre dir
„bey meinen Ahnen, daß dir nichts Leides geschehen solle, begehre
„eine Belohnung, sie ist dir in voraus gewährt"[1]. Patrona bath um
die Aufhebung der neuen lebenslänglichen Pachtungen (Malikiane),
welche das Volk drückten, und dieselben wurden sogleich aufgeho=
ben[2]. Die Ministerstellen wurden geändert, alle Schützlinge und
Freunde Ibrahimpascha's entfernt, die Großwesirschaft dem Silihdar
Mohammedpascha, Eidam des vorigen Sultans, welcher ihm nach
Ibrahim's Hinrichtung das Siegel verliehen, bestätiget. Auf dem
Fleischplatze strömte noch immer das niedrigste Gesindel zu den Fah=
nen des Aufruhres, um des Janitscharensoldes theilhaftig zu werden.
Der erste Generallieutenant, wiewohl ein Geschöpf der Rebellen, wi=

---

[1] Hist. des deux rebellions p. 41, und die relazione. [2] Ssubhi Bl. 10.

dersetzte sich solcher Entwürdigung der Janitscharenrollen, sogleich war
er von Patrona nieder=, vom Gesindel in tausend Stücke gehauen ¹).

Am nächsten Freytage wurde der Sultan in der Moschee Ejub's nach
altem Brauche vom Vorsteher der Emire mit dem Säbel umgürtet.
Unmittelbar vor ihm ritten Patrona und Mußli, die beyden Pole des
Aufruhres, in keinen Turbanen, mit unbekleideten Beinen, Gold un=
ter das Volk auswerfend. Statt der bey dieser Gelegenheit sonst ge=
wöhnlich geschenkten zwölf Beutel Goldes ließ der Sultan deren
fünfzig vertheilen ²). Die Rebellen begehrten nun die Erlaubniß,
alle Lusthäuser, welche seit sechs bis sieben Jahren die Minister und
Großen an den beyden Ufern des Canals der süßen Wasser dem
Sultan zu Gefallen angelegt, zu verbrennen. Der Sultan gab hier=
auf Bescheid: „Zum Verbrennen geb' ich meine kaiserliche Zustim=
„mung nicht, wir würden zum Gelächter der christlichen Völker, ich
„erlaube bloß, daß man die Gebäude zerstöre." So vorwiegend war
schon durch S. Ahmed's Regierung die Scheu vor dem Urtheile
christlicher Höfe und Völker, daß die Furcht, in den Augen der=
selben lächerlich zu erscheinen, der Beweggrund zu des Sultans Be=
scheid. Hundert und zwanzig Köschke und Lusthäuser, welche zum
Theile nach dem Muster französischer Gartenanlagen gebaut waren,
wurden zerstört und geschleift, doch nicht so ganz dem Grunde ent=
wurzelt, daß nicht nach hundert Jahren noch Spuren des Mauer=
werkes und die Grundfesten vieler dieser Köschke vorhanden, deren
stolze Bestimmung, die Gegend der süßen Wasser zur Nebenbuhlerinn
des Bosporos zu erheben. Die Stelle des Kapudanpascha, welche so=
gleich nach Verhaftung des letzten dem Abdipascha verliehen worden
war, erhielt Hafif Ahmedpascha, mußte dieselbe aber schon nach zwan=
zig Tagen an Dschanüm Chodscha abgeben, welcher schon zur Zeit
der Eroberung Morea's Admiral gewesen. Der Sohn und der Schwie=
gersohn des Mufti Feisullah, welche bey der letzten Thronumwälzung
vor sieben und zwanzig Jahren nach Brusa verbannt worden waren,
Seid Mustafa und Mahmud Efendi, wurden durch den neuen Muf=
ti Mirsafade Scheich Mohammed Efendi von ihrer Verbannung zu=
rückberufen ³), aus der Hauptstadt davon geführt, und nach sieben
und zwanzig Jahren wieder zurückgewälzt durch des thronumwälzen=
den Aufruhres decumanische Woge. So wurden auch der Secretär der
Janitscharen, welcher vom Großwesir Ibrahimpascha seit zwölf Jahren
nach Kallipolis, und der Kämmerer Chißim Mohammed, welcher seit
fünf Jahren nach Salonik verwiesen war, zurückberufen ⁴), dafür
wurden die von den Rebellen Ernannten, der Oberstlandrichter Ru=
mili's, Feisullah, der erste Richter Constantinopel's, Abdurrahman,
und Raschid Mohammed (der Geschichtschreiber, letzte Bothschafter in

---

¹) Histoire des deux rébellions p. 51. Ssubhi Bl. 10. ²) Hist. des deux
rébellions p. 55. ³) Ssubhi Bl. 10 und 15. ⁴) Derselbe Bl. 10.

Perſien) als Geſchöpfe des hingerichteten Großweſirs und Kiaja, der erſte nach Mitylene, der zweyte nach Chios, der dritte nach Kos, der vorige Reis Efendi Mohammed, welcher ſeit zwölf Jahren, d. i. während der ganzen Regierung des letzten Großweſirs in alle Staats= geheimniſſe eingeweiht, nach Tenedos ¹) verwieſen. Die vorigen Ge= nerale der Janitſcharen und Zeugſchmiede und der Generallieutenant der erſten wurden, weil den Rebellen ihre Gegenwart zu Conſtantinopel mißfällig, ins Elend getrieben ²); auch der Boſtandſchibaſchi Kara= kulak wurde auf Begehren der Rebellen nach Mitylene verwieſen, und ſeine Stelle dem Chazeki verliehen, welcher die Bothſchaften S. Ah= med's an die Rebellen, von dieſen an ihn gebracht ³). Der Rebellen= mund Jspiriſade, der Scheich Prediger von Aja Sofia, verſtummte plötzlich auf der Kanzel inmitten ſeiner Predigt, vom Schlage gerührt, was als Wirkung der Verwünſchungen des abgeſetzten Sultans ange= ſehen ward. ⁴). Die Scheiche der zwölf kaiſerlichen Moſcheen rückten der Ordnung nach vor; zwey Janitſcharenhauptleute, Kara Muſtafa und Uſun Abdi, welche bey den Janitſcharen ihrer Strenge willen verhaßt, ſich gleich Anfangs des Aufruhres verſteckt hatten, wurden aus ihren Schlupfwinkeln hervorgezogen, und auf dem Fleiſchmarkte zuſammengehauen ⁵). Nach drey Tagen wurde das gewöhnliche Thron= beſteigungsgeſchenk geſpendet, welches in hundert fünfzig Wagen, je= der mit fünfzig Beuteln beladen, auf den Fleiſchplatz geführt ward, die achthalbtauſend Beutel wurden unter vierzigtauſend Janitſcharen, deren jeder fünf und zwanzig Piaſter erhielt, achtzehntauſend Kano= niere, zwey und zwanzigtauſend Zeugſchmiede, und zwanzigtauſend Sipahi vertheilt. Nach dieſer Zahlung trennten die zufrieden geſtellten Truppen ihr Intereſſe von dem des zuſammengelaufenen Geſindels, und erklärten ſich bereit, dem Fetwa des Mufti zufolge, als gute Mos= limen unter der heiligen Fahne wider die, ſo ferners Unruhe ſtiften wollten, zu ziehen. Die Rebellen capitulirten auf zwey Bedingniſſe, daß keiner von ihnen wegen Aufruhrs geſtraft, daß ihnen drey Fahnen offen zu halten erlaubt ſey, unter denen ſie ſich verſammeln könnten, wenn etwas wider ſie im Schilde geführt würde. So wurden denn die Zelte vom Fleiſchmarkte abgebrochen, und am vierzehnten Tage 11.Oct. nach ausgebrochenem Aufruhre die während deſſelben verſchloſſenen 1730 Buden des Marktes wieder geöffnet ⁶).

Unter den Ämterveränderungen, welche die Rebellenherrſchaft be= wirkte, ſind die des Miniſters des Inneren und der beyden Fürſten der Moldau und Walachen, und des Chans der Krim die bemerkens= wertheſten. Weil der alte Aliaga von Nikde als Miniſter des Inne= ren den Rebellen nicht ganz zu Gefallen lebte, klagten ſie ihn der Be= ſtechlichkeit an, und erhielten die Ernennung des Oberſtſtallmeiſters

---

¹) Ssubhi Bl. 13. ²) Derſelbe Bl. 15. ³) Derſelbe Bl. 12. ⁴) Eben da.
⁵) Eben da. ⁶) Hist. des deux rébellions p. 65 am 12. Ssubhi Bl. 13.

14. Muſtafabeg an deſſen Stelle. In der Walachey war vierzehn Tage
Sept. vor Ausbruch des Aufruhres Nikolaus Maurocordato, ein Sohn des
1730 großen Alexander Maurocordato, geſtorben, ein gelehrter Fürſt, der
als Schriftſteller in ſeines Vaters ehrenvolle Fußſtapfen trat, und deſ=
ſen Buch über die Pflichten in der neugriechiſchen Literatur denſelben
Platz behauptet, wie das Cicero's in der römiſchen. Deutſche Gelehr=
te, mit denen er ſich umgab [1]), verfaßten Lobſchriften auf ihn, wie
Wolf und Hoelbius; andere beſorgten die Ausgaben ſeiner Werke,
wie Bengler; der als Vanderbech in den Adel erhobene Grieche Schen=
do, ſein Arzt, hingegen ſchrieb Satyren auf ihn [2]). Dankbarer für
den Fürſten und die Literatur ſeines Volkes arbeitete an ſeinem Hofe
der griechiſche Philolog Demeter Procopius aus Mochopolis, welcher
eine Überſicht der neugriechiſchen Gelehrten im ſiebzehnten Jahrhun=
derte und zu Beginne des achtzehnten gab, die erſte Grundlage neu=
griechiſcher Literatur=Geſchichte [3]). An ſeine Stelle war ſein Neffe,
Conſtantin Maurocordato, Sohn des Johann, ernannt worden; die=
ſen hob nun nach vier Wochen durch der Rebellen Unterſtützung der
Feind ſeines Vaters, Richard Rakoviza, beygenannt Dſchihan, d. i.
die Welt [4]). Hundert fünfzigtauſend Piaſter waren der Kauffſchilling
17.Oct. der Fürſtenwürde [5]). Weit ſchreyender war die Änderung des Woi=
woden der Moldau, Gregor Ghika's, dem erſt vor vier Tagen das Be=
ſtätigungsdiplom des neuen Sultans zugeſendet worden. Einem grie=
chiſchen Fleiſcher Nahmens Janaki, welcher dem Rebellenhaupte Pa=
trona Chalil während des Aufruhres Fleiſch auf Borg gegeben und
Geld geliehen, ſchwindelte der Kopf ſo ſehr von Rebellengunſt, daß er
ſich zu dem Wunſche des Fürſtenſtuhles der Moldau verſtieg, den ihm
Chalil Patrona gegen fünfhundert Beutel ſogleich zuſagte, und dem
Großweſir durch ſeinen Spießgeſellen Mußli Wort ſandte, den Flei=
ſcher zu fürſten. Vergebens entgegnete der Großweſir, daß Gregor
Ghika erſt vor vier Tagen beſtätigt worden ſey. „Was mag der Unter=
„ſchied wohl ſeyn,“ entgegnete der Rebelle, „zwiſchen Giaur und
„Giaur?“ Der Großweſir entſchuldigte ſich, daß er dieß ohne des
Sultans Befehl nicht auf ſich nehmen könne. „So geht denn zum
„Sultan, aber ſeyd vor Allem bedacht, Patrona's Willen zu thun [6]).“
2. Nov. Sein Wille geſchah, zum erſten Mahle ward ein Fleiſcher als Fürſt
der Moldau eingekleidet, aber nicht der erſte und letzte der Hoſpodare
betrachtete er das Land als Schlachtbank. Eben ſo zwangen die Re=
bellen den Großweſir zur Abſetzung des Chans der Krim, Mengli=
girai, und zur Ernennung Kaplangirai's, welcher zu Bruſa weilte [7]).

[1]) Secretarii aulici Wolf Panegyricus in laudem Nic. Maurocordati.
Theodori Hoelbii oratio de literarum studiis Nicolai Maurocordati. [2]) Sep-
tem remedia Chymica alchymistica, in Engels Geſchichte der Walachey II.
S. 11 abgedruckt. [3]) In dem XI. Bande der bibliotheca graeca des Fabricius.
[4]) Engel's Geſchichte der Walachey II. S. 18. Sſubhi Bl. 14. [5]) Hist. des
deux rebellions p. 78. [6]) Eben da p. 93. [7]) Sebi Seiare Bl. 229.

Vergebens wollte der Großwesir die Ernennung zurückhalten, bis 23.Oct.
Mengligirai, der schon einberufen war, angekommen seyn würde; die   1730
Rebellen bestanden darauf, daß Kaplangirai sogleich von Brusa als
Chan nach Constantinopel geholt werde, und ihr Wille geschah [1]).
Dem Mengligirai ging der Befehl zu, in Janboli zu weilen, doch
hatten sich die Rebellen, welche im Chan die mächtigste Stütze zu finden
hofften, gewaltig verrechnet; denn während er mit ihnen dem
Scheine nach auf dem besten Fuße, diente er dem Kislaraga, welcher
den Plan zur Vertilgung der Rebellen entworfen, zum Werkzeuge.
Die Unverschämtheit ihrer Häuptlinge hatte den höchsten Grad erreicht.
Der Beyschläferinn Patrona's war ein Palast eingeräumt, und so
weit war's gekommen, daß sogar die Sultaninn Walide bey der Niederkunft der Janitscharenhure derselben Scherbet senden mußte [2]).
Der wackere Kislaraga Beschir war ernstlich bedacht, diesen unerträglichen Zustand zu enden. Als Werkzeuge zur Ausführung seines Planes ersah er sich Männer von erprobter Thätigkeit, wie Kaplangirai,
wie der Kapudanpascha Dschanüm Chodscha und Ibrahim, Kiaja des
ehemahligen Statthalters von Ägypten, Mohammed, welcher unter
demselben durch die Erstickung des gefährlichen Aufruhres Mohammed
Tscherkesbegs ein Probestück von Rebellenvertilgung gegeben. Der 29.Oct.
Chan, welchem der Oberstlandrichter von Anatoli, Sulali, den Plan
der Rebellen mitgetheilt, den Großwesir, Mufti und Kislaraga zu
stürzen, den Janitscharenaga zum Großwesir, den Patrona zum Kapudanpascha, den Mußli zum Janitscharenaga zu machen [3]), setzte die
Minister davon in Kenntniß, und berieth mit ihnen die Mittel zur
Ausrottung des Unheiles. Sulali war der Mann der Rebellen, nicht
so der Oberstlandrichter Rumili's, Paschmakdschisade, welcher Patrona's Anträge mit Verachtung von sich wies, das Gold, welches
Patrona unter dessen Leute vertheilt hatte, beym Fenster hinaus ins
Meer werfen ließ [4]). Der Kislaraga, Großwesir, Mufti und Tatarchan zogen in das Geheimniß ihres Planes noch den Defterdar, Kiajabeg und den Obersten des siebenten Janitscharenregimentes (bey welchem Patrona Chalil), einen stämmigen Mann, der seiner vorzüglichen Stärke willen Chalil der Pehliwan, d. i. der Ringer oder Kämpe, hieß. Durch diesen vertheilten sie fünftausend Ducaten unter die 23.Nov.
Janitscharen, und machten den Patrona Chalil des Großwesirs sicher.
Der Anschlag sollte schon in einer Rathsversammlung [5]) beym Großwesir ausgeführt werden, in welcher Patrona forderte, daß den Russen,
als Verbündeten der Perser, der Krieg erklärt würde; der Tatarchan
sprach entgegen; die Rebellen waren zu zahlreich, um etwas wider
sie zu unternehmen; so würde die Ausführung des Anschlages auf
zwey Tage später vertagt, wo abermahl des russisch-persischen Krieges 25.Nov.

[1]) Ssubhi Bl. 15. [2]) Derselbe Bl. 16. [3]) Hist. des deux rébellions p. 87.
[4]) Eben da p. 100. [5]) In Ssubhi steht Bl. 17.

IV.   18

willen Diwan an der Pforte. Chalil Pehliwan und zwey und dreyßig rüstige Männer wurden im Fayencezimmer versteckt [1]). Nachdem die Berathung zu Ende, kündete der Großwesir dem Patrona Chalil an, daß Se. Maj. der Padischah ihn als Beglerbeg von Rumili einzu= kleiden huldreichst beschlossen habe. „Ich nehme den Pelz nicht," schrie Patrona, den Großwesir mit Reden anfeindend, denn er wollte Ja= nitscharenaga seyn. Es wurde beschlossen, der Kriegserklärung willen sich ins Serai zu begeben. Chalil der Pehliwan und die zwey und dreyßig Janitscharen, seine Helfer, begaben sich dahin durch das Thor der kalten Fontaine, nach dem Saale der Soffawächter, der Groß= wesir, der Chan, der Mufti, der Kapudanpascha, die Ulema mit Pa= trona und Mußli ins Köschk von Eriwan, die anderen Officiere weil= ten im Saale des Löwenhauses. In dem Augenblicke, als der Sultan auf dem Soffa Platz genommen, gibt der Großwesir das verabredete Zeichen. Chalil und seine zwey und dreyßig brechen aus dem Saale, wo sie verborgen waren, hervor; weil es der Kämpe aber eines wa= ckeren Mannes unwürdig hält, den Feind von hinten und heimlich anzufallen, tritt er vor Patrona mit der Frage: „Wer ist der Kerl, „der Janitscharenaga seyn will?" Patrona ergreift das Seitengewehr zu seiner Vertheidigung; er und Mußli wurden zusammengehauen, der alte Wunli den Bostandschi in Gewahr gegeben. Sechs und zwan= zig ihres Gefolges, welche beym Löwenhause, wurden nach und nach unter dem Vorwande der Pelzbekleidung eingeführt und niedergemacht. Muhsinsade Abdullah wurde zum Janitscharenaga, Chalil Pehliwan zum ersten Generallieutenant ernannt. Sulali und der Richter von Constantinopel, Geschöpfe der Rebellen, wurden zu Sandschakbegen ernannt, und dadurch der Vorrechte der Ulema verlustig, mit dem Mir Aalem Derwisch Mohammed dem Bostandschibaschi zur Gewahr übergeben. Die Minister wünschten dem Sultan zu diesem über die Rebellen erfochtenen Siege Glück, ein Chatt= scherif dankte den Jani= tscharen für ihre wider die Rebellen bewährte Treue [2]), fünfzigtau= send Piaster wurden unter die Janitscharen, dreyßigtausend unter die Topdschi, fünf und dreyßigtausend unter die Dschebedschi vertheilt [3]).

Eines der thätigsten Werkzeuge dieser Rebellenvertilgung [4]) war der Oberstkämmerer Ibrahimaga gewesen, beygenannt Kabakulak, d. i. vom groben Ohre. Sohn eines Raja von Karahißar, war er schon vor vierzig Jahren als Kammerdiener in die Dienste des tugendhaf= ten bey der Schlacht von Slankamen gebliebenen Köprili getreten, hatte sich unter den folgenden Großwesiren in den Ämtern der Kam= mer vom Secretär zum Chodscha (Herrn des Diwans) emporgeschwun= gen, hierauf in dem letzten Kriege wider Österreich als Kiaja Köprili's (des Sohnes seines Herrn) Bosnien mit dreyßigtausend Mann in

[1]) Ssubhi Bl. 18. [2]) Derselbe Bl. 19. [3]) Hist. des deux rebellions p. 130.
[4]) Eben da p. 115.

trefflichen Vertheidigungszustand gesetzt, dann als Kiaja in Ägypten die Empörung Tscherkes Mohammedbeg's unterdrückt. Zur Belohnung seiner in der Rebellenvertilgung geleisteten guten Dienste war ihm die Westrswürde und Statthalterschaft von Haleb verliehen worden. Der 18.Dec. Großwestr, auf seine Gegenwart zu Constantinopel als die eines gefähr- 1730 lichen Nebenbuhlers mit Recht eifersüchtig, suchte ihn mit Gewalt zu entfernen, brach sich aber dadurch selbst den Hals, denn der Kislaraga Beschir wandte jetzt dem Grobohre das des Sultans zu, und er wur- de zum Großwestr ernannt [1]); der erste von zwölf Großwestren, wel- 22.Jan. che der allmächtige Kislaraga Beschir binnen fünfzehn Jahren geschaf- 1731 fen, und, sobald sie ihm nicht mehr anstanden, vernichtet. Der abge- setzte Großwestr erhielt das Amt und die Bestimmung seines Vorfahrs, sich eiligst zum Serasker von Bagdad zu begeben [2]). Kaum hatte Ka- bakulak zwey Monathe seinen Posten angetreten, als sich das Unge- thüm des Aufruhres von neuem regte [3]). Die Janitscharen überfielen ihren Aga an seiner Pforte, mit Mühe rettete er sich, durch einen Flintenschuß am Arme verwundet; abermahls wurden Kessel und 24. Zelte auf den Fleischplatz gebracht. Auf dem Fleischplatze und bey den März Fleischkesseln wurde der Aufruhr aufgekocht; kein Wunder, daß durch dieselben der Fleischer Janaki Fürst der Moldau geworden; er hatte das Schicksal seines Schützers Patrona getheilt, und dadurch sein un- glückvorbedeutendes Wort erfüllt, indem er dem Patrona, als er von ihm die Fürstenwürde begehrt, gesagt, daß er nicht länger als der- selbe zu leben wünsche. Er ward sogleich mit dem Gemetzel der Aufrüh- rer, in welchem binnen drey Tagen über siebentausend niedergemacht wurden [4]), geköpft [5]), und Gregor Ghika wurde als Fürst der Moldau bestätigt, so auch in der Walachey statt Rakoviza's wieder der vorige Fürst Constantin Maurocordato zum zweyten Mahle eingesetzt [6]). Um den aus den Fleischkesseln am Fleischplatze neuaufsteigenden Brodem des Aufruhres niederzuschlagen, ward die heilige Fahne ausgesteckt, die Dschebedschi, die Baltadschi des Serai und die Bostandschi, zogen wider die Aufrührer aus, und schlugen dieselben [7]). Nachdem die Hauptstadt wieder beruhigt, wurden die wichtigsten Ämter verändert; Pehliwan Chalil, der Kulkiaja der Janitscharen, welcher bessere Fauß in der Niedermachung Patrona Chalil's, als in der Zügelung der Ja- nitscharen bewiesen, wurde sammt dem Segbanbaschi abgesetzt, und nach Brusa verwiesen; ihre Stellen erhielten der ehemahlige Segban- baschi Hasan, der Deutsche, den wir schon zur Zeit der Kriegsbera- thungen wider Österreich als Generallieutenant der Janitscharen ge- kannt, und Abdulbakiaga; an die Stelle des Janitscharenaga Abdul- lah wurde Schahin Mohammedpascha gesetzt [8]), der Nischandschibaschi

---

[1]) In Ssubhi Bl. 21. [2]) Eben da. [3]) Bey Ssubhi Bl. 21. [4]) Hist. des deux rebell. 128. [5]) Dieselbe p. 131. [6]) Engel's Geschichte der Walachey II. S. 18. [7]) Ssubhi Bl. 22 und hist. des deux rebell. p. 140. [8]) Ssubhi Bl. 23.

Ahmed und Ahmedbeg, der Sohn Nuuman Köprili's, der zehnte und letzte Köprili, dessen die osmanische Geschichte in Staatsdiensten erwähnt, nahm mit dem dritten Roßschweife als Wesir unter der Kuppel Sitz. Sein Oheim Abdullah wurde der Statthalterschaft von Ägypten entsetzt, und dieselbe dem Statthalter von Kerkuk, dem vorigen Silihdar Mohammedpascha, verliehen [1]. Der Mufti Mirsafade Efendi wurde abgesetzt, und Paschmakdschisade Seid Abdullah Scheich des Islams [2]. Der Kapudanpascha Dschanüm trat seine Stelle an Abdipascha ab, welcher damit einen Augenblick während des Aufruhres 17.May bekleidet gewesen. Der Anlaß seiner Absetzung war, daß er, ohne auf 1731 die Pfortenbefehle zu achten, welche alle Kaffehhäuser, als den Sammelplatz der Mißvergnügten, geschlossen, neuerdings im Arsenale ein großes Kaffehhaus geöffnet, wo Lewende und Barbaresken (Dschanüm Chodscha war selbst daher) sich sammelten; auch hatte er franzö- 18.May sische Schiffe jüngst belästiget, und die der Flotte ohne Befehl unter Drohungen auf seine Faust, als wäre er ein Dai zu Algier, und nicht der Großadmiral des Sultans, ausgerüstet [3]. Der Richter von Constantinopel, Abdurrahman, verlor seinen Platz, weil die Minister die Erhöhung des Preises der Lebensmittel seinem Geize zuschrieben; seine Stelle erhielt der Imam des Sultans, der gelehrte Pirisade, dem wir noch mehr als einmahl auf den Wegen der Literatur und der Politik begegnen werden. Der Großwesir Kabakulak wüthete gegen die Rebellen durch heimliche und öffentliche Hinrichtungen; binnen sechs Monathen soll er deren fünfzehntausend aus dem Wege geräumt haben [4]; dennoch loderte aus dem mit Blut gelöschten Aschenhaufen 2.Sept. des Aufruhres die Flamme noch einmahl auf. Zwey Officiere der Dschebedschi, welche am Bade des Marktes der Hanfverkäufer vorübergingen, wurden von einem Haufen zusammengerotteter Albaneser, sich zu ihnen zu gesellen, gezwungen, zerstreuten dieselben aber glücklich, wofür sie mit Zulagen ihres Soldes belohnt wurden [5]. Doch murrte das Volk, daß der Großwesir in den Hinrichtungen nur Privatrache befriedige, und die Stadt durch unnöthige Runden aufläreme [6]. Deßhalb, oder vielmehr weil er undankbar gegen den Kislaraga, seinen Schöpfer, zerbrach dieser sein Geschöpf [7], und entfernte ihn als Statthalter nach Negroponte, auf derselben Galeere, die er 11. zur Verbannung mehrerer Opfer seiner Verfolgung bestimmt hatte [8]. Sept. Das Siegel wurde dem hinkenden Osmanpascha gesandt, und bis zu seiner Ankunft der Janitscharenaga als Kaimakam bestellt.

Osman der Hinkende aus der Morea war als Knabe durch Empfehlung einiger seiner Landsleute in seiner Jugend als Kosbegdschi, d. i. Nußwächter des Gartens, ins Serai gekommen, und hatte sich

[1] Ssubhi Bl. 25. [2] Derselbe Bl. 23. [3] Eben da. [4] Hist. des deux rébell. p. 150. [5] Ssubhi Bl. 26. [6] Eben da. [7] Hist. des deux rébell. p. 150. [8] Ssubhi Bl. 26.

schon im selben als Gartenvogt [1]) einen Nahmen gemacht. Unter Alipascha, dem zu Peterwardein gebliebenen Großwesir, hatte er zwey
Roßschweife, und erst jetzt nach der Thronumwälzung den dritten mit
dem Auftrage erhalten, als Inquisitor des Aufruhres Bosnien und
Albanien zu durchreisen, um die Albaneser, welche der Zunder des Aufruhres, bis in die entferntesten Schlupfwinkel ihres Vaterlandes, wohin sie sich von Constantinopel geflüchtet, zu verfolgen und zu vertilgen. Er befand sich zwischen Salonik und Seres, als er durch den
Kämmerer Mustafabeg das kaiserliche Siegel erhielt. Er kehrte nach
Constantinopel zurück, und wurde auf der Wiese bey Daudpascha von
dem Mufti und Kaimakam, den Oberstlandrichtern und dem Richter
von Constantinopel, dem Nischandschi und Oberstkämmerer, dem
Tschauschbaschi, Defterdar, Reis Efendi, den sechs Generalen der Reiterey, und den vieren des Fußvolkes [2]) mit herrlichem Gastmahle
empfangen, und dann nach altem Brauche an die Pforte begleitet,
wo alle mit Pelzen und Kaftanen bekleidet entlassen wurden. Nach
zertretenem Aufruhre ward wieder möglich, sich mit den persischen Angelegenheiten wirksam zu beschäftigen. Gleich nach der Thronbesteigung
waren, weil auf die von den beyden persischen Gesandten Risakulichan
und Weli ausgestellten Urkunden der Grundlage abzuschließenden Friedens keine Antwort kam, wieder Seraskere gegen Persien ernannt
worden, nähmlich der Statthalter von Bagdad, Ahmedpascha, der
von Karaman, Aarifi Ahmedpascha, der von Gendsche, Ibrahimpascha, zur Vertheidigung der Gränzen von Bagdad, Tebris und Gendsche, Rustempascha, welchem die Rebellen die Großwesirschaft zuwenden wollten, der sich aber sehr bescheiden und rechtlich benahm, als
Statthalter von Karaman zum Serasker auf Eriwan's Seite bestellt [3]). Der persische Chan Husein, welcher auf dem Zuge von Tebris
gegen Eriwan gefangen genommen worden, ward vor dem Kösck der
Aufzüge geköpft [4]). Die beyden persischen Gesandten, nachdem sie
einige Mahle mit dem Reis Efendi, dem Defter Emini, dem Cabinetssecretär des Großwesirs und dem Vorsteher der Gegenschreiber-
Kanzley der Reiterey zusammengetreten waren, wurden an den Serasker von Bagdad gesandt. Als sie in Diarbekr eingetroffen, traf
auch die Nachricht ein, daß die Perser den Araxes überschritten, und
daß Weli Mohammed Kulichan als Bothschafter der Thronbesteigung
unterwegs; dieser wurde nach Temeswar abgeführt, die von Constantinopel an die Gränze zurückgesandten Bothschafter zu Mardin eingesperrt. Noch schlimmeres Loos ward dem persischen Gesandten, welcher an Surchai, den türkischen Chan von Schirwan, gesendet worden, welcher ihn sammt seinem ganzen Gefolge umbrachte, und die
Köpfe an die hohe Pforte einsandte. Dem Surchai, welcher wegen

21.
Sept.
1731

[1]) Biographien der Großwesire von Mohammed Said. [2]) Ssubhi Bl. 28.
[3]) Derselbe Bl. 13. [4]) Derselbe Bl. 24.

feiner Auszeichnung in den letzten Feldzügen wider die Schahsewen
und Ssighinaken die Chanschaft von Schirwan für ewige Zeiten als
Hort und Herd ¹) für feine Familie erhalten hatte, und auch jetzt
mit mehr als dreyßigtaufend Mann das Feld nahm, dem es aber an
Geld fehlte, wurden von Seite der Pforte dreyßigtaufend Dneaten
gefendet. Ahmedpascha, der Serasker von Bagdad, begann der Erste
die Wiedereroberung der feit dem Ende der Regierung Ahmed's III.
von den Persern weggenommenen Pläte und Landschaften. Kerman-
Julius
1731schahan, mit seinen zwey und dreyßig Bastepen und zwey und zwanzig
Kanonen, wurde zurückerobert, Ardelan osmanischem Besite wieder
einverleibt ²). Nach Kermanschahan's Eroberung setzte sich das osmanische Heer gegen Hamadan in Bewegung unter dem Befehle des Seraskers Alipascha, des Doctorsohnes. Die Perser hatten sich gegen
Kaswin und Ebhar zurückgezogen, das osmanische Heer lagerte beym
Dorfe Ssalihabad in Hamadan's Nähe. Das Heer des Schahs bestand aus dreyßigtaufend Mann, von seinen beyden Feldherren Tahmaskulichan und Ali Merdan geführt. Das osmanische Heer marschirte
ihm entgegen, als zwey Gefandte, Fethalibeg von Tebris und Allah-
13.
Sept.werdi, erschienen, mit zwey von den drey ersten Begen des Schahs,
nähmlich von seinem Generale des Fußvolkes, Obersten der Leibwachen, und Chalifen der Chalifen, d. i. obersten Kanzler, unterschriebenen Schreiben, das eine an den Serasker, das andere an feinen
Kiaja gerichtet. Die Schreiben wurden mit gleichen entgegnet, und in
Erwartung der Antwort bis anderthalb Stunden vor das perfische
15.
Sept.Lager gerückt. Da brach am folgenden Tage eine Stunde vor Sonnenaufgang der Schah mit Karthaunen, fünf Falkaunen, zweyhundert fliegenden Kanonen, und über vierzigtaufend Mann in der Ebene
von Koridschan, sechs Stunden von Hamadan, hervor. Die Schlacht
war blutig, der Sieg für die Osmanen entschieden; von zwanzigtaufend perfischen Reitern follen nicht zwey lebend entkommen, vom perfischen Fußvolke drey Viertel zusammengehauen worden feyn ³), darunter der Schreiber des Heeres und der Chalife der Chalifen; zwey
und dreyßig Kanonen, zweyhundert fliegende mit dem ganzen Parke
des Fuhrwefens wurden erbeutet. Am folgenden Tage fiel Hamadan
mit sieben schweren Metzen, acht und zwanzig Falkaunen, zwey Bom-
benkesseln, zwölf fliegenden Kanonen. Zur Belobung und Belohnung
fo glänzenden Sieges wurde der zweyte Oberststallmeister mit Chatt-
scherif und Ferman an das Heer gefandt „dessen Schwert scharf, dessen
„Gesicht weiß, dem Brot und Salz rechtmäßig erworben." Dem Serasker „juwelenbefetzter Reiger als Schwinge des Ruhmes auf den
„Turban zu stecken, herzerfreuende Zobel, damit tapferen Leib zu be-
„decken, ländereroberner Säbel, damit die Feinde niederzustrecken ⁴),

¹) Ssubhi Bl. 24. ²) Derfelbe Bl. 28. ³) Derfelbe Bl. 30. ⁴) Das Chatt-
scherif und der Ferman in Ssubhi in voller Ausdehnung Bl. 30 u. 31.

„hundert fünfzig Kaftane für die Krokodille des Meeres und der Ta=
„pferkeit, für die Leoparden des Heeres und der Wackerkeit."

Nach der Schlacht von Koridſchan flohen die Perſer gegen Kum
und Kaſchan; die Osmanen verfolgten den Sieg in zwey Truppenab=
theilungen, deren eine vom Sandſchak Amaſia's geführt, ſieben bis
achttauſend Reiter, alle Dörfer in ihren Rücken verheerte; die andere
unter dem Befehle Ssadikaga's, des Woiwoden von Mardin, bis
gegen Iſsfahan ſtreifte. Der Schah hatte ſich nach Taharan geflüchtet,
da erſchien Mohammed Bakir mit einem Schreiben des Itimadeddew=
let, welches die Annahme des Kuridſchibaſchi Mohammed Riſakulichan   18.Nov.
als Bevollmächtigten zur Friedensunterhandlung anſuchte[1]). Der Se=   1731
rasker nahm die Sendung an, und begann die Friedensunterhandlung,
welche von der Pforte unter der Vorausſetzung, daß dadurch die Si=
cherheit der Gränzen nicht gefährdet, und dem osmaniſchen Heere kein
Vortheil aus der Hand gewunden werde, gut geheißen ward. Indeſ=
ſen hatte Alipaſcha der Doctorsſohn, und Ruſtempaſcha nach hartnä=
ckiger Belagerung eines Monaths die Stadt und Feſtung Urmia   15.Nov.
erobert. Der Stammfürſt Binanſchin, der Kurde Hakari, wurde,
nachdem die perſiſche Beſatzung binnen eilf Tagen mit tauſend Rei=
tern und Fußgängern ausgezogen, in Beſatzung hineingelegt, und
der Zug des Heeres ging nach Tebris[2]). Zwölftauſend Reiter nahmen
die Straße von Ssaukbulak und Meragha, den Chan von Biſutun
zu verfolgen. Der Serasker zog über Selmas nach der Ebene von
Tudſch. Hier ſtrömten von allen Seiten die Einwohner der Gegend
zuſammen, um vom Serasker Alipaſcha, der vormahls ſchon als ſol=
cher zu Tebris den Befehl geführt, Schonung ihrer Perſonen und ih=
res Eigenthumes zu erflehen. Zu Keſel Melek, zwey Stationen von
Tebris, kam Tadſcheddinſade Mohammed Riſa im Nahmen der Ein=
wohner mit den Älteſten der Vorſtädte Schenbghaſan, Hikemabad und
Bilankuh, um dem Sieger zu huldigen und Schutz zu erflehen. So=
gleich wurde der Binbaſchi Musaaga Jektſcheſchm, d. i. der Einaugi=
ge, mit dreytauſend Reitern auf den Schwingen der Eile zur Huth
der Stadt abgeſandt. Als der Feldherr an der über den Fluß Adſchißu
führenden Brücke ſtand, trafen auch die von Seite Meragha's geſand=   4. Dec.
ten Truppen ein, und der Doctorsſohn zog ſiegend in den Sitz ſeiner
vorigen Statthalterſchaft ein[3]). Die Doppeleroberung von Urmia
und Tebris belobte und belohnte kaiſerliches Handſchreiben mit Ehren=
ſäbel und Ehrenpelz[4]). Auf die Nachricht des Sieges von Koridſchan
war auch Huweiſe mit Hülfe der arabiſchen Stämme Beni Monteſik
und Beni Lam wieder osmaniſcher Herrſchaft anheimgefallen[5]). Die
vom Serasker Bagdad's eingeſendeten Berichte über die Fortſetzung
der Friedensunterhandlung waren zu Conſtantinopel der Gegenſtand

---

[1]) Ssubhi Bl. 33. [2]) Die Belagerung Urmia's Bl. 34 u. 36. [3]) Ssubhi
[4]) Derſelbe Bl. 37. [5]) Derſelbe Bl. 38.

von Berathungen im Palaste des Großwesirs, und der erste kaiserliche
Kammerdiener ging mit dem Auftrage nach Bagdad ab, von dem Zu=
stande der Unterhandlungen sich genau zu unterrichten [1]). Ehe derselbe
noch an Ort und Stelle gelangt seyn konnte, langte der Bericht des
Seraskers Ahmedpascha mit der Urkunde des persischen Friedens ein,
vermög welcher von Seite Aserbeidschan's die Gränze der Araxes,
von Seite Irak's Derteng und Derue, so daß Gendsche, Tiflis, Eri=
wan, Nachdschiwan, Kachet, Karthli, Schamachi und Daghistan mit
allem Zugehör im Besitze der Pforte; hingegen Tebris, Ardelan, Ker=
manschahan, Hamadan, Huweise, Loristan den Persern verbleiben [2]).
Hierüber hatte zu Constantinopel im Perlenköschk in des Sultans
Gegenwart große Berathung Statt: der Großwesir, der Mufti, die
Oberstlandrichter von Rumili und Anatoli, der Richter von Constan=
tinopel und der Vorsteher der Emire, die Generale der Truppen, die
Pfortenminister und die Chodschagian, unter diesen Ssubhi, der
Reichsgeschichtschreiber, Cabinetssecretär des Großwesirs. Der Reis
Efendi Ismail las den Bericht des Statthalters von Bagdad, die
Übersetzung des persischen Schreibens und die Friedensurkunde vor,
worauf der Sultan selbst das Wort nahm, und wider die Abtretung
von Tebris Einwendung machte, welches während der Unterhandlun=
gen erobert worden. Da alle schwiegen [3]), redete der Mufti den Def=
ter Emini Mohammed Efendi an: „Sprich du, der du mit der gan=
zen Verhandlung bekannt." Als er beschämt schwieg, erdreistete sich
Firdewsi Seid Ebubekr Efendi von seinem Platze bis zum Rande des
Soffa vorzutreten, und aus einander zu setzen, wie der Friede, zu
dessen Schließung Ahmedpascha bevollmächtiget gewesen, auf die von
demselben unterzeichneten Bedingungen gehalten werden müsse. Der
Mufti schlug ihn mit sich selbst preisgebender Rede aufs Maul: „He!
„Ebubekr Efendi, du bist ein Blöderer als ich Alter, und verlierst die
„Zeit mit manchen Worten, ehe du den Sinn des kaiserlichen Willens
„gefaßt." Der Großwesir forderte nun die Generale zu sprechen auf,
und blickte dabey den der Zeugschmiede an, der in dem Sinne Fir=
dewsi Efendi's für die Unterzeichnung des Friedens sprach. Der Sultan
nahm abermahl das Wort, und vertagte die Entscheidung auf die
Rückkehr des um Kundschaft zu hohlen abgesandten Kammerdieners.
Nun sprach der Mufti, welcher den Firdewsi schweigen geheißen, im
selben Sinne und mit diplomatischer Gewandtheit: „Glorreicher Pa=
„discha, unsere Nacken beugen sich alle deinem Befehle, Festungen
„und Land sind dein, und gesetzlich ist es nicht erlaubt, dem Feinde
„eine Spanne Landes abzutreten, aber um die Ruhe der Diener Got=

---

[1]) Ssubhi Bl. 39. [2]) Ssubhi Bl. 39; dann: Traduzione turca dello scritto
persiano che il Curuzibasci Mehmet Riza Can Plenipotenziario del Ciah
di Persia consegnò al Vez. Ahmedp. di Bagdad Plenipotenziario dell' alta
Porta, il quale contiene il trattato di pace concluso tra queste due Monarchie. Hanway II. p. 64. [3]) Ssubhi Bl. 40.

„tes und Unterthanen und der Länder zu versichern, kann die Zurück=
„gabe einiger Örter aus bloßer Huld und Gnade als ein Geschenk kai=
„serlicher Großmuth und Freygebigkeit betrachtet werden. Ist's nicht
„so, meine Herren?“ (zu den Ulema gewandt). Sie fielen ihm alle
bey. Der Sultan aber befahl, daß diese wichtige Sache in dem Palaste
des Großwesirs noch ferner berathen werde. Es scheint, daß die in der
Berathung durch den Wink an den General der Zeugschmiede kund=
gegebene Gesinnung des Großwesirs, zu Gunsten des mit dem Opfer
von Tebris zu unterzeichnenden Friedens, eine Mitursache seiner Ab=
setzung gewesen, welche vierzehn Tage hierauf Statt fand. Das Sie=
gel wurde dem Serasker von Tebris, Alipascha, dem Doctorsohne,
zugesandt, dessen Vater der berühmte Nuh Efendi, ein Venetianer,
gewesen seyn soll [1]. Der Mufti und Großwesir waren beyde das
Opfer des persischen schändlichen Friedens gefallen, um das Volk zu
befriedigen [2].

Die Absetzung des Großwesirs hatte in Mitte des Fastenmondes
Ramasan, an dem Tage, wo der Prophetenmantel im Serai der öf=
fentlichen Verehrung ausgesetzt wird, ganz unvermuthet Statt. Der
Großwesir und der Mufti, die Wesire die geehrten, und die Ulema
die gelehrten, die Scheiche und Chodschagian hatten sich wie gewöhn=
lich im Serai im Köschk des Soffa vor dem Sultan versammelt, und
das allerheiligste Kleid mit ihren Augenbrauen angerührt. Nachdem
der Hofstaat abgetreten, und nur der Mufti mit dem Großwesir und
den Wesiren zurückgeblieben, winkte mit den Augenbrauen der Groß=
wesir auch diesen hinauszugehen, worauf sie sich vor dem Köschk von
Eriwan aufstellten. Der Silihdar, welcher nach dem Ceremoniel dem
Großwesir unter die Arme greift, entschuldigte sich mit anwandelnder
Altersschwäche, und ging zurück, der Großwesir allein zu den übri=
gen Wesiren. Gleich darauf kam der Silihdar zurück, dem Großwesir
und den Wesiren bedeutend, daß der Sultan sich in den Beschnei=
dungssaal begebe, und daß sie, wo sie ständen, nicht ruhig bleiben
könnten, und sich also innerhalb des Köschkes zurückziehen möchten,
was geschah. Der Sultan ging mit dem Mufti in den Beschneidungs=
saal, der Silihdar kam, forderte das Siegel ab, bedeutete dem Groß=
wesir, sich in die bereit gehaltene Galeere nach Chalcedon einzuschif=
fen, und dem Defterdar, bis zur Ankunft des neuen Großwesirs die
Geschäfte als Kaimakam zu verwalten [3]. Was unter der sechsmonath=
lichen Großwesirschaft des alten, heftigen und schlagfertigen, hinkenden
Osman die Reichsgeschichte erwähnt, ist Weniges und nicht sehr Denk=
würdiges. Um die Anstände der Abrechnung zwischen dem dermahligen
Statthalter Ägypten's, dem Silihdar Mohammedpascha, und seinen

12.
März
1732.

---

[1] Nach den Berichten des Bailo Emmo vom 25. May 1732. Venez. Ac=
ten im Hausarchiv. [2] Talman's Bericht, und nach demselben der Vortrag
der Conferenz an den Kaiser vom 2. May 1732. St. R. [3] Ssubhi Bl. 41.

Vorfahr, Abdullah Köprili, zu heben, wurde der vormahlige Reis Efendi, Suleiman, nach Ägypten abgesendet, und demselben zugleich die Aufsicht der Münze übertragen [1]). Ein anderer Suleiman Efendi, beygenannt Joghurtdschisade, d. i. der Sohn des Verkäufers der saueren Milch, welcher, wie der Reis Efendi Suleiman, ein Vertrauter des Großwesirs Ibrahimpascha und der innigste Vertraute seines Schwiegersohnes, des Kiaja Mohammed, als Aufseher der kaiserlichen Münze angestellt, dann nach Ibrahim's Sturze mit der Forderung von tausend Beuteln eingesperrt gewesen, wurde aus seinem Verbannungsorte Lemnos zurückberufen, und mit dem Ehrenamte des Führers des jährlichen Gnadengeschenkes nach Mekka begnadigt [2]). Der Kapudanpascha Schahin Mohammed, welcher der kurzen Erscheinung Ali's in diesem Amte gefolgt, wurde, wiewohl er vormahls als Janitscharenaga treffliche Dienste geleistet, jetzt der Führung der Geschäfte des Meeres untüchtig befunden, nach Canea als Statthalter ernannt, und der Reis des Hafens, Elhadsch Husein der Marabuth, d. i. der Robother im Pferdedienste des heiligen Krieges, erst zum provisorischen [3]), dann wirklichen Kapudanpascha ernannt [4]). Am Tage nach der Absetzung des Kapudanpascha wurde der Dolmetsch des Arsenales, Constantin Ventura, weil er sich seit Langem Bestechlichkeit und Zuträgerey gegen Auswärtige hatte zu Schulden kommen lassen, hingerichtet, an seine Stelle Giorgaki, der Agent des Woiwoden der Walachey, ernannt [5]). Der gelehrte Imam des Sultans, Pirisade, welcher vor sechs Monathen zum Richter Constantinopel's ernannt worden, wurde auf seine Bitte von diesem Amte, mit der Beförderung des Ranges eines Oberstlandrichters von Anatoli und mit den Einkünften von vier Richterstellen als Gerstengeld, entlassen [6]). Der Vorsteher der Emire, Ammadsade Seid Mohammed, welchen die Rebellen auf diesen Sitz gehoben, wurde in die Einsamkeit zurückgesetzt [7]). Der Mufti Abdullah Paschmakdschisade, d. i. der Schusterssohn, ein stolzer und grober Geselle, und besonders auf des Großwesirs, des hinkenden Osman, Freundschaft pochend, hatte sich oft unziemlicher und kühner Reden wider den Sultan vermessen, weßhalb er abgesetzt, und an seine Stelle Damadsade Ebulchair, d. i. der Eidamssohn, Vater des Guten, Ahmed, gesetzt [8]) ward, der am Tage nach seiner Einsetzung die oben erzählte Probe seiner geschmeidigen Art in der Berathung des persischen Friedens gegeben. Bey einer Durchmusterung aller Kisten des kaiserlichen Schatzes hatte sich in einer derselben ein Stein mit eingeprägten Fußstapfen vorgefunden, welcher als eine der heiligsten Reliquien, nähmlich als die Fußstapfen des Propheten, erkannt, „ein Stein, der mit dem schwarzen der Kaaba „in der Wagschale der höchsten Dinge den Mond und die Sonne auf=

24. Febr. 1732

---

[1]) Ssubhi Bl. 32. [2]) Derselbe Bl. 33. [3]) Derselbe Bl. 34. [4]) Derselbe Bl. 37. [5]) Derselbe Bl. 34. [6]) Eben da. [7]) Eben da. [8]) Derselbe Bl. 39.

„wiegt !),“ auf des Sultans Befehl in der Moschee Ejub auf der 13.Jan.
südöstlichen Seite, rechts des großen Fensters, in die Wand einge= 1732
mauert ward, „wie ein Licht in der Wand blendend strahlt mit ewi=
„gen Zügen, wie die Stirne der Huri bemahlt ²).“ „Die Gärten im
Thale der süßen Wasser, welche nach der dreytägigen Zerstörung der
hundert zwanzig Köschke an hundert fünfzig Besitzer hintangegeben
worden waren, wurden jetzt eingezogen, und hinfüro als Stiftung 19.Jan.
dem Herde der Bostandschi zugeschlagen ³). Das frühere Luxusgeboth
wider die großen Umhängtücher der Weiber ⁴); die gestickten Pan=
toffel und Hauben, die zwey Ellen langen Krägen der Mäntel aus
Seidenzeug, die zu feinen und durchsichtigen Schleyer, und die zu
knapp anliegenden Oberkleider, welche zu viel von Gesicht und Wuchs
verriethen, wurde erneuert, und einige Weiber, welche mit so ver=
führerischer Tracht die Moslimen verführen zu wollen beschuldiget wur=
den, ertränkt, nahmentlich eine unter dem Nahmen der Teufelsaufse=
herinn ⁵) bekannte, welcher (wie der Reichsgeschichtschreiber sagt) „auf
„entblößtem Leibe der blau gewässerte Seidenstoff der Meereswogen als
„Kleid angemessen ward ⁶).“ Wenn diese Redensart bloß den Styl des
osmanischen Historiographen zeigt, so zeigt die folgende, womit der=
selbe die Audienz der die Glückwünschungsschreiben überbringenden
russischen und kaiserlichen außerordentlichen Gesandten, des Prinzen
Scherbatoff und des Internuntius von Talman, meldet, noch weiters
den wahren Gesichtspunct, aus welchem osmanischer Hochmuth und
Christenhaß die Audienzen christlicher, wenn auch Geschenke bringen=
der Gesandten (wie diese waren) betrachtet. „Der obgedachte Ver=
„fluchte“ (der Internuntius) „wurde in den kaiserlichen Diwan ge=
„bracht, und nachdem er die Stirne der Unterthänigkeit dem Thür=
„staube des Throngemaches untergeben, Beglaubigungsschreiben und
„Geschenke übergeben, wurde nach altem Kanun, der wohlerwogen,
„seiner unverhältnißmäßigen Statur das Galakleid angezogen. Aus
„dem Serai des Königs der Könige voll Glück kehrte er zurück, und
„durch die Entfernung seines unglücklich befleckenden Daseyns wurde 19.
„des Serai smaragdenes Feld, welches die Zartheit vermehrt und er= Febr.
„hält, von solcher Lästigkeit endlich befreyt ⁷).“

Die Erhöhung des Residenten=Charakters Hrn. v. Talman's zu
dem des Internuntius war die Entgegnung der Sendung des Inter=
nuntius Mustafaaga, des nachmahligen Reis Efendi, mit dem Range
eines zweyten Defterdars, welcher mit einem Gefolge von zwey und
sechzig Personen und fünf und zwanzig Pferden, die Thronbestei=
gung S. Mahmud's zu künden, nach Wien gekommen. Unter ande=
ren Geschenken hatte er die in den letzten drey Jahren aus der Dru=

---

¹) Ssubhi Bl. 37 Z. 4 v. u. ²) Derselbe Bl. 38. ³) Eben da. ⁴) Von 10
zu 20 Runden, das ist in der Länge von Turbanen, die zehn= bis zwanzig=
mahl um den Kopf gewunden werden können. ⁵) Ssubhi Bl. 34. ⁶) Eben da.
⁷) Derselbe Bl. 39.

ckerey zu Constantinopel hervorgegangenen Werke mitgebracht, die zu entgegnen, ihm das Wörterbuch Meninski's mitgegeben ward, der erste (und auch bisher der letzte!) Austausch von Büchern durch Gesandtschaft, welchen die Geschichte osmanischer Diplomatie aufzuweisen hat. Mustafa Efendi hatte sich der Behandlung des kaiserlichen Hofes nur zu beloben, während der nach Pohlen zur Kundmachung der Thronbesteigung gesandte Efendi bey seiner Rückkehr, dort nicht gehörig behandelt worden zu seyn sich beschwerte, wiewohl der pohlische Resident Graf Stadnicky das Gegentheil versicherte [*] Außer dem türkischen Gesandten erschien damahls zu Wien auch einer von Tunis, Jusuf Chodscha, von Husein, dem Beglerbeg von Tunis, gesandt, um sich über die Gewaltthätigkeiten sicilianischer Seeräuber zu beschweren. In der Audienz beym Sultan that Talman die Werbung in

19. Febr. 1732

italienischer Sprache, und der Sultan beantwortete die Rede selbst mit einigen Worten, was dießmahl, weil seit langem unterlassen, für Neuerung, und in jedem Falle für besondere Auszeichnung galt. Bon=

24. Jan.

neval kam erst zu Ende der Großwesirschaft Topal Osman's, der sowohl ihm als den Franzosen außerordentlich gewogen, zu Constantinopel an; er erhielt zu seinem Unterhalte täglich dreyzehnhundert Aspern, die eilf Piaster nach damahligem Münzfuße. Das seit einiger Zeit herabgesetzte Lieferungsgeld Rákóczy's wurde demselben wieder auf täglich vier und siebzig Piaster erhöht. Den Geschäften des kaiserlichen Internuntius, welchem Rákóczy und Bonneval so feindlich an der Pforte entgegenstanden, kam zu Statten, daß Rákóczy mit Bonneval nichts zu thun haben wollte, weil dieser jenem den geforderten Titel eines Fürsten von Siebenbürgen nicht gab, und die Kundschafter aus den innigsten Umgebungen von beyden, wodurch jedes mündliche oder schriftliche Anbringen derselben in die Hände des kaiserlichen Ministers geliefert, denselben zeitlich genug von ihren Planen in Kenntniß setzte. Dem neuen Dai, Statthalter von Algier, schickte die Pforte das Bestätigungsdiplom nur unter der Bedingniß, daß er den mit dem Kaiser abgeschlossenen Schifffahrtsvertrag ratificire. Sehr zweckmäßig waren die tausend Ducaten verwendet, welche Talman daran setzte, um Bonneval's geplanten Angriff mit zwey Heeren, das eine zum Scheine gegen Belgrad, das andere wirklich gegen Bosnien und Steyermark gerichtet, zu vereiteln. Der türkische Schahbender Omeraga zu Wien, dessen Sendung sieben Jahre hintertrieben, dessen Zurückberufung sieben Jahre lang bey der Pforte vergebens betrieben worden, wurde endlich zurückberufen, und der kaiserliche Hof von dessen Gegenwart befreyt, welche demselben als die eines feststehenden, diplomatischen, bevorrechteten Kundschafters nicht minder lästig war, als die Erscheinung des kaiserlichen Inter=

[*] Talman's Bericht in der St. R.

nuntius im Serai zu Constantinopel. Die Verfolgung der Armenier und Griechen wider die Katholiken war niedergeschlagen, und die
letzten lagen sich wegen der Besetzung der Stelle ihres Patriarchen
selbst in den Haaren. Am Charfreytage waren die beyden Parteyen   27.
im Diwan erschienen, welchen der Großwesir auf den folgenden Mor-   April
gen vertagte; am Charsonnabend wurde der Patriarch bestätiget, der   1731
vorige, mit allen ihm anhängigen Metropoliten und Archimandriten,
zur Galeere verdammt. Im folgenden Jahre wurde der Patriarch 25.Oct.
nach Brusa verwiesen, und der der ganzen Nation verhaßte Jeremias   1732
eingesetzt. Die Vorliebe des Großwesirs Topal Osman für die Franzosen schrieb sich daher, daß derselbe vormahls von Seeräubern ge-
kapert, von Franzosen losgekauft und losgegeben worden; aber sobald
derselbe abgetreten, beschwerte sich der neue Großwesir Ali der Doctorsohn, welcher den Franzosen und Russen gleich ungünstig, darüber,
daß die Malteser sich unterstanden, die kaiserliche Kiala, d. i. das
dritte Admiralschiff, wegzunehmen. Villeneufve entgegnete, Malta be-   Nov.
kümmere sich eben so wenig um den König von Frankreich, als die
Raubstaaten um den Sultan [1]). Der englische Bothschafter L. Kin-   7.März
noul hatte den größten Schimpf zu leiden, weil der Capitän des englischen Schiffes, auf welchem er gespeiset, in der Begeisterung des
Weines um Mitternacht Kanonengruß feuerte. Die Pforte wollte deßhalb nichts minderes, als den Capitän aufhenken lassen. Die fünf
Tage hierauf erfolgte Absetzung des Großwesirs kam dem Bothschafter zu Gunsten. Der venetianische Bothschafter, Emmo Angelo, war
bemüht, die Pforte über die Streifereyen zu beschwichtigen, womit
zwey Räuberhauptleute von Xeromero, Trombuchi und Cázouli,
das Gebieth von Butrinto, Prevesa und Vouizza beunruhigten, weßhalb zahlreiche Fermane an den Statthalter von Karli Jli ergingen.
Von Seite Rußland's war Prinz Scherbatoff als außerordentlicher 5. Nov.
Gesandter gekommen, um zur Thronbesteigung Mahmud's Glück zu   1731
wünschen; er hielt seinen Einzug, vom alten russischen Residenten,
Neplujeff, und vom neuen, Wisniakoff, begleitet. Die ihm gereichten
Lieferungsgelder betrugen täglich acht und neunzig Piaster. Die Sendung wurde durch Mohammed Said, den Sohn des Acht und zwanzigers, erwiedert, welcher nach Rußland, und von da nach Schweden
ging, um für den Glückwunsch der Thronbesteigung zu danken, zugleich aber auch, um die durch den letzten Gesandten vergebens begehrte
Zahlung der Schuld Carl's XII. neuerdings zu betreiben [2]).

Besondere Wichtigkeit hatten die Gränzstreitigkeiten zwischen der
Pforte und Rußland in Betreff der Tscherkessen der Kabarta. Auf der
Nordseite des Kaukasus, dessen tausendgipfliges Gebirge zwischen dem
caspischen und schwarzen Meere als natürliche Scheidemauer Euro-

---

[1]) Talman's Bericht. [2]) Eben da.

pa's und Asien's sich aufdämmt, entspringen die zwey großen Flüsse, der Kuban und der Terek, von welchen, nachdem sie eine Zeitlang von Süden gegen Norden geströmt, sich jener gegen Westen, dieser gegen Osten wendet, jener sich in das Meer von Assow, dieser in das caspische ergießt. Zwischen beyden quer über strömt nördlich die Malka, welche auf der Seite des rechten Ufers des Kuban entspringend, von Westen gegen Osten strömend, dort, wo der Terek sich östlich um= biegt, in denselben fällt. Zwischen den Quellen des Kuban und Te= rek, auf der Nordseite des Kaukasus, sind auch die des Baksan, welcher, in nordöstlicher Richtung strömend, der Malka zufließt, und sich in dieselbe kurz vor ihrer Mündung in den Terek ergießt. In die= sem durch die Malka, dem Baksan, dem Terek begränzten Flußge= biethe wohnen die Tscherkessen, von denen ein Stamm auch Kabartai genannt wird, denn Tscherkessen und Kabartai sprechen dieselbe Spra= che, und sind ein und dasselbe Volk. Der Nahme Kabartai, von zwey Brüdern dieses Nahmens hergeleitet, ist nur einer der vielen Nahmen, unter welchen dieses höchst merkwürdige, durch Ritterlichkeit der Männer, durch Schönheit der Frauen ausgezeichnete Volk in der Geschichte erscheint. Schon Strabo kennt die Kerketen in der heute von den Tscherkessen bewohnten Gegend; daß die am schwarzen Meere wohnenden Zychen des Procopius, Plinius und Stephan von By= zanz dieselben mit den Tscherkessen, ist durch das Zeugniß des genue= sischen Reisenden, Giorgio Interiano, erhärtet [1]), und die Kabaria des im Purpur gebornen Constantin ist die heutige Kabarta [2]). Nach der Behauptung der Osseten nannten sich die Tscherkessen vor der An= kunft der Fürsten Kabartai aus der Krim Kesek oder Kasach, aus deren Vermischung mit den Russen die Kosaken entsprungen zu seyn scheinen [3]). Sie selbst nennen sich Adegu, nach dem Stammherrn der Noghaien, mit dem sie vormahls gemeinschaftliche Wohnsitze und Herrscher gehabt, denen sie aber beyzuzählen ihre ganz eigene, und mit der türkischen nicht verwandte Sprache verbeut. Der tscherkessische Stamm der Kabartai, welcher im siebenten Jahrhunderte der Hidschret aus der Krim auswanderte, und sich auf die von den beyden Armen des ausmündenden Kuban gebildete Insel niederließ [4]), zog später in das durch die obengenannten Flüsse begränzte Gebieth, wo ein Theil an der Malka, dem Baksan und dem linken Ufer des Terek, der an= dere am rechten Ufer des Terek sich niederließ: jene hießen die großen, diese die kleinen Kabartai. Die Kasogen oder Kesek hatte schon der Fürst von Tmutorokan Anfangs des eilften Jahrhundertes christlicher Zeitrechnung sich unterworfen [5]). Ein halbes Jahrtausend später hat=

---

[1]) Ramusio II. p. 196. [2]) Nordisches Archiv Nr. 23 und 24, ausgezogen in Ferrusac's bulletin universel. 1820. Fevr. Hist. p. 267. [3]) Klaproth's Reise in den Kaukasus und Georgien I. Bd. S. 147 und f. [4]) Klaproth's Reise II. Bd. S. 226. [5]) Nestor, und nach demselben Evers.

ten, die Tscherkessen und Kabartai Gesandte und Geißel an die Czare
Rußlands zum Zeichen ihrer Unterwürfigkeit gesandt [1]). In den letzten russischen Friedensschlüssen waren die Tscherkessen, wie die Noghaien, als abhängig von den Chanen der Krim anerkannt [2]), und in
den letzten obenerzählten Feldzügen der Chane der Krim, Kaplan und
Seadetgirai, wider die Kabartai, um dieselben zur Ablieferung des **1729**
Schandgeldes, d. i. des jährlichen Mädchen- und Knabentributes, zu
zwingen, hatte Rußland zwar Miene gemacht, denselben beyzustehen [3]), aber noch vor zwey Jahren waren Bachtgirai Sultan und
Muradgirai Sultan, die Brüder des Chans Mengligirai, mit einem
Heere in die Kabarta eingedrungen, und nach geschlossenem Frieden,
in welchem das Schandgeld wieder festgesetzt worden, von den Tscherkessen aus den festen Pässen am Baksan zurückgeschlagen worden [4]).
Jetzt sprach Rußland bald die getheilte [5]), bald darauf die ganze Herrschaft der Kabarta mit Eingabe einer Denkschrift an, in welcher die
Tscherkessen als ursprüngliche Kosaken aus der Ukraine, und folglich
für russische Unterthanen angegeben waren. Diese höchst sonderbare
Ableitung des Ursprunges der Tscherkessen und die Ansprüche Rußland's auf dieselben mußten so größeren Unwillen der Pforte, und
besonders des neuen, den Russen ohnedieß abholden Großwesir Ali
des Doctorsohnes erregen, als noch vor neun Jahren der Czar in dem
durch Mohammedaga von Nissa überbrachten Schreiben die Tscherkessen wie die Noghaien für Unterthanen des Sultans anerkannt
hatte [6]).

Der neue Großwesir kam zwey Monathe nach seiner Ernennung
von Eriwan, wo ihn der Kämmerer mit dem kaiserlichen Handschreiben getroffen, zu Skutari an [7]). Zum feyerlichen Einzuge gingen ihm,
wie gewöhnlich, der Mufti und die Vorsteher der Emire, der Kaima- 10. May
kam und die Wesire, die Generale der Truppen und Officiere, die **1732**
Kämmerer und Chodschagian, die Gediklü, Saim und Tschausche des
Diwans bewillkommend, zwey Dichter, Wehbi und Nahifi, zwey Geschichtschreiber des Reiches, der vormahlige Tschelebisade Aaßim und
der nachmahlige Sami, begrüßten ihn mit Gedichten [8]). Erst siebzehn
Tage nach seiner Ankunft hatte die feyerliche Installirung des Großwesirs im Diwan mit doppeltem Ehrenpelze, mit der Kapanidscha,
von Seite des Kislaraga, mit einem anderen Zobelpelze von Seite
des Chasinedaraga, „als Licht auf Licht [9]," Statt. Die Wesire und
Minister küßten die Hand, und bey dieser Gelegenheit hatte der kai-

---

[1]) Klaproth's Reise XVIII. Capitel, Übersicht der Verhältnisse Rußland's
mit dem Kaukasus und Georgien. [2]) Paix d'Adrianople 1713, bey Schoell XIV,
p. 297. [3]) Klaproth's Reise XVIII. Capitel. I. S. 340. [4]) Derselbe S. 342.
[5]) Promemoria del Resid. Wisniakoff. Pera li 9. Agosto 1731. [6]) Copia della
lettera di S. M. Russiana che scrisse al Sultano con il ritorno del Capigi-
bassi Nisli-Mehmetaga. 21. Febr. 1723. St. R. [7]) Ssubhi einstimmig mit
den Gesandtschaftsberichten. [8]) Die Gedichte in der Geschichte seines Sohnes
Sia Bl. 45 — 47. [9]) Nur als nur. Ssubhi Bl. 44.

serliche Internuntius seine Audienz. Der Großwesir änderte, wie ge=
wöhnlich, den Kiaja und die meisten Pfortenämter ¹). Er fand den
Schatz um fünfzehnthalb Millionen Piaster vermehrt, welche fast un=
glaublich große Summe aus der Verlassenschaft und den Gütern des
im Aufruhre ermordeten Großwesirs Ibrahimpascha, seines Kiaja und
seiner Söhne und Schwiegersöhne zusammen eingeflossen war ²). Meh=
rere Ulema wurden verbannt ³). Der Secretär des verstorbenen Ka=
pudanpascha, Salim, und sein guter Freund, der abgesetzte Defter=
dar Kandien's, Hasan der Ungar, wurden auf verleumderische Anga=
ben des Gärtners des ersten, eines gebornen Russen ⁴), welchem der
Janitscharenaga Glauben beymaß, und welcher Stadtgerede verur=
sachte, um demselben ein Ende zu machen, der erste als Defterdar
von Bosnien, der zweyte als Secretär des Statthalters von Salonik
von Constantinopel entfernt ⁵); an die Stelle des verstorbenen Def=
terdars Firdewsi Ebubekr Efendi wurde der als vormahliger Münz=
aufseher nach Kairo entfernte Laali Mustafa ernannt. Firdewsi war
einer der berühmtesten Schönschreiber seiner Zeit, und von seiner Hand
sind die meisten Beglaubigungsschreiben der Bothschafter an fremde
Mächte unter der Regierung Ahmed's III. ⁶). Der Großwesir, wel=
cher so lange an der persischen Gränze gestanden, Verdienst und Schuld
der dortigen Befehlshaber kannte, zeigte gleich bey seinem Antritte,
daß er jenes zu belohnen, diese zu strafen wisse. Dem tapferen Be=
glerbeg Timur Mohammedpascha wurde, „weil seinen Verdiensten
„das Ehrenkleid der Beglerbegschaft zu kurz, dasselbe mit der Schleppe
„der Wesirswürde verlängert ⁷),“ Aarifi Ahmedpascha aber als Ver=
räther erklärt und behandelt. Er hatte mit den Persern verrätherischen
Briefwechsel gepflogen, sie nach Eriwan eingeladen, und dann die
Hälfte des ihm anvertrauten Heeres muthwillig geopfert. Von Eri=
wan abgesetzt, war er nach Tekke zum Vorsteher der dortigen Jürük,
d. i. herumziehenden Turkmanen, ernannt. Jetzt wurden die Statt=
halter von Hamid und Aidin wider ihn aufgebothen, welche seinen
Kopf einlieferten ⁸). Eine der ersten Sorgen des Großwesirs war die
Verbesserung der Münze, deren Verschlimmerung und Verfälschung
schon seit langem den Handel beeinträchtigte; es wurden neue Piaster
und Para ausgemünzt, und die alten Para, von denen nach dem ge=
setzmäßigen Fuße acht oder höchstens neun auf eine Drachme gehen
sollten, auf dem Fuße von vierzehnthalb Para als eine Drachme Sil=
bers eingelöst ⁹). Eine der ersten feyerlichen Staatshandlungen des
Großwesirs war, daß er mit dem ganzen Ministerium der Pforte und
dem Hofstaate des Sultans der Eröffnung der neuen Wasserleitung
beywohnte, durch welche der Sultan die Vorstädte Pera und Galata
mittelst des Wassers zweyer Thäler der Dörfer Balban und Belgrad

¹) Ssubhi Bl. 43 u. 44. ²) Derselbe Bl. 43. ³) Derselbe Bl. 46.
⁴) Derselbe Bl. 42. ⁵) Derselbe Bl. 43. ⁶) Derselbe Bl. 47. ⁷) Derselbe Bl. 47
⁸) Derselbe Bl. 48. ⁹) Derselbe Bl. 43

tränkte. Zwey Bende, d. i. Waſſerbändiger oder Klauſen, deren eine
den Nahmen Sultan Mahmud's, die andere den ſeiner Mutter, der
Walide, trägt, eine Waſſerleitung, vierzig Ellen breit und fünfhun=
dert ſechzig Ellen lang, welche unmittelbar vor dem Dorfe Bagdſche=
köi das aus den beyden Benden geſammelte Waſſer über die Brauen
der Anhöhe führt, und mit ein und zwanzig Bögen als eben ſo vielen
Augen [1]) auf den Bosporos, von demſelben weit geſehen, hinaus=
ſchaut, und nicht ferne davon ein Köſchk, eine marmorne Gebethniſche,
„deren Rundung der ſchönen Braut des Gebethes die Arme entgegen=
ſtreckt,“ ſind zu dieſer Waſſerleitung gehörige Bauten bey Bagdſcheköi;
auf dem Wege nach Pera, ein doppeltes Syſtem von Waſſerwagen, d. i.
pyramidenförmigen Pfeilern, die oben mit offenen Waſſerbecken ver=
ſehen ſind, in denen das Waſſer unmittelbar vor dem Übergange einer
Vertiefung aufſteigt, und wieder herabfällt, mehr um das Waſſer
oben zu lüften, als um die Kraft deſſelben zu verſtärken. Vier ſol=
cher Wägepfeiler, deren Gebrauch ſich ſchon von den Römern her=
ſchreibt, indem ſchon Plinius die ſeltſame Lehre aufſtellt, daß auf
langem Wege das Waſſer zur Erhaltung des Gleichgewichtes öfters
ſteigen und fallen müſſe, ſtehen hinter einander auf der Höhe von Le=
wend tſchiftlik, Hälfte Weges von Pera nach Bujukdere, zwey andere
nahe bey Bujukdere, an der Mündung einer engen Schlucht unmit=
telbar vor Pera das Waſſertheilungs=Magazin, aus welchem das
Waſſer nach vierzig Fontainen vertheilt wird. Das Verdienſt des
Baues derſelben hatte ein Dutzend von Miniſtern und Großen unter
ſich getheilt, denn die Überlieferung ſagt: Das trefflichſte der Almoſen
iſt die Waſſertränke [2]), und der Quell macht alles Leben hell [3]).

Nadirkulichan, der glückliche Räuber aus Chorasan, hatte ſeine
Laufbahn als Eroberer mit der verrätheriſchen Beſitzunahme von Kelat
begonnen, dem Erbtheile ſeines Oheims, welchen er tödtete, wie
Osman, der Gründer der Osmanen, den ſeinigen. Hierauf für
Schah Tahmasip, den rechtmäßigen Schah, fechtend, hatte er im
Dienſte deſſelben in drey Schlachten Perſien von der Herrſchaft der
Afghanen befreyt, den Tamasip auf den Thron ſeiner Väter geſetzt,
wofür ihm dieſer vier der ſchönſten Landſchaften ſeines Reiches (Cho=
rasan, Maſenderan, Siſtan und Aſerbeidſchan) mit dem Titel als Sul=
tan verliehen. Nadir nahm den angetragenen Titel nicht an [4]), und
begnügte ſich mit dem des Dieners des Schahs als Tamaskulichan.
Er hatte, wie oben erzählt worden, unmittelbar vor der Entthronung
Tahmasip's, die Osmanen geſchlagen, Hamadan, Kermanſchahan, Ar=
delan und Tebris erobert; aber während dieſer Eroberungen hatten
die Afghanen ſich abermahls der Herrſchaft in Choraſan bemächtiget,

---

[1]) Die Bögen der Waſſerleitung und die Joche der Brücken heißen auf
türkiſch Göſ, d. i. Augen. [2]) Ssubhi Bl. 46. [3]) Derſelbe Bl. 45. [4]) In Mal=
colm's hist. de la Perse III p. 72.

und er mußte dorthin zurückkehren, die Herrschaft für den Schah,
oder vielmehr im Sinne schon für sich zu befestigen. Unterdessen hatten die Osmanen die verlorenen Städte wieder erobert, und die Perser bey Koridschan auf's Haupt geschlagen. Ali der Doctorssohn, welcher als Statthalter von Tebris dort Moschee und Medrese gebaut
und reichlich gestiftet [1]) hatte, konnte den Frieden, wodurch Tebris
wieder in den Besitz des Schahs fallen sollte, kaum verschmerzen,
doch kam der Friedensbruch nicht von ihm, sondern von Persien aus
von Tahmaskulichan, welcher, Anfangs in Chorasan geschlagen, zuletzt Herat erobert, und über neuntausend Familien der Afghanen in
andere persische Städte verpflanzt [2]). Als der obenerwähnte Friede
mit der Türkey durch den persischen Bothschafter Ssafikulichan geschlossen war, und Naghib Efendi damit von Seite des Sultans nach Ißfahan gekommen [3]), ward derselbe Anlaß für Tahmaskulichan, deßhalb öffentlich den Schah zu schmähen, und seine Mißbilligung durch
ein Kreisschreiben an alle Statthalter des Reiches kund zu thun [4]). Zu
26. Aug. Ißfahan angelangt, stieß er den Schah Tahmasip, dessen Diener er
1732 sich bisher genannt, vom Throne, und setzte darauf als Schattenbild
desselben Sohn, ein Kind von vierzig Tagen. Mohammedaga, welcher noch von Sultan Ahmed an Nadirkulichan abgeordnet worden
war, und welchen dieser zurückbehalten, während die beyden persischen Gesandten, Risakulichan und Welikulichan, jener mit der Forderung Aserbeidschan's, dieser mit dem Glückwunsche zur Thronbesteigung, auf Lemnos gefangen saßen, wurde nun mit der Bothschaft an
den Sultan, alle abgerissenen Länder zurückzugeben, oder sich zum
17. Oct. Kriege zu rüsten, zurückgesandt [5]). Er selbst brach wider die osmanische Gränze auf, und lagerte zu Gülbaigan, Bagdad bedrohend. Nachdem er die Stämme Bachtiari in Loristan gezüchtiget, hatte er von
denen in Schuster und Difful ein Heer, von Kum, Kasvin und Kaschan Mundvorrath zusammengerafft, und war mit seinem Heere vor
4. Dec. Kermanschahan erschienen [6]). Der Statthalter von Bagdad, Ahmedpascha, hatte aus Vorsicht die Pässe von Derne, Mendele, Dschin,
Bedre, Dschesan mit berittenen Landwehren und Truppen der kurdischen Bege von Baban, Hazir, Sengine, Karatagh besetzt [7]); zehn
Tage hernach überfiel dieselben Tahmaskulichan unversehens mittelst
des Begs von Derne, Ahmedbeg, ging über den Diala nach Senga-
bad, blieb, weil er doch Bagdad anzugreifen nicht wagte, zu Derne
stehen, theilte sein Heer in zwey Theile, sandte das eine nach Kerkuk,
das andere auf der Straße zwischen Kerkuk und dem Sab nach Erbil
ab. Nachdem er dieß weggenommen, ging er über Dschowanan ge-

---

[1]) Der Stiftungsbrief in seiner Biographie von seinem Sohne Sia Bl. 16,
6 volle Quartblätter, vom 3. Moharrem 1140 (21. August 1727). [2]) Ssubhi
Bl. 51. [3]) Mehdi Chan's Gesch. Nadirschahs II. Buch Cap. XXIV. [4]) Das
Kreisschreiben in Mehdi Chan's Gesch. II. Cap. XXIV. [5]) Mehdi Chan's Gesch.
II. Cap. XXIV. [6]) Ssubhi Bl. 51. [7]) Derselbe Bl. 51.

gen Kerkuk, ließ sein schweres Gepäck zu Tuf churmati ¹) zurück, und ²⁶·
griff an der Spitze von siebentausend Reitern Kerkuk an, stürmte es ₁₇₃₂
drey Stunden vergebens, und zog sich dann wieder nach Tuf churmati
zurück. Zwey Tage griff er das bey der Brücke von Abana, achtzehn
Stunden von Bagdad, stehende türkische Heer an, schlug dasselbe, nahm
einen Weg gefangen; drey Tage später setzten gegenüber von Samara
mehr als zehntausend persische Reiter über den Tigris, Bagdad bedrohend. Der Serdar sandte denselben die Paschen von Diarbekr und
Haleb mit zehn Kanonen entgegen, um ihren Übergang zu hindern.
Zugleich zogen in Bagdad die kurdischen Truppen der Sandschake von
Koi, Baban, Ssaukbulak ein. Zwischen den osmanischen Truppen
und dem Vortrab Nadirkulichan's kam es zum Treffen, wobey der
Sandschak von Koi ²) gefangen ward ³). Die Perser lagerten beym
Dorfe Jenidsche, und am folgenden Tage beym Hügel von Seiran, ₁₇.Jan.
sie wollten hier über den Tigris setzen, der Pascha von Bagdad trat ₁₇₃₃
ihnen mit vierzig Fahnen Flintenschützen, mit vierzig Fahnen Freywilligen entgegen; die Osmanen verschanzten sich am Ufer des Tigris,
in der Nacht setzten hundert fünfzig Flintenschützen über, und gruben
sich nicht ferne von den osmanischen Schanzen am Orte Dschurf ein,
von wo sie aber bald verjagt wurden. Die Perser beschäftigten sich
nun mit Herbeyschaffung der gewöhnlichen Transportschiffe, Plätten
und Schlauchflösse ⁴). Nadir sandte den an der Brücke von Abana gefangenen Alaibeg von Diarbekr mit eigenem Antrag von Friedensvorschlägen ⁵) zurück, und über diesen Antrag wurde zu Constantinopel
große Berathung gehalten. Der Ausschlag war die Ernennung des
vormahligen Großwesirs Topal Osmanpascha als Serasker, mit dem
Aufgebothe der Truppen aller asiatischen Statthalterschaften, ein Heer
von achtzigtausend Mann ⁶).

Trotz der Verschanzungen Ahmedpascha's, des Seraskers, Statthalters von Bagdad, um den Übergang Nadir's, welcher sich zu Sei-
randepe, gegenüber den Grabstätten der beyden Imame, nur zwey
Stunden von Bagdad, gelagert hatte, zu verhindern, bewerkstelligte er
den Übergang mittelst einer von einem europäischen Ingenieurofficiere
zusammengesetzten Brücke. Zu Dechale, sieben Parasangen von Bagdad,
wurde das hierzu in den Palmenwäldern gefällte Holz aufgeschichtet,
und von zwölftausend Mann nach Schehrwan, zwey Stunden von
Bagdad, geschafft. Nadir ging mit zweytausend fünfhundert Mann über
den Fluß, ohne daß die Osmanen es hinderten, sie zogen sich zurück;
Nadir setzte seinen Marsch trotz des unebenen Weges am folgenden ₁₅·
Tage in sieben Haufen fort, und traf in dem Augenblicke auf den ihm Febr.

¹) In der Gesch. Mehdi Chan's III. S. 2. ²) Ssubhi nennt ihn Bl. 61
Ahmed, Bl. 52 Mohammed, das letzte das richtige, wie aus Mehdi Chan III.
Cap. II. erhellet. ³) Ssubhi Bl. 52. ⁴) Ebenda Bl. 52. ⁵) Mehdi Chan III. 2.
läugnet diese Friedensvorschläge. ⁶) Hanway II. p. 75. Mehdi III. 3. Ssubhi
Blatt 52.

19 *

entgegengesandten Kara Mustafa, als ihm Verstärkung über die Schlag=
brücke nachkam. Die Türken wurden geschlagen [1]). Abends standen die
Perser auf dem rechten Ufer des Tigris, den türkischen Verschanzun=
gen gegenüber, im Besitze von Alt=Bagdad; hierauf waren sie Meister
von Samara, Helle, Kerbela, Nedschef, Eschref, Chaßekije und Ra=
mahije. Bagdad war nun nicht nur von der Landseite, sondern auch von
der Wasserseite gänzlich eingeschlossen. Das Fest des persischen neuen
Jahres, nähmlich Newruf oder Frühlingsanfang, wurde von Nadir
mit großer Pracht gefeyert, Goldstücke in silbernen Gefäßen wurden
unter die Fürsten des Heeres vertheilt, siebentausend Ehrenkleider un=
ter die Officiere desselben [2]). Osmanpascha hatte indessen zu Moßul die
Bestallung als Serasker und Sipehsalar d. i. als oberster Feldherr,
mit unumschränkter Macht erhalten, und nachdem er alle Verstärkun=
gen der kurdischen Truppen an sich gezogen, brach er Hälfte Junius
von Moßul auf. Acht Tage hernach stand er am Sab; die Stärke des
osmanischen Heeres mit allen Truppen der kurdischen Stämme und
Dergestnen mit eingerechnet, war über hunderttausend und es bewegte
sich nur äußerst langsam. Als Topal Osman zu Kerkuk, erhielt er einen
spottenden Aufforderungsbrief Tahmaskulichans nach dem schon aus
den persischen Feldzügen Selim's und Jsmail's bekannten Style per=
sischer Herausforderungsschreiben: „Er habe gehört, ein türkischer Ge=
„neral sey im Anzuge wider ihn, er bitte ihn, den Marsch zu beschleuni=
„gen, denn, wiewohl Bagdad in seinen Händen, wolle er doch ihn
„noch zuvor schlagen, ehe er nach Constantinopel ziehe. Er gedenke
„nicht nur sein Heer, sondern ihn selbst als Kind seiner Wiege (Sänfte)
„zu fangen." Topal Osman antwortete, sein Nahme Topal (der Hin=
kende) enthalte die Ursache seines langsamen Märsches, übrigens hoffe
er, Nadir's harre das Loos Nimrod's [3]). Topal Osman ernannte den
Ruschwansade zum Befehlshaber der Plänkler [4]), den Statthalter von
Adana, Pulad Ahmed, zum Befehlshaber des Vortrabes; den linken
Flügel befehligte Ibrahimpascha, Memischpascha den Nachtrab [5]); der
Vor= und Nachtrab nur sechstausend Mann, der Artilleriepark nur
sechzig Kanonen von drey bis zwölf Pfunden. Nadir baute indessen vor
Bagdad zwey große Thürme dießseits und jenseits des Tigris, um die
Schiffbrücke zu beschützen, dann eine große Anzahl von Häusern dießseits
und jenseits des Tigris für die Officiere seines Heeres [6]). Er sandte dem
Statthalter Serdar Ahmedpascha einen Wagen voll Wassermelonen, der
Noth der Stadt zu spotten, Ahmed sandte ihm als Gegengeschenk von
dem weißesten feinsten Brote als Probe dessen, welches die Besatzung
esse, welche nicht Hunger litt [7]). Raghib Efendi und Mohammedaga ka=
men aus der Stadt, um zu bitten, Nadir möge ihnen nur noch einige Tage

19.
März
1733

24.
Febr.
1733

18.Jun.

---

[1]) Mehdi Chan III. 2. Cap. [2]) Derselbe III. Buch 3. Cap. [3]) Hanway III.
Cp. X., und das Tagebuch des französischen Arztes Jean Nicodeme. [4]) Ssubhi
Bl. 55. [5]) Ssubhi ganz übereinstimmend mit dem Tagebuche des franz. Arz=
tes Jean Nicodeme. [6]) Hanway II. Cp. X. p. 83. [7]) Eben da.

Bedenkzeit zur Übergabe laffen; als aber Nadir vernahm, daß Topal Osman auf dem Marsche von Kerkuk nach Samara gekommen, ließ er zwölftaufend Mann zur Umzingelung der Stadt zurück, und ging ihm mit dem Refte des Heeres entgegen [1]), welcher bey fiebzigtaufend Mann ftark. Topal Osman fetzte feinen Marsch längs des Tigris fort, ftets bereit auf den Angriff des Feindes. Zu Duldfcheilik, zwölf Stunden von Bagdad am Ufer des Tigris, kam es zur Schlacht [2]). Morgens um acht war das perfifche Heer fiebzigtaufend Mann in zehn Treffen gefchart in Sicht. Im Mittelpuncte des osmanifchen ftand der Serasker, Topal Osman, der bisher nur in der Sänfte getragen, an diefem entfcheidenden Tage voll jugendlichen Feuers zu Pferde; den rechten Flügel befehligte Abdullah, der erfte Generallieutenant der Janitfcharen, den linken die Pafchen Ibrahim und Rufchwanfade. Neun Stunden dauerte die Schlacht, welche mit der gänzlichen Niederlage der Perfer endete. Zehntaufend Reiter waren vernichtet, das ganze Heer in die Flucht gefchlagen, und Bagdad von der perfifchen Belagerung befreyt. Zu Conftantinopel empfing der Sultan den glückwünfchenden Handkuß der Minifter und Großen, drey Tage fchwamm die Stadt in Lichtfluth und Freudenjubel. Dem Kämmerer, welcher die Nachricht überbracht, wurden fünf Bentel Geld gefchenkt, dem Sohne des Feldherrn, dem Kämmerer Ahmedbeg, Zobelpelz angezogen. Juwelenbefetzter Reiger und Säbel wurden dem Vater gefendet [3]); dem Nahmen des Sultans war in dem Kanzelgebethe am Freytage von nun an der Ehrennahme Ghafi, d. i. der Frohnkämpe', beygefetzt [4]); aber der Jubel des Triumphes war von kurzer Dauer, denn drey Monathe hernach kam nach einem von den Türken über die Perfer bey Leitam erfochtenen Vortheile der hinkende Bothe nach, daß der hinkende Osman bei Kerkuk von Nadir gänzlich gefchlagen, und in der Schlacht gefallen, als Martyrer des heiligen Krieges [5]).

Von bald zweyhundert Großwefiren, welche das osmanifche Reich binnen einem halben Jahrtaufende zählt, hat die Gefchichte von keinem fo umftändliche Lebenskunde aufbewahrt, als die, welche der als Gefchichtsquelle höchft fchätzbare englifche Reifende Hanway vom Großwefir Topal Osmanpafcha gegeben. Nicht deßhalb, weil hier die Quelle reicher ftrömt, als in den ungemein kurzen und trockenen Lebensbefchreibungen der Großwefire, nicht deßhalb, weil er als wackerer Kämpe für Glauben und Reich den Tod auf dem Schlachtfelde gefunden (wie vor ihm fechs Großwefire), nicht weil er große Denkmahle hinterlaffen (denn er hinterließ keine), foll er hier Ausnahmsweife unfere Aufmerkfamkeit auf fich heften, fondern, weil in feinem ganzen Leben eine der fchönften Tugenden des Türken vorleuchtet, nähmlich Dank

---

[1]) Mehdi Chan III. B. Cap: 3. [2]) Mehdi Chan; der Schlachtbericht Topal Osman's in Ssubhi Bl. 56, und der Bericht des franzöfifchen Arztes Jean Nicodeme, welcher Augenzeuge der Schlacht. [3]) Ssubhi Bl. 56. [4]) Derfelbe Bl. 57. [5]) Hanway II. Cap. 11.

barkeit; Dankbarkeit, für welche der Perser und der Türke kein an=
deres Wort, als das der Rechterkenntniß ¹) haben, Dankbarkeit des
Moslims selbst gegen den Giaur. Dankbarkeit ist nach den Begriffen
des Persers und Türken die Erkenntniß der Schuld gegen den Wohlthä=
ter, als Erkenntniß von Wahrheit und Recht ²), dessen Nahme dem
Araber Eines mit Gott, welcher die ewige Wahrheit und das ewige
Recht. Solche Erzählung darf daher auch auf die Dankbarkeit des Le=
sers rechnen, in dessen Busen Sinn für Wahrheit und Recht lebt ³).
Osman, aus Morea, vielleicht von griechischem Blute, war im Serai
bald zum Bandurenhauptmann ⁴) der Gärten, und mit vier und zwanzig
Jahren als Beglerbeg befördert worden ⁵). Zwey Jahre hernach ging
er mit einem Auftrage des Sultans nach Ägypten und fiel auf der kur=
zen Seereise von Ssaida nach Damiat in die Hände eines spanischen
Seeräubers, der sein Schiff nach Malta aufbrachte. Vincent Arnaud von
Marseilles, damahliger Hafenhauptmann zu Malta, kam an Bord. So=
bald ihn Osman erblickte, rief er ihm zu: „Bist du edler That fähig,
„löse mich aus, und du sollst nichts dabey verlieren.“ Der Same edlen
Zutrauens fiel auf fruchtbares Feld, denn, wie es nach dem morgen=
ländischen Sprichworte: Wege von Herzen zu Herzen gibt, so zündet
Funken edlen Sinnes in edlem Gemüthe. Arnaud zahlte sechshundert
Ducaten als Lösegeld, sorgte für die Heilung seiner Wunden, und ent=
ließ ihn sogar frey nach dem Orte seiner Bestimmung, voll Vertrauens,
daß der Türke sein gegebenes Wort erfüllen werde. Osman segelte un=
ter französischer Flagge nach Damiat, und dann den Nil hinauf nach Kairo.
Sobald er dort angelangt, sandte er tausend Ducaten als sein Lösegeld
für den Capitän des Raubschiffes, reiches Pelzwerk und fünfhundert
Thaler als Geschenk für seinen edlen Befreyer aus der Sclaverey. In
dem venetianischen Feldzuge wider Morea, sein Vaterland, stürmte
Topal Osman den Paß von Korinth und die Stadt, und ward da=
für mit dem dritten Roßschweife, d. i. mit der Wesirswürde, belohnt.
Sieben Jahre hernach Serasker in Morea, lud er seinen Befreyer
Arnaud und dessen Sohn zu sich, überhäufte sie mit Geschenken, und
ertheilte ihnen so ausgedehnte Privilegien, daß sie bald zu ansehnlichem
Vermögen gelangten. Des Seraskers Gunst erstreckte sich auch auf alle
Franzosen, denen ihres Landsmannes edles Zutrauen in Osman's Red=
lichkeit unter dessen Statthalterschaft und Großwesirschaft vortheilhaft
zu Statten kam. Das Jahr vor der Entthronung Ahmed's III. resi=
dirte er zu Nissa, als Statthalter Rumili's. Hier besuchten ihn Arnaud
und sein Sohn; er empfing sie höchst ehrenvoll, indem er sie auf
demselben Soffa mit sich sitzen ließ, was damahls noch unerhörte Aus=
zeichnung von einem Wesir für Christenhunde. Nach der Thronumwäl=
zung mit der Untersuchungs = Commission der nach Rumili flüchtenden

1696

1715

1729

¹) Hakk schinasi. ²) Hakk. Der Ausruf Ja Hakk! in der dreyfachen Bedeu=
tung: O Wahrheit! o Recht! o Gott! ist ein eben so gewöhnlicher, als der
von Jallah oder Ja Hu (Jehova)! ³) Hanway part. III. ch. 12. ⁴) Bandulbaschi.
Mohammed Said's Biographien der Großwesire. ⁵) Eben da.

Rebellen betraut, reinigte er von denselben seine Statthalterschaft. Er befand sich in diesem Geschäfte bey Salonik, als er durch Mustafabeg, den Sohn Kara Mohammedpascha's, kaiserliches Handschreiben erhielt, das ihn nach Constantinopel berief, wo er zur höchsten Würde des Reiches erhoben ward [1]. Topal Osman Großwesir verlangte sogleich vom französischen Bothschafter, daß er nach Malta schreibe, um Arnaud und seinen Sohn nach Constantinopel zu laden. Sie kamen und brachten noch zwölf aus der Sclaverey erlöste Türken mit sich. Er empfing sie in vollem Staate mit der größten Auszeichnung. „Ich war," sagte er, das Wort an die Officiere seines Hauses und die Staatsbeamten richtend, „ich war selbst ein Sclave, mit Ketten beladen, mit Wunden „bedeckt, triefend von Blut; dieß ist der Mann, der mich erlöset, gehei= „let, gerettet hat, ihm danke ich Leben, Freyheit, Glück und was ich „genieße. Ohne mich zu kennen, zahlte er für mich großes Lösegeld, „entließ mich auf mein bloßes Wort, gab mir ein Schiff, mich zu „führen, wohin ich wünschte; wo ist ein Musulman solcher Großmuth „fähig?" Aller Augen waren auf die beyden Franzosen geheftet, der Großwesir hielt die Hand des zwey und siebzig Jahre alten Arnaud in der seinigen; er fragte ihn und seinen Sohn über ihre Lage und Glücks= umstände aus, und endete seine Rede mit dem Ausrufe: Gott ist all= gnädig! Er empfing sie dann mehrmahl ohne Ceremonien feyerlichen Gehörs, zu vertraulichem Gespräche, und sandte dieselben reich be= schenkt zurück, in allen Lagen seines Lebens für empfangene Wohlthat gleich dankbar. Als Großwesir stellte er die durch die Rebellion zer= störte Ruhe der Hauptstadt durch heilsame Strenge wieder her, und wiewohl er viele Aufrührer hinrichten ließ, doch keinen ohne Fetwa des Mufti, d. i. gesetzliches Verdammungsurtheil. Nicht seine Stren= ge, sondern die Bestechlichkeit seines vormahligen Kiaja, des Tschausch= baschi Suleimanaga, gab den Grund zu seiner Absetzung her. Oh= ne Ungnade und ohne Einziehung seines Vermögens wurde er zum Statthalter von Trapezunt, dann von Erserum und Tiflis, und endlich zum Serasker gegen Persien ernannt, als welcher er Sie= ger über Nadirkulichan zu Bagdad, demselben noch zwey Schlach= ten zu Leitam (fünf Stunden von Kerkuk) lieferte, in deren zwey= ter er als Kämpe für Glauben und Reich fiel. Der Bericht des französischen Wundarztes, der ihn auf diesem Feldzuge begleitete, über den glänzenden Sieg zu Bagdad gibt einen treuen Umriß sei= nes Charakters als Feldherr, nicht ohne Aberglauben auf Wahr= zeichen des Himmels und eine große Fündigkeit in Kriegslist, in wel= cher ihm aber Nadirkulichan bey weitem überlegen. Dieser, der Thron= räuber und Herrschaftsanmaßer des Reiches der Ssaffi, ist durch die Geschichte mit dem Mahle der schwärzesten Undankbarkeit gegen den

1730

21. Sept. 1731

12. März 1732

1733

---

[1] Mohammed Said sagt 19. Rébiul=ewwel, Sonnabend, was irrig, selbst wenn die Ernennung nach Sonnenuntergang erfolgt seyn sollte, denn der 21. Sept. (Sonntagsbuchstabe G) ist ein Freytag.

Sohn seines rechtmäßigen Königs und Herrn gebrandmarkt, des hin=
kenden Osman Nahme aber strahlt von der hellsten Glorie der Dank=
barkeit umleuchtet. Thaten des Mordes und des Raubes, wie die Le=
bensgeschichte Nadir's beut, verwandeln das Gebieth morgenländischer
Geschichte in einen großen Blutacker, in ein weites Feld der Verö=
dung, und glücklich ist der Geschichtschreiber, wenn ihm auf demsel=
ben ein reiner Quell edler Gesinnung entgegenspringt, an welchem eine
Palme sittlichen und tugendlichen Ruhmes, wie der von Topal Os=
man's Dankbarkeit, grünt.

Alipascha's Großwesirschaft überströmte von Begnadigungen aller
Art, nicht nur durch Beförderungen und Ehrenkleider beym Heere,
sondern auch durch Zurückberufung verwiesener Ulema, durch Wieder=
einsetzung abgesetzter Staatsbeamten und Ernennungen von Wesiren.
Die beyden Oberstlandrichter Anatoli's, Jshak und Raschid Efendi [1]),
der ehemahlige Vorsteher der Emire, Bulewisade Seid Mohammed
und Chodschasade Seid Omer, wurden zurückberufen [2]), und erhiel=
ten die Erlaubniß, zu Chalcedon zu wohnen. Dem ersten ward bald
nach seiner Zurückkunft die Würde eines Oberstlandrichters von Ru=
mili, dann die des Scheichs des Jslams verliehen, seinem Vorfahr,
dem Mufti Damadsade Ahmed, in seinem Landhause zu Bujukdere
21.Oct. zu wohnen erlaubt [3]). Raschid, der Reichsgeschichtschreiber, welchem
1733 Gelehrsamkeit und persische Bothschaft ebenfalls Ansprüche auf die
höchste Würde des Gesetzes gegeben, starb anderthalb Jahre her=
nach [4]), vielleicht zum Theil aus Gram, dieselbe nicht erhalten zu
haben; gleichzeitig mit ihm der vorige Mufti, Mirsasade Scheich Mo=
hammed, ein gelehrter, aber noch frömmerer Mann, der alle drey
Tage den Koran auslas [5]). Sein Sohn Salim Efendi, wurde als
der älteste der Oberstlandrichter Anatoli's zur Stelle des Oberstlandrich=
ters von Rumili befördert [6]). Der Mufti Jshak Efendi starb eben=
falls schon nach Jahresfrist, in dem guten Rufe eines eben so gerech=
ten als gelehrten Mannes, ein großer Liebhaber von Blumen und
Gedichten; seine arabischen, persischen und türkischen sind in einem
Diwan gesammelt, auch übersetzte er das Werk des Richters Ajadh:
die Heilung [7]). Er ward an der Moschee seines Vaters, des Mufti
Jsmail (in der Nähe der S. Selim's) begraben, und die Stelle des
Mufti dem Oberstlandrichter Rumili's, Dürrisade, verliehen. Auf
die Vorstellung des Seraskers Topal Osman erhielt der vormahlige
Tschauschbaschi, Kara Mustafa, welchem wegen der Übergabe von Te=
brif Roßschweife und Fahne weggenommen worden waren, nicht nur
dieselben wieder, sondern auch den dritten Roßschweif als Wesir [8]);
mit drey Roßschweifen wurden auch der Silihdar des Sultans, Ja=

[1]) Ssubhi Bl. 57. [2]) Eben da 58. [3]) Derselbe Bl. 58. [4]) Derselbe Bl. 66.
Anfangs 1148 (May 1735). [5]) Ssubhi Bl. 65. [6]) Derselbe Bl. 69. [7]) Derselbe
Bl. 64. [8]) Derselbe Bl. 57.

kub [1]), der Kiaja des Großwesirs, Gül Ahmed [2]), der Oberststallmeister Jahia [3]) und der Bostandschibaschi Husein [4]) zu Wesiren befördert. Die drey genannten Hofämter des Oberstwaffenträgers, Oberststallmeisters und Oberstwaldmeisters gaben Anspruch auf diese Auszeichnung, so wie unter den Staatsämtern der Nischandschi, der Defterdar und der Janitscharenaga oft als Wesire der Kuppel mit dem
Großwesir im Diwan saßen. Der Wesir Mohammedpascha, Sohn des
unglücklichen Großwesirs Ibrahimpascha, Statthalter von Chudawendkiar, erhielt, weil er kränklich, die Erlaubniß, nach Constantinopel
zu kommen, und sechstausend Piaster Einkünfte, die er auf seinem
Landhause im asiatischen Schlosse des Bosporos verzehren durfte [5]).
Den milden Geist der Verwaltung des Großwesirs Ali des Doctorssohnes, welchen diese Beförderungen kund geben, bezeugen auch die
wenigen Hinrichtungen während der Zeit seiner Großwesirschaft. Der
berühmte Seeräuber Janaki der Jude, auf der Mühleninsel, d. i.
auf Milo, gefangen, wurde verdientermaßen hingerichtet [6]). Der vorige General der Zeugschmiede, welcher während des Aufruhres die
Aufrührer immer entschuldigt und mit Geschenken bedacht, war als
Befehlshaber nach den Dardanellen entfernt, dann nach Rhodos verbannt worden, wo vermöge des eingehohlten Fetwa das Todesurtheil
an ihm vollstreckt ward [7]). So ward auch durch Fetwa die Hinrichtung
Osman's, des Statthalters von Karß, welcher das Land mit unziemlichen Reden beunruhigte, gerechtfertigt [8]). Osmanpascha, der vorige Statthalter von Balikesri, der jetzige von Tschermen, war auf
die Anklagen, die wider seine Grausamkeit eingelaufen waren, gewarnt worden, nicht das zweyte Mahl den Kopf zu verschulden, den
er jetzt auf erneuerte Schuld verlor [9]); dieselbe Schuld und die noch
größere, die Truppen vom persischen Feldzuge abgewendet zu haben,
lastete auf dem Haupte des Statthalters von Aidin, Abdullahpascha,
welches nicht ohne List des zur Empfangnahme desselben gesandten
Kämmerers vom Rumpfe getrennt ward [10]). Mißbrauch der Zunge,
welche bey dem genannten Statthalter den Gebrauch der Zunge des
Schwertes hervorgerufen, stürzte auch den Scheich der Scheiche, d. i.
den von Aja Sofia, den ersten Prediger der Hauptstadt, welcher sich
von der Kanzel tadelnde Reden wider die Regierung erlaubte. Außerdem hatte er sich beykommen lassen, seinen Garten auf Kosten der
nächsten Begräbnißstätte zu erweitern, und die Wasserstiftung Mesihpascha's zur Bewässerung seines Gartens zu verwenden. Er wurde
nach seinem Geburtsorte verwiesen, und die Kette der Scheiche, d. i.
die Beförderung derselben, an den kaiserlichen Moscheen bis zu der
von Aja Sofia fand Statt [11]). Alipascha der Gönner aller Franzosen,

---

[1]) Ssubhi Bl. 57. [2]) Vielleicht hieß es: Kel Ahmed. Ssubhi Bl. 59. [3]) Derselbe Bl. 64. [4]) Derselbe Bl. 66. [5]) Derselbe Bl. 65. [6]) Derselbe Bl. 57.
[7]) Derselbe Bl. 95. [8]) Derselbe Bl. 61. [9]) Derselbe Bl. 63. [10]) Derselbe Bl. 66.
[11]) Derselbe Bl. 60 u. 65.

und besonders Bonneval's, verlieh diesem zwey Roßschweife als Ge=
neral der Bombenwerfer, und würde ihm gewiß den dritten verlie=
hen haben, wäre Bonneval der Sprache kundig gewesen, um im Di=
wan zu reden. Die Herdschaft der Bombenwerfer wurde in drey Kam=
mern eingetheilt, jede zu hundert Mann, und die Besoldung der Of=
ficiere geregelt [1]). Nach Ägypten, welches bisher die Kopfsteuer nur in
Pausch entrichtet, und dadurch den Schatz gefährdet hatte, wurde, wie
in den drey Residenzen des Reiches, von nun an jährlich eine bestimm=
te Zahl von Kopfsteuerscheinen gesandt, wofür das Geld eingesendet
werden mußte [2]). Schiffe wurden vom Stapel gelassen [3]), worauf der
Reichsgeschichtschreiber Ssubhi eben sowohl Zahlenvers verfaßte, als
auf die Vollendung der Moschee des Großwesirs, welche dieser unter
dem Titel der Lichtmoschee in der Nähe der Moschee der sechs Mar=
morsäulen erbaute [4]). Trotz so milder, weiser und wohlthätiger Re=
gierung entfernte der mächtige Kislaraga den Großwesir von seiner
Stelle, weil dieser bey der Berathung der Mittel für Fortsetzung des
persischen Krieges selbst als Serasker in den Krieg ziehen wollte, was
dem Sultan, oder vielmehr dem Kislaraga mißfiel [5]).

14. Jul.
1735

Der Sultan, oder vielmehr der Kislaraga, ernannte zum Groß=
wesir den Georgier Jsmail, welcher ein Sclave des Generallieu=
tenants der Janitscharen, Schaaban's. Unter dem Großwesir Jbra=
him Gerichtsdiener [6]), zur Zeit des Aufruhres von den Rebellen zum
zweyten Generallieutenant der Janitscharen ernannt, hatte er sich
versteckt, und durch solche Weigerung diese Stelle vom Sultan er=
halten; hierauf erster Generallieutenant, Janitscharenaga, Wesir,
Statthalter in Rumili, Trabesun, Bagdad, war er vom Kislaraga
an die Stelle des Doctorssohnes zur obersten Würde des Reiches be=
rufen worden, und zwey Monathe nach Absetzung seines Vorfahrs zu
Constantinopel unter dem gewöhnlichen Bewillkomm eingetroffen. Er
regelte die Posten und die Münze. Die Zahl der den verschiedenen
Staatsbeamten zu leistenden Pferde wurde genau bestimmt, damit
durch Überschreitung derselben das Land nicht zu hart gepreßt werde.
Der Curs der dreyerley Goldstücke, nähmlich des Lieblingsducatens,
der geränderten Kettenducaten und des mit dem Nahmenszuge des
Sultans geprägten, wurde herabgesetzt; der Piaster von nun an nur
zu vierzig Aspern ausgeprägt. Auf die Bittschriften der Bewohner von
Damaskus, daß die Statthalter ein Paar hundert Kamehle mehr als
sonst für die Pilgerkaravane forderten, wurde diese Neuerung abge=
stellt [7]), dem Scherif Saad von Mekka das gewöhnlich an den Sul=

29.
Sept.

[1]) Ssubhi Bl. 53 u. 59. [2]) Der Ferman bey Ssubhi Bl. 62 in voller Aus=
dehnung; demselben sind 7 Korans= und Überlieferungssprüche, welche auf die
Kopfsteuer Bezug haben, eingeschaltet. [3]) Ssubhi Bl. 63. [4]) Derselbe Bl. 64,
und die Geschichte Sia's, des Sohnes des Großwesirs, mit den Gedichten
Raghib's, Wehbi's, Katib's, Isal's, Munif's, Rahmi's, eine Auswahl. [5]) Ge=
schichte Sia's, des Sohnes des Großwesirs, Bl. 54. [6]) Biographien der Groß=
wesire von Mohammed Said. [7]) Ssubhi Bl. 67.

tan zu entrichtende Geschenk nachgesehen 8). Mit den Posten und der
Münze theilten die Sticker die staatsverwaltende Aufmerksamkeit des
Großwesirs. Die gesammten Sticker Constantinopel's, vierzig an der
Zahl, hatten ihre Buden an der Moschee Bajesid's; neue Formen von
Stickereyen, neue Moden hatten den Weibern der Hauptstadt Anlaß zu
vielem müßigen Gerede gegeben, und die Haremswächter betrachteten die
Stickerey als ein Verführungsmittel für die Schwachköpfigen, worunter
der Moslim aber nicht etwa bloß einige, sondern alle Weiber versteht,
nach dem ihnen vom Propheten beygelegten Eigenschaftsworte: die am
Verstande Verkürzten 1). Es wurden also alle Arbeiter von Frauensti-
ckerey abgeschafft. Nadirschah wünschte dem Großwesir mit einem besonderen Schreiben zur erlangten obersten Würde des Reiches Glück, und
machte Friedensvorschläge. Die darüber gehaltene Rathsversammlung
beschloß, den Bericht des persischen Seraskers über diese Friedensvorschläge abzuwarten 2). Indessen wurde der Chan der Krim mit
Übersendung von Ehrensäbel und Ehrenkleid auf das dringendste eingeladen, selbst im Felde gegen Persien zu erscheinen 4), und derselbe 1. Aug.
zog nach Jenikalaa, um von dort nach Temruk überzusetzen; damit 1735
aber in seiner Abwesenheit die Noghaien um Oczakow, Bender,
Bessarabien in Zaum gehalten würden, erhielt Schahin Mohammedpascha, der Statthalter von Oczakow, den Befehl, sich mit ein Paar
tausend Mann Reiter zu Babataghi aufzustellen 5), was um so nothwendiger, als der in der Krim zurückgelassene Kalgha gestorben. Auf
Vortrag des Mufti Dürrisade, daß derselbe Krankheitshalber nicht
im Stande, die in Beförderungssachen der Ulema und anderen aus-
zufertigenden Urkunden selbst zu unterschreiben, wurde demselben erlaubt, bis zu seiner Wiederherstellung den Urkunden statt seiner eigenhändigen Unterschrift bloß das Siegel beyzusetzen 6); das kaiserliche wurde dem Großwesir, welcher sich häufige Bestechungen zu Schulden kommen ließ, schon nach sechs Wochen abgefordert 7), viertausend Beutel, die er noch als Janitscharenaga durch zahlreiche Hinrichtungen zusammengescharrt, wurden eingezogen, und vor der Hand
gar kein Großwesir, sondern nur der Silihdar Esseid Mohammed
zum Kaimakam bestellt; aber sechzehn Tage hernach erhielt derselbe
die Zeichen unumschränkter Machtvollkommenheit als Großwesir, jetzt
nur ein Zeichen, das seine Bedeutung verloren, da die unumschränkte
Machtvollkommenheit nur beym Kislaraga. Der Sultan brachte seine
Zeit statt mit Selbstregieren mit den Besuchen seiner verschiedenen Lust-
paläste, oder mit den Bauten von neuen, zu. So besuchte er in Begleitung des Großwesirs, Kapudanpascha und Mufti das Riesengrab am
sogenannten Riesenberge, welches vormahls den Griechen für das des

1) Ssubhi Bl. 67. 2) Nakißatol-aakl. Ssubhi Bl. 67. 3) Derselbe Bl. 68.
4) Derselbe Bl. 67. 5) Derselbe Bl. 70. 6) Derselbe Bl. 71. 7) Derselbe Bl. 70,
ohne ein Wörtchen über die Veranlassung der Absetzung, welche in den Biographien Mohammed Said's erzählt wird.

Herakles galt, und heute den Türken für das Josue's [1]). In der Nähe
von Iskawrof, am asiatischen Ufer des Bosporos, im Garten von Beglerbeg baute er einen neuen Uferpalast, welcher den Nahmen des Freu-
dengartens [2]) erhielt, und nicht ferne davon, gegen Tschengelköi, baute
die Walide ein Köschk, welchem der Nahme des Sehnsuchtsbaues [3]) beygelegt ward, damit der Nahme desselben, der siebente, wohl zusam-
menklinge mit denen des Glücksbaues, des Kaiserbaues, des Fröhlich-
keitsbaues, des Sicherheitsbaues, des Chosroenbaues, des Frühlings-
baues, welch' letzterer von der Walide unter dem Chosroenbaue beym
Dorfe Alibegköi am Ufer angelegt ward. Im kaiserlichen Serai selbst
baute der Sultan am Kanonenthore ein Köschk mit Marmorsäulen, die
gleichfarbig dem Lichte des Morgens [4]), „mit dem säulenbegabten Pa-
„laste [5]) des irdischen Paradieses Schedad's wetteifern sollten." Die zahlreichen Feste der Regierung S. Ahmed's waren eingestellt, doch wurde
das der Geburt des Propheten, und zwar bey des Kislaraga Machtvollkommenheit mit so größerer Herrlichkeit und Bedeutsamkeit gefeyert, als diesem Feste der Kislaraga (welcher sonst bey keinem anderen erscheint) im höchsten Pompe beywohnt. Er zieht an diesem Tage
eine halbe Stunde vor dem Sultan mit zahlreichem Gefolge von Eunuchen und inneren Leibwachen aus. Der Großwesir und der Mufti
sitzen auf beyden Seiten des Altars auf hohen Pölstern, jener rechts,
dieser links; auf der Seite des Großwesirs die Wesire der Kuppel,
der Janitscharenaga und die Chodschagian (Herren des Diwans); auf
der Seite des Mufti die Oberstlandrichter, die Molla, die Muderrise
und Richter auf kleinen Teppichen der Barbarey, wie sie die Wall-
fahrter haben; zwischen diesen beyden Linien die Herren der Kammer
und der Gerichtsbehörden, der Reis Efendi und der Tschauschbaschi,
das Gesicht nicht gegen den Altar, sondern gegen die Empörkirche
des Sultans gekehrt; der Vorsteher der Emire unter einem grünen
Zelte, der Kanzel des Predigers gegenüber; der Ceremonienmeister
und Hauptmann der Leibwache des Großwesirs hinter ihm, den Rücken gegen den Altar gekehrt; die Generallieutenante der Janitscharen
neben der Kanzel des Freytagsredners; zwey Reihen Janitscharen
trennten diese hohe Versammlung vom Volke. Drey Scheiche kaiserlicher Moscheen, einander ablösend, halten eine Lobrede auf die Geburt des Propheten ab. Die Schwertträger und ersten Kammerdiener
reichen dem Sultan Aloe und Rosenwasser, die Baltadschi besprengen
und durchduften damit die Ulema und Staatsbeamten, vom Großwesir und Mufti herunter; hierauf wird ein Lobhymnus auf den Propheten und dann erst das eigentliche Geburtsgedicht von den Sängern,
welche sich ablösen, abgesungen. Indessen geben die Baltadschi Zuckerwerk und Scherbet herum, bey der allerheiligsten Stelle von der
Geburt des Propheten steht die ganze Versammlung auf. Indeß wird

---

[1]) Ssubhi Bl. 59. Constantinopolis und der Bosporos II. S. 219. [2]) Ssubhi
Bl. 60. [3]) Derselbe Bl. 60. [4]) Derselbe Bl. 63. [5]) Derselbe Bl. 69.

ein Schreiben des Scherifs von Mekka dem Sultan überreicht, als
Antwortschreiben auf das ihm durch den Führer des jährlichen Gnadengeschenkes überbrachte. Der Überbringer ist der Freudenbothe der
glücklichen Rückkunft der Pilgerkarawane, er steht bey dem Feste unter den Baltadschi, den Turban mit schwarzen Muslin umwunden,
und einen Reiger auf dem Kopfe. Er überbringt das Schreiben in
grün atlaßnem Sacke dem Großwesir, dieser dem Reis, der unter
Voraustretung des Hofmarschalls und Freudenkündigers der Emporkirche naht. Der Kislaraga übernimmt den Brief und übergibt ihn dem
Sultan, der denselben wieder dem Kislaraga, dieser dem Reis Efendi
zur Aufbewahrung im kaiserlichen Archive zustellt. Der Kislaraga legt
sich selber einen Zobelpelz an, die drey Sänger erhalten Ehrenkaftane,
ein kurzes Gebeth beschließt die Feyerlichkeit, die Tassen mit Zuckerwerk werden den Herren nach Hause getragen, der Sultan geht ohne
Begleitung ins Serai, eine Viertelstunde später der Kislaraga, welchem der Janitscharenaga fünfzig Schritte voraustritt. Der Kislaraga
ist der Geber des Festes, zu dessen Kosten ihm eine unbedeutende Summe angewiesen ist; der Kislaraga, als der Wächter des Haremes des
Sultans und der beyden Hareme von Mekka und Medina, als der
erste Würdenträger des Hofes, gibt demselben und den hohen Staatsbeamten dieß Fest als das dem kaiserlichen Harem und den beyden
heiligen, denen es vorsteht, heiligste und entsprechendste, das Fest der
Prophetengeburt [1]).

Die Erzählung ist nun bis zum Ausbruche des Krieges mit Rußland vorgerückt, dessen Anlaß, mit den Begebenheiten des persischen
und mit der Kriegsblaserey europäischer Mächte an der Pforte enge
verbunden, einen Rückblick auf die Vorfälle an der russisch-türkischen
Gränze in Asien in den letzten Paar Jahren, und einen Überblick der
Bemühungen europäischer Minister und Agenten an der Pforte erfordert. Als nach dem unglücklichen Ende Osman Topal's in der Schlacht
bey Kerkud die unangenehme Nachricht eingelaufen, daß die Perser
in Schehrsol eingedrungen, Kerkud und Derne weggenommen, erhielt der Tatarchan Kaplan den Befehl, gegen Persien auszuziehen, 1732
und bey dieser Gelegenheit die alten seit einiger Zeit durch russische
Einstreuungen erschlafften Bande der Anhänglichkeit der Gebirgsvölker
des nördlichen Kaukasus von der Mündung des Kubans an bis an die
russische Gränze zu Derbend wieder durch seine Gegenwart anzuziehen.
Zu diesem Ende war dem Herrscher der Kumuken, dem Usmai Ahmed,
das Diplom eines Wesirs, seinem Sohne Mohammed das eines Beglerbegs zugefertigt worden. [2]). Mit einem großen, von den Tataren
der Krim, Bessarabien und Descht Kiptschak's, von Noghaien und
Tscherkessen unter der Anführung ihrer Schirinbege und Mirsen, zu-

[1]) Ssubhi Bl. 61. Die Beschreibung bey Mouradiea d'Ohsson III. 358
und in der Staatsverfassung und Staatsverwaltung des osmanischen Reiches
I. 468. [2]) Ssubhi Bl. 76.

sammengesetzten Heere, ging der Kalgha Fethgiraisultan von der Krim nach Asien über. Am Ufer des Kuban empfing er die Huldigung des Fürsten der Kalmuken und in der Kabarta die der Fürsten derselben. Schon als der Aufbruch des Kalgha gegen Persien in der Krim ruchbar geworden, hatte der in der Ukraine befehlende russische General Weißbach dawider in einem Schreiben an den Chan protestirt; als der Kalgha am Kuban, sandte der Befehlshaber der russischen Gränzfestung Heiligenkreuz den General Eropkin und den Esaul Abraham Basmanoff an den Sultan Fethgirai, ihn zur Einstellung seines Marsches auffordernd, welcher russisches Gebieth berührend, den Frieden

21.Apr.
1733
24.
May stören müsse. Einen Monath später, als der Kalgha schon in der Kabarta, schrieb an ihn der oberste Befehlshaber der russischen Streitkräfte an der caspischen See, der Prinz von Hessen-Homburg, daß er gezwungen seyn würde, sich seinem Marsche mit gewaffneter Hand zu widersetzen. Der Kalgha antwortete, er könne seinen Marsch nicht mehr einstellen, er sey dazu vom Chan und von der Pforte befehligt, und der letzten habe seine Einwilligung dazu der Resident zu Constantinopel gegeben [1]). Er setzte seinen Marsch vom Kuban gegen den Terek fort, zwölf Flüsse übersetzend, welche vom nördlichen Fuße des Kaukasus nordöstlich gegen den Terek durch die große Kabarta strömen. Zu Tatartop, der ehemahligen dschengisischen Hauptstadt des Landes, huldigten ihm die Fürsten der kleinen Kabarta; am Ufer der Sundscha lagerte er im Dorfe Islaw. Hier huldigte der Fürst der Tschetschenen, und stieß mit ein Paar tausend Reitern zu ihm, auch traf die Nachricht von Surchai, dem Chan von Schirwan, ein, daß er im Anzuge, sich mit ihm zu vereinigen. Nach vier anderen übergesetzten Flüssen kam der Fürst der Kumuken entgegen, es wurde über den reißenden Jamam, über den Tschardak und Aktasch gegangen, an dessen Ufern die Weiden des Stammes Enderi. Utimur, der Beg des Stammes, küßte den Steigbügel des Chans und versprach, Truppen zu stellen. Am Ufer des Koi, dessen Lauf die westliche Gränze von Daghistan, wurde zu Tatarghaw gelagert, wo der Sitz des Schemchals, des Fürsten von Daghistan; hier kam Mohammed Chan, der Sohn Ahmed Chans, des Usmai der Kaitaken, bewillkommend entgegen. Er wurde als Beglerbeg eingekleidet, auch kam Mohammedbeg, der Sohn Surchai's, von seinem Vater gesandt; der Schemchal Kaßpula ward abgesetzt, und seine Stelle dem Atambeg verliehen. Der Fürst der Kaitaken, Dschunguni, der Usmai Ahmed ward mit drey Roßschweifen als Wesir installirt. Acht Stunden von Derbend [2]) kamen die Gesetzgelehrten der Akuschen und die Magnaten der Kubetschen, deren Panzer die berühmtesten des Kaukasus, nicht minder berühmt als die Schilde der Tuschen und Inguschen und der Bewohner von Aanamiri in Georgien, gegen welche Timur

[1]) Relazione della marcia delli Tartari intrapresa per passar in Persia l'anno 1733. St. R. [2]) Ssubhi Bl. 77.

am Kaukasus kämpfte [1]); es kamen die Vornehmsten der dem Surchai Chan gehorchenden Kasikumuken, ihre Unterwürfigkeit zu bezeigen. Während des ganzen Marsches von den Tschetschenen herwärts hatte der lebhafteste Briefwechsel der russischen Befehlshaber mit Fethgirai und dem ihn von Seite der Pforte begleitenden Kämmerer Mustafa Statt gehabt; die ersten erklärten wiederhohlt und fest, daß sie der Übertretung der Gränze sich mit gewaffneter Hand widersetzen würden; der Paß des Berges Gerseli und die Brücke Gudermus waren mit Kanonen besetzt [2]); Fethgirai mußte also zwölf Stunden längs der Gränze von Daghistan aufwärts marschiren, den schlechten Weg von Majeritop; bey der Mündung aus diesen Pässen standen ihnen die Russen entgegen. Zweyhundert grefenskische Kosaken und die vom Prinzen von Hessen-Homburg geführte Reiterey ward mit den Tataren handgemein; zwey Stunden dauerte das Treffen, die Russen hatten fünf und fünfzig Todte und acht und siebzig Verwundete; die Tataren zogen abwärts, Derbend vorbey, bis an den Samur, wo sie zu Eski Chobad lagerten, hierauf aber auf die erhaltenen Pfortenbefehle den Rückweg antraten.

11. Jun. 1733

Gleichzeitig mit den Protestationen der russischen Generale in der Ukraine und am caspischen Meere, legte der russische Resident Neplujeff die seinige ein [3]), worauf ihm zugesagt ward, daß die Tataren über den Kaukasus ziehen würden, ohne das russische Gebieth zu berühren. Der Mir Alem Chalil war mit einem Schreiben nach Rußland gesendet worden, diesen Zug der Tatarchans, der bloß wider Nardirschah gerichtet sey, zu erklären [4]). Einen Monath darnach trat er mit dem Reis Efendi zusammen, welcher fragte: Wie denn Rußland auf die Kabarta Ansprüche machen könne, da ein vor zehn Jahren erlassenes Schreiben Peter's I. [5]), da der sechste Artikel des Vertrages das Gegentheil beweise. Der Resident suchte nach dem Inhalte der ihm zugesandten Beweisschrift die alten Rechte Rußland's auf die Kabarta geltend zu machen; er hielt sich daran, daß schon vor zwey Jahren, als Deli Sultan, der Bruder Bachtgirai's, in der Kabarta erschien, der russische Befehlshaber von Heiligenkreuz ihm sich zu entfernen bedeutet habe, weil er sonst mit seinen Truppen wider ihn ziehen würde. Wie der Resident wider die Fortsetzung des Marsches im Kaukasus protestirte, so der Reis Efendi wider den Einmarsch russischer Truppen in Pohlen, welcher dem zweyten Artikel des Friedenstractates zuwider, nach welchem die Freyheit pohlischer Verfassung und die Vorrechte des Landes unangetastet bleiben sollten. Die Pforte war durch Schreiben Poniatowski's und Orlik's, des Hetmans der Zaporoger, auf Rußland's Plan gegen Persien und Pohlen aufsichtig gemacht worden. Orlik hatte den, vorigen Jahres zwischen Rußland und Persien in sechs

8. Mär 1733

---

[1]) Klaproth's Note zu Güldenstädt's Reisen S. 104. [2]) Bericht Fethgirai's an Gendsch Alipascha, den Statthalter von Gendsche, übersetzt in der St. R. [3]) 26. Febr. alten St. und dichiarazione del Residente russo 1. Marzo 1733. St. R. [4]) Die Abschrift des Schreibens im H. Arch. [5]) Litterae Imp. Petri-Moscoviae 1722.

Artikeln abgeschlossenen Frieden eingesandt ¹), jener jetzt den Ein=
marsch der russischen Truppen gemeldet. Der Pforte, noch in vollem
Kriege wider Persien, war alles daran gelegen, den russischen zu ver=
meiden, und Fethgirai Chan erhielt also, nebst dem Befehle umzu=
kehren, einen Verweis. Ein Schreiben des Statthalters von Gen=
dsche, des jungen Ali, welches die Schuld der Verletzung russischen Ge=
bietes auf die Kaitaken und die Einstreuungen des Usmai warf, sollte
den Fethgirai bey der Pforte, und diese bey Rußland entschuldigen ²).
Indessen berichtete der Tatarchan, die Kosaken der russischen Festun=
gen der Gränzlinie am Kuban hätten sich mit den Kalmuken vereint,
und den Noghaien zweyhundert Pferde geraubt; um die Zurückgabe
zu bewirken, sey der Nureddin gegen den Fluß Sut, an welchem
der tatarische Stamm Jedissan hanse, gezogen. Zu Utschbaghan seyen
drey= bis viertausend Russen erschienen, die sich aber dann wieder
in ihre Festung Ssolak zurückgezogen hätten. Ein Schreiben des
Großwesirs an den Chan band diesem ein, keinen Anlaß zur Verle=
zung des russischen Friedens zu geben ³). In einer Zusammentretung,

15.
Sept.
1733
welche der kaiserliche Resident Talman, als Minister eines mit Ruß=
land neu verbündeten Hofes, mit dem Reis Efendi, Kiajabeg und dem
Mektubschi, d. i. Cabinetssecretär des Großwesirs, hatte, suchte Tal=
man den Einmarsch der russischen Truppen aus dem Gesichtspuncte zu
vertheidigen, daß Frankreich durch aufgedrungene Wahl Lesczynki's
Pohlen's Freyheiten gefährde. Der Reis Efendi entgegnete, der Arti=
kel des Friedens spreche nur von dem Einmarsche der Truppen einer
fremden Macht, Frankreich habe keine Truppen einmarschiren lassen,
25.Nov.
welche Rußland zu dem Einmarsche der seinigen befugt hätten; der
Pforte sey gleichgültig, wer König von Pohlen, aber die Freyheit
der Republik müsse sie aufrecht halten. Es ist das erste Mahl, daß
die Pforte, wiewohl schon seit vier Jahrhunderten Schutzherr der
steuerpflichtigen Republik Ragusa, jetzt als Vertheidigerinn der Republik
Pohlen's und ihrer Freyheit auftrat. Das Wort, welches in der persi=
schen und türkischen Sprache die Republik bezeichnet, ist gleichbedeutend
mit Gemeinwesen, aber das persische, welches die Türken, deren Sprache
kein Wort dazu hat, für Freyheit gebrauchen, heißt wörtlich Kopfge=
bundenheit, und bezeichnet nur den Gegensatz des Nichtsclaven, dem
erlaubt ist, sich den Kopf mit Turban zu umwinden, mit dem Scla=
ven, dem dieses verwehrt. Der Begriff der Freylassung, welcher beym
Römer an den Hut geknüpft war, tritt beym Asiaten im Kopfbunde
hervor, und nur der Kopf, der umwunden, ist ungebunden, der un=
umwundene ist der als Sclave gebundene. Zu gleicher Zeit hatte der
russische Resident die Beschwerden Rußland's schriftlich eingegeben,

---

¹) Der Tractat in Ssubhi Bl. 76 in Rousset sup. T. III. p. II. p. 326 und
Recueil II. p. 457. ²) Das Schreiben in der St. R. ³) Die beyden Schreiben
eben do.

nähmlich wider den Marsch der Tataren im Kaukasus, wider den An=
griff der Tataren auf die Kosaken, die von Assow nach Heiligenkreuz
marschirten, wider die Nichtauslieferung des Rebellen Calumsky; deß=
halb sey Rußland gezwungen, seine Truppen an der russischen Gränze
zu verstärken [1]). Wie sehr der Großwesir Ali sich über Europa's Poli=
tik zu unterrichten strebte, zeigen die acht Fragen, die er dem franzö=
sischen Bothschafter in einer Conferenz zur Beantwortung vorlegte, 12.Dec.
nähmlich: welche die Kriegsmacht und die Einkünfte des Königs von ·1733
Frankreich? welche die des Königs von Spanien? des Kaisers (wel=
chen er dem Bothschafter zu Gefallen König von Wien nannte)? ob
Holland und England sich für den Kaiser erklärten? welche Partey
der Churfürst von Brandenburg ergreifen würde? auf welche Chur=
fürsten Frankreich rechnen könne? wie viele Churfürsten es im römi=
schen Reiche gebe? ob sich der König von Schweden mit Frankreich
oder Rußland verbünden würde? Der Bothschafter antwortete, die
Macht und die Einkünfte diplomatisch vergrößernd: zweyhundert Mill.
Livres Einkünfte und zweyhundertzausend Mann geregelte Trup= 1734
pen. Durch Poniatowski's und Bonneval's Einflüsterungen und des
französischen Bothschafters Ohrenbläserey bearbeitet, schrieb der Groß=
wesir am Tage nach dieser Conferenz an die ersten Minister der bey=
den verbündeten Höfe, an den Grafen Golowkin und an Eugen, wi= 13.Dec.
der das Einrücken der Russen zu Warschau, als Verletzung der beste= 1733.
henden Tractate. Golowkin antwortete sehr weitläufig [2]), daß Poh=
len's Freyheiten durch die Partey des Stanislaus Lesczynski, wel=
che den Primas und die Familie Potocki in ihr Interesse gezogen,
durch französische Kriegsschiffe, welche in der Ostsee, durch Waffen,
welche zu Danzig, gefährdet seyen; daß Rußland, ohne die ge=
ringste Absicht, sich etwas in Pohlen anzueignen, bloß tractaten=
mäßig Truppen nach Warschau geschickt, um die freye Königswahl
und das Liberum Veto aufrecht zu erhalten, und den rechtmäßig
erwählten König August wider fremde Einmischung und Behelli=
gung zu vertheidigen. Das ganze Jahr verfloß unter den kriegan=
fachenden Bemühungen des französischen Bothschafters Villeneuve
und Stadnicki's, des Bevollmächtigten Lesczynski's, welcher von
seinem Oheim, Sieracowsky, dem bisherigen Bothschafter, zurückge=
lassen worden war, während die Minister der Seemächte den Krieg
zu entfernen und die ausgebrochenen Mißhelligkeiten zu vermitteln
trachteten [3]). Villeneuve bemühte sich, die Pforte zum Kriege wider
Rußland und Österreich und zur Audienz Lesczynski's zu bewegen,
Bonneval schmiedete ohne Villeneuve's Theilnahme den Plan eines
Schutz= und Trutzbündnisses zwischen Frankreich und der Pforte. Uner=

---

[1]) Promemoria di Goodi Neplujeff contrammiraglio e Residente di S. M.
di tutte le Russie appresso la fulgida Porta 10 Dec. 1733. [2]) Das Schreiben
in der St. R. 10 Bogen stark; die Antwort Eugen's v. 8. Januar 1734; eben
da. [3]) Schreiben Lord Harington's an Mr. Robinson Whitehall 12. (22.) Nov.

müdet thätig, sandte er seinen Secretär Bon nach Frankreich, und
zwey Schweden mit Schreiben in ihr Vaterland, mit dem Vorschlage
einer Allianz gegen Erlassung der Schuld Carl's XII., da Said Efen=
di, welcher dieselbe zu fordern gesandt worden, unverrichteter Dinge
zurückgekommen war. Bonneval hatte jetzt die Statthalterschaft von
Karaman erhalten, die ihm fünf und zwanzig Beutel eintrug, und
die er durch einen Stellvertreter verwaltete. Drey Franzosen, welche
durch den Ruf seines Glückes herbeygelockt, sich ihm und der Pforte
als Renegaten in die Arme warfen, stellte er als Officiere unter den
Bombardieren an, denen er als General vorstand [1]). Der venetiani=
sche Bailo, Simon Contareni, welcher den Emmo abgelöst, erreichte
glücklich seinen Zweck der Erneuerung und Verewigung des Passaro=
wiezer Friedens, als der letzte, zwischen der Republik und der Pforte
20. bestätigte Vertrag merkwürdig [2]). Im Berichte über seine Audienz
May
1733 beym Großwesir beschreibt er seine Tracht in dem Dogenmantel mit
1. Dec. der Quastenhaube.
1734|

Die Pforte, hart von den Persern in Georgien bedrängt, machte
noch einmahl Schritte, Rußland zur Zustimmung des Marsches des
Tatarchans durch das Gebieth der Kumuken und Kaitaken zu bewegen,
deren Oberherrlichkeit sie behaupten wollte [3]). Die beyden russischen
Residenten, Neplujeff und Wisniakoff, übergaben vereint eine Denk=
schrift, um Rußland's Verhältniß zu Persien darzustellen [4]). In einer
zweyten Conferenz behauptete der Großwesir neuerdings, daß die
24. Kumuken und Kaitaken, der Schemchal und Usmai seit Astrachan's
May
1735 Eroberung osmanische Unterthanen seyen [5]). Der Resident Wisnia=
koff beharrte darauf, daß man den Durchzug dießmahl eben so wenig
als vor zwey Jahren zugeben werde. In einer Zusammentretung mit
28. dem kaiserlichen Residenten Talman behauptete der Großwesir, es gebe
May einen Weg zwanzig Stunden von Heiligenkreuz und zehn von Der=
bend, der durch das Gebieth des unlängst als Wesir installirten Usmai,
und folglich nicht durch's russische Gebieth gehe [6]). Einen Monath
darnach gab der Großwesir dem Residenten abermahl Gehör, weniger
in der Hoffnung etwas zu erwirken, als um dem Volke glauben zu
machen, daß der Bruch noch nicht so nahe. Lewascheff, der Befehlsha=
ber von Heiligenkreuz, hatte wider die Fortsetzung des Marsches des
Tatarchans protestirt, und sobald die Tataren die Kabarta betraten,
fielen Kosaken ins türkische Gebieth ein, so daß Kosaken und Noghaien
mit einander fochten, wodurch sich Rußland den Schah Persien's ver=

[1]) Lettre de trois François à Bonneval. [2]) Contarenis Bericht im H.
Arch. Folioband. 1734—1736. [3]) Protocollo della Conferenza del Residente
Talman 28. Marzo 1735. [4]) Promemoria dei Ministri Residenti Neplujeff et
Alessio Wisniacoff 6. Maggio 1735. [5]) Das Protocoll dieser Conferenz 4 Bogen
stark, bey Talman's Bericht. [6]) Talman's Bericht über die Conferenz der rus=
sischen Residenten am 13. May 1735. Abschrift eines Schreibens des Chans an
den Großwesir im H. Arch. berichtet die Vorfälle in der Kabarta.

band ¹). Der Großwesir schrieb an den russischen Minister, nach dem
Fetwa der Gesetzgelehrten sey der Chalife schuldig, Moslimen, die ihn
um Hülfe anriefen, und folglich den Bewohnern von Daghistan beyzustehen ²). Zugleich schrieb der Großwesir ausführlich an den Grafen
von Königsegg, den Nachfolger Eugen's, um die Schutzherrschaft
Daghistan's und Rußland's Benehmen als die einzigen Ursachen des
drohenden Krieges auseinander zu setzen ³). Graf Ostermann antwortete weitläufig: Persien habe nie auf Daghistan Ansprüche erhoben, 10. Jul.
und desto unerwarteter seyen die der Pforte; als vor sieben Jahren 1735.
einige dieser Völker den Schutz des Großwesirs Ibrahim angesucht,
habe er ihnen denselben verweigert; die Gränzen würden durch Verträge, nicht durch Gleichheit der Religion bestimmt, die Gränzen der
Pforte gingen nur bis Schirwan, sie habe kein Recht auf Daghistan,
es könne also nicht gleichgültig angesehen werden, daß sich der Chan
von den Völkern Daghistan's habe huldigen lassen. Der englische Bothschafter Kinnoul und der holländische Calcoen, welche auf Begehren
des Großwesirs an ihre Amtsgenossen zu Petersburg geschrieben, erhielten ähnliche Antwort, und riethen zur Einstellung des Marsches
des Tatarchans. Dem russischen Residenten wurde hierauf mündlich erklärt: die Pforte werde die Bewohner Daghistan's nie als russische
Unterthanen anerkennen, der Chan werde sie nicht belästigen, und
seinen Weg fortsetzen ⁴). Die Pforte rechnete auf baldige Endigung
des persischen Krieges und auf schwedische Unterstützung, denn zwey
schwedische Unterhändler, die Herren von Höpken und Carlson, waren schon vor einiger Zeit als verkappte Pilger zu Smyrna angekommen, und unterhandelten jetzt, vom französischen Bothschafter unterstützt, zu Constantinopel. Der pohlische Abgesandte König August's,
Malujez, war zu Nissa an der Pest gestorben, und August's Vollmacht überreichte nun der junge Stadnicki, welcher ungeachtet der
Vorstellungen der beyden kaiserlichen Residenten und der beyden Bothschafter der Seemächte nach Adrianopel verwiesen ward ⁵). Der englische Bothschafter Kinnoul, wider welchen die beyden Residenten und
der holländische Bothschafter zu London Beschwerde führten, wurde
zwar Anfangs vom Herzoge von New = Castle in seinem Amte bestätiget, hernach aber durch Fawkener ersetzt. Rákóczy war zu Rodosto 8. Apr.
gählings gestorben. Bonneval's Credit schmolz durch des Großwesirs
Ali Absetzung, so wie seine Herdschaft der Bombenwerfer durch die
Pest ⁶). Indessen setzte sich das russische Heer, vom Feldmarschall Grafen von Münch befehligt, in Bewegung, und derselbe schrieb dem

¹) Talman's Bericht. St. R. ²) Das Schreiben des Großwesirs übersetzt
vom 15. Junius, in der St. R. ³) Das Schreiben im H. Arch. ⁴) Risposta verbale data dalla Porta alla Lettera del C. Ostermann del 1. Luglio 1735 beym
Berichte Talman's. ⁵) Talman's Bericht. ⁶) Talman's Bericht vom 31. Oct.
1735.

Residenten [1]), daß er aufbreche, um den Marsch des Tatarchans nach Daghistan einzuhalten; der Großwesir, hiedurch höchst beunruhigt, berief den holländischen [2]), den englischen [3]) Bothschafter, dann zweymahl den russischen zur Unterredung zu sich. Der Großwesir verständigte den Residenten, daß russische Truppen an dem Eingange der Krim zu Orkapu (Perekop) gesehen werden, daß sich russische Truppen vier Stunden von Assow an dem bey den zwey Brüdern genannten Orte sammelten, und daß der Tatarchan bereits am Kumisch bey Derbend angelangt seyn müsse. Der Resident entgegnete, der Großwesir könne sich selbst erkundigen, ob die Zaporoger den Noghaien das geringste Leid zugefügt; die Vertheidigungsanstalten bey Tscherkask seyen wider den Chan gerichtet, der, trotz aller Vorstellungen, mit gewaffneter Hand durch das russische Gebieth ziehen wolle. Rußland habe mit Persien, wie mit der Pforte, ewigen Frieden geschlossen, wolle in dem zwischen beyden obwaltenden Kriege keinen Theil nehmen, und könne also den Durchzug des Chans durch russisches Gebieth nicht gestatten, und protestire noch einmahl feyerlichst dawider [4]). Erst zwey Monathe hernach übergab der Resident die Einwendung seines Hofes auf die in dieser Conferenz gemachten Beschwerden. Sie lief darauf hinaus, daß die Zusammenziehung der Truppen nur Maßregel wider den Marsch des Tatarchans und nöthige Vorsicht [5]). Der kaiserliche Internuntius Talman, als er dem neuen Großwesir, Sidi Mohammedpascha, zum Antritte seines Amtes Glück wünschte, mußte die Klagen desselben über den verwehrten Zug des Tatarchans durch Daghistan und den Einmarsch russischer Truppen in Pohlen anhören [6]). Vier Wochen hernach aber traf die Nachricht ein, daß die Russen Assow's Belagerung begonnen. Der Großwesir wandte sich an die Bothschafter der Seemächte und an den Internuntius Talman, um hierüber Genugthuung oder wenigstens Aufklärung zu erhalten; bald darauf erhielt er ein langes Schreiben Ostermann's [7]), welches alle Beschwerden Rußland's wider die Pforte seit zwanzig Jahren her aufzählte, den Krieg androhte, wenn kein gütliches Mittel verfange, zuletzt aber noch den Frieden antrug, und die Pforte einlud, Bevollmächtigte an die Gränze zu schicken.

Margin dates:
29. Dec. 1735

24. Febr. 1736

1. März

---

[1]) Lettre du C. Münch au Résident. Poltava 20. Oct. 1735. St. R. [2]) Relazione della conferenza avutasi tra il G. V. Ismailp. e l'amb. di Niederlande 1. Dec. 1735. St.R. [3]) Rapport au Duc de New-Castle 10. Dec. 1735, das Protokoll der Conferenz Wisniakoff's einbegleitend; dann relazione della Conferenza tenuta da S. E. le Ch. de Kinnoul col G. V. Ismailp. 19. Nov. 1735. [4]) Das Protokoll, fünf Bogen halbbrüchig, beym Berichte Talman's St. R. [5]) Protocolle de la conf. de Mr. de Wisniacoff avec le G. V. Mohammedp. 24. Fev. 1736 pour remettre la déclaration en réponse aux questions faite à la conférence du 18 (29. Nov.) par Ismailp. St. R. Promemoria del Resid. Russo alla fulg. Porta 24. Feb. 1736. [6]) Protocollo dell' udienza del Resid. Ces. 1 Marzo 1736. [7]) Das Schreiben des russischen Ministers im Anhange zu Moser's Belgradischem Friedensschlusse S. 23. 9 Quartblätter, auch: Lettre du C. Ostermann au G. V. ddo. 12. Avril 1736. St. R.

Auf die Nachricht, daß die Russen sich der vor Assow gelegenen beyden Thürme, des Paschathurmes und des Janitscharenthurmes, bemächtigt, und die Stadt mit einem ungeheuren Heere, welchem Geschütz und alles Zugehör auf dem Don nachgeführt ward, in Belagerungsstand versetzt, wurde zu Constantinopel der Krieg im Diwan berathen und beschlossen [1]). Der russische Resident erklärte dem Pfortendolmetsch, daß, da der Chan in Kuban und die Pforte in Kriegsrüstung begriffen, die russischen Truppen sich in die Krim begeben würden, einzig um Sicherheit wider die Tataren zu erhalten, und theilte das Schreiben des Feldmarschalls Münch an den Chan der Tataren mit [2]). Dem russischen Residenten Wisniakoff wurde durch den Pfortendolmetsch Alexander Ghika angedeutet, daß er, ohne gefangen zu seyn, das Heer begleiten werde. Am acht und zwanzigsten May ward der Krieg beschlossen, in öffentlichem Diwan durch das Fetwa entschieden, und durch die Ausstechung des Roßschweifes und die gewöhnlichen Ceremonien feyerlichen Aufzuges und Auszuges erklärt. Mit Sonnenaufgang waren alle Minister und Generale bey der Pforte versammelt; die zwölf Scheiche der kaiserlichen Moscheen betheten die Suren des Sieges und der Eroberung, während der Großwesir, der Mufti und die mit ihnen im nächsten Saale versammelten Efendi und Aga aus vollem Halse: Amen! Amen! schrien. Jeder der zwölf Scheiche verrichtete seine besondere Einsegnung des Roßschweifes, dann nahm denselben der Kiajabeg (Minister des Innern) auf die Schultern, trug ihn, von den Scheichen begleitet, in den Hof, und pflanzte ihn am Fuße der Treppe des Diwanssaales auf; eilf Hämmel bluteten als Opfer. Sechs Tage hernach hatte der feyerliche Aufzug der Zünfte Statt, welchem der Sultan aus dem Köschke der Aufzüge an der Ecke des Serai zusah. Der Polizeylieutenant und Vogt der Scharwache eröffneten den Zug. Ein mit Ochsen bespannter Pflug und ein Säemann, welcher hinter demselben Korn säete, stellte den Stand und die Beschäftigung des Bauers vor, und als die erste dar, demselben folgte der Koran als Gottes Wort, auf einem Pulte, welches ein Jüngling zu Pferde vor sich hatte, aufgeschlagen. Damit Gottes Wort Brot werde, kamen jetzt die Bäcker und Backöfen, und der Wagmeister, der ihnen, wenn sie zu leicht backen, die Ohren abschneidet oder auf dem Schubbrete annagelt; die Müller mahlten auf Handmühlen, die Schafhirten führten Schafe, deren jedes reich mit goldenen Gürteln und einem Reiger auf dem Kopfe geschmückt, das Bild der Völker unter guten Hirten, doch unmittelbar hinter ihnen die Fleischhauer mit zwey Fleischbänken, auf deren einer sie Schafe schlachteten, auf der anderen Fleisch aushauten. Auf diese Art zogen vier und sechzig Zünfte auf, vor jeder zwey- bis dreyhundert Mann wohlbewaffnetes Fußvolk, meistens Griechen und Armenier, hinter jeder der Zunftmeister und

---

[1]) Talman's Bericht. [2]) Derselbe St. R.

der Kiaja, von gewaffneten Bedienten umgeben, dann die Meister und
Gesellen und Lehrjungen mit Kränzen geschmückt, allerley Narren-
possen treibend, dann der Triumphwagen, worauf jede Zunft ihr
Handwerk übte, endlich die Feldmusik und das Gepäck jeder Zunft. Die
Kürschner hatten keinen Triumphwagen, sondern trugen auf langen
Stangen Felle und Schweife von Zobel, Hermelin, Mardern und
Füchsen, sie selbst als wilde Thiere ganz rauh gekleidet; die Gärtner
trugen Fruchtbäume, die Obstler Körbe voll vergoldeten Obstes. Der
Zug dauerte sieben Stunden, die Zahl desselben ward auf zehntausend
berechnet. Am folgenden Tage zog der Janitscharendga ins Lager von
3. Jun. Daudpascha. Voraus der Quartiermacher mit dem Roßschweife und
1736 hundert acht tund zwanzig Wasserträgern; neun und siebzig Kammern
der Janitscharen, jede mit den sogenannten Janitscharendichtern, d. i.
Derwischen-Bänkelsängern, voraus, welche Guitarren schlugen, Lie-
der schrien und tanzten; andere Derwische machten ihre gewöhnlichen
Künste von Riesenstärke und Unverbrennbarkeit, hinter den Wasserträgern alle Fähnriche zu Pferde mit den Fahnen, die Hauptleute, die
Obersten zu Fuße mit den befiederten Hauben; der Janitscharenaga
in dem vom Sultan erhaltenen Zobelpelze, mit sieben Handpferden
und seinen Roßschweifen, eine Leibwache von zweyhundert Mann und
die Feldmusik; es waren ihrer in allem nicht mehr als neuntausend.
4. Jun. Am folgenden Tage zogen dreytausend Zeugwarte in acht und dreyßig
Kammern und vierhundert Arabadschi oder Fuhrknechte in fünf Kammern, Tags darauf die Kanoniere, dreytausend Mann in fünf und
dreyßig Kammern, ins Lager aus; zwey Tage hernach der Großwesir.
7. Jun. Von allen europäischen Gesandten war der kaiserliche Resident allein
dem Aufzuge zuzusehen eingeladen worden, nicht um ihn durch das
Schauspiel der Krigsrüstung zu schrecken, sondern durch diese Auszeichnung ihm vielmehr einen Beweis der freundlichen Gesinnung der Pforte zu geben [1]). Des Großwesirs hundert vier und zwanzig Maulthiere
mit seinem Gepäcke, hundert Janitscharen, sechs und fünfzig Tataren,
d. i. Eilbothen mit Pfeil und Bogen, achtzig bosnische Deli, d. i.
Tollkühne, gepanzert, die ersten mit großen schwarzen Adlerflügeln angethan, vierzig roth, vierzig gelb gekleidet, die Leibwache des Großwesirs, dreyßig seiner Aga als Hausofficiere, mit Pfeil und Bogen,
vierzig seiner Tschausche, d. i. Staatsbothen, fünfzig Tschausche des
Diwans, mit den hohen walzenförmigen Ceremonienbünden, vier
Tschausche des Aufzuges, mit rothsammtenen Beinkleidern und kleinen
Pauken, damit die Ordnung des Zuges zu erhalten; hundert fünfzig
Gediklü Saim, d. i. belehnte Pfortenschreiber, und Mutteferrika, d. i.
Staatsfouriere, mit Bogen und Pfeilen bewaffnet, jeder von fünf bis
sechs Bedienten begleitet; zwey und siebzig Emire in grünen Bünden,
dem Zeichen der Prophetenabkunft; hundert vier und achtzig Ulema

---

[1]) Talman's Bericht. St. R.

unbewaffnet zu Pferde in weitärmligen Hermelinpelzen; der Vorsteher der Fleischhauer an der Spitze von vier und vierzig Verpflegsofficieren, sechs und dreyßig Kämmerer, jeder mit zwölf Bedienten; dreymahl sieben Handpferde des Sultans, mit silbernen Schilden auf der rechten Seite, und Tiegerhäuten über den Sattel gebreitet. Eine Fahne mit zwey Roßschweifen, der Defterdar, der Reis Efendi mit den Herrn der Kammer und Staatskanzley, die vier Richter von Constantinopel, Ejub, Galata und Skutari, in Hermelin auf prächtigen Pferden, die beyden wirklichen Oberstlandrichter, der Kaimakam Ahmed Köprili, Sohn des Großwesirs Nuuman Köprili, in dem über ganz goldenes Stück ausgeschlageuen Zobelpelze und seine Dienerschaft; der Hofmarschall und Oberstkämmerer zu Pferde, der Mufti zu Wagen; die heilige Fahne vom Fahnenfürsten getragen, von fünfzig Emiren umgeben; die Trabanten-Leibwache mit Lanzen und Helmen, die Arcieren Leibwache mit Pfeil und Bogen und neun Fahnen. Der Großwesir in pyramidenförmigen mit goldenem Streif durchzogenem Staatsbunde mit Pfeil und Bogen bewaffnet, von zweyhundert fünfzig Flintenschützen seiner Leibwache umringt; acht und vierzig pepanzerte Pagen, vier und fünfzig bewaffnete Kammerdiener, acht Handpferde, der Kiajabeg, Minister des Inneren, mit Bogen und Pfeil und seinem Gefolge, die große Heermusik mit vier großen Pauken auf vier Kamehlen, die Kanzley, der Reis Efendi und seine Pagen, sechzehn mit Flinten vier und zwanzig mit Lanzen bewaffnet, die Officiere der Sipahi mit ihren Aga und zwölfhundert Sipahi mit Lanzen, an deren jeder ein grünes oder gelbes Fähnlein (wie die der Uhlanen). Binnen den acht Tagen, die der Großwesir noch im Lager zu Daudpascha weilte, empfing er die Glückwünschungsbesuche der christlichen Bothschafter, und den des Sultan selbst, und brach endlich an einem Sonnabende, als dem einen der beyden glücklichsten Wochentage, welche nach dem Ausspruche des Propheten Gott gesegnet hat, auf.   16. Jun.

Vierzehn Tage nach dem Auszuge des Heeres starb Sultan Ahmed, nach der Meinung Vieler mit Gift aus dem Wege geräumt [1]), als zu gefährliche Lockspeise thronumwälzender Plane im Augenblicke des doppelten Kriegsbrandes an der persischen und russischen Gränze. Um den Krieg mit Rußland so erfolgreicher zu führen, war der Friede mit Persien so nothwendiger. Dem gänzlichen Stillschweigen, welches die osmanische Reichsgeschichte über die Begebenheiten des persischen Krieges bis zur Schließung des Friedens beobachtet, und dadurch erlittene Niederlagen und Verluste der Kenntniß der Nachwelt zu entziehen hofft, helfen des Persers Mehdi, des Engländers Hanway Geschichten und die Gesandschaftsberichte ab; selbst die höchst schätzbare diplomatische Geschichte der Friedensunterhandlungen, welche einer der Bevollmächtigten, der nachmahlige Großwesir Raghib, als Muster di-

---

[1]) La Croix in der deutschen Übersetzung von Schulz III. S. 199.

plomatischer Historiographie unter dem Titel: Bewährung der Leitung,
hinterlassen hat, beschäftigt sich in der Einleitung wohl mit Nadirschah und dessen Thronbesteigung, aber nicht mit den von demselben
seit der Schlacht bey Kerkuk in Georgien und Karabagh erfochtenen
Siegen. Der in Beludschistan ausgebrochene Aufruhr des dortigen
Statthalters und der des Stammes Bachtiari riefen Tahmaskulichan's
siegreiche Waffen von der türkischen Gränze nach den südlichen Ländern, und ein Jahr lang hatte die Pforte Ruhe [gewonnen durch den
Waffenstillstand, welchen Ahmedpascha, der Statthalter von Bagdad
mit Tahmaskulichan unterzeichnet hatte ¹). Durch den Stellvertreter
des Richters im Lager, Abdulkerim Efendi, welcher den Leichnam Topal Osman's nach Constantinopel geleitete ²), hatte Nadir an den
Großwesir Ali, den Doctorsohn, ein persisches und ein eigenhändiges
türkisches Schreiben erlassen, worin die Stammverwandtschaft der
Osmanen mit den Turkmanen als Beweggrund einzugehenden Friedens geltend gemacht war ³). Abdulkerim kam Hälfte May des folgenden Jahres nach Isfahan mit einem Schreiben, welches die Ernennung Abdullah Köprili's zum Serasker und seine Bevollmächtigung
zur Friedensunterhandlung enthielt. Nadir schickte mit dem Efendi einen Gesandten an den Serasker nach Diarbekr mit dem Begehren aller auf dem rechten Ufer des Araxes gelegenen Länder als Grundlage
des Friedens ⁴); zugleich rückte er nach Hamadan und Ardebil vor.
Abdullahpascha sandte friedfertiges Wort, aber der Chan von Schirwan, Surchai, wollte von der begehrten Abtretung nichts hören: „Er
„habe Schirwan mit dem Säbel lesgischer Löwen erobert, der Statt-
„halter von Bagdad habe sich nichts hierein zu mischen" ⁵) Nadir sandte
seinen Feldherrn Tahmaskulichan (wie er sich selbst jüngst genannt) ⁶),
gegen Surchai, der bey Schamachi geschlagen, sich ins Gebieth der
Kumuken zurückzog; Surchai durch die Lesger von Tschar und Tal
verstärkt, begehrte von den Statthaltern von Gendsche, Alipascha,
und Tiflis, Ishakpascha, Hülfe; zum zweyten Mahle von Tahmaskulichan geschlagen, entfloh er zu den Ghasikumuken. Die Sieger
zerstörten das von ihm jüngst erbaute Schloß Kaghmes. Nadir verfolgte den flüchtigen Chan von Schirwan zehn Tage lang bis ins Gebieth der Kumuken bis an den Aktas. Hier traf die Kunde ein, daß
die Lesger im Rücken die Brücke von Samur abgebrochen, sich auf
einem Berge verschanzt. Nadir ließ nun Brücke schlagen, griff die
Lesger in ihren Verschanzungen an, und zerstreute dieselben. Hierauf
ging er über den Araxes, nahm Schamachi, und belagerte Gendsche

Marginal dates:
19. Dec. 1733
29. Apr. 1734
18. Sept.
22. Oct.

---

¹) Extrait d'une Relation de S. E. le Général le Lewaschow écrite à la
Cour du fort de la S. Croix 6. Juillet 1734. St. N. ²) Mehdi III. B. I. Cap.
³) Ssubhi Bl. 86 die letzten Zeilen. ⁴) Mehdi VIII. B. 7 C. Der 25. Silkide
(29. April) ist abermahls als 19. April 1733 um ein Jahr [zu spät angesetzt
⁵) Mehdi III. B. 9 Cap. ⁶) Eben da.

vergebens drey Monathelang [1]), die Belagerer und Belagerten spreng=
ten sich durch Minen gegenseitig in die Luft, unter siebenhundert Tür=
ken, welche durch eine derselben aufflogen, war auch der Sohn des
Statthalters. Nadir befahl den Bau von Neu=Schamachi an dem
von Natur aus festen Orte Akßu, vier Parasangen von Alt=Schama=
chi zwischen dieser Stadt und dem Kur [2]). Nadir ließ seinen Feldherrn
vor Gendsche und Eriwan, beyde Festungen zu beobachten; er selbst
auf die Nachricht, daß Timurpascha die Besatzung von Tiflis mit sechs=
tausend Kurden von Wan verstärkt, marschirte troß des Schnees, der noch im Gebirge, nach Kars, welches das Heer Timurpascha's deckte. *6. Apr. 1735*
Nadirschah lagerte zu Etschmiasin [3]) am Ararat, und von da vor Eri=
wan. Seine Truppen streiften bis Bajesid, dessen Befehlshaber gefan=
gen zu seinen Füßen geführt ward. Abdullah Köprili zog mit einem
Heere von achtzigtausend Mann dem persischen entgegen, das einig und
siebzigtausend stark [4]). Die Osmanen stellten sich bey Baghaverd *14.Jun.*
am Fuße eines Berges auf, die Perser bey Achikendi, zwey Parasan=
gen davon. Eine geräumige Ebene trennte die beyden Heere, die
Schlacht war das Verderben der Türken, ihr ganzes Heer vernichtet,
ihr ganzes Lager erbeutet, die Köpfe des Statthalters von Diarbekr,
Ssari Mustafapascha, und des Seraskers, Köprili Abdullah, vor
Nadir's Füße gerollt [5]). Abdullah Köprili, der Sohn des tugendhaf=
ten Großweßirs Mustafa, starb den Tod des Helden auf dem Schlacht=
felde wie sein Vater vor vier und vierzig Jahren in der Schlacht von
Slankamen, wie sein Sohn Abdurrahman vor neun Jahren in der
Schlacht von Hamadan; drey Köprili, Vater, Sohn, Enkel, Mar=
tyrer im heiligen Kampfe für Glauben und Vaterland. Von diesem
ganzen Verderben des Heeres und des erlauchten Feldherrn keine Spur
in der Reichsgeschichte, als die Hinrichtung Timurpascha's als Ursache
einiger dem osmanischen Heere [6]) zugestoßenen Verwirrung.

Nach dem Verderben von Arpatschai fielen Gendsche, Tiflis und *2. Aug.*
Eriwan in die Hände Nadir's [7]). Ahmed, der Statthalter von Bag=
dad, von der Pforte zum Serasker ernannt, und wie vormahls Ab=
dullah Köprili zur Friedensunterhandlung von der Pforte bevollmäch=
tigt, knüpfte dieselbe durch die Sendung eines Bothen, Huseinaga [8]),
mit Friedensvorschlägen an. Nadir verfolgte seine Siege in Daghistan
und Georgien. In Daghistan hatte er den Kaßfulad zum Schemchal
eingesetzt, in Georgien den Ali Mirsa [9]), dessen Bruder Mohammed

[1]) Mehdi III. B. 11 Cap., Relazione vera nuova maravigliosa e valorosa
di tutto questo che è successo in queste parti, benm Berichte Talman's
St. R. [2]) Mehdi III. B. 12. Cap. [3]) Derselbe III. B. 13. Cap. [4]) Derselbe
III. B. Cap. 14. Die relazione vera nuova maravigliosa bem Fr. Nicolò da
Girgenti Capucino Prefetto della Georgia, aus Achalziche v. 20. Junius 1735.
Extrait d'une lettre écrite de Derbend en date du 22. Juin touchant la vic-
toire que le Généralissime persan Tahmaskoulichan avoit remporté le 8 du
mois de Juin. Hanway III. Ch. 14. [5]) Ssubhi Bl. 69. [6]) Mehdi III. B. Cap.
14. [7]) Mehdi III. Cap. 14. [8]) Mehdi III. Cap. 14.und Ssubhi Bl. 87, nach
dem Tahkik Raghib's. [9]) Mehdi III.B. Cap. 15. Peyssonel essai sur les troubles actuels de Perse et de Géorgie p. 75.

Mirsa in der Schlacht von Kerkuk geblieben, zum Statthalter von
Karthli und Kachet ernannt, und beschäftigte sich, die Unruhen in Da=
ghistan niederzuschlagen, wo Chan Chuim dem Ildar die Statthalter=
schaft Daghistan's, dem Surchai die Schirwan's, dem Ahmed Usmai
die von Derbend bestimmt hatte. Diese drey waren wider Kassfulad,
den von Nadir ernannten Schemchal, verbündet. Nadir zog wider
dieselben, und erzwang ihre Unterwerfung, die Tochter Usmai's ver=
bürgte im Harem Nadir's des Vaters Treue, Surchai entfloh ¹). Un=
terdessen war Huseinaga, der Bothe Ahmedpascha's, mit Mirsa Mo=
hammed, dem Schatzmeister Nadir's, nach Erserum zurückgekehrt, und
auf den an die Pforte erstatteten Bericht wurde Gendsch Alipascha im
Einverständnisse mit dem Chan der Krim, Kaplangirai, zu Friedens=
unterhandlungen befugt. Von Huseinaga und Mirsa Mohammed be=
gleitet, ging Gendsch Ali nach Tiflis; da Nadir so eben gegen die Les=
23.Nov. ger von Tschar und Tal ausgezogen, wurde Gendsch Alipascha zu
1735 Gendsche aufgehalten, und der Chan Abdulbaki ihm als Mihmandar
beygegeben. Er weilte hier bis Nadir von Tarchu und Derbend auf
die Ebene von Moghan gezogen, wo zwölftausend Arbeiter am Zu=
sammenflusse des Kur und Aras ein Prachtlager erbaut, zum großen
Schauspiele von Persien's Thronveränderung, das Nadirschah hier
dem Reiche gab. Mit dem von unrechtmäßigen Kronräubern in der
Geschichte so oft wiederhohlten Puppenspiele freyer Abstimmung des
Volkes unter dem Schatten des über den Häuptern schwebenden Sä=
1. Febr. bels forderte er die Fürsten des Heeres und des Reiches auf, sich frey
1736 und unumwunden zu erklären, wen sie zum Schah wollten, indem
er der Kriege und der Regierungslasten müde, sich in die Einsamkeit
zurückzuziehen gesonnen sey ²). Der allgemeine Zuruf erklärte ihn als
Schah von Persien. Mit verstellter Weigerung dauerte die Unterhand=
lung einen Monath lang ³), bis Nadir den scheinbar aufgedrungenen
Thron, unter der Bedingung annahm, daß hinfüro Einheit der Lehre
in Persien herrsche, und zwar die der Sunni, deren vier rechtgläubi=
gen Ritus der Hanefi, Maleki, Schafi und Hanbeli künftig der fünfte,
Dschaaferi, nach Dschaafer dem sechsten der zwölf Imame so benannt,
beygesellt werden möge. Dieser Unterhandlung mit den Heeres= und
8. März Stammesfürsten lief die mit dem türkischen Bevollmächtigten Gendsch
Alipascha, welcher mit dem Mihmandar Abdulbakichan ins Lager von
Moghan angekommen, parallel, und Nadirschah forderte vier Puncte,
nähmlich die persische Wahlfahrt unter einem besondern Emirolhadsch;
die Anerkennung des Ritus Dschaaferi als des fünften rechtgläubigen;
die Residenz eines osmanischen Geschäftsmannes zu Ißfahan, dessen
Kiaja jährlich den persischen Emirolhadsch begleitete; die freye Rück=

---

¹) Mehdi III. B. Cap. 15. ²) Die kurze Rede in Ssubhi Bl. 88 nach dem
Tahrif Raghib's und bey Mehdi IV. Cap. 1. ³) Vom 1. Febr. bis zum 8. März
Ssubhi. Bl. 87 und 89.

kehr der Gefangenen ²). Mit diesen Bedingnissen wurde Gendsch Ali=
pascha von Nadirschah zurückgefertiget, Abdulbakichan als Bothschafter
zur Kündung der Thronbesteigung Nadirschah's und als Bevollmäch=
tigter zur Abschließung des Friedens gesendet. Ihn begleiteten das
Haupt der persischen Molla, Sidi Abdulkasim, und der Imam Na=
dirschah's, Ali Ekber, jener führte den Titel: Vorsitz der Länder,
dieser den des Hauptes der Gesetzgelehrten. Sie brachen bald nach der
Krönung auf, und kamen Anfangs ²) Julius zu Constantinopel an ³). Julius
Um mit ihnen zusammenzutreten, ernannte die Pforte zu Bevollmäch= 1736
tigten den Reis Efendi, Ismail den Kanzler der Staatskanzley, Mu=
stafa Efendi, und den schon von Bagdad aus zu Sendungen nach
Persien verwendeten Raghib Mohammed, welcher der Kanzley der
Kopfsteuer vorstand ⁴). Da es sich hauptsächlich um Religionssachen
handelte, wurden denselben vier der ersten Gesetzgelehrten beygegeben,
um mit den persischen diese kitzlichen Fragen zu erörtern, nähmlich:
der wirkliche Oberstlandrichter Anatoli's, Leili Ahmed Efendi, der
titulare, Mesihisade Abdullah Efendi, der Aufseher der Fetwa mit
dem Range eines Richters von Mekka, Abdullah Efendi, und der
vormahlige Richter Constantinopel's, Ahmed Efendi; auch Gendsch
Alipascha, welcher mit dem persischen Bothschafter angekommen, wohn=
te den im Palaste Muhsinsade's am Gartenthore gehaltenen Zusammen=
tretungen bey. In der ersten Berathung der osmanischen Bevollmäch= 30.
tigten und Ulema wurden bloß die Schreiben des Schahs an den August
Sultan, Großwesir und Mufti abgelesen, und Alle waren der Mei= (1. Conf.)
nung, daß man sich über dieselben bis morgen besinnen müsse. Tags 31.
darauf unterschied man in der zweyten Berathung zwischen dem Be= August
gehren des Schahs die rein kirchenrechtlichen, wie die Anerkennung des
neuen Ritus und die Auslösung der Gefangenen, von rein staatsrecht=
lichen, wie der Zug der Pilgerkarawane unter einem persischen Anfüh=
rer und die Residenz eines Geschäftsmannes; die zweyten hatten keine
Schwierigkeiten, über die ersten hoffte man sich zu verständigen. In 2.Sept.
der ersten Zusammentretung der beyderseitigen Bevollmächtigten erhob
der persische Bothschafter Nadirschah's Verdienst in der Unterdrückung
der Ketzerey der Schii, setzte die Erhebung desselben auf den Thron
durch die allgemeine Stimme ganz Persien's auseinander, und hoffte
als Erkenntlichkeit von der Pforte die Gewährung der obigen vier
Puncte. Die osmanischen Bevollmächtigten unterschieden zwischen den
gesetzlichen und politischen Forderungen, und gestanden die Führung
persischer Karawane auf den Wegen von Lahsa und Imam Ali zu. Am
folgenden Tage besuchten den Bothschafter die osmanischen Bevoll=
mächtigten, und sprachen von Geschäften. In der zweyten förmlichen

---

¹) Ssubhi Bl. 88 nach Raghib, in Mehdi B. IV. Cap. 1. ²) Mehdi B. IV.
Cap. 2., Ssubhi Bl. 88. Z. 3. ³) Diese drey diplomatischen Schreiben Nadir=
schahs an den Sultan, an den Großwesir und an den Mufti im Tahkik Rag=
hib's zu Ende des ersten Hauptstückes. ⁴) Ssubhi Bl. 80.

4.Sept.
1736
(2.
Conf.)
6.Sept.
(3.
Conf.)
7.Sept.
(4.
Conf.)
13.
Sept.
(5.
Conf.)

17.
Sept.
(6.
Conf.)
22.
Sept.
(7.
Conf.)
24.
Sept.
(8.
Conf.)
30.
Sept.

17.
Oct.

Conferenz ließ der Bothschafter lange warten, beschwerte sich dann, daß man ihm nicht gehörig entgegengehe, und als er hierüber zufrieden gestellt worden, wurde die Ernennung eines bleibenden Geschäftsmannes an beyden Höfen verhandelt. In der dritten Zusammentretung, welche die Freylassung der persischen Gefangenen betraf, ward der Bothschafter anzüglich, indem er die bekannte geschichtliche Sage anführte, daß der Chalife Moteaaßem das byzantinische Reich mit Krieg überzogen, um eine Sclavinn, welche von Amorium aus seine Hülfe anrief, zu befreyen. Die folgende vierte Zusammentretung betraf denselben Gegenstand, der Bothschafter stellte die Losgebung der Gefangenen als Ehrensache des Schahs vor, welchen, wenn auch nicht alle Gefangene losgegeben würden, man doch mit ein Paar tausend befriedigen müsse. In der fünften mutheten die osmanischen Bevollmächtigten dem persischen zu, von der Anerkennung des fünften Ritus abzustehen, die eine höchst mißliche Sache; doch beharrte er fest darauf. In einem Besuche, welchen dem Chan die Bevollmächtigten abstatteten, suchten sie ihn von der Unmöglichkeit, das Begehren eines besonderen Ritus zuzugestehen, zu überzeugen, und demnach wurde in der sechsten Zusammentretung die Abfassung der drey ersten Artikel, die des sultanischen Schreibens und der abzusendenden Bothschaft, welche hievon den Schah verständigen sollte, verhandelt. In der siebenten ließ sich der Bothschafter herbey, die kaiserlichen Vertragsschreiben unter Vorbehalt der Bestätigung des Schahs anzunehmen, und in der achten wurde die Urkunde vollends aufs Reine gebracht. Nach diesen acht Zusammentretungen wurde der Inhalt des Vertrages mit dem Befehle, die Gefangenen freyzugeben, dem versammelten Diwan kundgegeben [1]). Da der persische Bothschafter und die beyden obersten Würden des persischen Gesetzes unabweislich auf die Ernennung eines Bothschafters von gleichem Range wie der Chan, nähmlich eines Wesirs, und auf die Beygebung zweyer Gesetzgelehrten von selbem Range wie der ihrige bestanden, wurde Mustafabeg, der Sohn Kara Mustafapascha's, als Bothschafter mit drey Roßschweifen ernannt, und ihm von den Ulema der vormahlige Aufseher der Fetwa, Abdullah, mit dem Range eines Oberstlandrichters von Anatoli und der vormahlige Fetwa = Aufseher Chalil, mit dem Range eines Molla von Adrianopel, beygegeben. Der Kaimakam, der Reis Efendi, der Mufti und Gendsch Alipascha gaben dem persischen Gesandten in ihren Landhäusern Feste [2]). Achtzehn Tage nach der Rathversammlung, welche den Frieden gut hieß, wurde der persische Bothschafter mit seinen beyden Begleitern zum Empfange der Vertragsurkunde in den Diwan geladen. Sie wurden mit Pelzen bekleidet; auch der Kiaja des Bothschafters, sein Protokollführer und Gehülfe wurden mit Ehrenkleidern und Geschenken begnadigt. Als

---

[1]) Der Vertrag in Ssubhi Bl. 90 in Form eines Schreibens des Sultans an den Schah, in Raghib's Tahkik. [2]) Ssubhi Bl. 90 und Raghib's Tahkik.

befondere Auszeichnung erhielt der Chan einen Koran von der Hand
Osman's, und die beyden Gefeßgelehrten andere Bücher, welchen der
Sultan, der eine fchöne Hand fchrieb, feinen Nahmen und Berfe im
fchönften Nefchi einzufchreiben geruht. Nach der mit vielen Sprüchen
des Korans und der Überlieferung reich gefchmückten Einleitung, in
welcher Nadirfchah als Schah von Jran anerkannt wird, verbindet
fich die Pforte, erftens zur Erlaffung der gemeffenften Befehle zum
ficheren Geleite der perfifchen Pilgerkarawane auf der Straße von Lah=
fa oder Jmam Ali, doch folle der perfifche Führer einen anderen Ti=
tel als Emirol=hadfch führen; zweytens foll ein alle drey Jahre zu
wechfelnder Kämmerer fich ftets am perfifchen Höfe aufhalten, deffen
Kiaja die perfifche Pilgerkarawane auf der Straße von Lahfa oder
Jmam Ali begleitet, deßgleichen foll ein perfifcher Gefchäftsmann an
der Pforte weilen; drittens, die Gefangenen follen freygegeben und
aufgefucht werden; der vierte Artikel folgte unter dem Titel befonde=
ren Zufaßes. Da der Friede auf dem Fuße des mit Sultan Murad IV.
abgefchloffenen mit denfelben Gränzen abgefchloffen ift, tritt auch wie=
der das alte Herkommen in Betreff des Schreibenwechfels der beyden
Höfe ein, nach welchem der Sultan und der Wefir dem Schah, dem
Sultan aber nur der Schah allein, und der erfte Minifter (die Reichs=
ftüße) aber nur dem Großwefir, und nicht auch dem Sultan fchreibt.
Die unter der Dynaftie Ssafewi Statt gehabten unziemlichen Gebräu=
che wurden gänzlich aufgegeben, indem von nun an die Perfer Sunni
wie die Osmanen. Sie erwähnen daher im Guten mit Lob und Preis
der vier erften Chalifen, und aller zehn Gefährten des Propheten,
kennen die erfte Huldigung (der Jünger dem Propheten) unter dem
Baume an, gedenken der ganzen reinen Familie des Propheten und
aller feiner Gefährten nur im Guten, behandeln fich gegenfeitig als
Brüder; diefer guten Behandlung follen fich vorzüglich die Kaufleute
erfreuen, welche nach bezahlter Mauth nicht weiter beläftigt werden
follen. Die Perfer, welche nach den beyden Grabftätten der Jmame
Ali und Hufein, und nach den Grabftätten Bagdad's wallfahrten,
follen, wenn fie keine Waaren mit fich führen, mit keinem Zolle be=
läftiget werden; Flüchtlinge werden in keinem der beyden Reiche auf=
genommen, fondern auf Begehren ausgeliefert. „Zur Beftätigung
„deffelben nennen Wir Gottes, des Allerhöchften, edlen Nahmen, er=
„wähnen der fegenreichen Wunderwerke des Propheten, des Endes der
„Zeiten, und verfprechen nach altem Herrfcherbrauche diefen Vertrag
„zu erfüllen. So lange diefe Bedingniffe und Befchlüffe, und diefe
„Verfprechen und Verbindlichkeiten von der anderen Seite beobachtet
„werden, foll auch von unferer Seite und von Seite unferer Stellver=
„treter und anderer Diener nichts dawider unternommen werden. Und
„wer dieß ändert, nachdem er es gehört, wiffe, daß die Schuld deffen,
„welcher etwas daran ändert.“

Sieben und sechzigstes Buch.

Stimmung der Pforte, in Bezug auf europäischen Krieg und
Frieden. Briefwechsel zwischen dem Großwesir und Talman. Die
Russen in der Krim. Der Kapudanpascha Dschanüm Chödscha. Der
Woiwode der Moldau, Ghika, bestätigt. Die Ukraine verheert.
Schwedischer Handelsvertrag. Briefwechsel des Großwesirs und
Königsegg's. Congreß von Niemirow. Eröffnung des russischen
und österreichischen Feldzuges. Die Clementiner. Nissa erobert.
Waffenthaten in der Walachey und Moldau. Absetzung des Groß-
wesirs. Vertrag mit Rákóczy. Bemühungen um die Vermittelung,
die der französische Bothschafter erhält. Usitscha, Mehadia, Se-
mendra, Orsowa erobert. Kriegsvorfälle am Dniester, in der
Krim, in Bosnien; Oczakow, Bender geschleift. Der Großwesir
nach Constantinopel. Versuche von Friedesunterhandlungen. König
August's und der pohlischen Conföderation Schritte zu Krieg und
Frieden. Dem Großwesir Jegen folgt Auf Mohammed. Schwedi-
sche Schuldentilgung. Der preußische Lieutenant Sattler. Die
Schlacht von Krozka. Belgrad belagert. Chocim erobert. Die
Russen in der Moldau. Briefwechsel zwischen Wallis und dem
Großwesir. Sendung Neipperg's in's türkische Lager. Prälimina-
rien und Abschluß des Belgrader Friedens.

Wider ihren Willen hatte die Pforte den persischen Frieden geschlossen,
wider ihren Willen war sie in den russischen, und bald russisch-öster-
reichischen Krieg verwickelt. Der Krieg gegen Persien war als Reli-
gions- und Reichskrieg ein feurigerer, weil wider Ketzer geführt, wider
welche der Glaubenshaß immer flammender, als wider Ungläubige,
und weil es sich um den Erwerb oder die Besitzung von Städten und
Ländern handelte, wozu auf europäischer Seite keine Aussicht. Seitdem
Ali, der Eroberer Morea's, den beliebten osmanischen Traum der
Wiedereroberung Temeswar's und Ofen's auf dem Schlachtfelde von
Peterwardein für immer ausgeträumt, und seitdem Rußland im Besitze der unzugänglichen Felsen von Derbend und der brennenden Felder von Baku, d. i. des Thorpasses des Kaukasus und der Wachfeuer
der alten osmanischen Gränze am caspischen Meere, war die Hoffnung

zu Eroberungen jenseits der Donau und des Don verschwunden; auch
begann es in dem Kopfe der osmanischen Minister über den Werth
europäischer Kriegszucht und Kriegskunst allgemach zu tagen. Groß=
wesire, wie der stätige friedliebende Ibrahim in den letzten zwölf Jah=
ren der Regierung Ahmed's III., wie der aus maltesischer Gefangen=
schaft durch Franzosen losgekaufte Topal Osman, wie noch jüngst der
Sohn des venetianischen Renegaten, Ali der Doctorsohn, waren nicht
ununterichtet in europäischer Politik. Außer den Gränzwächtern osma=
nischer Diplomatik, den Woiwoden der Moldau und Walachey, wa=
ren zu Constantinopel Rákóczy und Bonneval die eifrigsten Kundschaf=
ter christlicher Staatsgeheimnisse, und die Bothschafter der Seemächte
hatten, seitdem sie im Frieden von Carlowicz zum ersten Mahle, in
dem von Passarowicz zum zweyten Mahle wirksam vermittelnd aufge=
treten, unabweislichen Einfluß auf die europäische Politik der Pforte,
und seitdem die französische den drohenden Ausbruch neuen russischen
Krieges durch den Theilungsvertrag der nordwestlichen Länder des
persischen Reiches vermittelt hatte, war Frankreich's Stimme in den
Berathungen des Diwans von einigem Gewichte, das durch die be=
ständigen Kriege Ludwig's XIV. und die fortwährende feindliche Stim=
mung Frankreich's wider Österreich vorschwerte. Rákóczy, Bonneval,
Villeneufve und ganz neuerdings die schwedischen Ausgesandten Höpken
und Carlson, welche den Charakter von Gesandten noch nicht enwickelt
hatten, bliesen zwar beständig den Krieg wider Rußland und Öster=
reich ein, aber die Pforte war auf der andern Seite durch die Resi=
denten der kaiserlichen Höfe und die Bothschafter der Seemächte zu
sehr über die wahre Lage der Dinge, über die Verhältnisse europäischer
Politik, und über ihr Interesse aufgeklärt, als daß dieselbe blind in
das Netz gegangen wäre. Die Großwesire, welche vormahls den euro=
päischen Gesandten so unzugänglich, traten jetzt mit denselben häufig
in politischen Berathungen zusammen, und wiewohl der jüngst er=
nannte Mohammed, der Waffenträger, nur in den Ämtern des Serai
aufgewachsen, ohne Kenntniß der politischen Geschäfte, so war er doch
zum Guten gestimmt, von milden Sitten, Wahrheit und Recht lie=
bend, und begierig sich zu unterrichten. Aber seit den sechs Jahren der
Regierung Mahmud's waren die sechs letzten Großwesire nicht die un=
umschränkten Gewalthaber wie vormahls, sondern nur Werkzeuge in
der Hand des hinter dem Vorhange des Haremes leitenden Kislaraga.
Vergebens hatte der letzte, Ismail, seine Ohnmacht und des Kislaraga
Übermacht den vertrauten Zwischengehern des Sultans in nächtlichen
Zusammenkünften geklagt, er hatte dadurch nur seinen Sturz herbey=
geführt, und würde nebst seinem Amte auch den Kopf verloren haben,
wenn der Schutz der Sultaninn Walide nicht den Todesstreich abge=
wendet hätte, so daß er mit der Brandschatzung von zwey Millionen
Piastern seines Vermögens den Kopf nach Chios in die Verbannung

rettete [1]). Des allmächtigen Kislaraga Kriegslust und Thatkraft war durch sein hohes Alter (er zählte schon mehr als siebzig Jahre) und durch den Wunsch, ruhig und ungestört seiner Macht und seines übrigen Lebens zu genießen, geschwächt [2]), und derselbe hätte nie für den Krieg gestimmt, wäre derselbe nicht, wie jüngst von Nadirschah, durch Übertretung des vom Schah Husein geschlossenen Friedens, so jetzt von Rußland durch die Belagerung Assow's begonnen worden. Hiedurch war die Pforte in die Nothwendigkeit gesetzt, den Frieden mit Nadirschah auf so unvortheilhaften Bedingungen mit dem Verluste aller durch den Theilungsvertrag und durch Eroberung erworbenen persischen Länder abzuschließen; zur Vertheidigung gezwungen, war sie demnach ernstlich bedacht, den russischen Krieg, wo möglich, bald zu beendigen, und den gefürchteten Ausbruch eines österreichischen zu beseitigen.

Noch zwölf Tage vor der Aussteckung der Roßschweife gegen Rußland gab der Großwesir dem kaiserlichen Internuntius Talman Gehör, um demselben ein Schreiben an den Hofkriegsraths = Präsidenten, Grafen von Königsegg, zu übergeben, welches den Tatarchan entschuldigte und die Russen anklagte [3]). Talman entgegnete: der Tractat von Pruth habe die Gränzen der Kabarta und Daghistan's nicht bestimmt. Das Schreiben des Großwesirs wälzte die ganze Schuld des Krieges auf Rußland [4]). Der neue englische Bothschafter, Fawkener, und der holländische, Calcoen, bewogen den Großwesir in einem noch vor seinem Auszuge aus dem Lager von Daudpascha ihnen gegebenen Gehöre zur Absendung eines gemäßigten Schreibens an die Seemächte, welches einerseits die Stelle einer Kriegskündigung vertretend, andererseits die freundliche Verwendung derselben zur Wiederherstellung des Friedens ansuchte. Diese Schreiben wurden vom Großwesir an den König von England und an die Generalstaaten erlassen [5]). Zu gleicher Zeit schrieben die beyden Bothschafter an den russischen Minister Grafen Ostermann, im vermittelnden Sinne, waren aber mit seiner Antwort, welche sich auf seinen kriegerklärenden Brief an den Großwesir bezog, wenig zufrieden. Der russische Resident wurde nicht als Gefangener, sondern mit zwanzig Pferden, zwanzig Wagen, zwanzig Piastern täglichen Unterhaltes, an die Gränze gesandt, „weil," sagt die Reichsgeschichte, „sein Daseyn oder Nichtseyn gleich" [6]), wurde „aber erst später entlassen, damit es nicht aussehe, als ob durch seine „Entlassung den wunderlichen Bräuchen [7]) der staubgleichen Ungläubi= „gen einige Rücksicht und Achtung bewiesen worden wäre." Der Geist

---

[1]) Contareni's Bericht. 4000. [2]) Contareni f. 473 im k. k. H. Arch. [3]) Protocollo della conferenza nella quale il G. V. consegnò una sua lettera per il Eccellentissimo Presidente del consiglio aulico li 16 Maggio 1736 und Ssubhi Bl. 79. Das Schreiben im H. Arch., es enthält die Recapitulation des Schreibens Ostermann's und Beantwortung desselben. [4]) Das Schreiben im H. Arch., die Übersetzung in Moser's belgradischem Friedensschlusse S. 52 – 66. [5]) Lettera del Sultano al Re d'Inghilterra 17. Ciugno 1736. Ssubhi Bl. 79. [6]) Ssubhi Bl. 84. [7]) Eben da.

und Ton diefer Äußerung herrfcht durch die ganze Gefchichte Ssubhi's, welcher die Jahrbücher Sami's und Schakir's fortgefeßt und in Einem herausgegeben, und welcher gleich Eingangs feines Werkes ¹), bey der Erörterung der Urfachen des ruffifchen und öfterreichifchen Krieges alles Unheil deffelben dem Einvernehmen „zwifchen dem Kaifer von „fchlechter Art mit Lift gepaart, und der durchtriebenften Czarinn mit „abgefchnittenen Haarèn" zufchreibt, „welche fich wie Raben und Krä= „hen einverftanden, das Rofenbeet der wohlverwahrten Länder des os= „manifchen Reiches mit ihren Klauen und Krallen verheerend anzufal= „len, und wider welche nur der Koranstext anzuwenden: Tödtet fie „wie fie euch, und werft fie hinaus, wie fie euch hinauswarfen". Schon vierzehn Tage nach dem Aufbruche des Großweßrs von Daud= pafcha fchrieb an denfelben der kaiferliche Internuntius Talman, um ihm kund zu geben, daß er nächftens Vollmacht und Beglaubigungs= fchreiben als bevollmächtigter Minifter zur Vermittelung des Krieges mit Rußland erhalten werde ²). Einen Monath darnach theilte er ihm die zur Vermittelung erhaltene Vollmacht mit ³). Acht Tage hernach fchrieb er zum dritten Mahle, fich für Anerkennung Auguft's, des Kö= nigs von Pohlen, und feines Minifters Stadnicki zu verwenden ⁴); diefe Anerkennung fey mehr als jemahls an der Zeit, nachdem Eng= land und Holland denfelben fchon als König anerkannt hätten. Der Großweßr beantwortete das erfte aus Babataghi ⁵), mit der An= nahme der Vermittelung und mit der Äußerung, daß die Pforte fchon durch ihre Schreiben an den Kaifer, an die Könige von Frankreich, England, Schweden und die Republiken Holland und Venedig ihre friedfertigen Gefinnungen zu erkennen gegeben, daß fie vor allem aber von den vermittelnden Mächten die zwey Puncte, der Präliminarien und der Urkunde, zu erfahren wünfche. Das zweyte Schreiben ward mit der Äußerung beantwortet, daß er das Schreiben durch den pohli= fchen Edelmann (Stadnicki) empfangen, und daß es mit der Anerken= nung des Königs von Pohlen keine Schwierigkeit haben würde ⁶). Talman, welcher troß der erklärten Annahme der Vermittelung noch immer nicht ins Lager berufen worden, drückte darüber fein Verwun= derung aus⁷). Drey Tage hernach hatte er feine Ernennung als außer= ordentlicher, zur Vermittelung bevollmächtigter Bothfchafter erhalten, welche er dem Großweßr fogleich mittheilte. In einem anderen Schrei= ben vom felben Tage dankte er ihm für die Anerkennung König Au= guft's und feines Gefandten Stadnicki ⁸). Tags darauf hatte er feine feyerliche Antrittsaudienz als Bothfchafter beym Kaimakam, von zwey und vierzig Tfchaufchen, fechzig Janitfcharen fechs und fiebzig Pferden

Marginal dates (right column): 25. Jul. 1736 · 28. Jul. · Auguft. · 14. Sept. · 17. Sept. · 18. Sept.

---

¹) Derfelbe Bl. 3. ²) Lettera del C. Res. Talman. al G. V. 25 Giugno 1735 St. R. ³) Lettera del C. Res. Talman al G. V. 28 Luglio 1736 St. R. ⁴) Lettera del Resid. Talman al G. V. 5 Luglio 1736 St. R. ⁵) Lettera del G. V., ohne Datum des Schreibens. ⁶) Lettera del G. V. al S. Ecc. il S. Tal= man, Ende Auguft's 1736 aus Isakfchi. ⁷) Lettera del S. Ministro Talman al G. V. 14. Sett. 1736 St. R. ⁸) Beyde Schreiben in der St. R.

IV.   21

begleitet; vier Dolmetsche, acht Sprachknaben waren der Kern der
Bothschaft, an Lieferungsgeldern erhielt er täglich hundert sieben und
zwanzig Piaster; die Officiere des Pfortengeleites waren die gewöhn=
lichen der Gesandtenaufzüge, nähmlich nebst dem Tschauschbaschi der
Secretär und Aufseher der Tschausche, der Tschausch Wegweiser, der
Tschausch der Musikcapelle, der Polizey=Lieutenant und der Vogt der
Scharwache, der oberste Sattelknecht und Rottenmeister, der Thorwär=
ter des Serai, der Großmeister, der Oberst = Kaftananzieher, der
Stallmeister, der Fruchtaufseher, der für das Geschenk der Früchte
und Blumen sorgt. Er brachte ihm vier Aufsätze von Blumen, vier von
Früchten und zehn Gefäße von Scherbet; der Grußmeister zwanzig
goldgestickte sammtene Soffapolster mit dem Sitztuche und der Ma=
tratze, als farbigen und duftigen Bewillkomm und freundlicher Ein=
ladung, sich niederzulassen. Der Großwesir beantwortete das Kundma=
chungsschreiben des vermittelnden Bothschafters Talman mit dankbarer
Anerkennung desselben[1]. Talman antwortete, seit drey Monathen
habe er seine Vollmacht, er sey aber noch nicht angehört worden, die
Pforte möge sich über die zwey Puncte der Entschädigung für's Ver=
gangene und Sicherheit für's Künftige erklären[2]. Der Großwesir
schrieb wieder, er erwarte die russischen Bevollmächtigten, von denen
noch keine Spur zu sehen, eben so wenig sey von englischer und hol=
ländischer Vermittelung zu vernehmen, deren in der kaiserlichen Voll=
macht gedacht worden[3].

Ehe wir die Friedensunterhandlungen weiter verfolgen, heftet der
Kriegsschauplatz unseren Blick auf sich. Das russische Heer hatte sich
zu Zaritsinka, zwey Stunden vom Dniepr, versammelt, zwölf Re=
gimenter Dragoner, fünfzehn Fußvolkes, zehn Landwehren, zehn Ge=
schwader Hußaren, fünftausend Kosaken vom Don, viertausend ukrai=
nische, dreytausend zaporogische, in Allem vier und fünfzigtausend
Mann[4] mit achttausend Wagen[5]. Es marschirte am linken Ufer des
Dniepr, wo General Spiegel und Oberst Weißbach zuerst mit den
Tataren des Kalgha handgemein wurden. Das Heer zog dann über
Selmaja Dolina und Tschernaja Dolina, d. i. durch das grüne und
schwarze Thal, an den Brunnen der Tataren[6], und von da nach
sechsstündigem Marsche am Ufer des Flüßchen Kolitschka[7]. Tags dar=
auf stand Münch vor den von den Tataren für unbezwingbar erachte=
ten Linien von Orkapu oder Perekop. Die Landenge, welche die Halb=
insel mit dem festen Lande verbindet, durchschneidet in ihrer ganzen
Breite von sieben Wersten ein Graben, zwölf Klafter breit und sieben

Ende
1.Oct.
1736

Ende
Oct.

19.May

26.May

---

[1] Lettera del G. V. al S. E. l'Ambasciatore Talman. Jsakdschi. 1. Ott.
1736. St. R. [2] Lettera scritta da S. E. l'Ambasciatore Talman al G. V. 28
Ott. [3] Lettera del G. V. a S. E. l'Ambasciatore Talman. Jsakdschi Ott. 1736.
[4] Keralio hist. de la guerre de Russes et des Impériaux contre les Turcs
en 1736, 1737, 1738, 1739. Paris 1780 I. p. 27, und Mannsteins Geschichte.
[5] Lebensbeschreibung des K. k. Feldmarschalls Münch. Oldenburg 1803. S. 58.
[6] Keralio I. S. 31. [7] Kabantchi in Keralio I. S. 32.

tief, hinter dem Graben eine Bruſtwehre, von deren äußerſten Höhe
bis zum Boden des Grabens ſiebzig Fuß. Sechs ſteinerne Thürme
ſchützten die Linie, und waren die Vormauer der hinter ihnen ſich er=
hebenden Feſtung Orkapu; eine Linie nicht minder beachtungswerth
als Schutzwall des tauriſchen Cherſoneſos, als die von Hexamilon[1]),
vormahls als Schutzwall des Peloponneſos, nur jener durch die Grie=
chen ſchlechter vertheidigt wider Murad, den Eroberer Morea's, als
dieſe durch tauſend Janitſcharen und hunderttauſend Tataren wider
den Eroberer der Krim. Die Linien wurden erſtürmt; am ſelben Tage, 28.
May
1736
wo zu Conſtantinopel die Roßſchweife wider Rußland vor das Serai
ausgeſteckt wurden, wehten die ruſſiſchen Fahnen von den Thürmen
des Schutzwalles der Krim. Zwey Tage hernach ergab ſich die Stadt
Orkapu, deren Nahme, ſey es noch vom griechiſchen Alterthume als
Thor des Horus und Gränzthor abgeleitet, ſey es vom tatariſchen Or
oder Ur (Feuer), ein uralter iſt. Münch befehligte von hier den Gene=
ral Leontiew mit zehntauſend Mann Fußvolkes und dreyhundert Ko=
ſaken nach der Feſtung Kilburun (Kinburn), welche ſich an dem äußern
Vorgebirge der Mündung des Dniepr gegenüber von Oczakow und
der kleinen Inſel Bereſin erhebt. In Bereſin hat ſich noch der alte
Nahme der Inſel Boresthenis erhalten, welche wie Leuke am Ausfluſſe
des Iſter eine dem Wettrennen des Achilles heilige war, und das Vor=
gebirge Kilburun trägt noch zur Hälfte den Nahmen des Herrſchers des
Pontos, Achill's, wiewohl der Tatare das Kil in der Bedeutung ſeiner
Sprache als Haar, Kilburun aber das haarfeine Vorgebirge verdol=
metſcht. Münch verfolgte ſeinen Zug nach Gößlewe (Koslow), dem größ=
ten Handelsorte der Krim, an der weſtlichen Küſte derſelben, wo reiche
Beute den Soldaten zum Raube[2]). Einen Monath, nachdem Münch vor
den Linien Perekop's geſtanden, ſtand er vor den Thoren Bagdſcheſe=
rai's, d. i. des Gartenpalaſtes, der alten Reſidenz der Chane der Krim,
die nach kurzem Kampfe der Zerſtörung Preis gegeben ward. Zweytau=
ſend Häuſer und der weitläufige Pallaſt des Chans ſanken in Aſche zu=
ſammen, auch die reiche Bibliothek, welche Selimgirai geſtiftet, und die
der Jeſuiten wurde nicht verſchont[3]). Gleiches Schickſal traf die nord=
öſtlich von Bagdſcheſerai (Sympheropolis) gelegene Stadt Akmesdſchid,
d. i. die weiße Moſchee, die Reſidenz des Sultans Kalgha und der vor=
nehmſten Mirſen, deren achtzehnhundert Wohnungen aufflammten.
Münch hatte von hier ſeine Blicke nach Kaffa, der wichtigſten Feſtung
der Krim, gerichtet, aber Krankheit und des Prinzen von Heſſen=Hom=
burg Widerſetzlichkeit zwangen ihn zur Rückkehr nach Perekop, wo er
die Nachricht der Einnahme von Kinburn durch Leontiew erhielt, ſo
wie er früher die Nachricht der Eroberung Aſſow's durch Lascy erhal=
ten hatte[4]). Münch's Heereszug durch die ſchöne Krim hatte Städte 3. May

---

[1]) I. Band S. 756. [2]) Lebensbeſchreibung Münch's S. 54. [3]) Keralio I.
S. 52. Lebensbeſchreibung Münch's S. 66. [4]) Dieſelbe S. 68.

und Felder verödet, und ſein Nahme iſt dadurch in der Kriegsgeſchichte
gebrandmarkt, wie der von Louvois und Catinat als Verheerer der Pfalz
durch Schwert und Feuer ¹). Er verließ die Krim, nachdem die Linien
von Perekop geſchleift, die Mauern der Stadt geſprengt worden. Der
Chan der Krim, Kaplangirai, der ſein Land ſchlecht vertheidigt hatte,
wurde abgeſetzt, und der Kalgha Fethgirai zum Chan ernannt ²), der
Nureddin Arslangirai ward Kalgha, und Mahmudgirai, der andere
Bruder des Chans, Nureddin ³). Der Verfaſſer der Sieben Sterne,
die wandelnd fahren in den Kunden der Könige der Tataren, mit
welchem wir bisher Hand in Hand durch die Geſchichte der Chane
der Krim gewandelt ſind, theilt zum Schluſſe ſeines Werkes ein Schrei=
ben eines der angeſehenſten Scheiche der Krim mit, welches ſieben Ur=
ſachen des Unheils des für die Krim ſo verderblichen Feldzuges aufführt.
Zuerſt vernachläſſigten die zur Befeſtigung der Linien ſchon Hälfte
April's aufgebothenen Arbeiter die Schanzarbeiten, lagen ſiebzig Tage
müßig zu Ferhkerman; als hierauf der Kapudanpaſcha zu Goslewe lan=
dete, nahm der Chan ſeine angebothene Hülfe nicht an; als die Tata=
ren in dem erſten Zuſammentreffen mit dem Vortrabe des ruſſiſchen
Heeres zu Jaliniſaghardſch, d. i. beym einſamen Baume, ſchon eini=
ge Rotten gebrochen hatten, der Kalgha vom Chan Kanonen begehrte,
hatte ſie dieſer verweigert; als an den Linien von Kanlidſchik gefoch=
ten ward und eine Kanonenkugel nahe beym Wagen des Chans fiel,
kehrte dieſer ſogleich um, und ſein Umkehren war das Signal der
Flucht. Man hatte ſich darauf verlaſſen, daß der Mangel an Waſſer
und Futter die Ruſſen von den Linien Kalindſchik's zurücktreiben werde;
als die Ruſſen die Linien erſtürmt, hielten die Tataren nicht Stand,
ſondern flohen in Einem bis Tſchetrlik; endlich war der Schrecken der
Tataren vor den Kanonenkugeln ſo groß, daß ſie, ſo oft eine zwiſchen
ſie fiel, vier bis fünf Stunden weit flohen ⁴). Während Aſſow und
Kinburn fielen, und die Krim verheert ward, ſchlug der Fürſt der Kal=
muken, Don=Duc=Ombo, die Tataren am Kuban, und zwang ſie, ſich
dem ruſſiſchen Zepter zu unterwerfen, ihr Sultan und zweyhundert
Mirſen huldigten der Kaiſerinn, fünfzehntauſend ſchloſſen ſich dem kal=
mukiſchen Heere an ⁵).

Nebſt der Abſetzung des Chans der Krim hatte auch die des Ka=
pudanpaſcha Dſchanüm Chodſcha und andere Veränderungen der Be=
fehlshaber von Seite der Pforte Statt. Nach Kaffa waren An=
fangs des Krieges nicht nur viertauſend Janitſcharen, Zeugſchmiede,
Kanoniere und Stuckfuhrleute gelegt, ſondern auch von Bosnien
vierzehnhundert Mann zum Heere geſtellt worden. Dieſe Mann=
ſchaft waren die von den bosniſchen Truppen geſandten, wo die
neun und zwanzigtauſend neunhundert dreyßig Mann Landesbeſa=

¹) Essai sur l'histoire ancienne et moderne de la nouvelle Russie par
Mr. le Castelnau II p. 60. ²) Ssubhi Bl. 82. Sebessejar Bl. 233. ³) Sebesse=
jar Bl. 234. ⁴) Sebessejar Bl. 232. ⁵) Keratio I, p. 72. Castelnau II. p. 63.

tzung, je zwanzig und zwanzig Mann, einen neugeworbenen und
neugewaffneten Mann ſtellten [1]). Jetzt nach vollendetem Feldzuge
dieſes Jahres, und bey herannahendem Winter, wurde die Verthei=
digung von Kaffa dem bisherigen Beſatzungsbefehlshaber von Bender,   1736
Schahin Mohammedpaſcha, als Serasker übertragen; die aus Ägyp=
ten gezogenen Truppen wurden ins neue Schloß (Jenikalaa) gelegt, und
die beyden Statthalter von Anatoli und Karaman, die aus der perſiſchen
Kriegs= und Friedensgeſchichte bekannten Gendſch Ali und Memiſchpaſcha,
wurden mit erſtem Frühjahre ins kaiſerliche Lager aufgebothen [2]). Dſcha=
müm Chodſcha, nun zum dritten Mahle Kapudanpaſcha, und trotz ſeines
Alters noch immer von großer Lebhaftigkeit, hatte ſich mit dem höchſt
einflußreichen Kiajabeg Osman überworfen [3]). Der Fall Aſſow's wur=
de dem Mangel der gehörigen Unterſtützung des Kapudanpaſcha zuge=
ſchrieben, er wurde abgeſetzt und mußte tauſend Beutel zu den Kriegs=
koſten beyſteuern [4]); ſein Nachfolger war Alipaſcha. Um die Vertheidi=
gungsanſtalten des Winters und die Rüſtungen des nächſten Feldzuges
zu berathen, wurden nebſt dem neuen Chan Fethgirai der Statthal=
ter von Chocim, Koltſchakpaſcha, und der Woiwode der Moldau,
Gregor Ghika, der Bruder des Pfortendolmetſches Alexander, nach
Conſtantinopel einberufen [5]). Ghika, welcher vor neun Jahren zum er=   21.Oct.
ſten Mahle den Fürſtenſtuhl der Moldau beſtiegen, war nach ſechs Jah=
ren in die Walachey überſetzt worden, an ſeine Stelle Conſtantin
Maurocordato, der ſchon zweymahl, wiewohl nur ſehr kurze Zeit,
Hospodar der Walachey geweſen. Er kaufte zum dritten Mahle den
Fürſtenſtuhl der Walachey um eine Million Löwenthaler [6]); ſo mußte
Ghika unmittelbar vor Ausbruch des Krieges wieder in die Moldau
zurück, die er nun zum zweyten Mahle, wie Conſtantin Maurocordato
die Walachey zum dritten Mahle, regierte [7]). Ein Blitzſtrahl, welcher   Sept.
in das Zelt des Pfortendolmetſches fiel, und denſelben durch Schre=
cken halb entſeelte [8]), ſchien die ſpäter wie der Blitz aus heiterem
Himmel erfolgte Entſeelung deſſelben vorbedeutet zu haben. Sein
Bruder, der Fürſt der Moldau, wäre in ſo gefährlicher Zeit gern
des Fürſtenſtuhles ledig geweſen, und wie ſonſt Summen gebothen
wurden kzur Erhaltung deſſelben, ſo both er jetzt durch ſeinen
Bruder, den Dolmetſch der Pforte, derſelben Geld, um abtreten
und ſeinen Platz dem Michael Rakoviza überlaſſen zu dürfen, was
aber vergebene Mühe [9]) war, weil der Kiajabeg ihn auf ſeinem Po=
ſten laſſen zu müſſen glaubte. Ghika ſcheint dieſes Vertrauen verdient
zu haben, und die Sendung an Feldmarſchall Münch, um ihn zu be=
wegen, lieber Oczakow als Bender zu belagern, kann zwar als Ver=

---

[1]) Ssubhi Bl. 80. [2]) Derſelbe 82. [3]) Contareni 7. April 1736. f. 303. [4])
Cont. f. 446. Ssubhi Bl. 84. [5]) Ssubhi Bl. 83. Contareni's Bericht. [6]) Engel's
Geſchichte der Walachey II. S. 19. [7]) Engel's Geſchichte der Moldau S. 299.
[8]) Cont. 28 Sept. 1736 f. 427. [9]) Avviſi della corrente novità di Maggio 1736,
beym Berichte Talman's.

rätherey, aber eben sowohl als Vorsorge zur Abwendung der Kriegs=
übel von der Moldau, ausgelegt werden ¹). Der neue Chan, nachdem
er sich mit dem Großwesir zu Babataghi berathen, kehrte in die Krim
zurück. Seine Ankunft führte den Sieg und die Beute ins Lager der
12.Nov. Tataren zurück. Der Sultan von Budschak brach in die Ukraine ein,
1736 schlug fünftausend Russen, die ihm den Weg versperren wollten, über=
schwemmte die Ukraine mit Gluth und Blut, um den Brand der Krim
zu rächen, und führte dreyßigtausend Sclaven mit sich²). Die Pforte
schwankte hinsichtlich der Vermittelung zwischen der vom Kaiser durch
seinen Bothschafter, Talman, einvernehmlich mit den Seemächten an=
gebothenen, und der französischen und schwedischen, zu welcher dieselbe
Villeneufve und Bonneval mit den schwedischen Ministern, Höpken
10.Jan. und Carlson, bereden wollten. Einige Tage, nachdem Talman nach
1737 Babataghi ins Lager abgegangen war, hatten die schwedischen Gesand=
ten ihre Unterredung beym Sultan in Folge des nun mit Schweden
ins Reine gebrachten Handelstractates. Schweden verbürgte dadurch
die Stätigkeit seiner mit den Barbaresken abgeschlossenen Schifffahrts=
verträge, und trat von nun an höchst wirksam in die osmanische Po=
litik ein ³). Der ungarische Renegate Ibrahim, der Muteferrika,
Vorsteher der Druckerey, wurde an den Palatin von Kiow, mit dem
Auftrage, die pohlischen Verträge zu erneuern, abgesandt ⁴).

Ende des Jahres brach endlich Talman von Constantinopel ins
Lager des Großwesirs nach Babataghi auf, wo er Hälfte Januars ein=
traf. Er übergab ein Schreiben des Hofkriegsrathspräsidenten Grafen
17.Jan. von Königsegg, welches die Beschwerden Rußlands, das Bündniß Öster=
reichs mit Rußland, und die Nothwendigkeit, während dieses Winters
durch Unterhandlungen den Frieden herzustellen, zur Sprache brach=
te ⁵). Des Großwesirs Antwort hoffte, daß das Bündniß keinem Drit=
ten zu schaden abgeschlossen, daß die Freundschaft zweyer Reiche ein
4.Febr. seltener Edelstein, daß Rußland den Werth solches Edelsteines nicht
zu schätzen wisse, indessen sey die Pforte aus Freundschaft für den Kai=
serlichen Hof unter Vermittelung desselben den Frieden herzustellen
bereit ⁶). Der Kiajabeg, in dessen Händen die ganze Geschäftsführung
des Lagers, begehrte sogleich nach Verlauf des Bairamsfestes die er=
ste Zusammentretung mit Talman, und Tags darauf übergab demsel=
ben der Großwesir die obige Antwort an Königsegg ⁵). Nach einigen
Tagen trat Talman abermahl mit dem Kiaja zusammen, wo dieser auf
eine von dem Reichsgeschichtschreiber hart getadelte Weise sich über das
Verhältniß der Pforte gegen Österreich erklärte, indem er offen und

---

¹) Des Grafen von Dadich Denkwürdigkeiten in Gatterer's historischer Bi=
bliothek XIV. Bd. S. 270. (Engel's Geschichte der Moldau S. 300. ²) Ssubhi
Bl. 95, und mit demselben übereinstimmend Laugier histoire de la paix de Bel=
grade I. p. 33. ³) Contareni f. 448, 473, 491 und Laugier I. p. 32. ⁴) Talmans
Bericht St. R. ⁵) Der Inhalt des Schreibens in Ssubhi Bl. 93, das Schreiben
selbst vom 5. Dec. 1736 in Moser's Belgradischem Friedensschlusse Nr. III. p. 66.
⁶) Das Schreiben Nr. IV. bey Moser S. 73. ⁷) Protocollo della conferenza
col. Gran. Vez. 4. Febr. 1737.

unumwunden gestand, daß der Pforte Alles an der Erhaltung des
Friedens mit Österreich gelegen, daß, wenn Österreich selbst kraft des
Bündnisses mit Rußland Truppen in die osmanischen Staaten einmar=
schiren ließe, die Pforte dieß nicht als Kriegserklärung betrachten würde.
Der Großwesir und Kiaja äußerten sich beyde, daß die Pforte, nach
dem Begehren Rußland's, den Carlowiczer Frieden zu erneuern, nur
unter der Bedingniß der Zurückgabe Assow's bereit sey [1]). Talman
erklärte, daß er zur Rückstellung Assow's von Seite Rußland's nicht
bevollmächtigt, und darüber neue Befehle einhohlen müsse. Zum Con=
greßorte schlug die Pforte Soroka am Dniester vor. Ein neues an
Königsegg erlassenes Schreiben erwähnte die Bestimmung Soroka's
als Congreßortes, und schmeichelte sich, daß der Ehre Rußlands genug=
gethan wäre, wenn die Pforte die Forderung des Schadenersatzes für
die Verheerung der Krim aufgebe, auf andere Weise sey der Friede
nicht möglich [2]). Königsegg beantwortete das erste Schreiben des Groß=
wesirs mit der ausdrücklichsten Erklärung, daß Österreichs Interesse in
keinem Falle von dem seines Verbündeten getrennt werden könne, daß
es von nun an nicht bloß als Mittler, sondern als Mitverbündeter Ruß=
land's auftrete, mit demselben das Ergebniß des Friedens oder Krie=
ges theilend [3]). Das zweyte Schreiben war mit dem Bedauern beant=
wortet, daß die Pforte auf Assow bestehe, welches vormahls im Besitze
Rußland's, von demselben wieder erobert, nicht zurückgegeben wer=
den dürfe [4]). Indessen hatten die Bothschafter der Seemächte, welche
so lange von der Vermittelung nichts hören wollten, weil sie hierum
nur einseitig von der Pforte, und nicht auch von Rußland ersucht wor=
den, die nöthigen Vollmachten zur Vermittelung und vom Großwesir
die Einladungsschreiben, sich ins Lager zu begeben, erhalten [5]). Ein
Schreiben des russischen Residenten Wißniakoff an den Hospodar der
Walachey drang auf die baldige Vereinigung der Minister im Con=
gresse [6]). Die Pforte, welche wohl einsah, daß weiter keine Zeit zu
verlieren, ernannte zu ihren Bevollmächtigten den Reis Efendi Mu=
stafa, den Präsidenten der Kammer Rusname, Emini Mohammed
Efendi, den Cabinetssecretär des Großwesirs, den noch jüngst als Be=
vollmächtigten des persischen Friedens verwendeten Mohammed Raghib,
und den Secretär der Sipahi, Mohammed Said Efendi, den Sohn
des vormahls als Bothschafter nach Frankreich gesandten Mohammed
Tscherkes, des Acht und zwanzigers [7]). Siebenhundert Flintenschützen
und drey bis vier Kammern Janitscharen wurden zur Begleitung und
Wache des Congreßortes bestimmt. Der Großwesir rückte mit dem
Lager von Babataghi nach Isakdschi vor [8]). Talman machte Vorstel=

11.
Febr.
1737

Hälfte
April

---

[1]) Das Protokoll in Ssubhi Bl. 94 S. 1 3, 6 v. u. [2]) Das Schreiben bey
Moser Nr. VI. S. 78. [3]) Das Schreiben vom 28. Febr. bey Moser Nr. V. S. 76.
[4]) Das Schreiben Königsegg's vom 20. März bey Moser Nr. VII. S. 81.
[5]) Lettera del G. V. al S. Amb. di Niederlanda Babag 18 Genn. 1737. St. R.
[6]) Der Auszug dieses Schreibens bey Moser Nr. VIII. S. 82 und in den Acten
der St. R. das von Ghifa an Münch aus Jassy vom 17. März 1737. [7]) Ssubhi
Bl. 95. [8]) Derselbe Bl. 96.

lungen wider die Wahl des Congreßortes auf türkischem Gebiethe; die Türken wollten denselben zu Soroka oder Kubak, die Russen schlugen hiezu Bieloczerkow, Talman Niemirow vor, das ziemlich weit von der türkischen Gränze auf pohlischem Gebiethe, auf der linken Seite des Bog liegt. Der Großwesir ließ sich's gefallen, und schrieb deßhalb an den Hetman Rzewuski. Indessen war zwischen Österreich und Ruß=

9. Jan. 1737

land eine neue, den nächsten Antheil Österreich's am Kriege bestimmende Convention abgeschlossen worden, und zufolge derselben war in einem dritten Schreiben Königsegg's der erste May als der letzte Termin fried= lichen Einverständnisses anberaumt worden [1]. Talman, welcher dieses Schreiben noch zu Babataghi, und vor dem Aufbruche der Bothschaf= ter der Seemächte von Constantinopel erhielt, glaubte es auf sich neh= men zu dürfen den Inhalt dem Großwesir vorzuenthalten; er meldete dem Großwesir, die Antwort Königsegg's auf das zweyte Schreiben desselben empfangen zu haben, doch sey ihm das Unglück zugestoßen, daß dasselbe durch Zufall eines Funkens Lichtes in Brand gerathen, und auf seinem Schreibtische verbrannt sey; er habe um das Dupli= cat geschrieben [2]. Talman erhielt hierüber scharfen Verweis vom kai= serlichen Hofe, welchem diese Eigenmächtigkeit so unangenehmer, als das Schreiben selbst bereits allen europäischen Cabineten mitgetheilt war [3].

15. May

Erst Hälfte May brachen die Bothschafter der Seemächte von Constan= tinopel auf, zwey Tage später, als Talman mit den türkischen Bevoll= mächtigten bereits zu Soroka eingetroffen. Zehn Tage später hatten die Bothschafter der Seemächte beym Großwesir zu Babataghi Gehör.

Sobald der May verflossen, erhielt Talman neue Verhaltungsbe= fehle, vermög deren er angewiesen ward, die Schleifung Widdin's, die Unkosten der gemachten Kriegsrüstungen und andere Gränzen zu for= dern [4]. Das mit diesen Verhaltungsbefehlen abgesandte Schreiben Königsegg's lautete schon aus ganz anderem Tone: Da die Pforte den May zum Frieden unbenützt habe verstreichen lassen, stünde es dem kaiserlichen Hofe nicht weiter frey, die von seinem Verbündeten drin= gend angesprochene Hülfe zu verweigern [5]; indessen sey der Kaiser so= wohl, als die russische Kaiserinn inmitten der Waffen auf billige Be= dingnisse den Frieden zu verhandeln bereit. Dieses Schreiben Königs= egg's an den Großwesir enthielt die ganze Kriegserklärung, so wie die russische in dem Schreiben des Grafen Ostermann an den Großwesir enthalten war. Rußland und Österreich hatten den Krieg wider die Pforte beschlossen [6], und die Schwäche der Gründe desselben trat durch diese Manifeste in Schreibenform nur noch so mehr ans Licht. Das System der beyden verbündeten Höfe war kriegerische Überrumpe= lung der Pforte unter dem fortwährenden Anscheine friedlicher Gesin=

[1] Acten der St. R. [2] Ssubhi Bl. 96, und Talman's Bericht. [3] Weisun= gen an Talman in der St. R. [4] Instruction an Talman vom 6. Junius 1737. [5] Bey Moser Nr. XI. S. 86, aber ohne das Datum (6. Jun.). [6] Durch die Convention vom 9. Jan. 1737.

nung, und Öſterreich begann den Krieg durch Niſſa's Eroberung, wie Rußland denſelben im vorigen Jahre durch die von Aſſow begonnen hatte. Die Verhaltungsbefehle Königsegg's an Talman beſtimmten ſchon in voraus die Gränzen der zu machenden Eroberungen; man wollte nicht eher Frieden machen, als bis nach Eroberung von ein Paar Feſtungen in Bosnien, und dann auf dem Fuße des Beſitzſtandes der Eroberung abſchließen. Die Entſchädigung für die Unkoſten der Kriegsrüſtung ward auf zwölf Millionen berechnet. Vierzig Tage lang verweilten Talman und die türkiſchen Bevollmächtigten zu Soroka, ehe die Nachricht eintraf, daß die ruſſiſchen Bevollmächtigten endlich zu Kiow angelangt, und dreyßig Tage waren ſie auf pohliſchem Gebiethe vor der Eröffnung der Friedensunterhandlung. Die ruſſiſchen Bevollmächtigten waren Schaffiroff, Neplujeff und Wolinsky, die kaiſerlichen Graf Oſtein (der kaiſerliche Bothſchafter in Petersburg) und Talman; den vier türkiſchen war der Bothſchaftsſecretär Nuuman und der Pfortendolmetſch Ghika beygegeben [1]. Bey der Vorzeigung der Vollmachten fand ſich, daß die türkiſche Rußland anklagte, den Krieg auf bloßen Verdacht angefangen zu haben, daß darin die Seemächte ohne Rußland's Zuſtimmung als Mittler aufgeführt ſeyen, und daß von den Bedingniſſen, unter welchen der Friede abgeſchloſſen werden könne, die Rede. Die ruſſiſchen Bevollmächtigten wandten dagegen ein, wer den Krieg begonnen, erhelle aus des Grafen Oſtermann vorjährigem letzten Schreiben, über die Vermittelung Englands und Hollands müſſe Rußland gefragt werden, ob es dieſelbe annehme oder nicht. Die Gränzbeſtimmung gehöre nicht in die Vollmacht, welche weder ein Manifeſt noch eine Inſtruction ſey. Auch die kaiſerlichen Bevollmächtigten wandten dagegen ein, daß der Kaiſer darin noch als Mittler genannt erſcheine, während in dem letzten Schreiben Graf Königsegg's ausdrücklich erklärt war, daß er nach verfloſſenem May nicht mehr als Mittler, ſondern als Verbündeter Rußland's auftrete. Der Reis Efendi beklagte ſich in einer Unterredung mit Talman bitter über den Einmarſch kaiſerlicher Truppen ins türkiſche Gebieth, welches der bisherigen gewöhnlichen Treue des kaiſerlichen Hofes ſo zuwider [2]. Die türkiſchen Bevollmächtigten brachten nun eine zweyte Vollmacht in Vorſchein, welche mit Hinweglaſſung der als unzuläſſig verworfenen Puncte der erſten, ſich auf dieſelbe bezog; die kaiſerlichen Bevollmächtigten erklärten dieſelbe als nicht genügend, weil nicht mit der eigenhändigen Schrift des Sultans verſehen. Die osmaniſchen Bevollmächtigten mußten alſo verſprechen, das Chattſcherif nächſtens beyzubringen, auf welches Verſprechen die Vollmacht unterdeſſen für gültig anerkannt ward; dieſelbe aus der Feder des gelehrten Unterſtaatsſecretärs Raghib gefloſſen, war hinſichtlich des kaiſerlichen Hofes in

20. Jul.
1737

24. Jul.

30. Jul.

3. Aug.

---

[1] Der kaiſerliche Dolmetſch Momars war als Bothſchaftsſecretär angekommen, und Hofconcipiſt Lang ihm beygegeben. [2] Protocollo del discorso tenuto dal Reis Ef. a Talman 30 Luglio 1737·

ungemein verbindlichen Ausdrücken abgefaßt, ein wahres Gegenstück zu den groben Schreiben des Großwesirs Ali, welche dem Ausbruche des letzten Krieges vorhergegangen waren. Es war darin von Öster= reich gesagt: „daß es von jeher in der Freundschaft fest, in der Beob= „achtung des Friedens in Wort und That rechtlich gehandelt, daß „die Mäßigkeit und Geradheit desselben seit Jahren belobt, erfah= „ren und erprobt." Die kaiserlichen Minister erließen hierauf ein Rundschreiben an die im Lager des Großwesirs befindlichen Mini=

3. Aug. 1737 ster der Seemächte, an die zu Constantinopel befindlichen Minister von Holland, Schweden und Pohlen, ihnen die Druckschrift der bisher in dem Friedensgeschäfte zwischen dem Großwesir und dem Hof=

8. Aug. kriegsrathspräsidenten gewechselten Schreiben mitzutheilen. Fünf Tage darauf besuchten sich die Bothschafter gegenseitig, die zuletzt angekom= menen den ersten Besuch abstattend. Zu den Zusammentretungen war ein hölzernes Gebäude aufgerichtet, auf einer Seite desselben die Zelte der kaiserlichen und russischen, auf der anderen der osmanischen Be= vollmächtigten. Vier Tage darauf traf die unerwartete Nachricht von der Enthauptung des Kiaja Osman, welcher bisher die Seele der Pfortengeschäfte gewesen, und der Absetzung des Großwesirs, ein; beydes eine Maßregel des Kislaraga, um die Stimme öffentlicher Un= zufriedenheit zu beschwichtigen, und die Schuld der bisherigen Unfälle auf dieselben zu wälzen[1]. Das Reichssiegel hatte der alte Muhsinsade Abdullahpascha erhalten, welcher schon vor drey und dreyßig Jahren bey dem Aufruhre, welcher Sultan Ahmed III. auf den Thron geho= ben, von den Rebellen zum Defterdar ernannt, hernach in mannig= faltigen Ämtern der Kammer angestellt, sich durch die Einlieferung des Kopfes des übermächtigen Kaitasbeg aus Ägypten vortheilhaft ausgezeichnet hatte. Eidam des Großwesirs Ali von Tschorli und her= nach des Großwesirs Ibrahim, Statthalter verschiedener Landschaften, und dreymahl zu Nissa, war er bey der Ernennung des Großwesirs Seid Mohammedpascha an die Stelle desselben als Oberstkämmerer, und jetzt als Großwesir getreten[2].

16. Aug. (1. Conf.)   Erst Hälfte Augusts hatte die erste Zusammentretung der Bevoll= mächtigten zu Niemirow Statt, in welcher die Vollmachten ausge= wechselt wurden[3]. Zwey Tage hernach in der zweyten Zusammen=

18. Aug. (2. Conf.) kunft klagten die Russen über die Tataren, die Türken über die Kosa= ken; die osmanischen Bevollmächtigten bestanden auf Präliminarien, wovon die russischen eben so wenig, als die österreichischen von Ver= mittlung hören, sondern als Mitverbündete sogleich zum Frieden

19 Aug. (3. Conf.) schreiten wollten. In der dritten Zusammentretung am folgenden Tage hörten die Osmanen mit Erstaunen die fünf russischen Forderungen,

[1] Laugier I. p. 71. Ssubhi Bl. 101; der Gesandtschaftsbericht vom 8. Rebiul= ewwel 1150 (6. Jul. 1737). [2] Biographien der Großwesire von Mohamed Said und die Absetzung bey Laugier I. p. 77. [3] Die Instruction für Ostermann und Talman vom 1. Aug. 1737] in 33 Artikeln, 18 Bogen stark in der St. R. mit Beylage der Convention vom 9. Jan. 1737, in 14 Artikeln.

nähmlich: erstens die Aufhebung aller mit der Pforte bestehenden Ver=
träge gegen Errichtung eines neuen; die Abtretung der Krim und des
Kuban sammt allen Tataren an Rußland; drittens die Anerkennung
der Walachey und Moldau als unabhängige Fürstenthümer unter
russischem Schutze; viertens den Kaisertitel; fünftens die freye Schiff=
fahrt durch das schwarze Meer, durch den Bosporos, Hellespont und
das mittelländische. Über das Begehren der Krim und Kuban's, der
Moldau und Walachey waren die österreichischen Bevollmächtigten
nicht weniger befremdet als die türkischen. Rußland begehrte schon da=
mahls den Schutz der Moldau und Walachey und den Kaisertitel, den
es nach vierzig Jahren, die Krim und die freye Schifffahrt durch das
schwarze Meer, die es nach einem halben Jahrhunderte erhielt, und
deren Vervollständigung durch den Bosporos und Hellespont ins mit=
telländische Meer der Hauptgegenstand der letzten Kriegserklärung nach
einem Jahrhunderte. In der nächsten Zusammentretung wurden die
russischen Forderungen erörtert, wider deren Ungerechtigkeit die os=
manischen Bevollmächtigten laut sich erklärten. Als hierauf die öster=
reichischen mit ihren Forderungen hervorrückten, und die Erweiterung
der Gränzen in der Moldau und Walachey bis an die Dumboviza,
in Servien bis an den Lom mit Einschluß Widdin's forderten, erho=
ben die Osmanen darüber nicht minderes Geschrey, als wider die
russischen. Die russischen Bevollmächtigten protestirten gegen die öster=
reichischen wider die Erweiterung der österreichischen Gränze vom Alt
bis an die Dumboviza. Die österreichischen Bevollmächtigten theil=
ten endlich als ihr Ultimat den osmanischen mit, daß der kaiserliche
Hof von seinem Besitzstande in der Moldau und Walachey etwas auf=
geben wolle, um dafür in Bosnien durch Bihacz und Novi die Gränze
abzurunden [1]). Die osmanischen Bevollmächtigten, welche weder auf
die russischen, noch österreichischen übertriebenen Forderungen einzu=
gehen befugt waren, nahmen dieselben zum Vortrage an den Groß=
wesir. Der dritte Bevollmächtigte Unterstaatssecretär Raghib, ging
mit diesem Berichte an den Großwesir ins kaiserliche Lager ab [2]). In
der Erwartung der Antwort von Constantinopel waren die gemein=
schaftlichen Zusammentretungen der Bevollmächtigten eingestellt, doch
hatten einzelne Unterredungen des Reis Efendi mit Talman und sei=
nem Bothschaftssecretär Statt, deren Ergebniß dahin auslief, daß
die Pforte nie mit Abtretung von Ländern sich zum Frieden herbey=
lassen werde [3]). Die Sprache, welche die osmanischen Bevollmäch=
tigten führten, war eine neue, aus dem Munde derselben noch nicht
gehörte, da sie außer dem Koran und der Überlieferung die Beweise
ihres Rechtes aus dem Evangelium und Hugo Grotius beyzubringen
suchten. „Die Maßregeln der Höfe," sagten sie, „gründen sich entwe=

22.
Aug.
1737
(4.
Conf.)

---

[1]) Das Protokoll der Conferenzen in der St. R. [2]) Ssubhi Bl. 113. Lau=
gier I. p. 80. Protokoll in der St. R. [3]) Protocollo del discorso del Reis Ef.
1 Sett. 1737, dann: Protocollo perla risposta al Reis Ef. li 2 Sett.

„der bloß auf die Religionsgesetze oder auf das Vernunftgesetz;
„euer Verfahren ist aber sowohl den Grundsätzen des Evangeliums,
„als denen des Grotius zuwider" ¹). Die kaiserlichen und russischen
Bevollmächtigten entgegneten, daß auch die Osmanen als Moslimen
ihren Gesetzen zuwider handelten, indem sie sich mit Christen in
Friedensunterhandlungen einließen, indem das Gesetz den Jslam
oder das Schwert auferlege. Die Osmanen erwiederten, daß dieser
Text nur die Götzendiener und Abtrünnige treffe, daß auf die Bekenner der heiligen Schriften, des Evangeliums und der Tora, aber
das Schwert nur in so weit angewendet werden müsse, bis sie nach dem
Spruche des Korans, Kopfsteuer gäben, oder den Frieden ansuch-
ten, der ihnen dann zuzugestehen ²). Die hohe Pforte gebe Krieg und
Frieden, je nachdem man es wünsche. Zu Mohacz seyen über zweymahlhunderttausend Schwergeharnischte von Knechten der Sipahi, die
nichts besser als Futterknechte, vernichtet worden, in der Ebene zu Keresztes seyen nach den Todtenregistern hundert zehntausend erschlagen,
je zehntausend seyen mit einem Grabhügel zusammengeworfen worden,
noch seyen auf der Ebene von Mohacz eilf solcher Grabhügel, deren
jeder zehntausend Erschlagene decke, zu sehen. Was das Begehren der
Entschädigung der Kriegskosten betreffe, so hätte der Schatz großer
Könige keine andere Bestimmung, als ausgespendet zu werden. Die
Pforte spreche nicht von den Unkosten, welche ihr die Unterhalts- und
Reisegelder Talman's und der Bothschafter der Seemächte verursacht
hätten; ob es erlaubt, den Frieden, welchen der Kaiser neuerdings
bey der Thronbesteigung S. Mahmud's beschworen, zu brechen? Der
kaiserliche Bothschaftssecretär, welchem der Reis Efendi in solchen voll-
wichtigen Ausdrücken auf das Gewissen seines Hofes redete, entschuldigte sich damit, daß Bothschafter Diener ihrer Höfe, und verwünschte
die Urheber des Krieges ³). „Ihr habt", sagte er, „die Russen beein-
„trächtiget, die sich nothgedrungen zur Vertheidigung setzten, und der
„Kaiser ward kraft seines Bündnisses zu handeln gezwungen, die Ur-
„sache seyd ihr, über euch komme auch das Verderben." Die osmanischen Bevollmächtigten entgegneten im selben Sinne: „So sey's,
„Gott gebe den Bösen verdienten Lohn, und er trennet die Guten
„von den Bösen, das Schwert seiner Gerechtigkeit waltet hoch," und
Alle schrien zugleich: Amen! darin, jeder die Verwünschung dem Gegentheile zuwendend. Die zwey Monathe des gesetzten Antworttermins
verstrichen ohne weiteren Erfolg, nach deren Verlauf der Congreß gebrochen. Die russischen und österreichischen Bevollmächtigten kehrten an
ihre Höfe, die osmanischen ins Lager des Großwessirs zurück, wo sie
den obigen Bericht erstatteten ⁴). Die Pforte lieh den Vorstellungen
des französischen Bothschafters Villeneufve Gehör, welcher den Dolmetsch Laria ins Lager gesandt, um lieber zur Fortsetzung des Krieges

11. Nov.
1737

---

¹) Ssubhi Bl. 117. ²) Eben da ³) Eben da. ⁴) Ssubhi Bl. 116.

als zur Bewilligung so gefährlicher Forderungen, als die freye Schifffahrt des schwarzen Meeres, zu rathen[1]). Noch vor Anfang des Congresses von Niemirow hatte sich der Großwesir Seid Mohammed, und
seitdem sein Nachfolger, Muhsinsade, an den Cardinal Fleury gewendet, um die Vermittelung Frankreich's anzusuchen[2]). Der Car- 17. Oct.
dinal Fleury schrieb, die Vermittelung annehmend, an den Großwe- 1737
sir, und der Staatssecretär Amelot an den Bothschafter, um denselben für den Fall, daß der Kaiser die französische Vermittelung annähme, mit Weisung zu versehen. Rundschreiben der Pforte an die
christlichen Mächte Europa's unterrichtete dieselben von dem Bruche
des Congresses von Niemirow[3]).

Der russische Feldzug dieses Jahres war zwey Monathe früher,
als die Unterhandlung von Niemirow, eröffnet worden. Das russische
Heer, vom Feldmarschall Münch befehligt, sechzig- bis siebzigtausend
Mann stark[4]), mit einem Artilleriepark von sechshundert Stücken,
zog im Julius längs des Bog auf Oczakow zu, und lagerte zwischen 10. Jul.
dem Meere und der Mündung des Dniepr. Rings herum weder
Futter für die Pferde, noch Holz zu Faschinen; das schwere Gepäck
wurde sogleich zurückgesandt, und die Belagerung begonnen. Fünfzehntausend Mann der Besatzung fielen auf den rechten Flügel des Belage-
rungsheeres, auf den der Kosakan, aus, und wurden nach zwey
Stunden zurückgeschlagen. Fünftausend Arbeiter, von fünftausend
Soldaten verstärkt, waren beschäftigt, in der Nacht zwischen dem
Meere und dem Liman d. i. der Mündung des Dniepr fünf Stuckbette und Schutzwehren aufzuführen, doch war das Erdreich so hart,
die Nacht so kurz, daß vor Sonnenaufgang kaum eine Redoute vollendet war. Das ganze Heer wurde die Waffen zu ergreifen befehligt;
die Hälfte mit den Fahnen gegen die Stadt, die andere Hälfte, unter des Prinzen von Hessen-Homburg Befehle, im Lager. Durch Begünstigung eines Hohlweges und von Gärten kam man der Festung
auf die Entfernung eines Flintenschusses nahe. Am dritten Tage Mor- 13. Jul.
gens ging Feuer in der Stadt auf, Bomben verstärkten dasselbe; die
Truppen, schon bis an den Rand des Grabens vorgerückt, und zwey
Stunden lang dem Feuer der Belagerung ausgesetzt, zogen sich in
größter Unordnung in ihre Schanzen zurück. Hätte der Serasker und
Befehlshaber diesen Augenblick zu einem Ausfalle benützt, würde er
das russische Heer leicht zurückgeschlagen und die Belagerung aufzuheben gezwungen haben; da kam den Belagerern das Fortschreiten
der Feuersbrunst zu Hülfe. Um neun Uhr fliegt das größte Pulvermagazin der Stadt auf, und begräbt unter den Ruinen eines Theiles
derselben sechstausend Menschen; der Serasker, entmuthigt, steckt weiße
Fahne aus, der Tschauschbaschi unterhandelt. Hußaren und Don'sche

[1]) Laugier I. p. 82. [2]) Lettre de Mr. de Villeneufve à Mr. le Cardinal
Fleury 17 Juillet. Laugier I. p. 75, auch Tott p. 78. [3]) Ssubhi Bl. 119 das
Rundschreiben in voller Ausdehnung. [4]) Kéralio hist. de la guerre I. p. 103.

Kosaken waren bereits von der Seeseite eingedrungen, die Besatzung ward entwaffnet und ins Lager geschickt. Jahjapascha, des Großwesirs Ibrahim Schwiegersohn, der Serasker Wesir Mustafa, Pascha von zwey Roßschweifen und Muhafis, d. i. Befehlshaber der Festung, dreyßig Vornehme, sechzig Unterofficiere, drey tausend einhundert vier und siebzig Gemeine, zwölfhundert Weiber, vier und fünfzig Griechen, einige Hundert Soldaten, die in Freyheit gesetzt worden, waren der Rest der Besatzung, die aus zwanzigtausend Mann bestand, und von welcher binnen acht Tagen siebzehntausend eingescharrt worden. Hundert Feuerschlünde, dreyhundert Fahnen, neun Roßschweife, acht Befehls= haber=Keulen waren die Trophäen [1]. Der Verlust Oczakow's kostete dem Kiajabeg Osman den Kopf, dem Großwesir und dem Chan der Krim ihre Stellen. Mengligirai wurde aus Rhodos ins kaiserliche La= ger berufen, und zum zweyten Mahle als Chan installirt, der vorige,
25. Jul. Fethgirai, der Sohn Dewletgirai's, auf seinen Meierhof nach Rumili
1737 verwiesen [2]. Mengli ernannte seinen Bruder Selametgirai zum Kal= gha, und Ssalihgirai, den Sohn Seadetgirai's, zum Nureddin. In der Krim war Lascy an der Spitze von vierzigtausend Mann [3] ein= gerückt, eine Flotte, vom Contreadmiral Bredal befehligt, kreuzte im schwarzen Meere. Lascy setzte von Jenitschi nach der Landzunge von Arabat über, von viertausend Kosaken, unter der Anführung Gol= dan Narma's, des Sohnes Don=Duc=Ombo's, des Hetmans der Kalmuken, verstärkt. Lascy verfolgte den Chan bis nach Karaßubasar [4] (Schwarzwassermarkt), nach Bagdscheserai und Akmesdschid, der drit=
9. Aug. ten ansehnlichsten Binnenstadt der Krim. Sechstausend Häuser, acht und dreyßig Moscheen, zwey Kirchen, fünfzig Mühlen gingen in Feuer auf. Er zieg über den Canal von Schungar wieder zurück. Als Münch und Lascy ihre Truppen in die Winterquartiere geführt, hiel= ten die Türken und Tataren den Augenblick für günstig zur Überrum= pelung Oczakow's, dessen Besatzung von achttausend auf funftausend geschmolzen war, davon tausend krank [5]. Zwanzigtausend Türken und eben so viele Tataren berannten die Stadt, vom Serasker, vom neuen Chan der Krim, Mengligirai, vom Sultan Bielogrod's befehligt.
4. Nov. Sechstausend Türken hatten sich schon der Redouten am Meere be= mächtiget, doch trieb dieselben General Stoffeln, mit dem Verluste von dreytausend der Ihrigen, zurück. Zwey Minen, gegenüber der Bastey von Löwendal, blieben ohne Erfolg; hierauf wurde beym Thore von Ismail und beym Thore S. Christoph angegriffen. Durch

[1] Anhang zur Geschichte Münch's, von Halem. Geschichte der Eroberung Oczakow's, nach den Berichten Manstein's, Bärenklau's und nach den Be= richten des Grafen Solms (in Woltman's Geschichte und Politik, 1800, S. 180) zu des Grafen Dabich Denkwürdigkeiten in Gatterer's historischer Biblio= thek S. 19—26. Keralio hist. de la guerre des Russes et des Impériaux I. p. 111. Ssubhi Bl. 96, 97 u. 99. [2] Ssubhi Bl. 111. [3] 20 Infanterieregimen= ter, 13 Dragonerregimenter, 10—12,000 Kosaken und Kalmuken. Keralio I. p. 131. [4] Jn Keralio S. 135 [5] Derselbe p. 145.

die Wirkung zweyer Minen in Unordnung gebracht, zogen sie ab, mit Hinterlassung von Fahnen und Roßschweifen, Leitern und Faschi‑ nen. Dieser Vorfall und das überhand nehmende Ausreißen zwangen den Serasker, die Belagerung aufzuheben. Die Unternehmung hatte 9. Nov. den Türken mehr als zwanzigtausend Mann [1]) gekostet, wovon die 1737 Hälfte an Krankheiten starb. So endete der Feldzug glücklich und rühmlich für Rußland.

Sobald der May, welcher von Talman als der letzte Termin friedlicher Ausgleichung bestimmt worden, verflossen, zogen sich zwey österreichische Heere, das eine unter dem Befehle des Herzogs von Lothringen und des Feldmarschalls Seckendorf gegen Servien, das andere unter dem Befehle des Feldmarschalls Prinzen Hildburghau‑ sen gegen Bosnien zusammen, ein dritter Truppenkörper unter Wal‑ li's Befehle war in die Walachey einzurücken bestimmt. Unter Secken‑ dorf befehligten die Feldmarschalle Philippi und Khevenhüller, die Feldzeugmeister Schmettau und Wurmbrand besondere Abtheilungen; unter ihnen sieben Feldmarschalllieutenante und zehn Generalmajore [2]), zweyhundert neun und vierzig Reitergeschwader, neunzig Haufen Fuß‑ volkes, achtzig von Grenadieren, außer fünfzigtausend unregelmäßi‑ gen Milizen [3]). Schmettau, welchem als älterer Feldzeugmeister Phi‑ lippi und Wurmbrand in der Beförderung zum Feldmarschall vorge‑ zogen, und durch die Gunst des Herzogs von Lothringen ausgezeich‑ net waren, hatte nichts desto weniger vom Kaiser die Zusicherung sei‑ nes Ranges, und einen von den beyden Feldmarschallen unabhängi‑ gen Befehl erhalten, was Ursache großen Mißverständnisses zwischen 12. den Generalen und des üblen Erfolges des Feldzuges [4]). Am zwölften July. Julius überschritt das Hauptheer unter des Prinzen von Lothringen und Seckendorf's Befehle die Gränze am Königsfeld zwischen Jago‑ dina und Parakin; am selben Tage wurden die Feindseligkeiten in Ser‑ vien, Siebenbürgen, Moldau und Walachey eröffnet [5]). Bey dem Vorrücken des kaiserlichen Heeres verließen die Türken Kragojevacz [6]), Casonoraz, Gorgeschevaz [7]), Supeliiag, Bania, Rasna, Jsperlik [8]), Alexindscha; vierzehn Tage nach überschrittener Gränze wurde der Be‑ fehlshaber Nissa's, Jahiapascha, durch den Dolmetsch und Hofkriegs‑ secretär Theyls zur Übergabe aufgefordert; sieben türkische Officiere überbrachten die Schlüssel der drey Thore der Stadt, des von Con‑ stantinopel, Belgrad und Widdin [9]); hundert fünf und dreyßig Ka‑ nonen, fünfzig Mörser, eine Menge von Mundvorrath wurden erobert.

[1]) Keralio I. S. 151. [2]) Ordre de bataille de l'armée de S. A. R. le Duc de Lorraine et sous les ordres du Général Feldmaréchal le C. de Seckendorf in den mémoires secrets de la guerre d'Hongrie pendant les campagnes de 1737, 1738, 1739 par Mr. le C. de Schmettau. Francfort 1786. [3]) Schmettau S. 149. [4]) Mémoires de Schmettau p. 4. Keralio I. p. 160. [5]) Schmettau p. 14. [6]) Bey Schmettau S. 20 [7]) Eben da S. 23. [8]) Ssubhi S. 100. Schmettau S. 23. [9]) Derselbe S. 28.

Von Widdin lief die Kunde ein, daß nur viertausend Mann in Be=
satzung; die Albaneser, Clementiner, d. i. die vor dreyhundert Jah=
ren unter Murad II. aus Albanien ins Gebieth der albanischen und
servischen Gränze, welches den Titel Clemente führt, ausgewander=
ten Arnauten [1], sandten Wort, daß sie die Waffen wider die Tür=
ken zu ergreifen bereit [2]. Khevenhüller [3] zog wider Widdin, das die
Türken durch Verschanzungen und Truppen verstärkten, während das
kaiserliche Heer durch Mangel an Brot und Futterey geschwächt [4]. Der
Vortrab von acht Regimentern Reiterey, welche auf Kundschaft gegen
Widdin abgesandt worden, wurde an der Brücke eines Morastes, wel=
che die Brücke des Hanfmachers [5] heißt, durch den Kiaja Huseinaga
mit Verlust an die Brücke des Timok zurückgeschlagen. Seckendorf war
seinerseits über Nissa hinaus, hatte Musapaschapalanka [6] bey Kuru=
tscheschme, und Pirot bey Schehrköi und Saribrod besetzt [7]; doch
wurden die schwachen Besatzungen von den Türken zurückgejagt. Vor
Widdin hatte der Kiaja Huseinaga die Brücke bey Florentin zerstört [8].
Achtzehn Tage darnach marschirte das osmanische Heer vom Statthal=
ter Karaman's, Mohammedpascha, welchem die Huth Widdin's an=
vertraut war, mit dem Sandschak von Karahißar, Tos Mohammed=
pascha, dem Ajan von Schumna, Seid Mohammedaga, und Memisch=
pascha gegen den Timok. Feldmarschall Khevenhüller war mit nicht
viel mehr als viertausend Mann, worunter auch sächsische und pohli=
sche Truppen, bey Radojovaz aufgestellt, Widdin zu beobachten, das
große Magazin und die Zufuhr nach Nissa zu decken; der viermahl
stärkere Feind ging über den Timok, das Gefecht bewährte das Über=
gewicht standhaften Fußvolkes gegen die tapferste Reiterey. Wiewohl
die Sipahi im Rücken des kaiserlichen Heeres eingedrungen, das La=
ger plünderten [9], vermochten sie doch nicht die kaiserliche Schlachtord=
nung zu durchbrechen. Bis Sonnenuntergang wurde gekämpft, die
Türken zogen sich über den Timok, der Feldmarschall aber am näch=
sten Morgen nach Persepalanka zurück [10]. An der bosnischen Gränze
hatte der Oberst Lentulus Jenibasar (Neumarkt) [11] besetzt, und Se=
ckendorf, statt dem von einem osmanischen Heere bedrohten Nissa zu
Hülfe zu eilen, verlor die Zeit mit Usidscha's Belagerung, das an
der bosnischen Gränze ein großer und seiner Lage wegen den Türken
merkwürdiger Ort, weil dasselbe der Lage von Mekka ähnelt [12]. Usid=
scha capitulirte, wie es Mohammed dem Eroberer capitulirt, aber
zehn Tage darnach ward die ganze der in Waffen aufgestandenen Be=
völkerung der bosnischen Gränze, zwanzigtausend Clementiner und
Rascier zu Walliewo, welches am Flüßchen Kolubara ebenfalls an der

[1] Von den Clementinern in Sirmien Windisch Ungarisches Magazin II.
S. 78. [2] Schmettau S. 33. [3] Ssubhi Bl. 111. [4] Schmettau S. 41 und 48.
[5] Ssubhi Bl. 111. Schmettau S. 47. [6] Hadschi Chalfa's Rumili S. 157.
[7] Schmettau S. 51. [8] Ssubhi Bl. 111. [9] Schmettau S. 119. [10] Öst. milit.
Zeitschrift 1818. IX. Heft S. 343. [11] Bey Schmettau S. 31, 36, 38, 41.
[12] Hadschi Chalfa's Rumili S. 153.

bosnischen Gränze liegt, von einem zehntausend Mann starken Heere
angegriffen, und bis auf tausend alle zusammengehauen ¹). Unter den
geretteten tausend waren dreyhundert Clementiner, die sich mit Weib
und Kind nach Belgrad wandten, und von einem ihrer Priester, Nah=
mens Suno, angeführt, sich in Syrmien niederließen, wo sie in der
Gegend von Mitroviz die Dörfer Herkofze und Nikinze an der Save
anlegten, in sechs Familien getheilt, tapfere Gränzer, die Männer
durch die Fußbekleidung der Opanken, durch die Streitkugel des Puß=
towan, die Weiber aber noch mehr durch die bunteste aller Trachten
ausgezeichnet, deren Farbenpracht mit der des Pfaues und des Re=
genbogens wetteifert ²). Halsbänder und Armbänder aus Schnüren
von Korallen und Glasperlen, Fransen mit Meermuscheln besetzt, Ket=
ten von Silber= und Goldmünzen, die Nahten der Schültern und
Ellenbogen mit Schellen besetzt, so daß ihr Gang läutend, wie der
von Schlittenpferden; der Wamms mit gelben, rothen und grünen
Glassteinchen besetzt, die Ärmel mit Rädchen aus weißen Glasperlen,
mit silbernen Tressen und vielfachen seidenen Quasten und Trodbeln;
zwey Gürtel, ein breiter von rothem Tuche, dem ein schmahler lederner
aufgenäht ist, mit vielen eisernen Knöpfen und herabhängender eiserner
Kette. Statt des Rockes vorne eine Schürze aus einer dichten Reihe
gelber und rother wollener Strickchen, hinten ein herabhängendes seidenes
Tuch, die Beine mit bunten wollenen Bändern umwunden, statt Schuhe
Opanken, langes Hemd bis an die Waden, und unter demselben noch gro=
ben Unterrock von wollenem Zeuge, dem Wirbel des Kopfes keine Stücke
von Gold= und Silberblech mit Blumen eingeflochten, mit einem Männer=
hute, dessen Stulpen mit weißen Bändern durchzogen; die Haupthaare
in zwey Theile getheilt, jeder Theil in drey Zöpfen geflochten, zum Anden=
ken der Bergwirbel des Gebirges von Clemente, ihrer ursprünglichen Hei=
math ³), während ihnen das Schellengeläute ihrer Kleidung den Ton von
schallenden Bergquellen und Wasserfällen in der Erinnerung zurückhallet.

Bosnien ward von allen Seiten angegriffen, und doch wurde die
Hoffnung sicheren Erfolges, wie in Servien, getäuscht, aus gleicher
Ursache von Zwistigkeit zwischen den Befehlshabern, dem Prinzen von
Hildburghausen und dem Ban Croatiens, dem Grafen Esterházy.
Hildburghausen, gegen Banyaluka vorrückend, lagerte zu Gradiska,
der Ban von Croatien mit den Generalen von Kopranidscha und Wa=
rasdin, gegenüber von Posin und Czekin, die Generale von Lika und
Carlstadt mit zwanzigtausend Mann in der Nähe von Alt=Ostrowiz,
an der westlichen Gränze Bosniens, an der östlichen zwanzigtausend
Mann vor Swornik. Die Verbindung zwischen Bosnien und Ser=
vien war durch die Truppen unter dem Befehle des Obersten Lentu=
lus von Jenibasar bis Usidscha und Valievo gesperrt ⁴). Der Statt=

¹) Schmettau S. 88. Windisch Magazin II. S. 79. ²) Windisch II. S. 82.
³) Naima. ⁴) Die Geschichte Omer Efendi's aus Bosnien, gedruckt zu Constan=
tinopel i J. 1154 (1741), übersetzt von Dubski, und nach derselben Ssubhi Bl.
102. u. f. Die Geschichte Bosnien's von einem ungenannten Verfasser.
IV.　　　　　　　　　　　　　　　　　　22

halter Bosnien's, der vorige Großwesir Alipascha der Doctorsohn, versammelte zu Trawnik die Schloßherren, Capitäne und Aga des Landes, und both alle zwey und dreyßig Gerichtsbarkeiten Bosniens zur Landesvertheidigung auf [1]). Von Ostroviz her wehte zuerst die Kunde des Sieges. Auf dem Felde von Belai schlug der Kiaja, der Tschausch Osmanbeg, eine feindliche Truppe, wobey ein hinkender General getödtet, ein Graf, Oberster, gefangen ward [2]). Die Besatzung von Ostroviz vertheidigte sich heldenmüthig, besonders zeichneten sich die Weiber, nach alter bosnischer Kriegssitte fechtend, aus; mit Helmen und Panzern angethan, fochten sie auf den Mauern [3]). Siebentausend Mann waren der Vortrab des mit Hildburghausen zur Belagerung Banyaluka's heranziehenden Heeres [4]), in drey Treffen anmarschi-

18. Jul. rend [5]). Der Richter von Banyaluka, Ali der Bosnier, ermunterte

1737 die Besatzung, dem Feinde entgegen zu ziehen; in dem Treffen siegten die Osmanen, der General Müffling und Ssalihkiaja der Bosnier rannten gegen einander, und stürzten beyde tödtlich verwundet zur Erde; schon in den Staub gestreckt, fragte der tödtlich verwundete General den tödtlich verwundeten Kiaja: „Ist die Besatzung in der Fe„stung stark?“ — „Ungläubiger!“ antwortete der Kiaja,„ was geht dich „und mich die Festung mehr an? fahre zur Hölle!“ [6]). Auf die Nachricht dieses Treffens zog der Statthalter, der bisher zu Jaicsa gelagert, nach dem Felde Podresiza, zwischen Jaicsa und Setniza, sechs Stunden weiter [7]). Die Mannen von Novi und Bihacz, Trawnik, Dina, Raczar, Kasi, Kibuth [8]) wurden aufgebothen, und wiewohl Nachrichten von Busin und Czetin einliefen, daß sie von zwanzigtausend Deutschen und Croaten belagert wären, wurde doch beschlossen, was das dringendste, nähmlich Banyaluka's Entsatz. Banyaluka wurde aus neun Stuckbetten beschossen, achtzehnhundert Kugeln regneten binnen vier und zwanzig Stunden hinein [9]). Die Aufforderung der Festung wurde nur mit Kanonenfeuer beantwortet [10]). Alipascha mit dem ehemahligen Kapudan von Swornik, Mohammed, mit dem Aufgebothe der zwey und dreyßig Gerichtsbarkeiten und den vier Sandschaken von Bosnien [11]), kamen noch zum Entsatze Banyaluka's an,

4. Aug. und schlugen die Belagerer aus dem Felde; zwölf Kanonen, drey Bomben, zweytausend dreyhundert Zelte, fünfzehntausend Fässer Pulver und Waffen in Menge, waren die Beute des siegreichen osmanischen Heeres [12]). Nach glücklichem Entsatze wurde für Heilung der Verwundeten [13]), für die Herstellung der Festungswerke [14]), für die Belohnung der Ausgezeichneten durch Beförderung und Ehrenkleider ge-

---

[1]) Omer Efendi's Geschichte Bl. 8 und 10, Ssubhi Bl. 103 [2]) Geschichte Omer Efendi's Bl. 13. [3]) Geschichte Bl. 11. [4]) Omer Efendi Bl. 9. Keralio II. p. 57. [5]) Omer Efendi Bl. 15. [6]) Derselbe Bl. 17. [7]) Eben da, und Ssubhi Bl. 116. [8]) Omer Efendi Bl. 18. [9]) Derselbe Bl. 21. [10]) Das Aufforderungsschreiben in der Gesch. Omer Efendi's Bl. 22, und in Ssubhi Bl. 108 Journal du Corps d'armee du Prince Hildburghausen bey Schmettau S. 106. [11]) Omer Efendi Bl. 25. [12]) Derselbe Bl. 29. [13]) Derselbe Bl. 31. [14]) Derselbe Bl. 34.

forgt [1]). Der Mutesellim von Banyaluka, Ibrahimaga, wurde zum
Beglerbeg, der Richter von Banyaluka, Ali der Bosnier, zu dem
Range eines der ersten sechs Molla, der Richter von Kara = Feria, der
Bosnier Suleiman Efendi, welcher dem Heere mit gutem Rathe bey=
gestanden, wiewohl nicht nach seinem Wunsche zum Molla befördert,
doch durch die Verleihung der Gerichtsbarkeit Namisli zur seinigen er=
freut [2]), der Richter von Bosnisch = Brod, Habilsade Abdullah, wel=
cher das Amt des Lagerrichters versah, zur Gerichtsbarkeit von Akhißar
erhöht, Ibrahim, Beg des Sandschakes von Trebigna [3]), erhielt das
von Klis, der Alaibeg Ahmed ward als Alaibeg von Bosnien instal=
lirt, die Aga von Ostroviz, Bihacz, Novi, Ostrosacz erhielten Lehen.
Der Kiaja Jakub der Statthalter wurde als Kämmerer, der über=
bringer der Siegeskunde an den kaiserlichen Steigbügel, der Schrei=
ber der Mutesellime, Suleiman Efendi, mit einem Roßschweife be=
lohnt [4]). Die Belagerung der zwey östlichen Gränzschlösser, Czetin und 10.Aug.
Busin, welche sechs Stunden von einander entfernt, wurde auf die ^{1737}
Nachricht der Entsetzung Banyaluka's sogleich eingestellt. Schon zwey
Tage nach dem Entsatze Banyaluka's brach der Statthalter nach der
Hauptstadt Serai, die ein und dreyßig Stunden von Banyaluka ent=
fernt, auf, um dort an der Vollendung des neugebauten Schlosses
Hand anzulegen [5]). Zu Serai angelangt, befehligte er den Kiaja Jakub,
den Kiaja der Tschausche, Mohammed, und den Sandschak von Her=
sek zur Befreyung Jenibasar's [6]). Der Kapudan Mohammedbeg, wel=
cher zu spät kam zur Befreyung Usidscha's, überfiel aber die unter
deutschem Geleite abziehende Besatzung, und führte dieselbe sammt
dem Geleite dem Statthalter zu. Der Befehlshaber Ismail Kapudan
und der Naib Mustafa wurden zur Bestrafung der Übergabe, Ange=
sichts der Deutschen hingerichtet [7]). Die deutschen Soldaten des Ge=
leites wurden, jeder mit einem Ducaten beschenkt, zurückgeschickt. Mo=
hammed Kapudan verheerte die Gegend um Usidscha, wider die aufge=
standenen Raja wüthend. Um Sokol an der Dina, oder vielmehr
Swornik [8]), wider welches eigentlich das Unternehmen des kaiserlichen
Obersten Grune gerichtet war, zu schützen, rückte der Wesir Statthal=
ter vom Felde Oßmadscha nach dem vier Stunden davon entlegenen
Srebernik [9]) vor. Die von den zwey Begen aus Swornik befehligten
Truppen trafen zu Ballievo auf den Feind, verheerten die Gegend und
führten dreytausend Gefangene mit sich [10]). Ballievo wurde wieder 12.Oct
erobert, der Begsade Mohammedaga aus Swornik dafür zu einem
Beglerbeg befördert [11]). Der Statthalter führte sein Heer nach Serai
zurück [12]). Indessen war der ehemahlige Kaimakam Ahmed Köprili,
welcher Statthalter von Rumili, mit einem Heere von achtzigtausend

---

[1]) Omer Efendi Bl. 32 f. 660 Contareni. [2]) Omer Efendi Bl. 33. [3]) Eben
da. [4]) Derselbe Bl. 34. [5]) Derselbe Bl. 37. [6]) Derselbe Bl. 38. [7]) Derselbe
Bl. 40. [8]) Kerallo p. 249. [9]) Omer Efendi Bl. 42. [10]) Derselbe Bl. 43. [11]) Der=
selbe Bl. 44. [12]) Derselbe Bl. 45.

10.
Sept.
1737
18.Oct. Mann über Dragoman und Saribrod vorgerückt, hatte das Heer aus
Schehrköi und Musapaschapalanka zurückgedrängt [1], weil Seckendorf
mit Usldscha beschäftigt, ihm den Weg nach Nissa freygelassen. Dorat,
der Befehlshaber Nissa's, übergab dasselbe sogleich, und büßte dafür
hernach mit seinem Kopfe. In der Capitulation war den Griechen,
Rasciern und Albanesern Verzeihung und Vergessenheit des Vergan=
genen zugesichert. Nissa's Wiedereroberung ist die letzte rühmliche Waf=
fenthat des letzten berühmten Köprili, des zehnten dieser erlauchten
Familie, in welcher der vernunftgemäße Adel großer Thaten und Ei=
genschaften durch ein Jahrhundert rechtmäßig fortgeerbt.

Noch vor Wiedereroberung Nissa's wurde dem Statthalter von
Widdin, Auf Mohammedpascha, belobendes Handschreiben mit Ju=
welendolch, zwey Ehrenpelze und fünfzigtausend Thaler zur Verthei=
lung unter die Wackeren gesandt [2]. Seinen Kiaja, Huseinaga, und
den Miralem, Suleimanaga, sandte er nach Krajova, welches schon
seit Anfang des Feldzuges im Besitze der Österreicher, indem sie bey
Rimnik über die Alt gegangen, bis Bukarest vorgedrungen waren [3].
28.Oct. Der Feind wurde aus Krajova vertrieben, und vier Stunden weit
verfolgt. Der General Gilani, der mit Husaren und Dragonern wie=
der in die Walachey einfiel, wurde geschlagen, und kaum konnte er
nach Siebenbürgen entfliehen. Gleiches Schicksal hatte eine Truppe
von achthundert Mann, die unter des Oberstlieutenants Ursetti Be=
fehl in die Moldau einfiel; sie wurden auf Befehl des Pascha von
Bender vom Fürsten Gregor Ghika aus dem Lande gejagt [4]. Moham=
med, der Statthalter von Widdin, brach mit dem Wesir Memischpa=
scha von Widdin, wo er seinen Kiaja, Huseinpascha, als Befehlsha=
ber zurückließ, gegen Orsowa auf, um die Feinde, die sich nach der
7. Nov. Schlacht am Timok dort festgesetzt, daraus zu vertreiben. Auf dem
Marsche zu Radovidscha hohlte ihn der kaiserliche Kämmerer mit den
Ehrenzeichen und Belohnungsschreiben ein. Die Feinde hatten sich in
die Palanke Berese, fünf Stunden von Fethislam herwärts, verschanzt
und befestigt, und das Lager stand anderthalb Stunden davon zu Gra=
bovaz [5]. Die Feinde zogen sich nach Alt=Orsowa zurück, die Palanke
Berese wurde erobert, und der Marsch bis gegenüber des Schlosses
von S. Elisabeth fortgesetzt [6]. Die zwey Kriegsschiffe, S. Charles
und S. Elisabeth, wurden genommen, und nach herausgezogenen Ka=
nonen verbrannt [7]. Der Feldzug war nun rühmlich geschlossen, und
16.Nov. der Großwesir brach vom Felde Kartal, gegenüber von Isakdschi, nach
Constantinopel auf, um während des Winters die Rüstungen zum
nächsten Feldzuge zu besorgen [8]. Da der kaiserliche Silihdar die Be=

[1] Ssubhi Bl. 112. [2] Derselbe Bl. 114. [3] Schmettau S. 26. Dadich
Denkwürdigkeiten in Gatterer's hist. Bibl. XIV. S. 288. [4] Dadich Denkwür=
digkeiten in Gatterer's hist. Bibl. XIV. S. 282. [5] Ssubhi Bl. 115. [6] In Kho=
venhüller's Journal bey Schmettau S. 135 nicht so deutlich als in Ssubhi
Bl. 115. [7] Ssubhi Bl. 115. [8] Derselbe Bl. 117.

schleunigung des Marsches betrieb, wurde in sieben Märschen Ha-
dschioghlibasar erreicht, wo die Nachricht von der durch Mohammedpascha von Widdin glücklich vollbrachten Eroberung Fethislam's eintraf.
Zu Adrianopel wurde fünf Tage wegen der Auszahlung des Soldes
verweilt. In der Nähe von Daudpascha kam der Sultan der heiligen
Fahne entgegen. Der Großwesir, von allen Großbeamten des Staates und des Hofes begleitet, zog ins Serai, die heilige grüne Fahne [1]
zu übergeben. Als er nach Übergabe derselben mit dem Kaimakam Jegen Mohammedpascha im innigsten Gespräche beysammen saß, kam
der kaiserliche Silihdar, dem Großwesir das Siegel abzufordern, und
es dem Kaimakam zu übergeben. Jegen Mohammed, der Kiaja Hafis
Ahmed Köprili's (des Wiedereroberers von Nissa), war, als dieser
die Kaimakamstelle mit der Statthalterschaft von Rumili verwechselt
hatte, seinem vorigen Herrn als Kaimakam gefolgt, und trat ihm nun
als Großwesir vor, weil es so dem Kislaraga gefiel. Jegen Mohammed, ein hochmüthiger heftiger Mann [2], von entschiedenem halsstär-
rigem Sinne, hatte die Schwäche seiner Vorfahren, der Großwesire,
welche sich mit leeren Hoffnungen des Friedens äffen ließen, laut getadelt, er bildete sich ein, daß Frankreich's angetragene Vermittelung
nur ein Zeichen der Ohnmacht der Kaiserhöfe, und verweigerte dem
französischen Bothschafter die zur Übergabe des oberwähnten Schreibens des Cardinals von Fleury angesuchte Audienz. Villeneufve verständigte sich mit Rákóczy [3], um des Großwesirs wahre Anschläge zu
erforschen. Rákóczy war von demselben als Fürst von Siebenbürgen
feyerlich empfangen worden. Im Diwan speiste er allein neben dem
Kaimakam [4]. Der französische Bothschafter schrieb die verweigerte Audienz dem auf das Tapet gebrachten Vorschlag einer Separat-Unter-
handlung mit Rußland zu [5]. Jahjapascha, der nach Rußland abge-
führte Statthalter von Oczakow, hatte dem Großwesir einen Friedens-
antrag des Grafen Ostermann zugesandt. Der Großwesir ließ durch
den Pascha dem Grafen Ostermann drey Gränzlinien vorschlagen, die
erste längs des Bogs bis zur Mündung des Dniepr; die zweyte
eine Linie vom Dniepr an den Don; die dritte eine andere Linie vom
Don an den Kuban. Der Diwan stimmte nicht für diese einseitige Unterhandlung mit Rußland, so wurde dem französischen Bothschafter
das verlangte Gehör gewährt. Der Großwesir ließ den Anwurf ge-
meinsamer Friedensunterhandlung durch französische Vermittelung aus-
arbeiten. Er unterhandelte ohne Zuziehung Villeneufve's den Vertrag
mit Rákóczy, vermög dessen die Pforte denselben als Fürsten Siebenbürgen's und Haupt der Ungarn anerkannte. Siebenbürgen sollte jedoch
vierzigtausend Piaster nicht als Kopfsteuer, sondern freywilliges Geschenk zahlen [6]. Villeneufve schritt nach dem Sinne der vom Oberst-

Marginal dates: 18.Dec. 1737 · 10.Dec. · 25.Jan. 1738

---

[1] Ssubhi Bl. 118. [2] Contareni f. 707. [3] Laugier p. 109. [4] Cont. f. 694.
[5] Laugier I. S. 112. [6] Derselbe S. 118.

kanzler des Kaisers, dem Grafen Sinzendorf, erhaltenen Weisung vor, den Frieden nur gemeinschaftlich mit Rußland zu vermitteln, und die Seemächte, welche jüngst von Rußland um Vermittelung angegangen waren, zu entfernen [1]. Nach den Weisungen seines Hofes sollte Villeneufve den Frieden auf dem Fuße der Zurückgabe Kilburn's und Oczakow's an die Türken, und den Besitz Assow's vermitteln, aber ein geheimes, von Wien gesandtes Memoire ließ über die wahre Absicht Rußland's in Ungewißheit [2]. In dem ersten Gehöre, welches der Großwesir hierauf dem Bothschafter gewährte, erklärte er ihm, daß der Sultan die Waffen nicht niederlegen werde, bis er Oczakow, Kilburn, Assow, Belgrad und Temeswar zurückerobert, den Rákóczy als Fürsten von Siebenbürgen in Ungarn eingesetzt haben würde [3]. Eine vertrauliche Unterredung mit Said Efendi, dem Sohne des letzten Bothschafters in Frankreich, schien die Annahme des Passarowiczer Friedens und die Zustimmung der Pforte zur Schleifung Oczakow's und Kilburn's als Grundlage gesichert zu haben, als die Ankunft des Secretärs des Pascha von Oczakow neuer Hemmpunct der französischen Vermittelung, weil derselbe die Zurückgabe Oczakow's und Kilburn's zusagte, und der Großwesir, derselben ohne französische Vermittelung sich für gewiß haltend, diese für entbehrlich hielt; doch wurde das Schreiben des Cardinals Fleury in allgemeinen Ausdrücken freundlich beantwortet [4], denn wenn sich der Großwesir der französischen Vermittelung nur im dringendsten Falle hinzugeben entschlossen war, so wollte er noch weniger von der Vermittlung der Seemächte hören.

Der Secretär des gefangenen Pascha von Oczakow hatte ein Schreiben des Grafen Ostermann überbracht, das Vollmachten für denselben und die Sendung des Reis Efendi nach Petersburg begehrte. Der Großwesir antwortete, daß er Gefangene nicht bevollmächtigen könne, doch wolle man unterhandeln, mit wem die Czarinn nach Constantinopel senden wolle. Der Schritt war Ostermann's Werk, der die Seemächte zum Antrage ihrer Vermittelung aufgeregt, und nichts unterlassen hatte, um zwischen der Czarinn und dem Kaiser, zwischen diesem und dem französischen Cabinete Mißtrauen zu erwecken [5]. Die russische Kaiserinn, hievon in Kenntniß gesetzt, ließ durch den Kaiser (ohne Ostermann's Wissen) [6] dem französischen Bothschafter zu Constantinopel erklären, daß sie nie zu einem Separat=Frieden ihre Zustimmung geben werde, daß sie mit der alleinigen Vermittelung Frankreich's zufrieden. Indessen stand dem Wirken Villeneufve's noch immer die Politik Jegen's entgegen, deren Zweck Separat=Frieden mit Rußland oder Österreich, lieber mit jener als dieser Macht, weil ihm Rákóczy und Bonneval die Eroberungen auf österreichischem

10.
Febr.
1738

20.
Febr.

[1] Laugier S. 123. [2] Derselbe S. 125. [3] Derselbe S. 129. Ssubhi Bl. 122 und 123. [4] Laugier I. S. 146 und Ssubhi Bl. 123 das Wesentliche des Inhaltes. [5] Laugier p. 152. [6] Derselbe p. 153.

Grunde als leichter vorstellten. Die Minister der Seemächte schrieben dem Großwesir, Bestimmung des Congreßortes zu begehren [1]). Der Großwesir antwortete sechs Tage hernach, daß, ehe etwas bestimmt werde, sie ihre Vollmachten und Vorschläge mittheilen möchten [2]). Villeneufve schrieb an den Großwesir, als er schon zu Daudpascha zum Auszuge ins Feld bereit, ihm die Wiederherstellung des Passarowiczer Friedens mit der Rückstellung Kilburn's und Oczakow's an die Pforte, die Überlassung Assow's an Rußland vorschlagend. Der Pfortendolmetsch brachte mündliche Antwort, daß, wenn Villeneufve diese drey Artikel zu unterzeichnen bevollmächtiget, er an des Großwesirs Unterschrift nicht zweifle [3]). Villeneufve glaubte weder auf die bisher erhaltenen Weisungen von Wien, noch auf die mündliche Bothschaft des Großwesirs, diese Unterschrift wagen zu können. Indessen brach der Großwesir nach der gewöhnlichen dreyfachen Feyerlichkeit des Aufsteckens der Roßschweife [4]), des Auszuges der Zünfte [5]) und des Auszuges der Herdschaften der Janitscharen, Zeugschmiede, Kanoniere und Stuckfuhrleute [6]) von Constantinopel auf. Der Kiaja des Großwesirs, Ahmedbeg, welchem für seine, im letzten Feldzuge geleisteten guten Dienste der dritte Roßschweif zugewachsen [7]), blieb als Kaimakam Wesir zurück. Im Serai unter dem mittleren Thore übergab ihm der Sultan die heilige Fahne im Beyseyn des Mufti, ließ ihm Zobelpelz anziehen, Juwelensäbel und juwelenbesetzten Köcher umgürten, und steckte ihm mit eigener Hand diamantenen Reiger auf den pyramidenförmigen Kopfbund [8]). Zwölf Tage hernach begleitete der Sultan den Großwesir bis zu dem Orte, wo das Frühstück eingenommen ward, und am zehnten Tage nach dem Auszuge von Constantinopel hielt er seinen Einzug zu Adrianopel, wo, von der Fontaine des Bogenschützen an, die Janitscharen und andere regelmäßige Truppen in zwey Reihen die Grüße des durch dieselben ziehenden Großwesirs empfingen. Indessen hatte der französische Bothschafter mit der Vollmacht unter dem großen kaiserlichen Siegel, ein Schreiben des Kanzlers Grafen von Sinzendorf erhalten, welches ihm zur Unterzeichnung der obigen Grundlage des Friedens Gewalt gab. Villeneufve sandte seinen Bothschaftssecretär, Peyssonel, ins Lager nach Adrianopel, wo ohnedieß der französische Dolmetsch Delaria. Peyssonel theilte zuerst dem Pfortendolmetsch die von Villeneufve in vier Artikeln unterzeichneten Präliminarien mit: nähmlich Assow bleibt im Besitze Rußland's; Oczakow und Kilburn werden der Pforte zurückgestellt; der Friede von Passarowicz ist die Grundlage des zu schließenden, was noch zu regeln, wird in einem Congresse bestimmt. Der Pfortendolmetsch bemerkte, daß, um dem Großwesir nicht zu mißfallen, die Zurückstellung Oczakow's und Kilburun's besser der erste Artikel stünde [9]), und wirklich

_____

[1]) Ssubhi Bl. 123 unter obigem Datum, nach Laugier p. 155 am 26. Februar. [2]) Laugier p. 155. [3]) Derselbe p. 160. [4]) Ssubhi Bl. 121. [5]) Eben da. [6]) Eben da. [7]) Ssubhi Bl. 121. [8]) Derselbe Bl. 122. [9]) Laugier I. p. 171.

sind in der Reichsgeschichte diese vier Artikel nur in der vom Pforten=
dolmetsch gewünschten Ordnung aufgeführt ¹); es wurde ausgemacht,
daß der Großwesir den Bothschaftsecretär in größtem Geheimnisse, in
fremder Kleidung verkappt, im Köschk von Kutschukdepe (welches von
einer Anhöhe die Aussicht auf Adrianopel beherrscht) ²), empfangen
werde. In diesem Köschk empfing der Großwesir, vom Reis Efendi
4. May und Unterstaatsecretäre (Raghib) begleitet, den französischen Both=
1738 schaftsecretär und Dolmetsch. Das Resultat war, daß Jegen, nach=
dem er die vier Punete vernommen, darin weder Sicherheit noch die
Genugthuung ³) fand, welche er von der Vermittelung Frankreich's
erwarten zu können glaubte; er erklärte, daß in der Befriedigung die
Zufriedenstellung Rákóczy's, daß in der Sicherheit die Zurückstellung,
oder wenigstens Schleifung Assow's mit einbegriffen seyn müßte ⁴).
Villeneufve sandte die vom Cardinal Fleury auf das letzte Schreiben
des Großwesirs erhaltene Antwort ⁵); darin war besonders Gewicht
darauf gelegt, daß, laut Nachrichten aus Kandahar, Nadirschah den
russischen Gesandten freundschaftlicher behandelnd als den osmanischen,
seine Vermittelung anzutragen gedenke; zugleich versprach Fleury die
von der Pforte begehrte Gewährleistung Frankreich's. Peyssonel war
bemüht, den Großwesir zu überreden, daß in der Gewährleistung
13.May Frankreich's mehr Sicherheit für die Pforte liege, als in der Schlei=
fung Assow's ⁶). Der Großwesir schrieb an Villeneufve, im Sinne
der mündlichen Äußerungen über Rákóczy und Assow, und Villeneufve
antwortete, daß der Kaiser eben so wenig seine Zustimmung zum
Fürstenthume Siebenbürgen's für Rákóczy, als Rußland zur Schlei=
fung Assow's geben werde ⁷). In Folge von neuen Unterredungen Peys=
sonel's und Delaria's mit dem Großwesir und Reis Efendi, verlangte
dieser zu wissen, ob Villeneufve in Betreff Rákóczy's mehr als die
Hoffnung der Verwendung Frankreich's zu Gunsten Rákóczy's geben
könne, ob die Erneuerung des Passarowiczer Friedenstractates nicht so
verstanden werden könne, daß der Pforte einiges Land, nahmentlich der
von ihr besetzte Theil der Walachey, bleibe, indem der kaiserliche Hof ja
nur den Zustand gegenwärtigen Besitzes zur Grundlage der Friedens=
verhandlungen angenommen ⁸). Der Großwesir schrieb nach Constanti=
nopel um Verhaltungsbefehle, die Antwort wies ihn an die Bera=
thung mit den Gesetzgelehrten; er schrieb an Villeneufve, den Frieden
18.Jun. mit dem Kaiser auf dem Fuße gegenwärtigen Besitzes unter französi=
scher Gewährleistung und einer Befriedigung für Rákóczy, für Ruß=
land die Erneuerung des Pruther Friedens mit Assow's Schleifung
antragend ⁹).

¹) Ssubhi Bl. 123 I. Seite und Bl. 124 erste Seite. ²) Laugier I. p. 175.
³) Eben da p. 79. ⁴) Ssubhi Bl. 134 bündiger als Laugier. ⁵) Das Schreiben
vom 10. April 1738 ganz in Laugier I. p. 167 — 194. ⁶) Laugier I. p. 203.
⁷) Derselbe p. 206. ⁸) Derselbe p. 211. ⁹) Derselbe p. 216.

Während dieser Versuche von Friedensunterhandlung zog das kaiserliche Heer ins Feld, dem osmanischen entgegen. Seckendorf, dessen Geize und verkehrten Maßregeln der üble Erfolg des letzten Feldzuges hauptsächlich zugeschrieben ward, war unter Verhaft zu Wien [1]. Hildburghausen, welcher den Feldzug in Bosnien so unrühmlich geführt, hatte an Gunst und Einfluß verloren. Dieses Jahr waren dem Prinzen von Lothringen Feldmarschall Graf Königsegg im Oberbefehle beygegeben, und demselben die drey Feldmarschälle Oliver Wallis, Neipperg und Prinz Hildburghausen für's Fußvolk, und drey Feldmarschälle Philippi, Soher und Lobkowitz für die Reiterey; unter ihnen acht Feldmarschalllieutenante der Reiterey, neun des Fußvolkes, fünf und dreyßig Generale, zwölftausend Mann Reiterey und zwey und zwanzigtausend Fußvolkes [2]. Die Feindseligkeiten hatten schon Ende Aprils in Bosnien begonnen, wo der unermüdet thätige Statthalter, Ali der Doctorssohn, einen Streifzug in die Gegend von Sabacz aussandte. Die besoldeten und nichtbesoldeten Einwohner der Gerichtsbarkeiten Swornik, Tusla, Kladina, wurden aufgebothen, und den Befehlen Mohammedpascha's von Swornik und Mustafa Efendi's von Tusla untergeben. Sie verwüsteten die von ihren Vertheidigern verlassene Palanke Pernievar, überrumpelten die Palanke Belina, und kehrten beutebeladen nach Swornik zurück. Alipascha berieth nun in Bosniens Diwan die Wiedereroberung Usidscha's und die Züchtigung der Clementiner und Albaneser, nahmentlich der von Kotes und Ostrovie, welche die Palanken von Jenibasar, Bohur, Senidscha und Okova verheert [3]. Die Diwans-Rathssitzung fiel dahin aus, daß diese Unternehmung dem vormahligen Statthalter von Dukagin, Mahmudpascha, dem Inhaber des Sandschakes von Skutari, Chudawerdi Aarifpascha, und dem Muteselim Inhaber [4] des Sandschakes von Hersek, Muradbeg, aufgetragen werden möge. Es wurde darüber der hohen Pforte Willensmeinung eingehohlt. Indessen wurden die Rebellen von Clemente und Kocz zu Paaren getrieben. Gegen Usidscha zogen unter dem Befehle des Beglerbegs Ibrahimpascha und des Capitäns von Swornik, Mohammed, fünfzehntausend muthige Gränzer aus, welche die östlich von Usidscha, unmittelbar vor Orczega gelegenen Palanken Czatzak und Sitniza [5] verwüsteten, die Feinde aus der Palanke vertrieben [6], Usidscha eroberten [7], und die Clementiner, von denen dreyhundert Familien voriges Jahr ausgewandert, sich zu Havqla bey Belgrad niedergelassen hatten, durch die Eroberung ihres Hauptsitzes, nähmlich der Palanke Rudnik, züchtigten [8]. Der Statthalter von

[1] Kaiserliches Refcript, des Grafen von Seckendorf Aufführung in dem Feldzuge 1737 betreffend, in Moser's belgradischem Friedensschlusse Anhang Nr. 3 S. 89. [2] Keralio II. p. 29 und der ganze Stand in Schmettau S. 155. [3] Omers Geschichte Bl. 46. [4] Eben da S. 47. [5] Derselbe Bl. 48. [6] Derselbe Bl. 49. [7] Derselbe Bl. 50. [8] Eben da.

Widdin, Hadschi Mohammed ¹), war mit zwanzigtaufend Mann aus=
gezogen, Mehadia zu belagern, das der Oberſt Piccolomini verthei=
digte. Unter dem Befehle Hadſchi Mohammed's die Statthalter von
Karaman, Karß und Tirhala, Memiſch, Tof Mohammed und Murte=
safapaſcha. Die Inſel Orſova und das Fort S. Eliſabeth waren einge=
schloſſen ²). Bey Kornia, nicht ferne von Mehadia, kam es zum erſten
Gefechte, worin die Öſterreicher (zwar mit einem Verluſte von mehr
als taufend Mann) das Feld behaupteten, und die Türken bis über
ihr verlaſſenes Lager hinaus verfolgten, in welchem ſie ſieben Ka=
nonen und zwölfhundert abgeſchnittene Chriſtenköpfe fanden ³). Das
gewonnene Schlachtfeld hatte den Öſterreichern dreymahl mehr, als den
Osmanen das verlorene gekoſtet und beyde Theile feyerten den Sieg ⁴).
Mehadia capitulirte indeſſen auf dieſelben Bedingungen, auf welche
Piccolomini das Fort den Türken übergeben hatte ⁵). Zweytauſend Ja=
nitſcharen zogen mit ihren Waffen aus. Der Verluſt Mehadia's zog
die Aufhebung der Belagerung Orſova's nach ſich⁶). Der Herzog von
Lothringen wollte ſelbſt nach Orſova gehen, als die Kunde eintraf,
daß die Osmanen in vollem Anzuge über die Drau. Das kaiſerliche
Heer lagerte nächſt dem Dorfe Topliza, längs der Czerna, in wel=
che die bey dem, dritthalb Stunden von hier entlegenen Mehadia
vorbeyfließende Bellareha ſich ergießt ⁷). Eine Truppe des Heeres war
ſchon im Zuge gegen Orſova, als dieſelbe eiligſt mit der Kunde zurück=
kam, daß der Großweſir ſelbſt zugegen. Derſelbe war auf die Nachricht,
daß das kaiſerliche Heer zu Lugos und Karansebes, von Niſſa auf=
gebrochen, über Gorguſchevaz ⁸) und Jeni Chan hinaus, und hatte
am vierten Tage in der Nähe von Widdin, im Thale vom Musa
Mursa gelagert. Hier erhielt er die Siegeskunde des erſten vor Meha=
dia gelieferten Treffens. ⁹). Semendra, die alte Gränzfeſtung des osma=
niſchen Reiches in Europa, die ſich zuerſt Murad II. unterworfen;
und die dann von Mohammed II. erobert worden war, kehrte nun
zum zweyten Mahle unter osmaniſche Herrſchaft zurück ¹⁰): Als aber
nun die Nachricht eintraf, daß das Lager von den Feinden geplündert,
Orſova's Belagerung aufgehoben, Mehadia über ſey, entbrannte Je=
gen Mohammedpaſcha in Unwillen wider den Serasker, Hadſchi Mo=
hammed von Widdin, entſetzte ihn ſeiner Stelle als Serasker, ernann=
te dazu den Gendſch Ali ¹¹), und trug ihm den Zug wider Mehadia
auf. Die Janitſcharen mit ihrem Aga ſollten zwar nach der Regel nur
unter dem Befehle des Großweſirs und keines anderen Seraskers fech=
ten, aber durch Zureden des Reis Efendi Muſtafa und des Lagerrich=
ters Hasan Efendi, gab der Janitſcharenaga Hasan ſeine Zuſtim=
mung, und zog ſelbſt mit den Janitſcharen unter dem Befehle des

¹) Ssubhi Bl. 126 Z. 1. In Schmettau S. 153 in Keratio II. S. 32.
²) Keratio II. p. 34. ³) Schmettau S. 160. Keratio II. S. 55 — 57. Contar. f.
94 ⁴). Schmettau S. 161. Ssubhi Bl. 126. ⁵) Keratio II. p. 62.) ⁶) Derſelbe p. 64,
auch Schmettau. ⁷) Keratio II. p. 67. ⁸) Ssubhi Bl. 126. ⁹) Eben da.
¹⁰) Ssubhi Bl. 127. Hadſchi Chalfa's Rumili S. 148. ¹¹) Ssubhi Bl. 128 u. 129.

Serasers Gendsch Ali aus[1]). Mehadia wurde zum zweyten Mahle
durch die osmanischen Waffen erobert[2]). Der Großwesir belagerte die
Insel Orsova und die Schanze S. Elisabeth, „das Feuer der Belage-
„rer versinnlichte," sagt der Reichsgeschichtschreiber, „den erhabenen Ko-
„ransvers: Wie Wetterstrahl vom Himmel inmitten von Finsternissen
„— Blitz und Donner — und sie legen ihre Finger in ihre Ohren aus
„Todesfurcht[3]); es legte den folgenden aus: Und wo, ihr immer seyd,
„wird euch der Tod finden, und wäret ihr in befestigten Burgen".
Alltäglich flogen einige tausend Kugeln in die Festung, allnächtlich
stand der Scheich des kaiserlichen Lagers, Abdulhatim, an der heiligen
Fahne, und betete mit den Derwischen siebzigtausendmahl die Sure
der Einheit: „Sag: Gott ist Einer, Er ist von Ewigkeit, Er hat nicht
„gezeugt, Er ward nicht gezeugt, Ihm gleich ist keiner." Unter so eif-
rigem Feuer des Geschützes und Gebethes fiel Orsova nach vier Wochen in der Belagerer Hände. Die Belagerten zogen kraft der zehn
Artikel des Übergabsvertrages mit ihrem Gepäcke frey ab[4]).

Nachdem der Großwesir Orsova selbst besichtiget[5]), fand er es
für nothwendig, wieder nach Widdin und Nissa zurückzukehren, weil
die Nachricht eingelaufen, daß die Deutschen bey Semendra Brücken
schlügen. Er übertrug die Huth von Fethislam und Orsova dem Tos
Mohammedpascha, welchem der dritte Roßschweif verliehen ward,
und dem Wesir Mahmudpascha, dem Inhaber des Sandschaks von
Dukagin, und kehrte dann über Widdin nach Nissa zurück[6]). Hier traf
der Stellvertreter des Oberstkämmerers mit kaiserlichem Handschreiben, mit Pelzen und Kaftanen, mit diamantenem Reiger für den
Großwesir, mit goldenen und silbernen Ehrenzeichen für die Wesire und
Officiere[7]), für die Magnaten und Soldaten, für die Herren der
Herde und Pferde. Da die Nachricht, daß der Feind bey Semendra über die Donau gehen wolle, sich nicht bestätigte, ward für hinlänglich erachtet, in die Gegend von Belgrad einen Streifzug zu senden.
Zum Befehlshaber desselben wurde der Statthalter von Diarbekr, Ab-
dipaschasade Alipascha, ernannt, welcher von Nissa nach Belgrad aufbrach, vor Belgrad in den Schanzen Chalilpascha's auf sechshundert Husaren stieß, hundert davon niedermachte, die übrigen in die Flucht jagte,
Kirchen und Häuser verbrannte, und mit vielen Gefangenen beladen,
zurückrannte[8]). Auch traf die Nachricht glücklichen Angriffs aufs russische Lager am Dniester ein, auf dessen Vertheidigung sich in diesem
Feldzuge Münch's Thätigkeit beschränkte. Ssafagirai Sultan, der
Seraster von Budschak[9]), mit dem Beglerbeg Welipascha, war dem
russischen Heere entgegen gegangen, das zwischen den Thalströmen
Molochich und Bielochich[10]) auf den Dniester zu marschirte. Zwanzig-

15.Aug.
1738

27.Aug.

17.
Sept.

[1]) Ssubhi Bl. 130. [2]) Schmettau p. 175. Ssubhi Bl. 131. [3]) Derselbe Bl.
132. Der XIX. Vers der II. Sure. [4]) Ssubhi Bl. 133. [5]) Derselbe Bl. 134.
[6]) Derselbe Bl. 137. [7]) Derselbe Bl. 135. In Ssubhi verdruckt 137. [8]) Ssubhi
Bl. 136. [9]) Eben da. Keralio II. p. 11. [10]) Keralio II. S. 12.

tausend Tataren und eben so viele Osmanen griffen das russische Heer an, „von welchem," nach des Reichsgeschichtschreibers gewöhnlichem Style, „viele der Hölle bestimmte Verfluchte über die Brücke des
8. Aug. „glänzenden Säbels in den untersten Pfuhl niederfuhren" [1]). Nicht
1738 durch dieses Treffen, aber durch Krankheiten und Futtermangel erlit-
ten die Russen in diesem Feldzuge nicht minderen Verlust als im vorigen an Leuten und Pferden [2]). Der Kapudanpascha Suleiman [3]) berichtete aus dem schwarzen Meere, daß die Russen aus dem Hafen
von Tschekmedsche im möotischen Meere ausgelaufen, vor Kialibu-
run, in der Absicht, auf die Krim zu landen, geankert, im Meere
von Salbasch, inner Lorijorin, von der osmanischen Flotte begegnet, weil sie derselben Widerstand zu leisten nicht im Stande, ihre
Schiffe ans Land gezogen und verbrannt [4]); auch der Chan der
Krim, Mengli, berichtete, daß er das russische Heer, welches (unter Lascy's Befehle) die Linien von Perekop durchbrechen wollte, geschlagen, so daß von siebzehn Theilen desselben nur einer übrig geblieben; eine tatarische Windbeutelei, denn Lascy hätte, nachdem er
in einem hartnäckigen Treffen den Chan geschlagen, sich in die Ukraine
zurückgezogen [5]). An der Donau hatte der Befehlshaber von Widdin,
Hadschi Mohammed, mit dem Statthalter von Karß, Tof Mohammed, und dem Sandschak von Dukagin, Mahmudpascha, vereint, die
ober Orsova gelegene neue Palanke erobert, im Banate waren sie bis
Pancsova vorgedrungen, das sie belagernd angegriffen [6]). In Bosnien hatten die Einwohner ihren kriegerischen Geist, wie voriges Jahr,
durch muthige Vertheidigung ihrer festen Schlösser bewährt. Der Ban
von Kroatien war mit einem Heere von Dubiza und Kostainizza gegen
Kossaraz [7]) aufgebrochen, und gedachte die Festung an einem Freytage, während die Gläubigen in den Moscheen, zu überrumpeln;
aber die Versammlung selbst war Anlaß der Rettung, denn der Gebethausrufer erspähte vom Thurme den Anmarsch des Feindes, und schrie
statt des Gebethausrufes Feindeslärm vom Thurme herunter. So
wurde auch Ostroviz durch die Wachsamkeit einer säugenden Mutter
vom Überfalle von dreytausend Kroaten gerettet [8]). Die Palanke Derbend, welche hinter Türkisch-Brod, nicht weit von der Drina liegt,
und woraus im vorigen Feldzuge der Oberst Palant die Türken vertrieben, wurde zurückerobert [9]); die von Novi überfielen das bey
Kostainizza gelegene Dorf Globofze, und leerten es von Vieh, Weibern und Kindern. Anderthalb Stunden von Kostainizza liegt der feste
Ort Zrin, dessen Gränzer, mit denen von Kostainizza vereint, in drey
Haufen getheilt, auf Streif ausgezogen, und den bey Novi gelegenen
Ort Bolawindsch [10]) überfallen wollten. Aber die Besatzung, des An-

---

[1]) Bl. 136. [2]) Keralio II. S. 22. [3]) 26. Gennaro 1737. Contareni f. 499.
[4]) Ssubhi Bl. 138 und Laugier I. S. 262. [5]) Keralio I. S. 27. Ssubhi.
[6]) Ssubhi Bl. 139. [7]) Omer Efendi Bl. 51. Ssubhi Bl. 139. [8]) Omer Efendi
Bl. 55. [9]) Derselbe Bl. 41. [10]) Gesch. Omer Efendi's Bl. 54.

schlages gewahr, zog in der Nacht aus und warf die Feinde über die Unna zurück. Die von Novi überfielen hinwieder das zwey Stunden davon gelegene Schloß Korkovidscha [1]), und kehrten beutebeladen zurück. Der Statthalter von Bosnien, Ali der Doctorssohn, selbst war mit den Tataren unter dem Befehle Mohammedgirai Sultans und mit dem Sandschak von Salonik, welcher die Truppen der Herzegovina anführte, an die Unna gezogen, den Übergang des Bans von Kroatien zu hindern; sie streiften bis Dubiza, und schlugen eine feindliche Truppe zurück, welche bis gegen Banyaluka vorgedrungen, das vor demselben gelegene Kostor verheeret [2]). Mit diesen Nachrichten traf die unerwartete ein, daß die Russen die Festungswerke von Oczakow und Kilburn gesprengt, diese beyden Festen verlassen hätten. Kurz vorher war dem Befehlshaber von Bender die Eroberung von beyden aufgetragen worden [3]), die dazu bestimmten Paschen machten gemeinschaftliche Vorstellung dawider, daß es unmöglich, mit der kleinen Anzahl von Truppen und dem großen Mangel von Lebensmitteln. Diese Vorstellung war kaum abgegangen, als ihnen die Nachricht der Sprengung und des Abzuges der Russen zu Ohren kam; sie sandten dem ersten Bothen andere nach, ihn einzuhohlen; derselbe kam zwar. zwey Tage später, als die Nachricht der Schleifung, aber dennoch vor denen, die ihn einhohlen sollten, im Lager des Großwesirs an, welcher über diese Entschuldigungen sehr erbozt, es dennoch nicht für räthlich hielt, dieselben jetzt zu bestrafen [4]). Der Feldzug war mit der Eroberung Uschdschah's, Mehadia's, Orsova's, mit der freywilligen Schleifung Kilburn's und Oczakow's beendigt, und der Großwesir Serasker trat seinen siegreichen Rückzug von Nissa nach der Hauptstadt an. Beym Dorfe Ahmed Chalife außer Philippopolis kam ihm der Silihdar mit marschbeschleunigendem Handschreiben entgegen. In fünfzehn Märschen ward Adrianopel erreicht, und nur Einen Tag zur Auszahlung des Soldes der Truppen verweilt; am siebenten Tage nach dem Aufbruche von Adrianopel traf er zu Daudpascha ein, und übergab unter den gewöhnlichen Feyerlichkeiten die grüne heilige Fahne in die Hände des Sultans [5]).

Da diesen ganzen Krieg hindurch die Friedensunterhandlungen mit den Vorfällen der Feldzüge parallel liefen, erfordert das Ende eines jeden Feldzuges einen Rückblick auf die während desselben gepflogenen Bemühungen von Friedensstiftung. Als der Herzog von Lothringen als Oberbefehlshaber zum Heere abging, ward er mit ausführlichen Verhaltungsbefehlen versehen, den Frieden, wenn, wie man vermuthete, die Präliminarien durch Villeneufve zur Unterschrift gebracht wären, ohne Congreß unter dem Zelte zu unterschreiben, wären die Präliminarien noch nicht unterzeichnet, den Krieg fortzusetzen [6]).

Marginal dates: Januar 1739 · 2. Oct. 1738 · 24. Oct.

---

[1]) Omer Efendi's Bl. 55. [2]) Ssubhi Bl. 139. [3]) Derselbe Bl. 137 und 139. [4]) Derselbe Bl. 140. [5]) Eben da. [6]) Instruction für den Herzog von Lothringen, May 1738 in der St. R.

Da diese Vollmacht nur für den Kaiser, und nicht auch für die Kaise‐
rinn von Rußland lautete, vermuthete Villeneufve, daß Österreich
nach Rußlands durch Ostermann gegebenem Beyspiele für sich allein
den Frieden unterhandeln wolle ¹). Noch unangenehmer war er durch
ein Schreiben des Grafen von Ostermann überrascht, dessen Inhalt,
im Widerspruche mit den von Wien aus erhaltenen Versicherungen, die
Erweiterung des Gebiethes von Assow, die Theilung der Ländereyen
zwischen Assow und dem Kuban, die Freyheit des Handels und die
Einbegreifung Persiens im Frieden begehrte ²). Zu gleicher Zeit hatte
Münch den Großwesir durch ein Schreiben, daß er zur Friedensun‐
terhandlung bevollmächtigt sey, verständigt ³). Dieser Widerspruch
von Rußland's Sprache in den Bedingnissen, unter welchen es den
Frieden zu unterzeichnen bereit, rührte daher, daß Ostermann gegen
die Pforte aus eigenem Sinne, die Kaiserinn in anderem gegen
Österreich durch Biron's Mund sprach ⁴). Der Großwesir antwortete
dem Grafen Ostermann, daß die Pforte nicht auf der Zurückgabe
Kilburn's und Oczakow's, wohl aber auf der Schleifung Assow's
bestehe ⁵). Frankreich's Vermittelung war von der Pforte wie · von
den beyden Kaiserhöfen anerkannt, die der Seemächte wurde abge‐
lehnt, und noch mehr die persische, welche Nadirschah durch seinen
Bothschafter antragen ließ ⁶). Die schwedischen Minister Höpken und
Carlson, durch Bonneval aufgeregt und unterstützt, unterhandelten
ein Schutz‐ und Trutzbündniß mit der Pforte ⁷) gegen Tilgung des
Schuldenrestes Carl's XII. und gegen Subsidien für Schweden, was
eine große Neuerung, indem dergleichen für einen christlichen Hof
noch nie Statt gehabt ⁸). Rákóczy's, in dessen Geleite einige Un‐
garn ⁹), hochfliegende Plane, Siebenbürgen's Fürstenhut sich von ei‐
nem aufrührerischen Landtage aufsetzen zu lassen, scheiterten an der
Treue der Magnaten und der drey Nationen, die Siebenbürgen be‐
wohnen. Vom hochmüthigen Großwesir Jegen konnte er einen gan‐
zen Monath lang nicht Gehör erhalten, bis der Großwesir später
wieder die Forderung einer Befriedigung für denselben aufnahm ¹⁰).
Bonneval, dessen richtiger Blick ermaß, wie nichtig die Nichtigkeit
der Rákóczy'schen Großsprecherey, daß er in Siebenbürgen leichtes
Spiel haben werde, hatte sich durch die dawider gemachten Vorstel‐
lungen die Ungnade des hochfahrenden Großwesirs Jegen zugezo‐
gen ¹¹), der, nur gern hörend, was seinen Wünschen entsprach, die
Klügsten und Treuesten, die anders berichteten und riethen, für dumm
und bösgesinnt hielt. Besser verstand Bonneval's Werth der vorige
Großwesir, Alipascha der Doctorssohn, zu würdigen. Seit Eröffnung

17.
Jul.
1738

12.
August

¹) Laugier I. p. 232. ²) Derselbe I. p. 237. Ssubhi Bl. 136. ³) Ssubhi
Bl. 136. Laugier p. 250. ⁴) Die Instruction an den Herzog von Lothringen.
⁵) Das Schreiben in Laugier I. p. 252. Der Inhalt in Ssubhi Bl. 137. ⁶) Lau‐
gier I. p. 258 und 259. ⁷) Simon Contareni f. 860. ⁸) Laugier I. p. 260. ⁹) Cont.
I. 110. ¹⁰) Laugier p. 265. ¹¹) Cont. f. 719.

des Feldzuges bis nach Übergabe Orsova's waren von österreichischer Seite keine unmittelbaren Schritte zur Friedensunterhandlung geschehen. Als Fürstenberg, ein Verwandter Königsegg's, nach Orsova's Übergabe von dem Großwesir die Versicherung, daß er zur Wiederherstellung des Friedens geneigt sey, erhalten, schrieb Graf Königsegg sogleich, daß der kaiserliche Hof unter französischer Vermittelung und Gewährleistung [1]) den Frieden zu unterhandeln bereit sey. Dieses Schreiben wurde vom Großwesir nicht beantwortet. Als der Großwesir auf der Rückkehr von Constantinopel zu Nissa, kam der Secretär Theyls mit einem Schreiben des Herzogs von Lothringen, welches unmittelbare Zusammenkunft und Unterhandlung zwischen dem Herzoge und Großwesir vorschlug [2]), und der Großwesir antwortete, daß er mündlich und ohne Mittelperson zu unterhandeln geneigt [3]). Nach zehn Tagen, kam Theyls abermahls mit einem Schreiben des Feldmarschalls Königsegg, welches die Abreise des Großherzogs von Toscana meldete, wegen Unpäßlichkeit aber die gültige Vollmacht beylegte, vermög welcher er an des Großherzogs Stelle eintrat, und Zusammenkunft des Großwesirs mit Königsegg, im Falle, daß diese nicht Statt finden könnte, die Vereinigung der Bevollmächtigten vorschlug, von denen sich die kaiserlichen zu Jagodina, die osmanischen an der Morava einfinden sollten. [4]). Dieß Schreiben änderte die Sache, weil der Stolz des Großwesirs Jegen, welcher die Zusammenkunft mit dem Großherzoge von Toscana zugestanden, wider die mit dem Feldmarschall, als dem Gebrauche der Pforte zuwider, Einwendungen machte [5]). Als der Großwesir zu Constantinopel angelangt, liefen Schreiben von Königsegg und Ostermann, als die Antworten der beyden Kaiserhöfe auf den letzten Entschluß der Pforte, ein. Rußland bestand auf Assow's Abtretung, das durchaus nothwendig, die Tataren im Zaume zu halten, Österreich verlangte einige Abänderungen im gegenwärtigen Besitzstande. Die Pforte ernannte vier Bevollmächtigte, Esaad Efendi, den Lagerrichter, den Reis Efendi Mustafa, den Untersecretär Raghib Efendi und Said Efendi [6]), die zu Dolmabagdsche sechsmahl mit Villeneufve zusammentraten. Sie fanden sich sehr beleidigt, daß durch einen Kanzleyfehler in den kaiserlichen Vollmachten statt des Nahmens des Sultans Mahmud der seines Vorgängers S. Ahmed stand. Sie sprachen von der Eroberung Belgrad's und Temeswar's als Schadloshaltung für Oczakow und Kilburn, und von den Freyheiten der Ungarn und Siebenbürger, denn wiewohl Rákóczy so eben gestorben und Csaki an seine Stelle getreten war, behaupteten sie, daß ihr Vertrag mehr mit den beyden Völkern, als mit dem Für-

---

[1]) Tekefful. [2]) Ssubhi Bl. 137. Dieses Schreiben und die Antwort darauf scheint für Villeneufve Geheimniß geblieben zu seyn, weil die Geschichte Laugier's derselben nicht erwähnt. [3]) Ssubhi Bl. 137. [4]) Eben da Bl. 137. Laugier I. p. 271. [5]) Ssubhi Bl. 137. Laugier I. p. 272. [6]) Ssubhi Bl. 141. Laugier p. 288.

29. Nov. ften. Bonneval, der die Unterhandlung erschwert, indem er den schwe=
1738 dischen Subsidientractat durchführen wollte, wurde in Ungnaden nach
Kastemuni verbannt ¹). Da die Türken unabweichlich auf Assow's Zu=
rückstellung beharrten, wozu Villeneufve von Seite Rußland's nicht
ermächtigt war, und von Orsova's Zurückgabe oder Schleifung, wel=
6. Dec. che der kaiserliche Hof als Mäßigung des Besitzstandes wünschte, nichts
hören wollten, zerschlug sich die Unterhandlung, und der Großwesir
schrieb an Ostermann und Königsegg, um erweiterte Vollmacht für
die vermittelnden Bothschafter zu begehren ²). Zu gleicher Zeit wurde
die persische Bothschaft mit Ablehnung ihres Antrages von Vermitte=
lung entlassen ³).

Mit den Bemühungen der Seemächte und Persien's, die Vermit=
telung des Friedens den Händen Frankreich's zu entreißen, und Schwe=
den's, den Brand des Krieges zu unterhalten, liefen noch die einan=
der entgegengesetzten des Königs von Pohlen und der pohlischen Con=
föderation neben einander fort. Gleich Anfangs des Krieges war der
Internuntius des Königs und der Republik, Srzeniawa Stadnicki,
welcher nun bereits ins fünfte Jahr zu Constantinopel verweilte, nach=
dem er die Kündigungsschreiben der Thronbesteigung August's III. über=
geben, im Frühjahre des erzählten Feldzuges nach Hause gekehrt ⁴),
zugleich aber Joseph Zaluski an der Gränze mit einem Schreiben
des Hetmans Rzewuski ⁵) erschienen, welches die Aufrechthaltung des
Carlowiczer Friedens versicherte, und wider die Tataren ⁶) begehrte.
Der Befehlshaber von Bender, Nuumanpascha, erhielt den Befehl,
den Überbringer nach Constantinopel zu senden, aber dieser hatte ihn
von der Gränze nach Hause gesandt. Diese Sendung Zaluski's war
eigentlich nur eine Entgegnung der vorjährigen des Directors der
Druckerey, des ungarischen Renegaten Ibrahim und Stellvertreters
des Pfortendolmetsches im Lager, welcher mit der Versicherung nach
Pohlen gesendet worden war, daß die Pforte die den russischen Trup=
pen zugestandenen Freyheiten auch für die ihrigen benützen wolle ⁷).
Das Resultat seiner Sendung entsprach der Erwartung des Großwe=
sirs nicht, und bey seiner Rückkehr war derselbe verungnadet verbannt
worden ⁸). Auf das von Zaluski mitgebrachte Schreiben Rzewuski's
antwortete die Pforte erst nach acht Monathen: daß sie die Entschul=
digung über den unwillkührlichen Durchmarsch der russischen Truppen
durch pohlisches Gebieth bey dem Zuge nach Bender genehmiget, daß
aber auch der Eifer der Tataren, welche in der Hitze der Verfolgung
des Feindes das pohlische Gebieth durchstreiften, zu genehmigen sey;
wenn Pohlen fortfahre, den feindlichen Truppen mit Lebensmitteln

---

¹) Laugier I. p. 299, so auch in Schöll XIV. p. 355. ²) Der Inhalt der
beyden Schreiben in Ssubhi unter zwey besonderen Rubriken Bl. 141. ³) Lau=
gier I. p. 226. ⁴) 4. April 1734. S. Cont. f. 546. 680. ⁵) In Ssubhi Bl. 141.
⁶) Cont. f. 810. ⁷) Cont. f. 500. 26. Gennaro 1737. ⁸) 14. Nov. 1737. Conta=
reni f. 670.

und auf andere Weise Vorschub zu geben, so wären auch die osmanischen zu entschuldigen, wenn sie den Feind angriffen, wo sie ihn fän-
den. Der Überbringer dieses Schreibens war einer der Chodschagian
des kaiserlichen Diwans, Munif Mustafa Efendi [1]). Gleichzeitig mit
dieser Sendung hatte König August zwar nicht unmittelbar, sondern **3. Dec**
durch eine an den Fürsten der Moldau gesandte vertraute Person [2]) **1738**
seinen Dienst zur Vermittelung des Friedens mit Rußland angetragen. Der Reis Efendi Mustafa und der Unterstaatssecretär Raghib
setzten jeder einen Entwurf auf über das, was dem König August zu
antworten. Der erste in dem Sinne, daß die Vermittelung des Königs wegen seiner Verbindungen mit Österreich und Rußland verdächtig, daß er zuerst seine Truppen aus dem Dienste des Kaisers zurück-
rufen, die Pohlen vom russischen Interesse abziehen möge. Der Aufsatz Raghib's berief sich bloß auf die schon angenommene französische
Vermittelung. Der Letzte als der gemäßigtere wurde beliebt [3]). Der
Großwesir war weit geneigter, den Anträgen der pohlischen Conföderation, als denen des Königs Gehör zu geben, und liebte sich in den
Träumen eines Hülfsheeres von hunderttausend Mann, welche ihm
dieselbe versprach, zu wiegen. Der Gesandte der Conföderation, Go- **4. Febr.**
rowski [4]), kam um den Beystand der Pforte zur Zurückstellung des **1739**
von Pohlen abgerissenen Gebiethes und Wiederherstellung alter Freyheit zu bitten, und legte den Entwurf eines Schutz= und Trutzbündnisses in acht Artikeln vor: 1) Die Pforte wird die mit den Unter-
schriften und Siegeln aller Woiwoden und Magnaten Pohlen's versehene Urkunde des Trutz= und Schutzbündnisses bestätigen; 2) die
Pforte und die Republik sind von nun an unzertrennlich verbündet;
3) das osmanische Heer wird hinfüro als ein verbündetes an der pohlischen Gränze mit Lebensmitteln, und auf jede andere Weise unterstützt; 4) die Pforte wird ihrerseits die Republik als ihre Verbündete,
sey es mit Truppen, sey es mit Geld, unterstützen, und die Geldan-
lehen werden, ohne auf die Eintreibung von gewissen Orten zu warten,
mit Zahlungsterminen geregelt; 5) die Pforte stellt in diesem Jahre
auf die Seite von Chocim und Soroka fünfzigtausend Tataren zur
Hülfe Pohlen's, der Chan und der Serasker von Budschak werden
die Republik auf das thätigste zu unterstützen angewiesen; 6) wenn
die Republik die Krone Schweden's zum Beytritte dieses Bündnisses
bewegt, so nimmt die Pforte vermög ihrer alten Freundschaft mit
Schweden dieses Bündniß an; 7) die Pforte entzieht ihre Hülfe nicht
bis zur Zurückstellung der der Republik entrissenen Örter, diese Hülfe
wird mit kleinen Ländereyen vergolten, und das pohlische Heer theilt
die in Gemeinschaft mit dem osmanischen erfochtene Beute; 8) wenn die

---

[1]) Ssubhi Bl. 142. p. 923. S. Contareni. [2]) Ssubhi Bl. 143. [3]) Laugier
I. p. 334. [4]) Febr. 1739. Cont. f. 931. Dadich in den Denkwürdigkeiten (Saç-
terer. Hist. Bibl. XV. S. 279).

IV.   23

osmanischen Heere auf ihrem Durchmarsche durch Pohlen Saaten und
Gärten verheeren sollten, wird die Republik für solche Kleinigkeiten
kraft der Freundschaft und des Bündnisses keinen Schadenersatz fordern. Der Großwesir Jegen ertheilte günstige Antwort, daß, wenn
diese acht Artikel des Entwurfes in gehörige Formel gebracht, mit der
Unterschrift aller Magnaten beglaubiget würden, die Pforte sich zur
Beobachtung derselben verbände [1]).

Die kriegentflammenden Entwürfe des Großwesirs fanden mächtigen Widerspruch im Tatarchan, welcher nach Constantinopel gekommen, um den Frieden zu rathen [2]). In einer Unterredung mit dem
Reis Efendi und dem Unterstaatssecretär Raghib setzte er ihnen die
Gründe aus einander, welche den Frieden höchst wünschenswerth machten,
den Verlust von Assow leicht verschmerzen lassen würden. Der Großwe-
4. Febr. sir betrieb nichts desto weniger die Kriegsrüstungen auf das eifrigste.
1739 Die Besitzer der zeitlichen und lebenslänglichen Pachten [3]) mußten wie
12. in den vorigen Jahren Reisige stellen. An den Serasker von Widdin
März wurden aus dem Schatze die nöthigen Summen verabfolgt; Kämmerer gingen nach dem rechten und linken Arme Rumili's als Süridschi,
d. i. Heerestreiber, ab, um Truppen zusammenzutreiben [4]). Indessen
hatte die kurze Gegenwart des Chans die für den Frieden gestimmte,
und dem Großwesir entgegenstehende Partey um Vieles verstärkt, und
während Jegen gegen den französischen Dolmetsch Delaria prahlte,
daß er fester als jemahls seine Gegner als kleine Hunde bellen ließe [5]),
und alles Vertrauen des Sultans mit dem Kislaraga theile, war dieser beschäftigt ihn zu entfernen, weil er wußte, daß der Großwesir seinen Untergang geschworen [6]). Am dritten Tage des Opferfestes [7]), als
der Großwesir und der Mufti nach altem Gebrauche in das Rosenhaus
des Serai [8]) geladen wurden, und von dort in den Saal des heiligen
Kleides sich verfügten, kam der Silihdar, das Siegel abzufordern,
23. und der Bostandschibaschi führte ihn ins Fischhaus, d. i. in das außer
März den Seemauern des Serai gelegene Breterhaus, wo die Schiffe zum
Empfange der aus dem Serai ins Elend Verwiesenen bereit stehen.
Der Mufti, der Kapudanpascha Suleiman, der Reis Efendi Mustafa,
der Janitscharenaga Hasan, der erste Defterdar Jusuf, der Kiaja des
eben abgesetzten Großwesirs, Jedekdschi Mohammed, und die anderen
Aga und Chodschagian wurden nun vor den Sultan berufen, der ihnen selbst ankündete, daß er das Siegel dem Statthalter von Wid-
din, Elhadsch Mohammedpascha, und die Kaimakamschaft dem Wesir
Ahmed, der dermahlen zu Widdin, verliehen habe, und bis zu dessen
Ankunft den Kapudanpascha zu dessen Stellvertreter bestimme. Der
neue Großwesir genoß des verdienten Rufes eines eben so tapferen als

[1]) Ssubhi Bl. 143. [2]) Laugier I. p. 326, ganz einstimmig mit Ssubhi
Bl. 143. [3]) Ssubhi Bl. 144. [4]) Eben da. [5]) Laugier I. p. 336. [6]) Dadich's
Denkwürdigkeiten in Gatterer's Hist. Bibl. XV. S. 269. [7]) Ssubhi Bl. 144 l. 3.;
Laugier p. 337. [8]) Ssubhi Bl. 145.

rechtlichen Mannes, aber von beschränkten Fähigkeiten [1]). Der Sohn
eines Vaters von zahlreichen Kindern aus Jagodina, war er vormahls
der Kiaja des alten Wesirs Bekirpascha, Fiscaladjunct, Tschauschba=
schi und endlich Statthalter von Widdin geworden, als welcher er sich
im ersten Feldzuge ausgezeichnet, im zweyten aber wegen der aufge=
hobenen Belagerung Orsova's von Jegen Mohammedpascha; welcher
in ihm mit Recht einen Nebenbuhler und Nachfolger fürchtete, eine
Zeitlang des Oberbefehls und sogar der Wesirswürde beraubt gewe=
sen [2]), bis er ihm dieselbe auf Befehl des Sultans wieder geben muß=
te. Seine beyden Vornahmen Elhadsch und Auf oder Aiwas besagen,
daß er nach Mekka gepilgert, daß er aus einer zahlreichen Familie
stamme [3]). Schon am vierten Tage nach dem Wechsel des Groß=
wesirs traf der Kaimakam zu Constantinopel ein, und sogleich wur=
den die Roßschweife ausgesteckt. Die Janitscharen, Kanoniere und
Stuckfuhrleute zogen wie gewöhnlich aus, und dem Kaimakam wurde
die heilige grüne Fahne unter den üblichen Feyerlichkeiten übergeben [4]).
Am ersten Tage des neu eingehenden Mondjahres brach er von Daud=
pascha auf. Zu Adrianopel kam der Großwesir an, und übernahm mit
der heiligen Fahne den Oberbefehl. Zu Sofia kam demselben der Statt=
halter von Karaman, Memischpascha, zwey Stunden weit bewillkom=
mend entgegen, und er zog durch die gescharten Reihen der Jani=
tscharen und Dschebedschi in die Stadt ein. Der Kaimakam kehrte
nach Constantinopel zurück, wo er auf das eifrigste Truppenwerbung
betrieb [5]). Den Seraskeren von Kaffa, Widdin und Bender wurden
Kämmerer als Commissäre der Pforte zur Förderung der Geschäfte des
Feldzuges beygegeben. Dem Großwesir Generalissimus wurden auf
seinen Vortrag aus dem kaiserlichen Schatze über dritthalbhunderttau=
send [6]) Piaster gesendet. Nuumanpascha von Kaffa, welcher unter Je=
gen's Großwesirschaft der Wesirswürde entsetzt, nach Chios verwiesen
worden war [7]), erhielt dieselbe wieder auf Begehren seines Gönners,
des Chans der Krim, Mengligirai's. So wurde auch der Wesir Mo=
hammedpascha, der ehemahlige Statthalter von Oczakow, welcher
vom Großwesir Jegen wegen Nachlässigkeit im Entsatze Bender's ab=
gesetzt, und unter Einziehung seines Vermögens nach Kawala verwie=
sen worden war, wieder als Wesir eingesetzt, und zur Huth von Je=
nikalaa in der Krim bestimmt [8]), dann aber sogleich zur Huth der
moldauischen Gränze bey Soroka befehligt; so auch Katirdschisade,
welcher mit fünfhundert Lewenden zur Besatzung von Bender abge=
schickt worden war [9]). Von Klein=Asien traf der Kopf des Rebellen
Ssaribeg Ali ein, wider welchen vormahls der jetzige Kaimakam Ah=

28.
März
1739

10.
April

15.
Jun.

---

[1]) Cont. I. 948. Laugier I. p. 338. [2]) Mohammed Said's Biographien der
Wesire. Laugier I. p. 339. [3]) Said Efendi. [4]) Ssubhi Bl. 146. [5]) Derselbe
Bl. 147. [6]) 259,585. Ssubhi Bl. 147. [7]) Derselbe Bl. 146. [8]) Derselbe Bl. 148.
[9]) Derselbe Bl. 149.

23 *

medbeg in Aidin zu Feld gelegen ¹), den aber jetzt Ahmedpascha, der Statthalter von Rakka, zu Paaren getrieben ²). Die persischen Gesandten, welche mit dem Antrage der Vermittelung Nadirschah's nach Constantinopel gekommen, waren zurückgekehrt, und in der Begleitung derselben der türkische Bothschafter Mustafapascha sammt den beyden Ulema Abdullah und Chalil, beyde mit dem Range von Oberstlandrichtern bekleidet. Sie erhielten den Befehl, in Nicomedien zu verweilen ³). Mit den schwedischen Gesandten wurde die Schuld Carl's XII. gegen die Lieferung eines Kriegsschiffes und von dreyßigtausend Flinten getilgt, und ihnen der Schuldschein Carl's XII. übergeben ⁴). Es erschien in der Moldau der Lieutenant Sattler mit einem Schreiben des Königs von Preußen an den Chan der Krim, um Pferde und Grenadiere zu kaufen. Der König machte sich's bey der Pforte zum Verdienst, daß er dieses und das vorige Jahr dem Kaiser keine Hülfe geleistet ⁵); der Befehlshaber von Chotim, Eliaspascha, sandte den Lieutenant an den Befehlshaber von Bender, und dieser beförderte seine Schreiben durch den Serasker Bessarabien's, Islamgiraichan, welchem der Großwesir auftrug, die Aufträge des preußischen Lieutenants zu begünstigen; er brachte aber nicht mehr als zwey große Leute mit sich nach Berlin.

Nach einem Aufenthalte von vierzig Tagen zu Sofia brach der Großwesir nach Nissa auf. In der Nähe des Dorfes Bana kam ihm der Befehlshaber von Nissa, und Statthalter von Rumili, Alipascha, mit allen Alaibegen, und der ganzen Lehensreiterey bewillkommend entgegen. Da er sowohl, als der Statthalter von Widdin, Tof Mohammedpascha, berichtete, daß die feindlichen Heere bey Pancsova in Bewegung, wurde in einem Kriegsrathe aufzubrechen beschlossen ⁶). Das kaiserliche Heer war sechs und fünfzigtausend Mann stark, ohne die Artillerie, die Hußaren, Rascier und andere leichte Truppen ⁷), das des Großwesirs aber über hunderttausend Mann. Unter des Feldmarschalls Wallis Oberbefehle dienten die Feldmarschalle Prinz Hildburghausen und Graf Neipperg, die Generale der Reiterey Soher und Styrum. Auf die Nachricht, daß der feindliche Vortrab zwölftausend Mann stark unter dem Befehle des Wesirs Alipascha zu Hißardschik, welches die Servier Krozka nennen, beschloß Wallis dieselben anzugreifen, weil er rechnete, daß der Großwesir erst drey Tage hernach zu Semendra eintreffen werde. Er war bey Pancsova über die Donau gegangen, Neipperg auf der anderen Seite geblieben. Er zog auf dem rechten Ufer der Donau gegen Hißardschik. Von dem Dorfe Zweybrück führen vier Wege dahin, durch welche Seckendorf vor zwey Jahren in vier Heersäulen marschirt war; statt diesem Beyspiele zu

---

¹) Ssubhi Bl. 149 und Cont. 4. Giugno 1738 f. 811. ²) Derselbe Bl. 148.
³) Eben da. ⁴) Derselbe Bl. 148. Laugier I. p. 300. ⁵) Ssubhi Bl. 154. Acten der St. R. ⁶) Ssubhi Bl. 150. ⁷) Schmettau p. 192.

folgen, marſchirte Wallis in einzigem Zuge durch einen Hohlweg, und
zwar mit der Reiterey allein gegen den Feind, obgleich er Tags vor=
her an den Hofkriegsrath einberichtet hatte, wie ſchwer es ſey gegen
die Türken mit der Reiterey allein etwas auszurichten. Johann Pálffy's
Küraſſiere hatten kaum mit Tagesanbruch aus der Schlucht gemündet,
als ſie von den Türken überfallen wurden, und das ganze Heer des
Großweſirs erſchien auf der Anhöhe jenſeits des Berges von Krozka.
Das Regiment Pálffy thut Wunder der Tapferkeit, aber das Regi=
ment von Savoyen in der Schlucht zurückgedrängt, bringt die Regi=
menter Cáraffa, Soher, Hohenzollern und Carl Pálffy in Unordnung,
drey Paar Pauken und zehn Standarten fallen in die Hände der Os=
manen. Johann Pálffy's Küraſſiere werden niedergeſäbelt, oder von
der Höhe heruntergeſtürzt, an deren Fuß zwanzigtauſend Janitſcharen.
Die Generale Wittoff, Lerſchno, Caraffa, die Prinzen von Waldeck
und Heſſen=Rheinfels deckten das Feld. Alles war verloren, wenn die
Osmanen, den errungenen Vortheil benützend, links und rechts vorge=
rückt, die im Rückzuge begriffene kaiſerliche Reiterey von beyden Sei=
ten der Schlucht erreicht hätten, aber ſie begnügten ſich, ihren rechten
Flügel an der Donau aufzuſtellen, mit dem linken die Weinberge zu
beſetzen, in denen ſie den kaiſerlichen Vortrab ſo übel zugerichtet hat=
ten [1]). Die Reiterey des Prinzen von Hildburghauſen, der linke Flü=
gel des kaiſerlichen Fußvolkes und ein Theil des Haupttreffens blieben
den ganzen Tag hindurch müßig, während die Schlacht nur von ſechs
Schlachthaufen Fußvolkes und achtzehn Compagnien der Grenadiere
geliefert ward. Die Schlacht dauerte, ohne den Angriff des Vortrabes
zu rechnen, von fünf Uhr Morgens bis Sonnenuntergang [2]); das kai=
ſerliche Heer zählte fünftauſend ſiebenhundert zwey und zwanzig Todte,
viertauſend fünfhundert ſechs und dreyßig Verwundete [3]). In der Nacht
rieth der Prinz von Hildburghauſen [4]), den Grafen Neipperg über die
Donau zu rufen, um die Türken am folgenden Tage anzugreifen, aber
Soher und Styrum ſtimmten dawider, weil die Reiterey unnütz, weil
ſie ermüdet und ohne Fütterung. Während der Schlacht ward Palla=
vicini, der Befehlshaber der Donauflotte, von den osmaniſchen Stuck=
beten beſchoſſen; von einem halben Tauſend Kugeln, denen er mit eben
ſo vielen antwortete, trafen nur vierzig, aber keine unter dem Waſ= 23. Jul.
ſer; er kehrte am folgenden Tage nach Belgrad zurück [5]). Am Morgen
nach der Schlacht waren die Osmanen erſtaunt, die Deutſchen nicht
mehr zu ſehen. Der Großweſir griff mit vier= bis fünftauſend Jani=
tſcharen das in Schlachtordnung ſtehende Heer an, gab aber bald wei=
teren Angriff auf, und zog ſich nach Hiſſardſchik zurück. Der Verluſt
der Schlacht war einzig und allein die Schuld des engköpfigen, hals=

---

[1]) Schmettau I. p. 204. [2]) Derſelbe p. 206. [3]) Keralio II. p. 163. Ssubhi
Bl. 156. [4]) Schmettau und Keralio II. p. 161. [5]) Schmettau p. 211. Ssubhi
Bl. 155.

stärrigen Wallis; statt mit aller seiner Streitmacht zu schlagen, hatte er dieselbe geviertheilt, und mit dem schwächsten Viertheile angegriffen; hätte er den Beystand des Grafen Neipperg nicht zurückgewiesen, hätte er mit dem Fußvolke zugleich angegriffen, wäre die Schlacht gewiß nicht verloren worden ¹). Der Großwesir befeuerte dieselbe mit seiner Gegenwart, und die Minister der Pforte, der Reis Efendi Mustafa, der Unterstaatssecretär Raghib, der zweyte Bittschriftmeister Haschim waren beschäftigt, die Zufuhr des Geschützvorrathes durch die Zeugschmiede zu beschleunigen ²). Der Großwesir theilte achtzig Beutel Geldes, welche eben von den Kopfsteuern Rumili's eingegangen waren, an die köpfeinbringenden Wackeren aus, und als er kein Geld mehr hatte, gab er schriftliche Anweisungen aus. Der Defterdar Aatif und die drey ersten Präsidenten der Kammer, der Rusnamedschi, Muhasebedschi und Mewkufatdschi, waren ihrerseits aufgestellt, die eingebrachten Köpfe mit Ducaten auszuzahlen ³). Der Geschichtschreiber Ssubhi bestätigt ihren Eifer als Augenzeuge, und setzt die Schlacht von Krozka an die Seite des Verderbens von Mohacz.

Am dritten Tage nach der Schlacht von Hißardschik oder Krozka brach der Großwesir längs der Donau über Wischniza nach Belgrad auf, marschirte am folgenden Tage über das Feld von Weret-
25. Jul. 1739 schar die auf demselben befindlichen Schanzen Chalilpascha's vorbey, und verbrannte die Vorstadt Belgrad's, vor welchem sogleich die Laufgräben eröffnet wurden. Mittlerweile war der Serasker, Tof Mohammedpascha, von Orsova aufgebrochen, hatte zuerst gegenüber von
29. Jul. Hißardschik, und dann am Ufer der Temes, nicht fern von Pancsova, zwey Stunden vom Lager des Großwesirs gelagert ⁴). Am folgenden Tage forderte der Großwesir Belgrad auf, mit dem Versprechen, die zwanzigtausend Mann starke Besatzung bis Ofen geleiten zu lassen. Die Aufforderung wurde bloß mit Kanonenschüssen beantwortet. Das kaiserliche Heer von Wallis, Neipperg und Fürsten Lobkowitz angeführt, zog dem osmanischen in Schlachtordnung entgegen, und erwartete dasselbe
30. Jul. festen Fußes bey Pancsova. Fünfhundert Türken, welche sich in das aufgestellte Viereck wagten, blieben darin getödtet; der osmanische Befehlshaber, Tof Mohammed, welcher den Befehl hatte, mit seinen sechzehntausend Mann ins Banat und nach Siebenbürgen einzudringen, und dessen Lager die Beute der Österreicher geworden, büßte den Verlust des Treffens mit seinem Kopfe ⁵). Es wurde ihm vorzüglich die Vernachlässigung der aus Bonien gekommenen Schiffbrücke neuer Art Schuld gegeben ⁶). Der Erfinder dieser ledernen auf Wagen geladenen Brücke war Musaffersade Abdullah, ein Tausendkünstler der Stadt

¹) Vortrag der Conferenz an den Kaiser vom 2. August 1739; auch Dadich Denkwürdigkeiten in Gatterer's Hist. Bibl. XV. S. 273. ²) Ssubhi Bl. 154. ³) Eben da. ⁴) Derselbe Bl. 156. Schmettau p. 214. ⁵) Ssubhi Bl. 157. Schmettau p. 219 nennt ihn Amiacum, was nichts heißt, Dadich (in Gatterer's Hist. Bibl. XV. S. 274) den Pascha Tos. ⁶) Ssubhi Bl. 157.

Serai [1]). Der Westr Alipascha, der Doctorsohn, vom neuen Groß=
westr ins kaiserliche Lager berufen, und am Tage der Schlacht von
Krozka dort angekommen [2]), hatte die Brücke mit sich gebracht. Ali,
der Doctorssohn, hatte auf den im Frühjahre dieses Jahres erhaltenen
Pfortenbefehl [3]) in Feindesland zu streifen, das Land um Kostainizza
und Jrim zwischen der Kulpa und Una durchstreifet, und verheeret,
wohin seit sechzig Jahren keine osmanische Streifpartey gedrungen.
Er war von Serai nach Novi aufgebrochen, über die Unna gegangen,
hatte Zrin belagert, das Land um Kostainizza und Novodol bis an
die Kulpa verwüstet [4]). Sechstausend Tataren verheerten die jenseits
der Unna gelegenen Örter Knesawa, Dubiza und Jessenowaz [5]). Der
Sohn Alipascha's, Jbrahimpascha, und der Sohn Ssalihpascha's,
Mahmudpascha, sammelten das Aufgeboth von Trawnik, Akhißar,
Jaiza, Banyaluka, Kossaraz, Novi, Bihacz, Ostrosacz und Alt=Ostro=
vaz auf dem Felde von Bilan, und rannten und brannten um Kotar,
Lika, Udwina bis Waratdscha [6]). Ali der Statthalter befand sich zu
Trawnik, als er den Befehl, dem kaiserlichen Lager zu folgen, erhielt,
und dem zufolge vor Belgrad sein Zelt aufschlug [7]). Nicht so glücklich
als im Feldzuge wider Österreich in Bosnien und in Servien für die
osmanischen Waffen war der wider Rußland in Besserabien und in der 12.
Moldau. Das russische Heer, beyläufig acht und siebzigtausend Mann August
stark, worunter dreyzehn tausend Kosaken [8]), marschirte, ohne auf die 1739
Vorstellungen Pohlens zu achten, durch das Gebieth der Republik auf
den Dniester, die Kosaken verbrannten Soroka, Mohilow und andere
Örter [9]). Zu Sukowza, sechs Stunden von Chocim, ging Münch mit zwan=
zigtausend gewaffneten Kriegern über den Dniester [10]). Cantemir, von den
Russen als Fürst der Moldau erklärt, wiegelte das Land wider den Woiwo=
den Ghika auf [11]); die Kosaken haussten nicht minder grausam als türkische
Renner und Brenner [12]). Der Serasker von Bender, Weli, und der von
Oczakow, Gendsch Ali [13]), standen vor Chocim, der erste wollte sich unter
den Mauern Chorim's verschanzen, aber seine Truppen wollten lieber das
freye Feld suchen [14]), sie besetzten die Anhöhen von Stawutschane; Roman=
zoff führte mit achttausend Mann den von Münch befehligten Angriff aus,
der eben so glücklich gelang, als er tollkühn schien [15]). Gendsch Alipascha 18. Aug.
bewährte seinen Nahmen Gendsch, d. i. der Junge, durch unüberleg=
ten Brausemuth dem Rathe des Seraskers zuwider, welchem er aus
Stolz und Hochmuth kein Gehör gab [16]), und seine Bostandschi auf
die Schlachtbank führte. Die Türken, geschlagen, flohen nach Bender,

[1]) Omer Efendi's Gesch. des bosnischen Krieges Bl. 58. [2]) Ssubhi Bl. 158.
[3]) Jm J. 1152 (April 1739). Omer Efendi's Geschichte Bl. 55. [4]) Derselbe
Bl. 56. [5]) Derselbe Bl. 57. [6]) Gesch. Omer Ef. Bl. 59. [7]) Ssubhi Bl. 158.
Omer Ef. Bl. 58. [8]) Keralio II. S. 111. Ssubhi Bl. 169 Z. 1. [9]) Keralio II.
p. 114. [10]) Derselbe p. 115, nicht weit von Horodenko. Dadich in Gatterer XV.
S. 276. [11]) Dadich S. 277. [12]) Derselbe S. 278. [13]) Ssubhi Bl. 168. Der=
selbe Bl. 160. Dadich S. 681. [14]) Derselbe S. 282. [15]) Eben da. Keralio II. p. 128.
[16]) Ssubhi Bl. 168.

nur mit Wenigen warf sich Eliaspascha, der Befehlshaber Chocim's, in die Festung [1]). Von den zehntausend Mann der Besatzung waren nur siebenhundert Janitscharen mit ihrem Aga in der Festung, welche capitulirte [2]). Münch marschirte gegen Jassy, welches der Woiwode Ghika und der Bulukbaschi Katirdschioghli [3]) mit achttausend Mann verließen. Roßschweife, Pauken, Fahnen, Kanonen waren die Trophäen, die zu Jassy gefunden wurden [4]). Münch behandelte die Bojaren hart und unklug. Als ihm der Metropolit das Kreuz und das Evangelium zum Küssen überreichte, küßte er nur dieses, stieß das Kreuz von sich; als der Metropolit seine Rede mit dem Texte begann: Der Herr segne deinen Ausgang und Eingang, lachten die russischen Generale der üblen Prophezeyung [5]). Von den Bojaren forderte Münch zwanzigtausend Mann und zwanzigtausend Ducaten. Die Kosaken sengten im offenen Lande, die Russen drängten in Jassy, Klöster wurden geplündert, Kirchen durch Ausschweifungen entweiht. Münch zog gegen Bender, mit der größten Anstrengung das Heer über den unwegsamen Berg Kodrui Bachlui [6]). Als Ghika den Einmarsch der Russen in die Moldau an den Großwesir einberichtet hatte, wurde der beym Serasker von Bender befindliche Beglerbeg Atmadschapascha sammt den Anführern der Lewenden, Katirdschioghli, Wanli, Jegeni, und der Woiwode von Boli dem in der Moldau befindlichen Ssari Ahmedpascha zugewiesen. An den Ufern der Donau ward ein Landsturm von zwölftausend Mann aufgebothen zur Vertheidigung von Ibrail, Kilia und Ismail [7]).

Nun fordert uns die Erzählung eines der berüchtigtsten und unglücklichsten Friedensschlüsse, welcher das Ergebniß unglaublicher Eigenmächtigkeiten und Leichtsinnes von Seite der denselben unterhandelnden österreichischen Bevollmächtigen. Noch vor Eröffnung dieses Feldzuges hatte der österreichische Hofkanzler Graf Sinzendorf den Hrn. v. Villeneufve bevollmächtigt, stufenweise die Zurückgabe eines Theiles der österreichischen Walachey bis an die Alt gegen Zurückstellung oder Schleifung Orsova's und Mehadia's anzubiethen [8]); allein da die Pforte davon nur in dem Falle hören wollte, als Rußland die Schleifung Assow's zugeständе, war, als Rußland dieselbe nicht zugestand, der Feldzug wieder eröffnet worden. Villeneufve, nachdem er mit großer Feyerlichkeit den Charakter eines außerordentlichen zur Friedensvermittelung bevollmächtigten Bothschafters entwickelt hatte [9]), war dem türkischen Lager gefolgt, und befand sich zu Nissa, als dasselbe vor Belgrad angelangt. Am Tage nach seiner Ankunft vor Belgrad verlangte der Großwesir vom Grafen Wallis, daß er ihm ein

11. März 1739

27. Jul.

[1]) Ssubhi Bl. 169. Keralio II. p. 133. Dadich S. 285. [2]) Ssubhi Bl. 169. [3]) Bey Dadich (Gatterer Hist. Bibl. XVI. S. 197.) Ssubhi Bl. 169. [4]) Keralio II. p. 138. [5]) Dadich sehr wohl unterrichtet S. 261. [6]) Derselbe S. 205. [7]) Ssubhi Bl. 169. [8]) Laugier I. p. 346. [9]) Derselbe II. p. 12. Beschreibung des Audienzgepränges.

Paar Officiere als Geißel senden möge. Wallis sandte ihm den Grafen Groß, Hauptmann des Regiments Schulenburg, gegen den sich der Großwesir erklärte, daß, wenn Graf Wallis zur Friedensunterhandlung bevollmächtigt wäre, dieselbe sogleich eingelenkt werden könnte. Wallis erhielt hierauf die Weisung, den Türken nach der Grundlage des obigen stufenweisen Friedensentwurfes das Schlimmste zuzugestehen, über die Möglichkeit Belgrad zu retten, welches Wallis in seinem Berichtschreiben als unhaltbar darstellte [1]), Bericht zu erstatten, und den von ihm selbst vorgeschlagenen Grafen Neipperg zur Unterhandlung zu verwenden [2]). Graf Wallis sandte zum zweyten Mahle den Obersten Groß in Begleitung des Hofdolmetsches Schwachheim ins Lager des Großwesirs mit einem Schreiben, wodurch er sich zur Friedensunterhandlung unter französischer und der Seemächte Vermittelung bevollmächtigt und zu den größten Opfern, Belgrad ausgenommen, bereit erklärte. Der Großwesir antwortete sogleich durch ein hochmüthiges Schreiben, daß die Friedensunterhandlung mit Belgrad's Abtretung begonnen werden müsse [3]). Graf Wallis sandte den Grafen Groß zum dritten Mahle an den Großwesir mit einem Schreiben, worin er zehntägigen Waffenstillstand begehrte, einerseits zwar erklärte, daß er mit der Übergabe Belgrad's nicht beginnen könne, aber auch dieses Begehren zur Berichterstattung an den Kaiser annehmen wolle [4]). Wenn diese Wendung schon schlimm und den erhaltenen Weisungen nicht gemäß, so war das Schlimmste, daß der Oberst Groß nach Übergabe des Schreibens in Schwachheim's Gegenwart die Übergabe Belgrad's dem Großwesir wirklich mündlich anboth, und trotz der von dem Hofdolmetsche ihm dagegen gemachten Bemerkungen darauf beharrte [5]). Wallis hatte zwar in seinem Berichte an den Kaiser des Grafen Neipperg selbst als eines in der Friedensunterhandlung von ihm zu Verwendenden erwähnt, aber er hatte sich nicht erwartet, daß derselbe vom Kaiser in der Friedensunterhandlung nach ihm substituirt, und in der That vorgezogen werden sollte. Der erhaltenen Weisung nach sollte Wallis demselben alle in dem Friedensgeschäfte erlassenen Handschreiben, so wie die Amtsvertretung selbst mittheilen [6]), wovon er ihm aber nicht die geringste Kunde gab [7]). Erst als Neipperg, welchem zwey durch den Dolmetsch Momars zugesandte kaiserliche Schreiben das in ihn gesetzte Vertrauen, und das in Wallis gesetzte Mißtrauen klar an den Tag gelegt, von Wallis ins türkische Lager gesendet, und an Villeneufve gewiesen zu werden begehrte, sandte Wallis seinem durch.

Margin dates: 12. August 1739 · 13. August · 14. August · 11. August

[1]) Neipperg's Geschichte S. 9. [2]) Kaiserl. Handschreiben an G. Wallis vom 4. Aug. in Neipperg's Geschichte S. 152. [3]) Das Schreiben des G. Wallis in Neipperg's Gesch. S. 157, die Antwort des Großwesirs S. 160, und der Bericht ganz treu in Ssubhi Bl. 158 und 159. [4]) Das Schreiben in Neipperg's Gesch. S. 168 vom 15. Aug. aus Surdok datirt, soll 14. heißen, indem nach Schwachheim's Aussage derselbe schon am 14. damit abgesendet worden. [5]) Schwachheim's eidliche Aussage. Neipperg's Gesch. S. 167. [6]) Das Handschreiben in Neipperg's Gesch. S. 156. [7]) Neipperg's Gesch. S. 10.

Grafen Groß geschickten zweyten Schreiben noch zwey andere an den
Großwesir nach, in deren einem er die Einladung des französischen
Bothschafters ins Lager, im anderen freyes Geleit für den Grafen
Neipperg begehrte [1]. Der Überbringer dieser späteren Schreiben des
Grafen Wallis war der französische Dolmetsch Delaria, durch welchen sich Villeneufve, welchem Graf Sinzendorf die Vertretung Neipperg's gemeldet, mit demselben in Briefwechsel gesetzt [2]. Durch die
dem Grafen Neipperg durch einen Postofficier insgeheim zugestellten
Handschreiben war derselbe bevollmächtigt, im schlimmsten Falle Belgrad auch ungeschleift mit allen Festungswerken den Türken zuzugestehen [3]. Graf Neipperg wurde endlich vom Grafen Wallis ins Lager des Großwesirs gesandt; denselben begleiteten der Oberst Graf
Groß und Hofdolmetsch Schwachheim, und der erste Dolmetsch Hofkriegssecretär Momars. Sein ganzes Gepäck war ein Mantelsack [4],
indem er nach dem Begehren des Großwesirs ohne Gefolge und Gepränge kam [5]. Die Vollmacht, womit ihn Graf Wallis versehen,
war eine höchst unförmliche, indem darin nicht nur der Vermittelung
der Seemächte, von welcher keine Frage, sondern auch der Unzer-
trennlichkeit mit Rußland unnöthige Erwähnung [6]; Neipperg ward
weder von diesem Schreiben des Wallis und von den früheren desselben, und noch weniger vom mündlichen durch Groß gemachten Antrage Belgrad's in Kenntniß gesetzt, er begab sich aus dem kaiserlichen Lager bey Surdok über Belgrad ins türkische Lager. Zu Belgrad gab sich Neipperg nicht die Mühe, den vom Festungsbefehlshaber
Sukow angegebenen Wallbruch selbst zu beschauen [7], wo Schmettau,
welcher zwey Tage früher den angeblichen Wallbruch selbst besehen, in
den äußeren Festungswerken keinen Feind und keine Bresche gefunden
hatte [8]. Auf des feigen oder fahrlässigen Sukow Bericht hatte nicht
nur Wallis in seinen Privatberichten, sondern auch Neipperg in dem
ihm von dem Kaiser aufgetragenen geheimen Berichte die Unhaltbar-
keit Belgrad's einberichtet [9], und zugleich die vom Großherzoge von
Toskana und dem Staatsreferendär Bartenstein [10] für nothwendig
erachtete Befugniß, Belgrad abzutreten, hervorgerufen.

Neipperg, vom Pfortendolmetsch und Reis Efendi wohl empfangen, wurde mit den zwey Dolmetschen Schwachheim und Momars
in zwey zwischen dem Zelte des Großwesirs und des Reis Efendi gelegenen Zelten anständig einquartiert, vom französischen Bothschafter

[1] Die beyden Schreiben in Neipperg's Gesch. S. 190 und 191 vom 16. u.
17. August; die Antwort auf das Schreiben durch Groß ist in Nr. 19 S. 197
mit dem durch Druckfehler irrigen Datum Aug. 5. statt 15. [2] Das Schreiben
Villeneufve's in Neipperg's Gesch. S. 191—195. [3] v. 11. Aug., und Ssubhi
S. 172 und 174. [4] Neipperg's Gesch. S. 52. [5] Derselbe S. 197 — 199.
[6] Schreiben des Kaisers an Neipperg v. 18. Aug. Neipperg's Gesch. S. 243.
Schreiben an Villeneufve in Neipperg's Gesch. S 245. [7] Schmettau Mémoires p. 254. [8] Derselbe p. 227 und 228. [9] Der Bericht Neipperg's in seines
Sohnes Geschichte S. 182. [10] S. 183. in Schmettau Berenklau.

in Begleitung seines Secretärs Peyssonel [1]) und Dolmetsch Delaria bewillkommt. Villeneufve verständigte ihn sogleich, daß alle früheren stufenweise vorgeschriebenen Anträge vom Großwesir verworfen seyen, der auf Belgrad, als der Grundlage der Präliminarien, bestünde. **18. August 1739** Neipperg glaubte sich also befugt, sogleich Belgrad mit geschleiften Festungswerken antragen zu können; der Großwesir, welchem der Oberst Groß schon die ganze Festung angetragen, antwortete: „er „habe nur Einen Gott und Ein Wort, und werde nur nach Über= „lieferung der Schlüssel Belgrad's Friedensvorschläge anhören" [2]). **19. August** Tags darauf erhielt Neipperg eine Ehrenwache von zwölf Jani= tscharen und den Besuch des Reis Efendi [3]). Zwey Tage gingen ver= loren durch die Ankunft des kaiserlichen Schatzmeisters Beschir, wel= cher mit belobendem Handschreiben die Ehrenzeichen des Sultans für den Sieg von Krozka überbrachte. Durch das vom Reis Efendi Mu= **20. August** stafa in voller Versammlung der Minister und Generale abgelesene Handschreiben wurden die siegreichen Heere zu weiteren Eroberungen feindlicher Länder ermuntert. [4]). Die Belagerungsarbeiten wurden mit dem größten Eifer fortgesetzt; schon war durch zwey Parallelen die ganze Stirnseite der Festung umzingelt [5]). Der Großwesir hielt sich beständig in dem hinter den Laufgräben der Janitscharen errich= teten Schattenzelte, die Minister der Pforte wechselten in der nächtli= chen Runde ab, so daß dieselbe eine Nacht der Reis Efendi mit der Staatskanzley, die zweyte Nacht der Defterdar mit den Herren der Kammer, die dritte der Tschauschbaschi mit den Aga der Truppen hielt [6]). Der Defterdar und der Muhasebedschi, d. i. Vorsteher der Hauptrechnungskanzley, wurden zur Schlagung einer Schiffbrücke über die Sava befehligt, welche in wenigen Tagen von Belgrad nach der Zigeunerinsel, und von dieser nach Semlin zu Stande kam [7]). Die fünf größten ihrer Schiffe hatte die feindliche Donauflotte bey Visniza selbst verbrannt [8]); ein Versuch des Seraskers von Wid= din, Memischpaschà, der auf der keinen Donauinsel aufgeworfenen feindlichen Schanzen sich zu bemächtigen, hatte ob Festigkeit dersel= ben keinen Erfolg [9]). Nachdem die Feyerlichkeiten der Vertheilung der Ehrenzeichen vorüber, übergab Neipperg dem französischen Both= schafter schriftlich die Grundlage der Bedingungen, auf denen er den Frieden zu unterzeichnen bereit, nähmlich Abtretung der österreichischen Walachey, Orsova's, Serviens mit Belgrad und Sabacz, doch mit Schleifung der neuen Festungswerke des ersten, die Save und Donau die Gränze [10]). Am folgenden Tage, da Neipperg schon ungeduldig über so lang verzögerte Antwort seine Rückkehr begehrte, hatte die erste

---

[1]) Nicht Piusonelle, wie in Neipperg's Gesch. S. 38. [2]) Eben da S. 46.
[3]) Eben da S. 49. [4]) Eben da S. 51. Ssubhi Bl. 159. [5]) Neipperg's Gesch.
S. 43. [6]) Ssubhi Bl. 159. [7]) Eben da. [8]) Derselbe Bl. 160 und Schmettau
p. 219. [9]) Ssubhi Bl. 160. [10]) In Neipperg's Gesch. S. 255 und Laugier II.
p. 43.

Zusammentretung im Congreßzelte Statt, worin drey Soffa, auf dem mittleren der französische Bothschafter mit dem Bothschaftssecretär Peyssonel, auf dem rechter Hand Graf Neipperg mit dem Hofkriegssecretär Momars, auf dem linker Hand die osmanischen Bevollmächtigten, der Lagerrichter Esaad Efendi [1]), der Reis Efendi Mustafa, der Unterstaatssecretär Raghib. In dieser ersten sowohl, als zwey

23. August 1739

Tage hierauf gehaltenen zweyten Zusammentretung hatte Neipperg die Abtretung Belgrad's mit den geschleiften neuen Festungswerken angetragen, die osmanischen Bevollmächtigten aber auf die Übergabe im gegenwärtigen Zustande bestanden, und Neipperg jedesmahl seine Abreise begehrt, welche der Großwesir nicht zugestand, sondern ihm im Zelte des französischen Bothschafters zu bleiben sagen ließ [2]). Villeneufve, um die osmanischen Bevollmächtigten geschmeidiger zu machen, zog den Statthalter von Bosnien, Ali den Doctorssohn, ins Vertrauen und ins Interesse der Friedensvermittelung. Er berichtete an den Grafen Sinzendorf nach Wien den Zustand der Unterhandlung, doch Neipperg, wiewohl er schon ein Berichtschreiben an den Kaiser aufgesetzt, hielt es unbegreiflicherweise für besser, gar nicht zu schreiben, bis die Sache im Reinen [3]); nur als vier Tage hernach der Großwesir den Befehlshaber von Belgrad um Eis ersuchen ließ, weil das seinige noch nicht von Nissa angekommen, benützte Neipperg

28. August

die Gelegenheit zu heimlicher Kundschaftsnachricht an Sukow und Wallis, in der Nachschrift beysetzend, daß er gar keine Antwort verlange, da den Briefen nicht zu trauen, die Türken selbe leicht aufbrechen könnten [4]). Tags darauf hatte die dritte und zwar öffentliche Zusam-

29. August.

mentretung im offenen Zelte, doch ohne des Großwesirs Gegenwart, der sich als unpäßlich entschuldigte, Statt; seiner statt führte der Statthalter von Bosnien das Wort, er begehrte Belgrad im gegenwärtigen Zustande mit seinem ganzen Gebiethe, doch Neipperg beharrte, daß dieß außer den Gränzen seiner Vollmacht liege. Villeneufve schlug hierauf als Mittler die Schleifung der neuen Festungswerke, die Erhaltung der alten vor. Alipascha der Doctorssohn fragte, ob diese Trennung ohne Beschädigung der alten möglich, und in Gegenwart des osmanischen Heeres Statt finden könne. Villeneufve und Neipperg traten ab, und als sie zurückkamen, erklärten sie, daß die Schleifung der neuen ohne Gefährdung der alten unmöglich Statt finden könne, und daß sie zum Entwurfe der Präliminarien bereit. Als am folgenden Tage Villeneufve seinen Entwurf der Urkunde mit der des Reis Efendi verglich, fand sich, daß dieser derselben die Abtretung

30. August

Alt-Orsova's, Mehadia's und Jenipalanka's einverleibt, wovon in den drey Conferenzen gar keine Rede gewesen [5]). Der ganze Tag ver-

---

[1]) Ssubhi Bl. 160. Laugier II. p. 45. [2]) Derselbe p. 47. Neipperg's Gesch. S. 57. Ssubhi Bl. 160. [3]) Neipperg's Gesch. S. 65. [4]) Eben da S. 241. [5]) Laugier II. S. 52.

strich in Streit und Zank; am folgenden both Neipperg den Strich ^31. Landes gegenüber Orsova an, und die Türken, um Alt-Orsava ein- ^August zubegreifen, trugen sich zur Ableitung der Czerna an. Am folgenden ^1739 Tage zogen der französische Bothschafter und Neipperg neben einander ^1.Sept. reitend, vom Tschauschbaschi und einem Kämmerer begleitet, in das Zelt des Großwesirs, der zwischen den beyden Statthaltern von Ru- mili und Bosnien, Memisch Ali und Ali dem Doctorssohne, auf dem Soffa saß, ihnen gegenüber Villeneufve und Neipperg, zur Seite auf Polstern der Defterdar Aarif, der Janitscharenaga Hasan und die vier Bevollmächtigten, d. i. der Kiaja Mohammedaga, der Reis Efendi Mustafa, der Lagerrichter Esaad, der Unterstaatssecretär Raghib. Un- ter der obengenannten Aufsicht und Kenntniß schlossen die vier Bevoll- mächtigten auf die obigen Bedingungen die Präliminarien des Frie- dens, aber nicht von denselben, sondern vom Großwesir allein sind dieselben unterfertigt; der französische Bothschafter unterfertigte die denselben angehängte Urkunde der Vermittelung, und auf einem be- sonderen Blatte die der Gewährleistung [1]. Der Großwesir zog drey Tage hernach zu Belgrad ein, vom neuen Befehlshaber Schmettau am Kaiserthore bewillkommt [2]. Alipascha, Statthalter von Bos- nien, erhielt den Oberbefehl als Serasker; am sechsten Tage nach den unterschriebenen Präliminarien schlossen Ali und Schmettau eine ^7.Sept. Übereinkunft über die Schleifung der Festungswerke binnen sechs Mo- nathen ab [3], auch von Neipperg und Villeneufve unterzeichnet.

Neipperg erklärte, daß er den Frieden nicht unterschreiben wolle, wenn nicht zugleich der mit Rußland unterschrieben würde, welchen der russische Bevollmächtigte Cagnoni, der sich bey Villeneufve befand, unterhandeln sollte. Die Einnahme Chocims und die Besetzung Jassy's machten die Türken hiezu willfährig; über die Schleifung Assow's war man einverstanden, aber die Türken begehrten, daß das Gebieth um Assow unbebaut bleibe, was Cagnoni als wider seine Vollmacht nur unter vorausgesetzter Gutheißung bedingnißweise zugestand; über die Gränzen sollte zu Nissa, wo die Archive des Reiches, Urkunde aufge- setzt werden [4]. Da der Reis Efendi Schwierigkeiten erhob, daß es der Würde des Großwesirs zuwider, die Friedensurkunde unbedingt zu unterschreiben, während dieselbe von Seite der Czarinn nur bedingt unterzeichnet würde, ließ er sich durch fünftausend Ducaten bewegen, den Vertrag bis zur Ankunft der russischen Gutheißung in den Händen des Mittlers zu lassen [5]. Der russische Friede setzte die Schleifung Assow's mit wüstem Gebiethe und der Freyheit, eine Festung am Ku- ban zu bauen, fest, doch solle Rußland weder im mäotischen, noch schwarzen Meere Flotten haben, und Schiffe bauen dürfen [6]; die

[1] Laugier II. p. 55. Ssubhi Bl. 161. Die Urkunde in Laugier II. p. 57. In Moser's belgradischem Friedensschlusse, und Neipperg's Gesch. S. 257.
[2] Ssubhi Bl. 161. [3] Laugier II. p. 73. [4] Derselbe p. 75 und 76 [5] Derselbe p. 76. [6] Art. III.

beyden Kabartaien seyen hinführo für unabhängig erklärt ¹), über den Kaisertitel werde man unmittelbar gütlich übereinkommen ²), doch sollen Commissäre zur Regulirung der Gränzen ernennet werden ³). In dem russischen Tractate war keine Dauer bestimmt, und derselbe war also vermuthlich wie der letzte ein ewiger gemeint. Die Dauer des Friedens mit Österreich war auf sieben und zwanzig Jahre festgesetzt; die drey und zwanzig Artikel desselben enthielten, außer den schon oben berührten Gränzneuerungen, noch die Bedingungen einer Vergessenheit des Vergangenen für die Bojaren, die Moldau und Walachey ⁴), die Nennung der Trinitarier (welche im Passarowiczer Frieden nicht erhalten werden konnte) mit der Freyheit, ihre Kirchen wieder zu erbauen ⁵), die Nennung Csaki's ⁶), des an Rákóczy's Stelle getretenen Oberhauptes der ungarischen Rebellen, mit der Freyheit, daß ihre Weiber mit denselben auf türkischem Gebiethe wohnen dürfen ⁷); die Sicherheit vor den Raubstaaten und Dulcignoten ⁸). Die Urkunden, nachdem die ganze Nacht an ihrer Abschrift gearbeitet worden, wurden früh Morgens um sechs Uhr unterzeichnet, ohne gelesen zu werden, und durch den vermittelnden Bothschafter, unter dessen Gewährleistung ausgewechselt ⁹). Nach Unterzeichnung des Friedens brach der Großwesir sogleich mit dem Lager auf, und zu Nissa wurde die russische Gränzurkunde in drey Artikeln unterzeichnet, welcher die alte Abgränzungsurkunde vom Jahre tausend siebenhundert fünf zum Grunde gelegt, die Gränzen am westlichen Dniepr zwischen den Flüssen Berda und Mius nach dem Vertrage von tausend siebenhundert geregelt wurden ¹⁰). Der Großwesir traf Ende Octobers zu Constantinopel ein, und übergab mit den gewöhnlichen Feyerlichkeiten die heilige Fahne, die dießmahl so siegreich geweht, in die Hände des Sultans ¹¹). Einige Tage nach der Ankunft des Großwesirs überbrachte der Hofkriegssecretär Momars die Bestätigungsurkunde des Kaisers, vor deren Auswechselung sich aber neue Anstände ergaben. Der dritte Artikel lautete im Türkischen und Lateinischen anders, indem der lateinische bloß sagt: daß die Gränzen Servien's gegen Bosnien die des Carlowiczer Friedens seyen, der türkische hingegen von den Gränzen Bosnien's nach dem Fuße des Carlowiczer Friedens sprach. Der kaiserliche Hof verlangte, daß die türkische Urkunde der kaiserlichen gleichlautend gemacht, und durch eine besondere die Zerstörung der Militärstraßen in der Walachey und die Freyheit, neue Festungen zu erbauen, festgesetzt werde. Diese Urkunde wurde unter einem mit der Bestätigung des Belgrader Friedens unter Villeneufve's Vermittelung und Gewährleistung in einer feyerlichen Zusammentretung im Arsenale,

¹) Art. VI. ²) Art. XII. ³) Art. XV. ⁴) Art. VIII. ⁵) Art. IX. ⁶) Gennaro 1739. Cont. f. 923 ⁷) Art. XIX. ⁸) Art. XI. Die kaiserl. Friedensurkunde in Moser, Laugier, Neipperg's umständlicher Geschichte; die türkische in Ssubhi Bl. 192—196; die russische in Ssubhi Bl. 169—198. ⁹) Laugier II. p. 77. ¹⁰) Die Convention in Laugier II. S. 355. ¹¹) Ssubhi Bl. 170.

welcher außer den sieben osmanischen Bevollmächtigten des Belgrader
Friedens noch der Kapudanpascha, der Janitscharenaga, der Reichsmarschall und andere Aga beywohnten, unterzeichnet [1]). Villeneufve
erhielt Pelz und Pferd, und zwey und dreyßig deutsche Gefangene aus
dem Bagno zum Geschenke. Zugleich übergab der Secretär Momars
der Pforte eine Erklärung des kaiserlichen Hofes über die Unauflös-
lichkeit des zwischen den beyden Kaiserhöfen bestehenden Schutz- und
Trutzbündnisses [2]). Sechzehn Tage hernach überbrachte der vorige russische Resident an der Pforte, Wischniakoff, trotz der von Münch gemachten Anstände die Räumung Chocim's, die Bestätigungsurkunde
des russischen Friedens, doch bemerkte Graf Ostermann dem französischen Bothschafter über die Convention von Nissa, daß durch die Bestimmung der Gränzen bis an die Kamenka und Saliva die Gebiethe
der Kosaken und Tataren sich verschränkten, daß die Berufung auf die
Gränzen voriger Tractate zu unbestimmt, daß nichts über die neuen
Festungen gesagt, daß einige Verschiedenheit zwischen dem italienischen
Texte der russischen Urkunde und der türkischen, daß die Rückgabe
Chocim's in schonenderen Ausdrücken für die Czarinn abgefaßt, diese
als Kaiserinn anerkannt werden solle. Die osmanischen Minister ver-
tagten das letzte Begehren auf andere Zeit, und die anderen Anstände sollten durch besondere Übereinkunft gehoben werden [3]). Die Auswechslung hatte mit denselben Feyerlichkeiten, wie die der kaiserlichen 28. Nov.
Urkunde Statt, nur ohne Gastmahl, weil Fastenmond [4]). Die Ur- 1739
kunde hob die in Betreff der Gränzen sich widersprechenden Ausdrücke
der Tractate, bestimmte die Schleifung von Assow binnen drey Monathen, die Räumung Chocim's und der in der Moldau besetzten Örter, und sicherte beyderseitigen Unterthanen Vergessenheit und Verzeihung der während des Krieges ergriffenen Partey zu [5]). Diese Ur- 28. Dec.
kunde wurde erst einen Monath hernach im Saale des Arsenals unterfertigt, und Tags darauf übergab der Resident die Erklärung unauf-
löslichen Schutz- und Trutzbündnisses mit Österreich [6]). Es wurden die
Abgränzungs-Commissäre ernannt, gegen Österreich der ehemahlige
Mustermeister der Sipahi, Said (der Sohn des Bothschafters nach
Frankreich, Mohammed des Acht und Zwanzigers), und der Mewkufatdschi Mohammed Efendi, jener die Inseln der Sava, dieser die
der Donau, Orsova und die Walachey abzugränzen; gegen Rußland
der Mewkufatdschi Merami und der vorige Secretär des Kiajabeg
Chatti Efendi, und als vorläufige Beförderung für diese Amtsführung wurden ihnen Diplome eingehändigt, wodurch jener zum künftigen Rusnamedschi, dieser zum Mewkufatdschi ernannt wurden [7]). Die
sieben osmanischen Bevollmächtigten des Belgrader Friedens, der

[1]) Laugier II. p. 101. [2]) Die Erklärung in Laugier II. S. 334. [3]) Derselbe
II. p. 112 u. 113. Ssubhi Bl. 271. [4]) Laugier II. p. 115. [5]) Die Convention
in Laugier II. p. 363. [6]) Die Erklärung in Laugier II. p. 370. [7]) Ssubhi
Bl. 172.

Großweſir, die Statthalter von Rumili und Bosnien, der Defterdar
Reis Efendi, Lagerrichter und Unterſtaatsſecretär genoſſen in ihren
Ämtern des höchſten Anſehens für ſo rühmlich geſchloſſenen Frieden
und Belgrads Erwerb, deſſen Eroberung in einem durch des Unterſtaatsſecretärs wohl geſchnittene Feder aufgeſetzten Siegesſchreiben den
Statthaltern des Reiches und moslimiſchen Mächten kund gegeben
ward. Die kaiſerlichen Bevollmächtigten traf die in beſonderen Rund-
ſchreiben [1] kundgegebene Unzufriedenheit und Ungnade des Kaiſers,
welche beyde verdient zu haben bekannten. Der Friede von Belgrad
iſt für die Pforte einer der rühmlichſten und für Öſterreich nicht minder nachtheilig, als für Rußland der Friede am Pruth; nicht unvor-
bereitet durch das Verderben von Krozka, aber wie dieſes minder das
Ergebniß des Feldherrntalentes des Großweſirs, als von Wallis ſträf-
licher Schuld, und der Friede mehr die Frucht von Neipperg's Übereilung und Villeneufve's Geſchicklichkeit, als von der osmaniſchen Bevollmächtigten Unterhandlungskunſt [2]. Die im Belgrader Frieden
feſtgeſetzte Gränze zwiſchen Öſterreich und der Pforte iſt nur mit einigen unbedeutenden, durch die Convention von Siſtow beſtimmten
Abänderungen an der Czerna und Unna, dieſelbe bis auf den heutigen Tag.

[1] Kaiſerl. Circular-Reſcript an die kaiſerl. Geſandten über die von den
Grafen Wallis und Neipperg begangenen Fehler, ſonderlich in Action bey
Krozka und bey den Friedenswerken, in Moſer's belaraviſchem Friedensſchluſſe
S. 93. [2] Schmettau's Bericht an den Kaiſer v. 26. Julius 1740.

Acht und sechzigstes Buch.

Villeneufve. Bonneval. Schwedisches Schutzbündniß. Neapolita-
nischer, französischer Handelsvertrag. Mengligirai's Tod. Bibliothek des Sultans. Auflauf zu Constantinopel. Absetzung des
Großwesirs. Anstände der Friedensvollstreckung mit beyden Kaiserhöfen. Graf Ulefeld und türkischer Bothschafter zu Wien. Ghika's
Hinrichtung. Convention mit Österreich und Rußland. Persische
Bothschaft. Angehänge nach Medina. Feuer. Aërolith. Romanzoff. Gesandte nach Frankreich und Neapel. Schleyer des Opfer-
steines auf Moria. Türkischer Robinson Crusoe. Feuersbrünste.
Absetzung des Großwesirs. Speisehaus des Sultans. Hochzeit.
Tod einer Sultaninn. Nadirschah vor Bagdad. Der Großwesir
abgesetzt. Bosnische Abgränzung. Verhältnisse mit Rußland,
Frankreich, Schweden, Pohlen und Preußen. Bonneval. Nadir-
schah belagert Moßul vergebens. Des Ceremonienmeisters Kopf
gefährdet. Medina. Raghib nach Kairo, Kesrieli nach Erserum,
der Serasker gegen Persien. Kesrieli's Sendung. Die Belagerung
von Karß aufgehoben. Indische Gesandtschaft. Rundschreiben zur
Vermittelung. Penkler und Bonneval. Die Schlacht bey Eriwan.
Jegen Mohammedpascha's Tod. Kriegsrüstungen und Friedensge-
sandtschaften. Der Mufti Pirisade abgesetzt. Der Kislaraga stirbt.
Veränderungen im Ministerium. Bauten. Der Großwesir Esseid
Hasan abgesetzt. Ein Werber des Christenthums hingerichtet.
Groß=Inquisitor. Persischer Prinz. Frankreichs Bemühungen.
Bonneval's Tod. Der Friede mit Rußland erneuert; der mit
Österreich unbestimmt verlängert.

Der Friedensschluß von Belgrad ist nicht nur durch die Wichtigkeit der dadurch aufs neue vortheilhaft geregelten Gränzen, sondern auch durch Frankreichs Vermittlung und Gewährleistung in der
diplomatischen Geschichte der Osmanen und Frankreichs ein leuchtender
Punct. Frankreichs Einfluß im osmanischen Reiche war vor und seitdem nie so erfolgreich, und des Herrn v. Villeneufve Geschäftsführung ist die glänzendste in den Jahrbüchern des diplomatischen Verkehrs

IV. 24

Frankreichs mit der Pforte. Wenn England vor hundert Jahren zu=
erst den Frieden zwischen den Osmanen und Pohlen vermittelt hat,
so hat Frankreich zuerst in dem von Belgrad das Beyspiel von Ge=
währleistung einer europäischen Macht für die Erfüllung der von
einer andern und der Pforte eingegangenen völkerrechtlichen Verbind=
lichkeiten gegeben. Villeneufve war die Seele aller damahls im Zuge
begriffenen diplomatischen Verhandlungen europäischer Cabinete an
der Pforte, der Rath und Leitstern derselben, mit dem Charakter
eines außerordentlichen Großbothschafters auf das glänzendste bekleidet.
Nebst ihm aber war die thätigste Triebfeder osmanischer Politik in
europäischen Angelegenheiten Bonneval. Nach Kastemuni verwiesen,
weil dem keinen Widerspruch duldenden heftigen Großwesir Jegen
Mohammed die französische Lebhaftigkeit und die Freymüthigkeit der
Rede Bonneval's unerträglich, war er bald nach dessen Absetzung wie=
der zurückberufen worden. Ohne den Schutz des Kislaraga hätte er ver=
muthlich den Kopf verloren. Der angebliche Grund seiner Verbannung
war, daß er seine Bombardiere nicht gehindert, dem Sultan tumultuari=
sche Bittschriften um Soldbezahlung zu übergeben, der wirkliche, der Haß
des Großwesirs Jegen. Unter dessen Nachfolger trat er in die vorige
Geschäftsthätigkeit, doch mit immer gleichem Erfolge seiner politischen
Umtriebe, weil Villeneufve, mit dem er zerfallen, öfter ein Hemm=
rad als ein Triebrad seiner Plane und Anschläge; in manchen Ge=
schäften aber liefen die Fäden ihres politischen Interesse dennoch zusam=
men, und diese hatten dann so schnelleren und sichereren Erfolg, wie
z. B. die schwedischen Verhandlungen, welche so Villeneufve, als
Bonneval aufs beste unterstützten. Höpken und Carlson, die schwedi=
schen Minister, wünschten das vorgeschlagene Schutzbündniß mit der
Pforte nach der Auswechselung der Bestätigungsurkunden des russischen
Friedens zu unterzeichnen, um davon den russischen Residenten bey der
Auswechselung seiner Bestätigungsurkunde verständigen zu können.
Der Großwesir, von Villeneufve für das schwedische Schutzbündniß
gestimmt, hatte dasselbe entwerfen lassen, doch wollte er, trotz des drin=
genden Ansuchens der schwedischen Gesandten, dasselbe nicht vor Aus=
wechselung der Bestätigungsurkunden unterzeichnen, um Rußland keinen
Vorwand zu geben, mit der Schleifung Assow's oder Zurückgabe Cho=
cim's inne zu halten[1]). Der Vertrag wurde am Tage, wo die Nachricht
von der Rückgabe Chocim's zu Constantinopel eintraf, in neun Artikeln

20.Jan.
1740 unterschrieben, laut deren dem Freundschafts= und Handelsvertrage
dieses Schutzbündniß angehängt, und die gegenseitige Hülfleistung
im Falle eines Angriffes von Rußland festgesetzt ward[2]); das erste
zwischen der Pforte und einer europäischen Macht förmlich abgeschlos=
sene Schutzbündniß, denn das angeblich[3]) von Suleiman I. mit

[1]) Laugier II. p. 118. [2]) Die Urkunde bey Laugier II. p. 383. [3]) Noch da=
zu irrig von Kassan ins Jahr 1585, statt 1536, gesetzt, wie in dem Journal
asiatique, in dem Aufsatze sur les premières relations diplomatiques avec la
Porte. Tome X. p. 19, bewiesen worden.

Frankreich abgeschlossene, war nur ein Freundschafts= und Handelsver=
trag. Der ruſſiſche Reſident Wiſchniakoff gab dem Großweſir der
Pforte durch ihren Dolmetſch Rußlands Mißfallen an dieſem Schutz=
bündniſſe zu erkennen; er ließ dem als geldliebend bekannten Reis
Efendi Muſtafa vierhundert Beutel antragen, wenn die Beſtätigung
des ſchwediſchen Schutzbündniſſes hintertrieben würde. „Ich liebe das
Geld," antwortete der Reis Efendi ſehr naiv dem Pfortendolmetſch,
„ich liebe das Geld wie ein anderer, aber die Schicklichkeit iſt nicht
„zu verletzen, und ich ſehe kein Mittel, hierin Rußlands Wünſche zu
„befriedigen" [1]). Der ruſſiſche Reſident Cagnoni überbrachte Hrn. v.
Villeneufve fünf und zwanzigtauſend Rubel und den Andreas=Orden;
er hatte den Auftrag: den Kaiſertitel, die Beendigung der Abgrän=
zung, das Ceremoniel der Großbothſchaften und den Rückgang des
ſchwediſchen Schutzbündniſſes zu unterhandeln. Villeneufve bemühte
ſich, den Reis Efendi und Pfortendolmetſch, beyde ſehr empfänglich
für den Eindruck des Goldes, wider das ruſſiſche zu ſeyen [2]). Nur
durch Gold und Bonneval hatten die neapolitaniſchen Miniſter, Fi=
nochetti und Rumiti, die Unterhandlung ihres Freundſchaftsvertrages,
auf welchen Frankreich eben ſo aufſichtig als die Seemächte, durchge=
ſetzt. Da ſie ihre Urkunde unterſchrieben hingaben, ehe ſie die türkiſche
erhalten, fand Villeneufve Mittel, dieſelbe zu ſehen, und den Arti=
kel, welcher die Sicherheit und Entſchädigung wider die Barbaresken
feſtſetzte, zu hintertreiben [3]). Dieſelbe wurde in ein und zwanzig Artikeln
und einem Schluſſe in feyerlichem Gehör beym Großweſir ausgewech=
ſelt [4]). Der franzöſiſche Bothſchafter verhandelte endlich in mehreren
Zuſammentretungen die Erneuerung der alten, mit Frankreich beſte=
henden Capitulationen, und formte dieſelben in einen großen Handels=
und Freundſchaftsvertrag von vier und achtzig Artikeln um, welcher
nach dem Friedensbruche durch den Feldzug nach Ägypten gebrochen,
im Friedensſchluſſe wieder erneuert, noch heute mit der Pforte in vol=
ler Kraft aufrecht beſteht [5]).

14.
April
1740

30. May

Der Chan der Krim, Mengligirai, war bald nach Unterzeichnung
des Belgrader Friedens geſtorben, die Chanſchaft ſeinem Bruder,
dem bisherigen Kalgha Selimgirai, verliehen worden [6]). Bey dieſer
Gelegenheit wurde der Sachwalter des vorigen, Muſtafaaga, der ſei=
nes Singtalentes willen den Beynahmen Naati Damadi, d. i. Eidam
des Hymnenſängers, trug, und welchen ſchon der Großweſir Jegen
gern von ſeiner Stelle gehoben hätte, von den Geſchäften entfernt [7]).
Nach hergeſtellter äußerer Ruhe kamen die Feſte und Gaſtmahle wie=
der an die Tagesordnung. Der Großweſir bewirthete den Sultan im
Luſtpalaſte Beharije [8]), nachdem ſein eigener Palaſt in zweymahligen

Oct.
1739

---

[1]) Laugier II. p. 130. [2]) Eben da 142. [3]) Acten der St. R. [4]) Ssubhi
Bl. 174. St. R. [5]) Lithographirt erſchienen zu Paris. 86 S. in Folio. [6]) Ssubhi
Bl. 170 und 171. Siestrzencewiez (Histoire du royaume de la Chersonèse
taurique) p. 406 ſetzt ſeinen Regierungsantritt zwey Jahre zu ſpät, ins Jahr 1741.
[7]) Ssubhi Bl. 170. [8]) Bl. 173 unter Alibegköi. Ssubhi Bl. 63.

Brande eingeäschert worden ¹), so, daß er den alten Pfortenpalast
vormahliger Großwesire beziehen mußte. Der Sultan besuchte die von
ihm an der Moschee Aja Sofia angelegte Bibliothek, in welcher die
größten Seltenheiten, zwey kufische Korane, von der Hand der Chalifen Osman und Ali, drey in der schönsten Neschischrift, von der
Hand Jakut's, des berühmtesten Neschischreibers, und Hafis Osman's;
zwey Exemplare des Werkes der Überlieferung: Die Oriente, ebenfalls von Jakut's Hand. Es waren zehn Leser des Buchara d. i. der
unter diesem Nahmen bekannten großen Überlieferungssammlung, bestimmt, welche mit Sonnenaufgang einen Theil des Buchara lesen
mußten. Alle Dinstage las der erste Imam der Moschee S. Ahmed's
zwischen den beyden Gebethszeiten des Sonnenaufgangs und Mittags
über die Lesearten des Korans; alle Mittwoche mit Sonnenaufgang
legte der Vorsteher der Koransleser Verse des Korans, und alle Don-
nerstage Stellen der Überlieferung aus. Der Sultan wohnte jetzt ei-
21.
April
1740 ner solchen Vorlesung mit großer Feyerlichkeit bey. Der Überliefe-
rungslehrer legte Stellen des Buchara aus, ein anderer bestieg die
Kanzel und predigte; Rauchpfannen mit Ambra und Aloe durchdufte-
ten das Gehirn der Anwesenden wie die Stellen des Korans und der
Sunna ²). Die Flotte lief, vom Kapudanpascha Suleiman geführt,
mit den drey gewöhnlichen Ruhepuncten des Aufbruches, nähmlich der
Entlassung des Kapudanpascha im Uferköschke, des Verweisens
am Sammelplatze von Beschiktasch vor dem Grabmahle Barba-
rossa's, und des letzten Standpunctes vor den sieben Thürmen
30.
April aus ³). Die Sultaninnen, welche das Alter der Mannbarkeit erreicht
hatten, wurden vermählt; die Sultaninn Ssafije, d. i. die Reine,
an den ehemahligen Statthalter von Dschidde, den jetzt zu Constantinopel befindlichen Wesir Bekirpascha, die Sultaninn Ssaliha, d. i.
die Redliche, an den Statthalter von Belgrad, den Wesir Alipascha,
die Sultaninn Aische, d. i. die Wohllebende, an den Steuereintrei-
ber von Morea, den Wesir Ahmedpascha ⁴). Diese festlichen Vor-
gänge wurden durch einen unvermutheten Marktauflauf vom Gesindel gestört, welches über den, durch den Krieg und starken
Winter erhöhten Preis der Lebensmittel murrend, vom Trödelmarkte und den ober demselben gelegenen Buden der Kesselschmiede
ausging, und die Buden zu schließen schrie, nachdem es meh-
6. Jun. rere derselben geplündert. Der Großwesir, der auf einem Lustritte
nach den süßen Wassern, hievon durch den Nischandschi Ahmedpascha
verständiget, kehrte sogleich mit seinem ganzen Gefolge bewaffnet zurück. Der Janitscharenaga, der Wesir Hasan, bewaffnete einige hundert Handwerksleute (die als Janitscharen eingeschrieben); der Oberste der Janitscharenwache vor der Moschee S. Bajesid's redete die

---

¹) Ssubhi Bl. 172 und 173. ²) Derselbe Bl. 175. ³) Derselbe Bl. 176.
⁴) Derselbe Bl. 175 u. 176.

Meuterer mit bewegenden Worten an, dieselben wurden, nachdem einige zusammengehauen worden, zerstreut. Der Sultan, welcher sich auf einer Lustfahrt am asiatischen Gestade der Bosporos bey Bégkos befand, um ein zu Korsus neuerbautes Lusthaus zu besichtigen, war alsogleich nach dem Serai zurückgekehrt. Am folgenden Tage wurden die Wesire und Aga, welche die Meuterey so schnell gestillt, mit Ehrenkleidern ausgezeichnet; ein kaiserliches Handschreiben that kund, 7. Jun. daß, wer sich den Markt zu schließen unterfange, gesetzlich das Leben 1740 verwirkt. Da die Meuterer meistens Albaneser und anderes in der Hauptstadt zusammengelaufenes Gesindel, wurde scharfe Untersuchung anbefohlen, und alle, die nicht über zehn Jahre zu Constantinopel ansäßig, in ihren Geburtsort zurückgeschafft [1]. Acht Tage nach dem Auflaufe wäre derselbe bald durch einen falschen Lärm abermahl erneuert worden. Ein Tuchverkäufer-Jude, von seinem Gläubiger, einem Janitscharen, hart bedrängt, schrie diesen, als er Gewalt brauchen wollte, als Rebellen aus; der Janitscharenaga in der Nähe, sendet seinen Gerichtsdiener [2], zu sehen, was der Lärm. Der ganze Markt war im Aufruhr, mit Prügeln und Stangen bewaffnet liefen die Krämer dem sich flüchtenden Janitscharen nach; der falsche Lärm wurde gestillt, aber der Großwesir, welcher auf einen Bericht des Tschauschbaschi vor einigen Tagen dem Sultan die vollkommene Herstellung der Ruhe vorgetragen hatte, sah sich doch gezwungen, auch diesen Vorfall, der ohnedieß kein Geheimniß bleiben konnte, einzuberichten, und der Sultan, oder vielmehr der Kislaraga, unzufrieden mit dem Großwesir, weil er die Ruhe der Hauptstadt nicht zu erhalten gewußt, ließ ihm das Siegel abfordern, welches dem Nischandschi Ahmedpascha verliehen ward [3]. 23.Jun. Zugleich wurde der Tschauschbaschi, welcher die hergestellte Ruhe fälschlich berichtet hatte, abgesetzt, und als Mihmandar dem von Persien angekündigten Bothschafter entgegengesandt [4]. Der abgesetzte Großwesir wurde erst zum Statthalter von Dschidde an des nach der Pforte berufenen Eidams Wesirs Bekirpascha Stelle, dann einige Tage hierauf zum Befehlshaber von Canea ernannt [5]. Ein kaiserliches Handschreiben an die Aga der sieben Herdschaften (die Janitscharen, Sipahi, Silihdare, Dschebedschi, Topdschi, Toparabadschi, Chumbaradschi) gerichtet, verständigte dieselben von der Absetzung des Großwesirs, ob Nachlässigkeit in Erhaltung der Ordnung und Ruhe, und forderte dieselben auf, einstimmig mit dem neuen Großwesir auf die Erhaltung der Ruhe zu wachen. Dieß ist das erste, in den osmanischen Geschichten aufgezeichnete Beyspiel eines über die Veränderung des Großwesirs dem Heere Rechenschaft gebenden Handschreibens, welche seitdem üblich geblieben. Es erwachte das dunkle Gefühl einer von den Herrschern den Beherrschten schuldigen Rechenschaft über die wichtigsten Veränderungen im Staate, aber wohl gemerkt, das Hand-

---

[1] Ssubhi Bl. 177. [2] Derselbe Bl. 178. [3] Eben da. [4] Eben da. [5] Derselbe Bl. 179.

schreiben ist nicht an die Statthalter des Reiches, nicht an die Vorneh=
men der Länder, nicht an die Ulema, nicht an die Herren des Diwans, viel
weniger an das Volk, sondern bloß an die bewaffnete Macht der Haupt=
stadt gerichtet. In despotischen Reichen wird die Herrschaft nur durch
die Hauptstadt und das Heer entschieden, wie vormahls die römische
Weltherrschaft durch den Eid der Prätorianer zu Rom. Der Des=
pot spricht nur zu seinen Satelliten.

Der neue Großwesir war der Sohn Dschaaferpascha's, welcher
das Alles in Allem des nach dem Falle Oczakow's und Nissa's hinge=
richteten Kiaja Osman. Durch Bekirpascha, den letzten Statthalter
von Dschidde, in Dienst gelangt, hatte er sich bis zum Reichsmar=
schall und Oberstkämmerer geschwungen, und Anfangs des russischen
Krieges, vorzüglich bey der Verpflegung Oczakow's mit Lebensmitteln,
hernach durch den, wider den Rebellen Ssarioghli in Aidin an den Tag
gelegten Eifer ausgezeichnet. Hierauf Kaimakam und dann als Nischan=
dschi = Wesir der Kuppel übernahm er das Siegel des Reiches [1]). Tags
vor seiner Ernennung war das für die Ausgleichung des Schuldenre=
stes Carl's XII. ausbedungene schwedische Kriegsschiff im Hafen von
Constantinopel eingelaufen. Der neue Großwesir, wie es scheint,
durch russisches Gold gewonnen, erklärte den schwedischen Ministern,
19.Jul.
1740 daß die Pforte nicht geneigt, das Kriegsschiff als Tilgung der Schul=
den Carl's XII. anzunehmen [2]). Nichts desto weniger wurde, nach=
dem die Unterhandlung der russischen Minister Cagnoni und Wisch=
niakoff um den Kaisertitel fruchtlos abgelaufen, die Bestätigungsur=
kunde des schwedischen Schutzbündnisses ausgewechselt [3]). Die russi=
schen Minister äußerten ihr Mißfallen an der Auswechselung und er=
hielten auf ihr gestelltes Begehren, daß der türkische Großbothschafter
durch einen Pascha von drey Roßschweifen an die Gränze geführt wer=
den solle, weil der russische General, welcher den russischen Bothschaf=
ter an die Gränze führen würde, von gleichem Range: daß der Pa=
scha den Bothschafter bis Bender begleiten, ihn dort bewirthen und
mit Hermelinpelz bekleiden; daß die Auswechselung der Bothschafter
östlich vom Dniepr, am Ufer der Salia, Statt haben solle; die nä=
here Bestimmung der Gränze um. Oczakow würde den Commissären
überlassen, die Gefangenen sollen nach und nach ausgelöset werden,
da die Volksgährung, die sich noch durch den letzten Auflauf kund ge=
geben, Vorsicht geboth [4]). Die Unruhe der Pforte über die verzögerte
Schleifung von Assow wurde durch die Nachricht beschwichtiget, daß
Graf Romanzoff zum außerordentlichen Großbothschafter, Fürst Rep=
nin und Neplujeff zu Abgränzungs = Commissären ernannt seyen. Als
Bothschafter der Pforte nach Wien war Alipascha, mit dem Range
eines Beglerbegs von Rumili, ernannt worden; er hatte schon Ende

[1]) Mohammed Said's Biographien der Großwesire. [2]) Laugier II. p. 142.
[3]) Derselbe p. 143. [4]) Derselbe p. 150.

May das. sultanische Beglaubigungsschreiben in feyerlicher Audienz em=
pfangen [1]). Die Ernennung des kaiserlichen war durch verschiedene
Anstände des Friedensgeschäftes, worüber sich der kaiserliche Hof durch
den vermittelnden Bothschafter beklagte, verspätet worden. Die Schlei=
fung von Belgrad war unterbrochen, weil die Türken verschiedene Ge=
waltthätigkeiten verübt, wofür man Entschädigung forderte [2]). Um
den kaiserlichen Hof zufrieden zu stellen, wurde durch Villeneufve's
umsichtige [3]) Vermittelung beschlossen, die Zurückstellung der eilf Dör=
fer des Gebiethes von Alt=Orsova und die Bestrafung der Urheber
der Gewaltthätigkeiten zu befehlen, und den Pascha von Orsova ab=
zusetzen. Schmettau schrieb an Villeneufve, sich zu beklagen, daß die
Türken den Canal, welcher vertragsmäßig die Czerna ableiten sollte,
an der Mündung der Bella, d. i. drey oder vier Stunden ober Alt=
Orsova, im Thale von Mehadia, geöffnet hätten [4]); er hatte vorge=
schlagen, die Forderungen auf die Entschädigung aufzugeben, wenn
die Pforte den Besitz von Alt=Orsova und den Canal aufgeben wollte.
Villeneufve rieth so mehr dazu, als die türkischen Ingenieure selbst
aussagten, daß sie nicht im Stande seyn würden, die Czerna, wie
sie sollten, ganz abzuleiten, und für die durch Graben des Canals
Dörfern zuwachsenden Schäden nicht gut stehen könnten [5]). Indessen
da der Großwesir Auf Mohammed auf die Grabung des Canals sehr
versessen, wurde die Entscheidung wieder an die Gränz=Commissäre
verwiesen [6]). Diese reisten an die Gränze, Graf Ulefeld war zum
Bothschafter ernannt, aber der Reis Efendi wollte von der Auswech=
selung desselben nichts hören, bis die Österreicher nicht Belgrad ge=
räumt haben würden. Der Hofkanzler Graf Sinzendorf machte hier=
auf durch Villeneufve neuen Vorschlag: der Kaiser wolle Syrmien [7])
abtreten, wenn die Pforte die Erdzunge zwischen der Drina und Unna
aufgebe, welche mehr zu Slavonien als Servien gehörte. Da Schmet=
tau das Gegentheil schrieb, erachtete es Villeneufve für das Beste, die
Entscheidung der Gränz=Commissäre abzuwarten. Die osmanischen mit
dem kaiserlichen Abgränzungs=Commissäre, dem Feldmarschallieute=
nant Guadagni, zusammengetreten, bestanden auf der Ableitung der
Czerna, wiewohl sie unthunlich; auf den Bergen gegenüber von Alt=
Orsova, wiewohl der Tractat ausdrücklich die Gränze nur bis an den
Fuß der Berge bestimmt, und auf dem Besitze der bey Belgrad gele=
genen Insel Belik Ostrova, wiewohl dieselbe näher dem Banat als
Servien, nach dem Vertrage dem kaiserlichen Hofe zugesprochen wer=
den mußte [8]). Der Großwesir, hierüber von Villeneufve angegangen,
ernannte die Statthalter von Bosnien und Widdin zur Aufsicht der

---

[1]) Ssubhi Bl. 173. [2]) Laugier II. p. 122. [3]) Amillot à Villeneufve 3. Avril
1740. [4]) Laugier II. p. 124. [5]) Derselbe p. 125. [6]) Derselbe p. 126. [7]) Schrei=
ben des Grafen Sinzendorf an Villeneufve vom 30. May 1740. St. R. [8]) Lau=
gier II. p. 128.

Gränzscheidung und Beendigung derselben. Der kaiserliche Bothschafter, Graf Ulefeld, des letzten Großbothschafters Grafen Wirmond Schwiegersohn, kam mit einem großen Gefolge im Julius an. Der Einzug zu Constantinopel entsprach nicht der Erwartung. Die fremden Bothschafter, welche Graf Ulefeld, ihm ihre Handpferde zum Einzuge zu senden, ersucht hatte, entschuldigten sich dessen. Der Tschauschbaschi, welcher noch jüngst im Aufzuge des französischen Bothschafters Villeneufve demselben weit vorausgeritten war, ritt dem Grafen Ulefeld zur Rechten, so sehr dieser auch dawider protestirte, und wiewohl man versprochen hatte, sich genau ans Protokoll des Einzuges des Grafen Wirmond zu halten. Als der Bothschafter die Rechte nehmen wollte, ritt der Tschauschbaschi gar hinten nach, und also der Bothschafter ihm vor, wie der Tschauschbaschi dem französischen Bothschafter vorgeritten war; auch weigerte sich der Tschauschbaschi, mit dem Bothschafter an einem Tische zu essen; ein höchst unangenehmer Vorfall, welcher in den zwey und zwanzig Puncten der Verhaltungsbefehle des Grafen Ulefeld nicht vorhergesehen war. Außerdem war ihm eine geheime Belehrung mitgegeben, welche die mit nicht weniger als hundert sechzig Urkunden belegte [1]) Geschichte des Belgrader Friedens enthält, von der Vermittelung Villeneufve's angefangen, bis zur Unterschrift durch Neipperg. Die Geschenke, silberne Gefäße, Spiegel, Rahmen, Tische für den Sultan, die Walide, die sieben Wesire der Kuppel, den Reis Efendi und den Mufti.

Der türkische, nach Wien ernannte Bothschafter brachte ein Gefolge von neunhundert zwey und zwanzig Menschen, hundert fünf und dreyßig Kamehlen, hundert siebzig Maulthieren und neunhundert Pferden mit sich. Die Größe seiner Forderungen war über dem Verhältnisse der Größe seines Gefolges. Schon vor der Auswechselung, welche inmitten der Sava der Feldzeugmeister Schmettau, der Wesir Serasker von Belgrad, und Alipascha, der türkische Gränzbefehlshaber, leiteten, wollte dieser nur bis ans Ufer, nicht bis auf das Brückenschiff inmitten der Sava, fahren, bis Schmettau's Standhaftigkeit ihn dazu zwang. Auf dem letzten Lager vor Wien, auf der Schwechat, gab er die, allen osmanischen Bothschaftern gewöhnlich abgeforderte Erklärung, sich Allem fügen zu wollen, dem seine Vorfahren sich gefügt; dennoch wollte er am Tage seines feyerlichen Einzuges nichts von der Zurückbegleitung des ihn abhohlenden und einführenden Hofmarschalls (bis zum Fuße der Stiege) hören, so daß der Einzug für diesen Tag ganz unterblieb. Später machte er sich dazu gegen den ins Mittel tretenden französischen Bothschafter Mirepoir verbindlich, und that es dennoch nicht. An Lieferungsgeldern erhielt er täglich fünfhundert sechzig Piaster, d. i. um hundert sechzig mehr, als der kaiserliche Bothschafter zu Constantinopel erhalten konnte.

11.Jul. 1740

10. Jul.

4. Aug.

---

[1]) 32 Bogen stark, in der St. R.

Holz und Heu waren dabey nicht eingerechnet. Die Großbothschaft wurde zu Wien in der Leopoldstadt, in zwölf Gasthäusern, hundert zehn Zimmern, neun und zwanzig Kammern untergebracht; auf der Reise vom Hofdolmetsch, einem Hofkriegsrathscommissäre, einem Hofkammercommissäre, und einem Hofkammerdiener begleitet. Als der Bothschafter zur feyerlichen Audienz kam, war der Ceremonielstreit abermahl auf, er wollte sich weder dem Mantelkusse fügen, noch das Beglaubigungsschreiben auf den, dem Throne zunächst stehenden Tisch legen, und dann rücklings abtreten, er wollte es selbst in die Hände des Kaisers übergeben. Schon sollte die Audienz gar nicht Statt haben, und deßhalb ein Courier an die Pforte abgesendet werden, als er auf Dazwischenkunft des französischen Bothschafters schriftlichen Revers, deßgleichen zu thun, wie seine Vorfahren, ausstellte. Die kaiserliche Conferenz trat zu wiederhohlten Mahlen zusammen, und berieth alle diese, für das Hofceremoniel so wichtigen Puncte, unter anderen „ob die Obersthofmeisterinn mit den Hof„damen zu erscheinen habe oder nicht?" was auf den hierüber erstatteten Vortrag der Conferenz als unbedenklich entschieden ward. Zu der Audienz hohlten der Hofdolmetsch und Hofcommissär den Bothschafter 23.Aug in einem Hofwagen ab. Die Audienz selbst wurde in der Rathsstube 1740 ertheilt, wohin nur der Bothschafter mit dem Dolmetsch und den zwölf ersten Personen seines Gefolges gelassen wurde. Der Kaiser stand im spanischen Mantelkleide unter goldenem Baldachin, den Hut auf dem Kopfe, hinter ihm die Capitäne der Leibwachen, links der Reichs-Vicekanzler, welcher die Rede des Bothschafters im Nahmen des Kaisers beantwortete. Der Bothschafter, wiewohl nicht Wesir, und nur Beglerbeg, erschien doch mit dem Kopfbunde der Wesire, dem mit goldenem Streif durchzogenen pyramidenförmigen Turban Kallewi [1]. Als Geschenke brachte er ein Zelt mit außen grünem, inwendig roth gesticktem Maroquin, in zwanzig Blättern, mit persischen Teppichen und Kotzen, und von gelbem Atlas überzogenen Matratzen und Sitztuch, drey Soffaüberzügen von venetianischem Scharlach, mit gelbem Atlas gefüttert, mit silbernen und blauseidenen Fransen, die Geländer der Soffa mit Perlmutter eingelegt, die Knäufe des Zeltes mit Silber beschlagen, die Breter des Bodens Nußbaum mit vergoldeten Nägeln; ein dreyfacher Reiger mit großem Smaragd, eilf Rubinen und sechs und achtzig Diamanten; ein goldenes Reitzeug, das Kopfstück mit vierhundert zwey und zwanzig Diamanten, das Bruchstück mit vierhundert drey und sechzig, die Nasenkette mit zwölf Diamanten, dreyzehn Rubinen, acht Smaragden besetzt; ein Paar silberne, reich vergoldete Steigbügel mit zwanzig Diamanten, hundert acht und sechzig Rubinen, vier und zwanzig Smaragden besetzt, Zügel und Gürtel von Fadensilber, das Mundstück von Silber, ein Sattelkissen unter

---

[1] Relazione della pubblica audienza dell' Ambassadore grande Alip. Momars.

dem Sattel, die Satteldecke von Sammt mit drey Rofen, der Sattel
von rothem Sammt, mit zehn goldenen Rofen, zweyhundert drey
feinen und mittleren Rubinen, ein und zwanzig Smaragden; eine
runde Pferd= oder Handdecke von Scharlach, gold= und filbergestickt,
mit gelbem Atlas gefüttert; eine bezoarfarbene Schabrake mit drey
Rofen aus Perlen, neunhundert drey und dreyßig Smaragden, fechs
und dreyßig Balaffen, die Rofen mit zwey und fechzig Smaragden
und siebzehn Balaffen eingefaßt; eine Feldherrnkeule von Silber, auf
der rechten Seite des Sattels, der Haltriem derfelben rother Sammt,
reich mit Perlen gestickt; ein Diwansreitzeug aus vergoldetem Silber,
das Kopfstück mit vier und dreyßig Smaragden, dreyhundert zwölf
Rubinen, das Bruststück mit dreyhundert zwey und zwanzig Rubinen,
das Halsstück mit vierhundert drey und fechzig Rubinen, vier und vier=
zig Smaragden, die Nafenkette mit fechs Rubinen und zwey Smarag=
den befetzt, fammt goldener Schnur; ein Halsgehäng mit zehn Sma=
ragden und eben fo vielen Rubinen uud goldenen Schnüren; eine
Feldherrnkeule von Silber, mit dreyzehn Smaragden und drey Ru=
binen; das Band zum Festhalten rother reichgestickter Sammt, mit
filbernem Ringe, filbernen vergoldeten Ketten und Halfter; Schabrake
mit fünfzehn Perlenrofen, fünf und zwanzig Smaragden, dreyzehn
Rubinen, der Boden Silber mit Perlen durchbrochen, die Sattelgurte
mit filbernen Ringen, der Zügel und Bügel Silber vergoldet, mit
acht Smaragden, zweyhundert acht und vierzig Rubinen, der Sattel
mit karmefinfarbenem Sammt überzogen, die Sattelböden von ver=
goldetem Silber, das Sattelkiffen unter dem Sattel rother Sammt
mit drey Perlenrofen, die runde Handdecke über den Sattel venetia=
nifcher Scharlach, mit Gold und Silber gestickt; ein Geschirr zur
Tränke aus Silber; drey Spannketten vom feinsten Silber, Strie=
gel, Zügel und Bügel deßgleichen; zwey perfifche Teppiche; zwey
Stücke perfifcher Zeuge auf rothem Atlas mit Goldfäden, zwey und
zwanzig constantinopolitanifcher mit Blumen; fünfzig Stücke feinen
Muffelins, mit Goldstreifen durchzogen; fünfzig Teppiche der Turk=
manen Ufchaki, acht und dreyßig Bezoarsteine, zwey wollene Tep=
piche von Algier, zwanzig Mofchusblafen, zwey Stücke fchweren con=
stantinopolitanifchen Stoffes, vier mit Blumen gestickte, dreyhun=
dert fünfzig Miskale Ambra, fünf turkmanifche Schimmel, ein
dunkelbrauner Turkman, ein Falbe, an den Füßen weiß gezeichnet.
Die türkifche Bothfchaft kostete den Hof gegen hunderttaufend Gulden.

Der kaiferliche Bothfchafter, Graf Ulefeld, hatte zu Constanti=
nopel fchwierigen Stand durch die unter des franzöfifchen Bothfchafters
Vermittelung noch immer offen hängende Verhandlung der Gränze,
indem die Türken auf der ungerechten Forderung der Anhöhen jen=
feits von Alt=Orfova, des Gebiethes deffelben und der Donauinfel
vor Belgrad bestanden. Graf Ulefeld bemerkte fehr richtig, daß die
Pforte, das was ihr anständig, an die Stelle der Erfüllung des Friedens

setze [1]). Der Reis Efendi wollte, daß die Abgränzung mit Hintanse=
tzung dieser drey Punete fortschreite, welche dann in einer besonderen
Übereinkunft ausgemacht werden sollte [2]). Ulefeld, auf dessen Seite
Recht und Vernunft, blieb unerschütterlich [3]). Das letzte Wort des
Großweßirs war, daß mit Beyseitlassung der Donauinsel die Abgrän= 31.
zungs=Commissäre ihre Arbeit an der Sava und Donau beginnen $\text{August}\atop\text{1740}$
sollten, daß, wenn sie bis nach Orsova gekommen seyn würden, und
die Czerna (wie es der Vertrag erheischte) nicht ganz abgeleitet wäre,
Alt=Orsova's Eigenthum dem Kaiser bleibe [4]). Diese versuchte Ablei=
tung der Czerna mittelst eines Canals, der nicht den fünfzehnten Theil
des Wassers faßte, war eine höchst lächerliche Unternehmung der tür=
kischen Hydrauliker, oder vielmehr des mit unumschränktem Einflusse
die äußere Politik leitenden geldsüchtigen Reis Efendi Mustafa. Die
Idee davon war zwar nicht in seinem, sondern in des letzten Groß=
weßirs, Aiwaf Mohammedpascha's, Kopfe entsprungen, aber der Reis
Efendi hieß dieselbe gut, sey es, um dem Großweßir zu schmeicheln,
sey es, um von dem dazu angewiesenen Gelde Nutzen zu ziehen, und
wenn nicht die Czerna in den Canal, doch einen großen Theil der
Summen in seinen Beutel zu leiten [5]). Zweytausend Ducaten und
ein großer Diamant, womit ihn Ulefeld beschenkt hatte, machten ihn
um nichts geschmeidiger [6]). Als die Kunde des angestochenen Canals
der Czerna nach Constantinopel kam, wurde dieselbe als eine höchst
wichtige Begebenheit von der Pforte mitgetheilt. Der Großweßir, wie=
wohl der Unzweckmäßigkeit dieses, von seinem Vorfahr begonne=
nen abgeschmackten Unternehmens völlig gewahr, ließ es bloß gewäh=
ren, um davon die Gelegenheit herzunehmen, den Reis Efendi, dem
er abhold, zu stürzen [7]). Einer der geometrischen Räthe dieser= miß=
lungenen Ableitung der Czerna war ein Muderris, vormaliger La=
gerrichter zu Kaffa in der Krim, welcher dem türkischen Abgränzungs=
Commissär, dem Mewkufatdschi, beygegeben, die Geschichte dieser
Abgränzung zum Theil im zweyten Theile seiner wohlgefälligen Rath=
schläge mit höchst kleinlicher Persönlichkeit beschrieben hat. Die Ver= 20.Oct.
handlungen Graf Ulefeld's erhielten eine neue, für denselben ungün=
stige Wendung durch den Tod Kaiser Carl's VI. Sonst erhielten bey
Thronveränderungen die kaiserlichen Residenten Internuntius=Cha=
rakter, weil aber dießmahl Ulefeld schon als Bothschafter da, erhielt
er bloß neue Beglaubigungsschreiben der Königinn von Ungarn und
Böhmen, und er trat nun nicht mehr als kaiserlicher, sondern als
königlicher Bothschafter auf; doch zögerte die Pforte mit seiner Aner=
kennung als solcher. Sie läugnete zwar nicht, daß Ulefeld's Beglaubi=
gungsschreiben anerkannt, und ihm als Bothschafter der Königinn Ge=

---

[1]) Laugier II. p. 173. [2]) Derselbe p. 176. [3]) Derselbe p. 177. [4]) Derselbe
p. 179. [5]) Derselbe p. 192. [6]) Derselbe p. 190. [7]) Derselbe p. 193.

hör gewährt werden sollte, doch wollte sie Zeit gewinnen, und das Bey=
13.Jan. spiel der übrigen Höfe Europa's abwarten [1]). Ulefeld trat dieser An=
1741 erkennung und der Abgränzung willen mit dem Großwesir in Unterre=
dung zusammen. [2]). Er trug achtzig bis neunzig Ellen Breite für die
Erdzunge Orsova gegenüber, und die Ausdehnung der servischen
Gränze bis an die Drina an. Der Großwesir sich hierüber mit dem
französischen Bothschafter, der seit Carl's VI. Tode keine Weisungen
von seinem Hofe empfangen hatte, berathend, sprach, als sein letztes
Wort, daß eine Linie der Drina parallel von der Eröffnung des Canals
der Czerna an, bis zum Bache, der die Walachey vom Banate trennt,
die Gränze Orsova's bestimme, die bosnische auf dem Fuße von Car=
lowicz hergestellt werde [3]). Hinsichtlich der Anerkennung mußte sich
Ulefeld damit begnügen, daß er ohne öffentliche Audienz die Beglau=
bigungsschreiben der Königinn dem Großwesir durch den Bothschafts=
secretär Penkler übersandte, deren Empfang der Großwesir mit einem
Schreiben an den Bothschafter bestätigte [4]), und zugleich versicherte,
daß die Antwort des Sultans auf die vorigen Schreiben vom Both=
schafter Alipascha in Wien übergeben werden, Graf Ulefeld vor
seiner Abreise Abschiedsaudienz gewährt werden solle. Hinsichtlich der
bosnischen Gränze trat Ulefeld, indem er die Erdzunge bis an die
Drina zugestand, mit Gegenforderungen von Seite des Banates her=
vor, und wenn diese nicht eingegangen würden, könne er nur die
Zunge bis an die Drina zugestehen. Der Großwesir, schon lange alten
Groll wider den Reis Efendi und den Pfortendolmetsch, dessen treuen
Gehülfen, kochend, riß diese Gelegenheit an sich, um beyde aus dem
Anklagsgrunde zu opfern, daß ihre Geldgierde und ihr Einverständ=
niß mit dem französischen Bothschafter die Gränzverhandlung in die
5. Febr. Länge ziehe und zu keinem Ende gelangen lasse. Der Reis Efendi
wurde abgesetzt, eingezogen und nach Kutahije verbannt, der Pfor=
tendolmetsch nach vierzehntägiger Haft vor dem Köschke des Serai
hingerichtet [5]); die Fürsprache der französischen und österreichischen
Bothschafter hatte seine Hinrichtung nur beschleuniget. Ghika, eben so
rachsüchtig als geldgierig, hatte auch dem ersten holländischen Dol=
metsch, Karadscha, den Untergang geschworen, und den abgesetzten
Patriarchen in seinem Hause verborgen [6]). Sein Nachfolger war Jo=
hann Callimachi. Tags darauf großer Diwan, mit Zuziehung der
Häupter der Ulema und Truppen, worin die Gränzausgleichung mit
dem Kaiser mittelst besonderer Urkunde vorgetragen und gebilliget
ward [7]). Die Nachricht des Marsches der Preußen gegen Schlesien [8])

---

[1]) Ulefeld's Bericht vom 10. Dec. 1740. [2]) Laugier II. p. 225, und früher
am 28. Nov. Ulefeld's Bericht. [3]) Laugier II. p. 229. [4]) Das Schreiben Ule=
feld's und des Großwesirs Antwort in Laugier II. p. 234 und 237, das Origi=
nal des Schreibens des Großwesirs im Hausarchive. [5]) Bericht Ulefeld's, Faw=
kener's, Calcoen's in der St. R. Trotz dieser Berichte und des Artikels der
Reichsgeschichte Szubhi's Bl. 187. [6]) Calcoen à Sivert 6. Mars 1741. [7]) Der=
selbe 6. März 1741. St. R. [8]) Laugier II. p. 242.

hatte die Nachgiebigkeit Österreichs gegen die, wenn auch ungerech=
ten Forderungen der Pforte, nothwendig gemacht. Der neue Reis
Efendi, die Verlegenheit der Königinn benützend, bestand unabweich= $\quad$ 2.März
lich auf der Abtretung der Erdzunge bis an die Unna und Alt=Or= $\quad$ 1741
sova's ohne Gebieth. Es wurde also eine Urkunde von vier Artikeln
unterzeichnet, kraft derer bis an die Unna die Gränzen des Carlowi=
czer Friedens hergestellt, die freye Donauinsel Velik Ostrova zur
Hälfte verödet, die Zigeunerinsel in der Save sammt den in der Do=
nau gelegenen von Pavizza, Kisilova, Hißardsche der Pforte über=
lassen bleiben sollten [1].

Der nähmlichen Unterhandlungskünste, womit die Pforte, von
der mißlichen Lage Maria Theresia's begünstiget, Österreich übervor=
theilte, bediente sich Rußland gegen die Pforte [2]. Fürst Repnin ver=
zögerte Assow's Schleifung, bis der Umkreis der laut des dritten Ar=
tikels der Convention gegen die Insel Tscherkes zu erbauenden neuen
Festung abgesteckt seyn würde. Statt zu Tscherkes, acht Stunden von $\quad$ 24.
Assow, zu bauen, wollte er dieselbe unmittelbar vor Assow, dann höch= $\quad$ Nov.
stens vier Stunden davon anlegen [3]. In einer Zusammentretung der
russischen Minister Cagnoni und Wischniakoff mit dem Reis Efendi be=
gehrten (die Türken bloß Assow's Schleifung, ohne auf einen der von
Rußland angeregten Puncte, der Losgebung der Sclaven, des Kaiser=
titels und der Lage der neuen Festungen, zu antworten. Man kam
über den Weg der Großbothschafter und ihre Verköstigung überein.
Der türkische hatte eine Liste von Artikeln übergeben, deren täglicher
Betrag sechzehnhundert Rubel; noch sonderbarer war die Liste der vom
russischen Bothschafter, Graf Romanzoff, geforderten Lebensmittel,
indem er begehrte, daß in den Steppen von Budschak, wo kaum Zwie=
back zu finden, ihm täglich Champagne, Bourgogne, Pontac, Tokay,
gebrannte Wasser von Barbados, Elixire von Ambra und Aloe, ge=
reicht werden sollten, als Satyre auf die Forderungen des türkischen
Bothschafters [4]. Der Großwesir sah in der Liste der dem Grafen Ule=
feld abgereichten Lieferungsgelder nach, und bestimmte die dem russi=
schen Bothschafter um etwas niedriger, zum Unterschiede des russischen
Bothschafters vom kaiserlichen [5]. Graf Romanzoff befand sich durch
den Tod der Kaiserinn und durch innere Unruhen [6], wie der österrei=
chische Bothschafter, in minder günstiger Lage. Nach einigen, von S.
Stefano aus gepflogenen Unterhandlungen über das Ceremoniel, hielt $\quad$ 28.
er seinen feyerlichen Einzug [7]. Villeneufve, dessen Einfluß seit der Ver= $\quad$ März
änderung des Reis Efendi und Hinrichtung des Pfortendolmetsches,
der Hauptwerkzeuge seiner Verhandlungen, um vieles gesunken, war

---

[1] Die Convention in Laugier II. p. 372, aber mit dem falschen Datum 5. May
statt 2. März, citirt im II. Art. des Sistower Friedens, dann in Ssubhi gan=
zer Länge Bl. 188 [2] Laugier II. p. 188 [3] Derselbe p. 186 u. 187. [4] Derselbe
p. 207. [5] Eben da. Ulefeld's Bericht. [6] Laugier II. p. 233 und 234. [7] Der=
selbe p. 251.

froh über die Ankunft seines Nachfolgers, des Marquis de Castellane.
Mit demselben vereint, betrieb die Beendigung der russischen Anstände
der Friedensfertigung, welche sich von Seite der Russen um Assow's
Schleifung und die Abgränzung auf der Ostseite des Dniepr, von
Seite der Türken um die Losgebung der russischen Gefangenen und
den Kaisertitel drehten. Die Pforte behauptete, daß der Kaisertitel
nur eine zu erwartende Gefälligkeit, die Schleifung Assow's die erste
Bedingung der Friedenserfüllung. Villeneuve unterstützte seinerseits
die russischen Gründe, übergab vor seiner Abreise noch in feyerlicher
Audienz die Bestätigung der Gewährleistung des Friedens, und setzte
der österreichischen Convention vom zweyten März die Gewährleistung
bey, welche er bis hieher aus dem Grunde zu geben sich geweigert,
weil Maria Theresia von Frankreich noch nicht als Königinn von Ungarn anerkannt worden[1]). In einer neuen Zusammentretung des Grafen Romanzoff mit dem Reis Efendi wollte dieser den Kaisertitel nur
unter der Bedingniß zugestehen, daß das Ufer der möotischen See
zwischen den Flüssen Berda und Mius verödet bleibe, Assow geschleift,
die neue Festung in gehöriger Entfernung angelegt werde[2]). Endlich
verglichen sich beyde Theile, Assow wurde geschleift, der Czar von der
Pforte als Kaiser anerkannt[3]). Nach der Convention vom zweyten
März war die Abgränzung mit Österreich längs der Sava und Unna[4]),
zwischen dem Banat und Servien[5]), und zwischen Siebenbürgen und der
Walachey[6]), durch die hiezu ernannten Commissäre mittelst besonderer
Urkunden ins Reine gebracht worden. Die russischen Anstände wurden
durch eine besondere, zu Constantinopel vom Grafen Romanzoff mit
dem Reis Efendi Raghib abgeschlossene Convention berichtet[7]); ver-
mög derselben wurde Assow's Schleifung, die Erbauung einer neuen
Festung, in der Entfernung von dreyßig Wersten, die Oberherrschaft
Rußlands über die Zaporoger, die Zugestehung des Kaisertitels von
Seite der Pforte unwiderruflich festgesetzt[8]). So waren volle zwey
Jahre verflossen, ehe der für Rußland sowohl als Österreich ungün-
stige Belgrader Friede durch besondere Conventionen seine volle Erfüllung erhielt. Die Osmanen hatten augenscheinlich in der Kunst zu
unterhandeln große Fortschritte gemacht, und bedienten sich der von
den christlichen Mächten erlernten Vortheile wider dieselben[9]). Der
dermahlige Großwesir war ein Mann von hohem Geiste, voll Gerechtigkeitsliebe und Aufmerksamkeit für die europäischen Minister, denen
er, was seine Vorgänger nur ausnahmsweise mit Großbothschaftern

16.
April
1741

7. Sept.

[1]) Laugier II. p. 256. [2]) Derselbe p. 260. [3]) Derselbe p. 264. [4]) Abgränzungs-Revers längs der Save und Unna v. 11. May 1741. St. R. [5]) Abgränzungs-Revers des Banates vom 3. Junius 1741. Eben da. [6]) Siebenbürgischer Abgränzungs-Revers vom 28. Junius 1741. Eben da. [7]) Ssubhi Bl. 106.
[8]) Mercure historique 1741 p. 409 Schöll Hist. XIV. p. 291 Wenck Cod.
j. g. rer. I. p. 358. [9]) Der holländische Bothschafter Calcoen an den Greffier
Fagel am 28. Aug. 1740. St. R.

gethan, Fefte gab [1]). Der Reis Efendi Raghib, den wir fchon als den bevollmächtigten Minifter des perfifchen, öfterreichifchen und ruffifchen Friedens kennen gelernt, ein Mann von eben fo tiefer Einficht als großer Gelehrfamkeit, von großer Mäßigung und im beften Einver- nehmen mit dem Großwefir [2]), und kein geldgieriger Sophift, wie der abgefetzte Reis Efendi Muftafa, welcher, als Graf Ulefeld laut des Buchftabens des Tractates auf die Ableitung des ganzen Czerna drang, entgegnete, der Tractat verbinde nur zur Ableitung der Czerna (fo groß, als fie an der Quelle), die in diefelbe hineinftrömenden Zuflüffe feyen in der Waffermenge derfelben nicht zu verftehen [3]). Trif- tigere Gründe, als folche, bliefen den Türken die fchwedifchen und nea- politanifchen Minifter, und der Lenker diefer feiner auf der diploma- tifchen Schaubühne von Conftantinopel gezogenen Drahtpuppen, Bonne- val, ein [4]). Doch hatten die erften, als fie der veränderten Politik ihres Hofes nicht ganz gewahr, unmittelbar nach Carl's VI. Tode wider Maria Therefia feindliche Einftreuungen gemacht, darüber von ihrem Hofe einen Verweis erhalten [5]); auch hatte Bonneval's Anfchlag, die proteftantifchen Einwohner der Cantone Zürch und Bern nach der Türkey zu verpflanzen, wozu ihm der preußifche Steuereinnehmer zu Neufchatel hülfreiche Hand both, gefcheitert [6]).

Die Großwefirfchaft Ahmed's gab fortwährende Beweife guten Einvernehmens und guter Lebensart, womit die Gefandten europäifcher Höfe behandelt wurden. Dazu ftimmte die Pforte zugleich Nadirfchah's drohende Stellung; um wider denfelben alle ihre Kräfte auf Einen Punct vereinigen zu können, war ihr felbft daran gelegen gewefen, die Erfüllung des Belgrader Friedens durch die Conventionen mit Öfter- reich und Rußland zu befchleunigen [7]). Defto größeren Eindruck mach- te nun die Erfcheinung des perfifchen Chans Bothfchafters, welcher von Bagdad her durch die verfchiedenen Statthalterfchaften von Diar- bekr, Rakka, Haleb, Adana, Anatoli, vier- bis fünftaufend Mann geleitet worden [8]). Der vorige Defteremini, Chalil, war ihm an der Spitze eines Geleites über Skutari hinaus nach Fenerbagdfche entge- gengefandt, doch hatte er den Auftrag, dem Bothfchafter zur Rechten zu reiten; als fich diefer durchaus nicht verftehen wollte, begab fich der Begleitungs = Commiffär auf einem andern Wege nach dem Orte der Mahlzeit, von deren vielen Schüffeln der Bothfchafter Chan aber, außer Brot und faurer Milch, nichts anrührte. Fünf Tage hernach wur-

5. März. 1741

[1]) Fawkener an Robinfon, 24. Nov. 1741, und Finochetti, der neapolita- nifche Minifter, an Carpinftero, den fpanifchen Gefchäftsträger zu Wien 17. Nov. 1741. St. R. Ssubhi Bl. 182 und 184. [2]) Fawkener an den Herzog von New- caftle, 5. Februar 1741. St. R. [3]) Ulefeld's Bericht vom 10. December 1741. [4]) Finochetti's Bericht vom 20. Januar 1740. [5]) Das Verweisfchreiben der St. R. [6]) Lettre du nommé Commun Receveur des droits du Roi de Pruffe à Neufchatel donnant avis que le projet pour l'établiffement des fujets des Can- tons de Zuric et Berne dans les états du G. S. a échoué. St. R. [7]) Lau- gier II. p. 234. [8]) Ssubhi Bl. 189.

den die mitgebrachten Elephanten auf Flößen nach Befchiktafch überge=
fchifft, der Bothfchafter felbft mit zwey Chanen und mit Oghuf Ali=
chan, welcher feit vorigem Jahre von Seite Nadirfchah's angefom=
men, mit großen Koften zu Skutari unterhalten worden, nach Ejub
übergefchifft und im Meierhofe des Mauthners einquartirt ¹). Beym
Ausfteigen empfingen ihn der Tfchaufchbafchi mit allen Tfchaufchen,
die Generale der Reiterey mit ihren Muftermeiftern. In der Audienz
des Großweſirs, bey welcher ihn der Reichsgefchichtfchreiber Efendi
am Fuße der Stiege empfing, entfchuldigte er fich in Gegenwart des
Großweſirs, von felbem Ehrenkleid empfangen zu können. So wur=
den bloß der voriges Jahr nach Conftantinopel gefommene Oghuf
Alichan, die zwey Chane und der Gefchichtfchreiber der Bothfchaft mit
Zobel=, Hermelinpelz und Kaftanen befleidet ²). Fünf Tage darauf
das feyerliche Gehör im Diwan und beym Sultan ³). Vom Mittel=
thore des Serai, in der Richtung zum Diwansfaale, ftanden links
über zwanzig kaiferliche Handpferde, deren Gefchirr von Diamanten
und anderen Edelfteinen ftrahlte, mit juwelenbefetzten Schilden, mit
perlengeftickten Deefen und Schabraken, mit goldenen Zügeln und
Bügeln, deren Führer in hohen walzenförmigen Staatsturbanen, ober
ihnen die Leibwachen des Sultans, die Bogner und Lanzner mit den
goldenen Helmen und Kleidern von Goldftoff, mit den wehenden Reie=
gern und fluthenden Talaren, ober denfelben die belehnten Mutefer=
rifa; rechts zehntaufend Janitfcharen, ein halbes Hundert von Ober=
ften mit federbefchwingten Mützen, die Generale der Reiterey vor
dem Thore der Glückfeligkeit (dem dritten des Serai), der Janitfcha=
renaga Wefir, rechts fünfzig in Zobelpelz gefleidete Kämmerer mit fil=
bernen Stäben; unter der Kuppel des Diwansfaales der Großweſir,
Kapudanpafcha und Defterdar, mit allen Herren des Diwans, nach
den Stufen ihres Ranges ⁴). Der Tfchaufchbafchi hohlte den Both=
fchafter Chan in feiner Wohnung vor Sonnenaufgang ab. Als der
Zug in die Gegend des Mehterchane (Haus der Mufik) gekommen,
wurde das Morgengebeth verrichtet, als er durch das mittlere Thor
eintrat, und die zehntaufend Janitfcharen, wie der Aar auf feine
Beute lauernd, fich auf die im Hofe aufgeftellten Schüffeln des ge=
früllten Reifes ftürzten, blieb der Bothfchafter erftaunt ftehen. Er
war nach perfifcher Sitte in kurzem, nicht bis auf die Knie reichendem
Zobelpelz gefleidet, und hatte um feine ellenhohe, einer Derwifchmü=
tze ähnliche Mütze, einen goldgeftickten grünen Bund fchief umgewun=
den, fo daß die Zufchauer über diefen fonderbaren Aufzug lachten,
welcher ein Verwahrungsmittel wider böfe, fchönen Aufzug neidende
Augen angethan zu feyn fchien ⁵). Als der Großweſir aus dem foge=
nannten Zimmer des Tintenzeughalters in den Diwansfaal getreten,

¹) Ssubhi Bl. 190. ²) Eben da. ³) Penkler's Bericht vom 22. April.
⁴) Ssubhi Bl. 191. ⁵) Derfelbe Bl. 192.

und die Staatsſchauſche Gottes Huld über ihn anrufend, ſeinen Gruß
erwiedert hatten, ward dem Bothſchafter, weil er auf Weſtrsrang
Anſpruch machte, die Stelle des Niſchandſchi im Diwan eingeräumt.
Nach geſchlichteten Diwansgeſchäften ſpeiſte der Chan Bothſchafter
an der Tafel des Großweſirs, die drey anderen Chane und der Geſchichtſchreiber der Bothſchaft an der Tafel des Kapudanpaſcha, einige
andere Vornehme ſeines Gefolges an der des Defterdars. Als nach
aufgehobener Tafel des Sultans Majeſtät im Audienzſaale Platz genommen, der Großweſir, die beyden Weſire der Kuppel (der Kapudanpaſcha und Janitſcharenaga), der Defterdar, der Reis Efendi und
die Aga, welchen Zutritt geſtattet iſt, vor dem Throne erſchienen waren, wurde der Bothſchafter eingeführt, der aber ſo verwirrt, daß er
außer den Worten: „Mein Schah!“ nichts vorzubringen vermochte.
Er übergab das Beglaubigungsſchreiben und die Liſte der Geſchenke.
Als er von der Audienz zurück, beym Thore der Glückſeligkeit angelangt, war das Gedränge der abziehenden Janitſcharen ſo groß, daß
er dort über eine Stunde verweilen mußte, dann beſtieg er das, ihm
als kaiſerliches Geſchenk vorgeführte Pferd, und mußte auf ſelbem
gegenüber der Münze, im erſten Hofe des Serai, wieder lange verweilen, bis das Gedränge ſich verlaufen hatte. Alles abſichtliche Sitte
osmaniſcher Audienzen, dießmahl abſichtlich ſo höher gehalten, als
der Chan Großbothſchafter mit dem unerhörten Gefolge von zwölfhundert Perſonen, und einem Geleite von viertauſend angekommen war[1]).
Ein glänzendes Feſt gab dem Bothſchafter der Großweſir an den ſüßen Waſſern[2]), mit vollem Aufzuge ſeiner Leibwachen, Gerichtsdiener, Tſchauſche, Pagen und Hausofficiere mit juwelenbeſetzten Dolchen und Gürteln, mit dem größten Aufwande von porzellänenen und
goldenen Geſchirren, wobey Oghuf Chan, die beyden Chane Begleiter des Bothſchafters, und der Geſchichtſchreiber der Bothſchaft mit
Zobel= und Hermelinpelzen bekleidet wurden. Die Unterredung über
den eigentlichen Gegenſtand ſeiner Sendung, nähmlich die Anerkennung der fünften, von Nadirſchah geſtifteten Secte Dſchaaferije,
hatte bey dem, vom Kapudanpaſcha gegebenen Feſte Statt, wozu
von den Ulema der erſte Imam des Serai, Ssahib Efendi, der kaiſerliche Lagerrichter, Esaad Efendi, der abgeſetzte Oberſtlandrichter
von Anatoli, Neili Efendi, der vormahlige Geſandte nach Perſien,
Abdullah Efendi, der Mihmandar des Bothſchafters, Chalil Efendi,
und der Reis Efendi Raghib berufen wurden[3]). Die dem Bothſchafter ertheilte Antwort war keine abſchlägige, die man zu geben ſich
nicht getraute, ſondern eine bloß ausweichende, daß man ſich in Allem
an die Vorſchriften des reinen Geſetzes halten werde[4]). Mit nicht
minderer Pracht als der Kapudanpaſcha, bewirthete den Bothſchafter

1. Mart.
1741.

29. Apr.

---

[1]) Ssubhi Bl. 197. [2]) Derſelbe Bl. 195. [3]) Derſelbe Bl. 197. [4]) Derſelbe
eben da, als Augenzeuge der Conferenz.

IV.   25

der Wesir Aga der Janitscharen zu Daudpascha [1]). Da der Chau aber zur Vollendung des Friedens nicht hinlänglich bevollmächtiget, da Nadirschah's Absicht, ob er Krieg oder Frieden wolle, aus dem Vortrage des Bothschafters nicht klar, fand man es nothwendig, selbst eine Gesandtschaft an Nadirschah zu schicken. Dazu wurde der Bittschriftmeister des Fiscus, der sehr gebildete und gelehrte Munif Efendi ausersehen, und demselben der Vorsteher der Pachten Constantinopels, Nasif [2]) Mustafa Efendi, beygegeben [3]).

Nadirschah's erneuertes Begehren der Anerkennung der fünften Serte, und die seit dem letzten Friedensschlusse in Gang gebrachte persische Wallfahrt, hatte den religiösen Eifer des Sultans als Schützer der beyden heiligen Stätten, Mekka und Medina, aufgefrischt. In die Fußstapfen Ahmed's I. und Murad's IV. [4]) tretend, welche strahlende Angehänge zu dem Grabe des Propheten gestiftet, ließ er dem Führer der jährlichen Geschenke ein herrliches Angehänge übergeben, bestehend aus acht Solitairen, umgeben von vierzehn Saphiren und sieben und dreyßig großen mittleren und kleinen Diamanten; eine Juwelensonne, „das dritte der beyden großen Lichter" [5]). Bald nach dem Aufzuge der Surre hatte der hochzeitliche der Sultaninn Hebetullah [6]) Statt, welche dem Sohne Kel Ahmedpascha's, Alibeg, vermählt ward. Die Holzhauer des alten Serai trugen, wie gewöhnlich, die Ausstattung auf Tassen und in vergitterten Körben zur öffentlichen Schau. Mit diesem Feste und den, den beyden Großbothschaftern,

10. Nov. 1740 Graf Ulefeld und Romanzoff, dem französischen, englischen und holländischen Bothschafter, dann schwedischen und neapolitanischen Gesandten gegebenen Festen [7]), wechselten die ab, welche der Janitscharenaga Hasanpascha [8]) und der Großwesir [9]) dem Sultan gaben. Dazwischen kamen Feuer, wie das, welches in der Nähe des großen Bades am Löffelmachermarkte die Buden fraß [10]), und das große, welches bey

1. Nov. der Moschee S. Bajesid's ausgebrochen, in zwey Arme sich theilte, deren einen den, der Moschee gegenüber gelegenen Markt der Papierverkäufer, der andere die ganze Strecke längs der Diwansstraße, bis

27. Dec. zur Werkstätte der Silberdrahtzieher, ergriff [11]). Acht Tage darnach ging ein drittes um Mitternacht bey Aja Sofia auf, dem nur durch schnelles Einreißen der dort herum sehr gedrängt gebauten Häuser Einhalt gethan ward [12]). Merkwürdiger als diese Stadtbrände war der Luftbrand, welcher als außerordentliche Naturerscheinung zu Hesargrad Statt hatte, und wo unter schrecklichem Sturme und Donnerge-

25. Oct. knalle zwey große Luftsteine fielen, deren einer neunzehn Okka [13]), der andere zwey Okka wog, der Stoff dieser Steine war eine eisenartige Masse. Der Großwesir erstattete hierüber Vortrag an den Sultan,

[1]) Ssubhi Bl. 198. [2]) In Jones Nadirschah VI. Bl. 17. [3]) Ssubhi Bl. 199. [4]) Dschihannuma S. 509. [5]) Ssubhi Bl. 180. [6]) Derselbe Bl. 184. [7]) Derselbe Bl. 185. [8]) Beschrieben in Ssubhi Bl. 183. [9]) Derselbe Bl. 184. [10]) Eben da. [11]) Derselbe Bl. 183. [12]) Derselbe Bl. 186. [13]) Derselbe Bl. 183.

und die türkischen Naturforscher und Sternkundigen schlossen aus die=
sem Falle zweyer Luftsteine an der nördlichen Gränze des Reiches,
daß derselbe den Fall zweyer nördlichen Häupter bedeute, welche den
im Viereck stehenden Sternen des Heerwagens verfallen seyen, indem
der Morgenländer den Heerwagen unter dem Bilde des Sarges und
dreyer demselben vorgehenden Klagfrauen kennt. Die Vorhersagung
fand sich durch die eingelaufene Doppelnachricht, daß fünf Tage vor
dieser Lufterscheinung Kaiser Carl, und drey Tage nachher Kaiserinn
Anna gestorben sey, siegreich bestätiget [1]). Angenehmer wäre der Pforte
solcher Luftsteinfall im Osten gewesen, von woher Nadirschah noch
immer als Kriegskomet das Reich bedrohte; selbst der letzte Bothschaf=
ter=Chan hatte noch nicht die Bestätigung des letzten geschlossenen
Friedens, sondern bloß das erneuerte Begehren der Anerkennung der
fünften Secte gebracht, und deßhalb waren kriegerische Maßregeln
gegen Osten erforderlich. In diesem Sinne wurde Nuumanpascha, der
vormahlige Statthalter von Bender, und dermahlige von Oczakow,
zum Statthalter von Anatoli und Serasker [2]) ernannt, der bisherige
Statthalter von Anatoli, Weli, nach Erserum versetzt, und dem
Tschetedschipascha, d. i. dem Befehlshaber der Plänkler, Abdullahpascha,
die Statthalterschaft von Wan bestätiget [3]). Bey Gelegenheit dieser
Ernennungen wurde auch der Kopf des aus dem persischen und un=
garischen Kriege als Serasker und Bothschafter an Nadirschah bekann=
ten Gendsch Alipascha in Empfang genommen. Die Schuld, welche er
sich im letzten Feldzuge durch Mangel an gehöriger Unterstützung des
Großwesirs zu Orsova aufgelastet hatte, war aus Nothwendigkeit der
Umstände in Stillschweigen übergangen, aber nicht verziehen worden;
jetzt, da er dieselbe vergessen, und sich selbst im persischen Kriege, wenn
er ausbräche, für nothwendig hielt, ging er so leichter in die ihm gelegte
Schlinge einer Bestimmung nach Asien. Diesem Rufe folgend, hatte
er Oczakow, wo er bisher als Statthalter, keinen Kämmerer Henker
fürchtete, verlassen, und war auf dem Wege nach Kallipolis bis nach   2. Apr.
Adrianopel gekommen, wo ihn der Bostandschibaschi mit vierzig Bostan=   1741
dschi plötzlich überfiel und abthat. Jahjapascha, der Statthalter von Oeza=
kow, welcher bey der Eroberung der Festung durch Münch von den Russen
gefangen genommen, seitdem in Rußland geblieben war, kam mit dem
russischen Großbothschafter, dem Grafen von Romanzoff, zurück, und
erhielt als Gerstengeld das Sandschak von Brusa [4]). Graf Romanzoff
trat mit so größerer Wirkung seines Einzuges auf, als der kaiserliche
Bothschafter, Graf Ulefeld, und der französische, so eben ihre Ab=
schiedsaudienz genommen [5]), doch durften die Trompeter des russischen
Botschafters eben so wenig blasen, als die des kaiserlichen geblasen

---

[1]) Ssubhi Bl. 184. [2]) Derselbe Bl. 207. [3]) Derselbe Bl. 190. [4]) Derselbe
Bl. 194. [5]) Der französische Bothschafter am 25. Moharrem (12. April), der
kaiserliche am 18. April. Ssubhi Bl. 193 und die Berichte in der St. R.

hatten; dieſer verehrte dem Sultan bey ſeinem Abſchiede, was ſeit der Großbothſchaft Leslie's ſtehender Gebrauch geblieben, einen ſechs= ſpännigen Wagen, jener brachte als Geſchenke reiche Pelzwerke, Gold= ſtoffe, Porzellän, Thee und Rhabarbara dar. Die Pforte ernannte als ihren Geſandten nach Frankreich den letzten Abgränzungs = Com= miſſär in Servien, Mohammed Said, den Sohn des letzten Both= ſchafters in Frankreich, Mohammed des Acht und zwanzigers, und nach Neapel Huſeinbeg ¹), welcher mit Geſchenken von ſeidenen Zelten, Stoffen, Ambra und Elephanten, auf zwey neapolitaniſchen Kriegs= ſchiffen abging ²). Der Geſandte nach Frankreich brachte Pferde, Zelte, Säbel und Flinten als Geſchenke mit.

Der Sultan, welcher als Wohlthäter von Medina in die Fuß= ſtapfen ſeiner Ahnen, S. Ahmed's I. und S. Murad's IV. getreten, wollte ſich auch wie S. Suleiman und der letzt regierende S. Ahmed III. um die dritte der heiligen Stätten, nähmlich um Jeruſalem, Ver= dienſt erwerben. Er erneuerte den veralteten Überzug des heiligen Felſens Moria's, auf welchem Abraham dem Herrn ſeinen Sohn zu opfern bereit war, wo in der nächtlichen Himmelfahrt des Propheten derſelbe auf dem Glanzpferde auffuhr, und Gabriel herunter ſtieg ³), wo noch die Spuren ſeiner Fußſtapfen zu ſehen, wie die Adam's oder Buda's auf Ceylon, und die Abraham's zu Mekka. Die Beſtimmung dieſes goldgewirkten Überzuges, wie der der Kaaba, iſt nicht Schutz des Heiligthums vor der Witterung, ſondern bloß vor böſen Augen ⁴) und ungeweihten Händen. Dazu verehrte der Sultan zwey Korane, damit die Leſung derſelben mit den heiligſten Hymnen der nur um dieſen heiligſten der Steine verſammelten Cherubim zuſammen tönte ⁵). Wir haben oben geſehen, daß Ahmed, der übermächtige Reis Efendi, als Bauaufſeher nach Jeruſalem abgeordnet worden; jetzt wurde dem un= längſt abgeſetzten Reis Efendi Muſtafa und Defterdar Aatif die Er= laubniß oder der Wink ertheilt, die Wallfahrt nach Mekka zu unter= nehmen ⁶). Mit dem Reis Efendi war, wie oben erzählt worden, der Pfortendolmetſch Alexander Ghika gefallen; ſeine Hinrichtung zog die Abſetzung ſeines Bruders Gregor vom Fürſtenſtuhle der Moldau nach ſich, welcher dem Hospodar der Walachey, Conſtantin Maurocorda= to, und deſſen Stelle, nachdem er zehn Jahre abgeſetzt geweſen, dem

13. Sept. 1741

4. Apr. 1742

Michael Rakoviza zum zweyten Mahle verliehen ward ⁷). Der Chan der Krim, Selimgirai, wurde nach Conſtantinopel gela= den ⁸), perſiſchen Krieg zu berathen, denn die Briefe der Gränz= ſtatthalter ſowohl ⁹), als des nach Perſien geſandten Bothſchäfters Munif Efendi, meldeten einſtimmig, daß Nadirſchah, nachdem

¹) Ssubhi Bl. 199. ²) Relazióne dell' udienza data da S. M. (il Re di Napoli) a Usein 18. Sett 1741, introdotto per il Marchese Aquaviva intro-dottore degli Ambassadori. St.R. ³) Ssubhi Bl. 200. ⁴) Derselbe Bl. 201. ⁵) Eben da. ⁶) Derselbe Bl. 203. ⁷) Engel's Geschichte der Walachen II. S. 21, der Moldau S. 301. Ssubhi Bl. 203. ⁸) Derselbe Bl. 208. ⁹) Derselbe Bl. 201.

er von Indien zurückgekehrt, ohne Isfahan zu berühren, gegen die
nördliche Gränze geeilt, um die Lesger und die Bewohner Daghi=
stan's zu züchtigen [1]). Das Volksgerede über diese drohenden An=
sichten wurde für einige Zeit durch ein Paar andere Ankömmlinge ab=
geleitet, ein Paar Abenteurer, der eine zu Land, der andere zur See,
über welche der Großwesir dem Sultan Vortrag erstattete, und wel=
che die Aufmerksamkeit der Hauptstadt sehr in Anspruch nahmen, beyde
ein großer Beweis für die Leichtgläubigkeit nicht nur des Pöbels,
sondern auch des Reichsgeschichtschreibers. Der eine gab sich für einen
Sohn Carl's VI. aus, von demselben noch zu Barcellona [2]) mit He=
lena, der Tochter seines Schwertträgers (Hofmarschalls?), erzeugt,
welche mit demselben in einem Frauenkloster niedergekommen; als
Knabe sey er mit kaiserlichem Unterhalte unter der Aufsicht von Geist=
lichen zu Rom erzogen, wo er in dem Gespräche mit einigen alten
Mönchen die Überzeugung von der Wahrheit des Islams eingesogen,
und sich von der Nichtigkeit ihrer Lehre überzeugt habe, jetzt über
Algier, dem Islam und der hohen Pforte zu huldigen, gekommen
sey. Da der Pfortendolmetsch die Briefe seiner Geburt für vollgültig
anerkannte, wurde der Abenteurer mit Zobelpelz bekleidet, und dem=
selben im Hause des Reis Efendi eine Wohnung angewiesen [3]). Der
andere, Hasan, Capitän eines osmanischen Schnabelschiffes [4]), ein
türkischer Robison Crusoe. Mit einem Auftrage nach der Krim gesandt,
war er auf dem Rückwege im schwarzen Meere von einem der fürchter=
lichen Stürme, welche demselben den Nahmen des unwirthbaren zuge=
zogen, überfallen, und mit zerschelltem Schiffe an die, der Mündung
der Donan zu Sunna gegenüber gelegene Schlangeninsel (das alte
Leuke) geworfen worden; die fünf und zwanzig aus dem Sturme Geret=
teten bauten aus den Trümmern des Schiffbruches Hütten, und fristeten
über ein Jahr ihr Leben auf dieser wüsten Insel, wider die Elemente und
die großen Fische, ihre einzige Nahrung, kämpfend. Bis auf vier, denen
die Äser der Übrigen zur Nahrung dienten, waren sie eingeschmolzen, als
ein Schiff diese aus so vielen Gefahren und Mühseligkeiten Geretteten
aufnahm, und nach Constantinopel brachte, wo Hasan Capitän die Wun=
den an Schultern und Brust zeigte, die er im Kampfe mit neunhundert=
pfündigem Hayfische davon getragen. Ein Wunder, wie diese Rettung,
schien der bey einem Feuer im Galeerenhafen Statt gefundene Vor=
fall, daß ein reicher Kaufmann, aus Furcht, durch das Feuer seine
reichen, dort gelegenen Magazine zu verlieren, den Geist aufgab,
während das Feuer vor denselben zu wüthen aufhörte, so daß die Ha=
be gerettet, aber das Leben verloren war [5]). Vierzehn Tage früher 4. Dec.
war in der Nähe von Aja Sofia ein Feuer entstanden, das in drey 1741
Armen sich über die Stadt erstreckte, der eine gegen die Kaserne der

[1]) Ssubhi Bl. 208. [2]) In Ssubhi Bl. 196. [3]) Derselbe Bl. 197. [4]) Der=
selbe Bl. 209. [5]) Derselbe Bl. 206.

Zeugschmiede, der andere hinter dem Bade von Aja Sofia gegen den Löwenbehälter, der dritte in der Richtung der Moschee S. Ahmed's gegen Kaba-sakal; nur durch die Gegenwart des Großwesirs und Sultans, welche die Sprißen ermuthigten, wurde der Verheerung Einhalt gethan [1]). Ein anderes Feuer, welches aus der Küche des Pallastes der verstorbenen Sultaninn Gemahlinn Mohammedpascha's des Sohnes des Großwesirs Ibrahimpascha, aufgegangen war, wurde bloß dadurch gehemmt, daß der Kiajabeg, welchem der Pallast vor der Hand für seine Kanzelleyen angewiesen war, ohne Rücksicht auf seine eigene Habe, dasselbe ganz dem Feuer überließ, um die benachbarten Häuser zu retten. So edle Vergessenheit des nächsten Interesse um des öffentlichen willen, wurde vom Sultan durch das Geschenk der Baustätte des abgebrannten Pallastes belohnt [2]). Die Nachrichten von der persischen Gränze lauteten immer beunruhigender, und da das Volk murrte, und der Kislaraga für den Sultan und sich selbst einen Volksauflauf fürchtete, wurde demselben zuvorgekommen [3]), der Großwesir abgesezt, und Ali Hekimsade, d. i. der Doctorssohn, zum zweyten Mahle zur höchsten Würde des Reiches erhoben. Dem Großwesir, welcher in Gnaden abgesezt worden, wurde sein Pallast mit hundert fünfzig Beuteln Geldes gelassen, aber was der Sultan ließ, nahm bald der Himmel, indem bald darauf der Pallast sammt der ganzen Habe in Feuer aufging [4]).

7. Apr. 1742

Der neue Großwesir traf, wie gewöhnlich, Veränderungen im Ministerium [6]). Die beyden vorigen einflußreichen Minister, der Reis Efendi Mustafa und der Defterdar Aatif, waren von der Wallfahrt nach Mekka zurückgekommen [6]); dieser ward wieder in seine Stelle eingesetzt, starb aber bald hernach [7]). Es war die Rede, daß der neue Großwesir wieder die sieben Wesire der Kuppel, welche der vorige aus Eifersucht von Alleinregierung nach und nach entfernt hatte, in vollem Glanze einsetzen wolle [8]). Einige verdiente Hinrichtungen zeigten, daß der Großwesir mit seiner bekannten Milde nöthige Strenge zu paaren wußte. Ein eingebrachter Corsar wurde auf die Segelstange seines Schiffes [9]), Räuber von Ostranidscha vor dem kaiserlichen Thore und vor Akserai aufgeknüpft [10]). Der eigenmächtige Mutesellim von Karli Ili, welcher vormahls, statt mit einem seiner Gegner eine Streitsache vor dem Gerichtshofe im Wege Rechtens zu verhandeln, denselben mittelst seiner Segbane vom Gerichte weggeschleppt und getödtet hatte, wurde, durch lange Straflosigkeit eingeschläfert, nach Constantinopel einberufen und hingerichtet [11]); griechische Schenkwirthe von Galata, welche in einem Streite mit Matrosen, mehrere derselben erschlugen oder verwundet hatten, wurden aufgehenkt. Der Sultan, welcher

---

[1]) Ssubhi Bl. 205. [2]) Derselbe Bl. 201. [3]) Des kaiserl. Residenten Penkler Bericht. [4]) Ssubhi Bl. 213. [5]) Derselbe 214. [6]) Derselbe 212. [7]) Derselbe 213. [8]) Penkler's Bericht, Ende April. [9]) Ssubhi Bl. 213. [10]) Eben da. [11]) Derselbe Bl. 214.

durch die Stiftung einer Bibliothek an der Aja Sofia für die Nahrung des Geistes gesorgt, sorgte auch für die Leibesnahrung der Armen durch die Stiftung eines Speisehauses, gegenüber dieser Moschee,
und besuchte dieselbe im Geleite aller Minister; das ganze Haus war
mit Blumengewinden verziert, und mit Schüsseln von Zuckerwerk für
die erlauchten Gäste besetzt; der Verwalter der frommen Stiftung, der
Architekt und der Director des Baues wurden mit Ehrenkleidern be- 19.Jan.
kleidet. Einen Monath hernach wurde die Hochzeit der dem Statthal- 1743
ter von Adana, Jakubpascha, verlobten Prinzessinn Sultaninn Aaßi-
ma, welche nun zur Reise der Mannbarkeit gekommen, gefeyert. Den
Zug aus dem Serai in den für die Sultaninn im Galeerenhafen bestimmten Pallaste eröffneten, wie gewöhnlich, der Polizeylieutenant
und Stadtvogt mit ihrer Scharwache, worauf die Staatsbothen und
Herren des Diwans, die Staatsfouriere und belehnten Secretäre,
dann die Kanoniere, Zeugschmiede und Janitscharen mit ihren Officieren, und den Generalen der Reiterey, denen die Kämmerer, und
endlich die Minister der Pforte paarweise folgten: der Finanzminister
mit dem Director der Buchhaltereyen, der Kapudanpascha und Aga- 27.
pascha, der erste und zweyte Bittschriftmeister, der Reis Efendi und Febr.
Tschauschbaschi, der Großwesir, drey mit Silber reich ausgeschmückte
Palmen, der Kislaraga, dann einige hundert Thorwärter und Holzhauer des Serai, als Träger der Palmen und vergitterten Körbe,
in denen die Ausstattung der Braut zu schauen [1]). Der Kislaraga
schließt, als Obersthofmeister des Haremes, alle zu demselben gehörige
Feyerlichkeiten, so die Vermählung wie die Begräbnisse der Sultanin- 7.Jul.
nen, so bald darauf den Leichenzug der Sultaninn Chadidsche, der
Tochter Sultan Mohammed's IV. Die Berichte Ahmedpascha's, des
Statthalters von Bagdad, welcher der Pforte, als parteyisch für Nadirschah, verdächtig, weil er demselben immer das Wort redete, lauteten beunruhigend. Er meldete, daß der Schah ungehalten darüber,
daß man seine Bothschaft eines Chans (der im Range einen Wesir
gleich) nur durch zwey Gesetzgelehrte, Munif und seinen Begleiter,
erwiedert habe, daß er volle Freyheit des Handels, das wechselweise
Recht, die Kaaba zu bekleiden, die Anerkennung des von ihm in
Schwung gebrachten Ritus Dschaaferije als eines rechtgläubigen, und
die Gestattung des fünften Bethortes zu Mekka fordere [2]), wo nicht,
den Krieg biethe. Hierauf wurde eine halbe Million zur Bewaffnung
von Lewenden an die Statthalter von Erserum und Bagdad gesandt [3]).
Bald darauf berichtete er abermahls die Ankunft Nesar Alichan's und
Mirsa Seki's, beygenannt Ghairi Meschur, d. i. der Unberühmte,
um anzukünden, daß der Schah wider Erserum und Diarbekr ziehe,
und Bagdad, wenn es ihm nicht gutwillig übergeben würde, durch

[1]) Ssubhi Bl. 216. [2]) Penkler's Bericht umständlicher als Ssubhi Bl. 216.
[3]) Ssubhi Bl. 217.

Belagerung zwingen wolle [1]). In dem hierüber gehaltenen Kriegsra=
the wurde die Nothwendigkeit des Krieges anerkannt, und Alipascha,
der Statthalter von Diarbekr, zum Serasker gegen Persien ernannt [2]),
eine nothwendige Maßregel, trotz der tödtlichen Feindschaft zwischen
Ali und dem Statthalter von Bagdad, Ahmed [3]). Die bald hierauf
eingetroffene Nachricht, daß Nadirschah vor Bagdad erschienen, die
Gegend umher verheert, die Pachten Bagdad's in Besitz genommen,
veranlaßte zu Constantinopel vieles Gerede, welches noch durch an=
flammende Zetteln, die in den Sattelmarkt geworfen wurden, ver=
mehrt ward. Der Janitscharenaga Wesir verdoppelte daher seine Auf=
merksamkeit auf die Erhaltung der Ruhe der Hauptstadt durch ver=
doppelte Runden und das Verboth aller müßigen Zusammenrottungen
in den Kaffehhäusern [4]). Der Kapudanpascha Mustafa wurde auf ei=
nen Vortrag des Großwesirs, weil er eine Galeere verlangtermaßen
nicht ausgerüstet hatte, abgesetzt, seine Stelle dem Statthalter von
Ägypten, Jahjapascha, verliehen [5]). Zwey Gesandte Usmaichan's,
des Herrn der Kaitaken [6]), berichteten die von demselben wider Na=
dirschah's Heere in diesem Frühjahre erfochtenen Siege, im Thale
von Amid über Lutf Alichan und Haiderbeg, im Thale von Körli über
Atachan, Mohammedchan und Dschelilchan, wobey der letzte blieb,
August
1743 die Erbeutung von vierzigtausend Ducaten [7]), den Einfall Nadir=
schah's zu Owar auf die Dörfer Ssoghrat, Moha Abuk und Dschuk [8]),
und Surchai's Einverständniß mit Nadirschah. Hierauf wurde Ahmed=
chan Usmai von der Pforte als Chan der Kaitaken mit Fahne und
Kaftan installirt [9]). Mohammedaga, der Kiaja des Statthalters von
Bagdad, welchen dieser mit dem zurückkehrenden Bothschafter Nesar=
chan ins Lager des Schah's gesendet hatte, kam mit einem neuen
Schreibenüberbringer, Mustafachan, zurück, welcher, auf den alten
Forderungen bestehend, Kerkuk's und Moßul's Belagerung androh=
te [10]). Ahmed der Statthalter schrieb einlenkend an den ersten Mini=
ster Nadirschah's, Maabirchan, daß er der Pforte vorgeschlagen, ein
Paar der ersten Gesetzgelehrten zur Schlichtung des streitigen Punctes
des fünften Ritus zu senden [11]). Die Pforte verlieh die Statthalter=
schaft von Rakka dem abgesetzten Großwesir Ahmedpascha, die durch
den Tod Suleimanpascha's erledigte Stelle des Emirol=hadsch dem
Esaadpascha von Hamid [12]). Jetzt zog die Pforte auch den per=
sischen Abenteurer Esafi Mirsa, welcher sich für einen Sohn Schah
Husein's ausgab, aus der Dunkelheit, in welcher sie denselben seit
dem Frieden mit Nadirschah gelassen, auf einmahl mit vielem Glanze
als persischen Thronwerber hervor, und entschuldigte die Anmaßungen

[1]) Ssubhi Bl. 217. [2]) Derselbe Bl. 218. [3]) Penkler's Bericht Oct. 1741.
[4]) Ssubhi Bl. 218. [5]) Derselbe Bl. 219. [6]) Eben da. [7]) Derselbe Bl. 220. [8]) Der=
selbe Bl. 221. [9]) Eben da. [10]) Derselbe Bl. 222. [11]) Eben da. [12]) Derselbe
Bl. 123.

desselben auf alle Weise. Der Historiograph Ssubhi Mohammed Efendi schrieb eine Abhandlung, die gesetzmäßigen Ansprüche desselben auf den persischen Thron zu beweisen [1]; demselben wurde mit größtem Pompe Audienz gewährt [2]. Der Reis Efendi Raghib entwarf in dessen Nahmen persische Rundschreiben [3], es wurden ihm Mihmandare und Spesirungs-Commissäre [4] zugeordnet, und von Seite des Defterdars für die Ausstattung gesorgt [5]. Indessen traf die Nachricht ein, daß Kerkuk in die Hände der Perser gefallen [6], daß Bagdad und Baßra von persischen Chanen umringt seyen [7], worauf zur Beschwichtigung des Volksgeredes der Großwesir Ali der Doctorssohn sogleich seiner Würde entsetzt, zum zweyten Mahle als Großwesir abtrat [8].

22.
August
1743

20.
Sept.

Ali der Doctorssohn, wiewohl er in dieser zweyten Großwesirschaft weit ernster und düsterer darein sah, als in der ersten [9], hatte nichts destoweniger während derselben dem diplomatischen Verkehre mit den europäischen Ministern an der Pforte seine vorzügliche Aufmerksamkeit geschenkt. Nach der Abreise Graf Ulefeld's war der Bothschaftssecretär Heinrich von Penkler, als Resident geblieben, und hatte als solcher das Beglaubigungsschreiben dem Sultan selbst überreicht, wie die Verhaltungsbefehle jüngst anempfohlen, denn vormahls hatten die Residenten ihre Beglaubigungsschreiben bloß den Großwesiren überreicht, aber schon Reninger, dann Kuniz, Hofmann, Fleischmann, Dirling dem Sultan [10]; in der Audienz, bey welcher er von zehn Sprachknaben begleitet erschien, wurden dießmahl fünf Personen (sonst nur vier) zugelassen, was eben so eine Begünstigung, wie die Bekleidung mit Zobelpelzen, statt mit Hermelin oder gar Kaftan. Die schwedischen Minister Höpken und Carlson beschwerten sich durch eine Eingabe, daß Penkler ihnen seine Residentschaft durch den dritten Dolmetsch, statt durch den ersten, kund gethan. Der Großwesir, welcher sich während des Krieges, und dann beym Friedensschlusse von Belgrad, als Statthalter von Bosnien für das Land so eifrig verwendet hatte, gab bey seiner zweyten Großwesirschaft vorzüglich den Bittschriften der bedrängten Gränze geneigtes Gehör, deßhalb war troß der letzten Convention die Gränzberichtigung in Bosnien noch immer nicht in Ordnung. Wiewohl es dem kaiserlichen Hofe nie in den Sinn gekommen war, die vom Einflusse in die Sava auf Bosnien's Seite gelegene Strecke Landes, welche Alt-Novi umschloß, abzutreten, so hatte man es doch bey diesem Versehen des Bothschafters Ulefeld bewenden lassen, nur bestand man auf der Abtragung der zu Alt-Novi über die Unna errichteten Brücke, und trug dafür an, daß man kaiserlicher

5.Sept.
1742

---

[1] Ssubhi Bl. 223. [2] Derselbe Bl. 225 und 227. [3] Das Schreiben in Ssubhi Bl. 229. [4] Derselbe Bl. 224. [5] Derselbe Bl. 228. [6] Derselbe Bl. 230. [7] Eben da. [8] Derselbe Bl. 232. [9] Schreiben des holländ. Secretärs Rigo an den holländ. Secretär Dort in Wien. St. R. 21. May 1742. [10] Instruction für Penkler in der St. R.

Seits bey der Brücke von Costanizza einen Schranken errichten wolle, in welchem Sinne Fermane erwirkt wurden. Die Brücke von Alt-Novi wurde abgebrochen, aber die Bosnier lärmten, daß die von Costanizza noch stehe, sie nahmen die von den kaiserlichen Truppen noch besetzte Inseln Ostorgha (Strugh) in Anspruch, während sie selbst die Insel Suhaniz, Sapliza, Bivniak, Groß- und Klein-Ottoka besetzt hielten [1]). Der Großwesir gab endlich als sein letztes Wort, daß Ostorgha den Bosniern, Suhaniz den Kroaten übergeben werde; die Abgränzung betrieb östlicher Seite der Ban von Kroatien, Batthyany,

11.
August
1743 welcher selbst mit Graf Wirmond's Bothschaft zu Constantinopel gewesen; dennoch als die Bevollmächtigten auf der Halbinsel Strugh zusammentraten, ergaben sich unendliche Schwierigkeiten, weil man sich über Suhaniz und Sumiza nicht verständigen konnte. Das erste ist der Nahme einer, eine halbe Stunde ober Novi gelegenen Insel der Unna, das zweyte der Nahme des Gebiethes von Sirovaz, zwischen dem Flüßchen dieses Nahmens und der Unna. Die Kroaten begehrten unter dem Titel von Sumiza auch die Insel Suhaniz, die Bosnier auch das Gebieth von Sumiza, als zu Suhaniz gehörig. Erst nach Ali's, des großen Gönners der Bosnier, Absetzung, kam die Sache durch

18. Jan.
1744 eine darüber zwischen dem Reis Efendi Raghib und dem kaiserlichen Residenten errichtete Convention in Ordnung, in deren Einleitung dieses philologische Mißverständniß erörtert, in deren Inhalt zur Vermeidung künftiger Mißverhältnisse ausgemacht wird, daß das Gebieth von Sirovaz künftig nicht mehr Sumiza benannt, dieses den kaiserlichen Gränzen einverleibt; die Insel Suhaniz hingegen, so wie die Halbinsel Strugh den Bosniern überlassen, diese durch einen, von Seite Kroatien's zu ziehenden Wassergraben, als vollkommenes Eiland verinselt werden solle [2]). Dem russischen Residenten Wischniakoff wurde auf seine Beschwerde, daß die Zapotoger Kosaken, welche vertragsmäßig Salz hohlten, von den Tataren überfallen, hundert sechs

August
1743 ihrer Pferde und acht und zwanzig Ochsen beraubt wurden, genugthuendes Schreiben des Sultans an den Chan, und Befehl an den Serasker von Budschak eingehändigt [3]), und als im folgenden Jahre die Pforte durch den Pfortendolmetsch Johann Callimachi, sich auf das Gerücht von Truppenzusammenziehung an der russischen Gränze beschwerte, gab der Resident durch Mittheilung des an ihn gelangten kaiserlichen Rescriptes die beruhigendsten Versicherungen aufrichtiger Friedenserhaltung. Diese Aufsichtigkeit der Pforte auf Rußland wurde durch den französischen Bothschafter genährt, welcher derselben den, zwischen Rußland und Nadirschah geschlossenen Tractat mittheilte,

---

[1]) Penkler's Bericht vom 14. Julius 1742. [2]) Die Convention in Ssubhi Bl. 238. [3]) Minuta della lettera Imp. scritta della parte di S. M. al Hano Selametgirai nella metà di Sciaban 1156 (fine di Sett. 1743) minuta del Fernano al Serasker di Bugiak nelli ultimi giorni di Gemaziul akkir 1156; vom selben Dato Lettera del Sultano Selametgirai. St. R.

und welcher die Pforte zu Gunsten Schweden's bearbeitete. Castellane erhielt, der erste christliche Minister, die Begünstigung, einige Gemächer des Serai sehen zu dürfen, weil dem letzten türkischen Bothschafter Said Mohammed, zu Paris die von Versailles gewiesen worden waren. Zum Schlusse des Besuches schob der Kißlaraga dem Bothschafter und seinen Begleitern ein Tuch mit dreyßig bis vierzig Dneaten in den Busen als Medaille, worauf des Sultans Nahmenszug [1]). Mohammed Said war auf zwey französischen Kriegsschiffen zurückgekehrt, und hatte Geschenke vom König für den Sultan, vom Cardinal Fleury für den Großwesir gebracht. Diese bestanden in einem großen, mit Gold gestickten Teppiche, in vier kleineren, zwey Spiegeln, einem Tische, zwölf Tassen, in Löffeln von vergoldetem Silber, einer Schüssel von acht und fünfzig Mark, acht Palmen aus Silber, jede im Gewichte von sechshundert vier und zwanzig Mark, einem Kaffeygeschirre, Theegeschirre, einer Schale von Krystall, vieren von Kokosnuß, in Gold gefaßt, einem Kasten von indischem Holze, zwey Stücken Goldstoff, zwölf anderen mit Goldfransen, zwölf Ellen Goldfransen, fünf und zwanzig Ellen Silberfransen, einem Flaschenkeller mit sechs Flaschen, einem Tische aus Perlmutter, mit Diamanten besetzt, sechs Schalen, einer Zuckerschachtel von indischem Holze, mit Gold gefüttert, fünf und zwanzig Ellen Silberborden, zwey und zwanzig Ellen Goldborden, siebzig Soffakissen von Lyon [2]), endlich zwey und zwanzig Artilleristen, welche den Bombenwerfern Bonneval's einverleibt wurden; das erste Beyspiel militärischer Belehrung von Seite Frankreich's zur Verbesserung des türkischen Geschützwesens. Um die Orgel schlagen zu lernen, hatte der Sultan einen seiner Kammerdiener mit nach Paris geschickt. Die Musik, zu deren Unterricht Mohammed Said den türkischen Organisten mitgebracht, machte weniger Glück, als die von seinem Vater bey dessen Bothschaft vor fünf und zwanzig Jahren mitgebrachte Druckerey. Der Director derselben, der ungarische Renegate Ibrahim, und der Sohn desselben, ebenfalls Ibrahim genannt, nebst Bonneval, waren die Hauptcanäle des französischen Bothschafters, durch welche er die Pforte zu Gunsten Schweden's wider Rußland bearbeitete, und für dasselbe neue Lieferungen von Subsidiengeldern unterhandelte [3]). Als der Friede zwischen Rußland und Schweden zu Stande kam, protestirte der schwedische Minister wider die von Wischniakoff dem Vertrage als einem Abhängigkeitsvertrage von Rußland gegebene Auslegung, und dem Residenten wurde diese Auslegung von seinem Hofe verwiesen. Den Finochetti ersetzte der Cavaliere Majo als außerordentlicher Gesandte Neapel's. Das Gegengeschenk des vom

---

[1]) Penkler's Bericht. [2]) Desselben Bericht vom 30. Oct. 1742. [3]) Penkler's Bericht. In dem Inscha Legrand's (Hofbibl. Nr. 425) ist das letzte Stück ein von Castellane, wegen der Erbschaft eines Consuls auf Cypern erwirkter Ferman vom J. 1156 (1743.)

Großweſir Ali ſelbſt ausgeſuchten, nach Neapel geſandten Elephanten¹) war eine ſchwer mit Gold beſchlagene Zauberlaterne²).

Von Seite Pohlen's kam unter des Doctorsſohnes zweyter Großweſirſchaft der Internuntius Benoe, vom pohliſchen Hofdolmetſch Giuſtiniani begleitet, mit dem dreyfachen Auftrage, erſtens: die während des letzten Krieges der Pforte mit Rußland nicht genau genug beobachtete Parteyloſigkeit zu entſchuldigen; zweytens: Erſatz für den, von den Tataren zugefügten Schaden zu begehren; drittens: die Abtretung eines Stückes Erdreiches an den Gränzen der zaporogiſchen Koſaken zu erhalten. Dieſe Geſandtſchaft both den genauer von ihrem Inneren unterrichteten Diplomaten doppelten Widerſpruch dar, durch den Mangel des Einklanges politiſcher Geſinnung der Geſandtſchaftsbeamten und durch den Widerſpruch des mündlichen Vortrages mit dem Beglaubigungsſchreiben. Benoe und faſt ſein ganzes Gefolge waren im Intereſſe Stanislaus Leszcinski's, der Hofdolmetſch Giuſtiniani und ein Paar andere in dem des Königs Auguſt's III. Der Geſandtſchaftsſecretär war Paul Starynski, der Privatſecretär Potocki's, durch welchen dieſer an den Großweſir ſchrieb: Benoe komme bloß, den oft berührten Gränzſtreit des zwiſchen der Pforte und Rußland getheilten zaporogiſchen Gebiethes auseinander zu ſetzen³). Als er auf dem Wege nach Conſtantinopel, ſchrieb Benoe an den Fürſten der Moldou von Kirkkeliſe, durch den alten Dolmetſch Marini, mit der Bitte, im Dorfe Makro Chori (außer den ſieben Thürmen) einige Tage ausruhen zu dürfen⁴).

8. Jan.
1743 In den erſten Tagen des Januars langte Benoe zu Conſtantinopel an. Jetzt äußerte ſich der zweyte Widerſpruch, nähmlich des mündlichen Vortrages mit dem Beglaubigungsſchreiben. Das, welches Benoe aus Verſehen übergab, war vor der Schlacht von Czaslau ausgeſtellt, und lautete noch zu Gunſten Carl's VII.⁵), aus Verſehen war die 28.
Jul.
1742 Abänderung deſſelben vergeſſen worden. Als der König von Sachſen dem Breslauer Frieden beygetreten, mußte ſein Geſandter anders ſprechen, als er anfangs während des Krieges von Preußen und Pohlen mit dem Kaiſer zu ſprechen beauftragt war. Potocki ſchickte ihm zweytes Beglaubigungsſchreiben nach, doch vor deſſen Ankunft hatte 21.
May
1743 derſelbe das erſte übergeben⁶). In dem Gehöre beym Großweſir ließ Benoe den Hofdolmetſch des Königs, Giuſtiniani, unter dem Vorwande abtreten, daß er ſchlecht türkiſch ſpreche, und bediente ſich des Dolmetſches Marini; er ſprach dann zur Durchſetzung ſeines dreyfachen Auftrages mit Gründen, die ihm Caſtellane, Carlſon, Potocki und Bonneval eingelernt. Der Großweſir hörte ihn an, ließ ſich aber

---

¹) Sſubhi Bl. 212. ²) Penkler's Bericht. ³) Litterae Illustrissimi Excellentissimi Domini Domini Potocki Palatini Kyoviae supremi exercituum regni ducis ad Cels. Portae Ott. Maximum Vezirium 26. Oct. 1742, in der St. R. Eben da ein früheres Schreiben Potocki's an den Fürſten der Moldau ddo. Stanislapoli 20. Julius 1741. ⁴) Epistola Pauli Benoe ad Principem Gregorum Ghika. Korkkelise 26. Dec. 1742. ⁵) Ausgeſtellt am 24. May 1742. St. R. ⁶) Penkler's Bericht in der St. R.

verlauten: Was sey mit einem Reiche zu unternehmen, in welchem eher dreyßigtausend Köpfe unter Einen Hut gebracht werden müßten, ehe ein Entschluß gefaßt werden könne. Sein Rückbeglaubigungsschrei= **5. May** ben lautete bloß, daß die Pforte die durch den Durchmarsch der Rus= **1743** sen durch pohlisches Gebieth verletzte Neutralität verzeihe und die ver= sprochene Großbothschaft erwarte. Als Geschäftsträger blieb Giustinia= ni zurück, doch berichteten auch der Agent Lumaca [1]) an Bunau, den Gesandten des Königs zu Wien, und der ehemahlige Factor der öster= reichisch = orientalischen Handelsgesellschaft, der Kaufmann Hübsch. Der Palatin von Kiow und der abgesetzte Fürst der Moldau, Ghika, waren mit Carlson, dem schwedischen Minister, die Beförderer des freundschaftlichen Verhältnisses, daß jetzt Friedrich II. mit der Pforte anzuknüpfen versuchte. Friedrich II. hatte seine Thronbesteigung dem Fürsten der Moldau durch ein Schreiben kund gegeben, welches mit Bedauern über des Vaters Tod und Glückwunsch zur Thronbesteigung **10. Jan.** erwiedert ward. Hierauf ging der preußische General Graf Seewald **1741** in des Palatins von Kiow Dienst, geheimen Briefwechsel zu besor= gen, und der Fürst der Moldau sandte in derselben Absicht den Mari= ni Pazegna nach Kiow. Der König schrieb an den Fürsten der Moldau, **24. Jul.** für Beyleid und Glückwunsch dankend, und daß er das Schreiben des Großwesirs Ali an seinen Vater, welches unbeantwortet geblieben, nicht zu Gesicht bekommen; doch war der von Marechal unterzeichnete Empfangsschein desselben in Carlson's Händen. Ein gewisser Ghisen, welcher den preußischen Briefwechsel zu leiten, nach Jassy gesandt worden, starb dort gählings, nicht ohne Verdacht von Gift. So ward vor der Hand der preußische Briefwechsel wieder unterbrochen, wie= wohl Bonneval denselben immer wieder von neuem in Anregung brachte. Er erschöpfte sich in Vorschlägen bald vom neuen schwedischen Bündnisse [2]), bald von protestantischen Colonien [3]), bald von einem zu errichtenden Ingenieurcorps, indem er den schon vor fünf und zwanzig Jahren vom französischen Officier Rochefort der Pforte in acht und fünfzig Artikeln vorgelegten Plan der Errichtung einer In= nung fremder Feldmesser wieder auf's Tapet brachte [4]), bald dem Großwesir Denkschriften über die Lage Europa's übergab. Der Aben= teurer Beaujeu, welcher als Agent König Theodor's Korsika der Pforte steuerbar zu untergeben versprach, wurde selbst von Bonneval nicht unterstützt.

Des neuen Großwesirs Esseid Hasanpascha, welcher vom gemei= nen Janitscharen zur Stelle des Aga, und durch des Kislaraga Ver=

---

[1]) Penkler's Bericht. [2]) Projet d'une convention entre le Roi de Suède et la Porte Ottom. St. R. [3]) Proposition faite en 1738 et 1739 aux Cantons Zuric et Berne de l'établissement d'une colonie protestante. Lettre écrite par Taxelhofer Advoyer de Berne à Bonneval de 19. Sept. 1743. [4]) Projet pour l'établissement d'une troupe d'ingénieurs au service de la Porte donné en 1717 par Mr. de Rochefort; fünf Bogen stark, in der St. R.

trauen, daß er der Mann des Steueruders, in diefer ftürmifchen kriegerifchen Zeit zur höchften Stelle des Reiches fich gefchwungen, einzige Sorge war die Führung des Krieges wider Nadirfchah, deffen Verlauf hier im Zufammenhange folgt. Mohammedaga der Kiaja des Statthalters von Bagdad, welchen diefer nach Conftantinopel gefendet, um, wo möglich, den Frieden mit Nadirfchah zu vermitteln, indem er denfelben zu diefem Zwecke fchon früher an Nadirfchah gefandt¹), hatte auf dem fünften Lager vor Bagdad, zu Mendeli, zwanzigtaufend Perfer getroffen, welche die ganze Ernte in Befitz genommen. Weiter an traf er den perfifchen Feldherrn, welcher der Chalife der Chalifen hieß, mit zwanzigtaufend Mann gegen Helle ziehend, welcher den Mohammedaga nach Bagdad zurückfandte. Von Bagdad war Mohammedaga von feinem Herrn, dem Statthalter Ahmedpafcha, nach Kerkunk in Nadirfchah's Lager gefandt worden, wo er ein Heer von hunderttaufend Perfern, von eben fo vielen Kurden und Arabern verftärkt fand. Am keinen Tigris und am Sab hatte Nadirfchah zwey Brücken gefchlagen, diefelben mit Palanken gedeckt und die ganze Ernte in Befchlag genommen, wodurch zu Bagdad ungemein große Theuerung entftand²). Nadirfchah entließ ihn mit den freundfchaftlichen Worten, daß er nicht Krieg, fondern nur Freundfchaft und Anerkennung des Ritus Dfchaafer fordere. Nach der Abfetzung des Großwefirs wurde Mohammedaga mit der Weifung an Ahmedpafcha zurückgefandt, daß fernerer Briefwechfel überflüffig; zugleich wurde dem Statthalter von Moßul, Hufeinpafcha, durch Abdullahbeg das Fetwa zugefandt, welches die fünfte Secte als unzuläffig, den Krieg mit Perfien als gefetzmäßig erklärte³). Abdullahbeg, der Oberftftallmeifter, war auch der Überbringer von zwanzigtaufend Piaftern an den Statthalter von Diarbekr, um die Truppenwerbung zu fördern⁴). Sobald Nadirfchah die abfchlägige Antwort vernommen, brach er von Kerkuk nach Moßul auf, die Stadt zu belagern und pflanzte feine Standarten auf der Oftfeite der Stadt, am Grabmahle des Propheten Jonas auf⁵). Von vierzehn Stuckbetten, womit er die Stadt umzingelte, donnerten hundert fechzehn Kanonen, zweyhundert dreyßig Mörfer unabläffig, vierzehn Minen fprangen, aber alle zurück ftatt vorwärts, fo daß fie die Arbeiter verfchütteten; von zwölf Stürmen waren fieben allgemeine; die Befatzung der Stadt, welche aus dreyßigtaufend Mann beftand, darunter der Statthalter von Haleb⁶) mit feinen Truppen, that Wunder der Tapferkeit. Nach der Belagerung von dreyßig Tagen und einem Verlufte von dreyßigtaufend Mann, hob Nadirfchah diefelbe auf; feine Truppen waren entmuthiget, und der von der Pforte unterftützte Thronerbe, Ssafi Mirfa, war auf dem Wege gegen Erferum und

13. Sept. 1743

20. Oct.

---

¹) Ssubhi Bl. 231 und Mehdi's Gefchichte S. 362. ²) Ssubhi Bl. 231. ³) Mehdi's Gefchichte VI. Buch IV. Cap. ⁴) Ssubhi Bl. 233 u. 234. ⁵) Derfelbe Bl. 235. ⁶) Eine Erzählung des Entfatzes von Moßul auch in der Gefchichte des Temeswarers Melek Efendi.

Karß. Auf dem Rückzuge wurde er in dem Passe von Senne von den
Türken angegriffen und geschlagen [1]), die Seraskere von Moßul
und Bagdad, jeder mit mehr als hunderttausend Mann, erschienen
von zwey Seiten, und verfolgten ihn bis in den Paß. Nach diesem
Siege, welchen die Kanonen des Serai und der Stuckgießerey der
Hauptstadt verkündeten [2]), hatten die Veränderungen im Ministerium,
welche die natürliche Folge jedes Großwesirswechsels, Statt; auch
der Chan der Krim, Selametgirai, wurde wegen der von Rußland
wider denselben erhobenen Klagen ob seiner Saumseligkeit in Auslösung der Gefangenen abgesetzt, und seine Stelle zum zweyten Mahle
dem Selimgirai, Sohne Kaplangirai's, verliehen [3]). Dreyfacher Ehrenpelz, doppelter Reiger, Köcher und Säbel, und viertausend Ducaten wurden ihm durch den Falkonier Ibrahimaga gesandt. Der vorige Chan erhielt die Erlaubniß, seinen Meierhof bey Kallipolis zu
bewohnen. In Daghistan wurden die Fürsten der Kaitaken und Kumuken und Ghasi Kumuken, d. i. der Usmai, der Schemchal und der
Chan von Schirwan, welche beym Einfalle Nadirschah's in Daghistan
dessen Oberherrlichkeit anerkannt hatten [4]), abgesetzt, und die Chanschaft der Ghasi Kumuken dem Mohammedbeg, Sohne Surchai's, des
ehemahligen Chans von Schirwan, zugewendet [5]). Vorspringend
merkwürdig war die Verungnadung des Ceremonienmeisters Aatif
Mohammedbeg Efendi, durch dessen Versehen es geschehen, daß beym
Handkusse des Bairamsfestes die Zeugschmiede und die ihnen ordnungs-
mäßig nachgehenden Kanoniere und Stuckfuhrleute vor den Janitscharen zur Ehre des kaiserlichen Kleidkusses kamen. Sobald der Sultan
dessen gewahr, befahl er die Hinrichtung des Ceremonienmeisters, aus
Furcht des Grolles der Janitscharen, ob so unerhörter Zurücksetzung.
Nur mit Mühe wurde auf Fürbitte des Großwesirs, des Reis Efendi
Raghib und des Janitscharenaga selbst, die Todesstrafe in ewige Verbannung nach Tenedos verwandelt [6]). Nach dem Feste des Fastenmondes, an welchem gewöhnlich die Veränderungen der Bestätigungen der Statthalterschaften und Pfortenämter bekannt gemacht werden, hatten auch die beyden, seit Ahmed's Regierung eingeführten
festlichen Gastmahle Statt, das, welches der Janitscharenaga dem
Großwesir, und das, welches dieser dem Sultan gibt. Dieselben sind
gleichsam die Krone der Gastereyen, womit während des Mondes Ramasan der Großwesir in drey und zwanzig Nächten die Pfortenminister, die vierzehn Scheiche Prediger der vierzehn kaiserlichen Moscheen, den Mufti, den Kapudanpascha, die beyden Oberstlandrichter,

---

[1]) Zwey französische Berichte, dem Penkler's beyliegend, ausführlicher, als
als Ssubhi Bl. 235. Mehdi Buch VI. Der ausführliche Bericht des Statthalters von Moßul. Huseinaga's, an die Pforte, in der St. R. [2]) Bey Penkler's
Bericht das Bujuruldi des Großwesirs an den Topdschibaschi zur Kanonensalve.
[3]) Ssubhi Bl. 236. Selametgirai's Chanschaft fehlt in Siestrzencewiz ganz und
gar. [4]) Mehdi's Geschichte VI. Buch 7. Cap. [5]) Ssubhi Bl. 234. [6]) Derselbe
Bl. 246 und Mouradiea d'Ohsson VII. Octav. S. 111.

dann in den zwölf folgenden Nächten die Molla und Muderrise, hierauf den Generalstab der Janitscharen, die Generale der Reiterey, die
der Zeugschmiede, Kanoniere und Fuhrleute, den Defterdar mit allen
Vorstehern der Kammern, den Träger der heiligen Fahne, mit den
Herren des kaiserlichen Steigbügels, und endlich die abgesetzten Minister und Statthalter bewirthet [1]). Der Sultan nahm dießmahl das
Fest des Großwesirs im Pfortenpallaste selbst an, wo er mit dem Le-
behochgeschrey der Tschausche von dem Großwesir und dem Silihdar unter dem Arme geführt, den Audienzsaal des Großwesirs betrat [2]).

Zu Medina hatten sich einige Soldaten der Besatzung so weit
vergessen, daß sie inner des Heiligthumes, in dessen Umkreise aller
Gebrauch von Waffen verbothen, auf einander zu schießen gewagt,
so daß die Kugeln sogar die jüngst von dem Sultan gesandten herrlichen Angehänge nicht verschonten. Die Bestrafung der Missethäter
wurde dem Scherif, Richter und Scheich von Mekka, auf das schärfste anbefohlen, und an die Stelle des Statthalters von Dschidde der
Wesir Ebubekrpascha, welcher vormahls schon zwanzig Jahre lang
mit diesem Amte bekleidet war, und jetzt als Steuereinnehmer in Morea stand, wieder nach Dschidde ernannt [3]). Jahjapascha, der vormahlige Statthalter von Ägypten und nachmahlige Kapudanpascha,
war, nachdem er in dieser Eigenschaft von Pir Mustafapascha ersetzt
worden, nach Belgrad zur Festungshuth abgegangen [4]). In Ägypten
selbst kochten Unruhen; zu Kairo war Osmanbeg, der Führer der ägyptischen Pilgerkarawane, von seinen Feinden vertrieben worden, und Said
Mohammed, der letzte Bothschafter der Pforte in Frankreich, wurde dahin
mit dem dreyfachen Auftrage abgeordnet, die Besitzungen Osmanbeg's
im Nahmen der Pforte in Empfang zu nehmen, die Kopfsteuerscheine
unter die Christen, Kopten und Juden, vom Monathe Tuti angefangen, auszutheilen, und die Mannschaft der in Alexandria vor Anker
liegenden kaiserlichen Schiffe zu mustern [5]). Die Maßregeln zu der bey
dem obwaltenden persischen Kriege so nöthigen Füllung des Schatzes
und Vermehrung des Geldes waren schon seit der letzten Großwesirschaft Ali des Doctorssohnes an der Tagesordnung. Kabakulak, der
vorige Großwesir, welcher nun bereits zehn Jahre Statthalter von
Retimo gewesen, wurde hingerichtet und sein Vermögen eingezogen [6]).
Dschanib Ali, welcher nach seiner Großbothschaft zu Wien Director
des Arsenales und dann Defterdar gewesen, starb, und seine Erben
mußten sich mit fünfhundert Beuteln loskaufen [7]); an seine Stelle
kam Seadullah, reich und achtzigjährig und, ob dieser doppelten Aussicht auf baldige Beerbung des Fiscus, doppelt genehm [8]); an Jahia-

[1]) Mouradjea d'Ohsson tableau III. p. 37—40. [2]) Ssubhi Bl. 237. [3]) Derselbe Bl. 233. [4]) Eben da. [5]) Die Reichsgeschichte Suleiman Isi Efendi's Bl. 3.
[6]) Mohammed Said's Biographien der Wesire und Penkler's Bericht. [7]) Derselbe. [8]) Ssubhi Bl. 216.

paſcha's Stelle war der Kiajabeg Mohammedaga als Weſir Statthal=
ter von Ägypten gegangen; Kaitas Alipaſcha, nach Kos verwieſen,
mußte vierhundert Beutel ſchwitzen [1]); die Stelle des Tſchauſchbaſchi
Siruſi Mohammed wurde dem Fiscal Abdiaga verliehen, und dieſe
einträgliche Stelle erhielt Molladſchikſade Aliaga, des Reis Efendi
Raghib Schwager [2]). Die holländiſchen, ungariſchen und venetiani=
ſchen Ducaten wurden herunter herabgeſetzt, und der holländiſche Both=
ſchafter Colcoen, welcher jetzt in feyerlicher Abſchiedsaudienz beym
Großweſir die Rückbeglaubigungsſchreiben des Sultans erhielt [3]), be=
gehrte vergebens die Zurücknahme dieſer Verordnung. Der Reis Efendi 4. Apr.
Raghib, welcher dieſer Audienz noch in dieſer Eigenſchaft beygewohnt, 1744
wurde bald hernach als Weſir zum Statthalter von Ägypten beför=
dert [4]): Die Reis Efendi = Stelle erhielt abermahls Elhadſch Muſtafa
Efendi, der Bevollmächtigte des perſiſchen und Belgrader Friedens,
welcher ſeit ſeiner Rückkehr von Mekka Director der Buchdruckerey [5]). 24.Apr.
Der Hauptgrund der Beförderung des Reis Efendi Raghib als We=
ſir war deſſen innige Freundſchaft mit Ahmedpaſcha von Bagdad,
welcher der Pforte ob ſeiner Parteylichkeit für Nadirſchah verdächtig;
auch war der Goßweſir Janitſchare, der nicht ſchreiben, noch leſen
konnte, auf den Einfluß des gelehrten Reis Efendi nicht minder eifer=
ſüchtig, als auf den Kesrieli's, eines Günſtlings des Sultans, den
er als Defterdar des Lagers zu Erſerum aus dem Serai entfernte [6]),
und am Tage von deſſen Ernennung dem Kiſlaraga Glück wünſchen
ging, daß nun der Sultan wirklich Sultan, denn vor dem ſey es Kes=
rieli geweſen [7]), eine geſchickte Wendung, dem Kiſlaraga, welcher auf
ſeine Alleinherrſchaft eiferſüchtig, die Entfernung Kesrieli's, dem er
nicht abhold, zu verſüßen. Damit ſich der Großweſir, wenn er als
Serasker auszöge, nicht ſeiner unumſchränkten Vollmacht übernehme,
ſtimmten die Dreymänner, welche jetzt die Regierung im Serai unter
ſich theilten, nähmlich der erſte und zweyte Euuuche, d. i. der Kiſlar=
aga und Schatzmeiſter, und der Imam Piri Efendi, welcher ſich ſelbſt
gegen die europäiſchen Miniſter den Cardinal des Sultans nannte,
dafür, daß der Großweſir nicht ausziehe [8]), doch wurde die Verſtär=
kung der drey gegen Perſien ſtehenden Heere als dringend anerkannt,
und alle Blicke waren gegen Karß gerichtet, wohin der perſiſche Thron=
werber zog; Nadirſchah ſelbſt rückte mit drey Heeren heran, das eine
gegen Karß, von einem Chan, das zweyte gegen Eriwan, von Schah=
roch, dem Sohne Nadir's, das dritte gegen Tebris, von Nadirſchah
ſelbſt befehligt [9]); die der Pforte ſtanden unter eben ſo vielen Seras=
keren gegen Karß, Diarbekr und Bagdad. Ahmed Hamalſade, d. i.
der Sohn des Laſtträgers, der Weſir von Rakka, wurde ob Alters

---

[1]) Penkler's Bericht. [2]) Derſelbe und Ssubhi Bl. 216. [3]) Iſi Bl. 4. [4]) Eben
da. [5]) Derſelbe Bl. 5. Defter Emini, der Reichshiſtoriograph. [6]) Iſi Bl. 3 u. 4.
[7]) Penkler's Bericht. [8]) Derſelbe. [9]) Derſelbe.

abgesetzt, und seine Stelle dem letzten Großwesir, Ahmedpascha, mit einem Geschenke von fünfzehntausend Piastern verliehen[1]). An die Stelle des verstorbenen Seraskers von Diarbekr Alipascha, wurde der Statthalter von Haleb, Husein, ernannt[2]), und ihm ein Geschenk von fünfzehntausend Piastern zur Rüstung gesandt; das Diplom als Serasker erhielt Ahmed, der Statthalter von Bagdad. Die Huth von Moßul wurde dem Wesir Statthalter Abduldschelilsade Husein (in dessen Familie die Statthalterschaft seitdem fortgeerbt), dem Wesir Mohammed die Statthalterschaft von Aidin übertragen. In der Wa-lachey wurde der Woiwode Michael Rakoviza, großer Erpressungen willen, abgesetzt. Er hatte die schon aufgehobene Rindsteuer[3]) wieder eingeführt, und zu vier Steuerquartalen[4]) ein fünftes gefordert; deß-halb wurde Constantin Maurocordato zum vierten Mahle, aber wie sein Vorfahr, nur auf drey Jahre zum Woiwoden bestellt; die Er-nennung kostete ihm zwölftausend Beutel[5]). Rakoviza wurde nach Mitylene verbannt. Die Flotte lief, wie gewöhnlich, vom Kapudan-pascha Ahmed geführt, ins weiße Meer aus[6]). Die Ausbesserung, oder vielmehr Wiedererbauung von Oczakow, welche bisher dem Kapu-danpascha Ahmed in Person übertragen gewesen, wurde einvernehm-lich mit dem Statthalter von Oczakow dem Beg von Rhodus über-tragen, und dazu die kleineren Schiffe der Flotte ins schwarze Meer befehligt[7]). Der Großwesir lud die Minister der Seemächte, einen nach dem anderen, zu sich ein, um mit ihnen die Grundsäße und die Ausdehnung der osmanischen Herrschaft zur See, hinsichtlich der im Kriege zwischen England und Frankreich zu beobachtenden Neutralität, zu besprechen; auch dieß ein Anschlag Bonneval's. Es wurde auf der Seekarte eine Linie vom Meerbusen von Sidra bis nach dem von Arta gezogen, inner deren sich kein Corsar zeigen dürfe, und von dem eng-lischen Gesandten wurde eine Erklärung verlangt, welche alle Feind-seligkeit der Schiffe England's, Frankreich's, Holland's, Österreich's in den osmanischen Meeren verboth. Das erste Beyspiel einer völker-rechtlichen Neutralitätserklärung der Pforte[8]).

Wir kehren nunmehr wieder zu Nadirschah zurück, den wir nach der aufgehobenen Belagerung von Moßul im Rückzuge nach Kerkuk, und während der mittelst Ahmedpascha des Statthalters von Bagdad begonnenen Unterhandlung verlassen haben. Nadirschah hatte erklärt, nur mit Ahmedpascha unterhandeln zu wollen, und nothgedrungen

(Marginal dates:) März 1744 · 28. May · 25. Apr.

---

[1]) Sul. Isi Bl. 4. [2]) Isi Bl. 6. Der Befehl vom halben Rebiul-achir 1157 (Mitte Junius 1744) im H. Arch. sammt den Fermanen an die Statthalter von Tripolis, Anatoli, Rumili, Siwas, dann die an den Statthalter von Karß, zu Gunsten des Thronwerbers Ssaffi Mirsa (Februar 1744.) [3]) Engel's Gesch. der Walachey S. 21. [4]) Swert, in Isi Bl. 6. [5]) Penkler's Bericht. [6]) Isi Bl. 6. [7]) Der hierüber an den Kapudanpascha und den Beg von Rhodos erlassene Be-fehl in Abschrift im k. k. Hausarchive, von Penkler eingesandt. [8]) Penkler's Bericht vom May 1744. Die Erklärung selbst vom 1. Redscheb 1157 (10. Aug. 1744) im H. Arch.

hatte die Pforte demselben endlich Vollmacht, hundert Beutel Gel=
des, Kaftan und Pelz durch deffen Kiaja zugesendet. Der Secretär
Ahmedpascha's war mit zwey Abgeordneten Nadir's in Unterhandlung
zusammengetreten. Nadir stand von dem fünften Bethorte zu Mekka
ab, forderte aber die Oberherrschaft über die Stämme in Huweise,
die Auslieferung des Thronwerbers, Befreyung der Gefangenen,
und die Befreyung der Pilger von allen Auflagen, die zusammen
fünf und zwanzig Piaster auf den Kopf betrugen [1]. Nadirschah sei=
nerseits hatte sämmtliche Gesetzgelehrte von Balch, Buchara, Kerbele
und Helle versammelt, welche den fünften Ritus Dschaaferi als
rechtgläubig anerkannten, und machte nun ein religiöses Manifest
kund, um durch den Ausspruch dieser Ulema auch die Meinung der
Osmanen für sich zu gewinnen [2]. Er hatte selbst nach dem Grab=
mahle des Imams Abu Hanife und nach den Martyrstätten Ali's und
Husein's, nach Nedschef und Kerbele, gewallfahrtet [3], und hatte so=
gar den Dom der Moschee von Kerbele neu vergolden lassen, bey
welcher Gelegenheit er überall durch Abgeordnete des Pascha von
Bagdad, Ahmed, huldigend bewillkommt ward. Im nächsten Früh=
jahre vernahm Nadirschah statt friedlicher Kunde die des osmanischen
Umlaufsschreibens zu Gunsten des Thronwerbers Ssaffi Mirsa, und
die von der Pforte mit den Fürsten Daghistan's mit Osmai und Sur=
chai gepflogenen Einverständnisse [4]. Jusufpascha von Achiska, wel=
cher in Georgien vorrückte, wurde von Tahmuraschan, dem Fürsten
von Kachethi, und Alichan Kildischi geschlagen und vernichtet. Zur Be=
lohnung verlieh Nadirschah dem Tahmuras die Statthalterschaft von
Karthli, und deffen Sohne Irakli (Heraclius) die von Kachethi, wel=
che er später, der letzte der Fürsten dieses Hauses, ein halbes Jahrhun=
dert verwaltete, und erst zu Ende des achtzehnten starb [5]. Nadirschah
zog gegen Karß, das an dem See gleiches Nahmens gelegen, die stärkste
Gränzfestung des osmanischen Reiches gegen Persien, und wo der Kern
der osmanischen Heeresmacht vereint war. Er lagerte auf dem Gipfel
der südlich von Karß zwey Stunden davon entlegenen Anhöhe, wo
fünf Stunden lang geschlagen ward [6]. Zwey Tage darauf setzte sich 31.May
Nadir beym Dorfe Künbed, das, anderthalb Stunden von Karß auf 1744
der Westseite, am Ufer des Flusses an der nach Erserum führenden
Hauptstraße liegt, fest; hier führte er aus Erde ein Schloß auf, um
das Wasser, welches die Bewohner von Karß tränkt, abzuleiten;
daran hinderte ihn der Serasker, und deßgleichen vereitelte er deffen
Anschlag, durchs Thal des Dorfes von Kemßur einzudringen [7]. Einen

[1] Penkler's Bericht. [2] Das Manifest in Mehdi's Geschichte VI. Buch 10.
Cap., in der deutschen Übersetzung S. 367—372. [3] Eben da. S. 367. [4] Meh=
di's Geschichte VI. Buch 14. Cap. [5] Eben da. Irakli verstümmelt in Czekieli.
Irakli starb 1798. Die Geschlechtstafel der Könige von Kachethi in Klaproth's
Reisen II. Theil, und die Geschichte in seinem Werke: Tableau historique,
géographique, ethnographique et politique du Caucase 1827. [6] Ifi Bl. 71. B,
und Bl. 8. 1. B. [7] Eben da.

Monath lang wurde täglich scharmützelt, als sich Nadirschah zu Jani-
köi, dießseits des Dorfes Künbed, festsetzte, zu Kemßur und im Dorfe
Asagköi, gegenüber des osmanischen Lagers sich verschanzte. Von hieraus ordnete er sein Heer in zwölf Treffen zur Schlacht, die acht Stunden
lang und blutig; zwey Chane, zwey Paschen, einige tausend Todte deckten
die Wahlstatt [1]. Nadirschah verfolgte seine Politik, durch beständige
Friedensanträge den Serasker zu einer Unterhandlung zu zwingen;
wiewohl dieser hiezu von der Pforte keineswegs befugt war, so nöthigte
ihn doch das Murren des Heeres, vorzüglich aber der ränkevolle Defterdar Kesrieli, zur Anhörung von Vorschlägen und Ernennung von
Unterhändlern. Kesrieli, Murtesapascha und Ali Efendi gingen ins
Lager Nadirschah's [2]. Kesrieli, der ehemahlige Günstling im Serai,
verleitete entweder selbst den Schah, oder ließ sich von ihm gern verleiten zu einer unmittelbaren Sendung an den Sultan, wodurch die ganze
Friedensunterhandlung dem Serasker und Großwesir aus den Händen gespielt, unmittelbar zwischen dem Schah und dem Sultan abgeschlossen werden sollte, und Kesrieli nahm, wider alle Pflicht und Ordnung, seinen Weg aus dem Lager Nadirschah's nicht in das des Seraskers zurück, sondern gerade nach Constantinopel; allein die Nachricht
von seiner Sendung war demselben vorausgeeilt, und auf dem Wege
begegnete ihn das Chatt-scherif, welches das Verfahren des Seraskers gutheißend und das Kesrieli's scharf verweisend, dessen Geschäftigkeit durch die Gefangenschaft zu Ssamßun lähmte [3]. Auf diese
Nachricht bedrängte Nadirschah Karß mit enger Belagerung. Die osmanische Streitkraft war folgender Maßen vertheilt: Auf dem wichtigsten Posten des Späherhügels stand der Beglerbeg von Tirhala,
Murtesapascha, mit dem vierten Generallieutenant der Janitscharen
und den Freywilligen von Adana, auf der Drahtbastey und dem
Thore Behrampascha's der Statthalter von Trapezunt, Selimpascha,
die Sandschake von Angora, Eskischehr, Jenischehr, Nikde und Kutahije; in der großen Vorstadt, vor dem Bethore auf der Bastey,
der Statthalter von Erserum, Welipascha, mit drey anderen Paschen,
hinunter bis zu der links gelegenen Bastey; auf dieser der Sandschak
von Nicomedien, und von hier hinunter bis zum-See Ahmedpascha
der Serasker mit den Landwehren und Tollkühnen, auf der rechten
Seite Welipascha's bis zur hölzernen Brücke Musapascha; dem Geschütze am Bethore stand der Tschaushbaschi des Lagers vor, und auf
dem anderen Ufer des am Gebethore vorbeyfließenden Flusses hatten
den Hügel die Sandschake von Alaije, Karahißar, Itschil, der Bairakdar Ahmedpascha, mit den Fahnen der neugeworbenen Waghälse besetzt, über die Verschanzungen von der Bastey Timurpascha's bis ans
Ufer des Flusses war der erste Generallieutenant der Janitscharen mit

[1] Jsi. [2] Jsi Bl. 10. In Mehdi's Gesch. VI. Buch 14. Cap. irrig Abdurrahmanpascha und Kesrieli. [3] Jsi Bl. 10. In Mehdichan VI. B. 14. Cap.

aller seiner Mannschaft gestellt und oberhalb dieser Bastey am Thore,
wo der Fels am steilsten, stand der Beglerbeg von Karaman, Abdullahpascha, als General der Scharmützler, mit den Sandschaken von Amasia, den Jurüken; der Serasker hielt sich statt im Zelte vor der Festung, in der Nähe der hölzernen Brücke auf. Nadir war vom Dorfe
Künbed näher an die Stadt gerückt und hatte dieselbe mit Thürmen
und Schanzen umzingelt. Schon hatte er auf die steilste Anhöhe, auf $\overset{19.}{\text{Sept.}}$
der Westseite der Bastey Timurpascha's, Feldkanonen gebracht, und $_{1744}$
für den nächsten Tag allgemeinen Sturm bestimmt, als vor Tagesanbruch die Perser von diesem Posten verjagt wurden, neun Feldkanonen und alles Geräthe wegnahmen. Nach drey Wochen beschossen
die Perser die Stadt, aus dem auf dieselbe mündenden Thale, mit
sechzehn großen Kanonen von dreyßig- bis vierzigpfündigen Kugeln, $_{9. \text{ Oct.}}$
ohne derselben vielen Schaden zuzufügen, bis das persische Heer, durch
die strenge Kälte gezwungen, abzog [1].

Während der Belagerung von Karß erschien zu Constantinopel
ein Gesandter des Großmoguls Naßireddin Mohammed, des Schahs
von Indostan. Der Gesandte, Seid Atallah, ursprünglich ein Kaufmann aus Buchara, war vor zwey und zwanzig Jahren auf der Wallfahrt nach Mekka durch Constantinopel gekommen, und hatte vom damahligen Großwesir Ibrahim freundschaftliches Schreiben mitgenom-
men. Das, welches er jetzt vom Schah Indostan's mitbrachte, enthielt zwar nur in allgemeinen Ausdrücken freundschaftliche Versicherungen, aber die Schreiben der indischen Minister enthielten klägliche
Schilderung des Verderbens, welches Nadir's Raubzug über Indien
gebracht, und Bitte um Bündniß und Hülfe wider den persischen
Thronanmaßer. Es wurde demselben feyerliche Audienz gewährt, und
zur Gegensendung der Bittschriftmeister des Fiscus [2], Salim, der
gelehrte Sammler biographischer Nachrichten von vierhundert Dichtern
seiner Zeit, als Gesandter nach Indien ernannt. Der Sultan schrieb
an den indischen Kaiser, der Großwesir an die beyden Wesire desselben, deren erster den Titel Nisamulmülk, d. i. Reichsordnung,
der zweyte Kamreddin, d. i. Glaubensmond, führte; auch der
Mufti, Kißlaraga und Janitscharenaga beantworteten die erhaltenen Briefe; es blieb bey allgemeinen Versicherungen von Freundschaft [3]. Auch diese indische Gesandtschaft scheint durch Bonneval's, vor
drey Jahren dem französischen Ministerium eingesandtes Memoire her-
beygerufen worden zu seyn, in welchem er die Nothwendigkeit eines
Bündnisses zwischen dem Großmogul und dem Sultan wider Nadirschah aus einander gesetzt [4]. Der Reis Efendi Mustafa, vormahls

[1] Isi Bl. 11. Der Bericht des Seraskers in der St. R. und Mehdichan's
Gesch. VI. S. 14. Cap., deutsche Übersetzung S. 385. [2] Isi Bl. 14. [3] Eben da
das Schreiben des Schahs dann Bl. 15 die zwey Schreiben des Sultans als
Rückbeglaubigungsschreiben für Atallah und das Beglaubigungsschreiben für
Salim. [4] Penkler's Bericht nach dem geheimen des Vertrauten Bonneval's.

Gesandtschaftssecretär zu Wien, dann Bevollmächtigter zu Niemirow und Belgrad, hatte so viel von Vermittlung und Gewährleistung gehört, daß es ihm nun einfiel, die kriegführenden europäischen Mächte durch die Dazwischenkunft der Pforte vermitteln zu wollen. Selbst Bonneval billigte diesen abenteuerlichen Schritt, womit die Pforte als Vermittlerinn christlicher Mächte auftreten wollte, keineswegs, weil die Vermittlung kriegführender Mächte ohne Bewaffnung der vermittelnden erfolglos, den vermitteln Wollenden nur lächerlich macht, und weil die Pforte weder Flotten noch Heere dazu bereit hatte. Trotz dieser Vorstellungen ging das Vermittlungsrundschreiben ¹) an alle Mächte Europa's, und setzte die Cabinete derselben in nicht geringe Verlegenheit, weil man den Reis Efendi, von welchem der Plan aus=

März 1745

ging, nicht vor den Kopf stoßen wollte. Die Antworten liefen spät und ausweichend ein. Neapel allein erklärte sich bereit, die Vermittlung anzunehmen ²). Am ersten antwortete Venedig, welches in dem Umlaufschreiben der Neutralität zur See nicht einmahl unter den schifffahrenden Mächten genannt war, durch den Bailo Donado, den Nachfolger Erizzo's ³), mit den Versicherungen der dauerndsten Freundschaft. Als Frankreich schon geantwortet hatte, Österreich's Antwort aber noch zögerte, wollte der Reis Efendi das Glückwünschungsschreiben zur Kaiserkrönung Franz des I. nicht eher ablaufen lassen, als bis die Antwort auf das Vermittlungsschreiben eingelangt seyn würde. Österreich beantwortete das Einladungsschreiben mit Betrachtungen über der Feinde Benehmen und dem aufrichtigen Wunsche, den Frieden zu

April

schließen, ohne jedoch mit einem Worte der Vermittlung zu erwähnen. Jetzt wurde in der Kirche zu Smyrna das erste Mahl für Kaiser Franz öffentlich gebethet. Penkler, vom Residenten zum Internuntius zur Kündigung der Kaiserkrönung erhoben, erhielt für die Franziscaner von Chios zur Ausbesserung ihrer Kirche einen Ferman, welchen selbst der Großbothschafter Graf Wirmond nicht zu erhalten vermocht⁴). Die Sache war so schwerer durchzuführen, als nach der letzten Wiedereroberung von Chios die Griechen ein Chatt=scherif erwirkt hatten, vermög dessen die während des Krieges zerstörten Capellen der Jesuiten, Dominicaner, Franziscaner, nicht mehr aufgebaut werden durften. Zu Pera erweiterte er die Kirche der Trinitarier, unter dem Vorwande einer Emporkirche für sich ⁵), aber die Unterstützung der Jesuiten, welche sich auf Sira niederlassen wollten, wies er von sich; er mußte um so leiser in Religionssachen auftreten, als die Verfolgung der katholischen Armenier jetzt zum dritten Mahle in diesem Jahrhunderte von

---

¹) Das Schreiben in voller Ausdehnung in Isi Bl. 21—23. Die Abschriften dreyer dieser Kreisschreiben liegen dem Berichte Penkler's vom 5. März 1745 bey. ²) Lettre du Marquis de Salas au G. V. Juillet 1745, und Penkler's Bericht und die Weisung an denselben vom 10. Jänner 1746. ³) Erizzo ging im August 1742 ab, vor ihm Venier. ⁴) Der Ferman vom 1. Moharrem 1157 (15. Februar 1744), im H. Arch. ⁵) Penkler's Bericht vom 25. Oct. 1744.

Neuem ausbrach. Ein Ferman verboth allen Armeniern, katholische
Kirchen zu besuchen, unter der Strafe der Galeere oder des Gal-
gens[1]). Penkler, einer der gewandtesten Unterhändler, hatte für das
Interesse der Königinn Maria Theresia und den Schutz der Religion
zwey große Gönner in der Person des alten allmächtigen Kislaraga,
welcher als solcher schon für die Sache der Herrscherinn Frau wider
die sie bekämpfenden Feinde Partey nahm, und in der Person des
ersten Imams, des gelehrten Pirisade, der sich den Cardinal des
Sultans nannte. Auch hatte er den Kanzleythürhüther des Reis
Efendi und Säckelmeister desselben bestochen. Den gefährlichsten seiner Widersacher, den unermüdet politisch thätigen Bonneval, hatte er
durch seine nächsten Umgebungen umgarnt, durch den Vertrauten, den
Cancelliere der neapolitanischen Gesandtschaft, durch Bonneval's natürlichen Sohn, Suleimanbeg, und durch den jungen Ibrahim, den Sohn
des alten ungarischen Renegaten, welcher die Übersetzungen des Vaters verrieth. So wurden die Renegaten, welche den Glauben und ^{August}
Kaiser verrathen hatten, wieder verrathen von ihren Söhnen. Da ¹⁷⁴⁵
der russische Resident Wischniakoff[2]) am hitzigen Fieber plötzlich
starb, versah Penkler auch die russischen Geschäfte bis zur Ankunft des neuen Residenten, des jungen Neplujeff. Wie sich Pirisade, der erste Hofcaplan, für Österreich verwandte, so der Oberstlandrichter Esaad Efendi für den König von Preußen; dieser gab
dem schwedischen Minister Carlson (Höpken war schon seit einiger
Zeit nach Schweden zurückgekehrt) den Anschlag, der König von
Preußen solle der Pforte schreiben, um ihr die Vermählung seiner
Schwester mit dem schwedischen Thronfolger zu melden, wie selbe der
König von Schweden gemeldet. Zuletzt ward Carlson eben so wie Castellane eifersüchtig auf Bonneval, weil dessen Ansichten und Thätigkeit die ihrige bey weitem überflügelten; doch vereinten sich Bonneval
und Carlson in ihren Bemühungen, die Pforte den protestantischen
nördlichen Mächten zu nähern, indem sie ihr vorstellten, daß die Protestanten weniger fanatisch als die Katholiken, welche den Protestanten
eben sowohl, als den Türken ewigen Vertilgungskrieg geschworen
hätten[3]), und mit Castellane arbeitete Bonneval emsig dahin, die
Pforte wider Österreich aufzuwiegeln, und wo möglich, Unruhen in
Ungarn zu stiften, aber alles vergebens, denn Castellane's, Majo's,
Carlson's, Bonneval's Bemühungen waren zu Boden geschlagen
durch die Wahl des Großherzogs von Toscana zum römischen Kaiser.

Der Serasker von Karß, der vorige Großwesir Ahmed, wurde
bald nach der aufgehobenen Belagerung seiner Stelle enthoben, wie
der Reichshistoriograph sagt, weil er Krankheitswillen davon enthoben zu seyn wünschte[4]), wie die Gesandtschaftsberichte melden, weil

---

[1]) Penkler's Bericht. [2]) Lettera del G. V. al primo ministro di Russia
(Bestucheff Rumin). Settembre 1745. [3]) Penkler's Bericht, nach denen der
zwey Vertrauten Bonneval's [4]) Ist Bl. 18.

er, voriger Machtvollkommenheit als Großweſir eingedenk, zu frey
über die Nothwendigkeit, den perſiſchen Krieg mit größerem Nachdru=
cke als bisher anzugreifen, gefprochen. Seine Stelle erhielt der vorige
Großweſir Jegen Mohammedpaſcha. Dem Führer der Plänkler, Ab=
dullahpaſcha, wurde der dritte Roßſchweif verliehen, und es ging ihm
der Befehl zu, in Geſellſchaft Ahmed's, des Chans von Ardelan, die
perſiſchen Länder zu verheeren. Zwölftauſend Lewenden und ſiebzehn=
hundert Beutel Geldes erhielt er als Mittel dazu ¹). Dem Statthal=
ter von Bagdad, Ahmedpaſcha, wurden aus dem kaiſerlichen Schaße
fünfzigtauſend Piaſter zugeſendet. Zur Verſtärkung Jegen Mohammed=
paſcha's wurden die Sandſchake von Scutari, Janina, Ochri, Uskub,
Perſerin, Dukagin, Delonia, Kirkkiliſe, Tirhala, d. i. die ganze
albaneſiſche Streitkraft der Pforte, befehligt ²). Dem Chan von Arde=
lan, welcher die Erlaubniß gesucht, ſelbſt vor dem Throne des Sul=
tans erſcheinen zu dürfen, wurde dieſelbe bewilligt ³). Der Jani=
tſcharenaga Ibrahim wurde mit dem dritten Roßſchweife zum Statt=
halter Erferum's, an die Stelle des verſtorbenen Mufti der erſte Imam
des Sultans, der gelehrte Piriſade, ernannt ⁴). Der verſtorbene
Mufti war der Sohn des berühmten, im thronumwälzenden Aufruhre
vor vierzig Jahren getödteten Mufti; damahls schon Oberſtland=
richter von Rumili, war er nach Bruſa verwieſen worden, wo
er fünf und zwanzig Jahre in Verbannung gelebt, bis er bey der
Thronbeſteigung des jeßigen Sultans nach Conſtantinopel zurückbe=
rufen, seit zehn Jahren dem Geſeße in der oberſten Würde deſſelben
vorgeſtanden. In der Nähe von Ejub hatte er ein Kloſter der Derwiſche
Nakſchbendi, zu Conſtantinopel am Sattelmarkte eine Fontaine geſtif=
tet ⁵). Das Bleymagazin des Arſenales, welches in Brand aufgegan=
gen, wurde von neuem erbaut, und ob des Brandes der Aufſeher des
Arſenals, Molladſchikſade Alipaſcha, und der Schreiber des Magazins
abgeſeßt ⁶). Der Statthalter von Rakka, Hamawiſade Ahmedpaſcha, ein
großer Dränger, war ſeiner Statthalterſchaft entſeßt worden, als ihm
aber der erſte Stallmeiſter, Abdullahbeg, zu Haleb den Befehl des Sul=
tans ankündigte, verweigerten ſeine Landwehren Gehorſam, und er ſelbſt
entſchuldigte ſie gegen den Stallmeiſter, „daß dieß ſchon ſo der Brauch
„der Lewenden.“ Auf den an den Sultan hierüber erſtatteten Bericht
wünſchte ihm dieſer alles Unheil an den Hals, und deſſen bald hernach
erfolgter natürlicher Tod galt für die Folge des ſultaniſchen Fluches ⁷).
Der Tatarchan Selimgirai durch die Sendung von vierzigtauſend
Ducaten und vierzig Ehrenkleidern in den perſiſchen Krieg aufgebothen,
hatte ſich mit zehntauſend Tataren von Baliklawa zur See an die
aſiatiſche Küſte begeben, wo ihn widrige Winde in den Häfen von
Kereſun und Unia anhielten. Andere zehntauſend Tataren marſchirten

4. März
1745

---

¹) Iſi Bl. 19. ²) Iſi Bl. 19 mit den Zahlen der Haustruppen (Kapu Chal=
ti) eines jeden. ³) Iſi Bl. {20. ⁴) Derſelbe Bl. 23. ⁵) Derſelbe Bl. 24.
⁶) Eban da. ⁷) Derſelbe Bl. 25.

in zwey Abtheilungen, von dem Kalgha Selimgirai und dem Nured, din Kasimgirai befehligt, und von dem ihnen als Wegweiſer entgegengeſandten Iskemletſchauſch, d. i. dem Tſchauſch des Fürſtenſtuhles, geführt; ſie lagerten zu Bujukdere, und ſetzten von da nach dem Hafen von Sultania über, wo ſie bewirthet, der Chan mit Pferden beſchenkt, unter die Officiere zweyhundert vierzig Kaftane vertheilt wurden [1]. Bald darauf lief von der perſiſchen Gränze die vergnügliche Nachricht ein, daß der perſiſche Befehlshaber von Mekri, Mohammed Kulichan, und ſeine Brüder mit zweytauſend Familien nach Choi und Belbas eingewandert, daß der Eſſchare Kaſim Chan, und der Chan von Choi, Murteſa Kuli, und der von Denbeli, Mohammed Tahir, mit ſieben kurdiſchen Stämmen [2] ſich um Wan niedergelaſſen, daß Selimaga mit ſeinen Tataren über Bajeſid und den Ararat hinaus, ſich Maku's bemächtiget habe, daß Abdullahpaſcha, der Anführer der Plänkler, von Moßul aus nach Ssaukbulak bis Serdeſch mit Erfolg geſtreift [3]. Zur Erflehung weiterer Siege wurden in allen Moſcheen Kriegsgebethe angeordnet [4], aber bald darauf lief traurige Nachricht ein. Jegen Mohammedpaſcha, der Serasker, hatte ſich mit ſeinem ganzen Heere [5] von mehr als hunderttauſend Mann ins perſiſche Gebieth gewagt, um das verſchanzte Lager Nadirſchah's, ſechs Stunden von Eriwan, in der Nähe von Kaghawerd, anzugreifen [6]. Es war in der Nähe von Murad-depe [7], wo vor zwölf Jahren der vormahlige Großweſir, Topal Osmanpaſcha, die Schlacht und das Leben verloren hatte, ein ahnungsvoller Platz für abgeſetzte Großweſire Seraskere. Jegen Mohammed rechnete auf die Übermacht ſeines Heeres, und hoffte den Feind nach dem Kernſpruche türkiſcher Taktik durch den Staub der Füße zu vernichten. Die Schlacht wüthete unentſchieden bis Mittag, wo fünfzehntauſend aſiatiſche Landwehren das Feld verließen. Noch vier Tage vertheidigte ſich der Serasker wider die Perſer und Meuterer ſeines Heeres, bis er entweder aus Ingrimm ob verlorner Schlacht, oder von einer Meutererkugel getödtet, den Geiſt aufgab. Mehr als zwanzigtauſend Mann war der Osmanen Verluſt. Nadirſchah kehrte, wie vor zwölf Jahren, vom Hügel Murad's als Sieger zurück über einen Serasker, vorigen Großweſir, und über der Osmanen die Erde in Staub zertretende Übermacht; an die Stelle des geſtorbenen Seraskers Jegen Mohammed trat der vorige Großweſir Elhadſch Ahmedpaſcha, der vormahlige Statthalter von Karß. Seine bisherige Statthalterſchaft Haleb wurde dem vormahligen Großweſir, Ali dem Doctorsſohne, ſtatt der von Bosnien, verliehen [8]. Der Kiajabeg Chalil Efendi, ein ſehr gelehrter Mann, welcher vormahls unter der Regierung Ahmed's III. bey der ſchönen Unternehmung des Großweſirs Ibrahim durch die Überſetzung des

[1] Iſi Bl. 26. [2] Eben da. [3] Derſelbe Bl. 29. [4] Derſelbe Bl. 27. [5] Hanway Chap. XXXII. [6] Iſi Bl. 30. [7] Mehdi Buch VI. S. 616. [8] Iſi Bl. 31.

arabiſchen Geſchichtſchreibers Aini und des perſiſchen Chuandemir ins
Türkiſche die beſten Dienſte geleiſtet, trat aus dem Miniſterium als
Weſir Statthalter von Karaman ¹), doch da bald hierauf die Statt=
halterſchaft von Aidin durch den Tod Jedekdſchi²) Mohammedpaſcha's
erledigt, erhielt er dieſelbe, und die ſeinige Tſchelik Mohammedpaſcha.
Der Präſident der erſten Kanzley des Tagebuches, Elhadſch Muſtafa
Efendi, ward Kiajabeg, Miniſter des Innern ³).

Sogleich nach dem Tode Jegen Mohammed's hatte von Seite
Nadirſchah's Huſurchan in zwey Schreiben dem Serasker Elhadſch
Ahmedpaſcha neue Friedensvorſchläge gemacht, in welchen zwar nicht
mehr auf die Anerkennung des fünften Ritus und Einräumung des
fünften Bethortes zu Mekka, aber auf die Abtretung Wan's, Kurdi=
ſtan's, Bagdad's, Baßra's und der beyden heiligen Martyrſtätten,
Nedſchef und Kerbele, beſtanden ward ⁴). Dieſer unannehmbare An=
both veranlaßte nur neue Vorkehrungen des Krieges. Dem Tatarchan
wurden für den nächſten Feldzug abermahl vierzigtauſend Ducaten
Segbanengeldes und vierzig Ehrenkleider geſendet ⁵). Einer der Für=
ſten Daghiſtan's, welche ihre Geburt bis auf Dſchengis hinauf leiten,
nähmlich Dſchengtaichan, war voriges Jahr zum Schemchal der Ku=
muken in Daghiſtan ernannt worden, eine Würde, welche bis jetzt
dem Chaßpuladchan, dem Sohne Aadilgirai's, eigenthümlich gewe=
ſen; jetzt fand es die Pforte ihrem Intereſſe angemeſſen, jenen wieder
auf die Chanſchaft von Dſchengtai zu beſchränken, und den Chaßpu=
ladchan mit Überſendung von Diplom und zweytauſend Ducaten zum
Schemchal der Kumuken, ſeinen Bruder Seadetgirai zum ſogenann=
ten Schemchal der Krim in Daghiſtan zu ernennen. Jetzt waren nicht
weniger als ſechs Chane am Kaukaſus Vaſallen der Pforte, nähmlich
nebſt Dſchengtai und den beyden Schemchalen der Kumuken und der
Krim, Usmai, der Chan der Kaitaken, Surchai, der Chan der Gha=
ſikumuken und Schirwan's, und der Chan von Ardelan. An die
Stelle Elhadſch Ahmedpaſcha's, welcher dem Jegen Mohammedpa=
ſcha als Serasker zu Karß nachfolgte, kam Alipaſcha der Doctorſohn,
vor Kurzem erſt aus Bosnien nach Haleb überſetzt, jetzt mit der Zu=
ſchlagung der Statthalterſchaft Anatoli's zum Serasker gegen Karß
ernannt. Er erhielt das damahls für Seraskere übliche Rüſtungsgeld
von fünfzehntauſend Piaſtern ⁶). Aus Ägypten, welches zu dem perſi=
ſchen Kriege noch gar keinen Mann geſtellt, wurde jetzt der gewöhn=
liche Soldatenbeytrag deſſelben von dreytauſend Mann aus den ſie=
ben Herdſchaften Kairo's von des Statthalters Raghibpaſcha Thätig=
keit gefordert ⁷), doch mußte bald hernach ſeine dringende Bitte, daß
man ſtatt der dreytauſend Mann ſich mit dem zur Stellung und Ver=

2. Aug.
1745

pflegung von eben so vielen Reitern nöthigen Gelde begnügen möge,
berücksichtiget werden. Rüstung und Unterhalt für tausend Mann
wurde für's Jahr auf zweyhundert vierzig Beutel, und also für dreytausend Mann auf siebenhundert zwanzig Beutel, im Ganzen auf
zweytausend hundert sechzig Beutel für drey Jahre berechnet. Statt
dieser Summe sandte Raghibpascha jetzt nur zweyhundert Beutel, mit
dringender, durch die Unruhen des Landes unterstützter Bitte, des
Restes für jetzt enthoben zu seyn, worüber große Verwunderung, aber
keine Abhülfe ¹). Den Statthaltern von Asien und Europa wurde befohlen, mit ihren Haustruppen und geworbenen Lewenden zu erscheinen;
demnach erschienen aus Asien die Besitzer der Sandschake Chudawendkiar, Karasi, Beghschehri, Akschehr, Karahißar, Nikde, Angora, Sultanöni, Amasia, Tschorum, Itschil, Alaije, Kotscha ili,
Adana, aus Europa die vierzehn von Skutari, Ochri, Valona, Delvino, Ilbessan, Dukagin, Perserin, Uskub, Janina, Selanik, Hersek, Klis, Swornik und Bosna, jeder mit drey- bis vierhundert Haustruppen und ein Paar hundert Lewenden, ein Heer von sieben-'bis
achttausend Mann ²). Von den Statthaltern Wesiren der von Siwas,
Selimpascha, von Trapezunt, Welipascha, von Karaman, Mohammed Tschelikpascha von Erserum, Ibrahimpascha, jeder mit tausend
bis zwölfhundert Mann Haustruppen, dann nebst der mit erhöhter
Löhnung angeworbenen Reiterey der Sipahi, Silihdare und vier
Rotten, die belehnte von Anatoli, Karaman, Siwas, Adana, Rakka,
Erserum, Haleb, Meraasch ³). Zugleich ergingen Befehle an alle
Statthalter von Asien, die flüchtigen Lewende, deren schändlicher
Verrath die Ursache der verlorenen Schlacht von Eriwan, überall
aufzusuchen, die fünf Grade ihrer Officiere zu brechen, und ihre Köpfe an die Pforte einzusenden. Cypern, welches seit fünf und zwanzig
Jahren eine Statthalterschaft zu seyn aufgehört, den Säckelgeldern
des Großwesirs zugeschlagen war, wurde, um die Festungen und Lehensreiterey desselben wieder auf den Kriegsfuß zu setzen, jetzt abermahl zur Statthalterschaft erhoben, und mit drey Roßschweifen dem
ersten Oberststallmeister, Abdullahbeg, dem Sohne des berüchtigten
flüchtigen Hasanpascha, verliehen ⁴). Die hundert zwey und zwanzigtausend Piaster, welche der Großwesir jährlich an Säckelgeldern
von Cypern bezog, wurden, um ihn dafür zu entschädigen, an die
Pachten von Asaf und Klis bey Haleb angewiesen ⁵). Mitten unter
diesen Vorkehrungen kam der persische Bothschafter, Feth Ali Chan
(welcher schon vormahls in dieser Eigenschaft zu Constantinopel, und
jetzt seit einigen Monathen zu Bagdad gewesen), zu Skutari an, von
den beyden Aufsehern des Arsenales und der Küche bewillkommt, zu
Constantinopel im Palaste Raghibpaschas einquartiert, von Nasif

¹) Ist Bl. 51. ²) Derselbe Bl. 39. ³) Eben da. ⁴) Derselbe Bl. 40. ⁵) Derselbe Bl. 41.

Mustafa, einem der Herren des Diwans, als Mihmandar begleitet ¹).
Ein kaiserliches Handschreiben befahl die Berathung seiner Anträge in
vollem Diwan. In demselben wurde das Beglaubigungsschreiben des
Schahs, welchem ein eigenes Handschreiben desselben beylag, und
die mündliche Äußerung des Bothschafters, die er in der Unterredung
mit dem Großwesir von sich gegeben, in türkischer Übersetzung als Gegenstand der Berathung beygelegt. Nadirschah stand von dem fünften
Bethorte ab, und begnügte sich, daß die Perser Bekenner des Ritus
Dschaafer's, hinfüro an was immer für einem Bethorte der vier
rechtgläubigen Ritus der Sunni zugelassen werden mögen, doch erbath er sich beyde Grabstätten ²), Aserbeidschan und Irak zum Geschenke ³). Der Diwan, welchem nebst dem Großwesir der Mufti,
Kapudanpascha und der neuernannte Wesir Statthalter von Cypern
beywohnten, fand, daß durch die Aufgebung des fünften Ritus und
Bethortes der Friede im Wesentlichsten, nähmlich in dem, was die
Religion betreffe, hergestellt sey, daß es zwar unmöglich, Land abzutreten, daß Nadirschah aber diese Forderung fallen lassen dürfe, und
daß seinem Gesandten ein türkischer beygegeben werde, wie vormahls
die persischen Bothschafter Hadschichan und Bakichan ein osmanischer
begleitet habe ⁴); demnach wurde der Mihmandar des Bothschafters
Nasif Efendi mit dem Charakter eines Bittschriftmeisters des Fiscus ⁵)
zum Gesandten ernannt. Dem Bothschafter wurde die Antwort des
Sultans auf die beyden Schreiben Nadirschah's, und die des Großwesirs auf das Schreiben Schahroch's behändigt. Der Gesandte Nasif
Efendi erhielt außer einem Schreiben des Sultans und vom Großwesir an Schahroch Mirsa, den Sohn Nadirschah's, als Stütze des
Reiches, auch ein Schreiben des Mufti an das Haupt der persischen
Gesetzgelehrten. Der Inhalt dieser fünf Schreiben nahm die Entsagung des fünften Ritus und des fünften Bethortes als strenge Bedingnisse des Friedens an, und both als Grundlage desselben die Fest-
setzung der alten Gränze der beyden Reiche auf dem Fuße des mit
Murad IV. geschlossenen Friedens ⁶).

Das arabische Schreiben des Mufti Pirisade, des berühmten
Übersetzers Ibn Chaldun's, an das persische Oberhaupt des Gesetzes
war sein letztes Staatsschreiben als Mufti, denn bald hernach wurde
er unter dem Vorwande schwächlicher Gesundheit, eigentlich aber, weil
ihm die Partey des Serai nicht mehr günstig, abgesetzt, und seine
Stelle dem bisherigen Leibarzte, Hajatisade Mohammed Emin, verliehen. Der Leibarzt wie der Hofastronom sind beyde immer aus der
Körperschaft der Ulema, und je nachdem sie sich des Ranges eines
obersten Landrichters von Rumili erfreuen, auch zur Vorrückung zur

---

¹) Ist Bl. 40. ²) Ali's und Husein's. ³) Das Chatt-scherif in Ist Bl. 42,
die Übersetzung des Schreibens des Sultans Bl. 42, die Erklärung des Bothschafters Bl. 43. ⁴) Ist Bl. 44. ⁵) Bl. 44 vorvorletzte Zeile. ⁶) Die fünf Schreiben
ganz in Ist Bl. 45—51; im H. Arch. die Abschrift eines Fermans an Welipascha.

höchsten Würde der Ulema geeignet; dem Doctor Mufti steht jedoch
kein Beyspiel eines osmanischen Mufti Astronomen zur Seite. In per= 5. Apr.
sischer Geschichte ist Naßireddin von Tus das einzige Beyspiel eines 1746
großen Astronomen Wesirs, der als solcher die Herrschaft der Assassi=
nen brach, und der Mogolen Verderben über das Chalifenthum her=
beyrief. Die durch Beförderung Hajatisade's erledigte Stelle des Leib=
arztes erhielt Mohammed Said, der ehemahlige Richter von Smyrna,
dessen Rang eines Molla von Adrianopel zu dem von Mekka erhöhet
ward [1]), wohin der vorige Mufti die Pilgerschaft unternahm [2]). Die
erste Staatshandlung des neuen Mufti war, daß er mit dem Groß=
wesir und den andern Ministern im Arsenale der Feyerlichkeit bey= 7. Apr.
wohnte, womit ein Kriegsschiff vom Stapel gelassen ward; der dem=
selben beygelegte Nahme ist der erste dieser Art in der osmanischen
Geschichte erwähnte; es wurde, indem es in die Fluth lief, der Meer=
eroberer getauft [3]). Wiewohl alles glücklich abgelaufen, und der Ka=
pudanpascha Mustafa, der vorige Stallmeister, sich noch im letzten
Winter bey der Rettung der Waare und der Mannschaft eines vor den
Seemauern Constantinopel's gescheiterten ägyptischen Schiffes mittelst
der Flöße und der Mannschaft des Arsenales, sehr ausgezeichnet hatte [4]),
wurde derselbe jetzt dennoch mit dem Sandschake von Salonik als 16. Apr.
Gerstengeld zur Ruhe gesetzt, und die Stelle des Großadmirals erhielt
der Oberstkämmerer Mahmud, beygenannt Ssoghan jemes [5]), d. i.
der keinen Zwiebel ißt, eine Eigenschaft, die ihn dem Schiffsvolke, das
größten Theils nur von Oliven und Zwiebeln lebt, eben so wenig em=
pfahl, als das Amt eines Oberstkämmerers oder das eines Oberststall=
meisters (welches seine Vorfahren früher bekleidet hatten), die nöthige
Erfahrung und Kenntniß des Seewesens mit sich bringt. Eine weit 3. Jul.
wichtigere Veränderung, und welche viele andere nach sich zog, erfolg=
te in dem Serai durch den Tod des allmächtigen Kislaraga Beschir,
der jetzt in einem Alter von sechs und neunzig Jahren, von denen er
dreyßig im Serai und Staate geherrscht, starb [6]). Ein abyssinischer
Sclave, um dreyßig Piaster gekauft, hinterließ er zwanzig Millionen
achtzehntausend Beutel bares Geld, achthundert Uhren mit Juwelen,
hundert siebzig Reitzeuge. Er hatte zu Constantinopel die Moschee des
Aga, zu Ejub Überlieferungschule, ABC = Schule, Fontaine und
Bibliothek gebaut, und auch in der Nähe des Pallastes des Großwesirs
eine Schule gestiftet, an der er begraben liegt. Er war schon in der
letzten Zeit schwach und schlagbrüchig gewesen, der Sultan selbst litt
an einer Fistel, zwischen Schlag und Fistel wuchs des Großwesirs
Machtvollkommenheit, welcher gleich nach des Kislaraga Tode die Ge=
schöpfe desselben entfernte. Der Kislaraga hatte auf seinem Todbette
dem Sultan den Aga des alten Serai, Nesir, zu seinem Nachfolger

---

[1]) Ist Bl. 56. [2]) Derselbe Bl. 60. [3]) Derselbe Bl. 56. [4]) Derselbe Bl. 36.
[5]) Derselbe Bl. 57. [6]) Derselbe Bl. 59. Penkler's Bericht vom 4. Julius 1746.

empfohlen, in der Hoffnung, auch über das Grab hinaus noch im
Serai zu herrschen, aber der Großwessir hatte bereits das Heft in den
Händen; der Empfohlene, Nesir, und zwey Vertraute des Sultans,
Kebabdschi Ali und Jakubaga, wurden aus dem Serai nach Kairo
verwiesen, die Stelle des Kislaraga wurde nach der hergebrachten
Stufenfolge der Eunuchen = Beförderung dem Schatzmeister, ebenfalls
Beschir genannt, verliehen; er ist der letzte von acht und dreyßig
Groß = Eunuchen, deren Lebensumstände Resmi Ahmed Efendi in ei=
nem besonderen Werke beschrieben, welches den Titel Amulet der
Großen führt. Dieser letzte Beschir (Evangelist) war ein ausgezeichne=
ter Schönschreiber, ein trefflicher Reiter, kein Verschnittener am Geiste,
den er durch Dichtergaben schmückte, und in Schriftstellern, die ihm
ihre Werke zueigneten, ehrte. Der Großwessir entfernte sogleich den
Kiajabeg, welcher ein Geschöpf des verstorbenen Kislaraga, mit drey
Roßschweifen als Statthalter nach Tripolis in Syrien, und ernannte
dazu den Aufseher des Arsenales, Elhadsch Mohammed, den vormah=
ligen Gränz = Commissär an der servischen Gränze, nach dem Belgra=
der Frieden [1]). Als der Großwessir noch Aga der Janitscharen, war
Mohammed der Efendi der Janitscharen, d. i. ihr Mustermeister, und
mit dem Aga im besten Einvernehmen, und seitdem demselben gänz=
lich ergeben gewesen, ein sehr gebildeter und gelehrter, aber böser
und rachgieriger Mann; zum Defterdar ward Behdschet Efendi er=
wählt, welcher dreyzehn Jahre das Amt des Cabinetssecretärs des
Defterdars [2]) bekleidet hatte, „ein Mann,“ sagt der Reichshistorio=
graph, „dessen Geschäftsführung gerade wie das Rohr der Feder,
„und dessen Rechnungen flüssig wie die Tinte.“ Die Stelle des Gene=
rals der Dschebedschi erhielt der bisherige Oberstkämmerer, Elhadsch
Ssalih, die des Oberstkämmerers der Eidam des Großwessirs Abdi=
aga; der vorige Oberstkämmerer wurde mit dem Auftrage, die Wasser=
leitungen von Mekka auszubessern, dahin gesandt, mit vierzigtausend
Piastern für die Kosten des Baues, und fünfzehntausend für die Kosten
der Reise [3]).

Der Auftrag des vorigen Generals der Zeugschmiede zur Ausbes=
serung der Wasserleitungen Mekka's war ein Seitenstück zu dem des
vormahligen Generals der Artillerie, Mustafaaga, nach Ägypten, um
dort den Damm wieder herzustellen, welcher zwischen Abukir und
Maadia [4]), dessen Bestimmung, dem Eindringen des Meeres zu weh=
ren, der aber seit einiger Zeit in Verfall gerathen war, so daß die
See Dörfer verschlungen, den das Nilwasser nach Alexandrien füh=
renden Canal bey Arakil beschädigt hatte, so daß die Gefahr
drohte, daß das Meer die Reispflanzen und Felder bis nach Fajum
hinunter überschwemme. Der Wesir Statthalter von Ägypten, Raghib,

---

[1]) Isi Bl. 61. Penkler's Bericht. [2]) Derselbe Bl. 62. [3]) Eben da. [4]) Der=
selbe Bl. 28.

erhielt den Auftrag, dieses für die Erhaltung der nördlichen Ufer so
wichtige Werk, dessen Kosten auf vierzigtausend Piaster angeschlagen
worden, mit dem größten Eifer zu betreiben, und die Bittschriften
der Bege und der sieben Truppengattungen Ägypten's zu dreymahlen
wiederhohlt, hatten die dringende Nothwendigkeit vorgestellt, den
Damm durchaus in der Breite von zehn, und in der Höhe von zwey
Ellen zu führen [1]; es fragte sich nur, ob es genug, den bloßen Einbruch des Meeres, dessen Länge fünfhundert fünfzig Ellen betrug, zu
verdämmen, und den alten Damm auszubessern, oder ob der Damm
in einer Länge von sechstausend Ellen ganz neu aufzuführen. Zur
zweckmäßigsten Ausführung wurde nebst dem vorigen General der Zeugschmiede als Bauaufseher der Capitän Tschelibaki und der Oberst Mahmud mit den nöthigen Bauübergehern, Steinschneidern, Zimmerleuten,
Wasserbohrern und Schlauchmachern nach Ägypten befehliget [2]. Auch zu
Constantinopel wurde vielfältig auf Kosten des Staates und des Sultans gebaut. Das Zutrauen zur Leitung des Baues des Dammes von
Maadia hatte sich der General der Artillerie, Mustafa, durch den Bau
der Stuckgießerey verdient, welche er in den heutigen Zustand hergestellt [3]. Im Arsenale wurde ein neues Holzmagazin, ganz mit Bley
gedeckt, gebaut [4]. Am europäischen Vorgebirge des Bosporos, dessen türkischer Nahme Boghaf kesen, d. i. Schlundabschneider, an die
Stelle des alten byzantinischen, des Fluthabschneiders, getreten, war
die hölzerne Moschee Hafif Kemaleddin's abgebrannt, dieselbe erhob
sich nun in Stein [5]. Auf dem asiatischen Ufer des Bosporos wurde
das hinter dem Riesengebirge gelegene Schloß von Tokat, welches
Suleiman der Gesetzgeber zum Andenken der Eroberung dieser Stadt
hier aufgebaut hatte, mit neuen Erkern, Springbrunnen und Köschken, mit Wasserbecken und Rosensoffa in vollem Glanze hergestellt [6].
Zugleich wurde zu Begkos, welches in der alten Bucht des Amykos
liegt, eine Fontaine gebaut, „deren Kuppel," sagt der pomphafte,
alle seine Vorgänger an Schwulst übertreffende Reichshistoriograph.Isi,
„wie der Dom des Himmels, ein geschliffener Diamant, deren immer
„fließende Röhren so viele Zungen, aus denen, wie aus dem Munde
„schöner Geister, die Fluthen der Wohlredenheit in Lebensströmen flie-
„ßen" [7]. Die Schöngeister Abdur-risak, Newres und Isi strömten
zum Lobe dieser Bauten in Chronogrammen von wässerigen Versen
über. Mitten unter diesen Bauten, und kaum einen Monath nach   10.Aug.
1746
dem Tode des Kislaraga, wurde der Großwesir ganz unvermuthet abgesetzt, so wenig hatte ihm der Tod des alten Kislaraga und seine
Vorsichtsmaßregel wider den neuen genützt, nähmlich das gleich nach
der Einsetzung desselben erschienene Chatt-scherif, daß sich Niemand in
Geschäften (die Stiftungssachen von Mekka und Medina ausgenom-

[1] Isi Bl. 28. [2] Derselbe Bl. 29. [3] Derselbe Bl. 27. [4] Derselbe Bl. 63.
[5] Derselbe Bl. 35. [6] Derselbe Bl. 63. [7] Derselbe Bl. 64.

men) an den Kiflaraga wenden folle; wer in Stiftungsfachen etwas
fuche, wende fich an denselben in deffen Diwan, den er zur Schlichtung
diefer Geschäfte alle Mittwoche hält, wer von ihm fonst etwas wolle,
müffe hiezu durch Erlaubniß des Großweßirs und Mufti befugt feyn [1]).
Troß diefer Vorsichtsmaßregel stürzte die Partey des Serai, an deren
Spitze der neue Kiflaraga, den Großweßir mittelst des Mufti, und
erhob den Kiajabeg zur höchsten Stelle des Reiches. Diefer, Elhadsch
Mohammed, beygenannt Terjaki, d. i. Opiumeffer, war der Sohn
eines Derwisches Begtaschi von Constantinopel [2]); er hatte feine Laufbahn als Derwisch begonnen, war zu Anfang des letzten russischen
Krieges durch den Schutz des damahls allmächtigen Osman, Kiaja,
als Schreiber eingetreten, bey Beendigung desfelben als Mewkufatdschi, d. i. Präfident der Tarenkanzley, zur Gränzberichtigung Servien's ernannt worden, hernach Mustermeister der Janitscharen, Intendent des Arfenales, und jetzt Minister des Inneren gewefen [3]).
Diefe Stelle erhielt der bisherige Intendent der Kammer, Mohammed Said, der Sohn des Acht und Zwanzigers, der durch feine Sendungen nach Schweden und Rußland bekannt, ebenfalls als Gränz-
commiffär gegen Österreich verwendet, als Beglerbeg Bothschafter
nach Frankreich gegangen war [4]). Der Reis Efendi war Mustafa,
welcher vor zehn Jahren als Internuntius nach Wien gegangen, feitdem als Bevollmächtigter dem Congreffe von Niemirow beygewohnt,
den Frieden von Belgrad unterzeichnet hatte. Der vorige Großweßir
wurde ohne besondere Ungnade nach Rhodus verwiesen, die Bestallung des neuen durch ein Chatt = scherif kundgemacht [5]); die erledigte
Stelle des Intendenten der Kammer erhielt Bekirbeg, der fie schon
vormahls bekleidet hatte. Der Silihdar des Sultans, Mustafabeg,
der Sohn des berüchtigten Großweßirs Baltadschi, des Friedenschlie-
ßers am Pruth, der, nach feines Vaters Hinrichtung ins Serai genommen, und bereits zehn Jahre lang die oberste Schwertträgersstelle
versehen, wurde mit drey Roßschweifen als Statthalter von Morea
entfernt [6]), und der Kiaja des Schatzes, d. i. der Vorsteher der zweyten Pagenkammer, Aliaga, zum Silihdar ernannt. Der Bostandschibaschi und Oberstkämmerer wurden geändert [7]), die Wefire Statthalter fast im ganzen Reiche gewechselt, und die ersten Ämter des Diwans
im Sinne des neuen Ministers befetzt. Ein erlauchtes und erleuchtetes
Ministerium, deffen drey erste Glieder der Großweßir, der Minister
des Inneren und der Reis Efendi, durch Verhandlungen mit europäischen Geschäftsmännern, als Gefandte und Bevollmächtigte, fich
in europäischer Politik unterrichtet hatten. Der einzige Jude, Foctor
des vorigen Großweßirs, wurde hingerichtet; fo waren auch kurz vorher, noch unter dem letzten Großweßir, drey Juden, weil fie zu Ba-

[1]) Penkler's Bericht vom 16. Julius 1746. [2]) Biographien der Großweßire
Mohammed Said. [3]) Save et Bosnie Castellane à Argenson 11. Août 1746.
[4]) Isi Bl. 66. [5]) Penkler's Bericht. [6]) Isi Bl. 67. [7]) Eben da.

lata einen Seid geprügelt, hingerichtet worden ¹). Eine merkwürdi=
gere Hinrichtung ist die gleichzeitige des Bosniers oder Kroaten aus
Agram, Ibrahim's, welcher auf dem Bekehrungsgeschäfte von Mosli=
men zum Christenthume ergriffen, laut Fetwa's seinen Kopf nur durch
Bekenntniß des Islams gerettet, dann aber von Cypern aus den
Großwesir mit türkischen und lateinischen Briefen behelliget hatte, in
denen er sich als „Prophet Gottes und immer siegreich" unterschrieb,
und ankündigte, daß er vor sechzehn Jahren vom Himmel gesandt, der
eingefleischte Mohammed sey, welcher nun gekommen, die Wahrheit
des Christenthumes, der Dreyeinigkeit und des Glaubens des Herrn
Jesu aufzufrischen, als der letzte Prophet. Der Mufti entschied, daß
dieß kein Narr, sondern ein gefährlicher Ungläubiger, welchen aus
dem Wege zu räumen, gesetzlich sey ²).

Den Anfang der neuen Großwesirschaft bezeichneten eingesandte
Köpfe der störrigen Lewende, welche trotz der wiederhohlten Befehle
nicht aus einander gingen, und wider welche jetzt die ernstesten Maß=
regeln ergriffen wurden ³), und ein Paar Feuer zu Constantinopel.
Das eine, welches nur das Dach eines der Thürme des Gebethaus=
rufers der Moschee S. Bajesid's verzehrte, gab bloß zu Wort= 11.Oct.
und Witzspielen Anlaß, indem der Nahme Minaret eigentlich Leucht= 1746
thurm bedeutet, und auf die abgebrannte Haube desselben das türkische
Sprichwort: Es sey gesund der Kopf, an Hauben fehlt es nicht ⁴),
in Anwendung gebracht ward. Neun Tage hernach ging zu gleicher
Zeit zu Galata, und gegenüber in Constantinopel zu Balata, d. i. 20.Oct.
im Judenquartiere, Feuer auf, dessen meiste Häuser enge an einander
gebaut niederbrannten ⁵). Nach dem Bairam hatten die gewöhnlichen
Veränderungen oder Bestätigungen der Diwansämter Statt, und
eine wichtigere, nähmlich die des Mufti, indem der Doctor schon nach
sieben Monathen abgesetzt, seine Stelle dem Seid Mohammed El 26.Oct.
Huseini, dem achtzigjährigen Sohne ⁶) des verstorbenen Vorstehers
der Emire, Ak Mahmud's, verliehen ward ⁷). Der Doctor hatte sich
seine Absetzung durch übermüthige Geschäftigkeit zugezogen ⁸); seine
Absetzung hatte auch die neue Besetzung der anderen vornehmsten Würden
des Gesetzes zur Folge; der Oberstlandrichter von Rumili, der Vor=
steher der Emire und der Leibarzt wurden gewechselt ⁹). Welipascha,
der Statthalter von Aidin, wurde zum Groß = Inquisitor der störrigen
Lewende in Asien ernannt ¹⁰), er übte sein Amt mit aller Strenge des
Titels desselben rechts und links Lewende aufstörend, aber zugleich
die Länder zerstörend; als er ins Dorf Gumruk' bey Kaißarije gekom=

¹) Isi Bl. 57. ²) Derselbe Bl. 58, mit einer langen Warnung des Ge=
schichtschreibers wider die verdammten Franken, welche das Land, in Mosli=
men verlarvt, durchstreiften, um Leute zum Christenthume zu bekehren ³) Isi
Bl. 69. ⁴) Derselbe Bl. 68. ⁵) Derselbe Bl. 70. ⁶) Rigo a Curmann 27. Nov.
1746. ⁷) Isi Bl. 70. ⁸) Derselbe Bl. 71. ⁹) Derselbe Bl. 72. ¹⁰) Eben da.

IV. 27

men, starb er plötzlich, und selbst der kirrste aller Historiographen, der die Nichtigkeit seines historischen Urtheils unter rethorischen Wort=schwall versteckende Isi, kann bey dieser Gelegenheit die Bemerkung nicht unterdrücken, daß den Groß=Inquisitor vermuthlich das Stein=übel als Wirkung der Verwünschungen der Armen befallen, und daß durch seinen Tod die bedrängten Unterthanen von der Qual der In=quisition befreyt worden [1]. Alipascha der Doctorssohn, vormahliger Großwesir, dessen zweckmäßige Strenge vorzüglich die Macht der Le=wende gebrochen hatte, wurde durch kaiserliches Handschreiben belobt, mit kaiserlichem Pelze und Pferden belohnt [2]. Ein anderes Schrei=ben bestätigte die Wesire Statthalter von Haleb, Rakka, Damaskus, Jerusalem, Wan, Cypern, Widdin, Bender in ihren Statthalter=schaften [3], und der Kapudanpascha Mahmud, der keinen Zwiebel aß, und die Flotte dadurch bald empört hätte, daß er die, so Zwiebel aßen, bestrafte [4], wurde nach Mitylene verbannt, seine Stelle dem ersten Stallmeister, Schehsuwarsade Murtesabeg, verliehen; bald

28. Nov. 1746 hernach wurde die Statthalterschaft wieder gewechselt, und Jahjapascha, der Statthalter Rumili's, nach Nissa befehligt, um die dort ausge=brochene Meuterey der Janitscharen zu dämpfen. Mitten unter diesen Veränderungen traf die fröhliche Nachricht ein, daß Nasif Efendi, der in Begleitung des persischen Bothschafters an den Schah geschikte

4. Sept. Gesandte den Frieden im Lager zu Kerden, zwischen Kaswin und Ta=herqu, unterzeichnet habe. Er war von Nadirschah auf dem indischen Pfauenthrone empfangen worden; vom Kopfe strahlte diamantenes Diadem mit Reigerbusch, von den Armen Smaragden und Perlen als Armbänder, um den Hals hing eine Schnur Diamanten, sein Brustlatz war ein diamantener Schild, und ein diamantener Gürtel schnürte seine Mitte zusammen [5]. Vor dem Throne standen Majar Chan und der erste der Molla, und die sieben ersten Hofdienste ganz in Goldstoff gekleidet. Nach der Anrede im Nahmen des glorreichsten, großmächtigsten, großkräftigsten, hochansehnlichsten Herrn der Zeit, Sultan Mahmud's, und nach Übergabe der Beglaubigungsschreiben, fragte Nadirschah im Style persischer Artigkeit: Ob das königliche Ge=hirn [6] gut und gesund? Er rief den Gesandten, näher zu kommen, und erschöpfte sich mit ihm in Versicherungen seiner Freundschaft für S. Mahmud, ohne Rücksicht auf Ritus und Bethort, auf Land und Schatz, nur bedacht, die Feindschaft in Freundschaft zu kehren. Nach fünf Unterredungen mit dem Majar Chan und dem Mollabaschi wurde der Friede auf dem Fuße der Gränzen des mit S. Murad IV. abge=schlossenen, und nur mit dem Zusatze der drey Artikel unterzeichnet, daß erstens die persischen Pilger sich desselben Schutzes des Emirol=hadsch erfreuen sollen, wie die osmanischen; zweytens, daß gegensei=

---

[1] Isi Bl. 80. [2] Derselbe Bl. 78. [3] Derselbe Bl. 77. [4] Derselbe Bl. 79.
[5] Derselbe Bl. 87. [6] Derselbe Bl. 88.

tige, alle drey Jahre zu ändernde Geſchäftsleute an den beyden Höfen
ſich aufhalten; drittens, daß die beyderſeitigen Gefangenen frey in
in ihre Heimath zurückkehren ſollen[1]). Sobald die Nachricht der Unter= 16.Dec.
zeichnung des Friedens zu Conſtantinopel angelangt, wurde dieſelbe in 1746
feyerlichem Diwan kund gemacht, und die Anſtalten glänzender Groß=
bothſchaften getroffen. Zur ſelben wurde der kurz vor dem Tode des
letzten Kiſlaraga mit der Rückkehr nach Conſtantinopel begnadigte
Kesrieli[2]) auserwählt, und zu dieſem Ende mit der Statthalterſchaft
von Siwas und dem Amte als Präſident der erſten Kanzley des Ta=
gebuches bekleidet[3]). Um ſein Gefolge ſo ſtattlich zu machen als mög=
lich, wurden die aſiatiſchen Sandſchake von Siwas, Karaman, Ada=
na, Haleb, Meraaſch, Rakka, Erſerum und Diarbekr aufgebothen,
jedes einige große Lehensträger (Saim) und ein Dutzend von kleinen
(Timarli) zu ſtellen, welche den Großbothſchafter begleiten ſollten[4]);
jeder Saim erhielt einen Beutel Geld und ein Zelt, jeder Timarli
hundert Piaſter, und je neun und neun ein Feldzelt, in allem eine Be=
ckung von vierhundert Reiſigen. Der Statthalter von Bagdad, Ah=
med, wurde zur Auswechslung der Großbothſchafter beſtimmt[5]). Von
perſiſcher Seite war dazu Muſtafa Chan, mit dem Titel eines Chali=
fen der Chalifen, ernannt, und da man kund gegeben, daß derſelbe
einen goldenen indiſchen, mit Rubinen und Perlen beſetzten Thron,
viele Goldſtoffe neuer Erfindung und vier Reihen Elephanten mit ſich
bringe[6]), wurde auch von Seite der Pforte alles aufgebothen, das
alte Wort von osmaniſcher Pracht zu bewähren.[7]). Aus Anatolien
wurden neunzig der ſchönſten turkmaniſchen Pferde zuſammengeſucht[8]);
dem Bothſchafter wurde einer der gelehrteſten Muderris, Nuuman
Efendi, als Lagerrichter, und einer der geiſtreichſten Dichter, Rah=
mi, aus der Krim, als Geſchichtſchreiber der Bothſchaft beygegeben[9]),
und eine Menge an Geſchenken, welche alle vorige an Pracht und
Glanz überbothen.

Die nach Aſien beſtimmten Geſchenke übertrafen ſo an Zahl, als
an Pracht alle Sendungen, welche je von Seite der Pforte Statt ge=
funden. Wir haben geſehen, daß dieſelben beym Paſſarowiczer Frieden
ſiebenmahl ſieben an der Zahl, und daß der Werth derſelben ſammt allen
Koſten der kaiſerlichen Bothſchaft nur zweymahlhunderttauſend Pia=
ſter betrug; dießmahl war die Zahl der Geſchenke nicht weniger als
neun und ſechzig, und der Werth derſelben ſiebenhundert Beutel, das
Gefolge beſtand aus tauſend Perſonen[10]). Nachdem dieſelben der Kiaja
des kaiſerlichen Schatzes in den Pfortenpallaſt des Großweſirs geliefert,
wo ſie zur Schau ausgeſtellt wurden, verfügten ſich der Großweſir und

---

[1]) In Iſi in voller Länge Bl. 81, der ausführliche Geſandtſchaftsbericht
Muſtafa Naſif Efendi Bl. 86—91. [2]) Iſi Bl. 60. [3]) Derſelbe Bl. 84. [4]) Die
Liſte der einzelnen Statthalter Bl. 76. [5]) Iſi Bl. 77. [6]) Derſelbe Bl. 74. [7]) S.
Tott Mémoires Amſterdam 1785, I. p. 184. [8]) Die Liſte derſelben in Iſi Bl. 77.
[9]) Derſelbe Bl. 75. [10]) Penkler's Bericht.

Mufti, der Kapudanpaſcha und Agapaſcha mit dem Bothſchafter Kesrie=
lipaſcha, der Defterdar und Defter Emini ſammt den beyden oberſten
Landrichtern zur Pforte, in ihrer Gegenwart wurden die Geſchenke in
ihren Behältniſſen vom Großweſir verſiegelt, und dann wieder ins
Serai zurückgeſendet¹), wo ſie dem Bothſchafter übergeben wurden²),
der bald darauf auch in feyerlicher Abſchiedsaudienz die kaiſerliche Be=
ſtätigungsurkunde und fünf Beglaubigungsſchreiben erhielt³). Eine
andere gleichzeitige Feſtſchau für die Hauptſtadt gab die Gegenwart des
Chans der Krim, Selim, welcher bisher noch nicht zu Conſtantinopel
erſchienen, jetzt eingeladen⁴), mit den größten Auszeichnungen überhäuft
ward. Er ſtieg außer den Mauern der Stadt, im Meierhofe des eiſernen
Thores⁵) ab, von ſeinem Geſchäftsträger an der Pforte, welcher kein
minderer als der Reis Efendi ſelbſt, empfangen. Am folgenden Tage
hielt er feyerlichen Einzug, vom Großweſir, dem Mufti, den Weſi=
ren Kapudan und Aga, den Tſchauſchen, den Muteferrika, den Her=
ren des Diwans, den Aga der Truppen einbegleitet, mit feſtlichem
Gaſtmahle bewirthet, und mit Pelze bekleidet, während der mit ihm
gekommene Sultan Mesudgirai, der Chaſinedar und Schirinbeg mit
Fuchs und Hermelin bekleidet wurden. Drey Tage hernach wurde er
bey der Audienz des Sultans mit Zobelpelz und demantbeſetztem Dol=
che, mit einer juwelenbeſetzten Uhr, zwey Beuteln Duraten, und ei=
ner goldenen Doſe von fünftauſend Piaſtern im Werthe, woran zwey
Tenſu, d. i. wohlriechende Paſten des Serai, einem goldenen Arm=
bande, in welchem ein unvergleichlicher Bezoar gefaßt war, be=
ſchenkt⁶). Er wurde hierauf zu drey verſchiedenen Mahlen, vom Groß=
weſir⁷), vom Mufti⁸) und von den Miniſtern der Pforte⁹) feſtlich bewir=
thet, wieder in feyerlicher Abſchiedsaudienz vom Sultan mit der Kapa=
nidſcha bekleidet, und wohnte¹⁰) dann noch der Feyerlichkeit, womit im
Arſenale das Kriegsſchiff, der Flügel des Meeres¹¹) genannt, vom Sta=
pel gelaſſen ward, bey; er zog dann endlich, vom Großweſir, allen
Miniſtern nnd Generalen begleitet, feyerlich von Conſtantinopel aus.
Um den Aufzug zu ſehen, begab ſich der Sultan nach dem Kreuzwege
der vier Straßen von Akſerai, wo er von der Höhe der dort neu er=
bauten Fontaine zuſah, wie ſich der Aufzug ſcharte, wie der Großwe=
ſir die Reihen, rechts und links Gruß gebend, durchritt, und hernach
mit dem Chan Bügel an Bügel abzog. Zur Abreiſe erhielt er von
Seite des Sultans durch den Großweſir zweytauſend Dueaten, von
Seite des Großweſirs durch den Kiaja ein reich geſchmücktes Pferd¹²).
Der Großweſir, die Miniſter und Generale begleiteten ihn bis außer

¹) Iſi Bl. 94. ²) Derſelbe Bl. 98. ³) Eben da ſammt den Beglaubigungs=
ſchreiben Bl. 99 des Sultans, die Beglaubigungsurkunde des Tractates Bl. 100,
das Schreiben des Großweſirs an Nadirſchah Bl. 103, das Schreiben des Groß=
weſirs an Schahroch Bl. 105, das Schreiben des Mufti an den oberſten Molla
Bl. 106. ⁴) Iſi Bl. 93. ⁵) Derſelbe Bl. 97. ⁶) Eben da. ⁷) Derſelbe Bl. 98.
⁸) Derſelbe Bl. 107. ⁹) Derſelbe Bl. 108. ¹⁰) Eben da. ¹¹)Iſi Bl. 109. ¹²)Der=
ſelbe Bl. 110.

das Thor, der Reis Efendi, als sein Geschäftsträger, bis an den Meier=
hof des eisernen Thores zurück ¹). Ganz anders, als er ins Feld ge=
zogen, zog aus demselben der persische Thronwerber, der angebliche
Sohn Schah Husein's, zurück. Bey Ausbruch des Krieges war er,
wie oben erzählt worden ²), mit allen Ehren eines persischen Prinzen,
mit Schatz und Mannschaft unterstützt, an die Gränze begleitet wor=
den, und die Pforte träumte von der Einsetzung desselben auf den
persischen Thron an Nadirschah's Stelle. Jetzt, wo der Thronanma=
ßer Nadirschah die Pforte zur Abschließung so unrühmlichen Friedens,
mit Aufopferung aller Eroberungen gezwungen, und Constantinopel
vor Taheran zitterte, wurde der wahre oder angebliche persische Prinz
erst zu Karahißar (scherki) in Verwahr gehalten, und da dieses, weil
an der Hauptstraße gelegen, und zum Theil offen, nicht ganz sicher
schien, von da nach Ssamßun in Verwahr gesetzt. Gleiches Schick=
sal hatte auch der persische Chan Mirsa Sam, welcher erst zu Tra=
pezunt, dann zu Tokat nicht für sicher genug erachtet, zu Si=
nope eingesperrt ward ³). Der Aga der Janitscharen, Ibrahimpascha,
und der Bostandschibaschi wurden, jener als Statthalter nach Aidin,
dieser in Ruhe gesetzt, und an ihre Stellen wurden nach dem Kanun
die ihnen am Range zunächst stehenden, an die des ersten der Kulkiaja,
d. i. der erste Generallieutenant der Janitscharen, an die Stelle des
zweyten der Chaßeki Aga (der Generallieutenant der Bostandschi) be=
fördert ³); auch drey andere hohe Ämter, nähmlich der Kiajabeg (Mi=
nister des Innern), der Tschauschbaschi (Hofmarschall) und der Def=
ter Emini (Vorsteher des Rechnungs=Directoriums), wurden geän=
dert. Mohammed Said, der ehemahlige Gränzcommissär, Gesandte
nach Schweden, Rußland und Frankreich, wurde aus Eifersucht des
Großwesirs auf seine vorige Stelle des Rechnungs=Directors zurück,
an die seinige der Tschauschbaschi, Esseid Abdiaga, gesetzt, Tschausch=
baschi ward Mustafa, der Siegelbewahrer des in der Schlacht von
Peterwardein gebliebenen Großwesirs Tschorlili Alipascha ⁴). Der vo=
rige Mufti, Pirisade Mohammed Efendi, und sein Schwiegersohn,
Osman Molla, welche jetzt von ihrer Pilgerschaft zurückgekommen,
erhielten mittelst kaiserlichen, an den Mufti gerichteten Befehles, die
Erlaubniß, ihre Gerstengelder zu Kallipolis zu verzehren ⁵). In die=
sem so wie in dem vorigen Jahre betrauerte Constantinopel den Ver=
lust eines der größten mystischen Scheiche neuerer Zeit. Voriges Jahr
starb im sechs und sechzigsten seines Alters der Scheich der Nakschben=
di des Klosters zu Beschiktasch, Mustafa Risa Efendi, beygenannt
Nedscharsade, d. i. der Sohn des Tischlers, Übersetzer des persischen
Werkes: Compendium der Heiligkeit⁶), und der Verfasser von vier
Sammlungen von Lobgesängen auf den Propheten; jetzt starb drey

16.
März
1747
8. Febr.
1746

---

¹) S. oben S. 392. ²) Isi Bl. 112 u. 113. ³) Derselbe Bl. 110. ⁴) Derselbe
Bl. 213. ⁵) Eben da. ⁶) Derselbe Bl. 52.

und neunzigjährig, im Rufe großer Heiligkeit, der Scheich der Schei=
che[1]), Scheich Nureddin, deſſen Großvater ſchon unter der Regierung
S. Ahmed's I. der Scheich des Kloſters des alten Muſtafapaſcha, nach
dem Grabe des erſten aller myſtiſchen Scheiche, Oweis Al = Karni's,
gewallfahrtet hatte. Scheich Nureddin genoß ſo hoher Verehrung, daß
ihn ſelbſt der Sultan beſuchte, um von ſeiner Heiligkeit Segen zu
erſtehen; das Leichengebeth verrichtete an ſeinem Sarge der Mufti;
unter dem Zulaufe von vielen tauſend Menſchen legte der Großweſir
ſelbſt Hand an deſſen Begräbniß an; er wurde in der Nähe des Mark=
tes in dem Grabmahle des letzten allmächtigen Kiſlaraga Beſchir be=
ſtattet, an welchem bald nach ihm drey ſeiner Söhne begraben wur=
den, deren vierter, Kutbeddin, der Erbe ſeiner geiſtigen Herrſchaft,
als Scheich des obgedachten Kloſters auf dem Schaffelle ſaß.

Während der Unterhandlungen des perſiſchen Friedens bearbeiteten
der franzöſiſche Bothſchafter Caſtellane und Bonneval die Pforte auf
das eifrigſte, um dieſelbe zur Annahme eines Bündniſſes mit Frank=
reich zu bewegen. In drey geheimen Berathungen erörterten die Mi=
niſter den Vorſchlag Caſtellane's, der aus den folgenden ſechs Artikeln
beſtand; erſtens: bey dem zu haltenden Friedenscongreſſe ſollen auch
Bevollmächtigte der Pforte erſcheinen; zweytens: Frankreich und die
Pforte verbinden ſich, um den Großherzog von Toscana zur Verzich=
tung auf die Kaiſerkrone zu zwingen; drittens: der Sultan behält,
was er in Ungarn erobert; viertens: der Krieg wird fortgeſetzt, bis
der Großherzog auf die Kaiſerkrone verzichtet hat; fünftens: in den
Vertrag mit den Könige von Frankreich ſind deſſen Verbündete mit
einbegriffen; ſechstens: keine der in dieſem Vertrage begriffenen Mäch=
te kann mit dem Großherzoge von Toscana oder der Königinn von
Ungarn allein unterhandeln[2]). Die Unterhandlung fiel auf die Nach=
richt des zwiſchen Maria Thereſia und Friedrich geſchloſſenen Dresdner
Friedens ganz zu Boden, und die im folgenden Jahre neuerdings von
Caſtellane[3]) durch den Kiajabeg Said Efendi und den Mufti Haja=
tifade, den Doctor (beyde gut franzöſiſch) gemachten Verſuche, dieſes
Bündniß wieder aufs Tapet zu bringen, blieben fruchtlos, weil Mo=
hammed Said, furchtſamen und unentſchloſſenen Charakters, nichts
auf ſich zu nehmen wagte, und der Mufti abgeſetzt ward. Der Reis
Efendi, wiewohl äußerſt geldgierig, war zu behuthſam zur Ausführung
dieſes Vorſchlages, welcher ihm den Kopf hätte koſten können; auch
waren die Miniſter der Pforte darüber bedenklich, daß Frankreich ſich
ſeinerſeits nicht zur Fortſetzung des Krieges verſehen wollte, wodurch
die Pforte allein im Felde geblieben wäre. Eben ſo wenig gelang Bon=
neval's Bemühen, mit Preußen nähere Verbindung anzuknüpfen, wie=

19.
Febr.
1747

Conf.
am 17.
u. 18.
Nov.
1745
29. Jul.
1746

---

[1]) Iſt Bl. 110 l. Z. [2]) Das Project dem Berichte Penkler's vom 3. Febr.
1746 beyliegend, die erhaltene Mittheilung koſtete 4 Beutel Geldes. [3]) Mémoi=
re de Castellane à la Porte du 29. Juillet 1746 pour engager la Porte à une
diverſion aux frontières d'Hongrie par des démonſtrations.

wohl er durch Carlſon, der zurück ging, an den Grafen Podwils ge=
ſchrieben, daß die Pforte die Wiederherſtellung des Briefwechſels, wel=
cher zwiſchen ihr und dem vorigen König beſtanden, aufs eifrigſte
wünſche. Das mit Spanien vorgeſchlagene Bündniß ſcheiterte von
Seite Spanien's und Neapel's an der Bulle der Kreuzzüge, vermög
welcher Spanien jährlich große Summen bezog. Bonneval war immer
wider den kaiſerlichen Hof unverſöhnlich erbittert, weil er nie die
vier und zwanzigtauſend fünfhundert Gulden ausſtändiger Gelder,
noch ſein natürlicher Sohn, der ſpäter in der Schlacht von Guaſtalla
getödtete Graf de la Tour, Entſchädigung für ſeine Bibliothek von
zweytauſend Bänden und das weggenommene Hausgeräthe ſeines
Vaters hatte erhalten können. Indeſſen war Bonneval doch auch mit
ſeiner dermahligen Lage ſehr unzufrieden, weil ſein Sold ihm unregel=
mäßig ausbezahlt wurde, und der Reis Efendi war eben nicht ſehr
bedacht, deſſen Begehren genug zu thun, weil er wußte, daß Bonne=
val mehrerer Mächte Großpenſionär. So dachte Bonneval denn heim=
lich auf eine Wiederkehr nach Frankreich, und unterhandelte dieſelbe
durch Deſalleurs, welcher zu Caſtellane's Nachfolger beſtimmt war;
dieſer gab ihm im Nahmen d'Argenſon's den Auftrag, die Türken zu
einer Bewaffnung gegen Öſterreich aufzuhetzen und der franzöſiſche
Bothſchafter zu Neapel, Hopital, ſchrieb ihm im ſelben Sinne [1]).
Das Schreiben, welches den Antrag zur Rückkehr Bonneval's enthielt,
wurde demſelben durch Peyſſonel entziffert übergeben, und am folgen=
den Tage ſtarb er an der zurückgetretenen Gicht, ohne Teſtament,
mit mehr als zehn Beuteln Schulden [2]). Sein angenommener Sohn,
der auch für ſeinen natürlichen galt, der mayländiſche Renegate Sulei=
man, fünf und vierzig Jahre alt, folgte ihm als Vorſtand der Bom=
bardiere nach, ſo wie der junge Ibrahim, des vorigen Jahr verſtorbenen
ungariſchen Renegaten, des alten Ibrahim, demſelben als Director der
Druckerey gefolgt war [3]). Bonneval hatte ſich auch bey Teſſin, dem
neuen ſchwediſchen erſten Miniſter, dahin verwendet, daß Carlſon zu Con=
ſtantinopel bleibe, aber dieſer wurde dennoch abberufen, und an ſeine
Stelle kam Celſing, erſt als Geſchäftsträger, dann als Reſident. Der
engliſche Bothſchafter war Porter [4]), der Verfaſſer einer ſchätzbaren
kleinen Schrift über die Staatsverfaſſung der Türken, wie die Buſi=
nello's [5]), der mit ihm gleichzeitig venetianiſcher Bothſchaftsſecretär
zu Conſtantinopel. Von Seite Pohlen's kam der Jeſuit Borowski
mit ſechs Perſonen, um die Wiederherſtellung der Miſſionen in der
Tatarey, und die Errichtung eines Hoſpitiums zu Sira zu begeh=

Right margin notes: 23.May 1747 · Junius 1746 · 1745

---

[1]) Extrait de la lettre de Mr. de l'Hopital à Castellane. [2]) Castellane à
Argenson 23. May 1747. (holländiſcher Geſchäftsträger) à Burman 29. May
1747. St. R. [3]) Penkler's Bericht vom Junius 1746. [4]) Observations on the
religion, law, government, and manners of the Turks. Lion 1768. [5]) Peter
Buſinello's hiſt. Nachrichten von der Regierung, den Sitten und Gewohnhei=
ten der Osmanen. Leipzig 1788.

ren ¹); er wurde ehrenvoll nach der Tatarey abgefertigt. Dieß war
das einzige Geſchäftsverhältniß mit Pohlen ſeit dem zwey Jahre frü=
her vom Großweſir an den Hetman Potocki erlaſſenen Schreiben,
worin er ſich erkundigte, ob es wahr, daß Rußland wider die Ukraine
rüſte. Die Berufung des Tatarchans nach Conſtantinopel, deſſen Em=
pfang mit lichtſchäumendem Gepränge gefeyert worden, war eine po=
litiſche Maßregel der Pforte, welche jetzt nach geſchloſſenem Frieden
mit Perſien, hiedurch auf Rußland bedeutſamen Eindruck machen
wollte. Der Tatarchan beſchwerte ſich, daß die Ruſſen den Bewohnern
der Kabarta, die nach dem letzten Frieden ein unabhängiges Volk,
und den Zaporogen Unterſchleif geben, deren Gebieth, Ergad, ein
unabhängiges. Der Reſident Neplujeff nahm's zum Bericht; auf ſei=
nen Anwurf der Anſtellung eines ruſſiſchen Conſuls beym Chan wurde
erwiedert, die Tataren ſeyen rauhe Leute, die ſo eben den franzöſi=
ſchen Conſul mißhandelt hätten, vor allem müſſe jetzt der Chan zu=
rückgefertigt werden ²). Ein Paar Monathe hierauf unterhandelte Ne=
plujeff die Erneuerung des Friedens und der letzten Convention, zu
welchem Anwurfe von Seite Rußland's kein anderer Grund, als aus
demſelben den Nahmen des Prinzen Iwan hinwegzuthun, und den
der Kaiſerinn Katharina einzuſchalten. Wiewohl der ohnedieß auf
ewig abgeſchloſſene Friede keiner Erneuerung bedurfte, ſo fand ſich
doch der Reis Eſendi, der hierin neuen Goldquell für ſich ſpringen
ſah, hiezu willfährig, und die Convention wurde auf den Nahmen
der Kaiſerinn mit Einbegriff des ewigen Friedens, durch eine beſon=
dere Urkunde erneuert ³). Dem Freyherrn von Penkler, welcher nach
der Kaiſerkrönung Franz I. zur Kündung derſelben zum Internuntius
oder außerordentlichen Geſandten ernannt worden, war ſchon der Tag
der feyerlichen Audienz einberaumt, als ſich der Reis Eſendi in der
Überſetzung des Beglaubigungsſchreibens an dem Titel: König von
Jeruſalem, ſtieß, welcher ſeit ähnlichem Anſtoße unter Suleiman dem
Geſetzgeber ⁴), nie in den Beglaubigungsſchreiben der Kaiſer vorge=
kommen, dieſes Unerhörte war ein Verſehen der hievon nicht unter=
richteten Reichskanzley. Der Reis Eſendi fragte den Freyherrn von
Penkler, was dieß zu bedeuten habe, und wie es ihm gefallen würde,
wenn ſich der Sultan König von Ungarn nennete, weil er es vor=
mahls beſeſſen⁵)? Alle Einwendung Penkler's, daß dieß der alte Ti=
tel des Herzogs von Lothringen, blieben ſo erfolgloſer, als dieſer
Titel auch in den neapolitaniſchen Beglaubigungsſchreiben unterdrückt
war. Das Beglaubigungsſchreiben mußte alſo umgeſchrieben werden,
und der Reichsgeſchichtſchreiber, der dieſes mit dem höchſten Triumphe

---

¹) Bericht von Hübſch an den Grafen Brühl vom 19. Febr. 1746. St. R.
²) Penkler's Bericht. ³) Eben da, dann die Verhandlung und die Urkunde in
Iſi Bl. 160 und 161 ⁴) II. B. S. 104. ⁵) Penkler's Bericht.

erzählt ¹), und dabey weitläufig vom Frieden von Belgrad her aus=
hohlt ²), ſteht darin nur die Erfüllung des Wortes Sultan Mahmud's,
welcher, als durch die nachträgliche Convention des Belgrader Friedens
einige Ausdrücke deſſelben geändert worden, geſagt haben ſoll: „So
„Gott will, wird's bey Gelegenheit vergolten." Nach den Audienzen führ=
te Penkler eine doppelte Unterhandlung, die eines Freundſchaftsvertra=
ges mit dem Kaiſer, als Großherzog von Toscana, und die der Ver=
ewigung des Belgrader Friedens, wozu der erſte Anwurf von Seite
des Reis Efendi kam, welcher ſich vortrefflich darauf verſtand, geld=
einbringende Geſchäfte und Unterhandlungen hervorzurufen, und nur
mit Gold zu hebende Schwierigkeiten entgegenzuſetzen. In der Un=
terhandlung des Friedens= und Freundſchaftsvertrages mit Toscana
brachte er den, ihm vermuthlich von Caſtellane und Bonneval einge=
blaſenen Einwurf vor, daß in Varchi's Geſchichte von Florenz Cosmo
als der Stifter des Stephan=Ordens erſcheine, deſſen Ritter, wie
die von Malta, in offener Feindſchaft mit den Moslimen, und daß
alſo keine Freundſchaft beſtehen könne. Penkler entgegnete ſchlagfertig:
Wenn auch, ſo wäre alte Feindſchaft in neue Freundſchaft umzuwan=
deln, wie könne die Pforte aber mit chriſtlichen Mächten überhaupt
in Frieden und Freundſchaft leben, da es im Koran heiße: „Schlagt
„die Ungläubigen alle todt;" jeder Fürſt wiſſe ſich zum Wohle des
Staates mit ſeinem Gewiſſen abzufinden, und hoffentlich auch ſo die
Pforte ³). Der Anſtand der Verewigung des Belgrader Friedens über
den Ausdruck ewig, als unzuläſſig durch das Geſetz, war um ſo ſon=
derbarer, als bereits mit Rußland ewiger Friede abgeſchloſſen,
und noch jüngſt erneut worden war. Der Reis Efendi wollte nur
das Wort langwierig gebrauchen, der Internuntius beſtand auf fort
dauernd und ewig; endlich verglich man ſich auf fortdauernd und be=
ſtändig; aber die türkiſche Urkunde verklauſelte dieſe beyden Wörter
noch mit dem Satze, auf langwierige Zeit, in ſo weit es das Geſetz
erlaubt ⁴). Dieſe Schwierigkeiten kamen von Seite des Mufti Haja=
tiſade, der im Intereſſe Frankreich's, ohnmächtig die Pforte als Fein=
dinn aufzuhetzen, doch jeden Schritt der Freundſchaft erſchweren woll=
te, und auch gegen den Titel von Jeruſalem den größten Lärm ge=
ſchlagen. Als derſelbe abgeſetzt, und der achtzigjährige Ak Mahmud=
ſade Seinulabeddin Mufti, hatte der Reis Efendi freye Hand; er
geſtand zu, daß die Kaiſerinn in ihrer Urkunde als einzige Erbinn des
Reiches ihres Vaters genannt, daß in der türkiſchen der Titel von Je=
ruſalem, den er dem des Sultans beygefügt, als ungewöhnlich wegge=
laſſen werde; dafür bedingte er ſich aber noch für jede Urkunde, für die
toscaniſche ſowohl, als für die Verewigungsurkunde, dreytauſend
Ducaten aus, da er für den mißlichen Belgrader Frieden fünfzehn=

¹) Iſt Bl. 91—93. ²) Derſelbe Bl. 91. ³) Penkler's Bericht vom 11. Ja=
nuar 1747. ⁴) Iſt Bl. 116.

hundert und einen schönen Ring erhalten. So wurden denn trotz der
Einschreitung Castellane's und der Einstreuungen Bonneval's, der
gerade zwey Tage vorher gestorben, Österreich's und Toscana's Vertrag unterzeichnet, und die Pforte hatte binnen sieben Monathen
mit Persien den Frieden geschlossen, mit Rußland und Österreich
denselben erneuert und verewiget ¹).

25. May
1747

¹) Ist Bl. 115, die toscanische Bl. 117—120.

Neun und sechzigstes Buch.

Der Saal des Prophetenmantels. Der Großwesir abgesetzt, seinerstatt Seid Abdullah. Nadir's Tod. Rückreise des Großbothschafters. Mamluken = Mord. Statthalter = Ernennung. Hr. v.
Desalleurs. Chatti Mustafa, Internuntius zu Wien. Vermäh-
lungen, Bauten, Chronogramme. Auflauf zu Constantinopel
und Bagdad. Persische und neapolitanische Gesandtschaft. Schiffs-
bau. Tod des Chans der Krim. Verleihungen und Änderungen
von Wesirstellen. Esaad Mufti. Tod Neili's und des Imams der
Messerschmiede. Naturerscheinungen. Tod Kesrieli's, Pirisade's
und des Reis Efendi Mustafa. Reformation des Islams durch
Abdulwehhab unter den Beduinen. Lehre Abdulwehhab's. Widrige
arabische Nachrichten. Schatz kufischer Münzen. Araber = Rummel.
Geschenk nach Mekka. Leserstellen Bochara's. Der Fürst der Walachey, der Mufti und Großwesir abgesetzt. Bau der Pforte der
Janitscharen und eines Palastes im Serai. Indischer Gesandte
und persische Begebenheit. Pfortenansicht des Aachner Friedens.
Bestrebungen der europäischen Minister zu Constantinopel. Bau
von Kasernen, Lusthäusern und Festungen. Unruhen im Innern.
Begebenheiten zur See. Todfälle. Veränderungen. Der Großwesir abgesetzt, der Kislaraga hingerichtet. Erdbeben, Wolkenbruch,
Orkan. Ämterverleihungen. Griechenauflauf. Der Pfortendolmetsch und die Hospodare gewechselt. Bemühungen des französischen und schwedischen Gesandten und eines dänischen Unterhändlers. Venedig und Ragusa verglichen. Briefwechsel mit Pohlen.
Anstände in Neu = Servien und in der Kabarta. Begebenheiten
in Georgien und Irak. Bauten und Besuche des Sultans. Einweihung der Bibliothek von Galataserai. Erdbeben. Tod Scheich
Jusuf's und S. Mahmud's.

Unter dem Schatten des von allen Seiten versicherten Friedens hing
Sultan Mahmud so ruhiger seiner Lieblingslust, den Bauten, nach,
die jedoch alle entweder unbedeutend oder unnütz. Eine Ausnahme
machte der Bau eines neuen Schlosses in der Insel Atschu, um die

Tataren des Kubans, wider deren Streifereyen sich Rußland beklagte, im Zaume zu halten, und dadurch die Erhaltung des Friedens zu sichern [1]). Den zu Beschiktasch vollendeten Sommerpallast priesen Zahlenreime der Chronogrammenschmiede Nimet und Newres Efendi als ein Seitenstück zu den sieben berühmtesten Pallästen des Morgenlandes, nähmlich zum Pallaste des Chosroes Nuschirwan am Tigris, des Chosroes Perwis zu Medain, dem seiner Gemahlinn Schirin am Orontes, zu den beyden Pallästen des arabischen Königs Naaman in Irak, und den beyden der Könige Homjar in Hadhramut und Jemen, eben so preiset die poetische Prose des Reichsgeschichtschreibers den silbernen Thron, zu welchem in dem neu hergestellten Köschke Sinanpascha's vierzehntausend Drachmen Silbers verwendet wurden, höher, als den berühmten Pfauenthron des alten persischen Königs Keikawus, dessen Nahme durch den indischen von Nadirschah nach Persien gebrachten, in Asien und Europa aufgefrischt worden. Mit mehr der Geschichte zusagendem Lobe preiset er die Verherrlichung der Reliquienkammer des Serai, in welcher gegenüber der innersten Kammer, und zunächst dem Schlafgemache des Sultans, die heiligsten Kleinodien des Reiches: die grüne heilige Fahne des Propheten, der Säbel und Bogen, und der schwarze Mantel desselben, die Borda, verwahret wird [2]). Die Fahne ist das Reichspanier, das mit den größten Feyerlichkeiten in den Krieg auszieht und nach Hause zieht; mit dem Säbel wird der Sultan bey seiner Thronbesteigung umgürtet, und das edle Kleid wird alljährlich in der Hälfte des Ramasan der feyerlichen Verehrung des Hofes und des Ministeriums ausgesetzt, und das Wasser, worin ein Zipfel desselben getaucht wird, dem Hofe und der Stadt als Weihwasser vertheilt [3]). Die edle Fahne und das edle Kleid sind beyde in vierzig Überzügen und dann in silberner Kiste verwahrt; auf die letzte wurden jetzt achtundsiebzigtausend Drachmen Silbers, auf die Ausschmückung des Saales mit silbernen Zierathen auf lazurfarbenem Grunde und silbernem Geländer noch einige und zwanzigtausend, in allem über hunderttausend Drachmen Silbers verwendet [4]). Das geschichtliche Lob des Reichsgeschichtschreibers besteht in der Aufführung der Zeugnisse [5]) für die Echtheit des edlen Kleides, daß es dasselbe, welches der Prophet dem Dichter Kaab Ben Soheir vom Leibe weg schenkte, als er in seinem berühmten Lobgedichte auf den Vers kam: Der Prophet ist ein Schwert, welchem das Leuchten entfährt, ein indisch gebogenes, von Gott aus der Scheide gezogenes. Die Chalifen, als Nachfolger des Propheten, und die Sultane der Osmanen als Nachfolger der Chalifen in Ägypten haben sich lange genug bloß als

---

[1]) Ssi Bl. 122. [2]) Auch die Säbel Ebubekr's, Omar's, Osman's und die von sechs Gefährten des Propheten. Osman. Staatsverfassung und Staatsverwaltung II. Thl. S. 20. [3]) Mouradjea d'Ohsson II. p. 390. [4]) Ssi Bl. 130. [5]) Die von Ssi angeführten Stellen sind die aus dem Commentare des Gedichtes Haliiet des Koranslesers Ali und aus der Geschichte Chamis.

Gottes aus der Scheide gezogene Schwerter betrachtet, aber seit dem
Beginne des achtzehnten Jahrhundertes unter den Regierungen S.
Ahmed's und Mahmud's herrschte ein milderer, durch europäischen
Einfluß gezähmter Geist, und der Chalife vergoß weniger Blut als
Gottes gezogenes Schwert. In früheren Zeiten würde der angebliche
persische Prinz, nachdem er als politisches Werkzeug unnütz, noch
überdieß durch seinen unruhigen Geist Stoff zu Beschwerden gab,
sogleich aus dem Wege geräumt worden seyn; jetzt begnügte man
sich damit, denselben von Ssamsun nach Rhodos zu schaffen [1]), dem
gewöhnlichen Verbannungsorte tatarischer Prinzen. Den Beschwerden
der moldauischen Unterthanen über die Tyranney ihres Fürsten, Johann
Maurocordato [2]), wurde durch die Absetzung desselben genug gethan;
Gregor Ghika, der Bruder des enthaupteten Pfortendolmetsches,
wurde zum dritten Mahle auf den Fußschämmel der Hospodarschaft 24.Aug.
eingesetzt [3]), bald darauf der Großwesir selbst abgesetzt. Elhadsch Mo- 1747
hammed, welcher so lange Jahre in den wichtigsten Ämtern des Reiches verwendet worden, welcher schon bey dem Schlusse des Belgrader Friedens gebraucht, ietzt binnen neun Monathen Frieden und
Freundschaft mit Persien, Rußland, Österreich und Toscana abgeschlossen und bekräftiget hatte, konnte weder sein zänkisches, rachsüchti-
ges Gemüth noch seinen Hang zum Opium bemeistern; er verdarb es
mit den Ulema, und das Volk nannte ihm nicht anders als Teriaki,
d. i. den Opiumesser. Das kaiserliche Handschreiben, welches die Ernennung des neuen Großwesirs, Seid Abdullah, kündigte, tadelte zugleich das Benehmen des abgesetzten gegen die Ulema [4]), ein Nach-
geben der obersten Gewalt für die Stimme der Mißvergnügten,
welches von nun an bey den Veränderungen der Großwesire eine
stehende Maßregel, indem die bey solcher Gelegenheit erlassenen Handschreiben den abgesetzten Großwesir bald als einen aus den Herren des
Säbels als zu heftig und rauh, bald als einen von den Herren der
Feder als zu fahrlässig und unerfahren in Kriegsgeschäften tadeln,
je nachdem er Soldat oder Kanzleymann gewesen, und je nachdem sein
Nachfolger aus den Civil- oder Militärämtern genommen wird. Der
neue Großwesir, Seid Abdullah, war der Sohn Hasanpascha's, des
Kiaja des Großwesirs Husein Köprili. Sein Vater war als Beglerbeg
von Rumili unter der Großwesirschaft Ali's von Tschorli nach Constantinopel mit der Bestimmung zur Großwesirschaft berufen, als Statthalter von Ägypten entfernt, und bald darauf hingerichtet worden. Sein
Sohn Abdullah hatte als Oberststallmeister den Aufruhr Ssaribegogli's
in Aidin gedämpft, dann die Statthalterschaften von Cypern, Rakka
und Aidin verwaltet, von wo er hernach nach Constantinopel zur obersten Würde des Reiches berufen ward [5]). Der vorige Großwesir wurde

---

[1]) Ist Bl. 129. [2]) Derselbe Bl. 128. [3]) Eben da. [4]) Derselbe Bl. 133, und
Mohammed Said's Biographien der Wesire. [5]) Mohammed Seid Biogr. der
Großwesire.

nach Rhodos verwiesen, der vorige Mufti, Hajatisade der Doctor,
war zu Damaskus verstorben ¹). Der Reis Efendi Mustafa fiel mit
dem Großwesir, seinem alten Geschäftscollegen vom Congresse von Niemirow, her. Die erste Veranlassung war indeß des Kiajabeg's Eifersucht und seine zu große Geldgier, welche ihn mit dem Defterdar zer-
trug; er hatte dem Fiscus nur fünfhundert Beutel von der Verlassenschaft des alten Murtesa gegeben, welcher ihn zum Vormund ernannt,
und dessen Tochter der Reis Efendi mit seinem Sohne verheirathet hatte ²). Nach Kastemuni, seinem Vaterlande, verwiesen, bath er, nach Adrianopel gehen zu dürfen, was ihm gestattet ward. Naili Abdullah, ein
durch schriftstellerische Bildung ausgezeichneter Dichter, wurde an die
Spitze der Schreiber der Staatskanzley gestellt, dem Historiographen
Issi wurde zugleich das Amt des Ceremonienmeisters verliehen ³).
    Außer dem Reis Efendi, welcher seiner politischen Bedeutsamkeit
willen so oft besonders genannt worden, veränderte der neue Großwesir Abdullah, wie gewöhnlich, die ersten Stellen des Ministeriums,
den Kiajabeg, den Tschauschbaschi, Nischandschi, die drey Defterdare,
die Unterstaatssecretäre, den Beglikdschi, Mektubdschi, und die beyden Teskeredschi (Bittschriftmeister), die sechs Intendenten und Aufseher, die sechs Secretäre Mustermeister der Reiterey, die vier des
Fußvolkes und die Vorstände der vorzüglichsten Kanzleyen der Kammer; ein Dutzend der vorzüglichsten Statthalter des Reiches wurden
geändert ⁴). Der Gegenstand erster Verordnung war ein scharfes Verboth öffentlichen Weinverkaufes in den Schenken von Pera und Galata. „Die Tochter der Rebe" sagt Issi, „welche der Prophet die Mut-
„ter der Laster nennt, durfte sich nicht mehr verschleyert zeigen, und
„die Zärtlinge der Zeit vertauschten wieder den Krystall des Weinbe-
„chers mit dem Porzellän der Kaffehschale." Als in Psamatia, dem
4. Nov. Quartiere Constantinopels, wo die meisten Schenken, bald dar-
1747 auf Feuer ausbrach ⁵), sahen die Poeten darin den Seufzerrauch, der
aus den durch Durst verbrannten Kehlen der Weintrinker in Flammen
aufschlug. Feuer anderer Art drohte an der persischen Gränze aufzuge-
hen, von wo die Empörung Eriwan's wider Nadirschah ⁶), und bald
darauf der gewaltsame Tod Nadirschah's einberichtet ward. Emir
Chan, der Neffe Dschelilchan's von Kermanschahan, der General der
Artillerie Nadirschah's, Gurd Huseinchan und Ali Kulichan, der
Neffe Nadirschah's (der Sohn seines Bruders Ibrahim), waren mit
dreytausend Mann in offenem Aufruhr. Sie verbündeten sich schriftlich
mit dem Keschekdschibaschi Kodschabeg ⁷) und dem Dschefairdschibaschi
Ssalihbeg (den zwey Befehlshabern der Leibwachen), zu Nadirschah's
Ermordung. Als er von Meschhed in Chorosan gegen Kotschan vorge-

¹) Issi Bl. 240. ²) Penkler's Bericht vom November 1747. ³) Issi Bl. 142.
⁴) Die Liste Bl. 141. ⁵) Derselbe Bl. 143. ⁶) Derselbe Bl. 128. ⁷) Derselbe
Bl. 134. In Jones Übersetzung Kutschebeg, VI. B. 19. so wie B. VII.

rückt, hatten seine drey Söhne, Risa Kuli Mirsa, dem er vor kurzem die
Augen hatte ausreißen laßen[1]), Naßrulah Mirsa, und Schahroch Mirsa,
den Thronfolger (aus der Tochter Schah Tahmasip's) nach der Festung
Kalat gesandt, und mit den Häuptern der Afghanen und Usbegen Per-
ser-Vesper berathschlagt. Diesem zuvorzukommen drangen die beyden
genannten Hauptleute der Leibwachen[2]) nächtlicher Weile ins Zelt und
ermordeten den Schah. Am Morgen nach Nadir's Mord wurde auch 23.Jun.
Nasar Alichan vom Heere ermordet, Majarchan und der Mollabaschi, 1747
das Haupt des Gesetzes, entflohen. Der Siegelbewahrer Nadirschah's
lud seinen Leichnam auf ein Kamehl, mit dem er gegen Meschhed zog,
aber eine Partey Kurden, welche ihm auf den Weg aufstießen, zwangen ihn, den Leichnam in eine Schlucht zu werfen, und mit Erde zu
bedecken. Zu Constantinopel ward der Tod Nadirschah's als der dritte
Aufzug des großen, von der Vorsehung dem Sultan gegebenen Lust-
spieles des Todes seiner Feinde aufgenommen, und der Reichsgeschichtschreiber führt pragmatisch aus, wie nach dem Tode Kaiser Carl's VI.
und der Kaiserinn Anna, nothwendig der des dritten Monarchen, welcher
wider den Sultan Krieg zu führen gewagt, folgen mußte, laut des
Spruches: Nichts ist zwey, was nicht wird drey[3]). Am selben Tage,
wo Nadirschah ermordet wurde, war die türkische Großbothschaft mit
den kostbaren Geschenken über die Gränze gegangen. Der Lagerrichter
desselben, der Muderris Ruuman, welcher schon oben bey der servischen Abgränzung genannt worden ist, und welcher die Geschichte dieser Großbothschaft als den dritten Theil seiner wohlgefälligen Rathschläge der Nachwelt hinterlaßen, beweiset ausführlich aus der Lehre
von den guten und übeln Vorbedeutungen, wie Nadirschah nothwendig unter dem Säbel fallen mußte, weil unter den Geschenken des
Sultans ein mit Juwelen besetzter Säbel. War doch auch der Kiajabeg Osman das Opfer des Congreßes von Niemirow bald daraufhin-
gerichtet worden, als ihm Pirisade, der damahlige Imam des Sultans, eine aus Papier ausgeschnittene Scheere zum Geschenke gesandt.
Er führt bey dieser Gelegenheit die unglücklichen Wahrzeichen, welche
Sturz und Unfall prophezeyen, an; als: wenn Turbane vom Haupte
fallen, Zelte zur Erde stürzen, Roßschweife und Fahne umgekehrt
werden, und dergleichen mehr, wie deren bey dem Auszuge Kara
Mustafa's zur Belagerung Wien's und bey anderen Gelegenheiten bereits nach dem Volksaberglauben der Osmanen und ihrer Geschichtschreiber erwähnt worden ist; er führt nicht weniger als sieben un-
günstige Wahrzeichen auf[4]), die sich der Großbothschafter Kesrieli zu
Schulden kommen ließ, und welche der Großbothschaft ungünstigen
Ausgang vorbedeuteten. Sogleich nach dem Tode Nadirschah's erhob
sich in Aserbeidschan Sam Mirsa, ein angeblicher Sohn Schah Hu-

---

[1]) Mehdi VI. Cap. 19. [2]) Isi Bl. 135. [3]) Derselbe Bl. 134. [4]) Derselbe
Bl. 114.

ſein's, als Anmaßer des perſiſchen Thrones, und umgürtete in der
perſiſchen Königs= und Grabſtadt, zu Ardebil den Säbel als Schah[1]).
Ibrahimchan der Uſbege ſtreifte mit einigen tauſend Mann in der Ge=
gend von Hamadan, in der Hoffnung, ſich der Großbothſchaft und der
reichen Geſchenke zu bemächtigen, und dieſelben nach Teheran zu füh=
ren. Die Perſer ſuchten die Großbothſchaft Anfangs über den Tod
Nadirſchah's zu täuſchen und dieſelbe weiter ins Land zu locken. Sam
Mirſa und Ibrahimchan waren nach den reichen Geſchenken lüſtern.
Durch Vergleich der Daten[2]) der ihnen gewieſenen Briefe brachten
der zweyte Bothſchafter, Redſchebpaſcha, der Kiaja Defterdar und
der Lagerrichter Nuuman, die Wahrheit ins Reine, welche bald
durch ſpätere Berichte beſtätiget ward[3]). Nuuman, der Lagerrichter,
der vorzüglich zur Rückkehr rieth, nahm die gerichtliche Beſtätigung
der Nothwendigkeit als Lagerrichter auf ſich. Der Bothſchafter, wel=
chem jetzt die tauſend belehnten Reiter als bewaffnete Macht zur Ver=
theidigung der Geſchenke, im Falle ſie von den Uſbegen, Kurden, Eſ=
ſcharen angegriffen werden ſollten, zu Statten kamen, zog glücklich
nach Sina, und von da nach Bagdad[4]). Zu Conſtantinopel war fünf
Tage hernach auf ein Handſchreiben des Sultans[5]) allgemeiner Di=
wan zuſammenberufen, und darin die Erhaltung des Friedens an der
Gränze beſchloſſen worden. Bald hierauf traf die Nachricht ein, daß
Ahmedpaſcha von Bagdad, welcher dieſe Statthalterſchaft zweymahl,
das erſte Mahl eilf Jahre, das zweyte Mahl zwölf Jahre, verwaltet
hatte[6]), nachdem er noch den ſtörrigen kurdiſchen Chan Selim[7]) zu
Paaren getrieben, an Halsentzündung geſtorben. Seine Stelle erhielt
der vorige Großweſir Ahmedpaſcha, und der Großbothſchafter Kesrieli
die Statthalterſchaft von Baßra; der zweyte Stallmeiſter, Muſtafa=
beg, ging mit dem Befehle ab, die Verlaſſenſchaft des letzten Statthal=
ters und die Geſchenke nach Conſtantinopel zurückzubringen, der zweyte
Bothſchafter, Redſchebpaſcha, der Defterdar der Bothſchaft, Muſtafabeg,
der Lagerrichter, der Bothſchafter Nuuman Efendi, der Geſchichtſchreiber
des Bothſchafters, Rahmi, wurden nach Conſtantinopel berufen[8]).
Nuuman Efendi wurde mit einem höheren Grade ſeiner Muderris=Stelle,
wiewohl weit unter ſeiner Erwartung, befördert, indem er dem Mufti
vorſtellte, daß die Dienſte, die er bey der Gränzcommiſſion und bey
der Großbothſchaft geleiſtet, und nachdem er zweymahl der Ehre, in
des Sultans Gegenwart mit Kaftan bekleidet worden zu ſeyn, genoß,
wenigſtens den Rang eines Richters von Bagdad verdient haben[9]).

25.
Auguſt
1747

[1]) Iſt Bl. 135, und Tedbirati peſendide Bl. 130. [2]) Nuuman's Werk Bl. 118.
[3]) In demſelben Werke die Ermordung Nadirſchah's umſtändlicher, als irgend=
wo, Bl. 132 u. 133, Bl. 140 u. 141. Die Geſchichte dieſer Bothſchaft füllt im
Werke Nuuman's 85 Quartblätter, von 86—161. [4]) Iſt Bl. 135. [5]) Das Hand=
ſchreiben eben da. [6]) Die Liſte der Statthalter von Bagdad in Niebuhr II. p. 253.
[7]) Die Geſchichte Selimchan's im Werke Nuuman's Bl. 143 u. f. [8]) Iſt Bl. 143.
[9]) Nuuman's Werk Bl. 161.

Später rückte er in den Muderris-Stellen als Achter und an der Suleimanije vor, und ward Richter von Magnesia, als welcher er sieben
Jahre hernach seine wohlgefälligen Rathschläge schrieb.

. Der öffentlichen Nachricht von dem Tode Nadirschah's, als des
dritten der äußeren Feinde des Reiches, folgte bald die gezähmten
ägyptischen Aufruhres nach, und die von Raghibpascha, dem Statthalter in Ägypten, eingesandten Köpfe aufrührischer Mamlukenbege
wurden vor die hohe Pforte gerollt. Schon von jeher war die Pforte
gewohnt, Ägypten als das Land der Pharaonen, und die mamlukischen
Bege als die dem Lande aufgedrungenen Dränger und Zwänger desselben zu betrachten, und der ägyptischen Mordscenen ist schon mehr
als einmahl in dieser Geschichte Erwähnung geschehen. Vor zwanzig
Jahren hatte der Aufruhr des Kaitasbeg das Land verheert, und seitdem waren die meisten Statthalter als mehr oder weniger ohnmäch-
tige Knechte unter dem Stegreife der Mamluken, oder wie die osmanische Reichsgeschichte dieselben nennt, der Katamischen ¹). Raghibpascha hatte sich bereits drey Jahre ihrem Willen fügen müssen, als er
an der Zeit hielt, das von der Pforte zur Vertilgung der Widerspänstigen erhaltene Chatt-scherif in Vollzug zu setzen. Die Partey der
widerspänstigen Katamischen bestand aus den folgenden sieben: der
Scheich-ol-beled, der große Ibrahim, der Emirol-hadsch Chalilbeg,
der Beg von Damiat, Alibeg, der Beg des Schatzes, Tscholak Mohammedbeg, der Befehlshaber von Bohaira, Pulad Omerbeg, und
der kleine Omerbeg. Den nächsten Anlaß zum Streiche des lang über
ihren Nacken schwebenden Schwertes gab des Emirol-hadsch tyranni-
scher Übermuth, welcher, nachdem er einen mogrebinischen Kaufmann
unschuldig getödtet, dessen Vermögen eingezogen, sich die Pilgerkarawane nicht weiter führen zu können entschuldigte, wenn ihm nicht
hundert fünf und zwanzig Beutel Geldes zu Gute geschrieben würden.
Raghibpascha fand es am sichersten, sie im Diwan mit gewaffneter
Hand zu überfallen; der Defterdar, der Chasinedar, die Bege von
Damiat und Bohaira wurden in Stücke zerhauen ²). Der Statthalter begab sich mit der heiligen Fahne (welche auch für eine der Fahnen
Mohammed's gilt) an die Pforte der Asaben; der neu ernannte Emirol-hadsch, Bagidschellibeg ³), besetzte den Posten Mahdschar, außerhalb der Pforte der Janitscharen; Ibrahimtschausch von Kastagh, d. i.
vom phrygischen Ida; die Pforte der Janitscharen und Ridhwankiaja-
beg die Moschee Sultan Hasan's, und den Ort Sebilol-muminin
und die sieben Körperschaften der Truppen schwuren Treue den Fahnen des Sultans. Indessen hatte Ibrahimbeg und der kleine Omer-

10.
August
1747

---

¹) Isi Bl. 137—139. ²) Derselbe Bl. 139, und relation tragique à l'oc-
casion que le gouverneur Raghibpacha au grand Cairo selon ses instructions
secrètes de la Porte fomenta à détruire la grande autorité de 24 Begs mal-
intentionnés en Egypte le jour de jeudi Août 1747, bey Penkler's Bericht.
³) Isi Bl. 138.

beg über sechstausend Mamluken bewaffnet, und unter die Bege der=
selben die ersten Ämter Ägypten's vertheilt. Auf der Seite des Statt=
halters standen außer den sieben Körperschaften der Truppen noch der
vorige Beg von Dschirdsche, Mustafabeg, der von Schefer, Chalil=
beg, und der Defterdar von Kairo, Abafa Mohammedbeg. Zu Se=
bilol=muminin kam es zum Angriffe und die Mannschaft der sieben ge=
regelten Truppen betrug dreytausend Mann. Raghib befeuerte sie zum
Kampfe, indem er ihnen sechstausend Aspern als Kriegszulage ihres
Soldes versprach [1]). Der Statthalter mit seinen Truppen griff die
Mamluken zu Sebilol=muminin in ihren Häusern an. Von vier Uhr
Nachmittags bis zwey Stunden nach Untergang der Sonne dauer=
te der Kampf [2]), und vier Bege, der große Ibrahim, der keine
Omerbeg, Suleimanbeg und der vorige Befehlshaber von Bohai=
ra, Hasanbeg, entflohen unter der Begünstigung der Nacht nach Ober=
Ägypten. Noch denselben Abend kleidete der Statthalter den Obersten
der Muteferrika und den Aga der Asaben, welche die besten Dienste gelei=
stet hatten, mit dem Ehrenkaftan als Bege ein; der Janitscharenaga,
der Polizeylieutenant, die Bege saßen auf, und sicherten durch nächt=
liche Runde die Stadt. Am folgenden Tage, Freytags, wurde die
Moschee wieder geöffnet, und der Statthalter wohnte, wiewohl mit
minderem Pompe als gewöhnlich, dem Feste der Eröffnung des Nils
mittelst Durchstechung des Dammes bey. Die Ankunft der Köpfe der
Mamluken zu Constantinopel machte kaum so viele Freude, als die
einer Fracht zweyer mit hundert fünf [3]) moslimischen Sclaven bela=
steten Schiffe, welche der Großherzog von Toscana in Folge des
neu abgeschlossenen Freundschaftsvertrages der Pforte sandte [4]). Sie
wurden Paar und Paar dem Sultan vorgeführt, der sie mit fünf=
25.Nov. tausend Piastern beschenkte; tausend Piaster schenkte ihnen der Kis=
1747 laraga, eben so viel der Großwesir und Kiajabeg, Jegen Ali, wel=
25.Jan. cher einige Tage hernach zum Wesir Steuereinnehmer von Morea
1748 ernannt, seine Stelle dem Intendenten des kaiserlichen Arsenales,
Jusuf Efendi, verliehen ward [5]). Morea war dem Kiaja nicht als
Statthalterschaft, sondern als Steuereinnahme, nicht mit Besoldung,
sondern mit Bezug des jährlichen Ertrages verliehen worden. Der
vorige Steuereinnehmer Morea's, der Wesir Silihdar Mustafabeg,
wurde zum Statthalter von Negroponte, mit Zuschlagung der Sand=
schake von Karli Ili als Gerstengeld, ernannt, und dem bisherigen
Statthalter Negroponte's, Wesir Ahmed, Sohn des Großwesirs
Osmanpascha, die Steuereinnehmerschaft von Aidin mit Bezug des
jährlichen Ertrages mittelst kaiserlichen Handschreibens verliehen [6]).
Die Umständlichkeit, womit der Reichsgeschichtschreiber diese Ernen=
nungen beschrieben, beleuchtet das verschiedene Verhältniß der Statt=
halter und Befehlshaber eines Sandschakes; nur der wirklich im

---

[1]) Jsi Bl. 139. [2]) Relation tragique. Eben da. [3]) Die Schiffe liefen am
7. Dec. 1747 ein. Penkler's Bericht. [4]) Jsi Bl. 144. [5]) Derselbe Bl. 145. [6]) Eben da.

Besitze desselben begriffene Inhaber desselben (Muteßarif) ist. Statt=
halter (Wali), wenn dasselbe einem, der es nicht selbst verwal=
tet, als Gerstengeld (Arpalik) zugeschlagen ist, so wird es durch einen
Bestellten verwaltet, der Muteßellim heißt. Im Genusse solcher Ger=
stengelder sind die Gränz= oder Festungsbefehlshaber (Muhafis); wird
endlich der Ertrag der ganzen Steuereinnahme verliehen, so heißt der
Besitzer Muhaßil, d. i. der Einnehmer der Einkünfte, und die Art
des Besitzes selbst Malikiane, d. i. eigenthumsartig.

Sechs Monathe, nachdem der Friede zwischen Österreich und der
Pforte, troß aller Bemühungen Castellane's, denselben in Krieg zu
verwandeln, verewigt war, kam zu Constantinopel der Nachfolger des=
selben, Herr von Desalleurs, an. Er hatte seine Audienz mit dem ge=
wöhnlichen Gepränge: vier und zwanzig Tschausche, sechs Janitscharen,
sechs Handpferde, der Stallmeister und Haushofmeister, zehn Tscho=
kadare mit rauhen Mützen, sechzehn Lakayen, zwey Kammerdiener zu
Pferd, zwölf Dolmetsche, der Intendent und Secretär der Tschausche,
der Bothschaftssecretär mit dem Beglaubigungsschreiben, der Both=
schafter in ponceaufarben seidenem, mit Gold durchsponnenem Kleide,
mit Weste von Silberstoff, von acht Haiduken umgeben, zu seiner
Rechten der Tschauschbaschi, zu seiner Linken der Mihmandar, **21.Nov.**
der Freyherr von Tott an der Spitze von sechzig französischen Kauf= **1747**
leuten machte den Schluß des Zuges [1]. Er hielt seine Werbungsrede
italienisch, oder theilte sie wenigstens so mit. Der Freyherr von Tott,
ein geborner Ungar, nun als Genie = Officier in französischen Dien=
sten, war schon von Villeneufve zur Sendung des Schreibens des
Großwesirs, wodurch Frankreich's Vermittelung angenommen ward,
gebraucht worden, und seitdem in Frankreich geblieben. Das fran=
zösische Cabinet zählte auf seine Talente und Thätigkeit, sowohl
im Verkehr mit den Türken als mit seinen Landsleuten, den
nach Rodosto verbannten Ungarn, an deren Spitze Csaky und Zay;
doch richteten diese eben so wenig aus, als der pohlische Ausgesandte **1748**
Zierzanofski, welcher sich an Desalleurs wandte, um sich über die
Eingriffe der Russen in die Freyheiten Pohlens zu beschweren. Desal=
leurs hielt sich lange ruhig, um das Erdreich, das er bearbeiten sollte,
so besser auszuforschen. Sein erster Schritt war eine Eingabe, wo=
durch er die Pforte bewegen wollte, wider den Durchmarsch der drey=
ßigtausend Russen nach Flandern zu protestiren. Die Pforte blieb aber
ruhig, froh, daß die Russen sich wo anders hinwandten, als gegen
die türkische Gränze, und gegen Rußland und Österreich sehr fried=
lich gesinnt, wiewohl nicht in der geringsten Kenntniß des geheimsten,
auch in den Sammlungen völkerrechtlicher Verträge bis auf den heu=

---

[1] Lettre de Mad. de Desalleurs (geborne Fürstinn Lubomirska) Ambas-
sadrice de France à Mad. la C. Rutofsky née Princesse Lubomirska à
Dresde le 21. Nov. 1747. St. R. Die Abschiedsaudienz Castellane's in Jü
Bl. 164.

tigen Tag ein Geheimniß gebliebenen Artikels des letzten Bündnisses zwischen Österreich und Rußland, wodurch sich beyde Höfe im Falle eines Angriffes der Pforte verbanden, derselben den Krieg zu erklären. Sieben nach einander folgende Memoires, welche Desalleurs wider den Marsch der russischen Truppen durch die österreichischen Staaten eingab, hatten eben so wenig Erfolg, als seine Bemühungen, ein vierfaches Bündniß zwischen der Pforte, Frankreich, Schweden und Preußen wider Rußland zu unterhandeln, wodurch sich diese Mächte verbänden, keinen Separat=Frieden zu schließen [1]). Die Pforte wandte sich an ihn wegen Zurückstellung der Galeeren Mustafapascha's, des vormahligen Kapudanpascha, dermahligen Begs von Rhodos. Derselbe hatte den vorigen, nach Rhodos verbannten, dann mit der Statthalterschaft von Itschil begnadigten Großwesir Elhadsch Mohammed=pascha (den Opiumesser) so eben zu Megri (im Hafen des alten Telmissos) ans Land gesetzt, als die hundert achtzig christlichen Sclaven der Galeere im Einverständnisse mit einem Dutzend von Neapolitanern ihre Ketten brachen, und nach einem Gefechte mit den neu geworbenen Seesoldaten, denen sie bey weitem überlegen, Herren der

9. Jan. 1748 Galeere, dieselbe nach Malta führten, trotz aller Befehle, welche der vorige Großwesir und der Kapudan von Rhodos an die Wachschiffe von Megri, Antalia und Jenika erließen [2]). Die Pforte wandte sich

13. Jun. an Desalleurs, um durch Vermittlung Frankreich's die entführte Galeere von der Religion St. Johannes zurückzuerhalten. Der kaiserliche Minister, Freyherr von Penkler, hatte als außerordentlicher Internuntius die Bestätigung des verewigten Friedens zwey Monathe

29. Jul. nach Unterzeichnung der Urkunde ausgewechselt, und die Ehrenge= 1747 schenke für denselben an den Großwesir, Reis Efendi, Cabinetssecretär des Großwesirs, Pfortendolmetsch und den jungen Ibrahim, Gehülfen des Pfortendolmetsches, mit fünftausend Ducaten berichtiget, was noch immer sehr wohlfeil, im Verhältnisse des Begehrens des Reis Efendi, der für sich allein sechstausend gefordert, und im Verhältnisse mit dem, was Neapel für den letzten Vertrag ausgegeben, welcher hunderttausend Piaster kostete, und wofür der Großwesir bey der Auswechslung noch überdieß einen Ring, welcher siebzehntausend fünfhundert Piaster gekostet, erhalten hatte [3]). Penkler erwirkte die Absendung eines türkischen Beauftragten, Sungur Ali Aga, von dem kaiserlichen Dolmetsch, Caspar Momars, und dem toscanischen Commissäre Ippoliti begleitet, auf zwey kaiserlichen toscanischen Briggs an die Barbaresken, um mit denselben für Toscana Schifffahrtsverträge abzuschließen, welche mit allen dreyen binnen sechs Monathen unterzeichnet wurden [4]). Penkler hatte sich als außerordentlicher Internuntius um zehn Piaster mehr Lieferungsgelder erwirkt, als seine Vorfahren, die deren nur acht und neunzig hatten, auch hohlten ihn

---

[1]) Penkler's Bericht mit den beyliegenden Chevrier's. [2]) Ist Bl. 154 u. 155. [3]) Penkler's Bericht, August 1747. [4]) Der Schifffahrtsvertrag mit Algier am 8. Oct. 1748, mit Tunis am 28. Dec. 1748, mit Tripolis am 27. Jan. 1749.

zur Audienz zwey Kämmerer, und nicht bloß der Intendent und Se=
cretär der Tschausche, ab. Von Seite der Pforte ward Chatti Mustafa
Efendi mit dem Range eines Nischandschi ernannt, d. i. mit einem
größeren, als der letzte vor sechzehn Jahren nach Wien gesandte In=
ternuntius Mustafa, welcher damahls nur mit dem Range eines zwey=
ten Defterdars und mit einem Gefolge von zwey und sechzig Perso=
nen gesandt, seitdem zweymahl die Stelle des Reis Efendi bekleidet,
als solcher den Frieden von Belgrad unterzeichnet, und jüngst densel=
ben verewiget hatte. Chatti Mustafa Mewkufatdschi, d. i. Präsident
der Tarenkanzley, mit einer Sclavinn aus dem Serai verheirathet,
war bereits in der letzten Gränzberichtigung mit Rußland verwendet
worden, und ging jetzt mit einem Gefolge von hundert Personen und
mit Geschenken im Werthe von zweyhundert fünfzig bis dreyhundert
Beuteln nach Wien, um als außerordentlicher Gesandter des Sultans
Glückwunsch zur Kaiserkrönung zu überbringen. Die Zahl der Ge=
schenke für den Kaiser waren nur sechs weniger, als der Großboth=
schaftssecretär nach dem Frieden von Passarowicz gebracht. Hingegen
brachte er auch die Hälfte dieser Zahl, nähmlich zwey und zwanzig
für die Kaiserinn, mit. Er forderte doppelte Lieferungsgelder, weil
er sowohl an den Kaiser, als an Maria Theresia, als Königinn von
Ungarn und Böhmen, beglaubiget war [1]); er erhielt täglich um zwölf
Dueaten mehr als seine Vorfahren. Er mußte vor seiner Audienz den
gewöhnlichen Revers der vier Puncte unterschreiben, erstens: daß er
die Liste des Gefolges, der Geschenke, der Ordnung des Aufzuges und
Abschrift seiner Werbungsrede einreichen wolle; zweytens: daß das
ganze Gefolge im ersten Hofe absteigen, nur er, der Gesandtschafts=
secretär und Kiajabeg bis in den zweyten (Schweizerhof) reiten wer=
den; drittens: daß er nach dreymahliger Verbeugung, beym Eintritte
des Saales, in der Mitte und vor dem Throne das Beglaubigungs=
schreiben auf den Tisch nächst dem Throne legen, dann rücklings zu=
rückgehen, die Liste der Geschenke auf den Tisch, die Geschenke selbst
auf den Stufen des Thrones niederlegen werde; viertens: werde er
den kaiserlichen Mantel, welcher die Kapanidscha des Sultans vor=
stellt, küssen, und mit dreymahliger Verbeugung rücklings aus dem
Saale gehen, ohne Waffen, Griechen, Juden und Renegaten. Der
Hofdolmetsch Schwachheim begleitete den Gesandten als Mihmandar
zu den Merkwürdigkeiten der Kaiserstadt, nach Schönbrunn, in die
Schatzkammer, die Bibliothek, die Bildergallerie, die Theater, wo
er überall mit Erfrischungen bewirthet ward. Zu Schönbrunn unter= 16. Aug.
hielt sich mit ihm die Kaiserinn und der achtjährige Prinz Joseph, wel= 1748
chen damahls der Jesuite Pater Franz, der Mitarbeiter des Kaisers
in chemischen Versuchen, und nachmahliger erster Director der orien=

---

[1]) Das Beglaubigungsschreiben an Kaiser Franz, Jst Bl. 150.; an Maria
Theresia Bl. 151.

talischen Akademie, aus der Gesandtschaftsbeschreibung des Herrn von
Kuefstein nach Constantinopel lesen lehrte. Chatti Mustafa hat über
seine Gesandtschaft einen ausführlichen, der Reichsgeschichte Isi's ein=
verleibten Bericht [1]) erstattet, und die Beschreibungen seiner Antritts=
und Abschiedsaudienzen beym Hofkriegsrathspräsidenten, dem Kaiser
und der Kaiserinn erschienen in besonderen Beylagen der Wiener Zei=
tung [2]). So auch die Beschreibung der Audienzen des kaiserlichen In=
ternuntius [3]), welcher, nachdem er als außerordentlicher Internuntius
Abschied genommen, sofort als ordentlicher Internuntius blieb, der
erste ordentliche Internuntius an der Pforte, da vor ihm alle Inter=
nuntien nur außerordentliche, und keine stätige Gesandte waren.

Der hergestellte Friede erlaubte wieder, Bauten, Festen und
Hochzeiten obzuliegen, deren Feyer unter Sultan Ahmed's Regierung
ein stehender Artikel gewesen, denen aber natürlich während der letz=
ten zehn Kriegsjahre mindere Aufmerksamkeit geschenkt werden konnte.
Die neunzehnjährige Tochter Sultan Ahmed's, Sultaninn Sobeide,
wurde auf des Sultans Befehl dem Statthalter von Anatoli, Sulei=
manpascha, vermählt. Nachdem der Brautführer und Stellvertreter
des Bräutigams ernannt worden, vollzog der Mufti die gesetzliche

2. Jan. Einsegnung im Fremdensaale [4]) des Serai zwischen dem Bestellten des
1748 Bräutigams und dem Kislaraga, als Bestelltem der Braut, nach der
Vorschrift des Gesetzes der Mitgift und der Morgengabe erwähnend [5]);
diese, welche insgemein Zeichen heißt, bestand in Edelsteinen, im
Werthe von sechzigtausend Piastern, und siebentausend fünfhundert
Piastern baren Geldes. Die Prinzessinn Fatima Chanüm, die
Tochter der Sultaninn Ssaliha, der Tochter Sultan Ahmed's
und des Wesirs Mustafapascha, wurde dem Ibrahimbeg, Bruder

27.Jan. Jahia's, des Statthalters von Rumili, vermählt, und die Köst=
barkeiten, aus denen das Verlobungszeichen bestand, durch den
Hochzeitsführer in den Pallast der Sultaninn gebracht [6]). Die
Hochzeit selbst wurde drey Monathe hernach mit Palmenaufzug
gefeyert [7]). Da der Bräutigam der Sultaninn Sobeide wenige Tage
vor der Hochzeit gestorben war, wurde dieselbe nach Jahr und Tag

6. Jan. dem Wesir Nuumanpascha vermählt [8]). Zu Beschiktasch wurde nebst
1749 neuen Köschken ein Wasserbecken angelegt, die alte Moschee am Ufer
neu aufgebaut [9]), und gegen Dolmabaghdsche neues Köschk aufge=
führt [10]). Der Grundstein einer neuen Moschee wurde in der Nähe des

18.Jan. alten Beseftan, in Gegenwart des Mufti, und mit dem gewöhnlichen
Opfer von hundert Hämmeln, vom Sultan gelegt. Die wässerigen

---

[1]) Isi Bl. 190—196. Hormayr's Archiv, Jahrg. 1823, Nr. 27 und 28, dann
Beschreibung der Abschiedsaudienz Extrablatt Nr. 83 der Wiener Zeitung vom
16. Oct. 1748. [2]) Extrablatt Nr. 44 vom 1. Junius 1748; Nr. 49 vom 19. Ju=
nius 1748. [3]) Nr. 41 vom 22. May 1748. [4]) Isi Bl. 146. [5]) Derselbe Bl. 148.
[6]) Derselbe Bl. 152. [7]) Derselbe Bl. 159. [8]) Eben da. [9]) Derselbe Bl. 166.
[10]) Derselbe Bl. 180.

Zahlenreime, welche den Bau dieser Lusthäuser kündigen sollten, fül=
len in der Reichsgeschichte Isi's ganze Seiten, und sind das Geschäft des
Reichshistoriographen von Amtswegen, ob des sonderbaren Umstandes,
weil Chronogramm und Geschichte von Arabern, Persern und Türken
mit einem und demselben arabischen Worte, Tarich, bezeichnet wird.
Tarich heißt die Festhaltung der Daten, und der Morgenländer stellt
keine andere Forderung an die Geschichte; ob dieß durch Jahrbücher
in Prosa oder durch Chronogramme in Reimen geschehe, gilt ihm
gleichviel, und das eine wie das andere ist des Reichsgeschichtschrei=
bers Geschäft von Amtswegen; deßhalb sind in den morgenländischen
Geschichten den merkwürdigsten Begebenheiten fast immer Zahlenreime
beygemischt, deren letzter die Zahl des Jahres durch den Zahlengehalt
der Buchstaben ausdrückt, und in den Reichsgeschichten dieses Zeit=
raumes, in Ssubhi und Isi, laufen Poesie und Prosa durch einan=
der, jene eben so wässerig, als diese schwülstig. Mit solchen prosaischen
Zahlreimen und solcher poetischer Prose beschreibt Isi in drey Folio=
blättern [1]) das Fest, welches der Großwesir nach Beendigung der 7. Oct.
Faste zum großen Bairam dem Sultan zu Dolmabagdsche gab; doch 1748
enthalten diese drey Folioblätter nicht das Wesentlichste, was die Ge=
sandtschaftsberichte in drey Zeilen melden, daß der Großwesir bey die=
ser Gelegenheit den Sultan mit fünf und zwanzigtausend, seinen Hof=
staat mit zwölftausend Ducaten beschenkte, und sich auf diese Art in
seinem Amte erhielt [2]). So hatte ihm der vor drey Monathen auf dem
Trödelmarkte Statt gehabte Volksauflauf, wiewohl solcher Auflauf 2. Jul.
Großwesiren sonst gewöhnlich ihren Platz kostet, nichts geschadet. Zu=
sammengelaufenes Gesindel von Kurden (Isuli) hatte in der Absicht,
das Besestan zu plündern, das Geschrey, daß man die Buden schleife,
erhoben. Der Janitscharenaga zog die Mannschaft der drey Haupt=
wachen von S. Bajesid, Parmakkapu und Merdschan zusammen, und
fiel mit denselben und mit den Kaufleuten des Marktes über die Räu=
ber her [3]). Es wurde, nachdem der Mufti dazu seine Einstimmung ge=
geben, kund gemacht, daß Griechen und Armeniern erlaubt sey, über
die Bösewichter herzufallen und sie todt zu schlagen, ohne daß jemand
von ihnen Blutpreis zu fordern berechtiget sey. So wurden die Markt=
räuber zu Paaren getrieben; der Großwesir wurde wegen glücklicher
Dämpfung des Auflaufes zu Beschiktasch mit Ehrenpelz bekleidet,
die Mannschaft der drey Wachen erhielt jede fünfzehnhundert, die
Scharwachen fünfhundert Piaster, zweytausend fünfhundert wurden
unter die Beraubten zum Schadenersatz vertheilt. Die Armenier und
Griechen von Nikde, welche seit einiger Zeit nach Constantinopel ge=
strömt, und mit Körben auf dem Rücken sich in den Besitz des Ver=
kaufes des Marktes gesetzt hatten, so daß, wenn ein Frachtschiff an=

---

[1]) Isi Bl. 181—183. [2]) Penkler's Bericht. [3]) Isi Bl. 169.

kam, allen anderen Käufern der Kauf von erſter Hand unmöglich, wurden in ihre Heimath zurückverwieſen ¹). Gefährliche Meuterey war die der Janitſcharen zu Bagdad, welche ob ausſtändigen Soldes den lezternannten Statthalter, Elhadſch Ahmedpaſcha, vertrieben, und die Pforte zur Anweiſung der Summe von zweymahlhunderttauſend Piaſtern ²) ausſtändigen Soldes, und zur Ernennung des von ihnen begehrten Kesrieli als Statthalter von Bagdad zwangen ³). Dem Elhadſch Ahmedpaſcha wurde das Sandſchak von Itſchil als Gerſtengeld, dem bisherigen Beſitzer desſelben, dem vorigen Großweſir Mohammedpaſcha (Teriaki) die Statthalterſchaft von Moßul, dem bisherigen Statthalter von Moßul, Abduldſchelil, die durch Kesrieli's Verſetzung erledigte Statthalterſchaft von Baſſra verliehen ⁴). Hierauf umzingelte der arabiſche Emir, Schwiegervater des lezt verſtorbenen Paſcha von Bagdad, die Stadt ⁵), aus Verdruß, weil die Statthalterſchaft nicht dem Gemahle ſeiner Enkelinn verliehen worden war. Um die noch von der Belagerung Nadirſchah's her beſchädigten Feſtungswerke Bagdad's auszubeſſern, wurde der Statthalter von Meraaſch mit allen ſeinen Lehensmannen dahin befehligt ⁶).

Nadirſchah's Neffe und Nachfolger auf dem perſiſchen Throne, Ali Kulichan, hatte ſogleich nach ſeiner Thronbeſteigung, dieſelbe zu künden, den Chan von Kermanſchahan, Abdulkerim, als Geſandten nach Conſtantinopel ernannt. Derſelbe wurde bey ſeiner Ankunft zu Chalcedon mit einem von den Intendenten der kaiſerlichen Küche hergerichteten Gaſtmahle bewirthet, und dann zu Conſtantinopel nächſt dem Pulvermagazine einquartirt ⁷). Einen Monath nach ſeiner Ankunft wurde er auf die gewöhnliche Weiſe mit den ſechs und fünfzig Perſonen ſeines Gefolges, von dreyßig Tſchauſchen und der Mannſchaft der Wachen des Polizeylieutenants und Stadtvogtes, und dem Kämmerer Ali von Siſtow, welcher die Stelle des Tſchauſchbaſchi vertrat, zur Audienz des Großweſirs und Sultans eingeleitet ⁸), in welcher er die Beglaubigungsſchreiben des neuen Schah, ſeines Bruders, des Itimadeddewlet (Staatskanzlers) Ibrahim Mirſa und ſeines Mollabaſchi übergab ⁹). Nach zweymonathlichem Aufenthalte wurden ihm die Schreiben des Sultans, Großweſirs und Mufti eingeantwortet ¹⁰) und ſechzig Beutel Gröes zum Geſchenke gemacht. Der Inhalt der Schreiben wünſchte zur Thronbeſteigung Glück, und verſicherte die Aufrechthaltung des mit Nadirſchah geſchloſſenen Friedens. Indeſſen war zwiſchen dem neuen Schah, Ali Kulichan, und ſeinem Bruder, Ibrahim Mirſa, Hader und Feindſchaft entſtanden; der lezte,

4. Apr.
1748

1. May

---

¹) Iſi Bl. 170. ²) Derſelbe Bl. 158. ³) Penkler's Bericht. ⁴) Iſi Bl. 158. ⁵) Hochepied aux états généraux 6. Août 1748. St. R. ⁶) Iſi Bl. 176. ⁷) Derſelbe Bl. 157. ⁸) Derſelbe Bl. 151. ⁹) Das Schreiben Schah Ali Kulichan's in Iſi Bl. 161. ¹⁰) Die Antwort des Sultans in Iſi Bl. 170, die des Großweſirs an den Schah Bl. 172, und des Großweſirs an den Bruder des Schah, Ibrahim Mirſa, Bl. 173, die des Mufti an den Mollabaſchi Bl. 174.

von einer Partey Usbegen und Afghanen, und von Arslanchan unter=
stützt, maß mit dem Bruder seine Ansprüche auf den Thron in der
Ebene zwischen Sultanije und Sendschan, schlug den Gegner, blendete
denselben und erklärte sich als Schah; aber kaum hatte er sich den
Titel angemaßt, als zwischen ihm und seinem bisherigen Helfer, Ars=
lanchan, Zank und Streit entstand, den nur das Schwert entschied[1]);
der Chan wurde zwischen Kaswin und Tebris geschlagen und getödtet,
sein Bruder Ssarichan gefangen und zu Tebris hingerichtet. Zugleich
erhob sich zu Meschhed in Chorasan Schahroch der Sohn Nadirschah's,
aus der Tochter Huseins, und sein erklärter Nachfolger auf dem
Throne, zur Behauptung desselben. Ibrahim, der Thronanmaßer in
den westlichen Ländern des persischen Reiches, wollte nun zwey Ge=
sandte nach Constantinopel senden, den einen, Mustafachan, welcher
schon vor Nadirschah's Tod zur persischen Bothschaft bestimmt, seitdem
zu Bagdad zurückgehalten worden war, und seinen Gefährten, Meh=
dichan. Die Pforte, welche erst die Gesandtschaft Ali Kulichan's zu=
rückgefertiget hatte, und bey der Ungewißheit, welcher der beyden
Werber um den Thron, denselben endlich behaupten werde, lehnte
die Gesandtschaft als überflüssig ab, weil die Erhaltung des Friedens
so eben zugesichert worden; doch sandte der Großwesir den beyden er=
nannten Bothschaftern jedem eine mit Juwelen besetzte Uhr, und von
Seite des Sultans dem ersten ein Geschenk von zweytausend, dem
letzten von tausend Ducaten, mit der Anweisung ihrer Verpflegung
während ihres weiteren Aufenthaltes zu Bagdad[2]). Genehmer als
diese zurückgewiesene persische Bothschaft war der Pforte die des neuen
Dei von Tripolis, Mohammedpascha, eines Verwandten des so eben
verstorbenen Ibrahimpascha, welcher auf einem schwedischen Schiffe
Geschenke für den Sultan, den Großwesir, den Kislaraga und den
Kapudanpascha sandte[3]). Die Geschenke bestanden aus fünfzig fränki=
schen Sclaven, die zum Dienste des Arsenales (im Bagno) verwendet
wurden, aus einem diamantenen Reiger, Rosenkränzen von Koral=
len, Tiegerfellen, lebendigen Löwen und Leoparden, Papageyen
und verschnittenen Negern. Als Gegengeschenke erhielt der Dei mit
der Bestätigung in seiner Würde, vier in der Stuckgießerey neu ge= 21.
März
1748
gossene Kanonen, die Mörser mit allem Zubehör der Ladung, tausend
Centner Draht, tausend Ellen Leinwand, tausend Centner Eisen[4]),
zum Besten ihres Schiffbaues. Der Pforte Schiffbau blühte durch
die Vollendung neuer Kriegsschiffe, von welchen abermahl zwey mit
Feyerlichkeit vom Stapel gelassen, das eine den Nahmen Meeressie=
ger[5]), das andere Siegesschau[6]), erhielt. Der Kapudanpascha Es=
seid Mustafa wurde in seiner Stelle mit Ehrenpelz bestätiget, und

---

[1]) Ist Bl. 185 und wieder Bl. 235. [2]) Derselbe Bl. 185 übereinstimmend
mit der Geschichte Mehdi Chans VI. B. Cap. 20. [3]) Ist Bl. 160. [4]) Ist Bl. 161.
[5]) Derselbe Bl. 154. [6]) Derselbe Bl. 189.

ihm des Sultans Zufriedenheit über das im letzten Flottenzuge im Archipel vorgefallene Gefecht bezeigt. Die Riala, d. i. das Schiff des dritten Admirals, hatte vor Napoli di Romania gekreuzt, und im Hafen der Insel Gösterelik zwey maltesische Scampavia angetroffen, welche sich eines dreymastigen damiatischen Wachschiffes ') bemächtiget

5. Nov. hatten. Die beyden Malteser entflohen in der Nacht nach dem Hafen
·1748 Karatova, in der Nähe des Eilandes Mis, wo sie Ibrahim, Capitän von Stanchio, der dort kreuzte, traf, und mit neunzehn lebendigen Maltesern nahm, die als Sclaven ins Bagno geführt wurden ²). Derselbe Kapudan Ibrahim von Stanchio hatte vorigen Winter einen der berüchtigtsten maltesischen Corsaren, Nahmens Paulo, bey der Insel Degirmenlik (Milo) mit seinem Schiffe gefangen und nach Constantinopel geführt, wo derselbe, als die Flotte aus dem Hafen die weite See nahm, um auszulaufen, auf dem ersten Admiralschiffe (Kapudana) aufgeknüpft ward ³). Die Unruhen, welche von Seite der Krim durch die Flucht des abgesetzten Kalgha Schahingirai nach Pohlen, und durch den Versuch desselben, die bessarabischen Zigeuner aufzu-

Januar wiegeln, gedroht hatten ⁴), wurden durch freywillige Rückkehr desselben und durch die Fürsprache des Chans der Krim für denselben beseitiget. Anfangs nach Rhodos verwiesen, wurde ihm der Aufenthalt zu Chios, und seinem Bruder, Mahmudgirai, der auf den Familiengü-

29. May tern der Dschengisischen Familie zu Janboli gestattet ⁵). Fünf Monathe darnach starb der Chan der Krim, Selimgirai, der Sohn Kaplangirai's, an der Wassersucht, und die Chanschaft wurde dem Sohne Dewletgirai's, Arslangirai, dem vormahligen Kalgha, der jetzt zu Wise zurückgezogen gelebt, verliehen ⁶). Der Oberststallmeister Torak Mohammedbeg war der Überbringer des kais. Diploms, welches ihn in der, von der Familie Dschengischan erblichen Würde als Ilchan und Kaan, d. i. als Landesherr und Heeresfürst, mit dem gewöhnlichen jährlichen Ehrensolde von einer Million Aspern einsetzte, und der anderen sechs Kleinodien tatarischer Herrschaft, nähmlich des Zobelpelzes (Kapanidscha), des Zobelkalpaks, des doppelten diamantenen Reigers, des Säbels, des Bogens und des Köchers. Ein kaiserliches Handschreiben verlangte auf eine andere Zeit seine Einladung nach der Pforte, und wies ihn zu unmittelbarer Reise nach der Krim an, wozu ihm der Chasseki (der zweyte Officier der Bostandschi) noch tausend Ducaten Reisegeld überbrachte ⁷).

Von den nun immer mehr sich häufenden Veränderungen der Statthalterschaften und Wesirschaftsverleihungen waren in diesem Jahre die folgenden die merkwürdigsten. Die beyden Hospodare der Moldau und Walachey, Gregor Ghika und Constantin Maurocordato, wurden gewechselt, so daß Ghika, der schon dreymahl als Fürst die

---

¹) Iß Bl. 186. ²) Eben da. ³) Derselbe Bl. 161. ⁴) Derselbe Bl. 155.
⁵) Derselbe Bl. 156. ⁶) Derselbe Bl. 167. ⁷) Derselbe Bl. 168.

Moldau verwaltet, jetzt zum zweyten Mahle die Verwaltung der Wa= [27. Jul. 1748]
lachey erhielt, Constantin Maurocordato aber, der schon viermahl auf
dem Fürstenstuhle der Walachey gesessen, jetzt den der Moldau zum dritten
Mahle in Besitz nahm [1]). Der vorige Leibarzt, Mohammed Said,
trat wieder in seine Stelle, und sein Vorfahr Ahmed, wurde mit dem
Range als Richter von Constantinopel getröstet [2]). Cypern wurde
dem Großwesir neuerdings als Chaß oder Krongut zugeschlagen [3]).
Die Wesire Mohammedpascha und Suleimanpascha, wovon jener die
Statthalterschaft von Anatoli, dieser nur das Sandschak von Karahi=
ßar als Gerstengeld besaß, tauschten ihre Rollen auf kaiserlichen Hand=
schreibens Erlaß [4]). Zu Kairo war Raghibpascha, von der Partey der
Bege, deren Ausrottung er sann, abgesetzt, und diese gewaltsame
Maßregel empörter Mamluken [5]), so bitter dieselbe auch schmeckte, [12. Sept.]
von der Pforte verdauet worden, weil die Zeit des für Mekka abzu=
liefernden Getreides, des Dörferzinses und der jährlichen Geldsendung
vor der Thür. Zum Statthalter von Ägypten wurde der dermahlige von
Itschil, der vorige Großwesir Ahmedpascha, an seine Stelle Köse Ali=
pascha, der Befehlshaber von Retimo, und Raghibpascha nach Con=
stantinopel berufen, als Wesir der Kuppel zum Nischandschi ernannt [6]).
Die Wesirswürde wurde dem Statthalter von Tschildir, Elhadsch Ah= [16. Dec.]
medpascha [7]), und dem Kiaja (Minister des Inneren) Nuumanpascha,
mit den Sandschaken Salonik und Kawala, als Gerstengeld verlie=
hen [8]). Der vorige Kapudanpascha, Schehsuwarsade Mustafa, welcher
diese Sandschake bisher besessen, wurde als Befehlshaber von Canea
und Köprilisade Elhadsch Ahmedpascha von dort nach Tirhala versetzt.
Auch der Kiaja des vorigen Statthalters von Bagdad, derselbe, welchen
die Araber, Bagdad umzingelnd, mit Gewalt zum Statthalter forderten
und welcher jetzt als Statthalter Adana gestanden, erhielt den dritten
Roßschweif und die Statthalterschaft von Baßra, doch nur, nachdem
er die achtzehnhundert Beutel die er zu Bagdad Privatleuten, und
die acht und vierzigtausend Piaster, die er dem Staatsschatze schuldete,
bezahlt [9]). Der Kämmerer Abbassade Mohammed wurde nach Baßra
mit dem Auftrage abgeordnet, die dortigen arabischen Unruhen zu be=
schwichtigen, und Abduldschelilsade, der bisherige Statthalter von
Baßra, ging nach Adana; der Statthalter von Bagdad Ahmed Kes=
rieli, war nicht im Stande, die Janitscharen in Zaum zu halten, wie=
wohl er seines eigenen Kiaja Kopf, der mit Suleiman, dem Kiaja
des vorigen Pascha, einverstanden war, an die Pforte eingesandt hat=
te [10]); deßhalb wurde Bagdad dem Statthalter von Moßul, dem ehe=
mahligen Großwesir, dem scharfen Mohammed [11]) Teriaki, verliehen,

---

[1]) Ist Bl. 153—153. Engel's Geschichte der Walachen II. S. 22, der Mol=
dau S. 302. [2]) Ist Bl. 153. [3]) Derselbe Bl. 158. [4]) Derselbe Bl. 177. [5]) Lettre
de Mr. Chassier à Mr. Dantan Dragoman françois à Constantinople. Penk=
ler's Bericht. [6]) Ist Bl. 179. [7]) Derselbe Bl. 187. [8]) Derselbe Bl. 188. [9]) Ist
Bl. 168. [10]) Penkler's Bericht. [11]) Eben da.

Kesrieli, weitere Anstellung in Ruhe zu erwarten, angewiesen. Moßul
erhielt der vorige Statthalter von Rumili, Jahiapascha, welcher sich
das Sandschak Aidin als Malikiane anzunehmen entschuldigt, und die
Steuereinnehmerschaft desselben wurde dem abgesetzten Statthalter
von Ägypten, Raghibpascha, zuerkannt ¹). Allen diesen Wesiren leuch=
tete der letzte, durch großen Verstand und große Gelehrsamkeit vor,
wie den Ulema der jetzt an die Stelle des greisen Mufti Akmahmud=
sade als Mufti ernannte Esaad Efendi, Sohn des vorigen Mufti Is=
mail ²). Esaad Efendi ist der Verfasser eines geschätzten philologischen
20.Jul. Werkes, welches den Titel: Bewahrheiter der Edelsteine, führt ³);
1748   zu vier der berühmtesten Lobgedichte ⁴) verfaßte er Glossen in fünf
und sechszeiligen Strophen, verfertigte selbst zwey sehr geschätzte Kaßi=
det ⁵), schrieb das Buch der Nachtigall und Denkwürdigkeiten der
Sänger, das sehr schätzbare türkisch=arabisch=persische Wörterbuch:
Ausbund der Wörter, welches zu Constantinopel in Druck erschienen,
und hinterließ arabische und türkische Gedichte, überzeugt von der Wahr=
heit des arabischen Spruches, daß in der Dichtkunst Weisheit, in der Rede=
kunst Zauberey. Eine der größten Zierden osmanischer Gelehrsamkeit
19.   entschwand derselben durch den Tod des siebzigjährigen Oberstland=
März richters von Rumili, Neili Ahmed Efendi, des Sohnes des gelehrten
Richters von Constantinopel, Mirsa Mohammed unter Mohammed IV.,
des jüngeren Bruders des Mufti Mohammed, welcher bey der Thron=
besteigung Mahmud's in der höchsten Würde des Gesetzes. Er über=
setzte das Werk des arabischen Geschichtschreibers Jbnol Dschusi über
die Abkunft des Propheten, unter dem Titel: Der Adel des Auser=
wählten. Er vervollständigte das durch den Tod des gelehrten Reis
Efendi Ebubekr Schirwani unvollendet gebliebene arabische Wörterbuch
zur persischen Geschichte Waßaf's, dem unübertroffenen Meisterstücke
persischer Geschichtschreibekunst ⁶); er erläuterte die Schwierigkeiten des
Vaters der arabischen Mystik, des Scheich Jbnol Arabi ⁷). Von dem
Grundwerke des Religionsunterrichtes der Osmanen, von der dog=
matischen Abhandlung Birgeli's, ließ er sechzig Abschriften verfertigen,
wovon er dreyßig an die Moschee Aja Sofia und dreyßig an die S.
Mohammed's, mit einer Professorstelle für dreyßig Schüler stiftete,
darüber und darin zu lesen ⁸). Zwey Monathe vor ihm war auch der
größte der damahls zu Constantinopel lebenden mystischen Scheiche,
24 Jan. Abdullah Efendi, berühmt unter dem Nahmen des Jmams der Mes=
serschmiede, gestorben. Als man denselben zu Grabe trug, ereignete sich
der seltsame Zufall, daß auf der Stelle der Richterfontaine der Zug
auf den Leichnam eines armen unbekannten Fremden stieß, welcher
von aller Welt auf seinem Krankenlager verlassen, in der Nacht von

---

¹) Jsi Bl. 187 und auch andere Veränderungen der Wesire Bl. 184. ²) Jsi
Bl. 175. ³) Derselbe Bl. 176. ⁴) Waßif S. 16. ⁵) Aus den Buchstaben Elif
und Lam. Waßif S. 17. ⁶) Lughati Waßif Bl. 160. ⁷) Jsi Bl. 160. ⁸) Eben
da.

Ratten todt gebissen, und jetzt mitten im Schnee liegen gelassen wor=
den war. Die fromme Gemeine, welche den Grabzug des Scheichs
begleitete, verrichtete sogleich über den Leichnam des unglücklichen
Fremden das Leichengebeth, als über den eines Martyrers, nach dem
Ausspruche des Propheten, daß, wer in der Fremde, im Martyrthume
stirbt ¹). Derselbe wurde auf der Grabstätte der Landungstreppe von
Anatolikawak neben dem Scheich bestattet. Einen Monath darnach
starb der erste Imam des Sultans, Hafis Mustafa, durch seine aus=
gezeichnet schöne Stimme bekannt ²). Von Wesiren starben Ishakpa=
scha, der Statthalter von Tschildir, dem sein Sohn Ahmed in der
Statthalterschaft folgte ³), und der von Diarbekr, der vorige Groß=
wesir Hasan, der sich im letzten Kriege bey der Eroberung Assow's
und der Schlacht von Kroczka vorzüglich ausgezeichnet hatte ⁴). Die
durch seinen Tod erledigte Statthalterschaft erhielt der Pascha von
Moßul, Jahia, die von Moßul der von Meraasch, Ibrahimpascha,
die von Meraasch der vorige Statthalter von Bagdad, Ahmed Kes=
rieli. Eine große Sonnen= und Mondesfinsterniß, die binnen vierzehn
Tagen Statt hatten, lärmte die Astrologen nicht so sehr auf, als das
Zusammentreffen der Sonne, des Mondes und des Merkurs im Zei=
chen der Wage, woraus sie großen Sturm und Regen prophezeyten,
eine Prophezeyung, die wirklich zu Constantinopel durch Orkan und
Wolkenbruch eintraf, welcher die Thäler des Bosporos überschwemm=
te, und in dem schönen der himmlischen Wasser die Brücke wegriß.⁵).

Die Stürme der nächsten Tag= und Nachtgleiche des Frühlings
waren nicht minder außerordentlich, als die der vorhergehenden des
Herbstes, mit häufigem Schnee begleitet ⁶). Entwurzelte Riesen von
Bäumen, entdachte Thürme schienen den Fall oder Tod hervorragen=
der Männer im Staate vorzubedeuten, und wirklich starben in diesem
Jahre, wie im vorhergehenden, ein halbes Dutzend erlauchter Ge=
lehrten und Staatsmänner. Außer dem Kiajabeg Jusuf, welcher in
dem von ihm neu erbauten Kloster der Uschaki zu Kasimpascha begra=
ben liegt ⁷), und welchem Abdipascha als Minister des Innern folgte,
und außer dem vorigen Großwesir Muhsinsade Abdullahpascha, letz=
tem Statthalter von Bosnien, starb ⁸) der Wesir Ahmedpascha Kes=
rieli, d. i. von Kastoria, beygenannt, von wo er gebürtig, in seiner
Jugend seinen Verwandten, den Führungscommissär der Surre, nach
Mekka begleitet hatte. Später, als der persische Bothschafter Abdulba=
kichan nach Constantinopel gekommen, war er wieder nach Mekka ge=
sandt worden, um die Wasserleitungen herzustellen, und zu Medina
den Bau einer Moschee, welche der allmächtige Kislaraga Beschir vor
dem Heiligthume gegründet, zu leiten. Da er sich durch diesen Bau

6. Febr.
1748

24.
Sept.

4. März
1749

25. Jan.

¹) Isi Bl. 152. ²) Derselbe Bl. 153. ³) Derselbe Bl. 179. ⁴) Derselbe Bl.
187. ⁵) Derselbe Bl. 180. ⁶) Derselbe Bl. 198. ⁷) Derselbe Bl. 197. ⁸) Der=
selbe Bl. 202. Biographien der Großwesire.

die Zufriedenheit des Kiſlaraga erworben, und bey demſelben als Präſident der erſten Kammer des Tagebuches in Gunſt ſtand, entfernte
ihn, wie oben erzählt worden, des Großweſirs Eiferſucht als Defterdar des Lagers nach Erſerum, und hielt ihn, als er unberufen mit
Friedensvorſchlägen nach Conſtantinopel zurückkehren wollte, zu Sſam-
ſun feſt, woher er hernach zurückgekommen, Weſir Großbothſchafter
nach Perſien, dann Statthalter von Bagdad, als er eben nach Me-
May
1749 raaſch den Weg antreten wollte, ſtarb. Er verewigte ſein Andenken durch
viele nützliche Gebäude und Stiftungen, durch die Erneuerung der
Moſchee zu Kurutſcheſchme, die Stiftung einer ſteinernen Fontaine zu
Kaſimpaſcha, durch die Erweiterung des Derwiſchen-Kloſters Scheich
Murad's im Viertel Niſchandſchiler bey Ejub, endlich zu Kaſtoria,
ſeiner Vaterſtadt, durch die Stiftung eines großen Collegiums von
eilf Stiftungsplätzen und einer unvergleichlichen Bibliothek[1]). Ein noch
weit größerer Pfeiler der Wiſſenſchaft war der vorige Mufti Piriſade,
der jetzt fünf und ſiebzigjährig ſtarb. In ſeiner Jugend hatte er des
Unterrichtes des Dichters Tahir und Ahmed's (beygenannt Jshak Cho-
dſchaſi) genoſſen, war Imam der Großweſire Daltaban und Rami,
endlich nach durchlaufener Bahn der Muderris-Stellen der Imam des
Sultans geweſen, als welcher er ſich den Cardinal des Sultans genannt, und viel in politiſche Geſchäfte gemengt, denen Maria Thereſia's beſonders günſtig. Von der Mufti-Stelle abgeſetzt, und von der
Pilgerſchaft von Mekka zurückgekehrt, lebte er eine Zeitlang zu Kallipolis, und beſchloß ſeine Tage zu Rodoſto. Verfaſſer vieler tauſend
25.Jun. Randgloſſen und Anmerkungen zu den von ihm durchſtudirten Werken, hat er ſeinen Nahmen als Überſetzer der Prolegomene Ibn Chaldun's[2]) verewiget, welcher wohl werth des Ehrennahmens des arabiſchen Montesquieu. Über die ſiebzig alt, ſtarb auch der Vorſteher
der Emire, Bolemiſade Eſſeid Mohammed, deſſen Stelle der gelehrte,
14.Aug. ſo eben von der Richterſtelle Jeruſalem's zurückberufene Eſſeid Mohammed Said erhielt[3]). Der Richter von Mekka, Elhadſch Ahmed
Kaſabadi (weil er von Kaſabad in Anatoli geboren), hinterließ einen
Commentar zur Ethik Birgeli's, zur Metapherlehre Samarkandi's,
zu den vier Prolegomenen der Philologie, ein zweyter Serchaſi und
Ibn Hadſchr[4]). Der wichtigſte der Todesfälle war der des ſeit zwanzig
Jahren in allen politiſchen Geſchäften höchſt einflußreichen letzten Reis
Efendi Elhadſch Muſtafa. Zu Göl, in der Nähe Kaſtemuni's im Jahre
tauſend hundert der Hidſchret geboren, hatte er nach dem Vorurtheile
der Türken, Perſer und Araber, daß unter den mit dem Beginne des
Jahrhundertes Geborenen der Mann, welcher entſcheidend auf ſein
Jahrhundert einwirke, ſchon viel für ſich. Schwiegerſohn des Tauk-

---

[1]) Iſt Bl. 202 und 203 ſeine Biographie. [2]) Die Biographie Piriſade's. Iſt
Bl. 104 und 105. [3]) Derſelbe Bl. 206. [4]) Derſelbe Bl. 225 geſt. am 25. Rebiul-achir 1163 (12. Julius 1750).

dſchibaſchi, d. i. des Vorſtehers des Hühnermarktes zu Conſtantinopel
folgte er ſeinem Schwiegervater in dieſer Bedienſtung nach, beſchäf=
tigte ſich aber weit weniger damit, als mit Studien; durch dieſelben
ausgebildet, trat er in die Ämter der Kammer, und ging bey der
Thronbeſteigung S. Mahmud's, dieſelbe zu künden, mit dem Range
eines zweyten Defterdars, als Geſandter nach Wien, wo er ſich über
europäiſche Politik unterrichtete, in die er von nun an ſo entſcheidend
einwirkte. Als Beglikdſchi, d. i. Vicekanzler, begleitete er den Reis
Efendi Jsmail ins Lager von Babataghi, wurde bald hierauf ſelbſt
Reis Efendi, als Bevollmächtigter zum Congreſſe von Niemirow er=
nannt, und ſetzte als ſolcher dem Schluſſe des Belgrader Friedens ſei=
nen Nahmen bey. Die Änderung einiger Ausdrücke, auf welchen der
kaiſerliche Hof beſtand, und derenthalben die Convention das folgende
Jahr abgeſchloſſen ward, war Miturſache der Hinrichtung des Pfor=
tendolmetſches und der Abſetzung des Reis Efendi, nach deren Ver=
luſt er die Pilgerſchaft nach Mekka unternahm. Als Raghib vom Reis
zum Statthalter von Ägypten befördert ward, trat Muſtafa zum zwey=
ten Mahle als das Haupt der osmaniſchen Staatskanzley ein; in die=
ſem ſeinem zweyten Miniſterium ging von ihm der Antrag der Frie=
densvermittlung der Pforte an alle europäiſche Höfe, die Erklärung
der Neutralität der osmaniſchen Meere im Kriege zwiſchen Frankreich
und England aus, er unterhandelte und ſchloß die Handels= und Freund=
ſchaftsverträge mit Schweden, Neapel und Toscana, erneuerte die
Capitulationen mit Frankreich, den ewigen Frieden mit Rußland, und
verewigte den mit Öſterreich. Zum zweyten Mahle abgeſetzt, lebte er
eine Zeitlang in Zurückgezogenheit zu Adrianopel, kam dann wieder
nach Conſtantinopel als Präſident der erſten Kammer des Tagebuches, _{1.Sept.}
und ſtarb in ſeinem Landhauſe zu Kialar, am europäiſchen Ufer des ₁₇₄₉
Bosporos. Er baute zu Belgrad Moſchee und Medreſe, zu Göl und
Ferwadſch, in der Nähe von Kaſtemuni, ſtiftete er Schulen und Bi=
bliothek, zu Conſtantinopel, Mekka und Medina zahlreiche Fontainen
und Schulen, und eine jährliche Summe als Surre, d. i. Geſchenk
nach Mekka. Ein Mann von durchdringendem Verſtande, außeror=
dentlichem Gedächtniſſe, großer Beredſamkeit, tiefem Ernſt und ſchlag=
fertigem Scherze, der dreyer Sprachen (der arabiſchen, perſiſchen und
türkiſchen), deren gründliche Kenntniß von jedem gebildeten Osmanen
gefordert wird, vollkommen mächtig, ſo in Proſa als Poeſie unter=
hielt er ſich gern mit Gelehrten, und erſtaunte die arabiſchen durch die
Fertigkeit, womit er ihre Sprache redete. Nicht ſtolz, aber höchſt geld=
gierig, und von allen europäiſchen Mächten, die mit ihm Geſchäfte zu
verhandeln hatten, reichlich beſchenkt, war er zwar, wie Piriſade ſich
ausdrückte, der europäiſchen Mächte Großpenſionär, aber die großen
Summen, die er erhielt, weder aus Geiz vergrabend, noch in Wohl=
leben verſchlemmend, hat er dieſelben zu nützlichen Bauten und wohl=

thätigen Stiftungen verwendet, osmanische Bildung befördernd durch christliches Geld [1].

Das achtzehnte Jahrhundert der christlichen Zeitrechnung legte nicht nur allein in Europa, sondern auch in Asien den Keim neuer Reformen; die der politischen Einrichtungen des osmanischen Reiches kommen erst zu Ende des Jahrhundertes in Vorschein, aber schon vor der Hälfte desselben ging in Arabien, im Vaterlande des Propheten und des Islams, das Feuer der neuen Lehre Abdulwehhab's auf, welcher der Beduinen neuer Apostel. Zwanzig Jahre früher, als das Muster deutscher Reisender im Oriente, Niebuhr, über Abdulwehhab und seine neue Lehre die erste Kunde in Europa gegeben [2], macht davon schon die osmanische Reichsgeschichte, wiewohl nur im Vorbeygehen, als von einer verderblichen und verdammenswerthen Irrlehre Erwähnung, und die von Niebuhr vor einem halben Jahrhunderte gegebenen ersten Nachrichten sind erst jüngst durch den zweyten Dioskuren der Wüste, den Deutschen Burkhardt [3], berichtiget worden. Sein Reisebericht entschädigt uns über das Stillschweigen der osmanischen Geschichtschreiber, und nach demselben sprechen wir hier von den Beduinen und dem Reformator des Islams, Abdulwehhab. Die Freyheit wohnt in den Wüsten, und der Sohn der arabischen, der Beduine, trägt noch denselben Stämpel der Sitte und des Charakters; seine Laster, seine Tugenden dieselben, wie vor Jahrtausenden. Habsüchtig und gierig, lügnerisch und betrügerisch im Handel und Wandel, aber tapfer und freygebig, mild und dankbar, und vor allem gastfrey und treu in Erfüllung des, selbst dem Feinde gegebenen Wortes, hiedurch vortheilhaft vom Osmanen unterschieden, in dessen Regierungskunst Verrath und Treulosigkeit, so oft dieselbe nützlich und möglich, auch erlaubt und geübt; mäßig und enthaltsam, ein munterer Gesellschafter und heiterer Gefährte, witzig, launig, wohlberedt und dichterisch, ein warmer Vertheidiger seiner Ehre, und besonders der des Haremes; den Schimpf in Blut waschend, und nach demselben dürstend, wenn es sich handelt, das vom Feinde vergossene des Blutsverwandten zu rächen. Den Brand! den Brand! nur nicht die Schand'! Die Rach'! die Rach'! nur nicht die Schmach! ist noch heute das Kriegsgeschrey des für seine oder seiner Frauen Ehre kämpfenden Beduinen; doch ist er noch gastfreyer als blutdürstig, und edler als unversöhnlich. Was die Sage von der Gastfreyheit Hatim Tai's, von der Tapferkeit Maadi Kerb's, des Schwingers der Speere, von der Dichtergabe aus dem Stegreife Antar's, des Vaters der Reiter, erzählt, findet sich noch heute in einzelnen Beyspielen bestätiget. Ihre Unterhaltungen sind Mährchen und nächtlicher Gesang in hellem Mondscheine. Jünglinge und

[1] Seine Biographie in Isi Bl. 108 und 109. In Resmi's Biographien der Reis Efendi die LXV., mit drey Chronogrammen. Penkler's Bericht. [2] Niebuhr description de l'Arabie 1779. II. p. 206. [3] Burghardt's notes on the Bedouins and Wahabis. London. 1830.

Mädchen in Gruppen versammelt, wiederholen in Chören den vom Vorsänger vorgesungenen Vers, den Gesang mit Händeklatschen und allerley Bewegungen des Leibes begleitend. Zwey oder drey verschleyerte Mädchen tanzen dem Chor der Jünglinge entgegen, deſſen beduinische Sittsamkeit verbeut, sie beym Nahmen zu nennen, und sie nur als junges Kamehl anzureden erlaubt. Dieſelbe Melodie des Nachtgesanges ist auch die des Schlachtgesanges; bey freudigem Anlaſſe ertönt das Lili der Weiber (das Halleluja der Lilith) ſtundenweit in die Wüste, und bey Sterbefällen der Klagefrauen Todesgeheul. Seine Wohnung das Zelt, von deſſen einzelnen Theilen auch die Kunſtwörter seiner Prosodie und Poesie hergenommen sind. Sein Geräthe: Kamehlsattel, Waſſerschlauch und Dreyfuß; seine Kleidung ein wollenes Hemde und ein Mantel (Abba), deſſen weiße und braune Streifen der Haut des Zebra nachgeahmt sind; seine Waffen: Speer und Schwert, Helm und Panzer, und Schießgewehre nur bey einigen Stämmen. Seine Speise: süße und sauere Milch des Kamehles, ungesäuertes Brot, Butter, Datteln und Trüffeln der Wüste. Sein Reichthum das Kamehl und das Pferd, deſſen edle Raçen fünf. Fünf die heilige pythagoräische Zahl des Heils, wirft sich in seinen vorzüglichſten Einrichtungen mehr als einmahl heraus. Die Blutrache geht bis auf das fünfte Geschlecht über [1]. Fünf sind auch die Verhältniſſe des Schutzes oder der Unterwürfigkeit, als die fünf Finger der Hand arabischen Schutzrechtes. Der Scheich, der Alte oder Graue, der Vorstand des Stammes, das Haupt innerer Verwaltung; der Akid, d. i. der Anführer des Stammes im Kriege, deſſen Ansehen und Einfluß dem des Scheichs weises Gleichgewicht hält; der Kadhi oder Richter, zur Entscheidung wichtiger Fälle, nach dem Sinne des Gesetzes; der Waßi, d. i. Vormund oder Patron, nicht nur den Unmündigen gesetzt, sondern von Schwachen zum Schutze wider Mächtige erwählt, und der Dachil, d. i. jeder, der sich in den Schutz des anderen zur Sicherung seines Lebens und seiner Güter geflüchtet. Damit dem Diebe und Räuber unmöglich sey, durch Mitgenuß von Salz und Brot, oder durch Berührung der Kleider deſſen, der ihn gefangen hält, sich ein Recht auf Freyheit und Schutz zu erwerben, wird derselbe in einer Grube unter der Erde verborgen gehalten; gelingt es ihm aber, einem Freyen ins Gesicht zu speyen, hat er Anspruch auf deſſen Schutz, der ihm sogleich die Freyheit verschafft. Der Dieb heißt Harami, so auch die dem Beduinen zu berühren verbothenen drey Dinge [2]: Schwein, Aas und Blut. Diese Enthaltung, fünfmahliges Gebeth, die Fasten des Ramasan und das Opferfest, waren sonst des Beduinen einzige Religionsausübung bis zur neuen Reform Abdulwehhab's.

Abdulwehhab, d. i. der Diener des Allverleihenden, aus dem Stamme Wahhabi, welcher ein Zweig des großen Stammes Temin,

[1] Burghardt p. 85. [2] Derselbe p. 57.

IV.   29

ist der Calvin des Islams, der Zurückführer desselben auf seine ur=
sprüngliche Reinheit, der Wiederhersteller erschlaffter Andacht der Mos=
limen. Durch lange Studien des Gesetzes und Reisen vorbereitet, ver=
faßte er der neuen Lehre Satzung, welche so wenig den Grundsätzen
des Islams entgegen, daß die Gesetzgelehrten Ägypten's und Syrien's
die Lehre Abdulwehhab's keineswegs als eine ketzerische zu verdammen
sich getrauten. Unterstand und Beystand fand Abdulwehhab in Moham=
med Ibn Suud, aus dem Stamme Mesalih, der ein Zweig der Wuldi
Ali, ursprünglich dem der Anese angehört ¹). Mohammed Ibn Suud
zu Diraje, der erste zur Reform bekehrt, vermählte sich mit der Tochter
Abdulwehhab's, und war der Stifter der politischen Regierung der
Wehhabi, welche in der Folge mit der religiösen Satzung zusammen=
fiel, im Ursprunge zwey verschiedenen Urhebern angehörte, indem Ab=
dulwehhab der Stifter der Lehre, welche Mohammed Ben Suud,
dessen Sohn Asis und dessen Enkel Suud in Arabien durch das
Schwert und durch Vertilgungskrieg der Ungläubigen verbreiteten,
wie früher Mohammed's Lehre. Abdulwehhab bekämpfte die übertrie=
bene Verehrung des Propheten, und besonders die der Heiligen, deren
Grabdome das Hauptaugenmerk ihrer Zerstörung, so daß sie in der
Folge selbst die Grabdome Mohammed's und seiner Enkel nicht ver=
schonten. Die durch den Koran vorgeschriebenen Almosen, die Luxus=
verbothe des Korans, die Enthaltung von geistigen Getränken, die
Strenge der Rechtsverwaltung, der kriegerische Geist der ersten Mos=
limen, waren in sichtbaren Verfall gerathen. Die Lehre Abdulweh=
hab's eiferte wider allen verbothenen Genuß, vorzüglich aber wider
die Schändlichkeit der bey den Türken gang und gäben unnatürlichen
Lust, wider den Genuß berauschender Reizmittel des Weines, des
Tabaks, des Opiums und den Gebrauch des Rosenkranzes. Mo=
hammed Ben Suud war das geistliche und weltliche Oberhaupt
der Bekenner der neuen Lehre über ganz Arabien. Der Kate=
chismus der Wehhabi, welchen Ibn Suud in der Folge bey Mekka's
Eroberung kund machte, führt den Islam, als Bestandtheil der neuen
Religion, auf seine einfachsten Elemente zurück. Alle Wissenschaft
des Heils besteht in drey Dingen: In der Erkenntniß Gottes, in der
Erkenntniß der Religion, und in der Erkenntniß des Propheten. Gott
ist Einer, allmächtig, anzubethend. Die Grundfesten der zweyten
Erkenntniß, nähmlich der Religion, sind abermahls drey: Der Islam,
d. i. die Ergebung in Gottes Willen, der Glaube und gute Werke.
Der Islam besteht in fünf Dingen, erstens: das Bekenntniß: Es ist
nur Ein Gott, und Mohammed ist sein Prophet; zweytens: das Ge=
beth fünfmahl des Tages; drittens: das gesetzmäßige Almosen (ein
Fünftel vom Vermögen); viertens: die Fasie des Mondes Ramasan;
fünftens: die Wallfahrt nach Mekka; der Glaube umfaßt sechs Haupt=

¹) Burkhardt p. 275.

artikel: erstens den Glauben an Gott; zweytens: an seine Engel; drittens: an seine heiligen Schriften; viertens: an seine Propheten; fünftens: an seine Eigenschaften, und sechstens: an den jüngsten Tag. Die guten Werke beruhen auf dem einzigen Gebothe: Bethe Gott an, als wenn du ihn sähest, und wenn du ihn nicht sehen kannst, wisse daß Er dich sieht. Der dritte Bestandtheil der Wissenschaft des Heils, nähmlich die Erkenntniß des Propheten, ist die wichtigste, weil dieselbe den Mißbrauch übertriebener Propheten-Verehrung untergräbt. Mohammed, der Sohn Abdullah's, der Prophet, ist ein sterblicher Mensch, an kein besonderes Volk, sondern an alle Menschen gesandt; keine Religion, als die seinige, ist zulässig, und kein Prophet kommt nach ihm, denn er ist der Schlußstein der Propheten. In allem diesen ist keine Ketzerey, sondern der Islam in seiner ursprünglichen Reinheit, in welcher denselben wieder herzustellen der Zweck der Lehre Abdulwehhab's; aber selbst in dieser gereinigten Form ist der Islam ausschließlich und fanatisch nach dem Geiste seiner ursprünglichen Einsetzung: die Anerkennung des Propheten, das fünfmahlige Gebeth, das Almosen, die Faste, die Wallfahrt, sind eben so unerläßlich, als der Glaube an den Koran, die Engel und Propheten; andere Religion ist unzulässig. Die Nichterfüllung der Religionspflichten wird mit strengen Strafen belegt, allen anderen Religionen der Krieg erklärt, bis zur Unterwerfung oder Vernichtung. Dieß ist die Lehre der neuen Reform Abdulwehhab's.

Nach dieser, für den Zweck dieser Geschichte genügenden Darstellung von Abdulwehhab's Lehre und dem Charakter seiner ersten Bekehrten, der Beduinen, ist's noch nothwendig, die erste Nachricht, welche hievon das Serai, den Diwan und die Residenzstadt beunruhigte, mit anderen, weniger bedenklichen von arabischen Unruhen eingelaufenen Nachrichten zusammenzustellen, weil daraus am besten der politische Grund des glänzenden, vom Sultan nach Mekka gesandten Geschenkes erhellt. Aus Baßra berichtete der neue Statthalter, Suleimanpascha, daß er die empörten Araber der Wüste, die Beni Montefik, die sich mit den Beni Lam den Arabern von Huweise, aus dem Stamme Muide aus Ahwas, vereint zu Kawarna zusammengerottet hätten, zu Aardscha angegriffen und geschlagen [1]; über tausend derselben, darunter der Rädelsführer Burhane, und sein Sohn, Kelb Ali, getödtet, die Gegend um Baßra von den Arabern gesäubert, und den Bösewicht Kiabi, welcher als Seeräuber den Hafen von Baßra unsicher machte, mit Hülfe des am Meere wohnenden treuen Stammes Dewasir gebändiget, das Raubnest desselben verbrannt [2]. Doch bald darauf berichtete der Statthalter von Bagdad, der vorige Großwesir Mohammedpascha, daß Suleimanpascha mit ihm durch die Araber entzweyt, mit einem Heere derselben Bagdad zu belagern drohe; Sept. 1749

[1] Ist Bl. 197. [2] Derselbe. Bl 198.

29 *

die Pforte ernannte deßhalb sogleich den Statthalter von Siwas, Savelisade, als Serasker gegen Bagdad, mit den Begen und Kurden von Diarbekr, Moßul, Haleb, Rakka, dem Woiwoden von Mardin und dem Statthalter von Meraasch, Suleimanpascha seinerseits entschuldigte seinen Zug außer Baßra durch die Hungersnoth, die ihn dazu gezwungen, und betheuerte seine Treue durch die stärksten Versicherungen. Um dieselbe zu erforschen, wurde der zweyte Oberststallmeister, Mustafabeg, mit Ferman abgefertigt [1]. Andere Fermane ergingen an den Statthalter von Dschidde, der zugleich Scheich des Heiligthumes von Mekka, an den Statthalter von Ägypten, den vorigen Großwesir Ahmedpascha, und den Scherif von Mekka, Mesuud [2] Ben Saad, ihnen das beste Einvernehmen und die thätigste Zusammenwirkung empfehlend „zur Unterdrückung der gottlosen Irrlehre, „womit Mohammed Ben Abdulwehhab aus Aijine, in der Landschaft „Nedschd, durch Anfechtung der ersten Grundlehren des Islams, das „Haupt als neuer Religionslehrer emporhob" [3]. Solche höchstunangenehme Nachrichten wurden durch die einzige angenehme, aus Moßul eingelaufene eines Schatzfundes gemildert. Der Statthalter von Moßul, der vorige Wesir Mohammedpascha, berichtete, daß dort von Bauleuten zufällig in der Erde zwey Krüge mit Goldmünzen von Abbasiten ausgegraben worden, große und kleine, dreytausend vierhundert vier und fünfzig Goldstücke an der Zahl, die zusammen viertausend neunhundert siebzig Drachmen wogen, was nach dem damahligen Münzfuße von zehn Ducaten zu eilf Drachmen, viertausend fünfhundert drey und zwanzig Ducaten ausmachte, die den öffentlichen Cassen einverleibt, als ein besonderer Glückssegen der Regierung des vom Himmel begünstigten Sultans angesehen wurden [4]. Diese viertausend Ducaten durch das tausendzüngige, von der Regierung absichtlich begünstigte Volksgerücht, ums Tausendfache vermehrt, verlöschten für eine Zeit lang die Wirkung der widrigen arabischen Nachrichten. Noch mehr sollte zur Niederschlagung derselben das herrliche Geschenk beytragen, welches der Sultan in die Fußstapfen seiner Vorfahren, des ersten und dritten Ahmed, des vierten Murad und Mohammed, tretend, zur Verherrlichung des heiligen Hauses der Kaaba bestimmt hatte. Je feindlicher der Geist der neuen Reform wider äußere Pracht und allen Schmuck des Cultus ankämpfte, desto mehr sollte die Verehrung des heiligen Hauses, nach welchem alle Moslimen sich beym Gebethe wenden, den Rechtgläubigen durch Edelsteine in die Augen leuchten. Der Kiaja der Schatzkammer (unter dessen Aufsicht und Sorge die Erneuerung des Überzuges) und der Secretär des Kislaraga, welche den neuen Überzug der Kaaba nach Mekka geleiteten, waren zugleich die Überbringer des herrlichen Juwelenschmuckes, durch

---

[1] Isi Bl. 206 und 207. [2] Burkhardt (travels III. p. 223). [3] Isi Bl. 207 u. 208. [4] Derselbe Bl. 199.

deſſen Strahlung die Kaaba mit ihrem Urbilde, dem Rubintabernakel des höchſten Himmels, an Glanz wetteifern ſollte. Derſelbe beſtand[1]) aus einem ſechseckigen Smaragde, „deſſen Licht wie das des Kanopus „funkelte,“ zwiſchen zwey anderen, deren einer von ſiebenhundert acht und ſechzig, der andere von ſiebenhundert zwey und fünfzig Karaten; die drey Smaragde alter Mine waren von zwölf großen, vierzig mitt= leren, ſechs und ſechzig kleinen Diamanten umgeben, und in einem Reife von neunzehn großen Diamanten gefaßt; dreyhundert zwey und fünfzig große Zahlperlen, in dreyzehn Schnüren gefaßt, endeten in dreyzehn ſmaragdenen Tropfen, das Ganze ein leuchtendes Sonnenau= ge, und der Fluren grüner Schmelz[2]) vom Waſſer der Diamanten durchſtrahlt. Auch zu Conſtantinopel bethätigte Sultan Mahmud jetzt ſeinen Eifer für Religion und Wiſſenſchaft durch Stiftung einer zwey= ten Bibliothek und von zehn Leſerſtellen für die Überlieferung Bocha= ra's, an der Moſchee S. Mohammed's II., wie er dergleichen früher an der Moſchee Aja Sofia geſtiftet hatte[3]). Es wurden mehrere We= ſirſtellen verliehen und geändert: ſo erhielten Abdiaga, der jüngſt er= nannte Kiaja[4]), und der Oberſtſtallmeiſter Torak Mohammedbeg[5]) mit drey Roßſchweifen, jener das Sandſchak von Tirhala, dieſer das Sandſchak von Karaman. Der Hoſpodar der Moldau, Conſtantin Maurocordato, wurde abgeſetzt und nach Tenedos verwieſen, angeb= lich, weil er ſeine üble Laune über den letzten Tauſch der Fürſtenthümer durch nachläſſige Verwaltung zu erkennen gegeben), in der That aber, weil er zum Bairam den Beamten des Serai nicht genug Geld vor= geſchoſſen[7]). Seine Stelle erhielt Conſtantin Rakoviza, Sohn des alten Michael Rakoviza, welcher zweymahl den Fürſtenſitz der Wala= chey, dreymahl den der Moldau gefüllt hatte. Merkwürdiger als die= ſe Veränderungen war die Abſetzung des Mufti, des gelehrten Esaad Efendi[8]), welche der Großweſir bewirkt hatte, und welche bald die ſeinige nach ſich zog[9]), weil ihm die öffentliche Stimme die Abſetzung des Mufti nicht verzieh. Das bey der Ernennung des Großweſirs kund gemachte Chatt=ſcherif ſchuldigte dem vorigen Nachläſſigkeit in der Verſorgung der Gränzfeſtungen an[10]). Für ſeine Milde beweiſet der Stillſtand von Hinrichtungen während ſeiner Verwaltung, die von ein Paar Verfälſchern ſultaniſcher Befehle ausgenommen, welche, auf der That ergriffen, hingerichtet wurden[11]). Der neu ernannte Groß= weſir, Mohammed Emin, mit dem Beynahmen Diwitdar, d. i. der Tintenzeughalter, hatte in dieſem Amte unter Ahmed III. dem gro= ßen Großweſir Ibrahimpaſcha gedient, und die Tochter von deſſen allmächtigen Kiaja Mohammed geehlicht[12]); ſeitdem in den Präſi=

Auguſt
1749

13. Jul.

3. Jan.
1750

---

[1]) Iſi Bl. 220. [2]) Eben da. [3]) Derſelbe Bl. 219. [4]) Derſelbe Bl. 197, mit einem Chronogramme Iſi's. [5]) Derſelbe Bl. 210. [6]) Eben da. [7]) Penkler's Bericht. [8]) Iſi Bl. 206. [9]) Penkler's Bericht. [10]) Iſi Bl. 210. [11]) Derſelbe Bl. 198. Kurd Ibrahim und ſein Helfer, Omer Efendi. [12]) Mohammed Said's Biographien der Großweſire. Iſi Bl. 219.

dentschaften der Finanzkammer und in den wichtigen Stellen eines
Intendenten der Stadt, des Arsenales, der Buchhaltereyen verwen=
det, war er jüngst an Abdipascha's Stelle Minister des Inneren,
jetzt Großwesir geworden. Sein Vater war Mohammedpascha Asch=
dschisade, d. i. der Sohn des Koches, welcher in dem Araber=Auf=
ruhre (im Jahre nach dem Carlowiczer Frieden) zu Baßra und Ka=
warna so wichtige Dienste geleistet hatte. Die Würde des Mufti er=
hielt an Esaad's Stelle der Oberstlandrichter von Rumili, Mohammed
Said.

Zehn Tage vor der Absetzung des Großwesirs hatte eine vier=
stündige Mondesfinsterniß [1]) Statt gehabt, deren unglücksvolle Vorbe=
deutung durch diese Absetzung für erfüllt angesehen ward, weil der
Wesir, der Mond des Reiches, sein Licht von der Sonne desselben,
23.Dec. dem Sultan, empfängt. Schon damahls war das Volksgerede sehr
1749 stark, noch weit stärker aber, als am fünften Tage nach der Abse=
tzung eine Sonnenfinsterniß eintrat, welche für den Sultan selbst als
8. Jan. Unglück verkündend verrufen ward; der Lärm ward dadurch ver=
1750 mehrt, daß in dem Kalender eine Stelle aus den Werken des Schluß=
steins arabischer Mystik, des Scheich Jbnol=Arabi, angeführt war,
welche sich auf gleichzeitige Verfinsterung des Mondes und der Sonne
bezog. Die Polizey war höchst wachsam und erwürgte mehrere der
Astrologen, welche die Erde durch den Himmel beunruhigen woll=
ten [2]). Zugleich erging ein Verboth an den Hofastronomen, hinfüro
bey Sonn= und Mondfinsternissen solche Bemerkungen beyzusetzen,
welche Anlaß zu unnützem Gerede [3]). Indessen fand der Volksaber=
3. Febr. glaube doch neue Bestätigung in der vier Wochen hernach ausgebro=
chenen großen Feuersbrunst, welche inner des Thores Ajasma ent=
standen, binnen dreyßig Stunden sechstausend sechshundert siebzig
Häuser fraß [4]), und darunter die Pforte des Aga der Janitscharen.
Sogleich schickte der Sultan achtzig Beutel Geldes an die Jani=
tscharen zur Wiederbauung, damit der Brand nicht Unruhe stifte.
Die neue Pforte erhob sich mit dem, theils vom Staatsschatze, theils
von den Ministern zusammengeschossenen Gelde, und vierzig Disti=
chen des Chronogrammenschmiedes Niimet Efendi priesen als Inschrif=
ten des äußeren und inneren Thores, der Fontaine und des Spring=
brunnens die Springfluth sultanischer Freygebigkeit und den Bau der
sieben Kammern, von den sieben dieselben umkreisenden Wandelster=
21. nen angestaunt [5]). Achtzehn Tage nach der großen Feuersbrunst brach
Febr. im Hause des Mufti Said (der den Janitscharen zuwider) Feuer aus,
wobey alle seine Kostbarkeiten verbrannten. Das Feuer wurde für
27.Apr. gelegt gehalten, so wie das zwey Monathe später im Markte der
Waffen ausgebrochene. Vermög Befehls aus dem Serai lagerten sich

[1]) Jsi Bl. 215. [2]) Penkler's Bericht. [3]) Jsi Bl. 215. [4]) Penkler's Bericht.
[5]) Chronogramm in Jsi Bl. 217.

der Großwesir an einem Ende, und der Janitscharenaga an dem an=
deren Ende des Waffenmarktes, aus Furcht, daß das Volk den Markt
stürme, und mit den Waffen, die für mehr als vierzigtausend Mann
genug, Aufruhr beginne; so wachten Großwesir und Aga darob, daß
nichts gerettet werde, sondern alles verbrenne, zur Ruhe der Stadt[1]).
Unter die Janitscharen wurde Geld ausgetheilt, und um das Mur=
ren des Volkes zu stillen, wurde der Aga Güldsche Mustafa, als
ob er beym Feuer zu strenge gewesen, abgesetzt; man hieß ihn den
Aga Brandstifter[2]). Seine Stelle erhielt der Kulkiaja Esseid Ahmed
Aga. Außer der Wiederaufbauung der Brandstätten dieser drey Feuer
ging auch der Bau des Dammes einer neuen Klause für die Wasser=
leitung von Tophane (die Stückgießerey)[3]) und des kaiserlichen Pal=
lastes am Top Kapu (Kanonenthore) im Serai fort. Der letzte er=
hob sich auf der Stelle des vor einigen Jahren unter dem Nahmen
Mahbubije (Lieblingsort) angelegten Lustgebäudes. Die vom Zahlen=
reimschmiede Niimet Efendi auf den ersten verfaßte Inschrift sagt,
daß Sultan Mahmud mit diesem Damme den Ruhm Alexander
des Zweygekrönten, und Chisr's, des Hüthers des Lebensquelles,
eingedämmt, und die nicht weniger als fünf und siebzig Doppelverse
starke Inschrift mit Zahlenreimen, welche der Bittschriftmeister Abdi
auf den zweyten verfaßte, und die mit goldenen Buchstaben in dem
lazurnen Felde des Saales herumlief, beschreibt den Mauerspiegel,
die Krystallenfenster, das Blumenschnitzwerk und das goldene Laub=
werk, als weit erhaben über den größten Plänen Senamar's, des
berühmten Baumeisters der Palläste Sidir und Chawrnak[4]). Auch
wurde wieder ein neues Schiff vom Stapel gelassen, das nicht min=
der pomphaften Nahmen trug, als die letzten, nähmlich: der Schnell=
läufer des Sieges[5]). Sultan Mahmud gefiel sich in solchen Bauten
nicht minder, als sein Vorfahr Sultan Ahmed, und liebte besonders
Geschenke, von fremden Gesandten dargebracht. Zu denen, welche
ihm der kaiserliche Internuntius in Entgegnung der von Chatti Efendi
nach Wien gesandten dargebracht[6]); zu denen von tunesischen Abge=
ordneten zum Fuße des Thrones gelegten, welche, wie die algierischen,
in Flinten, Pistolen, Tieger= und Parderfellen, lebendigen Löwen
und Leoparden, Rosenkränzen von Korallen, Barbaresken=Teppichen,
europäischen Sclaven und verschnittenen Negern bestanden[7]), kamen
auch die des Großmoguls durch den von der indischen Gesandtschaft
zurückkehrenden Jusuf, den sein Vorgesetzter, der Gesandte Salim
von Trazepunt, der Verfasser der Denkwürdigkeiten der Dichter sei=
ner Zeit, war, sobald er die indische Gränze übertreten hatte, gestor=
ben[8]). Jusuf brachte nebst einem freundschaftlichen Schreiben Naßred=

---

[1]) Penkler's Bericht. [2]) Jst Bl. 226, [3]) Derselbe Bl. 213. [4]) Derselbe Bl. 201
in voller Länge. [5]) Derselbe Bl. 219. [6]) Derselbe Bl. 205. [7]) Derselbe Bl. 210.
[8]) Derselbe Bl. 222.

din Mohammedschah's und seines Nisamulmülk ¹) einen herrlichen gol=
denen Reiger mit Diamanten, großen und keinen Rubinen in Rosen
gefaßt, einen Dolch, dessen Griff Jaspis mit Smaragden besetzt, des=
sen Scheide mit sieben und zwanzig goldenen Spangen gebunden, eilf
Stücke des feinsten Musselins zu Kopfbünden, fünfzehn Stücke mit
Gold durchwirkten Musselins, viele Stücke der verschiedenartigsten in=
dischen Stoffe und Shawle, Fünftelsaft von Rosen= und Sandelholz.
Das Bündniß zwischen dem Großmogul und dem Sultan fand keiner
von beyden nothwendig, seitdem Persien nach Schah Nadir's Tod als
Beute von sieben Thronanmaßern, die sich darum stritten, zerrissen
ward. Tahmas und sein Sohn Heraklius, die Herren von Tiflis und
Kacheti, kämpften wider den Chan der Stämme Dschowanschi, Sari=
dscheli Penah, um Georgien's Besitz. Bachili Mohamedchan der Effcha=
re zog von Kerni gegen Eriwan und belagerte es, ward aber von den
Chanen der Gegend mit Beystand der Fürsten Georgien's, Tahmas
und Heraklius, zurückgeschlagen, und Kerni verwüstet, dann war er
an den Arpatschai nach Schuregil gezogen, und hatte das ganze Ge=
bieth der Stämme Irmelü und Taschanlar plündernd durchstreift.
Der Chan von Rumije belagerte Tebris, des Bruders Tod zu rächen;
Asadchan der Afghane bemächtigte sich indeß Rumije's, und warf sich
zum Herrn von Ardelan und Megri auf ²). Im Mittelpuncte des Reiches
war Ali Kulichan, der Neffe Nadirschah's, welcher unter dem Nah=
men Aadilschah den Gesandten Abdulkerim nach Constantinopel gesandt,
seinem Bruder Ibrahim, dieser den Truppen des von Nadirschah be=
stellten Nachfolgers Schahroch erlegen. Wider Schahroch war Seid
Mohammed, dessen Mutter eine Tochter Schah Suleiman's, aufge=
standen, hatte denselben geblendet, wofür ihm Gleiches mit Gleichem
von Jusufchan Dschan vergolten ward, der den Geblendeten wieder
auf den Thron setzte ³). Die Bewohner Chorasan's waren in zwey Thei=
le getheilt, die einen hingen dem Schahroch, die anderen dem Ismail
Mirsa, der auch, wie dieser, von einer Tochter Schah Husein's ab=
stammte ⁴), an. Wider Ismail empörte sich mit der Anmaßung unum=
schränkter Herrschaft Ssalichan, und auch Ali Kulichan, Ibrahim,
Schahroch, Seid Mohammed, Ismailmirsa Ssalih, und eben so
viele andere, deren unten Erwähnung geschehen wird. In dieser grau=
sen Verwirrung wandten sich die Einwohner von Tebris an die Pfor=
te, mit der Bitte, derselben angehören zu dürfen ⁵), und Mustafa=
chan, der ehemahlige Gesandte Nadirschah's, der nun von Bagdad
zurückzukehren die Erlaubniß erhalten, bath in einem Schreiben an
die Pforte um Unterstützung zur Eroberung des Gebiethes von Ker=
manschahan, Hamadan, Ißfahan, Kaswin, das er als Chan unter

---

¹) Die beyden Schreiben in Iſſ Bl. 222 und 223. ²) Derselbe Bl. 211.
³) Derselbe Bl. 236 und 237. Mehdi VI. Buch 20. Cap. ⁴) Iſſ Bl. 237. ⁵) Der=
selbe Bl. 211.

osmanischer Oberherrlichkeit mit denselben Abgaben, als diese Länder bisher an Persien zollten, verwalten wolle [1]). Die Pforte, ihrem friedlichen System getreu, lehnte beyder Gesuche ab. Unter mehreren Veränderungen der Statthalterschaften und Pfortenämter [2]) dieses Jahres sind die merkwürdigsten, die Absetzung des Kapudanpascha Schehsuwarsade Mustafa, an dessen Statt Elhadsch Ebubekrpascha [3]), der älteste und reichste der Wesire, kam, der schon vor dreyßig Jahren Statthalter von Ägypten gewesen, dessen Vermögen auf eine Million von Piastern geschätzt ward [4]), und die des Mufti, dessen Stelle Murtesa Efendi [5]) einnahm. Das Handschreiben des Sultans an den Mufti über die Verleihung der Stellen und Beförderung an Würdige enthält den versteckten Tadel der Geschäftsführung des vorigen Mufti, und die Ursache seiner Absetzung, und beginnt mit den von Westren, welche lieber charakterlose Unwissende als unterrichtete Männer von selbstständigem Sinne verwenden und befördern, zu beherzigenden Worten des Korans: Sag', sind denn gleich diejenigen, die etwas wissen, und diejenigen, die nichts wissen [6])?

Die europäischen Minister an der Pforte waren dieselben, wie beym Abschlusse des erneuerten russischen Friedens, bis auf den neuen holländischen Bothschafter, G. Hochepied, und den neuen venetianischen Bailo, Cavaliere Lezze, welcher seinen Vorgänger, Venier, ablöste; dieser empfing mit dem gewöhnlichen Ceremoniel seine Rückbeglaubigungsschreiben und den weitärmligen Zobelpelz [7]). Der Aachner **26. Jan.** Friede hatte Europa beruhiget, ohne deßhalb die Politik der kriegführ- **1749** renden Mächte gegen einander geändert zu haben, deren Minister fortfuhren, jeder die Begebenheiten europäischer Politik in dem Lichte seines Hofes der Pforte vorzustellen. Diese hatte zwar früher aus des Reis Efendi Mustafa Eingebung den Vermittlungsvorschlag gethan, weil dieser nach dem politischen Ruhme geizte, in Europa den Frieden hergestellt zu haben; als aber der Vorschlag von allen Seiten unbeachtet blieb, tröstete sich die Pforte über die Fortdauer des Krieges zwischen den Ungläubigen, mit den gewöhnlichen leitenden Maximen der Politik des Islams gegen christliche Volker, welche der Reichsgeschichtschreiber bey Gelegenheit der Erzählung des Aachner Friedens, und wider denselben unverhohlen ausspricht, als: Gott gab dem Hunde die Macht über das Schwein; wo ein Ungläubiger erschlagen wird, ist's Gewinn für den Islam; die Ungläubigen sind nur Ein Volk; Gott verdamme sie alle zum Verderben! Mit der vollen Kenntniß dieser Grundsätze moslimischen Völkerrechtes arbeiteten der französische Bothschafter Desalleurs und der schwedische Gesandte Celsing, doch noch immer auf das eifrigste auf ein Bündniß der Pforte mit Preußen los,

---

[1]) Das ehrgeizige Schreiben in Ist. Bl. 128, mit der Antwort des Großwesirs Bl. 129. [2]) Die Listen derselben Bl. 218—222. [3]) Ist Bl. 232. [4]) Hochepied au Secrétaire Dorte à Vienne, 4. Nov. 1750. St. R. [5]) Ist Bl. 227. [6]) Derselbe Bl. 228. [7]) Penkler's Bericht. Ist Bl. 186 und 196.

bis auch diese Hoffnung durch schriftliche Antwort der Pforte, daß sie
sich in einen Tractat mit Preußen einzulassen nicht gesonnen sey, ab=
10.Jun. geschnitten ward [1]). Die Verwendung Frankreich's zu Malta für die
1750 Zurückstellung der dahin von meuterischen Slaven entführten Galeere,
hatte bloß ein artiges Dankschreiben der Pforte an den Grafen Pui=
sieux zur Folge [2]). Der vorzüglichste Canal, dessen sich Dessalleurs be=
29.Oct diente, um seinen Vorschlägen Eingang zu verschaffen, waren der
Mufti Esaad und Suleimanaga, Schatzmeister der Kislaraga, der im
Serai wohl angesehen. Das Hareme desselben, worunter sich eine
Günstlinginn des Kislaraga befunden haben soll [3]), den auch die ober=
sten Verschnittenen haben, wie weiland Putifar, der verschnittene
Schatzmeister des Pharao, Hareme und Günstlinginnen als Hofstaat,
besuchte die Frau von Dessalleurs, und speißte im französischen Hotel..
Ein französischer Arzt, Bellet, welcher der Überbringer eines Schrei=
bens des Königs von Frankreich an den Sultan, mit einem Kästchen
von Juwelen, im Werthe von zwölftausend Ducaten, gekommen, ver=
suchte Anfangs ohne den französischen Bothschafter Handels= und
Bundesvertrag mit Preußen und Frankreich zu unterhandeln, aber
erfolglos. Dessalleurs und Celsing hielten die Pforte nur mit neuen
Eingaben über das Bündniß von Hannover, und über Rußland's
Absichten, sich Schweden und den ganzen Norden zu unterwerfen, in
Athem; sie riefen die Pforte zur Vermittlung der nordischen Händel
auf. Der englische Bothschafter hingegen und der kaiserliche Inter=
nuntius stellte derselben vor, es bedürfe keiner Vermittlung, wo keine
Feindseligkeiten ausgebrochen; so redete denn der Reis Efendi dem
schwedischen Minister zu, daß Schweden sich mit Rußland ausgleichen
möge. Das Jahr vorher hatte Graf Tessin dem Großwesir geschrieben,
um ihm zur Vermählung des Kronprinzen Kunde zu geben, und
dieser hatte in einem besonderen Schreiben dafür auf das verbindlichste
gedankt [4]). Wie der schwedische Gesandte, war auch der neapolitani=
sche, Graf Ludolf, an die Unterstützung des französischen Bothschafters
gewiesen; Neapel bemühte sich in Folge des mit der Pforte geschlossenen
Freundschaftsvertrages unter Gewährleistung derselben einen Sicher=
heitsvertrag mit den Barbaresken abzuschließen. Die Kosten der Un=
terhandlung waren auf eine halbe Million Piaster berechnet, was im=
März mer weniger, als der jährliche, von den Raubstaaten der neapolitani=
schen Schiffahrt zugefügte Schaden [5]). Pohlen's Verkehr mit der
Pforte beschränkte sich in den letzten Jahren auf das Schreiben des
Königs an den Großwesir [6]), um für den vorigen Kalgha, der sich

[1]) Am 3. Julius 1750. Penkler's Bericht. [2]) Die Abschrift des Schreibens
im k. k. H. Arch. vom 9. Sept. 1749. [3]) Penkler's Bericht vom 4. November
1750. [4]) Traduzione della lettera del Tessin 15. Ott. 1748. In der St. R.
Die türkische Abschrift der Antwort des Großwesirs im k. k. H. Arch. [5]) Penk=
ler's Bericht vom 5. März 1750. [6]) Litterae Augusti III. Regis Poloniae ad
Vezirum ddo. Dresdae 1747. 7. Junii.

nach Pohlen geflüchtet, und deſſen oben Erwähnung geſchehen, fürzu-
ſprechen; der Hetman unterſtützte durch einen Brief den Verſuch des
tatariſchen Serasters von Budſchak, mit dem König von Preußen
Werbung anzuknüpfen [1]). Zu Berlin ſchmiedeten die franzöſiſchen Unterhändler, Iſſards und Caſtere, Umtriebe, um durch auf die Familie Czartorynſki geworfenen Haß, die Gemüther der Magnaten wider
den König zu empören, und im Falle der Erledigung des Thrones, 14.May
den Prinzen von Conti mittelſt einer Conföderation als König einzu- 1750
ſchieben [2]). Des ruſſiſchen Reſidenten Neplujeff wiederhohlte Erklärun-
gen verſicherten die Pforte, daß Rußland keinen Danmen Erdreich
in Schweden wünſche, aber vermöge des ſiebenten Artikels des Vertrages von Abo auch nicht zugeben könne, daß die Regierungsform
Schweden's geändert werde. In den tatariſchen Angelegenheiten hatte
der Großweſir, als der Tatarchan Selimgirai zu Conſtantinopel, auf
Verlangen deſſelben an den Reichskanzler, den Grafen Beſtucheff,
geſchrieben [3]), und indeß eine Note wegen eines ruſſiſchen Ausgeſand-
ten zugeſtellt, welcher in die Kabartai ſich eingeſchlichen, das Volk
aufzuwiegeln. Der Reſident Neplujeff ſtarb, wie ſein Vorfahr Wiſchniakoff, zu Conſtantinopel, und Penkler übernahm zum zweyten Mahle auch
die ruſſiſche Geſchäftsführung. Für ſeinen eigenen Hof verhandelte er
mit den Abgeordneten von Algier und Tunis, welche jüngſt mit Geſchenken an die Pforte gekommen waren, die Einſchließung von Nieu-
port und Oſtende in die voriges Jahr mit den Raubſtaaten im Nahmen
des Kaiſers, Großherzogs von Toscana, abgeſchloſſenen Conventionen,
in welchen auch Trieſt, Fiume, Buccari und Zeng eingeſchloſſen waren.
Der Großweſir ſchrieb deßhalb an den Dei, und die Odſchake von
Algier, Tunis und Tripolis. Die Raubſtaaten leiſteten dem Schreiben Folge, und ſchloſſen die zwey mittelländiſchen Häfen dem Vertrage ein [4]). Für die glücklich abgeſchloſſenen drey Conventionen erhielt
der Reis Efendi zweytauſend, der Commiſſär Ssunkor Ali [5]) tauſend,
der Kapudanpaſcha tauſend, der Pfortendolmetſch Callimachi fünfhundert
Ducaten. Penkler beſetzte die kaiſerlichen Conſulate in der Levante [6]).
Zu Wien befand ſich der Geſandte von Tripolis, Haſan Efendi, der
Defterdar des Odſchak, d. i. der Finanzminiſter des Soldatenherdes,
welches Wort der Europäer mit Canton überſetzt [7]). Derſelbe brachte

[1]) Lettre du G. Général de Pologne au Roi. [2]) Penkler's Bericht. [3]) Tra-
duzione della lettera scritta dal Supremo Veziro a S. E. il G. Cancelliere
C. di Restujew Rumin. St. R. [4]) Der Artikel zu Tripolis am 15. Sept. 1750
unterzeichnet vom Defterdar Kiaja Hafen-Capitän, vom Sandſchakbeg und
Beglerbeg von Tripolis. [5]) Iſt gibt den Auszug des Berichtes des Commiſſärs
Ssunkos. Ali Bl. 199 und 200. In der St. R. Relazione del viaggio delle due
Imp. barche da Costantinopoli spedite verso la Barbaria annesso il Protocollo
esatto della commissione che concerne la pace da trattarsi dai due commis-
sarii Ces. con tutti tre Cantoni d'Algier, Tunis et Tripoli. 1748. Zwölf Bogen ſtark. [6]) Die Liſte dem Bericht vom 28. Februar 1750 beyliegend. [7]) Beſchreibung des von des T. H. H. K. K. Präſ. Grafen v. Harrach Exc. dem tri-
politaniſchen Geſandten, Haſſan Efendi, den 30. Junius 1750 öffentlich ertheilten Urlaubs-Audienz. Extrablatt zur Wiener Zeitung Nr. 53 vom 4. Jul. 1750.

unanfehnliche Gefchenke, als Aufforderung zu anfehnlicheren, die er
erhielt. Die Gefchenke der europäifchen Minifter an der Pforte waren
nie fo fehr im Schwunge, als in diefer Epoche, wo die Erfüllung
jedes Gefuches regelmäßig vom Großwefir, vom Reis Efendi und vom
Pfortendolmetfch erkauft ward; außerdem war es zur Gewohnheit ge=
worden, daß bey den Feften, welche der Sultan gab oder empfing,
die europäifchen Minifter Auffäße von Blumen und Zuckerwerk ins Se=
rai fandten, wobey fich die Bothfchafter durch die Kunft ihrer Zucker=
bäcker zu überbiethen beftrebten, durch das Lob, wodurch der Sultan
oder Kiflaraga dem gefandten Auffaße als dem fchönften den Preis zu=
erkannten, diplomatifch beglückt.

Wenn des Sultans oder des Kiflaraga Beyfall an gefandtem Zu=
ckerwerke die europäifchen Minifter beglückte, fo war dieß um fo mehr
mit den Janitfcharen der Fall, welchen der Sultan eine Gunftbezei=
gung des Ceremoniels zuwandte, die, fo nichtig fie auch den Lefern er=
fcheinen mag, hier ihre Stelle finden muß, wegen der Feyerlichkeit,
womit diefelbe der Sultan durch ein eigenes Handfchreiben hervor=
hob, und welche der Reichsgefchichtfchreiber durch ein Zahlenreimge=
dicht von vierzig Doppelreimen als eine außerordentlich wichtige Bege=
benheit lobpreifet [1]. Sultan Suleiman, als er die neuen Caſernen
der Janitfcharen erbaute, hatte als Kanun feftgefeßt, daß, fo oft er
den alten Caſernen gegenüber der Prinzenmofchee vorbeyzöge, der
Hauptmann des ein und fechzigften Regimentes ihm eine Porzellänfchale
voll Scherbet, der Wekilchardfch (Verpflegsofficier) deffelben Regi=
mentes deßgleichen dem Kiflaraga darbringen folle. Diefe Schale gab
der Sultan dann mit Ducaten gefüllt zurück. Jeßt that ein kaiferliches
Handfchreiben, welches der Reis Efendi mit der größten Feyerlichkeit
dem an der neu erbauten Pforte des Aga verfammelten Stabe der
Janitfcharen darbrachte, die ausgezeichnete Gunft kund, daß, fo oft
der Sultan künftig an der Pforte des Janitfcharenaga vorübergehe,
der Kulkiaja (erfte Generallieutenant) eine mit Scherbet gefüllte Schale
bringe, der Aga diefelbe dem Sultan überreiche; dem Kiflaraga ward
eine Taffe Scherbet vom dritten Generallieutenant dargebracht, und
vom erften Generallieutenant überreicht, deßgleichen dem Großwefir
vom Gefchäftsanwalt dargebracht, und vom erften Generallieutenant
überreicht [2]. Dem Reis Efendi, Überbringer des kaiferlichen Hand=
fchreibens, gingen die Tfchaufche und Gefchäftsführer bis an die Mo=
fchee Sultan Suleiman's entgegen, vor dem Thore erwarteten ihn
die Generallieutenants und der Muftermeifter der Janitfcharen, und
begleiteten ihn in den Diwansfaal des Aga; hier ward das Hand=
fchreiben verlefen, und der Imam des Herdes verrichtete nach der
Ablefung das gewöhnliche Segensgebeth. Der Eingang des Handfchrei=
bens, voll Lob und Segnungen für die Janitfcharen, ift beachtens=

---

[1] Iſſ. Bl. 233—235. [2] Mouradjea d'Ohffon VII. p. 356.

werth als Gegensatz mit den Vorwürfen und Verwünschungen, womit
dieselben sechs und siebzig Jahre später das sie vernichtende Handschreiben
überhäuft [1]). „Die Janitscharen meiner hohen Pforte sind eine Herd=
„schaft von Glaubenskämpen, auf denen der Segen des Schattens
„Gottes und der Blick der Männer Gottes ruht. Jede Sorge für die
„Erhöhung ihrer Würde und Achtung verbürgt zeitliches und ewiges
„Glück. Da die Officiere und Gemeinen derselben, meine Diener in
„Kriegs= und Friedenszeit, mit aufrichtigem Eifer gute Dienste gelei=
„stet, und dadurch sich meine kaiserliche Zufriedenheit erworben haben,
„so ist denselben mein kaiserliches Inneres zugewendet, und meine
„zahllosen kaiserlichen Gnaden sind auf die tägliche Erhöhung und
„Vermehrung ihrer Würden und ihres Ansehens verwendet.“ Bald
nach dieser Auszeichnung der Gunst traf die Janitscharen, welche vor
achtzehn Monathen die Pforte des Aga im großen Brande verloren   15. Jul.
hatten, das Unglück, daß in einer großen achtzehnstündigen Feuersbrunst,   1751
welche dreytausend Häuser fraß, ein großer Theil ihrer alten Easer=
nen in Flammen aufging [2]). Die Janitscharen waren in allem hundert
neun und neunzig Regimenter oder Kammern, wovon hundert Dsche=
maat, d. i. Vereine, ein und sechzig Buluk, d. i. Rotten, vier und
dreyßig Segbanen d. i. Jäger, und vier Ssolak, d. i. Bogenschützen.
Von diesen hundert neun und neunzig Kammern waren nur sechs und
zwanzig in den alten Easernen, hundert drey und siebzig in den neuen;
von diesen waren nun hundert zwey und sechzig und die berüchtigte
Mittelmoschee [3]), der Brennpunct aller Janitscharenaufruhre, zusam=
mengebrannt. Die Herbeyschaffung von Summen zur Wiederauf=
bauung war von höchster Wichtigkeit, damit nicht an dem Easernbaue
die Flamme des Janitscharenaufruhres aufschlage. Vor acht und fünf=   1693
zig Jahren waren nur drey und siebzig Kammern abgebrannt, und
wegen der damahligen Kriegsereignisse fünf Jahre lang an die Wie=
dererbauung nicht Hand angelegt worden; damahls hatte jede Rotte
tausend neunhundert drey und dreyßig einen halben Piaster, die an=
deren Regimenter (die Vereine und Jäger) eilfhundert sechs und sechzig
einen halben Piaster erhalten, und die ganze Summe betrug zweyhundert
zwölf Beutel, wovon nur siebzig aus dem kaiserlichen Schatze bestrit=
ten, die übrigen von den Ministern zusammengeschossen worden wa=
ren; dießmahl wurden die Ausgaben nach demselben Fuße für die ab=
gebrannten Wohnungen von ein und vierzig Grotten und hundert ein
und zwanzig Vereinen und Jägern auf vierhundert ein und vierzig
Beutel berechnet. Der Sultan legte zu dem, was vor neun und fünf=
zig Jahren jeder Rotte gegeben ward, noch fünfhundert sechs und
sechzig und einen halben Piaster zu, so daß jede zweytausend fünfhun=

---

[1]) Aus der zu Constantinopel gedruckten Geschichte der Janitscharen über=
setzt im Ausland Nro. 1 u. f. [2]) Isi Bl. 252. [3]) Derselbe Bl. 254 gibt zwey Chro=
nogramme auf den Bau der Moschee, eines von 22, das andere von 25 Distichen.

dert', und die übrigen Kammern jede zweytausend Piaster erhielt, was
zusammen sechshundert neun und achtzig Beutel machte. Diese Summe
faßte der Generalstab der Janitscharen aus dem kaiserlichen Diwan,
unter des Defterdars, des Tschauschbaschi und des Ceremonienmeisters auch Reichsgeschichtschreibers Jsi Aufsicht, und dieselbe wurde
dann an der Pforte des Aga demselben vorgezählt, und unterdessen in
der Moschee S. Suleiman's hinterlegt; auch die Kasernen der Dschebedschi wurden neu gebaut¹). Im Canale des Bosporos wurde zu
Kutschukßu ein Lusthaus von hundert acht und vierzig Ellen im Ge-
vierten²) aufgeführt; der Lustpallast von Kandilli (Lampendorf), welcher durch die schönste Lage am Bosporos die Leuchte desselben, aus-
gebessert³). Dem Chan der Krim, Arslangirai, welcher die Schanzen von Orkapu ausgebessert, das Schloß Arbat mit Besatzung versehen, die Überfuhr der von Kaffa abgesandten Mannschaft auf das
thätigste besorgt hatte, wurde die Zufriedenheit des Sultans durch
Sendung von Ehrenkleid und tausend Ducaten mittelst belobenden
Handschreibens zu erkennen gegeben⁴). Die Ausbesserung der Festungswerke von Belgrad, welche schon vor zehn Jahren, gleich nach der
Eroberung, begonnen worden, wurde jetzt vollendet, und ober dem
nach Constantinopel führenden Thore pries die Inschrift Sultan Mahmud den Begründer des Reichsbaues. Dieser Inschriftstein, welcher
die unüberwindliche Feste aufs pomphafteste preiset, wurde von Loudon, dem letzten Eroberer Belgrad's, als Trophäe nach Wien geführt,
und liegt mit dem Grabsteine des als Befehlshaber von Belgrad dort
verstorbenen türkischen Bothschafters nach dem Frieden von Carlowicz
im Waldschatten von Hadersdorf, wo Loudon ruht, als Denkmahl seiner Siege, eine Trümmer osmanischen Festungs- und Reichsbaues⁵).

Während der Reichsgeschichtschreiber und die Chronogrammenschmiede von Amtswegen den Sultan als den Begründer des Reichsbaues priesen, erschütterten das Reich innere Unruhen von allen Seiten. Zu Baßra hatte sich der Capitän des Euphrats wider den Statthalter von Baßra empört, und mit den Arabern Montefik die Gegend
verwüstet; er wurde in seinem Schlosse Menawi belagert, und auf
einem kleinen Nachen⁶) nach Abuschehr zu flüchten gezwungen, wo sich
seiner die Capitäne der vor Baßra geankerten Schiffe bemächtigten.
In Bosnien stritten sich Abdurrahman Efendi und Derwisch Kapudan
zu Bosnaserai um die Ehre des Vorranges als Ajan, d. i. um die
Ehre des ersten Ranges als Güterbesitzer⁷), und die Janitscharen
nahmen an ihren blutigen Händeln Theil⁸). Wiederhohlte Sendungen von Commissären bezweckten die Wiederherstellung der Ruhe⁹).
In Karaman hatte in der Zwischenzeit des Abganges des Statthal-

Januar
1751

---

¹) Jsi Bl. 250. ²) Derselbe Bl. 272. ³) Derselbe Bl. 272 und 273. ⁴) Derselbe Bl. 261 und 262. ⁵) Die Inschriften dieser beyden Steine, türkisch und
deutsch, in den Fundgruben des Orients V. Bd. S. 330.⁶)Jsi Bl. 244. ⁷) Derselbe Bl. 245. ⁸) Derselbe Bl. 246. ⁹) Derselbe Bl. 245 und 286.

ters Torak Mohammedpascha, der zum Kapudanpascha ernannt worden, und der Ankunft seines Nachfolgers; ein meuterischer Bulukbaschi der Lewende das Land verheeret, und das Dorf Jlitsch im Sandschake Kaißarije ausgeplündert, von den Einwohnern sechsundzwan-
zig Männer, neun und zwanzig Weiber, drey und vierzig Kinder, die
sich in eine Höhle geflüchtet, mittelst Feuers, das er vor dem Eingange desselben anlegte, erstickt [1]). Um Heßargrad und Rusdschuk hatten
die Einwohner von neun Dörfern des Bezirkes Bala das Land unsicher gemacht, Rusdschuk gestürmt; die Bewohner dieser neun Dörfer
wurden vor Gericht gestellt, fünf und zwanzig als Rädelsführer zu
Silistra, Warna, Jerköi eingesperrt, die übrigen mußten die Urkunde unterschreiben, vermög der sie für die Sicherheit und für einander
gemeinschaftlich haftend, im Falle des Wiederausbruches von Unruhen hundert dreyßigtausend Piaster zu zahlen sich verbanden [2]). Um den
Bedrückungen der Obrigkeiten, wodurch diese Meutereyen größten 6.Sept.
Theils veranlaßt wurden, zu steuern, ergingen so nach Anatoli, als 1751
Rumili sogenannte Gerechtigkeitsbefehle, in welchen der Geldschinde-
rey der Commissäre, Woiwoden, Verwalter, Stiftungsaufseher Ziel,
und Maß gesetzt, ein Dutzend willkührliche Abgaben, unter deren Titel
sie Geld erpreßten, abgestellt wurden. Diese Gerechtigkeitsbefehle hielten den närrischen Ahmed von Simaw in Anatoli nicht ab, die Gegend um Simaw zu verheeren, bis er von Elhadsch Mustafa Kara
Osmanoghli, dem Inhaber der Sandschake Chudawendkiar und Karasi, in der Gegend von Alaschehr beym Dorfe Sadsch Aja mit acht
seiner Hauptleute gefangen genommen und geköpft ward [3]). In der
Gegend von Malatia drohte Kalenderoghli, aus dem Stamme Alhas-
sili die alten Scenen des berühmten Aufrührers Kalenderoghli unter
Ahmed I. zu erneuern. An der Spitze von einigen Tausend zusammengelaufenen Gesindels von Lewenden, zog er dem Statthalter von Meraasch, Rischwansade Suleimanpascha, zu offenem Treffen entgegen,
von dem er geschlagen, sein Haupt sammt denen der Rädelsführer an   26.
die Schwelle der hohen Pforte eingesandt ward [4]). Raghib, jüngst März
Statthalter von Aidin, jetzt von Rakka, bediente sich derselben treulosen 1752
Politik, womit er als Statthalter von Kairo die Bege der Mamluken
gemordet, um das Unheil zu stillen, welches Beschar der Jskanbaschi
des Stammes der großen Mulli den Einwohnern von Rakka, und besonders dem dort herumziehenden Stamme Dökerli zufügte. Nachdem
er denselben durch freundliche Einladung sicher gemacht, nahm er ihn May
gählings in Verhaft, und dessen Kopf „kugelte als Spielmelone zum
„abschreckenden Beyspiel“ [5]). Im Sandschake von Amasia hatten sich
Lewende Hauptleute mit Kurden von Tschorum vereiniget, und schäum-
ten den Flor der Gegend mit Blut und Gluth ab, ihre Köpfe wurden

---

[1]) Jsi Bl. 246. [2]) Derselbe Bl. 260. [3]) Derselbe Bl. 263. [4]) Derselbe
Bl. 269 und 270. [5]) Derselbe Bl. 271 S. 2 Z. 1.

18. Febr. 1752

dafür vor die hohe Pforte gekugelt[1]). In Arabien war der Scherif Mesuud, bald nachdem er den Überzug der Kaaba dem Sultan zum Geschenke gesandt hatte[2]), gestorben, und die Scherifen = Würde von Mekka seinem jüngeren Bruder, Musaid, mit dem Auftrage verliehen worden, die heilige Stätte sowohl, als die Pilgerkaravane vor den Angriffen der Araber der Wüste, und besonders der zwischen Mekka und Medina streifenden Beni Harb zu schützen[3]). Er fand eine feind= liche Gegenpartey unter den Scherifen, deren Anführer Mohammed Scherif, durch die Araber von Taif verstärkt, das Heiligthum mit Waffen und Blut zu füllen drohte; doch wurde der Streit dem In= halte kräftiger Befehle gemäß durch den Statthalter von Dschidde, den vorigen Großwesir, Esseid Mohammedpascha (der den Frieden von Belgrad abgeschlossen), gütlich beygelegt[4]). Wider die Korsaren, wel= che das Meer beunruhigten, hielten die Capitäne der Flotte scharfes Lugaus. Emeksiskapudan bemächtigte sich in der Nachbarschaft der Maina, gegenüber der Insel Bora, einer maltesischen großen Galeere von eilf Ruderbänken, die bey Ipsara bald wieder von den Malte= sern[5]) weggenommen worden wäre; doch fiel bey dieser Gelegenheit

16. April 1751

eine Schahtie der Korsaren mit neun Kanonen und dreyzehn Gefange= nen in die Hände der Osmanen, welche mit der obigen Galeere zu Constantinopel im Triumphe eingeführt wurden. Derselbe Kapudan hatte im Hafen Betilos die kleine Flotte des maltesischen Korsaren Paulo, welche aus einem Dreymaster, zwey Schahtie und einer neuen großen Galeere bestand, angegriffen und besiegt, eines der vier

12. Nov.

Schiffe verbrannt; die übrigen drey verherrlichten den Einzug des Kapudanpascha zu Constantinopel. Das Schiff, welches der Kapudan Emeksis befehligte, war der vor fünf Jahren gebaute Dreydecker, der Meeresflügel[6]). Als Seitenstück zu so glückbringendem Nahmen wurde das zwey Monathe nach dem Einzuge des Kapudanpascha vom Sta=

24. Jan. 1752.

pel gelassene, fünf und fünfzig Ellen lange Kriegsschiff, die Meeres= zierde[7]) getauft. Von allen Seiten regnete es Zahlenverse und Lob= gedichte, von denen das des Bittschriftmeisters Enis Nuuman, als das eines damahls geschätzten Dichters, der Reichsgeschichte einver= leibt worden[8]). Auf Bericht des Kapudanpascha Torak Mohammed (welcher an die Stelle Ebubekrpascha's getreten) wurde der Bailo von Venedig um die nöthige Weisung an den Consul von Patras ersucht, damit das Schiff des tripolitanischen Kapudan Mina, welches venetia= nische Kriegsschiffe bis in den Hafen von Lepanto verfolgt hatten, von denselben unbeschädigt abziehen möge, worin die Republik dem Wil= len der Pforte willfahrte[9]).

Von den Veränderungen durch Todfälle und Verleihungen sind die folgenden die erwähnenswerthesten: die des Statthalters von

---

[1]) Ist Bl. 284. [2]) Derselbe Bl. 268. [3]) Derselbe Bl. 270. [4]) Raschid I. Bl. 285. [5]) Vom Bruder des verfluchten maltesischen Korsaren Masko, sagt Ist. [6]) Ist Bl. 263. [7]) Derselbe Bl. 265. [8]) Eben da. [9]) Derselbe Bl. 241.

Dschidde, weil die Stelle des verstorbenen Elhadsch Osman auf Vortrag des Scherifs von Mekka eine Zeitlang unbesetzt, dann dem Kiaja Mustafa als Kaimakam zur Hereinbringung der von Osman schuldigen großen Summe überlassen ward; die des Statthalters von Karahißar, 13. Jan. Köse Alipascha, weil sein Vermögen ebenfalls zur Tilgung der 1751 dem öffentlichen Schatze ausständigen Gelder eingezogen ward [1]); die des Miri Alem Chalilaga, weil er durch seine Veruntreuungen der Soldgelder als Aga der Sipahi oder Silihdare während seiner achtzehnmahligen Veränderung dieser Ämter seine täglichen Einkünfte von 15. jeder dieser beyden Truppen auf mehr als tägliche tausend dreyhundert Febr. achtzig Aspern, und dennoch sein Leben ruhig auf neunzig Jahre gebracht [2]); der Tod des vorigen Großwesirs Elhadsch Mohammedpascha, des Opiumessers, des strengen Statthalters von Bagdad nach Kesrieli, weil sein Tod mit dem doppelten Verluste seines Vermögens durch Feuer und Wasser zusammenfiel; seine Häuser zu Constantinopel brannten ab, sein eingeschifftes Gut ging an den Dardanellen durch Schiffbruch am selben Tage zu Grunde, wo er von Bagdad abgesetzt zu Retimo starb [3]); er schien die Schätze, die er während seines Lebens mit großer Gier zusammengescharrt, mit ins Grab genommen zu ha- 19. ben; der Tod Rahmi's aus der Krim an der Pest, weil er ein ausge- August zeichneter Dichter [4]); der des vorigen Mufti, Ak Mahmud Efendisade Esseid Mohammed Seinul aabidin El Huseini, schon wegen der Länge seines Nahmens und seines Alters von fünf und achtzig Jahren [5]), 20. Oct. und endlich der Tod der Sultaninn Aische, Tochter S. Mustafa's, der ältesten Schwester des Sultans, welche zum Sturze des Kißlaraga beytrug, nicht ohne Verdacht von Vergiftung [6]); sie wurde neben ihrem Oheim, Ahmed III. und Großvater, Mohammed IV., an der Moschee der Sultaninn Walide feyerlich bestattet [7]). Von den Veränderungen [8]) die erwähnungswerthesten: die Ernennung des Aga der Janitscharen, Esseid Ahmed, zum Wesir Statthalter von Saida, weil dieselbe eine Veränderung des ganzen Generalstabes nach sich zog [9]); die Veränderung des Silihdar, weil dieselbe keine Ungnade, wie gewöhnlich, sondern weil er wirklicher Unpäßlichkeit willen mit einem Gnadengehalte von täglichen dreyhundert Aspern und freyem Munde bey Hof begnadiget ward [10]); die des Statthalters von Haleb, weil sie aus Rücksicht auf die Bittschriften der Einwohner erfolgte [11]); die des Kapudanpascha Torak Mohammedpascha an die Stelle des alten und reichen Ebubekrpascha, der, wiewohl nahe an neunzig Jahren, noch einmahl nach Mekka pilgern sollte, wiewohl schon Hadschi. Seine Sendung in die Statthalterschaft von Dschidde war das Werk des 16. Jan. Großwesirs, der auch den Aga der Janitscharen nach Saida, den

---

[1]) Isi Bl. 241. [2]) Derselbe Bl. 244. [3]) Derselbe Bl. 254. [4]) Derselbe Bl. 257
[5]) Derselbe Bl. 262. [6]) Penkler's Bericht. [7]) Isi Bl. 286. [8]) Die Listen derselben Bl. 226, 247, 265, 266, 283. [9]) Isi Bl. 240. [10]) Derselbe Bl. 264. [11]) Derselbe Bl. 273.

Kiaja und Defterdar entfernte [1]); die folgenden vier, weil Said, Behdschet [2]), Munif Efendi und Nasif höchst wirksam eingreifende Männer in die Geschäfte dieser Zeit. Mohammed Said, der vorige Bothschafter in Frankreich, dann Nischandschi und zweymahl Minister des Inneren, erhielt die Erlaubniß, von seinem Verbannungsorte Kallipolis wieder nach Constantinopel zurückzukehren [3]). So wurde auch der vorige, auf Verleumdung abgesetzte und eingesperrte Defterdar, der Dichter Mohammed Behdschet, auf freyen Fuß gesetzt [4]), und später nach Constantinopel zurückberufen [5]). Während seiner Verbannung zu Seres sandte er, der türkische Ovid in Pontos, ein Ghasel an seine Freunde zu Constantinopel, welches von diesen in fünf und sechszeiligen Glossen erweitert, und deßhalb der Reichsgeschichte einverleibt ward [6]). Sein Gegner war Memisch Efendi, welcher ihn stürzte [7]), dann aber selbst gestürzt und nach Tenedos verwiesen [8]), erst in der Folge wieder die Stelle des Intendenten der Kammer erhielt [9]). Nach der Absetzung des Memisch von der Stelle des Kiaja erhielt dieselbe Nasif Mustafa, der zweymahl als Gesandter an Nadirschah gesandt, ein gebildeter und gelehrter Mann [10]). Größere Veränderungen als diese ließen wiederhohlte Feuersbrünste [11]) besorgen; denn die Unzufriedenheit der Janitscharen, welchen bisher zum Behufe des Baues ihrer abgebrannten Casernen etwas von ihrem Solde abgezogen worden war, ließ das Äußerste, nähmlich Aufruhr und Thronveränderung, befürchten [12]). Um den Flammenzungen Einhalt zu thun, opferte den Großwesir der acht und zwanzigjährige Kislaraga Beschir, welcher dem alten neunzigjährigen Kislaraga gleichen Nahmens gefolgt, und das Harem und den Sultan nicht minder unumschränkt beherrschte, als jener den Großwesir Emin Mohammed, und setzte seinerstatt den Oberststallmeister Mustafa als Großwesir ein. Der vorige wurde nach Retimo eingeschifft [13]). Das am folgenden Tage im großen Diwan kundgemachte kaiserliche Handschreiben schuldigte demselben unglimpfliche Behandlung der Janitscharen und ihres Aga als Ursache der Übersetzung an [14]). Wenn die Janitscharen durch die Absetzung des Großwesirs befriediget waren, so waren es die Ulema nicht, denen tiefer Groll im Herzen saß wider des Kislaraga und seiner Geschöpfe Übermuth. Ein Tschokadar desselben hatte es gewagt, einen Kadi von Skutari mit der Reitpeitsche ins Gesicht zu hauen, worauf der Kadi mit Geschenken von der Pforte besänftiget, aber bald darauf unter dem Scheine, daß er Nachts unter den Trümmern des ihm über dem Kopfe

---

[1]) Penkler's Bericht 1751. [2]) Ein Schreiben Raghib's an Behdschet in dessen Sammlung von Vorträgen Bl. 43. Eben da eines an Abdi, den Kiaja des Großwesirs Bl. 42. [3]) Isi Bl. 228. [4]) Derselbe Bl. 225 und 243. [5]) Derselbe Bl. 260. [6]) Derselbe Bl. 225. [7]) Derselbe Bl. 243. [8]) Derselbe Bl. 265. [9]) Derselbe Bl. 269. [10]) Derselbe Bl. 242, mit einem Chronogramme von 15 Distichen. [11]) Derselbe Bl. 274 B. 2 spricht von mehreren, hat aber nur eine Bl. 273 besonders angeführt. [12]) Penkler's Bericht. [13]) Isi Bl. 274 und 275. [14]) Derselbe Bl. 285.

eingefallenen Hauses erschlagen, von des Kislaraga Leuten erdrosselt worden ¹). Die Ulema brüteten Aufruhr; der Mufti gab dem Sultan 10.Jul. 1752 als einziges Mittel der Rettung des Thrones die Entfernung des Kislaraga an, vermuthlich auch die Art und Weise, wie das Werk ohne Gefahr zu vollbringen, denn das ganze Serai stand ihm zu Gebothe. Der Sultan, der tiefsten Verstellung des höchsten Despotismus wohl fähig, fuhr im besten Einvernehmen des größten Vertrauens mit dem Kislaraga nach einem Landhause des Bosporos; in dem Augenblicke, als er aus dem Nachen stieg, befahl er dem Bostandschibaschi, der das Steuer desselben lenkte, mit dem Kislaraga, der noch darin, nach dem Mädchen= (Leander=) Thurme abzufahren. Der Sultan wollte ihn bloß nach Ägypten verbannen, da aber dem Sultan zu Ohren gebracht ward, daß dieß den Ulema nicht genug, gab er den Todesbefehl. Der junge rüstige Neger zog seinen Dolch auf die mit bloßen Säbeln auf ihn einstürzenden Lakeyen ²) des Serai; unter ihren Säbeln endete der Großmeister der Mädchen im Mädchenthurme. So wurde der Aufruhr, der auf den folgenden Tag gebraut ward, erstickt; es war dafür gesorgt, daß der Kopf des Kislaraga und seines Günstlings Suleiman den Janitscharen noch vor dem Eintritt ins Serai schon vor dem Köschke der Aufzüge, auf den Zinnen des Serai aufgesteckt, in die Augen fiel. Sein Vermögen wurde auf fünfzig Millionen Piaster geschätzt; einen Theil desselben hatte er auf Stiftung von Lehrkanzeln (Medrese) verwendet, welche zu Constantinopel die des jungen Kislaraga heißen, zum Unterschiede von denen des alten Kislaraga seines allmächtigen Vorfahrs ³). Dreyßig Pagen wurden nach Ägypten, der Chaßeki (der erste Officier nach dem Bostandschibaschi), der Kiaja des Leibarztes, der Oberbäcker und einige Bereiter, wurden nach den Inseln des Archipels verbannt, der Silihdar und Leibarzt ersetzten dem Sultan die geopferten Günstlinge. Der Tschokadar, der dem Richter Peitschenhiebe gegeben, und der die eigentliche Ursache dieser Niederlage der Eunuchen, wurde vier und zwanzig Tage nachher enthauptet; Mohammed, der Secretär Suleiman's (des Günstlings des Kislaraga), gefoltert, um die Schätze seines hingerichteten Herrn zu entdecken, und dann auf demselben Platze, wo dieser, so auch der Fiscal, ein Geschöpf des Kislaraga, enthauptet. Der zweyte Imam des Sultans wurde verbannt. Unter den Schriften des Kislaraga fanden sich viele Schuldverschreibungen Ehrgeiziger für begehrte Ämter, so eine von achtzig Beuteln Bekir Efendi's, des Eidams des verstorbenen Reis Efendi Mustafa; zahlbar, wenn er Reis Efendi würde; dieselbe 12.Aug. 1752 wurde sogleich flüssig gemacht. Der abgesetzte Großwesir wurde mit der Befehlshaberstelle von Retimo begnadiget. Der Sultan ging unerschrocken am Bairamsfeste in die Moschee, und alles blieb ruhig, wiewohl die Erde vor vierzehn Tagen so heftig gebebt, daß Hafßa fast

¹) Penkler's Bericht, sehr ausführlich. ²) Eben da. ³) Garten der Moscheen.

30.Jul. verschlungen, in Adrianopel die größten Moscheen stark beschädiget
1752
15.Aug. wurden ¹). Das Jahr zuvor hatte im selben Fastenmonde ein zehn
1751
Stunden währender Wolkenbruch zu Constantinopel die Thalwasser so
reißend angeschwellt, daß dieselben zu Kasimpascha hundert fünf und
sechzig Häuser, sechs Backöfen und Mühlen davontrugen, zu Chalce=
don die Begräbnißstätte zerwühlten, und die Särge mit den Mah=
23.Oct. len ins Meer schwemmten ²). Zwey Monathe hierauf war mit außer=
ordentlichem Orkan tiefer Schnee gefallen. Im Meerbusen von Ni=
comedien allein waren vierzig, im Meere von Marmora über zwey=
hundert Proviantschiffe zu Grunde gegangen. Die Astronomen und
Geschichtskundigen bemerkten als etwas Außerordentliches, daß ge=
rade vor hundert Mondjahren um selbige Zeit solcher Schnee und
Orkan Statt gehabt.

Die Gefahr des durch das Murren der Janitscharen und die Un=
zufriedenheit der Ulema gedrohten, durch die Hinrichtung des Kislar=
aga und seines Günstlings beschwichtigten Aufruhres wurde endlich
durch die Weisheit und Standhaftigkeit des Großwesirs entfernt, womit
er nach dem Eintritte des Bairam die in diese Zeit fallenden jährlichen
Staatshandlungen ruhig vornahm und ausführte, als ob alles seinen
natürlichen Gang gegangen wäre, als ob nichts hemmend in die Räder
der Regierungsmaschine gegriffen hätte: Nach dem gewöhnlichen feyer=
12.Aug. lichen Aufzuge des Sultans in die Moschee zur Verrichtung des Fest=
1752
gebethes des Bairam und dem Empfange der Glückwünsche im Serai
gab der Janitscharenaga dem Großwesir ³) das gewöhnliche jährliche
Gastmahl, und der Sultan empfing das des Großwesirs. Es erschie=
20.Aug. nen die beyden Listen, die der Bestätigungen oder Verleihungen der
Pfortenämter, der Minister, der Unterstaatssecretäre, der Kanzleyvor=
steher der Kammer, der Aga und Mustermeister, Intendenten und
Tschausche, und der Veränderungen der Statthalterschaften ⁴) und
Sandschake. Der Reis Efendi Naili, der Tauschbaschi Mohammedaga
der Bosnier (der bald darauf zur Beruhigung seines aufgeregten Va=
terlandes dahin gesandt ward) ⁵), die drey Defterdare blieben diesel=
ben, nur der Nischandschi Mohammed Said, der Sohn des Achtund
zwanzigers, wurde in Gnaden entlassen, und seine Stelle erhielt Me=
misch, der vor zwey Jahren Minister der Inneren gewesen. Chatti
Mustafa, der letzte Gesandte in Wien, war Vorsteher der Hauptrech=
nungskanzley, Resmi Ahmed (nachmals Gesandter nach Wien) beklei=
dete die Stelle des Aufsehers der Pulverstampfe von Kallipolis, Isi die
des Ceremonienmeisters Reichsgeschichtschreibers; auch die Statthalter=
schaften wurden, bis auf einige Ausnahmen, ihren Inhabern bestätiget,
darunter gewesene Großwesire, wie Elhadsch Ibrahimpascha, der
Statthalter von Erserum, Alipascha, der Statthalter von Trapezunt,

¹) Ist Bl. 282. ²) Derselbe Bl. 257. ³) Derselbe Bl. 284. ⁴) Derselbe
Bl. 243. ⁵) Derselbe Bl. 286.

oder Söhne von Großwesiren, wie der von Bosnien, Köprilisade Ahmedpascha, der von Rumili, Mohammedpascha, der Sohn des in der Schlacht
wider Nadirschah gefallenen Topal Osmanpascha, der von Oczakow,
Muhsinsade Mohammedpascha, dieser selbst künftig Großwesir, wie
der jetzige Statthalter von Rakka, Mohammed Raghib. Die durch
diese Ernennungen und Bestätigungen an der Pforte und in den
Statthalterschaften des Reiches verbürgte Ruhe wurde bald darnach in
der Hauptstadt durch Auflauf der Griechen gestört, deren viertausend
ins Patriarchat drangen, und den Patriarchen schimpften, weil er
einen fanatischen Mönch nach dem Berge Athos verwiesen; sie bedrohten auch die Häuser der Fanarioten, welche zur Verweisung des Mönches beygetragen. Sie begehrten tumultuarisch die Absetzung des Patriarchen, und der Großwesir, der sich nicht vorgesehen, daß von dieser
Seite die Ruhe gefährdet werden sollte, willigte in ihr Begehren. Ein
Paar vor dem Patriarchate gehenkte Rädelsführer Griechen beruhigten
die Griechen der Hauptstadt, denen es bis dahin nicht in den Sinn
gekommen, wider die Türken, sondern nur wider ihre eigenen Ar-
chonten, die Herren vom Fanar und den Patriarchen, zu meutern[1].
Verflossenes Jahr hatte der Großwesir den Pfortendolmetsch und den   18.Jun.
Patriarchen unvermuthet durch seine Wachen verhaftet, er wollte   1751
beyde henken lassen, weil die Bewohner von Cypern, deren Einkünfte
dem Großwesir als Säckelgeld angewiesen sind, ihn beym Sultan
wegen Erpressungen verklagt, und sich in ihrer Klage auf den Pfortendolmetsch und den Patriarchen bezogen hatten; sie wurden beyde abgesetzt, der Pfortendolmetsch nach Tenedos, der Patriarch nach dem
Berge Athos verbannt[2]. Die Stelle des Pfortendolmetsches Callimachi erhielt der drey und zwanzigjährige Sohn des Fürsten der Walachey, Ghika, welchem sein Vater zur Berathung und Leitung der
Geschäften den vormahligen schwedischen Dolmetsch Lukaki beygab,
und den Jakovaki Riso zu seinem Geschäftsträger an der Pforte erklärte. Diese Ernennung hatte dem Fürsten der Walachey hundert
Beutel gekostet[3]. Er überlebte dieselbe nur ein Jahr, und ward an
dem von ihm zu Bukarest für Pestkranke gebauten Spitale und Kloster des heiligen Pantaleon bestattet[4]. Er hatte den sechs Swerten
oder Steuern noch zwey neue, die eine unter dem Titel des Bairam-
geschenkes, die zweyte unter dem der Ergänzungssteuer hinzugefügt[4].
Die Bojaren sandten Abgeordnete nach Constantinopel, und wagten
den gewünschten Hospodar zu nennen, nähmlich Scarlat Ghika, den
ältesten Sohn des verstorbenen Fürsten; zugleich bathen sie, daß den
Türken verbothen werde, sich in der Walachey anzusiedeln, daß die
jährlichen Bestätigungen und der häufige Fürstenwechsel zum Besten des
Landes aufhören möge. Schon auf dem Wege erfuhren die Abgeordne-

---

[1] Penkler's Bericht. [2] Eben da. [3] Eben da. [4] Engel's Geschichte der
Walachey S. 22. Sulzer III. S. 385. [5] Ist Bl. 285.

ten die Ernennung des zweyten Sohnes des verſtorbenen Fürſten, des
vier und zwanzigjährigen Pfortendolmetſches Matthäus Ghika; als
Pfortendolmetſch trat zum zweyten Mahle der voriges Jahr nach Tenedos verwieſene alte Callimachi·ein. Der neue Fürſt der Walachey vermehrte die Swerte und verfolgte die Abgeordneten der Bojaren, welche
ſeinen Bruder begehrt. Kleine Klagen der Bojaren veranlaßten die
Sendung eines türkiſchen Commiſſärs. Das Volk verſammelte ſich im
Hauſe, nahm den Metropoliten und die Bojaren mit ſich, und zog
vor die Wohnung des Commiſſärs, wider den Fürſten Klage zu führen. Auf den Bericht des Commiſſärs wurde Matthäus Ghika als
Jun. Hospodar nach der Moldau, der bisherige Fürſt der Moldau, Con-
1753 ſtantin Rakoviza, nach der Walachey überſetzt, aber die Bojaren, welche
ſich unterſtanden, beym Sultan ſelbſt Klage zu führen, wurden verbannt. Zur Beruhigung der Hauptſtadt erging eine Verordnung des
1. Jan. Miniſters des Innern an die griechiſchen und armeniſchen Patriarchen,
daß alle zu Conſtantinopel befindlichen Metropoliten und Biſchöfe ſich
binnen acht Tagen nach ihren Sitzen verfügen, und eine andere Verordnung an die Kadi, daß die Inhaber von Kriegslehen (Timar und
Siamet) in ihre Landſchaften zurückkehren ſollen. Eine dritte ſolcher
Verordnungen ſchaffte aus Conſtantinopel bey Lebensſtrafe alle Griechen und Armenier·ab, die ſeit zehn Jahren ſich in die Häuſer der
Großweſire als Thürſteher und Sänftenträger eingeſchlichen hatten.

Die ehrgeizigen Werber um die Fürſtenthümer der Moldau und
Walachey, wandten ſich in dieſer Zeit vorzüglich an den franzöſiſchen
Bothſchafter Deſalleurs, nahmentlich Rudolph Cantacuzen, mit dem
Verſprechen, der Pforte das Banat von Temeswar in die Hände zu
ſpielen, wenn ihm der Sultan die Walachey gegen jährlichen Tribut von
zehntauſend Ducaten verleihen wolle [1]). Deſalleurs brachte den ſchon
vor, ſieben und vor vier Jahren vergeblich angeregten Vorſchlag eines
Bündniſſes der Pforte mit Frankreich und Preußen wieder aufs Tapet [2]). Er überreichte der Pforte ein Schreiben des Königs von Frankreich zu Gunſten Schweden's, welches Schweden vertheidigen würde,
wenn es von Rußland angegriffen werden ſollte [3]); endlich unterſtützte
er gemeinſchaftlich mit dem ſchwediſchen Miniſter Celſing die Bemühungen des däniſchen Unterhändlers Gähler, welcher nach Conſtantinopel gekommen, einen Freundſchaftsvertrag mit Dänemark zu unterhandeln [4]). Er ſchlug der Pforte auch ein Bündniß mit Frankreich
zur Vertheidigung Pohlen's vor, von welchem Rußland ſchon zwey-
1753 mahl einen Theil ſammt der Stadt Danzig abzureißen gedroht. Die
Pforte gab höfliche ausweichende Antwort, die ſie für keine abſchlägige angeſehen wiſſen wollte. Der ſchwediſche Geſandte Celſing hatte

[1]) Penkler's Bericht nach einer Confidenz des ruſſiſchen Reſidenten 1752.
[2]) Penkler's Bericht. [3]) Lettera del Re di Francia] ddo. 29. Settembre 1752.
St. R. [4]) Mémoire donné par l'Ambaſſadeur de France le 8 Dec. 1752] pour
appuyer la demande de Gähler. St. R.

den Tod Friedrich's, Königs von Schweden, Landgrafen von Hessen=
Cassel, und die Thronbesteigung Friedrich's von Holstein=Gottorp,
durch Übergabe eines Schreibens des letzten [1]), und zugleich die Ruß=
land beruhigende Erklärung von sich gegeben, daß der neue König in 17.Jun.
der Regierungsform nichts ändern wolle. Kurz vorher hatte der schwe= 1751
dische erste Minister, Graf Tessin, in einem Schreiben an den Groß=
wesir für die Verwendung der Pforte bey Rußland gedankt, und eine
Note übergeben, welche der russischen Anklage, daß Schweden den
Frieden des Nordens störe, begegnete [2]). Der Nachfolger Tessin's als
erster Minister war Höpken [3]), der so lange als Gesandter an der
Pforte gestanden, vor vierzehn Jahren das Bündniß zwischen Schwe= 15.Apr.
den und der Pforte abgeschlossen. Auf seine Verwendung zu Gunsten 1752
Gähler's, für welchen auch Desalleurs sich verwendete, erhielt Cel=
sing von der Pforte zur Antwort, daß er die Sache der Pforte über=
lassen möge. Die Note Gähler's, des Stallmeisters des Königs von Sept.
Dänemark, der sich als bevollmächtigter Minister Dänemark's an= 1753
kündigte [4]), das vor vier Jahren seinen Frieden mit den Barbaresken
geschlossen hatte, wurde von der Pforte damit beantwortet, es sey
Pfortenbrauch, daß die Bothschafter oder Gesandten fremder Mächte
von der Gränze aus als solche eingeleitet würden, Unbekannte könnte
man als Gesandte nicht anerkennen. Der Reis Efendi Naili, ein
folgerechter Moslim, hatte dem Mufti die Frage vorgelegt, ob die
Gesetze erlaubten, neue Verbindungen mit Ungläubigen einzugehen,
und der Mufti Murtesa durch Fetwa geantwortet: Nein, es sey denn
zum Vortheile des Sultans und des Reiches [5]). Der neapolitanische
Minister, Graf Ludolf, schickte seinen Cancelliere, den Ränkeschmied
Chenevrier aus Genf, den Vertrauten und Rathgeber Bonneval's, wel=
cher daran arbeitet, den Grafen Ludolf zu heben, und an seine Stelle 6. Jun.
wieder Finochetti zurückkehren zu machen, nach Neapel mit Gewalt ein, 1752
denn es war bewiesen, daß er den letzten Brief Argenson's an Bonne=
val dem kaiserlichen Internuntius verrathen hatte. Chenevrier war's
auch, welcher vor zehn Jahren den Plan einer Colonie aus den pro=
testantischen Cantonen der Schweiz eifrigst betrieben hatte [6]). Zwischen
Ragusa und Venedig hatten sich Streitigkeiten über den Schiffszoll erho= August
ben, welchen die Venetianer von den den Meerbusen von Venedig be=
fahrenden ragusäischen Schiffen erhoben. Ragusa legte seine Beschwer=
den durch den Abgeordneten Broccoli ein. Die Ausgleichnng dieser
Streitigkeiten wurde durch einen Pfortenbefehl dem Statthalter von

[1]) Die Übersetzung des Schreibens in Ist Bl. 148 und 149, mit dem Datum
26. März a. St. (6. April 1751). [2]) Copia della lettera del primo ministro di
Suezia Conte Tessin a S. Al. il G. V. und die türkische Übersetzung im H. A.
[3]) Lettera del primo ministro di Suezia C. Höpken al G. V. 15. April 1752.
[4]) Er kam zu Constantinopel am 8. Junius 1752 mit einem Schreiben Graf
Bernstoff's an. [5]) Penkler's Bericht vom Dec. 1753. [6]) Lettre de Taxelhofer
Advoyer de Berne à Bonneval 19. Sept. 1753 St. K.

Bosnien übertragen[1]). Unter dessen Vermittlung kam zu Trawnik zwischen dem venetianischen Abgeordneten, dem Obersten Giuseppe Canobe, und dem ragusäischen Matteo Sorgo, eine Übereinkunft zu Stande, vermög deren Ragusa sich verbindlich machte, alle drey Jahre ein silbernes Becken, im Werthe von zwanzig Ducaten, durch zwey ragusäische Edelleute dem Capitan di Golfo als Entschädigung des bisher genommenen Schiffszolles übergeben zu lassen. Hingegen versprach Venedig den freyen Zug der ragusäischen Schiffe und Feluken durch den Golf von Venedig, und ihrer Korallenfischerey keine Hindernisse entgegenzusetzen, weder venetianische Schiffe, noch Unterthanen sollen in ragusäischen Wäldern Holz fällen dürfen, und der

6. Jul. vor hundert zwey und sechzig Jahren in der Insel Sußar zwischen
1754 beyden Republiken aufgerichtete Vertrag ward aufrecht erklärt[2]). Der Verkehr der Pforte mit Pohlen beschränkte sich dermahlen auf ein Paar Schreiben des Feldherrn der Krone, Potocki, an den Großwesir, das eine in Betreff der in der Moldau weidenden pohlischen Viehhirten, welches Geschäft Potocki auch dem französischen Bothschafter Desalleurs anempfahl[3]), das andere zu Gunsten der über hundert Jahre in der Moldau angesiedelten Minoriten[4]). Auf Pfortenbefehl schrieb der Fürst der Moldau, Constantin Rakoviza, daß er beauftragt sey, die bestehenden Verträge pünctlich zu erfüllen[5]). Potocki verschwärzte durch seine Ausgesandten zu Constantinopel und in der Krim die Czartoryski und Rußland als Feinde der pohlischen Freyheit[6]). Der Tatarchan sandte einen besonderen Gesandten an den Landtag von Warschau, um sich im Nahmen der Pforte über die Eingriffe fremder Mächte in Pohlen's Freyheiten zu erkundigen. Er trat mit sieben

1. März Magnaten zusammen, die ihn mit leeren Worten abspeisten[7]). Der
1751 kaiserliche Internuntius Penkler erwirkte den ersten Ferman zur Aus-
17. Jun. lieferung der Deserteure aus der Moldau und Walachey, und die Frey-
1752 gabe der Einfuhr von Thalern und Gewehren, wiewohl die Pforte durch eine besondere, dem kaiserlichen Gesandten zugestellte Note verlangte, daß es beym Alten bleiben solle[8]). Eine andere Note ließ die Pforte dem kaiserlichen Internuntius (Penkler) und englischen Bothschafter (Porter) zustellen, um ihrer Rechtlichkeit, Wahrheitsliebe und billigem Bedenken anheim zu stellen, ob der vom russischen

---

[1]) Memoriale del ambasciatore venet. (1. Dec. 1753) per diffender il diritto di passaggio nel golfo di Venezia stabilito da 521 anni in quà. St. R. [2]) Die Urkunde türkisch und italienisch im H. Arch. 16. Ramasan 1167. [3]) Lettre de Potocki à Desalleurs 25. Janv. 1751. St. R. [4]) Lettre de Potocki 2. Oct. 1752. St. R. [5]) Lettera del Principe di Moldavia Constantin Racoviza 26. Aprile 1754. Mandato per il messo Luzonsky. St. R. [6]) Penkler's Bericht 1751. [7]) Rapport de la conférence tenue dans le palais de S. E. le G. Maréchal de la couronne avec l'Envoyé du Han des Tartares Mahmudaga à laquelle étoient présens l'évêque de Cujavin-Dembocoski, le Castellan de Cracovie Poniatowski, le G. Maréchal de la couronne Bielinski, le G. Chancellier de la couronne Malachowski, le G. Chancellier de Lithuanie, le C. Czatoriski, le Vice-Chancellier de la couronne Wodzicki, le Maréchal de la couronne Minsziek le 19. Août 1754. [8]) Die türkische Note (die erste) im H. A.

Reſidenten Obreskoff angekündigte Bau zweyer Feſtungen zwiſchen Kiow und Oczakow, die eine dreyßig Stunden landeinwärts, die andere, Archangelsky, nur ſiebzehn Stunden von der Gränze entfernt, nicht den Verträgen zuwider, welche nur die Erbauung zweyer, zu Tſcher= kesk (von Rußland) und am Kuban (von der Pforte) zu erbauenden Feſtungen feſtgeſetzt ¹). Die Pforte behauptete, Neu=Servien ſey eine Landbarre, welche weder zu Pohlen, noch Rußland gehöre, was Obres= koff widerſprach, aber Rußland ſtand vom Feſtungsbaue ab. An= dere Irrungen mit Rußland waren die der Kabartai. Obreskoff's, des Nachfolgers Wiſchniakoff's, erſte Eingabe an die Pforte hatte ſich ſchon über das tractatwidrige Benehmen zweyer tatariſcher Sul= tane in der Kabartai beſchwert, ihre Entfernung und Unterſuchung durch gemeinſchaftliche Commiſſäre begehrt. Nachdem die Pforte dieſen Beſchwerden Rußland's ²) wider die Erſcheinung der Söhne des Chans in der Kabartai durch Abſchaffung derſelben genuggethan ³), klagte der Chan, daß die Ruſſen ſechs Stämme der Abaſa Keßik, welche von jeher dem Chan unterthänig, abſpänſtig gemacht. Der Re= ſident Obreskoff ſetzte in ſeiner Eingabe aus einander, daß ihm hievon nichts bekannt, und daß die Commiſſion des Schadenerſatzes für ge= raubtes Gut zu Perekop allein durch Schuld der Tataren nach der fünften Zuſammentretung abgebrochen worden ſey ⁴). Auf ſtandhaften Bericht des Chans über die Abaſa Kißik der Kabartai befahl die Pfor= te, daß der Chan auf die Erhaltung der Gränze nach dem Buchſtaben der Friedensverträge wache.

Sept. 1751

Von den diplomatiſchen Irrungen und Wirrungen mit europäi= ſchen Miniſtern an der Pforte wenden wir uns zu den weit wichtige= ren an der perſiſchen Gränze, welche unmittelbar mit der Geſchichte des damahligen perſiſchen Zwiſchenreiches verknüpft, in keiner perſi= ſchen und europäiſchen Geſchichte ſo genau und ausführlich auseinan= dergeſetzt ſind, als in den der Reichsgeſchichte Iſi's einverleibten Be= richten osmaniſcher Gränzſtatthalter an der Pforte. Aſadchan der Af= ghane, welcher, wie oben geſagt worden ⁵), Rumije in ſeine Gewalt gebracht, hatte als ſeine Generale Muſa und Ahmedchan wider Eri= wan ausgeſandt, denen Tahmuras, der Herr von Tiflis, den Weg verrannte. Aſadchan, zu ihrer Unterſtützung herbeygezogen, wurde von Tahmuras zu Metrisköi angegriffen, geſchlagen, auf ſechs Märſche weit verfolgt und nach Rumije zurückgetrieben, wohin er von zwölf= tauſend Mann, aus denen ſein Heer beſtand, nur das Drittel zurück= geführt ⁶). Zu den obengenannten ſieben Anmaßern des perſiſchen Thrones, und zu Aſadchan, dem achten, kam nun ein neunter, unter dem Nahmen Huſein Mirſa, ein angeblicher Sohn Schah Tahmaſip's,

8. May 1751

---

¹) Die Note im H. Arch. ²) Lettera d'Iwan Bulkin (Governatore Ruſſo) ai Sultani Sciambirei (Schahingirai) Casahirei (Kasigirai). ³) Discorso tenuto dal G. V. al Interprete Pini 5. Sett. 1751. St. R. Lettera scritta al Han di Crimea 1. Aprile 1752. ⁴) Um 2. Dec. 1752. ⁵) Iſi Bl. 211. ⁶) Derſelbe Bl. 248.

welcher ſich für denſelben ausgab, der zur Zeit des Prinzenmordes nach Rußland entflohen. Er erſchien zu Meſchhed und Kerbela, wo ihn der vormahlige Hauptmann der Leibwachen Nadirſchah's Mohammed Riſachan, dann Mehdichan, welcher von Nadirſchah mit dem Baue des Grabdomes Ali's beauftragt geweſen, Mirſa Ibrahim und andere Große für den wirklichen Sohn Schah Tahmasip's anerkannten. In dieſem Sinne hatte auch der noch immer zu Bagdad befindliche letzte Bothſchafter Nadirſchah's, Muſtafachan, geſchrieben [1]),

3. Aug.
1751
welcher eine mittelſt Mirſa Abdulmumin's nach Bagdad geſandte Bittſchrift der Einwohner Ißfahan's um die Einſetzung eines Prinzen aus der Familie der vorigen Schahe auf den perſiſchen Thron einbegleitete, nachdem er ſeiner eigenen herrſchſüchtigen Entwürfe auf die Herrſchaft unter osmaniſcher Lehenshoheit verluſtig gegangen, ſich jetzt neuerdings für dieſen Thronerben bey der Pforte verwandte. Die Pforte, welche nur auf die Ruhe bedacht war, antwortete dem Chan Bothſchafter, daß ihr die Erhaltung des Friedens nicht erlaube, ſich in die perſiſchen Angelegenheiten näher einzulaſſen [2]), und der Statthalter von

7. Sépt.
Bagdad, Suleimanpaſcha, erhielt den Befehl, den angeblichen Prinzen mit einem Geſchenke von tauſend Ducaten aus jenen Gegenden zu entfernen [3]). Um die Perſer nicht im geringſten aufzulärmen, wurde auch dem Statthalter von Bagdad und Baßra, Suleimanpaſcha, welcher wider rebelliſche Kurden von Kerkuk gegen Erbil gezogen und dieſelben geſchlagen hatte, aufgebothen, ſich zurückzuziehen [4]). Auf gleich abſchlägige Weiſe, wie dem durch den Statthalter von Bagdad einbegleiteten Begehren der Einwohner Ißfahan's, wurde auf die, durch den Statthalter von Erzerum, Abdullahpaſcha, eingeſandte Bittſchrift der Einwohner Aſerbeidſchan's geantwortet, welche Riſachan, der Sohn Feth Alichan's, der dermahlige Diwanbeg von Tebriſ, im Nahmen der Chane und Ajane von Tebriſ, Rumije, Karadſchatagh, Erdebil, Meragha, Denbeli und anderer nach Erſerum überbracht hatte. Die Pforte antwortete ebenfalls auf gelinde ablehnende Weiſe [5]). Die reichen, durch die Bothſchaft Ahmed Kesrieli's nach Perſien beſtimmten Geſchenke, waren bis jetzt zu Bagdad geblieben, weil die Hoffnung noch aufrecht, daß dieſelben für den künftigen Schah zur Erhaltung des Friedens verwendet werden könnten; da dieſe Hoffnung aber durch die Vielherrſchaft der Thronanmaßer, welche Perſien zerriſſen, immer mehr verſchwand, wurden dem Statthalter von Bagdad und denen von Moßul, Diarbekr, Siwas, Schehr-

1. Febr.
1752
ſor, Malatia, Meraaſch, den Woiwoden von Mardin, Boli und anderen die nöthigen Fermane zugefertigt, um dieſe Geſchenke mit ihren Liſten von einer Statthalterſchaft zur anderen, unter ſicherem Geleite bis nach Conſtantinopel zu befördern, und mit den Liſten und den anderen Schriften an die Hauptrechnungskammer zur Übergabe in den

[1]) Iſi Bl. 255. [2]) Das Schreiben des Großweſirs Muſtafapaſcha in Iſi Bl. 255. [3]) Derſelbe Bl. 256. [4]) Derſelbe Bl. 257 und 258. [5]) Derſelbe Bl. 259.

kaiſerlichen Schatz auszuliefern [1]). Andere Befehle an den Statthalter von Bagdad und den zur Einförderung der Geſchenke ernannten Bereiter, Mohammedaga, befahlen die Einbegleitung des perſiſchen Bothſchafters Nadirſchah's, Muſtafachan's, welchem auf wiederhohltes Begehren die Erlaubniß, nach Conſtantinopel zu kommen, ertheilt worden [2]). Muſtafachan wollte ſich eben zur Reiſe nach Conſtantinopel anſchicken, als er die Nachricht erhielt, daß Send Kerim, der Thronanmaßer in Jßfahan, zwey der Söhne Muſtafachan's eingeſperrt, daß tauſend ſeiner Freunde und Anhänger, um ſich wider Kerimchan zu vertheidigen, im feſten Schloſſe Peri von Musdechan ſich eingeſchloſſen, und daß zwey Chane und die Richter von Loriſtan mit fünf und zwanzig Perſonen begleitet, zu Kermanſchahan mit Truppen angelangt, in der größten Ungeduld die Ankunft Muſtafa's und Huſein Mirſa's erwarteten. Auf dieſe Nachricht änderte Muſtafachan ſeinen Plan. Neue Befehle an den Statthalter von Bagdad und ein Chatt = cherif ſchärften demſelben das ſichere Geleite Muſtafachan's und Huſein Mirſa's, zugleich aber die Schonung der perſiſchen Gränze ein, welche kein Bewaffneter übertreten durfte [3]). Ein anderes Chatt = cherif befahl dem Statthalter von Bagdad, die Geſchenke Nadirſchah's zurückzuhalten, aufzuzeichnen, die Liſte einzuſenden, die Geſchenke ſelbſt zu Bagdad bis auf weitere Befehle zu verwahren, weil dieſelben dem künftigen Schah Perſien's aufbewahrt bleiben müßten [4]). Muſtafachan hatte vor ſeiner Abreiſe noch genauen Bericht über die Gewalthaber erſtattet, welche Perſien unter ſich partheyten. Ahmedchan der Afghane hatte ſich in Kandahar feſtgeſetzt, und die Beludſchen für ſich gewonnen; Schahroch Mirſa ſaß ohnmächtig und geblendet zu Meſchhed [5]). In Jrak herrſchte in Jsmail Mirſa's, des neunzehnjährigen Sohnes [6]) einer Schweſter Schah Huſein's, Nahmen, Alimerdan, das Haupt des Stammes Bachtiari. Da Alimerdan, nachdem ſein Feldherr von Sendkerim, dem Haupte des Stammes Send, beſiegt worden, entflohen, war Sendkerim an deſſen Stelle getreten [7]). Die Befehlhaber von Huweiſe, Loriſtan, Schuſter, Diſful, Dorak, deren Chanſchaften erblich, waren Herren für ſich; Kaswin war in den Händen der aufrühreriſchen Luti; Tehran in der Gewalt Mirſa, Niſam's, Hamadan vom turkmaniſchen Stamme Karagöſſlu überwältigt, Kermanſchah in den Händen Abd Alichan's aus Choraſan, welchen noch Nadirſchah als Statthalter ge-

---

[1]) Jſi Bl. 259. Dem Berichte Penkler's liegen Überſetzungen dieſer Befehle bey. [2]) Die Fermane vom 1. Rebiul=achir (17. Febr.) liegen in Überſetzung den Berichten Penkler's bey' ſo auch ein Schreiben des Großweſirs an Suleimanaga von Bagdad vom 7. Rebiul=achir (23. Februar) über denſelben Gegenſtand. [3]) Die Überſetzung des Chatt=ſcherif's vom 15. Redſcheb 1165 (29. May 1752); ein anderer Befehl deſſelben Sinnes vom 30 Redſcheb (13. Junius) bey Penkler's Bericht. [4]) Die Überſetzung des Chatt=ſcherif von 15. Redſcheb (19. May) bey Penkler's Bericht. [5]) Jſi Bl. 266. [6]) Lettre d'Alipaſcha à B. Penkler i. Oct.1751. Jn Malcolm III. p. 169 [7]) Jſi Bl. 267.

setzt, und Asadchan, der Herr von Ramian, Herrscher von Aserbeid=
schan, lag im Kriege mit Tahmuras, dem Herrscher Gurdschistan's.
Sein General, Chan Musachan, der mit seiner Reiterey gegen Er=
sendchan und Sultania gestreift, war vom Chan Ssafi Jar, dem
Sohne Gurbistuchan's, der zu Enguran Hof hielt, aufgerieben wor=
den [1]).

In Gurdschistan (Georgien) lagen Tahmuras von Tiflis und sein
Sohn Heraklius, die Herrscher von Kachethi, wider den lesgischen
Chan von Scheki, Hadschi=Tschelebi, zu Felde [2]). Mit Tahmuras ver=
einten sich, um Privatrache zu stillen, andere lesgische Chane, als der
von Karadschatagh, Kör Kasim, der von Gendsche, Schahwerdi, das
Haupt des Stammes Dschowanschir, Ssarudscheli Penah. Des Kur
angeschwollene Fluthen hielten das grusische Heer zu Berdaa, Tah=
muras verdächtigte die ihm ergebenen lesgischen Chane, nahm sie in
Verhaft, und rückte dann vor Gendsche, dasselbe belagernd. Hadschi=
Tschelebi setzte mit sechstausend Mann schnell über den Kur, griff das
grusische Heer bey Utschdepeler [3]) an, und schlug dasselbe in die Flucht.
Hierauf unterwarfen sich die turkmanischen Stämme in Gurdschistan,
nahmentlich die der Timurdschi und Hasanlü, dem Sieger [4]), aber
zwey Monathe hernach zog Tahmuras abermahl mit einem Heere von
Georgien aus, Tiflis und Kachethi und ein Paar tausend Tscherkessen
wider Hadschi=Tschelebi; dieser theilte das seinige in drey Treffen, das
eine wider die von Tiflis, das andere wider die von Kachethi, das dritte
wider die Tscherkessen gerichtet. Er ward geschlagen, und Tahmuras, der
Sieger, drohte nun ebenfalls einen angeblichen persischen Prinzen als
Schah einzusetzen [5]). Nachdem Tahmuras die Tscherkessen entlassen,
deren Hülfe das Land verheerte, unterwarfen sich ihm die turkmani=
schen Stämme Kasak und Bortschalü [6]), mit der Verbindlichkeit des
Ersatzes zugefügten Schadens. Der junge Fürst von Imirette, dessen
Vater voriges Jahr gestorben, der aber von seinen zwey Oheimen und
der Mutter vertrieben worden, befand sich zu Achiska, osmanischen
Schutz anstehend [7]). Heraklius schlug im nächsten Frühjahr die Lesger
abermahl an der Gränze von Kasak und Bortschalü [8]); die Lesger
plünderten die Gegend von Achiska, und der Pascha konnte ein Du=
tzend der von ihnen entführten Sclaven nur mit einem Lösegeld von
hundert zwanzig Beinkleidern, hundert zwanzig Stiefeln und sieben
Pferden befreyen [9]). Hadschi=Tschelebi, das mächtigste Haupt der Les=
ger, fuhr fort, die Länder des Tahmuras und seines Sohnes Hera=
klius mit Streifereyen zu belästigen, bis daß Asadchan der Afghane,
der Freund der Beyden, in Irak durch Waffen so mächtig, daß er

(Marginalien links:)
August.
1752

4.Sept.

Oct.

---

[1]) Isi Bl. 267. [2]) Derselbe Bl. 275. Heraklius ist hier in Elkere verdruckt.
[3]) Bey den drey Hügeln. [4]) Ist Bl. 276. [5]) Copia di Lettera scritta al B. di
Penkler Tiflis 12. Sett. 1752, nebst mehreren früheren dem Berichte Pentler's
beyliegend. [6]) Lettera da Akalzike in data 31 Octobre 1752. Eben da. [7]) Estrat-
to di lettera scritta in data di 4. Dec. 1752, bey Penkler's Bericht. [8]) Estrat-
to di lettera scritta al B. di Penkler Tiflis 12 Luglio 1753 e a Akalzike 2
Ott. 1753. [9]) Eben da.

als Thronwerber ſiegreich auftrat, worauf Hadſchi-Tſchelebi ſich den
gruſiſchen Fürſten als Feind ihrer Feinde und Freund ihrer Freunde
anboth [1]). Dem Auftritte Aſadchan's in Iran gingen aber dort die
folgenden Begebenheiten voraus. Alimerdan der Bachtiare, d. i. das
Haupt der Stämme von Loriſtan, und Kerim, das Haupt des Stammes Send, ſtritten ſich zu Iſsfahan um Perſien's Herrſchaft, im
Nahmen des unmündigen Ismail Mirſa, des Sohnes der Schweſter
Schah Huſein's. Alimerdan verſtärkte ſich mit der Hülfe ſeines Verwandten Ismailchan, des Befehlshabers von Loriſtan, durch den Befehlshaber von Huweiſe und Schuſter und der um Kermanſchahan ziehenden Stämme Sengine und Kelhur, und zog gegen Iſsfahan.
Kerim beſtellte ſeinen Bruder Mohammed als Serasker, und ſandte
ihn mit zwölftauſend Mann gegen Kermanſchahan. Beym Dorfe Ha-
dſchiabad, in der Nähe Kermanſchahan's, ließen ſie das Gepäck zurück, und ſiebentauſend Mann wollten das Lager Alimerdan's überfallen, der ſie aber ſo wohl empfing, daß Mohammedchan und zwey
ſeiner Brüder mit dreytauſend Mann auf dem Platze blieben. Alimerdan, ſtolz auf ſeinen Sieg, zog gegen das Schloß Peri, das Kerim
zwiſchen Iſsfahan und Hamadan befeſtigt und darin ſeine Schätze niedergelegt hatte [2]). Er eroberte Peri und zog nun gegen Iſsfahan,
aber Send Kerim kam ihm bey Nehawend entgegen, und beſiegte ihn
in zweytägiger Schlacht, nachdem der größte Theil der Truppen Loriſtan's von Alimerdan zu Send Kerim übergegangen. Alimerdan und
Ismailchan flohen nach Bagdad, wo ſie der Statthalter beym letzten
Bothſchafter Muſtafachan einquartierte. Kerim hatte ſich unterdeſſen
wieder des Schloſſes Peri bemächtigt, und weil er gehört, daß Alimerdan und Ismailchan beym Bothſchafter Muſtafa Zuflucht gefunden, verheerte er Sawa, wo des Bothſchafters Güter, und führte
zwey von deſſen Söhnen gefangen nach Iſsfahan. Der Richter von
Loriſtan und zwey Chane kamen mit dieſer Trauerkunde nach Bagdad,
von wo nun Muſtafa in größter Eile [3]) mit dem oberwähnten angeblichen Prinzen Huſein Mirſa als Thronwerber aufbrach. Muſtafachan
von Sawa (der Bothſchafter) rief den Afghanen Aſadchan von Rumtſe
zu Hülfe, und dieſer ſchlug den Kerim Send von Peri zurück und belagerte das Schloß [4]). Kerim Send ſuchte die Hülfe Mohammed Huſein Chans, des Hauptes des türkiſchen Stammes der Katſcharen,
welche in Aſtrabad am kaſpiſchen Meere ſich feſtgeſetzt. Von Aſadchan
geſchlagen, war Kerim Send Iſsfahan und Schiraſ zu verlaſſen gezwungen, und würde vielleicht noch weiter geflohen ſeyn, wenn ihn
nicht Ruſtemchan, der Herr des Dorfes Chiſcht, im Gebirge von Ger-
maſir ermuthigt hätte, in der Schlucht von Kenne den Feind zu

---

[1]) Lettera di Akalzike 4. Marzo 1754. [2]) Iſt Bl. 281. [3]) Derſelbe Bl. 202.
[4]) Die zu Conſtantinopel i. J. 1218 (1804) gedruckte Geſchichte des Reichshiſtoriographen Waſif S, 21.

erwarten[1]). Asadchan gänzlich geschlagen, war gezwungen, sich wie früher Alimerdan, der durch eines Meuchlers Hand geendet[2]), nach Bagdad zu flüchten, und erst in der Folge kam er unterwürfig an Send Kerim's Hof zurück, der den gefährlichen Nebenbuhler in treuen Freund verkehrte. Kerimchan's gefährlichster Nebenbuhler war nun Mohammed Husein Katschar, der Stammherr der heutigen persischen Dynastie. Das Dutzend von Thronwerbern, welche nach Nadirschah's Tode sich um Persien's Herrschaft stritten, ordnet sich am lichtvollsten nach den verschiedenen Stämmen, welchen dieselben angehörten, und deren Einfluß schon während der Herrschaft der Ssafewi (wie wir gesehen) manchmahl übermächtig, nach dem Sturze derselben die Oberherrschaft ausschließlich an sich reißen wollte. Auf die Verwandtschaft mit der Familie Ssafewi gründeten ihre Ansprüche die von der Schwester Schah Husein's wirklich oder angeblich stammenden Prinzen Schahroch, Ismail Mirsa, Husein Mirsa, Ssafi Mirsa; alle andere waren nur Häupter von Stämmen; Ahmedchan in Kandahar und Asadchan in Aserbeidschan Afghanen, d. i. aus dem Stamme, welcher das Verderben über die Familie Ssafewi hereingebracht. Alimerdan, das Haupt der Bachtiaren in Loristan; Kerimchan, das Haupt des Stammes Send Alikulichan, und die anderen Verwandten Nadirschah's waren Efscharen, und Mohammed Husein Chan das Haupt der Katscharen; es stritten sich also eigentlich Ssafewi und Afghanen mit den turkmannischen Stämmen der Efscharen und Katscharen, und mit den persischen Stämmen der Bachtiaren und Send um Persien's Thron.

Wiewohl in den dreyfachen Listen der Verleihungen der Ämter der Ulema[3]), des Diwans[4]) und der Wesire[5]), welche alljährlich nach dem Fastenmonde in den ersten Tagen des Schewwals ausgegeben worden, gleich nach dem Sturze des Kislaraga Beschir (welchem ein anderer Beschir als Kislaraga gefolgt)[6]) meistens nur Bestätigungen enthalten waren, so wurden doch später einige Veränderungen im Ministerium vorgenommen, deren bedeutendste die Entfernung des Kiajabeg Nasif Mustafa Efendi, welcher vormahls mit Raschid Efendi, dem Reichsgeschichtschreiber, und dann später allein an Nadirschah gesendet worden war. An seine Stelle kam der Intendent des Arsenales, Mustafabeg, und an dessen Statt trat Bekir Efendi, der ehrgeizige reiche Schwiegersohn des verstorbenen Reis Mustafa wieder in Thätigkeit ein[7]). Der Kapudanpascha Mohammed, Sohn des verstorbenen Kopudanpascha Suleiman, erhielt als Kapudanpascha den dritten Roßschweif[8]); die beyden Oberstlandrichter und der Richter Constantinopel's wurden geändert[9]). Der Vorsteher der Pagenkammer des Schatzes, welchen der Sultan aus dem Serai entfernt hatte, wurde,

---

[1]) Malcolm hist. de la Perse III. p. 178. [2]) Derselbe p. 171. [3]) Isi Bl. 283. Wassif S. 11 und 29. [4]) Eben da. Wassif S. 18. [5]) Derselbe S. 10 f. 3. und Mirimiran S. 13. [6]) Isi Bl. 276. [7]) Wassif S. 10. [8]) Derselbe S. 12. [9]) Derselbe S. 15.

weil der Großwesir in ihm einen Nebenbuhler fürchtete, als Statthalter nach Tirhala geschickt [1]). Ein erlauchter voriger Großwesir und
Mufti starben; jener, Kör Ahmedpascha, der sich bey Orsowa's Eroberung im Kriege ausgezeichnet, sogleich nach dem Frieden von Belgrad als Großwesir die erläuternde Gränz-Convention unterschrieben [2]).
Der vorige Großwesir Abdullah, dermahliger Statthalter von Kairo,
erhielt die Statthalterschaft Kör Ahmedpascha's, die von Ägypten der
vorige Großwesir Mohammedpascha; so curfirten die vorigen Großwefire als Statthalter im Reiche. Der zweyte erlauchte Todte war
der gelehrte Mufti Esaad, welcher nicht nur die oben angeführten
wissenschaftlichen Werke, sondern auch durch Stiftungen von Medrese
und Schule guten Nahmen hinterließ, nach des Reichsgeschichtschreibers Waßif ihm ertheilten Lobe in der Musik ein zweyter Farjabi, in
der Wohlredenheit ein zweyter Weiß und Nabi. Der dermahlige Großwesir war jetzt mit dem Baue eines Klosters der Derwische Nakfch-
bendi in der Vorstadt Ortgkdschiler bey Ejub beschäftiget [3]). Als Scheich
wurde der so eben aus Syrien gekommene Murabsade Scheich Mohammed bestellt, welcher so eben auch den Bau einer Moschee an die
Stelle des Bleymagazins zu Galata in Gang gebracht, weil er entdeckt haben wollte, daß dieses die Stelle, auf welcher die Beni Ummei-
je, als sie sieben Jahre lang Constantinopel belagerten, die erste Moschee zu Constantinopel gebaut [4]). Derselbe hatte erst jüngst auf seiner
Reise nach Mekka und Medina zuerst in letzter Stadt [5]) das Grab des
Vaters des Propheten entdeckt, wozu nun Schausarg, Überzug und
Lampen gestiftet wurden. Der Sultan frommen Religionsübungen
nicht abhold, befeuerte die Lesung der Überlieferung Bochara's durch
die von ihm hiezu an den Moscheen Sofia und S. Mohammed gestifteten Leser mittelst seiner Gegenwart. Er wohnte den Feyerlichkeiten
bey, womit die für ihn neu gebaute Jacht, und gleich darauf ein
Dreydecker mit dem Nahmen des Meeresphönix [7]) ins Wasser gelassen
ward. Einige Tage zuvor hatte die damahls eingeführte Feyerlichkeit der
Schiffsbehängung Statt, vermög welcher die neugebauten Schiffe, sobald der Bau vollendet war, mit kostbaren, vom Großwesir und den
Ministern gelieferten Stoffen behängt wurden [8]), damit das bisher
nackte Schiff vor den Augen des Sultans in anständiger Kleidung erscheine; auch wurden die neuen Feuerspritzen pröbirt, welche vor den
alten den Vorzug voraus hatten, daß sie mit Schläuchen versehen waren, mittelst deren dieselben aus entfernten Brunnen mit Wasser gefüllt, den Wasserstrahl in beliebiger Richtung in die unzugänglichsten
Winkel leiteten [9]). Diese Verbesserung war um so mehr an der Zeit,

10.
August
1753

---

[1]) Penkler und Defalleurs glaubten, daß er Großwesir werden würde.
[2]) Penkler's Bericht. [3]) Waßif S. 15. In dem Garten der Moscheen Hassf
Husein von Uiwanserai, unter denen Ejub's die 39. [4]) Im Garten der Moscheen: die siebente unter den Moscheen Galata's. [5]) Waßif S. 26. [6]) Derfelbe S. 40. [7]) Derselbe S. 29. [8]) Derselbe S. 23. [9]) Derselbe S. 25.

da die Feuersbrünste häufiger als jemals [1]). Besser handhabte der Großwesir die Polizey des Marktes durch Hängung eines Diebes, welcher die Dachfenster eines gewölbten Magazins durchbrochen, und die Kaufleute des Besestan für die Sicherheit desselben aufgelärmt hatte [2]). Dem gehenkten Diebe wurde der Kopf des erwürgten Sandschaks von Asir beygesellt, welcher das Handwerk in größerem Maßstabe als Straßenräuber getrieben [3]). Der Großwesir besuchte das Arsenal und die Stuckgießerey [4]), um dort den Bau von Schiffen, hier den Guß

19.Oct. 1754

von Kanonen zu überwachen, und der Sultan besuchte die von ihm am Serai von Galata neugebaute Bibliothek, welche jetzt vollendet, mit Büchern gefüllet ward. Die Bücher wurden aus dem kaiserlichen Serai in Körben eingeschifft, und an dem Landungsplatze der Stuckgießerey gelandet. Der Aga des Serai von Galata, von allen Baltadschi und den Officieren des Serai begleitet, ging den Büchern bis zum Landungsplatze entgegen. Der kaiserliche Schwertträger, der Chodscha der Bibliothek, die drey Chodscha Lehrer (der Pagenkammern), der Scheich der Koransleser, der Untersucher der frommen Stiftungen Mekka's und Medina's, der Verwalter und Schreiber der Bibliothek, und dreyßig Gehülfen der Lehrer sammt allen Pagen, versammelten sich im Saale der Bibliothek, wo zuerst zehn Verse des Korans gelesen, hierauf die Auslegung der ersten Sura des Korans nach Beidhawi vorgetragen ward. Aus den Röhren der rechts und links in der Bibliothek angebrachten Fontaine floß heute nicht Wasser, sondern Scherbet [5]), damit die Durstigen der Wissenschaft so körperlich als geistig getränkt, doppelte Süßigkeit genößen. Sechs Tage nach dieser Einweihung des Büchersaales wohnte der Sultan darin der Lesung des Korans bey [6]).

Der Besuch der Bibliothek von Galataserai war die letzte feyerliche Staatshandlung des Sultans, welcher seine Regierung mit der Stiftung der Bibliotheken an den Moscheen Aja Sofia und Walide begann, und mit der Einweihung der Bibliothek des Pagenserai zu Galata beschloß. Er kränkelte schon seit einiger Zeit, und die beyden Erdbeben, welche binnen Jahresfrist die beyden ersten Hauptstädte des Reiches, Adrianopel und Constantinopel, in ihren Grundfesten erschüttert, galten als bedenkliche Vorzeichen. Voriges Jahr hatte im October das große Erdbeben Adrianopel's Palläste und Moscheen beschädigt, heuer bebte die Erde zu Constantinopel, in der Nacht vom zweyten auf den

3.Sept.

dritten September [7]) vierzehnmahl. Die Stadtmauern wurden sehr beschädigt, einer der sieben Thürme stürzte ein, die beyden ältesten und schönsten Moscheen der Stadt, Aja Sofia und S. Mohammed,

---

[1]) In der Nähe des neuen Thores von Lanka am 9. Dschemasiul-ewwel 1167 (4. März 1757). Wassif S. 27; zu Aiatapu S. 29; beym Bade Ibrahim-pascha's am 7. Ramasan 1167 (28. Junius 1754). Wassif S. 32, am Usun Tscharschu am 5. Moharrem 1168 (22. Oct. 1754). Wassif S. 39. [2]) Derselbe S. 35. [3]) Eben da. [4]) Derselbe S. 31. [5]) Derselbe S. 39. [6]) Derselbe S. 40. [7]) Derselbe S. 36.

erhielten Risse, fünfzig bis sechzig Menschen wurden getödtet[1]). Hierauf hatten in den Moscheen öffentliche Gebethe Statt, wie sie die Liturgie des Islams in großen Nöthen, wie Hunger und Wassernoth, bey außerordentlichen Naturerscheinungen, wie Sonnen- und Mondesfinsternisse und Erdbeben, vorschreibt. Von dem schwankenden Grunde der Moscheen und durch die geborstenen Mauern stieg das Gebeth der erhabenen Sura des Erdbebens[2]) zum Himmel auf: Wann die Erde bebt ihr Beben, wann sie will ihre Lasten von sich geben, wann die Menschen: Was ist ihr? fragen, und die Erdstöße die Antwort sagen. Der Riß der Mauern der Moschee des Eroberers, der Fall eines der sieben Thürme dieses ältesten Bollwerkes der Stadt, mußte den Fall oder Verlust großer Männer in der Wissenschaft und im Staate vorbedeutet haben. Schon nach sechs Wochen galt die Vorbedeutung für halb erfüllt durch den Tod des großen Scheich, des Koranslesers Jusuf Efendi. Lehrer des Großwesirs Ali von Tschorli, hatte er binnen acht und zwanzig Jahren einen großen Commentar zur Überlieferungssammlung Buchara's vollendet. Als er dieselbe dem Sultan dargebracht, belohnte ihn dieser dafür mit tausend Ducaten, und legte das Buch in der Folge in die von ihm an der Moschee S. Mohammed's II. gestiftete Bibliothek nieder. An dem Tage, wo das Werk feyerlich in die Bibliothek niedergelegt ward, wurde der Scheich in des Sultans Gegenwart berufen, und abermahl mit sechstausend Piastern beschenkt. Außer diesem hochgeschätzten Commentare Buchara's verfaßte er Glossen zum Commentare Beidhawi's, commentirte zur Hälfte die Überlieferungssammlung Moslim's, hinterließ zwanzig Abhandlungen bloß über Gegenstände der Überlieferung[3]), und sieben und zwanzig Abhandlungen über andere Wissenschaften; Verfasser türkischer und persischer geistlicher Gedichte, unter dem Dichternahmen Hilmi, d. i. der Sanftmüthige, hat er sechzig Jahre von den zwey und achtzig seines thätigen Lebens als Lehrer, Leser und Prediger, in den Moscheen zugebracht. Der zweyte, noch größere Unfall war des Sultans Tod, welcher acht Wochen später erfolgte. Schon sehr krank hatte er sich noch Gewalt angethan, dem Freytagsgebethe beyzuwohnen; mit Mühe konnten ihn der Silihdar und die anderen Aga des Hofes, welche, weil sie das Vorrecht haben, dem Sultan unter die Arme zu greifen, die Wesire der Achsel heißen, auf das Pferd heben, und auf demselben erhalten; mitten unter dem äußeren Thore, durch welches er ins Serai zurückkehrte, gab er den Geist auf, und die Kanonen des Serai, die Ausrufer von den Minareten verkündeten sogleich die Thronbesteigung seines Bruders, Sultan Osman's III., des Sohnes Mustafa's II. Sultan Mahmud, der Erste dieses Nahmens, hat vier und zwanzig Jahre, und im Ganzen sehr glücklich regiert, seine Herrschaft ist nicht minder durch die Milde, womit er dieselbe führte, als durch den glänzenden

14. Oct. 1754

13. Dec.

---

[1]) Penkler's Bericht. [2]) Die 191. Sura. [3]) Wassif S. 38.

Erfolg des Belgrader Friedens und durch die Stiftung von vier Bibliotheken in der Hauptstadt, an den Moscheen Sofia, Mohammed's II.,
der Walide und in Galataserai ausgezeichnet. Von den sechzehn Großwesiren seiner Regierung hat er die ersten zwölf aus der Hand des,
ihn und das Reich unumschränkt beherrschenden achtzigjährigen Kislaraga, des alten Beschir, die vier letzten aus der Hand des hingerichteten acht und zwanzigjährigen Kislaraga Beschir genommen; darunter
waren der Held Topal Osman, welcher auf dem Schlachtfelde gegen
Nadirschah fiel, und der Staatsmann Ali der Doctorssohn, welcher
zweymahl das Staatsruder mit Weisheit geleitet, wahre Säulen des
Reiches. Den entscheidendsten Einfluß auf die äußere Politik der Pforte
während seiner Regierung hatten die durch Gesandtschaften an europäischen Höfen, in Friedensverhandlungen und Gränzcommissionen
gebildeten und größten Theils durch Bonneval aufgeklärten Minister des Inneren und Äußeren; der Mewkufatdschi Mohammed Terjaki, welcher selbst ein Jahr lang Großwesir (der vormahlige Abgränzungs = Commissär nach dem Friedensschlusse mit Rußland und Österreich); Mustafa Efendi, der Gesandte in Wien, der den Frieden
zwischen den christlichen Mächten vermitteln wollte; Mohammed Raghib, der die Feder und Seele der Friedensunterhandlungen mit Rußland, Österreich und Persien; Mohammed Said, der Gesandte in Frankreich, Schweden und Rußland, hernach Minister des Inneren; Naili
Abdullah, der dermahlige Reis, alle drey unter der folgenden Regierung Großwesire. Wenn sie auch die Ämter wechselten, war ihre
Stimme nicht minder einflußreich in den Berathungen über die höchsten Interessen des Reiches. Unter ihrer Mitwirkung kamen die Friedensschlüsse von Belgrad mit Österreich und Rußland, die erneuerte
Capitulation mit Frankreich, das schwedische Bündniß, der Friede
mit Nadirschah, Freundschaftsverträge mit Neapel und Toscana zu
Stande. Die Regierung Sultan Mahmud's ist die glänzendste Periode osmanischer Diplomatie, in welcher vervielfältigte Gesandtschaften
und Unterhandlungen nicht ohne glücklichen Erfolg von Erweiterung
der Gränzen blieben, und der Eifer des Sultans für die Fortschritte
der Bildung durch vier Bibliotheken verdient vieles Lob. Aus diesen
zwey Gesichtspuncten kann auch der europäische Geschichtschreiber Sultan Mahmud dem Ersten das Lob zuerkennen, welches die osmanischen
auf seinen Nahmen, welcher der Gelobte bedeutet, anspielend, seiner
Regierung zollen, als der gelobten und glückerprobten.

Siebzigſtes Buch.

S. Osman's III. Thronbeſteigung. Abſetzung des Mufti und Großweſirs. Das Meer friert. Todfälle. Ali der Doctorsſohn, dann Naili Großweſir. Grober Reis Efendi. Feuersbrunſt. Der Großweſir Ali hingerichtet. Unruhen in Ägypten und Armenien. Der Dei von Algier ermordet. Geſandte Öſterreich's, Rußland's, Pohlen's, England's und ein preußiſcher Unterhändler. Die Moſchee Nuri Osmani. Meteor. Der Grobian Weliebdin. Der Großweſir zweymahl gewechſelt. Todfälle erlauchter Männer und S. Osman's. S. Muſtafa's III. Thronbeſteigung und Glückwunſch dazu. Däniſcher Vertrag. Preußiſcher Anwurf. Der Mufti, Kapudanpaſcha, Kiſlaraga abgeſetzt, der letzte auch hingerichtet. S. Muſtafa's Liebſchaft und ſeiner Schweſter Hochzeit mit Raghib. Zurückkunft von Verbannten und Geſandten. Ali des Doctorsſohnes Tod. Pilgerkarawane geſichert. Naili's Tod. Hebetullah's Geburt. Der Chan der Krim, die Hospodare, der Pfortendolmetſch und der Reis Efendi geändert. Wiſſenſchaftlicher Wortſtreit. Canalbau bey Nicomedien. S. Muſtafa's Polizey. Arabien's und Ägypten's Geſchäfte geordnet. Moſchee zu Damaskus hergeſtellt, zu Conſtantinopel gegründet. Halimi's und Aaßim's Tod. Bauten; Waffenübungen; Vorträge. Gelehrter Männer Tod. Waßaf der perſiſche Boſſuet. Unruhen im Innern. Die Kapudana nach Malta. Pelzlurus. Opiumeſſer. Freundſchaftsvertag mit Preußen. Geburt von Prinzeſſinnen. Tod erlauchter Männer. Der Mufti und Kapudanpaſcha zweymahl geändert. Raghib's Bibliothek und Tod. Überſicht der osmaniſchen Literatur im achtzehnten Jahrhunderte, und Raghib der letzte große Großweſir.

Sultan Osman, ſtarken, fleiſchigen Geſichtes, den Kopf dicht am Leibe, wie ſein Bruder Mahmud, eine Schulter höher als die andere[1], ernſt, gähzornig, aber nicht blutgierig, hatte bereits ein halbes Jahrhundert im Prinzenkäfig verlebt, als er aus demſelben auf den Thron ſeines gleichnahmigen Ahnherrn hervorgezogen ward. So lange Ent-

[1] Penkler's Bericht.

31 *

fernung von dem Schauplatze der Regierung, so später Auftritt im Leben, hatte in ihm die Abgunst, womit Nachfolger die Handlungen ihrer unmittelbaren Vorfahren gewöhnlich mißbilligen, nur noch mehr versauert. Immer geneigt, in allem anderen Geschmack an den Tag zu legen, als sein Bruder, war er doch klug genug, seine Regierung mit der Bestätigung der zwey ersten Ämter des Reiches, des Großwesirs und des Mufti, zu beginnen [1]). Seine Mutter (er war aus einer anderen, als Mahmud) wurde nach alter Herkommen durch den Kislaraga und ihren Kiaja (Obersthofmeister) in einer, von den Leibwachen und Verschnittenen umgebenen Sänfte aus dem alten Serai
19.Dec. ins neue gebracht [2]). Erst am neunten, sonst am fünften [3]) Tage
1754 nach der Thronbesteigung, wurde er zu Ejub mit dem Säbel umgür
22.Dec. tet, und auf dem Hinwege besuchte er in der Moschee S. Mohammed's die beyden Denkmahle des siebenten und vier und zwanzigsten Herrschers der Osmanen, das Grabmahl des Eroberers und die Bibliothek seines Bruders Vorfahrs; er nahm den von Sultan Mahmud eigenhändig geschriebenen und dahin gestifteten Koran, und las zehn Verse daraus. Ein Handschreiben erließ die Steuer der Thronbesteigung, das ist, den gewöhnlichen Abzug, welchen bisher nach dem Kanun die Lehensträger und Besoldeten des Staates bey jedem Thronwechsel zu tragen hatten [4]). Das Thronbesteigungsgeschenk hingegen wurde an die Truppen vertheilt, die Summe betrug zweytausend dreyhundert vier und neunzig Beutel [5]). Um die Thronbesteigung zu künden, wurden an die drey nördlichen Gränznachbarn Gesandte abgefertiget. Der Kämmerer und vormahlige Fiscal, Aliaga von Sistow, nach Pohlen, der vorige Siegelbewahrer Iset Alipascha's und dann Mustermeister der Silihdare, Derwisch Efendi, nach Rußland, und der vorige zweyte Bittschriftmeister, Chalil Efendi, nach Wien [6]).
26.Dec. Sie wurden alle drey von dem Sultan mit Ehrenkaftan bekleidet. Die erste Regierungsmaßregel Sultan Osman's, die von ihm selbst kam, war ein dreyfaches Verboth, wider die Wirthshäuser, die Spaziergänge der Weiber und die Kleider der Raja gerichtet. Die Sperrung der Schenken minderte die Einkünfte des Janitscharaga, Bostandschibaschi, Topdschibaschi und Woiwoden von Galata, die daher alle damit unzufrieden. Die Weiber sollten an keinem Dienstag, Donnerstag, Freytag auf der Straße sich zeigen dürfen, weil an diesen Tagen der Sultan selbst ausgehen wollte. Es schien, daß er seine lange Kerkerschaft eines halben Jahrhundertes jetzt den Frauen entgelten lassen, und auf die Stadt übertragen wollte, was bloß Despotensitte des Haremes. Wenn der Sultan ins Harem tritt, trägt er Stiefel, die mit großen silbernen Nägeln beschlagen sind [7]), damit das Getöse

---

[1]) Wassif S. 42. [2]) Derselbe S. 43. [3]) Mouradgea d'Ohsson VII. p. 125. [4]) Wassif S. 44. [5]) Derselbe S. 45. [6]) Eben da. [7]) Mouradgea d'Ohsson VII. p. 7.

derſelben auf den ſteinernen Platten der Gänge von weitem dem Ha=
rem und Sclavinnen des Herrn Gegenwart künde, damit ſie zeitig
genug entfliehen, und ſich in ihre Zelte und Kammern zurückziehen,
denn die unaufgeforderte Gegenwart der Weiber könnte dem ausſchließ=
lichen Inhaber eines halben Tauſend derſelben läſtig fallen; keine
darf es wagen, ungerufen durch ihre Reize dem Blicke des Gebiethers
ſich aufzudringen, und der ſilberbeſchlagene Stiefel verſcheucht die
Herrſchaft des Pantoffels. In Betreff der Kleider der Raja wurden
die alten Verordnungen erneuert. Dieſe drey, von des Sultans
eigenem Genius eingegebenen Befehle, hatten jedoch nicht lange Be=
ſtand, denn auch zu Conſtantinopel dauern manche Verbothe, wie das
Volksſprichwort ſagt, nur von Mittag bis Nachmittag. Wein wurde
unter der Hand verkauft, die Weiber durften wieder ausgehen, und
die Übertreter der Kleiderordnung zu beſtrafen, behielt ſich der Sul=
tan ſelbſt vor [1]). Er verwies aus dem Serai die Sänger und Ton=
künſtler und die vertrauten Geſchäftsträger, welche die Gunſt ſeines
Bruders genoſſen, theils ins alte Serai, theils nach Kairo, und die
Änderung der Imame Hofcapläne war der Vorbothe größerer, nähm=
lich der Abſetzung des Mufti [2]), welcher fünf Wochen hernach die des 12.Jan.
Großweſirs folgte [3]). Zum Mufti ward der älteſte der Ulema, der acht= 1755
zigjährige Waßaf Abdullah ernannt, zur Großweſirsſtelle der hochver= 16.
diente Doctorſohn Ali, der jetzt Statthalter von Kutahije, zum drit= Febr.
ten Mahle berufen. In dieſem Winter hatte zu Conſtantinopel die au=
ßerordentliche Naturerſcheinung Statt, daß durch grimmige Kälte das
Meer im Hafen zu Eis gefror, ſo daß man von dem Landungsplatze
des Defterdars nach Südlidſche zu Fuße ging; ſeit der Eroberung
Conſtantinopel's hatte dieſe außerordentliche Kälte nur einmahl unter
Osman II. Statt; unter den Byzantinern aber war der Bospor mehr
als einmahl zuſammengefroren, ſo daß man von Europa nach Aſien
zu Fuß ging. Unter der Regierung des Arkadius ward das Meer zwan=
zig Tage lang gefroren [4]), unter der des Conſtantin Copronymos
führte das Meer Eisſchollen, und zehn Jahre ſpäter [5]), als das
Meer bis hundert Schritte vom Ufer gefroren, hatten die treibenden
Eisſchollen die Stadtmauern erſchüttert. Abermahls war der Bospo=
ros gefroren unter der Regierung des Romanus [6]), als die Türken
zum erſten Mahle in die Länder des byzantiniſchen Reiches einfielen,
und unter der Regierung des Dukas [7]), als das erſte Bündniß zwi=
ſchen Griechen und Osmanen geſchloſſen ward, jetzt zum ſiebenten und
letzten Mahle, ſo weit geſchichtliche Nachrichten reichen.

Der hochbetagte Großweſir war trotz der Strenge des Winters 27.
von Trapezunt, wo ihm der Chaßeki das kaiſerliche Siegel überbrach= März

---

[1]) Penkler's Bericht. [2]) Waßif S. 47. [3]) Derſelbe S. 50. [4]) S. 400 Chro=
nicon paschale. [5]) Im Jahre 763. Theophanes. [6]) J. J. 928 und 934. Simon
Logotheta. [7]) J. J. 1232 Acropolita 37. Niceph. Greg. II. 5.

te, nach Conſtantinopel gekommen, und Ende März zu Skutari ein=
getroffen. Wie bey ſeinen zwey erſten Ernennungen zum Großweſir,
regnete es auch dießmahl von allen Seiten Bewillkommungsgedichte
in Zahlenreimen, deren einige zugleich Frühlingsgedichte, die Ankunft
des Großweſirs mit der des Frühlings in poetiſche Verbindung brach=
ten [1]). Unter den vom neuen Großweſir getroffenen Änderungen [2])
waren die merkwürdigſten die Überſetzung des Obermauthners, des
reichen und mächtigen Ishak, und des Kapudanpaſcha Mohammed,
an deſſen Stelle Karabaghi Suleiman den Oberbefehl der See über=
nahm. Der Kaimakam Muſtafapaſcha ging als Statthalter nach Tra=
pezunt, und der uralte und ſteinreiche Ebubekrpaſcha, welcher jüngſt
als Statthalter nach Dſchidde entfernt, von dort nach Alaje gekom=
men war, erhielt aus dreyfacher Rückſicht für ſein Alter, für ſeine Ge=
mahlinn, die Sultaninn Ssafije, und für ſeine Reichthümer die Er=
laubniß, zu Conſtantinopel zu wohnen [3]). Der Leibarzt Tſchelebi Mu=
ſtafa war in Ungnade gefallen, weil dem Sultan ſeine Latwergen
nicht behagten [4]), und der Oberſtſtallmeiſter Ssadik, weil das Pferd
des Sultans unruhig zur Seite geſprungen [5]). Die Ulema waren un=
zufrieden, daß die Stelle des Leibarztes einem Renegaten verliehen
ward. Zu ſeinem Kiaja (Miniſter des Innern) ernannte der Großweſir
den wiſſenſchaftlich gebildeten Welieddin [6]). Der vormahlige Defter=
dar Halimi, welcher aus der Laufbahn der Chodſchagian als Begler=
beg von Saide entfernt worden war, gab jetzt wieder die zwey Roß=
ſchweife gegen den Eintritt als einer der Herrn und Meiſter der Kam=
mer auf [7]). Der neue Kapudanpaſcha erhielt vom Sultan ein Ge=
ſchenk von neunzig Beuteln, als er bey dem gewöhnlichen Auslaufen
der Flotte dem Sultan im Uferköſchk das Kleid küßte. Dem Capitän

6. May Dſchaaſer, welcher mit ſeiner auf ſeine Koſten ausgerüſteten Galeere
.1755 ſich wider drey malteſiſche Schiffe geſchlagen, eines geſenkt, eines in
die Flucht getrieben, eines genommen und daſſelbe als Beute dem
Sultan im Köſchke Sinanpaſcha's (das ebenfalls hart am Ufer des
Meeres) vorgeführt, hatte der Sultan das genommene Schiff ge=
ſchenkt [8]). Der Tod raffte ein halbes Dutzend erlauchter Männer hin=
weg: den letzten Miniſter des Innern, vormahligen Geſandten in
Perſien, Naſif Muſtafa, der ein leiblicher Verwandter des berühm=
ten Reis Efendi, Auslegers des Mesnewi, Ssari Abdullah's, mit den
Scheichen des Ordens Beirami wahlverwandt war [9]); den vorigen
Mufti Kara Chalilſade Mohammed Said, überſetzer eines Stückes
der Geſchichte Aini's aus dem Arabiſchen ins Türkiſche [10]); den Cere=
monienmeiſter und Reichsgeſchichtſchreiber Iſi Efendi, deſſen Proſe

[1]) In der Geſchichte Alipaſcha's, von ſeinem Sohne Siaji geſchrieben,
füllen dieſe Gelegenheitsgedichte 9 Quartblätter, von 132—141. [2]) Liſte der=
ſelben in Waſif S. 51, früher 47. [3]) Derſelbe S. 52 u. 53, und Penkler's
Bericht. [4]) Waſif S. 52 und 53, und Penkler's Bericht. [5]) Penkler's Bericht
vom 10. März 1755. [6]) Waſif S. 53. [7]) Derſelbe S. 54. [8]) Waſif S. 47.
[9]) Derſelbe S. 49. [10]) Derſelbe S. 50.

vom Reichsgeschichtschreiber Waßif dessen Versen vorgezogen wird, weil diese wässerig, jene schwülstig [1]); den Beglerbeg von Meraasch, Abdullahpascha, ehemahligen Minister des Innern [2]), und den durch mehrmahlige Verweisungen und Wiederanstellung, und durch sein Ghasel aus Seres berühmten Defterdar Behdschet Efendi [3]), welchem der Reichsgeschichtschreiber das Lob ertheilt, daß er sich alle Vollkommenheiten erworben, die erforderlich für merkurialische [4]) Männer, d. i. Herren von der Finanz. Die Stelle des letzten erhielt Hakim Efendi, die des Ceremonienmeisters der vormahlige Aakif, welcher die Unachtsamkeit, auf den Vortritt der Janitscharen beym Glückwunsche zum Feste des Bairams, vormahls bald mit seinem Kopfe bezahlt hätte. Als Reichsgeschichtschreiber trat an Isi's Stelle erst später Enweri, welcher die Regierungen Sultan Osman's, Mustafa's und Abdulhamid's beschrieben, und welcher die zu Constantinopel gedruckte Reichsgeschichte Waßif's nur abkürzt. Alipascha der Doctorssohn hatte kaum Zeit, sich auf dem Giebelpuncte des Reiches, zu dem er erhoben worden, umzusehen, als er schon nach drey und fünfzig Tagen, nach einem in der Nacht ausgebrochenen großen Feuer abgesetzt ward. Dieses 19. May 1756 gab nur den Vorwand, den wahren Grund zur Absetzung sein übles Einvernehmen mit dem Silihdar, dem Günstlinge des Sultans [5]). Characteristisch für die Ansichten selbst gebildeter Osmanen, wie Siaji der Beschreiber der Lebensgeschichte seines Vaters, Ali's des Großwesirs, sind die von demselben angegebenen drey Ursachen von dessen Absetzung [6]), erstens: weil er zu viel von alten Bekannten (besonders Bosniern) überlaufen worden, welche er theils mit Anstellungen, theils mit Verbrechungen abzuspeisen genöthiget war; zweytens: weil ihn seine Feinde beym Sultan verleumdeten; drittens: weil am Tage, als er das Reichssiegel erhielt, sein Horoskop im zwey und zwanzigsten Grade des Krebses, der Mond im Übergange ins dritte Haus, und alle anderen Planeten entgegen, auch die Nacht zuvor Mondesfinsterniß, was immer schlechte Vorbedeutung für den Großwesir, welcher der Mond des Reiches, wie der Sultan die Sonne. Der Großwesir wurde nicht, wie gewöhnlich die abgesetzten Großwesire, nach dem Fischhause des Serai, sondern nach dem mitten im Meere verinselten Mädchenthurme abgeführt, was schaudervoll, seitdem der letzte mächtige Kislaraga in demselben blutig geendet. Der Chaßeki der Bostandschi, welcher zu seiner Wache bestimmt war, bath ihm so traurige Pflichterfüllung zu verzeihen, nach dem arabischen Spruche: Schuldigkeit entschuldigt. „Ich weiß sehr wohl,“ sagte Ali der Doctorssohn, „daß Niemand an allen dem Schuld, als der zu tödtende „Silihdar.“ Dieß Wort galt in der Folge, als der Silihdar wirklich hingerichtet wurde, für prophetisch [7]). Der abgesetzte Großwesir wurde

[1]) Waßif S. 51. [2]) Derselbe S. 53 [3]) Derselbe S. 59. [4]) S. 60. [5]) Penkler's Bericht. [6]) Siaji's Geschichte Bl. 141. [7]) Siaji Bl. 142.

am folgenden Tage mit der Verbannung nach Famaguſta begnadigt.
Das Reichsſiegel erhielt Naili Abdullah, welcher von Jugend auf in
der kaiſerlichen Staatskanzley verwendet, zweymahl die durch die Ab=
tretung des Reis Efendi Muſtafa Taukdſchi erledigte Reis = Stelle be=
kleidet, dann als Ceremonienmeiſter in kurzer Zeit die alten, in Un=
ordnung gekommenen Protokolle des Ceremoniels geordnet, und ins
Reine gebracht ¹), jetzt die Stelle des erſten Defterdars bekleidet hatte;
ein wiſſenſchaftlich gebildeter Miniſter, von deſſen wohlgeſchnittener
Feder, der in der Reichsgeſchichte Ißi's aufgenommene pragmatiſche
Bericht über die letzten Unterhandlungen der Pforte mit Nadirſchah
ein ſprechender Beweis ²), und ein Seitenſtück zu dem Berichte Ra=
ghibpaſcha's über die Verhandlungen des erſten mit demſelben geſchloſ=
ſenen Friedens. Die anderen unmittelbaren Veränderungen, welche
die des Großweſirs nach ſich zog, waren die Erhebung des Silihdars
Günſtlinges zum Weſir, d. i. zum Inhaber von drey Roßſchweifen ³),
als Secretär für den Nahmenszug mit dem Sitze unter der Kuppel
des Diwans und der Statthalterſchaft Aïdin zum Gerſtengelde ⁴), die
Abſetzung des Mufti Waßaf Abdullah und die Ernennung Damadſade
Feiſullah Efendi's ⁵). Der alte Mufti hatte ſich in die Umtriebe mol=
dauiſcher Bojaren gemengt, und dem abgeſetzten Hospodar Conſtantin
Maurocordato wieder die Hospodarſtelle verſchaffen wollen; Mauro=
cordato wurde durch die Schritte des franzöſiſchen Bothſchafters De=
ſalleurs ſammt den Bojaren Ränkeſchmieden nach Lemnos verwieſen ⁶).
Umtriebe anderer Art entzweyten den griechiſchen Clerus, wo der Pa=
triarch wider die Metropoliten behauptete, daß die Eintauchung des
Junius ganzen Leibes zur Taufe erfordert würde. Die Metropoliten, welche
1755 dawider lärmten, wurden in ihre Diöceſen verwieſen ⁷). In der Krim
Auguſt wurde an die Stelle des verſtorbenen Chans der Krim der bisherige
Kalgha Aalimgirai eingeſetzt ⁸).

Unter Naili's Großweſirſchaft wurde die alte Moſchee der Zelt=
aufſchlager in der Vorſtadt dieſes Nahmens in der Nähe von Ejub
auf des Sultans Befehl, welcher im Vorbeygehen dieſelbe im Verfalle
geſehen, wieder zu bauen angefangen, doch regierte Naili nicht lange
genug, um die Vollendung des Baues zu ſehen, denn er wurde ſchon
nach ſieben und neunzig Tagen abgeſetzt, nachdem er kurz vorher zur
24.Aug. Stelle des Kiajabeg den Mohammed Said (ehemahligen Bothſchafter
in Frankreich) ernannt, der dieſe Stelle ſchon zweymahl früher be=
kleidet hatte ⁹); wie ſein Vorfahr durch den Silihdar Ali, jetzt Ni=
ſchandſchi, geſtürzt, welcher vom Weſir der Kuppel nun Großweſir.
Am ſelben Tage wurde auch der Reis Efendi Abdi, ein rechtlicher und
unbeſtechlicher Moslim, aber von groben ungeſchlachten Formen, abge=

¹) Biographien der Großweſire von Mohammed Said. ²) Ißi Bl. 124 —
128. ³) Waßif S. 56. ⁴) Penkler's Bericht. ⁵) Waßif S. 56. Die Liſte anderer
Ernennungen. S. 57. ⁶) Penkler's Bericht. ⁷) Eben da. ⁸) Schwachheim's Be=
richt vom Auguſt 1755, und Sieſtrzencewicz p. 407. ⁹) Waßif S. 60.

ſetzt, und nach den Dardanellen verwieſen. Wie ſehr die Osmanen jetzt in ſeiner Geſittung und diplomatiſcher Artigkeit vorgerückt, beweiſet das dem Artikel ſeiner Abſetzung beygefügte Urtheil des Reichsgeſchichtſchreibers: daß Abdi ein Mann von altem Schrotte, ſich aus der Geſellſchaft mit Menſchen verbannt, und in Geſchäften wegen ſeiner Grobheit bekannt [1]). Auf Abdi's Abſetzung folgte die des Kiſlaraga Beſchir, welcher, weil zu alt (wie ſein hingerichteter Vorfahr gleiches Nahmens zu jung), nach Kairo verwieſen, ſeine Stelle dem zweyten Verſchnittenen, nähmlich dem Chaſinedar (Schatzmeiſter) Ahmed zu Theil wurde. Sultan Osman, welcher unerkannt die Stadt zu durchwandeln und ſich in die Geſpräche des gemeinen Volkes zu miſchen liebte, war eines Tages unter einer Baumgruppe von Skutari auf einen alten abgeſetzten Naib, d. i. Stellvertreter eines Richters, geſtoßen, der ein Freund des abgeſetzten und nach Famaguſta verbannten Doctorsſohnes, die Gelegenheit benützte demſelben wieder die Huld des Sultans zuzuwenden. Der Naib berichtete ſeine Unterredung dem Sohne Ali's, Siaji, dem Lebensbeſchreiber ſeines Vaters, und Siaje lernte den Naib ſo wohl an, daß dieſer, als der Sultan das erſte Mahl wieder beym Baume verabredeter Maßen ſich einfand, für den Vater nicht nur die Zurückberufung aus Cypern's Elend, ſondern auch die Statthalterſchaft von Ägypten erhielt, welche er ſchon früher einmahl bekleidet hatte. Der Überbringer dieſer Freudenkunde war der vorige zweyte Stallmeiſter, ein anderer Sohn Alipaſcha's, Ghalibbeg [2]). Auf ſolche Runden und Geſpräche unter dem Volke und Kleiderordnungen beſchränkte ſich Sultan Osman's Selbſtregierung. Wider den Luxus der Frauenkleidungen hatte er erſt jüngſt wieder ein Verboth erlaſſen, wodurch den Weibern der Text des Korans, daß ſie ſich für Niemanden als für ihre Männer ſchmücken ſollen, zu Gemüthe geführt, ihnen die Tracht von engen farbigen Oberkleidern mit langen Kragen, und anderen als Weſtreń der Gebrauch ſilberner Beſchläge auf Schabraken verbothen ward [3]). Eine Feuersbrunſt, welche von der Nacht des erſten Bairamstages auf den zweyten aus der Bude eines Specereyhändlers ausgebrochen, hatte binnen ſechzehn Stunden zweytauſend Häuſer in Aſche gelegt [4]). Da der Reichsgeſchichtſchreiber dieſe nur eine theilweiſe nennt, läßt ſich der Schaden ermeſſen, welchen die drey Monathe hernach ausgebrochene angerichtet, die er eine gänzliche betitelt, und die ſechs und dreyßig Stunden lang in allen Richtungen der Stadt wüthend auch die hohe Pforte, d. i. den Palaſt des Großweſirs, und die Pforte des Defterdars fraß. Es wurden Commiſſäre ernannt, um die Pforte des Paſcha und die des Defterdars, und das Mehterchane, wo die Muſikcapelle und die Zelte des Heeres, auf Staatsunkoſten wieder aufzubauen [5]). Der Großweſir wurde zwar

12. Jul.
1755

4. Oct.

---

[1]) Waſif S. 60. [2]) Derſelbe S. 66. Siaji Bl. 144. [3]) Waſif S. 57. [4]) Derſelbe S. 56. [5]) Derſelbe S. 66 und 67.

durch ein Handschreiben wegen seiner thätigen Mitwirkung zur Lö=
22.Oct. schung des großen Brandes belobt[1]), aber vier Wochen hernach wurde
1755 derselbe nicht nur abgesetzt, sondern auch zugleich unter dem mittleren
Thore des Serai enthauptet. Zwey Stunden hernach reute den Sul=
tan des Günstlings Hinrichtung. Der Befundzettel des Kopfes be=
schuldigte den Hingerichteten der Nichterfüllung kaiserlicher Befehle,
der Lüge und der Bestechung[2]). Er hatte sich von dunkler Geburt als
Holzhauer im Serai durch seine schöne Stimme zum Gebethausrufer
der dritten Pagenkammer, dann durch des Sultans Gunst zum Silih=
dar, Wesir, und durch den Sturz zweyer Großwesire auf ihren Platz
emporgeschwungen. Sein Nachfolger war Mohammed Said, der Sohn
des Acht und Zwanzigers, der Bothschafter in Frankreich und dessen Nach=
folger als solcher, seitdem zu wiederhohlten Mahlen Intendent der
Buchhaltereyen, des Arsenales und dreymahl Kiajabeg. Das durch
seine Erhöhung erledigte Ministerium des Inneren erhielt der Reis
Efendi Kamil Ahmed, und dessen Stelle der Cabinetssecretär des
Großwesirs, Hamsa Hamid, Haupt der Staatskanzley[3]). Ali der Doc=
torssohn hatte mißlichen Stand in Ägypten, wegen der Übermacht der
Bege, welche schon seit langem die osmanischen Statthalter gering=
schätzten, wodurch so die Getreidelieferung nach Mekka als der nach
Constantinopel zu entrichtende Tribut oft ins Stocken geriethen. Der
23.Nov. letzte übermächtige Ibrahim Kiaja, war zwar vor einem Jahre gestor=
1754 ben, aber er hatte zu seinem Nachfolger den Abdurrahman Kastaghli
ernannt, welcher nach Osmanbeg's Flucht nach Kairo, lange zu Mekka
verbannt gewesen. Dieser nahm zu seinen Gehülfen in der Regierung
den Alibeg und Osmanbeg von Dschirdsche, und Riswankiaja, welcher
noch zu Lebzeiten Ibrahimkiaja's das Haupt der Abasen[4]). Zwischen
diesem und Abdurrahman vom Ida (Kastagh) kam es zu vierstündigem
Treffen, nach welchem Riswan mit fünf Begen seiner Partey entfloh,
16.May andere wurden Landes verwiesen[5]). Alipascha wurde von den Begen,
1755 die in allem vier und zwanzig, von den Häuptern der sieben Herdschaf=
ten, von dem Mufti der vier rechtgläubigen Religionsformen mit den
geziemenden Feyerlichkeiten empfangen[6]); er besuchte, wie es der
Brauch der ankommenden Statthalter Ägypten's, die Grabstätte des
Imams Schafii, brachte die Lieferung des Getreides nach Mekka und
Medina und des Tributes nach Constantinopel so viel als möglich in
Ordnung, und erneuerte den Überzug der Kaaba[7]). Unruhen wa=
ren auch an der österreichischen und persischen Gränze, zu Belgrad
und zu Erserum. Von Belgrad hatte sich der Statthalter Ahmed Kö=
prilipascha vor den Janitscharen geflüchtet[8]); Abdullahpascha von Er=
serum kämpfte mehrere Rebellen der Umgegend nieder: den Alaeddin

[1]) Penkler's Bericht. [2]) Wassif S. 67 und 68. [3]) Derselbe S. 68. [4]) Lettera di
Alessandria ddo. 2. Dic. 1754, bey Penkler's Bericht. [5]) Lettera di Alessan=
dria ddo. 28. Maggio 1755. Penkler's Bericht. [6]) Siaji's Geschichte Bl. 147.
[7]) Derselbe Bl. 147. [8]) Penkler's Bericht.

von Musch, der sich im Schloße von Merdschimek befestigte, welches
der Statthalter einnahm und schleifte; den Nuhbeg von Melaskerd,
deßen zwey Schlösser ebenfalls geschleift wurden; den Mihrab von
Mahmudi, und den sogenannten Tatarchan von Hatschari. Der Statthalter nahm von den Einwohnern von Musch und Bidlis schriftliche
Urkunde, vermög der sie sich verbanden, wenn diese Rebellen oder
der abgesetzte Statthalter von Bidlis, Burhanchan, wieder auf ihrem
Gebiethe erschienen, dieselben mit Gewalt zu vertreiben [1]). Der Sohn
Alaeddin's brandschatzte alljährlich die Bezirke von Tatuwan und
Tschardschighan mit tausend und zweytausend Piastern, und hatte ein
eigenes Schloß, Eheleres, zum Schutze seiner Raubzüge angelegt, er
brannte und sengte um Achlath und Aadildschuwaf [2]). Zu Algier war
der siebzigjährige gemäßigte Dei von einem Meuchelmörder bey der
Truppenauszahlung erdolcht, und dann niedergeschoßen, dieser hierauf, der sich als Dei behaupten wollte, vom General der Reiterey
zusammengehauen worden, der Sipahiler Ali wurde als Dei gewählt,
und als solcher von der Pforte bestätiget [3]).

11.Dec.
1754

Binnen des ersten Jahres der Regierung Osman's kamen zu Constantinopel die Gesandtschaften an, womit die drey Höfe Österreich,
Rußland und Pohlen die an sie geschickte Kündigung der Thronbesteigung entgegneten. Von Seite Österreich's der Internuntius Freyherr von Schwachheim, welcher den Freyherrn von Penkler ablöste,
und seine Beglaubigungsschreiben, in denen besonders seine Kenntniß
der orientalischen Sprachen gerühmt ward, in feyerlicher Audienz aber
dießmahl zum ersten Mahle nach Thronveränderung ohne Geschenke [4])
übergab so daß dieses lästigen Gebrauches ein Ende [5]). Seine Rede hielt
er wie sein Vorgänger Penkler, italienisch, mit tadelnswerther Vernach-
läßigung der deutschen Muttersprache, in welcher Bothschafter des
sechzehnten und siebzehnten Jahrhundertes vor Herrschern, wie Suleiman und Murad IV., ihre Werbung thaten. Der Gesandte Chalil,
der nur mit fünfzig Personen Gefolges statt mit hundert, wie sein
Vorgänger Chatti, kam, stattete der erste türkische Gesandte zu Wien
seinen Besuch dem Staatskanzler statt dem Hofkriegspräsidenten ab,
die Verhältniße mit Österreich waren sogar bis auf diese Form friedlicher geworden. Da Schwachheim mit zwey Beglaubigungsschreiben
versehen war, Maria Theresia's, als Königinn von Ungarn und Böhmen, und des Kaisers Franz, als Großherzogs von Toscana, begehrte
der alte Pfortendolmetsch zweyhundert Ducaten, statt der hundert,
die er gewöhnlich erhielt [6]). Unter Schwachheim begannen ihre Lauf-

17.Jul.
1755

---

[1]) Commandamento al Vesir Categi Abdullah Gov. di Erzerun. Silbi-
dsche 1167 (Ottobre 1754). Penkler's Bericht. [2]) Bittschrift der Einwohner von
Wan, enthalten im Ferman vom Dschemasiul-achir 1167. (April 1754). Penkler's Bericht. [3]) Relazione della tragica morte di Mohammed. Dei d'Algeri
succeduta nel dì 11 di Dec. 1754 Penkler's Bericht. St. R. [4]) Penkler's Bericht
vom 3. Jänner 1755. [5]) Wasif S. 59. Schwachheim's Bericht. [6]) Schwachheim's Bericht vom August 1755.

bahn die ersten Zöglinge der nur ein Jahr vorher zu Wien gestifteten
orientalischen Akademie, d. i. der Pflanzschule für Sprachknaben und
Dolmetsche. Diese beyden Zöglinge waren Jenisch und Thugut, deren
Nahmen keinem Orientalisten und Staatsmanne unbekannt. Zu Tripolis erneuerte der kaiserliche Consul Cosmo Conti mit Alipascha, dem
Nachfolger des verstorbenen Dei Mohammedpascha, durch eine besondere Urkunde den bestehenden Freundschaftsvertrag. Von einem acht-
zehnjährigen Perser, oder wahrscheinlicher Armenier, der sich von Belgrad nach Semlin flüchtete, und sich für einen Sohn Nadir's ausgab,
wozu ihm aber alle Beweise fehlten, nahm die Pforte gar keine Kunde ¹), aber dieselbe begehrte kraft des achtzehnten Artikels des Belgrader Friedens die Zurücksendung von fünf und achtzig, aus Bosnien
nach Croatien eingewanderten Familien, ohne dieselben zu erhalten,
was, sagte der Pfortendolmetsch, die Pforte sich nicht minder zu Gemüthe nehme, als den Festungsbau der Russen in Neu-Servien. Über
diesen beschwerte sich die Pforte gegen den außerordentlichen russischen
Gesandten, den Knes Dolgorucki, welcher die Glückwünsche zur Thronbesteigung S. Osman's überbrachte. Der nach Rußland gesandte Derwisch Mohammed überreichte bey seiner Rückkehr einen der Reichsgeschichte Waßif's einverleibten Bericht seiner Gesandtschaft, nicht minder als der vormahls nach Frankreich während der Regentschaft gesandte Mohammed der Acht und Zwanziger, in dem seinigen über
die Bälle und die Oper bey Hof verwundert. Die Theater erklärt er
als Spiel der Brautnacht ²), erfunden zu verliebten Stelldichein und
gegenseitiger Abrede, ohne daß es ein dritter erfährt; über die Maßen erstaunt, daß selbst die Kaiserinn mittanzte und mit tausend Lieb-
reizen sich hin und her bewegte, wobey er den arabischen Spruch an-
führt: Die Leute folgen ihren Lüsten, und die Bären tanzen in Wüsten. Die Gesandtschaft nach Pohlen wurde nach dem Glückwunsche
erwiedert, welchen der Graf Mniszek im Nahmen des Königs zur
Thronbesteigung Sultan Osman's überbrachte. In seinem Geleite befand sich Komorowski, der schon vor einigen Jahren mit dem Gesandten Benoe zu Constantinopel gewesen; aber wie sonst den pohlischen Bothschaftern immer Internuntien vorausgegangen waren, so
dieser Gesandtschaft die Sendung des Obersten Malczewski, von
Seite des Großfeldherrn der Krone Branicki an den Großwesir vermög eines dem Großfeldherrn der Krone zustehenden alten Vorrech-
tes. Seine wider Sachsen gerichteten Verhaltungsbefehle gingen vorzüglich dahin, die Pforte von der in Pohlen wieder hergestellten Ruhe
zu überreden. Tags nach Malczewski's Ankunft ³) kam auch der neue
französische Bothschafter, Herr v. Vergennes, an, welchen seine Verhaltungsbefehle an jenen wiesen. Der französische Bothschafter fand

Dec.
1755

21.May

---

¹) Penkler's Bericht. ²) Waßif Bl. 64. ³) Schwachheim's Bericht und
Tott I. 3.

besseren Empfang als der englische, Porter, bey dem seiner Grobheit 15. Jan. willen selbst vom Reichsgeschichtschreiber getadelten Reis Efendi Abdi. 1755 Dieser, als Porter ihm das Glückwünschungsschreiben zur Thronbesteigung des Sultans in feyerlicher Audienz übergab, drückte ihm des Sultans Schreiben an die Stirne, während einer dem Bothschafter den Kopf von hinten drückte, um ihn zu zwingen, das Schreiben zu küssen; auch ward ihm der Stuhl ohne Lehne weggezogen, so daß er stehen mußte, nachdem sich der Großwesir schon niedergesetzt[1]). Zur Julius Übergabe des Glückwünschungsschreibens des neapolitanischen Hofes war der bisherige Geschäftsträger, Graf Ludolf, zum Gesandten ernannt worden. Bey den Glückwünschungen des so häufigen Wechsels der Großwesire ging der neapolitanische Minister, um außer allem Rangstreite zu bleiben, immer zehn Tage nach allen übrigen, ein Recht, welches Finochetti nach abgeschlossenem Freundschaftsvertrag mit zweytausend Ducaten erkauft hatte[2]); aber mit den Raubstaaten war Neapel noch immer in Krieg[3]). Ehe noch der schwedische Minister Celsing die Glückwünschungsschreiben seines Hofes zur Thronbesteigung S. Osman's erhielt, unterstützte er mit einer Eingabe das Begehren des preußischen Beauftragten, durch welchen jetzt Friedrich den früher durch Ghika's, Carlson's und Castellane's Canal geleiteten 19. Versuch, einen Freundschaftsvertrag mit der Pforte abzuschließen, wieder erneuerte. Der Überbringer des Glückwünschungsschreibens war unter dem Nahmen Rexin, und unter dem Titel eines Commerzienrathes der Breslauer Hauden, vormahls Handlungsdiener im Hause Hübsch, hernach Fähnrich in österreichischen Diensten. Berathen war Friedrich in türkischen Geschäften durch den Florentiner Cagnoni, der als russischer Minister den Frieden von Belgrad unterzeichnet hatte, hernach mit Wischniakoff nach Constantinopel gesandt, mit Rußland unzufrieden, in preußische Dienste getreten war[4]). Die dem Mufti abgefragte Entscheidung, ob es gesetzmäßig erlaubt, mit Preußen Freundschaft einzugehen, lautete günstig[5]), aber der Reis Efendi war dagegen; so wurde denn der preußische Unterhändler bloß mit Antwortschreiben des Sultans an den König abgefertigt, der schwedische Gesandte aber durch eine Note verständigt, daß zur Befestigung des guten Einvernehmens mit dem König von Preußen ein anderes glückliches Jahr erwartet werde, so Gott der Allmächtige wolle[6]).

---

[1]) Penkler's Bericht. St. R. Das Antwortschreiben war englisch auf Pergament, in der St. R. auch: Lettera colla quale S. Osman notifica il suo avvenimento al trono. Rebiul-achir 1168, und: Copia della lettera del G. Vesir al Re d'Inghilterra, mese Dic. 1754. [2]) Penkler's Bericht. [3]) Relazione della presa di un Sciabecco di un Algerino commandato dal Reis Maometto Storimbone con 14 Canoni et 115 Turchi dalle due galere di S. M. Siciliana S. Antonio e S. Gennaro al dì 11 Maggio 1755, (tradotto dallo Spagnolo), gedruckt zu Livorno. [4]) Schwachheim's Bericht. [5]) Desselben und Penkler's Bericht. St. R. [6]) Die Note sammt der Antwort an den König in türkischer Abschrift und Übersetzung im H. Arch.

Die erste feyerliche Staatshandlung unter der Großwesirschaft Mohammed Said's war die Einweihung der Moschee, welche vor sieben Jahren Sultan Mahmud zu bauen begonnen hatte, und welche jetzt nicht nach seinem Nahmen, sondern nach dem Sultan Osman's Nuri Osmani, d. i. das Osmanische Licht, benannt ward; ein Nahme von vielfacher Beziehung, nicht nur auf den Sultan und Osman, den dritten Chalifen, den Sammler des Koran's, welcher der Inhaber der beyden Lichter heißt, weil mit zwey Töchtern des Propheten vermählt, sondern auch auf den hellen lichten Bau derselben. Sechs und siebzig Schritte im Gevierten, ist sie von einem einzigen Dome gleichen Durchmessers überwölbt, ohne Seitenkuppeln; den spätern Bau bezeuget der Mangel schöner Säulen und eines Peristyls, das wie bey den übrigen Moscheen würdig des Tempels. Auf den Nahmen des Osmanischen Lichtes spielt auch der Lichtvers des Korans an: Gott ist das Licht der Himmel und der Erde, welcher auch in der Kup= 5. Dec. 1755 pel Aja Sofia's herumläuft. Die Wesire und der Mufti, die großen Molla und die Herren der Kammer mit ihren Staatsturbanen und Staatspelzen angethan, wurden nach verrichtetem Freytagsgebethe nach ihrem Range mit Pelzen und Ehrenkleidern bekleidet, der Großwesir, Mufti und Kislaraga mit Zobel, die großen Molla mit Hermelin, die Scheiche der sultanischen Moscheen und andere Ulema mit Fehe, der Rest mit Oberkleidern aus Wolle, die Herren des Herdes und der Kammer, d. i. die Generale und Kanzleyvorsteher, mit Kaftanen bekleidet. Am folgenden Freytage, als der Sultan das Freytagsge= beth in der Moschee S. Ahmed's verrichtete, nahm er rückkehrend einen Umweg durch das Stadtthor, um dort Zeuge der Rettung eines 24. Dec. gestrandeten ägyptischen Schiffes zu seyn [1]). Zwölf Tage hierauf, in der Nacht des Vorabends der Christnacht, zwey Stunden nach Mit= ternacht, zeigte sich am Himmel eine große feurige Kugel, welche, als sie sich gegen die Erde senkte, in drey Flammenströmen ausfloß, und nach großem Geknalle verschwand [2]). Auf so vorbedeutungsvolle Luft= erscheinung hatten Feuersbrünste Statt [3]), und der Kopf des reichen Osmanoghli von Aidin, dessen Familie immer seitdem die angesehen= ste des Landes, wurde vor dem Thore des Serai ausgesetzt [4]). Um seine großen Reichthümer in Empfang zu nehmen, wurde Derwisch Mohammed, der letzte Gesandte in Rußland, abgeordnet [5]). Der grobe Reis Efendi Abdi und der vormahlige Kiajabeg, Jegen Mohammed, welche unter dem vorigen Großwesir nach Kallipolis verwiesen worden waren, wurden wieder zurückberufen. Jegen heißt der Gehülf und wir haben bereits mehr als einmahl in dieser Geschichte Wesire und Großwesire begegnet, welche diesen Beynahmen führten [6]). Diesem ward sein Nahme Anlaß eines groben Witzes des dadurch bekannten

[1]) Wassif S. 72. [2]) Derselbe S. 74. [3]) Am 28. Rebiul-ewwel 1169 (1. Jän= ner 1756). Wassif S. 75. [4]) Derselbe S. 73. [5]) Penkler's Bericht. [6]) Jegen S. das Register am Ende dieses Bandes.

Welieddin, welcher als Miniſter des Inneren der Vorfahr Jegen's. Als Jegen noch Intendent der Regiſter der Kammer (Defter Emini), fragte ihn Welieddin um ſeinen Nahmen; dieſe an und für ſich grobe Frage, weil der Nahme eines ſo angeſehenen Beamten, als der Director des Rechnungsweſens, keinem Miniſter der Pforte fremd ſeyn konnte, beantwortete Jegen, ſeinen Nahmen nennend; als aber Welieddin in ſeiner groben Manier noch weiter fragte, ſeit wann er denn im Amte ſtehe, antwortete Jegen ſpitzig: „Schon ſeit dem Tage „des allgemeinen Jawohl," d. i. ſeit der Zeit, wo nach der Lehre des Korans die Seelen aller in der Folge der Zeiten zu beſeelenden Leiber, von Gott dem Herrn noch vor Erſchaffung der Welt insgeſammt mit den Worten angeredet: Bin ich nicht euer Herr? allſogleich und ein= ſtimmig antworteten: Jawohl! Jawohl! Eine morgenländiſche Sage, voll tiefen, religiöſen und philoſophiſchen Sinnes, wodurch ein Urver= trag der Unterwerfung der freyen Seelen mit Gott dem Herrn auf= geſtellt, der Gehorſam des Geſchöpfes gegen ſeinen Schöpfer auf die= ſen Vertrag begründet, und die Freyheit des menſchlichen Willens in dem göttlichen einbegriffen wird. „So," ſagte Welieddin, „ſeit dem „Tage des allgemeinen Jawohl ſeyd ihr im Amte? aber ich habe nie „gehört, daß ein Gehülfe (Jegen) ſelbſtſtändig geweſen, vermuthlich „ſollet ihr alſo das Regiſter der Seelen führen, welche das allgemeine „Jawohl abgaben?" [1]) Ein andermahl fragte er den Sohn des Mufti, Pirifade, um ſeinen Nahmen, und als dieſer Osman ſagte, antwor= tete Welieddin: „Das klingt wie Schooßmann"[2]). Mit gleicher Ar= tigkeit begehrte er eines Tages vom Oberſtſtallmeiſter Alipaſcha, er möge ihm ſein Siegel zeigen; der Oberſtſtallmeiſter gab es hin. We= lieddin beſah es, und ſagte dann: „Brav! brav! euer Nahme iſt Ali"[3]). Der Oberſtſtallmeiſter wußte ſich für dieſen Unglimpf vorausgeſetzter gänzlicher Unbekanntſchaft ſeines Nahmens nicht anders zu rächen, als Gleiches mit Gleichem vergeltend. Er bath ſich des Miniſters des In= nern Siegel aus, und gab es dann mit den Worten zurück: „Schau! ſchau! euer Nahme iſt Welieddin." Dieſe Proben türkiſchen Witzes, d. i. Unwitzes, ſind deßhalb merkwürdig, weil der Reichsgeſchicht= ſchreiber ſolche Plattheiten als Witzfunken aufführt.

Des Sultans Selbſtregierung beſchränkte ſich auf zwey Puncte, auf den Wechſel der Großweſire und die Kleiderordnung. Viermahl war in dem erſten Regierungsjahre S. Osman's der Großweſir geän= dert worden. Mohammed Said war es noch am längſten, nähmlich ſechs Monathe lang geweſen. An ſeine Stelle wurde Muſtafapaſcha, welcher die oberſte Würde des Reiches beym Regierungsantritte S. Os= man's verwaltete, und den mächtigen Kiſlaraga Suleiman geſtürzt, wieder eingeſetzt[4]). Das Handſchreiben warf ihm vor, daß er neue Auflagen einführen wollte[5]). Den Herren des Diwans und des Her=

1. Apr.
1756

[1]) Waſif S. 76. [2]) Derſelbe S. 55. [3]) Eben da. [4]) Derſelbe S. 76. [5]) Schwachheim's Bericht.

des wurde befohlen, hinfüro nicht mehr in Kontuſchen mit Fuchs oder
Eichhörnchen [1]) gefüttert, ſondern bloß in Zobelpelzen zu erſcheinen.
Der neue Großweſir kam nach Monathsfriſt von Morea, wo er die
Steuereinnehmerſtelle verwaltet hatte, zu Conſtantinopel an, und

3. Mar. wurde mit den gewöhnlichen Feyerlichkeiten des kaiſerlichen Handſchrei=
1756 bens und Pferdes inſtallirt [2]). Drey Wochen nach ſeiner Ankunft hatte
eine keine [3]), ſieben Wochen ſpäter eine ſehr große Feuersbrunſt Statt,
welche acht und vierzig Stunden dauerte, und nach des Reichsgeſchicht=
ſchreibers Zeugniß die größte aller Feuersbrünſte ſeit der Eroberung

6. Jul. Conſtantinopel's; ſie war, wie ſo viele andere, in dem Judenquar=
tiere, außerhalb des Thores Dſchub Ali, entſtanden, hatte ſich von da
der Stadt mitgetheilt, und dieſelbe in dreyzehn feurigen Armen er=
griffen [4]). Vom Mehlmagazine bis zur Suleimanije, vom Platze Weſa
bis zur Moſchee der Prinzen und den alten Caſernen der Janitſcharen,
von der Anhöhe Seirek bis zum Sattel= und Fleiſchmarkte; von den Mo=
ſcheen S. Selim's und S. Mohammed's bis zu den Thoren Aja Ka=
pu und Jeni Kapu lag Alles in Schutt und Aſche [5]). Die Zahl der
abgebrannten Häuſer achttauſend, darunter fünfhundert achtzig Back=
öfen und Mühlen, ſiebzig Bäder, ein Chan, zweyhundert Moſcheen
und tauſend Buden [6]). Nebſt der Wiedererbauung der Stadt beſchäf=
tigte den Großweſir der Bau eines Schloſſes im weſtlichen Hafen Mity=
lene's, deſſen Grundſtein vom Kapudanpaſcha gelegt, deſſen Bau in
ſechs Monathen vollendet, fünfeckig, ein Bau von zwölftauſend Ellen [7]).
Unter mehreren Veränderungen [8]) die merkwürdigſte die des Mufti,
indem der bisherige, Damadsade Feiſullah, in ſeinem Landhauſe zu
Beikos am Canale zur Ruhe geſetzt, ſeine Stelle dem gelehrten Dür=
riſade Muſtafa Efendi verliehen ward. Der Sohn des vorigen Mufti,
Piriſade, welcher, wie ſein Vater, kaiſerlicher Imam im Serai,
wurde zur Würde des oberſten Landrichters von Rumili, Monla Os=
man zu der des Oberſtlandrichters von Anatoli befördert; jener ſeiner
Stelle nicht unwerth, wenn er, wie der Reichsgeſchichtſchreiber den=
ſelben preiſet, in den Geſetzwiſſenſchaften ein zweyter Teftaſani, in
den ſchönen Redekünſten ein zweyter Bedii Hamadani [9]). Der Hof=
marſchall, der Oberſtſchwertträger und der Oberſtſtallmeiſter, drey
Hofämter, welche Anſpruch auf Weſirsſtellen geben, erhielten alle
drey drey Roßſchweife. Weit wichtiger war die Veränderung des Groß=
weſirs, welchen der Sultan im zweyten Jahre ſeiner Thronbeſteigung

13.Dec. zum ſechsten Mahle änderte, und den ſiebenten und letzten Großweſir
ſeiner Regierung anſtellte, den geehrten, bisher als Reis Efendi
Unterhändler des öſterreichiſchen, ruſſiſchen und perſiſchen Friedens,

---

[1]) Nafe Karſak. Waſſif S. 76. [2]) Derſelbe S. 78. [3]) Am 24. Schaaban
1169. (24. May 1756). Waſſif S. 79. [4]) Tott mém. I. 12. [5]) Waſſif S. 81.
[6]) Penkler's Bericht. [7]) Waſſif S. 82. Derſelbe ſah es auf ſeiner Rückfehr von
der Geſandtſchaft nach Spanien. [8]) Waſſif S. 83. [9]) Eben da.

als Statthalter von Ägypten oft genannten gelehrten Raghibpascha.
Wahrscheinlich hätte auch seine Regierung bey dem wankelmüthigen
Character des Sultans das Jahr nicht überdauert, wenn diesen nicht
früher der Tod weggerafft hätte, zum Besten des Reiches, welchem
des großen Raghib Großwesirschaft fünf Jahre lang neuen und
kräftigeren Bestand gab, so daß das folgende Lustrum ein Glanzpunct der neueren osmanischen Geschichte durch weise Erhaltung
der Ruhe im Inneren, durch hohe Staatsklugheit im Äußeren, durch
Begünstigung der Wissenschaften unter Raghib, dem gelehrtesten der
Großwesire des osmanischen Reiches, und dem letzten desselben,
welcher den Nahmen eines großen Staatsmannes verdient. Ehe wir
die Geschichte seines Ministeriums erzählen, erwähnen wir noch der
merkwürdigsten Todfälle, welche dem Sultan Osman's vorangingen.
Drey Monathe vor seiner Thronbesteigung war der berüchtigte Jahjapascha gestorben, welcher als Statthalter von Oczakow nach Rußland abgeführt, nach seiner Rückkehr aus Rußland als Sandschak von
Tirhala angestellt worden war [1]. Unter Sultan Osman's III. dreyjähriger Regierung starben die beyden vorigen Groß-Admirale; Torak Mohammedpascha in der Verbannung zu Retimo [2] und Mustafapascha, der Sohn Kara Mohammedpascha's, der vorige Oberstlall-
meister Gesandter in Persien, hernach Statthalter zu Belgrad, Kapudanpascha und jetzt Sandschak von Ochri [3]; der berühmte Schönschreiber Mohammed Rasim, von dessen Hand viele der schönsten
Korane, und der eben so fromm und fleißig alle Monathe die erste
Sure des Korans siebzigtausendmahl bethete [4]. Der vorige Nakibol-
eschraf, d. i. Vorsteher der Emire, Risa Efendi, welcher aus Anhänglichkeit für die Familie des Tatarchans die berühmte Geschichte Gha-
sachan's aus dem Persischen ins Türkische übersetzte [5]. Von dem kaiserlichen Hause gingen dem Sultan seine Mutter, eine Base und ein
Vetter, die achtzigjährige Walide Schehsuwar Sultan, eine geborne 27. Apr.
Russinn [6], voraus ins Grab, eine so äußerst fromme Frau, daß sie 1756
nie vom Soffa auf die Erde trat, ohne vorher das Handwasser genommen, d. i. Abwaschung verrichtet zu haben, und daß sie die Sure
der Einheitsbekenntniß [7] fünfzehnhundertmahl in einer Nacht bethete;
deßhalb ertheilt ihr der Reichsgeschichtschreiber Wasif außer den gewöhnlichen Lobsprüchen der Frauen, nähmlich daß sie rein wie Maria,
weise wie die Königinn von Saba, mäßig wie Asia die Schwester des
Moses, auch den, daß sie fromm wie Raabia Aduje, eine der heiligsten Frauen des Islams [8]. Die Sultaninn Sobeide, Tochter S.
Ahmed's III., war eine wohlthätige Mutter der Armen und Waisen [9].
Noch beliebter war ihr Bruder, der Prinz Sultan Mohammed, auf

---

[1] Wasif S. 61 gest. am 10. Silhidsche 1168 (17. Sept. 1755). [2] Wasif
S. 74. [3] Derselbe S. 81. [4] Derselbe S. 79, gest. am 15. Schaaban 1169
(15. May 1756). [5] Wasif S. 83 u. 84, gest. am 1. Silhidsche 1169 (27. Aug.
1756). [6] Schwachheim's Bericht setzt ihren Tod am 26. April an. [7] Die 112.
des Korans. [8] Wasif S. 77. [9] Derselbe S. 80.

IV.   32

welchem die Hoffnung des Reiches. Da sein Tod mit Gerüchten von Vergiftung verknüpft war, äußerte sich die öffentliche Theilnahme und Trauer nur um so lauter; über fünftausend Menschen geleiteten seinen Sarg zum Grabmahle seines Vaters, zu dessen Füßen er ruht [1]). Sein

22 Dec. Vetter, Osman III., überlebte ihn kein Jahr; nachdem seinen Leich=
1756 nam (nach hergebrachtem Kanun) die Generale der Janitscharen be=
schaut [2]), um sich zu überzeugen, daß er nicht gewaltsamen Todes ge=
storben, wurde er vom Großwesir Mufti und Kapudanpascha, von

30. Oct. den beyden Oberstlandrichtern, dem Vorsteher der Emire und der Richter von Constantinopel und den Herren der Reiterey begleitet, und in der Moschee der Walide an der Seite seines Bruders Mohammed= chan bestattet.

Sultan Mustafa, der Dritte dieses Nahmens, Sohn Ahmed's III., war nur um einige Tage jünger, als sein vor zehn Monathen verstor= bener Bruder Mohammed, mit demselben vor ein und vierzig Jahren in dem für die osmanischen Waffen so unglücklichen Jahre des Verlu= stes des Temeswarer Banates geboren, und sein Nahme Mustafa war in der osmanischen Geschichte vom Anbeginn des Reiches her ein unglücklicher. Der erste Prinz dieses Nahmens, der Sohn Bajesid's, war in der Schlacht von Angora, wo sein Vater von Timur gefangen genommen worden, in Verlust gerathen, ohne daß je von ihm wieder gehört worden, wenn er nicht wirklich der sogenannte erdichtete Mu= stafa gewesen, welcher als gefährlicher Thronnebenbuhler Moham= med's I. und Murad's II. in Europa aufstand, lange in byzantinischer Gewahr festgehalten, dann in der Schlacht von Ulubad besiegt, an einem Thurme Adrianopels aufgehenkt ward. Böreklüdsche Mustafa war das Haupt des großen Derwischen=Aufruhres in Klein=Asien, welcher gekreuziget, während seine Anhänger vor seinen Augen zusammenge= hauen. Mustafa, der dreyzehnjährige Bruder Murad's II., auch ein Thronanmaßer, wie die drey vorhergehenden, wurde durch den Mund= schenken Elias verrathen, auf einem Feigenbaume vor Nicäa aufge= henkt. Mustafa, Sohn Mohammed's II., der Feldherr und Statthal= ter von Karaman, starb frühzeitig, dem Gerüchte nach vom Vater vergiftet. Mustafa, der Sohn Suleiman's, der Liebhaber der Wis= senschaften und Dichtkunst, fiel ein Opfer der Ränke Roxelanens und ihres Eidams, zu Eregli in des Vaters Gegenwart erwürgt. Mustafa, der Sohn Selim's II., theilte bey der Thronbesteigung Murad's III. das Loos seiner fünf Brüder, nach dem Kanun erwürgt, und der hoff= nungsvollste der neunzehn Söhne Murad's III. war Mustafa, dem des Vaters Tod poetische Klage als Vorgefühl des eigenen eingab. Nach acht hingerichteten Mustafa Thronanmaßern oder unglücklichen Prin= zen, bestieg endlich Mustafa der Erste dieses Nahmens zweymahl den Thron, von welchem ihn zweymahl sein Blödsinn in den Kerker des

[1]) Wasif S. 87. [2]) Derselbe S. 52.

Käfigs zurückwarf. Mustafa, der zweyte Sultan dieses Nahmens, Flüchtling vom Schlachtfelde von Zenta, Unterzeichner des bis auf ihn für das osmanische Reich schimpflichsten Friedens, nähmlich des von Carlowicz, wurde durch Aufruhr entthronet. Nach diesen zehn unglücklichen Mustafa bestieg der Dritte dieses Nahmens, der sechs und zwanzigste Sultan der Osmanen den Thron, den er zwar eben so wenig als sein Leben gewaltsam verlor, aber dieses und jenen unrühmlich füllte, sobald Raghib abgetreten war. Die staatsnützlichste Handlung seiner Regierung ist, daß er sogleich nach Antritt derselben mittelst Handschreibens den Großwesir Raghib bestätigte, und demselben das neugestochene kaiserliche Siegel zusandte[1]. Von den vier neugestochenen kaiserlichen Siegeln behält eins, das viereckig, der Sultan selbst, die anderen drey runden erhalten der Großwesir, die Obersthofmeisterinn und der Vorsteher der ersten Kammer des Serai[2]. Es ist die Sitte, daß an diesem Tage (dem nächsten der Thronbesteigung) der Großwesir dem Sultan fünfzig Tassen mit porzellänenen Gefäßen von Blumen und Früchten sendet, als Bewillkommungsgeschenk zur Ankunft auf den Thron. Am Mittag sendet der Sultan das erste edle Handschreiben. Die Minister (ohne die Ulema) sind im Audienzsaale der hohen Pforte versammelt, dasselbe zu erwarten. Der Überbringer trägt es hoch über seinem Kopfe in Mußlin eingebunden. Die ganze Versammlung mit dem Großwesir an der Spitze geht dem kaiserlichen Handschreiben bis auf die Hälfte des Saales entgegen, und der Großwesir küßt es, legt es an die Stirne und übergibt es dem Reis Efendi, welcher den Beweis kaiserlichen Vertrauens vorliest. Der Überbringer, mit Zobelpelz bekleidet, küßt den Saum des Kleides des Großwesirs, welcher die Glückwünsche der ganzen Versammlung empfängt, die sich zurückzieht. Der Großwesir erstattet sogleich den Vortrag allerunterthänigsten, allereifrigsten Dankes, und der Überbringer wird mit reichem Ehrenkleide und einer Rolle von einigen hundert Ducaten entlassen. Am neunten Tage nach der Thronbesteigung hatte die Umgürtung des Säbels in der Moschee Ejub in den durch das Gesetzbuch des Ceremoniels vorgeschriebenen Formen des Aufzuges und der Feyerlichkeiten Statt. Mit Sonnenaufgang versammeln sich alle Classen der Staatsbeamten im ersten Hofe des Serai; den Zug eröffnen die beyden Officiere der Polizey, der Stadtvogt und Polizeylieutenant, mit den besoldeten[3] und belehnten Tschauschen und Muteferrika, die Generale der Reiterey, die Kammerherren, die großen Ulema und Scheiche, die Stammverwandten des Propheten, die Herren des Diwans und der Kammer, die drey Defterdare, der Nischandschi und Reis Efendi, der Reichsmarschall, die beyden Oberstlandrichter, die Wesire, der Großwesir und Mufti neben einander; nach dem Groß-

[1] Wassif S. 94. [2] Mouradiea d'Ohsson VII. S. 120. [3] S. Osman. Staatsverfassung und Staatsverwaltung I. S. 485, nach dem Teschrifatdschi Mohammer.

32 *

wesir und Mufti zwey und dreyßig Handpferde des Sultans, herrlich geziemirt, wovon zwölf mit silbernen juwelenbesetzten Schilden; der Sultan von den Helmen der Peike umblitzt, von den Reigerbuschen der Ssolake umschattet; den linken Steigbügel hält der Oberststall= meister, den rechten der Oberstkämmerer; den linken Zügel der zweyte Stallmeister, den rechten der Träger der heiligen Fahne, ums Pferd die anderen neun Herren des kaiserlichen Steigbügels, nähmlich die zwey ersten Herren der kaiserlichen Jagd, die vier ältesten Kämmerer und der Obersttruchseß; wann der Sultan vom Pferde absteigt, tre= ten an die Stelle der eilf Herren des kaiserlichen Steigbügels die acht Herren der kaiserlichen Achsel, welche dem Sultan unter die Achsel zu greifen berechtiget sind, nähmlich sechs Hofämter, der Aga der Jani= tscharen, der Bostandschibaschi, und wieder der Oberstkämmerer und die beyden Oberststallmeister. Von diesen hift ihm der Janitscharen= aga vom Pferde, der Großwesir und der Kislaraga greifen ihm unter die Arme; hinter dem Sultan tragen zwey Pagen der innersten Kam= mer zwey Turbane des Sultans, die Herrschaft über zwey Erdtheile und zwey Meere, das Schutzrecht über die zwey heiligen Stätten, Mekka und Medina, anzudeuten, sie neigen dieselben rechts und links; um den Gruß des Sultans zu geben, um dem Sultan das Nicken mit dem Kopfe zu ersparen, nicken die Turbane rechts und links [1]). Einer der Pagen der innersten Kammer trägt den Schämel, auf welchem der Sultan zu Pferde steigt, ein anderer die Gießkanne zum Wäschen, der Chasnedar wirft Geld aus. So ging der Zug zwischen zwey Rei= hen der Janitscharen, welche der Sultan selbst grüßte, eine Ehre die dem Volke nicht ward. Die Janitscharen grüßten, den Kopf auf die linke Schulter neigend, zu sagen, daß sie denselben auf den Block zu legen bereit. Vor den alten Casernen hielt der Sultan an, um vom Haupt= manne der ein und sechzigsten Kammer aus den Händen des Oberst= schwertträgers eine Schale Scherbet zu empfangen, die Schale ward mit Gold gefüllt zurückgegeben, und der Hauptmann schlachtete drey Hämmel als Dankopfer. An der Moschee Sultan Mohammed's be= suchte er das Grabmahl des Eroberers, und endlich an der Ejub's das des Fahnenträgers des Propheten. Der Mufti und Vorsteher der Emire umgürteten dem Sultan den Säbel und in diesem Augenblicke wurden vor der Moschee fünfzig Hämmel mit dem frommen Wunsche geschlachtet, „daß sein Gesicht weiß, sein Säbel siegreich sey."

Sultan Mustafa erließ von den Gebühren aller Belohnungsdi= plome und Anstellungsdecrete, welche bey jeder Thronbesteigung er= neuert werden müssen, die Hälfte [2]), und gab den Truppen, den wirk= lich dienstthuenden [3]) als zur Ruhe gesetzten [4]), zum letzten Mahle das Thronbesteigungsgeschenk, das seit ihm keiner seiner Thronfolger ge= geben. Um die Thronbesteigung zu künden, wurden die gewöhnlichen

---

[1]) Mouradiea d'Ohsson p. 125. [2]) Wasif S. 97. [3]) So heißen auch die neuen regelmäßigen Truppen S. Mahmud's. [4]) Wasif S. 98.

Schreiben an die chriſtlichen Mächte erlaſſen, aber nur nach Pohlen,
Rußland und Öſterreich durch beſondere Geſandte überbracht; nach
Warſchau durch Mohammedpaſcha, nach Petersburg durch den Secretär (Muſtermeiſter) der Tſchauſche, Osman Efendi, nach Wien durch
den Vorſteher der Kammer der keinen frommen Stiftungen [1]), Resmi
Ahmed Efendi, überſendet. Von dieſen dreyen der ausgezeichnetſte
Resmi Ahmed, den wir als Staatsmann und pragmatiſchen Geſchichtſchreiber noch mehr als einmahl wiederfinden werden. Er war von
griechiſcher Abkunft aus Retimo und hatte ſeine Mutterſprache nicht
vergeſſen; er hatte eine Tochter des großen Reis Efendi Muſtafa
Taukdſchi zur Frau, deren Schweſter die Gemahlinn des ſehr reichen
Bekir, welcher nach dem Tode des mächtigen Kislaraga, die demſelben durch Schuldſchein für den Fall zu verleihender Reis = Stelle verſprochene Summe hatte zahlen müſſen, ohne das Amt zu erhalten,
welcher aber dennoch ſpäter Miniſter des Äußeren und des Inneren
geworden war. Die außerordentliche Sendung wurde von Seite Öſterreich's und Pohlen's nur durch neue Beglaubigungsſchreiben für ihre
ſchon zur Thronbeſteigung S. Osman's geſchickten, und noch zu Conſtantinopel befindlichen Geſandten, nähmlich den Freyherrn von Schwachheim und den Grafen Mniczek von Seite Rußland's, erſt zwey Jahre
ſpäter durch den außerordentlichen Geſandten Fürſten Schachowski
übergeben, und den Freyherrn von Schwachheim erwiedert; die Glück-
wünſchungsſchreiben Neapel's und Schweden's wurden von den Geſandten Graf Ludolf, Celſing, die Frankreich's, England's, Venedig's von den Bothſchaftern Vergennes, Porter, Foscari (der letzte
der Nachfolger des Bailo Dona) übergeben [2]); keiner von dieſen Geſandten und Bothſchaftern eine neue Erſcheinung, wie der däniſche
Geſandte Gähler, welchem es endlich nach dreyjährigem Aufenthalte
gelungen war, den erſten Freundſchafts-, Schifffahrts- und Handels-   4. Oct.
vertrag zwiſchen Dänemark und der Pforte abzuſchließen und auszu-   1756
wechſeln, und die Geſchenke, welche zwey von Lützow befehligte däniſche Kriegsſchiffe überbracht, zu übergeben. Bey ſeiner Antrittsaudienz
als außerordentlicher Geſandter erhielt er aber nach der neu von S.
Osman eingeführten Ordnung der Gallakleider keinen Zobelpelz, ſondern nur einen Kaftan [3]). Das Werkzeug, wodurch Gähler nach ſo
langen Unterhandlungen endlich ſeinen Zweck erreicht hatte, war der
Oberſtlandrichter Anatoli's und Imam des Sultans, Osman Molla,
der Schwiegerſohn des obengenannten Bekir Kiaja, ein äußerſt ein-
flußreicher und geſchäftsumtreibender Charakter, den Gähler mit hundert Beuteln erkaufte. Bey einem Gaſtmahle, das er gab [4]), fanden
ſich auch Ibrahim (der Sohn des ungariſchen Renegaten, erſten Directors der Druckerey) und Suleimanbeg der Mailänder, der angenommene oder natürliche Sohn Bonneval's, ein, welche in den zwölf

[1]) Waßif S. 99. [2]) Schwachheim's Bericht. St. R. [3]) Ebenda. [4]) Ebenda.

letzten, seit Bonneval's Tode verflossenen Jahren, noch immer Unter=
läufer des Pfortenverkehrs mit europäischen Gesandten. Schwachheim's
vorzüglichstes Geschäft war die Erwirkung eines Fermans an den Dei
von Algier für den kaiserlichen Consul Kersch, welchen die Algierer
bey Gelegenheit eines feindlichen Überfalles auf Tunis von dort ge=
fangen weggeführt [1]). Des Großwesirs erster Kammerdiener ging zu
diesem Ende als Commissär ab. Bald nach S. Osman war zu Ro=
dosto das Haupt der ungarischen Rebellen, Csaki, gestorben, Freyherr
von Zai, der älteste Bruder des Grafen Colloniz, der an seine Stelle
trat, starb ebenfalls dreyzehn Monathe hernach, und die Vorsteher=
stelle übernahm der Siebenbürger Mikics [2]). Einige Monathe vor
Csaki war der in französischen Diensten als Brigadier stehende Ungar
Tott gestorben, dessen Sohn der Schreiber des berüchtigten Memoi=
1. May ren [3]). Die Stellung der europäischen Minister an der Pforte war seit
1756 dem Schutzbündnisse Österreich's und Frankreich's, und seit dem acht
16.Jan.
1757 Monathe hernach dagegen zwischen England und Preußen abgeschlosse=
nen Bündnisse ganz geändert. Die Einstreuungen und Unterbauungen
der englischen Minister liefen nun in entgegengesetzten Richtungen.
Porter begann die Pforte gegen Österreich und Frankreich zu hetzen,
21. und arbeitete vorzüglich durch Ipsilanti, den Arzt des Großwesirs Ra=
März ghib; Schweden mit Frankreich verbündet, erklärte, daß der König,
trotz seiner nahen Verwandtschaft mit Preußen, an dem neu ausgebro=
chenen Kriege keinen Antheil nehmen, sondern den westphälischen Frie=
8. Jan. den aufrecht erhalten wolle [4]). Obreskoff eröffnete der Pforte durch eine
Eingabe, daß die Kaiserinn einen Theil ihrer Truppen zu Gunsten
Pohlen's und Österreich's marschfertig gemacht, und daß dieselben mit
Einverstäniß Pohlen's durch die nördlichen Länder der Republik zie=
hen würden, womit die Pforte wohl zufrieden. Das Jahr darauf er=
wiederte sie seine Beschwerden über die Noghaien durch schriftliche Er=
klärung, daß der Tatarchan befehligt sey, die Noghaien mit Gewalt
zu Paaren zu treiben, und daß ihm zu diesem Zwecke die Paschen von
Assow, Bender, Chocim und Ssofia zugeordnet seyen [5]). Raghib,
August unter dessen Ministerium als Reis Efendi der erste Anwurf eines Ver=
1758 trages mit Preußen gemacht, aber abgelehnt worden, war demselben
nichts minder als abhold. Der preußische Unterhändler Hauden, ge=
nannt Rexin, kam hernach nach Smyrna, wo sich auch ein anderer
preußischer Emissär, Nahmens Varennes, befand. Hauden war mit
förmlicher Vollmacht zur Abschließung eines Freundschaftsvertrages
versehen, und Überbringer eines Glückwünschungsschreibens des Kö=
nigs zur Thronbesteigung Sultan Mustafa's [6]). Vor der Hand konnte

---

[1]) Schwachheim's Bericht. [2]) Eben da. [3]) Der Vater Peyssonel's war gleich=
zeitig mit Desalleurs, gest. 1755. [4]) Schwachheim's Bericht vom Febr. 1758.
[5]) Schwachheim's Bericht. [6]) Die Übersetzung der Vollmacht des Schreibens
aus dem Türkischen ins Italienische, mit dem Datum 15. Dschemasiul=ewwel
1170 (5. Februar 1757).

er mit dem Gegenstande seiner Sendung nicht durchdringen, auch wurde ihm im größten Geheimnisse nach Constantinopel zu kommen erlaubt. Lange verfolgten Vergennes und Schwachheim vergebens seine
Spuren, bis sein Aufenthalt endlich durch einen seiner Bedienten, einen Sachsen, den er mißhandelt hatte, und der seinen Herrn gar be-
schuldigte, daß er ihn, um das Geheimniß so besser zu bewahren, vergiften wolle, verrathen ward [1]). Der Großwesir Raghib, als ihm der
österreichische Dolmetsch die Entdeckung mittheilte, änderte weder
Miene noch Sprache, und sagte bloß: es sey gar nichts daran. Er war
durch sein vieljähriges Ministerium als Reis Efendi und noch mehr
durch seine Statthalterschaft in Ägypten, wo, um die Bege der Mamluken sicherer auf die Schlachtbank zu locken, die Statthalter von jeher trefflich heucheln mußten, in alle Künste undurchdringlicher Verstellung tief eingeübt. Raghib unterzog der erste seiner Aufmerksamkeit
den Mißbrauch, welchen Geldgier der europäischen Gesandten mit den
Beraten, d. i. den Schutzbriefen ihrer Dolmetsche, trieb, indem sie
dieselben an Raja verkauften, und eine Verordnung des Großwesirs
an den Reis Efendi verboth diesen Mißbrauch [2]). Ein Jahr darauf
rügte er den Mißbrauch der Europäer, die mit Töchtern der Raja verheirathet, oder Besitzer von liegenden Gründen, was nicht in der Regel der Verträge; ein Befehl an den Woiwoden von Galata trug ihm
auf, das Verzeichniß derselben aufzunehmen und einzureichen [3]).

Um die Veränderungen und die Begebenheiten von Raghib's
Großwesirschaft im Zusammenhange zu ordnen, beginnt die Erzählung hier nicht erst mit der Thronbesteigung S. Mustafa's, sondern
zehn Monathe früher mit Raghib's Antritte des höchsten Reichsamtes.
Zuerst wurden die Kammern der Adschemoghlan, d. i. der Janitscharenrecruten, welche mit den alten Casernen der Janitscharen abgebrannt,
wieder hergestellt [4]). Die Stelle des abgesetzten Defterdars Ahmed erhielt Halimi, so eben aus der Verbannung zurückberufen [5]). Der
Mufti Dürrisade wurde abgesetzt, der alte Damadsade Feisullah zum
zweyten Mahle mit dem weißen Pelze des Scheichs des Islams bekleidet [6]). Der constantinopolitanische Kaimakam Alipascha ging als   18.
Statthalter nach Ägypten, Alipascha der Doctorssohn, der dreymah-   Febr.
lige Großwesir, welchen Raghib hochschätzte und ehrte, erhielt die   1757
Erlaubniß, Ägypten zu verlassen, und wo es ihm immer beliebe,
in Klein-Asien zu landen. Sein Nachfolger war Seadeddinpascha [7]).
Der Reis Efendi Auni mußte dem Eidam des Reis Mustafa weichen, 11.Apr.
dem reichen Ebubekr, welcher schon so lange durch Umtriebe und Geld
um diese Stelle gebuhlt. Auf diese Änderungen beschränkte sich Ra-

---

[1]) Das Schreiben des Bedienten bey Schwachheim's Bericht. [2]) Bujurulde
des Großwesirs vom 19. Rebiul-achir 1172 (20. December 1758) bey Schwachheim's Bericht. [3]) Comandamento al Voiwoda di Galata 29. Moharrem 1773
(22. Settembre 1759). [4]) Wassif S. 89. [5]) Derselbe S. 90. [6]) Derselbe S. 91.
[7]) Eben da.

ghib's Thätigkeit unter der Regierung. S. Osman's, er trat leise auf, weil er den überaus heftigen und doch schwachen, ungeduldigen und stets nach Neuerungen gierigen Charakter des Sultans [1]), und den großen Einfluß des übermächtigen Kislaraga Ahmed Abukuf wohl kannte. Wirklich hatte er in den letzten Tagen der Krankheit S. Osman's, und als schon alle Hoffnung der Wiedergenesung aufgegeben war, schon den damahligen Kaimakampascha Ali, den Sohn Kell Ahmedpascha's, zum Großwesir bestimmt, und Raghibpascha wurde unter dem Vorwande wichtiger Berathung, in der That aber in der Absicht, ihm das Siegel abzufordern, ins Serai berufen. Der Secretär des Kislaraga, Ibrahim, gab dem Großwesir durch ein Billet von der über dessen Haupte schwebenden Gefahr, zugleich aber von dem nächsten Ableben des Sultans Kunde, welcher nicht die Nacht überdauern würde. Raghibpascha geht auf der Stelle allein und verkleidet aus; einige Minuten nachdem er die Pforte verlassen, erscheint der Kiaja der Baltadschi, den Großwesir zu rufen; der Kislaraga verdrüßlich befiehlt dem Kiaja, den Großwesir aufzufinden, wo er immer sey und ins Serai zu bringen. Der Kiaja macht wiederhohlte Runden durch die Stadt, ohne den Großwesir zu finden, fast mit sinkender Nacht, eben als die

7. Nov. Nachricht von des Sultans Tod verlautet, erscheint Raghib wieder an
1767 der Pforte, durch den neuen Sultan in voller Machtvollkommenheit bestätigt. Acht Tage hernach wurde der Kislaraga abgesetzt, seine Stelle dem ersten Vertrauten des Sultans, Beschir, verliehen [2]). Mit dem Kislaraga wurde auch der Secretär desselben aus dem Serai mit der Beförderung als Mewkufatdschi, entfernt, weil der neue Kislaraga von den letzten Umtrieben seines Vorfahrs wohl unterrichtet, wiewohl ein Freund Raghib's, dennoch nicht sein Vertrauen dem Geheimschreiber schenken konnte, welcher das Geheimniß des Serai verrathen. Der bisherige Wärter des Tischtuches, Haimsaaga, ward Silihdar, der Kapudanpascha, welchen der vorige Kislaraga zur höheren Stelle des Reiches bestimmt hatte, verlor die seinige, und ward mit Einziehung

12. Nov. seines Vermögens nach Stanchio verwiesen [3]). Der Tschauschbaschi, der Bostandschibaschi, der Oberstkämmerer, mehrere Wesire, Statthalter wurden geändert [4]), und der Kopf des letzten Kislaraga fiel aus folgendem Anlasse. Im Übermuthe seiner Vollgewalt hatte er die Absetzung des Führers der Pilgerkarawane Esaadpascha bewirkt, und diese Stelle sowohl, als die des Dscherdedschi, d. i. Lebensmittel-Commissärs der Karawane, ganz unbekannten Leuten, seinen Geschöpfen, verliehen. Die Folge war, daß die Araber Beni Harb, um die Absetzung des vorigen Emirol-hadsch zu rächen, die Pilgerkarawane dreyßig Stunden von Maan [5]) anfielen und plünderten. Diese üble Nach-

[1]) Tott. mém. I. p. 18. [2]) Waßif S. 97. [3]) Derselbe S. 98. [4]) Die Listen S. 98 und 99. [5]) Umständlicher als in Waßif in der Geschichte Slaï's, des Sohnes Hakimsade Alipascha, Bl. 15a, dessen Vater mit der geplünderten Karawane der Pilgerschaft nach Mekka gezogen.

richt war schon einen Monath vor dem Tode S. Osman's zu Constan=
tinopel eingetroffen, von dem Kislaraga dem Sultan verheimlicht wor=
den. Jetzt wurde dieselbe nach und nach bekannt, und als am Geburts= 24.Nov.
feste des Propheten nicht wie gewöhnlich der Muschdedschi, d. i. der 1757
Überbringer der Freudenkunde der glücklichen Rückkunft der Pilger=
karawane, nach Damaskus eintraf, und das Volk laut murrte, wurde, 27.Nov.
dasselbe zu beschwichtigen, der Kopf des Kislaraga mit dem Befundzettel
ausgesetzt: „Dieß ist der Lohn derjenigen, welche die Ursache des Ver=
„derbens moslimischer Pilger" [1]). In der Versammlung der ersten
Ulema, des Mufti, des Oberstlandrichters Rumili's, Mohammed
Ssalih, des Oberstlandrichters Anatoli's, Aaßim Jsmail, der vori=
gen Oberstlandrichter Rumili's und Anatoli's, des Richters von Con=
stantinopel und des Vorstehers der Emire, der Generale der Truppen
in des Sultans Gegenwart, war die Hinrichtung durch Fetwa gerecht=
fertigt worden. Der Sultan nahm hierauf selbst das Wort, ernannte
den Tschetedschi (Befehlshaber der Plänkler) Abdullahpascha zum Emir=
ol=hadsch, und der Reis Efendi las das Ernennungsdiplom vor.
„Ich weiß," sagte der Sultan, „daß die Geschäfte der beyden heiligen
„Stätten im Gedränge, ich weiß, daß dieselben ein mir von Gott an=
„vertrautes Unterpfand, für dessen Erhaltung ich sorgen werde, und
„wenn ich den goldenen Ring von meinem Finger in die Münze geben
„müßte" [2]). Die mündliche Äußerung war die Vorläuferinn eines kai=
serlichen Handschreibens, wodurch Untersuchung und Regulirung der
Pachten der beyden Heiligthümer befohlen ward. Seit langem war
darüber nicht Buch gehalten, und dieselben waren aus Gunst und Be=
stechung an Baltadschi, Tschokadare und andere Hofdiener umsonst ver=
liehen worden; jetzt wurden dieselben, wie andere kaiserliche Pachten,
genauer Buchhaltung und öffentlichen Versteigerungen unterworfen.
Auf die Hinrichtung des Kislaraga folgte auch die seines Schützlings,
des Aga der Turkmanen, den er vom Kamehltreiber zu dieser so wich=
tigen Stelle gehoben, die derselbe aber als Dränger mißbraucht hat=
te [3]), und später die Hinrichtung des vormahligen Emirol=hadsch Es=
saad, weil er aus Rache die Araber zur Plünderung der Karawane
aufgehetzt haben soll [4]).

Durch den Sturz des Kislaraga in seinem Posten befestiget, ließ
Raghib die unschuldige Herrscherey des neuen Sultans um so freyer
gewähren. Die letzte Maßregel des verstorbenen Sultans war ein Ver=
both gewesen, welches den Weibern das unnöthige Ausgehen und den Be=
such öffentlicher Spaziergänge untersagt [5]), die sie nur besuchten, um
zu sehen und gesehen zu werden, und die Imame der Stadtviertel
hatten die gemessensten Befehle erhalten, und die ursprüngliche Zucht
des Islams und des Korans zu wachen, welche den Frauen das Haus

---

[1]) Waßif S. 101. Schwachheim's Bericht. [2]) Waßif S. 102. [3]) Derselbe
S. 106. [4]) Derselbe S. 116 und 117. [5]) Derselbe S. 91.

zu hüthen empfiehlt. Der erste Selbstherrscherbefehl des neuen Sul=
tans war verschärfte Kleiderordnung der Raja. Der griechische und
armenische Patriarch und der Oberrabbiner wurden zum Tschausch=
baschi berufen, und denselben die genaueste Beobachtung der von dem
Gesetze des Islams den Nichtmoslimen auferlegten unscheinbaren Klei=
dung unter den schärfsten Strafen zur Pflicht gemacht ¹). Im Gan=
zen war Mustafa übrigens menschlich, mild und freygebig. Gleich bey
seinem Regierungsantritte hatte er durch den Reis Efendi allen frem=
den Ministern erklären lassen, das schönste Geschenk, welches die ihm
zur Thronbesteigung glückwünschenden Gesandten bringen könnten, seyen
befreyte moslimische Sclaven ²), und er gab große Summen, um Alle,
die wegen Schulden eingesperrt, mit Bezahlung derselben aus dem
Kerker zu befreyen ³). Er besuchte das Arsenal, besah die Magazine
der Werften, und sandte dann dem Großwesir zwanzigtausend Piaster
in Ducaten zur Vertheilung unter die Capitäne der Flotte und übrigen
Beamten der Admiralität ⁴); er wohnte der Feyerlichkeit bey, womit
ein schon seit acht Jahren auf dem Stapel liegender Dreydecker mit
dem Nahmen Meerschloß ⁵), und mit dem Segenswunsche: Über dich
Gottes Hülfe! ins Meer gelassen ward. Mustafa war in bestän=
diger Bewegung, bald zu Pferd, bald zu Schiff, bald in feyerlichem
Reitaufzuge, bald unerkannt zu Fuße die Gassen der Hauptstadt durch=
streifend. Er hatte besonders zärtliche Neigung für seine Nichte Cha=
numsultan, die Gemahlinn des Statthalters von Rumili, nachmahli=
gen Kapudanpascha, eine schöne, junge, geistreiche Prinzessinn, die
er täglich besuchte ⁶), und die durch ihre Oberherrschaft über den Sul=
tan auch Einfluß auf die Geschäfte nahm. Durch sie war der reiche
Bekir, dessen Frau eine aus dem Serai verheirathete Sclavinn S.
Mahmud's, Reis Efendi, und bald darauf Kiaja geworden; doch wie
gewonnen, so zerronnen, durch seine Frau, durch welche er Reis Efendi
und Kiaja geworden, wurde er dieser Stelle wieder entsetzt, weil die
Frau ins Serai berufen, und befragt, wohin vormahls noch unter
8. Dec.   der Regierung Sultan Mahmud's manche Kostbarkeiten versteckt wor=
1757   den seyen, darüber nicht Auskunft geben wollte oder konnte ⁷). Dem
Reis Efendi Bekir war nach ein Paar Monathen Abdi, der strenge,
rücksichtslose, grobe, hartnäckige Moslim gefolgt, welcher jetzt durch
den bisherigen Cabinetssecretär des Großwesirs, Mohammed Emin,
ersetzt ward, von welchem Waßif versichert, daß seine That mehr als
der Mond die Finsterniß durchschneidend, sein Rath mehr als das
20.Jan.   Loos entscheidend ⁸). Sechs Tage nach der Absetzung des Reis Efendi
1758   folgte die des Mufti Damadsade, welcher zum zweyten Mahle von
26.Jan.   der Mufti=Stelle abgesetzt, dieselbe dem Ssalih Mohammed überließ.

---

¹) Waßif S. 104. ²) Schwachheim's Bericht. ³) Waßif S. 105. ⁴) Eben
da. ⁵) Waßif S. 106. ⁶) Schwachheim's Bericht. ⁷) Desselben Bericht vom
December 1757. ⁸) Waßif S. 108.

Er wurde, wie gewöhnlich an der Pforte mit Pelz und Pferd beschenkt, wobey ihm der Minister des Innern die Zügel hielt [1]). Der Sultan berief seinen Schwager, den Gemahl der Sultaninn Seineb, den kleinen Mustafa, auch Sinek, d. i. die Mücke, beygenannt, aus Asien, wo er fünfzehn Jahre lang als Statthalter herumgekugelt worden [2]), nach Constantinopel, und verlieh ihm die Nischandschi=Stelle als Wesir der Kuppel. Seine drey und vierzigjährige Schwester, die Sultaninn Aische, vermählte er mit dem Wesir Silihdar Mohammedpascha, dem Inhaber des Sandschakes Tirhala, mit einer Aussteuer von fünftausend Ducaten [3]), das Zwanzigstel der vormahligen Aussteuer der Sultaninnen unter S. Suleiman dem Gesetzgeber, das Achtundvier=$^{\text{16.Jan.}}_{\text{1758}}$ zigstel der unter Sultan Murad IV., mit dem Heirathsgute eines jährlichen ägyptischen Tributes ausgeheiratheten Sultaninn Kia, der Gemahlinn Melek Ahmedpascha's; des Sultans ebenfalls drey und vierzigjährige Schwester Ssaliha, die Witwe des als Befehlshaber von Oczakow in die russische Gefangenschaft abgeführten Jahjapascha, wurde zum Merkmahle höchster Gunst dem Großwesir Raghib ver= $^{\text{3r.}}_{\text{März}}$ mählt [4]). Die Verlobung wurde in dem Pallaste der Sultaninn bey Ejub vor dem Mufti, zwischen dem Kislaraga als Bestelltem der Sultaninn und dem Kiajabeg als Bestelltem des Großwesirs vollzogen. Tags darauf sandte der Großwesir seiner verlobten Braut, um sich um das Wohlbefinden derselben zu erkundigen, zehn silberne Schüsseln mit silbernen Deckeln, auf silbernem Tische, eine silberne Tasse mit Zuckerwerk, dreyßig Tassen mit Blumen und fünfzig mit Früchten, durch den Rottenmeister der Thorwärter [5]). Vierzehn Tage hernach begab $^{\text{14.Apr.}}$ sich die Sultaninn ohne feyerlichen Aufzug (weil sie Witwe) in den Pallast des Großwesirs, ihre Verschnittenen in ihren täglichen Turbanen und ohne Musikcapelle. Inner des Thores des Haremes bewillkommte der Großwesir die Wagen der Sultaninn Braut, und begab sich alsogleich wieder in seinen Audienzsaal. Nach Sonnenuntergang kam nach hergebrachtem Gebrauche der Kislaraga, um die verschämte Braut in die Arme ihres Bräutigams zu führen. Die Hofsitte will, daß die Prinzessinn ihren Bräutigam sehr ungnädig mit Stolz und Wegweisung empfange, und sich kaum würdige, ihn anzusehen. Nachdem die stumme Scene einige Zeit gedauert, sieht sie plötzlich mit Unwillen auf, und zieht sich in ihr inneres Gemach zurück; diesen Augenblick ergreifen die Verschnittenen, um dem Bräutigam die Pantoffeln auszuziehen, die sie auf der Schwelle der Thür stehen lassen. Diese Ceremonie ist von der höchsten Wichtigkeit, weil dadurch der Bräutigam von der Herrschaft des Haremes Besitz nimmt, dessen Zugang dem Manne allein gestattet ist. Die Verschnittenen ziehen sich zurück, der Bräutigam geht in das Innerste des Gemaches, wo die Prinzessinn

---

[1]) Schwachheim's Bericht vom Febr. 1758. [2]) Wasif S. 165. [3]) Derselbe S. 107. [4]) Derselbe S. 110. [5]) Derselbe S. 111.

auf dem Ehrenplatze des Sofa sitzet. Er wirft sich ihr zu Füßen, und bleibt mit über das Kreuz gelegten Händen knien, ein günstiges Wort der ungnädigen Gebietherinn schweigend erwartend. Sie sagt: „Bring' „mir Wasser!" er reicht es kniend, und fleht zugleich um die Gnade, daß sie den Schleyer aufzuschlagen geruhen möge. Dieser ist mit Blumen und Juwelen gestickt, und die mit Gold und Perlen durchflochtenen Haare hangen in sieben Flechten zur Erde. Kaum hat sie das Wasser gekostet, so bringen die Sclaven zwey Schüsseln, in deren einer zwey gebratene Tauben, in der anderen candirter Zucker, die sie auf niederen Tischen mitten im Zimmer niedersetzen; der Bräutigam fleht inständigst, daß die Braut davon kosten möge, sie antwortet hoch und stolz: „Ich mag nicht;" der Bräutigam in Verzweiflung, nimmt zu anderen Mitteln Zuflucht, um die Unerbittliche zu besänftigen. Er ruft die Eunuchen, welche reiche Geschenke zu ihren Füßen ausschütten. Hierdurch zahm gemacht, erlaubt die erhabene Braut, daß der Bräutigam ihr unter die Arme greife, und sie nach Hofsitte zum Tische führe. Er reicht ihr ein Stück gebratene Taube, und sie steckt ihm ein Stück candirten Zucker in den Mund. Die Tafel wird aufgehoben, sie nimmt ihren Sitz wieder auf dem Sofa, die Eunuchen treten ab, sie bleiben eine Stunde allein, während derer die Hofsitte nur die ceremonienvollste Unterredung erlaubt. Der Sultan begibt sich aus dem Harem in den Audienzsaal, wo er die Glückwünsche der Wesire und Großen empfängt, die der Sultaninnen im Harem. Musik, Tanz, priapeische Schattenspiele verkürzen die Nacht. Endlich wünscht die Sultaninn ermüdet zu Bette zu gehen, die Gesellschaft begibt nach Hause. Die erste Sclavinn, von einem Verschnittenen bekleidet, bringt dem Bräutigam Kunde, daß die Braut zu Bette. Er stiehlt sich ins Schlafgemach, entkleidet sich im Stillen, naht sich kniend den Füßen der Braut, die er sanft berührt und küßt, und wenn sie dieß gutwillig leidet, weiter hinauf rückt, in den Besitz der guten oder schlimmen, ihm von der höchsten Gunst des Sultans angewiesenen Prinzessinn. Den folgenden Tag geht der Bräutigam von Staatsbeamten und Hofwürden begleitet, ins Bad, der Tag heißt der Tag der Schafsfüße, weil dem Neuvermählten bey seiner Rückkehr aus dem Bade eine Schüssel mit Schafsfüßen aufgesetzt wird. Am dritten Tage sendet der Sultan seinem Eidam oder Schwager eine eiserne Keule, zum Befugniß, die Braut damit todt zu schlagen, wenn sie ihm am dritten Tage noch nicht die Rechte des Gemahls eingeräumt haben sollte. Die Geschichte erwähnt keines solchen Martyrtodes [1], auch ist's glaublich, daß die drey und vierzigjährige Sultaninn Witwe, Braut des Großwesirs Raghib, bey ihrer zweyten Hochzeit sich minder strenge, als bey der ersten, an bräutliche Verschmähung gehalten, und

_____

[1] Osmanische Staatsverfassung und Staatsverwaltung I. S. 476 u. f., von der Vermählung der Prinzessinnen.

dem sechzigjährigen Bräutigam das Ceremoniel der Kriecherey von den Sohlen hinauf erspart habe.

Die gute Wirkung der von Raghibpascha angeordneten genauen Buchhalterey der zum Unterhalte Mekka's und Medina's bestimmten Pachten zeigte sich bald durch die Einlieferung eines Überschusses von tausend Beuteln in den kaiserlichen Schatz, wofür der Großwesir mit einer Kapanidscha von Goldstoff über schwarzen Zobel ausgeschlagen bekleidet ward [1]), eine seit Sultan Ahmed III. unerhörte Auszeichnung eines Großwesirs oder sultanischen Schwagers. Mehrere hohe Staatsbeamte erhielten die Erlaubniß, aus den Örtern ihrer Verbannung wieder nach Constantinopel zu kommen, als der starre Reis Efendi Abdi von Brusa, der vorige Defterdar Halimi von Kallipolis, der vormahlige Kiaja, der grobe Welieddin von Retimo [2]); andere Wesire und Staatsämter wurden geändert [3]). Der Sultan besuchte von seinem Sommerpallast Karagadsch (Schwarzbaum), am Ende des Hafens, die Wasserleitungen von Bujukdere und Belgrad [4]). Da zu Adrianopel das kaiserliche Serai in dem großen Erdbeben vor fünf Jahren gewaltig beschädiget, seitdem nicht mehr hergestellt worden war, wurde der vorige Kiajabeg Jusuf und Ahmed Efendi mit einer Summe von fünfzigtausend Piastern und zweytausend Arbeitern zur Wiederherstellung desselben abgeordnet [5]); dafür wurden in dem Serai zu Galata Ersparungen gemacht, eine der drey Kammern der dortigen Baltadschi, die jährlich sechs- bis achthundert Beutel Geld kostete aufgehoben, und ins alte Serai eingetheilt [6]). Es wurden wieder Solota, d. i. Kettenthaler, geprägt, woraus man schloß, daß eine Sultaninn guter Hoffnung, denn seit Sultan Ahmed, welcher durch solche Prägung die häufigen Schwangerschaften seines Haremes verherrlichte, waren keine geprägt worden; die jetzigen wurden um einige zwanzig Para schlechter als die vorigen, zu dem Gehalte von drey Siebenzehnern, ausgemünzt [7]). Der Statthalter von Siwas, Sarelisade Feisullah, trieb eine Rotte von ein Paar tausend Lewenden Straßenräubern zu Paaren, welche die Gegend um Erserum und Tschorum unsicher gemacht [8]); hiedurch verdiente er den dritten Roßschweif, welchen auch der Kiaja Minister des Inneren, Mohammed von Achiska [9]), und der Obberststallmeister Huseinaga [10]), beyde aus Gunst des Großwesirs erhielten. Der letzte war, als Raghib Statthalter von Rakka, Statthalter von Mardin gewesen, und kannte genau die Statthalterschaften von Rakka, Roha und Mardin, weßhalb er als Statthalter nach Rakka ging, dessen Einwohner ihren letzten mit Gewalt vertrieben hatten [11]). Jetzt kehrten die Gesandten Resmi Ahmed und Osman Efendi von Wien und Warschau zurück, und erstatteten schriftlichen Bericht ihrer

[1]) Wassif S. 109. [2]) Derselbe S. 112. [3]) Die Liste S. 112 und 114. [4]) Wassif S. 117. [5]) Schwachheims Bericht. [6]) Desselben Bericht vom Jänner 1759. [7]) Desselben Bericht vom September 1758. [8]) Wassif S. 118. [9]) Derselbe S. 117. [10]) Derselbe S. 119. [11]) Eben da.

Gesandtschaft[1]). Der erste merkwürdig wegen der Ansicht österreichischer und preußischer Politik, der Characteristik der Bewohner Wien's, und der dieselbe beschließenden Betrachtung. Nachdem er unter dem Titel: Bündige Beschreibung Wien's[2]), den Calenberg als den alemanischen, die Wien als Widdin, und den Prater als Stadtgut[3]) aufgeführt, sagt er von der Lebensart der Bewohner, „daß, da die Großen und Rei-„chen bis in den hellen Tag schlafen, um zwölf Uhr zu Mittag essen, Nach-„mittag wieder essen, dann im Wagen spazieren, in die Komödie und „Opera, dann mit Windlichtern in Gesellschaft fahren, und zu Nacht „essen, und daß, da sie Tag und Nacht nichts als Spiel und Unterhal-„tung sinnen, es klar, warum sie ernste Maßregeln und Vorkehrungen „zur Abwehrung des Churfürsten von Brandenburg scheuen." Der Bericht Resmi Ahmed's, mit denen ebenfalls den Reichsgeschich-ten einverleibten früherer osmanischer Bothschafter zu Wien zusam-mengehalten, zeigt, um wie viel besser Resmi unterrichtet als seine Vorfahren, wie z. B. der Bothschafter nach dem Vasvárer Frieden, laut dessen Bericht eine der vorzüglichsten Finanzquellen des deut-schen Kaisers der Sperrkreuzer von Wien[4]). Jetzt starb ein und sieb-

14. Aug. 1759

zigjährig der älteste der Wesire des Reiches, Ali der Doctors-sohn, welcher dreymahl Großwesir, als Statthalter von Tebris eine Moschee gestiftet, zu Constantinopel die nach seinem Nahmen geheißene große Moschee in der Nähe der von den sechs Marmor-säulen genannten, gebaut, an welcher er auch begraben liegt. In der fünfzehnten Nacht des Schaaban, im tausend hunderten Jahre nach der Auswanderung des Propheten geboren, hatte er schon von Ge-burt aus doppeltes gutes Vorurtheil, der Geburt und des Tages der Geburt für sich, des Jahres, weil jeder im Anfange des Jahrhunder-tes Geborene durch das Vorurtheil begünstiget ist, daß er wirksamen Einfluß nehme auf die Begebenheiten des Jahrhundertes, daß er seinen Nahmen an die Stirne desselben hefte, daß er es bey den Stirn-haaren mit sich fortreiße und dasselbe beherrsche; die Geburtsnacht war die heilige der Diplome[5]), in welcher alljährlich die beyden Schutzengel, welche die guten und bösen Handlungen der Menschen aufzeichnen, und der Todesengel ihre Bücher an den Stufen des gött-lichen Thrones niederlegen und andere dafür erhalten, eine Nacht fürchterlicher Rechenschaft und Todesbestimmung. Durch diese zwey Zeitbestimmungen seiner Geburt war Ali der Doctorssohn nach dem Volksaberglauben zur Herrschaft ausersehen. Er übte dieselbe streng und mit Blutvergießen[6]), wiewohl sonst freygebig gegen die Armen, mildthätig, einfach in seiner Lebensweise, wie ein Ssofi, wissen-schaftlich gebildet, als Dichter Aali, d. i. der Erhabene, genannt, Ver-

---

[1]) Der Bericht Resmi Ahmed's S. 120—132, des pohlischen S. 138—141.
[2]) Der ganze Bericht vom Verfasser dieser Geschichte übersetzt und herausgege-ben von Nicolai. [3]) S. 132. [4]) Raschid I. Bl. 231, übersetzt in Hormayr's Archiv. [5]) Mouradjea d'Ohsson II. p. 375. [6]) Seine Lebensbeschreibung in Wa-ssif S. 135—137, unparteyischer als das biographische Werk seines Sohnes.

faffer mystischer Hymnen ¹). Seine Strenge bewies er als Statthalter von Tebris, Kairo und Bosnaferai. Sieger über Hildburghausen
in den bosnischen Feldzügen hatte er durch seine Gegenwart entscheidend auf den Friedensschluß von Belgrad eingewirkt, und bey dieser
Gelegenheit wendet der Reichsgeschichtschreiber auf seinen Nahmen und
seine Tapferkeit den bekannten arabischen Spruch an: Es ist kein Held
als Ali, kein Säbel als Sulfikar ²). Wenige Monathe vor seinem Tode
sandte er noch seinen letzten Kiaja, den berüchtigten groben Welieddin ins
Grab, weil er dessen grobes und verhaßtes Betragen als die Haupturfache
seiner dritten Absetzung ansah ³). Welieddin, von Raghib aus der Verbannung von Retimo zurückberufen, begab sich nach Kutahije, wo Alipascha Statthalter, in der Hoffnung, sich noch einmahl unter dem
Schatten seiner Flügel zu heben. Beym Dorfe Pireliköi, im Thale
Eftimtasch, vier Stunden von Kutahije, angelangt, sandte er in
seiner groben gebietherischen Weise seinem vorigen Herrn Wort:
bis er nicht sechzehn seiner Aga hinrichten lassen werde, würde er keinen Schritt weiter rücken. Der Doctorsohn, der ihm seit seiner letzten Absetzung spinnefeind, und so mehr, als ihm hinterbracht worden,
Welieddin habe sich gerühmt, ihn am Gängelbande zu führen, sandte
den Anführer seiner Leibwachen ⁴), der Welieddin's scharfe Zunge mit
der schärferen des Säbels lähmte. Der Abgesandte sandte den Kopf als
den eines Rebellen an die Pforte, weßhalb ihn, wie der Reichsgeschichtschreiber Wassif sagt, die ganze Welt tadelte, wofür ihn, wie der Sohn
Ali's in des Vaters Lebensbeschreibung sagt, die ganze Welt lobte.
Beydes zum Theile, das erste von den unparteyischen, das zweyte
von den durch Welieddin's Zunge Beleidigten wahr.

Ali der Doctorfohn hatte in seinem Testamente besonders den
Wunsch ausgedrückt, daß seine beyden unmündigen Söhne, deren Be-
schneidungsfest er nicht mehr selbst feyern konnte, bey nächster Gelegenheit beschnitten werden möchten. Dieses gute Werk des Islams
nahm der Großwefir Raghib auf sich. Bey der Beschneidung seiner
eigenen Söhne wurden zugleich Hasanbeg und Suleimanbeg ⁵), die
Söhne des Doctorfohnes, der Sohn des verstorbenen Kiaja Derwisch
und des hingerichteten Großwefirs Silihdar Ali beschnitten. Aus Arabien lief die Nachricht ein, daß die Pilgerkarawane zwar von den
Arabern auch heuer angegriffen worden sey, aber sich glücklich durchgeschlagen habe. In der Nähe von Medina, bey Dschidde, erhielt der
Anführer des Vortrabs, der Tschetedschibaschi Abdullah, Kunde, daß
Jid Ben Madhiad, der Scheich der Araber Beni Harb, der Karawane den Weg abschneiden wolle; vergebens suchte Abdullah denselben
durch Briefe davon abzuhalten; es kam zum Treffen, in welchem der
genannte Scheich und zwey seiner Söhne blieben; an dessen Statt

9. Oct.
1758

¹) Wassif S. 137 gibt ein ganzes Ghafel. ²) Derselbe 134 l. 3. ³) Derselbe
S. 136. ⁴) Siaji's Werk Bl. 156. ⁵) Wassif S. 137.

wurde sein Oheim, Hesa, zum Scheich bestellt, welcher beschwor,
daß er hinfüro die Karawana nach Empfang der gewöhnlichen Ge=
schenke ungehindert ziehen lassen wolle. Die Freude über diese ver=
bürgte Sicherheit der Pilgerkarawane war zu Mekka so groß, daß die
vier Mufti der vier rechtgläubigen Kirchendienste vier Fetwa erließen,
vermög deren künftig im Kanzelgebethe des Freytags dem Nahmen
des Sultans der Ehrentitel Ghasi, d. i. Sieger im heiligen Kampfe,
beygelegt werden solle [1]). Dieser für die Araber Beni Harb unglück=
lich ausgefallene Angriff hielt den Scheich der Beni Ssahar, Nah=
mens Karadan Fais, nicht ab, zu Maan, wo im vorigen Jahre die
Pilgerkarawane bey ihrer Rückkehr von Mekka geschlagen worden, mit=
telst des Scheichs der Beni Onaise dem Wesir Abdurrahmanpascha, wel=
cher der Proviantmeister der Karawane [2]), Ehrengeschenke vom vori=
gen Jahre abfordern zu lassen. Je nachgiebiger und sanfter Abdurrah=
man, um so heftiger und grober die Araber; so griff dieselben der
Wesir dann auf der Sarghaide [3]) an, und zerstreute dieselben in einer
halben Stunde. Abdullahpascha sorgte dafür, der merkwürdigsten Rä=
delsführer der drey arabischen Stämme Ssahar, Onaise und Ben=
han, welche, statt die Pilgerkarawane zu leiten, dieselben beunruhig=
ten, nach und nach habhaft zu werden, und schickte ihre Köpfe nach
Constantinopel ein [4]). Dem Statthalter von Damaskus und Tripolis,
jenem als Emirol=hadsch, diesem als Tschetetschibaschi, wurden aus
dem kaiserlichen Schatze Hülfsgelder zugesandt, und die Änderung ge=
troffen, daß der Dienst der Wasserträger der Karawane, welchen bis=
her Baltadschi des kaiserlichen Serai versahen, weil man mit denselben
nicht zufrieden, von Chaßeki, d. i. Gefreyten der Bostandschi, ver=
sehen werden soll [5]). Bey dieser Pilgerkarawane befand sich der vori=
ge Reis Efendi und Großwesir, Abdullah Naili, welcher, ehe er noch
seines Wunsches, siebenmahligen Umgangs um die Kaaba, theilhaft
werden konnte, einige Stunden vor Dschidde den Geist aufgab. Ein
gelehrter Wesir, der unter dem Nahmen Naili Dichter; der Reichs=
geschichtschreiber Waßif lobt an ihm vorzüglich seinen Geschmack an der
persischen Geschichte Waßaf's, diesem unerreichten Meisterstücke persi=
scher Redekunst, welche er sich als Reis Efendi von einem Ende bis
zum anderen vorlesen ließ, und sich auch sonst wissenschaftlich unterrich=
tete. Ein halbes Jahrhundert hernach, als Waßif die Geschichte die=
ser Zeit schrieb, war osmanische Bildung so sehr gesunken, daß der=
selbe unumwunden bey dieser Gelegenheit bemerkt [6]), daß Geschmack
an Geschichte, an schönen Redekünsten und wissenschaftlicher Bildung
bey türkischen Ministern nicht mehr für Lob, sondern für Tadel galt.
Zugleich mit der Nachricht des Todes Naili's traf auch die des Hin=
scheidens des wackeren Statthalters von Moßul, Abduldschelilsade Ha=

---

[1]) Schwachheim's Bericht. Siaji Bl. 155 u. 169. [2]) Dscherdedschibaschi.
[3]) Waßif S. 143. [4]) Derselbe S. 149. [5]) Eben da. [6]) Waßif S. 146.

ſan, ein, deſſen Tapferkeit, als Nadirſchah Moßul belagerte, die Gräben mit Perſerleichnamen gefüllt. Die Statthalterſchaft ward als erblich in der Familie ſeinem Sohne, Mohammed Emin, verliehen.[1]).
Die Nachricht über den Verluſt eines ſo verdienten Staatsmannes und
Statthalters wurde bald über den Freudenfeſten vergeſſen, womit die
Geburt der Prinzeſſinn Hebetullah[2]), des erſten Kindes des Sultans, 14.
März
1759
mit außerordentlicher, ſonſt nur für Prinzengeburt gewöhnlicher ſie-
bentägiger Beleuchtung gefeyert ward. Schon einen Monath vor der
Geburt war den Vorſtehern der Zünfte und des Marktes eingeſagt
worden, ſich auf außerordentliche Ausſchmückung der Stadt und Beleuchtung bereit zu halten, ſo ſchwamm dann die ganze Stadt in Freude und Lichtfluth[3]); von allen Seiten regnete es Reim- und Witzſpiele,
Schwärmer und Chronogramme, von deren letzten über tauſend gezählt
wurden[4]). Am ſiebenten Tage brachte der Miniſter des Inneren im
Nahmen der Weſire eine goldene, mit Edelſteinen beſetzte Wiege dar,
die vier Kammern und Köſchke des Serai, das der Perlen, des Ufers,
des Kanonen- und Gartenthores waren auf das prächtigſte ausgeſchmückt, ober dem kaiſerlichen hohen Thore waren Staatszelte aus
Goldſtoff aufgeſchlagen, und von dem erſten hohen Thore bis zum
dritten, nähmlich dem der Glückſeligkeit, bildeten in der Nacht vierhundert Fackeln eine Bahn des Lichtes. Befehle in alle Länder des Reiches kündigten die freudige Begebenheit und ordneten Lichtfluth an;
in den Straßen der Hauptſtadt wogten die Fluthen von Licht und Volk
durch einander, und bey dieſer Gelegenheit ward die zunehmende Bevölkerung der Hauptſtadt ſichtbar, welche jetzt den Bau neuer Mehlmagazine forderte. Schon vor vierzig Jahren bedurfte die Hauptſtadt
täglich achttauſend Kilo Getreides zu ihrem Unterhalte. Da die Bevölkerung im Zunehmen, waren gegen Ende der Regierung Sultan
Ahmed's III. ſieben bis acht Magazine im Arſenale gebaut worden;
da aber auch dieſe nicht zureichten, ward jetzt in dieſen drey neuen
Magazinen für hunderttauſend Kilo mehr Raum geſchafft[5]).

In Betreff der Kleiderordnung trat S. Muſtafa ganz in ſeines
Bruders Osman's Fußſtapfen, indem er, nicht minder aufſichtig als
derſelbe auf den Luxus der Kleider und das Erſcheinen der Frauen
auf öffentlichen Spaziergängen, die Verbothe ſeines Bruders erneuerte[6]). Um auf die Vollſtreckung derſelben ſelbſt zu wachen, durchſtrich
er unermüdet die Gaſſen Conſtantinopel's und deſſen Vorſtädte. Auf
dieſen Wanderungen verfolgte ihn raſtlos ein, wegen ungerechter Verleihung von Lehen abgeſetzter Alaibeg von Tſchorum, mit der Bitte
um Wiedereinſetzung; ſolcher Verfolgung endlich müde, befahl der
Sultan erzürnt, ihm den Kopf vor die Füße zu legen, und der Sohn

---

[1]) Waßif S. 145. [2]) Gottesgeſchenk. Waßif S. 153. [3]) Das Detail des Feſtes in Tott mém. I. p. 102 u. f. [4]) Waßif S. 153. [5]) Derſelbe S. 147.
[6]) Derſelbe S. 152.

desselben, welchem auch Umtriebe angeschuldigt wurden, hatte dasselbe
Schicksal [1]). Während der Sultan durch Kleiderordnungen und auf
seinen unmittelbaren Befehl abgeschlagene Köpfe hofmeisterte [2]); regierte Raghib durch die wichtigsten Veränderungen in den Maßregeln
der Verwaltung und Besetzung der Statthalterschaften. Der Chan der
Krim, Halim, dessen Nahme der Sanftmüthige heißt, wurde abgesetzt, weil er zu sanftmüthig, um die Noghaien in Zaum zu halten,
welche noch jüngst in die Moldau eingebrochen, ein Stück derselben
verheert hatten. Die Pforte ernannte zum Chan den vorigen zu Rhodos befindlichen Arslangirai, da sich dieser aber entschuldigte [3]), und
die Noghaien seinen Bruder Krimgirai begehrten, wurde dieser mit
der Verbindlichkeit, den der Moldau zugefügten Schaden zu vergüten,
als Chan eingesetzt. Die Woiwoden der Moldau und Walachey wurden geändert. Niclas Maurocordato, der jetzt zum fünften Mahle auf
dem Fürstenstuhle der Walachey gesessen, hatte dem Lande durch Aufhebung der neuen monathlichen Steuer aufhelfen, und dadurch die
Bevölkerung vermehren wollen, welche nach der letzten Seelenbe-
schreibung auf fünf und dreyßigtausend Familien herabgesunken war [4]).
Er hatte zu diesem Ende jedem Isprawnik (Kreishauptmann) einen
Bojaren als Gegenschreiber der Steuer beygeordnet, aber ehe er noch
einige Frucht seiner neuen Anordnung sah, wurde er abgesetzt, in die
sieben Thürme [5]) geworfen und mit dem Strange bedroht, von dem
er nur durch dreyhundert Beutel Geldes und die Verweisung nach Mitylene gerettet ward. Seiner Absetzung war die eines Correspon-
ten, des Leibarztes Aarif zu Constantinopel, vorausgegangen. Der
Sultan begegnete auf seinen Spaziergängen außer den Thoren Constantinopels einem Kalaraschen, d. i. Eilbothen des Fürsten der Walachey,
welcher auf dem Rückwege nach Bukarest; er hielt ihn an, und da sich
unter den Briefen einer des Leibarztes befand, welcher von dem Fürsten ein Geschenk begehrte, weil die Pfortenbesoldungen so schmahl,
wurde der Leibarzt sogleich abgesetzt, seine Stelle dem gelehrten Rafii
Efendi verliehen [6]). An Maurocordato's Stelle wurde Scarlatto
Ghika, der bisherige Fürst der Moldau, zum Hospodar der Moldau
der bisherige alte Pfortendolmetsch Callimachi, und zum Pfortendol-
metsch Gregor Ghika, der Sohn des nach der Constantinopolitaner
Convention enthaupteten Pfortendolmetsches ernannt [7]). Er war der
Vetter des jetzt nach der Walachey ernannten Scarlat Ghika. Um die
Pfortendolmetsch-Stelle hatte mit Ghika auch Ipsylanti, der Arzt des
Großwesirs Raghib, für dießmahl noch vergebens gebuhlt. Raghib's
Machtvollkommenheit war in so steigendem Flor, daß sogar die drey
Schwäger des Sultans, der Statthalter von Kutahije, Muhsinsade,
der von Haleb, Sinek Mustafapascha, und der von Monastir, Silih-

17.Aug.
1758

[1]) Wasif S. 151. [2]) Auch der eines Kiaja. Wasif S. 158 und Tott mém. I. p. 95.
[3]) Schwachheim's Bericht und Wasif S. 151. [4]) Engel's Geschichte der Walachey
II. S. 24. [5]) Wasif S. 151. [6]) Wasif S. 118. [7]) Schwachheim's Bericht.

dar Mohammed, weil Raghib auf die Gegenwart derselben in der
Hauptstadt eifersüchtig, in ihre Statthalterschaften zurückzukehren Be=
fehl erhielten; nur ob der Schwägerschaft der Sultaninn Gemahlinn
des letzten, wurde demselben die Erlaubniß des Aufenthaltes um zwey
Monathe verlängert [1]). Seine geliebte Nichte, Rakije Chanum, die
Tochter seiner Schwester Aische, verheirathete der Sultan jetzt an La=
lifade Nuribeg, den Verwalter der frommen Stiftungen von Mekka
und Medina [2]). Auf die Hand der geliebten Nichte des Sultans sich
stützend, buhlte ihr Gemahl bey der jährlichen Veränderung der Staats=
ämter [3]) um die Stelle des Reis Efendi Abdi, des halsstarrigen Mos=
lims, welcher als Präsident der ersten Kammer des Tagebuches über=
setzt ward. Raghib, welcher keinen durch Gunst ihm aufgedrungenen
Reis Efendi wollte, hatte in seinem Vortrage hiezu den vorigen Reis
Efendi Mohammed Emin, vorgeschlagen, und unter der Vorausse=
tzung unmittelbar zu erfolgender kaiserlicher Entschließung war an
Mohammed Emin bereits die Einladung ergangen, sich an seinen
neuen Posten zu begeben. Der Sultan wollte durchaus die Stelle dem
Nuribeg verleihen, und sandte in diesem Sinne dem Großwesir Wort.
Raghib verharrte auf seinem ersten Vorschlage; so wurde zwischen dem
Großwesir und Sultan einige Mahle Anfrage und Antwort gewech=
selt, bis der Sultan, zu empfindlich, um den ihm wider Willen vorge=
schlagenen Mohammed Emin zu ernennen, und zu schwach, um wider
Raghib's Willen den Gemahl seiner geliebten Nichte als Reis durch=
zusetzen, den Vortrag mit folgender Entschließung zurücksandte: „Wenn
„Nuribeg nicht Reis Efendi seyn soll, soll's auch Mohammed Emin
„nicht seyn, mache dazu, wen du willst." So folgte denn dem Bothen,
welcher den Mohammed Emin schon als Reis an die Pforte berufen
hatte, der Absagsbothe auf dem Fuße nach, und die Stelle des Reis
Efendi erhielt der in dieser Geschichte als Fortsetzer der Biographien
der Großwesire bereits mehr als einmahl genannte Dilawéragasade
Omer Efendi [4]), doch starb er schon nach vierzig Tagen, und seine
Stelle erhielt der bisherige Amedbschi Abdullah [5]).

Zugleich mit der Vermählung der Sultaninn Rakije Chanum, ¹¹⁻Jun
wurde die Verlobung der kaum vierteljährigen Tochter des Sultans, ₁₇₅₉
Hebetullah, mit dem Silihdar Hamsapascha gefeyert [6]), welcher kurz
vorher mit der Steuereinnehmerstelle von Morea die drey Roßschwei=
fe erhalten hatte [7]). Der Mufti Ssalih, welcher beyde Trauungen
vollzogen, wurde vierzehn Tage hernach abgesetzt, und das weiße
Ehrenkleid des Scheichs des Islams dem gelehrten Aaßim Ismail
Efendi angezogen [8]). Er berief sogleich den vorigen Oberstlandrichter,
Welieddin Efendi (von besserem Leumund als der ob seiner Grobheit

[1]) Schwachheim's Bericht. [2]) Wasif S. 154 und 155. [3]) Die Liste in Wa=
sif S. 151 und 159. [4]) Wasif S. 159. [5]) Derselbe S. 162. [6]) Derselbe S. 161.
[7]) Derselbe S. 160. [8]) Derselbe S. 161.

Jun. berüchtigte Welieddin Aga), aus seiner Verbannung von Brusa zu-
1759 rück. Der Sultan, ein Freund der Wissenschaften und Gesetzgelehrten,
veranstaltete im Fastenmonde wissenschaftliche Erörterung von Ko-
ransauslegung in seiner Gegenwart. Die hierzu auserlesenen fünf
Ulema waren der Intendent der Fetwa, Ebubekr, der Chodscha des
kaiserlichen Serai, Hamidi Mohammed, der Inquisitor des Mufti,
Idris, und die zwey Muderrise, Musellif und Ismail Efendi. Der vom
Sultan vorgelegte Vers des Korans war der hundert vier und drey-
ßigste Vers der vierten Sure: O ihr, die ihr glaubt, seyd stätig in
gerechter Wage. Musellif und Idris Efendi, welche am besten dis-
putirt, erhielten jeder hundert Ducaten. Dergleichen Wettstreite und
der Bau des Serai zu Adrianopel waren die Hauptgegenstände, womit Raghib die Thätigkeit des Sultans beschäftigte, um in den wirklichen Regierungsgeschäften so freyere Hand zu behalten. Der Bau
des Serai von Adrianopel war nun vollendet, und Jusufaga, der
vorige Kiajabeg, welcher mit demselben beauftragt gewesen, zurückgekommen. Raghib mußte nun bedacht seyn, neue Beschäftigung für den
Sultan auszusinnen, damit die einzelnen Hinrichtungen, womit der
Sultan von Zeit zu Zeit auf seine Weise Gerechtigkeit vollstreckte,
nicht zu häufig. So hatte er jetzt den walachischen Geschäftsträger
Drako vor dessen Hause im Fanar aufhängen lassen, weil derselbe
zwey türkische Sclavinnen, welche ihm zwey seiner Häuser zu Tarapia
angezündet hatten, geprügelt [1]. Raghib brachte also den alten Vorschlag einer Vereinigung des schwarzen Meeres mit dem Meerbusen
von Nicomedien zur Sprache, dessen Ausführung schon dreymahl unter der Regierung osmanischer Sultane, und vor denselben zweymahl
(unter bithynischen Königen und unter Trajan) vergebens versucht worden war. Suleiman der Gesetzgeber hatte schon zu diesem Ende das
Erdreich vom See Ssabandscha bis an den Meerbusen von Nicomedien mittelst des großen Baumeisters Sinan durch den Meister Gurf
Nicolas nivelliren lassen [2]. Unter Murad III. hatte der Großwesir
Sinan dreytausend Arbeiter dazu befehliget und drey Tage lang war ni-
vellirt worden, bis der Sultan entschieden: „Wie das Holz bisher
„nach Constantinopel gekommen, möge es auch noch ferner kommen" [3].
Vor einem Jahrhunderte [4] hatten Sultan Mohammed IV. durch
Hindioghli an Ort und Stelle Untersuchungen anstellen lassen, aber
den Bericht erhalten, daß die Lichtung der Wälder zu viele Mühe
mache, und daß durch die Führung des Canales Dörfern, Meierhöfen
und Weiden Schaden erwachsen würde [5]. Jetzt brachte Raghibpascha
den vom See Ssabandscha nach dem Canale von Nicomedien zu führenden Canal abermahl aufs Tapet, zum Besten der Holzzufuhr der
Hauptstadt und des Schiffbaues durch ein am See von Ssabandscha

[1] Wassif S. 163 und 164. Schwachheim's Bericht. [2] Selaniki S. 248,
und II. Bd. S. 571. [3] S. II. Bd. S. 572. [4] Im J. 1064 (1653). [5] Wassif
S. 193.

anzulegendes Arsenal. Der Hofarchitekt, der Hofastronom, zwey Bau=
meister, zwey Wasserbaumeister und der Wasseraufseher, zuerst auf
Commission abgeordnet, kamen mit dem Resultate zurück, daß die
Führung des in der Länge von zwey und zwanzigtausend Ellen, vom
See Ssabandscha bis an den Meerbusen von Nicomedien zu leitenden
Canales ausführbar, weil der Grund eben. Jetzt wurden der Minister
des Inneren und des Äußeren, der Dschebedschibaschi und der griechi=
sche Renegate Ahmed von Kreta ¹) zur Ausführung dieses Unternehmens
abgeordnet, wozu der Sultan sechstausend Beutel bestimmt hatte ²).
Der englische und französische Bothschafter wetteiferten zur Unterstü=
tzung dieser Lieblingsidee des Sultans. Porter ließ den Brief des Pli=
nius ins Türkische übersetzen ³), Vergennes sandte seinen Schwager
Tott an die Pforte. Wenn dieser in seine berüchtigten Denkwürdig=
keiten sich mit Unrecht über die geometrische Unwissenheit des griechi=
schen Feldmessers lustig macht, der statt des gewöhnlichen Nivellirungs=
geräthes bloß eine kleine kupferne Tafel mit sich führte, welche an der
Pforte von einem Haufen von Zuschauern bewundert ward ⁴), gibt er
noch größere Blöße geographischer Unkunde, indem er von der Ver=
einigung des Flusses Sakaria mit dem See von Nicäa spricht, wo
es sich um die Vereinigung des Sees von Ssabandscha mit dem Meer=
busen von Nicomedien handelte. Die Minister des Inneren und Äu=
ßeren, der General der Zeugschmiede und der griechische Erdreichab=
wäger hatten kaum ihre Arbeiten begonnen, als sie berichteten, daß beym
Graben Wasser zum Vorschein komme, daß den Gutsbesitzern der Ge=
gend dadurch vieler Schaden zugefügt werde, und daß der Winter vor
der Hand ⁵); drey characteristische Beweggründe einer türkischen Was=
serbau=Commission zur Einstellung nützlichen Canales. Die Vereini=
gung des schwarzen Meeres mit dem Meerbusen von Nicäa, welche
unter den alten bithynischen Königen, unter Trajan, unter Suleiman,
unter Murad III., Mohammed IV. und Mustafa III. sechsmahl verge=
bens angefangen oder versucht worden, erwartet ihr Gedeihen vom
siebenten künftigen Unternehmer dieses Canalbaues, wenn ihn statt
türkischen Unternehmungsgeistes europäischer beseelen wird.

In Ermanglung der Ausführung des großen Unternehmens der
Vereinigung zweyer Meere beschäftigen den Sultan seine Runden in ver=
änderter Tracht; von dem frühesten Morgen bis in die sinkende Nacht
strich er verkleidet herum. Eines Tages kam er noch sehr früh an die mitt=
lere Pforte des Serai, an welcher auch nicht einer der vierzig Thor=
wärter, welche zur Wache desselben bestellt, gegenwärtig war. Hier=
über, wie billig, erzürnt, sandte er den gefreyten Bostandschi, der
ihn auf diesen Runden begleitete, nach den Casernen der Dschebedschi,
die nicht weit vom Serai entfernt. Er kam mit der Antwort zurück,
daß weder der General, noch der Generallieutenant bis zur Stunde

¹) Waßif S. 163. ²) Schwachheim's Bericht. ³) Eben da. ⁴) Tott mém. I.
p. 89. ⁵) Waßif S. 163.

in die Caferne gekommen. Noch mehr erzürnt, befahl der Sultan den wachthuenden Zeugfchmieden ¹), die Thorhüter, die ihren Poften ver= laffen, an die Pforte gefangen abzuführen; fie wurden in die fieben Thürme geworfen, der General und Generallieutenant der Zeugfchmie= de wurden abgefeßt. Ein andermahl ging der Sultan verkleidet an der Hofküche vorüber, übelgelaunt, weil einer der Pagen der vierten Kammer ein ihm angetragenes beträchtliches Lehen als zu gering ausgefchlagen. Er begegnete einem lumpigen Kerl, den er fragte, wer er fey und wie lange er diene? die Antwort lautete: er fey Koch, und diene fchon feit S. Ahmed's III: (des Vaters Muftafa's) Zeit; fogleich verlieh ihm der Sultan das Reiterlehen ²). Während der Sultan Thorwärter einfperren ließ, und Lehen an Köche verlieh, änderte der Großwefir den Scherif von Mekka, und bedrohte die beyden Pafchen, den Führer der Pilgerkarawane und ihren Proviantmeifter, d. i. den Tfchetedfchi und Dfcherdedfchibafchi. Der Scherif Mufaid Ben Said, welcher diefer Würde nun fchon fieben Jahre vorgeftanden, hatte fich mit dem Füh= rer der ägyptifchen Pilgerkarawane, dem Mamlukenbeg Kefchkefch Hufein, zertragen, fo daß es zwifchen beyden im Umfange des Hei= ligthumes zu Thätlichkeiten gekommen; die Bege Ägyptens hierüber aufgebracht, begehrten feine Abfeßung als Führer der Pilgerkarawane Syrien's, der Tfchetedfchi.Abdullahpafcha erhielt den Befehl, den Bru= der Mufaid's, Dfchaafer, als Scherif einzufeßen, dem Dfcherde= dfchi Tfchelik Mohammed wurde zur Vermehrung feiner Einkünfte die Steuereinnehmerftelle von Aidin zugefchlagen, und derfelbe in allem den Emirol=hadfch und Tfchetedfchi zu unterftüßen angewiefen³). Allein diefe Anordnung hatte nicht lange Dauer, denn der abgefeßte Scherif Mu= faid, der in Mekka große Partey, und darunter die vier Mufti der vier rechtgläubigen Kirchendienfte für fich hatte, beklagte fich durch Bitt= fchriften (über Bagdad eingefandt), und fchob die Schuld des Gefchehe= nen auf die Gehäffigkeit des Anführers der ägyptifchen Pilgerkarawa= ne. Diefe eingelaufenen Schriften waren der Stoff zweyer großer Be= rathungen an der Pforte, deren Ausgang die Einfeßung des vorigen Scherifs Mufaid und die Änderung des Anführers der fyrifchen Pil= gerkarawane, des Tfchetedfchi Abdullahpafcha, an deffen Stelle der Dfcherdedfchi Tfchelik Mohammed als Emirol=hadfch ernannt wurde. Der bisherige Mutefellim (proviforifcher Verwalter) der Sandfchake Hama und Himß erhielt die Stelle des Dfcherdedfchi, der Tfchetedfchi Abdullahpafcha wurde als Statthalter nach Diarbekr, der von Diar= bekr nach Haleb verfeßt. Der bisherige Statthalter von Haleb (Mu= ftafa der Nifchandfchi) wurde dafür mit jährlichen fechs und dreyßig= taufend Piaftern entfchädigt ⁴). Aus Ägypten war der jährliche Tribut fchon feit drey Jahren nur theilweife eingegangen, und auch die Liefe= rung der jährlich aus Ägypten gefendeten acht und vierzigtaufend Erdeb

¹) Waßif S. 166. ²) Derfelbe S. 167. ³) Derfelbe S. 168. ⁴) Derfelbe S. 177.

Getreides durch der Mamlukenbege Hader und Widersetzlichkeit ins
Stocken gerathen. Es wurden daher der Oberststallmeister und einer
der angesehensten Ulema, Abbas Efendi, mit dem Range eines Richters von Constantinopel bekleidet, mit nachdrücklichen sultanischen
Handschreiben nach Ägypten abgeordnet ¹), um die Sendung des
jährlichen Tributes und die Lieferung des Getreides nach Mekka, so
wie die Eintreibung der Verlassenschaft Riswankiaja Hetwani's in
Ordnung zu bringen. Dieselben wandten sich mit Hülfe des
Statthalters Mustafapascha an die Scheiche der Familie Bekri (die ersten der Scheiche Ägypten's) und die Ulema der Moschee Esher (die Ka-
thedrale Kairo's), und erhielten von denselben verbindende schriftliche
Urkunden, vermög welcher festgesetzt ward, daß die dreyhundert achtzig, von der ägyptischen Sendung nach Mekka ausständigen Beutel
eingetrieben, und nach Ablieferung von zweyhundert Erdeb an die
Scheiche der Familie Bekri und die Moschee Esher die von der Verlassenschaft Riswankiaja's und den Lieferungen der beyden letzten Jahre
ausständigen neunzigtausend Beutel, und außer dem noch nachzuliefern-
den Reis für das laufende ans kaiserliche Arsenal zweytausend Zentner Steppe, hundert Zentner Spagat, zehn Zentner Draht geliefert
werden sollen. Mit diesen verbindlichen Urkunden, und der Nachricht,
daß die obigen Artikel zu Alexandria auf Kaufmannsschiffe geladen 18. Nov.
worden seyen, kamen die Commissäre nach Constantinopel zurück ²). **1759**
In Syrien hatte eines jener heftigen Erdbeben, deren die Geschichte in
diesem Lande so viele erwähnt, die Städte Damaskus und Saida
beträchtlich beschädiget, an der Moschee der Beni Ommeje die weiße
Minaret umgestürzt. Zur Wiederherstellung wurde Mustafabeg, der
Sohn Faslipascha's, als Bauaufseher mit fünfzigtausend Piastern abgefertigt, und zehntausend für die Wiederherstellung Saida's bestimmt ³). Zu Constantinopel wurde an der Tulpenfontaine ⁴) der 31.
Grund einer neuen Moschee gelegt, welche S. Mustafa nach dem **Mär**
Muster der S. Selim's erbauen wollte. Zwey berühmte gelehrte
Männer starben, der eine gewaltsamen, der andern natürlichen Todes;
der eine, der Defterdar Halimi, welcher, nachdem er dreymahl Finanzminister und eben so oft verbannt gewesen, seiner Geldgier und Verschwendung keine Gränzen setzte, zuletzt ob häufiger, wider ihn einge-
laufener Klagen enthauptet ward ⁵); der andere der sehr gelehrte
Mufti Ismail Aaßim, Verfasser eines Diwans, einer zierlichen Brief-
sammlung und einer Geschichte. Der Reichsgeschichtschreiber Waßif sah 16.
mehrere tausend von Aaßim gesammelte, und von seiner Hand be- **Febr.**
schriebene Werke ⁶). Er mag das der Prose und Poesie desselben ertheilte Lob verantworten: daß Aaßim's Gedichte das ächte Wunder-
werk der Dichtkunst zu den sieben an der Kaaba aufgehängenen, daß

---

¹) Waßif S. 148. ²) Derselbe S. 174. ³) Derselbe S. 177. ⁴) Derselbe
S. 178. ⁵) Derselbe S. 170. ⁶) Derselbe S. 180.

er als Prosaiker ein Nebenbuhler von Chuaresmi und Bediuf = seman', als Stylist ein Wettläufer mit Waßaf und Chodschai = Dschihan.

In Regierungen wie in Zeugungen überspringt die Ähnlichkeit der Züge oft ein Glied, und der Enkel ähnelt oft mehr dem Großvater, als dem Vater der Sohn. Sultan Osman hatte, wie wir gesehen alle Lieblingsneigungen seines Vorfahrs verworfen, und S. Mustafa trat wieder in S. Mahmud's Fußstapfen, durch Liebe zu Pracht und Bau, wiewohl die Mittel des Schatzes sehr vermindert. Wie S. Mahmud das Grab des Propheten nach dem Beyspiele seiner Ahnen, Ahmed's I. und Mohammed's IV., durch Juwelengeschenk verherrlichet hatte, so erleuchtete dasselbe Mustafa durch einen aus dem kaiserlichen Schatze gezogenen sechseckigen Smaragd von vierhundert Karaten, welchen der Oberstwasserträger überbrachte, und welchen der Richter von Medina und der Scheich des Heiligthumes im selben aufhingen [1]. Auch für Mekka's und der Bürger Wohl war er bedacht durch die Wiederherstellung und Reinigung der Wasserleitung, welche das Wasser von Jenbuu nach Mekka führt. Der Oberststallmeister Mustafaaga ging mit diesem Auftrage und den nöthigen Summen dahin ab [2]. Zu Constantinopel ging der Bau der Tulpenmoschee vorwärts; es wurden dazu fünf schöne, wie Spiegel geglättete Säulen verwendet, deren drey aus den Ruinen am Thore Tschatladi, d. i. aus denen des Pallastes Bukolion, zwey in der Nähe der Moschee S. Bajesid's ausgegraben worden. Zu Skutari erhob sich die Moschee der Mutter S. Mustafa's der Sultaninn Mihrmah, am Ajasma, d. i. Weihquell, mit der von der Sultaninn gleichen Nahmens der Tochter Suleiman des Großen, der Gemahlinn des Großwesirs Rustem, zu Skutari erbauten, wetteifernd [3]. Die Vollendung des Baues priesen viele Chronogramme, deren eines der Reichsgeschichtschreiber aufgenommen, weil es vom Großwesir selbst. Die Spazierritte des Sultans wurden durch Raghib's staatsverwaltende Weisheit zur Ermunterung nützlicher Übungen der Soldaten, oder Versuchen der Kriegskunst benützt. In der durch den Lustpallast von Saadabad verherrlichten Ebene der süßen Wasser wurden Minen gesprengt. Die Waffenübungen wurden nicht nur in der Hauptstadt unter des Sultans Augen vorgenommen, sondern auch im ganzen Reiche durch Fermane der belehnten Reiterey anbefohlen, weil dieselbe durch den langen Frieden schon gänzlich aus dem Gebrauche von Säbel und Lanzen, von Pfeil und Bogen gekommen war, deren Gebrauch, besonders des letzten, nach der Vorschrift des Propheten, als die erste und vorzüglichste Waffenübung des Moslims, aufrecht erhalten werden sollte [4]. Um den Sultan zu diesen Übungen einzuladen, erstattete der Großwesir den üblichen Vortrag [5]. Überhaupt unternahm der Sultan gar nichts, worüber der Großwesir nicht zuvor allerunterthänigsten Vortrag erstattet hätte. Die Sammlung von sieben=

[1] Waßif S. 181. [2] Burthardt (Travels in Arabia p. 343.) [3] Derselbe S. 186 und 187. [4] Waßif S. 187. [5] Derselbe S. 186.

mahl sieben Vorträgen aus der Feder Raghib's, welche ein Theil sei=
ner Werke, und die für unübertroffene Muster osmanischen Curial=
styles gelten, belehrt über die Gelegenheiten, in welchen der Großwesir
jedesmahl Vortrag erstattete; es ist nöthig, derselben zu erwähnen,
weil die wenigsten errathen werden könnten. Die Hälfte dieser Samm=
lung sind Geschäftsvorträge über die wichtigsten Geschäfte des Reiches,
als Friedensschlüsse, Kriegsberathungen, Gesandtschaften, Verleihun=
gen von Statthalterschaften u. s. w.; die andere Hälfte aber eigentliche
Fest= und Ceremonielvorträge zur Einladung des Sultans, wenn er
sich von einem seiner Palläste in den anderen begeben soll, oder als
Freudenbezeigung über die geschehene Übersiedlung zur Einbegleitung
eines Geschenkes, zur Erkundigung um das kaiserliche Wohlseyn nach
genommener Arzenep oder Aderlaß, zum Glückwunsche der heiligen
Nächte des Fastenmondes, oder der beyden Feyertage des Fastenmondes
und des Opferfestes, zum Besuche der Stückgießerey, wann dort Ka=
nonen gegossen, des Arsenales, wann dort Schiffe vom Stappel ge=
lassen wurden, und zur Ankunft des Frühlings, als dem neuen Jahre der
Natur. Zum Muster solcher Festvorträge diene der Eingang des folgen=
den zum Newruf, d. i. Frühlingsanfang, erstatteten: „Gott der Allmäch=
„tige, der über alle Gedanken erhaben, durch dessen Anordnung
„der Frühling beginnt, und welcher die gefrorenen Gärten und Bäu=
„me begrünt, wolle den hellen kronentragenden Leib, der Licht auf Licht
„die Finsternisse durchbricht, der als Sonne des Himmels und des Rei=
„ches, die Herrschaft und die Welt in ihrem Gange erhält, Gott
„wolle denselben und Allerhöchst Dero erhabene kaiserliche Person,
„welche schmückt den Thron, gleich dem großen Lichte des Himmels
„glückstrahlend auf den höchsten Glanzpunct erheben; Er wolle Euere
„Majestät zu allen Zeiten mit den Strahlen der Größe begleiten, Er
„möge zur klaren Schlichtung der Menschengeschäfte, zur wahren Rich=
„tung der Völkerkräfte, Allerhöchst Dero gnädigste Zeit im steten
„Ebenmaße der Tag= und Nachtgleiche erhalten, und lasse Allerhöchst=
„dieselben als Seinen Schatten auf Erden walten, Er möge durch
„Allerhöchst Dero Chalifenthum die Saaten der Hoffnungen tränken,
„und den Blumen des Ruhmes und des Glückes frischen Glanz und
„neues Leben schenken, so daß Allerhöchst Dero Regierung wohlthätig
„wie Frühlingstage, das Fest der Tag= und Nachtgleiche durch Glanz
„und Milde schlage, Amen! in des Propheten Nahmen!"

Eine gänzliche Sonnenfinsterniß, welche zwey Stunden dauerte,
gab wie die letzte unter S. Mahmud's Regierung, wieder zu vielfälti=
gem Volksgerede Anlaß, und die Prediger belehrten das Volk, wie
der Reichsgeschichtschreiber seine Leser, daß aus Finsternissen nichts
zu schließen, denn als am Todestage Ibrahim's, des Sohnes des Pro=
pheten, eine Sonnenfinsterniß eintrat, sagte der Prophet: Sonne und
Mond sind zwey Wunderwerke Gottes, die sich nicht verfinstern wegen

25.
May
1760

des Todes von irgend Jemand [1]). Die Verdunklung großer Staats=
lichter durch Tod oder Abseßung war eine zu häufige Erscheinung, als
daß der Aberglaube, die Sonnenfinsterniß habe dieselben vorbedeutet,
noch länger gedeihen konnte. Auf die oben erzählte Hinrichtung des
vorigen Defterdars Halimpascha war die seines Freundes und Werk=
zeuges finanzieller Maßregeln, Abdurrahmanbeg's, gefolgt [2]). In
allen Theilen des Reiches starben erlauchte Männer. In der Krim der
Kalgha, an dessen Stelle der bisherige Seraßker am Kuban, Bacht=
giraisade Seadetgirai, wie der jüngere Bruder des Chans als Seras=
ker am Kuban eintrat [3]); zu Constantinopel der Scheich Abdullah
Kaschghari, welcher Gedichte und Abhandlungen hinterließ [4]); zu Je=
rusalem der vormahlige Chodscha des Serai und jetzige Richter von
Mekka, Mohammed von Akkerman [5]), welcher nach Waßif's Aus=
spruch in den philologischen Wissenschaften ein zweyter Dschordschani,
in den philosophischen ein zweyter Teftasani; er schrieb Randglossen zu
den großen Korans=Exegesen Kaßchan's und Beidhawi's, und zur Über=
lieferungssammlung Buchara's, und mehrere Abhandlungen [6]); zu Diar=
bekr der Pascha Tschetedschi Abdullah, welcher nicht nur in der osmani=
schen Staatsgeschichte durch den über die Araber, zur Sicherheit der Pil=
gerkarawane, sondern auch in der Literaturgeschichte durch sein Werk:
Anordnung des Schmuckes [7]), und durch seine schöne Schrift sich
einen Nahmen erworben; zu Haleb der vorige Großweßir, Esseid
Abdullahpascha, der Sohn des berühmten Firari Hasan, welcher bey
der Entthronung S. Ahmed's große Rolle gespielt, durch den alten
mächtigen Kislaraga zur ersten Würde des Reiches gelangt war. Seine
Stelle erhielt der reiche Bekir (ehemahls Reis Efendi und Kiajabeg,
jetzt Intendent der kaiserlichen Küche); er beschwerte sich eben bey
Raghib über solche Zurücksetzung im Amte, daß er, nachdem er Mini=
ster des Äußeren und Inneren gewesen, jetzt im Diwan wie einer der
Vielen angesehen werde. Raghib gab ihm Recht, und sagte, daß auch
er der untergeordneten Stelle des Reis eine unabhängige Statthalter=
schaft vorgezogen, so eben sey die Nachricht des Todes des Statthal=
ters von Haleb eingetroffen, wenn er wolle, werde er ihn dazu vor=
schlagen; demnach erhielt Bekir die drey Roßschweife, und das Amt
des Aufsehers der kaiserlichen Küche Ibrahim, welcher, wie sein Nach=
folger, ehemahls Kiajabeg, d. i. Minister des Inneren, gewesen [8]).
Dem Abdullah Tschetedschi und dem Abdullahpascha, vorigem Groß=
weßir, folgte ein dritter berühmter Abdullah ins Grab, der vorige
Mufti Waßaf Abdullah, welcher mit dem Gesandten Mustafa zur Er=
örterung des schwierigen Punctes des fünften Ritus Dschaaferi, vor=
mahls an Nadirschah gesandt, bey dieser Gelegenheit ganz Persien

[1]) Waßif S. 184. [2]) Derselbe S. 183. [3]) Eben da. [4]) Derselbe S. 188.
[5]) Eben da. [6]) Derselbe S. 189. [7]) Derselbe S. 191. [8]) Derselbe S. 195 re=
flectirt hier, daß gehorsamen Staatsdienern alle Stellen, hohe und niedere,
gleich gelten müssen.

durchreiset, sich lange zu Ißfahan, Kandahar und Samarkand aufge=
halten, den Nahmen des von ihm mit Recht bewunderten großen per=
sischen Geschichtschreibers Waßaf, d. i. der beschreibende Lobredner,
als Dichternahmen annahm. Bis in sein hundertes Lebensjahr uner=
müdet dem Studium und der Schriftstellerey ergeben, beschrieb er
viele Bücher mit seinen Randglossen, setzte das unter dem Nahmen
Ruhmtitel ¹) bekannte rhetorische Werk fort, verfaßte das Buch der
Fröhlichkeit in fünfzehnhundert Doppelreimen, hinterließ eine meta=
physische Abhandlung und viele Proben seiner Kunst, schönes Taalik
zu schreiben. Er war der Schüler des als Gelehrter und Mufti be= August
rühmten Kara Chalil Efendi, dessen Sohn Abdurrahim Molla, so   1760
wie Mustafa Raschid, der Sohn des dermahligen Mufti Welieddin,
und Mustafabeg, der Sohn des vormahligen Großwesirs Ramipascha,
alle drey gleichzeitig starben. Der Sohn des Großwesirs dichtete un=
ter dem Dichternahmen Naili; endlich starb auch der zweyte Defter=
dar, Ssalih Efendi, nicht minder als die vorigen durch gelehrte
Bildung, und vor denselben durch fließende Beredsamkeit und
schlagfertiges Unterhaltungstalent ausgezeichnet, so daß ihm Waßif
den Ehrentitel eines zweyten Bedii Hamadani, d. i. Verfassers von
Ständchen, die das Muster des berühmten Hariri, und eines zweyten
Raghib Ißfahani, des Verfassers der berühmtesten arabischen Chresto=
mathien, zuerkannte. Er hinterließ eine Sammlung lustiger Einfälle
und Schwänke, Anekdoten und Erzählungen, mit Versen durchmischt,
und übte sich im Style durch Abschreiben des Meisterwerkes persischer
Redekunst, der Geschichte Waßaf's ²). Die Prolegomene Ibn Chal=
dun's, des arabischen Montesquieu, und die Geschichte Waßaf's, des
persischen Bossuet, waren zu dieser Zeit die Musterwerke arabischer
und persischer Literatur, durch deren Studium sich osmanische Mini=
ster und Staatssecretäre in der Politik und im Style ausbildeten. Die
Prolegomene Ibn Chaldun's hatte der Mufti Pirisade ins Türkische
übersetzt; die Geschichte Waßaf's hatte Nasmisade durch ein Wörter=
buch und der gelehrte Reis Efendi Ebubekr der Perser durch einen
vom Oberstlandrichter Neili fortgesetzten Commentar erläutert. Der
Großwesir Naili las, als er Reis Efendi war, mit seinem Nachfol=
ger Auni ³) den ganzen Waßaf, der Defterdar Ssalih schrieb den=
selben zum wiederhohlten Mahle ab, und der Mufti Abdullah fand
als Dichter keinen Nahmen schöner und würdiger, als den des Lob=
redners der Majestät Ghasanchan's, des unerreichten Musters per=
sischer Redekunst, Waßaf's.

Die Unruhen im Inneren des Reiches, an denen es, so lange das
osmanische besteht, fast nie fehlte, waren unbedeutend, in Vergleich
mit denen früherer und späterer Zeiten. In Tschildir, Karaman und
Bosnien und auf der Flotte ergaben sich folgende. Der Statthalter

von Tschildir, der Wesir Elhadsch Ahmedpascha, welcher Achiska als erbliche Statthalterschaft besaß, war, weil er es mit den Lesgern hielt, abgesetzt, und seinerstatt Ibrahimpascha von Diarbekr eingesetzt worden; als er schon von Achiska abgezogen, ergriff er die Flucht, und auf derselben von dem Kämmerer Abdal Mohammed eingehohlt, wurde er sogleich hingerichtet, sein Kopf an die Pforte eingesendet [1]. Diesem Ahmedpascha danket Achiska den Bau einer in sieben Jahren vollendeten Moschee, und die Stiftung einer der reichsten Bibliotheken Klein=Asien's, wovon die bessere Hälfte, dreyhundert ausgewählte Handschriften, als Trophäen russischer Waffen im asiatischen Museum von Petersburg. Ein geheimnißvolles Bewandtniß hatte es mit dem Statthalter von Karaman, dem ehemahligen Anführer des Vortrabes der Pilgerkarawane, Dscherdedschi Abdurrahman. Wider diesen beschwerten sich die Bewohner Konia's zu wiederhohlten Mahlen mit dringenden Bittschriften, auf deren Veranlassung er der Wesirswürde entsetzt, und mit diesem Befehle ein Kämmerer abgeordnet ward. Der Statthalter, statt dem Befehle Folge zu leisten, sperrte den Kämmerer ein und rückte mit einem Haufen zusammengerafften Gesindels auf der Straße von Constantinopel bis Boli vor. Von hier aus setzte er sich in Schreibenwechsel mit der Pforte, und zog sich dann ruhig in seine Vaterstadt, Larenda [2], zurück. Wie der Reichsgeschichtschreiber versichert, war das Ganze ein Spiel mit Einverständniß des Großwesirs, der, um den Sultan zu schrecken, und ihn durch Furcht so folgsamer zu machen, dem Statthalter Wort gesendet haben soll, bis Boli vorzurücken, mit dem Versprechen, daß er nach einigem Aufenthalte zu Larenda wieder die Statthalterschaft und die drey Roßschweife erhalten solle; wenn auch nicht wahr, doch höchst wahrscheinlich, und schon dieser Wahrscheinlichkeit willen, welche der Reichsgeschichtschreiber als Wahrheit in die Reichsgeschichte aufzunehmen sich nicht entblödet, höchst charakteristisch für die Regierungskunst osmanischer Großwesire. Abdurrahmanpascha erhielt wirklich in der Folge wieder die Statthalterschaft und die drey Roßschweife [3]. Der Statthalter von Bosnien, Mohammedpascha, wurde auf Klagen des Landes über seine Bedrückungen und Ungerechtigkeiten abgesetzt [4] und der drey Roßschweife beraubt. Auf der Flotte hatte sich derselbe Vorfall, der sich vor zwölf Jahren durch die Meuterey der Galeerensclaven ereignet hatte, durch die Wegnahme der Kapudana, d. i. des Admiralschiffes, erneuert. Während die Flotte zu Stanchio vor Anker lag, und der Kapudanpascha und der erste Admiral in der Moschee beym Freytagsgebethe, bemächtigten sich die Galeerensclaven des Admiralschiffes und segelten damit nach Malta [5]. Die Flagge des Admiralschiffes war dem Sultan von Mekka aus verehrt worden, in den vier Ecken derselben die Nahmen der vier ersten Chalifen, in der

---

[1] Wasif S. 175. [2] Derselbe S. 185. [3] Derselbe S. 203† [4] Derselbe S. 192. [5] Derselbe S. 189.

Mitte Sulfikar, der Säbel Ali's mit zwey Klingen, die Sura des Sieges als Randschrift [1]). Die von Mekka aus geweihte Flagge des osmanischen Admiralschiffes wehte im Hafen der Religion von Malta, wohin die Meuterer das Schiff geführt, und woher es durch die Verwendung des Bothschafters Vergennes, wie zwölf Jahre vorher durch die Verwendung seines Vorfahrs Desalleurs, wieder nach Constantinopel zurückkam [2]). Der Sultan war über die Nachlässigkeit des Kapudanpascha und des Kapudanabegs so erzürnt, daß er beyde hinrichten, und ihre Köpfe auf den Platz vor's Serai werfen ließ [3]). Er bestand noch immer mit Strenge auf dem Verbothe des Kleiderluxus und erneuerte dasselbe mit Erschärfung von Prügeln für Alle der unteren Classen, welche sich unterstehen sollten, Luchs oder Hermelin zu tragen. Der Großwessir war der erste, diesem Verbothe durch die Entfernung aller solcher Pelze aus seinem Hause Folge zu leisten [4]). In demselben Geiste war auch die Verordnung erlassen, welche den seit einiger Zeit eingerissenen Luxus venetianischer reicher Stoffe verboth, welche statt der constantinopolitanischen von den Großen als Festgeschenke dargebracht wurden [5]). Pelzluxus und Opiumgenuß waren die herrschenden Verweichlichungen der Zeit. Dem oberwähnten gelehrten Akkermani sagte ein Derwisch Begtaschi, den er einst besuchte, um bey ihm Kaffeh zu trinken und Opium zu essen, vor, daß er als Opiumesser nach der Kaaba pilgernd, sterben werde, wie auch geschehen [6]). Ein solcher Opiumesser war Raschidbeg, ein Kanzleybeamter des Defterdars, als Verwalter der Moschee Mohammedpascha's; in dieser letzten Eigenschaft war es seine Pflicht, am Freytage, wo der Sultan diese Moschee besuchte, das Rauchfaß vor demselben herzutragen. „Er war," sagt Wassif, „durch übermäßigen Genuß von „Opium und Bilsenkraut dünner als die Linie des Euklides, seine „Stimme zum Froschgequacke verdumpft, seine Sinne zur Mumie abge- „stumpft, sein Leib ein durchsichtiges Beinhaus" [7]). Als er vor den Sultan mit dem Rauchfasse hergehen sollte, fiel er ohnmächtig zur Erde; der Sultan, seinen Zustand bemitleidend, befahl, daß man ihn frage, womit er ihn erfreuen könne, und seinem Wunsche gemäß, wurde er mit der Stelle des Mustermeisters der Dschebedschi beglückt, auf diese Weise durch das Opium in die Reihe der Herren des Diwans vorgerückt. Solche Beförderung that dem Unheil des Opiumessens nur noch größeren Vorschub. An der Moschee S. Suleimanije ist der sogenannte Markt der Terijaki [8]), d. i. der Opiumesser, welche sich dort alle Abende bey Sonnenuntergang versammeln. Von allen Seiten schwanken die Liebhaber des Opiums und des Bilsenkrautes herbey, blaß, abgezehrt, mit gestrecktem Halse und gereckten Gliedern, erstorbenen Augen, stammelnder Zunge, entscharrten Leichnamen gleich. Sie

---

[1]) Die Beschreibung in Tott mém. I. p. 99. [2]) Wassif S. 207. [3]) Derselbe S. 189. [4]) Eben da. [5]) Derselbe S. 164. [6]) Derselbe S. 189. [7]) Derselbe S. 195 und 196. [8]) Tott mém I. p. 108, und aus Selbstansicht.

sezen sich auf die Sopha längs einer langen hölzernen Gallerie, und
verschlucken jeder die ihm zusagende Zahl von Pillen, die stärksten de=
ren vier, größer als Oliven, mit einem Glase frischen Wassers; binnen
einer Stunde sind sie dem beseligenden Rausche des Opiates hingege=
ben, der jedem die Wünsche seiner Einbildungskraft als erfüllt vor=
zaubert. Sie wandeln durch Gluthen, sie wallen auf Fluthen, sie
schwimmen in Wonne göttlicher Lust. Alle Himmel, alle Seligkeiten
des vom Propheten verheißenen Paradieses sind ihnen offen; Köschke
aus Perlen, perlende Quellen, sehnsuchtquellende Augen und wollust=
schwellende Busen, Huri, deren Augen schwarz, wie Moschus, und
deren Glieder weiß, wie Campher. Dieß sind die Paradiese, in welche
der Alte vom Berge seine todgeweihten Handlager nach dem Genusse
von Opium und Bilsenkraut verpflanzte, um ihren Muth bis zur toll=
kühnsten Verachtung des Lebens zu befeuern; dieß ist Homer's Nepenthe.

Bald am Ende von Raghib's Großwesirschaft is's an Ort und
Stelle, noch einmahl, wie beym Antritte derselben geschehen, die
Pfortenverhältnisse mit europäischen Mächten zu erwähnen, und in
der Auseinandersetzung derselben die wichtigste Maßregel seiner Po=
litik darzulegen, nähmlich den Abschluß des ersten Freundschafts=
vertrages mit Preußen; eine Maßregel, minder historisch wichtig durch
die wirkliche Veränderung, welche sie in der Politik der Pforte her=
vorgebracht, als wichtig zur Beurtheilung Raghib's als Staatsmanns,
durch die gänzliche Umstaltung osmanischer Politik, welche sie unfehl=
bar zur Folge gehabt haben müßte, wenn Raghib länger gelebt hätte.
Aus diesem letzten Gesichtspuncte betrachtet zeigt uns der nach so vie=
len, binnen dreyßig Jahren mißlungenen Versuchen, endlich mit
Preußen zu Stande gekommene Freundschaftsvertrag in dem Begrün=
der desselben, in Raghib, den selbstdenkenden und sich neue Bahn
brechenden Staatsmann, welcher den Freundschaftsvertrag in das von
Friedrich so eifrig gewünschte, von England so warm unterstützte Schutz=
und Trutzbündniß verwandelt, und den Krieg gegen Österreich erklärt
haben würde, hätte nicht der Tod seinen weitaussehenden Planen ein
Ende gemacht. Der preußische Bevollmächtigte Hauden aus Hirschberg
in Schlesien, erst Handlungsdiener bey Hübsch, dann Cornet in öster=
reichischen Diensten, seitdem in preußischen, Rexin beygenannt, wel=
cher, wie oben gesagt worden, bey der Thronbesteigung Sultan Os=
man's mit einem Glückwünschungsschreiben Friedrich's und einer Voll=
macht abzuschließenden Freundschaftsvertrages an der Pforte erschie=
nen, aber zurückgewiesen worden, unterhandelte im größten, vom
französischen Bothschafter und dem österreichischen Internuntius nur
halb entdeckten Geheimnisse, den ersten Freundschaftsvertrag zwischen
der Pforte und Preußen, welcher endlich ¹) in acht Artikeln, türkisch

29.
März
1761

---

¹) Die türkische Urkunde vom 22. Schaaban im H. Arch. Der 22. Schaaban
entspricht dem 29. März.

und italienisch, unterzeichnet. Der Inhalt desselben war im Wesentlichen von den mit Neapel, Schweden und Dänemark jüngst abgeschlossenen Handelsverträgen nicht verschieden; der Waarenzoll auf drey vom Hundert, die freye Schifffahrt, die Rechte der Gesandten und Consuln, die Gerichtsbarkeit derselben in Rechtsachen preußischer Unterthanen, und die Verweisung gemischter nach Constantinopel, wenn die Summe viertausend Aspern übersteigt, die persönliche Freyheit aller preußischen Unterthanen, die auf keinem Borde zu Sclaven gemacht werden können, wenn nicht in offenem Kampfe mit türkischen gefangen, andere Artikel weiterer Unterhandlung vorbehalten, waren der Inhalt des Vertrages, nach deffen Unterzeichnung Rexin in der Eigenschaft eines bevollmächtigten preußischen Ministers die unterschriebene Urkunde in feyerlicher Audienz erhielt, und vier Monathe hernach als außerordentlicher Gesandter die Bestätigungsurkunden auswechselte.[1]). Die Canäle, deren sich Rexin in seiner Unterhandlung vorzüglich bediente, waren außer dem englischen Bothschafter Porter, welcher als der Bothschafter verbündeter Macht alle Schritte Rexin's an der Pforte unterstützte, Giacomo Riso, der Schwiegervater des Pfortendolmetsches Ghika, Ipsylanti, der Arzt des Großwesirs, der moldauische Agent Drako, und der Secretär des Großwesirs, Aliaga. Von diesen wurde der vorletzte, wie oben gemeldet worden, weil er zwey seiner Sclavinnen Mordbrennerinnen geprügelt, gehenkt, Ali wegen zu großer Gefälligkeit nach Cypern verwiesen[2]). An diese mochte der größte Theil der achtzigtausend Piaster vertheilt worden seyn, welche Rexin in Wechseln bezogen. Der russische Resident, Hr. v. Obreskoff, und der österreichische Internuntius schlugen ihren Höfen vor, hunderttausend Ducaten daran zu setzen, um den Tractat noch vor der Bestätigung umzustoßen, aber die Urkunden waren, ehe noch ihre Höfe hierüber etwas entschieden, ausgewechselt, wiewohl der die türkische Bestätigung überbringende preußische Courier von dem ihn begleitenden Janitscharen zu Aidos erschossen worden, weil diesem, wie er behauptete, Rexin neunhundert Piaster schuldig. Der außerordentliche russische Gesandte, Fürst Schachowsky, welcher die Glückwünsche zur Thronbesteigung S. Mustafa's gebracht, war nach Jahresfrist wieder zurückgekehrt; er war nach dem damals in der Pelzvertheilung eingeführten Ersparnißsystem nur mit einem Kaftan bekleidet worden. Über den türkischen Gesandten Osman beschwerte sich der russische Hof, weil er roh und unbiegsam, die Beglaubigungsschreiben des Sultans durchaus selbst in die Hände der Kaiserinn übergeben wollte. Von Seite Pohlen's kam der Franciscaner Thomas Morewicki, um mittelst des französischen Botschafters Vergennes, des

2. Apr. 1761

27. Jul.

1761

----

[1]) Descrizione dell' udienza che il di 27 Luglio 1761 ebbe dal G. V. Raghibpascia l'inviato straordinario del Re di Prussia il S. de Rexin, il quale altre volte, cioè allorchè fu Scrivano dal Negoziante il S. Frederic Hübsch in Pera, nove o dieci anni fa, si chiamò Godofredo Hauden, nativo di Hirschberg in Silesia. St. R. [2]) Schwachheim's Bericht.

venetianischen Bailo Foskari (des Nachfolgers Donado's), des kaiser=
lichen Internuntius Schwachheim und des neapolitanischen Gesandten
Ludolf, die Wiedereinsetzung in die heiligen Örter zu Jerusalem zu er=
halten. Da die Griechen aber noch jüngst hierüber von S. Mustafa
Chatt=scherif erwirkt, fanden es diese vier Gesandten nicht an der Zeit,
sich der Sache anzunehmen. Die Einmischung in Religionsangelegen=
heiten war um so häkeliger, als die Verfolgung der katholischen Ar=
22.Nov. menier durch die schismatischen wieder aufgeregt ward, als selbst die
1761 unter französischem Schutze stehenden Kirchen der Jesuiten, Domini=
caner und Capuziner gewaltsam erbrochen, und über fünfzig katholi=
sche Armenier, die sich in dieselben geflüchtet, ins Bagno geschleppt
worden. Der französische Bothschafter Vergennes beschwerte sich ver=
gebens über die Hinrichtung des in moldavische Fürstenumtriebe, zu
14. Gunsten des nach Lemnos verwiesenen Rakoviza, verwickelten franzö=
März sischen Kaufmannes Linchon; es ward ihm geantwortet, daß er nicht
1760 als Franzose, sondern nur als ränkeschmiedender moldauischer Bojare
24.Dec. geköpft worden sey. Durch Vergennes's Bemühungen ward die von
empörten Sclaven nach Malta geführte Kapudana wieder zurückgestellt.
Porter kündigte durch neue Beglaubigungsschreiben die Thronbestei=
gung Georg's III. Ludolf übergab doppeltes Schreiben des von Nea=
pel nach Spanien abgehenden Königs, das eine, die Freundschaft mit
August. Neapel zu bestätigen, das andere, um neue mit Spanien anzu=
1761 knüpfen, eine Unterhandlung, die fruchtlos blieb. Der kaiserliche In=
ternuntius Schwachheim, welcher zu schwach, die Schritte Rexin's
zu hintertreiben, erhielt den ersten Ferman zu Gunsten der nach der
Walachey ziehenden, und dort den Sommer über weidenden sieben=
bürgischen Viehhirten, wußte aber nichts von der, erst nach Raghib's
Tode und Schwachheim's Abgang, durch den zum zweyten Mahle als
Internuntius nach Constantinopel gesandten Freyherrn von Penkler
entdeckten im raschen Fortschritte begriffenen Unterhandlung preußischen
Schutz= und Trutzbündnisses.
19.Apr.   Des Sultans Freude über die Geburt seiner zweyten Tochter,
der Prinzessinn Schahsultan[1]), wurde noch mehr durch die Geburt
4. Jan. des Kronprinzen Selim erhöht, welche mit siebennächtlicher Beleuch=
tung der Stadt und dreynächtlicher des Meeres, mit einer Fluth von
Licht und Zahlenreimen, gefeyert ward[2]). Gefangene wurden aus dem
Bagno freygegeben, und so auch katholische Armenier. Die Mutter
des Prinzen war eine georgische Sclavinn[3]). Diese Freude wurde
durch den Tod seiner erstgebornen, schon in der Wiege verlobten Toch=
ter Hebetullah[4]) getrübt, und das öffentliche Leid mehr als durch den
Tod des verlobten Kindes, durch die Todesfälle erlauchter Männer
aufgeregt. Der ausgezeichnetste derselben, Said Mohammed, der
Sohn des Acht und Zwanzigers, zweymahl Gesandter in Schweden,

[1]) Wassif S. 196. [2]) Derselbe S. 206 und 207. [3]) Penkler's Bericht.
[4]) Wassif S. 214.

zweymahl in Frankreich, das erste Mahl in der Begleitung seines Vaters, des Bothschafters, das zweyte Mahl er selbst als Bothschafter, dann Nischandschi, Defter Emini, Kiaja, und sechstehalb Monathe lang Großwesir, dann Statthalter in Konia, Kairo, Adana, und Verfasser eines geschätzten Werkes über die Arzneykunde, welche sein Lieblingsstudium [1]). Damadsade, der Sohn des Mufti Ebulchair Ahmed, Oct. 1761 der selbst zweymahl Mufti gewesen, tief gelehrt in der Tonkunst, wie sein Vater, der Mufti, zu Brusa geboren, an dem Kloster, welches er in Constantinopel's Vorstadt, Südlische, stiftete, begraben [2]). Unter den zahlreichen Verfassern von Zahlenreimen auf die unter der Regierung Sultan Mahmud's aufgeführten öffentlichen Gebäude ist schon mehrmahl des Dichters Newres (Neureis) Erwähnung geschehen; derselbe wurde mit einem anderen Schöngeiste, Nahmens Hischmet Efendi, wegen zu großer Freyheit im Reden, von Constantinopel verbannt, und starb bald hernach aus Gram; sein Diwan einer der geschätztesten der Dichter dieser Zeit [3]). Zu Bagdad starb sechs und sechzigjährig der Statthalter Suleimanpascha, ein Mamluk des in den Kriegen und Friedensunterhandlungen mit Nadirschah so berühmten Ahmedpascha, welcher, wiewohl die Pforte nach Ahmed's Tod die Statthalterschaft dem Mohammedpascha verliehen hatte, sich mit Hülfe kurdischer und arabischer Stämme in derselben zu behaupten, und die Ernennung der Pforte gewaltsam zu erzwingen verstanden. Das Chattscherif dieser abgezwungenen Ernennung, welches der Reichsgeschichtschreiber Wasif in voller Ausdehnung aufgenommen, ist ein Muster des Curialstyles osmanischer Staatskanzley in solchen, oft wiederkehrenden Fällen abgedrungener Ernennung. Es versichert den Pascha, der bereits durch Gewalt im Besitze der durch frühere Ernennung einem anderen verliehenen Statthalterschaft, daß die standhafte Versicherung seiner Treue und Anhänglichkeit alle Spuren voriger Unzufriedenheit ausgewischt, und die kaiserlichen Gnaden von neuem aufgefrischt. Suleimanpascha, ein freygebiger und tapferer Mann, der besonders durch nächtliche Überfälle der Schrecken seiner Feinde, war von den Arabern nur unter einem der beyden folgenden Beynahmen gekannt: Vater der Lanzen oder Unheil der Nacht [4]). Als Statthalter von Kairo starb Bekir, der Schwiegersohn des berühmten Reis Efendi Taukdschi, von dem schon mehr als einmahl, das letzte Mahl bey seiner Beförderung von der Aufseherstelle der kaiserlichen Küche zur Statthalterschaft von Haleb, die Rede gewesen. Er war seiner Reichthümer wegen berühmt, mit denen er sich die Ministerstellen des Äußeren und Inneren erkauft, und die trotz der, nach seines Schwiegervaters Tod ihm auferlegten Geldbuße noch so groß, daß an seinem Todestage sich in gemünztem Golde allein tausend Beutel, d. i. eine halbe Million Piaster, vor-

---

[1]) Biographische Notiz in Wasif S. 204; dann die letzte der Biographien des ihm gleichzeitigen Biographen der Wesire, Schehrisade Mohammed Said. [2]) Wasif S. 205. [3]) Derselbe S. 211. [4]) Derselbe S. 212.

fanden. Der Keim dieser Reichthümer war die Erbschaft seines Schwie=
gervaters, des Reis Efendi Mustafa, welchen er zuerst als Rauchta=
bakbewahrer auf seiner Gesandtschaft nach Wien begleitet hatte. Da=
mahls noch sehr jung und im Lanzenwurfe unfehlbar, hatte er sich un=
ter die Pagen gemischt, welche in Kaiser Carl's VI. Gegenwart im
Dschiridwerfen ihre Kunst zeigten. In dem Augenblicke, wo er durch
seines Pferdes gähe Wendung sich nicht mehr auf demselben zu halten
vermochte, hatte er Geschicklichkeit und Geistesgegenwart genug, auf=
recht stehend zur Erde zu kommen, und mit einem Ausrufe von Selbst=
lob seinen Fall in willkührlichen Kunstsprung zu verlarven. Der Ge=
sandte, der wahren Beschaffenheit wohl gewahr, stellte diesen Sprung
jedoch dem Kaiser als einen besonderen Kunstsprung vor, und erstaun=
te denselben dadurch, was der Reichsgeschichtschreiber als ein doppeltes
Kunststück diplomatischer und gymnastischer Kunstfertigkeit in die Jahr=
bücher des Reiches aufzunehmen für werth gefunden [1]. Es starben auch
Abbas Efendi, der Vater des obgedachten Schöngeistes Hischmet, ein sehr
gelehrter Mann, der Oberststallmeister Mustafa, in Commission der Wie=
derherstellung der Wasserleitungen zu Mekka, und der seiner drey Roß=
schweife beraubte, nach Demitoka verwiesene vorige Silihdar Mustafa,
der Sohn des berühmten Großwesirs Baltadschi, des Unterzeichners des
Friedens am Pruth [2]. Unter diesen berühmten Todsfällen zwey unbe=
rühmte Hinrichtungen, die eine des Surre Emini, d. i. des Führers des
jährlichen Ehrengeldes nach Mekka, wegen Bedrückungen und Verun=
treuungen, deren er sich als Aufseher der Magazine schuldig gemacht [3];
dann ward eine Sclavinn des Sclavenmarktes, welche aus Rache die
Kinder des Sclavenhändlers umgebracht, in der Ecke des Sclaven=
marktes in ihre Kleider eingewickelt, aufgehenkt [4]. Alle diese Todsfälle
fallen in die achtzehn Monathe, welche zwischen der Geburt der Prin=
zessinn Schahsultan und der Prinzessinn Mihrmah (Sonnenmond) liegen,
deren Geburt zu feyern die Hauptstadt durch fünf Nächte erleuchtet ward [5].

Unter den Veränderungen der höchsten Staatsämter, deren Li=
sten [6] jährlich in den ersten Tagen des Festes nach dem Fastenmonde
ausgegeben wurden, sind die der Minister des Äußeren und Inneren
(des Reis Efendi und Kiajabeg), des Mufti und Kapudanpascha, ih=
rer eingreifenden Wirksamkeit willen, nicht mit Stillschweigen zu über=
gehen. Hamsa Hamid, ein großer Günstling des Großwesirs Raghib,
der schon zum fünften Mahle Minister des Inneren, wurde dennoch,
und wie es scheint, wider Willen Raghib's, vielleicht bloß einem Winke
aus dem Serai zu willfahren, abgesetzt, und seine Stelle dem Reis
Efendi, Kaschif Mohammed Efendi, beygenannt Schatirsade, d. i.
der Sohn des Laufers, verliehen. Durch die Beförderung des Reis
Efendi rückten alle Unterstaatssecretäre in der Ordnung ihres Ranges
einer in die Stelle des anderen, vor, so daß der große Bittschriftmei=

[1] Wassif S. 210. [2] Derselbe S. 219. [3] Derselbe S. 208. [4] Derselbe
S. 211. [5] Derselbe S. 217. [6] Die Listen in Wassif 187, 195 und 203.

fter Ridschaji Elhadsch Mohammed Efendi Reis, der kleine Bitt=
schriftmeister großer, der Cabinetssecretär des Großwesirs kleiner Bitt=
schriftmeister, und der erste der Gehülfen Cabinetssecretär ward[1]).
Nach dem Tode des gelehrten Mufti Aas\im, welcher als Reichsge=
schichtschreiber unter dem Nahmen Tschelebisade berühmt, erhielt die 5.Sept.
oberste Würde des Gesetzes Welieddin. Weil ihm zu große Heftigkeit 1761
Schuld gegeben ward, mußte er den Ehrensitz des Islams dem vori=
gen Oberstlandrichter Rumili's, Bekirsade Ahmed Efendi, überlassen[2]);
dem Kapudanpascha Hasan wurde die Statthalterschaft von Oczakow
auf Wink des Sultans angetragen, die er sich anzunehmen weigerte;
Raghib rieth ihm, dieselbe anzunehmen, und versprach ihm zuletzt
sogar fünfzigtausend Piaster aus dem öffentlichen Schatze als Reisegeld.
Als er nichts desto weniger auf seiner Weigerung beharrte, wurde auf
des Sultans Befehl sein Nahme aus der Liste der Wesire gestrichen,
und er nach Retimo verbannt[3]). Kapudanpascha ward der Kiaja Mo=
hammedpascha, der aber bald hernach zum Statthalter von Ägypten
ernannt, die Großadmiralschaft dem Kutschuk Mustafapascha über=
ließ[4]). Um den abgesetzten fünfmahligen Minister des Inneren, Hamsa
Mohammed, zu trösten, übertrug ihm Raghib die Stellvertretung des
alten und gebrechlichen Nischandschi Bekirbeg[5]); und bald darauf
wurde er mit drey Roßschweifen zur Statthalterschaft von Selanik be=
fördert[6]); auch dem Statthalter von Belgrad, Abdipascha, dem Sohne
des Wesirs Ali, wurde das goldene Ehrenkleid der Wesirswürde zu=
gesandt, weil er sich durch Bändigung der meuterischen Jamaken der
Besatzung von Belgrad die allerhöchste Zufriedenheit erworben[7]), aber
bald darauf wurde er nach der Statthalterschaft von Silistra versetzt, 23.Jul.
weil zu fürchten, daß fernere Belassung desselben als Statthalter zu 1762
Belgrad neue Unruhen hervorrufen dürfte. Seine Stelle erhielt der
vorige Kapudanpascha, der Wesir Mohammedpascha[8]). Dieser hatte
seine Stelle einzig durch den Kislaraga verloren, welchem er für die
Freudenkunde der Geburt S. Selim's nur zehn Beutel und einen Her=
melinpelz gab, während der Großwesir ihm den schönsten Zobel, und
vierzig Beutel als Lohn der Freudenkunde gegeben[9]). Eine Sonnen= 18.Oct.
finsterniß, die fünfzehn Minuten währte[10]), erschreckte die Hauptstadt
weniger, als ein zwey Tage vorher ausgebrochenes starkes Ungewitter.
Ein Blitzstrahl fuhr an das Minaret der Moschee S. Bajesid's her=
unter, ohne dieselbe jedoch zu beschädigen[11]); so hatte das Donner=
wetter auch voriges Jahr in die Minarete der Moscheen des Sultans
(Laleli) und der Walide eingeschlagen[12]), als der Großwesir Raghib
eben den Grundstein des Baues seiner Bibliothek legte[13]). Nach acht= 1. März
zehn Monaten war der Bau der Bibliothek und der an derselben ge= 1763

---

[1]) Wasif S. 202. [2]) Derselbe S. 203. [3]) Derselbe S. 208. [4]) Derselbe
S. 215. [5]) Derselbe S. 202. [6]) Derselbe S. 217. [7]) Derselbe S. 214. [8]) Derselbe
S. 218. [9]) Penkler's Bericht. [10]) Der 29. Rebiul=ewwel des Textes Wasif's
entspricht dem 18. October. [11]) Wasif S. 217. [12]) Derselbe S. 201 am 12.
Moharrem 1175 (13. Aug. 1761). [13]) Derselbe S. 202.

34 *

stifteten hohen Schule vollendet; die Bücher wurden aus dem Pallaste des Großwesirs in die Bibliothek übertragen, der Custos und Scriptor der Bibliothek, der Professor und Gehülfe der Schule wurden angestellt, und für vierzig Jünglinge täglicher Unterhalt gestiftet. Die Bibliothek wurde mit einer Fontaine verschönert, um die Durstigen der Wissenschaft auch leiblich zu tränken, und die beliebte Fontaine-Inschrift: Von reinem Quell wird alles Leben hell, fand ihre Anwendung in höherem Sinne auf den reinen Quell der Wissenschaft, welcher geistiges Leben erhellet. Keine der Bibliotheken Constantinopel's ist so sinnreich verziert, als die Raghib's. Es hangen von der Decke derselben eine Art eherner Hängeleuchter herunter, welche aber nicht wirkliche, sondern nur symbolische, indem deren Stabgewinde verschiedene Inschriften bildet, welche das innere Auge erleuchten. Diese Hängeleuchter sprechen als Inschriftgewinde den Spruch der Überlieferung: Die Handlungen werden nach ihren Absichten beurtheilt; die mittlere größte: Meine Leitung ist nur Gott; die äußere ober dem Eingange: Im Nahmen Gottes; rund um an der Wand läuft das herrliche Lobgedicht auf den Propheten, die Borda Bußiri's, als die schönste Verbrämung moslimischen Büchersaales. Die Bücher sind in einer Art von Drahtkäfig aufgeschichtet [1]). Während des Baues war die Kuppel der Bibliothek eingestürzt, was manche als üble Vorbedeutung für den Erbauer selbst erklärten, eine Vorhersagung, die vierzig Tage später durch den Tod des Erbauers in Erfüllung ging [2]): Er starb an der süßen Harnruhr [3]), fünf und sechzig Jahre alt; er ruht außer dem im Hofe der Bibliothek erbauten Grabdome; zwischen demselben und der Fontaine ist das Grab seines Haremes, welches die Asche zweyer seiner Frauen umschließt. Dieses und ein Paar daneben stehende Gräber mit vergoldeten Inschriften und Gittern voll wohlriechender Kräuter, die aus der Mitte der Marmorkiste emporwuchern, erscheinen Moslimen als Käfige des Paradieses, aus denen himmlische Düfte hauchen. Raghib ruht, wie so viele andere Stifter von Bibliotheken zu Constantinopel, an der Bibliothek selbst, damit der Geist, der aus den Büchern spricht, mit dem der Leser vermählt, in ihrem Munde als Segen für den Stifter durch die Cypressen über das Grab hinwehe, und dem Staube die Unsterblichkeit der Wissenschaft künden möge [4]).

An dem Grabe Raghibpascha's, dessen Mahl auf so würdige als bedeutungsvolle Weise sich in dem Hofe seiner Bibliothek erhebt, blicken wir zum letzten Mahle in dieser Geschichte auf die Denkmahle osmanischer Literatur zurück, deren Zahl bedeutender als ihr Werth. Der vorzüglichsten Gesetzgelehrten, Geschichtschreiber und Dichter dieses Zeitraumes ist schon bey ihrem Erscheinen oder ihrem Abtreten Er-

---

[1]) Constantinopolis und der Bosporos I. S. 525. [2]) Wasif S. 221. [3]) Penkler's Bericht. [4]) Constantinopolis und der Bosporos I. S. 490. Eben da S. LVIII. die Grabschrift Raghibpascha's.

wähnung geschehen. Wir überblicken hier also nur das gesammte Ge=
bieth der Wissenschaften, in so weit dasselbe von Osmanen im Zwi=
schenraume des Friedens von Carlowicz und Kainardsche angebaut
wurden. Auch) hier drängen sich wie in den früheren Perioden os=
manischer Geschichte, und wie überhaupt in der Literatur der Mosli=
men, die Werke der Gesetzgelehrsamkeit, d. i. die theologischen und
juridischen, allen anderen durch Zahl und überwiegendes Ansehen
vor; aber was dem Moslim am wichtigsten, hat für den europäischen
Literator den mindesten Werth. Die Commentare über die Grund=
werke der Dogmatik und Überlieferungskunde, über die Lebensge=
schichte Mohammed's und Beweise seines Prophetenthumes, die Aus=
legungen des Korans, die Elementarwerke über die ersten Pflichten
des Moslims, und endlich die mystischen Werke sprechen den Ge=
schichtschreiber wenig an; mehr schon die juridischen, deren Inhalt
entscheidend ins bürgerliche Leben eingreift; besonders die Sammlungen
der Fetwa und die Formen gerichtlicher Urkunden; die wichtigsten der=
selben nach der des Mufti Abdurrahim, welcher gegen zehntausend
Fetwa gesammelt ¹): das Resultat der Fetwa des Mufti Dürrisade
Esseid Mohammed Aarif Efendi, welche deren über achtzehnhundert
enthält ²); die Fetwasammlung des Mufti Ali, das jüngste Werk der
Druckerey zu Constantinopel, fünftausend vierhundert Fetwa stark;
die des Mufti Mohammed von Angora, Atallah Mohammed Efendi,
die des Aufsehers der Fetwa, Fikhi Mohammed Efendi und der dar=
aus vom Oberstlandrichter Wassaf Abdullah Efendi verfertigte Aus=
zug: Formen gerichtlicher Urkunden nach dem früheren Muster Baldir=
sade's hinterließen Hadschisade Mustafa Efendi und Lalisade, Verfasser
zweyer Werke dieser Gattung. Was diese Formen gerichtlicher Urkun=
den (Ssukuk) für die Richter, sind Inscha, d. i. Sammlungen von
Briefmustern, für die Secretäre der Kammer und Staatskanzley, und
für die der Statthalter, welche den Nahmen Diwan Efendi führen.
Außer den schon erwähnten, und in dieser Geschichte häufig benützten
Briefsammlungen der Großwesire Rami und Raghib, des Dichters
Nabi, des Defterdars Aarif, sind noch der Schatz der Briefschreibekunst,
die Briefmuster (Munschiat) des Cabinetssecretärs Hajatisade, des
Molla Ahmed Taib Osmansade, die des unter dem Nahmen Hadschi=
Tschelebi berühmten Scheich Murad, und die Resiaa's zu erwähnen.
Es erschienen die Übersetzungen mehrerer der geschätztesten arabischen
philologischen Werke, als: die der Ständchen Hariri's und Hama=
dani's, des Sendschreibens Ibn Seidun's, der Beruhigung des Ge=
horsamen; die der Scherze Obeid Sakani's vom Hofastronomen
Ahmed's II., die des Gartens des Kanzelredners, von Mufti Seid
Feisullah Efendi, und der philologischen Prolegomenen Samachschari's

---

¹) Gedruckt zu Constantinopel in zwey Foliobänden 1243 (1828). ²) In
allen 1886 Fetwa, in einem Quartbande von 683 Seiten, zu Constantinopel
gedruckt i. J. 1237 (1821).

von Jshak Chodscha. Eigene Sammlungen von Scherzen hinterließen
Taib Ahmed Osmansade und der hingerichtete Mufti Seid Feisullah.
Sprichwörter sammelten der Derwisch Hasan von Adrianopel, der
Dichter Kudsi, Nabi und der Molla Ibrahim Hanif Efendi. Dem
im Aufruhre ermordeten Großwesir Ibrahim widmete Rasi Abdullatif
Efendi eine Sammlug von Erzählungen und Anekdoten; für denselben schrieb Osmansade Ahmed Taib die Frucht der nächtlichen Unterhaltungen zum Rathe der Könige; einen Rath für Könige hinterließ
auch der Mufti Feisullah; der Mufti Esaad schrieb ein Seitenstück zu
den Leuchten der Wohlberedten und der Mufti Waßaf Abdullah zu
dem Titel des Adels (des Menschen über die Thiere). Osmansade
Efendi, welcher als Biograph der Wesire in dieser Geschichte so oft
genannt worden, kürzte das berühmte arabische Werk: Das Lobens-
werthe der Humaniora, als Leitung auf dem Pfade der Humanität,
und einen anderen Königsspiegel ab. Die Krone aber aller philologischen Werke dieses Zeitraumes ist Raghib's Schiff der Wissenschaften,
einem früheren Werke dieses Titels nachgeahmt; mit den kostbarsten Perlen arabischer Philologie befrachtet, gehört es, ungeachtet der
kurzen, seit dem Tode des Verfassers verflossenen Frist, zu den kostbarsten und seltensten Werken des constantinopolitanischen Büchermark-
tes. Die Arbeiten der Grammatiker beschränkten sich auf die Auslegung
und Erläuterung der vorzüglichsten Werke arabischer Syntax; während
sich damit ein Paar Dutzend Werke beschäftigten, erläuterten nur ein
Paar die bildlichen Redensarten oder Schwierigkeiten persischer Sprache.
Die geschätzesten persisch-türkischen Wörterbücher Ferheng Schuuri [1]),
der schneidende Beweis [2]), der Schall der Wörter [3]), die Glossarien
Schahidi's, Wehbi's, das des Schahname von Abdulkadir Ben Omer
aus Bagdad, und der Arzneykunde von Husein Hesarfenn, fallen
theils in diesen Zeitraum, theils in das Ende des vorigen. In der
Astronomie, Arithmetik und Logik ward nur Unerhebliches geleistet.
Über die Arzneykunde erschienen ein Dutzend Werke, theils Übersetzungen, theils Zusammenstoppelungen aus anderen. Diwane hinterließen die Dichter Tschelebisade Aasim, Nabi, Rasim, Raghib,
Newres, Nasmisade, Ssubhi, Thalib, Nakschi; andere übersetzten
oder commentirten die der persischen mystischen Dichter Ssaib, Urfi,
Schewket; Said Mohammed der Acht und Zwanziger gab den persischen
Diwan Mir Mohammed Eschref's des Nakschbendi heraus. Die berühmtesten Kaßiden, als die Bordet, die aus den Buchstaben E, N, L u. s. w.,
wurden erläutert, keine öfter als die des Großwesirs Köprilisade, des Sohnes des Großwesirs, zum Lobe des Mufti Feisullah. Das Buch der Einheit, der Pferde, der Begebenheiten, der Nachtigall, der Schenken, der
Sendung, das goldene, das glückliche, sind einzelne Lehrgedichte, wie

---

[1]) Gedruckt zu Constantinopel i. J. 1155 (1742), [2]) Eben da i. J. 1214 (1799).
[3]) Eben da i. J. 1210 (1790).

das perſiſche Buch des Rathes, das in dieſem Zeitraume nicht weniger
als fünfmahl überſetzt ward. Die hundertblätterige Roſe beſingt die
Überlieferungen des Propheten, der vertraute Gefährte der Liebenden
verliebte Abenteuer. Nabi, Wehbi und Remſi ahmten das Buch des
Rathes durch gereimten guten Rath nach. Der osmaniſchen Geſchicht=
ſchreiber, der Überſetzungen der perſiſchen, Mirchuand's, Chuandemir's,
Jbnol=Dſchuſi's, Jbnol=Aini's, Jbn Chaldun's und Jbn Challi=
kan's, iſt bereits oben gedacht worden. Außer denſelben ward Man=
ches in einzelnen Lebens= und Ortsbeſchreibungen geleiſtet. Die Lebens=
beſchreibungen der Dichter, der Mufti, der Weſire, Kapudanpaſcha,
der Schönſchreiber, der Sänger u. ſ. w.; die Ortsbeſchreibung durch
Wallfahrtsreiſen, Beſchreibungen von Mekka, Medina und Damas=
kus, Jeruſalem und Tebris; die Werke von einigen wenigen Viel=
ſchreibern wurden unter dem Titel von Külliat, d. i. ſämmtliche Wer=
ke, geſammelt, ſo die der Dichter Nabi und Wehbi, der Proſaiker
Taib (Osmanſade) und Sabit (Alaeddin) und des Scheich Jsmail
Hakki Efendi. Eſchref Abderrahman Efendi ſchrieb die Quellen der
Wiſſenſchaften und ein Compendium der Literaturgeſchichte, unter dem
Titel: Denkwürdigkeiten der Philoſopheme in den Claſſen der Völ=
ker, nähmlich der Araber, Perſer und Türken; ein für die Literatur=
geſchichte dieſer Völker nicht minder ſchätzbares Werk als für die osma=
niſchen Bibliographien das neue Denkmahl des Sohnes Elhadſch Jb=
rahim Hanif Efendi's, welcher zu dem großen bibliographiſchen Wör=
terbuche Hadſchi Chalfa's eine Fortſetzung geſchrieben; dieſelbe enthält
ein halbes Tauſend von Werken, deren Verfaſſer in dem, ſeit dem
Tode Hadſchi Chalfa's verfloſſenen Jahrhunderte gelebt und geſchrie=
ben; es iſt das letzte bibliographiſche Denkmahl osmaniſcher Literatur,
im Todesjahre des großen Großweſirs Raghibpaſcha errichtet.

Mit Raghibpaſcha fiel eine der größten Stützen des osmaniſchen
Reiches in des achtzehnten Jahrhundertes drey und ſechzigſtem Jahre;
drey und ſechzig, die große climakteriſche Zahl für das Lebensalter der
Menſchen, war in der Folge von ſechs Jahrhunderten durch entſchei=
dende Begebenheiten dem osmaniſchen Reiche eine höchſt bedeutende
Zahl. Im Stufenjahre drey und ſechzig des dreyzehnten Jahrhundertes
ſiedelten ſich die erſten Türken in der dobruziſchen Tatarey an¹); in
des vierzehnten Jahrhundertes ſelbem Jahre fochten die Ungarn das
erſte Mahl wider die Türken in der berühmten Niederlage der Ser=
vier; im fünfzehnten Jahrhunderte wurde Bosnien's König nach er=
obertem Lande deſſelben enthauptet und der Osmanen Fluth brach über
die Landenge von Hexamilon in Morea ein; im ſelben Jahre des fol=
genden Jahrhundertes riß die größte Überſchwemmung, deren die os=
maniſche Geſchichte gedenkt, alle Brücken weg, und gefährdete Sulei=
man des Geſetzgebers drey Jahre ſpäter vor Szigeth verlorenes Leben;

¹) S. I. Bd. S. 117.

im Jahre drey und sechzig des siebzehnten Jahrhundertes wurde Un=
garn von den Türken, und Europa mit Türkenschriften überschwemmt;
das drey und sechzigste des achtzehnten Jahrhundertes war das des
Todes Raghib's. Raghib Mohammedpascha, wiewohl kein so großer
Großwesir als Sokolli, oder die beyden ersten Köprili, verdient den=
noch einen Rückblick, nicht nur als der gelehrteste aus zwey Centurien von
Großwesiren, welche das osmanische Reich bis auf den heutigen Tag
zählt, sondern auch als dieser Geschichte letzter großer Großwesir. In
dieser doppelten Beziehung haben ihm die Lebensbeschreiber der Groß=
wesire den Ehrentitel des Sultans der Dichter Rum's [1]), und der
Reichsgeschichtschreiber den des Vorsitzes der Wesire zuerkannt. Sohn
eines Secretärs der Kammer, wurde er in den persischen Feldzügen
schon mit fünf und zwanzig Jahren mit der Beschreibung von Tiflis
1722 und dann von Eriwan beauftragt. Hierauf als Defterdar von Eri=
wan angestellt, vertrat er bey den Seraskeren des persischen Krie=
ges die Stelle des Defter Emini und Reis Efendi. Der Seras=
ker von Tebris, Alipascha der Doctorssohn, und der von Bagdad,
Ahmedpascha, verstanden beyde seine großen Talente für Wissen=
schaft und Staatsverwaltung zu würdigen und zu ermuntern. Ahmed=
pascha belohnte königlich eine ihm gewidmete Kaßide mit zwanzigtau=
send Piastern [2]). Nach siebenjähriger Entfernung von Constantinopel
kam Raghib in die Hauptstadt zurück, wo er als Vorsteher der Kanz=
leyen der Kopfsteuer und anderer angestellt, als Cabinetssecretär des
1736 Großwesirs der Unterhandlung des persischen Friedens, dem Congresse
von Niemirow und dem Friedensschlusse von Belgrad beywohnte;
hierauf selbst Reis Efendi, Statthalter von Kairo, Aidin, Haleb, und
endlich sechs Jahre Großwesir. Als Statthalter von Haleb baute
er eine neue Brücke und einen neuen Thurm der Stadt, als Großwe=
sir seine Bibliothek, Schule, Fontaine und Gebäude. Dauerndere
Denkmahle sind seine Geisteswerke, wiewohl minder zahlreich als die
des gelehrten Großwesirs Lutfipascha unter S. Suleiman dem Gesetz=
geber, aber von größerem Werthe durch Inhalt und Meisterschaft der
Sprache. Seine Übersetzungen der beyden classischen persischen Geschich=
ten, der Universalgeschichte Mirchuand's und der tatarischen Geschichte
des gelehrten mongolischen Großwesirs Abdurrisak, sind unvollendet
geblieben, und scheinen bloß als Übungen des Styls gemeint gewesen
zu seyn. Eben so blieb der Versuch einer Geschichte der Siege des Pro=
pheten, die er auf Ermunterung Ali des Doctorsohnes im Wett=
streite mit dem berühmten Werke Weisi's desselben Inhaltes schrieb,
unvollendet. Seiner Geschichte der Unterhandlungen des Friedens mit
Nadirschah, seiner Vorträge, seines Eroberungschreibens Belgrad's
ist bereits oben, wo diese Geschichte aus denselben geschöpft, gedacht
worden. An der Spitze seines Diwans steht das Lobgedicht auf den
Statthalter von Bagdad, aus einem Hundert, in fünf Absätze getheil=

[1]) Waßif S. 223. [2]) Derselbe S. 222.

ter Doppelreime bestehend, wofür er zwanzigtausend Piaster erhielt,
so daß das Verdienst der Reimzeile durch einen Ehrensold von hundert Piastern (damahls beyläufig fünfzig Ducaten) anerkannt ward,
was mehr als England's reichster Buchhändler dem theuersten englischen großen Dichter gezahlt. Hierauf ein Paar Lobgedichte auf die
Mufti Esaad und Aasim, Zahlenreime auf das Zelt und die Moschee
des Großwesirs Ali des Doctorsohnes, auf die Eroberung Belgrad's,
auf die Geburt der Prinzessinnen Hebetullah und Schahsultan, Glossen zu berühmten Ghaselen der persischen Dichter Schewket und Ssaib
und des türkischen Nabi, endlich der Diwan selbst von anderthalb
hundert Ghaselen ernsten philosophischen Inhaltes. Die Krone aller
seiner Werke ist die philologische Anthologie, das Schiff, welches
eine Auswahl arabischer Bruchstücke in Prose und Versen, ein Schiff
der schönen Redekünste, reich beladen mit Goldstangen arabischen
Sprachschatzes. Durch diese Werke ist Raghib als neuer classischer
Schriftsteller der Osmanen nicht unwürdig des ihm vom Reichsgeschichtschreiber Wasif ertheilten Lobes, nach welchem derselbe an
Scharfsinn und gesundem Urtheile ein Ibn Ajas, in Prose und Versen ein Ebn Nuwas, an Schmuck des versuchten Geschichtstyles ein
Weisi, und an Zierlichkeit des erprobten Briefstyles ein Nerkesi; als
Philosoph wie Plato und Aristoteles bewundert, der vollkommene
Mensch [1]) seines Jahrhundertes. Indem der europäische Geschichtschreiber dem osmanischen diese Bewunderung überläßt, beschränkt er die
seinige für Raghib, den vollendeten osmanischen Staatsmann, der,
weit entfernt ein vollkommener Mensch zu seyn, vielmehr allen Sinn
für Wahrheit und Aufrichtigkeit durch Lüge und Verstellung untertrat,
der aber ein Wissender und wohlwissend, daß er ein Wissender, mit
kräftiger Hand die Zügel der Herrschaft in seiner Hand allein zu-
sammenfassend, den Gaul durch das Feld der Ehre fortspornte.
Raghib's Geschichte der Unterhandlungen des persischen Friedens ist
ein Muster jener Freyheit und Gewandtheit diplomatischen Styles, derenthalb die osmanische Geschäftssprache nicht mit Unrecht von
ihren Bewunderern gepriesen wird, und Raghib bewährte diese
Feinheit und Gewandtheit nicht nur als Unterhändler in den genannten Friedensschlüssen, sondern auch als Großwesir, als welcher er
mit Preußen den ersten Freundschaftsvertrag schloß, und auf Schutz-
und Trutzbündniß unterhandelte, dem zu Folge er, wenn er länger
gelebt, den Frieden mit Österreich gebrochen haben würde. Um den
Friedensbruch schon in voraus zu beschönigen, wurde die Verewigung des Belgrader Friedens als gesetzwidrig verworfen, und unter
den Gesandten Pera's von der Pforte das Gerede ausgestreut, daß
Österreich den Belgrader Frieden, dessen sieben und zwanzigjähriger
Termin in ein Paar Jahren zu Ende lief, erneuern müsse. Dieser

[1]) Wasif S. 223.

große Plan Raghib's, das osmanische Reich durch Preußen's Bünd=
niß wieder auf Kosten Österreich's zu vergrößern, scheiterte durch seinen
Tod, würde aber auch vielleicht ohne denselben, durch den Sultan
selbst, welcher friedengeneigt für Österreich, gescheitert, und den
Sturz Raghibpascha's herbeygeführt haben. Wie dem auch in der Fol=
ge gewesen seyn möchte, ist's gewiß, daß Raghib in Friedrich's II.
Plane einging, mit demselben als Schriftsteller in Prose und Versen
geistesverwandt, nur kein Feldherr, und folglich auch kein vollkom=
mener Großwesir, welcher der Inhaber des Schwertes wie der Feder,
beyde mit gleicher Gewandtheit zu führen verstehen soll; Ihm, wel=
cher der Feder mächtig, wie vor ihm und nach ihm kein anderer Groß=
wesir des osmanischen Reiches, war die Geringschätzung, womit Groß=
wesire so oft schriftstellerische Talente unterschätzen oder untertreten,
fern und fremd; bey den Beförderungen, Unterstützungen und Aus=
zeichnungen, die er Gelehrten, Dichtern und Schönschreibern angedei=
hen ließ, kamen weder die Presse, als Hebel der öffentlichen Meinung,
noch Zueignungen, als Mittel nachlebenden Ruhmes, in Anschlag; er
schätzte und belohnte wohlberedte und schönschreibende Federn als Ge=
schäftsorgane und als einen Schmuck der Cultur ihrer selbst willen,
und weil er selbst ein Meister des Wortes. Wiewohl kein vollkomme=
ner Großwesir, und noch viel weniger ein vollkommener Mensch,
bleibt Raghib dennoch des großen osmanischen Reiches letzter großer
Großwesir, und wie ihn seine Lebensbeschreiber, Waßif und Dscha=
wid, nennen, der Großwesire Vorsitz und Schlußstein.

Ein und siebzigstes Buch.

Hamsa Hamid sechs Monathe lang Großwesir. Veränderungen.
Todfälle. Der Vollkommene und die Mücke. Der Großwesir und
Kapudanpascha mit Sultaninnen vermählt. Unruhen zu Bagdad,
Janina, Cypern. Der Chan der Krim gewechselt. Georgische Unruhen. Der Großwesir abgesetzt und hingerichtet. Gesandtschaft
von Preußen, Pohlen, Stankiewicz und Alexandrowicz. Rußland's, Österreich's, Toscana's Gesandte. Des Großwesirs Muhsinsade Antritt. Prinzengeburt. Unterricht. Disputation. Erdbeben. Unruhen in Cypern, Chios, Georgien, Ägypten, Arabien.
Wasserbau. Flotte. Diwan. Todfälle. Absetzung der Tatarchans
und Mufti. Feuer zu Pera. Unruhen zu Kairo, Medina, Achiska und Montenegro. Mustafa regiert selbst. Der Großwesir hält
sich durch seine Frau. Vermählung Schahsultans. Tod des Kiajabeg Mohammed Kiaschif, des Kislaraga und anderer. Dr. Ghobis. Notenwechsel der Pforte mit dem russischen und französischen
Minister. Absetzung des Großwesirs. Erklärung des Krieges. Tatarchan, Großwesir, Mufti, Kapudanpascha, Pfortendolmetsch
gewechselt. Aufgeboth und Manifest. Österreich's, Venedig's,
Holland's, Frankreich's, England's, Preußen's Schreiben an die
Pforte. Der heiligen Fahne Auszug.

Hamid Hamsa, der Sohn eines Kaufmannes aus Dewelihißar im
Sandschak Nikde, zu Constantinopel geboren, war schon vor drey
und dreyßig Jahren, als Raghib Mohammedpascha Cabinetssecretär
des Großwesirs, zehn Jahre lang der erste der Gehülfen des Cabinets-
secretärs, und zehn andere Jahre hindurch füllte er den, durch Raghib's Beförderung zum Reis Efendi erledigten Posten des Cabinets-
secretärs des Großwesirs. Hierauf selbst Minister des Äußeren und
dreymahl Minister des Inneren, und in der Zwischenzeit Defter Emini, Rusnamedschi, Tschauschbaschi, dann Staatssecretär für den Nahmenszug des Sultans, und Wesir der Kuppel mit dem Sandschak von
Salonik als Gerstengeld, genoß er während der Großwesirschaft Ra-

ghib's, seines Gönners, desselben Vertrauens, das dieser ihm schon
vor dreyßig Jahren geschenkt [1]), und dessen mehr durch lange Ge=
schäftsführung und erprobte Treue, als durch Talente werth [2]). Da
er in der Krankheit Raghib's schon die Geschäfte der Großwesirschaft
versah, wurde ihm nach dem Tode desselben das kaiserliche Siegel
mittelst des gewöhnlichen sultanischen Handschreibens verliehen. So
bald die von Raghib während seiner sechsjährigen Großwesirschaft ge=
sammelten Schätze, welche sechzigtausend Beutel betragen haben sollen,
eingezogen worden, wurde der größte Günstling, Vertraute und Ge=
schäftswerber Raghib's, der dermahlige Aufseher der kaiserlichen Kü=
che, der Perser Ali, durch dessen Bemühungen auch größten Theils
der preußische Vertrag zu Stande gekommen, und der dafür eine an=
sehnliche Summe von der halben Million, welche derselbe Friedrich den II.
gekostet, erhalten, unter dem Vorwande von Erpressungen auf Cy=
pern, wo er vormahls als Steuereinnehmer gestanden, hingerichtet,
und dasselbe Schicksal hatte sein Banquier, welcher mit ihm den Ge=
winn getheilt [3]). Raghib war als Großwesir von der Regierung S.
Osman's in die S. Mustafa's übergegangen, und Hamsa's Ernennung
war eine Erbschaft Raghib's, als eine Folge des jenem von diesem ge=
schenkten Vertrauens. Es zeigte sich bald, daß er weder im Guten noch
im Bösen durch vorzügliche Gaben ausgezeichnet [4]), wohl zu unterge=
ordneten Ämtern, aber nicht zum höchsten des Reiches tüchtig genug,
so daß er dasselbe nur durch eben so viele Monathe, als sein Vorfahr
Jahre, versah, und daß mit ihm wieder der schnelle Wechsel der Groß=
wesire begann, welche binnen der noch folgenden zehn Jahre der Re=
gierung S. Mustafa's siebenmahl gewechselt wurden. Einen Monath
nach dem Tode Raghib's, als während des Fastenmondes nach herge=
brachtem Gebrauche Gesetzgelehrte in des Sultans Gegenwart über
wissenschaftliche Gegenstände gelehrten Streit führten, erlaubte sich
einer der Ulema, Nahmens Tatar Efendi, wider einen andern, Nah=
mens Abdulmumin, Schimpfworte, wofür er vom Sultan nach Te=
nedos verwiesen ward [5]). Gleiches Loos der Verweisung traf einen
der Chodschagian des kaiserlichen Diwans, Nahmens Abdulkerim, wel=
cher sich einer Erbschaft, sey es mit Recht oder Unrecht, angemaßt; er
wurde nach Cypern verbannt [6]). Nach dem Feste des Fastenmondes
hatten die gewöhnlichen Verleihungen und Bestätigungen der Statthal=
terschaften, Richterstellen des Diwans und Herdschaften Statt, wel=
che insgemein die Ämter der Landschaften, der Wissenschaft, der Feder
und des Schwertes heißen [7]). Unter den Veränderungen der Diwans=
ämter die merkwürdigsten der Finanzminister, indem der schon als
Reis Efendi seiner Heftigkeit und Grobheit willen berüchtigte Abdi als

[1]) Biographien der Großwesire von Dschawid. [2]) Penkler's Bericht. [3]) Wa=
sif S. 224. [4]) Dschawid. [5]) Wasif S. 225. [6]) Eben da. [7]) Die Listen in
Wasif S. 225 und 226.

Defterdar abgesetzt, seine Stelle dem Intendenten des Arsenales, Nazim Mohammed Efendi, die Stelle des Hofmarschalls, Monladschiksade Aliaga, dem vormahligen Reis Efendi, Ridschaji Mohammed, verliehen ward [1]). Im Dorfe Indschirköi, auf der asiatischen Seite des Bosporos am alten Busen des Amykos, wurden Kaffehhäuser, ob dort getriebenen Unterschleifes von Lust und Lotterthum, geschleift [2]). Ein scharfer Befehl verboth das Beschneiden der Ducaten, wodurch die meisten derselben ungewichtig im Laufe waren [3]). Diese beyden Polizeyverordnungen und ein Paar Feuersbrünste [4]) sind die einzig merkwürdigen Begebenheiten der sechsmonathlichen Großwesirschaft Hamsa Hamid's, an dessen Stelle Bahir Mustafapascha, welcher schon zweymahl, das zweyte Mahl unmittelbar vor Raghib, Großwesir gewesen, zum dritten Mahle zur obersten Stelle des Reiches ernannt ward [5]). Hamsa Hamid, ohne Einziehung seines Vermögens als Statthalter nach Kandia übersetzt, später Steuereinnehmer von Morea, dann wieder Statthalter auf Creta, zu Kandia und Canea, endlich von Dschidde, starb sechs Jahre hernach auf der Pilgerschaft nach Mekka, dort am Friedhofe der Fremden bestattet. „Unter seiner Großwesirschaft," sagt Dschawid der Lebensbeschreiber der Großwesire, „fiel „nichts Merkwürdiges, weder Gutes, noch Schlimmes, vor, und da „er selbst weder ausgezeichnet gut, noch böse, so erwuchs zwar aus „seiner Verwaltung dem Reiche kein besonderes Heil, aber die Die„ner Gottes waren vom Bösen des Großwesirs frey," ein Ausspruch, der für Großwesire noch immer ein Lob.

Die ersten Maßregeln des neuen Großwesirs kündeten Strenge an, die eine heilsame, in so weit sie Bedrückungen und Erpressungen strafte, Räubereyen und Meutereyen im Zaume hielt. Der Kapudanpascha Karabaghi Suleimanpascha, der zu alt, um das Gesindel der Flotte zu bändigen, sonst aber ein trefflicher Wesir, wurde zu Rhodos mit hinlänglichem Unterhalte zur Ruhe gesetzt, seine Stelle dem bisherigen Kaimakam Kutschuk Mohammedpascha verliehen; der Kiaja des vorigen Kapudanpascha aber, welcher auf den Inseln und Gestaden des Archipels nicht Seeräuber, sondern das Vermögen der Bewohner abgeschäumt, wurde, um die haufenweise wider ihn einlaufenden Klagen zu beschwichtigen, untersucht, und seine Rechnung mit dem Leben abgeschlossen [6]). Der Kiaja des Großwesirs (der Minister des Inneren), Kaschif Mohammed Emin, wurde abgesetzt, und Ridschaji Mohammed dazu befördert. Alibeg, der Sohn des vormahligen Großwesirs Auspascha, ward Tschauschbaschi, und der vormahlige Defterdar Abdi abermahls Reis Efendi. Sein Nahmensgenosse Abdi, der vormahlige Statthalter von Belgrad, welchem die drey Roßschweife, ob

2. Oct. 1763

allzugroßer Strenge wider die Jamaken (Janitscharen=Handlanger)
von Belgrad, genommen worden waren [1]), erhielt dieselben wieder,
weil die Strenge wieder an der Tagesordnung. Auf seinem Wege von
Haleb, wo er zuletzt als Statthalter gestanden, nach Constantinopel
hatte der Großwesir zu Adana dem Beglerbeg Ssalihaga, dem Kiaja
des letzten Tschetedschi, Abdullahpascha, seine Verwunderung bezeugt,
daß, nachdem sein Nahme in den Streifparteyen [2]) der Pilgerkara=
wane so oft und rühmlich genannt worden, jetzt gar nicht mehr gehört
werde. Ssalih antwortete mit einem persischen, auf alle brach liegen=
de Tüchtigkeit oft angewendeten Verse, dessen Sinn: daß er eine
Klinge von gutem Stahl nur in der Hand der Welt als schlechte
Hellebarde verwendet werde [3]). Der Großwesir verlieh ihm den drit=
ten Roßschweif und die Statthalterstelle von Dschidde; auch der Oberst=
stallmeister Ahmed erhielt die drey Roßschweife als Statthalter von
Selanik, und der Oberststallmeister Chalilbeg, ebenfalls wie der
Tschauschbaschi Alibeg ein Sohn des Großwesirs Aufpascha [4]). Andere
Veränderungen führte der große Veränderer der Dinge, der Tod, mit
sich, welchen die Araber den großen Freudenstörer nennen. Die Mutter
des Chans der Krim war auf der Rückkehr von der Pilgerschaft zu Aaßi
Churma [5]) gestorben; zu Retimo auf Kandia einer der ausgezeichnetsten
Wesire des Reiches, Ahmedpascha, der unter dem doppelten Beynahmen
von Ssopa ßalan und Kiamil berühmt war. Von großem und starken
Körperbau, eine elephantenähnliche Masse von Fleisch und Bein, strafte
er durch die Feinheit seines Geistes und die Tiefe seiner Einsicht alle
Physiognomiker zu Lügen; nur weil er etwas heftig und aufbrau=
send, war ihm der Spitzname Ssopa ßalan, d. i. Prügelschwin=
ger, geworden, wiewohl er nie einen anderen Prügel, als den sei=
ner Zunge, schwang, übrigens schon als Secretär bey der Kammer
mit Kutte und Teppich und Rosenkranz zufrieden, die Nächte durch=
wachte und durchbetete. Als er unter S. Osman Reis Efendi, sich
zur größten Zufriedenheit des Sultans benahm, sagte dieser: „So
„kann doch selbst ein so vollkommener Mensch nicht den spitzigen Zun=
„gen entgehen." Er wurde hinfüro Kiamil, d. i. der Vollkommene,
beygenannt; so hatte der Prügelschwinger das Prädicat des Vollkomme=
nen [6]). Ein anderer Beynahme des achtzigjährigen Wesirs Nischandschi
Kutschuk Mustafapascha, des Gemahls der Sultaninn Seineb, welcher
wegen Dummheit und Schwachheit die Mücke (Sinek) beygenannt
ward, ward selbst, als er jetzt starb, sonderbarer Weise dadurch be=
stätiget, daß die Buchstaben der zwey arabischen Worte, die Mücke
starb, den Zahlengehalt seines Todesjahres bilden. Die dreyjährige
Tochter des Sultans, Mihrmah [7]), d. i. Sonnenmond, starb, und
wurde an die Seite ihrer Schwester Hebetullah, an der nun vollende=

ten und mit den gewöhnlichen Feyerlichkeiten eingeweihten [1]) Moschee Laleli, d. i. die mit Tulpen begabte, bestattet; der Bau derselben hatte über zwey Millionen Piaster gekostet [2]). Solche Kosten zum Theil hereinzubringen, wurde die einzige, noch am Leben gebliebene vierjährige Tochter des Sultans, die Prinzessinn Schahsultan, dem Großwesir verlobt [3]), und die Witwe Raghibpascha's, die Sultaninn Ssaliha, dem Kapudanpascha Mohammed vermählt [4]). Der Großwesir sandte seiner Braut vierzigtausend Ducaten in vier Körben, hundert zwanzigtausend Piaster an Stoffen, achtzigtausend an Hauseinrichtung [5]). Der Pallast, welchen der Sultan für seine beyden Töchter (die so eben verstorbene und lebende) hart an dem Pallaste Dschighalisade's erbaut, war vollendet [6]). Der Nahme der Familie Cirala lebte noch in seinem Pallaste, der der Köprili noch in dem Statthalter von Bender, Ahmed Köprili fort [7]). Auf die Feyerlichkeit der Verlobung des Großwesirs folgte die der Beschneidung seiner Söhne [8]).

Des Großwesirs Strenge traf den Statthalter von Janina, den Beglerbeg Suleimanpascha; weil er, zu wiederhohlten Mahlen ermahnt, seinen Bedrückungen nicht Gränze setzte, wurde sein Leben durch das Schwert begränzt [9]). Tschaparsade Ahmedpascha zog in Asien mit einer Schar von straßenräuberischen Lewenden aus, welche die Gegend um Nikde unsicher machten; hundert und sechzig wurden niedergesäbelt, der Rest flüchtete nach Karaman, dessen Statthalter, Abdipascha (der Zähmer der Jamaken von Belgrad), den Befehl zu ihrer Vertilgung erhielt [10]). Wie vor ein Paar Jahren sich die Jamaken von Belgrad empört hatten, so jetzt die Jamaken von Bagdad wider den Statthalter Alipascha, ein Geschöpf des verstorbenen Großwesir Raghibpascha. Durch Omeraga, den Kiaja des letzten Statthalters, Suleimanpascha, aufgehetzt, hatten die Jamaken den neuen Statthalter aus der Stadt vertrieben; durch Geld und gute Worte fand er Mittel, sich wieder den Eingang zu verschaffen, aber zu frühe die vorgenommene Larve von gütlicher Behandlung von sich werfend, rief er durch seine Unvorsichtigkeit einen Bund der ganzen Besatzung hervor, die sich Alle für Einen dem Omer zur Wesirschaft verhelfen zu wollen, verschworen. Zur Stunde scholl's von allen Straßen Bagdad's: Aufgeboth! Aufgeboth [11])! Von der Stadt wurden Kanonen gegen das Schloß gepflanzt; der Statthalter, der Unmöglichkeit, sich zu vertheidigen, gewahr, flüchtete aus dem Schlosse in die Stadt, wo er sich in einem Hause einige Tage lang versteckt hielt, zuletzt aber entdeckt, eingekerkert und erschlagen ward. Die Empörer versammelten sich auf dem Rathhause, verderbliche Anschläge zur Sprache bringend, darun-

[1]) Wasif I S. 232. [2]) Penkler's Bericht. [3]) Wasif S. 236. [4]) Derselbe S. 237. [5]) Penkler's Bericht. [6]) Wasif S. 23. [7]) Derselbe S. 234. [8]) Derselbe S. 238. [9]) Derselbe S. 234. [10]) Eben da. [9]) Wasif S. 235.

ter ſogar die Auslieferung Bagdad's an die Perſer; endlich ward
allgemeine Bittſchrift an die Pforte beliebt, von welcher Omer als
Statthalter Weſir begehrt ward, indem nur Heimiſche zur Ver=
theidigung Bagdad's und zur Erhaltung der Ruhe geeignet. Dieß
unregelmäßige Begehren wurde nothgedrungen bewilliget, und Omer
zum Statthalter Bagdad's ernannt [1]). Iſmailpaſcha, vormahls
Statthalter von Janina, welchem wegen Bedrückungen die drey
Roßſchweife genommen, ſpäter aber wieder gegeben worden, hatte
ſich mit den Bewohnern Valona's in offenen Krieg eingelaſſen, und
ward in einem Treffen mit denſelben von einer Kugel getödtet [2]).
Zu Egin wurden vier Wechsler (wahrſcheinlich Armenier) hingerich=
tet, weil die Familie des dortigen, in einem Auflaufe getödteten
1.Sept.
1763 Vorſtehers der Emire, dieſelben als die Urheber des Todes be=
ſchuldigt hatte [3]). Mit dieſen gewaltſamen Todfällen wechſelten natür=
liche ab. Der Reis Efendi Abdi gab, als er bey Gelegenheit der Auf=
wartung am kaiſerlichen Steigbügel im Serai eben die Kaffehſchale
zum Munde führte, urplötzlich den Geiſt auf [4]); ſeine Stelle erhielt
der Cabinetsſecretär des Großweſirs, Mohammed Emin, und Cabi=
netsſecretär ward Ahmed Resmi, der ſo eben von ſeiner Geſandtſchaft
von Berlin zurückgekommen, wovon ſogleich ausführlicher geſprochen
werden ſoll. Der verſtorbene Reis Efendi, zuerſt Siegelbewahrer des
vor drey uud dreyßig Jahren erſchlagenen Großweſirs Ibrahimpaſcha,
hatte ſich nach und nach zu den Stellen des Defterdars und Reis
Efendi geſchwungen, und ſich in allen Ämtern, die er bekleidete, eben
ſo großen Nahmen als Geld gemacht, aber ſeine Geſchäftskenntniß war
durch ſeine Unhöflichkeit in Wort und Schrift, ſeine großen Reichthümer
durch eben ſo großen Geiz verdunkelt [5]). Der Defterdar, auch Moham=
med Emin genannt, wie der Reis Efendi, wurde an einem unglücklichſten
Mittwoch (immer unglücklich, am unglücklichſten, wenn der letzte des
Monaths) durch Auni Efendi erſetzt [6]). Die zu Conſtantinopel befind=
lichen Weſire, Gemahle von Sultaninnen, Muhſinſade Moham=
medpaſcha, der Statthalter von Rumili, und Silihdar Mohammed=
paſcha, Statthalter von Anatoli, erhielten ſultaniſchen Befehl, in ihre
Statthalterſchaften abzugehen [7]). Einer der größten Geſchäftsfactoren des
Miniſteriums und des Serai, der ehemahlige Oberſtkaffehkoch Nakſchi
Muſtafaaga, ein eben ſo freygebiger als hülfreicher und thätiger Mann,
ging ebenfalls durch natürlichen Tod ab [8]); ſo auch der Statthalter von
Ägypten, Ahmedpaſcha, an deſſen Stelle der vormahlige Kapudanpaſcha
Haſanpaſcha nach Kairo ernannt ward [9]); auch ſtarb Nuuman, der
9. Jan.
1764 Bruder des Sultans, vierzig Jahre alt, allgemein bedauert [10]). Der
Chan der Krim, Krimgirai, welcher der Pforte eigentlich durch die

[1]) Waſſif S. 236. [2]) Derſelbe S. 262. [3]) Derſelbe S. 264. [4]) Derſelbe S.
262. [5]) Eben da. [6]) Eben da. [7]) Derſelbe S. 263. [8]) Eben da. [9]) Derſelbe S.
264. [10]) Derſelbe S. 265.

Noghaien aufgedrungen worden [1]), wurde jetzt abgesetzt, und der vor=
mahlige Chan der Krim, Selimgirai, von Chios nach Constantinopel
berufen, um wieder auf den Polster der Chanschaft gesetzt zu werden [2]).
Krimgirai hatte wegen Ausbleibens der fünfzigtausend Piaster, wel=
che die Pforte jährlich zur Truppenzahlung beysteuerte, das Land auf=
gewiegelt, und sich der Noghaien für den Fall seiner Absetzung zu ver=
sichern gesucht [3]). Mit dem Chan der Krim, Krimgirai, fiel sein
Schützling, der Kämmerer Abdi, welcher als Aufseher der Magazine
von Isakdschi hart das Land gedrückt; er wurde in die sieben Thürme,
sein Kopf bald darauf vor dieselben geworfen [4]). Die Empörung der
Bewohner Cyperns, welche den Steuereinnehmer der Insel, Tschil
Osman, erschlagen, wurde für jetzt ungeahndet vorbeygelassen, und
wie der Reichsgeschichtschreiber sich ausdrückt, „ihre Züchtigung auf eine
„andere Zeit der Rechnung der Staatsverwaltung als Schuld zuge=
„schrieben" [5]). Die Aufmerksamkeit der Pforte war jetzt vorzüglich
gegen Georgien gewendet.

Die georgischen Unruhen, welche jetzt die Aufmerksamkeit der
Pforte vorzüglich auf sich zogen, sprechen auch die unsrige aus dem
doppelten Grunde vorzüglich an, weil dieselben in der Folge so wich=
tig, nach einigen Jahren einer der Hauptbeweggründe des russischen
Krieges, und weil der Ursprung derselben noch nirgends genügend er=
zählt worden. Der Tribut, welchen die Bewohner Imirette's, Atschik=
basch, d. i. die offenen Köpfe, genannt, der Pforte zahlten, bestand
aus dreyhundert Beuteln und im Ankaufe von Sclaven, deren Zahl
der Pascha von Achiska oder Achaldschik, d. i. der Statthalter von
Tschildir, bestimmte. Schon seit einiger Zeit hatten diese Völker zwar
nicht den Tribut, aber den Sclavenverkauf aus Gründen christlicher
Religion verweigert [6]), wozu ihnen, laut des Reichsgeschichtschreibers
Bericht, die Russen riethen [7]). Hadschi Ahmedpascha, der letzte Statt=
halter von Achiska, der Erbauer der doppelten Moschee, nach dem
Muster Aja Sofia's, und der Stifter der Bibliothek, deren bessere
Hälfte jetzt im asiatischen Museum zu Petersburg, war mit Hülfe der
Leßger gegen Imirette gezogen, und hatte die Bewohner zur Entrich=
tung des gewöhnlichen Tributes gezwungen. Hierauf kam Prinz Sa=
lomon nach Achiska, um größere Forderungen, welche die Bewohner
Imirette's an die Besatzungen von Bagdad und Tokat hatten, zu be=
richtigen. Nach zu Stande gebrachtem Vergleiche wurden dreytausend
Türken mit dem Kiaja des Pascha von Achiska und des Prinzen Sa=
lomon nach Imirette abgesandt. Der Prinz, unterwegs von den Tür=
ken mißhandelt [8]), sandte seinen Unterthanen Wort, die, durch nächtli=
chen Überfall des Kiaja habhaft, denselben über die Felsen stürzten.

1758

[1]) Siestrzencewiz Hist. du royaume de la Chersonnèse taurique p. 410.
[2]) Waßif S. 264. [3]) Penkler's Bericht. St. R. [4]) Waßif S. 265 [5]) Eben da.
[6]) Relazione di Akalzike 28. April 1763. Bey Penkler's Bericht. St. R.
[7]) Waßif S. 266. [8]) Obige Relation.

Der Unfall war der Grund seiner Absetzung, welcher die Hinrichtung durch den Kämmerer Abdal folgte [1]). Sein Nachfolger, Ibrahimpascha, benützte auf den Befehl der Pforte den zwischen dem Prinzen Salomon und seinem, zu Achiska zurückbehaltenen jüngeren Bruder, Nov.
1762 entstandenen Zwist, um diesen mit gewaffneter Hand wider den Bruder zu unterstützen. Mit einem Heere von dreyzehntausend Mann zog Ibrahimpascha wider Imirette, schlug die Atschikbaschi in einem Treffen, und würde leicht des Landes Meister geworden seyn, ohne den zwischen den Janitscharen, Lewenden und Kurden ausgebrochenen Zwist, indem diese die Verheerung, jene nur die Unterwerfung des Landes bezweckten. Die Truppen verließen ihre Fahnen, mehr als achthundert Kurden fanden ihr Grab in unwegsamen Schneeklüften. Der Pascha kehrte nach Achiska zurück, und erstattete an die Pforte den Bericht seines Feldzuges. An Ibrahim's Stelle ward Hasan zum Statthalter von Tschildir, und zugleich zum Serasker wider Georgien ernannt [2]). So vielerley Gährungsstoffe, welche in den anderthalb Jahren der Großwesirschaft Mustafapascha's von allen Seiten empor30.
März
1765 brausten, führten die Absetzung des Großwesirs herbey. Der Oberstschwertträger forderte ihm die Reichssiegel ab, welches dem Statthalter von Rumili, Muhsinsade, zugesandt, und bis zu seiner Ankunft Mohammedpascha, der Gemahl der Sultaninn Seineb, zum Kaimakam bestellt ward. Einen Monath hernach, sobald der neue Großwe29.Apr.sir (welchen des letzten Eifersucht auf unumschränkte Herrschergewalt noch vor Kurzem aus der Hauptstadt entfernt hatte) angekommen, wurde der Kämmerer Kelledschi Osman, d. i. Osman der Schädelhohler, mit einem Chaßeki nach Mitylene abgefertigt, den Kopf des vorigen Großwesirs zu hohlen, welcher in der Zeit seiner letzten Großwesirschaft selbst so manche Köpfe vom Rumpfe zu trennen befohlen. Sein Kopf ward an die Pforte eingesendet, und Tags darnach starb sein zwölfjähriger Sohn durch Pest oder Gift. Die Witwe Raghib's, deren Gemahl durch Mustafa aus Eifersucht auf dessen Einfluß so schnell von Constantinopel entfernt worden, soll größten Theils seinen Sturz bewirkt haben. Er würde sogleich geköpft worden seyn, wenn nicht das Volk gemurrt, daß man dreymahligem Großwesir, welcher nach S. Osman's Tod drey Stunden lang das Reich allein regiert, den Kopf nicht nehmen könne [3]). Sein großer Reichthum, verschleuderte Schatzgelder und Lügen, womit er, als er zur Rechenschaft gezogen ward, den Sultan behelligte, sind die vom Reichsgeschichtschreiber Waßif [4]) angegebenen Gründe seiner Hinrichtung, während Dschawid, der Fortsetzer der Biographien der Großwesire, in derselben die Erfüllung des Spruches: Der Tödtende wird getödtet, und eine Vergeltung von Staatsverrätherey erblickt, ähnlich der, womit

---

[1]) Waßif S. 175. [2]) Derselbe S. 266. [3]) Penkler's Bericht. St. R. [4]) Waßif S. 269.

Mustafapascha den unglücklichen Dschem der Blutrache seines Bruders
Bajesid geliefert. Diese Parallele ist ein eben so fruchtbarer als furchtbarer
Wink zur Beglaubigung des in Constantinopel gäng und gäben, von
den europäischen Gesandten einberichteten Gerüchtes, daß Sultan Nu-
man als Thronfolger Nebenbuhler vom Bruder Mustafa, unter des Großwesirs Zustimmung hingerichtet worden seyn soll; wenn so, steht der
Großwesir Mustafa Bahir dem Kiaja Mustafa, Vergifter Dschem's[1]),
gar wohl zur Seite als Verräther am Herrscherblute und als hingerichteter Großwesir; sollte diese Beschuldigung aber auch grundlos
seyn, so bestätiget sein Loos, daß der Nahme Mustafa in der osmanischen Geschichte eben so unglücklich für die Großwesire als die Sultane. Die osmanische Geschichte zählt bis heute eben so viele Großwesire Mustafa als Sultane, Prinzen oder Thronanmaßer dieses
Nahmens, nähmlich zehn, und von diesen zehn Großwesiren Mustafa starben sieben gewaltsamen Todes; der erste, Kodscha Mustafa,
der Vergifter Dschem's; den zweyten, Lefkeli Mustafa, rettete, wie Sultan Mustafa I., nur seine Blödigkeit vom gewaltsamen Tode[2]); der dritte und vierte, beyde Kara Mustafa, die Schwarzen beygenannt, jener unter Sultan Ibrahim, eben so allgewaltig als dieser (der Belagerer
Wien's) unter S. Mohammed IV., wurden beyde erwürgt[3]); der fünfte
Großwesir dieses Nahmens, Mustafa von Rodosto, ward eine Hauptursa-
che der Entthronung S. Mohammed's IV. durch die schlechte Kupfer-
münze, womit er das Reich überschwemmte[4]); der sechste, Mustafa
Köprilisade, fiel in der unglücklichen Schlacht von Slankament[5]);
unter dem siebenten, Mustafa mit dem Schnurbart, einem Einfalts-
pinsel[6]), ging Belgrad verloren; der achte, der berüchtigte Daltaban Mustafa[7]), und der neunte (der obige) wurden hingerichtet, und
das tragische Ende des zehnten und letzten Mustafa Bairakdar ist im
frischen Angedenken der Zeitgenossen. Des obigen dreymahligen Großwesirs Mustafa Bahir Haupt ruht an dem von ihm gestifteten Kloster der Derwische Nakschbendi zu Ejub; außerdem hinterließ er auch
Gedichte als Denkstein seines Nahmens, und erstattete sogar Vorträge an den Sultan in Reimen[8]).

Noch ist von dem Gange äußerer Politik seit dem Tode Raghibpascha's, von den diplomatischen Verhältnissen der Pforte mit europäischen Mächten unter der Großwesirschaft Hamsa Hamid's und Bahir Mustafa's zu berichten. Hamsa Hamid, welchen Raghib in den
letzten Tagen seiner Krankheit vorzugsweise vor anderen Tüchtigeren
zu seinem Stellvertreter im Diwan ausersehen, in dem Geiste seiner
Politik großgenährt, trat binnen den sechs Monathen seines Ministeriums auf das gewissenhafteste in die Fußstapfen seines Meisters und

[1]) S. I. Band S. 621. [2]) Osmansadi Efendi's Biographien der Großwesire. [3]) S. III. Bd. S. 235 und S. 755. [4]) S. III Bd. S. 815. [5]) S. III.
Bd. S. 848. [6]) Wasif I. S. 4. [7]) S. IV. Bd. S. 10. [8]) Dschawid.

Vorgängers. Sechs Monathe vor Raghib's Tode, am vierzehnten
14.Oct. October, war in einer, im Serai gehaltenen Berathung, trotz dem,
1764 daß der Mufti dem preußischen Schutz= und Trutzbündnisse günstig,
dasselbe verworfen, und hierauf durch eine schriftliche Zustellung an
den preußischen Gesandten Rexin abgelehnt worden, weil der Sultan
nichts minder als zum Kriege geneigt ¹). Nach Raghib's Tode war
Hamsa Hamid's erste Sorge, die Ernennung eines Gesandten nach
Berlin zur Entgegnung der außerordentlichen Sendung Rexin's, und
der von ihm bey seinem feyerlichen Gehöre überreichten kostbaren Ge=
9.März schenke. Diese bestanden in juwelenbesetztem Reiger, Dolche, Pistolen,
einem Juwelenkästchen voll Ringe, einer Dose und Scherbettasse von
Lazur, einem Theegeschirre in Krystall und vergoldetem Silber, einer
großen Spieluhr in schildkrötenem Gehäuse, einem Kästchen zum Gold=
zupfen, mit Goldborten von fünf und zwanzig Pfunden Gewichtes,
zwölf Stücken, jedes zu fünfzehn Ellen, des reichsten Zeuges, zwölf
derselben Länge von Sammt, zwölf einer neuen Art von Borten (la=
stri), verschiedene Farben spielend. Der Werth dieser Geschenke wurde
auf zwanzigtausend Piaster geschätzt. Zur Erwiederung dieser Gesandt=
schaft und Geschenke wurde der schon durch seine Gesandtschaft nach
Wien bekannte Ahmed Resmi, der Vorsteher der Rechenkammer von
Anatoli, mit dem Range eines Nischandschi, d. i. Staatssecretär für
den Nahmenszug des Sultans, als außerordentlicher Gesandter zwey=
ten Ranges, mit dem Ehrenkaftan vor dem Sultan bekleidet, und
ihm das Nöthige aus dem kaiserlichen Schatze geliehen, um seiner
Gesandtschaftsverrichtung gehörigen Glanz zu verleihen; unter andern
ein mit Juwelen besetzter Dolch, dessen Werth allein auf siebentausend
fünfhundert Piaster geschätzt ward ²). In dem Beglaubigungsschrei=
ben ³) wurde Friedrich, als König von Preußen, Markgraf von
Brandenburg, Kämmerer des römischen Kaisers, Herzog, Prinz und
wieder Herzog von Schlesien betitelt. Seine in zwölf Puncten abgefaßten
Verhaltungsbefehle trugen ihm auf, auf seiner Durchreise durch Pohlen
die Republik des fortdauernden Schutzes der Pforte zu versichern, kei=
nen Streit wegen Anstandes im Ceremoniel zu erheben, unter seinen
Leuten Zucht und Ordnung zu erhalten, die kaiserlichen Beglaubi=
gungsschreiben und Geschenke mit der Liste derselben in feyerlicher
Audienz zu übergeben, sich mit dem preußischen Ministerium für den
Fall des Todes des dermahligen Königs von Pohlen zu verständigen,
indem die Pforte weder österreichische, noch russische Einmischung
dulden wolle; die Pforte schmeichle sich, daß Preußen's Verbindung
mit Rußland zu keinem, für das Interesse der !Pforte nachtheiligen
Schritte führen werde, die ihm etwa gemachten Vorschläge von Schutz=
und Trutzbündniß zur Berichterstattung annehmen ⁴); sobald seine

¹) Penkler's und Obreskoff's Bericht. ²) Wassif S. 226. ³) Am 1. Mohar=
rem 1177 (12. Julius 1763) türk. Abschrift im H. Arch. ⁴) In der St. R. bey
Penkler's Bericht.

Verrichtung zu Ende, ſoll er wiederkehren, ſtandhaften Bericht über
ſeine Geſandtſchaft mittelſt geſchichtlichen Tagebuches erſtatten. Ahmed
Resmi erfüllte den letzten Punct durch ausführliche Beſchreibung ſei=
ner Reiſe und Geſandtſchaft, welche in der Reichsgeſchichte Waßif's
nicht weniger als zwölf Folioblätter füllt; die ausführlichſte aller bis=
her bekannten osmaniſchen Geſandtſchaftsbeſchreibungen ¹). Die Schil=
derung von Friedrich's unermüdeter kriegeriſcher Thätigkeit und Waf=
fenübung ſeines Heeres, nicht minder drollig und im Grunde doch
wahr, als in ſeiner erſten Geſandtſchaftsbeſchreibung die Schilderung
der genußliebenden Geſellſchaftlichkeit der Bewohner Wien's. Rexin,
welchem der preußiſche Rath Deloy und der Secretär Peterſon beyge=
geben worden, hatte nach Raghib's Tode, durch die Hinrichtung Ali
der Perſers, des Günſtlings Geſchäftsbetreibers, und durch die Ver=
bannung Mollaſade Osman Efendi's, zwey ſeiner wirkſamen Hebel
verloren. Roscamp, der Agent des Königs beym Tatarchan, der, mit
einer halben Million erkauft, den preußiſchen Angelegenheiten gün=
ſtig, hatte ſich jüngſt des Tatarchans Zorn zugezogen, und war in
pohliſche Dienſte übergetreten. Noch einmahl verſuchte Rexin das auf
den achten Artikel des Freundſchaftsvertrages geſtützte Begehren der
Erweiterung deſſelben zu einem, in eilf Artikeln abzufaſſenden Bun=
desvertrage, ſeinen Bemühungen wurde aber durch Penkler und Ver=
gennes entgegengearbeitet, und zum vierten Mahle ſcheiterten Fried=
rich's Bemühungen zur Abſchließung eines Bündniſſes mit der Pforte.
Rexin, deſſen Abberufung durch Rußland wegen einiger, dieſer Macht
ungünſtigen Äußerungen bewirkt worden, wurde durch den Major
v. Zegelin als Geſandter erſetzt.

Bald nach der Durchreiſe Ahmed Resmi's durch Pohlen nach   5. Oct.
Berlin, war König Auguſt III. mit Tod abgegangen, und der Pri=   1763
mas, Wladislaus Alexander Ponian a Lubna Lubienski, gab hiervon
in zwey Schreiben an den Sultan ²) und Großweſir die ämtliche
Kunde. Der Kronfeldherr Branicki, an der Spitze der Partey, welche
ruſſiſcher und preußiſcher Einmiſchung entgegenſtand, benützte ſeiner=
ſeits das alte Vorrecht unmittelbaren Briefwechſels des Kronfeldherrn
mit dem Großweſir, und bevollmächtigte den Oberſten Stankiewicz
als pohliſchen Reſidenten an der Pforte ³); in einem zweyten Schrei=
ben wünſchte der Kronfeldherr dem Großweſir Muſtafa zu ſeiner Er=
hebung Glück. Der Großweſir beantwortete das Schreiben des Primas

¹) Des türk. Geſandten Resmi Ahmed Efendi geſandtſchaftliche Berichte
von ſeinen Geſandtſchaften in Wien i. J. 1757 und in Berlin 1763. Berlin und Stet=
tin, 1809. ²) 1) Copia litterarum Celsissimi Principis Primatis Regni Poloniae et
magniducatus Lithuaniae ad Serenissimum Imperatorem Constantinopolitanum
20. Nov. 1765. St. R. 2) Ad Celsissimum Supremum Vesirium cum denuntia-
tione fatorum Serenissimi Augusti IV. Regis Poloniae. Varsoviae 20. Nov.
1763. St. R. ³) Litterae Joannis Comitis Branicki Castellani Cracoviensis,
supremi exercituum Polonorum ducis, ad Serenissimum Vesirium. Varsoviae
22. Nov. 1763.

mit freundſchaftlichem Danke für die mitgetheilte Nachricht vom Hin=
tritte des Königs, mit der Mittheilung der ſultaniſchen Entſchließung,
daß Pohlen's Freyheiten ohne Einmiſchung fremder Höfe aufrecht
erhalten werden ſollen [1]. Dem Großfeldherrn Branicki dankte er in
einem Schreiben für die, dem Geſandten Resmi Ahmed gewährte
freundliche Aufnahme [2]), und in dem anderen für den Glückwunſch
zum Antritte zur Großweſirſchaft und allgemeine Verſicherungen
der Fortdauer der Freundſchaft und Erhaltung des Carlowiczer
Friedens. Dieſes Schreiben war aber urſprünglich dem Reſidenten
Stankiewicz in einer anderen, ſich auf die Vorſtellungen des Reſiden=
ten wider Poniatowski beziehenden Form übergeben, hernach zurück=
genommen, und mit Weglaſſung dieſes Abſchnittes wieder zugeſtellt
worden. Der ruſſiſche Geſandte und preußiſche Reſident hatten ihrer=
ſeits der Pforte eine gemeinſchaftliche Denkſchrift eingereicht, worin
ſie die Freyheit der pohliſchen Königswahl ohne Einmiſchung Frank=
reich's und Öſterreich's begehrten. Indeſſen hatten die ruſſiſchen Trup=
pen die Dietine von Graudenz geſprengt, und waren in vollem Mar=
ſche gegen Warſchau begriffen. Dieß veranlaßte die Patrioten, ſich
durch eine von den vierzehn Häuptern derſelben unterzeichnete, mit=
telſt eines Schreibens Branicki's [3]) einbegleitete Schrift an die Pforte
zu wenden, und der Reſident Stankiewicz begleitete die Schrift der
Patrioten und das Schreiben mit einem Memoire, welches der Pforte
die Gefahr, daß Pohlen ganz und gar unter Rußland's Oberherrſchaft
gerathe, auf das dringendſte vorſtellte [4]). Schon in einem früheren
hatte er die preußiſchen und ruſſiſchen Bearbeitungen und Umtriebe
der Pforte angezeigt, und auf die daraus dem Reiche drohenden Ge=
fahren aufmerkſam gemacht. Schon auf dieſe erſte Eingabe, und nur
einige Tage ſpäter, als die obige Schrift von den vierzehn Häuptern
der Patrioten zu Warſchau unterzeichnet war, hatte die Pforte den
ruſſiſchen und preußiſchen Miniſtern, dem franzöſiſchen Bothſchafter
und öſterreichiſchen Internuntius eine Erklärung wider den Einmarſch
der ruſſiſchen Truppen zuſtellen laſſen, welche mit einem Schreiben
des Großweſirs an den Kronfeldherrn [5]) durch den pohliſchen Reſiden=
ten übergeben ward. Die Antwort Branicki's dankte für die Erklä=
rung, bedauerte aber zugleich den widrigen Eindruck, welchen die=
ſelbe auf die Ruſſen gemacht, deren Truppen Warſchau umzingelten.
Die Pforte, vom preußiſchen und ruſſiſchen Miniſter im entgegengeſetz=
ten Sinne bearbeitet, und nichts weniger als geſtimmt, ſich wegen der
pohliſchen Königswahl in Krieg einzulaſſen, richtete an die Häupter

---

[1]) Traduction d'une lettre du G. V. Mustafa à S. A. le Primat du Royaume
de Pologne. St. R. [2]) Traduction d'une lettre du G. V. Mustafa au
Grand Général de la couronne. Eben da. [3]) ddo. Varsoviae 19. April 1764.
St. R. [4]) Mémoire du 18. Mai 1754. [5]) Traduction de la lettre du Suprême
Vesir Mustafabassa écrite à S. A. Mr. le Comte Branicki sans date, traduite
par Mr. Giuliani. St. R.

der Patrioten, welche die obigen Schreiben unterzeichnet hatten, ein
Schreiben des Großweſirs, voll weiſen Rathes, vorſichtiger Ermah=
nung und politiſcher Prophezeyung über die Gefahr innerer Par=
teyung und Zwietracht, wodurch ſie einem Fremden den Zugang zum
Throne bahnten. Dem franzöſiſchen Bothſchafter, welcher durch eine
beſondere Denkſchrift die Pforte wider den ruſſiſchen Truppeneinmarſch
als einen Friedensbruch aufzulärmen verſuchte, antwortete dieſelbe mit
Beziehung auf ihre frühere Erklärung, aber im wirklichen Wider=
ſpruche mit derſelben, daß von jeher fremde Truppen in Pohlen
eingerückt, ohne daß ſich die Republik dagegen geſetzt, daß davon im
Carlowiczer Frieden nichts vorkomme, und daß es alſo unter der
Würde der Pforte, dieß zum Gegenſtand einer Unterhandlung zu ma=
chen [1]). Vergennes ſetzte in einem Schreiben an Branicki die unverläß=
liche Stimmung der Pforte aus einander, deren Truppen am Dniepr
und Dnieſter, zur Schützung der osmaniſchen Gränzen zuſammen=
gezogen worden ſeyn. Bey ſolchen Anſichten war nichts anders zu
erwarten, als daß die Pforte dem Agenten des neuerwählten Königs
von Pohlen, Boscamp (des vormahligen preußiſchen Conſuls in der
Krim), welcher das Kündigungsſchreiben der neuen Königswahl über=
bracht, und den ruſſiſchen und preußiſchen Einſtreuungen Gehör und
dem Geſandten Stankiewicz den Rath, ſich zu entfernen, gab, weil ſie
entſchloſſen, den vom neuen König mit der Kunde der Thronbeſteigung
an der Gränze harrenden Geſandten Alexandrowicz, für deſſen Zu=
laſſung ſich auch der Tatarchan verwandte, anzunehmen [2]). Stankie=
wiez, wider ſeinen Willen abgeſchafft, erhielt nichts deſto weniger ein
Schreiben des Großweſirs an den Kronfeldherrn, worin er höflich als
auf ſein Begehren verabſchiedet, und der Kronfeldherr zur ferneren
Auskunft über die Verfügungen der neuen Königswahl aufgefordert
wird [3]). Nach Stankiewicz's Abreiſe ward Alexandrowicz zugelaſſen,
ohne daß dieſe Zulaſſung, wie die Pforte den franzöſiſchen Bothſchaf=
ter und öſterreichiſchen Internuntius verſicherte, die Anerkennung Po=
niatowski's als Königs in ſich ſchlöße; eine halbe Maßregel, ganz im
Geiſte türkiſcher Politik, welche auch den Grafen Stadnicki, den Ge=
ſandten Auguſt's III., eher zugelaſſen, als ſeinen Herrn als König an=
erkannt hatte [4]). Nachdem Alexandrowicz über ein Jahr an der mol=
dauiſchen Gränze geharrt, wurde er endlich als Geſandter des Königs,
welchen die Pforte durch Rußland und Preußen beſtimmt anerkannt,
empfangen, und demſelben die gewöhnlichen Vorzüge außerordentli=
cher Geſandten der drey benachbarten Gränzmächte, Oſterreich's, Ruß=

Auguſt
1765

Januar
1751

[1]) Mémoire suprême à notre très honoré ami, l'Ambassadeur de France.
[2]) In der St. R. der Revers, welchen Alexandrowicz vom Fürſten der Mol=
dau wegen ſeiner Aufnahme erhielt. [3]) Traduction littérale d'une lettre du G.
V. au Grand Général de Pologne, remise à Mr. la Colonel Stankiewicz dans
l'audience de Congé que le premier Ministre lui a donnée le 17. Févr. 1765.
[4]) Dépêche de Vergennes du 20. Juillet 1765.

land's und Pohlen's, nach feyerlichem Einzuge freyes Quartier, Eh=
renwache und Unterhaltsgeld zuerkannt; das letzte mehr als das Dop=
pelte des, dem russischen und österreichischen Gesandten abgerichtet,
nach altem Kanun zweyhundert fünf und zwanzig Piaster täglich,
weil das Gefolge pohlischer Bothschafter und Gesandten gewöhnlich
um viel zahlreicher, als das der österreichischen und russischen Gesand=
ten. Alexandrowicz wurde kalt empfangen, als der Gesandte eines,
den Pohlen wider den Willen der Pforte aufgedrungenen Königs; der
Unterhalt wurde ihm vom Tage der Abschiedsaudienz beym Großwesir
abgeschnitten, um ihn so eher zur Rückreise zu bewegen, und an der
Pforte ließ man sich verlauten: er möge sehen, daß es ihm nicht wie
dem Stankiewicz gehe ¹). Bey der Abschiedsaudienz durfte sein ganzes

20.
Sept.
1766

Gefolge den Säbel an der Seite behalten, was ihm bey der Antritts=
audienz verweigert worden; auch war ihm früher sechsrudriges Schiff,
welches er nach Beyspiel der anderen Gesandten machen ließ, als
eine Neuerung vom Bostandschi Ali abgeschlagen worden. Bos=
camp konnte seinen Wunsch, als pohlischer Geschäftsträger zurückzu=
bleiben, nicht durchsetzen, weil der Pforte seine Umtriebe beym Ta=
tarchan noch im frischen Andenken.

Um die Thronbesteigung des russischen Kaisers, Peter's III., zu
künden, war Fürst Daschkow ernannt; aber derselbe war noch nicht
an der Gränze angelangt, als Katharina zur Kündigung der ihrigen den
Fürsten Dolgorucki ernannte. Die Glückwünsche des Sultans überbrach=
te der Kaiserinn Derwisch Osman Efendi, derselbe, welcher vor zehn Jah=
ren die Thronbesteigung Osman's III. zu Petersburg gekündet hatte ²).
Perter's III. Umsprung von dem österreichischen Bündnisse zum preu=
ßischen hatte vorzüglich die Unterhandlung des preußischen Vertrages
begünstiget, welcher durch Peter's und Raghib's Tod für immer rück=
gängig ward. Peter hatte der Pforte den ihm vermuthlich von Frie=
drich II. eingegebenen Vorschlag gemacht, das Temeswarer Banat zu

6. May
1767

erobern ³). Als Raghib von dem neuen Bündnisse zwischen Preußen
und Rußland hörte, bezeichnete er dasselbe mit einem einzigen, seine
tiefe Einsicht und die gesunde Ansicht damahliger osmanischer Politik
aussprechenden Worte als unzweckmäßig und spurlos. Zegelin, der Nach=
folger Rexin's, versicherte die Pforte, daß die Freundschaft Preußen's mit
Rußland nicht so enge, daß der Pforte daraus einiger Nachtheil erwach=
sen könne. Einverständlich mit Obreskoff, übergab derselbe Denkschrift
auf Denkschrift wider die pohlischen Patrioten, in deren einer ⁴) er
vorzüglich den Versuch, die Entscheidung durch Mehrheit der Stimmen
statt durch Einstimmigkeit einzuführen, als eine die pohlische Verfassung
gänzlich untergrabende Neuerung vorstellte, und die Pforte mit falschen
Nachrichten über Casernenbau in Ungarn und Tschaikenbau zu Wien,
welche auf Türkenkrieg deuteten, und mit Verdächtigung der der

---

¹) Penkler's und Brognard's Berichte in der St. R. ²) Brognard's Bericht.
³) Eben da am 6. May 1766. ⁴) November 1765, in der St. R.

Pforte vom französischen Bothschafter mitgetheilten Nachrichten auf-
lärmte. Brognard, welcher den von seiner zweyten Internuntiatur
abberufenen Freyherrn von Penkler ablöste, suchte die Pforte hierüber zu beruhigen. Die Anstände, welche zu Ende der Großwesirschaft
Raghib's wider die Verewigung des Belgrader Friedens erhoben
worden waren, weil Raghib Friedensbruch zu Gunsten Preußen's
sann, schwanden jetzt allmählig hinweg; es ward nicht mehr von der
Nothwendigkeit, den Belgrader Frieden zu erneuern, gesprochen, und
in der Antwort des Beglaubigungsschreibens und des noch von Penkler überreichten Kündigungsschreibens der Krönung Kaiser Joseph's II.
wurde der Ausdruck des verewigten [1]) Friedens mit gleichem erwiedert. Penkler hatte noch einen Ferman zur Erbauung der abgebrannten Trinitarierkirche zu Pera erhalten, welche bey dieser Gelegenheit
erweitert ward [2]); wider die griechischen Handelsleute zu Wien, welche sich der Gerichtsbarkeit ihres Metropoliten entziehen wollten, wurde
der Stiftungsbrief der Capelle auf dem alten Fleischmarkte, welchen
Maurocordato, als er Gesandter zu Wien, erhalten [3]), und die Thatsache in Vorschein gebracht, daß diese Capelle erst sechs und dreyßig
Jahre später vom Metropoliten Moyses vollständig ausgebaut worden [4]). Endlich erwirkte Penkler auch einen Ferman zu Gunsten der
Katholiken von Chios, wider welche die Griechen eine der heftigsten
Vorstellungen aufgebracht [5]). Kaiser Joseph verweigerte alle Geschenke
bey dieser Gelegenheit, aus dem höchst einfachen, aber gegen die Türken oft vernachlässigten völkerrechtlichen Grunde vollkommener Gleichheit in der Behandlung der Gesandten und Höfe, indem bisher Sultane bey der Kündigung ihrer Thronbesteigung nie Geschenke schickten,
wohl aber empfangen hatten [6]). Kaiser Joseph's eigenhändig auf den
Vortrag des Reichskanzlers geschriebene Entschließung spricht seine
ganze Ansicht des gegen die Pforte zu beobachtenden Benehmens aus,
wodurch er, wie durch so viele andere seiner Regierungsmaximen,
neue Bahn gebrochen. Penkler, welcher sehr für Geschenke, indem die
überbrachten mit Annehmlichkeiten für den Überbringer begleitet waren,
setzte es durch und wünschte sich Glück, daß er, wiewohl kein außerordentlicher, sondern ordentlicher Internuntius, auch das zweyte Mahl.
wie ein außerordentlicher, noch mit Einzug, Ehrenwache und Unter-
haltungsgeld begünstiget worden war [7]). Seine Werbung italienisch, August
so wie die des ihn als ordentlichen Internuntius ablösenden Hofrathes, 1766
Herrn v. Brognard's. Auch dieser zog mit der gewöhnlichen Feyerlich-

---

[1]) Muebbede. (Ein nicht deutlich genug zu schreibendes Wort, weil durch
einen Punct mehr aus muebbede: mueßiede wird, was nur der beglückte, und
nicht der ewige Friede heißt; wirklich ist das Wort in dem türkischen Originale
so zweydeutig geschrieben, daß es eben sowohl muebbede, als: mueßiede gelesen
werden kann. [2]) Am 1. Dec. 1762. St. R. [3]) Das sogenannte privilegium
Leopoldinum. [4]) J. J. 1762. Penkler's Bericht. 1762 [5]) Am 10. Sept. 1762,
mit den Abschriften der früheren, zu Gunsten von Chios erwirkten Fermane.
[6]) Resolution Kaiser Joseph's auf den Vortrag des Reichskanzlers Fürsten Collo-
redo. [7]) Penkler's Bericht vom 15. September 1762.

keit von vierzig Tſchauſchen, hundert ſechzig Janitſcharen und der frem=
den Geſandten Stallmeiſtern, deren jeder vier Handpferde führte,
feyerlich ein. Solchen Einzug und Unterhalt hatte Zegelin für ſich ver=
gebens zu erwirken verſucht. Brognard ſollte in ſeiner Audienz zugleich
mit ſeinem Beglaubigungsſchreiben das Erzherzog Leopold's, als Groß=
herzogs von Toscana, übergeben. Da wie gewöhnlich die Abſchriften
vorher mitgetheilt wurden, ſtieß ſich die Pforte daran, daß in dem
Schreiben der Kaiſerinn ſie ſich ebenfalls Großherzog von Toscana
nannte, und daß des Rückfalls Toscana's auf Öſterreich bey Abſter=
ben des Großherzogs erwähnt ward, und verweigerte die Annahme
des Schreibens des Großherzogs aus dem, in einem dem Inter=
nuntius zugeſtellten Memoire ¹) auseinander geſetzten Grunde, daß
der erſte Vertrag mit Toscana nur auf Erſuchen der Kaiſerinn mit
ihrem Gemahle, dem erwählten römiſchen Kaiſer, abgeſchloſſen wor=
den, daß die Pforte mit Toscana in keiner unmittelbaren Verbindung,
daß die beyden Schreiben ſich widerſprechend, weil die Kaiſerinn
und ihr Sohn nicht zugleich Herren von Toscana ſeyn könnten. Bro=
gnard belehrte die Pforte durch beſondere Eingaben über die durch
Erbſchaft von Kaiſer Franz ſeinem Sohne überlaſſene Herrſchaft von
Toscana und dem Verbleiben des Titels beym Stammhaus. Nach
viermonathlichen Erläuterungen und Weiterungen wurde endlich aus=
gemacht, daß die geſammten, Toscana betreffenden Schreiben ſowohl
die der Kaiſerinn, als des Großherzogs, ſammt denen ihrer Miniſter,
des Fürſten von Kaunitz und des Marcheſe di Botta in beſonderem
feyerlichen Gehöre beym Großweſir übergeben werden ſollten. Der
Sultan antwortete der Kaiſerinn, und der Großweſir ²) dem Fürſten
von Kaunitz, aber nicht dem Marcheſe di Botta ³). Die Erneuerung
des Vertrages mit Toscana, welchen die Pforte bezweckte, wurde in
der Anrede von Brognard mit Stillſchweigen übergangen. Als Zwi=
ſchenträger zwiſchen dem Pfortendolmetſche und den europäiſchen Ge=
ſandten lebte noch Ibrahim, der Sohn des Renegaten, Directors
der Buchdruckerey. Der Pfortendolmetſch Ghika war zum Fürſten der
Moldau befördert, an ſeine Stelle der Sohn des erſten holländiſchen
Dolmetſches, Karadſcha, getreten. An des engliſchen Bothſchafters
Grenville's Stelle kam Murray; der däniſche Geſandte Gähler erhielt
ſein Abberufungsſchreiben und ließ den Geſchäftsträger Horn zurück;
der neapolitaniſche Geſandte Ludolf unterhandelte noch immer ſpani=
ſchen Freundſchaftsvertrag, der venetianiſche Bailo Correr ward durch
Ruzzini erſetzt; der holländiſche Bothſchafter war Dedem. Von mos=
limiſchen Fürſten erhielt die Pforte eine Bothſchaft aus Marokko, mit
einem Geſuche, die Pilgerkarawane betreffend. Ein Staatsbothe über=
brachte ein Schreiben Ahmed des Padiſchahs von Kandahar, hundert

_____

¹) Das Memoire beym Berichte Brognard's vom 12. Aug. 1766. ²) Das
Schreiben vom halben Dſchemaſiul=achir 1180 (Nov. 1766) im H. Arch. ³) Die
Schreiben im H. Arch.

achtzig Zeilen lang, wodurch er, wie vormahls Nadirschah, eine Altar-
nische zu Mekka für die Pilger von Kandahar, als Sunni, begehrte.
Vom schwarzen Meere kam der Sohn eines Chans der Lesgi, der
Pforte zu huldigen. Von Abenteurern, welche die Pforte überliefen,
die zwey nennenswerthesten: einer, der sich zu Belgrad für den Prä-
tendenten Stuart ausgab, und dort als Moslim starb, und der ehemahls als Oberster der Ingenieure in portugiesischen Diensten gestandene
Franzose, Pierre Robert de Bassemond, welcher durch Plane und Vorschläge in Bonneval's Fußstapfen treten wollte, aber ohne dessen Nahmen und Talent nur in Einem mit ihm auf gleicher Linie stand, nähmlich als Renegate.

Einen Monath nach der Hinrichtung des Großwesirs Bahir Mu- 1737
stafa kam der neuernannte zu Constantinopel an. Sohn des Großwesirs Muhsinsade Abdullahpascha, welcher vor sieben und zwanzig Jahren im letzten russischen Kriege, in der Ebene von Kartal, vom Serasker Bender's zum Großwesir ernannt, nach vier Monathen abgesetzt,
als Statthalter zu Dschidde gestorben, war er als Kämmerer in Dienst
getreten, und noch während des Vaters Großwesirschaft zum Oberstkämmerer befördert worden. Neun Jahre hernach war er als Statthalter von Meraasch in die Bahn der Statthalter getreten, und hatte in
den, seitdem verflossenen achtzehn Jahren, eben so oft die Statthalterschaften, bald in Asien, bald in Europa, gewechselt; jetzt zum ersten
Mahle drey Jahre lang Großwesir, dann drey Jahre lang von der
obersten Stelle des Reiches entfernt, noch einmahl drey Jahre lang
Großwesir, der Beendiger des russischen Krieges durch den Frieden
von Kainardsche. Seine erste und zweyte Großwesirschaft, der unglücklichsten und verhängnißvollesten eine, die erste durch die inneren Unruhen in Georgien, Ägypten, Arabien, die zweyte durch den russischen
Krieg, der für Rußland aller folgenden Triumphpforte. Die ersten
Weiterungen zwischen der Pforte und dem russischen Residenten zu
Constantinopel rief der Tatarchan Selimgirai hervor; über die in
der Kabartai gebauten Festungen Beschwerde führend, wurde derselbe
vom Großwesir nach Constantinopel zur Rücksprache eingeladen [1]).
Er wurde mit der größten Aufmerksamkeit und Feyerlichkeit empfan- 25. Jun.
gen, und im Hause des Reis Efendi, welcher immer der Pfortensach- 1765
walter des Tatarchans, eingewohnt, zu Daudpascha mit großem Gastmahle bewirthet; er und seine beyden Söhne erhielten Gaul und Zobel, die Schirinbege und Mirsen Hermelin. Dem Sultan wartete er
im Pallaste Beharije auf, bey dieser Gelegenheit mit einer Kapanidscha, wie sie der Großherr trägt (welche auf dem Rücken mit schwarzem
Zobel über Goldstoff ausgeschlagen), mit Säbel, Köcher, jener mit Juwelen, dieser mit Perlen besetzt [2]), und mit dem Geschenke von zehntausend Ducaten ausgezeichnet; aber so ehrenvoll der Empfang, so

[1]) Dépêche de Vergennes le 20. Juillet 1765. [2]) Waßif S. 271.

wenig war der Chan mit der politifchen Stimmung der Pforte zufrie=
den, die in demfelben Geifte, welcher ihr Benehmen in der pohlifchen
Königswahl geleitet, allen Anlaß zu Feindfeligkeiten mit Rußland zu
vermeiden bedacht war. Vom französifchen Bothfchafter wurde er mit

9. Apr.
1765

reichen Stoffen aus Lyon und mit Piftolen befchenkt [1]). Der Antritt
der Großweffrfchaft Muhsinfade's wurde durch Feuersbrünfte und eine
Hinrichtung ahnungsvoll bezeichnet. Am zehnten Tage nach der Er=
nennung des Großweffrs und nach der Ankunft deffelben, brach zu
Topchane, und zwey Tage hernach in der Nachbarfchaft der Mofchee
des Prinzen Dfchihangir (des unglücklichen Sohnes Suleiman des
Gefetzgebers) Feuer aus, jenes und diefes durch zehn bis zwölf Stun=
den wüthend [2]). Die bey diefer Gelegenheit abgebrannten Klöfter der
Kadri zu Topchana und der Mewlewi zu Galata, wo Bonneval be=
graben liegt, wurden auf des Sultans Koften wieder aufgebaut [3]). Als
Gerechtigkeitsbeweis wurde der Kopf eines der mächtigften Statthalter
Klein=Afiens, nähmlich Tfchaparfade Ahmedpafcha's, um den wider
ihn eingelaufenen Klagen genug zu thun, vor das kaiferliche Thor ge=
worfen [4]). Als Beweis der Milde wurde Silihdar Hamfapafcha,
welcher unter dem letzten Großweffr verungnadet, der drey Roßfchweife
beraubt, nach Demitoka verbannt worden, wieder mit denfelben als
Statthalter von Selanik angeftellt; der Reis Efendi Mohammed
Emin, nach dem Ausfpruche Waßif's durch Beredfamkeit und Unter=
haltungsgabe ein zweyter Merkur [5]), erhielt mit den drey Roßfchwei=
fen die Würde des Nifchandfchi, und Morea's Einkünfte als Gerften=
geld, und der bisherige Secretär Muftermeifter der Janitfcharen,
Hamamifade Omer Efendi, ward das Haupt der Schreiber des Di=
wans; auch der Beglerbeg von Haleb, Ahmed, wurde mit Verleihung
des dritten Roßfchweifes, „der Perlenfchnur der Weffre angereiht" [6]),
hingegen der Grieche Stauraki, der Sachwalter des Fürften der Wala=
chey an der Pforte, wegen Vielgefchäftigkeit und Einbrichtung von
Pfortengeheimniffen, in den Kerker des Boftandfchi geworfen, und
nachdem er einige Tage lang gefoltert worden, vor feinem Haufe am
Canale aufgehenkt [7]). Aus Folge ihres Eifers in den Gefchäften der
Pilgerkarawane und wider die Araber, ftarben der Statthalter von
Dfchidde, der oben erwähnte [8]) Ssalihpafcha, und der ehemahlige
Führer der Pilgerkarawane, der Weffr Mekkifade Hufeinpafcha; jener,
nachdem er die Einwohner Mekka's und Medina's von den Arabern be=
ruhigt hatte, erkrankte aus Folge des, fo vielen Pilgern verderblichen
Klima's von Mekka, und diefer zu Ghafa wohnend, mit den Arabern
Ben Ssachar und Kaanadie in Hader verwickelt, fiel, durch einen
Pfeil getödtet [9]). Hakim Efendi, deffen Gefchichte von hier beginnt,

---

[1]) Dépêche de Vergennes le 20. Juillet 1765. [2]) Waßif S. 268. [3]) Der=
felbe S. 273. [4]) Derfelbe S. 268. [5]) Reiful=kitab. Waßif S. 270. [6]) Derfelbe
S. 272. [7]) Eben da. [8]) Eben da. [9]) Waßif S. 273.

wurde zum Secretär Muſtermeiſter der Zeugſchmiede, der ſchon ſeit fünf
und zwanzig Jahren her, als Ceremonienmeiſter bekannte Aakif Eſendi [1]) zum Niſchandſchi, an; ſeine Stelle Wahdeti Ebubekr Eſendi
zum Ceremonienmeiſter ernannt [2]).

Dem Sultan, welcher bereits einen Sohn (Selim) und eine Tochter
(Schahſultan) hatte, wurde jetzt eine zweyte Tochter, Beighan, und ein
zweyter Sohn in dem Zwiſchenraume eines Jahres geboren. Bey der
Geburt des erſten ſchwamm, wie gewöhnlich, die Stadt in Lichtfluth
und Freude, die Kammern des Serai wurden mit reichen Zeugen be-
hangen [3]); die Geburt des zweyten kündeten bloß Kanonenſchüſſe an [4]),
und im Serai waren die Glückwünſche der höchſten Staatswürden,
als des Großweſirs, Mufti, des Kapudanpaſcha und Niſchandſchiba-
ſchi, der beyden Oberſtlandrichter, des Vorſtehers der Emire und des
Janitſcharenaga mit Zobelpelzen erwiedert worden [5]). Dieſe höchſten
Staatsämter bildeten auch den Kern der feyerlichen Verſammlung zum
erſten Unterricht des fünfjährigen Kronprinzen Selim, wozu, wie gewöhnlich, vor dem Perlenköſchk großes Schattenzelt aufgeſchlagen
ward, wohin ſich der Sultan begab. Die Weſire und Ulema begaben ſich dann in den dritten Hof des Serai, um aus dem Thore der
Glückſeligkeit den Prinzen Schüler abzuhohlen. Das Thor der Glückſeligkeit öffnete ſich, und aus demſelben ging der Prinz von den zwey
höchſten Würden der ſchwarzen Verſchnittenen, vom Kiſlaraga und
Chaſnedar geführt, hervor; die beyden Oberſtlandrichter, der Vorſteher der Emire und die beyden Imame, als die erſten Würden der
Ulema, welche an dieſem Tage des erſten Unterrichtes, als der Grundlage aller Gelehrſamkeit, natürlich die erſte Rolle ſpielten, küßten die
Hand. Vor dem Schattenzelte am Perlenköſchk kam ihm der Großweſir entgegen; auf den Wink des Sultans ſetzten ſich der Großweſir und Mufti zu beyden Seiten des Prinzen nieder. Dieſer begann
den Unterricht mit dem Bismillah, d. i. mit der Formel: im Nahmen Gottes, bey dem der Anfang aller Weisheit, und als der Prinz
ihm hergebrachter Weiſe die Hand küſſen wollte, kam ihm der Mufti
durch Umarmung, ihm die Schulter küſſend, zuvor [6]). Vier Monathe
darnach, im Faſtenmonde, hatte vor dem Sultan wiſſenſchaftliche Erörterung der Geſetzgelehrten Statt, hundert ſechs und zwanzig Muderriſe und Molla in neunzehn Verſammlungen abgetheilt, diſputirten
neunzehn Tage hindurch über die zweyte Sure des Korans, in welcher
der kräftigſte aller talismaniſchen Verſe, nähmlich der des himmliſchen
Thrones [7]), und in deren Anfang das erhabene Gleichniß verſtockter
Ungläubiger, gleich denen, die im Finſtern wallen, wann rund-
um Blitze fallen, die mit den Fingern die Ohren zuhalten, aus Furcht,

14.Jan.
1766
19.Jan.
1767

24.Oct.

---

[1]) S. oben 69. Buch. [2]) Waſſif S. 280 und S. 204. [3]) Derſelbe S. 273.
[4]) Penkler's Bericht. [5]) Waſſif S. 284. [6]) Derſelbe S. 279. [7]) Der 236. der
II. Sure.

daß sie die Donnerkeile spalten, die taub, stumm, blind, von Gottes
Grimm umgeben sind [1]). Diese Verse sind es, welche dem großen ara=
bischen Dichter Lebid das Bekenntniß der Göttlichkeit des Korans ab=
gezwungen, so daß er sein Gedicht, eines der sieben auf der Kaaba
aufgehangenen, von derselben herunterriß, den Koran als Gottes
Wort, und Mohammed als dessen Gesandten anerkannte. Wirklich
gehören diese Verse, mit denen des himmlischen Thrones der Ein=
heit Gottes, der Sündfluth [2]), der Sure des Erdbebens [3]) und
der darauf folgenden Sure der klopfenden Stunde [4]), unter die erha=
benften Eingebungen, nicht nur des Korans, sondern aller religiösen
Begeisterung. Die Verse des Erdbebens: Wann die Erde bebet mit
Beben, wann sie ihre Lasten will von sich geben [5]), fanden jetzt ihre
22 Apr. volle Anwendung durch eines der fürchterlichsten Erdbeben, welches
1766 je die Stadt Constantin's erschütterte [6]). Der Eindruck desselben war
um so größer auf den Aberglauben des Volkes, als dasselbe am drit=
ten Tage des Opferfestes sich ereignete, und als die Moschee des Er=
oberers vor allen anderen beträchtlich beschädiget ward. Es ward aus=
gelegt, als ob zum Opferfeste statt der Hämmel die Mauern und Pa=
läste der Hauptstadt als Opfer fallen, als ob das durch Mohammed II.
mittelst der Eroberung Constantinopel's erst in Europa fest begründe=
te osmanische Reich wie die Moschee desselben, vom Grunde aus er=
schüttert, in seinen Grundfesten und Domen bersten sollte. Der Schade
der zerfallenen Gebäude wurde auf zwey und zwanzigtausend Beutel,
d. i. eilf Millionen Piaster, berechnet [7]), und der Sultan beschloß,
trotz seiner Sparsamkeit, die nicht volksbeliebt, diese Summe auf die
Herstellung der Stadt zu verwenden. Da der Religionsfond der Mo=
schee S. Mohammed's nicht so viel Geld hatte, als nothwendig, die
Kosten der Wiederherstellung zu tragen, wurde, was nothwendig, aus
dem kaiserlichen Schatze zugeschossen, und Haschim Ali mit der Wie=
derherstellung beauftragt; außerdem wurden noch sieben Commissäre
der Bauten zur Wiederherstellung des Marktes, der Stadtmauern,
der Pulverfabrik, des Sattelmarktes, des kaiserlichen Serai, der Ca=
sernen der Janitscharen und der Stuckgießerey ernannt. Außer der
Moschee des Eroberers waren die kaiserlichen S. Selim's, Sulei=
man's, der Prinzen, Osman's, die neuerbaute des Tulpenquells, der
Walide und Aja Sofia, theils an den Minareten, theils an den Kup=
peln beschädiget, andere waren ganz zusammengestürzt, auch die beyden
Vorposten der Stadt, die beyden Tschekmedsche, Burgas, Tschorli,
Karischdüran waren verwüstet, es war eine allgemeine Niederlage der
Mauern und Moscheen, aus welcher die der Heere und des Reiches
prophezeyt ward.

---

[1]) Der 17. und 18. Vers. [2]) (XI. 44. Vers). [3]) S. oben 69. Buch. [4]) (Sure
CI.) [5]) Der 1. und 2. Vers der 99. Sure. [6]) Waßif S. 275. [7]) Penkler's Be=
richt.

Indessen bis die üble Vorbedeutung der beyden Feuer gleich beym Antritte der Regierung des Großwesirs und des Erdbebens auf den zwey Jahre später unter seiner Großwesirschaft ausgebrochenen, und sechs Jahre hernach unter seiner zweyten Großwesirschaft unglücklich beendigten russischen Krieg angewendet werden konnte, ging dieselbe durch den Brand des Aufruhres und Bürgerkrieges, welcher in Cypern, Georgien, Arabien, Ägypten aufflammte, schon jetzt in Erfüllung. Der Befehlshaber von Kerine (Cerignes), Chalil, hatte sich wider Tschil Osman, den Steuernehmer, der Insel empört, und der neue Steuereinnehmer Suleimanaga, welcher die beyden vorigen hätte vergleichen sollen, wurde von Chalil in Nicosia belagert [1]). Hierauf befehligte die Pforte den Dschaaferbeg, einen der Fürsten des Meeres, mit zwey Fregatten und zwey Galiotten [2]), und den Beglerbeg von Tekke, Kör Ahmedpascha, zur Beruhigung Cypern's. Die Seesoldaten Dschaaferbeg's verübten mehr Unfug als die Rebellen, zum größten Schrecken der Türken, Griechen und Franken. Nachdem Kör Ahmed mit sechzehn Schiffen voll Truppen gelandet, gab Chalil die Belagerung Nicosia's auf, und setzte sich zu Degirmenlik (Mühlenort) fest, den Angriff abzuwarten. Er unterlag demselben, sein und seiner ersten Mithelfer Köpfe bezeugten die Wahrheit des Siegesberichtes, wofür der Beglerbeg mit dem dritten Roßschweife begnadiget ward [3]). Zu gleicher Zeit brach zu Constantinopel im Hafen Feuer aus, durch die Nachlässigkeit des Capitäns Tschunkar, welcher in der Nacht sein zwischen Galata und dem Thore von Jenibaghdsche geankertes Schiff verlassen hatte; das Feuer theilte sich mehreren Judenhäusern beym Thore Dschub Ali und anderen Schiffen mit, die im Hafen durch einander fahrend, auch das Köschk des Kapudanpascha im Arsenale ansteckten, weßhalb der Kapudanpascha Tusuni abgesetzt, an seine Stelle der Statthalter von Rumili Mohammedpascha ernannt ward [4]). Eine andere Feuersbrunst legte die ganze Häuserstrecke vom Kloster Aidinoghli's bis zur Medrese des Kapudanpascha, und von da bis zum Thore des Serai in Asche [5]); stärker noch brannte des Bürgerkrieges Feuer in Georgien. Hasanpascha, der Statthalter von Tschildir, war gegen Guriel aufgebrochen, hatte die Einwohner des Schlosses Bori, die sich widersetzt, theils nieder-, theils gefangen gemacht, und die Unterwerfung des Dadian von Odisch, des Herrn von Mingrelien, gegen Bedingung von Getreidezufuhr ins Lager empfangen, hierauf eroberte er das Schloß Siantscho und bestellte zum Herrn Tahmuras, den Vetter Salomon's, der seine Zuflucht zu Rußland nahm [6]). Nachdem er in Mingrelien überwintert, beschloß der Seraker Hasanpascha im nächsten Frühjahre den Zug nach Sowir, dem Horte Salomon's, der sich nach fünf und zwanzigtägiger Belagerung ergab, dem neuen Herrscher Tahmuras eingeant-

Jun.
1766

August

August
23. Jan.
1767

1765

---

[1]) Wassif S. 275. [2]) Derselbe S. 277. [3]) Eben da. [4]) Derselbe S. 284 u. 258. [5]) Derselbe S. 285. [6]) Geschichte von Georgien in Klaproth's Reise I. S. 223, und Wassif S. 281.

wortet ward [1]). Zu Cotatis traten die vornehmsten Bewohner Imi=
rette's mit den Bevollmächtigten zusammen, und unterzeichneten den
Vertrag der Unterwerfung an den neuen Herrscher Tahmuras, wel=
chem von Seite des Hasanpascha auch das Schloß Sowir ausgehän=
diget ward [2]); der Steuereinnehmer von Dschanik, Hadschi Alibeg,
blieb mit viertausend Mann der Truppen von Dschanik und Trape=
zunt zu Cotatis in Besatzung, und der Serasker kehrte nach Achiska
(Achaldschik) zurück, dessen Statthalterschaft dem vorigen Statthalter,
Tschelik Ibrahimpascha, mit drey Roßschweifen verliehen ward [3]). In
Ägypten, wo der Scheichol=beled, d. i. die erste Obrigkeit der Haupt=
stadt, der mächtigste der Mamluken, schon seit vielen Jahren fast immer
der erklärte Feind der osmanischen Statthalter, bekleidete diese Würde
Ali, von Geburt ein Abase [4]), welcher ein Günstling des alten, mächtigen
Ibrahim Kiaja, dann unter Raghibpascha von Damiat sich wegen des
Mordes seines Feindes, Ibrahim's des Tscherkessen, nach Syrien zum
Scheich Tahir, dem Befehlshaber Akka's, geflüchtet hatte. Nach sei=
ner Rückkehr stand er als solcher dem osmanischen Statthalter, Ham=
sapascha, entgegen, und erzwang einen Verbannungsbefehl wider seinen
Gegner Husein Kesch=kesch, den Beg der Mamluken, der damahls
wider einen anderen Beg, Ssalih, in Oberägypten zu Felde lag. Der
Statthalter, gezwungen, seinem Willen sich zu fügen, sandte indessen
dem Huseinpascha heimlich Wort, des Fermans nicht zu achten und
nach Kairo zu kommen, nach der schon seit langem in Ägypten gang
und gäben Politik osmanischer Statthalter, deren einzige Regierungs=
kunst in der Anwendung der verderblichen Maxime: Entzweye, auf
daß du herrschest, bestand [5]). Huseinbeg erschien zu Kairo und forderte
seine eingezogenen Güter zurück. Die Feinde Alibeg's, Ssalibeg und
andere mit fünfzehn Kaschifen und zweytausend Mamluken, brachen
mit Gewalt in Kairo ein, und vereinten sich mit Husein Keschkesch.
Vergebens versuchte Ali, denselben durch einen neapolitanischen Rene=
gaten zu vergiften, er mußte der Übermacht weichen, nur mit seinem
Schatzmeister und acht Bedienten begab er sich nach dem Orte, wel=
cher die Goldkuppel heißt, außer der Stadt, wo er von zweytausend
Wachen umgeben; sein Haus ward versiegelt und ihm die Summe
von dreytausend sechshundert Beuteln, als die des schon seit drey
Jahren ausständigen ägyptischen Tributes, abgefordert. Sein Vermö=
gen, auf dreyßig Millionen geschätzt, ward eingezogen, er selbst kam
noch einmahl nach Syrien zum Scheich Tahir [6]). Husein tödtete hier=
auf den Hasanbeg, und verbannte andere nach Dschidde [7]); Hamsa
Silihdar wurde hierauf abgesetzt, Rakim Mohammed zum Statthalter,

---

[1]) Wassif S. 282. [2]) Derselbe S. 283. [3]) Derselbe S. 288. [4]) Volney II.
Ch. 8. Précis de l'histoire d'Alibek verläßlicher, als der Roman: An account
of the history of Alibek, London 1783. [5]) Lettera di Alessandria 4. Marzo
1766. Beym Berichte Penkler's vom 2. Junius 1766. [6]) Lettera di Alessandria
del 19. Aprile 1766. [7]) Wassif S. 87.

Ägypten's beftellt [1]), und demfelben eingefchärft, auf die durch eine frühere von den Scheichen der Familie Efherije und der Familie Bekrije, unterzeichnete Urkunde in zehn Artikeln feftgefetzten Schuldigkeiten des Tributes und der Getreidelieferung nach Mekka und Medina zu machen [2]). Medina war durch eine tödtliche Feindfchaft der Araber Beni Ali und Beni Sefer gegen die Bewohner der Stadt beunruhiget, jene wollten diefe nicht in den Palmenwäldern, diefe jene nicht in der Stadt leiden, befonders waren die Araber über einen vor der Stadt aufgeworfenen Wall erboßt, den fie gefchleift wiffen wollten.[3]). Der Scherif von Mekka, Musaid, und der Statthalter von Dfchidde bemühten fich, die in Haß entbrannten Gemüther zu vergleichen. Der Mufti des Ritus Hanefi und der des Ritus Schafii und vierhundert Beauftragte begaben fich von Mekka nach Medina, das Blutgeld und den Schaden des geraubten Viehes zu regeln [4]). Der freye Verkehr zwifchen Stadt und Palmwald, und die Schleifung des Dammes würde feftgefetzt, und das Heiligthum des Prophetentempels beruhiget. Als die Araber wieder den Frieden brachen, blieb der Damm im vorigen Zuftande [5]), und neue Befehle ergingen an den Scherif von Mekka und Statthalter von Dfchidde, die Ruhe Medina's herzuftellen. Die Bewohner Medina's thaten dar, daß fie fchuldfrey, und es würde neuerdings vertragt, daß zur Vermeidung alles Zwiftes kein Araber mit Waffen auf dem Markte Medina's erfcheinen folle [6]).

Das große Erdbeben hatte nicht nur die Mofcheen und Mauern Conftantinopel's, fondern auch die Wafferleitungen und Wafferdämme (Bend), welche das Waffer in eingedämmten Schluchten durch Klaufen fammeln, erfchüttert und befchädiget. Diefelben wurden ausgebeffert und in dem Thale von Ewhadeddin, welches insgemein als Aiwad verftümmelt wird [7]), wurde in einer Stunde Entfernung vom alten Bende ein neuer aufgeführt, welcher das fammelnde Wafferbecken um eine Pippe Waffers verftärkt [8]); als der Bend zur Hälfte vollendet war, befah der Sultan den Bau, und belohnte den damit beauftragten Tfchaufchbafchi, Osman Efendi von Jenifchehr, mit zehntaufend Piaftern [9]). Ein anderer Commiffär, Feifullah, leitete den Bau der zu Mekka in Verfall gerathenen Wafferleitungen, nähmlich jener, welche das Waffer vom Quelle Honain's nach dem Berge Arafat führen. Die auf achttaufend Piafter angefchlagenen Baukoften wurden von der Kopffteuer Ägypten's angewiefen, und die Pilger betheten: „daß auch „die Leitung der Fluth der Regierungsgefchäfte von Spreu und Heu ungetrübt erhalten werden möge [10]).“ So ermuthigte er auch den Bau 6. Apr. von Schiffen und wohnte der gewöhnlichen Feyerlichkeit bey, womit 1767

[1]) Waffif S. 290. [2]) Derfelbe S. 294. Die Erzählung der ausgeftellten Urkunde in Waffif S. 174. [3]) Derfelbe S. 291. [4]) Derfelbe S. 292. [5]) Derfelbe S. 293. [6]) Eben da. [7]) Derfelbe S. 278. [8]) Eben da. In Andréoffi Conftantinople et le Bosphore de Thrace 1828 ift von diefem Bende S. 411 die Rede. [9]) Waffif S. 299. [10]) Derfelbe S. 298.

IV.   36

das neue Kriegsſchiff, des Frohnkämpen Wohnplatz¹), vom Stapel
gelaſſen ward. Der Kapudanpaſcha, welcher ſeit vierzehn Tagen dieſe
Würde zum zweyten Mahle bekleidete, war der Schwager des Sultans; Mohammedpaſcha (der Gemahl der Witwe Raghib's), welchem
der Sultan ſeiner Schweſter willen den Beynahmen Melek, d. i. der
4. May Engel, beygelegt hatte²). Einen Monath darnach lief die Flotte unter
1767 den gewöhnlichen Feyerlichkeiten fünf Tage vor dem Opferfeſte aus³),
deſſen Aufzug und Freude voriges Jahr durch das große Erdbeben ge-
ſtört worden war. Der Kapudanpaſcha, nachdem er am Uferköſchk,
wie gewöhnlich, die Hand des Sultans geküßt, und den Ehrenpelz
erhalten, hierauf einige Tage zu Dolmabagdſche, in der Nähe des
Grabdomes Barbaroſſa's, ſich geſammelt, und dann an den ſieben
Thürmen noch ein Paar Tage geweilt, lief in den Archipel aus, zur
jährlichen Abſchäumung deſſelben, wenn nicht von Raubſchiffen, doch
von Geld durch Erhebung des Tributes der Inſeln. Dießmahl lief
aber Kunde ein, daß drey malteſiſche Raubſchiffe in den Gewäſſern von
Cypern. Eines derſelben begegnete Dſchaaferbeg in den Gewäſſern
von Kerpe (Carpathos), nahm daſſelbe mit neun und zwanzig Mann,
und den ſie befehligenden Malteſerritter gefangen; den zweyten
Schnellſegler⁴) dieſer malteſiſchen Schiffe verfolgte Ibrahimbeg, der
Capitän von Koron, in die Gewäſſer von Maina, wo nach zweyſtün-
digem Gefechte der Malteſer ſein Schiff und die Mannſchaft ans Land
warf, ſo daß jene zerſtreut und gerettet, dieſes genommen ward. Ein
ruſſiſcher Korſar, welcher in den Gewäſſern von Latakia eine arabiſche
Schetije mit vier und zwanzig Moslimen weggenommen, dieſelbe eben
nach Malta führte, ſtieß auf das kretiſche Schiff Elhadſch Huſein's,
welcher das Raubſchiff und die von ihm erbeutete Schebeke erkämpfte
und nach Alexandria führte, wo er von dem eben dort gegenwärtigen
Statthalter Ägypten's dafür mit Ehrenkleid ausgezeichnet ward⁵).
Eine heilſame Erweckung alter Ordnung war der Befehl, welcher
wenigſtens einmahl die Woche Diwan zu halten befahl, indem ſeit
geraumer Zeit mit der Entfernung der Weſire der Kuppel von Conſtantinopel auch der Diwan ganz vernachläſſiget, nur noch als Staats-
ſchauſpiel bey Bezahlung der Truppen oder als Schauſtück bey dem
Empfange fremder Geſandten gehalten ward. Ein ſolches war der des
Herrſchers von Fes, des Mulai Abdullah Ben Ismail. Vor fünf Jahren hatte unter Raghib's Großweſirſchaft ein Geſandter deſſelben, der
juwelenbeſetzten Sattel und Säbel zum Geſchenke brachte, um einige
Schiffsmaterialien gebethen und ſie erhalten; der jetzige brachte die
Antwort auf das Schreiben des Sultans, wodurch die Losgebung raguſäiſcher Schiffe begehrt worden war, ſammt vier Pferden und einem
mit Rubinen beſetzten Sattel⁶). Außer den jährlich nach dem Faſten-

¹) Waſif S. 288. ²) Brognard's Bericht. ³) Waſif S. 290. ⁴) Derſelbe
S. 298. ⁵) Derſelbe S. 207. ⁶) Derſelbe S. 295.

monde gewöhnlichen Verleihungen und Beftätigungen der Ämter fielen
auch durch Todfälle berühmter Männer Veränderungen vor. Der
Statthalter von Karß, der Wefir Mohammedpafcha, wider deffen Einzug fich die Bewohner von Karß mit bewaffneter Hand aufgelehnt,
und deffen Nachgiebigkeit die Frechheit der Meuterer nur vermehrte,
fiel im Auflaufe, durch einen Stein im Unterleibe getroffen. Die
Weißbärte und Obrigkeiten[1] ftillten nun felbft den Aufruhr, und
die gänzliche Beruhigung von Karß wurde dem Befehlshaber von Wan,
Ssarifade Mohammedpafcha, übertragen. In Aidin hatte ähnliche
Meuterey Statt. Jilanli Musa von Egerdür hielt fich als Rebelle im
Schloffe Egerdür wider den Steuereinnehmer von Aidin, den Wefir
Abdurrahmanpafcha; nach Ermenak entfloffen, fand er einen Für-
fprecher am Scheich Efendi. Abdurrahmanpafcha verzieh, unter der
Bedingniß, daß er nie mehr nach Egerdür komme; als der Wefir aber
auf dem Wege nach Sparta, trat er den ins andere Leben an[2]). Es
ftarb auch der vorige Mufti Ebubekrfade Ahmed Efendi, ein eben fo 3. Jul.
gelehrter als gaftfreyer Gefetzgelehrter, gleich bereit, fein Wiffen und   1767
feine Tafel zu theilen[3]), und Hamid Mohammed Efendi, der Sohn   13.
des berühmten Neili, des vorigen Richters von Conftantinopel, der März
Tag und Nacht dem Studium der Gefchichte oblag[4]). Der Tatarchan
Selimgirai wurde abgefetzt, und an feine Stelle Arslan, der vor
zwölf Jahren wider Willen der Pforte von der Chanfchaft verdrängt 30. May
nach Rhodos verbannt worden war[5]). Diefer ftarb zu Kaufchan, noch
ehe er von dem ihn begleitenden Kämmerer zu Bagdfchefarai inftallirt
worden war, und Makßudgirai ward Chan der Krim. Bald auf die
Abfetzung des Chans der Krim war auch die des Mufti Dürrifade,[6])
gefolgt, welcher den Kriegsplanen Raghibpafcha's entgegen, den Ruffen
geneigt, während denfelben der neue Mufti Welieddin eben fo abhold,
als der Chan der Krim, Arslan, und wie derfelbe den Brand des 23.Apr.
Krieges zu fchüren bereit[7]). Solchen prophezeyte der Volksaberglaube
auch aus dem Brande Pera's, in welchem die Palläfte der Gefandten 27.Oct.
Rußland's, Neapel's, fammt acht und zwanzig Häufern und die Kirche
der Franciscaner abbrannten, fo wie in dem vor fünf Jahren unmittelbar vor dem Tode Raghib's, der den Krieg gegen Öfterreich erklären wollte, die Kirche der Trinitarier abgebrannt war[8]). Das franzö-
fifche Hotel wurde nur durch die Bemühungen der Schiffsmannfchaft
der franzöfifchen Schiffe, die im Hafen lagen, gerettet.

Ein Jahr war verfloffen, feitdem Alibeg der Abafe, welchen der
Gefchichtfchreiber des Reiches mit einem, bisher europäifchen Ge-
fchichtfchreibern[9]) unbekannt gebliebenen Beynahmen, Bulutkapan,
d. i. Wolkenfaffer, nennt, von Hufein Kefchkefch, welcher an der

[1]) Wafif S. 289. [2]) Derfelbe S. 286. [3]) Derfelbe S. 295. [4]) Derfelbe S.
287. [5]) Penkler's Bericht. [6]) Wafif S. 290. [7]) Penkler's Bericht. [8]) Eben daf
Wafif S.299. [9]) An account of the revolt of Alibeg. London 1783. Savary, Yolney.

Spitze der entgegengesetzten Partey der Mamlukenbege, nach Ghasa entflohen, und unter dem neuen Statthalter Rakim Mohammed, die früher mittelst Urkunde verbürgte Landeseinrichtung wieder hergestellt worden war. Die Ruhe war von kurzer Dauer. Ali der Wolkenfasser war von Ghasa nach Ober-Aegypten zurückgekommen, und hatte dort ein Heer von Moghrebi, Fellah und Arabern der Wüste zusammengerafft, die sich in unheilschwangeren Wolken um ihn sammelten. Zu Kairo befanden sich drey Wesire, der vorige Statthalter Hamsa, der neue, Rakim Mohammed, und der Anführer der ägyptischen Pilgerkarawane, Ahmedpascha (der vorige Statthalter von Dschidde), als drey osmanische Machthaber, von beyden Parteyen der Mamlukenbege, sowohl von der Alibeg's, als Husein's, verabscheut und gefürchtet. Die Partey Husein's, welche im Besitze Kairo's, mit den Odschaklü, d. i. den sieben Herdschaften der inländischen Truppen, einverstanden, hatte sogar dem neuen Statthalter den gewöhnlichen Willkomm versagt, und sich nur nothgezwungen dazu bequemt [1]. Iset Ahmed, vormahls Kiajabeg zu Constantinopel, beruhigte ihre Furcht; und Husein Keschkesch ließ sich endlich bewegen, den neuen Statthalter von Aadilije, wo seine Zelte außer der Stadt aufge-
12.Oct. schlagen waren, in dieselbe und ins Schloß zu bringen. Dann zog
1767 Husein Keschkesch mit einem großen Heere berittener Mamluken und fünf Begen dem Heere Alibeg's entgegen, der mit seinem Verbündeten Ssalihbeg vier Tage von Kairo in Ober-Aegypten [2]. Husein Keschkesch sandte seinen Kiaja Mumdschi Ali voraus, welcher durch einen Hinterhalt überfallen, mit seiner Truppe zusammengehauen
20.Oct. ward [3]. Zwey Tage weit von Kairo trafen die beyden Heere auf einander; Husein Keschkesch ward geschlagen, sein ganzes Lager und Geschütz erbeutet [4]. Die Stadt vertragte mit dem Sieger, daß nicht sein ganzes Heer, sondern nur er mit achttausend Mann einzögen,
22.Oct. was zwey Tage hernach geschah. Alle seit drey Jahren verbannte Bege kehrten zurück. Ali und Ssalihbeg zogen im Triumphe ein, jener wartete sogleich dem Statthalter Mohammed Rakim auf, der ihn mit kostbarem Pelze als Scheichol-beled, d. i. Statthalter Kairo's, bekleidete. Dieß war die Begründung der Größe Alibeg des Wolkenfassers, der für jetzt aufrichtige Ergebung heuchelte, und fünfzehnhundert Beutel zur Abtragung der nach Constantinopel schuldigen Gel-
1768 der zusammenbrachte [5]. Nicht lange hielt er die Larve getreuer Unterwürfigkeit vor, schon im folgenden Jahre schlug er auf eigenen Nahmen Münze [6], und die Pforte, zu ohnmächtig, denselben zu Paaren zu treiben, begnügte sich, den Statthalter Rakim Mohammed, als zu alt und zu schwach, zu ändern, und an seine Stelle den von

[1] Wassif S. 302. [2] Lettera di Alessandria 19. Ott. 1767 als Beylage des Berichtes Brognard's vom 29. Dec. 1767. [3] Wassif S. 302. [4] Lettera di Alipascia 27. Ott., beym selben Berichte Brognard's. St. R. und Wassif S. 302. [5] Derselbe S. 303. [6] Volney.

Rakka, Mohammed Diwitdar, zu setzen [1]). Besser als die ägyptischen
Unruhen, wurden die Medina's beygelegt, wo der Zwist wegen
zweyer verschlossener Thore [2]) zwischen den Bewohnern der Stadt und
den Arabern außer denselben durch den Tod des übermächtigen Kabab
Ssalih, welcher diese beyden Thore verschlossen hielt, und durch die
Hinrichtung von ein Paar seiner Anhänger, die sich der getroffenen
Übereinkunft zuwider, mit Waffen in den Straßen Medina's sehen
ließen, beygelegt ward. Zur Besoldung der fünfzig Mann, welche als
Besatzung von Medina für die Ruhe und Sicherheit des Heiligthumes
wachen sollten, wurden zweytausend Ducaten festgesetzt [3]). Nicht ruhiger als an der südlichsten Gränze des Reiches, sah es an der nord-
östlichsten und südwestlichsten, an der georgischen und montenegrinischen,
aus. Zu Achiska war der Statthalter Ibrahim aus der Stadt geworfen, seine Stelle von der Pforte dem Nuumanpascha von Trapezunt
verliehen worden. Dieser zog mit gewaffneter Hand wider die Rebellen, schlug dieselben ein Paarmahl, und eroberte im eigentlichsten
Sinne die ihm verliehene Statthalterschaft [4]). Der Kiaja des Statthalters von Achiska oder Tschildir lag in Georgien wider Salomon,
den Herrn Guriel's, zu Felde, und stand vor Klein-Bagdad [5]). Hier kam
Salomon zu ihm, entschuldigte seine bisherige Meuterey, und schob
die ganze Schuld auf den vorigen Statthalter Tschildir's, den hingerichteten Ahmedpascha, den Erbauer der Moschee und Stifter der Bibliothek von Achiska. Er versprach hinfüro in Allem der hohen Pforte
unterthänig zu seyn, den Mönch [6]), welcher Georgien's Einwohner
durch russische Einstreuungen zu verführen beschuldigt war, auszuliefern, das Schloß Soweira zu schleifen, oder osmanischer Besatzung
zu überlassen, und sich dem Sclavenverkaufe keineswegs zu widersetzen. Diese Anträge, nach Constantinopel berichtet, erhielten die Genehmigung der Pforte, Soweira wurde geschleift, der Mönch im
Schlosse Hoßn Keif eingesperrt, Salomon mittelst Diploms wieder
als Herrscher Georgien's anerkannt [7]). Ein anderer Mönch, der ebenfalls russischem Interesse zugethan, der kleine Stephan, hatte ganz
Montenegro in Aufruhr gebracht. Er spielte den gottbegeisterten Propheten, die nächste Ankunft russischer Heere verkündend [8]), und warf
sich zum Herrn von Montenegro, von Niksig bis Scutari, auf [9]). Der
Statthalter von Bosnien, Silihdar Mohammedpascha, und der von
Rumili, Mohammedpascha, mit allen ihren Lehensmannen, zogen wider Montenegro aus, schlugen den kleinen Stephan zwar ein Paarmahl aus dem Felde, wagten es aber nicht, ihn im Mittelpunct des
Gebirges, im festen Kloster Cettigne, anzugreifen, von welchem vormahls der tapfere Statthalter von Bosnien, Köprilisade Nuumanpa-

[1]) Waßif S. 309. [2]) Derselbe S. 306. [3]) Eben da. [4]) Derselbe S. 315.
[5]) Derselbe S. 320. [6]) Derselbe S. 315. [7]) Derselbe S. 316. [8]) Brognard's Bericht.
[9]) Übersetzung des Berichtes des Statthalters von Bosnien dem Berichte Brognard's vom 1. Oct. 1766 beyliegend.

scha, abziehen gemußt [1]). Des Statthalters von Bosnien großspre=
chender Bericht an die Pforte setzte den, über den kleinen Stephan er=
fochtenen Sieg über den, welcher im letzten österreichischen Kriege un=
ter der Statthalterschaft Ali des Doctorssohnes, des bosnischen Glau=
benskämpen, über die Deutschen bey Banjaluka erfochten worden [2]).

Der Großwesir Muhsinsade, Gemahl der geliebtesten Schwester
des Sultans, erhielt sich an seinem Posten nur durch den Einfluß sei=
ner Gemahlinn, und durch seine gänzliche Unterwürfigkeit in den
Willen des Sultans, welcher seit dem Tode Raghib's wirklich selbst
herrschte, und in dieser Hinsicht eine seltene Erscheinung auf dem os=
manischen Throne, auf welchem seit S. Murad IV. kein Selbstherr=
scher gesessen. Die Herrschaft der Kislaraga war seit der Hinrichtung
des letzten übermächtigen beendiget, und nachdem Raghib sechs Jahre
lang unter dem Ende der Regierung S. Osman's III. und im Anfan=
ge der Regierung S. Mustafa's III., der letzte der osmanischen Groß=
wesire, noch mit voller Machtvollkommenheit die Zügel der Regie=
rung geführt, war auch des Großwesirs Macht durch S. Mustafa's
Selbstherrscherfucht vernichtet. Weil Bahir Mustafa nach eigenem Kopfe
regieren wollte, verlor er denselben, und Muhsinsade rettete den seini=
gen in den schwierigsten Lagen und gefährlichsten Augenblicken, welche
den Ausbruch des russischen Krieges herbeyführten, nur durch blinde
Ergebenheit in den Willen des Sultans und durch der Gemahlinn
Einfluß. Die Verbindung mit dem Serai durch die Hand einer Prin=
zessinn war jetzt in der Wagschale politischen Ansehens und Einflusses
bey weitem vorwiegender als sonst, und in Mustafa's Augen eine Art
von Talisman, welcher den damit beglückten, wenn nicht vor Absetzung
und Verbannung, doch vor Hinrichtung seyte. Nur der die Regierungs=
zügel fest zusammenhaltenden Hand Raghib's war es gelungen, die drey
Schwäger des Sultans und die seinigen von Constantinopel, wo sie als
Wesire unter der Kuppel saßen, in Statthalterschaften zu entfernen,
ohne daß die Folgen davon durch der Frauen Sultaninnen Rache für
ihn verderblich; als aber Bahir Mustafa den Kapudanpascha, Gemahl
der Sultaninn Ssaliha, der Witwe Raghib's, absetzte und als
Statthalter entfernte, trug Ssaliha's Rache zur Absetzung und Hin=
richtung Bahir Mustafa's das Meiste bey [3]). Sultan Mustafa war,
wie schon aus dem bisher Erzählten ersichtlich, sehr vermählungslustig,
indem er nicht nur seine geliebte Nichte [4]), Chanum Sultan, sondern
auch seine Töchter in der Wiege vermählte. Hebetullah starb, noch ehe
sie mannbar, Schahsultan war die Gemahlinn des abgesetzten Groß=
wesirs Hamsapascha, der, seit seiner Absetzung Statthalter zu Kandia,
Steuereinnehmer Morea's, dann zuletzt Statthalter von Dschidde und
Äthiopien, auf der Pilgerschaft nach Mekka starb [5]). Jetzt war der

[1]) Brognard's Bericht vom 1. Oct. 1766. Waßif S. 311 nur oberflächlich.
[2]) Der Bericht des Statthalters bey dem Brognard's. [3]) Penkler's und Bro=
gnard's Bericht. St. R. [4]) Waßif S. 104. [5]) J. J. 1183 (1769). Dschawid's Biogra=
phien der Großwesire.

Sultan bedacht, die ältere seiner beyden lebenden Töchter, Schahsultan, mit dem Nischandschibaschi, dem Wesir Mohammed Emin, zu vermählen. Sie ging ins neunte Jahr, und war daher in dem gesetzmäßigen Alter, in welchem das Gesetz des Islams, nach des Propheten Beyspiel, die Vollziehung der Hochzeit unter vorausgesetzter Mannbarkeit gestattet. Freytags am Neujahrestage des christlichen Jahres ¹·⁽¹·Jan·¹⁷⁶⁸⁾ hätte die feyerliche Werbung, Auswechslung des Brautgeschenkes und Verlöbungstuches Statt. Das Bräutgeschenk, das Zeichen beygenannt, wurde nach den Registern des Ceremoniels erst zur Pforte, und von da ins Serai gebracht, die Liste der Geschenke durch den Kiajabeg dem Kislaraga übergeben, von diesem der Braut überbracht, und gleich darauf von Seite der Braut das Verlobungstuch ¹) durch den Kislaraga dem Kiajabeg, Minister des Innerern, und von diesem dem Kiaja (Obersthofmeister) des Bräutigams übergeben. Dieses Brautgeschenk bestand ceremonielmäßig aus einem großen diamantenen Ringe, einem großen smaragdenen Tropfen als Ohrgehänge, einem mit Diamanten, Smaragden und Perlen besetzten Schleyer, einem Paar Spangen (Tschepraft) mit smaragdenen Knöpfen und Perlenquasten, einem Paar diamantenen Armbändern, einem mit Diamanten besetzten Gürtel, einem Spiegel, einem mit großen Perlen und Blaßrubinen besetzten Talar, einem Paare mit Smaragden, Perlen und Rubinen gestickter Pantoffel, einem Paare eben so besetzter Stelzenschuhe, drey Stücken reichen constantinopolitanischen Stoffes und den gewöhnlichen Taffen mit Früchten, Blumen und Zuckerwerk, also außer dem Sieben in Sieben der Frauenwelt des Orientes, außer den sieben Sphären, in denen sich der Genius der Morgenländerinnen bewegt, nähmlich Diadem, Ring, Halsband, Ohrgehäng, Armband, Knöchelring ²) und Gürtel, noch: Schleyer, Pantoffel und Stelzschuhe für's Bad; Gürtel, Schleyer und Pantoffel schon seit der ältesten Zeit im Morgenlande so kostbar, daß persischen und ägyptischen Königinnen ganze Städte als Gürtel= Schleyer=, und Pantoffelgeld angewiesen waren ³). Die sieben kosmetischen Sphären, die Shawle und reichen Stoffe zu Kleidern, die Pantoffel und Stelzschuhe, die Früchte, Blumen und Zuckerwerk, sind die zweymahl sieben hergebrachten Geschenke, die der Bräutigam der Braut, und diese ihm zur Erwiederung einen Bündel in ein Schnupftuch eingewundener Stoffe als Gegengeschenke gibt, daher das Mährchen vom geworfenen Schnupftuche. Blumen, Früchte und Zuckerwerk sandte der Bräutigam auch den beyden Prinzen Selim und Mohammed und der jüngeren Schwester der Braut, der Sultaninn Beighan ⁴), welche ⁽²⁴·May⁾ fünf Monathe hernach noch eine zweyte Schwester durch die Geburt der Sultaninn Chadidsche erhielt ⁵). Zwey Oberststallmeister des Serai Huseinaga, der vormahlige Gehülfe des Tschetedschi (Vortrabführers der Pilgerkarawane) und sein Vorfahr Chalil, traten beyde in dem

---

¹) Wassif S. 304. ²) Dieser fehlt in der Aufzählung. ³) Plato in Alcib. Athenäus I. 25. Herodot II. 98. ⁴) Wassif S. 305. ⁵) Derselbe S. 311.

Zwischenräume von drey Monathen mit drey Roßschweifen aus dem Serai, jener als Statthalter von Karaman, nach einigen Tagen zum Statthalter Anatoli's befördert [1]), dieser mit Verleihung der Sandschake Bosok uud Janina als Gerstengeld zur Gränzhuth Chocim's [2]). Jegen Husein wurde bald hierauf zur Gränzhuth Bender's bestimmt [3]). Des Großwesirs Regierung beschränkte sich auf ein Polizeyverboth, daß keine neuen Bäder mehr zu Constantinopel gebaut werden sollen, indem ohnedieß über Holz- und Wassermangel geklagt ward [4]).

Sultan Mustafa begab sich als Selbstherrscher sehr oft verkleidet an die Pforte, wo er im größten Geheimnisse Berathungen mit den drey ersten Ministern derselben, dem Großwesir, dem Kiajabeg und
5. Nov. Reis Efendi, hielt. Am Morgen nach einer solchen geheimen Berathung
1767 starb der Kiajabeg urplötzlich an der Pest, zum größten Bedauern des Sultans, der, wiewohl ihm durch den Tod dieses geldliebenden Ministers reiche Erbschaft zufiel, sich trotz seines bekannten Geizes äußerte, daß er gern noch einmahl so viel gegeben haben würde, wenn er dem Kiaja hätte das Leben fristen können [5]). Wirklich war des Kiaja Kiaschif Tod ein großer Verlust, indem derselbe das thätigste Werkzeug der Regierung; zweymahl Reis Efendi, dann Defterdar und Defter Emini, und jetzt zum zweyten Mahle Kiajabeg, ein einsichtsvoller, aber höchst geiziger Minister, von dem unerhört, daß er je einem Armen einen Pfennig gegeben [6]). Zugleich mit demselben starb der Defterdar Auni, und durch diese beyden Todfälle wurde das Ministerium geändert; der bisherige Minister des Äußeren, Hamamisade Omar, ward Minister des Inneren, der Tschauschbaschi Osman Reis Efendi,
1. Jan. und Abdullatifbeg zum zweyten Mahle Reichsmarschall [7]). Am Tage
1758 der Vermählung der Prinzessinn Schahsultan starb auch der Intendent der Finanzen, der alte Ebubekr, einer der wichtigsten und geschäftserfahrensten Diener der Pforte. Schon vor vierzig Jahren unter Ahmed III. erster Kammerdiener des Sultans, war er seitdem dreyzehnmahl Nischandschi, achtmahl Secretär Mustermeister der Janitscharen, siebenmahl Intendent der Kammer gewesen [8]). Vom Tode des Oberstlandrichters Muhsinsade Ahmed Efendi wurde nur gesprochen, weil er ein Verwandter des Großwesirs, Sohn des als Statthalter von Dschidde verstorbenen Muhsinsade Mohammedpascha [9]); aber weit größeres Aufsehen machte
3. Jun. der Tod des Kislaraga, nicht weil er einflußreich in Geschäften, indem ihn der Sultan im Gegentheile darum liebte, weil er sich in nichts mischte [10]), sondern weil derselbe das Opfer der Unwissenheit seines Arztes fiel. Diesen hatte ihm sein Imam, einer der ersten Muderrise Sechziger, Ibrahim von Kreta, empfohlen [11]). Der Sultan, höchst

---

[1]) Wassif S. 307. Silkide 1181. [2]) Wassif S. 311. Ssafer 1181. [3]) Brognard's Bericht. [4]) Wassif S. 313. [5]) Brognard's Bericht. Nov. 1767. [6]) Wassif S. 300. [7]) Eben da. [8]) Derselbe S. 305. [9]) Derselbe S. 308. [10]) Brognard's Bericht. Junius 1768. [11]) Wassif S. 310.

aufgebracht, ließ den Arzt über die gegebenen Arzeneyen und seine Befähigung zu heilen zu Rede stellen; es fand sich, daß derselbe Doctor ohne Diplom, wie so viele andere Apotheker Quacksalber der Hauptstadt. Der Imam wurde für seine Empfehlung aus der Liste der Muderriße gestrichen und sammt seinem Empfohlenen, dem Quacksalber, verbannt; eben so wurde ein anderer Doctor, Nahmens Mano, verbannt, der Schwiegersohn des alten Pfortendolmetsches Karadscha, welcher, durch Altersschwäche zur Verhandlung von Geschäften wenig tauglich, überhaupt mehr den Arzt als den Dolmetsch machte [1]. Es wurde Befehl kundgemacht, daß jeder, der hinfüro ohne Doctor-Diplom und Heilbefugniß das Leben retten wolle, sein eigenes durch das Schwert verlieren solle [2]. Der Sultan, der auf diese Weise die medicinische Polizey überwachte, beschäftigte sich auch gern mit medicinischen Werken, und auf seinen Befehl übersetzten der Arzt Ssubhi und der kaiserliche Dolmetsch Herbert mitsammen die Aphorismen Boerhaave's [3]. Drey Tage nach dem Kißlaraga starb Gendsch Mohammedpascha, das ist der junge Mohammed, Sohn des großen Großwesirs Ibrahim, welcher unter Sultan Ahmed III. so glorreich das Reich regiert; schon bey seines Vaters Lebzeiten Wesir, aber mit der fallenden Sucht behaftet, hatte er seitdem in seinem Landhause zu Beschiktasch vierzig Jahre lang sich bloß mit der Aufsicht der frommen Stiftungen seines Vaters beschäftiget, und den Titel des jungen, der ihm, weil er so jung die drey Roßschweife erhalten, vor einem halben Jahrhunderte beygelegt worden, mit sich ins Grab genommen [4]. Endlich starb auch der Leibarzt des Sultans, Katibsade Mohammed Refii Efendi, und seine Stelle erhielt Mohammed Emini, einer der Muderriße der Suleimanije, der ausgezeichnetste in ärztlichen Kenntnissen an der dortigen Schule der Arzneykunde [5]. Der Platz des Leibarztes konnte keinem anderen, als einem der Ulema, verliehen werden; aber seit geraumer Zeit schon war man im Serai gewahr, daß das Befugniß der Ulema kein glaubwürdiges Zeugniß für die Geschicklichkeit der Ärzte, und für das Serai und Harem schenkte der Sultan sein Vertrauen fränkischen Ärzten, welche, durch ihren unmittelbaren Zutritt von europäischen Ministern gesucht und gewonnen, nicht selten wichtige Hebel oder wenigstens Kundschafter in politischen Geschäften: Ein solcher war der Arzt S. Mustafa's, der Neapolitaner Caro, welcher unlängst, mit Empfehlungsschreiben Penkler's versehen, eine Reise nach Neapel gemacht; sein Nachfolger war der Deutsche Ghobis, welcher jetzt die an der Gliedersucht niederliegende Günstlinginn des Sultans im Harem behandelte, und großen Vertrauens des Sultans genoß. Drey Tage vor der Vermählung der

3. Jun. 1768

28. Dec. 1767

---

[1] Brognard's Bericht. Junius 1768. [2] Waßif S. 310. [3] Brognard's Bericht. Junius 1768. [4] Waßif sagt, daß er dieß aus den Geschichten Tscheschmisade's und Musafade's gezogen. [5] Derselbe S. 315.

Sultaninn Schahsultan befand sich derselbe im Harem beym Sultan, als dieser von freyen Stücken auf Rußland zu schimpfen begann; er werde, sagte er, den Russen wegen ihres friedensbrüchigen Benehmens in Georgien und Pohlen den Krieg ankünden,
was er längstens gethan; wenn nicht einige seiner, von den
Russen bestochenen Ulema ihm entgegenständen, an der Spitze derselben Dürrisade, welcher jüngst der Mufti-Stelle entsetzt worden.
Er hoffe, Österreich werde nichts dagegen unternehmen, da es nicht
mehr mit Rußland verbündet, und Pohlen flehe um die Rettung seiner Freyheit vor Rußland's Eingriff. Diese Äußerungen waren die
ersten, aber noch geheimen Wahrzeichen ernstlichen Entschlusses zum
Kriege, welcher bey der bisher stets friedlichen Stimmung der Pforte
nicht wahrscheinlich geschienen. Der Doctor, um sich in der politischen
Diagnose der Symptome nicht zu täuschen, besprach sich noch mit dem
ersten Günstling des Sultans, dem Zwerge Mustafa, der ihm dieselbe Ansicht und Gesinnung der Sultans bestätigte; auch wurde auf einmahl der Director der Mehterchane, das ist des kaiserlichen Zeltma-
gazines, an die Pforte berufen, um den Stand der Zelte befragt, und
unter dem Vorwande, daß zur nächsten Beschneidung des Krönprinzen
Selim die kaiserlichen Zelte erforderlich, ein Paar hundert derselben
zu rüsten befehliget. Der Doctor hatte aber zugleich in Erfahrung
gebracht, daß im Serai von der Beschneidung des Prinzen Selim
noch gar nicht die Rede [1]. Auf diese Art erhielt der kaiserliche Internuntius Brognard durch den Doctor Ghobis die erste Gewißheit des
vom Sultan beschlossenen russischen Krieges, mit dessen Entwürfen der
Sultan noch neun Monathe peinlich schwanger ging, bis die Geburt
nach vielfachem diplomatischen Wort- und Schriftwechsel blutig ans
Licht trat.

Der Same des Krieges wider Rußland wurde schon zu Anfang
desselben Jahres, zu dessen Ende sich der Sultan so bestimmt äußerte,
durch die Verhandlungen über den Einmarsch der russischen Truppen
in Pohlen, ausgestreut, worüber sich die Pforte beschwerte, der russische
Resident aber behauptete, daß Rußland in der Sache der Dissidenten bloß
die Sache der unterdrückten Freyheit verfechte. Als ihn der Pfortendolmetsch über den Einmarsch der russischen Truppen zu Warschau zu Rede
stellte, antwortete er schriftlich, daß er davon keine Kunde habe, daß
solche Maßregel vermuthlich durch Nichterfüllung beschworner Verträge
auf französische Einstreuung herbeygeführt worden seyn möge [2]. Obreskoff
stellte der Pforte die Conföderation von Bar als zusammengelaufenes
Gesindel dar, und fragte, was die Welt sagen würde, wenn Russen
und Preußen zur Unterstützung der Dissidenten, Türken und Tataren
zur Hülfe der Katholiken herbeyeilen würden; es sey bloßer Religions-
handel. In einer mit dem russischen Residenten und dem preußischen

[1] Brognard's Bericht. Januar 1768. [2] Protokoll der Conferenz.

Gesandten gehaltenen Conferenz wurden die Angelegenheiten Pohlen's März
zur Sprache gebracht, und beyde Minister verwahrten sich hoch wider 1767
irgend einen gewaltthätigen Einfluß ihrer Höfe auf Pohlen's Freyheit.
Das zwischen den russischen Truppen und den Conföderirten vorgefallene Treffen, in Folge dessen Radziwil in die Moldau entflohen, erbitterte die Pforte noch mehr; dazu kamen die Anstände des Festungs-
baues in Neu-Servien, die Klagen über verletztes Gebieth in der
Kabartai; die Verführung von Moldauern, und die Aufwieglung von
Montenegrinern. Der russische Resident verantwortete sich in schriftlicher Eingabe [1], daß Orel, wo nur ein Lazareth und keine Festung
aufgebaut worden, dießseits des Dniester, achtzig Stunden von
Oczakow, fünfzig von Bender liege, daß die Klagen über Gränzverle-
tzung der Kabartai nur von Unkunde der Gränze herrühren, welche
westlich an der Gränze der den Osmanen unterthänigen Statthalter-
schaft Besleni beginne, dann östlich fortlaufend bis an die östlichen
Ufer des in den Terek fallenden Flüßchens Krupa, und daß sich die
Kabartai nicht über dieses Flüßchen erstrecke; die Besatzung von Moss-
dok habe keinen anderen Zweck, als die Streifereyen der Bewohner der
Umgegend in Zaum zu halten, um den Unterschleif persischer Kaufleute
zu hindern; die kleinen Schanzen längs des Terek seyen nicht auf dem
Grunde der Kabartai; in Betreff der Hülfe, womit Rußland die
Georgier unterstützt haben sollte [2], bedürfe Georgien, das durch seine
Lage und Schlösser fest genug, keiner russischen Hülfe zur Selbstver-
theidigung; Rußland sehe nur auf das Wohl seiner eigenen Länder,
und sey weit entfernt, mit der hohen Pforte Zwist zu suchen. Obreskoff drang auf das Befugniß der Ernennung eines neuen Consuls in
der Krim, und da die Pforte dieselbe nur für den Fall gestatten wollte, daß Obreskoff die Schleifung Orel's verbürgen wolle, erklärte er
sich hiezu nicht befugt [3]. In Betreff der angeblich durch sechs russische
Mönche verführten moldauischen Unterthanen antwortete Obreskoff,
daß er hierüber Bericht an seinen Hof erstattet habe, weit spitzer aber
lautete die dann im Nahmen seines Hofes ertheilte Antwort, daß die
Flüchtlinge wohl keine anderen seyn dürften, als solche, welche nicht
nur in der Moldau, sondern überall den Erpressungen und Bedrückungen der Fürsten so wie der Statthalter zu entziehen sich bestrebten. So
standen die Sachen, als Mustafa, schon zum Kriege entschlossen, sich
gegen den Doctor Ghobis hierüber geäußert. Die folgenden Nachrichten und Erörterungen brachten den Sauerteig nur noch mehr in Gäh-
rung. Von der russischen Unterstützung der Montenegriner wollte Obreskoff eben so wenig wissen, als von der moldauischen Verführung oder
dem Einmarsche der russischen Truppen zu Warschau, er vertagte seine
Antwort immer bis auf weiter eintreffende Nachricht von seinem Hofe,

[1] Memoire Obreskoff's Ende Junius 1767. [2] Dasselbe vom Ssafer 1181
(Julius 1767). [3] Dasselbe vom Silkide 1181 (März 1768).

und der preußiſche Geſandte, ſein treues Echo, antwortete im ſelben
Sinne. Dieſer Notenwechſel iſt ein einziges Beleg der Einfältigkeit
osmaniſcher und des Hohns ruſſiſcher und preußiſcher Diplomatie in
dieſer Epoche. Die immer erneuerten Bothſchaften durch den Pfortendolmetſch fragten immer um Erklärung der Gewaltſcenen in Pohlen,
und der ruſſiſche Reſident hatte immer keine Kunde davon, oder
erklärte alles für Maßregeln zum Beſten der Freyheit der Republik
und zur Aufrechthaltung beſchworener Verträge. Noch lächerlicher faſt
als die an den ruſſiſchen Reſidenten ſind die, an den preußiſchen Miniſter geſtellten Anfragen und Anſinnen, z. B. daß, weil der Orden
von Malta Güter in Schleſien beſitze, wolle der König als Freund
der Pforte die Zurückſtellung raguſäiſcher Schiffe und künftige Sicherheit moslimiſcher Schifffahrt von Malteſern vermitteln[1], oder
May
1768 daß Zegelin vom engliſchen Bothſchafter ausforſchen möge, was der
Zweck der Sendung eines engliſchen Geſandten nach Marokko[2], oder
daß man ihn gar nicht als hinlänglich bevollmächtiget anerkennen würde, wenn er nicht gleich die Summe der einem Griechen aus Chios
confiscirten ſächſiſchen Thaler abführe[3], oder daß ſich bey den Rebellen von Montenegro preußiſche Officiere befinden ſollten[4]. Die
Antworten narrten die Unwiſſenheit und Einfältigkeit des Reis Efendi mit Nachrichten über Truppenzuſammenziehung in Ungarn, ſo daß
ſich die Pforte beym kaiſerlichen Internuntius über eine in Kloſterneu-
burg vom Stapel gelaſſene Fregatte beſchwerte[5]! Zu Jaſſy ward ein
ruſſiſcher Officier als angeblicher Spion aufgehenkt, Obreskoff beſchwerte ſich über ſolchen ohne Rückſprache mit ihm Statt gefundenen
Vorgang[6], der Reis Efendi hingegen über die bey einem verhafte-
ten ruſſiſchen Kaufmanne gefundenen Aufwiegelungsbriefe ruſſiſcher
Magnaten an moldauiſche Bojaren[7]. Obreskoff wußte wie gewöhnlich nichts davon, und erklärte dieſelben auch im Nahmen ſeines Hofes
mit der ſpitzen Bemerkung, daß die Flüchtlinge nur Schlachtopfer von
Erpreſſungen, die überall davon liefen, ſeyn dürften[8]. Der Unmuth
der Pforte wurde durch wiederhohlte Schreiben des Häuptlings der
Conföderation, Branicki, unterhalten[9]; fünf pohliſche Edelleute
wurden von der Conföderation von Bar an den Statthalter von Chocim abgeordnet, um ihm den Zuſtand der Republik, deren Geſandter
Alexandrowicz nicht geweſen, darzuſtellen, und Alles vorzutragen,
was jener verſchwiegen habe; zugleich that die Conföderation dem
Großweſir die Ernennung von Internuntien nach Wien, Paris, Berlin,
Dresden, Madrid und anderen Höfen kund. Die Einnahme von Biala
und Sulatz durch die Ruſſen ſtachelte die Pforte von neuem auf, ſie

---

[1] Memoire Zegelin's Ende May 1768. [2] Eben da. Nov. 1767. [3] Eben
da. Oct. 1758. [4] Eben da. [5] März 1768. Brognard. [6] Obreskoff's Memoire
April 1768. [7] Eben da. Junius 1768. [8] Eben da. 21. März 1768. [9] Schreiben an den Großweſir vom 8. März und 1. May, an den Statthalter von
Chocim 7. Aug. 1768.

erklärte dem preußischen Minister, sie werde sich genöthiget sehen, als Nachbar Pohlen's demselben zu Hülfe zu eilen, und die Tataren aufzubiethen [1]), worauf der russische Resident erklärte, daß, wenn von der Pforte der Tatarchan gegen Pohlen befehliget sey, er den Krieg als ein Verhängniß betrachte, sich zu seiner Abreise bereit halten müsse [2]). Zu Balta war es zwischen Russen und Tataren zu wirklichen Thätlichkeiten gekommen, worauf der Mufti durch ein bedingtes, aber noch im größten Geheimnisse gehaltenes Fetwa den Krieg guthieß; er gab es ungern, und nur auf des Kadiasker Osman Molla dringendes Begehren [3]). So war der Krieg, längst in des Sultans Sinn beschlossen, jetzt auch durch Fetwa gebilliget, aber es verflossen noch sechs Wochen bis zu dessen Erklärung.

Inmitten der kriegerischen Entschlüsse und Vorbereitung wurde der Großwesir Muhsinsade plötzlich abgesetzt, an dem Tage, wo das gewöhnliche Rikiab, d. i. die Aufwartung der Minister am Steigbügel des Sultans, Statt hatte, um demselben nach hergebrachtem Kanun für die ein Paar Tage zuvor Statt gefundene Auszahlung der Truppen zu danken. Als Ursache verlautete allgemein seine bekannte Unfähigkeit in so wichtigem Zeitpuncte; er selbst sagte dem Reichsgeschichtschreiber Wasif im Winterquartier zu Schumna, daß er im geheimen Gespräche mit dem Sultan auf langsame Rüstung und vollkommene Wehrhaftmachung der Gränze vor der Kriegserklärung bestanden, damit der Feind dieselbe nicht in wehrlosem Zustande finde [4]), daß er aber durch diesen Rathschlag dem auf die Erklärung des Krieges dringenden Sultan mißfallen. Diese Angabe des Reichsgeschichtschreibers aus des abgesetzten Großwesirs Munde läßt sich mit der der Gesandtschaftsberichte einiger Maßen vereinigen, welche melden, daß der Sultan Anfangs mit dem Großwesir wohl zufrieden, für den Krieg stimmte, zuletzt demselben abhold, weil er in der letzten Rathsversammlung auf die Seite der Ulema trat, und denselben von der Reise nach Adrianopel abhalten wollte. Er wurde zwar bloß nach Tenedos verbannt, doch mit Zittern vor instehendem Tode, indem sein Begleiter derselbe Kämmerer, welcher seinen Vorfahr Bahir Mustafa nach Mitylene begleitet hatte, und mit dessen Kopf zurückgekommen war [5]). Zum Großwesir wurde der Statthalter von Aidin, der vormahlige Silihdar Hamsapascha, in der vollsten Kraft des Mannesalters von vierzig Jahren, ernannt; Sohn eines begüterten Mannes aus Karahißar im Sandschak Nikde, war er fünfzehnjährig als Zuckerbäcker ins Serai gekommen, hatte seinen Weg als Page durch die Kammern gemacht, und war vor zehn Jahren bey der Thronbesteigung S. Mustafa's als Silihdar der Prinzessinn Hebetullah ver-

Margin dates:
19. Jun. 1768
17. August
7. Aug.
28. August

[1]) Memoire der Pforte an Zegelin 19. Julius 1768. [2]) Obreskoff's Memoire August 1768. [3]) Brognard's Bericht 17. August 1768. [4]) Wasif S. 314. [5]) Brognard's Bericht.

lobt, als Weſir Steuereinnehmer von Morea aus dem Serai getre=
ten, und hatte ſeitdem binnen zehn Jahren eben ſo viele Statthalter=
ſchaften durchlaufen. Am fünfzehnten Tage nach ſeiner Ernennung kam
er zu Conſtantinopel an, nach hergebrachtem Ceremoniel zu Skutari
von dem Pfortendolmetſch empfangen, vom Mufti zur Audienz be=
gleitet, und beym Hinaustritte mit reich geziemirtem Pferde beſchenkt.
Er zeichnete ſich durch reiche Geldſpenden aus, und ſetzte ſogleich den
Reis Efendi Osman, welcher ein Geſchöpf ſeines Vorfahrs, ab, die
Stelle deſſelben dem Ridſchaji Efendi [1] verleihend, welcher dieſelbe
ſchon vor ſechs Jahren, ſeitdem die des Kiajabeg und Directors des
Arſenales, bekleidet hatte. In dem bey Ankunft des Großweſirs kund
gemachten Handſchreiben ſeiner Ernennung wurde als Schuld, daß
der Abgeſetzte die wichtigſten Geſchäfte (des Krieges) vernachläſſiget,
und daß er alle Ämter mit ſeinen Geſchöpfen beſetzet habe, angege=
ben [2]. In einer großen Berathung wurde der Krieg wider Rußland
auf's Tapet gebracht, und aus dem Grunde, daß Rußland durch den
Einmarſch der Truppen Pohlen's Freyheit gekränkt, neue Ordnung
der Dinge einzuführen beſchloſſen, die anders Geſinnten bekriegt und
geplündert, die Flüchtigen bis ins osmaniſche Gebieth verfolgt, jüngſt
gar Balta, das Familiengut des Chans, mit Waffen überfallen und
verbrannt, und auf dieſe Art den Frieden vielfältig gebrochen, der
Krieg allgemein als geſetzmäßig erkannt; nur weil der Großweſir erſt
ans Ruder gekommen, den ruſſiſchen Reſidenten noch nicht geſehen,
wurde beſchloſſen, denſelben vorzufordern, und ihm als einzige Be=
dingniß des zu erhaltenden Friedens vorzulegen, daß Rußland unter
Verbürgung ſeiner vier Verbündeten (Dänemark's, Preußen's, Eng=
land's und Schweden's) ſich verbindlich mache, künftig weder in die
Königswahl, noch in den Sectenſtreit Pohlen's ſich zu miſchen, ſeine
Truppen aus Pohlen zurückzuziehen, und die Freyheit Pohlen's nicht
fürder zu kränken, widrigenfalls der Krieg unabänderlich beſchloſſen
ſey. Obreskoff, welcher auf einen, von ſeinem Hofe Ende Septem=
bers erhaltenen Courier geheime Unterredung begehrt hatte, wurde
acht Tage hernach zu öffentlicher berufen, zu welcher er ſich in vollem
Staate, in der Abſicht, dem Großweſir zugleich ſeinen Glückwunſch
zum Antritt darzubringen, begab. Nachdem er eine halbe Stunde im
Fremdenzimmer gewartet, wurde er in den Diwansſaal geführt, wo
das ganze Miniſterium verſammelt. Der Großweſir empfing ihn nicht
ſtehend, ſondern ſaß auf dem Soffa [3], mit halb ausgeſtreckten Fü=
ßen in ungeziemender Stellung. Mitten in der Anrede unterbrach ihn
der Großweſir: es handle ſich nicht um Conferenz, deren er genug

22.
Sept.
1768

4. Oct.

6. Oct.

[1] Waſſif S. 316. [2] Brognard's Bericht. [3] Nachricht von dem, was bey
der Audienz vorgefallen, welche der ruſſiſche Reſident, Hr. v. Obreskoff, den
6. October 1768 bey dem Großweſir gehabt. Brognard's Bericht vom 13. Oct.
1768.

mit, dem Reis Efendi gehabt, und zog eine Schrift aus dem Buſen,
durch welche ſich Obreskoff vor vier Jahren zum Rückzuge der ruſſiſchen Truppen aus Pohlen bis auf ſiebentauſend Mann verbindlich gemacht, während jetzt deren dreyßigtauſend [1]); Obreskoff geſtand fünf
und zwanzigtauſend. „Verräther! Meineidiger!“ ſchrie ihn der Großweſir an, „geſtehſt du nicht ſelbſt deine Treuloſigkeit ein, errötheſt du
„nicht vor Gott und den Menſchen über die Gräuel, welche euere
„Truppen in einem euch nicht gehörigen Lande verüben, haben euere
„Kanonen nicht den Palaſt des Tatarchans zerſtört?“ Hierauf wurde
ihm der, in der Rathsverſammlung gefaßte Beſchluß zu unterſchreiben
zugemuthet, und als er ſich deſſen aus Mangel hinlänglicher Vollmacht
hierzu weigerte, der Krieg erklärt. „Rußland,“ antwortete der Reſident, „verlangt ſelben nicht, wird den ihm angekündigten aber mit
„allem Ernſte durchführen.“ Der Pfortendolmetſch überſetzte: Rußland iſt in der Freundſchaft unwandelbar, wollte man aber den Krieg,
ſo wäre es ein anderes. Der Reſident wiederhohlte ſeinen Satz dreymahl, nachdrücklichſt verlangend, daß der Pfortendolmetſch getreu
überſetze, was nicht zu erhalten war [2]). Er wurde ins Fremdenzimmer zurückgeführt, der Großweſir erſtattete an den Sultan über das
Vorgefallene Vortrag. Noch einmahl kam der Pfortendolmetſch, ihn
zu der geforderten Unterſchrift zu bewegen, aber vergebens. Es war
drey Uhr Nachmittags, ehe die Antwort aus dem Serai an die Pforte
zurückkam. Der Muhſiraga (Stabsprofoß) ſchaffte die Janitſcharenwa-
che des Geſandten ab, indem nun ſein Dienſt beginne, die Bedienten
wurden bis weiteren Befehl zurückbehalten, die Pferde nach Pera zu-
rückgeſandt. Der Pfortendolmetſch und Ceremonienmeiſter erklärten
dem Reſidenten, es ſey des Sultans Befehl, daß er und der erſte
Dolmetſch nach den ſieben Thürmen gebracht würden. Obreskoff antwortete, er füge ſich, ſeiner Amtsverrichtungen von nun an entmächti-
get. Er begehrte einige Leute ſeines Gefolges, man geſtattete ihm ſeinen Secretär, zwey Dolmetſche und ſieben Bediente, mit denen er
in die ſieben Thürme abgeführt ward.

Acht Tage nach der Kriegserklärung hatte eine in dieſen Umſtän-
den höchſt wichtige Veränderung, nähmlich die des Tatarchans Statt,
welcher den Krieg beſeelen ſollte. Makßudgirai, der damahlige Chan,
wurde auf ſeinen Meierhof von Fundükli zur Ruhe geſetzt, und der
vorige, den Ruſſen ſo verhaßte Krimgirai, mit Säbel und Gürtel,
Bogen und Köcher, Kalpak und Reiger und ſtattlichem Pferde als
Chan inſtallirt [3]). Als beſondere Vergünſtigung wurden ihm in einer
Brieftaſche vierzigtauſend Ducaten überbracht, als beſondere Aus-   18.Oct.
zeichnung bey ſeinem feyerlichen Auftritte ins Serai vierzig eben an-   1768
gekommene Köpfe von Montenegrinern aufgeſteckt [4]). Zugleich mit

[1]) Précis de l'audience donnée du G. V. à Mr. Obrescoff le 6. Octob.
in Waßif S. 318. [2]) Der deutſche obige Bericht. [3]) Waßif S. 319. [4]) Brognard's Bericht.]

denfelben hatte der Statthalter von Bosnien, Mohammedpafcha, eine
allgemeine Bittfchrift der Bewohner Montenegro's eingefandt, wor=
in fie die Allgewalt des großen Padifchah, deffen Heere das Land
verödeten, die Bewohner tödteten, anerkannten, auf das heiligfte
fchwuren, die Aufwiegler Stephan und Waßili, wenn diefelben unter
ihnen fich weiter zeigen follten, auszuliefern, und bey dem Grabe des
Propheten und dem Blute Chrifti um Wiederaufnahme zu getreuen
Unterthanen bathen ¹). Der neue Chan war der Haupthebel der Ab=
fetzung des neuen Großwefirs, der fchon nach dritthalb Monathen,
und ehe noch der letzte der europäifchen Gefandten, nähmlich der nea=
politanifche Minifter, ihm den Glückwunfch zu feinem Antritte dar=
gebracht hatte, abgefetzt, nach Kallipolis verwiefen ward, wo er drey
Jahre hernach, ohne anderen Ruf als den unbegränzter Freygebigkeit,
ftarb ²). Sein Hang zur Verfchwendung fcheint dem fparfamen Sul=
tan nicht minder mißfallen zu haben, als dem Tatarchan deffelben in
den ägyptifchen Unruhen bewiefene Kopflofigkeit, aber das Handfchrei=
ben, das feine Abfetzung ankündigte, erwähnte keiner diefer Urfachen,
fondern bloß fchonungsweife feiner fchwachen Gefundheit ³). Der neue
Großwefir Mohammed Emin, mit dem Beynahmen Jaghlikdfchifade,
d. i. der Sohn des Sacktuchverkäufers, war vor vier und zwanzig
Jahren mit feinem Vater, einem Kaufmanne, nach Indien gereifet,
und fechs Jahre hernach in eine Acceffiftenftelle der Staatskanzley
eingetreten; bald darauf Gehülfe des Cabinetsfecretärs, des Groß=
wefirs, und felbft Cabinetsfecretär, Reis Efendi, Nifchandfchi, Kai=
makam, dann als Statthalter von Aidin mit der Prinzeffinn Schah=
fultan verlobt, als kaiferlicher Eidam, Statthalter von Haleb, aber=
mahls Nifchandfchi und zuletzt Kaimakam ⁴), zur Großwefirfchaft, wie
feine Vorgänger Muhsinfade und Hamfapafcha, nur durch die Eidam=
20.Oct. fchaft des Sultans befähiget. Fünf Tage nach feiner Ernennung ftarb
1768. der Mufti Welieddin, ein ausgezeichneter Schönfchreiber in Taalik
und Stifter der Bibliothek an der Mofchee S. Bajefid's, welche vor
allen anderen Bibliotheken den Vorzug feltener Werke hat. Sein
Sohn Mohammed Emin (der ältefte der Ulema, als Waßif feine Ge=
fchichte fchrieb) vermehrte diefelbe bis in die jüngfte Zeit herab durch
den Ankauf feltener Werke zu hohen Preifen, oder Abfchriften von
felben. Die oberfte Würde des Islams erhielt der durch feine kriegerifche
25.Oct. Stimmung bekannte, und dem Sultan vor allen anderen Ulema an=
genehmfte Osman Molla, der Sohn des vorigen berühmten gelehrten
Mufti Pirifade ⁵). Sein erftes Gefchäft war den Abdullah zum Rich=
ter des Lagers zu ernennen ⁶). Auf Veranlaffung des Tatarchäns wurde

<hr/>

¹) Die Überfetzung diefer Urkunde in der St. R. beym Berichte Bro=
gnard's vom 16. Nov. 1768. ²) Dfchawid's Biographien der Großwefire. ³) Bro=
gnard's Bericht. ⁴) Dfchawid's Biogr. der Großwefire. ⁵) Waßif S. 321.
⁶) Brognard's Bericht.

auch der Fürst der Walachey, der junge Alexander Ghika, unter welchem der Archimandrit von Ardschisch mit einem russischen Oberstlieutenant für Rußland um Anhänger warb [1]), abgesetzt, und der vorige Dolmetsch und Fürst der Moldau, Gregor Ghika, auf den Fürstenstuhl der Walachey gesetzt. Auch war der alte Pfortendolmetsch Karadscha (seines Ursprungs ein Doctor, wie Maurocordato, Callimachi und Ypsilanti, die Stammherren dieser Fürstenfamilien) achtzigjährig gestorben, und sein Vorfahr, der Stammherr einer neueren Hospodaren-Familie, Suzzo, dessen Verwandter Janachi, vor neun Jahren zu Constantinopel aufgehenkt worden [2]). Am Tage der russischen Kriegserklärung ward auch Ibrahim Efendi, der Sohn des ungarischen Renegaten, Director der Buchdruckerey, welcher nun schon fünf und zwanzig Jahre lang das Amt eines türkischen Secretärs des jeweiligen Pfortendolmetsches versehen, wegen angeschuldigten Einverständnisses mit Obreskoff, seiner Stelle entsetzt [3]). Hierauf folgten noch andere Veränderungen, wie gewöhnlich bey jedem Wechsel der Großwesire. Ssarim Efendi der Defterdar, welcher, Knurren und Murren eines Kettenhundes für das Hauptbedürfniß eines Finanzministers erachtend, seiner Grobheit willen allgemein verhaßt war [4]), übergab seine Stelle dem Tschauschbaschi, Aatissade Omer Efendi, dessen Vater, sowohl als Defterdar, als durch seine Geschicklichkeit in Staatsschreiben, dauernden Nahmen hinterließ. Tschauschbaschi ward Jesri Ahmed Efendi; die vier Unterstaatssecretäre, der große und kleine Bittschriftmeister, der Cabinetssecretär des Großwesirs und der Kanzler wurden geändert. Der von dem Zuge im Archipel zurückgekommene Kapudanpascha Mohammed wurde mit Zuschlagung der Steuereinnehmerschaft von Morea zum Kaimakam, der Sohn Osmanpascha's, Ibrahim, mit zwey Roßschweifen zum Kapudan der See ernannt [5]), und Kriegsrüstungen wurden auf das eifrigste betrieben. Zugleich mit der Kriegserklärung waren zweyhundert Fermane ins ganze Reich ergangen, um die Statthalterschaften und Alaibege der Lehenstruppen im nächsten März nach Adrianopel aufzubiethen, wohin der Sultan selbst mit der heiligen Fahne ziehen würde [6]). Mit den Inhabern der Siamete und Timare wurden auch die Juruken und Ewladi Fatihan (die Kinder der Eroberer), freywillig zusammengelaufenes Gesindel, in Rumili auf die Beine gebracht; vierzehn Kammern Janitscharen, dreyßig Dschebedschi, vier Topdschi, zwey Toparabadschi an die pohlische Gränze befehliget, sechstausend Beutel nach Rumili gesendet, hundertfünfzig Zehnpfünder, fünfzig Stücke schweres Belagerungsgeschütz, fünfzig Mörser vor der Stuckgießerey zur Einschif-

5. Dec.
1768

---

[1]) Engel's Geschichte der Walachey II. S. 27. [2]) Dieselbe S. 46. [3]) Brognard's Bericht. [4]) Derselbe und Wassif S. 322. [5]) Wassif S. 323. [6]) Die türkische Abschrift des Fermans im H. Arch. und die Übersetzung bey Brognard's Bericht 2. Nov. St. R.

fung nach dem schwarzen Meere aufgefahren und vom Großweſir be=
ſichtiget. Viertauſend aſiatiſche Sipahi ſetzten bey Skutari über; in
der Moldau waren bereits vierzigtauſend Mann verſammelt, ſieben=
tauſend ſiebenhundert zwey und ſiebzig Maulthiere zum Behufe der
Fortſchaffung des Mundvorrathes wurden eingeſchifft ¹). Im Arſenale
wurden zwey Schiffe von Stapel gelaſſen, mit den glückvorbedeuten=
den Nahmen des Sieges und der Eroberung getauft ²). Es wurden
zum Kriege dem Defterdar achthalb Millionen Piaſter, dem Vorſteher
der Fleiſchhauer zur Lieferung des nöthigen Schlachtviehes eine halbe

31.Oct. Million, dem Tatarchan zwey Millionen verabfolgt, das Manifeſt
1768 der Pforte den Dolmetſchen der europäiſchen Mächte mitgetheilt, zu=
gleich die vielfältigen Schreiben der pohliſchen Conföderation endlich
vom Großweſir beantwortet. Dieſes Schreiben kreuzte ſich mit drey
anderen der Häupter der Conföderation, nähmlich eines von Potocki,
dem Palatinus von Kiew ³), eines aus Dankowicz von Potocki,
Kracſinski und Anton Rulan unterzeichnet ⁴), an den Sultan und
Großweſir, und eines vom Marſchall der Conföderation, Pulawski ⁵),
worin ſie mit wiederhohlten Klagen über ruſſiſche Unterdrückung
pohliſcher Freyheit den Befehlen der Pforte zu gehorchen bereit, um
die Erlaubniß, einen Geſandten zu ſchicken, bathen. Auf einen über den
Inhalt vom Pfortendolmetſch erſtatteten Bericht ⁶) beantwortete der
Großweſir das Schreiben Potocki's ⁷), lehnte die Geſandtſchaft unter
dem Vorwande ab, daß das Heer ohnedieß im Zuge an die Gränze,
wo man zu Bender, Jſakdſchi oder Chocim den Geſandten empfangen
wolle, indeſſen möchten ſie, was nothwendig, dem Statthalter von
Chocim oder dem Tatarchan eröffnen. An dieſen hatten ebenfalls Po=
tocki und Kracſinski geſchrieben ⁸), und den Staroſten Podorski ab=
geordnet ⁹), dann aber wieder an die Pforte Vorſtellung gemacht, daß
der Chan, der keinen Befehl habe zu Gunſten der Conföderation,
ſondern für ſich gegen die Ruſſen ins Feld zu ziehen, der Confödera=
tion zu Hülfe nach Pohlen befeliget werden möge ¹⁰).

Der Pforte war nun Alles an Erhaltung der Freundſchaft mit
Öſterreich und Abwendigmachung deſſelben von einem Bündniſſe mit
Rußland gelegen. Es hatte das Gerücht von einem Vierbündniſſe zwi=
ſchen Ruſſen, Preußen, Öſterreich und England verlautet; die Pforte,
hiedurch aufgelärmt, ließ den kaiſerlichen Internuntius durch den Pfor=
tendolmetſch um die Geſinnungen ſeines Hofes befragen, und hielt

¹) Brognard's Bericht. ²) Waſif S. 322. ³) Vom 7. Redſcheb (17. Nov.),
bey Brognard's Bericht vom 16. Dec. 1768. ⁴) Vom 14. Redſcheb (24. Nov.),
bey Brognard's Bericht vom 3. Jan. 1769. ⁵) Vom 14. Redſcheb (24. Nov.),
bey Brognard's Bericht vom 16. Jan. 1769. ⁶) Die chiffrirte Überſetzung des
Memoire des Pfortendolmetſches bey Brognard's Bericht vom 3. Januar 1769.
⁷) Die chiffrirte Überſetzung der Antwort bey Brognard's Bericht vom 16. Dec.
1768. ⁸) Das Schreiben bey Brognard's Bericht vom 16. Dec. 1769. ⁹) Sein
Beglaubigſchreiben beym Berichte Brognard's vom 16. Januar 1769.
¹⁰) Die Vorſtellung beym Berichte Brognard's vom 17. Februar 1769.

demselben den doppelten Köder, alle mögliche Unterstützung zur Eroberung Schlesien's und der Besetzung des pohlischen Thrones durch den König von Sachsen [1]), vor. Der Internuntius dankte in schriftlicher Eingabe für die gute Absicht, erklärte aber, daß Österreich seinem Worte getreu, nachdem es Schlesien an den König von Preußen abgetreten, Poniatowski als König von Pohlen anerkannt, von der guten Gesinnung der Pforte keinen Gebrauch machen könne, und trug Vermittlung an. Hierauf erließ der Großwesir Mohammed Emin an den Fürsten von Kaunitz ungemein freundschaftliches Schreiben, in welchem mit Wiederhohlung aller schon in dem Manifeste enthaltenen Beschwerden gegen Rußland, Österreich als der Erbe der Krone (der ungarischen) von Nuschirwan her allein des Kaisertitels [2]) würdig erklärt wird, welchen die russische Kaiserin sich eigenmächtig aneignen wolle. Durch solche Lockspeisen von Aussicht auf Länderbesitz und Herrschaft in der Familie auf Kosten Preußen's, durch solche Schmeicheleyen auf Kosten des Kaisertitels Rußland's, hoffte der Großwesir Mohammed Emin, der Reis Efendi Ridschaji und der Pfortendolmetsch Suzzo die Polarnadel von Österreich's Politik zur Abweichung zu beirren; aber sonderbar genug verweigerte die Pforte sogar in diesem Schreiben den mit Österreich bestehenden, vor ein und zwanzig Jahren auf immer verlängerten Frieden, einen ewigen zu nennen, wiewohl der mit Rußland jetzt gebrochene schon längst als ewiger abgeschlossen worden war, und wiewohl die kaiserlichen Internuntien beständig auf den Ausdruck ewig drangen, seitdem Raghibpascha jene Verlängerung auf unbestimmte Zeit nicht als eine Verewigung hatte anerkennen wollen; desto fließender aber bewies sich die Pforte in anderen Geschäften des kaiserlichen Hofes, durch die Erlassung von Fermanen zur Abstellung von Gränzbeschwerden nach Bosnien [3]) und Belgrad [4]), und zur Wiedererbauung der im letzten Brande in Flammen aufgegangenen Franciscanerkirche [5]). Zur Erleichterung gab der Reis Efendi dem Internuntius selbst an die Hand, er möge bloß die Wiedererbauung einiger abgebrannten Häuser ansuchen, unter welchem Titel die gesetzwidrige Auferbauung der Kirche geduldet ward. In den pohlischen Angelegenheiten verhielt sich der Internuntius, seinen Verhaltungsbefehlen gemäß, parteylos, und gab daher auch den Schreiben [6]), welche die Häupter der Conföderation an ihn erließen, keine weitere Folge. Der Geschäftsmann der Conföderation, Jacob Magnecki, welchen dieselbe heimlich nach Constantinopel

---

[1]) Memoire des Pfortendolmetsches hierüber beym Berichte Brognard's vom 3. Junius 1768. [2]) Original im H. Arch. [3]) Ferman an den Statthalter von Bosnien und Widdin, Schewwal 1182 (Febr. 1769.), bey Penkler's Bericht vom 15. März 1769. [4]) An den Statthalter Belgrad's 1178 (1764) und 1182 (Febr. 1769). [5]) Im H. Arch. auch die früheren Fermane von Penkler zu Gunsten der Jesuiten und Trinitarier auf Chios und der Franciscaner zu Pera erhalten. [6]) Zwey solche, Unterstützung ansuchende Schreiben, das eine vom 28. Junius 1768, das andere vom 22. Januar 1769 in der St. R.

gesandt hatte, schadete derselben mehr, als er nützte, durch lächerliche Windbeuteley, doch bewirkten seine Beschwerden wider die Geldgier des Pascha von Chorim, Chalil, die Verungnadung desselben. Von den obigen europäischen Höfen verbürgte Venedig durch versiegelte Eingabe des Bailo Giustiniani die Fortdauer der Ruhe und Freundschaft von Seite der Republik [1]. Gleiche freundschaftliche Versicherungen gab der nach des holländischen Bothschafters Dedel Tode beglaubigte Geschäftsträger Weiker [2], deßgleichen der dänische Resident, Herr v. Gössel, den die Pforte nicht anerkennen wollte, so lange er nicht als Gesandter beglaubiget wäre. Der schwedische Gesandte Celsing [3] zog sich sowohl von der Anwendung des schwedischen Bundesvertrages zurück, welchen die Pforte hervorsuchen ließ, als von der Vermittlung, welche, nebst Österreich, Frankreich, Preußen und England suchten, wovon aber die Pforte nichts hören wollte. Der französische Bothschafter war der Chevalier de S. Priest, der, weil er, wie vormahls Desalleurs, zu Lande kam, tägliches Unterhaltsgeld von achtzehn Piastern neun Para erhielt [4]. Tott (der Schreiber des Memoire), der Sohn des ungarischen Rebellen, Brigadier in französischen Diensten, ging nach der Krim als französischer Agent beym Tatarchan, um denselben so viel als möglich zu thätigem Feldzuge zu unterstützen. Bey der Ohnmacht der Pforte in Ägypten vermochte dieselbe dem französischen Bothschafter keine Genugthuung zu verschaffen für die Avanie von drey und dreyßig tausend Thalern, welche Chalil, der Scheichol-beled, und Mohammedtschausch, der dortige Aga der Janitscharen, von den französischen Kaufleuten eingetrieben, weil drey derselben aus Lustbarkeit in der Nähe Kairo's drey Kanonen losgeschossen. Chalilbeg, der Verbündete des Husein Keschkesch, von Alibeg aus Kairo vertrieben, hatte sich mit seinem Anhange nach Ghasa geflüchtet, war von da im nächsten Frühjahre mit Truppen zurückgekommen, hatte Damiat um zwanzigtausend Thaler gebrandschatzt; die Truppen Alibeg's zuerst zu Manßurje geschlagen, waren hernach aber besiegt, und ihre Köpfe nach Constantinopel eingesendet worden. Diese Waffenthaten sind in den bisherigen Geschichten Alibeg's ganz und gar mit Stillschweigen übergangen worden. Der englische Bothschafter Murray hatte zwey Schreiben seines Königs, das eine an den Sultan, mit dem Antrage der Vermittlung, das andere an den Großwesir, als Glückwunsch zu seinem Antritte, erhalten [5]. Er begehrte, dieselben in öffentlicher Audienz zu überreichen [6], aber der Sultan wollte fremden Ministern ins

[1] Die Übersetzung aus dem Türkischen bey Brognard's Bericht vom 1. December 1768. [2] Die Übersetzung seines Beglaubigungsschreibens bey Brognard's Bericht vom 17. März 1769. [3] Übersetzung eines Memoire des Pfortendolmetsches auf ein, von Celsing eingereichtes, bey Brognard's Bericht vom 17. Februar 1769. [4] Seine Beglaubigungsschreiben vom 17. Jul. Versailles bey Brognard's Bericht vom 1. Dec. 1768. [5] Die Übersetzung der beyden Schreiben bey Brognard's Bericht vom 16. Januar 1769 datirt. C. James palace Weymouth. [6] Das Memoire bey Brognard's Bericht vom 16. Januar 1769.

Künftige außer den beyden Fällen neuer Beglaubigung oder Kund=
machung einer Thronbesteigung keine Audienz ertheilen; so übergab er
dieselben durch den Großwesir, und erhielt die Antwortschreiben
des Sultans und Großwesirs, worin mit Wiederhohlung aller Be=
schwerden wider Rußland, die Vermittlung für jetzt abgeschlagen ward,
weil vor der ersten Schlacht davon keine Rede seyn könnte [1]). Der Both=
schafter legte in seiner Eingabe besonderes Gewicht auf die Weigerung
England's einem russischen Bündnisse wider die Pforte beyzutreten,
und hoffte, daß ihr daher die Vermittlung England's so genehm seyn
werde. Als die Antwort abschlägig ausgefallen war, verwandte er
sich durch eine Eingabe für Herrn v. Obreskoff's Befreyung aus den
sieben Thürmen [2]). Der preußische Minister, welcher noch kurz vor der
Kriegserklärung auf ausdrücklichen Befehl seines Königs eine Einga=
be zur Beseitigung des Ausbruches der Feindseligkeiten vergebens
eingereicht, reichte eben so vergebens eine andere, mit dem Antrage
der Vermittlung, und eine zur Befreyung Obreskoff's, ein. Obres=
koff selbst stellte der Pforte vor, daß er nun nach achtzehn Jahren
treu geleisteter Dienste mit achtzehn Personen in die sieben Thürme ge=
sperrt worden [3]), daß sein Kerker eng, feucht und finster, und er selbst
kränklich; in einer zweyten Eingabe bath er um die Einhändigung des für
ihn eingelangten Wechsels von zwey und vierzigtausend Rubeln [4]), und in
einer dritten dankte er dafür [5]). Der Pfortendolmetsch, welcher den preu=
ßischen und englischen Dolmetsch mit der abschlägigen Antwort hinsicht=
lich der Freygebung Obreskoff's mit dem arabischen Spruche verab=
schiedete, daß alles Ding seine bestimmte Zeit habe, und daß die Ge=
schäfte gebunden an ihre Stunden [6]), erstattete zugleich Bericht über
die Äußerungen der beyden Dolmetsche, daß Rußland nichts so sehr,
als die Beendigung des Krieges wünsche, und deßhalb die Vermittlung
von England und Preußen angesucht, daß dieser Krieg keinen anderen
Ursprung habe, als die öffentlichen Aufhetzungen des französischen
Bothschafters, daß Frankreich in stäten Umtrieben mit dem Chan der
Krim, dessen Sachwalter Hamid die Frau des französischen Consuls
besucht, und französische Dolmetsche nach der Krim eingeladen.

Nachdem die Roßschweife Ende Januar's im Serai aufgesteckt
worden, hatte Hälfte März der gewöhnliche feyerliche Aufzug der
Zünfte und Innungen, welche die Kessel und Herdschaften ins Lager
begleiten, Statt. Sechs Tage hierauf war der Auszug der heiligen
Fahne des Propheten, das Hauptschauspiel zur Begeisterung mosli=
mischen Fanatismus. Tags vorher Nachmittags begab sich der kaiser=
liche Internuntius Brognard mit drey Dolmetschen [7]), drey Sprach=

27. Jan.
1769
20.
März

---

[1]) Die beyden Schreiben bey Brognard's Bericht vom 16. Januar 1769.
[2]) Das Memoire bey Brognard's Bericht vom 16. Jänner 1769. [3]) Die Über=
setzung des Memoire bey Brognard's Bericht. [4]) Derselbe vom 3. Januar 1769.
[5]) Eben da. [6]) Die chiffrirte Übersetzung bey Brognard's Bericht vom 3. März
1769. [7]) Bianchi, Testa, Herbert.

knaben '), Stallmeister, Secretär und Laufer, seiner Frau und der
des Dolmetsches Testa, vier Töchtern und zwey Zofen, nach dem am
Quartiere des Klosterviertels vor dem Kanonenthore zur Schau des
Aufzuges bestellten Hause. Kaum waren sie angelangt, als der Imam
des Viertels erschien, sie fortzuschaffen, weil die Einwohner des Viertels nicht gesonnen, Ungläubige in ihrem Bezirke zu leiden. An der
Thür empfing sie versammelter Pöbel mit Schimpfwörtern und Drohungen, und eine Schar zügellosen Soldatengesindels verfolgte sie
mit blanken Säbeln, und Pistolen ihnen auf die Brust haltend, den
ganzen Weg durch die Begräbnißstätten bis zum Stadtthore, welches
endlich der Internuntius mit der Hälfte seines Gefolges erreichte, während die andere Hälfte weiter voraus nach Pera entkommen war.
Brognard blieb die Nacht über in einem armenischen Hause nächst dem
Thore, durch einen Polizey-Commissar, welchen ihm der Generallieutenant der Janitscharen gesendet, beruhiget. Statt aber in der

27.
März
1769

Nacht noch nach Pera zurückzukehren, oder wenn dieß nicht rathsam,
sich am folgenden Tage ruhig und versteckt unter dem Schutze der Thor-
wache zu halten, begab sich die schaulustige Gesellschaft in eine der benachbarten vergitterten Barbierbuden, vor welcher die zwey Janitscharen des Gesandten und einige zur Wache gegebene Jamaken. Indessen ward ihr Daseyn bekannt; ein Rudel von Weibern und Gassen-
buben schimpfte und schrie laut wider der Ungläubigen Gegenwart, indessen der Zug schon ging; als aber nun die eigentlichen Zeloten kamen, die fanatischen Emire, das niedrigste Gesindel von Stallknechten
und Lastträgern, welche grüner Kopfbund zu Verwandten des Propheten und zur Wache seiner Fahne stämpelt, stieg der Lärm immer höher
und höher. „Schlagt sie todt die Giaurn, sonst werden euere Gesichter
„schwarz seyn am Tage des Gerichtes!" brüllte das Ungethüm des
Christenhasses aus zehntausend Kehlen. Die Glaubenswuth gilt nicht
dem Hause allein, wo der Gesandte, sondern allen christlichen Häusern und Buden der Straße, die Buden werden geplündert, über
hundert Personen getödtet, mehrere Hundert verwundet. Ruchloses
Gesindel stürmt das Haus, schlägt die Fenster ein, zerbricht die Gitter, und so groß ist die Wuth, daß, die nicht bewaffnet, die Zähne
fletschen, und die Stäbe des Gitters wie wüthige Hunde zerbeißen.
Die Thüren sind eingesprengt, das Gesindel bricht ein, und jagt
Männer und Frauen mit Faustschlägen und Prügeln hinaus. Auf der
Gasse werden den Frauen Schleyer und Schmuck vom Leibe gerissen,
sie werden niedergeworfen, bey den Haaren gerissen, mit Füßen
getreten. Mit tausend Mühe entreißen sie der Polizey-Commissär
und seine Gehülfen dem wuthschäumenden Fanatismus des Pöbels und retten sie in ein armenisches Haus; erst am folgenden Tage
kehrten sie unter sicherem Geleite von Wachen nach Pera zurück. Un-

---

') Zechner, Summerer, Udami.

ter so unglücklichem, zum größten Ärger vernünftig gesinnter Türken, und besonders der Pforte, vorgefallenen Ereignisse hatte der Auszug der heiligen Fahne Statt, welcher nach der Astrologen und selbst Ahmed Resmi's, des kritischen Geschichtschreibers dieses Krieges, Ausspruch, nicht anders als unglücklich seyn konnte, weil derselbe im Verein des Saturnus und Mondes im Zeichen des Krebses Statt fand [1]). Solche astrologische Unachtsamkeit ist wirklich unglaublich unter einem so gestirnkundigen Sultan, als Mustafa, welcher seinem Gesandten, Ahmed Resmi, von Berlin drey Astrologen mitzubringen aufgetragen hatte, statt deren ihm Friedrich II. Angesichts der Wachtparade die gute Lehre gab, daß seiner drey Astrologen richtige Kenntniß wohlgeübtes Heer und gefüllter Schatz [2]). Zwey Tage nach diesem unvorgesehenen, widrigen, ärgerlichen Vorfalle hatte Brognard seine Abschiedsaudienz beym Großwesir im Lager, ohne in derselben der schuldigen Genugthuung zu erwähnen, wofür ihm der Großwesir so vielen Dank wußte, daß er in der Antwort auf des Internuntius Rede das so lange verweigerte Wort des verewigten Friedens so bedeutsam und nachdrücklich aussprach, als hätte er dasselbe, sagt Brognard in seinem Berichte, in der Luft verkörpern wollen. Drey Tage hierauf, und unmittelbar vor seinem Aufbruche, beantwortete der Großwesir endlich doch das Schreiben des Fürsten Kaunitz, worin dieser die Erklärung über den Sinn des verewigten Friedens gefordert, mit der Versicherung, daß derselbe dauernd und verewigt [3]). Solch' außerordentliches diplomatisches Ärgerniß war erforderlich, der Pforte die Anerkennung verewigten Friedens mit Österreich abzuzwingen. Der Internuntius, außerdem daß er in der Audienz der Genugthuung gar nicht erwähnt, hatte noch die ihm von Seite der Pforte mit Entschuldigung des Geschehenen gesandten Geschenke nicht zurückgesandt; dieselben bestanden in einem Zobelpelze von zweytausend Piastern für ihn und einem Schmucke von beyläufig demselben Werthe für den seiner Frau entrissenen. Er fand sich hiedurch sowohl, als durch das Compliment der Pforte, daß er die erlittene Unbild als ein Heiliger getragen, entschädiget und getröstet, aber Fürst Kaunitz verwies ihm durch des Hofsecretärs Thugut spitzige Feder sowohl dieses Benehmen, als den begangenen Fehler, geheime politische Betrachtungen der Pforte im Original mitgetheilt zu haben, in scharfen Ausdrücken. Das Loos traf ihn Schlag auf Schlag, bis bald darauf ein tödtlicher sein Leben endigte, und Thugut seine Stelle erhielt. Das Ärgerniß solcher öffentlicher Mißhandlung war bisher das einzige Beyspiel in den Jahrbüchern diplomatischen Verkehres der Pforte mit europäischen Ministern. Wir haben zwar in

[1]) Ahmed Resmi's wesentliche Betrachtungen in der Übersetzung von Diez S. 79. [2]) Diez's wesentliche Betrachtungen S, 16, mit Berichtigung Biornstähles. Der Auftrag muß aber nur ein mündlicher gewesen seyn, denn in den zwölf Puncten der Verhaltungsbefehle Ahmed Resmi's kommt nichts von Astrologen vor. [3]) Im H. Arch.

dem Laufe dieser Geschichte Dolmetsche geprügelt und gehenkt, Gesandte eingesperrt und geohrfeigt gesehen, aber nie hatte bisher Soldat oder Pöbel den bekannten Grundsatz türkischen Gesandtschafts-
rechtes, daß den Gesandten kein Unfall treffen könne, so empörend
verletzt. Es war das Werk des Fanatismus des Islams unter dem
Schatten seiner heiligen Fahne, aber leider nicht das letzte Mahl, daß
europäische Gesandtschaftsbeamte und ihre Frauen vom Pöbel be-
schimpft und geschlagen worden. Die Gemahlinnen des englischen Bothschafters und des russischen Gesandten, Lady Elgin und Frau v. Tomara,
wurden bey ihrem Besuche der Moschee Suleimanije in unseren Tagen
nicht viel glimpflicher behandelt, und Pelze, Shawle und Diamanten
waren abermahls das dargebrachte und angenommene Schmerzengeld
für erhaltene Prügel und Stöße. Solches diplomatisches Ärgerniß
beym Auszuge der heiligen Fahne ins Feld konnte Politikern und
Nichtastrologen für unheilbringender gelten, als der Verein des Mars
und Saturnus im Krebse, und die unheilkündende Vorbedeutung
wurde durch den darauf folgenden Krieg und das Ende desselben bewährt.

Zwey und siebzigstes Buch.

Streifzug und Tod Krimgirai's. Mißlungener Angriff auf Cho-
cim. Ssubhi's Tod. Der Großwesir und Potocki zu Chandepe. Tod
Gelehrter und hoher Staatsbeamten. Moldowandschi's Großwesirschaft. Die Köpfe des Pfortendolmetsches, Woiwoden der Moldau und Großwesirs fallen. Chocim's Fall. Tod des Mufti. Aufstand der Mainoten. Flottenbrand zu Tscheschme. Belagerung von
Lemnos. Schlacht am Kakul. Fall von Ismail und Kilia. Halbe
Maßregeln. Eroberung von Bender und Ibrail. Absetzung des
Chans und des Großwesirs. Vermittlungsversuch Österreich's und
Preußen's. S. Mustafa trägt Pohlen's Theilung an. Subsidienvertrag mit Österreich. Erklärung zu Gunsten der Conföderirten. Win-
terquartier, Rüstungen. Die Krim von den Russen erobert. Osman
Efendi's Sendung. Der Großwesir abgesetzt. Das Hauptquartier
zu Schumna. Der Tatarchan Maksudgirai. Der Reis Efendi
Abdurrisak. Waffenstillstand zu Land und See. Thugut und der
Scheich Jasindschi Bevollmächtigte. Congreß von Fokschan, Ver-
längerung des Waffenstillstandes durch Waßif. Congreß von Bukarest
eröffnet und zerschlagen. Ssahibgirai, Alibeg und Scheich Tahir.
Rüstungen zu neuem Feldzuge. Treffen von Rüsdschuk und Karaßu.
Abzug der Russen von Silistria und Warna. Treffen bey Kainardsche.
Sultan Mustafa's III. Tod. Säbelumgürtung, Ämterverände-
rungen. Abdulhamid's Schwäche. Veränderungen im Ministerium.
Pulawski. Die Türken bey Basardschik und Koslidsche geschlagen.
Friede von Kainardsche. Betrachtungen über denselben.

Sechs Monathe wenigstens zu früh hatte der Sultan den Krieg erklärt, den er schon seit ein Paar Jahren sann und dessen Erklärung
bis auf vollkommenen Vertheidigungsstand der Gränze zu verschieben,
ihm der Großwesir Muhsinsade gerathen, den Rath aber mit dem Verluste seines Platzes bezahlt hatte. Der Vorwurf feindlicher Überrum-
pelung, welchen die Pforte gegen Rußland und Österreich vor dreyßig
und wieder nach zwanzig Jahren zur Sprache gebracht, trifft dieselbe
gewiß nicht, wohl aber die unkluge Übereilung, womit schon im
Herbste der Krieg erklärt ward, welcher nach hergebrachter Sitte os-

manischer Heere erst im Frühjahre begonnen werden konnte. Diese
Übereilung tadelt auch nebst Waßif mit Recht Resmi Ahmed, der Ver=
fasser eines Ausbundes von Betrachtungen über diesen Krieg, eines
Werkes, dem mehr zu trauen, wenn es minder leidenschaftlich geschrie=
ben wäre. Der Sultan, selbst höchst kriegerisch gestimmt, willfahrte
durch die voreilige Kriegserklärung vorzüglich den Conföderirten von
Bar und dem Tatarchan, der mit seinen raublustigen Scharen den
Augenblick nicht erwarten konnte, in Neu=Servien einzufallen, um
sich für den Brand seines Pallastes zu Balta zu rächen. Ende Januars
23.Jan. brach er von Balta mit hunderttausend Tataren, die wie der Wind
1769 daherfahren, auf, ging über den Bog, theilte sein Heer zu Tugul in
drey Haufen, jeden von dreyßigtausend Mann, der Nureddin gegen
den Doneck, der Kalgha längs des linken Ufers des Dniepr bis
über Orel hinaus, der Chan mit den Stämmen von Jedisewen und
Budschak gegen Neu=Servien. Er überschwemmte das Land bis fünf
und siebzig und achtzig Stunden weit, als ein reißender Strom von
Verheerung. Mehrere Tausende fraß das Schwert, eben so viele wur=
den in Sclaverey geschleppt, über hundert Dörfer verwüstet, alle Ma=
gazine verbrannt, alle zu den drey neu erbauten Festungen Michael=
grod, Archangelgrod und Elisabethgrod gehörigen Dörfer verödet.
Mit wehenden Fahnen und klingendem Spiele durchzog er vierzehn
Tage das Land in allen Richtungen, drang bis in die Vorstadt von
Jsum am Doneck vor, und traf gerade einen Monath nach seinem Aus=
zuge von Balta zu Kauschan ein [1]). Vor dem Beginne dieses Streif=
17. zuges empfing der Chan zu Kauschan einen lesgischen Prinzen, Bruder
Febr. des Herrschers der Lesger, welcher dreyßigtausend Mann dem Chan
und der Pforte zur Hülfe antrug [2]). Er verlangte dafür von der Pforte,
wo er vierzehn Tage vor dem Aufbruche des Großwesirs beym selben
und beym Sultan in feyerlicher Audienz empfangen ward, daß die
Districte, aus welchen sie die Russen vertreiben wollten, beym Frie=
den ihnen überlassen würden [3]). Kein tatarischer Feldzug ist so um=
ständlich beschrieben worden, als dieser von Tott, welcher denselben
mitgemacht, die Beschwerden desselben, die Tafel und die Kleidung
des Chans theilend; außer dem unter den Sätteln mürbgemachten
Fleische und dem berauschenden Getränke aus Pferdemilch, der Haupt=
nahrung der Tataren, geräucherte Pferdeschinken, Kaviar, Butarga und
Zibeben, für den Gast aber noch in goldener Schale flüssiges Gold von
Tokay [4]). Sein Kleid, Pelz aus weißem lappländischen Wolf mit Fehe

---

[1]) Der Bericht des Tatarhans in türkischer Abschrift im H. Archiv, in
deutscher Übersetzung bey Brognard's Bericht vom 17. März 1769, erstattet am
3. Sittide 1181 (11. März 1769); in den essais de géographie, de politique
et d'histoire (Neufchatel 1781), aus denen das zu Wien 1788 erschienene hi=
storische Tagebuch dieses Krieges übersetzt ist, S. 159. [2]) Mémoire de Tott II.
p. 132. [3]) Brognard's Bericht vom 17. März; die Audienz beym Großwesir
am 11., beym Sultan am 14. März. [4]) Tott II. p. 137.

gefüttert [1], nach des Chans Scherzwort, ein tatarisches Haus. Das Zelt des Chans mit karmesinrothem Stoff gefüttert, für mehr als sechzig Personen geräumig, von zwölf kleineren für die Beamten seines Haushaltes umgeben, alle dreyzehn von einem fünf Schuh hohen Filzwall umringt [2]. Von einem Erdhügel hielt der Chan die Heerschau seines, in zwanzig Säulen marschirenden Heeres, in der Mitte das Haus des Chans; ihm voraus zogen vierzig Haufen; jeder von vierzig Reitern, vier Mann hoch, in zwey Reihen, auf deren jeder zwanzig Fahnen. Die große Fahne des Chans [3] und zwey grüne Standarten waren vermischt mit den Fahnen der Kosaken Jnad, welche schon unter Peter dem Großen, unter des Kosaken Ignaz Anführung, übergelaufen, seitdem Ignad [4] oder Jnad [5], d. i. Halsstärrige, hießen; durch dieselben verführt, sagten sich jetzt auch die Kosaken Zaporoger von der Unterwürfigkeit gegen den Befehlshaber von Elisabeth los [6]. Die Tataren stellten auch auf diesem Zuge ihr unglaubliches Talent, gemachte Beute zusammenzuhalten, zur Schau. Ein halbes Dutzend von Sclaven, ein Paar Dutzend Rinder, fünf bis sechs Dutzend Schafe, die Beute eines einzigen Mannes.; die Kinder aus einem am Sattelknopfe aufgehangenen Sacke die Köpfe hervorstreckend, ein Mädchen vorne, die Mutter hinten, Vater und Sohn auf den Handpferden, Schafe und Rinder voraus, alles vom hundertäugigen Hüther getrieben und bewacht [7], dabey strenge Kriegszucht; Noghaien, welche ein Kreuzbild mißhandelt, vor der Kirchenthür mit hundert Stockstreichen bestraft [8]; andere, welche ein pohlisches Dorf ohne Erlaubniß geplündert, am Pferdeschweif angebunden, zu Tode geschleift [9]. Einen Monath nach der Rückkehr vom Streifzuge starb Krim Chan, vom griechischen Ärzte Siropulo, dem Agenten des walachischen Fürsten, vergiftet. Vergebens hatte ihn Tott wider den Giftmischer gewarnt; als er sich sterbend fühlte, befahl er seiner Musikbande aufzuspielen [10] und verschied unter den schmelzenden Tönen hinsterbender Musik. Die Nachricht seines Todes fand den Großwesir auf dem zweyten Nachtlager außer Constantinopel zu Siliwri, und den von den Schirinbegen und Mirsen eingesendeten Bittschriften zu Folge wurde ein Dewletgirai, der Sohn Selametgirai's [11], ein ohnmächtiger Fürst, zum Chan der Krim ernannt.

Kaiserinn Katharina hatte sich während des Winters gerüstet, den im Herbste erklärten Krieg im Frühjahre erfolgreich zu beginnen. Ein Heer von fünf und sechzig tausend Mann, darunter neuntausend Kosaken, vom Fürsten Alexander Michailowitsch Gallizin befehliget, sam-

[1] Tott p. 129. [2] Derselbe p. 131. [3] Nicht die des Propheten, wie Tott irrig sagt, S. 140. [4] Jn Raschid. [5] Tott p. 140. [6] Derselbe II. p. 144. S. Elisabeth ist Jelisawetgrad in Buturlin's Geschichte des ersten Türkenkrieges unter Katharina II., in der Petersburger Zeitschrift LVI. Bd. S. 4. [7] Tott II. p. 153. [8] Das Wort, das Tott in des Chans Mund legt. (II p. 164.) [9] Tott p. 163. [10] Derselbe p. 200. [11] Wasif S. 325 und Resmi Ahmed in Diez's Übersetzung S. 106.

melte sich in Podolien; das zweyte, aus dreyßigtausend Mann regulirter Truppen, zehntausend Kosaken, zwanzigtausend Kalmuken bestehend, unter dem Befehle des Generals Grafen Peter Alexandrowitsch Romanzow, zur Vertheidigung der Gränzen Rußland's zwischen dem Dniepr und dem Meere von Assow, zur Wiederaufbauung der, kraft des Pruther und Belgrader Friedens geschleiften Festungen Assow und Taganrog bestimmt; ein drittes von zehn bis eilftausend Mann, dem General Weimarn untergeben, sollte die Conföderirten in Zaum halten. Gegen die Kabartai und den Kuban rückte General-Major Medem, von Zarizin aus, vor; General Totleben marschirte nach Tiflis, um im Einverständnisse mit den georgischen Fürsten von Karthli, Mingrelien, Guriel und Imirette, welche russischer Herrschaft gehuldiget, den Angriff gegen Erserum und Trapezunt zu leiten. Die Montenegriner wurden mit Geld, Geschütze, Kriegsbedürfnissen und Officieren zum Kriege angefacht [1]. So war das osmanische Reich im Norden, Osten und Westen angegriffen von Rußland's überlegener Macht.

15.Apr. a.St. 26.Apr. 1769 Während der Großwesir noch auf dem Marsche von Constantinopel an der Donau, ging Fürst Gallizin bey Kalus über den Dniester, um Chocim anzugreifen, welches der Befehlshaber, Tschetedschi Jegen Hasan, wahrscheinlich übergeben hätte, wenn nicht ein anderer, Hasan von Achiska, dermahliger Inhaber des Sandschakes Salonik, mit zwanzigtausend Mann zur Hülfe herbeygeeilt wäre. Am griechischen

19.Apr. a.St. Ostersonntage [3] Nachmittags hatte der Angriff unter General Olitz Statt, welcher aber mißlang, weil nicht mehr Tschetedschi Hasan, sondern Kahremanpascha den Befehl führte; jenen hatten die Jamaken der Besatzung erschlagen [3], und diesen eigenmächtig zu ihrem Befehlshaber ausgerufen, durch Tapferkeit und Wildheit des Nahmens Kahreman [4], d. i. Rachemann, den er trug, werth. Die Pforte hatte zum Nachfolger Tschetedschi Jegen's den Wesir Hasanpascha von Achiska, dermahligen Inhaber des Sandschakes von Salonik, ernannt [5], aber da Kahreman, von der Besatzung unterstützt, die Wesirswürde begehrt, wurde dieselbe bis auf gelegenere Zeit der Strafe demselben als Befehlshaber von Chocim gewährt [6]. Drey Tage hernach hob Gallizin das Lager von Chocim auf und zog sich über den Dniester nach Kalus zurück, nachdem Fürst Prosorowsky den mit einigen tausend anatolischen Reitern herbeygeeilten Pascha von Tekke, Abasa [7], über den Pruth zurückgejagt, ihm Gefangene, Wägen, fünfzig Kamehle und Fahnen, zwey Pauken und viele Waffen abgenommen. Ein Kosakenoberst und Attaman entrissen dem Pascha

---

[1] Buturlin's Geschichte in der Petersburger Zeitschrift XVI. 6—7. [2] In der Petersburger Zeitschrift steht der 9. April, statt 19. [3] Waßif II. S. 7. [4] Sowohl in Buturlin, als in der histoire de la guerre entre la Russie et la Turquie et particulièrement de la Campagne de 1769, avec 9 Cartes, Petersbourg 1773. [5] Waßif II. S. 7. [6] Derselbe S. 27. [7] Hist. de la guerre etc. p. 76.

die ſilberne Keule des Heerbefehles ¹). Der mißlungene Angriff auf 24.Apr.
Chorim und der Rückzug über den Dnieſter erſchollen zu Conſtanti= a.St.
nopel als rühmliche Siege, ſo rühmlich und herrlich, daß der Sultan 5.May
den Ehrentitel Ghaſi, d. i. des Frohnkämpen, annahm ²), welcher 1769
ſofort in dem Freytagsgebethe von den Kanzeln ſeinem Nahmen bey=
geſetzt ward, ein Titel, welcher der Wortbedeutung nach freylich jedem
wider die Ungläubigen ins Feld ziehenden Moslim zuerkannt, aber
dem Sachgebrauche nach immer in der Bedeutung des wirklichen Glau=
bensſiegers ſiegreichen Fürſten beygelegt wird, während der in dem
Nahmenszuge des Sultans befindliche Zuſatz, immer ſiegreich, nur
den Sieg als ein natürliches Zugehör des Titels des Sultans, wie
das semper Augustus, vorausſetzt. Als der Großweſir zu Adrianopel
lagerte, wurde der Cabinetsſecretär des verſtorbenen Tatarchans, Be=
ſim Omer, welcher durch grobe Ausdrücke in ſeinen Geſchäftſchriften
manches verdorben, nach Bihacz in Bosnien verbannt ³), und drey
Ärzte, die ſich im Lager unbeſchäftigt herumtrieben, und bey denen
man Gift fand, als ruſſiſche Giftmiſcher hingerichtet ⁴). Bey der Mu=
ſterung der geregelten Truppen fanden ſich zehntauſend Janitſcharen,
tauſend dreyhundert Zeugſchmiede, eben ſo viele Artilleriſten und acht=
hundert Stuckfuhrleute vor ⁵). Hier ſtarb der Muſtermeiſter der Jani=
tſcharen, der ehemahlige Reichsgeſchichtſchreiber, Mohammed Ssubhi,
der Sohn Chalil Fehmi's, des Kanzlers Unterſtaatsſecretär zur Zeit
des Großweſirs Ibrahim unter Ahmed III., welcher als Geſchicht=
ſchreiber die von ſeinen Vorfahren Sami und Schakir aufgezeichne=
ten Begebenheiten in ein, zu Conſtantinopel gedrucktes Werk ver=
einigte, wie Waßif die von den Reichshiſtoriographen Hakim, Tſchech=
miſade und Murteſa geſammelten Begebenheiten in Einem Bande ver=
eint hat; der erſte dieſer ſeiner, in zwey Bänden zu Conſtantinopel
und Kairo gedruckten Geſchichte, enthält die Geſchichte dieſes Krieges
bis zum Frieden von Kainardſche, welche vor Waßif der Reichsge=
ſchichtſchreiber Enweri beſchrieben ⁶). Anfangs May war das Lager des
Großweſirs zu Iſakdſchi angelangt, wo über zwanzig Tage zur Ver=
vollkommnung der Kriegsbedürfniſſe geraſtet ward; endlich berief der
kriegsunerfahrene Großweſir die Generale des Heeres zum Kriegsra=
the und eröffnete denſelben mit folgender Anrede: „Wohin glaubt ihr
„wohl, daß wir uns am beſten wenden, ich bin mit Kriegführen nicht
„vertraut, ſprecht unverhohlen aus, wohin zu ziehen der hohen Pforte
„am gedeihlichſten ſey?“ Allgemeines Erſtaunen feſſelte die Zungen,
und einer ſah den andern an. Endlich hielt der Präſident der Haupt=
rechenkammer, Schehdi Osman Efendi, eine lange Rede, deren kur=
zer Sinn, daß, da der Feinde Angriff auf Chocim mißlungen, es

¹) Hist. de la guerre etc. p. 75. ²) Waßif II. S. 36. ³) Derſelbe II. S. 6.
⁴) Eben da. ⁵) Eben da, folglich die Angabe in den essais de géographie
p. 170. ⁶) Waßif I. S. 367 und II. S. 3.

wahrscheinlich, daß sie nun zu Bender sich zeigen würden. „Genug,“
unterbrach ihn der Großwesir, „es sollen auch andere reden.“ Einige
waren der Meinung, daß Oczakow und Bender fest genug, daß man
nach Chocim gehen, andere, daß, wenn man jenseits der Donau,
man nach Erforderniß der Umstände handeln solle. Dieser Meinung
fiel der Großwesir bey, für welchen schon früher der Pfortendolmetsch
seine schriftliche Meinung über den besten Weg nach Chocim und zu-
1. Jun. rück abgegeben hatte [1]). Es wurde über die geschlagene Schiffbrücke
1769 gesetzt und gegenüber von Isakdschi, zu Kartal, nach vier Tagen zu
Chandepe gelagert [2]); Chandepe d. i. der Hügel des Chans, von den
Landeseinwohnern Rjabaja-Mogila genannt, liegt am Pruth oder
Jassy, fünf Stunden vom selben, und fünfzehn von Chocim entfernt;
den türkischen Nahmen hat der Ort von dem großen Erdhügel, welchen Mohammed IV. auf dem Feldzuge von Camieniec hier aufwerfen, und auf beyden Seiten Erdkammern als Magazine anbringen
ließ [3]).

Zu Chandepe erschien der Bothschafter der pohlischen Conföderation, Potocki, welcher einige Zeit beym Tatarchan zuerst zu Bender
sich aufgehalten, bis er die Ankunft des Großwesirs zu Chandepe vernommen; er ward in feyerlichem Diwan empfangen, und sprach in
seiner Anrede von Pohlen's Freyheit, die er dem Schutze des Großwesirs empfahl. Dieser entgegnete die Anempfehlung mit einer Anrede,
16. Jun. die selbst dem Reichsgeschichtschreiber Wasif höchst seltsam dünkt [4]).
Er warf der Conföderation Nachlässigkeit und Stolz vor, wodurch sie
dem Feinde die Zügel schießen ließen [5]). „An mir,“ sagte er „wird's
„nicht ermangeln, meiner Bestimmung gemäß, früh oder spät, Som-
„mer und Winter, den Feind, wo er immer seyn mag, aufzusuchen,
„und mit siegreichem Säbel zu brechen; ich bin der Eidam und Sohn
„Seiner Majestät des Herrn der Welt, welcher dieselbe in Ordnung
„erhält, ich sein Serdar und zweyter Selbander, in meinen Zügen
„ein zweyter Alexander, in den Sieges Besitz, in meinen Bewegun-
„gen schneller als der Blitz; wenn euere Freundschaft rein und von
„allem Zweifel ungetrübt, so thu' der Republik zu wissen, daß sie
„alle Pohlen, welche dem Feinde nicht folgen, als Auserwählte aus-
„scheide, und du halte dich mit den Deinen bereit, dem nach Pohlen
„ernannten Serasker, Mohammedpascha von Rumili, über den Dnie-
„ster zu folgen“ [5]). Nicht vernünftiger waren des Großwesirs Reden
in der Rathsversammlung, die er über den Zug nach Bender hielt.
Der Mangel an Mundvorrath, und die Heere von Mücken und Bremsen, welche das Heer belästigten, sollen laut Resmi Ahmed Hauptbeweggründe des Marsches nach Bender gewesen seyn [7]). „Was sagst

[1]) Ein solches Memoire der Pforte bey Brognard's Bericht vom 1. Dec.
1768. [2]) Wasif II. S. 10; nach Resmi am 27. Moharrem. [3]) Resmi Ahmed's
Übersetzung. Diez S. 106. [4]) Wasif II. S. 11. [5]) Eben da. [6]) Eben da. [7]) Resmi Ahmed's Übersetzung. Diez S. 112.

„du, Defterdar?" fragte er den Finanzminister im Kriegsrathe. „Nichts
„als Proviant," sagte dieser; so schaffte denn der Proviant-Com-
missär Tahir einige hundert Wagen Gerste her, und der Marsch ging
nach Bender, wo zu Jaßidepe, d. i. am feuchten Hügel, gelagert
ward ¹); hier gab es eben so wenig Proviant, als zu Chandepe, und 9. Jun.
die Wolken der Mücken und Bremsen waren nicht minder dicht. Der ¹⁷⁶⁹
Großwesir war krank, die Ärzte erwarteten von einem Tage zum andern seinen Tod ²); er selbst sagte: „Mein Nahme ist Emin, d. i.
„der Gabriel's, des Freudenbothen und des Kaisers Glücksgestirn
„ist stark." Der Zug nach Pohlen, als einem hinfüro nicht freundlich
sondern feindlich zu behandelnden Lande, wurde nun, kraft vierfachen
Fetwa, welches der Lagerrichter Abdullah, mit dem Spitznahmen Altun-
itschok ³), d. i. der viel Gold hat, vorlas, gutgeheißen, und hierauf
Verheerung des pohlischen Landes und Sclaverey von dessen Bewohnern als gesetzmäßig beschlossen; dem Grafen Potocki und den im
Lager befindlichen Dolmetschen europäischer Mächte angekündigt ⁴).
Potocki hatte im Nahmen der Conföderation Mundvorrath für sechzigtausend Mann versprochen. Als die Versammlung aufgehoben ward,
gab er neue Schrift ein, deren Ablesung, für jetzt nicht für gut befunden, auf andere Zeiten verschoben ward ⁵). Kaplangiraisade, der
Sohn des Chans der Krim, von demselben mit der Huth der Magazine beauftragt, wurde mit Hermelinpelz ⁶), der Lagerrichter, der die
vier Fetwa abgelesen, mit dem Charakter eines Oberstlandrichters
Anatoli's bekleidet ⁷). Den Ministern zu Constantinopel ward das Manifest der Pforte gegen Pohlen eingehändigt. Der Defterdar von Bender, Ahmed, war abgesetzt und eingesperrt worden, weil der Vorrath
nicht, wie man gehofft, hinlänglich für das Bedürfniß des Heeres. An die Stelle des als Befehlshaber von Bender verstorbenen
Ssarifade Mohammedpascha, der, einer der ausgezeichnetsten Wesire
des Reiches, viele Unruhen in Asien beschwichtiget hatte, wurde Elhadsch
Ali, der Sohn Kel Ahmedpascha's, ernannt ⁸). Der Großwesir berief den
Chan aus Kauschan, und berieth sich mit ihm, wegen der Ernennung
eines Seraskers nach der Moldau ⁹). Nach zehn Tagen kehrte derselbe
mit sechs und achtzigtausend Piastern auf der Hand nach Kauschan zu- 19. Jul.
rück ¹⁰). Unterdessen traf die Nachricht ein, daß die Russen abermahl
über den Dniester gesetzt, dießmahl den Wald der Bukowina umgan- 29. Jul.
gen, wie vormahls Münch, über Czernowicz nach Chocim gelangt,
dasselbe belagerten. Auf die Nachricht von Chocim's Belagerung 2. Jul.
ward der Cabinetssecretär des Großwesirs, Feisi Suleiman, an den a. St.
Chan nach Kauschan abgesandt, um sich mit ihm zu bereden, daß er, 13. Jul.
welcher verabredter Maßen nach Elisabethgrod in Neu-Servien hätte

---

¹) Waßif II. S. 16. ²) Diez S. 114. ³) Waßif II. S. 36. ⁴) Derselbe S. 13.
⁵) Derselbe S. 14. ⁶) Eben da. ⁷) Derselbe S. 15 u. 16. ⁸) Derselbe S. 15.
⁹) Derselbe S. 18. ¹⁰) Derselbe S. 20.

streifen, und der Nureddin gegen Chocim ziehen sollen, nun selbst nach
Chorim zu Hülfe eilen möge. Der Chan erbath sich die Magazine bey
Chandepe und die Verbürgung der Huth Jassy's, und sandte den Efendi zurück. Er selbst zog von Kauschan nach Chorim; den Moldowandschi Alipascha ernannte der Großwesir mit dem Titel von Baschbogh
gegen Chocim, übergab ihm fünftausend Ducaten und Ehrenzeichen
zur Vertheilung unter die Truppen, und sandte dem Abasapascha von
Meraasch zehntausend Piaster, beyde an den Chan anweisend [1]); der
letzte zum Befehlshaber von Bender, der Sohn Kel Ahmedpascha's
als Serasker nach Neu = Servien ernannt [2]), und ihm zehntausend
Piaster geschenkt. Der Chan trat den Rückmarsch nach Chandepe an.

26. Jul. Im Treffen von Baschiwizi bemühte sich die türkische Reiterey verge-
1769 bens, das Viereck der russischen mit spanischen Reitern zu sprengen [3]),
der Chan griff mit fünf und zwanzigtausend Mann den Fürsten Prosorowsky an, aber mit eben so wenigem Erfolge, als die Besatzung
ausfiel. Zum Chan stießen Moldowandschi, der Baschbogh, der Serasker von Chocim, Mohammedpascha, der Beglerbeg von Meraasch,
Abasa Mohammedpascha, und Dschanikli Alibeg [4]) mit dreyßigtausend
Mann. Fürst Gallizin, in der Erwartung allgemeiner Schlacht, vereinigte die Streitkräfte unter den Befehlen des Fürsten Prosorowsky
und des Generals Rennenkampf in seinem befestigten Lager, wodurch
der Serasker freye Verbindung mit der Festung erhielt, sein Lager

26. Jul. auf die Stelle des von Prosorowsky verlassenen aufschlug [5]). Fürst
a. St. Gallizin ging zum zweyten Mahle über den Dniester zurück. Als der
6. Aug.
2. Aug. Großwesir zu Chandepe angelangt, wartete demselben Kahremanpascha,
a. St. der Befehlshaber von Chorim, auf, welcher durch bewirkten Rückzug
13. Aug. der Russen, die Art, wie er die Wesirs- und Befehlshaberstelle erzwun-
gen, aus dem Gedächtnisse des Großwesirs ausgewischt zu haben hoffte, und guten Empfanges gewärtig. Als sein Waffenträger sah, daß
die Hausofficiere des Großwesirs sich seines Herrn hinter dem Zelte
mit Gewalt bemächtigten, schoß er den Wärter des Tischtuches mit einer
Pistole nieder, Kahreman selbst wurde sogleich niedergedolcht [6]). Als
der zur Übernahme der Verlassenschaft ernannte Commissär dieselbe
einziehen wollte, strömten von allen Seiten Unglückliche zusammen,
welche Kahreman ausgezogen und beraubt, und der Großwesir befahl
den Rückersatz des vorhandenen Raubes. Abasapascha, vormahls der
erste Kammerdiener des Großwesirs Ali des Doctorssohnes, dann ein
ausgezeichneter Arm in Bändigung der Rebellen von Siwas, wurde
jetzt mit dem dritten Roßschweife ausgezeichnet [7]). Der kaiserliche
Oberststallmeister, Mustafabeg, welcher Gelder ins Lager geleitet, zog
nach Übergabung derselben ein kaiserliches Handschreiben hervor, ver-

---

[1]) Wassif II. S. 25. [2]) Eben da. [3]) Hist. de la guerre des Russes, und
Hanne. [4]) Wassif II. S. 22. [5]) Buturlin in der Petersburger Zeitschrift. S. 13.
[6]) Wassif II. S. 27. [7]) Derselbe S. 28.

mög deſſen er zum Kiajabeg (Miniſter des Innern) ernannt ward [1]). Haſanpaſcha von Achiska, der Sohn des berühmten Ahmed, Erbauers der dortigen Moſchee und Bibliothek, der Statthalter von Chocim, war bey der letzten Belagerung der Ruſſen durch eine Kanonenkugel getödtet worden [2]). Seinen Tod rächte Alipaſcha, der Schatzmeiſter des berühmten Tſchelikpaſcha, welcher an der blutigen Brücke einen Haufen leichter ruſſiſcher Reiter zuſammenhieb. Durch die vereinten Bemühungen des Chans, des Seraskers Mohammed, des Baſchbogh Moldowandſchi, des Abaſa Mohammedpaſcha und Dſchaniklibeg, war der Entſatz von Chocim bewirkt worden; dieſelben oder Andere hatten zugleich nach Conſtantinopel die Unvermögenheit des Großweſirs und deſſen Schelſucht auf Moldowandſchi, welchem das größte Verdienſt des Entſatzes gebührte, nach Conſtantinopel berichtet; dieſelben hatten zwar alle Schuld auf den Verrath des den Ruſſen verkauften Pfortendolmetſches [3]) und des abgeſetzten Fürſten der Moldau, Callimachi, geſchoben, und beyder Köpfe waren gefallen. Jetzt kam der zweyte Stallmeiſter des Sultans, Feiſibeg, auch ein Sohn Kel Ahmedpaſcha's, mit kaiſerlichen Handſchreiben der Entſetzung des Großweſirs und Verweiſung nach Demitoka. Er ſtieg im Zelte des Kiajabeg ab, der mit ſeinem Secretär und dem Oberſtſtallmeiſter dem Großweſir ſeine Abſetzung ankündigte. Er wurde nach Adrianopel abgeführt; hier wurde ihm der Kopf abgeſchlagen, und zu Conſtantinopel vor dem Serai auf ſilberner Schüſſel mit dem Befundzettel ausgeſetzt: „Dieß iſt „das Haupt des vormahligen Großweſirs Mohammed Eminpaſcha, der „aus Hochmuth die Feinde nicht angegriffen, die Zeit mit Hin= und „Herziehen vergeudet, dem Heere die Lebensmittel entzogen, dem „Tatarchan die nöthige Verſtärkung vor Chocim verweigert, dem ge= „köpften Pfortendolmetſch zu viel Glauben beygemeſſen, hiemit vermög „Fetwa beſtraft“ [4]). Bey dem Haupte des Fürſten der Moldau, welches dem Leichname zwiſchen die Füße gelegt war, hieß der Befund: „Der „abgeſchnittene Kopf des verfluchten Gligori Callimachi, Woiwoden der „Moldau, der ſich hundert zum Ankaufe von Proviant gegebene Beutel „zugeeignet, das Reich verrathen“ [5]), und bey dem Kopfe des Pfor= tendolmetſches (dem Leichname auf den Hintern gelegt): „Dieß iſt „das niederträchtige Aas des Nicolaus Drako Raja Dolmetſches, der „zur Strafe für Verrätherey und heimliches Einverſtändniß mit dem „Woiwoden der Moldau enthauptet worden“ [6]).

Seit langem hatte keine Hinrichtung ſo viel das Volksgerede be= ſchäftigt, als dieſe dreyfache des Großweſirs, Hospodars und Pforten= dolmetſches, deren Abſtufung ſelbſt in dem Befundzettel barbariſch genug beobachtet worden. Der Großweſir Emin Mohammed erſcheint

---

[1]) Waſſif II. S. 28. [2]) Derſelbe S. 30. [3]) Waſſif II. S. 29. [4]) Bey Thugut's Bericht vom 18. Sept. 1769. [5]) In Engel's Geſchichte der Walachen II. S. 28, und in Thugut's Bericht vom 18. September. [6]) Eben da vom 17. Sept.

aus den Lebensbeschreibungen der Großweſire ſowohl, als aus der
Reichsgeſchichte keineswegs ganz in ſo verächtlichem Lichte, als ihn die
bittere Satyre, der Ausbund der Betrachtungen darſtellt, wohl aber
bezeugen die Reichsgeſchichte ſowohl, als die Geſandtſchaftsberichte
ſeine gänzliche Unkunde in der Kunſt Krieg zu führen, und die unver-
antwortliche Veruntreuung der ihm beym Ausbruche des Krieges
anvertrauten großen Summe von fünf und zwanzig Millionen Piaſter, die er, ſtatt ihrer Beſtimmung gemäß, zur Herbeyſchaffung von
Lebensmitteln zu verwenden, in der Caſſe behielt, nebſt anderen zehn
Millionen eigenen Vermögens [1]); dieſes hatte er von ſeinem Vater,
Juſuf, mit dem er fünfmahl die Reiſe nach Mekka, und die nach Indien gemacht, von wo Juſuf, nach dem Tode des osmaniſchen Geſandten Salim [2]), den er begleitet hatte, ſelbſt mit den Antworten
betraut, nach Conſtantinopel zurückgekommen, für ſeinen Sohn ſo
leichter eine Anſtellung in der Staatskanzley erhielt, als derſelbe eine
ausgezeichnet ſchöne Hand und ſehr zierlichen Styl ſchrieb, und die
Hand der Prinzeſſinn Schahſultan erhielt er ſo leichter, als er von
ausnehmend ſchöner Geſtalt. Proben ſeiner Kunſtfertigkeit in Proſe
und Vers enthält ſein Werk: das Roſenbeet der Einbildungskraft, welches ihn über alle jene Weſire erhebt, von denen, wie der Biograph [3])
derſelben bemerkt, die Geſchichte nichts anders zu ſagen weiß, als
daß ſie kamen und gingen, daß ſie wie Actenſtücke im Miniſterium
eingelaufen und abgelaufen. Wiewohl des größten Vertrauens des
Sultans und der höchſten Gunſt als Eidam deſſelben gewürdiget,
fiel er doch ein Opfer ſeiner Geldaufſpeicherung und ſeiner Unerfah-
renheit in Kriegsſachen, die er ſelbſt ſo lebhaft fühlte, daß er dieſelbe nicht nur im Kriegsrathe offen bekannte, ſondern auch in der
letzten Zeit mehr als einmahl der Weſirsſtelle enthoben zu werden bath,
bis ihn das gemeine Loos unglücklicher Großweſire traf. Zu dieſem
blutigen Kleeblatte erlauchter Hinrichtungen ſey noch ein unblutiges
vierblättriges erlauchter, ins ſelbe Jahr fallender Todesfälle gefügt,
der der ſiebenjährigen Prinzeſſinn Mihrmar (Sonnenmond), weil dieſelbe trotz der ſchon vor zwanzig Jahren aus dem Serai über England nach Europa verbreiteten Blattereinimpfung im Serai an
den Blattern ſtarb; eine Tulpe an Schönheit, ward ſie an der Tul-
penmoſchee beſtattet [4]). Der Richter des Lagers, der unlängſt zum
Range eines Oberſtlandrichters von Anatoli erhobene Abdullah
Efendi, der Sohn des vormahligen Waſſeraufſehers Altundſchik
Mohammedaga ſtarb in dem guten Nahmen eines in Proſe und Vers
geübten Gelehrten. Er hinterließ Randgloſſen zu dem Commentare
des Korans von Beidhawi und Gedichte unter dem Dichternahmen

21.
Febr.
1769

---

[1]) Thugut's Bericht vom 17. Sept. 1769. [2]) Er ſtarb zu Drengabad. Waſif II. S. 43. [3]) Dſchawid. [4]) Waſif I. S. 324 und Brognard's Bericht vom
Febr. 1769.

Abdi[1]). Auf den nach Conſtantinopel erſtatteten Bericht: daß der Lagerrichter durch Unkunde des Oberſtfeldarztes Ahmed Efendi in die andere Welt befördert worden, wurde dieſer ſogleich abgeſetzt und ein anderer beſtellt[2]). Dichter und Schönredner war auch der Director der Buchhaltereyen[3]), Suleimanbeg, der zur ſelben Zeit ſtarb, als der neue Großweſir, Nachfolger des Enthaupteten, den Cabinetsſecretär Feiſi Suleiman Efendi verabſchiedete. Schlagfertigen Witzes, wie der arabiſche berühmte Schöngeiſt Dſchahiſ, hinterließ er mehrere Ghaſelen deren eine, vom Reichsgeſchichtſchreiber mitgetheilt, größere Kunſt, ſchwer gebildete Verkleinerungswörter als Reime aufzuhäufen, als den geprieſenen Witz beurkundet. Zu Bender ſtarb der Statthalter Kel Ahmedſade Elhadſch Ali, Sohn des berühmten Kel Ahmedpaſcha, des Freundes des in der Schlacht von Peterwardein gefallenen Großweſirs Ali von Tſchorli. Im Serai aufgezogen, Stallmeiſter und Oberſtkämmerer noch unter S. Osman's III. Regierung, war er von S. Muſtafa mit der Hand ſeiner geliebten Nichte, Nuri Chanüm beglückt worden, als Statthalter von Rumili verungnadet und nach Stancho verwieſen, dann Statthalter von Itſchil und Dſchidde, hatte ſich mit dem Scherif von Mekka zertragen, und ſich ohne Erlaubniß des Sultans nach Ägypten begeben, von wo er nach Adana, Aidin und Anatoli angeſtellt, dort fahnenloſes Soldatengeſindel zu Paaren trieb. Vom Großweſir Bahir Muſtafa nach Diarbekr entfernt, kam er durch die Statthalterſchaften von Haleb nach Itſchil zurück. Als Statthalter von Siwas ward er in dieſem Feldzuge zum Serasker in Neu-Servien und dann zu Bender ernannt. Ein ſehr ſchöner, geiſtreicher, wiſſenſchaftlich gebildeter, gerechter und freygebiger Mann, deſſen Gerechtigkeitsliebe von allen Statthalterſchaften, die er verwaltete, geprieſen, deſſen prächtiger Hofſtaat von allen ſeinen Amtsgenoſſen beneidet ward. Der Reichsgeſchichtſchreiber Waßif befand ſich drey Jahre lang im Kreiſe ſeines Hofſtaates, und las während dieſer Zeit mit demſelben die perſiſchen Gedichte Urfi's und die arabiſchen Ständchen Hariri's, was Beweis ſeiner Bekanntſchaft mit den Muſterwerken perſiſcher Poeſie und arabiſcher Rhetorik. Er ward zu Bender in dem Grabmahle der Weſire beſtattet[4]).

Der Nachfolger Emin Mohammed's als Großweſir war Ali Moldowandſchi, deſſen Beyname bisher von keinem europäiſchen Geſchichtſchreiber anders als in der Bedeutung des Moldauers verſtanden worden iſt, als ob er denſelben, wie Feldherrn alter und neuer Zeit, von dem Lande, wo ſie gekriegt und geſiegt, erhalten hätte. Moldowani oder Moldowandſchi bedeutet zwar den Moldauer, aber nur den Sclavinnenverkäufer[5]), ein Nahme, der dem Boſtandſchi Ali in

---

[1]) Waßif II. S. 37 (verdruckt 23) gibt das Chronogramm, das er auf den Sieg von Chocim verfertigt. [2]) Waßif II. S. 48. [3]) Derſelbe II. S. 48. [4]) Derſelbe II. S. 54 und 55. [5]) Dſchawid's Biographien der Großweſire.

nichts minder als ehrenvollem Sinne unter Sultan Osman's Regie=
rung beygelegt ward, wo er, wider Straßenräuber ausgesandt, ein=
gebrachte moldauische Dirnen mit ihren Kindern verkaufte[1]). Vom
gemeinen Bostandschi schwang er sich in der Folge zum Chazeki und
Bostandschibaschi, zum Statthalter von Rumili, zum Wesir mit der
Steuereinnehmerschaft von Aidin empor; als solcher war er von sei=
nem Vorfahr zum Baschbogh in der Moldau, und als er sich bey Cho=
cim ausgezeichnet, zu dessen Nachfolger ernannt worden. Sein erstes
Augenmerk war, das Heer unter Chocim, wo er Brücke schlug, nach
Podolien überzuführen. Viertausend Mann, am linken Ufer des Dnie=

2.Sept. ster verschanzt, wurden von Gallizin angegriffen, und in die Flucht
1769 gejagt; der Versuch der Russen, die Brücke anzuzünden, mißlang.
Die Wackeren, welche die mit Pulver gefüllte Kiste, die auf einem,
in der Nacht oberhalb der Brücke losgelassenen Brandfloße die Brücke
anzünden sollte, aus dem Wasser zogen, wurden mit Ehrenzeichen,
auf den Turban zu stecken, belohnt[2]). Sieben Tage hernach führte
der Großwesir den größten Theil seines, von Chandepe aus bis auf acht=
zigtausend Mann verstärkten Heeres über den Fluß, und griff die
Russen von fünf Seiten an, von drey Seiten die Statthalter von
Anatoli, Diarbekr und Rumili, der Chan von der Seite von Camie=
niec und der Großwesir selbst von Seite des Waldes[3]). Vier Schan=
zen, sechs Kanonen, zwey Munitionswagen und achthundert Köpfe

9. (2.) wurden genommen[4]); doch zogen sich zuletzt sowohl der russische Gene=
Sept. ral Bruce, welcher unterdessen Chocim gestürmt, als Moldowandschi
mit Verlust zurück. Zum dritten Mahle setzte der Großwesir zwölftau=
send neugeworbene Schmalsäbel, d. i. wackere Freywillige, über;

17. (7.) in der Nacht zerriß der schwellende Strom die Brücke, welche aus
Sept. Mangel von Brückenschiffen zum Theil aus Fuhrwagen gebildet war[5]).
Ein großer Theil der Türken wurde getödtet durch den Säbel oder
die Fluth, die andern zerstreuten sich, nur Wenige kamen zurück. „Un=
„geheuer viel Ungläubige,“ sagt der Reichsgeschichtschreiber, „wurden
im Höllenfeuer angesiedelt, und von den Rechtgläubigen wurden eini=
ge mit den Quellen des Paradieses getränkt;“ darunter zwey Gene=

18. rallieutenante der Janitscharen, der Kulkiaja und Turnadschibaschi.
Sept. Diese Niederlage verbreitete panischen Schrecken unter der Besatzung
von Chocim, wo der Wesir Abasapascha, mit einigen Wenigen zurück=
gelassen, zuletzt auch die Flucht ergriff, worauf die Russen Chocim be=
setzten. Zwey Tage nachdem dieselben in die nördlichste Gränzfestung
des osmanischen Reiches gegen Pohlen eingezogen, trat der Großwesir

21. mit der Sonne den herbstlichen Rückzug an[6]). Zu Chandepe langte
Sept.

---

[1]) Dschawid's Biographien der Großwesire. [2]) Wassif II. S. 37 (verdruckt 23), in der histoire de la guerre mit dem Plane S. 142 und Buturlin (Peters= burger Zeitschr.) XVI. Bd. S. 14. [3]) Wassif II. S. 38 (verdruckt 24). [4]) Der= selbe II. S. 39. [5]) Eben da. Histoire de la guerre p. 146 mit dem Plane. [6]) In der histoire de la guerre entre la Russie et la Turquie, Octav 1773. Der Plan der Schlacht vom 18. Sept. p. 156, und der Plan von Chocim p. 165.

zugleich mit dem Großwesir und dem Chan der kaiserliche Waffenträ=
ger, Mohammed Emin (gleichen Nahmens, wie der jüngst enthauptete
Großwesir), mit Huldbeweisen für die in den zwey ersten Übergängen
des Dniester bewiesene Tapferkeit, an [1]). Sogleich an dem Tage nach
seiner Ankunft hielt der Großwesir Kriegsrath, worin der Chan Cho=
cim's Verlust dem unausweichlichen Verhängnisse zuschrieb, und der
Großwesir demselben beyfiel. Zur Huth der Moldau wurden dem
Abasa Mohammedpascha neuerdings tausend Mann nach Soroka ge=
sandt, dem Kulaga von Bender die Huth der Furth von Mogila, dem
Statthalter von Anatoli, Feisullah, die Deckung des nach Isakdschi
abziehenden Geschützparkes aufgetragen, und der Beglerbeg von Ka=
raman sich mit Abasapascha zum Schutz der Moldau zu vereinen be=
fehliget. Dem Abasapascha und dem Woiwoden der Walachey wurde
aufgetragen, alle mit dem Feinde einverstandene Raja zu vertilgen. 2. Sept.
Hierauf brach der Großwesir nach Isakdschi auf, verweilte vier Tage 1769
zu Loposchta, um Sold auszuzahlen, und die Beförderung des Geschü=
tzes zu überwachen, und stellte am Pruth den Steuereinnehmer von
Dschanik, Alibeg, mit seinen Truppen auf, um das fernere Ausreißen
des Heeres aus der Moldau, welches ob Mangel an Lebensmitteln
und wachsender Kälte häufig der Donau zuströmte, zu verhindern [2]);
den Statthaltern von Rumili und Anatoli wurden die drey Roßschweife
genommen, weil ihnen die Hauptschuld des Rückzuges beygemessen
ward [3]). Hiedurch wurde das Gerede des Heeres und Volkes be=
schwichtiget, aber von neuem aufgeregt, als Mohammedpascha der
Serasker in der Moldau und der Chasinedar Alipascha, welche
beyde zu Jassy und Galacz von den Russen weggeschlagen wurden,
die drey Roßschweife erhielten [4]). Romanzoff, Gallizin's Nachfolger
im Oberbefehle des russischen Heeres, empfing zu Jassy die Huldi=
gung der Bojaren im Nahmen der Kaiserinn, wie dieselbe die Gene=
rale Tottleben und Medem in Armenien, Grusien, Tscherkassien, Ka=
bartai, und der kleine Abasa empfingen [5]). Der Oberstlieutenant
Fabricius, vom General Stoffeln abgesandt, hob zu Galacz den Für=
sten der Moldau, Constantin Maurocordato, auf, der hernach zu
Jassy starb [6]); der Oberstlieutenant Karasin ging nur mit vierhun=
dert Mann, vom Archimandriten von Ardschisch und vom Bojaren
Cantacuzen als russischen General geführt, auf die Residenz des Für=
sten Gregor Ghika los, der zwey Tage versteckt, dann gefangen ward.
Die Stadt wurde geplündert, alle Türken zusammengehauen, der
Anführer der Archimandrit, mit der russischen Medaille um den Hals
und zwey Pistolen in der Hand; in ganz Bukarest erscholl nun das
russische Vorwärts [7]). Diese Begebenheiten veranlaßten das Fetwa.

---

[1]) Wassif II. S. 41. [2]) Derselbe S. 47. [3]) Derselbe II. S. 49 u. 56.
[4]) Derselbe S. 53. [5]) Geschichte des gegenwärtigen Krieges zwischen Rußland,
Pohlen und der ottomanischen Pforte. Frankfurt und Leipzig 1771. 30 Theile
4. V. S. 65. [6]) Eben da S. 69. Engel's Gesch. der Walachey S. 29. der
Moldau S. 303. [7]) Eben da.

des Mufti, vermög welchem er für rechtmäßig erklärt ward, das Blut aller Moldauer und Walachen, welche dem Feinde zugethan, zu ver= gießen, ihr Gut einzuziehen, ihre Weiber und Kinder in die Sclave= rey zu schleppen [1]), und dieses Fetwa kettete natürlich die Moldauer und Walachen, wie es selbst der Reichsgeschichtschreiber einsieht, so en= ger an Rußland. Die Folge war, daß die Bojaren in Bukarest die Insignien der Fürstenwürde russischen Commissären auslieferten, sammt dem Metropoliten der Kaiserinn den Eid der Treue schwuren, und Abgeordnete nach Petersburg schickten, während General Bauer das Land vermaß [2]). Der Großwesir war eiligst von Isakdschi ins Winterquartier Babataghi gerückt, wo nach dem oberwähnten Tode Kelpaschasade's Alipascha, der Kiajabeg Jaßdschi Jbrahimpaschasade Mustafabeg's, zum Statthalter von Bender, und seinerstatt der wohl= bekannte Resmi Ahmed Efendi zum Minister des Innern ernannt ward [3]). Der Magazinsaufseher von Isakdschi, der Kämmerer Da= ghistanli Aliaga, und der von Jsmail, Jskenderoghli Mustafabeg, überfielen eine Begleitungstruppe russischer Lebensmittel und hieben dieselbe zusammen, ehe noch Abdipascha, der Befehlshaber von Jbrail, zu ihrer Unterstützung herbeygeeilt, sie drangen in Galacz ein, wäh= rend Abdipascha sich mit den Russen schlug. Diese wurden gezwungen Galacz zu verlassen und zu verbrennen, und Abdipascha ward dafür vom Sultan zum Serasker in der Moldau ernannt; fünf und zwan= zigtausend Piaster und mehrere Ehrenzeichen wurden ihm zur Ver= theilung gesandt, sein Kiaja ward zum Beglerbeg, sein Secretär zum Range eines Chodscha des kaiserlichen Diwans befördert, der Groß= wesir aber abgesetzt, nachdem er das Amt nur vier Monathe bekleidet hatte.

Chalilpascha, der neue Großwesirs, der Sohn des Großwesirs Aiwaf Mohammed, welcher den Frieden von Belgrad geschlossen, zwölf Jahre vor demselben geboren, besaß weder Geschäftskenntniß, noch Kriegserfahrenheit, noch irgend eine ausgezeichnete Eigenschaft [4]). Seinem Vater und der Gunst des Sultans hatte er seine früheren Hofämter als Oberststallmeister und Tschauschbaschi und später die Stelle des Kiajabeg und die des Statthalters von Rumili gedankt, als welcher er und als Serasker vor Chorim zuerst von seinem Vor= fahr Moldowandschi ob des Rückzuges von Chocin nach Philippopo= lis zur Ruhe gesetzt worden war [5]). Er traf sogleich eine Menge Ver= änderungen durch Wechsel der Staatsämter; die erwähnungswerthe= ste die Absetzung Resmi Ahmed's vom Ministerium des Innern, mit dem er nur sechs Wochen bekleidet gewesen [6]), die des Tschauschbaschi

[1]) Wassif II. S. 50. Thugut's Bericht vom 4. Dec. 1769. [2]) Engel's Ge= schichte der Walachey II. S. 30. Geschichte des Krieges V. S. 71. [3]) Wassif II. S. 56. [4]) Thugut's Bericht Ende Decembers 1769. [5]) Dschawid's Lebensbe= schreibungen der Großwesire. Wassif gibt zwey Chronogramme auf seine Er= nennung, das eine Chairi's, das andere Enweri's, Wassif II. Bl. 58. [6]) Der= selbe Bl. 59.

Jeßri Ahmed Efendi [1]), und die des Tatarchans Dewletgirai, wel=
cher, nachdem er juwelenbesetzte Waffen und sechstausend Beutel, d. i.
drey Millionen Köchergeld empfangen, doch binnen eilf Monathen
seiner Chanschaft nicht das geringste Erhebliche geleistet hatte; bey
Gelegenheit, als die Brücke des Dniester zerriß, nur jenen, welche
für die Überfuhr bezahlten, Hülfe gedeihen, die anderen hülflos er=
trinken, und hernach die Russen die Moldau und Walachey besetzen
ließ. An seine Stelle kam der Sohn Selimgirai's, Kaplangirai, der 2. März
nach Kauschan in die Feldresidenz der Chane, sein Vorfahr in die Ver= 1770
bannung nach Cypern geführt ward [2]). Der Serasker der Moldau,
Abdipascha, verständigt, daß die Russen zu Fokschan, Chomela, Is=
mail und Ibrail, Kulke und Giurgewo bedrohten [3]), marschirte mit
dem Ajan von Rusttschuk Tschelebi Elhadsch Suleimanaga [4]), gerade
nach Bukarest. In der Nähe von Fokschan hielt der Serasker eine
Rede an die Truppen, worin er ihnen vorstellte, daß, bevor der Feind
nicht geschlagen, an Gefangennehmung und Abschicken von Köpfen nicht
zu denken sey, erst nach dem Streite folge die Beute [5]). Sie zogen
sich zurück, um Giurgewo zu decken, wo sie vom General Stoffeln
angegriffen, mit einem Verluste von dreytausend Mann geschlagen 27.
wurden, Giurgewo wurde von den Russen verbrannt, und Stoffeln Febr.
zog zu Bukarest triumphirend ein; durch Verrath moldauischer Popen
war auch Slatina an der Alt in die Hände der Russen gefallen [6]), und
gleiches Loos würde Crajowa, die Hauptstadt der kleinen Walachey,
befallen haben, wenn dasselbe nicht einverständlich mit dem Statthal=
ter von Widdin, Mohammedpascha, die Türkentreue des Bans von
Crajowa für dießmahl gerettet hätte [7]). Aber dieß hatte während des 1. Apr.
Winters Statt, ehe die Roßschweife am ersten April zu Babataghi
ausgesteckt worden. Vier und zwanzig Tage hernach wurden dieselben
auf dem östlichen Ufer des Canals von Babataghi, wo der Sammel=
platz des Heeres, unter Vortritt des Kiajabeg und Generalquartier=
meisters, aufgerichtet; am ersten des eingehenden neuen Mondjahres
ward nach Jsakdschi aufgebrochen. Eingreifende Änderungen wichtiger
Staatsämter waren die Absetzung des Janitscharenaga Suleimanpa= 27. Apr.
scha, welcher, statt tausend Janitscharen nach Ibrail zu schicken, nur
dreyhundert zusammengebracht, und die in den Musterrollen abgängi=
gen Köpfe mit Bewohnern Babataghi's voll gemacht. Seine Stelle
wurde dem Statthalter von Aidin, welcher schon vormahls Janitscha=
renaga gewesen, dem Wesir Kapu Kiran Mohammed, d. i. dem Thor=
brecher, mit dem Titel eines Seraskers der Krim verliehen [8]); der
Kapudanpascha Ibrahimpascha wurde als Sandschak von Negroponte, 26. Apr.
seinem Geburtsorte, entfernt, und die jetzt so wichtige Großadmiral=

---

[1]) Waßif II. Bl. 60. [2]) Derselbe Bl. 61. [3]) Derselbe Bl. 62. [4]) L'histoire
de la guerre p. 77. [5]) Waßif II. S. 63. [6]) Derselbe S. 66. [7]) Eben da:
[8]) Derselbe S. 68.

schaft dem Enkel des berühmten Dschanum Chodscha (welcher vor fünfzig Jahren als Kapudanpascha so thätig in der Eroberung Morea's), Hosameddin, mit dem gemessensten Befehle, sich ehestens nach Morea zu begeben, verliehen [1]). Große Beförderungen hatten in der Laufbahn der wissenschaftlichen Ämter [2]) durch den Tod des Oberstlandrichters Paschmakdschisade, und durch den des Mufti Pirisade Osman Efendi, Statt. Dieser, der Sohn des gelehrten und politischen Mufti Pirisade, hatte in der dreyfachen Eigenschaft als Mufti, gelehrter und politischer Factor, ganz die Fußstapfen seines Vaters ausgetreten. Als Gelehrter war er gebundener und ungebundener Rede gleich mächtig, besonders ein großer Meister in der Disputirkunst. Er hinterließ Ghaselen und Kaßiden unter dem Dichternahmen Sahib, d. i. der Saumschleppende, und brachte viele Zeit im Umgange mit den wissenschaftlichsten Gesetzgelehrten seiner Zeit, wie Kitschu Abdullah Molla und Kelenbewi, dem großen Randglossenschreiber, über hundertmahl commentirte philologische und theologische Werke, zu. Als Politiker hatte er vorzüglich die Erklärung des Krieges begünstiget, und im Laufe desselben die zwey schändlichen Fetwa ertheilt, wodurch Pohlen und die Bewohner der Moldau und Walachey dem Kriegsrechte des Islams verfallen, mit Blut und Gut als Schlachtopfer durch den Säbel

2. März oder durch die Peitsche der Sclaverey. Als Hebel des Krieges war er
1770 selbst bey seinen Amtsgenossen, den Gesetzgelehrten, allgemein verhaßt, so daß dieselben schon bey seinen Lebzeiten einen Theil des Abscheues abtrugen, womit den Geist seiner Fetwa die Geschichte um so mehr brandmarken muß, als dieselben minder durch Fanatismus, als durch Ehrgeiz eingegeben, nicht sowohl aus seiner religiösen Überzeugung, als aus seinem politischen Systeme hervorgingen, durch welches abermahls die schon unter den Tyrannen Selim I. und Murad IV. aufgeworfene Frage, ob es nicht am heilsamsten, alle Christen im Reiche zu ermorden, einen Augenblick zur Sprache kam; eine Frage, die zwar, so wie das pohlische und moldauische Fetwa, durch Rußland hervorgerufen ward, aber auch dem Himmel Dank! jetzt zum letzten Mahle zur Sprache kommen konnte. Die Worte: Gestorben ist des Sultans Ohrenbläser, sprachen in Zahlenwerth das Jahr des Todes und die Meinung seiner Mitgenossen als unparteyisches moslimisches Urtheil aus. Die Stelle des Scheichs des Islams erhielt der Sohn des Mufti Mirsasade, Esseid Mohammed Said, welcher schon drey

2. May mahl die Stelle des Oberstlandrichters von Anatoli bekleidet hatte. Wie der Tod des Mufti, des teuflischen Christenverfolgers aus Eigennutz, die vernünftigsten Gesetzgelehrten gefreut, so betrübte den Großwesir sehr tief der Tod seines geliebten Bruders Alibeg, welcher, nachdem er die Stellen des Fiscals, Gerstenaufsehers, Aga der Silih

---

[1]) Waßif II. S. 68. [2]) Derselbe S. 74.

dare gefüllt, jetzt mit der des Sipahiaga im Lager betraut war. An
seine Stelle kam der Kämmerer Katibsade Ahmedaga. Gleichzeitig mit
demselben starb auch der Scheich des Lagers, Bakaji Weli Efendi,
und an dessen Stelle wurde von den Scheichen der Derwische Chalweti der Scheich Hafis Mustafa ins Lager gesendet, um in demselben
als Scheich zu predigen, und den Segen des Himmels über die osmanischen Waffen zu erflehen. Die Legende, welche der Reichsgeschichtschreiber Ewlia ein Jahrhundert früher von dem Begräbnisse Ssaltukdede's erzählt, welcher an acht oder sechs oder sieben Orten und auch
zu Babatagh unter dem Nahmen Baba als Heiliger begraben liegt,
hatte ihre Kraft verloren. Nach dieser Legende hatte Ssaltukdede, der
im ahnungsvollen drey und sechzigsten Jahre des zwölften Jahrhundertes mit hundertzwanzigtausend seldschukischen Türken sich in der
dobruzischen Tatarey angesiedelt [1]), seinen Jüngern den Befehl ertheilt, nach seinem Tode ihn in sechs oder sieben Särgen in entfernte
Städte ungläubiger Länder zu bestatten, damit in der Ungewißheit,
wo der wahre Leib, überall Pilgerschaft der Moslimen, und durch die
Pilgerschaft die Einverleibung dieser Länder mit dem Reiche des Jslams herbeygeführt werde. So war er in Thracien, Dacien, in Bulga-
rien, in Mösien, Pannonien, Sarmatien, und gar im äußersten Norden
begraben, jene Länder waren moslimisch geworden, aber Posen [2]), wo
er auch begraben lag, ward dennoch nicht türkisches Land, trotz dieses
Krieges und des pohlischen und moldauischen Vertilgungs-Fetwa des
ohrenblasenden Satanas Mufti.

Während der Mufti Vertilgungs-Fetwa wider Moldauer und
Walachen erließ, bereitete Rußland die Griechen in Maina zum Auf-
stande vor. Kundschafter, in griechische Priester verkleidet, verabredeten
mit Panajotti Benacki, dem Capitän der Maina, die Mittel der Befreyung vom türkischen Joche. Die Mainoten empfahlen sich durch
Abgeordnete in russischen Schutz, welcher ihnen vom Grafen Orloff,
Befehlshaber der nach der Morea bestimmten Truppen, durch Georg
Papasoghli aus Rumelien, Angeli Adamopulo und Johann Palatino
aus Toscana zu Calamata neuerdings bestätiget ward; diese brachten
goldene Schaumünzen und Officiers-Patent für den obersten Capitän
der Maina, Maurus Nicali, und der zu Calamata gegenwärtige
Erzbischof von Malvasia erhielt die Versicherung von der nächsten Ankunft russischen Geschwaders und Heeres [3]). Eine russische Flotte von
zwölf Linienschiffen, zwölf Fregatten und mehreren anderen Schiffen,
unter Admiral Spiritow's Befehl, hatte Ende des ersten Kriegsjahres
Kronstadt verlassen, um sich in den Archipel zu begeben. Die Kunde
davon erscholl nach Constantinopel, aber die Minister und Großen
wollten nicht an die Möglichkeit solcher Unternehmung glauben, weil

1769

.[1]) I. Bd. S. 122. [2]) Ewlia's Reisebeschreibung. [3]) Geschichte des gegenwärtigen Krieges VI. S. 59 und 60.

ihnen eine Verbindung zwischem dem baltischen Meere undenkbar.
Diese oft erzählte, aber auch eben so oft bezweifelte Thatsache [1] ist
durch das aufrichtige Geständniß des Reichsgeschichtschreibers [2] darge=
than. Als die Nachricht, daß die russische Flotte wieder im mittellän=
dischen Meere, selbst zu Constantinopel außer Zweifel, beschwerte sich die
Pforte durch ihren Dolmetsch bey dem Bailo, daß die Republik der=
selben die Durchfahrt vom baltischen Meere durch das adriatische ins
mittelländische gewährt. Nun erschien an den Befehlshaber von Napoli
di Romania, den vorigen Großwesir Muhsinsade Mohammedpascha, kai=
serliches Handschreiben, mit fünfzigtausend Piastern begleitet, um Trup=
pen zur Vertheidigung Morea's zu werben [3]. Der Mutesellim von
Dukagin, Chudawerdisade Ahmedbeg, der auf eigene Kosten Truppen
geworben, wurde dafür zum Beglerbeg befördert, unter die Befehle
des Statthalters von Lepanto, des Wesirs Mustafapascha, gestellt [4].
Ende Februars landete Admiral Spiritow mit vier Kriegsschiffen von
sechzig Kanonen, zwey kleinen Fregatten und einer größeren, die mit
Kriegsvorrath und Schiffsbaumaterialien befrachtet. Diese wurden so=
gleich zum Bau von vier Galioten, die bloß zur Überfahrt des Mund=
vorrathes dienten, verwendet. Graf Theodor Orloff landete nur mit
fünfhundert Russen, nicht zahlreich genug, um fünfzigtausend [5] Mai=
noten, welche bewaffnet aufstanden, in Zucht und Ordnung zu erhal=
ten. So wurde zu Misistra von den Mainoten unmenschlicher Gräuel
geübt [6], vierhundert Türken erwürgt, neugeborne Kinder von den
Minareten zur Erde niedergeschleudert. [7] Theodor Orloff unternahm
die Belagerung von Koron, mußte dieselbe aber, weil zu schwach, auf=
geben. Als sein Bruder Alexis mit einem anderen Geschwader auf Na=
varin gelandet, und eine Truppe gegen Patras abgeordnet hatte, wurde
dieselbe von Korsaren aus Dulcigno, die zur Hülfe von Patras gekommen,
zurückgetrieben, und die Mainoten zu Patras gemordet [8]. Hierauf rück=
ten die Russen mit fünfzehntausend empörten Griechen wider Tripolizza
vor, des Sieges so sicher, daß sie ihre Weiber mit leeren Säcken auf den
Schultern mit sich nahmen, dieselben mit der Beute des Türkenraubes zu
füllen [9]. Wider dieselben zogen Nimetisade von Tirhala, Muderris Os=
manbeg von Larissa, Ali Aga von Tschataldsche und der Begsade von Isdin,
ein Paartausend Mann zusammen, welche der Serasker Pascha dem
Mutesellim von Tripolis untergab, er selbst mit seinen Haustruppen
herbeyeilte. Die Griechen wurden geschlagen [10], und zu Tripolis
wurde die Saat des Griechenmordes gesäet, welche spät blutige Früchte
der Rache getragen; alle Griechen wurden niedergemetzelt, ihre Kör=

19. (8.)
April
1770

---

[1] Essais de Géographie p. 217. [2] Waßif II. S. 70. [3] Derselbe S. 59.
[4] Derselbe S. 69. [5] Derselbe S. 71 sagt 60.000. [6] Geschichte des gegenwär=
tigen Krieges VI. S. 63, und Waßif II. S. 71. [7] Eben da. [8] Essais de
Géographie p. 220, und Geschichte des gegenwärtigen Krieges VI. 65. [9] Ge=
schichte des gegenwärtigen Krieges VI. S. 66. [10] Essais de Géographie den
8. April a. St. (19.), folglich ist im Waßif das Datum 13 geschlt, statt 23.,
denn der 23. Silh. ist ein Montag.

per verbrannt [1]). Eben so wüthete der Griechenmord zu Patras, wo
vierhundert Lewenden das Schloß überrumpelten und alle Gräuel erneuerten, welche die Byzantiner von der Zeit der ersten türkischen Eroberung des Peloponnesos durch die Türken erzählten. Weiber und Kinder,
die der Säbel schonte, verzehrte die Sclaverey. Navarin ergab sich an
den Fürsten Dolgorucki und an den Mohren Hannibal, Brigadier in
russischem Kriegsdienste [2]). Dolgorucki hatte auch Leontari und Arkadia
erobert. Den Vergleich, wodurch der türkischen Besatzung vom Fürsten
Dolgorucki das Leben gefristet ward, hatte auch der französische Consul unterschrieben, aber Mainoten mordeten die Türken und zündeten
die Stadt an. Alexis Orloff erließ hierauf Manifest an alle Griechen
unter türkischer Tyranney, ihnen die in der Moldan und Walachey erfochtenen Siege kündend, sie als Glaubensgenossen zur Vertheidigung
des Glaubens und der Freyheit aufrufend [3]). Er belagerte hierauf Koron und Modon zugleich, aber am Jahrestage der Eroberung Constantinopel's wurde Modon entsetzt. Die Russen schifften sich wieder ein,
und der Serasker dünkte sich ein neuer Eroberer Morea's [4]). Auf
diese Eroberung Morea's folgte aber statt der Beleuchtung der Hauptstadt der Brand der Flotte zu Tschesme. Neun Linienschiffe und
sieben Fregatten stark, griff die russische Flotte in drey, von Spiritow,
Alexis Orloff und Elphinstone befehligten Treffen geschaart, die türkische an, die aus zwey Corvetten, fünfzehn Gallionen, fünf Sche-
becken und acht Gallioten bestand [5]), unter des Kapudanpascha Hosameddin und des Kapudanpascha Hasan des Algierers Befehl. Das
russische Admiralschiff unter Spiritow's, und die türkische Kapudana
unter Hasan's feuriger Anführung, liegen im Kampf, und verbrennen
zugleich. Kaum sind Spiritow und Theodor Orloff durch die Schalup-
pen gerettet, so fliegt das russische Admiralschiff mit siebenhundert
Mann in die Luft. Die türkischen Admirale, der Kapudanpascha Ho-
samedddin, der Admiral der Kapudana, Hasan von Algier, der Vice-
admiral und einige Matrosen retteten sich schwimmend; der Segel-
schneider Bekir wurde von der Segelstange des in die Luft fliegenden
Admiralschiffes ins Meer geschleudert und gerettet. Dreyßig Jahre
hernach hat er auf der Flotte, die er als Admiral der Kapudana befehligte, die Schlacht und seine wunderbare Rettung dem englischen Admiral Sir Sidney Smith und dem Verfasser dieser Geschichte zu Rhodos erzählt. In der folgenden Nacht verbrannten die Russen die türkische Flotte im Hafen von Tschesme; davon wurde Graf Orloff der
Sieger Tscheschmeskji beygenannt, und seiner Kaiserinn Dankbarkeit
setzte ihm in der Loge von Tschesme, im Pallaste von Czarskofelo,

21.Apr.
a. St.
(2.
May)
1770
8. (29.)
May

5. Jul.

---

[1]) Geschichte des gegenwärtigen Krieges VI. S. 67. Waßif II. S. 72.
[2]) Dieselbe S. 70. [3]) Das Manifest in der Geschichte des gegenwärtigen Krieges VI. S. 75. [4]) Waßif II. S. 72. [5]) Essais de Géographie p. 223. Buturlin
(Petersburger Zeitschrift XVI. S. 30.)

Triumphpforte. Die in der Geschichte der Seekriege noch denkwürdige Schlacht von Tscheschme war nahe am Vorgebirge Mikale gefochten, wo die Griechen am Tage der Schlacht von Salamis den Rest der persischen Flotte verbrannten, nicht fern von Myonessus, wo der Römer Ämilius Regillus die Flotte des Antiochus schlug; die Seeschlacht von Tscheschme war nach der von Lepanto die größte Niederlage türkischer Flotten, und beyde Seeschlachten, unmittelbar vor entscheidendem Zeitabschnitte osmanischer Geschichte gefochten, bezeichnen denselben als Leuchtthurm. Durch die Schlacht von Lepanto ward das Ende des Flores des osmanischen Reiches unter Suleiman's und Selim's II. Regierung abgemarkt, und der Brand von Tscheschme leuchtet dem Frieden von Kainardsche vor.

Drey Monathe vor dem Flottenbrande zu Tscheschme hatten zu
1.März 1770 Constantinopel zwey Feuersbrünste Statt gehabt, die eine zu Kasimpascha, die andere zu Top Kapu, in deren erster ein Sattelmagazin mit
3.Apr. allen für das Heer bestimmten Satteln, in der zweyten ein halbes Tausend von Häusern in Rauch aufging [1]. Eine weit größere aber, die zwölfhundert Häuser fraß, brach neben dem Serai der geliebtesten Schwester des Sultans aus, sobald die Nachricht von der Flotte Niederlage nach Constantinopel gelangt, diese Feuersbrunst sicherer eine Folge des Flottenbrandes als jene beyden eine Vorbedeutung desselben. Ein Aufstand, wie solche Feuersbrunst fürchten ließ, war zu Smyrna wirklich drey Tage nach der Vernichtung der Flotte ausgebrochen, die Türken fielen über Griechen und Franken ohne Unterschied her, über achthundert derselben wurden ermordet [2]. Der Kapudanpascha wurde abgesetzt und seine Stelle dem alten Dschaafer verliehen. Die Hauptstadt zitterte vor dem nächsten Erscheinen der russischen Flotte, und zur Vertheidigung der Dardanellen wurden eiligst der vorige Großwesir Moldowandschi und der französische Oberst Tott abgeschickt. Tott's Begleiter war der türkische Commissär Mustafabeg, wie der Kapudanpascha Hasan, ein Enkel der berühmten Admirals Dschanüm Chodscha [3]. Der Kapudanpascha Hosameddin starb bald hernach, sey es aus Gram über den Verlust der Flotte, sey es über die Ungnade des Sultans, welcher das Volk seinen gähen Tod zuschrieb [4]. Seinem Sohne Abdullah wurde jedoch der Befehl der Galeere seines Vaters als Capitän bestätiget, und zum Kapudanpascha Hasan von Algier ernannt, der schon in der Schlacht von Tscheschme sich rühmlichst ausgezeichnet. Moldowandschi begann seine Vertheidigungsanstalten, indem er die Mauern der Dardanellen von außen weißen ließ, vermuthlich, um durch die blendende Weiße den Feind davon abzuschrecken; zweckmäßiger waren die vier Stuckbette, welche Tott, zwey auf der europäischen und zwey von

<hr>

[1] Geschichte des gegenwärtigen Krieges VI. S. 55. [2] Eben da S. 43 nur 500, aber in Thugut's Bericht über 800. [3] Memoire de Tott II. S. 250. [4] Wassif II. S. 117, und Thugut's Bericht.

der afiatiſchen Seite, aufwerfen ließ, ſo daß ſich die Schüſſe von den beyderſeitigen Landſpitzen kreuzten¹). Ein Verſuch von neun ruſſiſchen Linienſchiffen, welche das erſte Fort der Dardanellen beſchoſſeu, blieb erfolglos ²), aber zwanzig mit Lebensmitteln beladene Schiffe fielen in die Hände Elphinſtone's, welcher bey Tenedos den Eingang der Dardanellen ſperrte; Graf Orloff belagerte Lemnos. Am ſechzigſten Tage hatte die Beſaßung ſich ergeben, der Vertrag war in acht Puncten unterſchrieben, und ſechs Geißeln waren als Bürgſchaft der Erfüllung ausgeliefert, als der neue Kapudanpaſcha, Haſan von Algier, mit drey und zwanzig Schiffen auf Lemnos landete, und, wie Camillus vor den Thoren Rom's, zur Hülfe der Bedrängten erſchien, den Übergabsvertrag nichtfür gültig anerkennend, weil derſelbe ohneſeine Zuſtimmung geſchloſſen worden. Im Hafen von Monderof (Modone) kam es zum blutigen Treffen, deſſen Sieg ſich die Berichte beyder Theile zuſchrieben ³), wohl mit größerem Rechte die Türken, weil die Ruſſen abzogen, nachdem Graf Orloff auf Haſan's Erſuchen die ſechs Geißeln zurückſchickte. Wir wenden den Blick nun von dem Kriege auf der See zum Landkriege in der Moldau zurück, wo der Chan Anfangs May von Kiſchenew aufgebrochen, in der Abſicht, mit Abaſapaſcha, dem Statthalter von Ismail, Seid Haſanpaſcha, dem Inhaber des Sandſchakes Tſchorum, und dem Kapidſchibaſchi Daghiſtani Ali, welche ſeinen Befehlen untergeben waren, über den Pruth zu gehen ⁴). Zu Chandepe ſtieß auch der Serasker der Moldau, Abdipaſcha, zu ihm; überall fanden ſie den Übergang des Fluſſes durch feindliche Stuckbette verſchanzt, und die Ruſſen ſelbſt bey Faltſchin über den Pruth ⁵). Romanzoff griff die Türken, die ſich hinter dem Flüßchen Kalmaßu, gegenüber der Ribaja Mogila, d. i. von Chandepe, aufgeſtellt hatten, an, und vertrieb dieſelben ⁶). Unterdeſſen war der Großweſir vorzüglich auf Rath des Janitſcharenagapaſcha, des Thorbrechers Mohammedpaſcha, von Widdin nach Isakdſchi über die Donau gegangen⁷). Als der Agapaſcha von Kartal an den See vorgerückt, fielen die folgenden Truppen des Chans und Abdipaſcha's auf ihn zurück, und er ward in ihre Niederlage verwickelt, welches aber der Großweſir dem Loos zuſchrieb, und ſie alle drey durch Schreiben zu gutem Muthe aufſriſchte ⁸). Der Kulkiaja, ein verdienſtvoller Mann, welcher lieber ſich zu Kartal zu verſchanzen als vorzurücken gerathen, wurde ſeines heilſamen Rathes wegen abgeſetzt ⁹), demſelben zuwider ſetzte der Großweſir ſelbſt mit dem Lagerrichter Nimetullah, dem Kiajabeg Seid Ibrahim, dem Defterdar Ißmet Ismail, dem Reis Eſendi Ridſchaji Mohammed, dem Tſchauſchbaſchi Ibrahim von Arabgir, dem Defter Emini Weli Eſendi, dem

¹) Tott II. p. 259. ²) Schauplaß des gegenwärtigen Krieges zwiſchen Rußland und der Pforte. Hamburg 1771 II. Bd. S. 7. ³) In der Geſchichte des gegenwärtigen Krieges X. S. 13, Wahif II. S. 118. ⁴) Derſelbe S. 84. ⁵) Derſelbe S. 185. ⁶) Derſelbe S. 87. ⁷) Derſelbe S. 86. ⁸) Derſelbe S. 87 und 88. ⁹) Derſelbe S. 90.

zweyten Präsidenten der beyden ersten Kammern der Finanz (Rusname
und Muhasebe) Resmi und Jesri Ahmed, den beyden Bittschriftmei=
stern Ibrahim und Mustafa, dem Cabinetsecretär des Großwesirs,
Elhadsch Abdurrisak, dem Beilikdschi Mustafa, dem Secretär des
Kiaja Seid Mohammed und dem Ceremonienmeister Wahdeti Ebubekr
Efendi und dreyßigtausend Mann über die Donau ¹). Am zweyten
Tage ward Kriegsrath gehalten und beschlossen, dem Feind entgegen=
zugehen. Dem Serasker Abdipascha wurde der Befehl des Vortrabs,
dem Abasapascha der Befehl des rechten Flügels, dem Hasanpascha
von Adana der des linken Flügels übertragen. Von allen Seiten wurde
geschanzt, und der Minister des Innern, Ibrahim, überwachte in
der Nacht die Schanzer unter Fackelbeleuchtung, woher ihm der Nah=
me des Fackelträgers ²) blieb. Graf Romanzoff hatte vor sich den
Großwesir und hinter sich den Tatarchan, dieser hunderttausend Mann,
jener darüber stark ³). Die drey Vierecke der Generale Bauer, Plem=
janikow und Bruce griffen zu gleicher Zeit das türkische Lager an, und
eroberten dasselbe mit hundertvierzig Kanonen und viele Beute,
welche das Heer, trotz des Gebothes, leicht geschürzt über die Donau
dem Feinde entgegenzugehen, mit sich geschleppt hatte ⁴). Die Be=
merkung, welche der Geschichtschreiber Kemalpaschasade Sultan Selim
dem I. gemacht, als dieser das Heer Ghawri's von Gold, das seine
nur von Eisen strotzen sah, und darüber traurig war, die Bemerkung:
daß Gold dem Eisen zur Beute falle, und der Anblick des ersten die
Handhaber des letzten so mehr ansporne, war bey dieser Schlacht auf's
vollkommenste bewährt worden ⁵). Um halb zehn Uhr früh war der
Sieg entschieden, der die Russen kaum tausend Mann, die Türken
zweymahl so viel gekostet. Unter der Beute zwey Truhen von Ehren=
zeichen für die Wackeren, jedes von sechs silbernen Federn, welche nun
die Hüte russischer Officiere schmückten ⁶). Dieß war die glänzende
Schlacht, welche die Russen die von Kaghul, die Türken das Verderben
von Kartal nennen, geschlagen am ersten August, welcher der Tag der
Siege von Actium, St. Gotthard und Abukir.

Nach der Niederlage von Kartal hielt der Großwesir in Eile
Kriegsrath, in welchem einige dafür stimmten, sich dießseits der Do=
nau zu verschanzen, sie wurden aber durch die überstimmt, welche in
diesem Falle dem Großwesir und dem Reste des Heeres das Loos von
Zenta voraußsagten ⁷). Der Großwesir setzte noch in der Nacht bey
Isakdschi über, die Paschen Abdi und Abasa, der Reis Efendi und
der erste Bittschriftmeister mit dreyßigtausend Mann waren gegen Is=
mail geflohen ⁸). Der Tatarchan versprach dem Großwesir die Verthei=
digung Ismail's zu übernehmen, Weiber und Kinder der Bewohner

(Marginalien:) 26.Jul. 1770 — 1. Aug. n. St. 21.Jul.

¹) Waßif II. S. 91. ²) Derselbe S. 94. ³) Buturlin XVI. S. 24. ⁴) Wa=
ßif S. 95. ⁵) Eben da. ⁶) Essais de Géographie p. 204. ⁷) Waßif II. S. 96.
⁸) Eben da.

Ismail's nach Kilia und Akkerman; und die Familien des tatarischen
Stammes der Jedißan, welche, nachdem sie der russischen Kaiserinn
gehuldigt, wieder zur Oberherrschaft der Osmanen zurückgekehrt waren, als Unterpfand ihrer Treue über die Donau zu senden. Es wurden fünfhundert Centner Zwieback und zehntausend Piaster dem Chan
zugeschickt, welcher für Ismail's Vertheidigung gut sagte. Indessen
sandten die nach Ismail gezogenen Truppen ins Lager, mit Bitte um
Erlaubniß, über die Donau zurückzukehren, was für den Augenblick
gar nicht zu bewerkstelligen möglich, aus Mangel an Schiffen zur
Überfahrt [1]. Mittlerweile war Repnin von Romanzoff mit fünfzehntausend Mann [2] gegen Ismail gesendet worden, bey deren Anblick die
zwanzigtausend Türken sich nach Kilia zurückzogen. Hierauf wurde der 26.Jul.
Janitscharenaga, der großsprecherische Thorbrecher, und der General a. St.
der Stuckfuhrknechte abgesetzt, und der Muhasebedschi von Anatoli 1770)
nach Tultscha, das die Russen ebenfalls bedrohten, befehliget, um
dort Schanzarbeiten zu leiten, und die aufgelärmten Einwohner zu 13.
beruhigen [3]. Von der Krim lief die tröstliche Nachricht ein, daß der August
dortige Serasker Silihdar Ibrahimpascha mit Hülfe des Nureddin,
welchem die Huth der Meerengen von Janitsche und Tschunkar aufgetragen war, einen Angriff der Russen auf Perekop abgewehrt [4]; doch
wurde diese bald durch die Hiobskunde verbittert, daß die Brücke von
Isakdschi durch einen Sturm zerbrochen [5], und daß Kilia in die Hände 5.Sept
der Feinde gefallen. Der Beglerbeg Mustafapascha hatte die Vertheidi-
digung auf sich genommen und dazu fünf und siebzigtausend Piaster 1.Sept.
aus der Kriegscasse erhalten, aber schon am zehnten Tage der Bela- a. St.
gerung übergab er dieselbe dem Fürsten Repnin [6]. Mustafapascha August)
mußte die fünfzehn erhaltenen Beutel zurückgeben; dem alten Gene-
ralquartiermeister Abdipascha, welcher ebenfalls zu diesem Behufe Geld
erhalten hatte, wurde dasselbe geschenkt [7]. Im Kriegsrathe, worin
der Großwesir sich über die Ursachen wiederhohlter Niederlagen und
die Mittel, denselben zu begegnen, Raths erhohlte, waren die Mei-
nungen verschieden. Einige stimmten für die Bestrafung der Flüchtlinge und die Streichung ihres Soldes von den Rollen; gefährliche
Maßregel, wodurch nach der Schlacht von Kereßtes Cicala den Aufruhr in Asien hervorgerufen, wiewohl weit früher Ssalaheddin, der
ritterliche Held der Kreuzzüge, hievon das Beyspiel gegeben, indem
er die Ausreißer von Akka mit dem Verluste ihrer Lehen bestrafte [8];
andere schoben die ganze Schuld auf die Lewenden, Turkmanen und
anderes geworbenes Gesindel von Schmalsäbeln und Freywilligen,
welche die ersten ausrissen; es wäre besser, meinten sie, die großen
Summen, womit sie angeworben würden, unter die regelmäßigen

[1] Wasif II. S. 98. [2] Derselbe S. 97. [3] Derselbe S. 100. [4] Eben'da.
[5] Derselbe S. 102. [6] Derselbe S. 104. Buturlin (Petersburger Zeitschrift
Bd. XVI. S. 27). [7] Wasif II. S. 106. [8] Ibnol Efir in Reynaud's extraits
des historiens arabes relatifs aux guerres des Croisades. 1829. p. 314.

Truppen zu vertheilen und dadurch den Muth derselben zu befeuern¹). Es wurde die Nothwendigkeit der Vertheidigung Oczakow's und Akkerman's, und der beyden Mündungen des Dniester und der Donau berathen; alle erkannten die Zweckmäßigkeit der Maßregel, aber als herumgefragt ward, wer denn die Sache auf sich nehmen wolle, fand sich keiner dazu gewachsen, endlich wurde dieser Dienst dem Gediklü Ejubi Ahmed an den Hals geworfen ²), und nur ein halber Beutel Geldes verabfolgt. Nach zwey Tagen kam er schon wieder ins Lager zurück, Bericht erstattend, daß die Mündung von Suna versandet, und es unmöglich, dort Schanzen aufzuwerfen; es ward also für gut befunden, daß er bis zur Ankunft der Wintertruppen des dermahlen zu Tultscha befindlichen Abdipascha in der Palanka der Donaumündung bleibe ³). Einen Versuch der Russen, mit sechstausend Mann Oczakow zu überrumpeln, schlug der Chan der Krim mit einer aus den Flüchtigen von Kartal und Ismail zusammengesetzten Truppe zurück ⁴). So groß der Mangel an Zucht und Ordnung im türkischen Heere, so wenig getraute sich weder der Großwesir, noch der Sultan durch heilsame Strenge demselben abzuhelfen, sie nahmen zu den Halbmitteln der Schwäche, zu verstellter Zufriedenheit und zur Spende unverdienter Belohnungen die Zuflucht. Der Großwesir theilte zu Isakdschi unter die am Tage der Schlacht von Kartal Verwundeten zehntausend Piaster aus, worüber der Präsident der Kammer des Tagebuches, Resmi Ahmed, Register hielt ⁵). Trotz dieser Spenden nahm das Ausreißen der Truppen täglich überhand; schon am Kakul hatten die Truppen von Diarbekr, meistens Kurden, inmitten der Schlacht Reißaus nach Hause genommen ⁶); damit der Großwesir bis zur Ankunft der Wintertruppen nicht ganz entblößt bleibe, ging kaiserliches Chatt-scherif an alle Gerichtsbarkeiten Rumili's, unterdessen ihre waffenfähige Mannschaft nach Isakdschi zu stellen. Ahmed Iset Efendi, der vorige Kiajabeg und Aufseher der Münze, einer der Günstlinge des Sultans, welcher seinen Einfluß aber nicht zum Hebel seines Ehrgeizes, sondern zur Linderung des Unglückes seiner Mitmenschen verwandte ⁷), war der Überbringer des von tausend Beuteln begleiteten Handschreibens, welches der Cabinetssecretär Abdurrisak den versammelten Feldfürsten vorlas, zur allgemeinen Beruhigung der Herzen, durch solche Heilung der Schmerzen. Dem Aufseher der Magazine von Isakdschi, dem Kämmerer Daghistani Aliaga, welcher besonders bey dem unglücklichen Vorfall von Ismail durch Rettung der Wesire und Emire ausgezeichnet, wurden die drey Roßschweife verliehen, und demselben das Diplom als Wesir von Isakdschi zugestellt, zur Huth der Donau und der an derselben befindlichen Magazine ⁸). Abdipascha, der Statthalter von Rumili, der bisherige Serasker von Isakdschi

<hr>

¹) Waßif II. S. 205. ²) Eben da. ³) Eben da. ⁴) Derselbe S. 107.
⁵) Eben da. ⁶) Derselbe S. 94. ⁷) Tott Mém II. p. 246. ⁸) Waßif S. 109.

wurde zur Huth von Matschin, und der Inhaber von Itschil, der Wesir Abasapascha, zur Huth von Hirsova befehliget. Ssarim Ibrahimpascha, der Statthalter von Silistra, lange ein Gegenstand der Eifersucht des Großwesirs, starb an der Halssperre [1]).

- Während der oben erzählten Begebenheiten belagerte Graf Panin die Stadt Bender schon seit den letzten Tagen des Julius, und die Belagerungsarbeiten rückten, durch die Tapferkeit der Vertheidiger erschwert, langsam vor. Der tapfere Serasker Wesir Mohammedpascha war an der Pest gestorben [2]), und an seine Stelle der Wesir Mohammed Emin, der Sohn Abduldschelil's, als Serasker getreten. Nach zweymonathlicher Belagerung wurde der Sturm von den Generallieutenanten von Elemten und Rennekamp angeführt. Der Heldenmuth des Grafen Mussin Puschkin und Kamenskoi's leuchteten auch bey dieser Gelegenheit vor. Protassow zeichnete sich aus, indem er den falschen Angriff auf das linke Thor in einen wahren verwandelte, Panin stellte sich, wo die Gefahr am größten, unter das Fußvolk und erstieg selber den Wall. Zehn Stunden währte der Sturm mit der größten Erbitterung von beyden Seiten, die Stürmer rächten den Verlust so vieler ihrer Wackeren mit Ingrimm, Weiber und Kinder zum Theil zertreten, zum Theil unter dem Schutte der brennenden Häuser begraben, wurden von ihren Männern und Vätern gemordet, um nicht den Giauren in die Hände zu fallen. Pest, Feuer und Schwert hatten die Stadt verödet, dennoch war die Zahl der Gefangenen sechsthalbtausend, worunter der Serasker Mohammed Emin und zwey Paschen von zwey Roßschweifen, vierthalbhundert Kanonen, dreyßigtausend Kugeln, zwanzigtausend Pud Pulver [3]); aber der Sieg war theuer erkauft, so theuer, daß, wie der Reichsgeschichtschreiber Wasif versichert, die Kaiserinn den Grafen Panin wissen ließ, es wäre besser gewesen, die Stadt nicht zu erobern, als so viele Menschen zu opfern [4]). Die Tataren Jedißan sollen von den Gefangenen, deren die meisten mit ihnen durch Blut oder anders befreundet, siebzehnhundert über den Bog nach Oczakow entführt haben [5]). Nach Bender's Übergabe sandte man von Ismail aus den Defterdar von Bender, Tabib Efendi, mit dem Secretär der ersten Rechenkammer, Piri Efendi, welche ins Lager zu kommen begehrten. Der Vorsteher der Rechenkammer Anatoli's, Nasif Efendi, wurde ihnen entgegengeschickt, um die Ursache ihrer Ankunft zu erfahren. Piri Efendi kam in Angelegenheiten von Geldsachen des gefangenen Seraskers, aber der unter ihnen befindliche Oberst war der Überbringer eines Schreibens des Feldmarschalls Romanzoff, der nach Bender's Eroberung den Frieden, jedoch ohne Vermittlung, antrug. Der Großwesir, zur Friedensunterhandlung von Seite des Sultans nicht bevollmächtiget, sandte das Schreiben des

27.
Sept.
1770

16.
Sept.

[1]) Wasif II. S. 110. [2]) Derselbe S. 112. [3]) Schauplatz des gegenwärtigen Krieges II. S. 28. [4]) Wasif II. S. 112. [5]) Derselbe S. 113.

IV. 39

russischen Feldherrn nach Constantinopel, und den Überbringer, den Obersten [1]), mit der mündlichen Antwort zurück, daß die schriftliche von der hohen Pforte aus erfolgen werde [2]). Dem Sultan der Krim, Mesudgirai, welcher schon unter der Chanschaft Dewletgirai's sich zum Raubzuge in die Walachey angebothen, dem aber derselbe vom Chan nicht gestattet worden war, erboth sich dazu neuerdings, und erhielt kaiserliches Handschreiben, welches ihn mit den dießseits der Donau befindlichen Tataren Jedißan nach Bukarest befehligte [3]). Nachdem Jsmail und Kilia, die beyden Festungen am linken Ufer der Donau, in den Händen der Russen, war nur noch Braila zu erobern übrig, welche am Ausflusse des Sireth und der Donau, gegenüber von Ma-tschin, liegt. Die Vertheidigung der Stadt leitete der Cabinetssecretär des Großwesirs, Abdurrisak, mit der größten Sachkenntniß und Thä-

7. Oct. 1770 tigkeit. Die Belagerung hatte Anfangs October begonnen. Der Be-fehlshaber, der Wesir Dschanikli Suleimanpascha, fiel zu verschiede-nen Mahlen vom Wasserthore, dem einzigen nicht verrammelten der Festung, mit Erfolg aus, und sandte durch seinen Sohn Gefangene und Köpfe ins Lager des Großwesirs. Der Befehlshaber von Ma-tschin, der Wesir Abdipascha, warf Verstärkung hinein. Nachdem der Befehlshaber Jbrail's, so wie der Bender's, der Pest unterlegen, wurde der Serasker von Jsakdschi, Alipascha, den Belagerten zu Hülfe zu eilen befehliget. Die Belagerer, welche sich in den Besitz des Wasser-thores gesetzt, wurden von den gegenüber zu Matschin erbauten zwey neuen Stuckbetten geängstiget; ein heftiger Sturm wurde mit Erfolg abgeschlagen, aber achtzehn Tage darnach ergab sich nichts desto weni-

5. Nov. ger die Festung dem Feinde [4]), trotz aller Schanzarbeiten des Cabinets-secretärs, der mit dem Berichte des schlechten Zustandes der Donau-linie und des kaiserlichen Lagers, in dem sich nicht über dreytausend

22. Nov. Mann befanden [5]), nach Constantinopel eilte. Nachdem auf diese Art der Feldzug mit dem Verluste der Festungen am Dniester (Akkerman und Bender) und an der Donau (Kilia, Jsmail und Jbrail) beendi-get, und zu Jsakdschi selbst für das zusammengeschmolzene Lager des Großwesirs die Lebensmittel zu wenig, trat er den Marsch ins Win-

25. Nov. terquartier von Babatagh an, indessen er dem Serasker von Jsak-dschi, Daghistani Alipascha, hunderttausend Piaster geschickt [6]). Bey seiner Rückkehr hatte er doch die Freude, zu sehen, daß die neun Fon-tainen Babataghi's, welche vor dreyßig Jahren der Aufseher der kai-serlichen Küche, Chalil Efendi, allda gestiftet hatte, und welche ver-trocknet waren, auf seinen Befehl mittelst tausend Piaster wieder flüs-sig gemacht worden waren [7]); daß sich der Sultan mit den neun Fon-tainen nicht über die verlorenen Schlachten und Festungen tröstete, ist

---

[1]) Iwan Petro. Wassif II. S. 113. [2]) Derselbe S. 114. [3]) Derselbe S. 116 und 117. [4]) Derselbe S. 120, 123 u. 124. [5]) Derselbe S. 125. [6]) Derselbe S. 128. [7]) Derselbe S. 29. Als der Verfasser dieser Geschichte i. J. 1806 durchkam, waren sie wieder alle vertrocknet.

begreiflich. Schon am zweyten Tage nach der Ankunft des Lagers zu
Babatagh wurde auf kaiferlichen Befehl der Statthalter von Siliftra,
Abafapafcha, welcher über fechshundert Beutel Geldes auf Errichtung
von Lewenden verfplittert hatte, ohne je etwas damit geleiftet zu haben,
wieder der drey Roßfchweife beraubt, nach Güftendil verbannt, der
Janitfcharenaga Mohammed feiner Untüchtigkeit willen durch Suleiman, den Aga der Janitfcharen von Adrianopel, erfetzt [1]). Der Chan
der Krim, Kaplangirai, hatte nicht nur den ganzen Feldzug hindurch
nichts Nützliches geleiftet, fondern jetzt fogar gefchrieben, daß, wenn
man ihm zum nächften Feldzuge nicht taufend Beutel binnen vierzig
Tagen fenden könne, man ihn lieber der Chanfchaft entheben möge.
Der Sultan, hierüber in Verlegenheit, fragte den Osman Efendi von
Jenifchehr, welcher der Ehre des Kammerzutrittes genoß, was zu
thun. „Dem ift leicht abzuhelfen," war des Leichtfinnigen Antwort;
er begehrte Feder und Papier, und fchrieb eine Anweifung von taufend Beuteln auf die Kanzley der Kopffteuer von Kaffa. Diefe erftattete Bericht, daß die gefammten Einkünfte nicht mehr als fiebzehn
Beutel betrügen, welche als Säckelgeld des Kalgha fchon angewiefen
feyen; dieß fetzte den leichtfinnigen Rathgeber beym Sultan fehr herab,
und hatte unmittelbar die Abfetzung des Chans zur Folge, an deffen
Stelle der vormahlige Chan der Krim, Selim, wieder auf den Polfter der Chanfchaft erhoben ward [2]). Hierauf folgte die Abfetzung des
Minifters des Inneren, Effeid Ibrahim, an deffen Stelle der oben
gefchilderte Ifet Mohammed trat, und endlich die Abfetzung des Großwefirs felbft [3]). Er wurde in Gnade mit Beybehaltung feines Ranges 4. Dec.
nach Philippopolis zur Ruhe, und an feine Stelle der bisherige Statt- 1770
halter von Bosnien, Silihdar Mohammed, in die größere Thätigkeit
des höchften Staatsamtes gefetzt.

Die Antwort des Sultans auf das oberwähnte Schreiben des
Grafen Romanzoff erfordert zuerft Erzählung des derfelben zu Conftantinopel in Betreff des Vermittlungsgefchäftes vorausgegangenen,
in vielfacher Rückficht merkwürdigen diplomatifchen Verkehres; merkwürdig durch die Verflechtung des Intereffes fo vieler europäifcher
Höfe, welche alle um die Vermittlung buhlten, welcher fich Rußland
ftandhaft und mit Erfolg entzog, merkwürdig durch den Anftoß, welchen derfelben zwey Herrfcher großen Nahmens, Friedrich und Jofeph II., gaben, durch den daraus mittelft der Betreibungen zweyer
der ausgezeichnetften öfterreichifchen Minifter, des Fürften von Kaunitz und des Freyherrn von Thugut, erwachfenen geheimen Subfidien-
Tractat mit Öfterreich, und endlich durch Sultan Muftafa's felbftfüchtige, hinterliftig verlockende, und zuletzt deßhalb elend verkürzte
Politik. Die Vermittlung hatten, wie oben gefagt worden, die Minifter England's und Preußen's fogleich nach Ausbruch des Krieges

---

[1]) Waffif II. S. 129. [2]) Derfelbe S. 131. [3]) Derfelbe S. 132.

mit Verschwärzung Frankreich's und Österreich's, zugleich mit der
Befreyung Obreskoff's aus den sieben Thürmen zur Sprache gebracht,
und für die letzte, noch vor dem Auszuge des Großwesirs Mohammed
Emin ins Feld wiederhohlte Eingabe eingereicht [1]), aber fruchtlos.
Die zweyte Zusammenkunft Friedrich's und Joseph's zu Neustadt gab
dem Vermittlungsgeschäfte den ersten wirklichen Anstoß. Der König
ließ sich in langer Unterredung mit Kaunitz über die Mittel und Wege
ein, Rußland zu baldigem Frieden zu bewegen; Friedrich und Joseph
waren über die Vermittlung einverstanden, nur nicht über die Art
und Weise, dieselbe zu bewirken, eins geworden, und jeder ertheilte
für sich Verhaltungsbefehle dazu seinem Minister. Die beyden Herrscher waren überein gekommen, der Pforte ihre Vermittlung anzubiethen, und der preußische Minister Zegelin und Hr. von Thugut, der
Nachfolger Brognard's (erst als Geschäftsträger, dann als Minister
Resident), wurden demnach zu friedensvermittelnden Anträgen angewiesen. Diese Zusammenkunft Friedrich's und Joseph's, und des letzten Reisen hatten den Sultan höchst aufsichtig gemacht, aber den Charakter und den kriegerischen Unternehmungsgeist Friedrich's hatte der
Gesandte Resmi Ahmed ausführlich, und mit größerer Wahrheit berichtet [2]), als über die Religion der Berliner, „daß sie das Prophe-
„tenthum Mohammed's nicht läugnen, und sich nicht schämen, zu sa-
„gen, daß sie Moslimen werden wollen“ [3]); aber über Kaiser Joseph's Leben und Streben war die Pforte nur durch folgenden, echt
türkischen, der Reichsgeschichte einverleibten Bericht des Statthalters
von Belgrad unterrichtet: „daß der deutsche Kaiser sich wegen Leber- und
„Milzbeschwerden von den Regierungsgeschäften zurückgezogen und von
„Wien entfernt, um auf einer Reise durch das Venetianische, Preu-
„ßen und Ungarn seine Schwermuth zu zerstreuen; die Kaiserinn,
„seine Mutter, habe es mit Gewißheit bewährt, daß ihres Sohnes
„natürliche Unruhe wie Quecksilber, und sein Hang zu steter Verän-
„derung aus seiner körperlichen Krankheit entspringe, sie habe ihn deß-
„halb aufgemuntert, durch Reisen sich das Herzklopfen zu vertreiben,
„der Nachbarschaft willen würden an der pohlischen Gränze Truppen
„zusammengezogen“ [4]). Auf diesen standhaften Bericht des Statthalters von Belgrad über des Kaisers unbeständigen Charakter und die
Truppenzusammenziehung an der pohlischen Gränze fußte Sultan Mustafa die Plane seiner Politik, und einen höchst überraschenden, hier
zum ersten Mahle aufgedeckten Vorschlag. Nachdem Thugut und Zegelin, den von Wien und Berlin empfangenen Verhaltungsbefehlen gemäß, der Pforte jeder für sich die Vermittlung seines Hofes angetragen, entgegnete der Reis Efendi Ismail Naif dem Hrn. von Thugut

August 1769

---

[1]) Memoire de Zegelin April 1769. [2]) Des türkischen Gesandten Resmi
Ahmed Efendi gesandtschaftliche Berichte. Berlin und Stettin, 1809. S. 94.
[3]) Eben da. S. 76. Wassif I. S. 250. [4]) Derselbe II. S. 70.

in geheimer nächtlicher Zusammentretung diesen Antrag mit einem ganz
anderen, im Geiste des schon früher zur Wiedereroberung Schlesien's
gemachten, zur näheren Verbindung Österreich's mit der Pforte wider
Rußland, aber dießmahl nicht auf Kosten Preußen's, sondern auf Kosten Pohlen's. „Wenn die Russen aus Pohlen vertrieben seyn würden,
„werde es einzig von der Willkühr des kaiserlichen Hofes abhangen,
„entweder einen König auf den pohlischen Thron zu setzen, oder Poh-
„len mit der Pforte zu theilen" [1]). Dieser Vorschlag der Theilung ganz
Pohlen's zwischen der Pforte und Österreich, ist um zehn Monathe
früher als des Prinzen Heinrich Gegenwart [2]) zu Petersburg, von
welcher die erste Idee des um zwey Jahre später zu Stande gekommenen ersten Theilungstractates herrührt. Also von der Pforte, welcher
die Conföderirten zu Füßen lagen, während des Mufti Fetwa pohlisches Blut und Gut von Moslimen rechtmäßig zu vergießen und erwerben erklärte, von der Pforte, welcher nach der Meinung neuer
pohlischer Afterpolitiker Sobieski hätte huldigen und sich mit ihr wider Österreich verbinden sollen, von der Pforte also, oder eigentlich
von S. Mustafa, welcher selbst herrschte, und ohne dessen Wissen nicht
der Großwesir, und viel weniger der Reis Efendi ein Wort von Politik zu sprechen wagen durfte, ging die Idee der Theilung ganz Pohlen's, früher, als die der theilweisen von Katharina und Friedrich,
aus. Die Pforte schmeichelte sich, Pohlen mit Österreich zu theilen,
wie es früher Persien mit Rußland getheilt; schon durch solche türkische Theilungspolitik ist die Türkey künftiger Theilung verfallen. Thugut erwiederte hierauf, es sey nicht die Zeit, sich bey so weit aussehenden Ideen aufzuhalten, die nur neue Vergießung von Menschenblut nach sich ziehen müßten, welcher ein Ende zu machen der Zweck
der angetragenen Vermittlung. Die Antwort von Wien hieß die des
Geschäftsträgers vollkommen gut, und Thugut und Zegelin arbeiteten
beyde auf die Vermittlung hin, wozu ihre Höfe durch ein Schreiben
des Kaimakams zu ersuchen wären; auch stürzten sie gemeinschaftlich
den Pfortendolmetsch Nicolas Karadscha, welcher an die Russen und 22. Oct.
Engländer verkauft, auf die Ausschließung aller Vermittlung, oder 1770
bloß auf die englische, einrieth. Der Reis Efendi und der vorige,
Osman (jetziger Nischandschi), welche in nächtlichen Unterredungen
mit Thugut und Zegelin zusammentraten, sagten das Schreiben nur
gegen schriftliche Eingabe zu, welche Zegelin ohne Schwierigkeit, Thugut nach langer Weigerung, aber dennoch gab, um nicht durch seine
längere Weigerung den unablässigen Bemühungen des halb rasenden
Murray, seinem Hofe die Vermittlung zuzuwenden, Vorschub zu thun.
Diese schriftliche Eingabe war die der Politik der Pforte unumgänglich nothwendige Grundfeste, um darauf den Inhalt des Schreibens
des Kaimakams bauen zu können, welches, gleichlautend an Kaunitz

---

[1]) Bericht Thugut's vom 24. März 1770. St. R. [2]) Ferrand I. p. 141 et 148.

und Finkenstein erlaſſen, höchſt geſchraubt, nichts weniger als ein Ge=

ſuch um die Vermittlung der beyden Höfe, ſondern nur die Annahme
der Pforte der durch die ſchriftliche Eingabe deï beyden Miniſter an=
gebothenen Vermittlung enthält [1]). Aber ſelbſt dieſes Schreiben wäre
ohne den Flottenbrand von Tſcheſchme, durch welchen die Pforte jetzt
willfähriger, Vermittlungsvorſchläge anzuhören, nicht erlaſſen wor=
den. Als nun nach der Eroberung Bender's das oberwähnte Schrei=
ben Romanzoff's einïraf, traten die vier obigen Miniſter wieder zu
wiederhohlten Mahlen in nächtlicher Unterredung zuſammen, und
durch das Reſultat derſelben fiel die Antwort der Pforte dahin aus,
daß ſie ſich auf die Vermittlung Öſterreich's und Preußen's bezog, und
Obreskoff's Befreyung nicht hintanwies, ſondern auf den Zeitpunct
der Annahme der Vermittlung von Rußland verſchob. Die Erlaſſung
dieſes Schreibens war in einem beſondern Diwan auf Fetwa des
Mufti beſchloſſen worden.

Während das Vermittlungsgeſchäft mit Öſterreich und Preußen auf
obige Art eingeleitet worden, unterließ der engliſche Bothſchafter nichts,
um beyde Höfe durch politiſche Verleumdungen aller Art zu belaſten
und zu verſchwärzen, und die Vermittlung England's geltend zu ma=
chen. Er gab Note auf Note um Obreskoff's Befreyung und Vermitt=
lung. Nach der Zurückziehung der Ruſſen von Chocim hatte er neuen
Vermittlungsentwurf eingegeben, deſſen übertriebene Schmeicheleyen
den Reis Efendi ſo ſehr anekelten, daß er ſeinen Ekel daran dem Hrn.
v. Thugut zu erkennen gab, und zugleich die dem engliſchen Bothſchaf=
ter gegebene Antwort mittheilte, die dieſem höchſt unerwartet kommen
mußte, aber ein Lehrgeld für die Diplomatie gegen die Pforte auf
ſchmeichleriſchen Wegen. „Es ſey ſo außerordentlicher, daß England,
„während engliſche Schiffe bey der ruſſiſchen Flotte, ſeine Ver=
„mittlung anböthe, daß man fürchten müſſe, dieß ſey nur Larve,
„um feindliche Abſichten darunter zu verbergen; England möge ſich
„unumwunden äußern, damit die Pforte wiſſe, woran ſie ſey.“ So
harte Antwort ward gewonnen durch ſchmeichelnde Kriecherey, womit
ſich der Bothſchafter dem Reis Efendi an den Hals warf. Frank=
reich, gegen welches der Sultan zu gleicher Zeit, als er Öſterreich die
Theilung Pohlen's angetragen, einen Vorſchlag näherer Verbindung
zum Kriege wider Rußland thun ließ, both ſich gegen jährliche Subſi=
dien von drey bis vier Millionen an, der Pforte mit zwölf bis fünf=
zehn Kriegsſchiffen beyzuſtehen, und verſprach, auch gegen Errichtung
eines Freundſchaftsvertrages Hülfe von Spanien. Die Pforte ging
auf dieſen unter dem Nahmen eines Seebündniſſes in Vorſchlag ge=
brachten Plan, über welchen der Reis Efendi ſich mit Thugut berieth,
nicht ein; der Kaimakam erließ aber ein Schreiben an den Herzog

---

[1]) Das Schreiben des Kaimakams im H. Arch., in Überſetzung beym Be=
richte Thugut's vom 13. Auguſt 1770.

von Choiseul, um käufliche Überlassung von fünfzehn Kriegsschiffen, Pulvervorrath und Artilleristen, was der Bothschafter, Hr. v. St. Priest. aus allen Kräften zu unterstützen versprach. Vor diesen höheren Interessen der Diplomatie trat die persönliche Sicherheit französischer Kaufleute oder Dragomanen in den Hintergrund; für die fünfhundert Prügel, womit zwey französische Dolmetsche zu Saida mißhandelt wurden, ward keine Genugthuung erhalten, sondern die französische Regierung entschädigte die Geprügelten bloß für die fünfhundert Prügel mit fünfhundert Livres jährlichen Schmerzengeldes [1]); wiewohl die Pforte hiefür keine Genugthuung gab, stellte sie nichts desto weniger an den französischen Bothschafter das Begehren, daß Frankreich alle auf französische Schiffe geladene türkische Güter gegen russischen Angriff sichere und gut sagen möge. Der Antrag des mit türkischen Subsidien zu bewerkstelligenden Seebündnisses, welchen der Reis Efendi dem Hrn. v. Thugut mittheilte, und dieser an den Fürsten von Kaunitz einberichtet hatte, mochte in diesem die Idee eines Subsidienvertrages mit der Pforte hervorgerufen oder gezeitigt haben [2]). Dieser wurde ein Paar Monathe darauf in dem tiefsten Geheimnisse nächtlicher Unterredung Hrn. von Thugut's mit dem Reis Efendi zur Sprache gebracht, in mehreren solchen Unterredungen, welchen auch der Nischandschi, vormahliger Reis Efendi, beywohnte, verhandelt [3]), und endlich in einer besonderen Convention von fünf Artikeln von Hrn. v. Thugut, den beyden obigen Ministern und dem Oberstlandrichter von Anatoli, Mohammed 6. Jul. Emin, abgeschlossen, dann vom Kaimakam mit dem Beysatze, daß dieß 1771 auf ein Chattscherif des Sultans geschehe, drey Tage hernach in dem zu den Schlössern des Großherrn gehörigen Landhause Tschiraghan jalisi unterzeichnet und ausgewechselt. Durch diese Convention verband sich die Pforte zu einem binnen Jahresfrist zu erlegenden Subsidium von zwanzigtausend Beuteln, d. i. nach dem damahligen Werthe des Piasters von eilf Millionen zweymahlhundert fünfzigtausend Gulden, zur Abtretung der kleinen Walachey, zur Befreyung des österreichischen Handels von allen lästigen Abgaben, und zur Sicherung desselben wider die Barbaresken, wogegen der kaiserliche Hof der Pforte den Frieden mit Zurückstellung aller russischen Eroberungen und Aufrechthaltung der pohlischen Freyheiten zu erwirken versprach. Diese Convention wurde durch ein Schreiben des Fürsten von Kau- 15.Aug. nitz und eines des Kaimakams für genehm gehalten, und Thugut mit dem Charakter eines Internuntius bekleidet [4]). Es war natürlich, daß, sobald Thugut die Unterhandlung des Subsidienvertrages begann, von

---

[1]) Volney considérations sur la guerre actuelle des Turcs, und Peysonel examen du livre intitulé Considérations. Amsterdam, 1788. p. 165. [2]) Das Memoire der Pforte, wodurch sie zuerst 18,000 Beutel antrug, in Übersetzung beym Berichte Thugut's vom 17. April 1771 in der St. R. Original im H. Arch. [3]) Die Weisung des Fürsten von Kaunitz vom 27. Jänner 1771. St. R., und Vollmachten vom 7. May. [4]) Das Credentiale vom 1. July 1771.

der gemeinschaftlichen Vermittlung mit Preußen keine Rede mehr seyn
konnte, und Zegelin, welcher zwar das Geheimniß der neuen Unter=
handlung durchdrang, aber doch, daß etwas anderes auf dem Tapet sey,
ahnte, drang um so nachdrücklicher auf die Erfüllung des gegebenen
Wortes, die Pforte versichernd, daß Rußland gleich Anfangs des
Krieges die Vermittlung an Preußen übertragen habe, und daß, wenn
dasselbe seinem Worte untreu, der König einverständlich mit dem
Kaiser mittelst Waffen die Rechte der hohen Pforte geltend machen
April   wolle. Nach einem neuen, vom Großwesir bey Eröffnung des Feldzu=
1771   ges eingesandten Schreiben hatte Rußland abermahls alle Vermittlung
abgelehnt; und Obreskoff's Freylassung begehrt. Diese, als die erste
von Rußland gesetzte Bedingniß, betrieb Hr. von Thugut um so eifri=
ger während der Unterhandlung der geheimen Convention, und Hr.
3. May v. Obreskoff ging über Demitoka nach Belgrad ab [1]), damit nicht,
wenn er den kürzesten Weg durch das türkische Heer nähme, dieses
darüber sein Mißvergnügen äußern möchte. Zum Schlusse des Feld=
zuges kam der in russische Gefangenschaft gerathene Reichsgeschicht=
schreiber und nachmahlige Reis Efendi Waßif mit einer, von der Kai=
serinn eigenhändig übergebenen, aber nicht unterschriebenen Schrift,
welche der Pforte die Schließung des Friedens ohne Vermittlung
neuerdings an's Herz legte, weil durch die Einmischung der Feinde
beyder benachbarter Höfe, welche dieselben entzweyt, und welche durch
Verlängerung des Krieges auf beyder Höfe Kosten nur gewännen,
diese des gehofften Vortheils verlustig ginge. Laut der von des Groß=
wesirs Hand beygeschriebenen Randglosse dieser Schrift [2]) hatte die Kai=
serinn ihre Unterschrift und Siegel bloß aus dem Grunde nicht bey=
gesetzt, damit dieselbe nicht in Frankreich's Hände gerathen, von die=
sem Hofe, der den Krieg angestiftet, nicht zu Schanden und verderbt
werden möge [3]). Indessen hatte sich Rußland in mündlichen Noten [4])
gegen Österreich geäußert, daß es auf der Freyheit der Krim und An=
stellung eines unabhängigen Fürsten der Moldau und Walachey, der
Sept.   mit Kriegsmacht und Festungen versehen seyn solle, beharre. Zu glei=
cher Zeit äußerte sich Preußen zuerst gegen Österreich, daß es eini=
ge Theile von Pohlen, und nahmentlich Pommerellen, im Auge habe,
und dem österreichischen Hofe zu gleichem Antheile verhülflich seyn
wolle [5]); zugleich wurde unter der Hand an Österreich ein Anwurf
von Theilung des türkischen Reiches gemacht, wodurch die Moldau
und Walachey für Rußland in Anspruch genommen, Bosnien und
Dalmatien dem kaiserlichen Hofe nicht mißgönnet werden solle [6]). Wäh=
rend die Pforte Pohlen's Theilung dem kaiserlichen Hofe zuerst und
vergebens angetragen, wurden die Bevollmächtigten der Conföderation

---

[1]) Dankschreiben Obreskoff's an Hrn. v. Thugut bey dessen Bericht. [2]) Die
Übersetzung beym Berichte Thugut's von 17. Sept., das Original im H. Arch.
[3]) Waßif II. S. 177. [4]) Note verbale du P. Gallizin. April 1771. [5]) Fürst Kau=
nitz's Weisung an Thugut vom 4. Oct. 1771. [6]) Thugut's Bericht.

Potocki und Crasinski, die dem Großwesir zuerst zu Chandepe aufwarteten, schnöde genug mit elendem Unterhalte behandelt; da man sie darben ließ, sprach der französische Bothschafter durch ein Memoire die Pforte um Geldunterstützung für dieselben an, indem denselben Frankreich monathlich sechstausend Ducaten gebe, zugleich unterstützte er ihr Begehren um eine Erklärung der Pforte, wodurch das bekannte pohlische Manifest gemildert würde, und St. Priest verlangte, daß dem Mufti ein Fetwa angesonnen werde, wodurch die moslimischen Lipkane Tataren mit den Conföderirten wider die Russen gemeine Sache zu machen ermuntert würden. Die Pforte erließ eine das Manifest mildernde Erklärung, dessen Schuld auf den hingerichteten Großwesir 3. May geworfen ward. Die Erklärung wurde dem pohlischen Edelmanne La- 1771 socki übergeben, der mit einem anderen Agenten derselben, Morosovicki, ihre elende Lage der Pforte vorgestellt. Potocki und Crasinski gingen Ende des Jahres mit einem Schreiben des Kaimakams an die Häupter der Conföderation, und einem an den Hetman von Litthauen, 29.Oct. Oginski, zurück[1]. Von den übrigen diplomatischen Agenten europäischer Mächte zu Constantinopel ist bloß noch zu sagen, daß der Bailo Giustiniani durch Venier, der schwedische Gesandte Celsing durch seinen Bruder abgelöset und daß der dänische Gesandte Gösel nach vier Jahren endlich seine, durch einen Prozeß mit dem Juden Moliano verspätete Antrittsaudienz hatte, und daß sogar der holländische Geschäftsträger Weiller mit einem Vermittlungsvorschlage hervorgerückt.

Silihdar Mohammedpascha, der neue Großwesir, ein Mann von sechzig Jahren, war der Sohn eines Capitäns der Flotte, welcher in früherer Jugend als Page ins Serai gekommen, in demselben als Träger des Tischtuches, des Steigbügels, des Mantelsackes, des Schwertes aufgestiegen, bald nach der Thronbesteigung Sultan Mustafa's mit der Hand der Sultaninn Aische ausgezeichnet, die Bahn der Wesire als Statthalter von Silistra, Oczakow, Rumili, Anatoli, Siwas, Kutahije, Selanik, Meraasch und Bosnien durchlaufen, nach der Bezwingung der Rebellen von Montenegro ins kaiserliche Lager gekommen, jetzt zur obersten Würde des Reiches ernannt worden war[2]. Des ersten mit dem Chan gehaltenen Kriegsrathes Ergebniß 24.Dec. war der Beschluß, in Babatagh den Winter über zu bleiben. Der 1770 Chan wurde in dem zwey Stunden von Babatagh entlegenen Dorfe Kanbur einquartiert, und außer den sechs- bis siebenhundert Beuteln, die er zu Constantinopel erhalten, wurden ihm aus der Kriegscasse täglich sieben Beutel Verpflegungsgelder gereicht[3]. Der Cabinetssecretär des Großwesirs, Abdurrisak, ein thätiger und treuer Diener der Pforte, mit einer Sendung des Sultans ins Lager betraut, über-

[1] Die Übersetzung der beyden Schreiben beym Berichte Ibugut's vom 18. Nov. 1771. [2] Dschawid's Lebensbeschreibungen der Großwesire [3] Wassif II. S. 137.

brachte zwey Handschreiben, deren Inhalt sich auf bessere Einrichtung
des Geschützwesens durch Regulirung des Kalibers, und auf die Zu=
rückführung der Sipahi zur erschlafften Ordnung und Zucht bezog.
Dieselben wurden im Diwan verlesen, welchem die Generale der
Herdschaften und die drey ersten Präsidenten der Kammer, nähmlich
des großen Tagebuches, der Hauptrechnungskanzley und der Rech=
nungskanzley Anatoli's beywohnten, und worin einstimmig das Ver=
sprechen, im Kampfe treu und tapfer auszuharren, erneuert ward.
Es wurden vierzig Schiffe herbeygeschafft für zehntausend Janitscha=
ren zur Bewachung der Donaumündungen von Suna und Portidsch,
und Truppen wurden zur Unterstützung Manolaki's bestellt, welchen
der Serasker als Fürsten der Walachey eingesetzt, und der sich mit
unerschütterlicher Treue zu Krajowa hielt. Zur Unterstützung der Fe=
stungswerke Widdin's wurden dem Befehlshaber, dem Wesir Mo=
hammedpascha, fünfzehntausend, und dem Defterdar Widdin's zehn=
tausend Beutel verabfolgt [1]); und der vorige Großwesir Muhsinsa=
de Mohammed, welcher im letzten Feldzuge Morea gerettet, eben=
falls gegen Widdin befehliget. Der General des Stuckfuhrwesens
wurde nach Constantinopel berufen, und mit Zuziehung des Frey=
herrn v. Tott wurden die Stücke, Kugeln und die Lavetten besser ge=
regelt. Mit achthundert Artilleristen fuhr der Arabadschibaschi die neuen
Kanonen vor dem Großwesir auf, und wurde mit Kaftan bekleidet,
zehn Stücke, deren Kaliber hundert Drachmen, wurden mit doppel=
ter Ladung Pulvers probirt, vor dem Zelte der heiligen Fahne auf=
gepflanzt [2]). Während dieser Rüstungen im Lager zum nächsten Feld=
zuge starb zu Constantinopel der Bruder des Sultans, S. Bajesid,
vom Schlage gerührt [3]). Seine Todesart ließ dem bey Todfällen von
Prinzen Thronfolgern im Serai so oft herrschenden Gerüchte von Ver=
giftung freyen Spielraum, wozu die große Eifersucht des Sultans
auf denselben hinlänglichen Stoff both [4]). Noch kurz vor dem Tode
24.Jan. 1771 desselben begegnete der Sultan im Serai einem Bostandschi, der ohne
Erlaubniß den Prinzen besuchte, und ihm Neuigkeiten zutrug, weß=
halb ihm sogleich der Kopf abgeschlagen ward. Der Serasker der Wa=
lachey, Silihdar Mohammedpascha, fiel zu Giurgewo unter dem Sä=
bel empörter Janitscharen, denen er seit dem Rückzuge von Chorim,
und außerdem noch durch seine Strenge verhaßt. Vergebens eilten
der Aga des Lagers und der von Giurgewo zu seiner Hülfe herbey,
dieselben wurden niedergesäbelt; der Janitscharenaga Süleiman forschte
hernach, als das Lager zu Schumna stand, den Thätern und Häup=
tern der Meuterey nach, und ließ sie, wie sie ihm in die Hände kamen,
in Brunnen werfen, woher er den in der osmanischen Geschichte schon
durch die Grausamkeit des alten Großwesirs Murad berüchtigten Bey=

---

[1]) Waßif II. S. 140. [2]) Derselbe S. 141. [3]) Derselbe S. 142. Thugut's
Bericht. [4]) Eben da vom 3. März 1770.

nahmen des Brunnengräbers erhielt *). Die Bande der alten Einrichtung des osmanischen Heeres hielten nicht mehr; die zur Werbung
von zweytausend regelmäßigen Sipahi und Silidare mit zweytausend Bestallungsbefehlen ²) abgesandten Commissäre, fanden
kaum zweyhundert, die sich einschreiben lassen wollten, so sehr
hatte das überhand genommene Nothmittel, Lewenden und Freywillige mit erhöhtem Solde zu werben, die Lust, sich als regelmäßige
Sipahi einschreiben zu lassen, ausgelöscht. Diese Maßregel von Truppenwerbung war eben so verkehrt, als die der Erhöhung der Goldmünzen zum Besten des Schatzes ausgesonnen. Der Lieblingsducate ³)
wurde von hundert zehn auf hundert zwanzig, der Haselnußducate ⁴)
von hundert fünf und fünfzig auf hundert sechzig erhöht. Die mit diesem Befehle ins Lager gesandten Commissäre hofften in der Casse eine
Menge Goldes anzutreffen, aber der Wagmeister, der davon voraus
unterrichtet seyn mochte, hatte dafür gesorgt, daß kaum einige Ducaten anzutreffen waren; so wurden, um den Abgang zu decken, welchen
man durch die Erhöhung des Goldes zu decken gehofft, abermahl
vierhundert Beutel ins Lager gesandt ⁵). An die Stelle des von den
Janitscharen zu Giurgewo niedergesäbelten Silihdar Eidams sandte
der Großwesir den Kiajabeg mit drey Roßschweifen dahin, und die
Stelle des Kiajabeg erhielt zum zweyten Mahle Resmi Ahmed ⁶), der
Verfasser des Ausbundes von Betrachtungen über die Begebenheiten
dieses Krieges. Der Aga der Silihdare und der Ceremonienmeister
wurden verbannt, und der Reichsgeschichtschreiber Enweri zugleich als
Ceremonienmeister Teschrifatdschi angestellt ⁷). Diese Vereinigung der
beyden Ämter ist an der Pforte so zweckmäßiger, als das Ceremoniel
(Teschrifat) ein stehender Artikel der Reichsgeschichte. So heißen auch
insgemein die Geschenke, welche nach hergebrachter Sitte der Sultan
dem Großwesir und den Generalen der Truppen nach jeder Soldauszahlung sendet, als Beweis seiner Zufriedenheit, daß dieselbe ruhig
vor sich gegangen; dießmahl brachte dieselben der Bruder des Großwesirs, der zweyte Stallmeister Huseinbeg, ins kaiserliche Lager. Der
Kiajabeg und Tschauschbaschi gingen ihm entgegen, der Großwesir empfing aus seiner Hand das kaiserliche Handschreiben mit juwelenfun-
kelndem Dolche ⁸).

Die Vorwehr von Bukarest am linken Ufer der Donau ist Jer-
köki, d. i. die Erdwurzel, dessen Nahmen die Walachen in Giurgewo,
die Russen in Shursha verstümmelt haben. Anfangs des vorigen Feldzuges hatten es die Russen besetzt, dann aber wieder verlassen, jetzt,
wo die ausgebrochene Janitscharenmeuterey so leichteren Erfolg versprach, erhielt General Olitz Befehl, es wieder zu nehmen; die Türken, siebentausend Mann stark, vertheidigten sich unter dem Befehle
des neuen Seraskers Iset Mohammed, des letzten Kiajabeg; die Ver-

schanzungen wurden gestürmt, hierauf ergab sich das Schloß [1]). Gene=
ral Weißmann erschien mit sachthalbhundert Mann an der Mühlen=
furth [2]), eine Stunde von Tuldscha, das der Beglerbeg Firaschelisade
Mohammedpascha und der Ssamßundschibaschi Chalilaga vertheidigen
sollten. Nach einem Gefechte, „worin dreyhundert Ungläubige zur
„Hölle fuhren, zweyhundert Rechtgläubige mit rosenfarbenen Kafta=
„nen des Martyrthumes bekleidet ins Paradies eingingen" [3]), ergab
sich das Schloß. Hierauf ging General Weißmann mit sechzehnhundert
Mann gegen Jsakdschi, verbrannte die Magazine, nahm das Schloß,
sprengte dasselbe, und zog sich nach Jsmail zurück [4]). Giurgewo und
Tuldscha waren gefallen, die Magazine von Jsakdschi verbrannt, ehe
noch der Großwesir für gut befunden, den Feldzug als eröffnet zu er=
klären, denn erst Ende April's wurden die Roßschweife zu Babatagh
ausgesteckt [5]). Noch ehe das Lager aufgeschlagen, wurde Besoldungs=
quartal ausgezahlt, wozu der Oberstkämmerer Ssalihaga fünfhundert
Beutel und das gewöhnliche Ceremoniengeschenk, aber zugleich auch
drey Handschreiben des Sultans, welche den Verlust von Giurgewo,
Tuldscha und die Meuterey der Janitscharen beklagten, mitgebracht.
Der Großwesir, um bessere Zucht herzustellen, ließ strenges Geboth,
alle Lotterbuben aus dem Lager zu entfernen. Da begab sich in öffent=
lichem Diwan folgender Auftritt, welchen der Reichsgeschichtschreiber
unter dem Titel: seltsame Erzählung [6]), aufgenommen, und die im
Munde des Reichsgeschichtschreibers fürwahr ein seltsames Belege herr=
schenden Sittenverderbnisses und gänzlichen Mangels an Zucht. Der
Großwesir strafte den General der Zeugschmiede Gurdaga mit harten
Worten, ob Übertretung obigen Gebothes; da nahm der Bittschriftmei=
ster Munib Efendi das Wort: „Was heißt das? wenn der Padischah
„Juwelen zu tragen streng verbiethet, erlauben sich die Minister und Gro=
„ßen doch kleine, mit Steinen besetzte Messer, die nicht ins Auge fal=
„len, und man läßt ihnen dieß, ohne davon Kenntniß zu nehmen,
„hingehen. Wer wird mir's wehren, einen kleinen Knaben von acht
„Jahren, der mir Zuwachs von Lebensfrist schenkt, und als Gesund=
„heits=Amulet dient, als einem Seelenkinde einen Bund um den
„Kopf zu winden, und denselben in meinen Diensten zu behalten, statt
„denselben hinauszustoßen, Anderen zum Opfer der Lust." Alle schwie=
gen; niemand widerlegte den angesehenen Unterstaatssecretär, und
die ihm Gleichgesinnten freuten sich heimlich [7]). Die erste Unter=
nehmung des von Seite des Großwesirs eröffneten Feldzuges war
eine glückliche, nähmlich die Eroberung von Giurgewo, das er mit
zwölftausend Mann wegnahm und eroberte, ehe Fürst Repnin von
Turna zum Entsatze gekommen. Die Besatzung wurde nach Kalle

Marginal dates (left margin):
1.März -1771
4. Apr.
25.Apr.
27.Apr.
14.Apr.

[1]) Waßif S. 148. Buturlin's Geschichte. Petersburger Zeitschrift XVI.
S. 130. [2]) Waßif II. S. 149. [3]) Derselbe S. 130. Buturlin S. 130. [4]) Wa=
ßif II. 152. Buturlin S. 130. [5]) Waßif II. S. 152. [6]) Kißal gharibe. Waßif II.
S. 153 u. 154. [7]) Derselbe S. 154.

abgeſchickt, wo fünf Tage zuvor ein Gefecht zum Vortheile der Türken ausgefallen, ohne daß ſie jedoch den Ort einnehmen konnten [1]. 4. Jun.
General Weißmann griff mit ſieben Bataillonen und ſechs Kanonen 1771
die Stadt Tuldſcha an, in welcher achttauſend Türken. Drey Stunden von Tuldſcha ſind die ſogenannten fünf Hügel, der Wohnort von
hundert doniſchen Koſaken, die damahls den Türken ſteuerpflichtig [2]; 31. Jul.
dieſe wurden zuerſt von den Ruſſen vertrieben, der Hort derſelben
verwüſtet. Die Ruſſen vernagelten die Kanonen Tuldſcha's, zogen ſich
dann aber wieder zurück [3]. Der Großweſir hatte ſich indeſſen trotz
der ausgeſteckten Roßſchweife noch immer nicht aus dem Lager von
Babatagh erhoben, weil ſeine Truppen von allen Seiten ausriſſen
und alle dawider getroffenen Maßregeln unnütz. Zwar machte der thätige Janitſcharenaga Suleiman zu Land fleißig die Runde des Lagers,
zwar war in allen Häfen des ſchwarzen Meeres anbefohlen, Niemand-
den einſchiffen zu laſſen, der nicht mit einem Scheine des Kiajabeg
verſehen, aber die Beſtechlichkeit der Hafenbeamten machten alle dieſe
Maßregeln unnütz; deßhalb wurde der Turnakdſchibaſchi abgeſetzt,
verbannt, und im Schloſſe von Platamona eingeſperrt [4]. Der neue
Befehlsⱬaber von Widdin, Muhſinſade Mohammed, der vormahlige
Großweſir, traf an der Donau eben ſo nachdrückliche Anſtalten zur
Vertheidigung des Landes, als er voriges Jahr in Morea getroffen;
er ſetzte nach Kalafat über, und ſetzte ſich mit ſeinen Truppen gegen 19. Aug.
Kalle in Bewegung [5]. General Eſſen, mit einem Heere von zwanzigtauſend Ruſſen und Moldauern [6], verſuchte Angriff auf Giurgewo,
und lagerte vor demſelben am ſogenannten Gartenhügel; er wurde mit
dem Verluſte von fünfhundert Todten und ein Paartauſend Verwun- 12.
deten zurückgeworfen [7], ſieben Kanonen, drey Munitionswagen wa- Sept.
ren die Beute der Türken [8]. Der Serasker Muhſinſade, verſtärkt
durch die vom Kaimakam Ahmedpaſcha befehligten Truppen des Haſanpaſcha von Siliſtra, befand ſich an der Spitze eines Heeres von
dreytauſend Mann, aber meiſtens Reiterey, die ihm zu der vorge-
nommenen Unternehmung gegen Bukareſt durch Fußvolk weit nöthiger geweſen wäre. Er erwartete die Ankunft des Fußvolkes im Lager
von Giurgewo, die Truppen murrten und ſtellten den Aga des Lagers
über den Zeitverluſt zu Rede. Er erklärte ihnen die Urſache deſſelben:
„Ihr ſeyd meiſtens Janitſcharen, ſitzt ab, opfert euere Pferde, und
„wir marſchiren ſogleich," darüber wurde mehrere Tage lang geſtritten, auch waren die Feldoberſten, der Serasker Iſet Mohammedpaſcha, der Kaimakam Elhadſch Ahmedpaſcha unter ſich uneins; ſo geſchah es, daß ſie, ſtatt Bukareſt einzunehmen, von der Dumboviza
durch den General Gudovitz mit einem Verluſte von ein Paartauſend
Mann und vierzehn Kanonen nach Giurgewo zurückgeſchlagen wur- 30. Oct.

[1] Waſſif II. S. 159. [2] Derſelbe S. 163. [3] Buturlin S. 133. [4] Waſſif II.
S. 165. [5] Derſelbe S. 166. [6] Derſelbe S. 171. [7] Buturlin S. 172 [8] Waſſif S. 173.

den [1]). General Miloradowitſch ſchlug ſiebentauſend Türken zu Ma=
tſchin, General Weißmann zweytauſend Mann vor Tuldſcha, welches
die Ruſſen ſprengten [2]). Dieß war der Feldzug an der Donau.

Weit unglücklicher als der Feldzug an der Donau war für die
Osmanen der in der Krim, wo osmaniſcher Oberherrſchaft für immer
ein Ende gemacht ward. Lange beſann ſich der Chan der Krim, bis
er aus dem Lager von Babatagh zur Vertheidigung der von den Ruſ=
ſen bedrohten Linien von Orkapu oder Perekop nach Baghdſcheſerai
aufbrach, wo er ruhig ſchlummerte, bis ihn die Nachricht, daß drey=
2⁴.Jun. ßigtauſend Ruſſen und ſechzigtauſend Noghaien vor Orkapu, aus
1771 dem Schlummer der Ruhe aufſchreckte [3]). Mit fünfzigtauſend Tata=
ren und ſiebentauſend Türken eilte er zur Vertheidigung der Linie
herbey [4]), die Linien wurden erſtürmt, der Chan zog ſich zurück. Zwölf=
tauſend Tataren, die er zurückgelaſſen, bemühten ſich, die Truppenab=
8. Jul. theilung des Fürſten Proſorowski in den Ssowaſch zurückzuwerfen,
d. i. in den durch eine Landzunge eingeſchloſſenen Theil des Meeres
am öſtlichen Ufer der Krim, woher die mäotiſche See auf europäiſchen
Karten ihren Nahmen erhielt [5]), ſie wurden aber geſchlagen, und
Perekop fiel. Auf die Nachricht, daß Taman, welches der Meerenge
zwiſchen der Krim und Aſien den Nahmen gibt, erobert, und das
ruſſiſche Heer im Anzuge gegen Kaffa, verließ der Chan ſein Lager
von Tuſla, und eilte im Duſel [6]) der Verwirrung nach ſeiner Haupt=
ſtadt Baghdſcheſerai, wo er auf dem Berge Karatagh einige ſeiner
Familie verſchanzt fand, dieſelben in Stich ließ, und ſich mit einigen
Perſonen eiligſt nach Conſtantinopel einſchiffte [7]). Die Verwirrung
war allgemein, die Bewohner flohen von allen Seiten nach Anato=
lien [8]). Abaſapaſcha, zur Vertheidigung von Jenikalaa beſtimmt, ver=
lor geiſtlos den Kopf, ſchiffte ſeine Mannſchaft nicht einmahl aus, ſon=
dern nach Sinope zurück, wofür er in der Folge den Kopf leiblich
verlor [9]). Indeſſen der Serasker der Krim auf Eilbothen der bedräng=
ten Beſatzung von Kaffa von den Ufern des Kaßu, an denen er ge=
ſtanden, aufbrach, erhielt er die Schreckenspoſt, daß die Tataren dem
Eroberer der Krim, dem Fürſten Dolgorucki, gehuldiget, daß dieſer
ihnen im Nahmen der Kaiſerinn die Unabhängigkeit der Krim unter
ruſſiſchem Schutze zugeſagt [10]). Die Ruſſen zogen als Sieger zu Kaffa,
Kertſch und Jenikalaa ein. Göslewe und Sutak fielen, der Serasker
13.Jul. wurde geſchlagen. Die Tataren von Edikü, Jediſan, welche ſich ſchon
voriges Jahr unter ruſſiſchen Schutz begeben, zum Theile aber wie=
der abgefallen waren, hatten den Ruſſen die Pfade der Eroberung
gebahnt. Acht und vierzig Abgeordnete, nebſt zwey Söhnen des nach

[1]) Waßif S. 184. Buturlin S. 135. [2]) Eben da. [3]) Waßif II. S. 167.
[4]) Buturlin's Geſchichte. Petersburger Zeitſchrift 137. [5]) Mar di Zabache.
[6]) Waßif II. S. 168. [7]) Eben da. [8]) Schauplatz des gegenwärtigen Krieges
S. 188. [9]) Waßif II. S. 168. [10]) Eben da. Buturlin S. 139. Schauplatz des
gegenwärtigen Krieges II. S. 192.

Constantinopel geflüchteten Chans legten zu Petersburg den Eid der
Treue ab, und Fürst Dolgorucki ernannte unter Genehmhaltung der
Kaiserinn den Schirinbeg Schahingirai zum Chan der Krim [1]). Die
Chane der Familie Dschengischan's waren für immer der Oberherrschaft der Familie Osman's entzogen, und Rußland verkündigte öffentlich die Unabhängigkeit der Krim. Nicht so glücklich als die Eroberung der Krim, war ein Versuch der Russen auf Oczakow und Kilburun abgelaufen, welche die tapferen Befehlshaber, der Chasinedar
Wesir Alipascha von Oczakow und Abdullahpascha von Kilburun, zu-
rückschlugen, wofür jener mit dreytausend, dieser mit zehntausend Du- 31.Aug.
caten Säckelgeldes belohnt, und zur Verproviantirung Oczakow's die ¹⁷⁷¹
Summe von dreyhundert fünfzig Beuteln von Warna aus abgesandt
wurden [2]). Der flüchtige Chan, zu Constantinopel angelangt, stieg zu 14.Jul.
Bujukdere im Uferhause Murad Efendi's, ab, und der Nischandschi
Osman Efendi, der schon oben in den Unterhandlungen mit Thugut
und Zegelin als wirksamer Staatsminister vorgekommen, wurde zum
Chan gesandt, um den wahren Stand der Dinge zu erfahren. Os-
man Efendi, ein höchst eingebildeter und verschrobener Kopf, voll
Dünkels auf seine Beredsamkeit und leeres Geschwätz, und auf seinen
diplomatischen Styl, der eben so verworren als sein Kopf und weit-
schweifig als seine Zunge, war einer der Staatsmänner, denen die
Vorsehung in ihrem Zorne das Vertrauen der Herrscher zuwendet, wann
ihrer Reiche Verderben bestimmt ist. Der Chan und sein Schützer Osman
Efendi stellten die ganze Eroberung der Krim als eine Tücke des
Schicksals [3]) dar; Abasa's Kopf wurde vor dem Serai zur Schau
ausgestellt, aber dem gefangenen Serasker Abdultschelilsade Mohamm-
medpascha, Statthalter von Diarbekr, sandte der Sultan Kleider und
Geld [4]). Osman Efendi fand und gab Trost und Hoffnung in der Empörung der Kalmuken Ajuka an der Wolga, welche sich wider Rußland empört, über den Jaik und Jenbar gesetzt, durch die Karakal-
paken sich durchgeschlagen, entfernte Wohnsitze gesucht [5]); in der Ankunft von zwanzig Indischen Kosaken und eines Mirsa des Stammes
Jedißan, welche den Bachtgirai als Chan von Kiptschak verlangten.
Während die Chanschaft der Krim wirklich verloren war, träumte die
Pforte von der Ernennung eines neuen Chans, welchem die Steppen
von Kiptschak, Kuban, die Kabartai, die Tscherkessen, Lesger, Kumuken, Kaitaken, und alle andere Völker Daghistan's unter osmanischer
Landeshoheit unterworfen seyn sollen [6]). Der Statthalter von Tschildir, Suleimanpascha, unterhandelte mit dem Prinzen Heraklius durch
dessen Schwager. Heraklius, Reue heuchelnd über seinen Abfall, machte
Hoffnung zur Rückkehr unter osmanische Herrschaft [7]). In Syrien
hatte sich das Glück des durch seine Macht höchst gefährlichen Begs der

---

[1]) Schauplatz II. S. 293. [2]) Wasif II. S. 170. [3]) Derselbe S. 169. [4]) Thugut's Bericht. [5]) Derselbe von Oct. 1771. [6]) Derselbe rom 5. Oct. [7]) Derselbe.

Mamluken, Alibeg, durch die Verrätherey seines Günstlings Schwie=
gersohnes Abuseheb, d. i. der Vater des Goldes, zu Gunsten der Os=
manen gewandt, und er war von Damaskus nach Kairo geflohen [1]).
Weil die Flucht Alibeg's dem Statthalter von Damaskus, Osman=
pascha, welcher denselben leicht hätte fangen können, zur Last gelegt
ward, wurde derselbe durch den Wesir Nuumanpascha, vormaligen
Statthalter in Chorim, ersetzt [2]). Um diese Zeit kam der Cabinetssecretär
des Großwesirs, der wackere Abdurrisak, zugleich mit Wasif Efendi,
der aus russischer Gefangenschaft zurückkehrend, wie oben gesagt wor=
den, den nicht unterzeichneten Friedensvorschlag der Kaiserinn gebracht,
zu Constantinopel an. Abdurrisak stellte die Noth des Lagers und das
Ausreißen der Truppen nachdrücklichst vor. Osman Efendi fuhr ihn
darüber an, ihm Vergessenheit der dem Sultan schuldigen Ehrfurcht
vorwerfend, aber noch am selben Abende sagte der Sultan zum Ca=
binetssecretär: „Efendi! wie du diesen Morgen gesagt, so kommen jetzt
„die Kerle nach Constantinopel gelaufen" [3]). Es waren die Flücht=
linge von Babatagh, von wo der Großwesir nach Tuldscha's Ein=
nahme von den Russen sich nach Hadschibasaroghli zurückgezogen. Von
dort wollte er weiter ins Winterquartier nach Adrianopel [4]), aber die
Bewohner und Freywilligen standen in Empörung auf. „Du hast die
„Krim übergeben, willst du nun auch unser Land liefern" [5])? Der
Sultan fragte den Cabinetssecretär, was zu thun? er rieth ihm kathe=
gorisches Handschreiben, mit dem Befehle, daß das Lager zu Hadschi=
basaroghli bleibe. Dasselbe wurde sogleich erlassen [6]). Abdipascha wur=
de als Serasker nach Karaßu, Daghistani Alipascha nach Köstendsche
befehliget [7]), und zugleich der Großwesir abgesetzt [8]).

Der neue Großwesir, Muhsinsade, derselbe, welchen der Sultan
beym Ausbruche des Krieges abgesetzt, weil er denselben, wenn nicht
vermieden, doch verschoben wissen wollte, war nun, nachdem er durch
Morea's Vertheidigung Proben seiner bezweifelten Tüchtigkeit gege=
ben, zur weiteren Führung und Beendigung desselben ausersehen,
nicht des Krieges Hebel, wohl aber dessen Opfer. Er begann seine
zweyte Großwesirschaft mit heilsamer, und zur Rückkehr erschlaffter
Zucht höchst nothwendiger Strenge, durch Hinrichtung der Officiere,
welche beym letzten Überfalle von Babatagh so schändlich die Flucht er=
griffen hatten [9]). Als er zu Schumna von Rusdschuk aus eintraf, kam
eben auch der jüngst aus der russischen Gefangenschaft zurückgekommene
Wasif aus Babatagh an, den er als einen der Feder mächtigen, sehr
fähigen Kopf, zur Würde eines Chodscha des kaiserlichen Diwans
beförderte; indem er ihm seine Bestallung übergab, sagte er nicht:
„Du bist Chodscha," d. i. Diwansherr, sondern: „Wir haben dich

---

[1]) Volney chap. VII. précis de l'histoire d'Alibék. [2]) Wasif II. 178.
[3]) Derselbe S. 180. [4]) Derselbe S. 182. [5]) Derselbe S. 186. [6]) Derselbe
S. 180. [7]) Derselbe S. 185. [8]) Derselbe S. 186. [9]) Wasif II. S. 190, und
Thugut's Bericht von 16. Januar 1772.

„zum Schreiber gemacht" [1]), dadurch anzuzeigen, daß die Herren des
Diwans ursprünglich nichts als Schreiber, auch vor Allem der Feder
mächtig, so wie die Minister, welche insgemein Ridschal, d. i. Män=
ner, heißen, sich männlich bewähren, die Wesire, d. i. Lastträger, die
Last des Staates tragen sollen, wie es schon der Nahme besagt. Bin=
nen vierzehn Tagen brachte er aus den Gerichtsbarkeiten von Osmanba=
sari, Schumna, Selwa und Eski Dschumaa [2]) zehntausend Mann zu=
sammen, besprach sogleich die Nothwendigkeit, das Lager von Hadschi=
basaroghli nach Schumna zu verlegen, und schickte den dortigen Ajan so=
gleich fünf und zwanzigtausend Piaster zur Herbeyschaffung des nöthig=
sten Mundvorrathes, überdieß tausend Mann Bosnier, die er bey
sich hatte, dem Serasker von Rusdschuk, Iset Mohammedpascha,
und verlegte das Hauptquartier von Hadschibasaroghli nach Schum=
na [3]). Schumna [4]), dessen Nahme insgemein Schumla ausgespro= 19.Dec.
chen wird, durch seine feste Lage unter einer Anhöhe mitten in dem 1771
hier gegen das Meer anlaufenden Hämus als das festeste Boll=
werk desselben berühmt, war schon zu Ende des vierzehnten Jahr=
hunderts vom vierten Großwesir des osmanischen Reiches, Aliaga,
dem Sohne Chaireddin's Dschendereli, nicht mit Gewalt erobert,
sondern durch gütliche Übergabe in Besitz genommen worden [5]). Erst
in der Hälfte des siebzehnten Jahrhunderts [6]) erweiterte und verstärkte
dasselbe der Kiajabeg Chalil durch Erbauung einer Moschee. Seinem
Beyspiele folgte in unserer Zeit Hasanpascha von Algier, der Kapu=
danpascha, hernach Großwesir, dessen Grabmahl das sehenswertheste
Schumna's. Hier wurden auch unter die Kanzleybeamten des Lagers,
welche durch die letzten Feldzüge ganz zu Grunde gerichtet waren, zur
Entschädigung siebzigtausend Piaster vertheilt. Die wichtigste Ernen=
nung war die des neuen Tatarchans. Die Tataren hatten Bachtgirai,
den Sohn Krimgirai's, zum Chan gewünscht, die Pforte ernannte
aber Maksudgirai, welchem Bachtgirai als Kalgha, und des letzten
Bruder, Mohammedgirai, als Nureddin beygegeben ward [7]). Der
neue Chan ward im Lager von Schumna mit den gewöhnlichen Aus= 14.Dec.
zeichnungen und einem Geschenke von fünfzehntausend Piastern em=
pfangen [8]), und für den Unterhalt der zusammengelaufenen Tataren
die monathliche Summe von fünf und dreyßigtausend Piastern bewil=
liget, welche ihre Raubsucht so wenig stillte, daß sie alle Dörfer der
Umgegend verheerten. An die Stelle des durch Alter und Krankheit
geschäftsunfähigen Reis Efendi Mohammed Ridschaji, trat der ein=
sichtsvolle, treue, freymüthige, eifrige Abdurrisak, welcher schon ein
Paarmahl mit wichtigen Sendungen vom Lager an den Sultan, und
von diesem zurück, betraut, diesem endlich jüngst die Wahrheit über

---

[1]) Wassif II. S. 188. [2]) Derselbe S.189. [3]) Eben da. [4]) Wassif II. S. 210.
[5]) J. J. 689 (1387). [6]) J. J. 1059 (1649). In Hadschi Chalfa's Rumili S. 36.
[7]) Wassif II. S. 191. [8]) Derselbe S. 193.

den schlechten Zustand des Lagers unverhohlen gesagt. Er war der
Sohn des berühmten Reis Efendi Mustafa, welcher den Frieden von
Belgrad als Amtsgenosse Raghibpascha's, der damahls des Großwe=
sirs Cabinetssecretär, unterschrieben. Unter der Großwesirschaft Ra=
ghibpascha's empfahl der Kiajabeg Kaschif Mohammed diesen Sohn
seines vormahligen Amtsgenossen zur Stelle eines Bittschriftmeisters.
„In der That," sagte Raghib, „hab' ich die Freundschaftspflichten
„gegen seinen Vater nicht vergessen, und kenne auch haarklein des
„Empfohlenen Talent und Eifer, allein es fehlt ihm an Wuchs, der
„doch die Hälfte des Ansehens und des Glückes ¹); ich würde mich bloß
„lächerlich machen, wenn ich einen solchen gevierten, untersetzten, kurz=
„beinigen Knirps zum Dienste des Diwans verwendete, der zuvörderst
„Ansehen gebiethen muß." Mit dieser Äußerung, welche zeigt, wie
viel bey den Türken stattlicher Wuchs gilt, schnitt der Großwesir Ra=
ghib damahls dem Sohne seines Amtsgenossen alle Hoffnung zu hö=
heren Staatsämtern ab, die er sogleich nach dessen Tode als Bitt=
schriftmeister, Cabinetssecretär des Großwesirs, und jetzt als Reis
Efendi bekleidete. Chalilpascha, der Statthalter von Belgrad, wurde
zum Serasker im schwarzen Meere wider die Krim, der bisherige
Befehlshaber von Nikopolis, der Kaimakam Ahmedpascha, nach Wid=
din, Mohammedpascha von Widdin nach Belgrad ernannt ²). An die
Stelle des aus Schwermuth über die geleerten Cassen gestorbenen Def=
terdar Elhadsch Ismail kam der Bittschriftmeister der Finanz ³). Der
Kaimakam Ahmedpascha starb auf seiner Reise nach Widdin, ein from=
mer, aber dem Trunke ergebener Mann, so, daß ihn das Heer nicht
anders, als unter einem der beyden Spitznahmen, des Heiligen oder
des Trunkenboldes, kannte. Der Serasker von Rusdschuk, Iset Mo=
hammedpascha, erhielt seinerstatt die Statthalterschaft von Widdin,
und der Wesir Daghistani Alipascha die von Silistra, mit der Stelle
des Seraskers von Rusdschuk ⁴). Es wurden dem Befehlshaber von
Sistow, dem Beglerbeg Suleiman dem Albaneser, welcher auf eigene
Kosten tausend Fußgänger und sechshundert Reiter gestellt, dem Mu=
tesellim von Kutahije, weil er das fahnenlose Gesindel von Lewenden
zu Paaren getrieben, dem Beglerbeg von Dschidde auf Fürbitte des
Scherifs von Mekka und des Emirol=hadsch ⁵), als Wesiren drey
Roßschweife ⁶), dem Sohne des Großwesirs Topal Osmanpascha, Ars=
lanbeg, zwey Roßschweife als Beglerbeg verliehen ⁷).

    Wir nehmen nun den Faden der diplomatischen Verhandlungen
an der Pforte, dort, wo wir denselben oben bey dem geheimen Sub=
sidientractate abgebrochen, wieder auf, um denselben bis zur Schlie=
ßung des Waffenstillstandes, und den zweymahl zerschlagenen Frie=

<hr/>

¹) Wassif II. S. 195. ²) Derselbe S. 196. ³) Derselbe S. 198. ⁴) Die Liste
anderer Verleihungen S. 200, 202, 204, 233 und 234. ⁵) Wassif II. S. 220.
⁶) Derselbe S. 202. ⁷) Derselbe S. 221.

densunterhandlungen fortzuführen. Das Geheimniß des Subsidien=
tractates war zuerst vom englischen Bothschafter Murray durch den er=
sten Geldtransport nach Belgrad aufgespürt, und von demselben eine
Abschrift des Tractates erkauft worden, welcher sogleich nach Berlin
und Petersburg mitgetheilt ward [1]). Friedrich, welchem der Friede
zwischen Rußland und der Pforte so nahe am Herzen lag, je lästiger
ihm die Million jährlicher an Rußland zu zahlender Subsidien [2]),
war durch dieses Bündniß, in welchem er ein Mittel sah, Rußland
desto eher zum Frieden zu bewegen [3]), minder beunruhigt, als Ka=
tharina, welche auf die Erneuerung des Subsidienvertrages mit Preu=
ßen drang, und sich endlich durch eine vom Grafen Panin dem kaiser= 17.Dec.
lichen Bothschafter gemachte Mittheilung herbeyließ, von den zwey 1771
Grundbedingnissen des Friedens, nähmlich Unabhängigkeit der beyden
Fürstenthümer (Moldau und Walachey) und der Tataren, die erste
aufzugeben [4]). Zu gleicher Zeit drang der preußische Gesandte, Hr. von
Zegelin, zu Constantinopel durch langes Memoire auf die Annahme
eines russischen Bevollmächtigten und die Ernennung eines osmani=
schen, welche in der Moldau irgendwo indessen die Grundlage des
Friedens besprechen sollten [5]). Die Pforte antwortete ganz kurz, daß,
wenn der russische Beauftragte die Entsagung auf die Unabhängigkeit
der beyden Fürstenthümer und der Tataren, und das Befugniß mit
Beyziehung der Gesandten der beyden vermittelnden Höfe in Unter=
redung einzugehen mit sich brächte, derselbe willkommen seyn würde [6]).
Indessen war durch Österreich's Beytritt zu Rußland's und Preu=
ßen's Anträgen pohlischer Theilung die Stellung desselben sowohl ge=
gen diese beyden Höfe, als gegen die Pforte eine ganz andere gewor=
den, als durch den geheimen Tractat. Die Weisung des Fürsten von
Kaunitz mit dem Plane des geheimen Subsidienvertrages ward zur
selben Zeit gegeben, als Prinz Heinrich von Preußen in Petersburg,
und das berühmte Wort Katharina's: In Pohlen darf man sich nur
bücken, um zu nehmen [7]), der erste Anstoß zur Theilung Pohlen's.
Übrigens hatte schon früher, als diese Äußerung, Österreich für sich
gegen Pohlen bey der Abgränzung gegen die Zips die Ansprüche auf
drenzehn zur Zipser Gespanschaft gehörige Ortschaften zur Sprache
gebracht [8]). Zwischen Preußen und Rußland wurde hierauf geheime
Convention abgeschlossen, vermög welcher der König gegen die Zusi=
cherung eines Theiles pohlischen Gebiethes gegen Österreich die Waf=
fen zu ergreifen sich verband, wenn Rußland von Österreich feindlich

[1]) Ferrand histoire des trois démembrements de la Pologne I. p. 251.
[2]) Weisung des Fürsten Kaunitz an Thugut. [3]) Ferrand I. p. 252. [4]) Pièce ju-
stificative, in Ferrand I. p. 264. [5]) Traduzione della memoria presentata
dal Sig. inviato di Prussia a S. E. il Caimacam. Novembre 1771. Bey Thugut's Bericht vom 5. Dec. 1771. [6]) Traduzione della memoria data dalla fulgida Porta al S. Inviato di Russia questo dì 3. Dic. 1771, bey Thugut's Bericht vom 3. Dec., die Abschrift des türkischen Originals im H. Arch. [7]) Ferrand I. p. 142. [8]) Ferrand I. p. 90 und 91.

angegriffen werden follte. Als hierauf von Rußland und Preußen an
Österreich der Antrag gelangt, an der Theilung Pohlens Theil zu nehmen,
und Österreich denfelben annahm, bezeigte es fich willfährig, an der Pforte
Congreß und Waffenftillftand zur Sprache zu bringen, und Herr von
Thugut wurde dazu angewiefen [1]). Thugut und Zegelin reichten alfo
mitfammen ein Memoire ein, worin fie Waffenftillftand zu Land und
See antrugen, damit das heilfame Werk des Friedens durch beyder
Höfe freundfchaftliche Dazwifchenkunft zu Stande komme [2]). Katharina, auf der Ausfchließung aller Vermittlung verharrend, hatte durch
den Fürften Gallizin, ihren Bothfchafter zu Wien, dem Fürften Kaunitz erklären laffen, daß fie die freundfchaftliche Dazwifchenkunft Öfterreich's und Preußen's gern annehme [3]); diefer Äußerung folgte die
gemeinfchaftliche Eingabe der beyden Gefandten. Sie übermittelten
hierauf dem Feldmarfchall Grafen von Romanzoff das Begehren der
Pforte, hinfichtlich der Bedingniffe des Waffenftillftandes [4]). Zu gleicher Zeit hatte der Großwefir an Graf Romanzoff gefchrieben, um
ihn von feiner Bevollmächtigung zur Abfchließung des Waffenftillftandes zu verftändigen [5]); die Pforte war mit dem Vorfchlage des ruffifchen Feldherrn bis auf den einzigen Punct der Dauer einverftanden,
indem Graf Romanzoff die Dauer deffelben, nur fo lange der Congreß dauere, gewährt, die Pforte aber felbft im Falle, daß der Congreß fich zerfchlüge, noch auf drey Monathe erftreckt wiffen wollte [6]).
Die Pforte ernannte den Chodfcha des Diwans, Abdulkerim, Feldmarfchall Romanzoff den Herrn von Simolin zur Abfchließung des
Waffenftillftandes [7]). Nach einigen gehobenen Schwierigkeiten über
die Schifffahrt des fchwarzen Meeres und die Zeitfrift, deren Erftre-
ckung den Bevollmächtigten zur Friedensverhandlung übertragen
ward [8]), wurde der Waffenftillftand zu Giurgewo in zehn Artikeln
abgefchloffen [9]); derfelbe erftreckte fich über die Moldau, Walachey,
Beffarabien, Krim, Kuban, das fchwarze und weiße Meer und den

30. May
a. St.
10. Jun.
1771

[1]) Kaunitz's Weifung vom 22. Jänner 1772. [2]) Thugut's Bericht vom
17. Febr. 1772. [3]) Ferrand I. p. 231, und Kaunitz's Weifung an Thugut.
[4]) Copie de la lettre du Baron Thugut au comte Romanzoff avec le précis de l'armistice demandé par la Porte 6. Mars 1772, und: copie de la
lettre du Feldmaréchal C. Romanzoff à l'Internonce de LL. MM. I. et
I. R. en date Yassy 13. (24) Mars 1772, avec le précis des conditions que
le Maréchal G. Comte Romanzoff propose pour l'armistice. Thugut's Bericht vom 17. April 1772. [5]) Traduzione della lettera del G. V. 5. Silhidje
1185 (10. März 1772) und: copia della lettera del Feldm. C. Romanzoff
al G. V. Mubsurzade Mohammedp. Thugut's Bericht vom 17. April 1772.
[6]) Copie de la lettre de l'Internonce au Feldmaréchal C. Romanzoff 11. Avril
1772. [7]) Interpretazione della lettera del Maresciallo C. D. Romanzoff al supremo Vesiro. Thugut's Bericht vom 4. May, und: lettre du Feldm. C. Romanzoff à l'internonce 28. Avril (9. May). Thugut's Bericht vom 29. May
1772. [8]) Interpretazione della lettera del Maresciallo C. Romanzoff al Sup.
Ves. Thugut's Bericht vom 3. Jun. 1772. [9]) Der Waffenftillftand in Waßif II.
S. 208 u. 209. Wieder mit einem Datum faft um einen Monath zu früh, den
7. Ssafer (22. May), ftatt 26. Ssafer, in der Gefchichte des gegenwärtigen
Krieges XIX. 9, und bey Wichmann durch Druckfehler IX. ftatt XIX.

Archipel. In dem letzten hatte der russische Admiral von dem Stand=
lager seiner Flotte zu Paros aus im März ein Manifest ergehen las=
sen, vermög dessen trotz des Belagerungszustandes der Dardanellen
im Meerbusen von Smyrna und in der Umgegend neutralen Schif=
fen die freye Fahrt mit Gütern, aber nicht mit Lebensmitteln oder
Munition und Waffen, gestattet ward [1]). Der Waffenstillstand zur
See wurde sechs Wochen nach dem zu Giurgewo abgeschlossenen,
zwischen dem Admiral Graf Spiritow und dem türkischen Bevollmäch=
tigten, Mustafabeg, Enkel des berühmten Admirals Dschanüm Cho=
dscha, ebenfalls in zehn Artikeln unterzeichnet [2]).

2. (13.)
Jul.
1771

Während der Unterhandlungen des Waffenstillstandes hatte sich
Graf St. Priest, der französische Bothschafter, alle Mühe gegeben,
die pohlischen Conföderirten in den Waffenstillstand einzuschließen [3]);
allein die Pforte war für dieselben ganz erkaltet, und als Thugut in
der geheimen Zusammentretung mit dem Reis und Osman Efendi
die Stimmung der Pforte in Betreff der nicht zu erfüllenden gehei=
men Subsidien=Convention und ihrer Gesinnungen in Betreff Poh=
len's sondirte, überzeugte er sich, daß sie in der gegenwärtigen Lage der
Dinge von jener selbst abstehe, und sich Pohlen's nicht im geringsten
annehme. Die Pfortenminister erklärten, daß von der Zurücksendung
der dem kaiserlichen Hofe bereits gezahlten drey Millionen Piaster
keine Rede sey, daß, wenn jedoch der Friede mit Rußland vermög
des fünften Artikels der geheimen Convention so zu Stande gebracht
würde, daß die Moldau und Krim wie vor und ehe unter osmanische
Oberherrschaft käme, die Pforte sich auch zur Zahlung der übrigen
sieben Millionen und Erfüllung der übrigen Artikel, nähmlich der
Abtretung der kleinen Walachey und der Gewährleistung wider die
Babaresken, gebunden ansehen werde. Diese Zusammentretung und
der Gegenstand derselben wurde so mehr mit dem Schleyer des tief=
sten Geheimnisses bedeckt, als die beyden Pfortenminister, Ismail
Raif und Osman Efendi, nie wagen konnten, die Convention und
die gegebenen drey Millionen vor den Ulema zur Sprache zu bringen
ohne ihre Köpfe auf's Spiel zu setzen; auch ist von der ganzen Ver=
handlung in der Reichsgeschichte nicht die geringste Spur. Diese neue
Verhandlungsart der wichtigsten Geschäfte in nächtlichen Zusammen=
tretungen mit immerwährendem Wechsel des Ortes, indem diese Zu=
sammentretungen bald im Hause des Reis Efendi, bald in dem Os=
man Efendi's, bald in einem kaiserlichen Lusthause am Canale zu
Stawros, Kusghindschik oder Tarapia Statt hatten, wurde in der
Diplomatie Pera's zuerst von Thugut eingeführt, welcher bald nach
seiner Ankunft als Geschäftsträger solche geheime Unterredungen begehrte

---

[1]) Manifesto di S. E. l'Ammiraglio russo Spiritow. Thugut's Bericht vom
4. May 1772. In Martens Rec. IV. 70. Manifest des Fürsten Alexander Or=
loff vom 1. May. [2]) Bericht des Geschäftsträgers Jenisch vom 3. Sept. 1772.
[3]) Thugut's Bericht über die geheime Conferenz von 25. — 26. März.

und erhielt. Diese Unterredungen nahmen ein Paar Stunden nach
Sonnenuntergang ihren Anfang und dauerten ein Paar Stunden bis
Mitternacht, wenn länger, war die Geduld des Reis Efendi Jsmail
Raif, eines großen Opiumliebhabers, zu Ende; er nahm dann eine
starke Dosis von Opium, und versank sofort in Erschlaffung, daß es
unmöglich, weiter zu verhandeln; nur Osman Efendi's Geschwätzig=
keit war unermüdlich. Als es sich um die Ernennung von Bevollmäch=
tigten zum Congreße handelte, wollte Osman Efendi durchaus nicht
allein diese Gefahr auf sich nehmen, und erklärte, daß er nicht anders
gehen würde, als wenn Jsmail Raif, der bisher alle Unterhandlung
mit ihm getheilt, ihn begleiten würde. Jsmail Efendi ließ sich ernen=
nen, machte Miene zu folgen, blieb aber dennoch zu Constantinopel
zurück ¹). Die beyden osmanischen Bevollmächtigten waren Osman
Efendi und der Scheich der Aja Sofia, Jasindschisade, mit dem Ran=
ge als Richter von Constantinopel; von Seite Rußland's waren der
Graf Gregor Orloff ²) und der geheime Rath Alexi Michailowicz Obres=
koff ernannt ³); Thugut, welcher schon früher als Internuntius seine
Audienz gehabt, und bey dieser Gelegenheit (weil er unnützes Geprän=
ge nicht liebte) den gewöhnlichen feyerlichen Einzug der Internuntien
aus dem Grunde von Ersparniß unnützer Unkosten eingestellt, hatte
nun auch beym Kaimakam, wie Herr von Zegelin, als bevollmächtig=
ter Minister zum Friedenscongreße feyerliche Audienz, wobey sie beyde
mit Zobelpelzen bekleidet, jedem zur Bestreitung der Reisekosten und
ihres Unterhaltes die Summe von fünf und zwanzigtausend Piastern
verabfolgt ward ⁴). Durch die von S. Mustafa bey den ordentlichen
Audienzen europäischer Minister eingeführte Ersparniß waren bis jetzt
nur Kaftane gegeben worden; Herr von Thugut erhielt bey seiner
Audienz als Internuntius wieder der Erste einen Zobelpelz, der in
dem Ceremoniel als Regel für künftige Fälle eingetragen ward. So
wurden auch die beyden schwedischen Minister, der abgehende und der
ankommende, mit Zobelpelz bekleidet. Zobel war die Investitur hoher
Diplomaten an der Pforte. Den beyden bevollmächtigten Ministern
der mit Freundschaftsdiensten einschreitenden Mächte wurde noch über=
dieß ein Geschenk von dreyßig Miskalen Ambra, hundert Drachmen
Aloe in rothseidenen Beuteln, von Scherbet und Früchten, um ihre
Reise zu versüßen, verabreicht ⁵). Herr von Zegelin reiste mit den bey=
den Bevollmächtigten, der Internuntius, Herr v. Thugut, der ein
Paar Tage später abreiste, hohlte sie vor der Donau ein; als Ge=
schäftsträger blieb Herr von Jenisch zurück. Der Geist und Charakter
des zweyten Bevollmächtigten, Osman Efendi, ist bereits oben um=

2. Jun.
1772

13.Jun.

---

¹) Waßif II. S. 219. ²) Interpretazione della lettera del Feldmarescial-
lo C. Romanzoff al Supremo Veziro 14 Maggio 1772. Thugut's Bericht vom
3. Jun. 1772. ³) Capo Supremo della Artilleria di S. M. F. I. ajutante Generale, Capo del Corpo dei Cavallieri di guardia ecc. ⁴) Thugut's Bericht,
und Waßif II. S. 218 u. 219. ⁵) Derselbe S. 219.

riſſen worden. Den Umfang von des zweyten Fähigkeit in diplomatiſchen Geſchäften mit Unterhändlern, wie Orloff und Obreskoff, ſchil-
dert am beſten die folgende, von Thugut dem Verfaſſer dieſer Geſchichte mehr als einmahl umſtändlich erzählte Anekdote: Jaſindſchiſade war auf dem ganzen Wege mit tiefſinniger Leſung eines Buches
beſchäftiget; Thugut, des Türkiſchen und Arabiſchen wohl kundig, und
mit ſo glücklichem Gedächtniſſe begabt, daß er nach fünfzig Jahren,
nachdem er alle orientaliſche Studien aufgegeben, ganze Suren des
Korans auswendig herſagte, fragte den Scheich, was er denn ſo eifrig
leſe? Jaſindſchiſade eröffnete ihm, daß, da er als bevollmächtigter
Miniſter der hohen Pforte zu einem ſo wichtigen Geſchäfte auserſehen, und mit dem beſonderen Vertrauen des Sultans beehrt ſey, er
es auch in nichts ermangeln laſſen wolle, ſich von den Grundſätzen
europäiſchen Rechtes und Geſetzes zu unterrichten, um den Feinheiten
und Kunſtgriffen der ruſſiſchen Bothſchafter ſo ſiegreicher begegnen zu
können. Thugut erwartete eine Überſetzung von Hugo Grotius oder
Machiavel zu finden, es war aber die des neuen Teſtamentes. In
demſelben Sinne, nur zweckmäßiger, hatte der Leibarzt des Sultans,
Ssubhi Efendi, vom Geſchäftsträger, Hrn. v. Jeniſch, im Nahmen
des Sultans begehrt, daß der Dolmetſch Herbert, welcher ſchon vor
einigen Jahren die Aphorismen Boerhave's überſetzt hatte, aus Friedrich's II. Werken die Abhandlung über die Kriegskunſt überſetzen
möge, was dießmahl mit der Entſchuldigung überhäufter Geſchäfte abgelehnt ward [1]).

Die Herren von Thugut und Zegelin kamen Anfangs Julius im 26. Jul.
Lager des Großweſirs zu Schumna an, und übergaben demſelben in 1772
feyerlicher Audienz die Schreiben ihrer Höfe, welche mit dankſagen-
dem des Großweſirs beantwortet wurden [2]). Der Congreß wurde zu
Fokſchan eröffnet; die ruſſiſchen Bevollmächtigten traten mit dem 19. Aug.
Stolze und dem Glanze des Siegers mit großem Gepränge auf. Ihrem von vier Gallawagen begleiteten Wagen ritt eine Abtheilung von
Hußaren, traten hundert fünfzig Perſonen prächtig gekleideter Dienerſchaft vor. Osman Efendi, einfach gekleidet, in grünem mit Hermelin ausgeſchlagenen Oberkleide zu Pferd, mit einem Gefolge von ſechzig Lakayen, zeichnete ſich nur durch einen Stock mit goldenem Kno-
pfe aus. Zu nicht geringer Befremdung des öſterreichiſchen und preußiſchen Miniſters wurden dieſelben keineswegs zur erſten Zuſammentretung eingeladen, und als Thugut hierüber mit den ruſſiſchen Bevollmächtigten Rückſprache nahm, ſtellten ſich dieſe über dieſes Begehren befremdet, da Rußland ja die Vermittlung der beyden Höfe weder angeſucht, noch angenommen, ſondern nur in die Gewährung
freundſchaftlicher Einſchreitung gewilliget habe. Dieß war eine eben

[1]) Bericht von Jeniſch, Ende Junius. [2]) Das Schreiben des Großweſirs
(wider alle Gewohnheit datirt) vom 14. Rebiul-ewwel 1185 (26. Jul. 1772) im
H. Arch.

fo unvermuthete als unangenehme Neuerung, indem die beyden Ge=
fandten mit fo vielem öffentlichen Gepränge von Conftantinopel nach
Fokfchau gekommen, jetzt zu den Conferenzen gar nicht zugelaffen wur=
den. Den Gegenftand derfelben verheimlichten aber die türkifchen,
hierüber ebenfalls betroffenen Bevollmächtigten dem öfterreichifchen
und preußifchen Gefandten fo weniger, als fich jene bey·diefen guten
Raths erhohlten. Der Waffenftillftand wurde fogleich in der erften
Conferenz bis auf den ein und zwanzigften September verlängert.
In der zweyten Conferenz ftellten die ruffifchen Bevollmächtigten drey
Sätze als Grundlage der ganzen Friedensverhandlung auf; erftens,
daß aller Anlaß von Uneinigkeit zwifchen beyden Höfen hinwegzuräu=
men; zweytens, die Entfchädigung des von der Pforte begonnenen
Krieges, und drittens die Feftfetzung folcher Einrichtungen, welche
beyden Reichen vortheilhaft; aus dem letzten leiteten fie freye Schiff=
fahrt und den begünftigten Handel, aus dem erften die Freyheit und
Unabhängigkeit der Tataren, als nothwendigen Folgefatz ab. Die tür=
kifchen Bevollmächtigten ftießen fich fogleich an der Forderung der Un=
abhängigkeit der Tataren, welche fie, als dem Grundgefetze ihrer Re=
ligion ftracks zuwiderlaufend, nie zugeben zu können erklärten. Sie
fetzten aus einander, daß dem Sultan als Chalifen die geiftliche Ober=
herrfchaft über alle Sunni zuftehe, und wenn er diefelbe über Indien,
Bochara, Marokko, deren Herrfcher auch Sunni, nicht ausübe, bloß
die zu große Entfernung daran Schuld fey, daß er aber, feine Pflich=
ten als Chalife wefentlich verletzen würde, wenn er die Entziehung
der Tataren je zugeben könnte. Thugut, von den ruffifchen Bevollmäch=
tigten mit der größten Artigkeit behandelt, fand fich in der unvermu=
theten Verlegenheit mit diplomatifcher Gewandtheit zurecht, indem er,
laut des Inhaltes feiner Vollmachten, felbft an den Verhandlungen keinen
Theil nehmen zu können erklärte, da diefe ihn nur mit Bevollmächtig=
ten zu unterhandeln befugten, welche mit gleicher Vollmacht verfehen
wären [1]); in der ruffifchen Vollmacht war aber der beyden ihre freund=
fchaftliche Einfchreitung anbiethenden Höfe auch nicht mit einem Worte
erwähnt [2]). Den Antrag des Grafen Orloff, ihm eine fchriftliche Er=
klärung der Nichtzulaffung zum Congreffe zu geben, lehnte Thugut
ab, fo wie das Begehren Osman Efendi's, ihm ein Zeugniß über
feine Bemühung wider die Ausfchließung auszuftellen. Osman Efendi
fandte an Thugut aufrichtige Note, worin der Vorgang, warum die
beyden Minifter nicht zu den Conferenzen eingeladen worden, aus=
führlich aus einander gefetzt ward: „die ruffifchen Minifter hätten er=
„klärt, daß, da in ihren Vollmachten kein Wort weder von Vermittlung,
„noch von unternehmender Zuthätigkeit vorkäme, fie die Zulaffung
„der bloß mit freundfchaftlicher Einfchreitung beauftragten Bevoll=

---

[1]) Thugut's Vollmacht bey den Weifungen. [2]) Abfchrift der ruffifchen Voll=
macht. Thugut's Bericht vom 16. Aug. 1772.

„mächtigten als allen Völker= und Geſandtſchaftsrechten zuwiderlau=
„fend anſähen" [1]). Osman Efendi triſterte die Frage der Freyheit
und Unabhängigkeit der Tataren bis zum Ekel durch, bald die ruſſi=
ſchen Bevollmächtigten ſinnenlos überſchreyend, bald bis zur Nieder=
trächtigkeit kriechend [2]). Die ruſſiſchen Bevollmächtigten, zu artig, um
auszuſprechen, was ſie von ihm dachten, daß er ein Narr, ſagten:
Osman Efendi iſt ohne Zweifel ein Mann von großem Verſtande, nur
iſt dieſer Verſtand von einer Art, von der wir nie gehört [3]). Die ruſ=
ſiſchen Bevollmächtigten begehrten über die Hartnäckigkeit, womit die
türkiſchen die Tatarenſache verfochten, ſchriftliche Äußerung, und Os=
man Efendi gab in ſeinem gewöhnlichen verworrenen, verzwickten,
diplomatiſchen Styl das osmaniſche Ultimat; daſſelbe geſtand die Un=
abhängigkeit der Tataren in allen Regierungsgeſchäften, nur mit der
Ausnahme der Oberherrſchaft des Sultans durch Inveſtitur des Chans
und Anſtellung der Richter, zu, und wiewohl Entſchädigung bisher
von der Pforte nie geleiſtet worden ſey, ſo erklärten ſie nach einge=
hohlter geſetzlicher Befugniß auch dieſe in Beſſarabien zuzugeſtehen,
wo die Tataren ebenfalls unabhängig wohnen könnten. Die ruſſiſchen
Bevollmächtigten antworteten in einer, an den kaiſerlichen und preu=
ßiſchen Geſandten gerichteten Note, daß ſie die Unabhängigkeit der
Tataren mit den von den türkiſchen Bevollmächtigten geforderten Ein=
ſchränkungen von Inveſtitur keineswegs annehmen könnten, indem
ein Volk nicht frey, ſo lange ſein Fürſt von fremder Beſtätigung ab=
hängig. Dieſe Note war mit einer Anfrage für die osmaniſchen Mi=
niſter begleitet, worin Bemerkungen über die Zuläſſigkeit der gefor=
derten Beſchränkung, indem die Kaiſerinn die Tataren durchaus
frey wolle, und mit dem Entwurfe des Artikels, welche dieſe
Freyheit feſtſetzen ſollte [4]). Die von Romanzoff mißbilligte Hartnä=
ckigkeit in der tatariſchen Frage war des Grafen Orloff Werk, wel=
cher mit Romanzoff ſchon dadurch geſpannt, daß er den General
Bauer, welchen Romanzoff haßte, beſchützte; außerdem wünſchte Or=
loff Krieg, und nicht Frieden, weil bey Ausbruch deſſelben ſein Bru=
der Alexis die Flotte im Archipel, der jüngere, Theodor, die Flotte
im ſchwarzen Meere, und er ſelbſt das Heer in der Krim befehligen
würde, und er auf dieſe Weiſe das osmaniſche Reich, von drey Sei=
ten durch drey Brüder Orloff angegriffen, zu überwältigen hoffte [5]).
Nachdem die türkiſchen Bevollmächtigten abgeſetzt, mißbilligte Graf
Romanzoff in einem Schreiben an den Großweſir der Bevollmächtig=
ten Schritte, in ſo weit dieſelben der Religion zuwiderliefen, be=
ſchwerte ſich aber auch zugleich wider Osman Efendi, welcher die ihm

---

[1]) Die Überſetzung der Note beym Berichte Thugut's vom 16. Auguſt, das
Original im H. Arch. [2]) Thugut's Bericht. [3]) Ahmed Resmi in Diez S. 186,
und in Waſſif S. 265. [4]) Riſposta ſopra il communicato dalli Ambasciatori
Ottomani coll' Articolo toccante la libertà e la perfetta independenza dei
Tatari. Thugut's Bericht vom 5. Sept. 1772. [5]) Eben da.

durch Hr. v. Zegelin angetragene Verlängerung des Waffenstillstan=
des von sich gewiesen habe. Auf dieses Schreiben sandte der Großwesir
den Chodscha des Diwans, Waßif (den nachmahligen Reichsgeschicht=
schreiber und Reis), mit einem Schreiben an Romanzoff ab, welches
die Verlängerung des Waffenstillstandes auf sechs Monathe ansuchte [1]).

Als Waßif sich vom Großwesir beurlaubte, erwartete ihn der Kia=
jabeg Resmi Ahmed am Rande des Zeltes, und empfahl ihm auf das
dringendste die Erwirkung des Waffenstillstandes, weil auch nur zehn=
tägiger ungemeiner Gewinn, weil, seitdem Osman Efendi's Rückkehr
bekannt, zwey Drittel des Heeres ausgerissen, das letzte Drittel nur
auf die Gelegenheit, ebenfalls davon zu kommen, harrte. In sieben
Stunden kam er von Schumna nach Rusdschuk, wo Daghistani Ali=
pascha zu seiner Überfahrt Floß herbeyschaffte. Alipascha, welchem
Waßif die Nothwendigkeit vorstellte, seine Truppe von Feindseligkei=
ten abzuhalten, klagte in ganz anderem Sinne, als Resmi Ahmed,
daß er der Truppen zu viele habe, den kriegerischen Muth derselben
nicht länger bändigen könne; wenn ihm der Großwesir Erlaubniß,
über die Donau zu gehen, ertheile, wolle er in Kurzem alles bis Kiow
erobern [2]). Zu Jerköi setzte er sich in die ihm vom russischen Befehls=
haber gegebene Kalesche, und begegnete in drey Stunden den beyden
nach Constantinopel zurückkehrenden Bevollmächtigten. Zum Wagen
Osman Efendi's sich begebend, theilte er ihm den Gegenstand seiner
Sendung mit. Osman Efendi wollte weder glauben, daß es in des
Feldmarschalls Macht stehe, den Waffenstillstand zu verlängern, noch
sich überzeugen, daß die Verlängerung heilsam. Waßif, dem Osman
Efendi's keinen Widerspruch duldender Charakter wohl bekannt,
stellte seinem Ausspruche anheim, ob er seine Reise fortsetzen, oder
umkehren solle; Osman Efendi, mit solcher Unterwürfigkeit wohl zu=
frieden, hieß ihn umkehren; auf dem Wege klagte er bitter über Jasin=
dschisade, er wäre zu nichts gut, als zum Hühnersammeln. „Wenn du
„nicht glaubst, schau hier.“ Sie stiegen vor Jerköi ab, wo eine Men=
ge von Jasindschisade während des Congresses zusammengeraffte Hüh=
nersteigen standen. Waßif schämte sich in die Seele. Nach einer Stun=
de stellte ihn Osman Efendi in seinem Zelte dem österreichischen und
preußischen Gesandten, als den zur Verlängerung des Waffenstillstandes
geschickten Diwansherrn vor, und fragte den Internuntius, ob er
wohl glaube, daß die Verlängerung in Romanzoff's Macht? Thugut
antwortete: „Da Romanzoff mit Vollmacht seines Hofes versehen,
„kann ich unmöglich sagen, es stehe nicht bey ihm, den Waffenstillstand
„zu verlängern.“ Zegelin zu Osman: „Efendi, wie weit werdet ihr
„euere Selbstsucht und Halsstarrigkeit treiben, wie wollt ihr es auf
„euch nehmen, den von der Pforte geschickten Menschen zurückzusen=

---

[1]) Thugut's Bericht, und Waßif II. S. 269. [2]) Waßif II. S. 226.

„den? Kommt der Waffenstillstand zu Stande, so ist der Zweck seiner
„Sendung erreicht, und wenn nicht, so bedenkt doch, daß dieß ein
„Mittel, etwas vom Zustande des feindlichen Heeres zu erfahren."
Osman wechselte die Farbe, und sagte: „Wenn so, Efendi, mußt du
gehen, weil's die Gesandten wollen, sonst bringst du mich ins Unglück"[¹]).
Waßif, vom Feldmarschall wohl empfangen, trat noch selben Abend
mit ihm und Obreskoff in Unterredung zusammen, und nach einigen, den
Umständen gemäß gewechselten Reden[²]), gestand Graf Romanzoff
einen Waffenstillstand von vierzig Tagen zu, binnen welcher Zeit die
Antwort seines Hofes auf das Begehren der Verlängerung auf sieben
bis acht Monathe eintreffen werde; er erboth sich, ihm hierüber schriftli=
che Urkunde auszustellen, und fragte, ob er zu gleicher Ausstellung
befähiget. Waßif nahm es auf sich, und versprach die Genehmhaltung
des Großwesirs in zehn Tagen. Hr v. Obreskoff bemerkte, zehn Tage
seyen zu kurz, er möge zwölf sagen, aber Waßif blieb bey seinem
Worte, und war im Stande, dasselbe zuzuhalten. Als er am zwey=
ten Tage wieder durch Rusdschuk kam, fragte ihn der Serasker Da=
ghistani Ali ängstlich, wie es stehe. Waßif antwortete: „Haltet euch
„nur bereit, in vier oder fünf Tagen über die Donau zu gehen." Ganz
gelb vor Schrecken und mit Fieberschauer, sagte der Pascha: „Efendi,
„es ist unmöglich, die bosnischen Truppen liegen an der Ruhr dar=
„nieder und sterben wie Mücken, die andern ziehen wie Zugvögel
„nach Hause, die Cassen und Magazine sind geleert." Sagt um Gottes=
„willen dem Großwesir, er möge Geld und Mundvorrath schaffen,
„sonst heißt es mit Rusdschuk: Gott befohlen." — „Wie hat Euer Ex=
„cellenz so schnell Ihre Westrsständhaftigkeit aufgegeben?" fragte
Waßif. „O!" entgegnete der Serasker, „es war um nichts besser, als
„du hingingst, aber ich mußte öffentlich so sprechen, aus Furcht vor
„Osman Efendi, der überall die Kunde verbreitet, daß es nicht in des
„Feldmarschalls Macht, den Waffenstillstand auf fünf Tage zu verlän=
„gern, daß die Russen durch Krankheiten vernichtet, daß wir im ersten
„Anlaufe bis Chocim vorrücken könnten." Da er auf dem Wege nach
Constantinopel, war von ihm das Schlimmste zu erwarten. Zu Hesar=
grad kam der Bekirbeg, Bruder Nailpascha's, in der Nacht zu Waßif,
Kunde forschend, und ebenfalls von Osman Efendi durch die Versi=
cherung aufgelärmt, daß Waffenstillstandsverlängerung unmöglich, und
daß er nach Rusdschuk eilen müsse, den Übergang zu versuchen, oder
dasselbe zu vertheidigen. Waßif kam in der Nacht im Lager des Groß=
wesirs an, trat in aller Frühe mit dem Kiajabeg und Reis im Zelte
der heiligen Fahne zusammen, und begab sich dann mit ihnen nach
dem des Großwesirs, erstattete Bericht über seine Sendung, und wie
er den Eifer Bekirbeg's zurückgehalten. Der Großwesir, hoch erfreut,
daß sich Waßif nicht vom Osman Efendi in der Fortsetzung seiner Reise

---

¹) Waßif II. S. 227. ²) Derselbe S. 228 und 229 sehr ausführlich.

hatte hindern laſſen, gab ihm, was er an Gold bey ſich hatte, und ernannte ihn zum Ameddſchi (einer der Staatsunterſecretäre in der Staatskanzley). Waßif verbath ſich die Stelle, weil Nuri Efendi, der damahlige Ameddſchi, hochbejahrt, aber hochverdient, dadurch zu ſehr gekränkt würde, der Großweſir möge ihm ſeine Gnade auf fernere Gelegenheit vorbehalten. Der Großweſir verlieh ihm ſogleich anſehnliches Lehen[1]); das Schreiben des Feldmarſchalls wurde im Diwan abgeleſen, und die Beſtätigung ſo ſchneller ausgefertiget, als eben Nachricht eingelaufen, daß fünfhundert ausgeriſſene Janitſcharen den Befehlshaber von Tſchalikkawak geſchlagen, den Balkan durchbrochen. Osman Efendi ſtand mit den Worten auf: „Ich hätte es nimmer gedacht.“ Jaſidſchi Efendi, mit dem er ganz zerfallen, ſagte ihm: „So iſt all' dein „Thun, mit deiner ausſchließenden Abſonderlichkeit wirſt du bey jeder „Gelegenheit von Gott dem Allmächtigen beſchämt.“ So ging die Verſammlung aus einander[2]).

17. Oct. 1772

Binnen drey Wochen traf die Genehmigung des Waffenſtillſtandes von ruſſiſcher Seite im Lager des Großweſirs mit der Nachricht ein, daß Obreskoff zu neuen Unterhandlungen begewaltiget, und Bukareſt ſtatt Fokſchan's zum Congreßorte auserſehen ſey. Nachdem die Verlängerung im Lager des Großweſirs kund gemacht worden, ernannte dieſer die neuen Bevollmächtigten: den geſchäftserfahrenen, hochbetrauten Reis Efendi Abdurriſak, den Baſch Muhasebedſchi Suleiman Penah, den Muſtermeiſter der Silihdare, Atallahbeg, welchen der Beglikdſchi (Kanzler des Reis Efendi) Esseid Mohammed Chairi Efendi als Secretär der Bevollmächtigten und Waßif Efendi als Secretär der Conferenzen ſammt zwey Kanzelliſten aus der Kanzley des Cabinetes des Großweſirs beygegeben waren. Die Geſchäfte des Reis Efendi verſah unterdeſſen der erſte Bittſchriftmeiſter Ibrahim Munib Efendi[3]). Der öſterreichiſche und preußiſche Geſandte, deren Gegenwart beym Fokſchaner Congreſſe der Pforte gegen dreymahlhunderttauſend Piaſter gekoſtet, ohne im geringſten zu nützen, wurden dießmahl nicht

2. Nov.

erſucht, ſich nach Bukareſt zu begeben[4]). Nachdem der Reis Efendi im Lager des Großweſirs die kaiſerlichen Vollmachten empfangen, und vom Großweſir Abſchied genommen, trat die Bothſchaft die Reiſe über Rusdſchuk und Jerköi nach Bukareſt an, wo Obreskoff dem Reis Efendi den erſten Beſuch abſtattete, und des Reis Efendi Sohn, Ahmed Hamid Efendi, dem Sohne des Feldmarſchalls, der bey Obreskoff, ein wohl geziemirtes Pferd, dieſer ihm hingegen Zobel und Hermelinfelle ſandte[5]). Die Conferenzen wurden zu Bukareſt eröff=

20. Nov.

net. Chairi Efendi und Waßif führten das Protokoll, ſo daß jener die Reden der ruſſiſchen Bevollmächtigten, dieſer die der osmaniſchen aufzeichnete. Nach Vorzeigung und Auswechslung der Vollmachten wurde

---

[1]) Waßif S. 232. [2]) Eben da. [3]) Derſelbe S. 234 5—6000 Beutel. [4]) Waßif II. S. 237.

vor allem der Waffenſtillſtand zur Sprache gebracht, welchen die osmaniſchen Bevollmächtigten auf ſieben bis acht Monathe begehrten, die
ruſſiſchen nur auf die Hälfte dieſer Zeit, nähmlich auf vier, gewährten, doch mit dem Zuſatze, daß für die entfernten Gegenden, wie
Georgien und Tſcherkeſſen, die Friſt um einen Monath erſtreckt werde [1]). So wurden denn die Bedingniſſe des erſten, von Abdulkerim
abgeſchloſſenen Waffenſtillſtandes bis auf den ein und zwanzigſten
März verlängert, unterzeichnet und ausgewechſelt. Der Großweſir, als
er die Abſchrift der Urkunde erhielt, freute ſich ungemein über die
Verlängerung deſſelben bis zur Frühlings- Tag- und Nachtgleiche,
„und hing die Waffen auf den Nagel der Vergeſſenheit“ [2]). In der
zweyten Conferenz begann Obreskoff die Verhandlung nicht, wie auf
dem Congreſſe zu Fokſchan, mit der Unabhängigkeit der Tataren,
durch welche ſich der Congreß zerſchlagen, ſondern mit der Entſchädi-
gungsforderung, als dem zweyten, der beym Congreſſe von Fokſchan
aufgeſtellten drey Sätze, ohne der Tataren zu erwähnen. Der Reis
Efendi meinte, die Pforte habe gleiche Anſprüche auf Vergütung des
ihr noch während des Friedens durch die Verheerung von Balta zugefügten Schadens, der Kriegskoſten nicht zu gedenken; es ſey ſonſt die
Gewohnheit der Höfe, wenigſtens drey Jahre lang Krieg zu rüſten;
die Pforte ſey aber mit dem pohliſchen Rummel ganz unverſehens
überfallen, und dann durch des Reſidenten Verſicherungen, daß alles
ins gehörige Geleis gebracht werden ſollte, hingehalten worden, ſo
daß ſie nicht einmahl Zeit gehabt, den nöthigen Mundvorrath herbey-
zuſchaffen, ſo daß, als das Heer nach Bender gekommen, die Einwohner ihnen mit dem altbekannten Vorwurfe entgegengekommen,
warum, da die Pforte Krieg zu erklären geſonnen geweſen, ſie nicht
längſt Magazine angelegt, an dieſer Vernachläſſigung ſey Rußland
durch Hinhaltung mit Friedenshoffnung Schuld, und folglich zum Erſatz des Schadens verbunden. Nach langem Streite ſprang Obreskoff,
wie zu Fokſchan, auf einen anderen Artikel über. Wöchentlich hatten
ein Paar förmliche Conferenzen, und außerdem noch beſondere Zu-
ſammenkünfte Statt, in denen viel geſtritten ward, ohne Ergebniß;
endlich legte Obreskoff eine gefertigte Erklärung der ruſſiſchen Begehren vor, in zehn Artikeln, vermög welcher „den Bewohnern der Mol-
„dau und Walachey alle Schuld nachgeſehen, alle in Georgien ge-
„nommenen Schlöſſer der Pforte zurückgegeben; der georgiſche Scla-
„venhandel aufgehoben; der ruſſiſche Geſandte in den Audienzen mit
„Vorrang ausgezeichnet; die Dolmetſche und Dienerſchaft von allen
„Abgaben befreyt; die Renegaten, wenn dieſelben einigemahle in Ge-
„genwart der Dolmetſche befragt, bey dem Übertritte zum Islam be-
„harrten, nicht mehr zurückbegehrt, und nur das, was ſie etwa ent-

[1]) Waſif II. S. 237. [2]) Derſelbe S. 238.

„wendet, zurückgegeben; die beyden Kabartayen den Russen überlas=
„sen, die beyderseitigen Gefangenen ohne Lösegeld ausgewechselt ¹);
„der Chan der Krim mit freyer Wahl der Tataren angestellt, der letzte
„Friedensvertrag gänzlich erloschen und vernichtet, und nur dieser in
„Kraft bleiben solle.“ Nachdem alle diese zehn Artikel durchgefochten,
und von beyden Seiten unterschrieben waren, brachte Obreskoff erst
die Sache der Tataren, als die eigentliche Grundlage des Friedens,
nach und nach zur Sprache. Auch hierin kam man darüber überein,
daß des Sultans Nahme, wie vor und ehe, im Freytagsgebethe von
den Kanzeln genannt, der Chan durch freye Wahl der Tataren einge=
setzt, von Seite der Pforte installirt, die zu Richtern fähigen tatari=
schen Ulema ohne Anstand von den Oberstlandrichtern mit der erfor=
derlichen Bestallung versehen werden sollen. Es handelte sich nur noch
um die Abtretung der beyden Festungen der Krim, Kertsch und Jeni=
kalaa, welche die Russen durchaus forderten, der Reis Efendi durch=
aus nicht zugestehen zu können erklärte; den abermahligen Congreß=
bruch zu vermeiden, kam man überein, vierzig Tage zuzuwarten, wäh=
rend deren die Bevollmächtigten ihrer Höfe letzte Entschließung hier=
über einhohlen sollten.

4. (15.) Nach Verlauf der gesetzten Frist brachte Obreskoff in der sieben
Febr. und zwanzigsten Conferenz, als das Ultimatum ²) eine neue Erklä=
1773 rung in sieben Artikeln vor, nach deren Zugestehung von Seite der
Pforte Rußland auf die geforderte Entschädigung verzichten würde,
nähmlich: Gewährleistung Rußland's für die Fortdauer der Freyheit
der Tataren, Abtretung Kertsch's und Jenikalaa's, freye Schifffahrt
auf dem schwarzen Meere und im Archipel für die Kauffahrtey= und
Kriegsschiffe, die Übergabe der Festungen der Krim an die Tataren,
die Einsetzung des in russischer Gefangenschaft befindlichen Woiwoden
der Moldau, Gregor Ghika, in erbliches Fürstenthum, mit alle drey Jahre
zu entrichtendem Tribute, nach dem Beyspiele Ragusa's, und Erner=
nung eines Geschäftsträgers an der Pforte, die Abtretung Kilburun's an
Rußland und die Schleifung Oczakow's, den Padischah=Titel und
das Schutzrecht der Bekenner der griechischen Religion im osmanischen
Reiche. Der Reis Efendi erklärte, daß die hohe Pforte auch nicht
einem dieser Artikel beystimmen könne, daß es besser sey, Gut und
Blut für Glauben und Reich zu opfern, als dieselben anzunehmen.
Obreskoff bestand darauf, daß der Reis Efendi das Begehren doch an
die Pforte senden möge, indem frühere Abreise zu voreilig und un=
schicklich. Es wurde hiemit Atallah ins Lager des Großwesirs abge=
sandt. Der Großwesir theilte den Herren des Diwans und den Gene=
ralen der Truppen das russische Begehren mit. Alle Stimmen verein=
ten sich dahin: der Hauptzweck der Russen sey die Besetzung von Kertsch

¹) Thugut's Bericht vom May 1773. ²) Derselbe von 3. May 1773.

und Jenikalaa, alles Übrige nur Galimatias [1]) und Sophiste-
rey [2]). Der Artikel der Schifffahrt lasse sich vergleichen, die Freyheit
und Unabhängigkeit der Tataren sey nicht schlimmer, als der gegenwärtige Zustand, mit der Zeit könne die Sache wieder in ihre alte
Form gebracht werden. Die von den Russen statt dieser Bedingungen
geforderten fünfzigtausend Beutel Entschädigung aufzubringen sey
möglich; wenn man noch zehn Jahre Krieg führe, sey's unmöglich
vortheilhaften Frieden zu erhalten. Mit diesem in Form gerichtlicher
Urkunde zu Papier gebrachten Gutachten des Diwans ging Atallah
nach Constantinopel. In mehreren nach einander gehaltenen Rathsversammlungen wurde die Entschädigung, die Gewährleistung für die
Freyheit der Tataren, die Abtretung der Festungen, die freye Schifffahrt insgesammt verworfen, indem Osman Efendi alle überschrie.
Atallah kehrte mit abschläger Antwort, aber zugleich mit geheimem
Auftrag des Großwesirs, die Unterhandlungen ja nicht abzubrechen, nach
Bukarest zurück. Die Bevollmächtigten traten abermahl zusammen,
drey Stunden lang wurde auf das heftigste von beyden Seiten ge-
stritten, indem keiner Zollbreit von seinem Grunde aufgeben wollte;
da erklärte Obreskoff, daß, wenn diese Artikel nicht alle und insgesammt von der Pforte angenommen würden, er zu weiterer Zusammentretung nicht ermächtiget sey. Am folgenden Tage begab sich der
Reis Efendi mit dem Beglikdschi Atallah und mit Waßif noch einmahl in die Wohnung Obreskoff's, wo einige Stunden lang beyde
Parteyen fechtend über die alten Gründe zogen. Obreskoff ließ sich
herbey, daß, wenn die Pforte die Artikel annähme, Rußland dem
Baue einer Festung an Taman's Ufer nicht entgegen seyn würde, sonst
sey der Congreß geschlossen und er müsse fürchten, daß ihm, wenn er
länger blieb, zu Bukarest etwas Mißfälliges und Unangenehmes begegnen könne [3]). Der Reis Efendi hatte vom Sultan geheimes Handschreiben erhalten, wodurch er ermächtiget ward, siebzig Millionen
Piaster [4]) anzutragen, wenn die Forderung von Kertsch und Jenikalaa zurückgenommen würde. Auf den Antrag erwiederte Obreskoff:
„Ich verbürge mich, daß mein Hof, den ihr für bankerott haltet,
„nicht den geringsten Anstand nimmt, euch diese Summe sogleich aus-
„zuzahlen, wenn ihr die vier Artikel“ (die Freyheit und Unabhängigkeit der Tataren, die Abtretung von Kertsch und Jenikalaa, die
Schleifung von Kilburun, die Freyheit der Schifffahrt und des Handels) „annehmt.“ Die drey Efendi, der Reis, Chairi und Waßif,
verstummten vor Erstaunen, und verzweifelten von nun an erst an
dem Erfolge der Unterhandlungen [5]). Ein andermahl hielt der osmanische
Bevollmächtigte dem russischen in der Hitze der Erörterung den Frieden
vom Pruth und Czar Peter's Umzingelung vor. „Als euer Czar Peter

---

[1]) Trugschluß. [2]) Waßif II. S. 243. [3]) Derselbe S. 244 l. 3. [4]) Lettre de
Mr. Obrescoff à l'internonce, Bucarest le 11 (22)l Mars 1773. [5]) Waßif II.
S. 245.

„im Walde Rinde fraß, enthielt sich die hohe Pforte, ihn zu tödten
„oder lebendig gefangen zu nehmen, sie begnügte sich mit Assow's
„Zurückgabe, dadurch zögerte die Sache einige Monathe, und bis
„ihr nicht sahet, daß es Ernst sey, euch wieder mit Krieg zu überzie=
„hen, hieltet ihr euer Wort nicht, weßhalb ihr euch seitdem den Nah=
„men von Lügnern erworben habt." — „Euer Feldherr Baltadschi
„Mohammedpascha," entgegnete Hr. v. Obreskoff, „war ein vernünf=
„tiger, und das Ende der Dinge bedenkender Großwesir, er fürchtete
„die Gewalt eines aus Verzweiflung am Leben fechtenden Heeres,
„und verlor auf diese Weise den Faden des Sieges nicht aus
„seiner Hand" [1]). Der Reis Efendi bath noch um eine allerletzte [2]
Zusammentretung am folgenden Tage in seiner Wohnung, welche auch
Statt fand, aber mit nicht besserem Erfolge, indem die Trennung
der Bevollmächtigten festgesetzt ward. Man verstand sich noch durch
schriftliche Übereinkunft, die früher verglichenen Artikel zu unterschrei=
ben, und, wenn die Bestätigung derselben einträfe, dieselbe auf der
Insel von Jerköi oder anderswo auszuwechseln [3]). Am Tage nach der
Frühlings= Tag= und Nachtgleiche, an welchem der Waffenstillstand
zu Ende, ging der Reis Efendi mit seinem Gefolge von Bukarest ab;
die Pforte legte der Welt in einem langen Manifeste die Gründe des
zerschlagenen Congresses vor [4]). In den Rathsversammlungen, welche
zu Constantinopel der Rückkehr des Reis Efendi vorausgingen, war
die Frage der Abtretung von Kertsch und Jenikalaa auf das lebhafteste
erörtert worden, und so sehr auch der Sultan und das Ministerium zu
Constantinopel friedlich gesinnt, so groß war die Widersetzlichkeit der
Ulema, welche auf keine Weise den Frieden um den Preis der Abtre=
tung dieser beyden Festungen, die ihnen noch weit näher ging, als
die Unabhängigkeit der Tataren, hören wollten. Die Macht derselben
und die Ohnmacht des Selbstherrscher seyn wollenden Sultans schil=
dert am besten, was der Reichsgeschichtschreiber aus dem Munde des
Bruders des Reis Efendi, eines Molla, erzählt. Einer der beyden Kadias=
kere (vermuthlich der dem Sultan ergebene nachmahlige Mufti)
Mohammed Molla, sagte zum obigen: „Was macht dein Bruder? ich
„hab' aus dem Munde des Padischah die Äußerung gehört, daß es am
„besten wäre, die Verhandlung mit dem Frieden kurz abzuschneiden, und
„daß der Reis Efendi dadurch einen Dienst erwiese; murrte dann das
„Volk, würde der Sultan den Bevollmächtigten auf eine Insel verwei=
„sen." Diese dem Bruder mitgetheilte Äußerung brachte statt der ge=
wünschten gerade die entgegengesetzte Wirkung hervor, indem der Bevoll=
mächtigte aus Furcht vor Verweisung und Trennung von seiner Fa=

22.
März
1773

[1]) Wassif II. S. 245. [2]) Eben da. [3]) Obreskoff in seinem Schreiben an
Thugut von Bukarest 31. März (11. April). [4]) Traduction d'un manifeste de
la Porte du 16. Avril 1773. ce 23. Moharrem 1187, beym Berichte Thugut's
20. April 1773.

milie lieber das Band der Conferenzen brach, als den Frieden schloß [1]).

In dem Laufe dieses Jahres, während dessen die Waffen ruhten und der Friede zu Fokschan und Bukarest ohne Erfolg verhandelt wurde, ward der Pforte bey ihren übrigen Unfällen doch der geringe Trost, daß aus der Krim sowohl, als aus Ägypten, wo Alibeg, von den Russen unterstützt, in vollem Aufruhre, einige günstige Nachrichten einliefen. Die Tataren hatten Ssahibgirai zu ihrem Chan erwählt, dessen nach Petersburg geführter Bruder Schahingirai der Kalgha und Behadirgirai der Nureddin war [2]). Es lief eine, von hundert fünfzig der angesehensten Einwohner der Krim unterzeichnete Bittschrift ein, wodurch sie ihre Treue betheuerten, und sich beschwerten, daß ihnen schriftliche Erklärung abgezwungen worden sey; noch lauter waren die Beschwerden im folgenden Jahre, als ein russischer General mit einem Ukase erschien, welcher zehntausend Tataren ins Feld gegen Schweden forderte, worauf die Mirsen antworteten, daß sie nur zur Vertheidigung ihres eigenen Landes aufsäßen [3]). Rußland hatte in diesem Kriege das osmanische Reich von allen Seiten, ein vielarmiger Riese, im Süden und Norden, im Osten und Westen zugleich angegriffen, mit seinen Heeren an der Donau, in der Krim, am Kuban in Georgien und in Morea, mit seinen Flotten im schwarzen und weißen Meere, an den Gestaden Morea's, Syrien's und Ägypten's. Alibeg's, des übermächtigen Scheicholbeled in Ägypten, und des an ihm von seinem Schwiegersohne Ebu Seheb (dem Vater des Goldes) zu Damaskus begangenen Verrathes ist bereits oben Meldung geschehen. Alibeg hatte sich erkühnt, den Scherif von Mekka abzusetzen; hatte sich Jenbuu's mittelst falscher Fermane bemächtiget, und zu Dschidde einen Mautheinnehmer für seine Rechnung bestellt[4]); durch ganz Ägypten und Syrien arabische Schreiben verbreitet, deren Styl, den des Korans nachahmend, reich verbrämt mit Versen desselben und Überlieferungsstellen, welche die Tyranney und Unterdrückung verdammen, und welche wider die Statthalter der Pforte zu Kairo und zu Damaskus gerichtet, die Herrschaft derselben vernichten, seine eigene begründen sollten [5]). Der Verlust einiger Schiffe, welche ein russischer Corsar Angesicht von Damiate weggenommen [6]), hatte den Scheicholbeled mit dem Befehlshaber der russischen Flotte im mittelländischen Meere in Verbindung, und ein Bündniß hervorgebracht, vermög dessen die Russen denselben mit Truppen und Kriegs-

[1]) Waßif II. S. 246. [2]) Traduction d'un rapport mis sous les yeux de Sa Hautesse par le G. S. Mouhzounoghli Mehmetpascia par le nommé Osman Efendi et Khidiraga Tartares du Boudjeak, passans il n'y a guere de la Crimé à Oczakow et delà venus au camp Imp. le 2. Cheval 1183, le 7. Janvier 1772. Thugut's Bericht vom 3. Febr. 1772. [3]) Thugut's Bericht. [4]) Waßif S. 214. [5]) Eine solche Proclamation, deren Styl in der Folge von denen Bonaparte's in Ägypten und Syrien nachgeahmt ward, in Waßif II. S. 217. [6]) Volney voyage I. Ch. VIII. précis de l'hist. d'Alibek.

vorrath unterstützten ¹). Alibeg von seinem Gegner und Nebenbuhler Ebu Seheb vor dem Thore Kairo's geschlagen, flüchtete nach Syrien zu seinem treuen Freunde und Verbündeten, dem Scheich Tahir, welcher in Akka der Macht der Pforte trotzend, als Machthaber auf eigene Faust der Vorläufer des in unseren Tagen durch seine Tyranney und Akka's Vertheidigung so berühmt gewordenen Dschesar, d. i. des Fleischers. Ali und Tahir zogen vereint vor Saida, welches Osmanpascha, der Statthalter von Damaskus, mit seinen Verbündeten, den Drusen, belagerte. Scheich Tahir unterhandelte mit russischen Schiffen, die, von Tahir's Aufruhr begünstiget, an der syrischen Küste Lebensmittel einnahmen; mittelst sechshundert Beuteln ²) unterstützten sie seine Unternehmungen von der Seeseite. Tahir's Heer bestand aus sechstausend Reitern von Ssafed und Muteweli, achthundert Mamluken Ali's und tausend Barbaresken zu Fuß. Die Türken und Drusen waren gegen zehntausend Reiter und zwanzigtausend Bauern. Bey Tahir's Annäherung hoben sie die Belagerung auf, und lieferten ihm Treffen, nahe bey Saida an der Meeresküste, wo die russische Fregatte den Kampf begonnen. Die Drusen flohen, die Russen beschossen Bairut und verbrannten dreyhundert Häuser. Durch verrätherische Briefe verlockt, saß Alibeg im April mit fünfhundert Mamluken und fünfzehnhundert Reitern aus Ssafed, welche der Sohn Ahmed's, Osman, anführte, auf, ohne die versprochene russische Verstärkung zu erwarten. Ali und Tahir rückten vor Nablus und Jaffa, die Bewohner zu züchtigen, Jaffa vertheidigte sich und öffnete seine Thore erst im Februar des folgenden Jahres; doch stießen noch vor Ssalihlje

May 1773 vierhundert Russen zu ihnen. Dort erwarteten Ali tausend Mamluken, vom jungen Muradbeg angeführt, welchem Ebuseheb die Hand der schönen Gemahlinn Alibeg's ³) versprochen für den Kopf ihres Gemahls. Murad nahm diesen gefangen und führte ihn ins Zelt Ebu Seheb's. Drey Tage hernach starb er, sey es an den Folgen seiner Wunden, sey es durch Gift. Unter den Gefangenen befanden sich vier russische Officiere (die Gemeinen waren zusammengehauen worden) ⁴). Die vier Officiere und Alibeg's Kopf wurden von Ebu Seheb als Zeichen seiner Treue vom Statthalter Chalilpascha nach Constantinopel gesandt ⁵). Die Hinrichtung Ali's war durch ein Fetwa des Mufti gesetzmäßig erklärt worden, welches vielen Widerspruch unter den Ulema, aber den größten Beförderer im Oberstlandrichter Mohammed Molla fand, welcher sich durch dergleichen Gefälligkeiten für den Sultan den

¹) Volney voyage I. Ch. VIII. précis de l'hist. d'Alibek. ²) Derselbe II. Chap. XXV. précis de l'hist. de la guerre. ³) Der Verfasser dieser Geschichte hat sie als alte, unter dem Titel: die Mutter der Mamluken, verehrte Frau besucht, als er ihr i. J. 1801 Geschenke von Seite Sir Sidney Smith's überbrachte; er würde Muradbeg's persönliche Bekanntschaft gemacht haben, wenn nicht im Augenblicke, wo er im April 1801 von Rosette nach Ober-Aegypten aufbrechen wollte, die Nachricht eingetroffen wäre, daß Muradbeg an der Pest gestorben. ⁴) Thugut's Bericht vom 3. Junius 1773. ⁵) Waßif II. S. 257.

Weg zur obersten Würde des Gesetzes bahnte [1]). Scheich Tahir fuhr fort, in Akka's Mauern der Herrschaft der Pforte Trotz zu biethen; ein hartnäckiger Rebelle, doch kein Tyrann, wie sein Nachfolger, der blutige Dschesar.

Der Congreß von Bukarest war sehr wider den Friedenswunsch des Sultans und seiner Minister, sehr wider die Friedenssehnsucht des Großwesirs und des verhandelnden Reis Efendi Abdurrisak, einzig und allein durch die Hartnäckigkeit der Ulema, welche für keinen Fall Kertsch und Jenikalaa aufgeben wollten, gebrochen worden. Kaiserliche Handschreiben ermahnten auf das nachdrücklichste zur thätigen Fortsetzung des Krieges [2]), und die Pfortenminister im Lager wetteiferten in Rüstung von Truppen auf ihre eigenen Kosten. Unter dem Nahmen von Flintenschützen rüstete der Großwesir tausend, der Defterdar zweyhundert, der Reis Efendi, der Tschauschbaschi, die Aga der Sipahi und Silihdare, jeder hundert fünfzig, die der Dschebedschi, Topdschi, Toparabadschi, jeder hundert Mann mit Waffen und Kleidung aus. Die Flotte lief in zwey Abtheilungen aus, die eine unter des Kapudanpascha Hasanpascha Befehl, als Seraskers der Dardanellen, von wo Moldowandschi krankheitshalber nach Rodosto übersetzt worden [3]), die andere ins schwarze Meer, vom Pascha Kelledschi Osman befehliget, vier Kriegsschiffe von fünfzig bis sechzig Kanonen, jedes mit vierhundert Lewenden, vier Karavellen von dreyßig bis vierzig Kanonen, jede mit zweyhundert bemannt, fünf Schebeken und vierzig andere kleine Fahrzeuge [4]). Diese Flotte war zur Wiedereroberung der Krim bestimmt, doch kam weder die Ausführung noch ein Versuch derselben zu Stande, weil man uneins über die dem als Serasker ernannten Dewletgirai zu ertheilenden Befehle, und weil Osman Efendi seinen alten Plan einer Unternehmung am Kuban aufwärmte; so ging der Sommer hin, ohne daß gegen die Krim oder gegen den Kuban etwas versucht ward. Dschaniklü Alipascha und Dewletgirai verloren ihre Zeit, indem sie zu Trapezunt müßig lagen; wider Bachtgirai und Maksudgirai war die Pforte aufgebracht, wider jenen, weil er dem in ihn gesetzten Vertrauen nicht entsprach, wider diesen, weil er darüber erboßt, daß ihm Bachtgirai im Befehle vorgezogen worden, heimlich das Lager des 26.Apr. Großwesirs verlassen [5]). Sobald der Congreß zu Fokschan gebro- 1773 chen war, ward aus der Russen Bewegungen die Absicht klar, zwischen Silistra und Chirsowa bey Balia Boghasi und weiter unterhalb bey Tultscha über die Donau zu gehen. Der Großwesir ermahnte daher den Serasker von Silistra, Osmanpascha, den von Bafardschik, Abdipascha, und den Beglerbeg Tscherkespascha, welcher

---

[1]) Thugut's Bericht vom 3. Sept. 1773. [2]) Waßif II. S. 249. [3]) Derselbe S. 247. [4]) Thugut's Bericht vom 1. April 1773. [5]) Eben da vom Junius 1773, und Waßif II. S. 256.

mit der Huth von Babatagh betraut war, zur größten Wachsamkeit; aber ihre Truppen waren größten Theils ausgerissen, und die Erscheinung der Russen von Babatagh trieb die ganze Bevölkerung bis gegen Basardschik in die Flucht; sie drangen bis Karaßu vor, sprengten Karakerman in die Luft, und kehrten nach Jsmail zurück [1]. Die vierzig Stunden lange Strecke Landes zwischen Babatagh und Basardschik war allen Gräueln des Krieges und der Verödung Preis gegeben [2]. Bachtgirai, welcher zu Karaßu, das mitten zwischen Babatagh und Basardschik, im Winterquartiere lag, hob einige feindliche, in den Dörfern zerstreute Parteyen auf und befreyte einen Theil der in die Hände der Russen gefallenen dobruzischen Wagen [3]. Der Großwesir brach Hälfte May aus seinem Lager von Schumna auf, nachdem ein Paar wichtige Veränderungen vorgegangen. Die Stelle des verstorbenen Lagerrichters erhielt nähmlich der Richter von Galata, Muftisade Ahmed Efendi, und der erste Generallieutenant der Janitscharen wurde auf Vorstellung des Agapascha abgesetzt, daß derselbe, mit dem Dampfe behaftet, aus dem Munde stinke; der wahre Grund war aber die Eifersucht des Agapascha auf den Reichthum und das Ansehen des Abgesetzten, dessen Stelle der zweyte Generallieutenant, Jegen Mohammedaga, erhielt [4]. Der erste Sieg dieses im Ganzen für die Osmanen glücklicher als für die Russen ausgefallenen Feldzuges ward zu Rusdschuk erfochten, wo drey Kanonen, viele Flöße, und über tausend Gefangene in die Hände der Türken fielen; unter den letzten der jüngere Bruder des letzten russischen Vothschafters in Warschau, Fürst Repnin, der im Triumphe zu Constantinopel eingeführt, in die sieben Thürme geworfen ward [5]. Dem Serasker von Rusdschuk wurden für diesen Sieg Zobelpelz und Ehrensäbel, den Beglerbegen und anderen Officieren Ehrenkleider und Ehrenzeichen [6], auf den Turban zu stecken, gesandt. Hingegen wurde der Serasker von Karaßu, Abdipascha, abgesetzt, und der Statthalter von Siwas in die Besatzung von Misiwri verlegt; seine Stelle als Statthalter von Rumili und Serasker von Karaßu erhielt Nuumanpascha der Befehlshaber von Warna, dessen Schwäche weltkundig [7], und dem Beglerbeg Seid Ahmedpascha wurde die Huth Warna's anvertraut. Der neue Serasker Nuumanpascha zögerte mit seiner Ankunft vor Warna, wiewohl dasselbe nur fünf und zwanzig Stunden von Karaßu entfernt. Bachtgirai, der in der Gegend stand, berichtete die dringende Gefahr an den Großwesir, doch ehe noch Anstalt getroffen war, wurden die Türken, von Bachtgirai, Abdullahpascha und von Tscherkes Hasanpascha befehliget [8], zu Karaßu vom General Weißmann über-

27.May
a. St.
7. Jun.
1773

[1] Buturlin Petersburger Zeitschrift XVI. S. 142. [2] Wasif II. S. 251. [3] Eben da. [4] Derselbe S. 252. [5] Thugut's Bericht vom Junius, Wasif II. S. 253 und 254. [6] Wasif II. S. 253. [7] Derselbe S. 254. [8] Die Russen in der Türkey i. J. 1773. Fragment aus dem Tagebuche eines österr. Officiers, der jenem Feldzuge als Volontär beywohnte. Österr. milit. Zeitschrift III. Bd. 9. Heft S. 72.

fallen, der sie bis Bafardschik zurücktrieb, und ihnen sechzehn Kano=
nen abnahm [1]). Von Karaßu zog General Weißmann gegen Silistra,
indem Romanzoff bey Balia, sechs Stunden unterhalb Silistra [2]),
über die Donau ging. Den rechten Flügel befehligte General Stupi=
schin, den linken Potemkin, der Feldmarschall war im Mittelpuncte;
die Türken aus dem Lager Osmanpascha's, des Seraskers von Sili=
stra, griffen den vom General Weißmann befehligten Vortrab Stu=
pischin's lebhaft an, wurden aber geworfen; Osmanpascha zog sich
nach Silistra zurück [3]). Hierauf ging kaiserliches Handschreiben an den.
Serasker von Karaßu, Nuumanpascha, und an Ibrahimpascha, den 24.Jan.
Befehlshaber des Vortrabs, unter dem Serasker Osmanpascha: 1773
„Wenn dir dein Leben nothwendig, sammle die zerstreuten Reiter,
„und eile schleunigst zur Hülfe Silistra's herbey“ [4]).

Silistra, das Dristra der Byzantiner und Kreuzfahrer, eine
Feste auf einer von tiefen Gräben durchschnittenen, mit Gärten, Wein=
pflanzungen und Gehölze bedeckten Anhöhe erbaut, war nun Roman= 30.
zoff's Augenmerk. Der auf dasselbe unternommene Angriff mißlang, May
mit sehr nahmhaftem Verluste von achthundert Todten und tausend
Verwundeten [5]). Romanzoff zog sich von Silistra zurück. Dieser, durch
den Serasker Osmanpascha, und den Befehlshaber von Silistra,
Esseid Hasanpascha, bewirkte Rückzug ist die glänzendste Waffenthat
der Osmanen in diesem Feldzuge; derselbe ist in der Reichsgeschichte
ausführlich beschrieben, und Silistra's russische Belagerung ist der
Stoff eines besonderen ausführlichen Werkes von Mahmud, einem
Augenzeugen dieser Belagerung, mit Liebe und Fleiß verfaßt [6]). Der
Abzug Romanzoff's erwarb dem Serasker den ehrenvollen Beynah=
men des siegreichen Frohnkämpen (Ghasi), nebst Zobelpelz und Ehren=
säbel und zehntausend Piastern; zur Vertheilung unter das Heer wur=
den nicht weniger als siebentausend Ehrenzeichen, auf den Turban zu
stecken, gesandt, viertausend silberne und dreytausend mit Federn [7]).
Als Romanzoff sich von Silistra zurückzog, war Nuumanpascha, der
Serasker von Karaßu, bereits zu Kainardsche, von wo er des russi= 23.Jun.
schen Heeres Übergang gefährden konnte; der Feldmarschall übertrug a. St.
den Angriff dem General Weißmann; die Janitscharen durchbrachen 4. Jul.
sein Viereck, aber die Truppen des Rückhaltes füllten die Lücken aus,
die Türken wurden geschlagen, fünf und zwanzig Kanonen fielen in
der Sieger Hände, aber der Sieg war theuer erkauft mit dem Tode 21. Jul.
des tapfern Weißmann [8]). Von Rúsdschuk hatte der Großwesir durch
zwey seiner dahin abgesandten Vertrauten Kunde erhalten, daß der

---

[1]) Buturlin XVI S. 143. [2]) Eben da. [3]) Derselbe S. 144. Wasif II.
S. 258 und 259. Enweri Bl. 53. [4]) Wasif II. S. 259. [5]) Umständlich in der
Geschichte Silistra's und in der österr. milit. Zeitschrift: Fragment aus Papie=
ren eines österreichischen Officiers. III. 5. Heft S. 80. u. f. [6]) Wasif II. S. 263.
Enweri Bl. 61. [7]) Wasif II. S. 263. [8]) Buturlin S. 147. Wasif II. S. 264.
Enweri Bl. 62. Geschichte Schöll's.

dortige Serasker, Daghistanli Alipascha, sich schlecht mit den Truppen vertrage; er wurde abgerufen und nach Mardin, das drey Stunden von Rusdschuk [1]), befehliget, Ismail von Jenischehr zum Serasker von Rusdschuk ernannt. Nach der Niederlage Nuumanpascha's bey Kainardsche wurde Daghistanli Alipascha zu Hadschiköi, in der Nähe von Karaßu, aufgestellt, der Janitscharenaga wurde abgesetzt und zur Huth der Dardanellen befehliget, dafür aber der Serasker der Dardanellen, Ghasi Hasanpascha, vom Wesir ins Lager berufen. Dem Befehlshaber von Widdin, Ahmedpascha, ward ebenfalls Seraskerschaft zuerkannt [2]), und es lagen also nicht weniger als sieben Serasker zu Felde, nähmlich zwey zur See im weißen und schwarzen Meere, und fünf zu Lande, die von Silistra, Basardschik, Karaßu, Rusdschuk und Widdin, außer dem Großwesir. Der Serasker von Widdin erhielt Befehl, von Kalafat nach Kalla sich zu begeben, die Truppen der dortigen Gegend zusammenzuziehen, und dieselben für den Serasker von Rusdschuk zum Angriffe Giurgewo's bereit zu halten [3]). Nebst der zuvor unerhörten Vervielfältigung der Seraskere an der Donau, wurden einigen derselben noch andere Befehlshaber als Aufseher oder Hofcommissäre beygegeben; so wurde Esseid Hasan, der Ajan von Rusdschuk, welcher die zwischen dem vorigen Serasker Daghistanli Ali und seinem Herrn bestehende Zwietracht angegeben, und die Seraskerstelle für sich selbst gehofft hatte, mit drey Roßschweifen und dem Titel eines Befehlshabers von Rusdschuk angestellt [4]). Dem geschlagenen Serasker von Karaßu wurde der Tschauschbaschi Elhadsch Jsperaga beygegeben, und mit ihm dreytausend Schmahlsäbel, d. i. Freywillige, von Kainardsche nach Karaßu befehliget [5]). Als bald darauf der Versuch, Chirsowa den Russen zu entreißen [6]), durch General Suwarow vereitelt, und der Serasker von Karaßu abermahl geworfen ward, wurde der zu Hadschiköi stehende Daghistanli Alipascha abermahl zum Serasker ernannt [7]). Die Seraskere von Silistra und Karaßu, Osman und Daghistanli Alipascha, erhielten die Statthalterschaften von Rumili und Bosnien, der Befehlshaber von Silistra, Hasanpascha, die von Oczakow, sechzehnhundert fünfzig Beutel wurden zur Bestreitung der Kosten des Winterquartiers ins Lager gesandt [8]). Aber ehe die Russen ihre Winterquartiere bezogen, sann Romanzoff noch entscheidenden Schlag am rechten Donauufer und Fürst Dolgorucki ging bey Chirsowa über die Donau, General Ungern rückte von Babatagh gegen Karaßu vor. Sie vereinten sich zu Kara Murad [9]) und rückten gegen Karaßu vor, die Türken wurden geschlagen, die beyden dem Serasker beygegebenen Gehülfen, der Statthalter von Anatoli, Omer-

3. (14.)
Sept.
1773

13.Oct.

29.Oct.

[1]) Waßif II. S. 253 u. 265. [2]) Derselbe S. 266. [3]) Eben da. [4]) Derselbe S. 267. [5]) Derselbe 269. [6]) Eben da. [7]) Eben da. [8]) Derselbe S. 270. [9]) Busturun XVI. S. 148. Waßif II. S. 271. Österr. milit. Zeitschrift III. 9. Heft S. 63.

paſcha, und der Tſchauſchbaſchi Jsperaga, wurden gefangen ¹). Die
Ruſſen rückten gegen Baſardſchik vor, deſſen Einwohner ſich theils nach
Sunna, theils in den Balkan geflüchtet ²). Die ganze Beute wären
fünfzehn elende Kanonen und zwey Mörſer. Greiſe und Weiber, die
nicht ihr Heil in der Flucht gefunden, wurden getödtet, die mit dem
Leben davon kamen, mißhandelt und im Koth geſchleift; die Mannſchaft ſchleuderte Kinder mit den Köpfen gegen die Wand ³). Hier
vereinten ſich Ungern und Dolgorucki, jener wandte ſich dann links,
um Warna anzugreifen, dieſer zog gegen Schumna. Auf dieſe Nachricht wurde im Lager des Großweſirs, der unbeweglich zu Schumna, beſchloſſen, einen thätigen Mann abzuordnen, um die zerſtreuten Truppen
zu ſammeln und die Nachläſſigkeit des Seraskers zu verbeſſern. Der
eifrige Reis Efendi Abdurriſak both ſich ſelbſt dazu an, brach nach Kosli-
dſche auf, mit ihm Waßif und der Mufti von Philippopolis, Naßuh Efendi. Als ſie in die Nähe von Baſardſchik kamen, zogen ſich die Ruſſen in
ſolcher Eile zurück, daß Waßif die Keſſel mit halbgekochtem Fleiſche
am Feuer fand ⁴). Hier erhielt der Reis Efendi die Kunde, daß die
andere Abtheilung des ruſſiſchen Heeres unter General Ungern's Be- 21.Oct.
fehl Warna belagere ⁵). Vor Kasiköi, das eine halbe Stunde von ¹⁷⁷³
Warna, erſchienen die Ruſſen und griffen die Stadt von drey Seiten
an. Der Weſir Kelledſchi Osman, der Serasker des ſchwarzen Meeres, der mit ſeinem Geſchwader vor Morea lag, ſandte ſeinen Kiaja
mit ſechshundert Matroſen zur Vertheidigung der Bollwerke in die
Stadt, und ſperrte mit ſeinen Schiffen den Eingang ins Chriſtenviertel ⁶). General Reiſer ſtürmte auf dem rechten, der Prinz Anhalt-
Bernburg auf dem linken Flügel, aber da ſie weder Faſchinen noch
Leitern hatten, mußten ſie ſich zurückbegeben ⁷), mit dem Verluſte
von ſechs Kanonen, dreyhundert Todten und hundert Munitionswagen. Sie waren ſchon bis an das Chriſtenviertel vorgedrungen, als
ſie mit dem Verluſte von vier Kanonen zurückgeworfen wurden, und
ſich durch das Bollwerk des Woiwoden in die Vorſtadt retteten. Über
fünfzehnhundert Todte blieben auf dem Platze ⁸). Dolgorucki zog ſich
nach Karaßu und Babatagh ⁹), Ungern längs des Meeres über Bal-
dſchik, Kawarna, Mangalia nach Jsmail zurück ¹⁰).

Die Nachricht von der Niederlage zu Karaßu brachte zu Conſtantinopel ſo größere Bewegung im Miniſterium hervor, als der Sultan
ſchon ſeit einiger Zeit kränklich, und Niemand ſich ihm die Wahrheit
vorzubringen getraute. Endlich nahm es der Mufti auf ſich, ihm bey
der nächſten Aufwartung am kaiſerlichen Steigbügel den Bericht zu er- 11.
ſtatten. Dieſer Mufti war, ſeit dritthalb Monathen, Mohammed Molla, Nov.

---

¹) Waßif. Öſterr. milit. Zeitſchrift III. 9. Heft S. 98. ²) Waßif II. S. 272.
³) Öſterr. milit. Zeitſchrift III. 9. Heft S. 99. ⁴) Waßif II. S. 274. ⁵) Nach
Waßif am 4. Schaaban, d. i. 21. October. ⁶) Waßif II. S. 278. ⁷) Öſterr.
milit. Zeitſchrift S. 102. ⁸) Waßif II. S. 277. ⁹) Eben da. ¹⁰) Buturlin S. 150.

Vorsteher der Emire [1]), welcher seine Stelle einzig und allein seiner Gefälligkeit, sich in alle Absichten des Ministeriums zu schmiegen, dankte. Der kriegerische Mufti Mirsasade, welcher wider die Meinung der Ulema den Krieg unterstützt, taugte nicht mehr, als das Ministerium und der Sultan Frieden wünschten, die Ulema aber durchaus von keinem die Vorrechte des Chalifen und die Sicherheit des Reiches gefährdenden hören wollten. Die öffentliche Meinung berief zur Mufti-Stelle den verdienten Dürrisade, der dieselbe schon zweymahl bekleidet hatte,

21.Jul.
1773 aber er stand dem Ministerium nicht an, weil er ein Mann von Charakter, was besonders türkischen Ministern nicht genehm [2]). So wurde das Ehrenkleid dem Molla Mohammed angezogen, der erst jüngst durch ertheiltes Fetwa für die Hinrichtung Alibeg's von Ägypten gestimmt, welchem die übrigen Ulema entgegen. Als nun der gefügige und geschmiegige Mufti dem Sultan die Niederlage von Karaßu vortrug, entbrannte dieser durch seinen Krankheitszustand noch mehr aufgereizt vom größten Zorne, „er sey überdrüssig,“ schrie er, „der Art und Weise, wie von seinen Seraskern der Krieg geführt „werde, er wolle selbst nach Adrianopel aufbrechen.“ Noch in der Nacht ließ er den Kaimakam und den Reis Efendi wecken, und als ihm diese vorstellten, daß der Auszug des Sultans ins Feld nur im großen Diwan beschlossen werden könne, befahl er denselben auf den nächsten Tag. Die Ulema fielen dießmahl den Ministern bey, daß der Auszug des Sultans in den gegenwärtigen Umständen nicht räthlich [3]), so wurde denn derselbe bis auf die Wiedergenesung des Sultans vertagt. In diesen Tagen ereignete sich ein Todesfall, welcher dem ohnedieß von Astrologie und Aberglauben von Vorbedeutung ganz eingenommenen Sultan nicht minder zu Herzen gehen mochte, als weiland Selim II. und Murad III. unmittelbar vor ihrem Tode das im Bade Selim's ausgebrochene Feuer und das gebrochene Fenster des Köschkes im Serai. Es war der Hintritt des zwar einfältigen, aber wegen seiner Rechtlichkeit vom Sultan hochbetrauten Scheich Jansidschisade, des zweyten Bevollmächtigten auf dem Congresse zu Fokschan [4]). Sultan Mustafa überlebte denselben nicht viel länger als einen Monath, indem er nach sechswochentlichem asthmatischen Zustande, welchen die Ärzte theils für eine Wassersucht,

24.Dec. theils für einen Polyp am Herzen ausgaben, Freytags während des Ausrufes zum Mittagsgebethe verschied. Sultan Mustafa war, wie die Regierung desselben gezeigt, kein grausamer, aber ein höchst unglücklicher Herrscher, welchen seine Vorliebe für geheime Wissenschaften, für die Kabala der Moghrebi und die Astrologie der Ägypter nur noch mehr in dem Dünkel bestärkte, daß er im Besitze untrüglicher Weisheit und Regierungskunst. Wie er von König Friedrich, oben

---

[1]) Wassif II. S. 284 am 1. Dschemasiul-ewwel. [2]) Thugut's Bericht vom 3. Sept. 1773. [3]) Derselbe vom 17. Nov. 1773. [4]) Eben da.

erzählter Maßen, durch den Gesandten Resmi Ahmed einen Astrolo=
gen begehrt, so schickte er eine Gesandtschaft an den Herrscher von Ma=
rokko, von welchem er in einem besonderen Schreiben einen zeitkun=
digen Mann begehrte, „weil, wiewohl die Wissenschaft aller Geheim=
„nisse nur bey Gott dem Allerhöchsten, die Kenntniß der wahren Au=
„genblicke der Stunden des Tages und der Nacht doch gesetzmäßig er=
laubt" [1]. So verkehrt auch die Mittel, zu solcher Kentniß zu gelan=
gen, so lobenswerth ist an und für sich die Absicht, den für jedes Ge=
schäft günstigen Augenblick zu erkunden; eine der besten Regierungs=
maximen ist ganz gewiß der Spruch des griechischen Weisen: Kenne
die Zeit. Mustafa war ein Freund nicht nur der geheimen, sondern
auch der Gesetzwissenschaften, und im Fastenmonde mußten allnächtlich
Schriftgelehrte in seiner Gegenwart Texte des Korans auslegen, oder
Stellen der Überlieferung erläutern [2]. Für seinen Geschmack spricht
auch das von ihm erlernte Handwerk, indem jeder Sultan schon als
Prinz ein Handwerk lernet, um hierin der mohammedanischen Über=
lieferung gemäß dem Beyspiele der größten Herrscher der biblischen
Geschichte, David's und Salomon's, zu folgen, wovon jener Panzer
schmiedete, dieser Körbe flocht. So hatte Sultan Mustafa das Hand=
werk des Buchbinders gewählt, was ihn immer mehr empfiehlt als
seinen Vorfahr, Sultan Osman III., das von demselben gewählte
Handwerk des Pantoffelmachers [3]. Zu Skutari hatte er eine Moschee
zum Andenken seiner Mutter gebaut, und mit mehrern Stiftungen
versehen; an der Tulpenmoschee hatte er hohe Schule und Armenküche
gestiftet, die durch das Erdbeben verwüstete Moschee S. Moham=
med's II. ausgebessert, und vor dem neuen Thore ein neues Stadt=
viertel in der Länge von zwölftausend, in der Breite von sechstausend
Ellen angelegt [4]. Alles dieß tritt in den Hintergrund vor dem Ruine
des Reiches, den er durch seine Sucht selbst zu herrschen, ohne hiezu
Fähigkeit und Kraft zu besitzen, und durch den von ihm im Wider=
spruche mit den Ulema begonnenen russischen Krieg herbeygeführt. Ob
er, wie gleichzeitige Gesandtschaftsberichte und die Lebensbeschreibung
des Großwesirs Bahir Mustafapascha zu vermuthen einigen Grund
geben, seinen Bruder als gefürchteten Nebenbuhler in der Herrschaft
vergiftet, bleibt dahingestellt; auch ohne diesen Brudermord ein eben
so unglücklicher Herrscher, als seine beyden Vorfahren dieses Nahmens
und sein dritter Nachfolger, der vierte Sultan dieses Nahmens [5],
welcher, nachdem er durch Hinrichtung seines Oheims den Thron be=
stiegen, auf des Bruders Mahmud Blutbefehl erwürgt ward, der
letzte der zwölf thronbehauptenden oder als throngefährlich gefürchteten

---

[1] Waßif II. S. 280. [2] Derselbe S. 281. [3] Penkler's Bericht. [4] Waßif
II. S. 281. [5] Andréossy Constantinople et le Bosphore p. 5.

Mustafa '), welche in der osmanischen Geschichte dieses Nahmens Un=
glück bewähret haben.

Sultan Abdulhamid, der Sohn Ahmed's III., beym Tode seines
Vaters fünf Jahre alt, war durch die seitdem verflossenen drey und
vierzig in dem Käfig eingesperrt gewesen, ohne Talent, ohne Geschäfts=
erfahrung, ohne andere Kenntnisse von der Welt, als die er sich durch
die Lesung osmanischer Reichsgeschichte erworben, und daher im höch=
sten Grade aufgeblasen, ein Muster türkischer Unwissenheit und Ein=
bildung, übrigens ohne Charakter die Zügel der Herrschaft in schlaffen
Händen haltend. Nach der gewöhnlichen Huldigung bestätigte ein kaiser=
liches Handschreiben den Großwesir und alle Ämter der Herren des
Diwans, des Hofes, der Feder und des Schwertes, und das neue Sie=
gel wurde durch den Oberstkämmerer ins Lager gesandt ²). Am sechsten
Tage nach der Thronbesteigung hatte die Säbelumgürtung zu Ejub
Statt. Der Zug ging in der gewöhnlichen Ordnung nach dem Range
der Staats= und Hofämter, so daß zuerst die Officiere der Truppen,
dann die Ulema, hierauf die Pagen der Kammer und Staatssecretäre,
endlich die Ämter des Hofes; den Zug eröffnete der Tschausch Weg=
weiser, mit den zwey Polizeyofficieren, den Tschauschen der Sipahi und
Silihdare, denen des Diwans, den Belehnten, den Hof= und Staats=
fourieren, den zehn Secretären Mustermeistern der Janitscharen, der
sechs Rotten der berittenen Fahnenwache, den Kanonieren, Zeugwarte,
Stuckfuhrleute, der beyden Generale der letzten (die anderen im Felde
abwesend), der Intendent des Arsenales mit seinen Leuten, die Offi=
ciere der Janitscharen, Sipahi und Silihdare, hierauf die Ulema,
nähmlich: die Professoren der hohen Schule, die Scheiche, die Pre=
diger der Moscheen, deren erste die von zwölf kaiserlichen nach
ihrem Range, die Molla, d. i. die großen Richter; die Herren des
Diwans, nähmlich die Präsidenten der acht und zwanzig Kanzleyen
der Kammer und der Intendenten, die drey Defterdare und der
Staatssecretär für den Nahmenszug des Sultans, der Richter von
Constantinopel, die Vorsteher der Emire, die beyden Oberstland=
richter, der Kapudanpascha, von den Capitänen der Flotte umge=
ben, die beyden ersten Officiere der Tschausche, nähmlich der Se=
cretär und Intendent, die Unterstaatssecretäre der Staatskanzley,
nähmlich der Cabinetssecretär des Großwesirs, die beyden Bittschrift=
meister, die drey Pfortenminister des Äußeren, Inneren und der
Reichsmarschall, Kaimakam und Mufti, endlich die Hofämter: der er=
ste und zweyte Oberststallmeister, zwölf kaiserliche Handpferde mit Fe=
derbuschen, Schilden und Säbeln reich geziemirt. Die Officiere der
Leibwachen des Bogens, der Lanze und des Gartens, der Sultan
selbst von den Federbuschen der Bogner umschattet, von den glänzen=

---

¹) S. das Register. ²) Thugut's Bericht vom 6. Januar 1774.

den Helmen der Lanzner umstrahlet, die Halter des Steigbügels, des
Schwertes, des Kopfbundes, der Gießkanne, das Oberhaupt der
schwarzen Verschnittenen mit seinen Secretären; acht Maulthiere mit
dreyßig Beuteln Geldes beladen, aus denen der Schatzmeister Geld
auswarf, die kaiserliche Capelle mit vier Pauken auf Kamehlen, der
Wagen des Sultans von sechs Pferden gezogen, die Sänfte desselben
von vier Maulthieren getragen. Es war das erste Mahl, daß das gewöhnliche Thronbesteigungsgeschenk unterblieb, weil die Cassen des
Staates durch den Krieg erschöpft, wiewohl in dieselben noch unlängst
beträchtliche Zuflüsse von Erbschaften geflossen. Ebuseheb hatte in Ägypten von der Verlassenschaft Alibeg's viertausend Beutel eingesendet; der
unlängst verstorbene vorige Großwesir Moldowandschi hatte fünfzehnhundert Beutel hinterlassen. Unter der Habe des bey Karaßu in russische
Gefangenschaft gerathenen Omerpascha und des Tschauschbaschi Jsper
fanden sich zweytausend Beutel mit dem unverletzten Siegel des Sultans, wie dieselben ihnen aus dem Schatze zur Bestreitung des An-
kaufes von Lebensmitteln ausgeliefert worden waren [1]. Scheich Tahir
von Akka both jährliche siebentausend Beutel, wenn Akka und Saida
ihm und seinen Söhnen als erbliche Statthalterschaft überlassen würden, auch Kelledschi Omerpascha, der Serasker des schwarzen Meeres,
welcher zu Warna verstorben, hatte ansehnliches Vermögen hinterlassen. [2] Alles war gespannt, welcher von den beyden Schwägern des
Sultans, der Kaimakampascha Melek Mohammed, oder der Großwesir Muhsinsade, durch die Hand seiner Gemahlinn den größeren Einfluß behaupten werde. Aasime, die Gemahlinn des Großwesirs, und
Seineb, die des Kaimakams, beyde Schwestern des Sultans, von
derselben Mutter, waren durch Feindschaft schon lange entzweyt. Der
Reis Efendi Jsmail, welcher, um sich auf seinem Posten zu erhalten,
selbst ansehnliche Summen geopfert versöhnte dieselben durch eine
Summe Geldes, welche Seineb, die jüngere, der älteren zahlen
mußte, deren Einfluß durch die ihr zugewandte Vorliebe des
Sultans sie bald als die herrschende zeigte. Die merkwürdigen Ver-
änderungen waren die des Mufti Scherissade Molla Mohammed,
an dessen Stelle zum dritten Mahle Dürrisade zur ersten Würde des
Gesetzes erhoben ward, doch erlaubte ihm sein hohes Alter nicht, lange
derselben vorzustehen, und Jahja Efendi, der Sohn des Großwesirs
Auf Mohammedpascha, ward Scheich des Jslams [3]. Der Kaimakam
Melek Mohammed wurde durch den vorwiegenden Einfluß des Großwe-
sirs als Kapudanpascha von der Pforte entfernt, und der Agapascha der
Janitscharen, der wegen seiner Strenge der Brunnengräber betitelte
Suleimanpascha, zum Kaimakam ernannt [4], einige Wochen darauf

27.
Feb.
1774

[1] Thugut's Bericht von 18. Dec. 1773. [2] Seine Biographie in Wassif II.
S. 292. [3] Derselbe S. 285 u. 286. [4] Derselbe S. 283.

aber erhielt diese Stelle der aus dem Lager des Großwesirs zurückge=
kommene Abdullahpascha [1]). Der Nischandschibaschi Ibrahim und der
Tschauschbaschi Abdulkerim, derselbe, welcher den Waffenstillstand mit
Romanzoff unterhandelt hatte, und nach geschlossenem Frieden als
Bothschafter nach Petersburg ging (beyde Geschöpfe des Reis Efendi
Ismail) wurden abgesetzt, Laleli Mohammed Efendi zum Tschausch=
baschi, und bald hernach zum Minister des Inneren am kaiserlichen
Steigbügel, der Sohn des Großwesirs Kabakulak, der Rechnungsprä=
sident Jegeni Suleimanbeg, mit dem Range eines zweyten Defterdars
zur Kündigung der Thronbesteigung als Gesandter nach Wien er=
nannt [2]). Der hergebrachte Gebrauch will, daß nach jeder Thronbestei=
gung auch der Hofarzt geändert werde, und diesem Gebrauche zu Fol=
ge wurde der vorige Leibarzt Mohammed Aarif mit dem Range eines
Richters von Adrianopel den großen Molla zugezählt, und ein ande=
rer, Mohammed, trat als Reis der Ärzte ein [3]). Der Reis der Astro=
nomen, Chalil Efendi, war unlängst gestorben, und der zweyte Astronom
in seine Stelle vorgerückt [4]) und Musasade Efendi, dessen Kunde in
der Astrologie sich mit der Ebu Maascher's von Balch messen konnte,
an seine Stelle ernannt worden [5]), auch der Pfortendolmetsch wurde
geändert, und statt Scarlat Karadscha Aleco, Ypsilanti, ein durch
seine Rechtlichkeit bekannter Mann, dazu ernannt.

Am zehnten Tage nach seiner Thronbesteigung wohnte der Sul=
tan den Waffenübungen der Kanoniere und Bombardiere an den süßen
Wassern bey, wobey sich besonders Tott's Zöglinge, die Schnellfeu=
rer, auszeichneten. Ihrem Lehrmeister Tott wurde die Zufriedenheit
des Sultans durch ein mäßiges Säckchen von Ducaten zu erkennen
gegeben [6]). Ein Paar Wochen darnach besuchte er das Serai von Ga=
lata, wo er sechs Stunden lang den Übungen der Zöglinge im Rei=
ten und Dschiridwerfen beywohnte [8]); auch befahl er, daß der Di=
wan, welcher in der jüngsten Zeit unter Sultan Mustafa fast gänzlich
vernachlässiget worden, wieder regelmäßig zweymahl die Woche ge=
halten werde. Mehr als in diesen sparsamen Äußerungen überwachen=
der Aufsicht, sprach sich Abdulhamid's Regierungsgeist, oder vielmehr
der gänzliche Mangel desselben, in den schriftlichen Entschließungen
aus, die er auf den, vom preußischen Gesandten neuerdings in Vor=
schlag gebrachten Friedensplan gab. Hr. von Zegelin, voll sanguini=
scher Ansichten und Hoffnungen, hatte sich geschmeichelt, die Türken
durch einen Plan, vermög dessen Rußland den Frieden bloß gegen die
Schleifung Kilburun's gewähren würde, zur Annahme desselben zu
bewegen [7]). Dieser vom Großwesir und den Pfortenministern begut=

[1]) Thugut's Bericht vom 4. April. [2]) Waßif II. S. 283. Sein Beglaubi=
gungsschreiben im H. Arch. [3]) Waßif II. S. 395. [4]) Derselbe S. 248. [5]) Eben
da. [6]) Thugut's Bericht vom Febr. 1774. [7]) Derselbe vom 2. Febr. [8]) Waßif II.
S. 291.

achtete Vorschlag ward dem Sultan zu Entscheidung vorgelegt. Er
schrieb darauf: „Ich gedenke, auf dergleichen Vorschläge gar keine
„Antwort zu geben, und was für eine Antwort soll denn hierauf zu er=
„theilen seyn" [1])? Der Kaimakam und der Reis Efendi Ismail tru=
gen abermahls vor, daß eine mit den Grundgesetzen der Religion über=
einstimmende Antwort gegeben werden möge. Da der Sultan hierauf
gar nichts weiter entschloß, ging der Vortrag abermahls an den Groß=
wesir zurück, der darüber an Feldmarschall Romanzoff schrieb, aber
von diesem zur Antwort erhielt, daß er von diesem Plane nicht das
Geringste wisse [2]). Bald darauf wurde der Reis Efendi des kaiserlichen
Steigbügels, der aus den geheimen nächtlichen Unterredungen mit
Thugut und Zegelin schon bekannte Ismail Raif, von der Staatskanz=
ley zum Directorium der Buchhaltereyen übersetzt, und Reis Efendi
ward Ridschaji Mohammed, welcher diese Stelle schon früher zwey=
mahl begleitet hatte. Osman Efendi der Defterdar wurde als Statt=
halter von Trapezunt entfernt, und nur mit Mühe gelang es ihm spä=
ter, die Bestimmung nach Trapezunt mit der nach Stanchio zu ver=
tauschen [3]). Zugleich fiel der Kislaraga, welcher Miene gemacht, sich
wieder in die Pfortengeschäfte mischen zu wollen, wovon seit der Hin=
richtung des letzten übermächtigen Kislaraga unter S. Mahmud keine
Rede gewesen; er wurde nach Ägypten, dem irdischen Paradiese, das
abgesetzten Groß = Eunuchen eine Hölle dünket, verwiesen. Ridschaji
Efendi hatte so schwaches Gedächtniß, daß er, ehe er noch zum Ende
seiner Rede gekommen, den Anfang vergessen hatte; nach vier Wochen
ward der Reis Efendi Ridschaji Tschauschbaschi und Ismail Raif
abermahl in seine vorige Stelle eingesetzt [4]). Auf sein Begehren wur=
de ihm der Nischandschi in Berathung der Staatsgeschäfte beygegeben,
so daß dieselben in den Händen dieser beyden und des Kaimakams.
Durch den Tod der Sultaninn Seineb, der Gemahlinn des vorigen 25. May
Kaimakams, flossen eilftausend Beutel in den Schatz des Sultans. 1774
Mit dem Ergebnisse dieser Summe ging der Oberststallmeister Hadschi
Mustafa ins Lager des Großwesirs und an die beyden Seraskere von
Nicopolis und Rusdschuk ab, jener war Iset Ahmed und dieser Hasan
von Algier, welcher noch zu Ende der Regierung S. Mustafa's III. mit
einem Aushülfsgehalte von fünf und siebzigtausend Piastern von den
Dardanellen als Serasker nach Rusdschuk übersetzt worden war [5]).
Außer diesen beyden Seraskeren von Widdin und Rusdschuk befehligte
der Reis Efendi des Lagers Abdurrisak eine Abtheilung des Heeres
zu Babatagh, und der Großwesir selbst stand unbeweglich zu Schum=
na; dort war ein russischer Officier mit Glückwünschungsschreiben zur
Thronbesteigung Abdulhamid's und Friedensworten erschienen, und

---

[1]) Wörtlich so in Thugut's Bericht. [2]) Wassif II. S. 292. [3]) Thugut's Be=
richt vom 6. März. [4]) Eben da, vom 2. April. [5]) Wassif II. S. 289, und
Geschichte Dschefairli Hasanpascha's.

Hr. von Romanzoff schrieb an die Gesandten Österreich's und Preußen's, daß, zur Wiederaufnahme der Unterhandlungen ermächtigt, er
dem Großweſir vorgeschlagen, die beym Bruche der Friedensunterhandlungen von Bukarest unterzeichneten Artikel als Grundlage anzunehmen [1]). Thugut und Zegelin, beyde unermüdet im Anbothe ihrer
freundschaftlichen Einschreitungen, welche Romanzoff und Obreskoff
durch fortgesetzten Schreibenwechſel wenigſtens dem Scheine nach in
Anspruch nahmen, bothen sich an, Dolmetsche ins Lager des Großweſirs zu senden, aber ein Schreiben deſſelben lehnte deſſen Antrag unter dem Vorwande der nächſten Eröffnung des Feldzuges ab [2]). Im
Lager des Großweſirs erschien hingegen von Seite der pohlischen Con-
förderirten der pohliſche Edelmann Koſakowsky mit zwey Officieren
und der Nachricht, daß Pulawski auf dem Wege ins Lager. Der Großweſir ſandte ſie nach Conſtantinopel, wo ſie kein Gehör fanden, und
wo sogar der französiſche Bothschafter, der bisherige Beschützer derſelben an der Pforte, ſie zu ſehen vermied. Fürſt Radziwil meldete von
Raguſa aus, daß er auf dem Wege nach Conſtantinopel [3]). Sie hofften
vergebens von der Pforte als Geſandte der Republik anerkannt zu
werden, wie der auf Koſten Sachſen's mit Geschenken nach Conſtantinopel gesandte Marschall der Conföderation, Czerni, noch bey
Ausbruch des Krieges anerkannt worden war [4]). Pulawski rettete sich
später bey dem Aufbruche des türkiſchen Lagers nach Adrianopel, von
wo er nach Rodoſto verwiesen ward [5]), dem osmanischen Löschhorn
glimmender Reſte ungariſchen und pohlischen Freyheitsschwindels, welchen aber Pulawski hier nicht, wie vor ihm Rákóczy in unnützen Bittschriften und Vorschlägen verhauchend, kampfluſtig nach Amerika trug.
Der Vorſtellungen Thugut's und Zegelin's, daß die Pforte den leeren Vorspiegelungen dieser pohlischen Edelleute kein Gehör geben
möge, bedurfte es kaum, da dieselbe ohnedieß einzig und allein auf
Erwirkung des Friedens bedacht war. Der Sultan, der Großweſir,
das Heer, die Miniſter wünschten Frieden um jeden Preis, nur die
Ulema beharrten ſtandhaft darauf, daß ein durch die Abtretung moslimischer Feſtungen von Kertsch und Jenikalaa wider die Grundſätze
des Islams und die Sicherheit des Reiches ſtreitender Friede nicht bewilliget werden könne, und ſo wurde der fünfte Feldzug eröffnet.
    Hälfte Aprils wurden die Roßschweife im Lager zu Adrianopel
mit besonderer Feyerlichkeit, der Ablesung eines Hymnus auf die Geburt des Propheten und eines Theiles der Überlieferung Buchara's,
ausgeſteckt [6]). Der Reis Efendi Abdurriſak wurde mit ſeiner Truppen-
abtheilung gegen Chirſowa befehliget [7]). Neili Ahmedaga ward mit

[1]) Lettre du Feldmaréchal C. Romanzoff à l'Internonce 29. Avril (10. May) 1773.
Thugut's Antwort vom 7. Jun. 1773. [2]) Die Übersetzung des Schreibens vom
6. Rebiul-ewwel 1188, bey Thugut's Bericht vom 3. Jun. 1774. [3]) Thugut's
Bericht vom Junius 1774. [4]) Ferrand hist. des trois démembrements de la
Pologne I. p. 327. [5]) Thugut's Bericht, und Ferrand II. p. 246. [6]) Waſſif II.
294. Enweri Bl. 117. [7]) Waſſif II. S. 294.

drey Roßschweifen zu Adrianopel aufgestellt, um den Ausreißern vom Lager den Weg zu hemmen [1]; Mohammedpascha Jspanakdschi, d. i. der Spinatverkäufer, setzte mit siebentausend Mann' aus Asien über den Canal [2]. Von dem Archipel sandte Osmanpascha (der vormahlige Unterhändler von Fokschan) aus Stanchio die frohe Nachricht ein, daß er einige Schiffe, die zu Bodrun (Halicarnassus) landen wollten, mit dem Verluste von dreyhundert Russen zurückgeschlagen [3]; dieß war der zweyte Versuch Orloff's einer Landung auf Bodrun, deren erster voriges Jahr noch weit unglücklicher für die Russen ausgefallen, so daß sie sieben Kanonen, hundert Centner Pulver, vieles Gepäck zurücklassen mußten, und ein Paar tausend Mann verloren [4]. Die kurze Freude über die vereitelte Landung auf Bodrun war bald vermindert durch die Nachrichten der Niederlagen an der Donau, die sich Schlag auf Schlag folgten. General Kamensky schlug den Vortrab des Reis Efendi von Basardschik zurück, vereinigte sich mit Su=　8. (16.) warow zu Uschenli, und griff am folgenden Tage die Türken, fünf Jun. und zwanzig tausend Mann stark, in ihrem Lager zu Koslidsche an, 1774 welches mit neun und zwanzig Kanonen erbeutet, der Kämmerer Turachanaga gefangen genommen ward [5]. Eine von den großen Sturmkanonen, welche die Russen voriges Jahr zur Belagerung Silistra's mitgeschleppt, fiel in die Hände der Türken, weil die russischen Fußknechte die Stricke abgeschnitten, und auf den Pferden davon ritten, wovon Waßif "mit tausend Anderen" Augenzeuge. Die Dummheit und Feigheit der Türken war so groß, daß sie dieß für ein durch List abgekartetes Spiel, und von den Russen die Kanone erkauft wähnten, deren Eroberung sie ihrer eigenen Tapferkeit nicht zugetraut [6]. Der Reis Efendi, der mit Bachtgirai gegen Koslidsche eilte, begegnete den Janitscharen, die in Haufen umkehrten: "Cameraden," redete er sie an, "warum kehrt ihr vom heiligen Kampfe um?" — "Wir schaffen un= "sere Verwundeten fort." — "Dazu genügen ja zwey, und es braucht nicht "ein Geleite von fünfzig für Einen Verwundeten; die Übrigen sollen zu= "rückkehren, sehet, ich ziehe mit euch, an euerer Spitze." — "Du hast "leicht reden, du bist zu Pferde und wir zu Fuß, du sprengst bey der ersten "Gelegenheit davon." — "Da sey Gott dafür, wenn ihr wollt, gehe ich mit "euch zu Fuß zurück." Da endete dieses Gespräch eine abgefeuerte Flinte, und statt weiterer Worte feuerten sie auf den Reis Efendi, der nun wirklich davon sprengte, und dem einige seiner Leute getödtet wurden. Ein Theil der von Koslidsche entrinnenden Truppen des im Kampfe verwundeten Abdullahpascha flüchteten über den Balkan nach Karinabad, und brachte die Nachricht der Niederlage ins Lager. Gleich darauf traf die vom Serasker Daghistanli Ali eingesandte Kunde ein, daß 25.Jun. der Feind von Koslidsche im Marsche gegen Schumna, bereits zu Je= 1774 nibasar eingetroffen sey. Im Lager befanden sich nicht mehr als acht=

---

[1] Thugut's Bericht vom Junius 1774. [2] Eben da. [3] Eben da. [4] Waßif II.369 sagt 5000. [5] Buturlin XVI. S. 154. Waßif II. S. 296 u. 297. [6] Derselbe S. 298.

taufend Mann, man beschloß, sich in den Verschanzungen zu verthei=
digen, Daghistanli Alipascha, der auch ins Lager gekommen, wurde
zum Anführer der Scharmützler [1] ernannt. Der Reis Efendi Abdur=
risak, dessen Reiterey zu Koslidsche zuerst das Reißaus genommen [2],
suchte den Muth der Truppen und der Bewohner Schumna's anzu=
feuern. Es war zwischen den Truppen und den Bewohnern Schumna's
schon früher die Übereinkunft getroffen worden, daß diese die Stadt ge=
meinsam mit den Truppen vertheidigen, und ihre Weiber und Kinder nicht
entfernen würden, und es war das schärfste Verboth wider alle Flücht=
linge ergangen; da führte der Secretär des Kiajabeg, Nushet Efendi,
sein Weib, das er aus der Stadt zu schaffen wünschte, in Manns=
kleidern mit sich zum Thore hinaus. Ihr Gang erregte Verdacht, daß sie
verkleidetes Weib; sie wird in das Gemach oder das Thor gebracht,
und die Wahrheit kommt zum Vorschein. Sogleich sind alle Säbel in
der Luft, und der Secretär und sein Weib werden niedergehauen.
In der Todesangst hatte der Secretär, um sich durch das Ansehen
des Reis Efendi zu retten, geschrien: er sey ein Diener, dieses Weib
eine Sclavinn des Reis Efendi; deßhalb beschlossen die Mörder nun
den Reis Efendi selbst aufzusuchen. Der Schreiber des Großprofoßen
gibt ihm Kunde von dem, was vorgeht, und er flüchtet sogleich ins
Zelt der heiligen Fahne. Indessen stürzen die Meuterer ins Zelt des
Reis Efendi, plündern dasselbe, und als sie vernehmen, er habe sich
zur heiligen Fahne geflüchtet, wollen sie ihn derselben entreißen. In=
dessen hatte der Großwesir tausend Arnauten vor derselben aufgestellt,
deren gespannte Röhre den Haufen zurückscheuchten [3]; der Reis Efendi
entkam durch Hülfe der Generale der Reiterey. Als die Nachricht die=
ses Vorfalls zu Constantinopel eintraf, ging dem Reis Efendi Befehl
zu, in Scherköi zu bleiben; er war aber schon indessen nach Constan=
tinopel gekommen, und insgeheim in seinem Landhause im Canal ab=
gestiegen. Der Sultan wollte ihn sogleich hinrichten lassen, nur auf
Fürbitte wurde er nach Kutahije ins Gefängniß gebracht, sein Bruder
Aaschir Efendi nach Brusa verwiesen [4]. Während der Reis Efendi
nach Constantinopel geflüchtet, war Kamensky von Jenibasar gegen
Schumna bis auf Kanonenschußweite herangerückt. Da der Großwesir
unbeweglich hinter den Verschanzungen, beschloß er, durch seine Be=
wegungen denselben von der Straße Constantinopel's abzuschneiden [5].
Während drey Tagen dehnte er seinen linken Flügel auf den Höhen
aus, welche Schumna gegen Jenibasar beherrschen. Eine Truppenab=
abtheilung, vom General Saborowsky befehliget, schlug den vormah=
ligen Segbanbaschi [6], Jusufpascha, der bey Tschalikawak im Balkan
den Paß nach Constantinopel vertheidigen sollte. Am siebenten Tage

26.Jun
a. St.
7. Jul.

3. (14.)
Jul.
1774

---

[1] Wassif II. S. 300 [2] Thugut's Bericht. [3] Wassif II. S. 301. [4] Thu=
gut's Bericht vom 30. Jun. 1774. [1] Buturlin in der Petersburger Zeitschrift
XVI. S. 156. [5] Wassif II. S. 305.

nach der Erſcheinung Kamensky's vor Schumna theilte er ſein Heer in
drey Lager, die den Raum zwiſchen Bulanik (auf der Straße von
Jenibaſar nach Schumna) und Kaſanlar (auf der Straße von Schumna
nach Parawadi) füllten¹). General Miloradowitſch ging mit zwey Re=
gimentern über den Bach, der aus Schumna in den Kamtſchi ſich er=
gießt. Am vierzehnten Julius, am Jahrestage des erſten Friedens
Oſterreich's mit der Türkey und der zweyten Erſcheinung der Türken
vor Wien, war der Großweſir zu Schumna von den Ruſſen einge=
ſchloſſen, und ſie ſtanden das erſte Mahl am Kamtſchi, d. i. dem Pa=
miſus, dem Gränzfluſſe des byzantiniſchen Reiches im vierzehnten
Jahrhunderte, welcher in vielen Windungen die Thäler des Hämus
durchgeißelt.

Sogleich nach der Schlacht von Koſlidſche hatten Romanzoff und
Orloff an den preußiſchen Miniſter, Hrn. von Zegelin, geſchrieben,
daß der Feldmarſchall durch des Großweſirs eigene Weiſung ſich ver=
anlaßt geſehen, als Präliminarien vorzuſchlagen: daß in Betreff der
Tataren nichts gefordert werden ſolle, was mit der Religion des Is=
lams unverträglich, daß als Erſaz der Zurückſtellung ſo vieler Er=
oberungen Kilburun, Oczakow, Kertſch und Jenikalaa abgetreten wer=
den ſollen, daß der Großweſir aber dieſen Vorſchlag verworfen²). Als
die Ruſſen aber vor Schumna und das Heer des Großweſirs nach al=
len Seiten ausriß, und die Noth am höchſten, wurde vom Großweſir
auf das eiligſte ein ruſſiſcher Dolmetſch, der ſich beym Vorſteher der
Reiter=Controlle³) im Lager als Gaſt befand, zum Großweſir beru=
fen, um das lezte Schreiben des Feldmarſchalls zu dolmetſchen, denn
der Pfortendolmetſch des Lagers war mit den meiſten Unterſtaats=
ſecretären verſchwunden, deren einige ſich gegen Karinabad und
andere gegen Adrianopel geflüchtet hatten⁴). Es war nicht mehr an der Zeit,
des Feldmarſchalls Antrag, wie bisher Viele gethan, für Scherz und
Poſſen⁵) zu erklären, und denſelben unüberſezt zu laſſen; deßhalb
wurde ſogleich beym erſten Erſcheinen Jemand an den Feldmarſchall
geſandt, um Waffenſtillſtand zu erhalten. Zugleich wurden die durch
Flucht der Beamten erledigten Ämter der kaiſerlichen Staatskanzley
beſezt, der neue Gehülfe des Cabinetsſecretärs des Großweſirs,
Nahifi Efendi, ward Beglikdſchi (Kanzler), an ſeine Stelle trat Berri
Efendi als Hauptgehülfe; Schehri Efendi, der Eidam Halim's, ward
zum Secretär des Kiajabeg ernannt⁶). Als die Antwort des Feldmar=
ſchalls den Waffenſtillſtand verweigerte, und die Sendung von Bevoll=
mächtigten begehrte, berief der Großweſir den Reis Efendi Munib
(welcher dieſer Stelle ſeit Abdurriſak's Flucht vorſtand), um ihn als
Bevollmächtigten zum Feldmarſchall zu ſenden. Der Reis Efendi ver=

---

¹) Buturlin S. 157. ²) Romanzoff's und Obreskoff's Schreiben vom 8.
(20.) Junius beym Berichte Thugut's. ³) Waßif II. S. 304. ⁴) Derſelbe S. 303.
⁵) Waßif II. S. 304. ⁶) Derſelbe 305.

bath sich's, allein zu gehen; deßhalb wurde dem Kiajabeg Resmi Ah=
med der Rang eines Nischandschi verliehen, derselbe zum ersten, der
Reis Efendi zum zweyten Bevollmächtigten ernannt. Dem versam=
melten Diwan wurde alles dieß vorgestellt, und nachdem Alle die
Abreise der Bevollmächtigten auch ohne Waffenstillstand, und den
Frieden, wie er immer abgeschlossen werden möge, für das größte
Gut erkannt, gab der um gesetzliche Entscheidung befragte Lagerrich=
ter Muftisade Ahmed Efendi den Ausspruch, daß, wenn es möglich,
den vormahls dem Reis Efendi Abdurrisak angetragenen Frieden zu
erhalten, denselben abzuschließen gesetzlich erlaubt sey. Die zwey Be=
vollmächtigten reisten aus dem Lager des Großwesirs in das des Feld=
marschalls nach Kainardsche ab, und der Mustermeister der Janitscha=
ren, Laleli Mustafa, ging mit einer von allen Ministern und Gene=
ralen der Truppen unterfertigten allgemeinen Bittschrift [1]) und Dar=
stellung der Begebenheiten an den kaiserlichen Steigbügel ab. Am
sechzehnten Julius traten die Minister des Inneren und Äußeren, der
Kiajabeg und Reis Efendi, mit dem Fürsten von Repnin, als russi=
schem Bevollmächtigten, in vierstündige Unterredung zusammen, und
schon am folgenden Tage wurde der Friede vollends zu Stande ge=
bracht [2]). Die russische Unterschrift wurde aber vorsätzlich erst auf vier
Tage hernach, auf den ein und zwanzigsten Julius, das ist auf den
Tag des Pruther Friedens, angesetzt, damit das Andenken des für
Rußland unrühmlichsten türkischen Friedens durch die Glorie des
rühmlichsten am selben Tage vergütet sey; aus gleicher Absicht war
von Romanzoff zum Congreßorte Kainardsche bestimmt worden, als
der Ort, wo der tapfere General Weißmann in dem hier von den Tür=
ken verlorenen Treffen gefallen, um das Blut desselben und seiner
Waffenbrüder durch den Ruhm des Friedens auf dem Orte, wo sie
fielen, zu sühnen. Eines der auffallendsten und belehrendsten Beyspie=
le, wie wenig Zeit und Ort dem Geschichtschreiber gleichgültig seyn
dürfen; selbst dort, wo der Zusammenhang des Übereintreffens der
Tage nicht geschichtlich erweisbar, wie hier. Der Friede von Kainard=
sche ward am dreymahl siebenten Julius, nach siebenstündiger Erör=
terung in viermahl sieben kundgemachten Artikeln zu Stande gebracht;
zwey geheime betrafen die Entrichtung von vier Millionen Rubel und
die schleunigste Räumung des Archipels. Von dem ersten dieser beyden
Artikel meldet der erste Bevollmächtigte, der Minister des Inneren,
Resmi Ahmed, in dem Ausbunde seiner Betrachtungen über diesen
Krieg nur so viel [3]), daß der Großwesir die Bevollmächtigten anfangs
zwanzigtausend Rubel anzutragen, und dann bis vierzigtausend zuzu=
gestehen ermächtiget habe. Durch die kundgemachten Artikel war die
schon auf dem Congresse von Fokschan und Bukarest fest behauptete

17.Jul.
1774

[1]) Wassif II. S. 303. [2]) Derselbe S. 306. Essais de Géographie, Neufchatel 1794, p. 301. [3]) Resmi Ahmed p. 242. Schöll XVI. p. 434 und 435.

Freyheit der Tataren der Krim, Beſſarabien's und am Kuban, mit
Ausnahme der religiöſen Abhängigkeit des Islams, die Zurückſtellung
ihrer eroberten Länder, mit Ausnahme der Häfen von Kertſch und Jenikalaa, die Zurückſtellung aller Eroberungen Rußland's in der Moldau, Walachey, Beſſarabien, Georgien, Mingrelien, und im Archipel mit Ausnahme der beyden Kabarta, Aſſow's und Kilburun's, die
Freyheit aller Gefangenen feſtgeſetzt; die freye Schifffahrt auf dem
ſchwarzen und weißen Meere, die größte Begünſtigung des Handels,
die Sicherheit aller Reiſenden, und insbeſondere der Pilger nach Jeruſalem, die ehrenvollſte Behandlung der Geſandten, Conſuln und
Dolmetſche bedingt; die glimpflichere Verwaltung der Walachey und
Moldau durch zehn beſondere Bedingniſſe ſicher geſtellt; der Kaiſerinn
von Rußland der Titel Padiſchah; die Erbauung einer ruſſiſchen Kirche zu Pera und das Schutzrecht der chriſtlichen Religion und ihrer
Kirchen zuerkannt; endlich ſoll von allen früheren mit der Pforte abgeſchloſſenen Verträgen nur der einzige Abgränzungsvertrag von Aſſow
vom Jahre ſiebzehnhundert in voller Gültigkeit bleiben, alle anderen
aber, nahmentlich der von Belgrad, aufgehoben und vernichtet, der
von Kainardſche die Grundlage aller künftigen Verhältniſſe der beyden
Reiche ſeyn. Von Pohlen, der Haupturſache des Krieges, keine Syl-
be im Frieden [1]).

An dem Schluſſe der ſechſten Periode, welche dieſe Geſchichte
durchlaufen hat, bey dem ſo merkwürdigen Abſchnitte des Friedens
von Kainardſche, über welchen der erſte osmaniſche Bevollmächtigte
deſſelben einen Ausbund von Betrachtungen geſchrieben, mögen die
folgenden über den letzten Zeitraum und den Schlußſtein deſſelben,
den Frieden von Kainardſche, an ihrer Stelle ſeyn. Wiewohl der
Friede von Carlowicz die Macht des osmaniſchen Reiches, als eines
erobernden, in Europa für immer gebrochen, und das bis hieher und
n i ch t w e i t e r geſetzt, ſo haben wir doch noch in dieſem Zeitraume augenblickliche Vergrößerungen deſſelben in Aſien durch den perſiſchen
Theilungstractat, und zwey für daſſelbe nicht unvortheilhafte Frie-
densſchlüſſe, nähmlich den vom Pruth und von Belgrad, geſehen.
Von den ſechs Regierungen, welche dieſen Zeitraum füllen, iſt die erſte
und letzte, die des zweyten und dritten Muſtafa, eine höchſt unglückliche, jene durch den großen Aufruhr, welcher ihn vom Throne geſtürzt, dieſe durch den unglücklichen Krieg und unglücklicheren Frieden
von Kainardſche. Osman III. und Abdulhamid figuriren in dieſem
Zeitraume nur als Schatten, aber S. Ahmed's III. und S. Mahmud's I.
Regierungen biethen viele löbliche Seiten durch nützliche Einrichtungen
der Sittigung und Bildung dar, und die beyden Großweſire: Ibrahim, welcher ſtatt S. Ahmed's III. herrſchte, und Raghib, die letzte

[1]) Ferrand II. p. 249.

Säule des sinkenden Reiches, werfen als Leuchtthürme gebildeter
Staatsklugheit helles und erfreuliches Licht auf die dunklen Wogen
osmanischer Herrschaft zu ihrer Zeit. Die Ausbildung osmanischer
Pfortenminister, wie der Reis Efendi Mustafa, welcher seine
politische Laufbahn als Gesandter zu Wien, und der Großwesir
Mohammed Said, welcher dieselbe als Gesandter zu Petersburg und
Stockholm begonnen; die nicht ohne Erfolg gebliebenen Bearbeitungen
von Schutzwerbern, wie Ráḱóczy und Bonneval, von erleuchteten und
geschickten Ministern, wie Villeneufve, Porter, Obreskoff, Penkler
und Thugut; die Errichtung der Druckerey durch den ehemahligen
Gesandten in Frankreich, Mohammed den Acht und Zwanziger, mittelst
des ungarischen Renegaten Ibrahim; die Verbesserung osmanischen
Geschütz= und Geniewesens durch den Sohn des ungarischen Rebellen
Tott, das schwedische Schutzbündniß, die französische Vermittlung
beym Theilungsvertrage Persien's zwischen der Pforte und Rußland,
die Aufhetzung von Seite Frankreich's zum russischen Kriege, aus dem
Grunde des Schutzes pohlischer Freyheit, der von S. Mustafa an
Österreich zuerst gemachte Antrag einer Theilung Pohlen's, der öster=
reichische Subsidientractat sind sprechende Belege von der mächtigen Ein=
wirkung europäischer Diplomatie, welche vom Anfange des achtzehn=
ten Jahrhundertes an durch diesen ganzen Zeitraum ihr: es werde
Licht, in die Finsterniß des osmanischen Regierungschaos hineinschreyt
und dadurch den Samen der neuen Reformen und Einrichtungen auswirft,
welcher in dem folgenden Zeitraume unter dem Nahmen der neuen
Ordnung wirklich eine ganz neue Ordnung der Dinge herbeygeführt,
die das osmanische Reich, statt zu befestigen, in allen seinen Grund=
festen so mächtig erschüttert. Der mächtigste Hebel dieser Erschütterung
von außen durch die Begründung des vorherrschenden Einflusses Ruß=
land's ist aber der Friede von Kainardsche; nicht umsonst, wiewohl
vergebens, haben sich demselben die Ulema, der einzige verfassungs=
mäßige Stand des osmanischen Reiches, welcher in das Radwerk der
Regierungsmaschine wirksam eingreift, so standhaft widersetzt, denn
derselbe trägt den Keim aller seitdem von außen über das Reich herein=
gebrochenen Übel in sich, welche mit den Gebrechen der inneren Verwal=
tung zur unaufhaltbaren Auflösung des osmanischen Reiches, wenn nicht
in Asien, doch in Europa, zusammenwirken. Die Schuld des Friedens=
schlusses von Kainardsche trägt vorzüglich der Großwesir Muhsinsade,
dessen kriegerische Untüchtigkeit mit unbezwingbarer Friedenssehnsucht
verbunden, zum ersten Bevollmächtigten den als bestechlich bekann=
ten griechischen Renegaten Resmi Ahmed ernannte. Muhsinsade
überlebte seine Absetzung nur vierzehn Tage, indem er auf dem Wege
nach Constantinopel zu Karinabad plötzlich starb ¹), wenn nicht, wie
allgemein geglaubt ward, vergiftet, doch zur günstigsten Zeit für die

¹) Am 26. Dschemasiul=ewwel 1188 (4. August 1774). Waßif II. S. 309.

Pfortenminister zu Constantinopel, welche ihn zur Schließung des
Friedens ermächtiget, und welche befürchten mußten, daß er, wenn zur
Rechenschaft gezogen, die Schuld des schmählichen Friedens auf sie
zurückschöbe. Daß der Friede in sieben Stunden und viermahl sieben
Artikeln abgeschlossen worden, mag zufällig seyn; das derselbe zu Kainardsche, dem Orte, wo Weißmann und viele Tapfere fielen, am Tage
des Friedens am Pruth unterzeichnet ward, war nicht zufällig, sondern des russischen Befehlshabers und Bevollmächtigten Bestimmung
und selbst geschaffene politische Nemesis, aber eine höhere ewige leuchtet daraus hervor, daß der unter der üblen Vorbedeutung fanatischer
Christenbeschimpfung beym Auszuge der heiligen Fahne begonnene,
durch das wider Blut und Gut der Moldauer, Walachen und Pohlen
ertheilte fanatische Fetwa noch mehr angefachte Krieg durch einen
Frieden beschlossen ward, durch welchen die der Pforte feindlichste christliche Macht als Beschirmerinn der Moldauer und Walachen, als Schütze-
rinn der christlichen Religion und Kirchen anerkannt ward. Der Friede
von Kainardsche steht durch seinen eingreifenden Einfluß auf des osmanischen Reiches Schicksal inmitten zwischen dem von Carlowicz und dem
von Adrianopel, denn die zwischen dem Carlowiczer Frieden und dem
von Kainardsche geschlossenen von Passarowicz und Belgrad haben
eben so wenig entscheidenden Einfluß, als die zwischen die von Kainardsche und Adrianopel fallenden Friedensschlüsse von Sistow und
Bukarest. Im Gegensatze mit dem Frieden von Carlowicz unterschei-
det sich der von Kainardsche noch höchst merkwürdig dadurch, daß
dort die Bothschafter von sieben Mächten (Österreich's, Rußland's,
Pohlen's, Venedig's, England's, Holland's und der Pforte) vereint
unterhandelten, hier Rußland allein mit der Pforte mit standhafter
Hintanweisung aller Vermittlung und nur scheinbarer Zulassung freundschaftlicher Einschreitung, so daß von nun an zwischen Rußland und
der Pforte von keiner Vermittlung die Rede. Wenn in dem Pallaste
Czarskosselo Obelisken, Schiffssäulen und Brustbilder als Denkmahle
den Ruhm Romanzoff's des Überdonischen, und Orloff Tschesmeskji's,
des Siegers von Tschesme, d. i. vom Quelle, verkünden, so gebührt Katharinen oder den russischen Staatsmännern, deren Beharr-
lichkeit auf auszuschließender Vermittlung und den einmahl erklärten
Grundlagen des Friedens bestand, und ihr Werk zu Kainardsche gekrönt, nicht minder der ehrenvolle Beynahme Kainardscheski, d. i.
vom Sprudel. Tschesme und Kainardsche sind wahrhaft der Quell
und Sprudel russischen Krieges- und Friedensunheils für die Türkey.
Wie durch den Frieden von Carlowicz türkischen Eroberungen der
Damm gesetzt ward, so ward durch den von Kainardsche der Damm
der Sicherheit osmanischen Reiches durch die Unterthänigkeit der Tataren, durch die entrissenen Gränzfestungen von Kertsch und Jenikalaa
durchbrochen, und Kainardsche ist der Urborn, aus welchem des os-

manischen Reiches unheilbares Verderben, der Beginn seines Endes in Europa, aufgesprudelt. Wenn ein Fluß neue Richtung nimmt, kraft welcher die demselben entgegengesetzten Ufer unterspühlt und weggeschwemmt werden, so ist die erste Ursache verschlungenen Landes nicht in der gegenwärtig anprallenden Fluth, sondern in der Kraft zu suchen, welche den Fluß vorlängst gebeugt. So liegt im Frieden von Kainardsche der Keim des Friedens von Adrianopel und aller seiner Folgen. Der Friede von Kainardsche ist die Grundlage des „räuberischen Glückwechsels, welcher unter lautem Fluthengezisch gipfelndes „Vorland hier weggeschwemmt, und dort anzusetzen sich freut."

Schlußrede.

Den Lesern, welche fragen dürften, warum diese Geschichte schon mit dem Frieden von Kainardsche ende, warum dieselbe, wenn nicht bis auf den Friedensschluß von Adrianopel, doch wenigstens bis auf den von Sistow oder Jaßy, warum dieselbe, wenn nicht bis auf den griechischen Volksaufstand und die Janitscharenvertilgung, doch wenigstens bis auf die neuen Einrichtungen unter S. Selim's III. Regierung heruntergeführt worden, gebührt die folgende Antwort und Rechenschaft, welche dieses lange und mühevolle Werk, Gott sey Dank! endlich beschließt. Derselbe Beweggrund, welcher dem Verfasser dreyßig Jahre lang verwehret, die Schreibung dieser Geschichte zu beginnen, verbiethet ihm, dieselbe auch nur dreyßig Jahre, d. i. bis zum ägyptischen Feldzuge den er doch selbst mitgemacht, weiter zu führen, und dieselbe Ursache, welche ihn bewogen, die Feder so spät zu ergreifen, bestimmet ihn auch hauptsächlich, dieselbe so früh niederzulegen, nähmlich, Mangel des vollständigen Zusammenflusses aller nöthigen Quellen, und besonders der einheimischen. Wenn es ihm früher gelungen, die bis dahin in Europa vorhandene bibliographische Kenntniß von etwa zwanzig einheimischen Quellen osmanischer Geschichte auf zweyhundert zu erweitern, und sich diese mit großem Aufwande von Zeit und Geld zu verschaffen: so sind im Gegentheile seine vieljährigen unabläßigen, mit jeder türkischen Post erneuten Bemühungen, sich die ihm wohl bekannte Folge der osmanischen Reichsgeschichtschreiber und anderer Quellen, von der Regierung S. Abdulhamid's an bis zu der S. Mahmud's II., vollständig anzueignen, ohne Erfolg geblieben; einzelne derselben, welche anzukaufen geglückt, haben nur dazu gedient, den Mangel der anderen desto fühlbarer zu machen, und allenfalls, durch den Gegensatz des Späteren mit dem Früheren, dieses besser zu beleuchten. Die Fortsetzung dieser Geschichte hätte also, in

Vergleich mit den vorhergehenden zwey und siebzig Büchern der=
selben, und in Bezug auf die Benützung der Urquellen, nur höchst
mangelhaft gerathen können, und gerathener war es, von der
Tafel die Hand abzuziehen, als noch mehrere Bücher zu schreiben,
welche durch die Natur der Dinge minder vollständig und auch
minder unpartheyisch. Die politischen Verwicklungen und Ränke rus=
sischer Minister unmittelbar nach dem Frieden von Kainardsche, die
Begebenheiten des österreichischen Türkenkrieges hätten besiegbare
Schwierigkeiten dargebothen; halbe Wahrheit, leise Andeutungen,
scheue Winke, die nur schon Halbunterrichteten verständlich, mil=
dernde Ausdrücke, wie dieselben von politischen Tagesblättern ge=
fordert und zu Tage gefördert werden, erschienen dem Verfasser
von jeher historischen Kieles unwürdig; aber auch ohne Erwägung
solcher, durch besondere Lage und Verhältnisse bedingter Hindernisse
vollständiger und freyer historischer Geschichtschreibung bleibt wün=
schenswerthe Vollständigkeit und Unpartheylichkeit jedem, der die Be=
gebenheiten seiner eigenen Zeit schreibt, unerreichbar. Die Quellen
der Zeitgeschichte fließen, wie die der Erde, lang unter derselben ver=
borgen, ehe sie ans Licht brechen; die auf dieselben gesetzten Wünschel=
ruthen schlagen nicht immer an, und den Blick ins Freye beirren Heer=
rauch und politische Wasserspiegelung. Xenophon und Cäsar, Thucy=
dides und Tacitus haben zwar die Geschichte ihrer Zeit, wovon ihr
Leben selbst ein großer Bestandtheil, der Nachwelt überliefert; aber
zur richtigen Würdigung ihrer Wahrheit fehlen uns die Erzählun=
gen persischer Reichshistoriographen, die Überlieferungen brittischer
Barden und gallischer Druiden. Mit Wahrnehmung obiger
Schwierigkeiten haben die drey großen englischen Geschichtschreiber
und Joannes v. Müller den Stoff ihrer Geschichten in der Vor=
zeit gewählt, und Karamsin hat die seinige nur bis auf den Be=
ginn des regierenden Herrscherhauses geführt. Wer Hebel oder
Zeuge merkwürdiger Begebenheiten gewesen, mag dieselben als
Denkwürdigkeiten aufzeichnen; aus denselben unpartheyische Ge=
schichte zu schreiben, bleibe den Nachkommen vorbehalten. Von
dieser Ansicht geleitet, konnte der Verfasser auch ohne das unbe=
siegbare Hinderniß der vollständigen Herbeyschaffung der Quellen,
seine Geschichte nicht füglicher schließen, als mit der für das os=
manische Reich so entscheidenden Epoche des Friedens von Kai=
nardsche, welche in das Jahr seiner Geburt fällt.

Außerdem, daß die Urquellen osmanischer Reichsgeschichte von dem Frieden von Kainardsche an, womit die bisher in Druck erschienene Folge derselben schließt, noch nicht alle zugänglich, fließen von dieser Epoche an auch die bisher so reich strömenden der Archive minder ergiebig; nicht weil die venetianischen und österreichischen Gesandtschaftsberichte minder zur Benützung offen, als die der frühern Zeit, sondern aus anderer Doppelursache: erstens schwindet der Gehalt der venetianischen in dem Maße, als die Macht Venedig's selbst sank, und die Bailo nicht mehr die wirksamen Agenten einer thatkräftigen, machtrüstigen, in Krieg und Frieden entscheidend eingreifenden Gränzmacht erster Größe, sondern nur die ruhigen Zuschauer der in den Lagunen des Aristokratismus versumpfenden Republik; zweytens erschlafften nach dem Frieden von Kainardsche, oder vielmehr schon seit dem Congresse von Fokschan, die Bande des innigsten Einverständnisses zwischen Österreich und Rußland, welche seit dem mit Peter dem Großen eingegangenen heiligen Bunde, und noch mehr seit dem i. J. 1726 abgeschlossenen, und zwanzig Jahre später erneuten Schutz- und Trutzbündnisse durch der beyden Höfe an der Pforte gemeinsames Interesse, auch gemeinsame Schritte und unverhohlene Mittheilung der wichtigsten Ereignisse veranlaßt hatten. Diese politische Innigkeit war nur durch kurze Zeit, während der Regierung Peter's II., unterbrochen, dann wieder bey Annäherung des russischen Türkenkrieges vom J. 1768 erneuert, und durch die Theilung Pohlen's befestiget worden; in dem zwischen dem Frieden von Kainardsche und Adrianopel liegenden halben Jahrhunderte aber, dessen Begebenheiten den nächsten Zeitraum der osmanischen Geschichte füllen, dauerte die innigste Verbindung beyder Mächte durch gemeinsames Interesse nur während des gemeinsam geführten türkischen und französischen Krieges fort. Um die osmanische Geschichte des letztverflossenen halben Jahrhundertes mit gleicher Kenntniß der an der Pforte vorgefallenen wichtigsten Ereignisse und diplomatischen Verhandlungen zu beschreiben, müßten dem Fortsetzer dieser Geschichte, nicht minder als die österreichischen, die russischen Archive geöffnet seyn, indem nur aus diesen manches Dunkel der neuesten osmanischen Geschichte aufgehellt werden kann. Bis zum heiligen Bunde vor dem Carlowiczer Frieden waren Österreich und Venedig die beyden ersten Vorfechter des Christenthumes wider den Islam, und Pohlen und Rußland, wiewohl auch Gränzmächte, waren von minderem Einflusse; im Laufe des achtzehnten Jahrhundertes trat Pohlen in demselben Verhältnisse in den Hintergrund, in welchem Rußland vortrat und das osmanische Reich sank. Die erste Theilung des ersten mag als Vorläuferinn der letzten Theilung des letzten betrachtet werden. Vom Frieden von Kainardsche an bis auf den von Adrianopel, war Rußland Stimmangeberinn der diplomatischen Verhandlungen an der Pforte, die Herbeyführerinn von Krieg und Frieden, die Schlichterinn der wichtigsten Geschäfte des Reiches; Frankreich und England sind, den ägyptischen Krieg und die Durchfahrt der Dardanellen abgerechnet, so wie früher Holland und später Preußen, immer nur vermittelnd und für Momente wirksam eingeschritten; Österreich hat sich auf die Erhaltung des wieder hergestellten Friedens und freundschaftlichen Rath beschränkt; Rußland allein ist, seit dem Frieden von Kainardsche bis auf den von Adrianopel, im osmanischen Reiche mit dictatorischem Fuße aufgetreten, und nur aus den osmanischen Reichsgeschichten und aus russischen Archiven mag künftighin die osmanische Geschichte des Zeitraums des eben verflossenen halben Jahrhundertes, vom Frieden von Kainardsche bis auf den von Adrianopel, eben so vollständig geschrieben werden, als die der früheren Zeiträume, vom Carlowiczer Frieden bis auf den von Belgrad, und von diesem bis auf den von Kainardsche, in dieser Geschichte beschrieben worden ist.

Nach dieser, wie zu hoffen steht, genügenden Rechenschaft über das Aufhören mit dem Frieden von Kainardsche, sey ein Rückblick auf den Geist und Gehalt des nun beschlossenen Geschichtswerkes gegönnt. Die Arten der Geschichtschreibung sind eben so mannigfaltig, als die Gesichtspuncte, aus welchen der innere Zusammenhang merkwürdiger Weltbegebenheiten betrachtet werden kann, und es wäre eine thörichte Mühe, den an verschiedene Arten der Geschichtschreibung gestellten Forderungen in Einem Werke zugleich entsprechen zu wollen. Anderes hat ein Lesebuch und kurzer Überblick, Anderes hat eine ausführliche Geschichte zu leisten '), ein Anderes sind philosophische Betrachtungen über die Geschichte, und ein Anderes die pragmatische Darstel=

') I need not compare the convenience of abridgement with the merits of circumstantial recital, both these sorts of historical composition have their use and they must both always continue to be written. (S. J. Mackintosh history of Engl. Advertisement.)

lung derselben. Das vorgesteckte Ziel war, eine ausführliche pragmatische Geschichte des osmanischen Reiches aus den vordem noch unbenützten Urquellen der Reichsgeschichten und diplomatischen Archiven zu liefern, und dieses Ziel glaubt der Verfasser erreicht zu haben, wie vor ihm kein anderer Schreiber osmanischer Geschichte. Leser, welche der Orient minder anspricht, werden freylich Vieles als geringfügiges oder langweiliges Geschnitzel überschlagen, andere an den barbarischen Nahmen der Personen und Örter Ärger genommen haben; was die letzten betrifft, so sollten sich deutsche Zungen und Ohren daran nicht mehr stoßen, als an slavischen. Die Verstümmelung oder Vereinfachung fremder Eigennahmen mag dem Franzosen oder Italiener zur Last fallen, aber nicht dem Deutschen, und die Verschweigung derselben am wenigsten dem Geschichtschreiber, welchem Volke er immer angehöre. In Betreff des Details, wovon der Vorwurf weniger den Schlachten und Kriegsbegebenheiten, als den inneren Veränderungen und Beförderungen gelten kann, schien es unerläßlich, die bänderreichen Quellen wenigstens in so weit zu berücksichtigen, daß keine von denselben unter besonderen Titeln hervorgehobene Thatsache mit gänzlichem Stillschweigen übergangen, daß die Bahn, welche die Großwesire und andere Vordermänner der Regierung in Krieg und Frieden durchlaufen, nach ihren verschiedenen Stationen, nach Folge der Jahre gehörig abgemarkt würden. Überhaupt ist, nach dem in der Vorrede gegebenen Worte, auf Ort= und Zeitbestimmung die größte Mühe und Sorgfalt verwendet, jede Örtlichkeit nach Möglichkeit ausgemittelt, jedes Datum mühsam ausgerechnet am Rande beygesetzt worden. Die am Rande fortlaufende chronologische Säule und die Quellentopik der Noten sind der schmale und breite Teppichrand, welchen der Morgenländer als Zeit und Ort benennt, und womit der Geschichtschreiber den Teppich einsäumen muß, welchem die Begebenheiten eingewoben sind. Nebst der Topographie und Chronologie sind Geographie und Ethnographie nicht leer ausgegangen. Wenn unersättliche Kunstrichter noch Mehreres über das innere Leben des Staates, über Kunstfleiß, Sitte, über die Schicksale der unterjochten christlichen Völker zu finden wünschen sollten, so diene ihnen zur Antwort, daß auch nicht das Geringste hierin Einschlagende vernachlässiget worden, wie schon die ausführlichen Beschreibungen der Festaufzüge und Geschenkelisten beweisen, daß aber, wo die Quellen schwei=

gen, vermuthendes Gewäsche unstatthaft schien; demnach mag kühn an dergleichen Anforderer die Aufforderung ergehen, einen einzigen, für die Sitten= und Culturgeschichte der Osmanen und der von ihnen beherrschten Völker, charakteristischen Umriß nach= zuweisen, welcher sich in den Quellen fände, und mit Stillschwei= gen übergangen worden wäre. Eben so wenig ist aus irgend einer Rücksicht eine erhebliche Thatsache, in welchem ungünstigen histo= rischen Lichte sie auch erscheine, oder in welchem diplomatischen Dunkel sie auch bisher verhüllt gewesen, verschwiegen oder von der Censur gestrichen worden. Es genügt hier, auf die Instructio= nen hinzuweisen, welche Ferdinand I. seinem Gesandten nach Rom ertheilte, um das wegen des Mordes des Cardinals Marti= nusius verhängte Interdict aufheben zu machen, auf die Ausein= andersetzung der ungarischen Verschwörung und ihrer Theilnehmer, auf die Erzählung der Verhandlungen des Belgrader Friedens und des geheimen Subsidienvertrages.

Vorzüglich liegen in dieser Geschichte alle bisher in dem Schleyer der Archive verhüllten diplomatischen Geheimnisse zu Tage. Die Quellen, aus welchen verläßliche Auskunft geschöpft wer= den konnte, flossen bisher nur äußerst sparsam; außer den gedruck= ten, aber sehr seltenen und außer England kaum bekannten Ver= handlungen des englischen Bothschafters S. W. Roe, außer den Geschichten des Carlowiczer Friedens von Humiecki, des Passaro= wiczer Friedens von Vendramino Bianchi, und der dreyfachen Ge= schichte des Belgrader Friedens von Laugier, Neipperg und Mo= ser, außer den Reiseberichten einiger Bothschafter und einiger von Ranke benützten venetianischen Relationen, waren alle diploma= tischen Verhandlungen mit der Pforte bisher im heiligen Dunkel der Staatsarchive begraben geblieben. Diese Geschichte hat diesel= ben in ihrer Wesenheit zu Tage gefördert, und keine Gesandt= schaft, in so weit nur irgend davon Kunde zu erhalten war, mit Stillschweigen übergangen. In gedruckten Werken haben nur An= dréossy und Karamsin über die Bothschaften Frankreich's und Ruß= land's berichtet, und wiewohl beyde aus den besten Quellen ihrer Staatsarchive geschöpft, so sind doch sowohl jenem als diesem Sen= dungen entgangen, worüber diese Geschichte aus österreichischen und venetianischen Archiven berichtet. Die pohlischen dürften, Dank den Mittheilungen meiner gelehrten Freunde, des Herrn Grafen v. Swiedzinski und des für sein Vaterland und die Wis=

senschaften zu früh verstorbenen Grafen Stanislaus Rzewuski, vollständig seyn; die englischen und holländischen, in so weit sie die gedruckten Quellen und die Gesandtschaftsberichte angaben; die Bailo
sind aus den venetianischen Quellen zusammengetragen; wie mangelhaft früher selbst die Staatskanzley über die Folge der österreichischen unterrichtet war, erhellet am besten aus der Vergleichung
unserer Angaben mit dem von Jenisch in dem Prodromus des neuen
Meninski gelieferten Verzeichnisse; eben so die Mangelhaftigkeit
der bisher bekannten Friedensschlüsse und Verträge aus der Vergleichung mit der von Martens und Schöll gegebenen Liste, indem bey diesen nicht weniger als 280 Verträge fehlen. Um zu
diesem Ergebnisse zu gelangen, sind binnen zwanzig Jahren,
nähmlich von dem Jahre 1808, wo Graf Stadion zuerst die türkische Registratur der Staatskanzley erschloß, bis ins Jahr 1828,
wo die Lesung der venetianischen Archive vollendet ward, ein Paar
Hundert große Schriftbündel in der Registratur der Staatskanzley, und eben so viele in dem geheimen Hausarchive durchlesen
worden. Jedes dieser Schriftbündel umfaßt in der Regel die Berichte und Weisungen eines Jahres, im Durchschnitte zweyhundert
Foliobogen, so daß jeder als ein dicker Foliant betrachtet werden
darf, so wie die 68 dicken Folianten der Geschichte Marino Sanuto's, mit denen, und mit den besonderen Gesandtschafts-Rela-
tionen venetianischer und österreichischer Gesandten, der Umfang
der zum Behufe der Geschichte durchgrabenen Fundgruben der Archive ein halbes Tausend von Folianten beträgt. Ein halbes Hundert bilden allein die Byzantiner und Khevenhüller's Geschichte,
ein anderes halbes Hundert die osmanischen Reichshistoriographen
und die älteren europäischen Schreiber osmanischer Geschichte, wie
Mezeray, Knolles, Sagredo, Lewenklau, Lonicerus, Hönigs-
hofen, Ortelius, Bonfinius, Istuanfi, Dlugoß, Cromer u. s. w.
Wie die Legion der verzeichneten europäischen Quellen osmanischer
Geschichte, wie die viertausend Nummern starke Legion der verzeichneten Staatsschriften und Urkunden fleißig durchstöbert, und
wie die zweyhundert osmanischen Quellenwerke benützt worden
sind, belegt jede Seite des Werkes durch Citate.

Die Quellen, deren der Fortsetzer osmanischer Geschichte be-
nöthigt, und von welchen bisher nur einzelne aufzutreiben möglich gewesen, sind die Geschichtswerke der folgenden Historiographen des Reiches. Nach der gedruckten Reichsgeschichte Waßif's,

welche mit dem Frieden von Kainardsche schließt, und die Geschich=
ten der fünf auf einander folgenden Reichshistoriographen (Hakim,
Tscheschmisade, Musasade, Behdscheti Hasan Efendi und En=
weri [1]) abkürzet, folgt abermahl Enweri, der zuerst nur als Hi=
storiograph im Lager, dann an der Pforte angestellt, die Bege=
benheiten der Regierung S. Abdulhamid's in zwey verschiedenen
Werken beschrieben; das erste umfaßt die Begebenheiten der Re=
gierung S. Abdulhamid's bis zum Ausbruche des Krieges mit Ruß=
land und Österreich, das zweyte die Geschichte dieses Krieges selbst
bis zum Frieden von Sistow, im ersten Jahre der Regierung
S. Selim's III. Während Enweri Historiograph im Lager [2]), war
an der Pforte Edib Efendi als Ceremonienmeister und Histo=
riograph angestellt, als welcher er die Geschichte der drey ersten
Regierungsjahre Sultan Selim's III. erzählet. Nachdem Enweri
als Reichshistoriograph gestorben [3]), folgte ihm Chalil Nuribeg in
dieser Eigenschaft nach; seine Geschichte beginnt mit dem Jahre
1209 (1794) und reicht bis zu Ende des Jahres 1213 (1799);
der Nachfolger Nuribeg's war Waßif Efendi, der Abkürzer und
Herausgeber der zu Constantinopel in zwey Foliobänden gedruck=
ten Geschichte der obgenannten fünf Reichshistoriographen. Er
setzte nicht nur die Geschichte Nuribeg's vom Jahre 1214 (1799)
bis ins Jahr 1219 (1804) fort, sondern er schrieb auch die Ge=
schichte Selim's III., von dessen Thronbesteigung bis zum Jahre
1209 (1794), wo Nuri's Geschichte beginnt. Nuri hat seiner
Geschichte alle bisher im übrigen Europa ganz unbekannten Ver=
ordnungen der neuen Einrichtungen in voller Länge eingeschaltet;
ein vortreffliches, und zur gründlichen Kenntniß der neuen Ein=
richtungen unumgänglich nothwendiges Werk. Als Waßif vom
Reichshistoriographen zum Reis Efendi befördert worden, ward
der Dichter Pertew Efendi als Reichshistoriograph angestellt,
und unter der Regierung S. Mahmud's II. die Reichshistorio=
graphenstelle dem Übersetzer der beyden großen, zu Constantino=
pel gedruckten Wörterbücher, des Burhani Katii und des Kamus,
dem gelehrten Philologen Aaßim Efendi verliehen, welcher seine
Reichsgeschichte von der Thronbesteigung S. Mahmud's II. be=
gann. Von derselben Epoche begann die Reichsgeschichte sein Nach=

[1]) Waßif I. Bd. S. 4. [2]) Derselbe II. Bd. S. 174. [3]) Am 13. Rebiulachir
1209 (6. Nov. 1794). Nuri's Geschichte, 26. Abschnitt.

folger als Historiograph, Schanisade, d. i. der Sohn des Kamm=
machers, der Übersetzer und Herausgeber des großen, zu Con=
stantinopel in zwey Foliobänden gedruckten anatomischen Werkes.
Nach seinem im Jahre 1234 (1818) erfolgten Tode, bekleidete die
Stelle des Reichshistoriographen durch kurze Zeit Omer Efendisade
Suleiman; sein Nachfolger ist der dermahlige Reichsgeschichtschrei=
ber Esaad Efendi Ssahhaffade, d. i. der Sohn des Buchhändlers,
Verfasser der unter dem Titel der Grundlage des Sieges zu
Constantinopel erschienenen Geschichte der Janitscharenvertilgung.
Seine Geschichte hebt, wie die seiner Vorfahren, Aassim und
Schanisade, von der Regierung S. Mahmud's II. an, so wie
früher der Anfang der Regierung S. Selim's III. von den drey
Reichsgeschichtschreibern Enweri, Edib und Waßif beschrieben wor=
den ist. Außer diesen neun Historiographen (Enweri, Edib, Nuri,
Waßif, Pertew, Aassim, Schanisade, Omersade Suleiman,
Ssahhaffade) bestehen noch zwei Geschichten der französischen Un=
ternehmung in Ägypten, eine arabische und türkische, und die
Geschichte Said Efendi's, ein kleines, aber höchst schätzbares ge=
schichtliches Werk, dessen erste Hälfte die osmanische Geschichte im
Laufe des achtzehnten Jahrhundertes überblickt, die zweyte Hälfte,
ein trefflicher Auszug aus Nuri, die neuen Einrichtungen S. Se=
lim's III. und die Geschichte der beyden Revolutionen, wodurch
S. Selim III. und S. Mustafa IV. entthronet wurden, aus=
führlich erzählt. Hier sind also ein Dutzend ¹) der neuesten osma=

¹) Die Liste der osmanischen Geschichtschreiber, welche auf Befehl der
Sultane die Geschichte von Amtswegen schrieben, ist die folgende: 1) Jdris
von Bidlis, auf Befehl S. Bajesid's II., die Geschichte der ersten acht Sul=
tane; 2) Kemalpaschasade, auf Befehl S. Selim's I.; 3) der große Nischan=
dschi, auf Befehl S. Suleiman's, die Geschichte von dessen Regierung; 4) Sea=
deddin, unter S. Mohammed III., die Geschichte von der Gründung des
Reiches bis auf S. Suleiman; 5) Nerkesisade, von S. Murad IV. dazu er=
nannt i. J. 1044 (1634); 6) Abdipascha, von S. Mohammed IV. beauftragt;
7) Naima, v. J. 1001—1070 (1592—1659); 8) Raschid, v. J. 1071—1134
(1660—1721); 9) Tschelebisade, v. J. 1135—1141 (1722—1728); 10) Sami;
11) Schakir; 12) Ssubhi; 13) Ssuhhi, zwey Brüder (Ssubhi, geb. i. J. 1156
(1743), erwähnt seines Bruders Mohammed Ssubhi, der vor ihm Geschicht=
schreiber des Reiches), deren Geschichte die Begebenheiten von der Thronbe=
steigung S. Mahmud's I., d. i. v. J. 1143 (1730) bis zu Ende des Jahres
1156 (1743), umfaßt, in Einem Bande, vom zweyten Ssubbi herausgegeben,
gedruckt zu Constantinopel; 14) Jsi, v. J. 1157 (1744) bis Ende d. J. 1163
(1750), gedruckt zu Constantinopel; 15) Hakim; 16) Tscheschmisade; 17) Mu=
sasade; 18) Behdscheti Efendi; 19) Enweri. Diese fünf Geschichten, abgekürzt
und in Druck herausgegeben von Waßif Efendi, sind die Fortsetzung Jsi's

nischen Geschichtsquellen, von denen, troß aller Bemühungen, bisher nur die Hälfte aufgetrieben werden konnte. Wie unerläßlich dieselben dem Geschichtschreiber seyen, welcher nicht Gefahr laufen will, aus Berichten der Diplomaten und Zeitungen einseitig zu schreiben, beweist am besten die Geschichte der beyden Thron=umwälzungen von Said, mit welcher Jucherot's, Andréossi's und Anderer hierüber erstattete diplomatische Berichte zusammengehal=ten, höchst dürftig und mangelhaft erscheinen; der Kürze und des reichen Gehaltes willen ist die Übersetzung des Werkes Said Efendi's von den obigen zwölf vor der Hand die wünschenswertheste, und ver=dient in dieser Hinsicht vor anderen, weit minder interessanten, dem Translation = Committee empfohlen zu werden.

Obige Nachweisung der von dem künftigen Fortsetzer dieser Geschichte zu benützenden Quellen verbürgt hoffentlich den Dank desselben, so wie den Schreiber dieser Zeilen die von so vielen Sei=ten erfahrene höchste Gefälligkeit freundschaftlicher Mittheilung und Förderung des vorgesteckten Zweckes hier zu öffentlichem Danke verpflichtet. Durch die freysinnige Begünstigung der königlichen preußischen, bayerischen und sächsischen Ministerien des Inneren und Äußeren, und den Canal der kaiserlichen Gesandtschaften an diesen Höfen, sind mir die Bücher und Handschriften der Bibliotheken von Berlin, München und Dresden zu wiederhohlten Mahlen eben so gütig zum nöthigen Gebrauche mitgetheilt worden, als die gedruckten und handschriftlichen Schätze der kaiserlichen Hofbibliothek zu Wien. Außer mehreren andern geschichtlichen Handschriften sind zwey der trefflichsten, und in ihrem ganzen Inhalte benütz=ten, Quellen: die Geschichte des Sohnes des Großwesirs Naßuh=pascha, und die (vom ungenannten Verfasser) der Großwesirschaft

---

vom J. 1166 — 1188 (1752 — 1774); 20) Enweri, Verfasser dreyer Geschichten, erstens: des russischen Krieges unter S. Mustafa III., bis zum Frieden von Kainardsche; zweytens: der Regierung S. Abdulhamid's bis zum Beginne des russisch= österreichischen Krieges; drittens: der Geschichte des russisch= österrei=chischen Krieges bis zum Frieden von Sistow; 21) Edib, der Ceremonienmei=ster, schrieb die Geschichte der drey ersten Jahre der Regierung S. Selim's III.; 22) Nuribeg, v. J. 1209 (1794) bis zu Ende d. J. 1213 (1799); 23) Waßif, schrieb die Geschichte v. J. 1214 — 1219 (1799 — 1802), und außerdem die Geschichte der ersten sechs Jahre der Regierung S. Selim's III. bis zum Jahre, wo Nuribeg's Geschichte beginnt; 24) Pertew Efendi, v. J. 1219 — 1222 (1802 — 1805), wo er zu Adrianopel gestorben; 25) Nasim, gestorben i. J. 1235 (1819); 26) Schanisade, starb im Exil zu Tire, i. J. 1241 (1825); 27) Omersade Suleiman, war nur einige Monathe Geschichtschreiber des Reiches; 28) Ssahhafsade, der lebende Historiograph und Herausgeber der Staatszeitung.

des dritten Köprili und seiner beyden Nachfolger, jene auf der königlichen Bibliothek zu Dresden, diese auf der zu Berlin. Von
der Münchener Bibliothek allein sind mir hundert und sechs und
achtzig Türkenschriften mitgetheilt worden, von denen sonst nirgends Einsicht erlangt werden konnte. Außerdem haben die Vorsteher der königlichen Bibliotheken von Berlin, Dresden, München und Göttingen, die Herren Wilken, Ebert, Lichtenthaler
und Beneke, sich gütigst der Mühe unterzogen, das schon vor
zehu Jahren in dem Archive für Geschichte gelieferte Verzeichniß
von einem Tausend über die osmanische Geschichte in Europa er-
schienener Druckwerke durch Beyträge aus dem ihrer Sorge anvertrauten bibliothekarischen Schatze zu vervollständigen. Ein Dutzend von Titeln haben auch Herr Hase aus Paris und Herr Mac-
bride aus Oxford beygesteuert; es ist aber kaum glaublich, daß
auf den Bibliotheken zu Paris und der Bodleiana sich nicht noch
mehrere, mir unbekannt gebliebene, französische und englische
Türkenschriften befinden sollten. Dem Vorsteher der Marciana,
Don Bettio, bin ich ganz besonders für die Mühe und Güte verbunden, womit er mir die seltensten der in Italien über osmanische
Geschichte erschienenen Werke aufgefunden und käuflich verschafft
hat. Gerne hätte ich auf gleiche Weise Herrn Abbate Mezzofanti,
dem Vorsteher der an classischen orientalischen Werken so reichhal-
tigen Bibliothek des Instituts von Bologna, gedanket, wenn es
mir möglich gewesen wäre, durch dringende Bitten und wiederhohltes ämtliches Einschreiten eines vorzüglichen Gönners dieser
Geschichte, Sr. Excellenz des Herrn Grafen von Lützow, kaiserl.
Bothschafters zu Rom, auch nur die Mittheilung eines einzigen
Briefes von Marsigli zu erhalten. Mit Sr. Excellenz, des baye-
rischen Staatsministers Grafen von Armansperg, Erlaubniß, ist
durch den königl. Archiv-Director, Freyherrn von Hormayr, das
Verzeichniß aller die Türkenkriege betreffenden, in den königlichen
Archiven befindlichen Acten zur Kenntniß und zur Abschrift mitge-
theilt, auch von den im Schlosse zu Rastadt befindlichen türkischen
Trophäen Kunde gegeben, die durch die großherzoglich Baden'sche
Gesandtschaft zu Wien aber gestellte wiederhohlte Bitte um nähere
Auskunft darüber, nach dem Verlaufe von mehr als sechs Jahren,
nicht erfüllet worden; durch die Verwendung Sr. Excellenz, des
kaiserl. Bothschafters in Petersburg, Herrn Grafen von Fiquel-
mont, ist es gelungen, aus den Archiven von Moskau die Liste

IV.				43

einiger russischer Gesandten zu erhalten, wodurch die in den tür=
kischen Geschichten und Staatsschriften bis zur Unkenntlichkeit ver=
stümmelten Nahmen derselben berichtiget worden. Der dermahlige
kaiserliche Agent in der Moldau, Herr von Wallenburg, hat als
Gesandtschaftssecretär zu Constantinopel meine topographischen
Forschungen zum Behufe sowohl der Auffindung des Grabes Kara
Mustafa's, als durch die Einzeichnung der Viertel und Straßen=
nahmen Constantinopel's in den, zu Ende des zehnten Bandes der
ersten Auflage erschienenen Plan von Constantinopel, auf das thä=
tigste gefördert. Wie viel ich der bibliographischen Heuristik mei=
nes Freundes des Herrn Dolmetsches, Ritters von Raab, schul=
big bin, ist schon zu wiederhohlten Mahlen in der Quellen = Über=
sicht bey den mir durch ihn verschafften Werken dankbar anerkannt
worden; aber außerdem danke ich dem Canale seiner unermüdeten
Freundschaft auch eine Menge von Aufklärungen, Berichtigungen
von bücherbeschreibenden und geschichtlichen Kunden, die er mir
von türkischen Lehrern und Gelehrten, vorzüglich von einem der
gelehrtesten Ulema, dem Oberstlandrichter Abdulkadirbeg, dem
Sohne des Großwesirs Melek Mohammedpascha, verschafft hat;
die in dem Laufe eines Jahrzehentes durch dessen Canal erhaltenen
schriftlichen Mittheilungen bilden allein ein Bündel der schätzbar=
sten bibliographischen, philologischen und historischen Belege ¹).

¹) Eines derselben werde hier angeführt, weil es nicht nur für den Ver=
fasser erfreuliches Zeugniß seiner Genauigkeit in der Benützung der ihm zu
Gebothe stehenden Quellen ertheilt, sondern auch auf den Charakter zweyer
geschichtlichen Männer, nähmlich des alten Köprili und des Reichshistoriogra=
phen Raschid, einen Lichtstrahl wirft, wodurch die grimme Tyranney des er=
sten und die höfische Zahmheit des zweyten neuerdings beleuchtet wird. Es sind
in den Noten dieser Geschichte vielfältig die Stellen angedeutet, wo die durch
die Reichshistoriographen verschwiegene Wahrheit durch europäische Berichte
oder freymüthige osmanische Geschichtschreiber in Vorschein kömmt. Am we=
sentlichsten war diese Beyhülfe dort, wo in der Folge der Reichshistoriographen
selbst eine Lücke von einem Jahr und mehr vorhanden, was zweymahl der Fall:
erstens zwischen Naima und Raschid, indem Naima mit dem Jahre 1069 (1658)
endet, und Raschid mit dem Jahre 1071 (1659) beginnt, so, daß dazwischen
die Begebenheiten des Jahres 1070 (1660) fehlen; zweytens zwischen Kara
Tschelebisade, dessen Erzählung mit dem Jahre 1141 (1728) endet, und Ssubhi,
dessen Geschichte v. J. 1143 (1730) beginnt, so daß abermahls zwey Jahre fehlen.
Die letzte Lücke ist begreiflicher als die erste, weil die fehlende Erzählung das
nicht rühmliche Ende der Regierung S. Ahmed's III. und den Thronsturz des=
selben durch Aufruhr enthalten mußte, dessen wahre Veranlassung zu erzählen
der sclavische Ssubhi sich nimmer unterstand. Die Ursache der Lücke aber zwischen
Naima und Raschid wäre mir unbekannt geblieben, ohne meines Freundes,
des gelehrten Kadiaskers Antwort, auf meine hierüber an ihn gestellte Anfrage.

Endlich hätte diese Geschichte nie das Licht erblickt, wenn nicht dem Verfasser schon vor sieben und zwanzig Jahren Graf Stadion die Registratur der Staatskanzley, und seitdem des Haus=, Hof= und Staatskanzlers, Fürsten von Metternich Durchlaucht, das geheime Hausarchiv erschlossen, wenn die Censur die freye Mittheilung der dort aufgefundenen Thatsachen im geringsten beanständet hätte.

Nicht mindern Dank, als den Förderern und Gönnern eines wissenschaftlichen Werkes, ist der Verfasser den Tadlern und Kritikern desselben schuldig, in so weit die Kritik nicht hämisch, wie die Hamaker's, sondern in so weit dieselbe wesentliche Fehler und Irrthümer nachweiset, und zur Berichtigung der letzten Gelegenheit darbeut. Die aus zu hohem Bogen oder zu niederem Winkel geworfene Bombe verfehlt ihr Ziel, und das grobe Geschütz rollt auf den Abfeuernden zurück. Der Dichter und Redner mögen auf alle Angriffe der Kritik das tiefste Stillschweigen beobachten, und sich in den Mantel ihres eigenen Bewußtseyns und Geschmackes hüllen, ohne Jemanden Rede und Antwort zu stehen; auch der Geschichtschreiber mag dieß wohl thun, in so weit der Tadel bloß seine Manier, seinen Geschmack und seinen Styl trifft; auf solche Kritiken gibt es keine bessere Antwort, als die 109. Sure des Korans ¹); aber wo es sich um wissenschaftliche Wahrheit, um histo=

Das Jahr 1660 war ein in mancher Hinsicht unglückliches, besonders durch die große Feuersbrunst, über welche der Kaimakam Debbagh Mohammed unmittelbar an den Sultan berichtete, wofür ihn der alte Köprili mit dem Tode bestrafte (siehe III. Bd. S. 519); der vom alten Köprili als Reichshistoriograph ernannte Raschid Efendi hielt es nicht für rathsam, seine Geschichte mit einer so ungünstigen Begebenheit, als das große Feuer, dessen Bericht schon dem Kaimakam den Kopf gekostet hatte, anzufangen, und er hielt es für klüger, seine Geschichte lieber von einem ganzen Jahre später zu beginnen, als dem alten Tyrannen durch den Bericht der Feuersbrunst, wie der Kaimakam, auf Gefahr seines Kopfes, zu mißfallen. Glücklicher Weise füllt die Geschichte Husein Wedschihi's diese Lücke des Reichshistoriographen aus. Characteristisch für die politische Verheimlichungssucht des Despotismus ist das Bemühen, sogar die Kunde von Elementarunfällen zu unterdrücken, weßhalb ein kaiserl. Bothschafter über eine im sechzehnten Jahrhunderte zu Constantinopel Statt gefundene große Feuersbrunst nicht anders als in Ziffern zu berichten sich getrauet hat. Quo magis socordiam eorum irridere libet qui praesenti potentia credant extingui posse etiam sequentis aevi memoriam. (Tac. An. IV. 35.)

¹) Sag': Ungläubige, nun hört mich an!
Was ihr anbethet, beth' ich nicht an;
Was ich anbethe, bethet ihr nicht an;
Was ihr angebethet, beth' ich nicht an:
Anbethen werdet ihr nicht, was ich beth' an;
Eurem Glauben seyd ihr, ich meinem zugethan.

43 *

rische Thatsachen handelt, ist es des aufrichtigen und wissenschaft=
lichen Forschers, ist es des Geschichtschreibers wesentliche Pflicht,
sich wider ungerechte Angriffe zu vertheidigen oder zur Steuer der
Wahrheit seinen Irrthum einzugestehen und denselben zu berichti=
gen. Von einem Viertelhundert¹) von Anzeigen und Kritiken, die
mir bekannt geworden, haben sich wirklich nur fünf mit wahrem
philologischen und historischen Ernste in die von ihnen angezeigten
Bände als Kritiker unparteyisch einstudirt, nähmlich: Schlosser,
Wilken, Veit, Tychsen, und S. de Sacy, in den kritischen
Jahrbüchern von Heidelberg, Berlin, Wien, den Göttinger Ge=
lehrtenanzeigen und im Journal des Savans; die anderen zwan=
zig haben entweder freundlich oder feindlich, aber alle nur ober=
flächlich abgeurtheilt, ohne der Sache auf den Grund zu gehen,
ohne die gegenwärtige Leistung mit der früheren im Fache osmani=
scher Geschichte prüfend zu vergleichen, ohne den Quellen (den
byzantinischen, wenigstens des ersten Bandes) nachzuforschen.

Mein geehrter und gelehrter Freund, Se. Würden, der
Vorsitz des Gesetzes, Melekpaschasade Abdulkadirbeg, bemerkte
über meine Geschichte der aufgehobenen ersten türkischen Belage=
rung Wien's, daß in den osmanischen Geschichten die Gemahlinn
des Großwesirs Ibrahim keineswegs als die Schwester Suleiman's
des Gesetzgebers aufgeführt sey. Er äußerte sich hierüber in den
folgenden kritischen Worten: „Euere dießmahl verfaßte (durch die
„neue Taalikschrift) ambraduftende Abhandlung über die Vorfälle
„Wien's ist uns durch Mr. Raab zugekommen, und der In=
„halt ward mit Vergnügen vernommen; indem ich dieselbe mit
„meinen, der Sprache kundigen Freunden, durchging, bezweifelte
„ich einen einzigen Punct. Ibrahimpascha, Suleiman des Ge=
„setzgebers Günstling im Leben, und dann von demselben gewalt=
„samem Tode übergeben, besaß zu Constantinopel auf den unter

---

¹) 1) Die Wiener Jahrbücher der Literatur; 2) die (Berliner) Jahrbücher
für wissenschaftliche Kritik; 3) Jenaer Literaturzeitung; 4) Haller Literaturzei=
tung; 5) Leipziger Literaturzeitung; 6) Heidelberger Jahrbücher; 7) Göttingi=
sche Gelehrten Anzeigen; 8) (Leipziger) Blätter für literarische Unterhaltung;
9) Morgenblatt; 10) Abendblatt; 11) Repertorium; 12) Journal des Savans;
13) Revue encyclopédique; 14) Biblioteca critica nova; 15) l'Universel;
16) Bulletin de Ferussac; 17) Journal asiatique; 18) Asiatic Journal; 19) Litterary gazette; 20) Foreign litterary gazette; 21) Foreign review; 22) New
Foreign review; 23) Biblioteca Italiana; 24) Antologia; 25) Bibliothéque
brittanique.

„dem Nahmen Atmeidan berühmten großen Platze, ein berühm=
„tes Serai, welches nach ihm das Eigenthum verschiedener Wesire,
„zuletzt dem Faslipascha blieb, wovon ein Theil, weil Zelte darin
„aufbewahret werden, jetzt unter dem Nahmen des Zelthau=
„ses (Mehterchane) bekannt; der andere Theil wird das Fär=
„behaus (Bojachane) genannt, wie dieses allbekannt. Der ob=
„gedachte Wesir gab in diesem Serai ein großes Fest, dessen
„Pracht sich nicht beschreiben läßt; wirklich feyerte damahls auch
„Sultan Suleiman eine Hochzeit; scherzweise sagte er: Ist deine
„Hochzeit Ibrahim, oder die meine die herrlichere? Ibrahimpascha
„antwortete: Meine Hochzeit ward mit der Gegenwart eines
„Padischah, wie Ihr, beehrt, wer kam zu Euerer, der gleich an
„Werth? Diese Antwort befindet sich in vielen Stellen der Ge=
„schichten. Dieser Scherz setzt aber keineswegs die Nothwendigkeit
„voraus, daß die Braut eine Tochter aus dem Hause Osman's
„gewesen. In den Geschichten, die ich gesehen, ist nur von der
„Beschreibung des obgedachten Gastmahles, von dem wissenschaft=
„lichen Streite der Ulema und von den Gnaden Sultan Sulei=
„man's die Rede; aus welcher Geschichte die Angabe der obgedach=
„ten, daß S. Suleiman seine Schwester dem Ibrahimpascha ge=
„geben, ist nicht bekannt". Wirklich findet sich die Angabe, daß
die Braut Ibrahim's die Schwester Suleiman's gewesen, nur in
einem venetianischen Gesandtschaftsberichte bey Marini Sanuto,
dem aber selbst andere gleichzeitige europäische Geschichtschreiber
widersprechen; nach Spandugino dem Cantacuzenen war dieselbe
eine Nichte Suleiman's [1]); nach Paolo Giovio, welchem Sanso=
vino nachschreibt, die Tochter Iskenderpascha's [2]). Nach dem in
den historischen Angaben über die Erbauer der Moscheen Constantinopel's sehr verläßlichen Werke Hafif Husein's von Aiwanserai,
erscheint die Gemahlinn Ibrahimpascha's zwar weder als Schwe=
ster noch als Nichte Suleiman's, noch als Tochter Iskenderpascha's,
aber doch als eine der Frauen des Serai, so daß bey solchem
Widerspruche der Quellen sich über ihre Geburt nichts mit Gewiß=
heit ausmitteln läßt; meines Freundes weitere Äußerung, daß

[1]) Et fece Bascia Ibraim, il quale era nato in un castello nel contado di Corfù nominato la Parga. Al quale hauendo dato una sua nipote per mo-glie e degnò de esser alle lor nozze contro l'usato di tutti gl'imperadori Tur-cheschi (p. 100). [2]) Costui nacque in Macedonia nel villaggio della Parga vi-cino a Corfù, et fu schiavo de Schender Bassa, del qual ha presa per mo-glie la figlia (Bl. 30.)

nach osmanischen Geschichten S. Selim I. außer S. Suleiman, keine Kinder gehabt habe, ist durch die zahlreichen, in dieser Geschichte angeführten Stellen der Quellen, von den Ehen seiner Schwestern mit Paschen, widerlegt; der hohe Ruhm, welchen Ibrahimpascha in seine mit S. Suleiman's beehrte Hochzeit setzte, ist durch seine höchst merkwürdige Fertigung (deren Facsimile sich in der Belagerungsgeschichte Wien's befindet) urkundlich bekräftiget, indem er sich Ssahibes = sur, d. i. Inhaber der Hochzeit, unter= schrieb.

Weit näher, als die Berichtigung der Gemahlinn des ersten Belagerers Wien's, liegt uns die Authentik des im bürgerlichen Zeughause der Kaiserstadt aufbewahrten Schädels Kara Mustafa's, des zweyten türkischen Belagerers von Wien. Kaum war die von Cardinal Colloniz am 17. Sept. 1696 auf Pergament geschriebene Urkunde abgedruckt, und in der Geschichte des osmanischen Rei= ches der im Zeughause der Kaiserstadt befindliche enthäutete Schädel des unmenschlichen Schinders von Human, als eine große ge= schichtliche Lehre dargestellt worden[1]), als von Constantinopel das treffliche Werk des Gartens der Moscheen eingesendet ward, welches, in der zweyten Hälfte des vorigen Jahrhundertes ge= schrieben, die höchst schätzbare Geschichte aller Moscheen Constanti= nopel's und der daran gestifteten Schulen, Fontainen, Spitäler, Armenküchen und anderer wohlthätigen Anstalten, sammt Kunden über das Todesjahr und die Grabstätten ihrer Stifter, enthält. Wäre dieses treffliche Werk mir sieben Jahre früher bekannt gewesen, so hätte dasselbe den dritten Theil von Constantinopolis und der Bosporos gebildet. In dieser Geschichte der Moscheen Constantinopel's ge= schieht Kara Mustafapascha's, des Belagerers Wien's, dreymahl Erwähnung; das erste Mahl unter den Moscheen der Stadt, bey der von ihm in der Diwansstraße gestifteten Überlieferungsschule, das zweyte Mahl bey seiner, in der Nähe von Chodschpascha er= bauten Moschee, das dritte Mahl unter den außer den Thoren Constantinopel's gelegenen Moscheen, außerhalb der sieben Thür= me, an der sogenannten Moschee der Fleischer. Bey der ersten und dritten wird ausdrücklich gesagt, daß der Kopf desselben zu Adrianopel vor die Füße des Sultans gerollt, an der Moschee Ssaridschepascha's zu Adrianopel bestattet worden. Der Moschee

[1]) III. Band S. 819.

Ssaridschepascha's geschieht zwar in Hadschi Chalfa's Rumili unter Adrianopel keine Erwähnung, und der Geschichtschreiber Ali meldet unter dem Artikel der Wesire S. Murad's II. nur, daß Ssaridschepascha zu Kallipolis Moschee, Armenküche und Medrese gestiftet habe; es war also zu erforschen nöthig, erstens: ob zu Adrianopel wirklich eine Moschee Ssaridschepascha's bestehe; zweytens: ob an derselben wirklich ein Mustafapascha begraben; drittens: ob dieses wirklich Kara Mustafapascha, der Belagerer Wien's, sey. Die durch die zuvorkommende Gefälligkeit des damahligen k. k. Gesandtschaftssecretärs, Herrn v. Wallenburg, mittelst des kaiserl. Consular=Agenten zu Adrianopel, und eines sach= und sprachkundigen Mannes, dort angestellten Untersuchungen, gaben auf alle diese drey Fragen bejahende Antwort. Die über die Lage der Moschee sowohl, als über die Richtigkeit der eingesandten Grabschrift noch schwebenden Zweifel wurden durch die vom Hrn. v. Wallenburg auf seiner Reise von Constantinopel nach Wien, zu Adrianopel an Ort und Stelle angestellten Untersuchungen aufgeklärt, und die Inschrift des Grabsteines mit dem Chronogramme der letzten Zeile, und der noch zum Überflusse in Ziffern beygesetzten Jahreszahl, läßt keinen Zweifel übrig, daß Kara Mustafapascha wirklich zu Adrianopel, und nicht zu Belgrad bestattet worden ist [2]). Dieser Grabstein wurde im Jahre der Enthauptung Kara Mustafa's gesetzt, und also zwölf Jahre früher als der angebliche Kopf Kara Mustafa's nach Wien kam. Die zwey Jesuiten, Aloysius Braun und Xaver Berengshoffen, welche den Schädel von Belgrad nach Wien brachten, händigten denselben als Kara Mustafa's Kopf dem Cardinal Colloniz ein, weil Kara Mustafa während der Belagerung Wien's gedroht haben soll, die Vornehmsten der Stadt, wenn sie in seine Hände fiele, köpfen zu lassen. Es scheint, daß die beyden Patres wohl gewußt haben mochten, wessen der Grabdom an ihrer aus einer Moschee verwandelten Kirche zu Belgrad, und daß sie mit der Türkenreliquie bloß, um beym Cardinal sich einzuschmeicheln, einen frommen Betrug gespielt. Wie dem auch seyn möge, so zerfällt durch die geschichtliche Glaubwürdigkeit des Werkes über die Moscheen, die auf das Zeugniß von zwey Jesuiten gegründete des Diploms von Colloniz, und der seit hundert fünf und dreyßig Jahren im bürgerlichen Zeughause zu Wien, als der Kopf Kara Mustafapascha's aufbewahrte und hergezeigte Schä=

del, ist der eines unbekannten türkischen Großen, aber nicht der
Kara Mustafapascha's, welcher zu Adrianopel, an der Moschee
Ssaridschepascha's, ruht.

Um die Erwartung derer nicht zu täuschen, welche beym
Schlusse jedes historischen Werkes einen Kranz philosophischer oder
politischer Betrachtungen erwarten, seyen die folgenden chronologischen und pragmatischen in einen Abschiedsstrauß zusammenge-
flochten, wiewohl ich die wesentlichsten über den Geist und Charakter jeder Regierung und jedes Zeitraumes schon zu Ende derselben aufgeführt habe, und übrigens vom Grundsatze ausgegangen
bin, daß in der Geschichtschreibung die Thaten für sich selbst und
nicht die Geschichtschreiber sprechen, daß die Betrachtungen den
Lesern überlassen bleiben müssen. Die sieben großen Perioden,
welche das osmanische Reich seit seiner Gründung bis auf den Frieden von Kainardsche durchlaufen, nähmlich: 1) die seines Auf-
strebens von der Gründung des Reiches bis zur Eroberung Constantinopel's; 2) seines erobernden Wachsthumes, von der Eroberung Constantinopel's bis zu Suleiman dem Gesetzgeber; 3) seines höchsten Flores auf dem Gipfel der Macht unter Suleiman
und seinem Sohne, Selim II.; 4) des anhebenden Verfalles unter Murad III. bis zur Wiedererstarkung durch Blutcur unter
Murad IV.; 5) der höchsten Anarchie und Herrschaft des Aufruhres bis zum Erscheinen des ersten Köprili; 6) des neuen Aufschwunges unter der Regierung der Köprili, bis zum Frieden von Carlowicz; 7) des durch diesen Frieden der Welt verkündigten Verfalles
und der thätigen Einmischung europäischer Politik, bis zum Frieden
von Kainardsche. Von diesen sieben Perioden füllen sechs, drey Bände
die siebente einen. Von dem Tage der Völkerschlacht zu Nicopolis, an
welchem der Wetterstrahl osmanischer Kriegsmacht zuerst unter die
wider ihn verbündeten Heere christlicher Mächte fuhr, und dieselben,
nach Pettau streifend, zerstreute, bis auf den heutigen Tag, wo die
osmanische Macht im Osten immer noch wetterleuchtet, aber nicht
mehr ins Herz Europa's einzuschlagen drohet, sind vierhundert
vierzig Jahre verflossen. Ein Jahrhundert später überströmten
die Türken schon Innerösterreich und Pohlen[1]); zwey Jahrhunderte nach der Schlacht von Nicopolis[2]) bestieg Mohammed III. den Thron, von dessen Thronbesteigung an, mit dem

[1]) 1496. [2]) 1596.

Beginne des eilfhunderten Jahres der Hidschret, die osmanischen
Geschichtschreiber selbst den Beginn des Reichsverfalles rechnen.
Ein Jahrhundert später versuchte der weise und tugendhafte dritte
Köprili die erste Reform, unter dem Nahmen der neuen Ordnung,
zu Gunsten der durch den Despotismus erdrückten christlichen Bevölkerung des Reiches '), und abermahl, gerade ein Jahrhundert
darnach ²), trat die Reform der neuen Ordnung unter Selim III.
ins Leben. Das sechs und neunzigste Jahr jedes Jahrhundertes
der christlichen Zeitrechnung wirft sich eben, so wie das sechs und
sechzigste (worauf im Laufe der Geschichte manchmahl aufmerksam
gemacht worden), in der osmanischen Geschichte als ein höchst merkwürdiges hervor; hieraus soll nichts Anderes gefolgert werden,
als daß sich dieses Jahr dem aufmerksamen Geschichtforscher nothwendig als ein Anhaltungspunct des Gedächtnisses aufdringt, wie
so viele andere in der Geschichte für Völker und einzelne Menschen
ausgezeichnet glückliche, unglückliche, oder wenigstens merkwürdige Tage, wie in der ungrischen Geschichte der Tag von Joannes
Enthauptung, wie in der Napoleon's der 14. October, wie in
der Geschichte osmanischer Belagerungen der 8. September,
wie in der Geschichte der Verhältnisse Rußland's mit den Osmanen
der 21. Julius, an welchem der Friede von Kainardsche nicht zufällig, sondern absichtlich, um das Andenken der Schlacht am
Pruth glorreich zu tilgen, unterzeichnet worden. Weit davon ent-
fernet, mich wider den, mir ob solchen chronologischen Zusam-
menstellungen gewordenen Recensententadel vertheidigen zu wollen,
hatte ich es vielmehr der Mühe werth gehalten, die Daten der
merkwürdigsten Begebenheiten der osmanischen Geschichte in einem
kalendarischen Verzeichnisse der ersten Auflage anzuhängen, um das
seltsame Zusammentreffen merkwürdiger Begebenheiten auf gewisse
Tage desto deutlicher hervorzuheben. Es soll daraus aber eben so
wenig etwas prophezeyet werden, als aus den alten byzantinischen
und türkischen Prophezeyungen vom Untergange des Reiches, welche
von demselben längst überlebt worden sind. Sicher läßt sich der Verfall
jeder politischen Einrichtung prophezeyen aus dem Stillstande derselben, ohne Rücksicht auf das Fortschreiten der Zeit und der Nach-
barn. Das Gebäude des Staates verfällt, wie jedes andere, wenn
es nicht beständig durch Erneuerung erhalten wird. Der Nahme

') 1696. ²) 1796.

Türke ist ein Schimpfnahme, sowohl im Munde des Europäers, als des Osmanen, und, beym Lichte besehen, aus demselben Grunde. Dem Osmanen ist der Türke der ungeschlachte, aller Cultur und Sittigung fremd gebliebene Sohn der Steppe, dem Europäer der in seinen Reichs= und Glaubensformen eingerostete, asiatische Barbar. Der Osmane schilt den rohen Turkmanen, der Europäer den Osmanen Türke. In diesem Sinne leidet der Nah=me Türke noch weitere Ausdehnung von dem Bosporos bis an die gabitanische Meerenge. Wenn das osmanische Reich schon längst kein eroberndes mehr, schon längst in die Gränzen der Donau und des Kuban im Norden, des ägyptischen Gestades im Süden des Euphrat und Tigris im Osten gebannt ist, so ist der Grund kein anderer, als weil dasselbe nicht fortgeschritten, sondern stehen geblieben, wie der lebendige Strom, wenn er zu fließen aufhört, zum Sumpf wird, mit einem Worte, weil die Türken Türken.

Die Äußerung, daß die Türken Türken, soll uns jedoch zu keinem ungerechten Urtheile über den Charakter des Volkes verleiten, welchem im osmanischen Reiche weniger als irgend wo anders das Verderbniß der Regierung angeschuldiget werden darf; eben so wenig zu einem unbilligen Urtheile über die Regierung selbst, so lange dieselbe die alte Reichsverfassung noch in voller Kraft auf=recht zu erhalten im Stande war. Um den Türken aus historischem Gesichtspuncte billig zu beurtheilen, vergesse man ja nicht, daß er die Fessel des Islams trägt, welcher, dem Geiste seiner Satzun=gen nach, die unduldsamste aller Religionen, nach Weltherrschaft, und folglich nach steter Eroberung strebt [1]). Die Fetwa des cypri=schen und persischen Krieges erklären laut die Rechtmäßigkeit des Friedensbruches, sobald derselbe vortheilhaft. Vier Jahrhunderte lang gewährten die Osmanen den Ungläubigen bloß Capitulation und keinen beständigen Frieden, und die Verewigung desselben fand so vielen Widerspruch, weil sie ausdrücklich wider den Sinn des Gesetzes. Aus diesem Gesichtspuncte betrachtet, haben die Os=manen, durch die erste Einrichtung stehender Heere, durch ver=vollkommnete Kriegszucht, und vorzüglich durch die Knabenlese der Janitscharen = Recruten, in verfeinerter aber unmenschlicher Staatskunst islamitischen Despotismus bey weitem die Perser und selbst die Araber übertroffen, denen ihr Montesquieu, Ibn Chal=

---

[1]) Raffles Memoir of the life etc. p. 78; Mackintosh in seiner Geschichte S. 125.

dun, mit Recht die Unstätigkeit ihrer Staatseinrichtungen vor=
wirft. Das Steuerruder der Regierung führten selten eingeborne
Türken, meistens ursprüngliche Christenknaben, Griechen, Illy=
rier, Albaneser, Servier, Croaten, auch Ungarn und Deutsche,
durch die Knabenlese zu Recruten und Pagen, zu blinden Werk=
zeugen der Herrschaft auserwählt mit Entfernung von allen Ban=
den des Blutes und des Glaubens der Väter. Unter Suleiman
Kanuni blühte die Herrschaft des Gesetzes und auch die Macht des
Reiches. Die Regierungskunst nennt der Türke, Perser und Ara=
ber Riaset [1]), d. i. die Schiffsleitung, von dem natürlichen Bil=
de der Führung des Staatsruders durch die Wogen des Volkes und
der Zeit, aber dieselbe erscheint diesen drey Völkern unvollständig,
ohne die Handhabung nothwendiger Strenge, welche Siaset
heißt, nach dem von der Führung des Pferdes hergenommenen
arabischen Worte [2]). Mittel und Ziel dieser Doppelkunst, das
Staatsschiff sicher zu lenken, und den Volksgaul straff im Zaume
zu halten, ist die Beobachtung des Gesetzes, so daß auch hier, wie
in jedem wohlgeordneten Staate, der höchste Zweck desselben, der
Sieg des Rechtes, erreichbar ist. Der Begriff politischer Freyheit
fehlt dem Vorder=Asiaten, er kennt nur die bürgerliche des Frey=
gelassenen oder Freygeborenen, im Gegensatze des gekauften oder ge=
borenen Sclaven; der Perser kannte die religiöse Freyheit der Lehre
Serduscht's, deren Symbol die freye Cypresse und die freye Lilie; der
Araber kennt nur die Freyheit des Beduinen, d. i. des rohen Natur=
zustandes des Wilden, dessen Hand gegen Jedermann, und Jeder=
manns Hand gegen ihn; der Osmane, als er in der Hälfte des
achtzehnten Jahrhundertes sich mit der Freyheit der Pohlen und
der Unabhängigkeit der Tataren der Krim bekannt machen mußte,
fand dafür kein anderes Wort, als das der Kopfgebundenheit [3]),
weil dem Sclaven das Recht untersagt ist, den Kopf zu umwin=
den, wie schon bey den Römern nur der Freye den Hut tragen
durfte. Nicht so fremd sind dem Osmanen die Begriffe der Huma=
nität [4]) und des Gemeinwesens; das Wort Republik [5]) findet sich
sogar in dem stehenden Amtstitel der Wesire [6]). Die musterhafteste
von allen osmanischen Staatseinrichtungen ist ganz gewiß die von
S. Mohammed II. gegründete, von S. Suleiman I. vervoll=

---

[1]) Reis d. i. das Haupt heißt insgemein der Schiffscapitän. [2]) Seis, der
Stallknecht. [3]) Serbestijet. [4]) Insanijet. [5]) Dschumhur. [6]) Leiter der Geschäfte
des gemeinen Wesens.

kommnete Hierarchie der Ulema, dieser aristokratischen Innung
des Lehrfaches und des Richteramtes, welche, eine Art von ge=
setzgebendem Körper, den Herdschaften der Truppen das Gleichge=
wicht, und selbst den Despotismus im Zaume hielt; kein Erbadel,
aber eine Kammer des Verdienstadels der Wissenschaft des Gese=
tzes, eine Aristokratie von Gottes= und Rechtsgelehrten, von
Richtern und Professoren, deren Stätigkeit hauptsächlich das
Schiff des Staates aus so vielen Stürmen des Despotismus und
der Anarchie, welche dasselbe zu verschlingen gedroht, gerettet.
Die Professoren in der Türkey sind besser besoldet und höher geach=
tet als in Deutschland und in andern Ländern, England und
Frankreich ausgenommen. Wiewohl die einträglichen Stellen der
Muderris und Richter, des Hofarztes und Hofastronomen, welche
zu den Würden der Oberstlandrichter und zur höchsten des Mufti,
führen, nur auf die beyden Zweige der Gesetzwissenschaften, die
Theologie und Jurisprudenz, beschränkt sind, in welchen eine Le=
gion von Ulema Nahmhaftes geleistet, so wurde durch diese ernsten
Brotstudien doch die Entwickelung höherer Bildung mittelst ethi=
scher, historischer, philologischer, medicinischer und mathemati=
scher Studien, und mittelst der schönen, durch das Gesetz erlaubten
Künste, nähmlich: Poesie, Tonkunst, Redekunst, Baukunst und
Schönschreibekunst, nicht verhindert, sondern befördert; nur
Mahlerey und Bildhauerey gingen, als verbothene, leer aus,
dafür blühten von mechanischen Künsten so viele, deren Stoffe
und Farben der Neid und Wettpreis des Abendlandes: die man=
nigfarbigsten seidenen Stoffe von Haleb, die Sammtkissen von
Brusa, die Shallons von Angora, die weißen Zottenmäntel der
Barbarey, und die schwarzen Schiffskapote von Smyrna, die
Damascener; das rothe Wollengespinnst, die Seife und das Ro=
senöhl von Adrianopel, die Hemden des Archipels (die vormahligen
koischen Gewänder), die zottigen Handtücher und Badeschürzen,
die gestickten Hand= und Kopftücher, die nachgeahmten Shawle
von Bagdad, die Arbeiten der Golddrahtzieher und Siegelstecher
von Constantinopel u. s. w.; die Musik des türkischen Heeres ha=
ben alle europäischen, so wie von den türkischen Belagerungen die
Minentrommel und Minenschläuche aufgenommen. Die Meister=
stücke osmanischer Baukunst (die Baumeister waren aber meistens
Griechen) erstaunen den Europäer in den Moscheen Constantino=
pel's und Adrianopel's, am Ufer des Bosporos und des Dschemna.

In der Schönschreibekunst, vorzüglich im Taalik, dem unstreitig
schönsten, genialsten und zartesten aller abendländischen und morgenländischen Schriftzüge, wetteiferten die Osmanen mit den
Persern, den ersten Meistern desselben; das Humajunname, d.i.
die berühmte Übersetzung der sogenannten Fabeln Bidpai's, über-
trifft an rednerischem Glanz und Schmucke bey weitem das arabische
und persische Vorbild, ein wahres Musterwerk orientalischer Redekunst in glühender Farbenpracht; noch Größeres leistete ihre Poesie.

Nicht alle Gemüther sind religios, nicht alle Seelen liebevoll,
nicht alle Geister poetisch. Viele Osmanen sind für den Eindruck des
Wohllautes und der Tonkunst unempfänglich; es gibt Gottesläugner,
was Wunder, wenn auch Läugner der Poesie und Geringschätzer
der orientalischen, nicht nur unter dem Publicum der Zeitschriften,
sondern unter den Orientalisten selbst; den von profanirenden Händen deutscher Orientalisten, wie Schulz und seinen Geisterver-
wandten, ausgegangenen Angriff auf das Heiligthum orientalischer
Poesie, haben französische Arabologen als Verehrer, wenn gleich
nicht selbst Priester des heiligen Feuers, abgewehrt. Die letzten
(den ersten derselben, Rückert, zu nennen, sey genug) haben
dem Frevel schweigend zugesehen, und nicht minder wie zuvor,
auf dem Altare der Vesta, d. i. des lebendigen Wortes, zu opfern
fortgefahren. Unparteyischer und befugter als jene Orientalisten
Poesieklasten, haben Göthe, Herder, und spruchfähige Kunstrichter, wie Collin [1]) und Menzel [2]), ohne in die orientalischen
Sprachen eingeweiht zu seyn, der Poesie des Morgenlandes und
den Übersetzern derselben Recht widerfahren lassen; was die Ge-
schmacklosigkeit des deutschen Pedanten, Reiske, durch Motenebbi's
Proben gesündigt, hat des Engländers W. Jones classisches Werk:
Von der asiatischen Poesie, längst gesühnt. Die Übersetzung von Ha-
fis hat den westöstlichen Diwan und Platen's Ghaselen, wie Stahl
den Funken, der im Kiesel schlummert, aus demselben geweckt.
Den Werth Motenebbi's wird die Hamasa, wenn durch Übersetzung bekannter, nur noch erhöhen, und Baki, der größte Lyriker
der Osmanen, wird neben Hafis und Motenebbi den angewiesenen
Platz behaupten. Die Übersetzung der Kleeblattes morgenländischer
Lyrik lag mir als deutschem für die Poesie nicht verwahrlosten,
Orientalisten ob; als Geschichtsschreiber der Osmanen bleibt mir

<hr>

[1]) In den Jahrbüchern der Literatur. [2]) Im Morgenblatte vom 29. März
3830, und m. a. O.

aber noch andere Pflicht zu erfüllen übrig. Die Dichterwerke eines
Volkes sind nicht bloß für zergliedernde Prosaiker da, welche den
Leib des Osiris zerstücken, oder für sylbenmessende Prosodiker,
welche Virgilianisches Loos nur in Sylben stechen, sie sind nicht
bloß als anatomische Leichname dem Scalpell haarspaltender Grammatiker und versespaltender Variantensammler Preis gegeben; die
Poesie eines Volkes ist der treueste Spiegel seines Geistes, Ge-
müthes, Genius und Charakters, sie ist die Flamme des heiligen
Feuers, der Bildung, Sittigung und Religion, welche von dem
Altare der Menschheit zum Himmel auflodert. Aus diesem Gesichtspuncte betrachtet, ward die Poesie der Osmanen dem Geschichtschreiber derselben zum jahrelangen Studium; vor sieben und
dreyßig Jahren ist er zum ersten Mahle im deutschen Merkur, mit
der Übersetzung eines Gedichtes: Von den letzten Dingen, und
des schönen Frühlingsgedichtes Mesihi's, als Übersetzer türkischer
Poesie, aufgetreten, und hat seitdem das zum obigen Behufe ge-
steckte Ziel nie aus den Augen verloren. Wie die Sammlung der
historischen Quellen erst in dreyßig Jahren möglich geworden, so
auch die Sammlung aller Blumenlesen, Denkwürdigkeiten und
Lebensbeschreibungen osmanischer Dichter, an der Zahl nicht weniger als vierzig. Im Laufe der Geschichte konnten nur die Rotten-
führer dieser heiligen Legion mit den Inschriften ihrer Fahnen in
Vorschein kommen, und nur hie und da konnten einzelne Verse historischen Inhaltes angeführt werden. Nun aber soll auf die Geschichte des osmanischen Reiches, als Anhang, die Geschichte der
osmanischen Dichtkunst folgen, als Seitenstück zur Geschichte der
schönen Redekünste der Perser, über deren Werth sich Göthe im
westöstlichen Diwan so vortheilhaft ausgesprochen; nur weit gründ-
licher und erschöpfender als jene, weil zur Geschichte der persischen
Dichtkunst nur vier Werke, zu der der osmanischen Geschichte
aber vier und zwanzig zu Gebothe standen, weßhalb hier nicht,
wie dort, bloß die Proben von zweyhundert, sondern von noch
zweytausend Dichtern und Verskünstlern geliefert werden sollen. Das Erstaunen über solchen Reichthum wird sich vermin-
dern, das Interesse an dem Gehalte desselben vermehren, sobald
man weiß, daß die Türken zwar von keinem ursprünglichen und
eigenthümlichen poetischen Genius, wie die Araber und Perser,
beseelt, sich doch alle Schätze der geistigen Cultur dieser beyden
Völker angeeignet, und daß sie sich in dieser Hinsicht, wie in so

mancher anderen, zu den Persern und Arabern verhalten, wie die
Römer zu den Griechen. Wie Homer und Hesiod aus Virgil, wie
Pindaros, Alkaios, Sappho, Anakreon aus Horaz, wie Menan=
der aus Plautus und Terentius wiederstrahlen, so persische und
arabische Poesie aus der osmanischen. Vieles, was heute weder
im Arabischen noch Persischen mehr aufzufinden, hat sich hier in
Übersetzung oder Nachahmung erhalten, nicht etwa wie vertrock=
nete Blumen in Kräuterbüchern, mit verwischten Farben und
Glanze, sondern wie Wassertropfen und Blüthenstaub in durch=
sichtigem Bernsteine unversehrt bewahrt. Die Geschichte der os=
manischen Poesie erscheint daher nicht nur als ergänzender Anhang
zur Geschichte des Volkes, sondern auch als eine Blüthenlese ara=
bischer und persischer Poesie, welche die Osmanen in Saft und
Blut verkehret haben.

Die Poesie, überall mit der Religion verschwistert, geht
vorzüglich beym Morgenländer vom Lobe Gottes aus, und führt
zu selbem auf mystischem Wege zurück. Der Wahlspruch morgen=
ländischer Dichter ist der Koranvers: Wir sind Gottes, und kehren
zu Ihm zurück. Aber nicht nur die Poesie, sondern auch die Ge=
schichte führt zu Gott, indem durch sie die Pfade ewiger Vorse=
hung und Vergeltung aufgehellt werden; Anderen mag sie als Leh=
rerinn der Staatsklugheit, die in der Wüste dem Schilfrohre pre=
digt, Anderen als bloße Buchführerinn menschheitentehrender
Gräuel erscheinen, dem Morgenländer ist sie die enthüllte Schrift
der Tafel des Schicksals, deren Anfang und Ende in undurchdring=
bares Dunkel gehüllt, und auf der nur einzelne Züge dem Auge
des Menschen lesbar; aber jeder dieser Züge verkündet laut die
Wege ewiger Vorsehung und Vergeltung in den Schicksalen der
Individuen, wie in denen der Völker, in denen der Herrscher, wie
in denen der Reiche, und flößt die Bitte ein: daß uns dein Reich
zukomme! nähmlich das Reich der Vernunft und des Rechtes, der
Wahrheit und Liebe. Mit Liebe und Wahrheit, und im Nahmen
Gottes, der die ewige Wahrheit und Liebe, habe ich die Feder er=
griffen, und lege dieselbe eben so nieder. Der Deutsche und jedes
religiose Gemüth verstehen mich, aber für die französischen und
englischen Kritiker und Übersetzer, welche diese meine in der Vor=
rede abgegebene Sinnesäußerung, mit prédilection und charity
übersetzet haben, muß ich noch einmahl erläutern, daß weder be=
günstigende Vorliebe, noch bemitleidende Nächstenliebe meinen

Geschichtskiel geführt, sondern bloß die Liebe zur Sache, d. i. zur Geschichte überhaupt, und insbesondere zu der des osmanischen Reiches, zu deſſen ſprachlichem Geſchäftsverkehre ich von Jugend auf erzogen worden bin. Ich hoffe, das Zeugniß zu verdienen, daß ich der Liebe und der Wahrheit gleich treu geblieben, indem ich keine Mühe, keine Opfer geſcheut, mich meinem Zwecke ganz hingegeben, die Wahrheit weder verſchwiegen noch entſtellet habe. Ein Beweis meiner Ehrfurcht vor derſelben, und dem, jedem Geſchichtſchreiber vorzuhaltenden Spruche: Die Wahrheit, nichts als die Wahrheit, und die ganze Wahrheit, liegt ſelbſt in dem Aufhören der Geſchichte von dem Zeitpuncte an, wo ich dieſelbe weder ſo vollkommen, noch ſo frey, wie bisher, ſchreiben können. Die beſte Controlle des Geſchichtſchreibers iſt die Erforſchung der Quellen durch Andere; die von mir vorzüglich zum Grunde gelegten Reichsgeſchichten ſind größten Theils zu Conſtantinopel im Druck erſchienen, und ſind auf mehreren öffentlichen Bibliotheken vorhanden; wo ſie nicht vorhanden ſind, ſollten ſie angeſchafft werden, indem das osmaniſche Reich doch wenigſtens eben ſo viele Berückſichtigung der Gelehrten und Geſchichtsforſcher verdient, als das byzantiniſche, und auf Bibliotheken, wo das Corpus Byzantinorum vorhanden, auch die zu Conſtantinopel gedruckten Reichshiſtoriographen nicht fehlen ſollten. Meine eigenen Handſchriften liegen auf der kaiſerlichen Bibliothek zu Wien den Orientaliſten zur Benützung offen, und ſelbſt die kaiſerlichen Archive ſind fremden Gelehrten nicht unzugänglich, wie Pertz, Ranke, Coxe, Mackintoſh bezeugen. Jede Nachforſchung der Quellen wird den Inhalt dieſer Geſchichte beſtätigen; einzelne, theils von anderen, theils ſelbſt gerügte, und in dieſer Auflage bereits verbeſſerte unweſentliche Irrthümer und Verſehen, ſind wohl Beweiſe ſchriftſtelleriſcher Gebrechen und menſchlicher Unvollkommenheit, thun aber weder der Wahrheitsliebe des Verfaſſers Eintrag, noch dem Werthe des Werkes im Ganzen Abbruch. Liebloſen Kritikern und wahrheitentſtellenden Recenſenten habe ich nichts zu ſagen; billige Leſer und Kunſtrichter werden mich, ſo wie ich geſchrieben, beurtheilen, nähmlich mit Liebe und Wahrheit, und hoffentlich das Zeugniß nicht verſagen, daß der nun, Gott ſey Dank! ausgemeißelte Memnonskoloß dieſer Geſchichte im Morgenlichte wiedertönt von Wahrheit und Liebe.

Geschlechtstafeln

und

Folgen von Herrschern und Großbeamten.

I.

Osmanische Sultane.

S. Mustafa II.,

geboren am 8. Silkide 1074 (2. Junius 1664), entthront am 9. Rebiul=achir 1115 (22. August 1703), gestorben am 22. Schaaban 1115 (31. Dec. 1703). (Raschid II. Bl. 29.)

Söhne:

1) S. Mahmud (I.), geboren am 3. Moharrem 1108 (2. August 1696).
2) S. Osman (III.), geboren i. J. 1108 (1696).
3) S. Mohammed, geboren i. J. 1110 (1698).
4) S. Hasan, geboren am 26. Ramasan 1110 (28. März 1699).
5) S. Husein, geboren am 6. Silkide 1110 (6. May 1699).
6) S. Murad, geboren i. J. 1114 (1702).
7) S. Ahmed, geb. am 1. Schewwal 1114 (18. Febr. 1703), gest. im Aug. 1703.
8) S. Murad, geb. am 14. Schewwal 1114 (3. März 1703), gest. am 20. Schaaban 1115 (29. Dec. 1703).

Töchter:

1) Aische, geb. i. J. 1107 (1695), vermählt mit Nuumanpascha Köprili. (Raschid II. Bl. 59.)
2) Rakiie, gest. am 15. Schaaban 1110 (24. Dec. 1703).
3) Emine, vermählt mit Tschorlili Alipascha. (Raschid II. Bl. 59.)
4) Seineb, gest. am 2. Ramasan 1117 (18. Dec. 1705). (Raschid II. Bl. 44.)
5) Umettullah, gest. im Schaaban 1139 (April 1727). (Tschelebisade Bl. 115.)
6) Ssafiie, vermählt mit dem Sohne Alipascha's von Tschorli im Rebiul=ewwel 1122 (May 1710). (Raschid II. Bl. 77.)

Ahmed III., Sohn Mohammed's IV.,

geboren am 3. Ramasan 1084 (12. Dec. 1673), entthront am 1. Oct. 1730, gest. im Moharrem 1152 (April 1739).

Söhne:

1) S. Mohammed, geb. am 7. Schaaban 1108 (1. März 1697) (Raschid II. Bl. 45), gest. am 18. Moharrem 1115 (3. Junius 1703). (Raschid I. Bl. 275.)
2) S. Isa, geb. am 10. Silkide 1117 (23. Febr. 1706) (Raschid II. Bl. 45), gest. am 10. Ssafer 1118 (24. May 1706). (Raschid II. Bl. 49.)
3) S. Ali, geb. am 8. Rebiul=ewwel 1118 (20. Junius 1706) (Raschid II. Bl. 49), gest. am 3. Dschemasiul=achir 1118 (12. Sept. 1706). (Raschid II. Bl. 50.)

4) S. Selim, geb. am 19. Dſchemaſiul-ewwel 1118 (29. Aug. 1706), geſt. am 14. Moharrem 1120 (5. April 1708). (Raſchid II. Bl. 59.)

5) S. Murad, geſt. am 14. Moharrem 1120 (5. April 1708). (Raſchid II. Bl. 58.)

6) S. Selim II., geb. i. J. 1127 (1715). (Raſchid II. Bl. 105.)

7) S. Abdulmelek, geb. am 9. Schewwal 1121 (12. Dec. 1709) (Raſchid II. Bl. 75), geſt. am 17. Moharrem 1123 (7. März 1711). (Raſchid II. Bl. 76.)

8) S. Murad, geb. am 21. Schaaban 1119 (17. Nov. 1707).

9) S. Bajeſid, geſt. i. J. 1184 (1770). (Waßif II. Bl. 143.)

10) S. Seifeddin, geb. am 21. Dſchemaſiul-achir 1140 (3. Febr. 1728) (Tſchelebiſade Bl. 138), geſt. i. J. 1145 (1732). (Ssubhi Bl. 48.)

11) S. Haſan.

12) 13) S. Mohammed und Muſtafa (III.), geb. im Ssafer 1129 (Januar 1717), der letzte ſtarb am 21. Januar 1774. (Waßif II. Bl. 278.)

14) S. Suleiman, geſt. i. J. 1145 (1732). (Ssubhi Bl. 48.)

15) S. Abdullah, geb. und geſt. am 6. Ssafer 1132 (19. Dec. 1719) (nach Wirmond am 17. Dec. 1719). (Raſchid III. Bl. 43.)

16) S. Nuuman, geb. im Dſchemaſiul-ewwel 1135 (Febr. 1723) (Tſchelebiſade Bl. 7), geſt. am 5. Redſcheb 1178 (29. Dec. 1764). (Waßif Bl. 265.)

17) S. Abdulhamid (I.), geb. am 5. Redſcheb 1137 (20 März 1725). (Tſcheleb. Bl. 61.)

18) S. Suleiman, geb. am 29. Dſchem.-achir 1122 (25. Aug. 1710). (Raſchid II. Bl. 80.)

19) S. Mahmud, geſt. 4. Junius 1756.

Töchter:

1) Fatima S., geb. am 22. Dſchemaſiul-achir 1116 (22. Oct. 1704) (Raſchid II. Bl. 36), geſt. im Siltide 1145 (May 1733). (Ssubhi Bl. 53.)

2) Chadidſche I., geb. am 16. Schewwal 1118 (21. Januar 1707). (Raſchid II. Bl. 51), geſt. am 27. Schewwal 1119 (21. Januar 1708). (Raſchid II. Bl. 57.)

3) Rakiie, geb. am 3. Moharrem 1119 (6. April 1707) (Raſchid II. Bl. 52), geſt. am letzten Schewwal 1119 (23. Januar 1708) (Raſchid II. Bl. 56), 10 Monathe alt.

4) Aiſche, geb. am 11. Schewwal 1127 (11. Oct. 1715) (Raſchid II. Bl. 133), vermählt mit Mohammed Silihdar i. J. 1171 (1757). (Waßif Bl. 207.)

5) Ssaliha S., geſt. i. J. 1127 (1715). (Raſchid II. Bl. 105.)

6) Zwey Töchter, Seineb S. I., und 7) Umm Kulsum, an einem Tage geboren, am 21. Schewwal 1118 (26. Januar 1707) (Raſchid II. Bl. 57, nach Talman am 6. Febr.); Seineb S. geſt. am 20. Redſcheb 1120 (5. Oct. 1708) (Raſchid II. Bl. 60) und Umm Kulsum geſt. i. J. 1145 (1732). (Ssubhi Bl. 48.)

8) Seineb II., vermählt mit Muſtafapaſcha, dem Großweſir, geb. am 9. Schewwal 1121 (12. Dec. 1709) (Raſchid II. Bl. 75), geſt. im Dſchemaſiul-ewwel 1122 (Julius 1710). (Raſchid II. Bl. 79.)

9) Rabiia, geb. am 16. Moharrem 1132 (29. Nov. 1719). (Raſchid III. Bl. 43.)

10) Ummetullah, geb. am 16. Silhidſche 1135 (17. Sept. 1723) (Tſchelebiſade Bl. 17), geſt. am 7. Siltide 1136 (28. Julius 1724). (Raſchid III. Bl. 43.)

11) Naile S., geb. im Dſchemaſiul-achir 1137 (Febr. 1725) (Tſchel. Bl. 61), geſt. am 15. Rebiul-achir 1139 (10. Dec. 1726). (Tſchel. Bl. 111.)

12) Naſife S., geſt. im Redſcheb 1137 (März 1725). (Tſchel. Bl. 68.)

13) Esma S., geb. am 10. Redſcheb 1138 (14. März 1726). (Tſchel. Bl. 90.)

14) Ssabiha, geb. am 24. Rebiul-achir 1139 (19. Dec. 1726). (Tſchel. Bl. 108.)

15) Rebia S., geb. am 14. Rebiul-ewwel 1140 (30. Oct. 1727) (Tſchel. Bl. 127), geſt. am 23. Schaaban 1140 (4. April 1728). (Tſchel. Bl. 139.)

16) Sobeide, geb. am 17. Schaaban 1140 (29. März 1728) (Tſchel. Bl. 139), geſt. am 6. Ramaſan 1171 (14. May 1758). (Waßif Bl. 80.)

17) Umm Selma, geſt. i. J. 1145 (1732). (Ssubhi Bl. 48.)

18) Seineb III., geſt. am 25. März 1774, dem kleinen Silihdar Melek Ahmedpaſcha vermählt i. J. 1171 (1757).

19) Chadidſche II., geb. am 3. Schaaban 1122 (27. Sept. 1710). (Raſchid II. Bl. 81.)

20) Emine, geſt. i. J. 1145 (1732). (Ssubhi Bl. 48.)

S. Mahmud I., Sohn Muſtafa's II.,

geboren am 3. Moharrem 1108 (2. Auguſt 1696), geſtorben am 27. Ssafer 1168 (13. December 1754).

S. Osman III., Sohn Muſtafa's II.,

geboren i. J. 1108 (1696), geſtorben am 16. Ssafer 1171 (30. Oct. 1757).

S. Muſtafa III.,

geb. im Ssafer 1129 (Febr. 1717), geſt. am 3. Schewwal 1187 (24. Dec. 1773).

Söhne:

1) S. Selim, geb. am 27. Dſchemaſſiul-ewwel 1175 (24. Dec. 1761). (Waßif I. S. 206); entthront am 29. Julius 1808.

2) S. Mohammed, geſt. am 9. Schewwal 1180 (10. Januar 1767). (Waßif I. S. 284.)

Töchter:

1) Hebetullah S., geb. am 15. Redſcheb 1172 (14. März 1759). (Waßif I. Bl. 153); geſt. im Silhidſche 1175 (Julius 1762). (Waßif I. Bl. 214.)

2) Mihrmah I. S., geb. 1760, geſt. 1763.

3) Schah S., geb. am 14. Ramaſan 1174 (19. April 1761). (Waßif I. Bl. 196); vermählt mit Mohammed Eminpaſcha i. J. 1181 (1767). (Waßif I. Bl. 304.)

4) Mihrmah II. S., geb. am 17. Rebiul-ewwel 1176 (6. Oct. 1762). (Waßif I. Bl. 217); geſt. am 21. Febr. 1769.

5) Beighan, geb. am 2. Schaaban 1179 (14. Januar 1766).

6) Chadidſche S., geb. am 7. Moharrem 1182 (24. May 1768). (Waßif I. Bl. 308.)

S. Abdulhamid, Sohn Ahmed's III.,

geb. am 5. Redſcheb 1137 (2. März 1725). (Tſchelebiſade Bl. 61.)

II.

Die perſiſche Dynaſtie der Ssafi.

9) Schah Suleiman, der Sohn Abbas II., beſteigt den Thron am 25. Sept. 1660, ſtirbt im Julius 1694.

10) Schah Huſein I., Sohn Schah Suleiman's, entthront durch den Afghanen am 26. Oct. 1722.

Perſiſche Thronanmaßer,

nach dem Tode Nadirſchah's in Partheyungen zerriſſen, die theils Abkömmlinge der Ssafewi, theils der Familie Nadirſchah's, theils Häupter mächtiger Stämme.

A.

Nadirſchah's Familie.

1) Alikulichan, ſpäter Aadilſchah genannt.

2) Ibrahim, Bruder Alikulichan's.

3) Schahroch, der von Nadirſchah ernannte Nachfolger.

B.

Abkömmlinge der Ssafewi.

4) Seid Mohammed, ein Enkel Schah Suleiman's.

5) Ismail Mirſa, ein Neffe Schah Huſein's.

6) Huſein Mirſa, angeblicher Sohn Schah Tahmasip's.

7) Ssafi Mirſa.

C.

Häupter von Stämmen.

8) Bachili Mohammedchan, aus dem Stamme der Effſcharen, in Arran.

9) Aſadchan, aus dem Stamme der Effſcharen, in Ardelan.

10) Ali Merdan, aus dem Stamme der Bachtiaren, in Irak.

11) Sendkerim, aus dem Stamme der Send, in Fars.

12) Ahmedchan, der Afghane, zu Kandahar.

13) Tahmuras und ſein Sohn Heraclius, in Perſien.

14) Mohammed Huſeinchan, der Katſchare, Ahnherr der in Perſien herrſchenden Dynaſtie.

III.

Großmogole.

9) Mohammed Orengſib, Sohn Churremſchah's (bey Deguignes fils de Corum), bis ins Jahr 1707.

10) Schah Alem, Sohn Orengſib's, bis ins Jahr 1118 (1707).

11) Moaſeddin Dſchihandar Schah, bis ins Jahr 1124 (1712).

12) Mohammed Ferruch Sir, ebenfalls bis ins Jahr 1124 (1712).

13) Abuberekat Refi=ed Deredſchet, bis ins Jahr 1131 (1718).

14) Refi=ed=Dewlet.

15) Naſireddin Mohammed Schah, beyde bis ins Jahr 1131 (1719).

16) Abunnaſer Ahmed Schah, bis ins Jahr 1161 (1748).

17) Aſifeddin Mohammed Alemgir II., bis ins Jahr 1167 (1754).

18) Dſchelaleddin Alemſchah, bis ins Jahr 1175 (1762).

IV.

Chane der Krim.

29) Dewletgirai, der Sohn Selimgirai's, ſeines Vorfahrs, beſteigt den Thron am 25. März 1699, abgeſetzt am 6. Schaaban 1114 (26. Dec. 1702). (Raſchid I. Bl. 270.)

30) Selimgirai, des vorhergehenden Vater, zum vierten Mahle, ſtirbt am 24. Schaaban 1116 (22. Dec. 1704).

31) Ghaſigirai, der zweyte Sohn Selimgirai's, abgeſetzt im Moharrem 1119 (April 1707).

32) Kaplangirai (Raſchid II. Bl. 61), abgeſetzt am 27. Ramaſan 1119 (22. Dec. 1707).

33) Dewletgirai, abgeſetzt am 2. Rebiul=ewwel 1125 (29. März 1713). (Raſchid II. Bl. 95.)

34) Kaplangirai, zum zweyten Mahle, bis ins Jahr 1716.

35) Dewletgirai, zum dritten Mahle, bis zum Moharrem 1129 (16. Dec. 1716). (Raſchid II. Bl. 173.)

36) Kara Dewletgirai, von einer ganz andern Linie, als von den Söhnen Selim= girai's (Raſchid II. Bl. 173), ſtarb am 14. Moharrem 1129 (29. Dec. 1716). Dieſer

fehlt in der hist. de la Chers. taur. ganz und gar, weil er mit dem vorigen ver=
mengt wird.

37) **Seadetgirai**, noch im ſelben Jahre (Raſchid II. Bl. 177), abgeſetzt am 27. Mo=
harrem 1137 (16. Oct. 1724). (Tſchelebiſade Bl. 48.) [1]

38) **Mengligirai** (ſeine Söhne Halimgirai und Schahingirai), der Kalgha Ssafagirai
nach Chios verbannt, und ſeine Stelle dem Sohne Selimgirai's, Aadilgirai, ver=
liehen (Tſchel. Bl. 78), abgeſetzt am 10. Rebiul=achir 1143 (23. Oct. 1730).

39) **Kaplangirai**, zum dritten Mahle, am 23. Oct. 1730; abgeſetzt am 6. Sept. 1736.
(Geſandtſchaftsbericht in der St. R.)

40) **Fethgirai**, abgeſetzt am 27. Rebiul=ewwel 1150 (25. Julius 1737). [2]

41) **Mengligirai**, zum zweyten Mahle, i. J. 1150 (1737) (Ssubhi Bl. 111), ſtarb als
Chan i. J. 1152 (1739). (Ssubhi Bl. 170.)

42) **Selimgirai**, abgeſetzt i. J. 1743.

43) **Selametgirai**, abgeſetzt i. J. 1743.

44) **Selimgirai**, zum zweyten Mahle, abgeſetzt im May 1748.

45) **Arslangirai**, alsbald wieder abgeſetzt. (Waßif I. Bl. 151.)

46) **Halimgirai** [3]), abgeſetzt i. J. 1172 (1758). (Waßif I. S. 151.)

47) **Krimgirai** [4]), i. J. 1172 (1758) (Waßif I. Bl. 151); abgeſetzt am 5. Redſcheb
1177 (9. Januar 1764).

48) **Selimgirai** [5]), abgeſetzt im Silkide 1180 (April 1767).

49) **Arslangirai**, abgeſetzt i. J. 1181 (1768).

50) **Makßudgirai**.

51) **Krimgirai**, zum zweyten Mahle, ſtirbt vergiftet im März 1769. (Waßif I. Bl.
325 und Tott.)

52) **Dewletgirai**, abgeſetzt am 2. März 1770. (Waßif II. Bl. 61.)

53) **Kaplangirai**, Sohn Selimgirai's, abgeſetzt i. J. 1184 (1770). (Waßif II. S. 135.)

54) **Selimgirai**, zum zweyten Mahle. (Waßif II. Bl. 135.)

55) **Makßudgirai**.

56) **Schahbgirai**, nach der Eroberung der Krim von den Tataren erwählt.

57) **Dewletgirai**, zum dritten Mahle von den Osmanen ernannt.

V.

Stamm der Köprili [6]).

Mohammed, Großweſir.		Haſan.
Ahmed, Großweſir. Muſtafa, Großweſir. Ali.		Huſein Großweſir.
Abdullah. Nuuman, Großweſir. Esaad.		
Abdurrahman. Ahmed.		

[1]) Die hist. de la Chers. taur. ſchaltet hier den Dewletgirai und einen Mentigirai
ein, und läßt dann erſt den Mengligirai folgen; davon weiß die Reichsgeſchichte nichts,
indem Seadetgirai erſt i. J. 1724 abgeſetzt, unmittelbar den Mengli zum Nachfolger hat,
vermuthlich iſt Menti nur eine Verſtümmelung von Mengli. [2]) Dieſer fehlt in der hist.
de la Chers. taur. ganz und gar. [3]) Halim, d. i. der Sanftmüthige, nicht Alim, d. i.
der Wiſſende, wie denſelben die hist. de la Chers. taur. ſchreibt. Waßif ſpielt noch mit
dem Worte Halimgirat Hilmi iſrat ile maaruf, d. i. Halim, deſſen übermäßige Sanft=
muth allbekannt; auch iſt's nicht richtig, daß, wie die hist. de la Chers. taur. ſagt,
Kerim (Krim) ihm folgte. (Waßif I. Bl. 151.) [4]) Krim war der Nahme des Chans,
nicht Kerim, d. i. der Wohlthätige, wie in der hist. de la Chers. taur. [5]) Fehlt in der
hist. de la Chers. taur. ganz und gar, indem dieſe auf Krimgirai Makßudgirai (p. 410)
folgen läßt. [6]) Siehe III. Bd. S. 537, 686, und IV. Bd. S. 12, 36, 39, 46, 56, 90,
157, 225, 232, 233, 259, 262, 276, 311, 312, 313, 339.

VI.

Großweſire.

Unter S. Muſtafa II.

115) Amudſchaſade Huſein Köprili, entlaſſen auf ſein Anſuchen am 12. Rebiul-achir 1114 (5. Sept. 1702).

116) Daltaban Muſtafapaſcha, abgeſetzt am 6. Ramaſan 1114 (24. Januar 1703).

117) Rami Mohammedpaſcha, abgeſetzt am 9. Rebiul-achir 1115 (22. Aug. 1703).

Unter S. Ahmed III.

118) Niſchandſchi Ahmedpaſcha, abgeſetzt am 7. Redſcheb 1115 (16. Nov. 1703).

119) Damad Haſanpaſcha, abgeſetzt am 28. Dſchemaſiul-ewwel 1116 (28. Sept. 1704).

120) Kalailikoſ Ahmedpaſcha, abgeſetzt am 27. Schaaban 1116 (25. Dec. 1704).

121) Baltadſchi Mohammedpaſcha, abgeſetzt am 19. Moharrem 1118 (3. May 1706).

122) Tſchorlili Alipaſcha, abgeſetzt am 17. Rebiul-achir 1122 (15. Junius 1710).

123) Köprili Nuumanpaſcha, der fünfte und letzte Köprili Großweſir, abgeſetzt am 21. Dſchemaſiul-achir 1122 (7. Auguſt 1710).

124) Baltadſchi Mohammedpaſcha, zum zweyten Mahle, abgeſetzt am 9. Schewwal 1123 (20. November 1711.)

125) Juſufpaſcha, abgeſetzt am 11. Schewwal 1124 (11. November 1712).

126) Suleimanpaſcha, abgeſetzt am 10. Rebiul-ewwel 1125 (6. April 1713).

127) Ibrahim Chodſcha, abgeſetzt am 11. Rebiul-ewwel 1125 (27. April 1713).

128) Damad Alipaſcha, blieb in der Schlacht von Peterwardein am 17. Schaaban 1128 (15. Auguſt 1715).

129) Chalilpaſcha, abgeſetzt nach der Schlacht von Belgrad.

130) Niſchandſchi Mohammedpaſcha, abgeſetzt am 8. Dſchem.-achir 1130 (9. May 1718).

131) Damad Ibrahimpaſcha, im Aufruhre erſchlagen am 18. Rebiul-ewwel 1143 (1. October 1730).

Unter S. Mahmud. I.

132) Silihdar Mohammed paſcha, abgeſetzt am 13. Redſcheb 1143 (22. Januar 1731).

133) Ibrahimpaſcha Kabakulak, d. i. das Grobohr, abgeſetzt am 9. Rebiul-ewwel 1144 (11. September 1731).

134) Topal Osmanpaſcha, abgeſetzt am 15. Ramaſan 1144 (12. März 1732).

135) Hekimſade (d. i. der Doctorsſohn) Alipaſcha, abgeſetzt am 22. Ssafer 1148 (14. Julius 1735).

136) Ismailpaſcha, abgeſetzt am 9. Schaaban 1148 (25. December 1735).

137) Silihdar Esseid Mohammedpaſcha, abgeſetzt am 8. Rebiul-achir 1150 (5. Auguſt 1737).

138) Muhsinſade Abdullahpaſcha, Vater des Großweſirs, welcher den Frieden von Kainardſche ſchloß, abgeſetzt am 26. Schaaban 1150 (19. December 1737).

139) Jegen Mohammedpaſcha, abgeſetzt am 12. Silhidſche 1151 (23. März 1739).

140) Elhadſch Auſſade Mohammedpaſcha, abgeſetzt am 28. Rebiul-ewwel 1153 (23. Junius 1740).

141) Elhadſch Ahmedpaſcha, abgeſetzt am 1. Ssafer 1155 (7. April 1742).

142) Hekimſade Alipaſcha, zum zweyten Mahle, abgeſetzt am 1. Schaaban 1156 (20. September 1743).

143) Haſanpaſcha, abgeſetzt am 22. Redſcheb 1159 (10. Auguſt 1746).

144) Elhadsch Mohammedpascha Terjaki, abgesetzt am 17. Schaaban 1160 (24. August 1747).

145) Esseid Abdullahpascha, abgesetzt am 23. Moharrem 1163 (3. Januar 1750).

146) Emin Mohammedpascha Diwitdar, abgesetzt am 17. Schaaban 1165 (30. Junius 1752).

147) Mustafapascha, abgesetzt am 4. Dschemasiul=ewwel 1168 (16. Febr. 1755).

Unter S. Osman III.

148) Hekimsade Alipascha, abgesetzt nach drey und fünfzig Tagen, von seiner An= kunft zu Constantinopel (27. März) gerechnet, am 7. Schaaban 1168 (19. May 1755).

149) Naili Abdullahpascha, abgesetzt nach sieben und neunzig Tagen, am 16. Silfide 1168 (24. August 1755).

150) Nischandschi Alipascha, hingerichtet am 17. Moharrem 1169 (22. October 1755).

151) Mohammed Saidpascha, abgesetzt am 1. Redscheb 1169 (1. April 1756).

152) Mustafapascha, zum zweyten Mahle, abgesetzt am 10. Rebiul=ewwel 1170 (13. December 1756).

153) Raghib Mohammedpascha, gestorben am 24. Ramasan 1176 (8. April 1763).

Unter S. Mustafa III.

154) Hamid Hamsapascha, abgesetzt am 24. Rebiul=ewwel 1177 (2. Octob. 1763).

155) Mustafa Bahir, zum dritten Mahle, abgesetzt am 7. Schewwal 1178 (30. März 1765) und einen Monath darauf hingerichtet.

156) Muhsinsade, abgesetzt am 23. Rebiul=ewwel 1182 (7. August 1768).

157) Hamsapascha, abgesetzt am 8. Dschemasiul=achir 1182 (20. October 1768).

158) Nischandschi Mohammed Eminpascha, enthauptet am 9. Rebiul=achir 1183 (12. August 1769).

159) Moldowandschi Alipascha, abgesetzt am 13. Schaaban 1183 (12. December 1769).

160) Chalilpascha, abgesetzt am 6. Ramasan 1184 (24. December 1770).

161) Silihdar Mohammedpascha abgesetzt am 4. Ramasan 1185 (11. Decemb. 1771).

162) Muhsinsade, zum zweyten Mahle, gestorben am 26. Dschemasiul=ewwel 1188 (4. August 1774).

VII.

Kapudanpascha.

Unter S. Mustafa II.

87) Huseinpascha Messomorto, gestorben am 15. Rebiul=ewwel 1113 (20. Au= gust 1701).

88) Abdulfettah, gestorben am 3. Schaaban 1115 (23. December 1702).

89) Aschdschi Mohammedpascha, abgesetzt am 4. Schaaban 1114 (13. Dec. 1703).

Unter S. Ahmed III.

90) Osmanpascha, abgesetzt am 16. Dschemasiul=achir 1116 (16 Oct. 1704).

91) Baltadschi Mohammedpascha, abgesetzt am 27. Schaaban 1116 (25. De= cember 1704).

92) Abdurrahmanpascha, abgesetzt am 28. Ramasan 1117 (13. Januar 1705).

93) Welipascha, abgesetzt im Ramasan 1118 (December 1706).

94) Ibrahimpascha, abgesetzt am 23. Schaaban 1121 (28. October 1709).

95) Mohammedpascha, Sohn Kösedsch Alipascha's von Negroponte, abgesetzt am 13. Silfide 1123 (23. December 1711).

96) Elhadſch Ahmedpaſcha, abgeſetzt am 22. Silhidſche 1124 (20. Januar 1713).

97) Ibrahim Chodſcha, abgeſetzt am 8. Rebiul=ewwel 1125 (4. April 1713).

98) Suleimanpaſcha, abgeſetzt am 24. Schewwal 1125 (13. November 1713).

99) Scheichi Mohammedpaſcha, zum zweyten Mahle, abgeſetzt am 19. Silhidſche 1125 (6. Januar 1714).

100) Suleimanpaſcha Chodſcha, abgeſetzt am 16. Silhidſche 1126 (23. December 1814).

101) Dſchanüm Chodſcha Mohammedpaſcha, abgeſetzt am 2. Rebiul=ewwel 1129 (14. Februar 1717).

102) Kiaja Ibrahimpaſcha, zum zweyten Mahle, abgeſetzt (oben Nro. 94) am 22. Rebiul=ewwel 1130 (23. Februar 1718).

103) Suleiman Chodſcha, zum zweyten Mahle, abgeſetzt (oben Nro. 98) im Silfide 1133 (September 1721).

104) Kainak Muſtafapaſcha, bey der Entthronung S. Ahmed's III.

105) Abdipaſcha, abgeſetzt im Rebiul=ewwel 1143 September 1730).

unter S. Mahmud I.

106) Hafif Ahmedpaſcha [1]), abgeſetzt am 25. Rebiul=achir 1143 (7. November 1730).

107) Dſchanüm Chodſcha, abgeſetzt am 4. Dſchemaſiul=ewwel 1148 (15 Nov. 1730).

108) Abdipaſcha, zum zweyten Mahle [2]), abgeſetzt am 10. Silh. 1143 (17. May 1731).

109) Schahin Mohammedpaſcha, abgeſetzt am 20. Rebiul=ewwel 1144 (22. September 1731).

110) Marabut Suleiman Chodſcha, abgeſetzt am 29. Dſchemaſiul = ewwel 1144 (29. November 1731).

111) Bekirpaſcha, abgeſetzt am 18. Silhidſche 1144 (12. Junius 1732).

112) Dſchanüm Chodſcha, zum drittenMahle, abgeſetzt i. J. 1149 (1736). (SsubhiBl.84.)

113) Alipaſcha, ernannt, aber bald darauf geſtorben (S. 513. Note f).

114) Suleimanpaſcha (Ssubhi Bl. 138 und Contareni), geſtorben am 12. Silhidſche 1153 (28 Februar 1741). (Ssubhi Bl. 186.)

115) Jahiapaſcha, abgeſetzt i. J. 1156 (1743). (Ssubhi Bl. 233.)

116) Eltſchi Muſtafapaſcha, abgeſetzt am 3. Julius 1743.

117) Ahmedpaſcha (Ssubhi Bl. 237), abgeſetzt am 11. Schewwal 1157 (17. Nov. 1744). (Iſi Bl. 17.)

118) Mirachor Muſtafapaſcha, abgeſetzt am 24. Rebiul=achir 1159 (16. May 1746). (Iſi Bl. 57.)

119) Ssoghaniemeſ Mahmudpaſcha, abgeſetzt am 14. Silfide 1159 (28. Nov. 1746)

120) Schehſuwarſade Muſtafapaſcha, abgeſetzt i. J. 1163 (1750) (Iſi Bl. 232.)

121) Ebubekrpaſcha, abgeſetzt am 18. Ssafer 1164 (16. Januar 1751).

122) Torak Mohammedpaſcha, abgeſetzt i. J. 1164 (1751).

123) Mohammedbeg (Waſif I. Bl. 10), abgeſetzt i. J. 1168 (1754). (Waſif I. Bl. 52.)

unter S. Osman III.

124) Karabaghi Suleimanpaſcha, angeſtellt i. J. 1168 (1754) (Waſif I. Bl. 52) und abgeſetzt i. J. 1171 (1757).

125) Ali Kel Ahmedpaſchaſade (Waſif I. Bl. 96), angeſtellt i. J. 1171 (1757), abgeſetzt i. J. 1173 (1759). (Waſif I. Bl. 166.)

126) Abdulkerimbeg (Waſif I. Bl. 166), abgeſetzt und geköpft i. J. 1174 (1760) 1174. (Waſif I. Bl. 189.)

---

[1]) In den fortgeſetzten chronologiſchen Tafeln Hadſchi Chalfa's S. 234 Z. 8 ſteht irrig ſtatt Hafif Ahmed, Muſtafapaſcha; in Ssubhi Bl. 14 iſt die Verleihung angeführt.
[2]) Fehlt in den fortgeſetzten Liſten Hadſchi Chalfa's; in Ssubhi Bl. 23 als Nachfolger Dſchanüm Chodſcha's.

127) Muſtafapaſcha, angeſtellt (Waſſif I. S. 190) im Rebiul=ewwel 1174, abge=
ſetzt im Redſcheb 1174 (Februar 1761). (Waſſif I. Bl. 193.)

128) Haſanpaſcha, abgeſetzt i. J. 1175 (1761). (Waſſif I. Bl. 208.)

129) Mohammedpaſcha Turſun (Waſſif I. Bl. 208), bald nach ſeiner Ernennuug
zum Statthalter Ägypten's ernannt.

Unter S. Muſtafa III.

130) Krabaghi Suleimanpaſcha.

131) Kutſchuk Mohammedpaſcha, zum zweyten Mahle (Waſſif I. Bl. 284), ab=
geſetzt am 19. Januar 1767 (Geſandtſchaftsbericht).

132) Osmanpaſchaſadé Ibrahimpaſcha, abgeſetzt am 30. Silhidſche 1183 (26.
April 1770).

133) Hosameddin, Enkel Dſchanüm Chodſcha's, abgeſetzt nach der Schlacht von
Tſcheſchme.

134) Dſchaaferpaſcha.

135) Haſanpaſcha von Algier, nach der Schlacht von Tſcheſchme.

136) Melek Mohammed, der nachmahlige Großweſir, Vater Chadirbeg's.

VIII.

Statthalter von Ägypten.

Unter S. Muſtafa II.

82) Kara Mohammedpaſcha, abgeſetzt am 1. Moharrem 1116 (6. May 1704).

Unter S. Ahmed III.

83) Suleimanpaſcha, abgeſetzt am 7. Dſchemaſiul=achir 1116 (7. Oct. 1704).

84) Rami Mohammedpaſcha, abgeſetzt im Dſchemaſiul=ewwel 1118 (Sept. 1706).

85) Alipaſcha, abgeſetzt im Dſchemaſiul=achir 1119 (Sept. 1707).

86) Damad Haſanpaſcha, zum zweyten Mahle, abgeſetzt am 23. Schaaban 1121
(28. Oct. 1709).

87) Ibrahimpaſcha, abgeſetzt im Dſchemaſiul=achir 1122 (Auguſt 1710).

88) Kösedſch Chalilpaſcha, abgeſetzt im Dſchemaſiul=achir 1123 (Julius 1711).

89) Welipaſcha, abgeſetzt im Schaaban 1126 (Auguſt 1714).

90) Abdipaſcha, abgeſetzt im Redſcheb 1129 (Junius 1717).

91) Kiaja Alipaſcha, zum zweyten Mahle abgeſetzt (oben Nro. 85) am 6. Silkide
1132 (9. September 1720).

92) Redſchebpaſcha, abgeſetzt am 3. Redſcheb 1133 (30. April 1721).

93) Mohammedpaſcha, der vorige Großweſir, abgeſetzt im Moharrem 1138 (Sep=
tember 1725).

94) Alipaſcha Morali, abgeſetzt im Dſchemaſiul=achir 1138 (Februar 1726).

95) Mohammedpaſcha, zum zweyten Mahle, abgeſetzt (oben Nr. 93) im Ssafer
1140 (Sept. 1727).

96) Ebubekrpaſcha, abgeſetzt am 13. Silhidſche 1141 (10. Julius 1729).

97) Köpriliſade Abdullahpaſcha, abgeſetzt im Moharrem 1146 (Junius 1733).
(Ssubhi Bl. 25.)

98) Silihdar Mohammedpaſcha.

99) Osmanpaſcha, abgeſetzt i. J. 1147 (1734). (Ssubhi Bl. 62.)

100) Ebubekrpaſcha, zum zweyten Mahle, abgeſetzt im Redſcheb 1147 (Dec. 1734).

101) Alipaſcha Hekimſade, der vorige Großweſir, abgeſetzt i. J. 1154 (1741).
(Ssubhi Bl. 198.)

102) Jahiapaſcha (Ssubhi Bl. 198), abgeſetzt am 11. Dſchemaſiul=ewwel 1156 (3. Julius 1743). (Ssubhi Bl. 219.)

103) Mohammed Said, abgeſetzt im Moharrem 1157 (Februar 1744).

104) Raghib Mohammedpaſcha, abgeſetzt im Ramaſan 1161 (Sept. 1748). (Iſi Bl. 178.)

105) Ahmedpaſcha, der vorige Großweſir. (Iſi Bl. 178.)

106) Melek Mohammedpaſcha, i. J. 1165 (1751).

107) Baltadſchi Muſtafa (?) (Siaji).

108) Alipaſcha, der Doctorsſohn, zum zweyten Mahle, im Moharrem 1169 (Oct. 1755). (Waßif I. Bl. 66.)

109) Seadeddinpaſcha, i. J. 1757.

110) Mohammed Said, im Schaaban 1170 (May 1757). (Waßif I. Bl. 204 u. 208.)

111) Muſtafapaſcha, der vorige Großweſir, geſtorben i. J. 1176 (1762). (Waßif I. Bl. 215.)

112) Bekirpaſcha.

113) Ahmedpaſcha, i. J. 1178 (1764). (Waßif I. Bl. 264.)

114) Melek Mohammedpaſcha, zum zweyten Mahle i. J. 1180 (1766). (Waßif I. Bl. 264.)

115) Rakim Mohammedpaſcha, im Silkide 1180 (April 1767).

116) Diwitdar Mohammedpaſcha, i. J. 1182 (1768).

IX.

Mufti.

Unter S. Muſtafa II.

65) Seid Feiſullah, zum zweyten Mahle, abgeſetzt am 13. Rebiul=ewwel 1115 (27. Julius 1703), und dann hingerichtet am 20. Rebiul=achir (2. Sept. 1703).

Unter S. Ahmed III.

66) Jektſcheſchm Huſein Efendi, abgeſetzt am 8. Rebiul=achir 1115 (21. Auguſt 1703).

67) Mohammed, des Sultans Imam, zum zweyten Mahle, abgeſetzt am 19. Ramaſan 1115 (26. Januar 1704).

68) Paſchmakdſchiſade Esseid Ali Efendi, abgeſetzt am 27. Schewwal 1118 (1. Febr. 1707).

69) Ssidik Mohammed Efendi, zum zweyten Mahle, abgeſetzt im Silkide 1119 (Febr. 1708).

70) Ebeſade (der Sohn der Hebamme) Abdullah Efendi, abgeſetzt im Dſchemaſiul=achir 1122 (Auguſt 1710).

71) Paſchmakdſchiſade Efendi, zum zweyten Mahle, geſtorben am 4. Moharrem 1124 (12. Febr. 1712).

72) Ebeſade Efendi, zum zweyten Mahle, abgeſetzt am 6. Ssafer 1125 (4. May 1713).

73) Atallah Mohammed Efendi, abgeſetzt am 15. Dſchemaſiul=achir 1125 (9. Julius 1713).

74) Mahmud, der Imam des Sultans, abgeſetzt am 9. Silhidſche 1126 (16. Dec. 1714).

75) Mirſa Muſtafa Efendi, abgeſetzt am 12. Dſchemaſiul=achir 1127 (15. Junius 1715).

76) Menteſchſade Abdurrahim Efendi, geſtorben am 6. Silhidſche 1129 (11. Nov. 1717).

77) Ismail Efendi, abgeſetzt im Dſchemaſiul=achir 1130 (May 1718).

78) Abdullah Efendi, abgeſetzt am 17. Rebiul=ewwel 1143 (30. Sept. 1730).

unter S. Mahmud I.

79) Mirsasade Scheich Mohammed Efendi, abgesetzt im Schewwal 1143 (April 1731). (Ssubhi Bl. 23).

80) Paschmakdschisade Esseid Abdullah, Sohn des Obigen (Ssubhi Bl. 39), abgesetzt am 27. Schaaban 1144 (24. Febr. 1732).

81) Damadsade Scheich Ahmed Efendi, abgesetzt am 12. Dschemasiul=ewwel 1146 (21. Oct. 1733). (Ssubhi Bl. 58.)

82) Jshak Efendi, v. J. 1146 (1733) — 1147 (1734).

83) Dürrisade Efendi, v. J. 1147 (1734) — 1148 (1735).

84) Esseid Mustafa Efendi, v. J. 1148 (1735) — 1158 (1745); gestorben am letzten Moharrem 1158 (4. März 1745).

85) Pirisade Mohammed Efendi, abgesetzt am 13. Rebiul=ewwel 1159 (5. April 1746). (Ssubhi Bl. 55.)

86) Hajatisade Mohammed Emin Efendi (Ssubhi Bl. 70), abgesetzt am 10. Schewwal 1159 (26. Oct. 1746).

87) Mohammed Sanulaabidin Elhuseini, abgesetzt am 24. Redscheb 1161 (20. Julius 1748).

88) Mewlana Esaad Mohammed Efendi, abgesetzt am 27. Redscheb 1162 (13. Julius 1749). (Ssubhi Bl. 206.)

89) Mohammed Said Efendi, am 28. Dschemasiul=achir 1163 (4. Junius 1750). (Ssubhi Bl. 227.)

90) Murtefa Efendi, abgesetzt am 28. Rebiul=ewwel 1168 (12. Januar 1755).

unter S. Osman III.

91) Waßaf Abdullah, abgesetzt am 27. Schaaban 1168 (8. Junius 1755). (Waßif I. Bl. 56.)

92) Damadsade Feisullah Efendi, abgesetzt am 12. Schaaban 1169 (12. May 1756). (Waßif I. Bl. 33.)

93) Dürrisade Mohammed Efendi, abgesetzt am 28. Dschemasiul=ewwel 1170 (18. Febr. 1757). (Waßif I. Bl. 91.)

94) Damadsade Feisullah, zum zweyten Mahle, abgesetzt am 16. Dschemasiul=ewwel 1171 (26. Januar 1758). (Ssubhi Bl. 108.)

unter S. Mustafa III.

95) Mohammed Ssalih (Ssubhi Bl. 108), abgesetzt am 1. Silkide 1172 (26. Junius 1759). (Ssubhi Bl. 161.)

96) Aasim Ismail Efendi (Ssubhi Bl. 161), gestorben am 28. Dschemasiul=achir 1173 (16. Febr. 1760). (Waßif I. Bl. 178.)

97) Welieddin Efendi (Ssubhi Bl. 178), abgesetzt am 5. Ssafer 1175 (5. Sept. 1761). (Waßif I. Bl. 293).

98) Bekir Efendisade Ahmed, nach acht Monathen abgesetzt i. J. 1175 (1762). (Waßif I. Bl. 210.)

99) Dürrisade Mustafa Efendi, zum zweyten Mahle, abgesetzt im Silkide 1180 (April 1767). (Waßif I. Bl. 210.)

100) Welieddin, zum zweyten Mahle, gestorben im Dschemasiul=ewwel 1182 (September 1768.)

101) Pirisade Osman Efendi, abgesetzt am 5. Silkide 1183 (2. März 1770). (Waßif II. Bl. 74.)

102) Mirsasade Efendi.

103) Molla Mohammed, abgesetzt am 15. Silhidsche 1187 (27. Febr. 1774).

104) Dürrisade Mustafa Efendi, zum dritten Mahle.

105) Jahia Efendi.

X.

Die Reis Efendi.

Unter S. Mustafa II.

74) Scheichsade Abdi Efendi, abgesetzt i. J. 1114 (1702).
75) Abdul Kerimbeg, abgesetzt i. J. 1115 (1703).

Unter S. Ahmed III.

76) Adschem Ebubekr Efendi, zum zweyten Mahle, abgesetzt i. J. 1118 (1706).
77) Abdulkerim Efendi, zum zweyten Mahle, abgesetzt i. J. 1122 (1710).
78) Adschem Ebubekr Efendi, zum dritten Mahle, abgesetzt i. J. 1124 (1712).
79) Abdulkerimbeg, zum dritten Mahle, abgesetzt i. J. 1125 (1713).
80) Adschem Ebubekr, zum vierten Mahle, abgesetzt i. J. 1125 (1713).
81) Suleiman Efendi, zum ersten Mahle, abgesetzt i. J. 1126 (1714).
82) Elhadsch Mustafa Efendi, abgesetzt i. J. 1127 (1715).
83) Suleiman Efendi, zum zweyten Mahle, abgesetzt i. J. 1128 (1716).
84) Kadri Efendi, bis zur Eroberung von Belgrad i. J. 1129 (1717).
85) Aarifi Ahmed, abgesetzt i. J. 1130 (1717).
86) Utsch Enbarli Mohammed Efendi, bis i. J. 1133 (1720).
87) Suleiman Efendi, zum dritten Mahle, abgesetzt i. J. 1143 (1730).

Unter S. Mahmud I.

88) Ismail Efendi, i. J. 1143 (1730), sieben Jahre lang bis 1149 (1736).
89) Taukdschi Mustafa, beym Congresse von Niemierow, bis 1153 (1740).
90) Raghib Mohamed Efendi, i. J. 1157 (1744).
91) Taukdschi Mustafa, zum zweyten Mahle drey Jahre lang, abgesetzt im Silkide 1160 (November 1747).
92) Naili Efendi, durch sechs Jahre, bis 1166 (1752). (Wassif II. Bl. 22.)
93) Abdi Efendi, abgesetzt am 16. Silkide 1168 (24. August 1755). (Wassif II. Bl. 60.)
94) Kamil Ahmed Efendi, mit dem Spitznahmen Ssoba ssalan, d. i. Prügel-schwinger (Wassif II. Bl. 60); abgesetzt am 9. Moharrem 1169 (15. October 1755). Biographie Hamsa Hamid's.
95) Hamsa Hamid, der nachmahlige Großwesir i. J. 1169 (1755).
96) Auni Efendi, abgesetzt am 21. Redscheb 1170 (11. April 1757). (Wassif II. Bl. 91.)
97) Ebubekr Efendi, abgesetzt am 8. December 1757.
98) Abdi Efendi, zum zweyten Mahle, abgesetzt am 10. Dschemasiul-ewwel 1171 (20. Januar 1758). (Wassif II. Bl. 108.)
99) Kaschif Mohammed Emin Efendi, abgesetzt im Schewwal 1172 (Junius 1759).
100) Dilawer Agasade Mohammed Efendi (Wassif II. Bl. 158 und 162), stirbt nach vierzig Tagen, am 23. Silkide 1172 (18. Julius 1758).
101) Abdullah Efendi (Wassif II. Bl. 158), abgesetzt am 2. Silkide 1173 (16. Junius 1760). (Wassif II. Bl. 184.)
102) Kaschif Mohammed Emin, zum zweyten Mahle, abgesetzt im Moharrem 1175 (August 1761). (Wassif II. Bl. 203.)
103) Ridschaii Elhadsch Mohammed Efendi, zum Kiaja befördert im Dschemasiul-achir 1177 (December 1763). (Wassif II. Bl. 231.)
104) Abdi Efendi, der Defterdar, zum dritten Mahle (Wassif II. Bl. 231), stirbt an der Pforte, vom Schlage getroffen, am 22. Ssafer 1178 (21. Aug. 1764). (Wassif II. Bl. 262.)

105) Mohammed Emin, der nachmahlige Großwesir, i. J. 1178 (1764). (Waßif II. Bl. 262.)
106) Hamamisade Omer Efendi (Waßif II. Bl. 271), abgesetzt im Schewwal 1181 (März 1768). (Waßif II. Bl. 300.)
107) Osman Efendi von Jenischehr, abgesetzt am 10. Dschemasiul=ewwel 1182 (22. September 1768).
108) Ridschaji Efendi, zum zweyten Mahle (Waßif II. Bl. 216), abgesetzt am 15. Schewwal 1185 (21. Januar 1772).
109) Ismail Raif, zu Constantinopel während des Krieges.
110) Abdurrifak, im Lager während des Krieges bis im Junius 1774. (Waßif II. Bl. 191).
111) Munib Efendi, der Bevollmächtigte zum Frieden von Kainardsche.

XI.

Liste der Kislaraga.

Nach der Geschichte Resmi Ahmed's von Murad III., unter welchem die Obersten der schwarzen Verschnittenen erst die Vorsteher des Haremes wurden, welchem ehemahls der Oberste der weißen Verschnittenen vorstand, bis unter Mahmud I.

1) Mohammedaga, v. J. 982 (1574), starb i. J. 999 (1590).
2) Sururaga, nur 9 Monathe, bis i. J. 1000 (1591).
3) Elhadsch Mustafaaga, zur Ruhe gesetzt i. J. 1104 (1595).
4) Osmanaga, zugleich mit Chasnefer Aga (dem Ungar), dem Haupte der weißen Verschnittenen, ein Opfer des Aufruhres i. J. 1011 (1602).
5) Abdurrifakaga, bey der Thronbesteigung Ahmed's I. abgesetzt i. J. 1112 (1603).
6) Rihanaga, zur Ruhe gesetzt i. J. 1114 (1605).
7) Elhadsch Mustafaaga, nach Cairo verwiesen i. J. 1129 (1619).
8) Suleimanaga, fällt ein Opfer mit dem hingerichteten Sultan Osman II. i. J. 1031 (1622).
9) Rihanaga, i. J. 1032 (1622).
10) Uihai (?) Mustafaaga, zum zweyten Mahle, nur 8 Monathe lang, starb i. J. 1033 (1623).
11) Idrisaga, bey der Thronbesteigung S. Ibrahim's abgesetzt i. J. 1049 (1640).
12) Ibrahimaga, bis i. J. 1050 (1640).
13) Chodscha Sünbülag, abgesetzt i. J. 1054 (1644).
14) Abdulkadiraga, dann wieder
15) Sünbülaga, und nach einigen Monathen nach Ägypten verwiesen, auf dem Wege dahin von den Venetianern gefangen, Veranlassung des venetianischen Krieges.
16) Taschiatur Aliaga, bis i. J. 1055 (1645).
17) Dschelali Ibrahimaga, i. J. 1657 (1647) nach Ägypten verwiesen.
18) Ishakaga, nach einigen Monathen nach Ägypten verbannt.
19) Mußahib Mohammedaga, nach einigen Tagen auf S. Ibrahims Befehl hingerichtet i. J. 1057 (1647).
20) Mußahib Mesuudaga, i. J. 1058 (1648) nach Ägypten gesandt.
21) Dschelali Ibrahimaga, zum zweyten Mahle, heißt in einigen Geschichten Maksud, bis i. J. 1059 (1649).
22) Eskiseraiagasi Mohammedaga, abgesetzt i. J. 1061 (1650).
23) Lala Suleimanaga, der den Großwesir Siawusch stürzte und den Gurdschi Mohammedpascha hob, i. J. 1062 (1652) durch die Walide abgesetzt.
24) Behramaga, das Geschöpf der Walide, beym Vorfalle des Ahorns mit dem Oberhaupte der weißen Verschnittenen hingerichtet i. J. 1066 (1656).

25) **Dilaweraga**, bis i. J. 1068 (1651).

26) **Ssolak Mohammedaga**, das Geſchöpf Mohammed Köprili's, nach deſſen Tode i. J. 1073 (1662) nach Ägypten geſandt.

27) **Muſſelliaga**, ſehr kränklich, ſtarb nach drey Jahren 1078 (1667).

28) **Abbas Uga**, i. J. 1082 (1671) nach Ägypten zur Ruhe geſetzt.

29) **Juſufaga**, bey Gelegenheit des Truppenaufruhres am 1. Moharrem 1098 (7. November 1687) abgeſetzt und nach Ägypten verbannt.

30) **Chaſinedar Aliaga**, nach zwey Monathen abgeſetzt im Rebiul‑ewwel 1099 (Februar 1688).

31) **Muſtafaaga**, durch den Großweſir Köprili Muſtafa, wegen eines Streites von Harems‑Einkünften geſtürzt i. J. 1101 (1689).

32) **Lala Ahmedaga**, durch den Großweſir Köprili Muſtafa gehoben, ſtarb bald nach Suleiman II. i. J. 1102 (1691).

33) **Ismailaga**, unter Ahmed II. abgeſetzt, und ſtürzt den Großweſir Arabadſchi Alipaſcha, welcher ſchon Zobelpelze für ſeinen Nachfolger und einen Wagen, ihn wegzuführen, mitbrachte.

34) **Kaba Neſiraga**, nachdem er den Großweſir Büklü Muſtafa geſtürzt, im ſelben Jahre abgeſetzt 1103 (1691).

35) **Ishakaga**, von S. Muſtafa II. verungnadet i. J. 1106 (1695).

36) **Bairakſif Aliaga**, nach Ägypten verwieſen i. J. 1112 (1700).

37) **Neſir II.**, bis zum Thronſturze Muſtafa's II., i. J. 1115 (1703).

38) **Abdurrahmanaga**, bald nach der Thronbeſteigung S. Ahmed's III. abgeſetzt i. J. 1116 (1704).

39) **Uſun Suleiman**, von unumſchränktem Einfluß bis ins J. 1125 (1713), wo ihn der Großweſir Ali der Eidam ſtürzte.

40) **Unta Mohammedaga**, nach Ägypten geſandt i. J. 1129 (1718).

41) **Elhadſch Beſchiraga**, der am längſten, nähmlich dreyßig Jahre lang, Kiſlaraga geweſen, bis ins J. 1159 (1746), und zwölf Großweſire geſchaffen.

42) **Bechſchiraga II**, welchem Resmi Ahmed ſeine Geſchichte der Kiſlaraga gewidmet, hingerichtet i. J. 1165 (1752).

43) **Beſchiraga III.**, abgeſetzt im Silhidſche 1168 (September 1755).

44) **Abukuf Abukauf** (d. i. der Vater des Turbans) **Ahmedaga**, abgeſetzt am 24. Ssafer 1171 (7. November 1757), und zwanzig Tage darauf hingerichtet.

45) **Beſchiraga IV.** ſtirbt am 17. Moharrem 1182 (3. Jun. 1768), der Arzt deßhalb verbannt.

XII.

Pfortendolmetſche.

Unter S. Setim I., S. Suleiman und S. Setim II.

1) Alibeg. 2) Junisbeg. 3) Heinz der Deutſche. 4) Der Pohle. 5) Mahmud der Deutſche.

Unter S. Ahmed I. bis S. Mohammed IV.

6) Sulfikar der Ungar.

Unter S. Mohammed IV.

7) Panaiotti Muruſi. 8) Bobowſki der Pohle. 9) Mamucca della Torre. 10) Alex. Maurocordato. 11) Seferaga der Renegate. 12) Alex. Maurocordato. 13) Nicolaus Maurocordato, i. J. 1709. 14) Johann

Maurocordato, zum Fürsten der Walachey i. J. 1717. 15) Alexander Ghika, hingerichtet am 25. Februar 1741.

16) Joh. Callimachi, abgesetzt am 1. August 1752.

17) Ghika, drey und zwanzigjähriger Sohn des Fürsten der Walachey, Neffe des Hingerichteten.

18) Joh. Callimachi, zum zweyten Mahle, am 7. September 1753.

19) Georg Ghika, Sohn des enthaupteten Pfortendolmetsches, am 7. August 1758, nachdem sein Vorfahr Fürst der Moldau.

20) Karadscha, am 29. März 1764.

21) Drako Suzzo, hingerichtet i. J. 1769.

22) Nicola Karadscha, von Thugut und Zegelin gestürzt.

23) Alexander Ypsilanti.

XIII.

Reichsgeschichtschreiber
von Amtswegen.

Unter S. Baiesid II.

1) Idris, gest. i. J. 930 (1523), Verfasser der Hecht Behischt, d. i. der acht Paradiese.

Unter S. Selim I.

2) Kemalpaschasade, gest. i. J. 940 (1533).

Unter S. Suleiman dem Gesetzgeber.

3) Mustafa Dschelalsade, der große Nischandschi, gest. i. J. 975 (1567), Verfasser des Tabakatol=memalik, d. i. Classen der Länder.

Unter S. Murad III.

4) Seadeddin, der Prinzenlehrer und hernach Mufti, gest. i. J. 1007 (1599), Verfasser des Tadsch et=tewarich, d. i. der Krone der Geschichten.

Unter S. Murad IV.

5) Nerkesisade, ernannt i. J. 1044 (1634). (Uschakisade's Biographien Nro. 89.)

Unter S. Ahmed I.

6) Ssafi, gest. i. J. 1025 (1616), schrieb die Geschichte der Regierung Ahmed's I., als Fortsetzung der Krone der Geschichten Seadeddin's.

Unter S. Mohammed IV.

7) Abdipascha, der Nischandschi, gest. i. J. 1102 (1690), Verfasser des Wekainname, d. i. Buch der Begebenheiten.

Unter S. Suleiman II., S. Ahmed II., S. Mustafa II.

8) Náima, gest. i. J. 1128 (1715), schrieb die Reichsgeschichte vom Jahre 1000 (1592) bis 1070 (1659).

Unter S. Ahmed III.

9) Raschid, i. J. 1133 (1721) vom Reichsgeschichtschreiber zum Richter von Haleb befördert, schrieb die Geschichte vom Jahre 1071 (1660) bis 1134 (1721).

10) Aßim Tschelebisade, i. J. 1133 (1721) an Raschid's Stelle zum Historiographen ernannt, schrieb die Geschichte vom Jahre 1135 (1722) bis 1141 (1728).

Unter S. Mahmud I.

11) Sami.

12) Schakir.

13) Mohammed Ssubhi.

14) Ssubhi, Bruder des vorigen [1] schrieben die Geschichte von der Thronbesteigung S. Mahmud's, d. i. vom Jahre 1143 (1736) bis zu Ende des Jahres 1156 (1743).

Unter S. Osman III.

15) Isi, vom Jahre 1157 (1744) bis zu Ende des Jahres 1163 (1750).

Unter S. Mustafa III.

16) Hakim. 17) Tscheschmisade. 18) Musasade. 19) Behdscheti Hasan. 20) Enweri; diese fünf Geschichtschreiber abgekürzt und herausgegeben von 21) Wassif, setzen die Reichsgeschichte vom Jahre 1750 bis ins Jahr 1774 fort.

---

[1] Ssubhi Bl. 223 i. J. 1156 (1743) erwähnt seines Bruders Mohammed Ssubhi, der vor ihm Geschichtschreiber des Reiches.

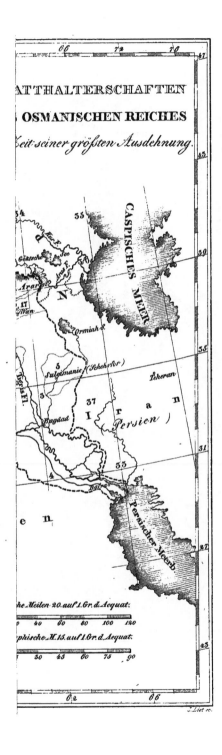

ATTHALTERSCHAFTEN
S OSMANISCHEN REICHES
Zeit seiner größten Ausdehnung.

CASPISCHES MEER

Kur F.
Göktscha See
Ararat
17
Wan
Ormiah S.
Sulgimanie (Schehrsor)
Teheran
Tigris Fl.
Bagdad
I r a n
Persien
Basra
e n
Persischer Meerb

he Meilen 20. auf 1. Gr. d. Aequat.
40   60   80   100   120
phische M. 15. auf 1. Gr. d. Aequat.
30   45   60   75   90

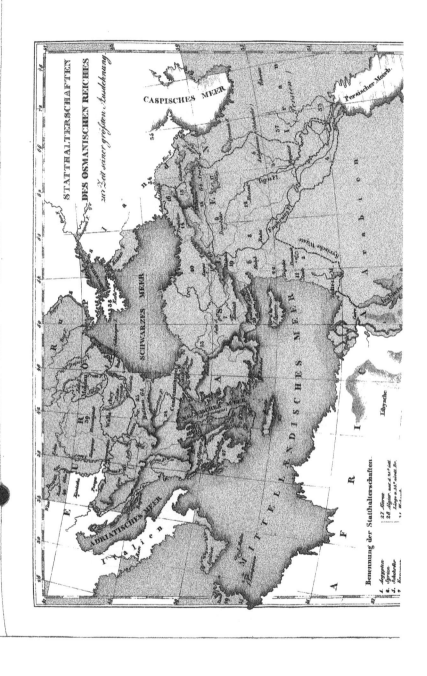

STATTHALTERSCHAFTEN
DES OSMANISCHEN REICHES
zur Zeit seiner grössten Ausdehnung

CASPISCHES MEER

Persischer Meerb.

SCHWARZES MEER

MITTELLÄNDISCHES MEER

ADRIATISCHES MEER

Italien

E U R O P A

A F R I K A

A s i e n

Benennung der Statthalterschaften.

Libysche

1. Aegypten
2. Syrien
3. Schehrehr
4. Karaman

Rechenschaft über die Karten.

1. Schauplatz des persischen Krieges und Marsch Fethgirai's nach Daghistan.

Es kann hier nur von den, in anderen Karten noch nicht aufgenommenen, oder anders benannten Örtern die Rede seyn. In diesem schmalen Streife der dreyfachen osmanischen, russischen und persischen Gränze erscheinen nicht weniger als ein Dutzend von Landschaften, die, von Norden gegen Süden her aufgezählt, die folgenden sind: 1) Gurdschistan, von den Russen Grusien genannt, d. i. Georgien; 2) Daghistan, an der Küste des kaspischen Meeres; 3) Schirwan, zwischen Georgien und Daghistan; 4) Arran und Karabagh; 5) Moghan, das Steppenland zwischen dem Araxes, Kur und dem kaspischen Meere; 6) Aserbeidschan, dessen Hauptstadt Tebris; 7) das arabische; 8) das persische Irak; 9) Gilan, die südwestliche Seeküste des kaspischen Meeres; 10) Kurdistan, zwischen Aserbeidschan und dem arabischen Irak; 11) Loristan, und 12) Chusistan, die zwey südlichsten Landschaften. Da Tebris so oft der Zankapfel osmanischer und persischer Waffen, werden in der Nähe desselben zahlreiche Örter genannt, die auf den bisherigen Karten nicht vorkommen. Auf dem Marsche von Choi nach Tebris (Tschelebisade Bl. 57) kommt zwischen Tasudsch (sonst auch Tesui) und Schebister der Ort und District Gösekünan vor; dort wird das Dorf Ifdeli, anderthalb Stunden von Tebris, und (Bl. 58) das Dorf Ufdise, zehn Stunden von Tebris, genannt; dasselbe liegt zwischen Tasudsch und Schebister, dann geht (Bl. 70) der Marsch von Tasudsch, Kile tschemeni, Ufdise, Nadirli nach Köseli, das zwey Stunden von Tebris. Schebister ist dort in Schister verdruckt; die nördlichen Stadtviertel von Tebris heißen Surchab und Dewedschi, zunächst an dem von Schenb Ghasan, dem Grabdome Ghasanchan's. Dieses liegt dem von Schebister Herkommenden zur rechten, Dewedschi und Surchab zur linken Hand (Bl. 70). Ssubhi (Bl. 36) nennt nebst Schenb Ghasan noch die Viertel Hikemabad und Bilenkuh (zwey Parasangen von Tebris. liegt der Berg Merdschan, d. i. der Korallenberg (Mehdichan's Geschichte Nadirschah's, II. Buch, 13. Capitel), und nicht ferne davon das Dorf Soheilan (eben da). Südwestlich von Tebris, auf dem östlichen und südlichen Gestade des Sees von Urmia, nennt die osmanische Reichsgeschichte mehrere Districte, von denen sonst nirgends eine Spur. Im Districte von Meragha (welches Jones in Merghe verstümmelt) die Sandschake von Selduf und Ladschan, und das Hukumet (erbliches Sandschak) von Mekri, dessen Statthalter auch in Mehdi (II. Buch, 13. Cap.) mit dem Schlosse Mijardihbad, zwischen Demdem und Meragha, vorkommt. Uriad und Dise liegen in der Nähe von Meragha (Tschelebisade Bl. 114), und die Gränze zwischen dem Gebiethe von Tebris und Meragha ist der Berg Kaplankuh, d. i. Leopardenberg (eben da). Das Sandschak Ssaukbulagh (Ssubhi Bl. 35) liegt an der südlichen Küste des Sees von Urmia, zwischen dieser Stadt und Meragha. Nach Tebris und Meragha kommt Hamadan häufig mit seinen Umgebungen vor. In der Nähe von Hamadan liegt das Dorf Ssalihabad (Ssubhi Bl. 29); in derselben Richtung gegen Dergesin, sechs Stunden von Hamadan, die Ebene Kuridschan, berühmt durch die Perserschlacht. Zu Hamadan gehört der Flecken Samin, welcher nicht weniger als zweytausend Häuser hat (Tschelebisade Bl. 50), und der District Kuraf (eben da Z. 1). Samin liegt, wie Tschelebisade (Bl. 71 l. Z.) bey der Erzählung der Eroberung deßelben angibt, zwey Tage-reisen von Nuhawend und zwey Tagereisen von Hamadan; die Stadt Asitane (Tschelebisade Bl. 72) in der Mitte von diesen beyden. Nuhawend, das hier nach Macdonald Kinnier's persischer Karte angesetzt ist, soll nach der Angabe des Dschihannuma (S. 301) unter dem 83½ Grad der Länge und 35½ Gr. der Breite liegen, 14 Parasangen südlich von Hamadan, auf einem Hügel. Es ist nicht wohl zu begreifen, wie Otter (I. Th. p. 191) von Sultania nach Nu-hawend kam, ohne Kermanschahan, Hamadan oder Sendschawer zu berühren. In Tschelebisade (Bl. 76) bricht der Serasker von Hamadan auf, marschirt durch die Päße von Nuhawend und Chawa nach Alischter. Zwischen Kerman-schahan und Churremabad liegen die Ebenen von Chawa und Alischter, wo der persische Prinz = Statthalter oft Heerschau hält (M. Kinneir's Memoirs p. 139). Südwestlich von Nuhawend ist die Stadt Burudscherd, beyde sind auf M. Kinneir's großer Karte umständlich angegeben. Man sieht aus dersel-ben, daß der Weg von Sultania nach Nuhawend über Hamadan führt, und die Art, wie Otter hier die Stationen aufzeichnet, ist eine der zahlreichen Stellen, welche die Wahrheit seiner Reisebeschreibung ungemein verdächtigen, indem er dieselben nach der Hand weniger aus seinem Tagebuche oder aus der Erinnerung, als nach Auszügen aus dem Dschihannuma ausgestattet zu haben scheint. M. Kinneir hält Churremabad für das Corbiene der alten Geogra-phen; hier ist der Sitz der großen Stämme Filli und Bachtiari (bey M. Kin-neir: Fily, und: Bucktiari). Die von Tschelebisade (Bl. 76) in der Entfernung einiger Stunden von Churremabad angegebene Brücke führt nach aller Wahr-scheinlichkeit über den Fluß Absal, welcher bey Churremabad vorbeyströmt; Dewab ist vor Churremabad gelegen, weil die Einwohner der Stadt dorthin dem osmanischen Feldherrn entgegenkamen (Tschelebisade Bl. 76). Loristan wird in Groß= und Klein=Loristan untergetheilt. Die Hauptstadt von Klein= Loristan ist die Stadt Lorgan, mit schlechtem Waßer und vielen Trauben (Dschihannuma S. 285). Groß= und Klein=Loristan sind eigentlich nur der nördliche Theil Chusistan's, von welcher Landschaft Loristan ein Anhängsel, wie Laristan von Fars, und Ardelan von Kurdistan. Ardelan ist der westliche Theil von Kurdistan, und die Gränzen sind in M. Kinneir's memoirs genau angegeben. Dieselben stoßen unmittelbar mit denen der Landschaft Sinne (bey M. Kinneir: Sennah) zusammen. Auf diese Weise überblickt man hier alle (in Tschelebisade Bl. 129) durch den persischen Frieden an die Pforte abgetretenen Landschaften und Hauptstädte, nähmlich: Kermanschahan, Hamadan, Sinne, Ardelan, Nuhawend (nicht Nehawend, wie es wird von Noe abgeleitet), Churremabad, Loristan, Megri, Meragha, Choi (in Tschelebisade durch Druckfehler: Toi), Sengan, Sendsche, Karabagh, Eriwan, Ordubad, Nach-dschiwan, Gurdschistan, Schirwan, Sultania, Ebher, Sendschan und Tarim.

Der zweyte Entwurf auf dieser Karte ist bloß für den Marsch Fethgirai's durch die Katartai berechnet, wovon S. 302 dieses Bandes nach dem osmani-schen Reichsgeschichtschreiber Ssubhi Bericht erstattet worden ist. Weder die im VI. Theile des Magazins Büsching's für die neue Historie und Geographie, in dem Aufsatze von Tschirkassien oder den Cabardinischen Landen, beygegebene Karte, noch die im Jahre 1826 in Rußland in acht Blättern erschienene des Generals Chatow enthalten die Nahmen der Flüße, so wie dieselben in Ssubhi angegeben werden. Die Nahmen von einigen scheinen in Ssubhi durch Druck=

fehler verstümmelt zu seyn, die Nahmen von anderen befinden sich auf der älteren Karte Büsching's richtiger als auf der neueren russischen geschrieben; der erste Fluß nach dem Kuban, Koi, ist wohl der Atakum der russischen, und der Kuma der Büsching'schen Karte. In der Richtung des Marsches, welchen Fethgirai verfolgte, mußte er über die Malka kommen; dieses scheint der Balch des Reichsgeschichtschreibers zu seyn, welcher der Malka gar nicht erwähnt, also vermuthlich Balch statt Malch verdruckt, oder dieses für jenes verhört; der Baschchan Ssubhi's ist der Baksan der beyden oberwähnten Karten, der Dschikem Ssubhi's ist in dem russischen Ezighem nicht zu verkennen, in der deutschen soll es vermuthlich der Tschekschen seyn, wenn dieser etwa nicht derselbe Fluß, welcher in Ssubhi Schakule heißt. über den Naltschik (Malczik), Tscherek (Ezerek) und Lesken waltet kein Zweifel; aber zwischen beyden letzten nennt Ssubhi den Kuran, welcher der Arghudan der russischen Karte zu seyn scheint, so wie der Deli Orek Ssubhi's der Ouzorok. Nun folgt der Terek, der Kerhin und die Sundscha; am Ufer des Afghun ist Islaw oder Aflaw die Station der Tschetschenen (Ezeczentzen) zu suchen, hierauf der Bas und die Kumisch, deren Nahmen in Büsching's Karte nicht zu finden. Ssubhi's Bachscha muß der Akkai der beyden Karten seyn, und da der Jaman Ssubhi's als solcher auch auf Büsching's Karte, so scheint keinem Zweifel zu unterliegen, daß die Büsching's Karte folgende Zarikku der Tschardakku Ssubhi's sey; so ist auf Büsching's Karte auch der Koissu in Koissa, und der Aktasch in Achsan verstümmelt. Man sieht, daß der östlichste der übergesetzten Flüsse und der westlichste derselben ganz denselben Nahmen führen, nähmlich Koi, und doch findet sich auf den Karten nur der erste mit seinen wahren Nahmen, Koissu, während der Nahme des letzten auf den Karten Kuma oder Atakum lautet. Tatarghaw, der Sitz der Schemchal, am Ufer des Koi, ist auf den Karten nicht zu finden. Nähere Berichtigung dieser hydraulischen Kartenskizze kann nur von Rußland ausgehen.

2. Statthalterschaften des osmanischen Reiches zur Zeit seiner größten Ausdehnung.

　　Diese Karte ist nichts anders, als der Umriß des osmanischen Reiches in Asien, Europa und Afrika, nach der Eintheilung seiner Statthalterschaften in seinem weitesten Umfange zu Ende des sechzehnten Jahrhundertes; die Gränzlinie bezeichnet den Umfang desselben nach den 28 Statthalterschaften, in welche das Reich unter der Regierung S. Selim's III. i. J. der Hidschret 1209 (1794) eingetheilt worden ist. Diese Eintheilung findet sich nebst den anderen neuen Einrichtungen (Nisami dschedid) in der trefflichen Geschichte Nuribeg's [1]), in folgender Ordnung: 1) Ägypten; 2) Syrien; 3) Bagdad; 4) Baßra; 5) Schehrsor; 6) Haleb; 7) Karaman; 8) Rakka; 9) Diarbekr; 10) Adana; 11) Ssaida; 12) Moßul; 13) Anatoli; 14) Trabesun; 15) Erserum; 16) Tschildir; 17) Wan; 18) Karß; 19) Meraasch; 20) Siwas; 21) Dschidda; 22) Tripolis in Syrien; 23) Kreta; 24) Rumili; 25) Silistra; 26) Bosnien; 27) Morea; 28) Algier. Von den ehemahligen fehlen in Afrika: 29) Tunis, 30) Tripolis und 31) Habesch; von den asiatischen: 32) Jemen; 33) Loristan; 34) Gurdschistan; 35) Daghistan; 36) Schirwan; 37) Arran; von den europäischen: 38) Kaffa; 39) Temeswar und 40) Ofen. Ofen begriff die Sandschake: 1) Ofen; 2) Mohacs; 3) Szegszard; 4) Stuhlweißenburg; 5) Gran; 6) Szigeth; 7) Fünfkirchen;

[1]) In der Handschrift Bl. 48.

8) Kopan; 9) Sikloß; 10) Weßprim; 11) Simontornya; 12) Erlau; 13) Sze=
gedin; 14) Hatwan; 15) Neograd; 16) Raab. Temeswar die Sandschake: 1)
Syrmien; 2) Poschega; 3) Kanischa; 4) Temeswar. In der spätern Zeit ka=
men noch die vier, an Siebenbürgen gränzenden: 1) Csanad, 2) Lippa, 3)
Gyula und 4) Janowa, hinzu. Endlich die vier Schutzländer: 1) Siebenbür=
gen, 2) Moldau, 3) Walachei und 4) Ragusa. Die vorliegende Karte umfaßt
die neuesten der obigen Statthalterschaften sammt den ehemahligen vier Schutz=
ländern des Reiches und die Krim, wo Kaffa osmanische Statthalterschaft war.
Es ist interessant, diese alte Eintheilung des Reiches mit der neuesten, wie die=
selbe in der jüngsten Verleihungsliste der Statthalterschaften vom Schewwal
1245 (April 1830) aufgeführt ist, zu vergleichen; nähmlich: 1) Abyssinien mit
dem Sandschake Dschidda und der Würde des Scheicholharem von Mekka; 2)
Rumili, mit den zugeschlagenen Sandschaken Janina, Delwino und Valona;
3) Bosnien und Herzegowina, mit den zugeschlagenen Sandschaken Swornik
und Klis; 4) Silistra, mit der Obliegenheit des Besatzungsbefehles von Rußdschuk;
5) Kreta, mit der Befehlshaberschaft Kandia's; 6) Anatoli; 7) Karaman, mit den
Sandschaken von Afir und Bailan; 8) Siwas; 9) Meraasch, von der Kammer
der Pachten in Beschlag genommen; 10) Adana; 11) Haleb; 12) Damaskus,
mit dem Sandschak Nablus und der Würde des Emirol=hadsch; 13) Ssafed,
Ssaida und Beyrut, mit der Befehlshaberschaft der Dscherde (d. i. die Oblie=
genheit, die Pilgerkarawane mit Proviant zu versehen und derselben entgegen=
zugehen); 14) Tripolis in Syrien; 15) Rakka; 16) Diarbekr; 17) Erserum;
18) Tschildir; 19) Karß; 20) Trabefun, mit der Steuereinnehmerschaft von
Dschanik und dem Sandschake von Gonia; 21) Wan; 22) Bagdad, Baßra und
Schehrfor; 23) Moßul; 24) Ägypten; 25) Algier; 26) Tunis; 27) Tripolis,
die drey letzten erscheinen nur alle drey Jahre; 28) die Statthalterschaft des
Archipels. Mit diesen 28 Statthaltern sind noch der Befehlshaber der Haustruppen
(Asakiri chaßa) und der General der Artillerie (Topdschibaschi), und dann 42 San=
dschakbege aufgeführt, so daß die ganze Liste 72 Benennungen enthält. Die 42 San=
dschake sind: 1) Güstendil; 2) Tirhala; 3) Janina; 4) Delwino; 5) Ilbessan; 6)
Skutari; 7) Valona; 8) Ochri; 9) Selanik und Kawala; 10) Dukagin; 11) Perse=
rin; 12) Uskub; 13) Swornik; 14) Klis; 15) Semendara, mit dem Besatzungs=
befehle von Belgrad; 16) Widdin und Nicopolis; 17) Tschirmen; 18) Canea;
19) Retimo; 20) Hamid; 21) Tekke; 22) Mentesche; 23) Estischehr oder Sul=
tanöni; 24) Kastemuni; 25) Karasi; 26) Boli und Miranschehr; 27) Karabißar;
28) Angora; 29) Kanghri; 30) Ssaruchan; 31) Aidin; 32) Kaißarije; 33) Ak=
schehr; 34) Akserai; 35) Tschorum; 36) Bosok; 37) Alaije; 38) Jerusalem; 39)
Gonia, mit dem Besatzungsbefehle des Schlosses Fasch; 40) Egribos (Negro=
ponte); 41) Ainabachti (Lepanto) und Karli Ili; 42) Bigha.

Bey Gelegenheit der Rechenschaft über den vorliegenden Umriß des osma=
nischen Reiches, zur Zeit seiner größten Ausdehnung, sey noch als einer großen
Seltenheit zweyer großen türkischen Karten erwähnt, deren Daseyn bisher so
gut als unbekannt, und von denen sich zu Wien ein Exemplar befindet; von
der einen in der Bibliothek Sr. Durchlaucht des Herrn Fürsten von Metter=
nich, von der andern im k. k. Kriegsarchive. Die erste ist ein Holzstich, auf
vier großen Holztafeln ausgeführt. Die vier Holztafeln befinden sich auf der
Marciana zu Venedig, wo ich dieselben im Jahre 1825 durch die freundschaftli=
che Gefälligkeit des Herrn Bibliothekars Bettio kennen lernte, welcher mir je=
nen Abdruck mitgab, und mich zugleich in die Kenntniß der kleinen Notiz setzte,
welche Assemani von dieser Karte gedruckt herausgab. Über diese Notiz gibt aber

Aſſemani, weil er den türkiſchen Text nicht verſtand, falſchen Bericht [1]). Der Verfaſſer der Karte, Hadſchi Ahmed aus Tunis, welcher dieſelbe i. J. 967 (1559) unter Suleiman dem Geſetzgeber verfertigte, ſagt, daß er, von Jugend auf geographiſchen und mathematiſchen Studien ergeben, ſeine Kenntniſſe in chriſtlicher Sclaverey vermehrt, bey ſeiner Befreyung dieſe Mappamondo nach europäiſchen Karten, aber nach ganz neuer und origineller Projection, entworfen habe, welche darin beſteht, daß die zwey Hemiſphären nicht in kugelförmiger, ſondern in ganz eyförmiger Geſtalt an einander gefüget ſind. Dieſe Eyform würde aber keineswegs, wie Aſſemani glaubt, dem Geographen größere Vortheile in der Entwerfung ihrer Weltkarten gewähren. Die beygefügten Notizen aus Europa ſind höchſt ſparſam aus damahligen europäiſchen Geographien gezogen. Weit merkwürdiger durch ihre Größe ſowohl, als durch die beygedruckten geographiſchen Notizen, iſt die zweyte, in dem k. k. Kriegsarchive befindliche, deren Daſeyn ich durch den Ingenieur-Hauptmann, Hrn. v. Hauslab, zuerſt erfuhr. Dieſelbe hat nicht weniger als eine Klafter in der Höhe und eine Klafter 17 Zoll in der Breite, und iſt auf dem ſchönſten, nur aus zwey Stücken zuſammengeſetzten weißen Seidenzeuge gedruckt, welcher ſeine vortreffliche Erhaltung einem ſchwachen Gummiüberzuge oder Firniſſe verdankt; ſie enthält Klein-Aſien und Perſien, ſammt Arabien und Ägypten, die beyden erſten mit der vollſtändigen Eintheilung ihrer Statthalterſchaften und Landſchaften, die beyden letzten nur umriſſen. Eine wahre Luxuskarte, in deren ungeheurem weißen Raume nur die Nahmen der Statthalterſchaften mit ſchöner, großer, rother Schrift eingeſchrieben, die Flüſſe und Berge um nichts beſſer, als in den bekannten Karten des Dſchihannuma, gezeichnet, die in dem Dſchihannuma gegebenen Karawanen-Routen aber mit ihren Stationen ſorgfältig eingetragen ſind. Die linke untere Ecke iſt in der Höhe von 20, und in der Breite von 15 Zoll, mit 33 Zeilen großer Schrift ausgefüllt, deren Fortſetzung in einem zweyten Viereck von 9 Zoll Höhe und 20 Zoll Breite, 22 Schriftzeilen beträgt. Dieſes zweyte Viereck nimmt den größten Theil des ſüdlichen Arabien's ein. Dieſe 55 Zeilen, deren drey und dreyßig erſte 15 und die anderen zwey und zwanzig 20 Zoll lang ſind, enthalten in gedrängter Kürze die Statthalterſchaften des osmaniſchen Reiches in Aſien und die Länder der perſiſchen Monarchie unter den Schahen der Dynaſtie Sſafewi; die Hälfte der letzten Zeile gibt die erwünſchteſte Auskunft über den Schreiber ſowohl der Karte, als über den Verfaſſer derſelben, und über das Jahr, in welchem ſie vollendet ward, in folgenden Worten: „Schrieb's der „arme [2]) Elhaldſchi Abdullah, berühmt unter dem Nahmen Hafiſ-ſade, Schrei„ber der großen Geographie i. J. 1141 (1728), aus der Beſchreibung [3]) des ar„men Ibrahim, eines der Muteferrika der hohen Pforte." Auf dem 5 Zoll breiten weißen Rande außer der Grade-Einfaſſung der Karte, iſt noch links unten mit großer, rother Schrift geſchrieben worden: „Dieſe Karte iſt gezeichnet „worden i. J. 1139 (1726) in der guten Stadt Conſtantinopel, Gott wolle ſie „bewahren vor Unglück und Gefahren!" Das Jahr ſowohl, in welchem die Karte von Ibrahim (dem ungariſchen Renegaten, Director der Druckerey) gezeich-

---

[1]) Aſſemani läßt den Verfaſſer ſagen, daß er ſeine Karte aus einem türkiſchen Werke: Al-riadhi, das er mit delizioſo prato überſetzt, gezogen habe; davon iſt im Texte nicht die Rede, ſondern von mathematiſchen Büchern, indem Ilmi riadhat die Mathematik heißt. [2]) Harrebtu el-fakir ala haſel hatir. Das Wort harir (Seide) reimt ſich ſehr glücklich mit fakir, als ob man im Deutſchen ſchriebe: Schrieb's mit der Kreide auf dieſe Seide; auf Fatir und Harir reimt hernach noch Schehir (berühmt) und Kebir (groß). [3]) Das Wort Terdſchümet iſt hier nicht in der Bedeutung von Überſetzung, ſondern in der von Beſchreibung zu verſtehen, wie bey Biographien, indem jede Lebensbeſchreibung Terdſchümet heißt.

net und geschrieben, als das, worin dieselbe vom Schreiber der großen Geographie (dem Dschihannuma) abgezeichnet und beschrieben worden, beleuchten beyde die Entstehungsepoche dieses merkwürdigen geographischen Phänomens; sie wurde zwey Jahre nach dem zwischen Rußland und der Pforte geschlossenen Theilungsvertrage einiger nördlicher und westlicher Länder des persischen Reiches gezeichnet, und stand also ganz gewiß in nächster Verbindung mit dem damahls weit aussehenden Vergrößerungsplan des osmanischen Reiches gegen Persien, indem sie nebst der asiatischen Türkey auch ganz Persien umfaßt. Das Jahr, in welchem dieselbe nach der Beschreibung des ungarischen Renegaten Ibrahim abgezeichnet, und in diesem Prachtexemplare auf Seide im schönsten Neschi geschrieben ward, ist das, durch die Einführung der Druckerey zu Constantinopel in der Geschichte der Typographie sowohl, als osmanischer Literatur höchst merkwürdige Jahr, in welchem wahrscheinlich auch schon der Druck des Dschihannuma begonnen wurde, welches vier Jahre später erschien. Diese höchst kostbare Karte ist, wenn nicht ein einziges Exemplar, doch ganz gewiß ein höchst seltenes, indem es schon auch der Natur des kostbaren Stoffes sowohl, als der sehr schönen Schrift kaum mehr als ein Paar solcher Prachtexemplare, von der Größe einer Quadratklafter verfertiget worden seyn möge. Dieselbe ist aus dem venetianischen Kriegsarchive in das kaiserliche zu Wien gekommen, und ist vermuthlich von einem venetianischen Bailo, entweder dem alten Ibrahim selbst, oder aus der Verlassenschaft desselben, seinem Sohne, dem jungen Ibrahim, abgekauft worden, welcher in einem, der Politik seines Vaters ganz widersprechenden Geiste, sich von dem kaiserlichen Internuntius als Kundschafter bey Bonneval erkaufen ließ, demselben jedoch von den geographischen Schätzen seines Vaters nichts mitgetheilt hat.

Übersetzung der Beschreibung der asiatischen Türkey.

I. Die Statthalterschaft Kutahije hat siebzehn Sandschake: 1) Kutahije, der Sitz des Pascha; 2) Angora; 3) Kanghri; 4) Aidin; 5) Boli; 6) Tekke; 7) Hamid; 8) Chudawendkiar; 9) Sultanöni; 10) Ssaruchan; 11) Kastemuni; 12) Karahißar ßahib; 13) Mentesche; 14) Karasi; 15) Kodscha Ili; 16) Bigha; 17) Söighla. II. Die Statthalterschaft Karaman wird in das äußere und innere getheilt; das innere Karaman hat sieben Sandschake: 1) Konia, der Sitz des Pascha; 2) Akßerai; 3) Begschehri; 4) Kirschehr; 5) Akschehr; 6) Kaißarije; 7) Nikde. III. Der äußere Theil von Karaman, welcher Itschil (Cilicien) heißt, begreift in sich die drey Sandschake: 1) Alaije; 2) Sis; 3) Tarsus, welche, zur Insel Cypern geschlagen, eine besondere Statthalterschaft ausmachen; die vier cyprischen Sandschake sind: 1) Lefkosche (Nikosia); 2) Kerine (Cerigne); 3) Baf (Paphos); 4) Maghußa (Famagusta). IV. Die St. Siwas hat sieben Sandschake: 1) Siwas, der Sitz des Pascha; 2) Dschanik; 3) Arabgir; 4) Diwrigi; 5) Tschorum; 6) Amasia; 7) Bosok. V. Die St. Adana, mit dem gleichnahmigen Sitze des Pascha, wozu auch einmahl Sis und Tarsus gehörten, die nachher Cypern zugeschlagen worden. VI. Die St. Meraasch hat fünf Sandschake: 1) Meraasch, der Sitz des Pascha; 2) Karß Sulkadr (zum Unterschiede des bey Wan gelegenen); 3) Aintab; 4) Simisat (Samosate); 5) Malatia. Diese sechs Statthalterschaften, welche nördlich durch das schwarze Meer, westlich und südlich durch das mittelländische Meer, östlich durch den Euphrat begränzt sind, bilden Anatoli oder Kleinasien. Syrien, das nun folgt, war ehemahls in fünf Dschind, d. i. Districte, eingetheilt, nähmlich: 1) Filistin (Palästina); 2) Erden (das Land am Jordan); 3) Dimischk (Damaskus); 4) Himß (Emessa); 5) Kaneßrin; Syrien ward dann in drey Statthalterschaften (Damaskus, Tripolis und Haseb) untergetheilt. VII. Die St. Damaskus hatte ursprünglich zehn Sandschake: 1) Damaskus, der Siz des Pascha; 2) Jerusalem; 3) Ghasa; 4) Nablus; 5) Adschlun; 6) Ssafed; 7) Ledschun; 8) Ssaida mit Beyrut; 9) Karak; 10) Schaubek; in der Folge wurden die sechs Sandschake: Jerusalem, Ghasa, Nablus, Adschlun, Ssafed und Ssaida abgerissen, und sowohl Jerusalem als Ssaida erhielt einen besonderen Pascha. VIII. Das syrische Tripolis hat fünf Sandschake: 1) Tripolis, der Siz des Pascha; 2) Himß; 3) Hama; 4) Selemije; 5) Dschebelle oder Dschobolla, dazu noch 6) Tadmor (Palmyra) und 7) Maarreten-Naaman, als Hukumet (erbliches Sandschak), so daß also eigentlich sieben. IX. Die St. Haleb hatte zur Zeit der Eroberung sieben Sandschake, nähmlich: 1) Adana; 2) Balis; 3) Biredschik; 4) Haléb; 5) Aasir; 6) Kilis; 7) Maarret; in der Folge wurde Adana als besondere Statthalterschaft, Maarret aber, Biridschik, Asir und Kilis zu Chaß (Krongütern) erklärt; der Siz des Pascha ist Haleb. X. Die St. Trabesun hat drey Sandschake: 1) Trapezunt, der Siz des Pascha; 2) Gonia; 3) Batum. XI. Die St. Erserum, die zu Armenien gerechnet wird, hat eilf Sandschake[1]): 1) Erserum, der Siz des Pascha; 2) Karahißar scherki, d. i. das östliche, zum Unterschiede von andern Karahißar; 3) Pasin; 4) Medschnegerd; 5) Ispir; 6) Hasankalaasi; 7) Mamrewan; 8) Keiß; 9) Kisewdschik; 10) Melaßgerd; 11) Aleschgerd; 12) Baießid; 13) Tortum. XII. Die St. Karß hat sechs Sandschake: 1) Karß, der Siz des Pascha; 2) Erdehan kutschuk; 3) Raghßeman; 4) Chodschewan; 5) Maghaberd; 6) Seranchan. XIII. Die St. Tschildir, der Siz des Pascha, ist 1) Achiska (Achalzik), dann noch die folgenden Sandschake: 2) Adschare; 3) Ardesnudsch; 4) Erdehan büfürg; 5) Erdehan kutschuk (was schon oben vorgekommen); 6) Söke; 7) Olti; 8) Petkeref; 9) Petek; 10) Poßchuab; 11) Tausker; 12) Tschildir; 13) Tschitscherek; 14) Chartis; 15) Schuschad; 16) Kule; 17) Lewane; 18) Machtschil; 19) Nußf Lewani; 20) Achalkelek; 21) Toriatet. XIV. Die St. Wan hat vierzehn Sandschake: 1) Ardschisch sammt Peiker; 2) Eßbaberd; 3) Aghakis; 4) Ekrad; 5) Owaschik; 6) Bargiri; 7) Bidlis; 8) Berdaa; 9) Ekrad Beni Kotur; 10) Aadil dschuwaß sammt Achlath; 11) Baießid; 12) Karkaw und Kesani; 13) Musch; 14) Wan, der Siz des Pascha; Dschesireji Omerije, d. i. die Omerische Halbinsel heißt die östlich vom Tigris, westlich vom Euphrat begränzte Halbinsel (Mesopotamien), welche drey Statthalterschaften, nähmlich: Diarbekr, Rakka und Moßul, in sich begreift. XV. Die St. Diarbekr hat neunzehn Sandschake und fünf Hukumete (erbliche Sandschake), von den Sandschaken werden acht an kurdische Bege als Herdgeld (Odschaklik) verliehen. Die osmanischen Sandschake sind: 1) Arghani; 2) Akdschekalaa; 3) Amid; 4) Tschemischgesek; 5) Hoßnkeif; 6) Chabur; 7) Charpurt; 8) Saart; 9) Sindschar; 10) Siwerek; 11) Miafarakain; 12) Maßgerd; 13) Nißibin; die an Kurden als Herdgeld verliehenen sind: 14) Atak; 15) Portok; 16) Terdschil; 17) Dschabaldschur; 18) Dschermik; 19) Ssaghßman; 20) Kulab; 21) Mihran[2]). Die Hukumete sind: 1) Aghßil; 2) Palu; 3) Dschesire; 4) Dasu; 5) Kidsch; der Siz des Pascha ist Amid. XVI. Die St. Rakka; die Sandschake sind: 1) Dschemasije; 2) Chabur; 3) Deir Rahab; 4) Beni Rebiia; 5) Surudsch; 6) Rakka; 7) Roha (Edessa). XVII. Die St. Moßul: 1) Moßul, der Siz des Pascha; 2) Alt-Moßul; 3) Badschewanlü; 4) Tekrit; 5) Herweiane; 6) Karadaseni. XVIII. Die St. Schehrsol hat zwey und dreyßig Sandschake: 1) Erbil (Arbela); 2) Schemamek; 3) Harir; 4) Kuß; 5) Abruman; 6) Uschti; 7) Baß; 8) Berend; 9) Belkaß; 10) Bil und Tari; 11)

---

[1]) Ist ein Schreibfehler für 13, die sogleich angegeben werden. [2]) Hier sind zwey Sandschake mehr, und gar acht als Herrschaft verliehene, statt fünf, wie so eben vorher gesagt worden.

Dschebl Hamrin; 12) Dschengule; 13) Duraman; 14) Duldschewran; 15) Su=
rundschif; 16) Seidiuf medschin; 17) Schehrbasar; 18) Schehrsol; 19) Uadschur;
20) Ghasikeschan; 21) Merkawe; 22) Hesarmerd; 23) Rubin; 24) Mehrewan;
25) Schemiran; 26) Karatagh; 27) Dschaghan; 28) Kisildsche; 29) Jaia; 30)
Sengine; 31) Indschiren; 32) Kerkuk, ist der Sitz des Pascha. XIX. Die St.
Bagdad hat achtzehn Sandschake: 1) Bagdad, die Hauptstadt des arabischen Irak;
2) Al=Hadsch; 3) Bejat; 4) Dertenk; 5) Dschenguler; 6) Dschewaser; 7) Hille;
8) Derne; 9) Demirkapu (Eisenthor); 10) Dihbala; 11) Rumahije; 12) Schen=
gabad; 13) Semawat; 14) Karatagh; 15) Kerte; 16) Kilan; 17) Wasit; 18)
Amadije, welches ein Hukumet. XX. Die St. Basra hat sieben Sandschake:
1) Basra, der Sitz des Pascha; 2) Abuaarne; 3) Rahmanije; 4) Sekije; 5)
Kapan; 6) Katif; 7) Medine. Was man Kurdistan nennt, beginnt zu Hormus
und endet zu Malatia und Meraasch, wird nördlich von Eriwan, südlich von
Moßul begränzt, erstreckt sich bis an die Gränze von Fars und Kerman und
bis an die Berge von Erserum, ist theils in den vorhergehenden Statthalter=
schaften, und theils im persischen Gebiethe begriffen, und wird insgemein in
achtzehn Landschaften eingetheilt, deren einige Sandschake, andere Hukumet.
XXI. Die Halbinsel Arabien wird in zwölf Landschaften getheilt: 1) Tehame;
2) Jemen; 3) Nedschd; 4) Uaruf; 6) Schedschar; 7) Omman; 8)
Hadscher; 9) Hedschas; 10) Nedschd=Hedschas; 11) Tehama Hedschas; 12) Jemane;
hiervon sind auf dieser Karte nur Mekka und Medina angegeben, der übrige
Theil nur umrissen, so auch XXII. Ägypten und XXIII. Gurdschistan (Geor=
gien) zwischen den kaspischen und schwarzen Meere gelegen, zwanzig Tagerei=
sen im Gebirge; die vorzüglichsten Districte desselben sind: 1) Schendschewat;
2) Atschikbasch; 3) Mekril (Mingrelien), 4) Dadian (Kolchis). Ganz Geor=
gien wird auf neun Toman gerechnet. XXIV. Das Land Circassien, das sich
von Toman längs des schwarzen Meeres im Gebirge erstreckt, ist in zehn
Fürstenthümer getheilt, nähmlich 1) Taman; 2) Dschighaka; 3) Groß=Dschana;
4) Klein=Dschana; 5) Bonduk; 6) Hatuchai; 7) Botuchai; 8) Bestebi; 9) und
10) die beyden Kabartaien. XXV. Das Land Abasa erstreckt sich am Ufer des
schwarzen Meeres von Ssutscha bis an den Fluß Kodra, welche Gegend Sa=
hum heißt; die Bege der Abasa sind: 1) Atschubabegi; 2) Ssuufhubegi; 3)
Berdschemtabegi; 4) Kenidschibegi; 5) Kaghif derbendibegi; 6) Budschendebegi
7) Arkalüketschilerbegi; 8) Kamischbegi; 9) Uschaghanbegi; 10) Mamaibegi.
Diese Bege vertreten die Stelle der Ssubaschi (Polizeyvögte).

Nicht minder interessant und belehrend, als die vorhergehende Eintheilung
der Länder der asiatischen Türkey, ist der Inhalt der zweyten Schrifttafel,
worin die Eintheilung des persischen Reiches unter der Dynastie Ssafi allen
Geographen und Statistikern ein willkommener Fund seyn wird.

I. Das persische Irak, auch Dschebel genannt, wo Isfahan die Haupt=
stadt des Reiches und Residenz des Schahs, nach welcher auch Kaswin und Ha=
madan als Hauptstädte gelten. Die Districte Isfahan's sind: 1) Tschi (der alte
Nahme Isfahan's); 2) Merin; 3) Keradsch; 4) Rahab; 5) Perhawar; 6) Ulen=
dschan; 7) Jeraan; 8) Dschundister; zu diesen Districten gehören noch: Dscho=
sabad, Abasabad, Nattar, Chanlandschan, Chuar. Die Districte Hamadan's
sind: 1) Feriwar; 2) Edidardin; 3) Scheramin; 4) Aaalem; 5) Serdurud und
Bürbne. Die Districte Kaswin's sind: 1) Harkanin; 2) Taltin; 3) Emine; 4)
Sehra; 5) Sendschan; 6) Tarime; 7) Rudbar; 8) Rahimabad; man rechnet
in Allem 40 Städte. II. Aserbeidschan, dessen Hauptstadt Tebris, welches in der
persischen Eintheilung auf zehn Toman, d. i. Sandschake, berechnet wird,
nähmlich: 1) Taberistan; 2) Müschgin; 3) Choi; 4) Serab; 5) Dschewres; 6)
Merend; 7) Meragha; 8) Gulistan; 9) Erdebil; 10) Chalchal; man rechnet

27 Städte. Die Länge von Maku bis Chalchal 95, die Breite von Badschrewan bis an den Berg Seiban, 55 Parasangen. III. Gilan und Dilem, jenes
die dem kaspischen Meere zunächst gelegenen Districte, dieses die mehr landeinwärts gelegenen, in drey Districte eingetheilt: 1) Lahdschan, mit der gleichnahmigen Hauptstadt; 2) Rescht und Fumen; 3) Chalchal. Flecken (Kasaba)
sind: Tulum, Kotnun und Rudbar. IV. Taberistan, begreift die Landschaften
Komis und Masenderan in sich; die erste hat 10 Städte und Flecken, die Hauptstadt ist Damaghan. Masenderan am kaspischen Meere wird in sieben Toman
eingetheilt: 1) Dschordschan; 2) Berd=samusak; 3) Astrabad; 4) Amul Rustem-
dar; 5) Dehistan; 6) Ruaad; 7) Scharistan; die Hauptstädte sind Dschordschan
und Ferruchabad. V. Eriwan, die Hauptstadt war ehemahls Gendsche, heute
Eriwan. Maschdschiwan, Orduabad, Gendsche, Salgutester, Schemkur, und die
Wohnplätze der Kosaken von Lori werden zu Eriwan gerechnet. VI. Mokan, mit
der Hauptstadt Karabagh; die Districte sind: 1) Karabagh; 2) Badschrewan; 3)
Steppe von Mokan; 4) Kapanestan; 5) Iran; 6) Berkeschad. VII. Schirwan
erstreckt sich vom Flusse Kur bis nach Derbend, und war, als es im Besitze der
Pforte, in folgende vierzehn Sandschake getheilt: 1) Lahidsch; 2) Aktasch; 3)
Kabale; 4) Derwar; 5) Scheki; 6) Saliane; 7) Badger; 8) Maaradh; 9) Soaid
10) Estrijan; -11) Aalschani; 12) Hadawer; 13) Aresch; 14) Mahmudabad; die
Hauptstadt ist Schamachi. Als Derbend im Besitze der Pforte, war es in sieben
Sandschake untergetheilt, nähmlich: 1) Schabur; 2) Dgghistan; 3) Wahti; 4)
Besker; 5) Kure; 6) Scherak; 7) Restab. Zu Daghistan gehören die Hukumete
der Kamuken, Kaitaken und Tabaseran. VIII. Daghistan besteht aus lauter un-
abhängigen Hukumet, ehemahls der Hauptsitz der Alanen (Serir Allan); die
Hauptstadt ist heute das Schloss und der Flecken Koimut. IX. Gurdschistan (Geor-
gien), zur Hälfte der Pforte, zur Hälfte Persien gehörig; im persischen An-
theile sind Tiflis und Racht die Hauptstädte. Dieser Antheil fasst einige Huku-
met, welche als einige Toman gerechnet werden. X. Chusistan, gegenüber von
Basra und Wasith, die Hauptstadt Tuster, dann noch die Städte Ahwas,
Dschin, Schasur und Huweise. XI. Loristan, von Chusistan abgerissen, sechs
Tagereisen im Gevierten zwischen Kermanschahan und Isfahan, die Hauptstadt
Churemabad, die Einwohner Kurden. XII. Fars zerfällt in das Binnenland
(Berri) und das am Meere gelegene Bahri. Das erste wird in fünf Districte
eingetheilt, nähmlich: 1) Erdeschir; 2) Istachr (Persepolis); 3) Darabscherd;
4) Schabur; 5) Kobad; die Hauptstadt ist Schiras. Am Meere liegen: Siraf,
Mehrujan, Rei, Hosn Ibn Amare, Dschenab, Kunt (Kanak?), Bidehan, Ki-
nare, Berde; noch gehören zu dieser Landschaft von dem gegenüber gelegenen
Arabien das Sandschak Bahrein, die Insel Bahrein und Kisch, und noch 7 bis
8 Inseln. XIII. Bar, mit der gleichnahmigen Hauptstadt, und den zwey hieher gehörigen Inseln Anderawi. XIV. Hormus, mit den dazu gehörigen Inseln
Hormus und Dscherun. XV. Kerman, am indischen Meere, 180 Parasangen im
Gevierten; die Hauptstadt Gewaschir sammt den Städten Erdesschir und Kerman. XVI. Sedschistan und Sistan, mit den Hauptstädten Sernisch und Sistan, und die zehn Tage langen Wüste. XVII. Chorasan, in der Mitte aller
Erdgürtel gelegen, mit guter Luft und gutem Wasser, ein weites Land, das
500 Flecken enthält; die grössten Städte sind: Herat (die Hauptstadt), Balch,
Nisabur, Meschhed. XVIII. Balch (mit der gleichnahmigen Hauptstadt), sonst
zu Chorasan gerechnet, jetzt im Besitze der Usbegen. XIX. Kuhistan, zwischen Nisabur, Herat und Isfahan, mit der Hauptstadt Schehristan; die Flecken
sind von einander durch Wüsten getrennt. Die bisher aufgezählten Länder befinden sich noch unter der Herrschaft der Schahe (der Dynastie Sefi); die folgenden, über die sie sich eine Zeit lang die Herrschaft angemasst, wurden ihnen

gelegentlich entriffen. XX. Sabuliftan, von den Perfern Bachterfemin (des
Aufgangs Erde) genannt, wird für zehn Toman gerechnet, und ist meistens
den indischen Padischahen unterworfen; die Hauptstadt ist Kabul. XXI. Kandahar, mit der gleichnahmigen Hauptstadt, östlich von Sedschistan, ein gebirgiges Land, von Schah Abbas den Indiern entriffen. XXII. Mekran, westlich
von Sind, am Ufer des indischen Meeres; die Hauptstadt Kunhabad. XXIII.
Sind, ein weites, von verschiedenen Völkerschaften bewohntes, meistens indischen Herrschern unterworfenes Land. XXIV. Tocharistan, westlich von Bedachschan; die Hauptstadt Welwaleh. XXV. Bedachschan, zwischen dem Orus
und Murghab; die Hauptstadt Terchan. XXVI. Ghur, ein gebirgiges Land
zwischen Chorasan und Sedschistan; die Hauptstadt ist Ahangeran. XXVII.
Chuaresm, am östlichen Ufer des caspischen Meeres, an Mawerain-nehr
gränzend, beginnt in der Nähe des Orus, und erstreckt sich an den See von
Chuaresm; die Hauptstadt Kurkendsch am Orus, welche auch das chuaresmische
Dschordschania genannt wird. XXVIII. Mawerain-nehr (Transorana), ehemahls Turan und das Land der Hejatile (das Land der Humen Euthaliten);
auf der Ostseite ist Turan, auf der Westseite Chorasan und Iran; die Gränzen
sind westlich Chuaresm, östlich Hind und Turgistan, südlich der Orus, die
Gränze von Bedachschan; es heißt das zwischen zwey Flüssen gelegene Land,
weil es zwischen dem Dschihun, d. i. Orus, dem Gihun der Schrift, und dem
Sihun, d. i. dem Jarartees (dem Plischun der Schrift) liegt; es wird in sieben
Toman getheilt, deren jeder 10,000 Mann stellt. Die Hauptstadt war vormahls Murghainan, ward aber hernach Semerkand. „Schrieb's der arme El-
„hadsch Abdullah, berühmt unter dem Nahmen Hasis-sade, Schreiber der
„großen Geographie i. J. 1141 (1728), aus der Beschreibung des armen Ibra-
„him, eines der Muteferrika der hohen Pforte."

3. Plan Constantinopel's mit der Eintheilung seiner Stadtviertel und Vorstädte.

Die beyfolgende Karte ist im Grundrisse keine neue, sondern die dem topographischen Werke: Constantinopolis und der Bosporos, beygegebene; nur mit
dem Beysatze aller Viertel, sowohl der Stadt als der acht Vorstädte (Skutari,
Ejub, Chaßköi, Kasimpascha, Fündüklü, Topchane, Galata und Pera), welche
bisher in keiner Topographie angegeben und auf keiner Karte verzeichnet worden,
und also eine höchst erfreuliche Zugabe für alle Reisende, welche sich in den Vier-
teln, Gassen und Moscheen Constantinopel's (mit Beyziehung für die letzten des
im neunten Bande S. 47 der ersten Auflage dieses Werkes gegebenen Verzeich-
nisses der achthundert sieben und siebzig Moscheen der Stadt und Vorstädte)
orientiren wollen. Den ersten Anlaß zu genauerer Nachforschung der Viertel
der Stadt und ihrer Nahmen gab eine kleine, unter dem Nahmen Seferia Efendi's bekannte Beschreibung Constantinopel's, deren Zahlenangaben aber so
übertrieben sind, daß die Unrichtigkeit derselben gleich beym ersten Anblicke
in die Augen springt, nähmlich: zu Constantinopel, Topchane und Scutari
3423 Viertel von Moslimen, 4580 von Griechen und Armeniern, und 2584
von Juden, also nicht weniger als 10,587 Viertel! während die Zahl derselben nur fünfthalbhundert beträgt. Die Wahrheit der Zahl konnte nur aus
den, bey den Mehkeme (Ortsgerichten) aufbewahrten Registern erhärtet werden; aber diese sich zu verschaffen war äußerst schwierig. Nur in dem Verlaufe
von einigen Jahren gelang es dem Bestreben meines Freundes, des Herrn
Gesandtschaftsdolmetsches, Ritters von Raab, diese Schwierigkeiten zu über-

winden und mir diese Register zu verschaffen. Aber damit wäre dem Reisenden noch wenig gedient gewesen, indem es sich nun erst darum handelte, die
Örtlichkeit eines jeden dieser Viertel oder Quartiere zu bestimmen. Diese nicht
kleine Mühe nahm auf meine Bitte und aus Liebe zur Sache der damahlige
Gesandtschaftssecretär und der damahlige kaiserliche Agent in der Moldau,
Hr. von Wallenburg, auf sich, welcher die Örtlichkeit eines jeden der angegebenen Viertel entweder selbst oder durch Andere bestimmte, und die Lage
derselben in die von ihm zu diesem Berufe gezeichnete Karte eintrug. Die
Prinzeninseln, welche außer dem Bereiche dieser Karte liegen, finden sich in
dem Werke: Constantinopolis und der Bosporos, mit ihren Nahmen richtig
verzeichnet; aber auf keiner der bisherigen Karten des Archipels sind die türkischen Nahmen der Inseln desselben vollständig angegeben, oder die angegebenen richtig geschrieben. Das folgende Verzeichniß derselben, welches zum
Theil schon in dem XXXIV. Bande der Jahrbücher der Literatur gegeben
worden, hier aber, um ein Dutzend Nahmen von Inseln vermehrt, erscheint,
wird also keine unwillkommene Zugabe seyn.

Agio Strati, türkisch: Bosbaba, d. i. Eisvater. Ainos, Ainos. Amorgo,
Jamurgi. Anaphos, Anasia adassi. Andros, Andria. Antiparos, Antubakscha.
Capo Gallo, Portofali adassi. Caprero, Boinuf adassi, d. i. das Hirtenge-
bieth. Cerigo (Cythera), Tschoka adassi. Cerigotto (Aigilia), Sigilie. Cervi(?),
Pascha adassi. Chalke (Chalki), Herke. Chero, Odunlüdsche, d. i. die Holz-
reiche. Chinara, Urdischdschik. Chios, Sakis. Elisthene, Meis. Costnissa, Ja-
sidscha. Cypern, Kibris. Gaiteronissi (Patrokleia), Himaran, d. i. die Esel.
Groß- und Klein-Delos, Ssighirdschikler, d. i. die beyden kleinen Staare.
Heraklia, Kinali ada, d. i. die Insel, worauf Henna wächst. Hydra, Dscham-
lidscha, d. i. die Gläserne. Hyethusa, Chorschid. Ikaria, Ahi keria. Imbros,
Imrus. Ipsara, Ipsara. Kalymne, Gelmes. Kephalonia (Cephalonia), Kefa-
lonia. Klein-Delos, siehe: Groß-Delos. Koluri (Salamis), Harem adassi.
Korfu, Korfus. Kurzolari, Kusch adalar. Lantha (Lebynthos), Kotscha papas,
d. i. der alte Pfaffe. Lemnos, Ilmeli. Leria (Leros, Lero), Ileros. Makri,
Kara dogan baba. Makronisi (Helene), Beberdschik. Mitylene, Midilli. My-
cene, Mokene. Naxos, Nakschah. Negroponte (Euboia), Egripos. Nio, Unia.
Nisari (Nishros), Indschirli, d. i. die Feigentragende. Nishra, Usun adassi,
d. i. die lange Insel. Paxos, Bara. Pathmos, Batnos. Paro (Paros), Pa-
ischo. Pharmathusa, Fornas. Pinthenesta, vermuthlich das türkische: Piade
adassi, d. i. die Fußgängerinsel. Piskopia (Episkopi), Illegi. Pontifo, Mallu
kilise, d. i. die reiche Kirche, zwey Inseln. Poros (Kalavria), Owadschik
adassi. Prodano (Prote), Poradna. Rhodos, Rhodos. Samos, Ssusam. Sa-
mothrake, Semendrek. Santa Maura (Leukadia), Lefkade. Santorin, Santorin. Sapienza, Spiencke. Scarpanto, Koje, d. i. die zum Dorfe gehörige.
Skiros, Schkiri. Spezzia, Ssuludscha, d. i. die Wässerige. Stampalia, Is-
tanbolia. Standchio, Istankoi. Symnos, Sumbeki. Syra, Sira. Taubeninsel,
Gögerdschin adassi. Tenedos, Bosdscha adassi. Thasos, Taschuf. Thermia,
Dersi kiassi, d. i. Schneiderfels. Tine, Istendil. Wasiliko, Palusia adassi.
Zante, Saklise. Zea, Morted, d. i. die Abtrünnige.

Verzeichniß der Viertel Constantinopel's.

1) Daudpascha; 2) Oweis, in der Nähe von Alipascha; 3) Neu-Bajesid,
in der Nähe von Daudpascha; 4) Esirdschi Kemal, in der Nähe von Ketük-

pascha; 5) Kuruk Mahmud, in der Nähe des Marktes Odabaschi; 6) Kodscha-
pascha; 7) Serradsch-Jshak, in der Nähe von Kadrigha limani; 8) Nesli
Chatun, beym Thore von Adrianopel; 9) Kaslakfer Mohammed Efendi, bey
Chosrewpascha; 10) Mufti Ali Ischelebi, bey Sultan Selim; 11) Arabadschi
Bajesid, bey Kodscha Mustafapascha; 12) Akdschemseddin, bey Jenibaghdsche;
13) Hadsche Chatun, bey Kodscha Mustafapascha; 14) Eregli, bey Schehr
Emini; 15) Muhijeddin, bey Ssalihpascha; 16) Kidschedschi Piri, bey Jenibaghdsche; 17) Ischiraghi Hasan, bey den sieben Thürmen; 18) Dabbagh Junis, bey Sultan Selim; 19) Jbn Meddas, bey Ssalihpascha; 20) Urudsch
Ghasi, bey Akserai; 21) Uskuni; 22) Güldschami (die Rosenmoschee); 23) Ki-
sil Minare, beym rothen Gebeththurm; 24) Daie chatun, bey Timurkapu,
d. i. beym eisernen Thore; 25) Kumdschibachschisch, bey Laletitscheschme, d. i.
bey der Tulpenfontaine; 26) Ssoghanaga, bey der alten Münze; 27) Alipa-
schai-Aatik, d. i. des alten Alipascha; 28) Sochte-Chatib, bey der vormahligen Pforte des Aga der Janitscharen; 29) Kawghadschidede, bey Sultan
Selim; 30) Abdes-selam, beym Besestan; 31) Ahmedkiaja, bey Awreibasa-
ri; 32) Darol-Hadis, d. i. die Überlieferungsschule, bey Scheich-Wefa; 33)
Fatima Sultan, bey Topkapu (Kanonenthore); 34) Ssari Musa, bey Molla
Kurani; 35) Jawaschdsche Schahin, bey Usun Ischarschu; 36) Basar dschedid,
d. i. neuer Basar, in der Nähe von Bujuktscharschu, d. i. des großen Markt-
tes; 37) Dschamdschi Ali, bey Schehsade; 38) Belbanaga, bey Schehsade;
39) Schehsuwar, bey Kadrighal-limani; 40) Scheremet Ischausch, bey Molla
Kurani; 41) Huseinaga, bey Parmakkapu (Fingerthor); 42) Batlali, bey Akserai;
43) Kodscha Chaireddin, bey Odunkapusi (Holzthor); 44) Uskubi, bey der
großen Aia Sofia; 45) Emin Sinan, bey Kedükpascha; 46) Muradpascha,
bey Akserai; 47) Alembeg, bey Akserai; 48) Kepenekdschi, bey der Fontaine
Diwoghli; 49) Emini dschu, oder Arpa Emini, d. i. Gerstenaufseher, bey
Jenibaghdsche; 50) Hadschikutschuk, bey Mahmudpascha; 51) Kisiltasch, bey
Laletitscheschme; 52) Akbiik, d. i. weißer Schnurbart, bey Achorkapu (Stall-
thor); 53) Mimar Sinan, bey Jenibaghdsche; 54) Dschaaferaga, bey Schehr
Emini; 55) Kodscha Mustafapascha; 56) Ibrahim Ischausch, bey Mewlewichane von Jenikapu (Neuthor); 57) Kaim Aga, beym Adrianopolitanerthore;
58) Defterdar Ahmed Ischelebi, bey Jenibaghdsche; 59) Ischiragi Hamsa, bey
Sultan Selim; 60) Sidi Omer, beym Thore von Siliwri; 61) Ibrahimpascha, bey Kumkapu (Sandthor); 62) Kasandschi Saadi, bey Akserai; 63)
Hadschi Ewlia, bey Mewlewichane von Jenikapu (Neuthor); 64) Kiatib Mußliheddin, bey Jenibaghdsche; 65) Kalenderchane, bey Schehsade; 66) Udschi-
beg, bey Egrikapu (krummes Thor); 67) Kodscha Chalil Attar, bey Unkapan
(Mehlmagazin); 68) Derdek kasab, bey Jenibaghdsche; 69) Huseinaga, bey
Akserai; 70) Segbanbaschi, bey Serradschchane (Sattelmarkt); 71) Ischakir-
aga, bey Akserai; 72) Kodscha Piri, bey Parmakkapu; 73) Melek Chatun,
beym Thore des Mewlewichane; 74) Molla Aschki, bey Egri kapu; 75) Kodscha Chaireddin, bey Jenibaghdsche; 76) Karabasch Husein, eben da; 77)
die kleine Aia Sofia; 78) Suleimanije; 79) Kodscha Hamsa, bey Odunkapu;
80) Kürekbaschi, bey Topkapu; 81) Munedschim Saadi, bey Schehr Emini;
82) Harem Ischausch, bey Jenibaghdsche; 83) Muhtesib Jskender, bey Kara-
gumruk (Landmauth); 84) Abdi Ischelebi, bey Ssulü Monastir; 85) Dschui-
bar, bey Chodschapascha; 86) Tarsus, beym Mewlewichane des neuen Thores;
87) Akfaki, bey Alipascha; 88) Ssaamanwiran, beym langen Markte; 89)
Kiatib Kaim, bey Wlanghabostan; 90) Toklidede, bey Aiwanserai; 91) Toptaschi, bey Maadschundschi Kaim; 92) Usun Schedschaa, beym Peikchane; 93)
Hadschi Muhlieddin, beym Adrianopolitanerthore; 94) Mußliheddin, bey Al-

timermer; 95) Molla Kurani; 96) Kodscha Kasim, bey Balat; 97) Dscheseri Kasimpascha, bey Mahmudpascha; 98) Alti boghdscha, bey Kasi tscheschmesi (Richterfontaine); 99) Sir Chalife, bey Maadschundschi Kaim; 100) Mer= dschanaga, bey Eskiserai; 101) Hadschi Hasansade; bey Dscherdschertscharschu; 102) Kapuban Sinanpascha, bey Jenibaghdsche; 103) Jbrahimpascha, bey Usuntscharschu; 104) Kasab Elias, bey der Landungstreppe von Daudpascha; 105) Sifrikor, bey Dschube Ali; 106) Jel beigirmeni, d. i. Windmühle, bey Kodscha Mustafapascha; 107) Mirachor, bey den sieben Thürmen; 108) San= dschak Chaireddin, bey Kodscha Mustafapascha; 109) Hadschi Elias, bey Egri= kapu; 110) Kodscha Chaireddin, bey Kutschuk Karaman; 111) Molla Scheref, bey Jenibaghschehr; 112) Dschami Sirek; 113) Sochte Sinan, bey Jenibagh= schehr; 114) Mimar Alias, bey Serradschchane; 115) Dölgersade, eben da; 116) Tschakarakdschi Kemal, beym Markte von Ssarigürf; 117) Jaussade, beym Mehlmagazin; 118) Birindschi (Pirindidschi) Sinan, in der Nähe der Moschee S. Mohammed's II.; 119) Chuibar, bey Awretbasari (Weibermarkt); 120) die Moschee Sultan Baiesid's II.; 121) Aaschikpascha; 122) Kiatib Chos= rew, bey Aaschikpascha; 123) Kiatib Moslibeddin, bey Balat; 124) Karasi, bey den ehemahligen neuen Casernen der Janitscharen; 125) Mismari dsche= dschaa, bey Sultan Selim; 126) Abdi Ssubaschi, eben da; 127) Dschamdschi tscheschmesi, d. i. die Fontaine des Glases, bey Sultan Selim; 128) Scheich Resmi, bey Kasi tscheschmesi; 129) Chise Tschausch, bey Balat; 130) Firus= aga, bey Kirktscheschme, d. i. die vierzig Fontainen; 131) Firusaga, bey At= meidan, d. i. dem Hippodrome; 132) Nischandschipascha, bey Sultan Selim; 133) Mimar Kemal, in der Nähe der alten Münze; 134) Ssofiler, bey Ak= serai; 135) Dschebedschibaschi, bey Sultan Selim; 136) Elwansade, beym Mehlmagazin; 137) Dschamdschi Muhijeddin, bey Balat; 138) Eminbeg, bey Kedükpascha; 139) Segbanbaschi, in der Nähe der vierzig Fontainen; 140) Alipascha des alten, bey Sindschürlikapu; 141) Hadschi Ferhad, bey Aaschik= pascha; 142) Serradsch Doghan, bey Schehr Emini; 143) Abdullahaga, bey Klein=Wlangha; 144) Kodscha Ghajaßeddin, bey Agakapu; 145) Mesihpa= scha, bey Laletitscheschme; 146) Schakiraga, bey Mesihpascha; 147) Toridede, bey Molla Kurani; 148) Tawaschi Suleiman, bey Kumkapu; 149) Mesihpa= scha; 150) Ssari Timurdschi, bey Odunkapu; 151) Kasab Timurchan, bey Sirek; 152) Mimar Sinan, bey der Moschee S. Mohammed's II.; 153) Chodschagi, bey Usuntscharschu; 154) Chandschi Karagöf, bey Siliwri kapu; 155) Karagi, bey Hawadschepascha; 156) Magnesia Tschelebi, bey Albasari (Pferdemarkt); 157) Schakiraga, beym Adrianopolitanerthore; 158) Dschan= baßie, bey Awretbasari; 159) Diwani Ali, bey Kedükpascha; 160) Mufti Ali, bey Sirek; 161) Sinanpascha, bey Güldschami; 162) Kidschi=chatun, bey Awretbasari; 163) Jshakaga, bey Achorkapu; 164) Hadschi Husein, bey Psamatia; 165) Beidschiges, bey Tscheharschenbe=basari (Mittwochsmarkt); 166) Hadschibeiram, bey Dscherrahpascha; 167) Chisrbeg, beym Mehlmaga= zin; 168) Jskenderaga, bey Topkapu; 169) Denif Abdal, bey Schehr Emini; 170) Sergirden, beym Mehlmagazin; 171) Mahmudpascha; 172) Tscheradschi Muhijeddin, bey der Moschee S. Mohammed's II.; 173) Dabbaghsade, bey der Fontaine von Altai; 174) Hasan Chalife, bey Jenibaghdsche; 175) Dscha= mikenise, d. i. die Moscheekirche, bey Kasitscheschme; 176) Dülbendschi Hos= ammedin, bey Nischandschi; 177) Molla Chosrew, beym Besestan; 178) Gün= görmes, d. i. was der Tag nicht sieht, bey der Moschee Sultan Ahmed's; 179) Türbedar Kemal, bey Schehsade; 180) Schatirdschi Ahmed, bey Kedük= pascha; 181) Elein Kiaja, d. i. der Sachwalter Jch werd's machen, beym Me= wlewichane des neuen Thores; 182) Derwisch Ali, bey der Landmauth; 183)

Kaghadschidede, bey Akserai; 184) Bidschakdschi Alaeddin, beym Mehlmagazin; 185) Kaßab Auf, oder Aiwas, bey Chosrewpascha; 186) Jakubaga, bey
Ekfdi Karatut, d. i. saure Maulbeere; 187) Kodscha Ali, bey Egrikapu; 188)
Tachta Minare; 189) Scheich Ferhad, bey Moßelataschi; 190) Molla Achwein,
bey Alipascha; 191) Baba Hasan Alemi, bey Schehsade; 192) Dschanbaßie,
bey Kodscha Mustafapascha; 193) Woinok schedschaa, bey Scheich Wefa; 194)
Ssari Naßuh, bey Maadschundschi Kaim; 195) Tschiwisade, bey Topkapu;
196) Emin Nureddin, bey Schehsade; 197) Kodscha Kasim, bey Mustafapascha; 198) Düldarije, beym Peikchane; 199) Kiatib Moßlihaddin, bey Akserai;
200) Kiatib Sinan, bey der Moschee des Nischandschi; 201) Mustafabeg, bey
den ehemahligen neuen Casernen der Janitscharen; 202) Kefelli; 203) Elwansade, bey Kodschapascha; 204) Ssari Bajesid, bey Scheich Ebul Wefa; 205)
Maadschundschi Kasim, bey Daudpascha; 206) Chadidsche Sultan, beym
Adrianopolitanerthore; 207) Daie Chatun, bey Mahmudpascha; 208) Ekmek-
dschi Ali, bey Molla Kurani; 209) Bostandschi, bey Kadrighalimani; 210)
Terdschüman Junis (der Pfortendolmetsch S. Suleiman des Großen); 211)
Dscheradschi Kara Mohammed, beym Mehlmagazin; 212) Nischandschipascha,
beym Sandthor; 213) Kiatib Murad, beym neuen Thore; 214) Molla Kurani, beym alten Serai; 215) Molla Chosrew, bey Scheich Wefa; 216) Usun
Jusuf, beym Markte des Odabaschi; 217) Ssahhaf Suleiman, bey Kodschapascha; 218) Tschukur Bostan, bey Sultan Selim; 219) Simkesch (die Sil-
berzieher), bey Schehr Emini; 220) Essalsade, bey Kesefen; 221) Kalidsche
Hasan, bey Mahmudpascha; 222) Imam Ali naalü mesdschid; 223) Kürek-
dschipaschi, bey Awretbasari; 224) Nachtkend, bey der Moschee S. Ahmed's;
225) Elhadsch Husein, bey Balat; 226) Kutschuk Jasidsche, bey Parmakkapu;
227) Weled Karabasch, beym Thore von Siliwri; 228) Kiatib Schemseddin,
bey Aliaga; 229) Molla Chosrew, bey Güldschami; 230) Baba Chaki, bey
Sirek; 231) Bajesid Aga, bey Topkapu; 232) Mustafapascha des alten, bey
Aiwanserai.

Stadtviertel von Scutari.

1) Sinanpascha, oder Ishanije; 2) Selimije; 3) Mirachor, bey Aiasma;
4) Aiasma; 5) Ssaladschak, bey Aiasma; 6) Rum Mohammedpascha, bey
Schemsipascha; 7) Hamsafith, bey Hedaii Efendi; 8) Ahmed Tschelebi, eben
da; 9) Keftsche, bey Toghandschiler; 10) Tawaschi Hasanaga, bey dem alten
Posthause; 11) Suleimanaga, beym großen Landungsplatze; 12) Kerede, bey
der neuen Walide; 13) Gülfam Chatun, bey dem Mehkeme; 14) Kara Daudpascha, eben da; 15) Bulghurli, bey Tschauschdere; 16) Tuighar Hamsa, bey
Tschinar; 17) Dorbati, bey Tuighar; 18) Ewlia Kodscha, bey Kuschoghli Jo-
kuschi; 19) Tenbel Elhadsch Mohammed, bey Dschingane Furuni, d. i. Zi-
geuner-Backofen; 20) Hadsche Husna Chatun; 21) Ssolak Sinan, bey Bül-
büldere; 22) Chaireddin Tschausch, bey Atbasari (Pferdemarkt); 23) Selami
Islam und Kefere, bekannt als Selamsif; 24) die alte Walide; 25) Sche-
dschaabaghi, bey Selami; 26) Dabbaghler, bey Toptaschi; 27) Murad Reis,
bey der Moschee Walide Dschinili; 28) Arakiedschi Elhadsch Dschaafer, bey
der alten Walide; 29) Arakiedschi Elhadsch Mohammed, in der Nähe von
Aladscha Minare; 30) Tschauschbaschi, bey der Moschee Dschinili; 31) Kasias-
ker, bey der alten Walide; 32) Diwidschiler, bey Chirmenlik; 33) Karadscha
Ahmed Sultan; 34) das neue Viertel, nahe bey den Gärten Kefere; 35)
Basarbaschi, bey der Moschee Dschinili; 36) Aschdschibaschi, bey Karadscha
Ahmed Sultan.

Stadtviertel von Ejub.

1) Dögmedscheler (Knopfmacher); 2) Bülbüdere (Nachtigallenthal); 3) Sal Mahmudpascha; 4) Sultan Walide; 5) Bostandschi Jskele; 6) Bujuk Jskele; 7) Defterdar Jskele; 8) Tschamlikdschiler; 9) Otakdschiler; 10) Nischandschipascha; 11) Mudschawir; 12) Serai selwleri (Cypressen des Serai); 13) Tschorbadschi; 14) Topdschiler; 15) Ermeni; 16) Ainali kawak; 17) Baharije; 18) Ejub.

Viertel der Vorstadt Chaßköi.

1) Bujuk Jskele; 2) Piripascha; 3) Sakisagadschi; 4) Ainali kawak; 5) Chalidschioghli; 6) Südlüdsche; 7) Ahmedpascha; 8) Karaagadsch; 9) Dschamiögü; 10) Tschiksalun.

Viertel der Vorstadt Kasimpascha.

1) Kasimpascha; 2) Tabaklar; 3) Sindschirlü kujun, d. i. Kettenbrunn; 4) Kulaksis, d. i. ohne Ohr; 5) Kutschuk Piale; 6) Bujuk Piale; 7) Barutchane, d. i. die Pulverstampfe; 8) Tataragasi; 9) Hadschi Husein; 10) Hadschi Ahmed; 11) Dere itschi hamami, d. i. Bad des inneren Thales; 12) Usunjol, d. i. langer Weg; 13) Kuluk dschamii; 14) Okmeidan, d. i. Pfeilplatz; 15) Sinanpascha; 16) Tatawla oder S. Dimitri.

Viertel der Vorstadt Galata.

1) Tscheschme Meidani; 2) Arabdschami; 3) Asabkapu; 4) Sultan Bajesid; 5) Kemen resch; 6) Kara Mustafa; 7) Hamami dschedid, d. i. neues Bad; 8) Bereketsade; 9) Hadschi Ahmed; 10) Laleli; 11) Adschiktscheschme.

Stadtviertel von Begoghli, d. i. Pera.

1) Agadschamesi; 2) Kuloghli, 3) Jeni Mahalle, d. i. neues Viertel, bey Galataserai; 4) Tschukurdschami; 5) Depebaschi; 6) Tekke (das Kloster der Mewlewi).

Viertel der Vorstadt Topchane.

1) Jasidschi; 2) Schahkuli; 3) Kumbarabaschi; 4) Chandakbaschi; 5) Karabasch; 6) Bostandschi; 7) Sirkedschi Mesdschidi; 8) Amellü Mesdschidi; 9) Tumtum (Aufgang nach Pera).

Viertel der Vorstadt Fündüklü.

1) Firusaga; 2) Dschihangir; 3) Kachandschi; 4) Aiaspascha; 5) Kabatasch; 6) Fündüklü; 7) Dereitschi; 8) Aine Tschelebi; 9) Altschakdan; 10) Ssalibasari; 11) Sakabaschi; 12) Tschauschbaschi; 13) Defterdar; 14) Jemekbaschi; 15) Chatunije.

Sach= und Nahmenregister

der

vier Bände der Geschichte des osmanischen Reiches.

A.

IV.

46

B.

47 *

Bajesid Kötürüm, d. i. der Lahme, Herr von Kastemuni und Sinope, I. 185.
Bajesidpascha, Mohammed's I. Feldherr, I. 268; am Todbette Mohammed's I., 300; dessen Antwort im Nahmen Murad's II. an Manuel's Gesandte, 312; macht Vorstellungen wider seine Sendung nach Europa, zur Bezwingung des falschen Mustafa, lagert bey Adrianopel wider denselben, gefangen, 313.
Bajesifade Ahmed Efendi, Orthodore, Steiniger der Ehebrecherinn, III. 712; dessen fanatischer Haß, 716; stirbt, 781.
Bajesid Ssofi, Wesir Mohammed's I., I. 306.
Bakaji Weli Efendi, Scheich des Lagers, stirbt, IV. 601.
Baki's Thronbesteigungsgedicht Selim II. überreicht, II. 363; dessen Unzüglichkeiten wider den Mufti Bostansade, 570; der große lyrische Dichter, 592; dessen Kaßide zur Wiederkehr Mohammed's III. nach Erlau's Eroberung, 621; stirbt, dessen Werke, 642.
Bakics (Paul) mit Katzianer geschlagen, II. 143; Vater der Reiter, fällt, 144.
Bakics (Matthäus) würdig des Nahmens seiner Ahnen (Peter u. Paul), der Vertheidiger von Krupa, II. 310.
Bakipascha, der Defterdar, in die sieben Thürme geworfen, II. 719; abgesetzt, verbannt, 778; stirbt, III. 42.
Baktrien, I. 206.
Bataban, Osman's Feldherr vor Brusa, I. 85, 103; verräth Ssaruchan, den Sohn Suleiman's, an Musa, 277; erhält Mentesche als Statthalterschaft, 327; siehe: Indschc.
Balabandschik, Schloß vor Brusa, I. 85, 133.
Balasghun, unter der Herrschaft Boghra-Chan Harun's, I. 38, 44.
Balassa (Johann) rückt vor Szécsén, II. 283; dessen Sohnes Auslieferung begehrt. 450.
Balassa (Melchior) in Suleiman's Augen ein Staatsverbrecher, II. 182; verjagt die Türken, 195.
Balassi (Ferenz), Gesandter Báthory's, II. 748; stirbt, 786.
Balata, schmutzigste Vorstadt Constantinopel's, IV. 89.
Balbi, Provveditore, übergibt Tine, IV. 126.
Balch, durch Nisamul-mülk verherrlichet, I. 40; die Ghusen daselbst unter Sandschar's Herrschaft, 45; Könige Trommelschläger, 52; unter der Herrschaft des Chalifen Osman, 77.
Baldürsade, Verfasser gerichtlicher Urkunden, III. 686.

Balibeg, Sohn des Malkovich (Malkodsch), in der Schlacht wider Wlad, I. 471; befehligt den Streifzug wider Warasdin, 521; Befehlshaber von Silistra, streift nach Akkerman, 630; zum Streifzug wider Pohlen befehligt, 645; dessen zweymahliger Streifzug am Tagliamento, 651.
Balibeg, Sohn Jahja's, erster Befehlshaber von Belgrad, II. 22; befehligt die Vorhut zu Mohacs, 51, 53.
Balikesri an Urchan abgetreten, I. 110; dessen Ssubaschi schlägt sich auf Mohammed's I. Seite wider Jsa, 269.
Balikli, in dessen Nähe Apamea, I. 127.
Balis (Barbalissus), I. 761.
Balifade, Mufti, III. 469, abgesetzt, 480.
Balkan, I. 155.
Balkis, Königinn von Saba, I. 132.
Ballarino, venetianischer Gesandtschaftssecretär und Unterhändler, III. 455, 585.
Ballo, siebenbürgischer Internuntius, III. 543.
Balog (Franz), siebenbürgischer Gesandter, II. 363, 375.
Balta, Thätlichkeiten zwischen Russen und Tataren allda, IV. 573.
Baltadschi, eine Kammer derselben in Galataserai aufgehoben, IV. 509.
Baltadschi, der Großwesir, Sohn Mustafa's, Oberstschwertträger, dann Wesir Statthalter in Morea, IV. 416.
Baltaoghli, Befehlshaber der Flotte zur Eroberung Constantinopel's, I. 401; verheert Lesbos, 473.
Bamian, dessen Könige Trommelschläger, I. 52.
Banat von den Türken unterjocht, II. 221.
Bandino der Florentiner zu Constantinopel, I. 553.
Banfi, siebenbürgischer Gesandter Rhedei's, III. 471.
Bannaluka unter Suleiman I. erobert, II. 61; fällt in Ludwig's von Baden Gewalt, III. 819.
Bapheum (Kojunhißar), in der Nähe von Nikomedien, I. 79, 92.
Bar (Heinrich u. Philipp von), I. 196, 198.
Barabasch, Kosaken, III. 654.
Baradi (Chrysorrhoas), Fluß bey Damaskus, I. 765.
Barbaresken, die drey Cantone in Beglerbegschaften verwandelt, II. 465; England, Holland, Frankreich suchen die Sicherstellung ihres Handels vor denselben, III. 27; erklären sich treu und gehorsam beym Ausbruche des venetianischen Krieges, 260; der Vorschlag Holland's, ihrem Ungethüm ein Ende zu machen, nicht

C.

von Timur als Leben an seinen Sohn, Schahroch, ertheilt, I. 229.

Choschkadem, der abtrünnige Mamlukenbeg, als Gesandter an Tumanbeg, I. 778.

Chosrew, der Gesetzgelehrte, lebt zu Brusa, I. 114.

Chosrew und Schirin Scheichi's, I. 114; Nisami's, 309; von Scheichi, 597; Dschelili's, II. 353.

Chosrew, Sohn Aseddin Kilidscharslan's, I. 48.

Chorew (Molla), Heeresrichter Murad's II., I. 352.

Chosrew, der Janitscharenaga, bey der türkischen Belagerung Bagdad's ermuntert dieselben, III. 52; Großwesir, zieht wider Abasa, der sich ergibt, 64; dessen Triumpheinzug, 66, 67; rüstet den persischen Feldzug, marschirt nach Hamadan, 101; dessen Marsch an den Sab, nach Schehrsor, an den Caprus, 83; erobert Mihreban, 86; zerstört Hasanabad und Hamadan, 88; dessen Marsch nach Bagdad über Bisutun, 89; hebt die Belagerung von Bagdad auf, 91; abgesetzt, 99; dessen Hinrichtung durch Murtesa, 103.

Chosrewabad, beym Dorfe Alibeg, IV. 195.

Chosrewbeg, Statthalter von Bosnien, erobert dalmatinische Schlösser, II. 143; siehe: Chosrewpascha.

Chosrewpascha, Bruder Lala Mustafa's, des Eroberers von Cypern, II. 150; sendet als Statthalter Aegypten's 1,200,000 Aspern ein, 156.

Chosrewpascha, Beglerbeg Rumili's, erobert Castelnuovo, II. 162; nach Ofen befehtiget, 167; vierter Wesir, 169; dessen Tod, 206.

Chosrewpascha, Suleiman's Gesandter an Schah Tahmasip, II. 274.

Chosrewpascha, der Eunuche, Wesir und Serasker, wider die Rebellen an Hasan Sokolli's Stelle, II. 652; vertheidigt Wissegrad i. J. 1605, 687; Befehlshaber von Neuhäusel, 688.

Chosrewpascha's Chan, III. 171.

Chosroën, in Persien, I. 37, 47, 52, 54, 77; siehe: Nuschirwan.

Chosroënbau, Sommerpalast S. Ahmed's, IV. 195, 250.

Choten, berühmt durch Jaspiskiesel und schöne Knaben, I. 34, 233.

Chowaresm, siehe: Chuaresm.

Christen, I. 126, 178, 199; ihnen erlaubt, Rebellen todt zu schlagen, ohne Blutgeld zu zahlen, IV. 439; ob es nicht am heilsamsten, alle im ganzen Reiche zu ermorden, 600.

Christenkinderlese, ein letzter Versuch derselben i. J. 1674, III. 668; siehe: Knabenlese.

Christinn = Sclavinn besser als die Schiitinn = Ketzerinn, IV. 208, 209.

Christliche religiöse Begehren beym Wiener Congresse i. J. 1689, unter sechs und zwanzig Puncten nur drey, III. 814.

Christopolis, I. 119, 125.

Chronogramme auf glücklichen Schutz des Sultans, IV. 182; Esubhi's, des Reichsgeschichtschreibers, 298; von Abdurrisak, Newres und Ssi, zum Lobe der Bauten S. Mahmud's, 415; Niimet und Newres Efendi's auf einen Palästen, 428; auf den Bau der Moschee zu Beschiktasch, 439; auf die Gründung einer neuen Moschee in der Gegend des alten Besestan, eben da; Ibnol Arabi's auf den neuernannten Großwesir Mohammed Emin, 453; auf den Bau der Pforte des Aga der Janitscharen, 454; Niimet Efendi's auf sultanische Freygebigkeit, eben da; auf die Vergünstigung des Scherbets, welches dem Sultan an der Pforte des Aga der Janitscharen gereicht ward, 460; zwen auf Moscheenbau, 461; auf dem nach Constantinopel führenden Thore von Belgrad, 462; auf ein vom Stapel gelassenes Kriegsschiff, 464; auf Hekimsade Alipascha's dritte Großwesirschaft, 486; auf den Tod Ali Hekimsade's, 511; über tausend auf die Geburt einer Prinzessinn, 513; auf die Moschee der Walide Mihrmah, 520; auf den Wesir Nischandschi Kutschuk Mustafapascha, 542; auf Osman Pirisade's Tod, 600.

Chronogrammenschmiede, Abdurrisak, Newres, Isi, IV. 415; zum Lobe der dritten Großwesirschaft Hekimsade Alipascha's, 486.

Chrysopolis, I. 100.

Chuaresm, I. 34, 42, 45, 46, 51, 52, 61; von Timur mit Krieg überzogen, 221.

Chuaresm=Schah, I. 52, 62.

Chuaresmschahe, I. 42.

Chudawendkiar, d. i. das Sandschak des Herrn, I. 107, 110, 815; Herrscherbeynahme Murad's I., 180.

Chudawerdisade Ahmedbeg, Beglerbeg, IV. 602.

Chumaruie, Enkel Tulun's, I. 754.

Churemabad, Hauptstadt Loristan's, IV. 227.

Churfürst von der Pfalz, I. 197, 199.

Churrem (Roxelane), die Gemahlinn S. Suleiman's, II. 208; ihr Tod, 254.

Churrem (der Pfortendolmetsch) in die spanische Unterhandlung verwickelt, II. 463.

Churremije, die Anhänger Babek's, I. 296.

Cicala eines Einverständnisses mit den empörten Sipahi verdächtig,

D.

E.

IV.

fränkische Tracht an i. J. 1693, III.
862.

Englische Gesandte, II. 722, 732.

Englische Revolution mit türkischer
in Parallele gesetzt, III. 854.

Engurije (Ankyra), I. 144.

Ennakosia, I. 124.

Entlassung, begehrt in Versen,
IV. 259.

Entschädigungsforderungen
(gegenseitige) auf dem Congresse von
Fokschan, IV. 637.

Enweri, Lobredner Sandschar's, I.
46.

Enweri, Reichsgeschichtschreiber,
Vorfahr von Wasif, IV. 589; als
Ceremonienmeister angestellt, 619.

Enzio, Baito, IV. 406.

Ephemeriden, Ursache des Todes
des Astronomen, III. 362.

Ephesus, I. 124, 185; erobert durch
Saisan, 81, 82; Timur weilt im
Lager allda, 264; Unschuldiger Kin-
dermord allda; hier empfängt Murad II. die glückwünschenden Gesandten nach Dschunéid's Bezwingung,
327.

Epibaton (Bivados), Türken landen allda, I. 124; dessen Einwohner in Stücke zerhauen, als Rache
für einen erschlagenen Türken, 387;
ergibt sich Mohammed II., 399.

Epidamnos, I. 202.

Epidaurus, siehe: Monembasia.

Epikur, I. 208.

Epirus, Zustand desselben unter Murad II., I. 369.

Episkopi, die Insel, den Türken
entrissen, I. 562.

Epochen der arabischen Geschichte,
II. 382.

Erbain, d. i. ascetische Quarantai-
ne, I. 308.

Erbfolge, Gesetz der osmanischen,
IV. 64.

Erblichkeit von drey großen Ämtern zu Anfang des Reiches, I. 159,
378.

Erbtheilungen, Werk Fami's in
3,000 Distichen, III. 824.

Erdbeben erleichtert den Türken die
Ansiedlung in Europa, I. 133, 134;
großes, unter Murad II., 341; i. J.
1509 das größte, welches Constantinopel erfuhr, 672; das vierhundert
Häuser niederwirft i. J. 1574, II.
435; am 2. Januar 1642, III. 220;
i. J. 1648, 311; heftiges, am 24.
Jun. 1653, 311; am 17. Februar
1659 zu Haleb, 499; i. J. 1667, verschlingt halb Ersendschan, 592, 593;
fürchterliches, an der dalmatinischen
Küste, 601, 602; i. J. 1690, 843;
i. J. 1703, verschlingt halb Denisli,
IV. 56; zu Constantinopel, am 19.
Oct. 1719, 172; i. J. 1728, 260;
heftiges, am 30. Julius 1752, 467;
468; Wahrzeichen von Thronverän-

derung, am 3. Sept. 1754, IV. 481;
heftiges, in Syrien, 519; Verse des
Korans über das Erdbeben, 558;
das große zu Constantinopel, am 22.
April 1766, eben da.

Erdehan, Lager allda, II. 486.

Erdehanoghli, der Räuberhaupt-
mann, enthauptet, III. 496.

Erdöd, von Hasan Prodovich erstürmt, II. 309.

Erdödy (Christoph), Bevollmächtigter des Sitvatoroker Friedens, II. 700.

Eregli (Heraklea), I. 71; mit Larenda von Mohammedpascha (Rum)
ausgesaugt, I. 498.

Eriwan von den Osmanen befestiget, II. 495; die Besoldung des Statthalters und der ersten Beamten geregelt, 496; auf das Eiligste von den
Osmanen befestiget, 666; von den
Persern belagert i. J. 1603, 666,
667; von den Türken belagert i. J.
1615, 757; geht an die Perser verloren, 158; belagert und erobert im
J. 1724, (IV. 223.

Erizzo (Paul), der Befehlshaber
von Negroponte, entzweygesägt, I.
496.

Erlau, vom Wesir Ahmedpascha belagert, II. 224; dessen türkische Belagerung i. J. 1552 aufgegeben, 225;
dessen Belagerung und Eroberung
i. J. 1596, 613 — 616; Bad und
Schule allda von Kara Mustafa I. gestiftet, III. 237; fällt in die kaiserl.
Hände i. J. 1687, 810; dessen Scheiche, siehe: Schemsijeddin, Mohi-
jeddin.

Ermenak, I. 168; durch die List ein-
geschwärzter Waaren erobert von
Nur Sofi, 168, 196; von Kedük
Ahmedpascha erobert, 516.

Ermeni, Paß am Tumenidsch, I.
62, 63, 68, 69, 73; Isa, Bajesid's
Sohn, wird darin geschlagen, 269;
Dschem kommt durch den Paß auf
seiner Flucht, 606; Bajesid eben da,
607; dieser Paß heißt insgemein Er-
meniderbend, merkwürdig durch viele
in demselben vorgefallene Treffen,
699.

Ernst, Herzog von Steyermark, führt
die Blüthe des Adels zum Entsatze
von Radkersburg, I. 291.

Eroberungen in Persien i. J. 1723,
IV. 211.

Erpressung nimmt überhand unter
Murad III., II. 563.

Ersendschan, I. 52, 53, 55, 57,
61; berühmt durch seine Schafe, 204;
von Bajesid I. erobert, 209; beherrscht von Taharten, 219; wodurch
berühmt, 725; halb von Erdbeben
verschlungen, III. 592, 593.

Erserum, I. 39, 49, 54, 62; mit
Kanonen und Kugeln versehen, II.
377; von Abasa übergeben, III. 66;
Unruhen allda, IV. 490.

F.

lagert, II. 655; (merkwürdiger) mit
dem Alaikosch, III. 449.
F ü ß ft a u b, Ausdruck osmanischer
Taktik, IV. 409.

Fußstapfen des Propheten zu Kairo,
IV. 97; auf dem Steine des Pro=
pheten aufgefunden, 282.

G.

G a b r i e l, Erzengel, I. 138.
G a ë t a, Dschem's Leichnam allda bey=
gesetzt, dann nach Constantinopel ge=
bracht, I. 621.
G ä h l e r schließt den ersten Freund=
schaftsbund für Dänemark ab, IV.
501; abberufen, 554.
G a l a m b o z, siehe: Kolumbaz.
G a l a t a, I. 123, 130; Schicksal der
Stadt nach Constantinopel's Erobe=
rung, 422, 428.
G a l a t a S e r a i, Reform allda, IV.
509.
G a l a t i e n, die ersten Fürsten der
Osmanen leben in diesem Lande, I.
59; Achi, die großen Güterbesitzer,
vom Fürsten von Karaman gegen
Murad I. aufgehetzt, 144; siehe:
Angora.
G a l e e r e n des Archipels auf vierzig
festgesetzt, III. 237.
G a l e n, I. 110.
G a l i m a t i a s, Ursprung dieses Wor=
tes, II. 575.
G a l i o s (Kalolimne), I. 80.
G a l l i p o l i s, I. 117.
G a l l i z i n, von den Türken geschla=
gen i. J. 1689, III. 837.
G a l l i z i n (Alexander), russischer
Feldherr, geht mit 65,000 Mann
über den Dniester, IV. 587, 588;
zieht von Chocim ab, 588; vereint
sich mit Proforowski und Rennens
kampf zieht über den Dniestr, 592;
dessen Nachfolger im Oberbefehle,
Romanzoff, 597; russischer Both=
schafter in Wien, 628.
G a l l o (Cesare), kaiserl. Gesandter
nach Constantinopel, kehrt zurück,
II. 348; arbeitet den Bemühungen
der Abgeordneten der rebellischen
Stände entgegen, 368.
G a l l o s, I. 73.
G a l o p p o, der modenesische Renegat
Ahmed, an Rákóczy gesandt, IV. 90.
G a n g r a, I. 204.
G a n o s, I. 119.
G a r a, Palatin, I. 198, 199.
G a r d i k a, vom Sohne des Evrenos
eingenommen, I. 323.
G ä r t e n (die) von Kaisch, I. 144;
von Malatia, Konia, Adalia, Me=
raasch, 736.
G a r t e n der Glückseligkeit, von Fu=
suli, II. 332, 333; des Paradieses
zu Tokat, mit Blumen von Juwelen,
651, 652.
G a s t f r e u n d s c h a f t, IV. 258.

G a s t m a h l e (festliche) vom Janitscha=
renaga dem Großwesir, von diesem
jährlich dem Sultan gegeben, IV.
399, 468.
G e b e c s (Caspar), =siebenbürgisc;)er
Gesandter, II. 375.
G e b e t h (das fünfmahlige) durch Fer=
mane Mohammed's II. anbefohlen,
I. 530; öffentliche, zur Abwendung
der Pest, II. 571; III. 46; der eu=
ropäischen Gesandten für ihre Sou=
veraine, in den Kirchen zu Galata
und Pera, 156; um Regen bey Er=
öffnung des Feldzuges i. J. 1664,
549; bey Mondesfinsternissen, 588.
G e b e t h a u s r u f, I. 375.
G e b i r g e, Hämus, Orbelos, Soar=
dius, I. 155.
G e b i s e, I. 102, 277.
G e b i s e (Libyssa), III. 439.
G e b ü h r e n unter Suleiman I., II.
343; der Diplomenerneuerung, zur
Hälfte erlassen, IV. 500.
G e b u r t aus einer Jungfrau, I. 211.
G e b u r t s f e s t des Propheten, IV.
300; die Feyer desselben unter Ah=
med I. eingesetzt, II. 767.
G e d e, bey Fütek, durch Verrätherey
überrumpelt, II. 432.
G e d i k l ü S a i m, Lehensbesoldete,
III. 890.
G e d r ä n g e in der Moschee, Anlaß
der Absetzung des Kaimakam, III.
858.
G e f ä l l e, siehe: Gebühren.
G e f a n g e n e, die von der Schlacht
von Nikopolis übrigen durch Gesandt=
schaft Carl's VI. ausgelöset, I. 200;
Mord zu Mohacs, II. 53; von Ale=
xander, Carl und Alfred dem Gro=
ßen, Napoleon, III. 185, 186;
siehe: Blutbad.
G e f e c h t, siehe: Schlacht.
G e f o l g e, siehe: Gesandtschaftsper=
sonale.
G e h i r n, ob das königliche gesund?
IV. 418.
G e i f l i b a b a, I. 111, 112.
G e i s t l i c h e, zum Schutze derselben
ein Ferman erwirkt von Graf Öttin=
gen, IV. 21; Ferman zu Gunsten
derselben von Ferriol, 25.
G e l d, neues geprägt. I. 194; gutes
und schlechtes, III. 842, 843.
G e l e h r t e zur Zeit Murad's I., I.
153; unter Musa's Zwischenreich,
280, 281; im Geleite Selim's I.,
730; (des Gesetzes) werden nicht

med I., Mustafa I., Osman II., II.
838, 839; warum dieselben in den
Biographien osmanischer Gelehrten
leer ausgehen, 838; Mohammed IV.,
III. 688.

Geschirre, I. 190.

Gesetz (Kanun), I. 182.

Gesetzgelehrte zur Zeit Murad's
II., I. 379; unter Mohammed II.,
598, 599; als Freygeist und Ketzer
hingerichtet unter Selim II., 687,
688; II. 60; von Ahmed I. bis Murad IV., 842; ihr ärgerliches Benehmen, III. 428.

Gesetzwissenschaften, die Schulen und Grade derselben, I. 594.

Gesicht (das sey weiß!), IV. 500.

Getreide, I. 186.

Géczi, Báthory's Gesandter, II. 721.

Gewher Sultaninn, die Gemahlinn
Sokolli's, II. 436.

Gewherchan, S. Ahmed's I. Tochter, Ibrahim's I. Schwester, mit
Mohammedpascha, dem Sclavenbre-
cher, vermählt, II. 738; erhält den
Palast Kara Mustafapascha's, III.283.

Gewher Sultaninn, Tochter S.Ibra-
him's, bezieht den für Dschindschi
Chodscha eingerichteten Palast, 288.

Geyer, I. 68.

Geyerjäger, I. 201.

Ghaffari's historische Bildergallerie,
übersetzt vom Mufti Jahia, III. 222.

Ghajaseddin I., II., III., siehe:
Keichosrew.

Ghajaseddin, Sohn Alaeddin's,
des letzten seldschukischen Fürsten,
grausam und blutdürstig, von den
Mongolen erwürgt, I. 58.

Ghajaseddin web-dünia (Zuflucht des Glückes und der Welt),
Beynahme Mohammedschah's, I. 43.

Ghanisade, Dichter und Briefstel-
ler, II. 841.

Ghasali, arabischer Stamm, I.778;
Schlachtgeschrey desselben, 779.

Ghasali Dschanberdi's Verrätherey
in der Schlacht von Ridania, I. 774;
Gefecht mit Kait, 779; dessen Aufruhr gedämpft, II. 18, 19.

Ghasali (Dichter), dessen Tod, der
Aretin der Osmanen, II. 135, 332;
siehe: Dschanberdi, Deli Bürader.

Ghasanchan tödtet Alaeddin, den
letzten seldschukischen Fürsten, I. 48;
dessen Nachfolger Chodabende, 82;
dessen Geschichte, aus dem Persischen übersetzt von Risa, IV. 497.

Ghasi, der Sieger, Kämpe im heiligen Kriege, I. 180; Mohammed
II. sucht diesen Ehrentitel zu verdienen, 436; als Ehrentitel dem Sultan beygelegt, IV. 511; Frohnkämpe, S. Mustafa III. nimmt diesen
Ehrentitel an, 589; dem Serasker
Osmanpascha wegen des Abzuges
Romanzow's von Silistra i. J. 1773
ertheilt, IV. 645.

Ghasi Fasil, im Dienste der Osmanen ergraut, I. 132—134.

Ghasigirai, Mohammedgirai's
Sohn, Kalgha, II. 35.

Ghasigirai, Sohn Dewletgirai's,
statt des älteren Bruders Alpgirai
zum Chan der Krim ernannt, II.
550; mit 40,000 Mann in Ungarn
i. J. 1594, 586; dessen Schreiben,
wodurch er sich verbürgt, den Woiwoden Michael zu liefern, 605; abgesetzt, weil er nicht zu Erlau erschien, 619; erhält Silistra als Gerstengeld i. J. 1599, 629; mißtrauisch
gegen den Großwesir Ibrahim, zieht
im Winter 1599 nach Hause, 632;
schreibt seine Depeschen in Ghaselen,
634; bringt den Frieden zur Sprache, 647; überwintert zu Fünfkirchen, 654; dessen drey Brüder erhalten Verzeihung von der Pforte,
663; stirbt i. J. 1607, Gelehrter,
Dichter, hat vier Söhne, 723.

Ghasigirai, Nureddin Islamgirai's,
nach dem Tode Krimgirai's Kalgha
Islamgirai's, III. 246; bestätiget,
484; eilt dem Chika wider Michne
zu Hülfe, 509; streift bis Pancsowa,
866; rückt bis Czecora vor, 867.

Ghasigirai, Sohn und Kalgha Selimgirai's, IV. 47; Chan, 84; abgesetzt, 93.

Ghasikerman, am Dniepr, III.
885.

Ghasi Kumuken, ihr Statthalter
der Chan von Schirwan abgesetzt,
und Mohammedbeg, Sohn Surchai's, dazu ernannt, IV. 399.

Ghasitschelebi, Herr von Kastemuni und Sinope, Sohn Mesud's,
Neffe Ghajaseddin's, treibt Seeräuberey wider Genueser und Byzantiner, I. 58; letzter Sproße der Seldschuken in Klein-Asien, 60.

Ghasna, dessen großer Herrscher
Mahmud, I. 38; Sebektegin, Statthalter daselbst, 38; Arslan Aeghun
B. Alparslan, Statthalter daselbst,
42; von dessen Eroberung schreibt
sich Sandschar's Reichthum her, 43.

Ghasnefer, der Verschnittene, bey
der Schlacht von Keresztes, II. 618;
stürzt den Großwesir Hasan, den
Eunuchen, 625; dessen Neffe nach
Constantinopel berufen, 638; den
Sipahi geopfert, 656.

Ghatfar, durch die Schönheit seiner Bewohner berühmt, I. 34.

Ghawri, siehe: Kansu.

Ghefische Sprache, I. 35.

Ghidschdewan, Schlacht daselbst,
I. 255.

Ghika, Woiwode der Moldau, III.
486; von Michne geschlagen, zum
Woiwoden der Walachey ernannt,
509.

Ghika (Gligoraskul), Woiwode der
Walachey, III. 603; zum zweyten

H.

J.

J.

51 *

K.

L.

M.

54

54 *

N.

O.

P.

Q.

R.

dinand's Bothschafter, II. 183; Groß=
wesir, 197; erbittet sich ein Geschenk
für den Frieden, 2o3; erhält den
Oberbefehl gegen Persien i. J. 1553,
228; dessen Ränke, 231; kein Freund
der Dichter, 232; Reden an den
Bothschafter Ferdinand's I., eb. da;
Wiedereinsetzung zum Großwesir,
246; Unterhandlung mit Busbek,
261; Aeußerung gegen den persischen
Gesandten Tübetaga, 270; sein Tod
und seine Verlassenschaft, 276,
277; dessen Charakteristik, 277;
Bestechlichkeit, 35o.
Rüstungen zum Feldzuge vom J.
1773, IV. 643.
Ruvazdy, siebenbürgischer Gesand=
ter, II. 587.
Ruyter's Corsarenjagd, III. 568.

Ruzzini, venet. Bailo, IV. 88; an
Correr's Stelle, 554.
Rycaut, Consul, Geschichtschreiber,
bringt die Ratification der Verträ=
ge nach den Barbaresken, III. 568.
Rym v. Esbeck (Eskenbek), Nach=
folger des Alb. v. Wyß, II. 376;
erneuert die Capitulation i. J. 1574,
45o.
Rzewuski (Graf Stanislaus), Both=
schafter, mit der Bestätigung des Car=
lowiczer Friedens, IV. 15.
Rzewuski, der Hetman (Vater des
Grafen Wenzeslaus), Gönners der
Fundgruben), das durch denselben
überbrachte Schreiben Zaluski's spät
beantwortet, IV. 352; Schreiben des
Großwesirs an denselben, 328.

S.

Saadabad, der neue Bau zu Kias
gadchane, IV. 195, 25o.
Saadi, Orden von Gauklern, I. 14o.
Saadi = Tschelebi, Mufti, Nach=
folger Kemalpaschasade's, II. 135.
Saal, in welchem die ungarische Ge=
sandtschaft von S. Bajesid empfan=
gen, wird, I. 196.
Saard, die Stadt, I. 745.
Saat tschukuri, wo Bajesid, Su=
leiman's Sohn, geschlagen nach Per=
sien entflieht, II. 267.
Sab, Fluß, der große und kleine,
III. 47.
Saba, Königinn (Balkis), I. 132; II.
382.
Sabacz, Festung, von Mohammed
II. erbaut, I. 519, 527.
Sabäismus, Denkmahle desselben,
I. 746.
Sabathai, siehe: Moses.
Säbel (blutiger), als Eingang eines
Schreibens, III. 673; der von Schah
Abbas, sieben Spannen lang, IV.
224; das Gefolge des pohlischen Ge=
sandten, Alexandrovicz darf den Sä=
bel der Abschiedsaudienz behal=
ten, 552.
Säbelumgürtung, vertritt die
Stelle der Krönung, I. 195; bey
zwölf Beutel vertheilt, IV. 270; die
S. Mustafa's III., 499; die S. Ab=
dulhamid's, 650.
Sabinerinnen, I. 74.
Saborowski schlägt den Jusufpa=
scha, IV. 656.
Sabulen Kanalin, der Byzanti=
ner, heute Tschali kawak, I. 173.
Safranburli, Geburtsort Dschin=
dschi Chodscha's, III. 232; deßglei=
chen Mustafa Kuloghli's, 548.
Safranshöhle Strabo's, I. 168.
IV.

Saganospascha liefert den Sohn
Suleiman's an S. Mohammed aus,
I. 3oo; zu Bulawadin in Ruhe ge=
setzt bey Murad's II. dritter Thron=
besteigung, 358; stimmt für Constan=
tinopel's Eroberung, 4o4; Schwa=
ger und Wesir S. Mohammed's II.,
unterhandelt im Nahmen desselben
die Übergabe Galata's, 422; Statt=
halter des Peloponnesos, an Hamsa's
Stelle, 453.
Sagardschi (Spürhundwärter), I.
2o1.
Sagen, I. 35, 36.
Sagra, mit Turkmanen colonisirt
von Bajesid I., I. 2o6.
Sagundino, als venet. Beauftrag=
ter, I. 658.
Sahaki Mustafa, gelehrter Oberst=
landrichter, III. 713.
Sahib, Dichternahme des Mufti Pi=
risade, IV. 6oo.
Sahid, Einsiedler, I. 112.
Said Scherif, Sohn Saad's, III.
851.
Said Efendi (Mohammed), Sohn
des Achtundzwanzigers, nach Schwe=
den, wegen der Forderung der Schuld
Carl's XII. gesandt, kömmt unver=
richteter Dinge zurück, IV. 3o6;
Abgränzungs=Commissär gegen Öster=
reich, 367; mit dem Auftrage, in
Ägypten Kopfsteuerscheine auszuthei=
len, dahin abgesandt, 4oo; Groß=
wesir, stirbt, 528.
S'aidava, an dessen Stelle Sistow,
I. 172.
Saime, Lastkamehle der Pilgerkara=
wane, IV. 443.
Saisan, erobert Tyräa und Ephe=
sos, I. 82.

56

zwischen den Osmanen und Karamanen, I. 169; von Kossova, 177;
in der Ebene von Akischai, zwischen
Bajesid und Karaman, 188; von Nikopolis, 198; zwischen Justinian u.
Nuschirwan, 204; zwey, von Phar-
sala, 205; zwischen Timur und Tokat-
mitsch am Terek, 227; entscheidende
von Haleb, zwischen Timur und dem
ägyptischen Heere, 237; bey Angora, zwischen Timur und Bajesid. in
der letzter gefangen wird, am 20.
Julius 1402, 249, 250; zu Ulubad,
zwischen Isa und S. Mohammed
II., 269, 270; vor Constantinopel,
zwischen Musa und Suleiman, der
erste entflieht, 273; zu Tschamurli,
zwischen Musa und Mohammed I.,
in welcher der erste erliegt, 280;
zu Radkersburg i. J. 1416, 291; bey
Thessalonika, wo Mohammed über
den falschen Mustafa siegt, 298;
Ulubad, zwischen Murad II. und
Dschunëid, 315; bey Akhissar (Thyati-
ra), zwischen Dschunëid u. Chalil Jach-
schibeg, worin Dschunëid geschlagen
wird, 326; bey Basag, wo die Türken von den Ungarn geschlagen werden, 337; Sieg des Hunyady wider Ewrenos und Turachan, am
3. Nov. 1443, 348; zweyte, im langen Feldzuge des Hunyady an der
Pforte Trajan's, am 25. Dec. 1443,
34o; dritte und letzte im langen
Feldzuge des Hunyady am Euno-
bisa, eben da; von Warna, am 10.
Nov. 1444, 355; von Kossova, die
zweyte zwischen Murad II. und Hunyady, am 17. Oct. 1448, 366;
von Croja, zwischen Skanderbeg
und Alipascha i. J. 1443, 371; in
der Ebene von Alessio, zwischen
Skanderbeg und den Türken, 460;
zwischen Wlad (Pfahlwütherich) und
den Türken, 471; zwischen Uilak
und den Türken, 481; zwischen
Omar Turachan und Barbarigo,
485; zwischen den Karamanen und
den Osmanen zu Ermenak, worin
Ishakbeg geschlagen, entflieht, 488;
Skanderbeg's mit Balaban und Jakub, die geschlagen werden, 491;
am See Koraili, zwischen Jusuf-
dschi, dem Neffen Usunhasan's, und
den Osmanen, 503; zwischen Usunhasan und den Osmanen, die von
ihm besiegt werden, 508; von Ter-
dschan, am 26. Julius 1473, zwischen Usunhasan und den Osmanen,
510; Schicksal der Gefangenen, 511;
vom 17. Januar 1745 in der Moldau, zwischen Stephan und Cha-
dun Suleimanpascha, 523; bey Ros-
bocin in der Moldau, zwischen Mohammed II. und Stephan, dem Fürsten der Moldau, der geschlagen
wird, 527, 528; von Bojazis, zwischen den. Gebrüdern Michaloghli
und Docis, I, 527, 528; bey Tvran-
na, am 2. Sept. 1477, wo Contareni die Türken schlägt, 532; zwischen den Türken und Ungarn, in
Siebenbürgen zu Mezö, von den
Türken verloren, 548; bey Brusa,
zwischen dem Heere Dschem's und
Bajesid's, jener geschlagen, 606; von
Jenischehr, worin Dschem von Bajesid geschlagen wird, 606; Schlachten, durch eben so viele Niederlagen des osmanischen Heeres im ersten ägyptischen Kriege Bajesid's II.
mit Karaman, 632; Aufpascha's
wider das ägyptische Heer Usbeg's
auf der Ebene von Agatschairi, am
17. Aug. 1488, und Niederlage der
Osmanen, 636; zwischen Jakubpascha und Derencgeny i. J. 1493,
642; bey Chui und Selmas, zwischen den Söhnen Usunhasan's,
663; von Tabaseran, in welcher
Haider, Ismail's Vater, bleibt,
668; von Götsun, zwischen Sulkadr und Schehsuwar, 725; von
Kotschhissar, 739; zwischen Turachan und Bliklü Mohammed, eben
da; zwischen Selim I. und Ahmed,
seinem Bruder, zu Jenischehr, 699;
von Tschaldiran, am 24. Aug. 1514,
712; von Merdschdabik, am 2{. Aug.
1516, 759; bey Junisschan, zwischen
Sinanpascha, dem Großwesir, und
den Agyptern, 772; bey Ridania
vor Kairo, zwischen Selim I. und
den Mamluken, am 20. Januar
1517, 773; von Mohacs, am Tage
Joannis Enthauptung, am 29. Aug.
1526, II. 51; auf den Feldern von
Lonsfa und Salla, 195; von Fü-
lek, wo Erasmus Teufel geschlagen
wird, 222, 223; von Konia, zwischen S. Bajesid und Selim, dem
Sohne S. Suleiman's, 266; zwischen den Moldauern und Türken,
am 9. Junius 1574, 430; bey Wa-
diosteil, zwischen den Mauren und
Sebastian von Portugal, 465; bey
Tschildir i. J. 1578, 480; zwischen
Usdemir, Osmanpascha und Ara-
schar, dem Statthalter von Schamachi, i. J. 1578, 487; Usdemirpa-
scha's in Daghistan i. J. 1583, 499;
von Ssoffian, wo Dschighalisade
von Prinz Hamsa geschlagen wird,
552; am Delenserfee bey Stuhlweißenburg, 648; zu Ssoffian, zwischen Persern und Türken, am 26.
Sept. 1603, in welcher diese geschlagen werden, 665; bey Hamla,
am See von Tebris, wo Dschighalisade gänzlich geschlagen wird, 690;
zwischen Muradpascha, dem Brunnengräber, und Dschanbulad, im
Passe Arslanbeli, 708; im Paß von
Karahissar, zwischen Murad dem
Brunnengräber und den Rebellen,
714; von Seraw, 772; zwischen

57 *

Stroh angezündet auf dem Kopfe, Klage über Tyrannen, III. 879
Strozzeni, siehe: Ibrahim.
Strozzi, stirbt, III. 553.
Strutinski, pohlischer Internuntius, IV. 179.
Studenten, Aufrührer getödtet, II. 639.
Studzieniec, Palanka, von Abala belagert, III. 130.
Stufenfolge, siehe: Kette.
Stuhlweißenburg, dessen Einwohner zusammengehauen auf Suleiman's Befehl, II. 191; fällt vor Hasan des Obstlers Ankunft in die Hände der Kaiserlichen, 648; von den Türken erobert am Tage St. Jaannis Enthauptung, 653; mit blutigem Sturme erobert, am 6. Sept. 1688, III. 817, 818.
Stumme, Einer, Nahmens Killi, mit einem Handschreiben des Sultans in das Lager gesandt, II. 679; ihre Sprache im Serai, mit einem Blicke aus dem Winkel des Auges, III. 140; um den Henker zu hohlen, 195; ihre Sprache erhält die höchste Ausbildung, 206; Zeichen der Hinrichtung ihnen gegeben, 281.
Stunde (günstige), der Hofastronom darum befragt, III. 606; unglückliche, zum Auszuge der heiligen Fahne, IV. 583.
Stupischin wirft die Türken, IV. 645.
Sturm (heftiger) im Hafen von Constantinopel, III. 843.
Styl (diplomatischer), Muster des osmanischen, IV. 537.
Stylarios (Berg), Sitz des Derwischenaufruhres unter Mohammed I., I. 293.
Suakin, Aufstand der Bewohner, III. 447.
Subban Ghasi, tatarischer Stamm, IV. 240.
Subsidien, Venedig begehrt solche von Bajesid I., 674; von der Pforte an Schweden, IV. 395; siehe das Folgende.
Subsidienvertrag, mit Venedig, I. 200; vom Fürsten von Kaunitz der Pforte angetragen, IV. 615, 627; warum derselbe so geheim von der Pforte gehalten, 629; österreichischer, eventuell aufgehoben, eben da.
Succi, der Paß am Hämus, I. 172, 175; siehe: Szulu derbend.
Suchovei, Hetman der Kosaken, III. 654.
Suchte, siehe: Sochta.
Suczawa ergibt sich an Suleiman, II. 152.
Suda, ergibt sich den Türken, IV. 129.
Sudak, District, dem Afeddin verliehen, I. 56.

Südlüdsche, Hafenvorstadt von Constantinopel, II. 206.
Sues, achtzig Schiffe im Hafen allda auf S. Suleiman's erlassenen Befehl, als er vor Güns zog, gebaut, II. 156.
Sugla, I. 91, 99; siehe: Drepanon.
Sührwerdi, der Bothschafter des Chalifen an Alaeddin Kelkobad des Ersten, durchsieht ein demselben vom Scheich Nedschmeddin gewidmetes ethisches Werk, I. 53.
Suleiman, Vater Bohra-Chan's, I. 37.
Suleiman, der Urentel Seldschuk's, Gründer der Dynastie der Seldschuken Rum's, I. 41, 47; seine Söhne, 47; im Besitze von Nicäa, unterhandelt die Übergabe der Stadt, 104; schlägt die Kreuzfahrer nach Civitot zurück, 109; siehe: Isak der Komnene.
Suleiman, Sohn Aidin's, vor den Mauern von Phocäa, I. 123.
Suleiman, Ssaruchan's Sohn, zieht mit Umurbeg über den Hellespont und stirbt zu Apamea, I. 127.
Suleiman, Chalife, baut eine Moschee zu Constantinopel, I. 203.
Suleiman, Urchan's ältester Sohn, seine Mutter Nilufer, I. 74, 75; zweyter Wesir des Reiches, 95; Statthalter zu Kodscha Ili u. Nicäa, 107; sein Entschluß, nach Europa überzugehen, beym neunzehnten Übergange der Türken, 132; Eroberer von Tzympe, verheert die Bulgarey, 133; Statthalter von Karasi, residirt zu Bigha, läßt Kallipolis umzingeln, führt Türken und Araber nach Europa, 134; erhält von einem Mewlewi-Derwisch den Segen, woher sich für eine Zeit lang die Kopfbedeckung des Fürsten der Osmanen schreibt, 134, 139, 141; residirt zu Kallipolis, 136; stürzt vom Pferde, 136; sein Tod und Grab am Hellespont, 137.
Suleiman, Bajesid's I. Sohn, Statthalter von Kastemuni, I. 189, 191; entflieht von Angora, 250; von Mohammed Mirsa mit 30,000 Reitern verfolgt, 258; entkömmt nach Europa, 260; empfängt zwey Gesandte von Timur, 261; vom Wesir Alipascha und anderen begleitet über Constantinopel nach Europa ab, übergibt dem griechischen Kaiser seinen Bruder Kasim und seine Schwester Fatima, 269; mustert sein Heer zu Ulubad und befestiget sich zu Mesaulion, 271; zieht als Sieger zu Ephesos ein, nachdem sich ihm Dschuneid ergeben, schwelgt zu Angora, rückt vor Siwrihißar, 272; schließt mit dem Bruder Mohammed einen Freundschaftsvertrag, seine Streif-

T.

U.

B.

W.

59 *

Inhalt des vierten Bandes.

Inhalt.

Inhalt.

Inhalt.

Inhalt.

Seite

Berichtigungen.

I. Band.

Seite	Zeile		anstatt		soll heißen	
Seite 27	Zeile 7 v. u.	anstatt	Nr. 4	soll heißen	Nr. 20.	
— 49	— 20 v. u.	„	Nasireddin	—	Nasireddin.	
— 53	— 12 v. u.	„	dieselbe	—	dieselben	
— 56	— 10 v. u.	„	der Sohn	—	des Sohnes	
— 64	— 20 v. u.	„	Aleaddin	—	Alaeddin	
— 74	— 14 v. u.	„	Torghudald	—	Torghudaly	
— 80	— 2 v. u.	„	Gundusaly	—	Gundusaly's	
— 92	— 6 v. u.	„	hölzernen Säbeln	—	hölzernem S	
— 97	— 7 v. u.	„	bestehen	—	bestanden	
— —	— 6 v. u.	„	heute	—	in neuester Z	
— 105	— 13 v. u.	„	vikomenischen	—	oikumenischer	
— 106	— 15 u. 25 v. u.	„	Mola	—	Molla	
— 109	— 16 v. u.	„	turkmannischen	—	turkmanischer	
— 130	— 20 v. u.	„	ihm	—	ihn	
— 140	— 6 v. u.	„	ein	—	an	
— 145	— letzte	„	Nausatul	—	Rausatul	
— 149	— 12 v. u.	„	Berathe	—	Berate	
— —	— 4 v. u.	„	Hafis	—	Hafis,	
— 150	— am Rande	„	1663	—	1363	
— 158	— 17 v. u.	„	Abba's	—	Abbas	
— 185	— 22 v. u.	„	Kallatebos	—	Kallabetos	
— 187	— 11 v. u.	„	Eurapa	—	Europa	
— 191	— 17 v. u.	„	Ersten	—	Zweyten	
— 264	— 26 v. u.	„	Troße	—	Troße	
— 315	— 17 v. u.	„	Rhyndakus	—	Rhyndakus	
— 379	— 5 v. u.	„	Jurkesch	—	Jurkedsch	
— 391	— 16 v. u.	„	östlichen	—	östlichsten	
— 507	— 7 v. u.	„	Sohn	—	Enkel	
— —	— — v. u.	„	Enkel	—	Urenkel	
— 511	— 6 v. u.	„	befestigten	—	befehligten	
— 550	— 6 v. u.	„	Piringessin	—	Prinzessinn	
— 606	— 17 v. u.	„	kaisersichen	—	kaiserlichen	
— 687	— 16 v. u.	„	Ebulwesa	—	Ebulwefa	
— 702	— 5 v. u.	„	räumen	—	zäumen	

II. Band.

Seite 179	Zeile 23 v. u.	anstatt	Chairreddin	soll heißen	Chaireddin	
— 276	— 18 v. u.	„	Hofuti's	—	Hofutoti's	
— 391	— 4 v. u.	„	welcher	—	welchen	
— 492	— 17 v. u.	„	Adhmedpascha	—	Ahmedpascha	
— 658	— 15 v. u.	„	verrsamelt	—	versammelt	
— 671	— 1 v. u.	„	Ahmed II.	—	Ahmed I.	

III. Band.

Seite 29	Zeile 5 v. u.	anstatt	Murad's V.	soll heißen	Murad's IV.	
— 64	— 19 v. u.	„	Die	—	Der	
— 69	— 4 v. u.	„	Aethiopien	—	Aegypten	
— 90	— 11 v. u.	„	Ferhard's	—	Ferhad's	
— 100	— am Rande	„	1831	—	1631	
— 358	— 20 v. u.	„	Großwesir	—	Großwesir	
— 528	— 11 v. u.	„	schwarzen	—	schweren	
— 732	— 24 v. u.	„	Beglerberge	—	Beglerbege